JN437720

제2차 바티칸 공의회에 따른 도덕신학

그리스도교 윤리학

| 제 2권 특수 도덕신학 |

CHRISTIAN ETHICS
Moral Theology in the Light of Vatican II
Volume II: *Special Moral Theology*
Newly revised edition
by Karl-Heinz Peschke

제2차 바티칸 공의회에 따른 도덕신학

그리스도교 윤리학
— 제2권 특수 도덕신학

교 회 인 가 • 2026년 1월 12일
제1판 제1쇄 • 2026년 2월 27일

지은이 • 칼 H. 페쉬케
옮긴이 • 이동호 · 김성수
펴낸이 • 최준규
펴낸곳 • 가톨릭대학교출판부
등 록 • 제300-1989-1호(1989년 1월 13일)
주 소 • 03083 서울시 종로구 창경궁로 296-12
전 화 • 02-740-9718
전 송 • 02-745-9793
전자우편 • cukpress@catholic.ac.kr
홈페이지 • http://press.catholic.ac.kr
인쇄제작 • 재영아트

ISBN 978-89-7108-407-6 93230

값 53,000원

Christian Ethics

Karl-Heinz Peschke

Special Moral Theology

제2권

특수 도덕신학

칼 H. 페쉬케 지음 | 이동호·김성수 옮김

그리스도교 윤리학

제2차 바티칸 공의회에 따른 도덕신학

가톨릭대학교출판부

【일러두기】

● 이 책에 나오는 교부의 인명은 한국교부학연구회의 『교부학 인명·지명 용례집』(분도출판사, 2008)과 『교부 문헌 용례집』(수원가톨릭대학교출판부, 2014)을 참조하였다. 예를 들어 '아우구스티노'(제1권의 표기)는 '아우구스티누스'로 표기하였다.

목 차

목 차

| 제4장 | 도덕적 정체성과 근본적 선택의 공동체적 뿌리 _287

| 제5장 | 인간적 행위에서 도덕 가치의 실현 _317

『그리스도교 윤리학』(*Christian Ethics*)이라는 책이 처음으로 출간된 1975년은 제2차 바티칸 공의회가 이미 많은 변화를 일으키고 있었습니다. 사제와 평신도와 신학생들은 제2차 바티칸 공의회의 가르침을 바탕으로 도덕신학의 전체 방향을 새로 모색하고 있었습니다. '제1권 기초 도덕신학'은 이런 요청에 부응하고자 하였고, 3년 뒤에 출간된 '제2권 특수 도덕신학'도 그러했습니다. 이 책들이 받은 호의적 환영과 격려는 본인에게 집필을 이어갈 힘을 주었습니다. 본인은 그리하여 최근 몇 년의 신학 발전을 반영하고자 노력했습니다. 제1권의 개정판이 1986년에 나왔고 제2권의 개정판은 1992년에 나왔습니다. 제1권은 1996년에 또다시 완전히 개정되었고 제2권도 2004년에 개정되었습니다.

본인은 신학도들, 종교 교육자들, 자신의 신앙과 관련한 도덕적 가르침에 관심 있는 그리스도교 신자들 모두의 요청과 기대에 다시금 부응할 수 있기를 바랍니다. 그리고 이전의 독자 중 그 누구에게도 실망을 주지 않기를 바랍니다.

영어권 시각으로 본문을 읽고 교정해 준 '말씀의 선교 수도회' 덜모트 월쉬 신부(Fr. Dermot Walsh), 로마 우르바노 대학교 시절 제자였고 지금은 호주로 돌아간 피터 조셉 신부(Fr. Peter Joseph), 노팅햄(Nottingham) 교구의 조지 우달 신부(Fr. Geogre J. Woodall) 등에게 진심 어린 감사를 전합니다.

그리스도교 윤리학(Christian ethics) 또는 도덕신학(moral theology)은 통상 그리스도교 신앙과 이성에 비추어 한 남자 또는 한 여자가 자신의 최종 목표를 달성하는 데 따라야 할 지침들을 연구하는 신학의 한 분야라고 정의된다. 이 **지침들**에 대한 논의는 대부분의 사람에게 이 목적을 향하는 데 따라야 할 도덕규범들을 즉각 생각하게 한다. 그런 규범들을 정교하게 만드는 일이야말로 도덕신학이 지닌 본질적 임무인 것이다. 이는 곧 도덕신학의 정의가 '행동의 윤리학'이라 불릴 수 있는 근거를 말해 준다. 하지만 이와는 별개로, 도덕신학의 또 다른 임무가 '존재의 윤리학'이라 불리는 근거에 대해서도 주목해야 한다. 바르고 선한 행위들 외에도 도덕신학의 임무는 일차적으로 한 인간이 되고 한 그리스도인이 되어야 할 어떠한 인간 유형과 직결된다는 것이다. "도덕적 선함이란 홀로 규정을 고수하는 행동만으로 이룩되는 것이 아니라 특정한 덕, 사고방식, 인생관 등을 배양함으로써 이룩되는 한 사람의 자질이다."[1] '존재의 윤리학'은 성격 형성, 행위 양식, 바른 인생관, 한 남자 또는 한 여자가 옳다고 믿는 바를 행하도록 움직이게 하는 기본 가치와 확신 등에 초점을 맞추고 있다. 그리스도인에게는 다음의 질문이 던져지기 마련이다. "그리스도를 믿기에 나는 어떤 유형의 인간이 되어야 하는가?" 이렇게 보자면, 윤리학과 도덕신학이 제시할 지침들에는 한 인간이 획득하고 소유해야 할 도덕적 성

1) R.M. Gula, *Reason Informed by Faith*, New York: Paulist Press, 1989, p.7.

향과 덕(德)도 포함된다. 물론 인간으로 존재한다는 것은 필연적으로 인간 행위들에 영향을 끼침을 의미한다. 좋은 열매를 맺는 좋은 나무에 대한 성경의 은유는 선한 행위가 선한 위격(位格)에서 나온다는 진리를 표현한 것이다. 하지만 역으로 보자면, 선한 행위들도 그 사람의 존재에 간접적으로 영향을 줄 것이다.

위의 성찰을 염두에 둘 때, 그리스도교 윤리학은 신학의 한 부분으로 정의되며, 바로 그 대상은 한 남자 또는 한 여자가 자신의 최종 목표를 달성하게 해 주는 토대, 정신 태도, 지침들이 된다. 과학으로서 신학의 특성은 그 연구가 그리스도교 신앙에 비추어 보는 것만큼이나 이성에도 비추어 보도록 요구한다는 것이다.

도덕신학은 교의신학과 함께 조직신학을 이룬다. 논리적 순서로 볼 때, 조직신학은 하느님에 대한 진리, 그분의 창조, 그리스도의 구원 사업, 하느님 모상으로서 인간 위격, 그분을 향한 피조물의 여정 등을 다룬다. 교의신학은 특성상 사변적인데, 하느님의 본성과 피조물의 본성, 그리스도 안에서의 새로운 창조의 본성 등을 숙고하기 때문이다. 반면 도덕신학은 더욱더 실천적인 과학에 해당한다. 이것은 교의신학의 신학적·인간학적 통찰을 활용한다.[2)] 그리고 다양한 인간학적·자연적 과학들이 찾아낸 것들도 함께 숙고함으로써 올바른 행위들을 이끌어 내는 것 못지않게 한 인간 위격을 형성하기 위한 결론들을 이끌어 내며, 그의 최종 목표를 실현하도록 안내한다.

그리스도교 윤리학에서 소개된 이상향과 규범은 신·구약의 거룩한

---

2) 도덕신학이 신학적 인간학에서 시작하라는 요구가 때때로 있었다(예: Domenico Capone, "Per un manuale di teologia morale", *Seminarium 16*, 1976, p.482). 하지만 교의신학이 상당히 상세한 그리스도교 인간학을 이미 포함하고 있기에 이런 요구는 제한적인 범위에서만 필요한 것으로 보인다. 이는 도덕신학의 주제를 방해하고 중복하는 결과를 초래하게 마련이다. 그런데도 신학적 인간학의 중요 요소들은 언제나 도덕신학 전체의 다양한 부분 안에 반드시 포함된다. 예컨대, 인간의 운명, 자연법의 존재론적 전제들, 완덕의 본성 등을 다루는 논의들 안에 포함되어 있다.

문헌들에서 영감을 받았다는 점과 그리스도인들이 세상과 하느님과 각자에 관한 신념과 관련이 있다는 점을 반드시 포함한다. 무엇보다도 거기에는 예수 그리스도의 사상과 가치와 관심사에 따른 영속적 영감이 함축되어 있다. 하느님을 믿고 그분께 복종하신 예수야말로 그 제자들이 하느님을 믿고 그리스도에게 의탁하는 근거가 된다.[3)]

도덕신학과 밀접한 것이 **철학적 윤리학** 혹은 도덕철학이다. 이것은 한 인간의 성격을 형성하고자, 그리고 도덕적으로 살도록 하는 지침 원리들을 제정하고자 노력한다. 그러나 도덕신학과는 대조적으로, 도덕철학에서는 도덕적 지식과 지침의 원천으로서 신·구약의 실증적 계시는 배제된다. 도덕철학은 자체의 통찰을 이성을 통해서만 끌어내며 신적 성령의 보편적 현존으로 모든 사람에게 수여된 일반 계시를 통해서만 끌어내는 것이다. 하지만 도덕신학이 인간의 초자연적 최종 목표만을 다루고 도덕철학은 그저 자연적인 목표를 다룰 뿐이며, 그러므로 이를 다르게 구분하는 것은 타당한 것으로 보이지 않는다. 구체적인 구원 질서 안에는 모든 인류에게 공통된 오직 하나의 최종 목표, 현존하는 이 세상을 주재하시는 그리스도에게서 유래된 목표만이 존재한다. 이 점을 제2차 바티칸 공의회는 명백히 가르친다. 공의회의 확신은 반복적이고 강력하게 다음과 같이 표현된다. "모든 인간은 실제로 하나이며 동일한 운명에 불렸다"(「사목 헌장」 22항). 그리고 "모두는 실제로 아주 동일한 목적으로, 즉 하느님 그분께로 불렸다"(「사목 헌장」 24항, 29항. 참조: 「비그리스도교 선언」 1항). 물론 인간의 최종 목적에 대한 통찰은 도덕철학 속에서와 도덕신학에서 각각 다르게 나타날 것이다. 도덕신학은 단지 이성과 일반 계시에서만 도움을 받는 것이 아니라 성서와 그리스도 안에서 드러난 하느님의 실증 계시에서도 도

---

3) Cf. Marcel Legaut, *Meine Erfahrung mit dem Glauben*, Freiburg: Herder, 10th printing, 1979, p.106.

움을 받기 때문이다. 이로써 최종 목표에 대한 도덕신학의 통찰은 새로운 차원을 얻게 되고 더욱 완성도가 높게 될 것으로 기대된다.[4)]

도덕신학에는 몇 가지 **전제**가 있다. 신학적 윤리학이든 철학적 윤리학이든 윤리학을 하려면 두 가지 조건, 즉 궁극적 가치를 향한 자유 의지와 그에 대한 책임이 전제되어야 한다. 이것은 인간이 이런 실제들을 경험한 적이 없다는 것을 의미하는 것이 아니다. 오히려 인간이 그런 실제들이 존재한다는 증거들을 강하게 경험했다는 뜻이다. 하지만 이것은 경험론적인 인식일 뿐, 합리적 증거가 되지는 않는다.

윤리학의 첫 번째 전제는 인간이 자유 의지를 소유하고 있다는 것이다. 만일 인간 활동들이 신체적·심리학적 인과율에 의해서만 전적으로 결정된다면, 개인적 책임에 대한 도덕적 호소는 그 여지가 없어질 것이고, 인간의 행위들은 그저 신체적이나 심리학적 힘의 압력으로부터만 영향을 받게 될 것이다. 그러나 이것은 인간이 자신에 대해 경험한 내용이 아니다. 인간은 스스로를 자신보다 더 힘센 손아귀에 잡힌 도구일 뿐이라고 경험하기보다는 오히려, 양자택일을 할 수 있고 자기 결정도 내릴 수 있는 그런 창조적 동인(動因, agent)이라고 경

4) 신학적 윤리학과 철학적 윤리학을 가르는 이전의 이분법을 탈피해 이 둘이 본질적으로 하나의 윤리학으로 수렴해 가는 것은 도덕신학에 있어서 가장 중요한 발전이며 크게 환영할 만한 일이다. 하지만 동시에 새롭게 획득한 이 통합이 다른 편에서 나타난 부정적 추세로 인해 다시금 위협도 받게 된다. 윤리적 다원주의 이론들이 문화 인류학을 통해 수집된 자료로 무장하고 발전하고 있다. 그러나 공통 표준이 필요한데, 이 점은 신학적·철학적 관점에서나 수렴하는 세계의 관점에서나 발전이라고 여길 수 없다. 이는 도덕의 특정 가치들을 선호하고 강조함에 있어서 타당한 차이들이 있을 수 있고 또 있다는 점을 부정하려는 것이 아니다. 하지만 인간의 궁극적 소명과 목표가 진정 하나이고 신적인 것이라면, 이 목표에 지침을 제공하는 윤리 규범도 궁극적으로는 수렴해야 하고 실체적으로 모든 인류에게 동일한 것이어야 타당하다. 인간의 권리에 관해 현대 국가들이 실천을 위해 맺은 보편적 합의야말로 중요 관심사에서는 이미 그러한 수렴이 일어났음을 증명해 준다(Cf. Gerard J. Hughes, *Authority in Morals. An essay in Christian ethics*, London: Heythrop Monographs, 1978, pp.110~116; Enrico Chiavacci, *Teologia morale 2*, Assisi: Cittadella Editrice, 1980, pp.221~226).

험한다. 이 점은 인간이 서로 교제하는 데 있어서 지속적이며 보편적으로 가지는 확신이다.

두 번째 전제는 인간이 자기 자신에게 무조건적인 복종을 요구할 수 있는 궁극적 가치나 권위에 대해 책임을 느낄 수 있다는 것이다. 그래서 이 궁극적 책임에 대한 도덕적 요구에 정언적(定言的, categorial) 성격이 부여된다. 오로지 이 조건 하에서만이 도덕적 의무를 말할 수 있고 그 의무는 엄밀한 의미로 한 사람을 양심적으로 구속할 때만, 그리고 그가 또는 그녀가 거부하면 죄가 되기에 복종해야 하는 때만이 해당한다. 동시에 이 지고한 가치에 투신함으로써 인간의 삶도 궁극적 의미를 얻게 된다. 이 지고한 가치나 권위를 그리스도교 관념의 용어로 하느님이라고 생각할 필요는 없다. 그 관념은 전혀 다른 모습으로 생각될 수 있고 심지어 함축적으로 생각될 수도 있다. 하지만 그것은 언제나 절대적인, 그래서 신적인 성격을 지닌 하나의 실재여야 한다. 이 실재에 대한 긍정과 인지(認知)는 궁극적으로는 함축적인 것일지라도, 믿음의 행위에서 생겨난다.

물론 그럼에도 불구하고 그리스도교 윤리학은, 이 실재가 위격적 하느님이시고 본성상 한 분이시며, 존재하는 모든 것들의 창조자이시고 그분의 피조물인 인간을 특별히 사랑하는 아버지임을 전제한다. 올바른 신(神) 개념은 필연적으로 세상이 그분의 피조물이며 그에 따른 목적과 의미를 부여받았음을 함축한다. 마찬가지로 이는 인간이 이런 창조의 일부로서 이 목적을 존중해야 하고 이 목적이 자신에게는 무조건적·정언적 의무라는 점도 함축한다. 다시 말해, 하느님의 실존과 궁극 가치에 대한 인간의 책무, 이 두 개의 전제가 분리되어 있는 것이 아니다. 오히려 하나에서 다른 하나가 유래하는 것이다. 절대적인 도덕적 요구란 하느님이 실존하신다는 것과 세상을 목적 있게 창조하셨다는 것에 대한 확신에서 도출된다.

하지만 그리스도교 윤리학이 위격적 하느님의 실존을 '전제'한다고 해서 신 존재(神存在)에 대한 증명이 불가능하다는 것은 아니다. 사실 그리스도교 신학자들 대다수는 — 삼위일체 신비를 포함시키지 않는다는 한에서 — 그러한 증명이 가능하다고 확신한다. 신 존재 증명의 문제는 교의신학에서 취급하며 도덕신학은 이를 참조한다. 하지만 이 증명이 익히 알려졌다고 하더라도 모두가 이를 납득하고 있는 것은 아니다. 이 증명은 의문을 일으킨다. 도덕신학 논의들이 유효할 수 있는지, 신(神) 개념의 증명을 공유하지 않는 이들, 예컨대 무신론자들을 납득시킬 수 있는지 의문이 들게 한다. 그러므로 그리스도교적 신(神) 이해에 있어서의 도덕적 요구가 이 개념을 받아들이지 않는 이들에게는 수용될 수 없다는 점을 인정해야 한다. 그러나 동시에, 예배 의무를 제외한 다른 모든 도덕적 요구들은 인간학적·사회적으로 아주 일반적인 통찰이라는 지지도 받는다. 그러므로 비신자나 무신론자 스스로는, 정언적 명령에 있어서 자신이 경험한 궁극적 권위가 그리스도교적이며 위격적인 하느님의 의미로 굳이 해석되지 말아야 하는지를 진지하게 자문해 봐야 할 것이다.[5)]

---

5) 도덕신학의 전제들에 대한 문제점은 **초윤리학**(超倫理學, metaethics)의 문제점과는 구별해야 한다. 규범 윤리학과 초윤리학은 과학적 윤리학이 지닌 양면이다. 규범 윤리학은 윤리 진술의 체계와 실제 규범을 논의하는 것을 지칭한다. 반면, 초윤리학은 도덕 개념의 본성에 관한 도덕 용어와 언설(言說)이 지닌 의미나 용도를 논의하는 것이다. 초윤리학은 "논리적이거나 인식론적인 또는 의미론적인 질문들을 다음과 같이 묻고 답변을 시도한다. 즉 '(도덕적으로) 옳은' 또는 '좋은'이란 표현의 의미와 그 용법은 무엇인가? 윤리적이고 가치 있는 판단들은 어떻게 확립될 수 있는가? 또는 정당화될 수 있는가? 아무튼, 그 판단들은 정당화될 수 있는가? 도덕의 본성은 무엇인가? 무엇이 도덕과 비도덕을 구분해 주는가? 양심, 지향, 책임, 의욕 등과 같이 이런 관련 개념들의 의미는 무엇인가?"(William K. Frankena, *Ethics*, Englewood Cliffs, N.J.: Prentice-Hall, [2]1973, p.5, p.96). 다시 말해, 초윤리학은 규범 체계가 없는 윤리학이다. 어떤 철학자들은 이렇게 축소된 것을 바람직하게 보았는데, 윤리학이 지닌 규범 부분과 관련해서는 도저히 합의에 도달할 수 없었기 때문이다. 하지만 다른 많은 철학자는 이런 축소에 대해 동의하지 않는다. 윤리학의 퇴행으로 보기 때문이다. 엄밀히 말하자면, 초윤리학은 다소 오도된 용어이다. 그것은 윤리학의 범위를 넘어 그 이전에 놓인 주제라는 점을 시사한다. 하지만 이것은 그 경우가 아니다. 그 주제는 명백하게 윤리학의 범위에 속한 것이다. 대체로 이 초윤리학은 일반 도덕신학

끝으로, 도덕신학이 성서, 그리스도교 전통, 교회 교도권의 가르침 등을 도덕적 담론의 원천으로 사용하는 한, 그것은 교의신학에 의해 확립된 다수의 진리를 전제로 삼기도 한다. 그런 진리들의 사례는 그리스도의 신적 사명, 성서의 영감, 그리고 복음의 수호자인 교회의 역할 등이다. 그러나 이런 교의의 진리들은 자연법이나 철학에 기반을 두는 이성적 논의에 있어서 결코 전제가 될 수 없다.

방법론에 있어서 도덕신학의 논의는 언제나 다원주의적 방법론을 고수해 왔다. 현대 학자들은 오직 일원주의적(一元主義的) 방법, 즉 한 가지의 방법만 사용하는 것은 불충분하다고 결론을 내리고는 그 대신 명백한 것 하나에 수렴되는 다원화된 논의 방법을 택한다. 현대의 신학적 연구가 취하는 현행 절차는 이 방법이야말로 진정으로 탐구를 진행시키고 해결책을 찾게 하는 방법임을 확증해 준다.

사용된 방법은 일부가 성경적·역사적인 과학에서 사용된 것처럼 실증적인 성격을 띠고, 일부는 철학과 사변 신학에 의해 사용된 것처럼 사변적인 성격을 띤다. 실증 신학은 문학적·역사적 비판을 도구로 사용한다. 이 지점에 특히 해석학이 자리한다. 즉 전통, 성경 본문, 역사 문서, 저자, 그리고 그 작품이 내포한 도덕 선언들의 지향을 바르게 해석하는 데 따라야 할 방법론이 자리하는 것이다. 그러나 이 외에도 해석학은 오늘날에는 보다 넓고 포괄적인 의미로도 인정받고 있다. "해석학적 과학으로서 도덕신학은 규범들의 발생 과정을 재구성해 보고자 자문한다. 무슨 맥락에서 그 규범들이 나왔는가? 그리고 어떤 역사를 거쳐 왔는가?"[6] 전통의 요소들에 대해서는

의 주제, 아주 최근에는 대게 기초 도덕신학이라 불리는 주제이기도 하다. 특히 후자의 용어가 그것이 무엇을 실제로 의미하는지를 지칭하기에 훨씬 더 적합한 것으로 보인다. 또한 초윤리학은 분석 윤리학, 비판 윤리학, 인식론적 윤리학, 혹은 단순하게 윤리학이라고도 언급되었다.

해당 시대의 지식사적(知識史的) 배경을 반대하는 연구가 시도되었고, 현재에 적용될 가능성에 대해서는 비판적으로 검토되었다. 게다가 고찰할 주제에 대한 지적인 전제들은 모두가 해석학적 조사의 범위에 속하게 된다.

자세히 말하자면, 도덕신학을 탐구하는 데 다음의 네 가지 논의 형식을 이용하게 된다. 첫째로, 성경 기록들의 도덕적 가르침을 고려한다는 점이다. 그 기록들의 가르침은 신학적 논의에 있어서 늘 주요 자리를 차지해 왔다. 둘째로, 교리나 도덕규범의 발전에 대한 역사를 조사한다는 점이다. 이는 비그리스도교 역사를 무시한다는 것이 결코 아니면서 그리스도교 역사의 과정을 특별히 강조해 조사한다는 의미이다. 셋째로, 교회 교도권의 공식 가르침과 교회가 구체적으로 고수해 온 실행(praxis)을 연구한다는 것이다(특별히 교리의 발전 역사를 조사할 수 있을 것이다). 이와 관련해 공의회들과 교황들의 가르침에 대해서는 특수한 권위를 부여한다. 아울러 교황과 공의회의 권위만큼은 아니지만 최근 설치된 국가별 주교회의(national bishops' conferences)도 특별한 비중으로 교리적 권위를 지닌다. 마찬가지로 도덕신학자들의 현행 견해들, 즉 그들 간의 합치된 견해와 함께 불합치된 견해도 주목해야 한다. 성경적 전통과 현대적 상황 양자에 지속해서 응답함으로써 교회에 맡겨진 신앙을 더욱더 펼치는 일은 단순히 개인뿐만 아니라 교회 공동체 전체에도 적용된다. 그리스도인이라면 교회를 떠나서는 **그리스도인**으로서의 정체성을 고수하지 못한다. 다른 한편으로 교회의 대표자들도 신자들의 공동체에 귀를 기울여야 하고, 신자들에게도 교회에 참여할 권리를 주어야 한다.

넷째로, 이성의 논의들에 아주 결정적인 비중을 둔다는 점이다. 이

6) Klaus Demmer, "Hermeneutik", *Neues Lexikon der christlichen Moral*, Innsbruck: Tyrolia, 1990, p.333.

런 논의들은 존재론적이고 종말론적인 출발점이라고 할 수 있는 이중적 기초 위에서 정식화가 이루어진다. 존재론적 출발점은 인간의 구체적인 실존 본성과 자신을 둘러싼 세계를 연구하게 된다. 이런 논의들은 철학적·신학적인 분석에 비추어 조사되지만, 마찬가지로 심리학·사회학·경제학·의학·생태학 등의 인간학과 자연의 학문적인 통찰에 비추어 조사하는 것도 아주 중요하다. 무엇보다도 그런 통찰은 인간 행위가 인간 자신에게 미치는 결과들에 대해, 그리고 타인과 사회와 세상에 미치는 결과들에 대해 폭넓은 정보를 제공해 준다. 이 결과들은 행위에 대한 도덕 평가에 있어서 비록 절대적·배타적 수준으로 역할을 하지는 않지만 나름 중요한 역할을 한다. 많은 결과가 예측될 수 있으며 또한 예측이 가능하다고 여겨지는 한에서 책임 있는 행위라면, 반드시 그 결과들도 고려되어야 한다. 비록 다른 것들은 경험해야만 알게 되겠지만, 이 결과들은 소급해 미리 고려된 것들이다. 이런 출발점은 일반적으로 자연법 교리와 관련이 있다. 인간이 무엇인지, 그 가능성은 무엇인지, 그가 초월할 수 없는 한계는 무엇인지 등등, 이런 지식들은 실질적으로 도덕적 담론에서 필수 불가결한 것들이다. 이전보다 더욱더 경험 과학에 쏠리는 관심은 오늘날 도덕신학으로 하여금 경험적·귀납적 방법을 사용하기를 지지한다.

하지만 인간이 자신에게 열려 있는 많은 가능성 중에서 무엇을 택해야 할지를 결정하기 위해서는 존재론적 출발점만으로는 충분하지 않다. 그것은 목적론적이고 종말론적인 출발점으로 보충되어야 하는데, 이러한 출발점이 성취해야 할 목표, 위격의 성질, 해야 할 일에 대한 정보 등을 인간에게 알려 주기 때문이다.[7] 특히 한 사람의 개인

7) 신학적 윤리학의 논의에 대해 양면 접근이 시급함을 명백하게 지적한 사람은 벤틀란트(Heinz Dietrich Wendland)이다. 기원론(protolog), 즉 창조의 결과로 존재하는 자연 본성에 대한 연구는 "종말론 없이는 존재할 수 없다. 최후의 것은 최초의 것이 있어야 하고, 최후 시간은 최초의 시간이 있어야 한다"(*Botschaft an die soziale Welt*, Hamburg:

적 부르심과 평생의 임무와 관련해서, 또한 공동체의 역사 과정에 늘 새롭게 도전하는 임무와 관련해서도 이를 책임 있게 식별하는 직관적 본성을 경험하지 않고는 통찰을 거의 얻어 낼 수 없다. 도덕의 본성과 도덕법, 무엇보다도 자연 도덕법에 관한 두 개의 장(章)은 이런 문제들을 더욱 자세히 다룰 것이다.

도덕적 교리를 입증하기 위해서는 이런 각각의 논의 방식들이 늘 한꺼번에 사용되지는 않는다는 점을 특히 유념해야 하겠다. 현대의 수많은 문제에 대해 성서나 과거의 신학 저술들이 이 모두를 언급하지는 않지만, 어떤 교리는 과거의 역사를 자세히 연구할 필요가 없을 정도로 보편적으로 수용되고 있다. 그러나 한편으로 논란의 여지가 있는 교리들에 대해서는 가능한 한 모든 논의를 주의 깊게 연구해야 한다. 특별히 사변적 논의들이라고 해서 생략해 버리는 일은 일체 없어야 한다.

도덕신학은 기초(general) 도덕신학과 특수(special) 도덕신학으로 구분이 된다. 기초 도덕신학은 인간의 최종 목표에 이바지하고자 모든 행위에 부여될 도덕 행위의 일반적인 전제들과 그 특성들을 다룬다. 따라서 해당 주제는 다소 추상적이고 무미건조해 보일 수 있다. 그럼에도 불구하고 이에 관한 연구를 피할 수 없는 이유가 있다. "현대의 인간은 단지 무엇을 해야 하는지를 듣기 원할 뿐만 아니라 이 일을 **왜** 해야 하는지도 알기를 원하기 때문이다."[8] 따라서 다루게 될 주제들은 도덕의 본성과 그 궁극 목적이다. 그리고 도덕의 객관적 규범들

Furche, 1959, p.143). 존재론적 고찰들은 종말론적 실재들의 비판적 잣대 안에서 보완되어야 한다(*ibid.*, pp.148~152). 그리고 K. Peschke, "eschatologisches Naturrecht", in *Naturrecht in der Kontroverse. Kritik evan-gelischer Theologie an der katholischen Lehre von Naturrecht und natürlicher Sittlichkeit*, Salzburg: Otto Müller, 1967, pp. 127~141의 논문을 참조하라.

8) Helmut Weber, *Allgemeine Moraltheologie*, Graz: Styria, 1991, p.85.

로서 계시법·자연법·인간법, 주관적 규범으로서의 양심, 도덕적 정체성, 근본 선택(fundamental option), 인간 행위에 있어서 도덕적 가치의 실현, 도덕적으로 악한 행위로서의 죄, 회개와 덕, 그리고 거룩함의 완덕이 다뤄질 것이다.

특수 도덕신학은 인간 생활의 상이한 분야들과 상황들 속에서의 인간의 행동들을 다룬다. 여기에서는 주요 부분이 두 가지로 나뉜다. 제1부는 종교 권역(圈域)에서의 인간의 책임성을 다루고, 제2부는 창조된 세상을 향한 인간의 책임성을 다룬다. 종교 권역을 다루는 제1부는 신적인 신·망·애 덕들, 신적 예배의 본성, 다양한 예배 형태 등을 논한다. 창조된 세상에 대한 제2부는 이웃 사랑과 정의의 덕을 다룬다. 여기에다 '위격적 윤리학'으로 정의할 수 있는 분야가 이어지는데, 다시 말해 육체적 생명·건강, 명예·충실성·진리, 성(性, sexuality) 등이다. 성(性)은 또 다른 큰 권역인 '사회윤리'로 건너가는 징검다리이다. 작은 공동체들에서 시작해서 더 큰 공동체들인 혼인, 가정, 국가, 교회로 나아갈 것이다. 그다음은 노동, 소유, 경제, 그리고 — 전체 세상으로 확대하여 — 피조물을 위한 책임 있는 돌봄을 다룰 것이다.

제2권

특수 도덕신학

약어표

• 『성경』(*Holy Scripture*)
성경 문헌에서는 Revised Standard Version 의 약어가 사용되었다. 성서 본문은 같은 판에서 인용되었다.

• 제2차 바티칸 공의회 문헌(Documents of Vatican II)
- 「평신도 사도직에 관한 교령」(이하 「평신도 교령」) = AA (*Apostolicam Actuositatem*: Decree on the Apostolate of the Laity)
- 「교회의 선교 활동에 관한 교령」(이하 「선교 교령」) = AG (*Ad Gentes*: Decree on the Church's Missionary Activity)
- 「주교들의 사목 임무에 관한 교령」(이하 「주교 교령」) = CD (*Christus Dominus*: Decree on the Bishop's Pastoral Office)
- 「종교 자유에 관한 선언」(이하 「종교 자유 선언」) = DH (*Dignitatis Humanae*: Declaration on Religious Freedom)
- 「거룩한 전례에 관한 헌장」(이하 「전례 헌장」) = DV (Dei Verbum: Dogmatic Constitution on Divine Revelation)
- 「그리스도인 교육에 관한 선언」(이하 「그리스도인 교육 선언」) = GE (Gravissimum Educationis: Declaration on Christian Education)
- 「현대 세계의 교회에 관한 사목 헌장」(이하 「사목 헌장」) = GS (*Gaudium et Spes*: Pastoral Constitution on the Church in the Modem World)
- 「사회 매체에 관한 교령」(이하 「사회 매체 교령」) = IM (*Inter Mirifica*: Decree on the Instruments of Social Communication)
- 「교회에 관한 교의 헌장」(이하 「교회 헌장」) = LG (*Lumen Gentium*: Dogmatic Constitution on the Church)
- 「비그리스도교와 교회에 대한 선언」(이하 「비그리스도교 선언」) = NA (*Nostra Aetate* : Declaration on the Relationship of the Church to Non-Christian Religions)
- 「사제 양성에 관한 교령」(이하 「사제 양성 교령」) = OT (*Optatam Totius*: Decree on Priestly Formation)
- 「수도 생활의 쇄신에 관한 교령」(이하 「수도 생활 교령」) = PC (*Perfectae Caritatis*: Decree on the Appropriate Renewal of the Religious Life)
- 「사제의 생활과 교역에 관한 교령」(이하 「사제 직무 교령」) = PO (*Prebyterorum Ordinis*: Decree on the Ministry and Life of Priests)
- 「거룩한 전례에 관한 헌장」(이하 「전례 헌장」) = SC (*Sacrosanctum Concilium*: Constitution on the Sacred Liturgy)
- 「일치 운동에 관한 교령」(이하 「일치 교령」) = UR (*Unitatis Redintegratio*: Decree on Ecumenism)

_ 이 문헌들은 *Vatican Council II. The Conciliar and Post Conciliar Documents* (ed. by Austin Flannery, 1998, new revised edition, 4th printing)에서 인용되었다.

• 다른 약어표

•*AAS*(Acta Apostolicae Sedis) = 『사도좌 관보』

•*CIC*(Codex Juris Canonici of 1983) = 교회법(1983년 『교회 법전』)

•*DS*(Denzinger-Schönmetzer, Enchiridion Symbolorum, 1967, 34th edition) = 『신경 편람』

•*NT*(New Testament) = 신약

•*OT*(Old Testament) = 구약(구약에 숫자가 동반되는 경우 「사제 양성 교령」 참조)

•*S. Th.*(*Summa Theologica* by Thomas Aquinas) = 『신학대전』

• 사회 회칙들은

Proclaiming Justice and Peace Documents from John XXIII to John Paul II, ed. by Michael Walsh and Brian Davies(London: Harper Collins Religious, 1991)에서 인용했다. 이 책에 레오 13세(1891)의 「새로운 사태」(노동 헌장, *Rerum Novarum*)과 「사십주년」(*Quadragesimo Anno*)도 포함되어 있다.

완전히 개정된 『그리스도교 윤리학: 제2권 특수 도덕신학』이 한국어로 번역되어 출간되는 것은 빠르게 변화하는 오늘날 그리스도교 도덕신학 교육 현장에서 매우 뜻깊은 일입니다. 앞서 발간된 제1권(기초 도덕신학)에 이은 또 하나의 역작으로서, 세계의 역동적인 변화 속에서 정통 그리스도교가 신앙인의 구체적인 삶에 제공하는 의미 있는 지침서 중 하나가 되리라고 여겨집니다.

페쉬케 신부는 탁월한 학문적 통찰과 교회 전통 및 제2차 바티칸 공의회에 대한 충실한 이해를 바탕으로, 그리스도교 윤리학을 인간 삶의 전 영역에 깊이 적용하려는 연구를 일관되게 그리고 평생의 소임으로 삼아 온 신학자로 알려져 있습니다.

비록 세속화된 물질 사용, 개인주의적 성취, 대중 매체 등의 주장이 힘을 발휘하고는 있지만, 하느님 안에서의 도덕적 성숙과 인격적 완성을 추구하려는 신앙 공동체와 각자의 소명을 사는 신자들에게 이 책은 귀중한 선물이 될 것입니다.

특히 신학을 공부하는 대학생과 평신도 지성인에게, 그리고 교회의 성소를 준비하는 이들에게 이 책은, 그리스도교 윤리학을 규범의 나열로만 제시하지 않고, 인간의 사랑이신 하느님과의 필연적 관계, 자유와 책임, 공동선과 애덕 실천의 방법론을 제시하며, 가톨릭 도덕신학의 다양한 주제들에 대한 길잡이가 되어 줄 것입니다.

이러한 맥락에서 본인의 우려와 희망을 피력하고자 합니다. 우리 한국의 사목 현장에서 직면하는 예민한 문제들, 특히 위기에 빠진 '생명윤리'를 생각하지 않을 수 없습니다. 하느님을 닮은 인간의 생명이 지닌 궁극적 목적을 잊은 채, 남성과 여성을 물질로 환원하려는 몰가치와 불의한 시도들(인공생식·배아줄기세포·가족계획·낙태·저출생·연명치료·안락사·자살 등)의 결과로, '불명예스러운 세계 1위 국가'로 기록된 부문도 있습니다. 다행히 우리 가톨릭교회가 생명위원회를 출범시켜 총력을 기울인 결과, 여전히 숙제가 남아 있지만, 소기의 성과(성체줄기세포 특허·자연생식 확산 등)를 거둔 부문도 있습니다.

끝으로, 이 책의 출간에 감사를 드립니다. 신학도와 평신도 지성인이 한층 명료해진 설명과 추가된 사례를 통해 각자의 소명에 맞는 실천적 방법론을 익히게 될 것이며, 이는 두 공역자의 공로가 될 것입니다. 출간을 축하합니다.

2026년 1월
혜화동 주교관에서
추기경 염수정 안드레아

특수 도덕신학이란 인간 삶의 다양한 영역과 상황에서의 인간 행동을 다루는 신학이다. 기초 도덕신학의 원리를 전제하고 그 기초 위에 수립되며, 인간 행동을 특정 분야에 적용하게 된다. 그러므로 이 책은 『그리스도교 윤리학: 제1권 기초 도덕신학』의 내용을 전제할 때 비로소 완성할 수 있다.[9)]

기초 도덕신학의 주제 중 도덕적 요구의 궁극 목적에 대한 문제와 자연법의 문제점은 특수 도덕신학에서도 다시금 특별하게 다룰 사안이다. 전통적인 도덕 가르침은 도덕규범을 찾아내기 위해서는 자연법이 중요함을 강조하였다. "행위는 존재를 따른다"(action follows being)라는 원칙에 따르면, 도덕 의무는 인간들의 본성 및 그들의 행위와 관련된 실재들의 본성에서 파생되게 마련이다. 이 원칙이 오늘날에도 중요하게 인정받는다는 점은 확실하다. 하지만 많은 논쟁의 원인도 되고 있다. 인간 본성에 대해 이해를 다르게 하면 도덕적 의무에 대해 의견도 달라지기 때문이다. 이런 반대 의견은 인간 본성을 더 좋게 그리고 더 정확히 이해하는 데 있어서 항구적인 도전이 될 것이다. 우리 시대의 학자들은 인간 본성에 대한 지식을 완전하게 만들고자 경험과학, 예컨대 의학이나 심리학 또는 사회학에 귀를 기울여야 한다고 강조한다. 도덕신학은 그러한 경청의 노력을 피할 수 없다. 특히 특수

---

9) Karl H. Peschke: *Christian Ethics. Moral Theology in the Light of Vatican II*, Vol. 1: *General Moral Theology*, Bangalore: TPI, ^{3}1996.

도덕신학에는 이런 과학 지식이 필요하다. 도덕신학자들은 예컨대, 미신을 정확히 평가하기 위해서는 이상(異狀) 심리학(parapsychology)의 현상을 알아야 한다. 마리화나나 코카인 같은 약물의 허용 여부를 판단하려면, 건강에 미치는 그것들의 효과를 알아야 한다. 사회-경제적 질서를 논하려면, 노동관계와 경제 발전에 관한 법칙들 등을 알아야 한다.

전통적인 자연법 이론에 대하여 우리 시대의 많은 신학자들이 제한을 두고는 있지만, 최근 분석에서 볼 때, 도덕규범에 대한 접근법은 자연법 윤리학의 원칙들과 동일한 기본 원칙들에 기대고 있다. 도덕 질서는 인간 본성에서 도출되지만, 이 본성에 대한 지식은 의학, 심리학, 사회 과학 및 기타 유사 학문들을 새롭게 통찰함으로써 완전에 이르게 될 뿐이다. 이 접근법은 기본적으로는 존재론적인 것이며, 다시 말해 존재로부터 도덕적 당위에 대한 결론이 도출된다.

그러나 도덕규범을 연구하는 데 있어서 과학인 인간학을 아는 것만이 유일한 방법은 아니다. 도덕률을 정하는 데 있어서 인간학만큼이나 중요한 것은 인간과 세계가 창조된 목표와 목적이다. 도달하려는 목표는 도덕적 선으로서 인가되어야 할 것과 도덕적 악으로서 거부되어야 할 것을 정하는 데 있어서, 가장 결정적인 기준이다. 프로테스탄트 신학자 벤틀란트(H.D. Wendland)는 우리가 종말론적 윤리와 종말론적 자연법을 발전시키도록 요구한다.[10] 이로써 그가 윤리와 자연법에 대해 현재 존재하는 피조물들의 본성에서 나온 방향과 규범만 받아들인 것이 아니다(존재론적 출발점). 동등한 수준으로 다가올 새로운 창조와 하느님께서 시간의 종말을 위해 계획하신 왕국의 완성에서

10) "비판적인 종말론적 '자연법'(…), 이것은 사회 신학을 위해서 그리고 사회윤리학에 있어서 책임 있는 사회를 위한 그리스도교의 모습을 위해서 필요한 신학적 과제인 것이다"(Heinz-Dietrich Wendland: *Die Kirche in der modernen Gesellschaft*. Hamburg: Furche, 1956, p.145).

나온 방향과 규범도 받아들인 것으로 이해된다(종말론적 출발점). 그는 이런 종말론적 방향이 프로테스탄트 윤리에만 필요한 것이 아니라 가톨릭적인 도덕신학과 자연법 이론에도 필요한 것임을 느낀 것이다.

토마스학파와 스콜라학파의 신학이 인간 존재 자신이 무엇을 하든 염두에 두어야 할 하느님의 영광만이 인간 존재의 궁극 목적이라고 항상 지적했음에 대해 누구나 이의 제기할 수 있다. 이 주장은 확실히 참된 것이다. 그렇지만 이런 체계에서 볼 때 하느님 영광이란 다소 추상적 개념인 것이다. 이는 도덕규범의 내용에도 큰 영향을 주지 못했다. 모든 실천적 목적에 있어서 도덕률이란 인간 존재와 피조물의 구체적 본성에서 파생된 것이다. 이는 출발점으로서, 존재론적이다. 창조의 궁극 목표 그리고 인간과 세상과 함께하시는 하느님의 목적은 가톨릭 도덕신학에서도 더 큰 관심을 받아야 한다. 그 목표란 하느님 나라 건설을 통한 하느님의 영광이라고 간략하게 정의된다. 이에 대해서는 이 책 제1권에서 아주 자세히 설명한 적이 있으며, 이 문제에 대한 설명을 위해서 제2차 바티칸 공의회도 기초적이며 매우 값진 설명을 해 준다. "그리스도인들은 천상 도읍을 향한 나그네로서 저 위에 있는 것들을 찾아 맛 들여야 한다. 그러나 더 인간다운 세상을 이룩하도록 모든 사람과 함께 협력하여야 할 임무의 중요성이 감소되는 것이 아니라 오히려 증대되는 것이다. (…) 이로써 인간은 시간의 한처음에 드러난 하느님의 계획, 곧 땅의 지배와 창조의 완성이라는 계획을 실천하고 또 자기 자신을 완성하며, 동시에 자기 자신을 바쳐 형제들을 섬기라는 그리스도의 큰 계명을 지키게 된다"(「사목 헌장」 57항). 사람들은 "하느님의 창조를 완성하기 위하여 협력하도록" 불린 것이다(「사목 헌장」 67항. 참조: 「사목 헌장」 34항). 그들은 자신들의 모든 행위에 있어서 이 목표를 명심하고 여기에 이바지해야 한다. 도덕규범을 위한 이런 출발점을 진정 종말론적인 것 또는 — 오늘날 아주 흔히 사용되는 용어로 — 목적론적인 것이라고 부를 수 있겠다.

그리스도교 윤리학에 있어서 방향으로서의 목적론은 본질적 요소이다. 하느님의 창조를 펼치는 데 있어서 창조가 내포하고 있는 모든 것을 그분과 협력하도록 불린 인간의 그런 소명은 모든 도덕적 고찰을 할 때 최종 기준으로 제시되어야 한다. 그리스도교 윤리학이 신율적인(神律的, theonomous) 이유는 단지 성서에서의 하느님 말씀이 언제나 기본 원천으로서 도덕적 영감이 되어 주기 때문만이 아니다. 이 세상에 대한 하느님의 계획과 그분의 영광이 중심을 이루고 있기 때문이기도 하다.

하느님과의 관계는 개인의 도덕 생활에 있어서 가장 기초적인 요소이다. 그러므로 종교 영역에서 볼 때 개인의 책임성에 대한 연구가 창조된 세상에 대한 책임성 연구보다 앞서는 것이 타당하다. 성서는 그 질서가 올바른 것이라고 당연히 여긴다. 십계명에서도 자기 이웃을 향한 의무로서의 계명보다는 하느님을 경배할 계명을 앞에 놓으며, 언제나 이웃을 사랑하기보다도 먼저 하느님을 사랑하도록 놓는다.

따라서 특수 도덕신학을 소개할 때 두 부분으로 나누되, 관련 부문에 있어서 먼저 기초 덕목들에 관한 연구를 특히 중요하게 소개한다. 종교 영역에 관한 제1부에서는 대신덕(對神德, theological virtues)으로서 신·망·애를 다루며, 신적 예배의 본성 및 신적 예배의 특수한 형태와 그 의무를 다룬다. 창조 세계에 관한 제2부에서는 이웃 사랑과 정의에 관한 덕목을 다루되, 이어지는 각 장에서는 "개인적 윤리"로 정의되는 것 즉 육체 생활과 건강을 다루고 명예, 성실, 진실 및 성(性, sexuality)을 다룬다. 이 성은 다른 큰 영역인 "사회윤리"로 가는 전환점이 된다. 더 작은 공동체에서 시작해 결혼, 가족, 국가 및 교회와 같이 더 큰 공동체로 나아간다. 그런 다음 노동, 소유, 경제 그리고 — 전체 세계로 확대되면서 — 피조물에 대한 책임 있는 돌봄으로 이어진다.

제1부

종교적 영역에서 그리스도인의 응답 책임

제 1 부	종교적 영역에서 그리스도인의 응답 책임
	종교 및 대신덕 일반
제 1 장	신덕
제 2 장	망덕
제 3 장	신애덕
제 4 장	신적 예배의 본성과 기초
제 5 장	예배의 특수한 형태들

•
•
•
•
•

종종 본래적 의미의 윤리신학으로부터 종교적 영역을 배제하려는 경향이 있다. 그런 경향에 대하여 칼 바르트(Karl Barth)는 이렇게 주장한다. "일과 더불어 또한 기도가 있다. 한 형제를 향한 실천적 사랑과 더불어 또한 더 좁은 의미의 신적 봉사가 있다. 국가와 공동체 내에서 행하는 활동과 더불어 종교 집회 안에서 행하는 활동도 있다. 다른 학문들과 더불어 또한 신학이 있다. 그리고 분명히 이런 활동들과 유사한 활동들은 명령이자 의무로서, 행위를 할 사안으로 여겨야 하며,"[1] 단순히 수동적으로 받아들이는 그런 사안은 아닌 것으로 여겨야 한다. 특별히 종교 생활의 영역은 영적인 것을 위한 중요한 기준들(points of reference)을 제공하며, 제2차 바티칸 공의회에 따르면 도덕신학은 이를 더욱 주목해야 한다는 것이다(「사제 양성 교령」 16항). 바로 이 점에서 도덕신학이 영적 자극을 제공할 수 있다.

1) Bromley / Torrance (ed.), *Church Dogmatics* III/4, Edinburgh: T. & T. Clark, 1961, p.49.

종교 및 대신덕 일반

1. 세속화된 세계에서의 종교

인간과 우주 만물의 궁극 목적(purpose)은 하느님의 영광이다. 이들은 이 결말(end)을 위해 창조되었기 때문이다. 이 결말이 이들이 존재하는 이유이다. 모든 피조물은 이 결말에 이바지해야 한다. "나는 야훼, 이것이 나의 이름이다. 나는 내 영광을 남에게 돌리지 않는다"(이사 42,8). 우주 만물은 자신들이 참으로 존재함으로써 하느님께 찬양을 드린다. 인간은 피조물의 맨 위에 있는 존재로서, 정신과 의지를 통해 의식적으로 하느님께 영광을 드린다. 주님께서는 당신 백성과 이 세상에 사는 모든 이들에게 "내 이름에 영광을 돌리라"고 요구하신다(말라 2,2; 이사 42,12; 예레 13,16).

하지만, 자연 과학과 기술이 지배하는 현대 세계에서는 종교가 비과학적이고 비생산적인 것이라고 묵살되곤 한다. 신은 인간의 소망이 인격화한 것이며 종교는 인간이 겪는 고통을 쾌락으로 바꾸는 아편으로 여기곤 한다. 남녀 사람들은 그러한 공상과 환상을 버리고 동료들을 적극적으로 돕는 일에 투신해야 하며 더 나은 경제적 환경을 조성함으로써 그들의 문제를 해결해 주어야 한다고 주장한다. 모든 불평등에서 해방되고 모두에게 경제적이고 사회적인 복지를 제공하는 그런 물질적으로 번영한 사회만이 사람이 전적으로 헌신할 만한 목적이라고 주장하는 것이다.

종종 세속화라는 용어로 표현되는 인생에 대한 그런 세속적 해석에서는 종교보다는 과학, 이성 및 사회에 강조점을 둔다. 인간적 수고의 목표는 영원한 삶이 아니라 이곳 지상에서의 더 나은 삶이다. 이 세상에 대한 봉사와 종교적 실천 간에는 이원론적 태도를 취하며, 세상 봉사가 더 시급하고 더 유익하다고 여긴다. 사실, 과거의 신학은 이러한 괴리를 메우는 데 언제나 성공한 것은 아닌 듯하다. 제2차 바티칸 공의회는 이와 관련해 신학적으로 충분하지 못했던 것을 극복하고자 결연한 노력을 기울였고, 잘못된 이원론에 단호하게 맞섰다. “많은 사람들의 일상생활과 그들이 고백하는 신앙 사이의 저 괴리는 현대의 중요한 오류로 여겨야 한다. (…) 따라서 한편으로 직업적 사회적 활동과 다른 한편으로 종교 생활을 서로 부당하게 대립시켜서는 안 된다. 자기의 현세 의무를 소홀히 하는 그리스도인은 이웃은 물론 바로 하느님께 대한 자기 의무를 소홀히 하고 또 자신의 영원한 구원을 위험에 빠트린다”(「사목 헌장」 43항). 인간의 현세적 활동도 책임감 있게 행해진다면, 아주 참된 의미에서 볼 때 하느님께 바쳐지는 봉사가 된다. 인간은 “당연히 자기가 자신의 노동으로 하느님의 활동을 펼치고 자기 형제들의 이익을 돌보며 개인의 노력으로 하느님의 계획을 역사 속에서 성취시키는 데에 이바지한다고 여길 수 있다”(「사목 헌장」 34항).

이 괴리는 무엇보다도 하느님 예배와 종교 제례에 손해를 끼친다. 이는 인간과 사회에게 심각한 손실이 된다. 어쨌든 종교는 모든 문화의 한 부분, 한 구획을 담당해 왔으며 이는 심오한 이유가 확실히 있기 때문이다. 세속화된 사회는 “모든 시대에 걸쳐서 가장 널리 퍼진 문화적 현상, 즉 예배 행위와 직면해야 한다.”[2] 만약 현세 활동의 의미가 세상에 대한 봉사에 있다고 한다면, 이 봉사는 창조주에 대해 그리고 인류와 세상에 대한 그분의 의지에 대해 지식이 없이는 올바로 수행될 수 없다. 이러한 이유로 예배란 “통상적인 것에 대한 봉사를 잠시 멈추는 것이어야 하고, 세상에 대한 우리의 봉사 안에서 하느님의 현존을 깨닫게 되는 그런 따로 구분된 시간이어야 한다.”[3]

---

2) R. Panikkar, *Worship and Secular Man*, London: Darton, Longman & Todd, 1973, p.2.

예배의 문제는 인간의 본성과 운명의 문제와 내밀하게 연결되어 있다. 성숙한 인간 모두는 필연적으로 여자든 남자든 스스로 삶의 의미와 존재의 신비에 대한 질문을 던진다. 인간은 그 질문을 영원히 외면할 수 없다. 인간이 자연적인 종교적 기질(disposition)을 지녔기 때문이다. 이 질문에 가장 적절한 답변은 물론 이념이나 영적인 대체제들도 이 문제에 답변하려는 시도를 해 왔었지만, 언제나 인류의 종교들에서 얻었다.

이 질문은 궁극적으로는 모든 존재의 바탕과 기원으로 인간을 이끈다. 인간은 이러한 바탕과 기원을 신비롭고 거룩한 것으로 경험하게 된다. 거룩함에 대한 경험은 존경심, 신앙, 신뢰, 사랑 그리고 감탄이라는 특징을 띤다. 이러한 정서들은 구체적인 인간 존재 안에서 순전히 내부적인 것으로만 남을 수 없고, 필연적으로 종교성(혹은 이념)의 외부적 형태로 표현하고자 노력을 기울인다. "만약 인간을 단순히 경제적이고 정치적인 차원으로만 바라본다면, 단순히 **도구를 사용하는 인간**(*homo faber*)이거나 사회적이고 정치적인 동물(*animal sociale et politicum*)로만 바라본다면, 예배는 쓸데없는 시간 낭비나 사실상 해로운 걱정거리로 단죄될 것이 틀림없다. 하지만, 만약 실제적인 초월 행위가 인간 삶의 실존적인 근본 요소라면, 예배 없이는 인간의 삶이 위축되어 버리기에, 예배는 본질적인 어떤 것으로 여겨져야 한다."[4] 그리고 모든 종교에서, 특히 그리스도교 신학에서 본 인간은 초월적인 운명(목적)을 갖는다. 인간은 자신의 궁극적 의미를 자신 안에서나 현세적 복지를 실현함으로써 발견하는 것이 아니다. 하느님의 더 큰 영광을 향한 그분의 영원한 설계 안에서 그리고 그분과의 친교를 통해서 발견하게 된다.

---

3) L. Lorenzetti (ed.), *Trattato di etica teologica*, vol. 2, Bologna: EDB, 1981, p.37.
4) Michael Schmaus, "Worship", *Sacramentum Mundi* VI, 1970, p.390.

인생의 경험은 종교가 지닌 근본 의미를 확인시켜 준다. 실패, 낙담, 질병 및 죽음과 같이 불안과 두려움의 상황에서 사람들은 해결책을 찾으려 애쓴다. 인간은 초월적 존재와의 통교를 통해 그분에게 복종하고 숭배를 드리면서, 해결책을 발견하게 된다. 이는 인간이 내적 평정을 회복하는 데 도움을 준다. 종교 예식들은 인간 존재의 이런 욕구를 만족시켜 준다. 이것은 종교 예식이 지니는 가치의 중요한 차원이다. 동시에, 종교가 버려진 곳에서는 그 대체제가 종교와 동일한 기능을 담당하면서 그 자리를 차지한다. 그러나 어떤 대체제도 실재 자체는 대체할 수 없기에 언제나 그 실재보다 불충분한 채 있다. 진정한 선의 대체재를 제공하는 것으로는 인간에게 실제적 봉사를 할 수 없다. 이는 인간이 더욱더 종교적이 될 때 삶에 더 만족하고 그 삶을 더 기쁘게 살아가며 더 의미 있는 것으로 경험하더라는 사회학적 발견과도 일치한다.[5)]

2. 세 개의 대신덕

종교적 삶은 무엇보다 기도, 희생, 성사 예식, 제례 거행 등, 여러 예배 행위로 드러난다. 하지만 모든 예배의 핵심은 신적 덕행(divine virtues) 혹은 대신덕이다. 이 덕들은 인간의 마음을 하느님께 열게 하고 그분과 인간을 결합시킨다. 종교 생활에 불을 지펴 주고 기본 자산

5) 하버드와 예일 대학교에서 실시한 조사에 따르면, 교회에 정기적으로 나가는 것이 약물 남용, 알콜중독, 범죄행위나 다른 사회적 병리를 예방하는 데 의미 있는 것으로 나타났다. 정기적으로 교회에 나가는 사람들은 냉담자들과 비교하여 비교적 덜 이혼하고(18% 대 34%), 심리학적 장애는 절반 정도이며, 주류의 문제를 지닌 사람이 71%가 더 적었다(cf. J.P. Shapiro / A.R. Wright, "Can Churches Save America?", US. *News World Report*, Sept. 9, 1996, pp.46~53). 종교를 가진 사람들은 질병과 스트레스를 더 잘 다뤘다. 이들은 더 건강한 삶의 방식을 지니고 있으며, 더 많은 사회적 접촉을 가졌고, 더 오래 살았다. 미국에서 이루어진 각각의 연구들이 일치된 결과를 보여 주는데, 교회에 나가지 않는 이들의 기대수명은 75세인 반면, 교회에는 나가지만 매주 나가지는 않는 이들의 기대 수명이 80세, 매주 나가는 이들이 82세, 매주 두 번 이상 나가는 이들은 83세의 기대 수명을 보여줬다("Faith and Healing", *Newsweek*, Nov. 17, 2003, pp.50~58).

이 되어 준다. 이러한 덕들의 정신이 없다면 기도문 암송이나 제례 실행은 빈껍데기가 될 것이다. 다른 한편, 이 신적 덕행들은 기도, 전례 및 성사들로써 외적으로 표현되어야 한다. 이런 외적 행위들을 통해 이것들은 지속되고 형성되며 강화된다.[6)]

그리스도교 신학의 일관된 가르침에 따르면, 대신덕은 세 가지로서 믿음과 희망 및 애덕이다. 세 가지인 이유는 신약 서간의 가르침 때문이며, 이 셋을 개별적 가치로만 강조하는 것이 아니라 반복해서 하나로 결합시켜 주기 때문이다. 성 바오로는 테살로니카 사람들이 보여준 "믿음의 행위와 사랑의 노고와 희망의 인내를"(1테살 1,3) 기억한다. 그리고 이 세 덕을 다른 모든 덕보다 우위에 둔다. "그러므로 이제 믿음과 희망과 사랑 이 세 가지는 계속됩니다. 그 가운데서 으뜸은 사랑입니다"(1코린 13,13).[7)] 3이라는 숫자는 교회의 전통에서는 확실하게 자리를 차지해 왔다.

트렌토 공의회는 성서의 가르침에 근거하여[8)] 의화와 영생을 얻기 위해서는 세 개의 대신덕이 필히 있어야 한다고 선언한다. 이 공의회는 믿음이 모든 의화의 시작이고 기초이며 뿌리이기에, 믿음 없이는 하느님 마음에 들 수 없으며[9)] 영원한 생명을 얻고 그리스도의 살아있는 지체가 되기 위해서는 믿음과 더불어 희망과 애덕 또한 필요하다고[10)] 선언했다. 의화를 위해 애덕이 필요함은 이 공의회의 결정 사

---

6) 대신덕 혹은 신적 덕행들은 하느님을 직접적인 대상과 동기로 삼는 덕들을 말한다. 반대로, 윤리덕(moral virtues)들은 창조된 가치들을 직접적인 대상으로 삼는다. 윤리덕들은 모든 진정한 도덕법을 통하여 하느님께 순종한다는 점에서만 간접적으로 하느님과의 관계를 포함하게 된다. 반면에, 대신덕들은 아무런 매개적 연결 없이 하느님께 영혼을 고양시키게 된다.

7) 로마 5,1~5; 콜로 1,4 이하; 1테살 5,8; 히브 10,22~24; 1베드 1,21 이하도 보라.

8) 추가로 신덕에 관해서는 마르 16,16; 로마 3,28~30; 갈라 3,11~14; 히브 11,6을, 망덕에 관해서는 로마 8,24; 히브 3,6을, 애덕에 관해서는 마태 22,36~39와 병행 구절; 1코린 13,1; 1요한3,14와 4,16을 보라.

9) *DS* 1532; cf. 3012.

10) *DS* 1530 이하.

항들(definitions) 중 하나로 여겨진다.[11]

하지만, 신·망·애가 유일한 대신덕이라고 간주한다는 점을 인간 존재와 종교적-도덕적 생활의 본질로부터 추론에 근거해 설득력 있게 결론으로 끌어낼 수는 없다. 성 토마스는 그저 그것의 적합함에 대한 근거를 제시할 뿐이다. 사실 성서 자체는 하느님에 대한 경외, 신뢰, 경건과 같이 다른 대신덕들도 자주 언급한다. 따라서 세 개의 대신덕이 있다는 명제는 배타적인 의미로가 아니라, 긍정적 의미로 이해해야 한다. 그러나 신·망·애가 신앙인의 내적 종교 생활을 이루는 세 개의 주요 덕이라고 말할 수 있다.

신적 덕행들의 일차적 목적은 하느님과의 거룩한 대화를 위해 인간을 준비시키는 것이다. 신·망·애를 통해 인간은 구원을 주시는 하느님의 말씀을 이해할 수 있고 자기 마음에 받아들일 수 있으며, 그 말씀에 응답할 수 있게 된다. 신적 덕행들은 인간의 종교적 실존과 하느님과 함께하는 삶을 위한 기초이다. 신앙인과 그들의 활동 전체와 관련시키며, 그와 더불어 온 세상을 신적인 봉사와 그리스도의 왕국에 관련시키는 것이다.

3. 비그리스도교 세계에서의 대신덕

전통 교리에 따르면, 신적 덕행들은 본래적으로 초자연적 덕이고 따라서 언제나 그리고 필수적으로 주입된 덕이다. 신적 덕행들은 성화 은총(sanctifying grace)과 함께 부여된다. 하지만 지금까지의 신학적 가르침에서 볼 때, 은총의 삶은 보통 오직 성사들로써 그리고 근본적으로는 세례를 통해서만 얻을 수 있는 것이기에, 대신덕들은 오직 그리스도인들만이 지닐 수 있다고 생각했다. 비록 비그리스도인들도 종교를 가진 것이 명백하지만, 그들의 종교 생활은 종교의 덕에다 포함

11) *DS* 1561.

시켰던 것이다. 토마스 아퀴나스에 따르면, 종교의 덕은 하느님 자체를 대상으로 삼기보다는 — 그의 맥락에서 볼 때 제2차 바티칸 공의회 이전의 입문서에서 통상 가르쳤던 것처럼[12) — 그저 제례 행위일 뿐이었다.[13)

하지만, 누가 또는 무엇이 제례 행위의 대상이 될 수 있는지에 대한 추가 질문을 던질 필요가 있다. 이에 대해서는 오직 하느님이 제례 행위의 대상이라고 대답할 수 있을 뿐이다. 하느님을 예배하고, 하느님을 경배하며, 하느님께 기도와 희생 제사가 바쳐진다. 마찬가지로 종교적 덕의 대상도 궁극적으로는 하느님이시다. 나아가 위에서 설명한 것처럼, 제례 행위는 대신덕에 대한 내적 태도를 외부로 표현한 것이다. 이러한 덕행들의 외부적 표현으로서, 대신덕을 포함하고 있고 그것을 전제하는 것이다. 그러므로 만약 비그리스도인들이 제례 행위를 통해 실제로 하느님께 예배드릴 수 있다면, 그들도 신·망·애의 덕행을 소유하게 되는 것이다. 사실, 비그리스도 종교들은 자신들의 기도, 제례 및 신비 생활(mysticism)을 통해 이 덕행들을 아주 명백히 실천하고 있다.

비그리스도교 세계의 대신덕에 관한 물음은 이 세상 안에 나타난 그리스도의 구원 은총과 성령의 보편적 현존에 대한 새로운 신학적 이해로 인해 더 많은 빛을 받게 되었다. 제2차 바티칸 공의회는 이러한 이해를 채택하였고 그 방향으로 움직였다. 은총이 모든 사람의 마음 안에서 보이지 않게 움직이며 성령께서 모든 사람에게 이 파스카의 신비에 동참할 가능성을 주신다고 가르친 것이다(「사목 헌장」 22항; 「교회 헌장」 16항). 그러므로 현존하는 초자연적 질서 안에서 선의를 지

---

12) Aertnys-Damen, *Theologia Moralis II*, 1968, nr. 3; Noldin, *Summa Theol. Mor. II*, 1961, nr. 132f; Prümmer, *Manuale Theol. Mor. II*, 1958, nr. 325; Zalba, *Theol. Mor. Compendium I*, 1958, nrs. 102f.

13) *S. Th.* II-II, q.81, a.5.

닌 모든 사람은 그리스도 왕국의 시민이 되기 위해 필요한 은총을 받게 될 것이다. 마찬가지로 신적 덕행을 얻고 실천도 할 조건에 있게 된 것이다.

사실, 모든 인간은 초자연적인 동일한 궁극 목표로 가는 운명이기에(참조: 「사목 헌장」 22항, 24항), 모든 이는 이 소명을 위해 그리고 하느님의 구원 계획의 협조자로서 이 임무를 위해 상응하는 초자연적 힘과 자격을 부여받아야만 한다. 사랑과 희망이라는 대신덕은 선의를 지닌 모든 사람의 영적 능력의 일부라고 이 공의회는 분명히 언급한다. "그리스도인은 '성령을 첫 선물로'(로마 8,23) 받아, 그 선물로써 사랑의 새 계명을 지킬 수 있게 되고" 그리고 "부활을 향한 희망으로 힘차게 나아갈 것"이라고 설명한 후 이 본문은 곧바로 "이것은 그리스도인만이 아니라 그 마음에서 은총이 보이지 않게 움직이고 있는 선의의 모든 사람에게도 들어맞는 말이다"라고 주석을 이어 간다(「사목 헌장」 22항).[14] 그러므로 비그리스도인들이 그리스도와 그분의 성령께서 베푸시는 은총에 참여하는 정도에 따라, 그들도 신적 덕행들의 은사에 참여하고 그 덕행들을 실천할 수 있게 된다.

14) 참조: 또한 「사목 헌장」 38항: "하느님의 사랑을 믿는 이들에게 사랑의 길은 모든 사람에게 열려 있다는 확신을 가지게 하신다."

제1장

신덕

1.1. 대신덕의 본질

신학적 믿음이란 보통 성경 계시에 담긴 진리와 교회가 믿을 교의로 정한 교리 그것들에 대한 동의라고 이해된다. 하지만 어떤 특정한 명제 체계들을 우선적으로 동의하는 것이 믿음은 아니다. 믿음이란 하느님과의 인격적인 만남이다. 성부의 편에서는 자기 공개(self-disclosure)이며, 인간의 편에서는 성부를 향한 마음의 개방인 것이다.

신앙은 한 사람을 아는 길로 열어 준다. 믿는 이는 다른 하나의 존재와 세계, 그의 지식과 이해, 사랑과 바람을 서로 나누게 된다. "어떤 것을 믿는다는 것은 또 다른 형태의 믿음일 뿐이다. 이로부터 믿음이 일차적으로 당연히 사람들이 사물, 명제나 정식과 맺는 관계는 아니며 오히려 사람들과의 관계라는 점이 분명해진다. 이 관계는 특별히 그 사람을 알도록 유도하게 된다. 믿음은 우리가 한 사람을 이해하고자 다가갈 수 있는 방법이자 수단인 것이다. 가장 심오한 실제적 의미로 볼 때, 믿음 없이는 한 인격이 지닌 실재와 신비는 가려진 채로 있음이 분명하다. 검사나 실험을 통해 분석하고 통제하는 것으로는 한 사람이 정말로 누구인지는 알 수 없다. 수학이나 자연 과학의 선상에서 어떤 사람을 알아낸다는 것은 부적절한 일이며, 그러한 방법론을 적용할 수는 없기 때문이다. 한 사람이 자신의 참된 본성과 참된 자아를 통해 스스로를 알도록 허용해 줄 때, 자신을 열어 보일 때, 그때만이 그는 알려질 뿐이다."[1]

신앙은 필연적으로 나는 당신이 말하는 것, 당신이 요청하는 것, 당신이 약속한 것을 믿는다는 형태로 특정한 내용들을 담게 마련이다. 그러므로 믿음은 어떤 단언들에 대한 신뢰를 의미하기도 한다. 그러나 명제들이나 선언들에 관한 이런 믿음은 믿는 대상으로서의 그

---

1) Heinrich Fries, "Faith and Knowledge", *Sacramentum Mundi* II, 1968, p.331.

사람과 관련된 것이며 일차적으로는 그 사람의 생각과 그의 세계에 참여하는 것이다. 인간 존재의 경우에 이러한 생각이 외부 실재에 반드시 상응할 필요는 없다. 그것은 단지 인간 존재들의 내적 확신과 느낌을 대변해 줄 뿐이기 때문이다. 믿음은 한 사람의 발언이 그 자신의 내적 통찰, 경험 및 확신과 일치하고 있음을 보증해 준다. 하지만, 외부 실재와 관련된 주장이 올바른지는 믿음의 대상인 그 사람의 능력과 지식의 정도에 맞게 보장이 된다.

"그러므로 신앙은 예비적·부분적 또는 추정적 형태의 그런 지식이 아니다. 믿을 만한 지식이다. 그것은 일차적으로 세계, 사물 및 대상과 관련된 영역이 아니라, 사람과 관련된 영역에 대한 이해인 것이다."[2] 신앙만이 한 사람에 대해 더 깊이 알 수 있게 해 준다. 여기서 자기 자신에 대해 실험으로 도달할 수 있는 그 지식만이 진실하다고 여기는 것은 분명히 편견인 것이다. 그러한 제한 때문에 실재의 중요 영역들은 우리의 지식 즉 그 사람의 영역에 가까워지기 어려울 것이다.

1.1.1. 성서에 나타난 신앙

성서는 신앙이 일차적으로 인격적 만남과 관계라는 통찰에 기본적으로 동의한다. **구약**의 관점에서 볼 때, 신앙은 하느님과의 전적인 유대이다. 구약에는 우리의 신앙에 해당하는 전문적(technical) 용어가 나타나지 않는다. "구약성서의 그리스어 번역인 칠십인 역이 사용하는 신앙 **피스티스**(*pistis*)와 믿다 **피스테우엔**(*pisteuei*)이라는 두 단어는 히브리어 본문에 나타나는 다른 몇몇 단어와 개념에서 번역된 것이다. 그런데, 이 중에는 히브리어의 기본 단어가 하나 있는데, 이는 특별히 믿음이라는 개념에 부합하며 그리고 바로 동사의 한 형태로 된 **아만**

2) H. Fries, *op.cit.*, p.331.

(*aman*)이다. 이는 그리스도교 전례의 역사 안에서 긍정을 표시하는 의미로 사용되어 오고 있다."[3)][4)] 이 단어는 사안이 확고하고 믿을 만하며 확실한 것을 뜻하며 약속한 것은 지속할 것이라는 뜻이 있다. 따라서 신앙은 하느님께 아멘이라고 말씀드리는 것이며 한 사람의 실존 전체를 그분께 근거를 두는 것이다. "너희가 믿지 않으면 정녕 서 있지 못하리라"는 이사야서 7장 9절은 신앙에 대한 이러한 이해를 찾아볼 수 있는 고전적 본문이다. 〔**옮긴이 주 #2:** 여기에서부터 이 3판(2012년의 영어판/ 새 개정판)의 영어 본문 중 열세 줄의 분량이 중복되어 있었고 의도했던 부분은 생략되어 있기에, 2판인 한국어 본문(1986년의 영어판/ 1992년의 한국어판/ 김창훈 옮김)의 내용을 기준으로 삼아 생략된 내용을 복구한 것임. 몇 줄 아래의 "(…) 그 후 신앙은 하느님 나라의 기쁜 소식을 선포하신 것에 대해 그분에 의해 요구되는 기본 응답이 되었다"의 문장 이후부터 이 3판의 영어 본문이 다시 시작됨.〕 믿음은 이사야서 28장 16절의 "믿는 이는 물러서지 않는다"는 말씀과 시편 116편 10절의 "'내가 모진 괴로움을 당하는구나.' 되뇌면서도 나는 믿었네"라는 말씀에서처럼, 하느님께 대한 확고한 신뢰와 의탁인 것이다.

신약에는 "의인은 믿음〔성실함〕으로 산다"는 하바쿡서 2장 4절의 말씀이 중요해진다.[5)] 여기서 신앙이란 인간이 하느님을 향한 순종과 충실이라는 태도의 총체를 의미한다.[6)] 마찬가지로 아브라함의 신앙도

---

3) W. Kasper, *An Introduction to Christian Faith*, London: Burns & Oates, 1980, p.79.

4) 〔**옮긴이 주 #1**〕 영어판 원본의 편집·인쇄·제본의 오류로 중복되는 내용 속에 각주가 또 있기에, 우리말 번역본에서는 반복되는 내용을 삭제했지만, 각주 번호의 개수를 맞추고자 번호를 하나 더 추가해 놓는다. 즉 W. Kasper, *An Introduction to Christian Faith*, London: Burns & Oates, 1980, p.79.

5) 참조: 로마 1,17; 갈라 3,11; 히브 10,38.

6) Cf. D. Lührmann, "Glaube", *Reallexikon für Antike und Christentum*, vol. 11, 1981, col. 57.

중요해진다.7) 그는 비록 늙은 나이에도 자식은 없었지만, 많은 후손을 주어 축복하시겠다는 하느님의 약속을 신뢰하였다. 아브라함이 "주님을 믿으니, 주님께서 그 믿음을 의로움으로 인정해 주셨다"(창세 15,6). 아브라함의 신앙은 신뢰의 태도만이 아니다. 그의 신앙이 시험 받는 부분에서 볼 수 있듯이(참조: 창세 12,1~4; 22,1~18), 순종의 태도도 보여 준다. 하느님께 순종으로서의 신앙은 신명기 9장 23절과 열왕기 하권 17장 14절에서도 나타난다.

"그러므로 구약의 신앙은 하느님 개념이나 교의에 대한 수용이 아니라, 도덕적 응답이다."8) 그것은 하느님을 신뢰하고 도우심을 기대하며 그분과 그분 말씀을 굳건히 견지하는 것이다. 여기에는 하느님에 대한 지식과 역사 안에 개입하시는 그분의 구원 사업에 대한 지식도 포함된다. 유일신이며 구세주이신 야훼께 대한 믿음은 이스라엘 신앙에 기본적으로 요구되는 것이다(탈출 20,2~3; 신명 4,39; 이사 4,3~10; 호세 13,4). 하느님에 관한 특정 진리를 아는 것이 신앙의 중요한 요소로 강조되지는 않았다.

신약에 있어서 믿음은 그 의미가 동일하지 않고 여러 가지로 차이를 보여 준다. 공관복음에 있어서 "믿다"라는 개념은 대부분 기적적으로 치유된 사실을 기록한 곳에서 나타났을 뿐, 신학적으로 깊은 의미를 지니지는 않았다. 그것은 예수 안에서 드러난 하느님 권능에 대한 신념일 것이다. 예수는 그것을 종교적이고 구원적인 순수 신앙이 되기 위한 출발점으로 인정하셨다. 그 후 신앙은 하느님 나라의 기쁜 소식을 선포하신 것에 대해 그분에 의해 요구되는 기본 응답이 되었다. 〔**옮긴이 주 #3:** 여기까지가 이 3판의 영어 본문(2012년의 영어판/새

---

7) 참조: 로마 4; 갈라 3,6~9; 히브 11,8~9.

8) E.C. Blackman, "Faith", *The interpreter's Dictionary of the Bible*, vol. 2, 1962, p.225.

개정판)에서 누락된 내용을 기존 한국어판(1986년의 영어판/ 1992년의 한국어판 김창훈 옮김)에서 보충, 삽입해 넣은 것임.] "때가 차서 하느님의 나라가 가까이 왔다. 회개하고 복음을 믿어라"(마르 1,15). 신앙은 회개를 향한 부르심이다. 그것은 가장 철저한 전환, 즉 하느님과 그분 왕국을 향해 완전히 돌아섬인 것이다. "만약 예수가 예언서의 약속이 실현되어 구원의 때가 다가왔다고 선포하셨다면, 그분은 예언자들에게 요구되었던 것과 같은 태도, 즉 신뢰, 완전한 의탁 및 구원의 하느님께 의지하고 그분을 향한 희망을 전제로 말씀하신 것이다."[9] 그분의 선포에 있어서 새로운 점이란 하느님 왕국이 지금 도래했다는 기쁜 소식을 받아들이는 것이다. 예수는 이를 선포하기 위해 파견되신 것이다. 그것은 특정 교리에 동의하는 교의적인 신앙이라기보다는 하느님과 인류를 향한 그분의 뜻에 전적으로 헌신하는 것이다(참조: 루카 17,5).

신앙의 내용은 바오로의 저작들에 있어서 근본적인 중요성을 획득한다. 물론, 바오로 사도가 제시한 믿을 교리의 수는 많지 않다. 근본 진리는 그리스도께서는 우리의 죄 때문에 죽으셨고 죽음에서 부활하셨다는 것이다(로마 4,24; 10,9; 1코린 15,1~4). 인간은 (모세의) 법에 따른 행실로가 아니라 이 믿음으로 구원된다. 이 주장의 근거로 바오로는 아브라함의 예(로마 4; 갈라 3,6~9)와 하바쿡서 2장 4절 "의인은 믿음(성실함)으로 산다"는 말씀을 언급한다(로마 1,17; 갈라 3,11). 신앙의 내용을 강조하게 되는 변화는 특별히 믿는 사람의 행위로서가 아니라 사도들로부터 전해진 유산으로서 신앙을 설명하는 본문들 속에서 분명히 드러난다. 바오로가 "믿음을 전한다"는 것(갈라1,23), 또는 "주님도 한 분이시고 믿음도 하나이며 세례도 하나"라는 것(에페 4,5), 또는 교회 안

9) R. Schnackenburg, *Die sittliche Botschaft des Neuen Testaments*, vol. 1, Freiburg: Herder, 1986, p.52.

에서 행해지는 예언을 판단하는 기준으로서의 믿음에 대해 말할 때도(로마 12,6) 그 의미가 드러난다. 그렇지만, 신앙은 본질적으로는 성부를 향한 예수의 가장 내밀한 태도를 받아들임을 의미한다. 믿는 사람은 "그리스도 안에서" 또는 "주님 안에서" 살아야 한다. 이런 삶은 "믿음의 순종"을 함유하며(로마 1,5; 16,26), 그리스도인들이 그리스도를 통해 계시된 성부의 뜻을 받아들이고 거기에서 자기 삶에서 중요한 것이 무엇인지 이끌어 냄을 뜻한다. 신앙을 행실로 검증해야 할 필요성을 야고보서의 저자는 분명히 말한다. "믿음에 실천이 없으면 그러한 믿음은 죽은 것입니다"(야고 2,17. 참조: 마태 7,21; 25,31~46).

마찬가지로 요한계 작품들도 "신앙의 내용을 아주 분명하게 강조한다. 바오로에게는 이 내용이 무엇보다 부활하시고 영광스럽게 되신 그리스도이심이며, 요한에게는 말씀이신 혹은 육화하신 하느님의 아들이신 것이다."[10] 참 신앙인이 믿는 것은 예수가 성부로부터 보내지셨다는 것(요한 11,42; 17,8.21), 그리스도이시라는 것(요한 11,27; 1요한 5,1), 하느님의 거룩하신 분이시며(요한 6,69) 하느님의 성자이시라는 것이다(요한 6,40; 11,26; 1요한 5,5). 하지만 이것은 단순히 이론적인 믿음이 아니다. 이 믿음의 진정성은 주님의 제자 신분(discipleship)과 동지 의식(fellowship)을 통해 드러난다. "'믿는다'와 같은 뜻을 지닌 표현은 예수께 나아가는 것(요한 3,20; 5,40; 6,35.37.44~45.65; 7,37), 예수의 말씀을 지키는 것(요한 8,51), 그분의 말씀을 듣고 지키는 것(요한 12,47), 그분을 따르는 것(요한 8,12) 등이다."[11] 따라서 성경에 나타난 신뢰, 하느님께 의탁함, 그분과 그분의 말씀을 견지하는 것과 같이 신앙의 본질적 요소를 요한의 작품들도 보여 준다. 다만 요한은 이 모든 것을 하느님

---

10) A. Günthör, *Chiamata e risposta*, vol. 2, Roma: Ed. Paoline, ^{4}1984, p.91.

11) R. Schnackenburg, *Die sittliche Botschaft des Neuen Testaments*, vol. 2, Freiburg: Herder, 1988, p.163.

께서 신자들을 만나시는, 그리스도와 제자가 맺는 그런 관계에다 적용시킨 것이다.

교회의 교도권으로 말하자면, 신앙 행위는 한 인간이 하느님께 온전히 굴복함, 계시된 교리를 받아들임, 은총에 대한 의지적인 복종함 및 하느님 약속에 대해 신뢰함을 포함한다.[12)]

1.1.2. 신학적 숙고로 본 신앙의 본성

신앙의 복합성을 인정하면서 신학자들은 신학적 신앙에서 볼 때 다음의 기본 차원들 즉 계시된 **진리에 대한 인식으로서의 신앙**(*fides quae creditur*)과 하느님을 신뢰하는 순종으로서 그리고 **하느님과 위격적 만남으로서의 신앙**(*fides qua creditur*)을 구분한다. 여기서는 이 두 차원에 대해 더 자세히 고찰하겠다.

1) 하느님과 위격적 만남으로서의 신앙

일차적 의미에서 볼 때 신앙이란 한 사람의 신뢰, 겸손한 복종 및 하느님을 향한 위격적 자기 굴복(self-surrender)인 것이며, 하느님의 뜻과 말씀을 받아들임을 포함한다. 더 간단히 말하면, 하느님을 신뢰하는 자아 포기(self-surrender)이다. 이러한 의미에서 신앙은 하느님 대전에서 한 사람으로서 취할 가장 근본적 태도이다. 그 신앙이 지닌 두 개의 본질 요소는 신뢰와 순종인 것이다.

일반적인 신앙이 그렇듯이, 그리스도교 신앙도 "일차적이고 본래적인 의미에서는 어떤 사물이나 명제들과의 관계가 아니라 하나의 위격적 행위 즉 인간적인 '나'와 신적인 '너' 사이의 대면(confrontation)인

---

12) *DS* 1527; 3008; 3010; *DV* 5. Cf. Juan Alfaro, "Faith" (II), *Sacramentum Mundi* II, p.314.

것이다."[13] 이런 해후(encounter)는 실증적 계시에 좌우되지 않는다. 그들 자신의 존재와의 대면 즉 자유롭고 응답할 책임이 있는 그 성격은 이 남녀로 하여금 하느님으로부터 불린 그들 실존의 불가해한 바탕 소위 하느님과 직면하게 해 준다. 그들은 이런 직면을 피하거나 신적인 절대에 온전히 투신하도록 하는 초대를 피할 수 없다. "하느님은 특정 상황에서는 발견하기 어려운 경험적 대상 중 하나가 아니다. 그분은 인간의 지적이고 도덕적인 활동을 실현하는 데 필연적으로 확인되는 대상으로서, 심지어 인간이 그분을 명시적으로 부인하거나 하느님이라고 부르지 않더라도, 혹은 개념적으로 매우 다른 표현 방식으로 그분을 만난다 하더라도, 이 사실은 변하지 않는다."[14]

물론 누구나 자신에게 이 실재를 올바로 해석하고 있는지는 물어야 한다. 자신의 가장 심오한 신앙에 대해 올바로 입증하고 참되게 실천하기 위하여 자신이 신뢰해야 할 종교 형식이 무엇인지 자문하도록 요구를 받는다. 그러므로 신앙의 첫 출발은 더 의식적이고 명시적인 믿음을 가지고 점차 발전해 나가야 한다. 그리스도교 믿음에 따르면, 하느님은 가장 직접적이고 명시적인 방법으로 성경의 계시를 통해 당신 자신을 나타내셨고 인류에게 말씀하신다. 예수 그리스도의 위격과 메시지를 통해 이 계시는 정점에 이르고 실현이 된다. 그리스도교 신앙은 그리스도의 위격과 맺는 유대를 통해, 성부를 향한 그분의 완전한 응답을 통해 그리고 그분과 이루는 동지 의식(fellowship)으로 계약의 하느님을 향한 응답인 것이다. 그래서 하느님의 대외적으로 하신 말씀과 역사 안에서의 자기 표명(self-manifestation)하심을 엄중히 받아들이는 것은 당연한 이치이며, 대단한 성실과 정직으로써 이를 스스로 마주해야 한다.

---

13) H. Fries, "Faith and Knowledge", *Sacramentum Mundi* II, pp.331f.
14) K. Rabner, "Faith" (I), *Sacramentum Mundi* II, p.311.

하지만 진실인 것은 그리스도교 메시지가 명시적으로 선포되기 이전에도 모든 인간 존재는 "언제나 잠재적으로 신자일 뿐만 아니라 인간의 자유 의지에 선행하는 은총을 통해 자신이 믿어야 하는 것(즉 자유롭게 받아들여야 할 것) 즉 그리스도 안에서 하느님께서 직접 자기 통교(self-communication)를 하신다는 것을 이미 느끼고 있다는 점이다. 사실, 신앙의 선포자가 만나는 그 사람은 (자기 목소리를 들을 수 있을 만큼 자기 양심의 명령에 순종하기에) 이미 의화된 사람이라는 것 그리고 신학적 의미에서도 이미 믿는 사람이라는 것은 분명 가능한 이야기다. 한 사람을 신앙으로 인도한다는 것은 그에게 이미 존재하는 신앙을 그리스도론적·교회론적·명시적·사회적·의식적 형식으로 완전하게 고백하는 신앙으로 발전시키고자 노력한다는 의미일 것이다."[15]

성서에서 구약은 물론이고(창세 12,1~4; 15,1~6) 신약도(로마 4; 갈라 3, 6~9; 히브 11,8~10.17~19) 거듭해서 하느님을 향한 아브라함의 믿음과 신실한 자기 포기(self-abandonment)를 신앙의 모범으로 제시한다. 그렇다면 계시 문헌들은 신앙이 우선적으로는 하느님 대전에서 자신을 포기하는 신뢰의 태도이며 그저 부차적으로만 계시 교리에 대한 동의라고 이해하고 있음을 입증해 준다. 아브라함의 신앙에는 시나이에서 하느님에 의한 선민과의 계약도 구약의 거룩한 저자들이 전하는 후속 계시들도 포함하지 않고 있다. 아브라함은 그 사건들 이전에 살았기 때문이다. 하물며, 그의 신앙에는 신약의 계시나 그리스도를 향한 아무런 명시적 믿음도 포함하고 있지 않다. 하지만 그의 신앙은 분명히 신적이며 구원하는 것이며 그렇기에 바오로 사도가 동의하는 것처럼, 그 신앙은 하느님 대전에서 그를 의롭게 해 준 것이다. "그는 불신으로 하느님의 약속을 의심하지 않았을 뿐만 아니라, 오히려 믿음으로 더욱 굳세어져 하느님을 찬양하였습니다. 그리고 하느님께서는 약속하신

15) K. Rabner, *op.cit.,* p.310.

것을 능히 이루실 수 있다고 확신하였습니다. 바로 그 때문에 '하느님께서 그 믿음을 의로움으로 인정해 주신' 것입니다"(로마 4,20~22).

2) 계시된 진리들에 대한 동의로서의 신앙

그리스도교 계시의 맥락에서 볼 때, 신앙의 둘째 의미인 "*fides quae creditur*"(진리에 대한 인식)은 하느님께서 그리스도 안에서 계시하신 것은 무엇이든 그분의 권위로 단단히 동의하는 것이다. 앞서 설명한 것처럼, 어떤 사람을 향한 믿음은 필연적으로 내가 믿는 그 사람이 한 말과 주장을 향한 믿음이다. 이는 특히 하느님을 향한 신앙에도 해당한다. 그분께서 행동이나 말씀으로 당신 자신을 계시하신 것이 분명해지면, 어디서나 사람들은 "믿음의 순종"(로마 1,5; 16,26)으로 그 신적인 메시지를 받아들여야 했다.

(1) 이 두 번째 의미에서 본 신앙의 대상은 실증적이고 역사적인 계시를 통해, 구체적으로는 신약과 구약을 통해 하느님께서 계시하신 진리들이다.

이스라엘 신앙의 기본 조문은 야훼가 유일한 하느님이시고 구세주이시라는 신조이다. "내가, 바로 내가 주님이다. 나 말고는 구원해 주는 이가 없다"(이사 43,11). 이스라엘은 야훼, 한 분이신 참하느님을 위한 증인이 되어야 한다. 하느님의 종 메시아를 통해 그분의 "구원이 땅 끝까지 다다르도록" 이스라엘 신앙은 "민족들의 빛"이 되어야 한다(이사 49,6). 구약 전체는 야훼를 당신 백성의 구원을 위해 역사에 개입하신 계약의 하느님이시라고 밝혀 준다. 그분의 약속을 신뢰하는 것과 그분의 계명과 법규에 순종하는 것은 이 신앙을 가장 분명하게 드러내 주는 특징이 된다.

앞서 설명한 것처럼, 신약은 인식의 관점을 특히 강조한다. 예수 그리스도를 통해 메시아 도래에 대한 약속은 성취되었다. 그분은 하느님께서 모든 민족을 위하여 준비하신 구원, "다른 민족들에게는 계시의 빛"(루카 2,32)이시며 하느님 나라의 도래와 현존, 죄의 용서 및 "하느님의 크신 자비"(루카 1,78)를 선포하셨기에, 믿는다는 것은 이분을 성부께서 보내신 분으로 인지하는 것, 하느님의 성자이시라고 고백하는 것, 그분의 죽음과 부활의 신비와 그 구원의 의미를 받아들이는 것, 그분께서 가르치신 교리를 진리의 말씀으로 공언하고(profess) 그것을 지키는 것, 그리고는 교회를 하느님 신비의 보호자, 복음의 관리자로 따르는 것이다. 그리스도와 삼위일체 신앙을 공언하는 것(profession)은 세례식에서는 기본이며 중요하다. 따라서 첫 시작부터 교회는 이런 신앙을 특수한 정식(special formulas)을 통해 표현해 왔으며 그리스도교 신자가 되려는 이들은 이 정식을 서원하고(avow) 믿어야 했던 것이다.[16)]

오늘날 신앙의 위기는 가장 직접적으로는 그리스도교 신앙의 내용 즉 고백해야 하는 특정 조문들과 정식들과 관련이 있다. 교회의 많은 구성원이 더 이상 교회가 신앙과 관하여 고백하는 모든 것과 일치할 수 없게 되었다. 이러한 상황에서 복음 선포와 교의에 관한 정식들을 기계적으로 반복하는 것으로는 충분치 않다. 복음화란 신앙의 내용을 실제의 인간 상황에 적절하고 의미가 있을 수 있는 방식으로 제시하고 해석하는 것이다. 그리스도교 신앙이 비현실적인(insubstantial) 것이 되지 않으려면, "넓게보다는 깊게 성장해야 하고 포괄적인 핵심 신앙을 의식하면서 살아 내야 한다."[17)] 이런 핵심 신앙이란 하느님을 신뢰하는 자기 굴복(self-surrender)으로서, 신앙이 지닌 가장 원초적인 의미

---

16) 로마 1,2~4; 10:9; 필리 2,5~11; 1테살 4,14.

17) W. Kasper, *An Introduction to Christian Faith*, London: Burns & Oates, 1980, p.194.

를 말한다. 신앙의 가장 깊은 뿌리를 성실히 견지하는 사람이라면, 비록 지난 2천여 년에 걸쳐 교회에 의해 교리적으로 연역된 몇몇 결론을 받아들이는 데 어려움이 있더라도, 그리스도가 선포하신 메시지의 가장 깊은 의도를 지지하게 된다. 총체적인 신앙(total faith)을 교리적인 신앙(doctrinal faith)과 동일시하는 것은 실수이며 명시적인 신앙(explicit faith)까지도 부정하는 결과를 가져올 수 있다.

(2) **신앙의 동기**는 계시된 말씀을 통해 당신 백성들에게 말씀하시는 하느님의 권위 즉 그분의 진실성과 무류성에 있다.[18)]

당연히 이런 동기는 계시가 실증적인 사실들이라는 것과 그 말씀이 신적 기원에서 나왔음을 인정할 때만이 유효하게 된다. 그러므로 다른 모든 신적 계시와 마찬가지로 그리스도교 계시에 대한 믿음도 신적 기원에서 나온 것이 확실함을 전제하게 된다. 기적, 예언 및 그리스도의 참 메시지가 지닌 거룩함과 같이 믿을 만한 표지들(signs)이 그러한 확실성을 얻는 데 기여한다는 점에는 의심의 여지가 없다. 하지만 궁극적으로는 사람이 믿을 수 있는 것은 하느님 은총의 덕분이다. 하느님께서는 선택된 백성의 역사 안에서 그리고 당신 아드님 예수 그리스도 안에서 자기현시(self-manifestation)를 하시는데, 사람들은 그분께서 인간의 마음속에 증거해 주실 때 그것이 신적 기원에서 나온 것임을 알게 될 뿐이다.

바오로에 의하면, 성령께서는 신자의 마음을 하느님에 대한 새로운 지식과 자녀다운 사랑으로 비추신다(1코린 2,9~16; 12,3; 2코린 4,6; 사도 16,14). 마태오 복음 11장 25절에서 27절과 요한 복음 6장 44절에서 45절 및 65절에 따르면, 그리스도의 설교와 기적들은 그 자체로 사람

---

18) *DS* 3008; 3032; 3542.

들로 하여금 그분을 믿게 하지는 않았다. 내적 계시를 통하여 바로 당신 스스로 인간을 인도하신 것이다.

교회 교도권의 가르침도 이를 확인해 준다. 제2차 바티칸 공의회의 하느님의 계시에 관한 교의 헌장 「하느님의 말씀」(*Dei Verbum*)은 다음과 같이 발언한다. "이와 같은 믿음이 있으려면 하느님의 도움의 은총이 선행되어야 하며, 성령의 내적인 도움이 필요하다. 이로써 성령께서는 마음을 움직이시고 하느님께 회개시키시고 마음의 눈을 여시며 '진리에 동의하고 믿는 데에서 오는 즐거움을 모든 이에게 베푸신다.' 같은 성령께서는 계시에 대한 이해가 더욱 깊어지도록 당신의 은총으로 항구히 신앙을 완성시켜 주신다"(「계시 헌장」 5항).[19]

은총은 하느님께서 자유로이 베푸시는 선물이기에, 복음을 선포하는 이도 말씀을 듣는 사람도 은총을 강요할 수는 없다. 신앙을 향한 회심은 언제나 많은 단계를 거쳐 이루어지는 하나의 과정이다. 한 설교자는 심고 다른 설교자는 물을 주지만, 자라게 하시는 분은 하느님이시다(1코린 3,6). 심지어 "신앙의 명시적 내용 모두를 객관적으로 충분하게 제시해 주었을 경우, 특정한 상황이나 시대적 한계가 무엇이든 실제로 신앙의 조성에 있어서 이 모든 단계가 전혀 이루어지지 않았을 경우, 개인의 (주관적인) 탓에 기인한다고 추측해서도 안 된다. 그러므로 복음 전파자는 신앙의 점진적 역사에서 볼 때 집단적인 혹은 개인적인 **카이로스**(kairos) 즉 결정적 시간이 어느 단계에 와 있는지를 적절하게 자문해 볼 수 있다. 그런 다음 신앙에 접근하는 길을 알려 주는 그런 지점까지 인도하려고 노력한 후, 앞으로 더 나아갈 수 있는 상황은 하느님께서 마련해 주시도록 나머지는 인내를 가지고 그분께 맡길 수밖에 없다. 그렇게 하지 않으면, 그 전파자는 너무나 많은 인간적이고 교회적인 노력을 허비할지도 모른다."[20]

---

19) *DS* 3010.

하지만 그리스도를 향한 신앙이 결국은 은총의 선물이라는 사실에도 불구하고, 인간 개인에서 볼 때 계시된 말씀을 향해 겸손되이 몰아적으로(self-forgetful) 자신을 개방해야 할 필요가 없어지는 것은 아니다. 신앙 행위는 언제나 자유로운 결정이다. 신앙으로 가는 길에 있는 사람들이라면, 반드시 진리를 향하려는 성실한 의지를 지녀야 한다. 자신이 깨달은 진리가 자신으로 하여금 삶을 변화시키고 어떤 것은 포기하도록 요구를 할 때에도 마찬가지이다. 겸손되이 공경하는 태도와 의향(disposition)만이 하느님의 지혜와 종교적 지식의 지성소(sanctuary)에 도달하도록 허용된다. "이러한 겸손함을 거슬러 인간의 오만함이 발작하기에, 신앙은 단순히 마음에 아무런 흔들림 없이 진리를 확실하게 점유(possession)하는 것이라기보다는, 개인에 따라 다소의 차이는 있더라도, 의심과의 투쟁을 통해 쟁취되어야 하는 투쟁을 통해 의심을 떨쳐 내는 어떤 것, 이론적인 것이 아니라 실천적인 것이며 인격 전체가 내리는 결정인 것이다. 이미 종교에 대한 구약의 시각도 의지의 준비 태세와 지향에 철저하게 연결되어 있다. '지혜'는 악한 영과 더럽혀진 몸에는 깃들 수 없다. 우리 주님께서는 진리를 사랑하고 행하는 자만이 빛을 향해 나아갈 것이라 선언하신다."[21]

1.1.3. 구원에 필요한 신앙의 범위

여기서 한 인간이 구원받기에 필요한 신앙 행위가 되려면 하느님과 그분의 신비들에 대해 필히 알아야 하는 것이 무엇인지 질문이 생겨난다. 역사가 진행하면서 이 질문에 관해 신학자들은 다양한 견해를 보여 왔다. 제2차 바티칸 공의회는 이 문제에 대해 결정적 가르침

---

20) Karl Rabner, "Faith" (I), *Sacramentum Mundi* II, p.310.
21) Otto Karrer, *Religions of Mankind*, New York: Sheed and Ward, 1945, p.238.

을 준다.

성 아우구스티누스와 성 토마스 아퀴나스를 주로 인용하는 옛 신학자들의 의견에 따르면, 한 사람이 구원받기 위한 필수 수단으로서 하느님에 관한 네 가지의 기본 진리 즉 하느님의 존재, 하느님께서 내리시는 선과 악의 응보, 복되신 삼위일체의 신비 및 육화의 신비는 알고 믿어야 한다. 아주 최근의 신학자 중에는 선한 이에게 갚아 주시고 악인을 벌하시는 위격적(personal) 하느님의 존재를 믿는 것으로 충분하다고 주장하는 이들이 있다. 그들이 지적한 것은 수많은 이민족에게 삼위일체와 육화의 신비를 아는 것이 불가능하다는 점이다. 그들은 히브리서 11장 6절을 그 근거로 삼는다. 즉 "하느님께 나아가는 사람은 그분께서 계시다는 것과 그분께서 당신을 찾는 이들에게 상을 주신다는 것을 믿어야 합니다." 하지만 또 다른 신학자들은 이 둘째 의견조차도 하느님에 대한 분명한 개념은 없지만 선한 의지로 살아가는 수많은 사람들에게는 정의롭지 않다며 이의를 제기한다. "왜냐하면 신성이란 개념은 신적 존재들이 거하는 어떤 신전(pantheon)으로서의 '하늘' 즉 거룩함에 대한 단순한 의식 또는 인간이 복종할 영원법에 대한 이해 등 모호한 개념에 다름이 아니기 때문이다."[22] 수백만의 불자들과 유생들 및 다른 비그리스도인들 편에서 보면, 위격적인 창조주 하느님에 대한 지식을 갖고 있지 않은 것은 자기 탓이 아닌 것이다. 이런 이유로, 이 신학자들은 하느님 그리고 최후의 응보에 대한 암묵적 신앙으로 충분하다고 결론짓는다. 즉 불가침의 도덕 질서를 인정하고 그 요구에 순응하는 것과 양심의 목소리에서 이를 인식하는 것으로 충분하다고 결론을 짓는다.

셋째 의견에 대한 논거는 인간으로 하여금 자기 행동에 대해 책임을 지게 하는 도덕 질서와 의무를 보편적으로 경험한다는 데에서 출

22) O. Karrer, *op.cit.*, p.231.

발한다. "모든 인간은 참으로 인간이라면, 종교적이고 도덕적인 영역으로부터 자신을 배제시키는 심리학적 이상이 있는 자가 아니라면, 자기의 문화 수준이 어떠하든 자기의 종교가 무엇이든, 도덕적 의식을 지니고 있다. 그들은 선과 악을 구분한다. 도덕적 존재로서 그들은 본질적으로는 거룩한 그리고 근본적으로는 종교적인 것으로서의 선함을 행할 '당위성'(obligation)을 인식하고 있다. 이 인식은 하느님께 대한 명시적 믿음에 달린 것이 아니다. 하느님 존재를 모르거나 의문을 가지는 사람이라도 그가 부모를 살해하거나, 친구나 조국을 배신하거나, 횡령하거나, 비방하지는 않는다. 적어도 그는 그러한 행위가 그릇되고 부끄러운 것임을 자각한다."[23] 진리와 도덕 가치를 의식함(consciousness)은 인간성의 본질에 속한다.

하지만, 도덕적 선과 악의 개념과 도덕의 구속력에 대한 인식은 암묵적으로 형이상학적이고 종교적인 요소를 포함하고 있다. "인간은 자기 양심을 구속한다고 느끼게 하는 이 초월적 질서를 자신이 좋아하는 대로 도(道), 카르마(Karma), 우주의 법 또는 정언 명령이라고 부를 것이다. 이 질서는 언제나 초인적인 능력으로서, 인간에게 존경을 요구하는 것, 즉 '존중심을 요구하며 숭배해야 할 대상이고 욕망하며 그것을 위해 노력하게 하는 어떤 것'(아우구스티누스)이다. 다시 말해서, '신성을 느끼게 하는'(numinous) 것이다. 이 거룩한 대상을 인식하는 것은 실질적으로 하느님과 관련되었음을 암시한다. 정화(purification), 의로움(righteousness) 및 선성(goodness)을 향한 노력은 하느님에 대한 인식을 포함하며" 선과 악에 대한 최후의 응보를 포함한다.[24] 도덕법이 지닌 절대적이고 거룩한 성격을 깨달았기에 자신의 마음으로 도덕법의 요구에 순응하는 남자와 여자는 탁월하고 거룩한 이 실재에 복종

---

23) *Ibid.*, pp.233f.
24) *Ibid.*, p.234.

함으로써 암묵적으로 하나의 순수한 신앙 행위를 하고 있는 것이다.

제2차 바티칸 공의회의 교회에 관한 교의 헌장 「인류의 빛」(*Lumen Gentium*)은 16항을 그리스도인 외에 구원 계획에 누가 포함될지에 대한 질문에 할애한다. 첫째는 유다인, 둘째는 창조주를 알아 모시는 사람(특히 이슬람교도), 셋째는 이미지와 영상을 통해 미지의 신을 찾고 있는 사람, 마지막으로는 자신의 행실로써 자신이 아는 대로 하느님의 뜻을 실천하고자 애쓰는 사람을 나열해 준다. 하느님의 섭리는 "자기 탓 없이 아직 하느님을 분명하게 알지 못하지만 하느님의 은총으로 바른 생활을 하려고 노력하는 사람들에게는 구원에 필요한 도움을 거절하지 않으신다"(「교회 헌장」 16항). 이런 이유로, 신앙에 있어서 초보적이지만 충분한 지식이란 선함과 거룩함을 향한 도덕적 당위를 인식하는 것이다. 이로써 구원에 필요한 신앙 지식에 관한 질문에 있어서 제2차 바티칸 공의회는 셋째 의견을 견지하는 신학자들의 의미로써 답을 한 것이다.

1.2. 신앙에 순종해야 하는 인간

신앙을 경시하는 추세와 시기는 역사 안에서 되풀이되어 왔다. 그리고 이는 아마도 특별한 방식으로 우리의 시대에도 해당된다. 계몽된 정신을 지닌 이들은 종종 신앙을 버리는 것을 냉정한 사실주의와 이성의 결심으로 여긴다. 하지만, 신앙의 상실은 자신의 인간성이 빈곤해지고 영적 능력을 위축시킨다. 괴테는 적절하게 이렇게 말한다. 즉 "세상과 인류의 역사에서 참되고 유일하며 가장 심오한 주제는 불신(unbelief)과 믿음(belief) 간의 충돌이며, 다른 모든 주제는 이에 종속된다. 믿음이 어떤 모습으로든 지배하는 모든 시대는 인류와 후손들에게 찬란하고 고양시켰으며 번영을 가져왔다. 반대로 불신이 어떤 모습으로든 하나의 작은 승리를 자랑하더라도, 비록 순간적으로는 빛나 보였더라도, 그런 시대는 후손들 앞에서 사라지고 그런 무익한 지식을 굳이 거들떠보려 하지 않는다."[25]

1.2.1. 불신(unbelief)의 도전

성서는 악의 뿌리를 "사탄"(걸려 넘어지게 하는 자, 반대하는 자), "거짓의 아비" "어둠의 군주" "죽음의 권세"라고 묘사한다. 이러한 표현들은 피조물 안에 하느님께 저항하는 어떤 힘이 현존함을 가리킨다. 이 힘은 하느님께 굴복하고 섬기기를 거부하는 특징을 띤다. 그것은 교만에 의한 불순종의 죄인 것이다.

그리스도가 "빛을 미워하고 빛으로 나아가지 않는, 자기가 한 일이 드러나지 않게 하려는" 이에 관해 말씀하실 때(요한 3,20), 그분은 이 불신앙을 염두에 두신 것이다. 그 사람에 관하여 그리스도는 다음의 판결을 내리신다. 즉 "믿지 않는 자는 단죄를 받을 것이다"(마르 16,16). 그러한 사람들은 진리를 보아도 그것을 견디지 못한다. 진리가 그들의 욕망을 방해하기 때문이다. 그들은 엄밀한 의미로 하느님의 원수인데, 왜냐하면 그들은 선함(goodness)에 대한 원수이기 때문이다. 그들은 거룩함(holiness)을 알기를 원하지 않는데, 왜냐하면 그것이 그들에게 그들의 오만함과 무자비한 이기심을 버리도록 요구하기 때문이다. 교만의 죄가 완성되면, 교만은 하느님의 뜻에 반하는 근본적 선택(fundamental option)을 하는 것이 된다. 이 경우에는 당연히 신적인 단죄(divine anathema)가 따른다.

---

25) Wolfgang Goethe, *Westostlicher Divan. Goethes Werke* 1/7, WA 1888, reprint München 1987, p.157.

무신론과 세속주의가 하느님 뜻에 의존하는 그 무엇도 자기주장을 하는(self-assertive) 인간의 자율적인 열망과는 양립 불가하다고 여기기 때문에 하느님 존재를 부정하거나 무시할 경우, 신앙에 대한 반대로 기울게 된다. 하지만 무신론과 세속주의는 종종 신앙과 하느님 실재를 희화하거나 왜곡시켜 묘사하는 데 있어서 반발이기도 하다. 이들은 종교가 자기의 신앙을 더 올바르고 순수하게 제시하도록 도전한 것이다.

과거에 이교 사상도 종종 불신(unbelief)과 동일시되어 왔다. 그러나 이는 정확한 것이 아니다. 최소한 이를 구분할 필요가 있다. 그리스도에 대한 신앙에 대해 말하자면, 비그리스도교 종교의 신봉자들은 확실히 그리스도를 믿지 않는다. 이 점에서는 그들을 불신자(unbeliever)라고 부를 수 있지만, 하느님에 대한 신앙과 그분의 뜻을 받아들인다는 점에서는 그들은 결코 불신자가 아니다. 그들 중에는 하느님을 향한 진정한 신앙이 많다(참조: 「교회 헌장」 16항; 「사목 헌장」 22항). 이런 의미에서 비그리스도교 종교의 이교 사상은 불신, 무신론 및 세속주의와는 반대되는 것이다. 이슬람교와 유다교에도 거의 확실히 동일하게 적용된다.[26)]

1) 무신론

무신론은 어떤 복합적 현상이다. "무신론이란 말은 서로 매우 다른 현상들을 가리킨다. 명백히 신을 부정하는 사람이 있는가 하면, 인간은 신에 대하여 전혀 아무것도 말할 수 없다는 사람도 있고, (…) 다른 사람들은 스스로 신을 만들어 놓고 그 형상을 부정하지만, 그러한 신

---

26) 1985년 6월 24일 그리스도인일치촉진부 사무국에서 발표한 "가톨릭교회의 설교와 교리교육에서 유다인과 유다교를 올바르게 표현하는 것"에 관한 로마 선언문을 참고하라 (Italian original in *Enchiridion Vaticanum* IX, 1987, nrs. 1615~1662).

은 결코 복음의 하느님이 아니다. 또 다른 사람들은 신에 관한 문제를 전혀 다루지도 않는다"(「사목 헌장」 19항).

이런 이유로 무신론은 필연적으로 흔히 말하는 절대자를 부정하는 것이 아니라 오히려 그 절대자와 동일시되는 형식에 반대하는 저항인 경우가 드물지 않다. "충분히 생각할 근거가 있는 것은 많은 '무신론자'가 실제로 그리고 근본적 직관으로 볼 때 무신론자는 아니며, 에크하르트(Eckhart)가 이야기한 것처럼, 신성모독적인 발언을 하는 많은 사람이 하느님을 사랑하는 경우가 있다는 점이다. 그들은 자신에게 무가치하게 여겨지는 하느님 묘사를 비웃는 것이다. 또한 이러한 오해는 그들의 환경이 원인을 제공한 경우가 많으며, 이를 '풍자' 개념보다 더 가치 있는 개념으로 대체하는 것을 불가능하게 만들기도 한다. 만일 이러한 사람이 자기 마음속에 드러나는 선함과 거룩함을 진심으로 사랑한다면, 그를 '빛을 미워하는' 사람이라고 부르기는 어려울 것이다. 오히려 그는 '하느님의 나라에서 멀리 있지 않은' 사람이다."[27)]

현대에 만연한 무신론 현상은 종종 하느님에 대해 직접적으로 부정한 결과라기보다는 그분에 대한 믿음을 제대로 대표하지 못하는 교회들과 종교들에 대한 반항과 거부의 결과이다. 반성직주의(anti-clericalism)는 무신론에 앞장서 왔다. 19세기 산업혁명 시기의 노동자들에게는 교회들도 기존 질서와 특권 계급의 동맹으로 비쳤고, 더 큰 정의를 바라는 자신들의 요청을 무시하거나 저항하는 모습으로 보였다. 동시에 지식인들의 세계는 교회들을 반동적 세력으로 치부했는데, 인간의 자유들을 억압하고 불편한 진실을 억누르거나 외면하면서 그들의 도덕주의(moralism)로 사람들에게 불필요한 짐을 부과한다고 판단했던 것이다. 제2차 바티칸 공의회는 그러한 관련성을 인정하

---

27) Otto Karrer, *Religions of Mankind*, *op.cit.*, pp.244f.

며, 무신론의 여러 이유 중 하나가 "종교에 대한 비판적 반동, 어떤 지역에서는 특히 그리스도교에 대한 반발"이라는 것을 인정한다(「사목 헌장」 19항). 이런 형태의 무신론은 무엇보다 그리스도인들과 교회들이 하느님에 대한 자신의 신앙을 더 정당한 용어로 제시하고 표현하라는 긴급한 항의인 것이다.

무신론은 종교를 정화(purification)하는 것이지만 동시에 "과도하게" 한 것이기도 하다. 위와 같은 이유로 종교를 급진적으로 거부하고 하느님을 이론적으로 부정한다면, 이는 너무 성급하고 피상적인 결론을 내린 것이고 언제나 오류에서 전적으로 자유롭지 못하게 된다. 결국, 하느님이 계심에 대한 믿음은 그분이 안 계신 그런 세상에 대한 믿음보다 훨씬 더 합리적이다.

하지만 이 사람들의 조건 즉 무신론이 팽배한 환경에서 태어난 이들의 조건이 그 자체로 불신의 죄이며 하느님과의 완전한 단절된 것은 아니다. 더 깊이 들어가 보면 이 사람들이 참된 신앙인일 수 있는데, 왜냐하면 그들은 자기 양심의 명령을 통해 명시된 하느님의 목소리에 충실하기 때문이다. 제2차 바티칸 공의회에 따르면, 섭리는 "자기 탓 없이 아직 하느님을 분명하게 알지 못하지만 하느님의 은총으로 바른 생활을 하려고 노력하는 사람들에게는 구원에 필요한 도움을 거절하지 않으신다"(「교회 헌장」 16항).

진정한 의미로 불신의 죄라고 보는 그런 무신론은 단순히 하느님을 개념적으로 부정하는 것 그 이상이다. 그것은 동시에 자기 양심 안에서 명시되는 절대자의 그런 요청에 굴복하기를 거부하는 것이다. 그런 사람은 상위의 뜻에 이바지하기를 거부한 것이며 오만하게도 자신의 이기적 의도와 목표 외에는 아무것도 인정하지 않는 것이다. 이는 선함과 거룩함의 원천이자 실재의 지평이신 하느님을 향해 궁극적으로 "아니오"라고 말하는 것이다. 여기서는 하느님과 종교가 희화된 모습으로 제시되기에 그것들을 반대하는 것이 아니다. 하느님과 종교가 무제한의 자유와 절대적 권력을 향한 이기적 욕망에 방해가 되기 때문에 그것들을 거부하고 억압하는 것이다.

2) 세속주의

세속주의란 완전히 자율적이며 자족적인 지상 세계 외에 다른 것은 용납하지 않는 세계관이다. 이 세계를 건설하는 것만이 유일하게 이득 있는 임무로 여긴다. 이것만이 사람이 노력하고 헌신할 가치가 있다. 이런 임무에 하느님은 필요치 않으며 무관한 존재로 여긴다. 따라서 종교도 비록 사람들의 세속 목적에 장애가 되지 않더라도, 더 이상 필요가 없게 된다. 1985년의 특별 세계 주교 시노드(Synod of Bishops)는 이 세속주의를 자신들보다 20년 앞서 있었던 제2차 바티칸 공의회의 시기와 구별되는 그런 시대의 특징 중 하나로 보았다. 이 시노드가 묘사하는 세속주의란 "인간과 세상에 대한 자율주의적인 관점, 신비의 차원을 배제하고 그것을 소홀히 하거나 심지어 부정하는 관점이다. 이런 내재주의(immanentism)는 인간에 대한 통합적 관점을 축소시키며 종종 이 세계의 환원주의적이고 때로는 억압적인 구조 안에서 살아가는 삶으로 축소시킨다."[28]

물론 세속주의는 합법적인 세속화 현상과는 구분되어야 한다. 과학·기술·경제·예술 등과 같은 이 세상의 실재들은 그 자체의 자립성을 요구할 수 있다. 그것들은 스스로의 권리를 지닌 영역이며 인간은 이를 더 충만하게 발달시키고자 창의적으로 노력할 가치가 있다. 세속적 세계는 그들의 고유한 법칙을 따른다. 이는 신앙과 종교의 규범에 예속되지 않는다. 하지만 이러한 사실이 인간이 세속적 실재들

---

28) *Enchiridion Vaticanum* IX, Bologna: EDB, 1987, p.1747; part II, section A of the document.

을 창조주의 계획과 조화를 이루도록 사용할 책임이 있음을 배제하지는 않는다. 세속적 세계도 세속적 인간성도 자기 스스로를 창조한 것이 아니라는 진리 때문이다. 그것들의 존재는 상위 존재의 의지에 달려 있다. 따라서 그 자율성은 상대적일 뿐이며 결코 절대적이지 않다(참조: 「사목 헌장」 36항).

그리스도교가 세상을 하느님의 피조물로 여기며 이를 마법적이거나 신적인 것으로 여기지 않기 때문에, 그리스도교 자체는 세상의 세속화를 지지해 왔다. 이런 시각은 사람들이 자유로이 모든 피조물을 활용하고 자신들을 위해 봉사하는 것을 가능하게 한다. 그렇지만, 그리스도교는 근대 초기에 자연 과학의 새로운 접근 방법을 받아들이는 데 있어서 매우 주저했다. 그 이유는 자연 과학이 그리스도교의 몇몇 보수적 가설(assumptions)에 도전했기 때문이다. 성경 본문의 이름으로 자연 과학의 결과들은 때로는 논쟁거리가 되었다(참조: 지구가 태양 주위를 돈다는 갈릴레이의 정리 또는 다윈의 진화론). 그것은 자연 과학을 "신앙의 규범"에 종속시키려는 시도로서, 속화된 학문들에도 성경 문헌들이 규범이어야 한다는 잘못된 가정에 근거한 것이다. 하지만 성경 문헌들은 오직 종교적 진리의 문제들에 관해서만 규범이 된다. 그 결과 속화된 세상은 종종 또는 여전히 종교와 하느님 신앙을 쓸모없는 것이며 과학, 진보 및 더 나은 세상 건설에 장애물로 여기고는 버리게 되었다.

종교를 버리고 하느님에게 무관심해하는 것이 그러한 오해에서 기인한다면, 세속주의를 이론적 무신론과 동일하게 평가할 수 있다. 이들의 급진적 주의들(tenets)은 교회들과 종교들로 하여금 자기들의 가르침을 정화하고 인류가 진정으로 염려하는 것에 연대를 맺으라는 요청인 것이다.

하지만 엄격한 의미의 세속주의 현상도 존재하는데, 이는 단순히 교회의 잘못된 태도에 대한 반동이 아니다. 이런 세속주의 현상은 오히려 인간의 전적인 자율성을 의도적으로 단언하는 것이다. 이런 세속주의가 범하는 오류와 죄는 세속적 세상을 절대화하는 데 있다. 이들은 인간 본성이 창조된 것이고 따라서 창조주의 뜻에 달려 있다는 진리를 무시한다. 오만한 자기주장을 통해서 그들은 속세적인 일들이 지닌 상대적인 독립성을 절대적인 자율성으로 위조해 버린다. 누구나 굴복해야 할 신적 권위의 모든 요구가 인간 자신만의 설계에 따라 세계를 건설할 창의적 자유를 부당하게 간섭한다고 여겨진다. 따라서 하느님을 한편으로 치워 버리고는 종교를 부정하는 것이다. 하지만, 하느님이 없는 현세적 세상은 키메라(chimera)가 된다. 그것은 환상에 불과하다. 인간다운 세상이 될 수 없다. 세속주의는 불신과 교만의 또 다른 형태로서, 인간 본성과 깊이 모순되며 하느님의 자녀로서 인간의 이미지를 경멸하게 된다.

1.2.2. 신앙 어린 순종의 책무

신앙이란, 앞서 지적한 것처럼, 무엇보다도 하느님과 인간이 맺는 위격적 관계이다. 그것은 하느님을 신뢰하는 한 인간의 자기 굴복(self-surrender)이다. 신앙을 가진 사람은 주저 없이 하느님의 거룩한 뜻에 자신을 내어 맡긴다. 이런 의미에서 히브리인들에게 보낸 서간은 예수를 "우리 믿음의 영도자이시며 완성자"이시라고 말한다(히브 12,2). 그리스도는 성부의 뜻에 전적으로 복종하심으로써 신앙 어린 순종이 무엇인지 참되고 완전하게 보여 주셨다. 그분은 "신앙이 가장 근본적으로 의미하는 바의 완전한 성취이시다."[29]

---

29) Heinrich Fries, *Faith Under Challenge*, New York: Herder and Herder, 1969, p.18.

신앙 어린 순종을 향한 부르심은 모든 사람에게 주어진다. 모든 이는 이 요청을 받게 되는데, 하느님의 피조물로서 자기 존재의 가장 깊은 곳에서 창조주의 뜻과 마주하게 되기 때문이다. 누구도 하느님을 찬성하거나 반대하는 그런 궁극적 결정을 피해 갈 수 없다. 신앙을 통해 하느님께 자기를 굴복시키거나 자기 뜻을 주장하며 복종을 거부하는 선택을 한다. 그것은 순종이냐 교만이냐, 조화냐 불화냐, 구원이냐 멸망이냐의 선택인 것이다.

자기의 구원을 위해서뿐만 아니라 자기 동료와 세상의 참된 선익을 위해서도 모든 사람은 신앙 어린 순종을 하도록 속박을 받는다. 이는 가장 기본적이고 실존주의적인 의무이다. 물론 신덕(信德)의 완성은 단 한 번의 결정으로 이루어질 문제가 아니다. 이는 평생의 과업인 것이다. 신앙생활의 시작부터 완전한 신앙을 지니리라고 기대하지는 않는다. 그러나 점점 더 자기주장을 버릴 것이고 하느님께 진실하게 헌신하고자 애쓸 것으로 기대한다.

"신앙은 믿음과 말씀 그리고 하느님을 거부하려는 위험과 유혹으로부터 날마다 돌아서는 것을 의미한다. 잘못된 자율성, 인간중심주의 및 세속 속에 스스로를 가두는 것을 거부하는 것이다. 이 신앙은 매일 '주님, 저는 믿습니다. 믿음이 없는 저를 도와주십시오'(마르 9,24)라고 비는 것을 의미한다. 믿는 이 안에는 믿음과 불신이 함께 작용하기 때문이다. 신앙은 예수 그리스도를 닮는 것, 그분의 운명 즉 십자가와 부활을 받아들일 준비가 되어 있는 것을 의미한다. 믿음은 예수 그리스도의 마음과 영을 지니는 것이고(1코린 2,16을 보라), 자기 삶과 그 안에 있는 모든 것을 변화시키는 것이다. 그래서 신앙이 믿는 이를 일깨워 주는 빛이 되고, 존재하는 방식을 비추어 주며, 우리의 삶이 매일 필요로 하는 에너지와 생명력을 해방시켜 주는 것이다."[30)]

신앙을 유지하고 그 안에서 성장하기 위해 사람은 신앙을 돌보고 키워야 한다. 식물 뿌리처럼 신앙은 더 깊은 곳을 찾아야 한다. 그렇지 않으면, 신앙은 곧 시들어 죽게 된다. 살아 있는 신앙은 크게 기도 생활이라고 불리는 것에 달려 있다. 사람이 기도를 통해 하느님께 자신을 개방하지 않으면, 그 사람은 강하고 활기찬 신앙을 발전시킬 수 없을 것이다.

하느님께 무조건적으로 자기 굴복을 하는 것은 쉬운 일이 아니다. 자기 굴복이 불의 세례, 희생, 외로움 및 투쟁을 겪게 할 것임을 정말로 우리는 알지 못하기 때문이다. 물론 그것이 새로운 삶, 귀한 열매, 극복 및 기쁨을 가져오리라는 것도 모른다. 이러한 어둠과 망설임의 상태를 미셸 콰스트(Michel Quoist)의 기도는 잘 표현하고 있다.

> 주님, 저는 "예"라고 말하기가 두렵습니다.
> 당신은 저를 어디로 데려가시렵니까?
> 저는 긴 쪽의 제비를 뽑는 것이 두렵습니다.
> 저는 읽지도 못한 계약서에 제 이름을 적는 것이 두렵습니다.
> 저는 또 다른 '예'들을 요구하는 그런 '예'가 두렵습니다.[31)]

신앙 어린 순종은 전 인격으로 지지하고 그의 삶 전체를 투신할 것을 냉정하게 요구한다. 그것은 끊임없이 이전 단계를 떠나 새로운 단계로 나아갈 것을 전제한다. 사람들은 하느님의 알 수 없는 뜻에 무조건적으로 굴복하는 것을 꺼린다. 하지만 거기에는 하느님 즉 그들 존재의 원천과 맺는 관계가 달려 있다. 거기에 그들 인생의 의미와

---

30) *Ibid.* pp.19f.

31) Quoted by John Powell, *A Reason to Live! A Reason to Die!*, Niles, Ill.: Argus Communications, 1972, p.122.

성취가 달려 있는 것이다.

깊은 신앙이 맺는 열매는 성인들에게서 가장 잘 드러난다. "그들은 한결같으신 하느님께서 충실한 인간 존재 안에서 무엇을 하실 수 있는지를 알려 주는 산 증거(suggestions)처럼 보인다. 우리가 그들 안에서 하느님께서 이루신 기적들, 온유함, 충실함, 이타심, 결백함, 기쁨 및 평화의 그런 기적들을 보는 것은 우리에게 힘이 된다."[32] 하느님 뜻에 대해 아무 조건 없이 신뢰하며 복종한 가장 뛰어난 모범은 우리 주님의 모친 마리아이다. 마리아의 신앙은 천사 가브리엘이 하느님 계획을 마리아에게 알렸을 때, 마리아가 하신 대답에서 잘 드러난다. "보십시오, 저는 주님의 종입니다. 말씀하신 대로 저에게 이루어지기를 바랍니다"(루카 1,38). 마리아의 삶은 모범으로서, 수많은 신앙인에게 위로와 격려가 되었다.

이런 철저한 신앙은 표지들(signs)과 이적들(wonders)에 좌우되지 않는다. 신앙은 그런 것들보다 앞서 존재한다. 사실, 스스로 표지들이나 이적들을 일으킬 수 있는 것은 바로 신앙이다. 바로 이 신앙이 그리스도께서 산도 옮길 수 있고 어떤 것도 불가능하지 않다고 우리에게 보장하신 그 신앙이다(마태 17,20; 21,21). 하지만 이 신앙은 온전히 이타적인 의지를 요구한다. 하느님께서 가장 마음 쓰실 일과 그분의 나라를 향해 봉사하고자 쓰일 준비가 된 그런 의지를 말이다.

1.3. 그리스도교 신앙의 선물을 돌봄

그리스도교 신앙의 가장 보편적인 요구는 그리스도와 성경의 가르침에 따르는 삶이다. "신앙이 신자들의 전 생활에, 세속 생활에까지

---

32) J. Powell, *op.cit.,* p.136.

젖어 들어 신자들이 정의와 사랑을 실천하게 함으로써 그 풍요성을 드러내어야 할 것이다”(「사목 헌장」 21항). 이러한 관점에서 볼 때 그리스도인의 삶 전부가 신앙으로부터 흘러나온 것으로 간주할 수 있다. 하지만 신앙 자체를 목표로 삼는 헌신도 있다. 제2차 바티칸 공의회는 제자들이 주님이신 그리스도를 향한 삼중적 의무로서, “그리스도께 받은 진리를 날로 더욱 온전히 깨닫고, 충실히 전달하고, 용감히 수호하여야 한다”고 언급한다(「종교 자유 선언」 14항). 이러한 헌신이 다음 설명의 주제가 될 것이다.

1.3.1. 신앙에 대한 관심과 충실

1) 신앙의 지식에 대한 돌봄

그리스도교 계시는 역사 안에서 이루어진 하느님의 자기 통교(self-communication)이자 신앙인의 삶을 양육하는 원천이기에, 그리스도인들은 자기 신앙에 관해 충분히 지식을 습득할 중대한 의무를 지닌다. 그들은 최소한 자기 나이와 지위에 따라 올바른 그리스도인의 삶을 위해 필요한 만큼의 신앙 지식을 가져야 한다. 시대적 상황도 반드시 고려해야 할 사항이다. 대부분의 사람이 읽고 쓸 수 없던 과거에는 충분했던 지식이 일반인의 교육 수준이 매우 높아졌고 대중 매체가 그리스도인들에게 온갖 종류의 교리와 이념을 제공하는 우리 시대에는 더 이상 충분하지 않게 되었다.

가톨릭 안내서들의 공통된 가르침에 따르면, 이성과 나이를 갖춘 모든 가톨릭 신자에게 요구되는 가장 근본적 지식은 사도신경(적어도 그것의 본질적 진리), 주님의 기도, 십계명, 주요한 교회 규정(의무로서 연 1회의 영성체, 연 1회의 고해성사 및 주일미사 참석)[33] 및 필수 성사들(세례성

33) 교회의 다섯 가지 계율 중 나머지 두 가지는 주일 휴식의 의무와 교회가 정한 날에

사, 고해성사 및 성체성사)에 대한 것이다. 이 진리들을 습득할 수 있는 유일한 수단이 암기라면, 암기해야 한다. 암기보다 더 중요한 것은 신적 진리들의 의미를 진정으로 간파하는 것이다.

임종을 앞둔 사람에게 세례를 베풀거나 사죄경을 해 주어야 하는 그런 위급한 경우에는, 상선벌악(賞善罰惡)의 하느님, 성자 예수 그리스도를 통해 우리를 구원하시는 하느님에 대한 신앙만으로 충분하다. 비록 상선벌악의 위격적 하느님에 대한 함축적인 믿음이 구원을 위해서는 충분할지라도, 가시적인 교회에 입문하는 세례를 받기에는 충분하다고 여길 수 없다. 그리스도에 대한 믿음이 없이는 가시적인 교회의 일원이 될 수 없다. 더욱이 이성을 사용할 수 있는 사람이 그리스도에 대한 아무런 믿음도 없다면, 세례를 받으려는 합당한 의지를 지녔다고 생각하기는 어렵다.

신앙의 가장 기본적인 진리를 습득하는 것 외에도, 그런 지식과 이해를 지속적으로 심화시키는 것은 그리스도인의 기본 의무 중 하나이다. 신앙은 생각과 마음속으로 파고들 때에 비로소 그리스도인의 삶을 깨우치고 변화시킬 수 있기 때문이다. 신앙을 더 잘 아는 방법은 분명히 추가적인 공부와 정보 습득이지만, 기도하고 신앙의 진리에 대해 묵상하는 것이 한층 중요하다. 혼자서 혹은 단체로 성경을 공부하고 묵상하는 일은 신앙을 심화하는 데 특별한 지위를 차지한다.

교회 안에서 그리고 교회와 함께 살아가는 삶은 신앙을 양육하고 성장시키는 또 다른 중요한 수단이 된다. 교구 신문이나 이와 비슷한 출판물을 읽는 것도 이에 중요한 도움이 될 수 있다. 무엇보다 교회

단식재와 금육재의 의무이다. 교회의 다섯 가지 계율은 도미니칸 주교 피렌체의 안토니우스(Antoninus of Florence, 15세기)에 의해 처음으로 목록이 되었다. 이것들이 큰 영향을 끼치게 된 것은 트렌토 공의회 이후의 교리교육서들 특히 베드로 카니시우스(Peter Canisius)와 로베르토 벨라르미노(Robert Bellarmine)의 교리교육서에 포함되었기 때문이다. 이 계율들은 1994년의 『가톨릭 교회 교리서』에도 명시되어 있다(2042~2043항). 일부 교리교육서에는 이에 더해 교회의 물질적 지원의 의무를 또 하나 추가하고 있다.

의 전례와 성사에 참여하는 일은 신앙을 강화하고 키우는데 기여한다. 이런 이유로 교회는 주일미사에 정기적으로 참여하도록 강조하는 것이다. 그리스도인들은 이런 기회를 활용하여 자신의 신앙을 펼치고 성숙시키는 데 소홀하지 말아야 한다. 물론 추가로 개인적 노력도 필요하다.

신앙을 배우고 익힐 의무에 상응하여, 부모, 사제 및 기타 교육자는 자신들이 돌보도록 맡겨진 이들의 종교 교육을 효과적으로 제공해야 할 의무를 지닌다. 부모는 자녀의 신앙에 대해 특별히 책임을 진다. 부모는 자녀를 종교의 세계로 이끌 첫 번째 사람이다. 그래서 유아 세례식의 시작에 부모는 자녀를 그리스도교 신앙으로 양육할 것을 서약한다. 부모의 협력이 없으면 사제의 교육적 노력은 방해를 받거나 심지어 좌절될 수 있다. 특히 영혼의 목자라면, 그들은 부모를 돕고 젊은이들의 교리교육을 비롯하여 모든 그리스도인의 교리교육에 힘쓸 특별한 의무를 지닌다(참조: 교회법 제773조).

2) **신앙의 호위**(safeguard)**와 수호**(defence)

그리스도인은 자신의 신앙을 위협하는 위험으로부터 그 신앙을 보호하고(protect), 사회에서 자신의 신앙과 종교를 가질 권리를 수호할 의무가 있다. 물론, 현재의 생활 조건이 신앙에 대한 각종 도전과 위협을 피하는 것을 불가능하게 만든다. 따라서 그리스도인이라면, 신자 공동체와의 연대를 더욱 강화해야 한다.

그렇지만 우리 시대에도 피할 수 있고 또 피해야만 하는 특정 위험들은 있다. 비록 교회가 정한 금서 목록(Index of books forbidden)은 폐지되었지만,[34] 도덕법은 여전히 자신의 영적 생활과 건전한 도덕적

---

34) 신앙교리성이 『사도좌 관보』〔*AAS* 58(1966), p.445〕에 발표한 공지에 따르면, 금서 목록(*Index of Forbidden Books*)은 더 이상 법적 효력을 지니지 않는다. 신앙과 도덕 문

관점을 위협할 만한 책을 읽지 말 것(그런 책은 출판하거나 판매하지도 말 것)을 요구한다. 이는 유해한 음식이나 위험한 약품의 섭취를 허용하지 않는 것과 마찬가지다. 전쟁 미화나 우익 급진주의 및 외국인 혐오를 전파하는 책을 반복해서 읽고 영화를 보는 사람들은 결국 또 다른 전쟁 "모험"에 열중하거나 우익 극단주의에 기울어질 수 있다. 이는 신앙을 폄하하거나 반종교적 이념을 홍보하는 경우, 그리고 다른 영역의 삶을 사는 경우에서도 마찬가지다. 신앙과 도덕에 적대적인 신문이나 잡지를 구독하고 지원하는 것도 역시 신앙에 위배된다. "그리스도교 신자들은 가톨릭교나 선량한 도덕을 명백하게 공격하는 버릇이 있는 신문이나 소책자나 정기 간행물에는 정당하고 합리적인 이유가 없는 한 아무것도 쓰지 말아야 한다"(교회법 제831조 1항).

서로 다른 종교 신념과 믿음을 가진 사람들과의 친밀한 개인적 우정의 영역은 매우 민감한 부분이다. 그러한 친밀한 우정은 아마 자기 신앙에 굳게 뿌리내린 성숙한 그리스도인과, 참된 가치와 신앙이 지닌 참된 가치를 진실로 존중하는 상대방 사이에서는 가능할 것이다. 하지만 그런 우정이 신앙을 위태롭게 한다면, 이를 포기할 준비가 되어 있어야 한다. 신앙에 해를 끼치는 고용 관계나 특히 혼인 관계에도 마찬가지이다. 이슬람과 같이 특정 비그리스도교의 배우자와의 혼인은 신앙과 그 실천에 중대한 문제를 야기할 수 있다. 선교 지역의 국가들에서 볼 때 이슬람교도 남자와 혼인한 그리스도교 여자들은 거의 항상 신앙을 잃게 된다. 혼종혼의 난제들에 대해서는 혼인 상태에서의 도덕적 책임에 관한 부문에서 아주 상세하게 논의가 된다.

신앙에 대한 관심은 타인의 신앙을 보호하고 사회에서 그 권리를 증진하도록 나아가야 할 것이다. 부모와 교육자는 자신에게 돌보도록

제와 관련된 출판물의 발행, 판매 및 사용에 관한 현재 규정은 교회법 제822~932조를 참조하라.

맡겨진 이들을 문학, 영화, 텔레비전 등에 대해 지도할 의무가 있다. 부모는 또한 성인에게는 무해하지만 어린이에게 영적 해악을 끼칠 수 있는 텔레비전 프로그램에 자기 자녀가 노출되지 않도록 주의를 기울여야 한다. 분명히 지도할 의무에는 건전한 독서와 유익한 오락을 마련하고 추천하는 것이 포함된다. 이런 사안에 있어서 적절한 지도는 사목적 돌봄의 과제이기도 하다. "교회의 목자들은 신앙과 도덕의 진리가 온전히 보존되도록 저술이나 사회 홍보 매체들의 사용이 그리스도교 신자들의 신앙이나 도덕에 해독을 끼치지 못하도록 감독할 의무와 권리가 있다"(교회법 제823조 1항).

오늘날 신앙에 대한 위협에 대항하는 데 두드러진 것은 많은 나라에서 그리스도교 학교 또는 최소한 공립학교에서의 종교 교육에 관한 관심이다. 모든 그리스도교 아동은 그리스도교 교육을 받을 성스러운 권리를 지닌다. 국가는 그리스도교 아동들과 그 부모들이 지니는 이 권리를 축소하거나 부정하지 말 것이다. 부모의 종교적 신념에 따라 자녀를 교육할 권리는 부모의 기본권 중 하나이다. 이는 가정에 관한 부문에서 더 자세히 논의될 것이다.

신앙에 적대적인 정당에 가입하는 것은 분명히 신앙을 보호하고 사회 안에서 종교의 권리를 수호할 의무를 위반하는 행위이다. 그것은 다른 모든 정당이 선한 대의(cause)와 신앙에 훨씬 적대적인 경우에 한해서, 하나의 단계로서 정당화될 수 있다.

새 교회법은 프리메이슨(Freemasonry)에 관해 더 이상 명시적인 단죄를 담고 있지 않다. 제1374조는 프리메이슨과 같이 적대적인 단체들에 대해 다만 포괄적으로 단죄한다. 하지만 1983년 신앙교리성〔**옮긴이 주 #4:** 2020년 프란치스코 교황의 교령에 따라 모든 성(congregation)이 부(dicastery)로 변경되어, 현재는 신앙교리부로 부름〕의 프리메이슨 결사에 관한 선언은 오늘날에도 가톨릭 신자가 그런 결사에 가입하는 것은 금

지된 것임을 분명히 한다. 프리메이슨의 원칙들은 여전히 교회의 가르침과 양립할 수 없다.[35)]

삶에서 종교를 떼어 놓으려는 점증적 위협에 대항하여, 복음의 정신을 인간 삶의 모든 분야에 스며들게 하는 것은 그리스도인에게 긴급한 관심사여야 한다. 무엇보다 공공 기관, 일터 및 사회생활 전반에 있어서 종교의 권리를 지킬 의무가 있는 것이다(참조: 「평신도 교령」 13항).

3) 신앙의 증인

그리스도는 사람들 앞에서 당신을 인정하는 적극적인 태세와 당신을 부정하지 않는 소극적인 결단을 제자들에게 요구하신다. "누구든지 사람들 앞에서 나를 안다고 증언하면, 나도 하늘에 계신 내 아버지 앞에서 그를 안다고 증언할 것이다"(마태 10,32). 그들은 예수를 위해 모든 타고난(natural) 유대를 끊어 버리고 자신들의 신앙을 위해 목숨까지도 희생할 준비까지도 해야 한다(마태 10,37~39).

(1) **신앙을 고백할 준비**: 신앙을 외적으로 고백하라는 것은 하느님과 이웃에 대한 사랑을 요구하는 것이다. 신앙의 진리들은 최상위의 가치들이므로, 그리스도인은 하느님 나라의 성장과 자기 동료들의 선익을 위하여 그 가치들을 나눌 의무가 있는 것이다. 무엇보다 그리스도인은 진리를 모르거나 혐오하기 때문에 신앙에 반대하는 이들에 의해 신앙이 억압되거나 소멸되지 않도록 대항해서 신앙을 수호할 의무가 있다.

---

35) *Declaratio de associationibus massonicis* of Nov. 26, 1983: *AAS* 76(1984), p.300. 1987년 7월 영국 요크에서 열린 영국 성공회 시노드(Synod of the Anglican Churches of England)는 대다수의 찬성으로 프리메이슨과 그리스도교의 양립 가능성에 대해 여러 중요한 근거로 의문을 제기할 수 있다는 성명을 승인했다(see *Herderkorrespondenz* 41, 1987, p.414).

공개적으로 신앙을 수호하는 것은, 만약 그렇게 해서 신앙에 대한 조소와 경멸을 피할 수 있다면, 필수적인 것이 된다. 신앙을 감추는 것이 그리스도교 종교의 대의나 다른 이들의 신앙에 해가 된다면, 마찬가지로 신앙을 고백해야 하며 이를 숨기지 말아야 한다. 합법적 권위자가 신앙에 관해 묻는다면, 목숨의 위협을 감수하고서라도 신앙을 고백해야 하며 답변을 거부할 수 없다.[36] 하지만 동일한 상황에서 사제나 수도자가 신분을 숨기는 것은 신앙의 부정은 아니다. 신앙을 부정하는 것과 같지 않은 경우라면, 사적이거나 비공식적인 권위자가 아닌 사람의 질문에는 답변을 얼버무리거나 모호하게 대답하고 아예 대답하지 않아도 된다. 만약 종교를 박해하는 국가의 권위자가 보편적 칙령을 반포하여 모든 신앙인이 관공서에 출석하거나 특정한 표식을 지니라고 명하더라도, 그에 순종할 의무는 없다. 그런 법은 부당한 것이기 때문이다. 신앙에 우호적인 것이 아닌 환경에서는 개종자가 자신이 개종한 사실을 보편적으로 알릴 의무는 없다. 정당한 이유가 있다면, 당분간 그 사실을 비밀로 유지할 수 있다.[37]

심각한 이유가 있는 경우, 신앙을 숨기는 것은 정당하며 때로는 의무적인 것일 수 있다. 예컨대 투옥이나 고문 또는 죽음을 피할 수 있고 그래서 가족과 교회 또는 국가에서 돌보도록 맡겨진 이들의 선익을 위해 자신의 자유와 생명을 보존할 수 있는 경우에 그렇다. 그리스도 그분도 제자들에게 지시하신 바 있다. "너희를 박해하거든 다른 고을로 피하여라"(마태 10,23. 참조: 사도 9,23~25). 하지만 사제가 있는 것이 신자들의 복지를 위해 필요하다면, 도망치지 말아야 한다.

---

36) Cf. *DS* 2118.

37) 특정한 회심자의 개종이 알려질 경우, 그에게 초래될 심각한 어려움을 피하기 위해서 그는 적극적인 신적·교회적 계율의 준수로부터 면제받을 수 있다(예: 주일미사 참여). 그의 개종 사실을 공표하지 못하게 하는 이유가 지속되는 한, 그에게는 이전 종교의 예식 참여를 계속하는 것이 허용될 수도 있다. 그럼에도 그는 이전 신앙을 찬동하는 것이 포함된 독특한 역할에 능동적으로 참여해서는 안 된다.

(2) **신앙을 부인하지 말아야 할 의무**: 신앙을 부인하는 것은 단순히 신앙을 외면적으로(external) 거부하는 것이다. 신앙을 내면적으로(internal) 포기하는 것은 배교(背教)이다. 이는 나중에 자세히 다루겠다. 자신의 신앙을 직접이든 간접적이든 부인하는 것은 결코 허용되지 않는다. "누구든지 사람들 앞에서 나를 모른다고 하면, 나도 하늘에 계신 내 아버지 앞에서 그를 모른다고 할 것이다"(마태 10,33. 참조: 마르 8,38; 루카 9,26; 2티모 2,12). 이러한 부인은 하느님의 영광과 그 주변인들의 영적이고 도덕적인 복지에 해를 초래하는 기만인 것이다.[38)]

오늘날에 이르기까지 그리스도교의 수많은 순교자가 자신의 종교를 고백하고자 고통과 죽음을 겪었다. 이는 신앙이 부인되어서는 결코 안 된다는 교회의 신념을 가장 잘 증언해 준다.[39)] 신앙 고백이 순교에 이르기까지의 의무를 부정하는 이단에 맞서서, 교부들은 바로 이 그리스도교 순교자들(이레네우스, 테르툴리아누스, 아우구스티누스)의 모범을 언급하고 있다.

자신이 그리스도인이 아니라거나, 무신론자라거나, 이슬람교도라거나, 우상에게 제물을 바친다고 선언하는 사람은 직접적으로 신앙을 부인한 것이며, 이는 본성상 말이나 행위로 참된 신앙을 부인하거나

---

38) 긴터스(R. Ginters)는 신앙이나 도덕적 신념을 **외면적으로**(external) 부정하는 것을 금지하는 것은 어떤 도덕적 절대가 아니라고 주장하는데, 몸짓으로(bodily) 부정하는 것을 단순히 악을 선택한 것으로 간주할 수는 없기 때문이다(*Die Ausdruckshandlung,* Düsseldorf: Patmos, 1976, p.32; pp.104~116). 하지만 그의 논거는 여전히 매우 추상적이다. 구체적이고 현실적으로 어떤 이유가 신앙의 외면적인 부정을 정당화할 수 있을까? 실제로 모든 외면적인 신앙 거부는 결국 하느님의 영예와 동료들의 영적 선익을 해치는 결과를 낳지 않는가? 하지만 흥미로운 것은 초기 패배와 박해를 겪은 무슬림 시아파 교단이 적대적 환경에서의 신앙 부정(**타키야**, taqiyya)이라는 원칙을 채택했다는 사실이다.

39) 최근에는 한국·베트남·중국·일본·인도·필리핀·태국·스리랑카 등 아시아 지역의 수많은 순교자가 아주 인상적인 증거를 보여 주었다. 이를 확인할 수 있는 다음의 간결한 저작을 보라. Francis X. Clark, *Asian Saints. The 486 Catholic Canonized Saints and Blessed of Asia,* Quezon City, Philippines, Claretion Publ., ²2000. 여기에는 우간다의 찰스 르왕가(Charles Lwanga)와 그의 동료들(†1885)을 비롯한 최근 아프리카 순교자들도 추가해야 할 것이다.

혓된 신앙을 공언함으로써 성립된다.

만약 누가 그의 신앙에 대해 물었을 때, 제삼자가 그는 그리스도인이 아니라고 하거나 가톨릭 신자가 아니라고 대답하는데도 정작 그 본인은 침묵했을 경우, 그 사람은 간접적으로 신앙을 부인한 것이다. 만약 누가 다른 사람들로 하여금 자신이 신앙에서 멀어졌다고 믿게 하려고 가톨릭 예배가 아닌 곳에만 다니는 경우도 마찬가지다. 따라서 간접적인 신앙 부인이란 그 자체로 그런 것이 아니라 주어진 상황에서, 신앙 부인을 포함하고 있는 모든 작위(作爲, action) 또는 부작위(不作爲, omission)를 말한다. 하지만 성호경(sign of the cross)을 긋지 않거나 성체 앞에서 무릎을 꿇지 않는 것은 그 자체로 신앙 부인은 아니다. 왜냐하면 그러한 부작위로 인해서 그 사람이 그리스도인이 아니라거나 가톨릭 신자가 아니라는 결론에 다다르는 것은 아니기 때문이다.

4) 그리스도교 신앙을 거스르는 죄들

여기에는 그리스도교 신자들이 신앙을 알아야 할 의무, 신앙을 호위해야 할 의무 및 증거해야 할 의무를 소홀히 함으로써 범하는 죄들이 있다. 이러한 부작위의 죄들은 아주 흔히 일어난다. 신자들은 이러한 죄들에 각별히 주의해야 한다.

신덕(信德, divine virtue of faith)은 예컨대 과도한 믿음처럼, 맹신(盲信, credulity) 때문에도 위배될 수 있다. 맹신적인 사람은 단지 인간적이고 사적인 데서 비롯된 것을 거룩한 신앙으로서의 교리로 수용하고 수호한다. 모든 종류의 사적 계시를 선뜻 받아들이는데, 왜냐하면 비상하고 감각적인 것을 바라는 욕망 때문이거나 손으로 잡을 수 있는 보증을 갈망하기 때문이다.[40)]

---

40) 교회가 사적 계시들(private revelations)을 승인한다는 것은 그것이 신앙과 도덕에

끝으로, 그리스도교 신앙을 직접적으로 반대하거나 해를 입히거나 파괴함으로써 그리스도교 신앙을 거스르는 죄들이 있는데, 불신앙(in-fiedelity), 이단(heresy), 열교(schism) 및 배교(apostasy)와 같은 죄들이다. 불신앙이란 세례를 받지 않은 사람이 참된 신앙의 탐구를 자기 탓으로 태만한 것 또는 이를 의식적으로 저항한 것이다. 이단은 완강하게(의식적이고 고의적으로) 하느님께서 계시하신 진리에 어긋나는 오류를 따르는 것이다.[41] 열교는 교회의 가르침을 거부한 것이 아니라, 교황의 수위권(primacy)에 복종하기를 거부한 것이다. 배교는 세례를 통하여 참된 신앙을 받아들인 사람이 그 신앙을 완전히 저버린 것이다.

세기를 거치면서 몇 번의 큰 열교들이 생겨났고, 이단이 일어나 교회를 분열시켰다. 제2차 바티칸 공의회는 이러한 분열을 가리켜 이렇게 평가한다. "어떤 때에는 양쪽 사람들의 잘못이 없지 않았다. 그리고 지금 이러한 공동체들 안에서 태어나 그리스도를 믿게 된 사람들이 분열 죄로 비난받을 수는 없다"(「일치 교령」 3항). 그러므로 갈라진 다른 그리스도교 공동체들 속에서 오늘날 태어난 이들은 그 이유로 열교나 이단에 대해 죄책은 없다.

하지만 이것이 이단의 모든 문제와 그리스도교 신앙의 진리에 대한 죄스러운 거부가 오늘날에는 중요하지 않다는 의미는 아니다. 지적 교만, 자아도취적 허영, 나태한 중간주의(mediocrity) 및 신앙의 새로운 요구에 부합하기를 거부하는 것은 신앙의 진리를 죄스럽게 모욕하고 무시하는 것이거나 혹은 신앙의 진리에 선택적이고 임의적으로

반하는 내용이 없다는 의미일 뿐이다. 이를 부인하는 사람이라도 신적인 신앙(divine faith)에 반하는 죄를 지은 것은 결코 아니다. 왜냐하면 그 계시가 하느님에게서 왔다는 확신이 없는 것이기 때문이다.

41) 이 정의는 고의적이고 형식적인(formal) 이단에 해당한다. 하지만 진리에 대한 무지 때문에 또는 극복 불가한 오류 때문에 생긴 이단은 단순히 질료적인(material) 것일 뿐이며, 따라서 죄책이 없는 경우가 드물지 않다. 교회법에서 이단을 언급할 때는 항상 형식적인 이단을 염두에 둔 것이다.

접근하는 것이다.

신앙에 대한 의심들도 이와 유사한 이유들에서 비롯되며 신적 섭리에 대한 교만이나 분노에서 기인하는 경우, 이것들도 신앙을 거스르는 죄가 된다. 하지만 진리를 향한 정직한 탐구 중에 생겨나는 의심은 죄로 여기지 않는다. 이런 종류의 의심은 "종종 종교의 적이라기보다는 반갑지 않은 동반자일 뿐이다. (…) 이런 의심은 종교에 대한 관심, 걱정 및 고뇌를 나타내며, 우리는 어느 정도 이러한 감정을 많은 이들에게 바랄 수 있으리라."[42]

신앙과 도덕에 관한 사안에 있어서 교회 교도권의 결정에 복종하기를 거부하는 것은 무류적 가르침(infallible doctrines)에 대한 것일 때에만 이단의 죄가 된다. 비무류적 가르침(non-infallible doctrines)을 받아들이기를 거부하는 것은 신앙을 거스르는 죄가 아니라, 교회에 합당한 순종과 공경을 거스르는 죄인 것이다.[43] 단지 아래에서 설명하게 될 심각한 이유로 정당화되지 않을 경우에만 해당된다.

끝으로, 교회 자신도 모든 면에서 즉 교리적 차원에서만이 아니라 실천적 차원에서도 그리스도의 메시지에 충실해야 할 중대한 의무를 지닌다. 신앙의 메시지는 결코 종교 기관의 기존 이익에 봉사해서는 안 된다. 오히려 모든 종교 기관은 복음 선포에 무조건적으로 봉사해야 한다.

"신앙은 역사의 과정 속에서 이념적으로 남용된 경우가 종종 있었다. 게다가 이념적으로는 신앙과 멀어질 가능성도 상존한다. 신앙이 자체의 분명한 표현과 대체 불가한 실현을 향하려는 노력에 실패하고, 가장 깊은 내적 동기에 따라 살지 않으며, 특정한 이익, 표적 및 목표에 봉사하기 시작할 때, 그리고 그것들이 신앙의 필수적 결과로

---

42) Otto Karrer, *op.cit.*, 245.
43) Cf. Jone-Adelman, *Moral Theology*, 1963, nr. 123.

제시되고 신앙 그 자체와 동등한 정당성을 가진 것으로 간주할 때, 그런 때는 언제나 이 멀어짐이 존재하게 된다. 〔신자와 믿음의 공동체는〕 자신들이 무조건적이고 가식 없이 믿으며 그 신앙을 살고 있는지 아닌지, 혹은 자신들이 권력, 성공 그리고 명망을 향한 이기적인 봉사에 신앙을 이용하고 있는지 아닌지, 지속적이고 자기 비판적인 성찰을 해야 한다."[44] 신앙의 이념화에 대한 혐의는 신학이 보수 세력을 정당화하기 위해 이용될 때만 제기되는 것이 아니다. 또한 신학이 진보적 운동의 선봉으로 자신을 내세우고 다른 사람들이 앞서 말하고 투쟁했던 것을 자기의 성취인 양 주장할 때도 제기되는 것이다.[45]

신앙은 이념이 아니라, 하느님, 그분의 뜻, 그분의 말씀과 행적을 사심 없이 사랑으로 받아들이는 것이다. 신앙의 교리들과 기본 구조는 인간적 지배나 개인적 이익에 봉사하려는 것이 아니다. 신앙은 그리스도의 모범에서 나타나는 방식인 진리와 사랑의 그 길을 따라간다.

1.3.2. 복음화를 위한 선교 사명

"모든 인류에게 복음을 전하는 것이 교회 본연의 사명이다."[46] 이 진리에 따라 교회는 모든 그리스도인이 신앙을 전파할 의무가 있음을 확인한다. "그리스도의 제자는 누구나 다 제 나름대로 신앙을 전파하여야 할 책임을 지고 있다"(「교회 헌장」 17항).[47] "주님의 가장 큰 계명

---

44) Heinrich Fries, *Faith Under Challenge*, New York: Herder and Herder, 1969, pp.132f.

45) W. Kasper, *An Introduction to Christian Faith*, London: Bums & Oates, 1980, p.12.

46) 바오로 6세, 교황 권고 「현대의 복음 선교」(1975), 개정판, 한국천주교중앙협의회, 2006, 14항.

47) 마찬가지로, 제2차 바티칸 공의회, 「선교 교령」 23항; 교회법 제211조와 제781조.

인 사랑의 계명은 하느님의 나라가 와서 하느님의 영광이 드러나고, 모든 사람이 참되시고 오직 한 분이신 하느님을 알고 하느님께서 보내신 예수 그리스도를 알아 영원한 생명을 얻게 하도록 모든 그리스도인에게 촉구하고 있다"(「평신도 교령」 3항). 많은 비그리스도교 국가의 급속한 인구 성장과 세계의 민족들 간 접촉이 점점 증가함에 따라 선교는 한층 더 넓은 지평을 얻고 있다.[48)]

속량하는 신앙의 진리와 완전한 구원을 알릴 필요성은 그리스도교 국가들은 물론이고 사람들에게 참된 신앙이 부족하거나 이를 거부하는 곳 어디서나 존재한다. 하지만 선교 대상의 국가나 여전히 선교적 도움이 필요한 국가들의 경우에는 그런 필요성이 특별히 크다. 교회의 선교 활동에 관한 교령에 따르면, 선교란 교회가 아직 뿌리 내리지 못한 민족과 집단에 복음을 선포하며 교회를 심는 일이다(「선교 교령」 6항). 그 결과로 이런 집단들이 거주하는 나라나 지역은 선교 지역이 된다. 만약 어떤 나라에서 믿는 이들의 집회(congregation)가 이미 어느 정도 안전성을 누리고 있고 충분치는 않더라도 자국의 방인(local) 사제, 수도자 및 평신도를 어느 정도 보유하고 있다면, 그곳은 협의의 의미로 더 이상 선교 지역이 아니다. 하지만 그런 신생 집회가 사제도 부족하고 물질적 도움도 부족해서 아주 심각하게 고통을 겪고 있다면, 그 지역은 아직까지는 선교지이며 도움이 필요하다. 교회는 그 신생 집회를 향하는 선교의 사명을 지니게 된다(「선교 교령」 19항).[49)]

---

48) 서구 세계의 사람들에게는 놀랄 만한 일이겠지만, 교회의 성장은 꾸준히 계속되고 있다. 1900년 아프리카에는 200만 명의 가톨릭 신자가 있었고(전체 인구의 2%), 2000년에는 1억 3천만 명(전체 인구의 16.4%)으로 증가했다. 전체 그리스도인 수는 3억 3천5백만 명에 달했으며, 그중에는 많은 현지 그리스도교 단체도 포함되어 있다. 1900년에는 본토인 성직자가 거의 없었지만, 2000년에는 20,383명의 아프리카 신학생이 있었고, 교계 제도는 거의 모두 토착화되었다. 또한 한국, 인도, 오세아니아, 심지어 중국과 같은 다른 선교지 국가들에서도 교회는 성장하고 있다.

49) 이 선교 개념은 요한 바오로 2세의 회칙 「교회의 선교 사명」(1990), 33~34항에 나타나고 있다.

어떤 이들은 '선교'라는 용어가 시대에 뒤떨어진 것이라고 반대한다. 식민주의를 연상시키기에 잘못된 것처럼 보이게도 한다. 하지만 선교란 교회의 발표들에서는 여전히 공식 용어이다. 그리스도에 의한 파견(missio)에서 유래된 것으로서, 성경에 기초한 이 용어는 비그리스도교 민족들에게 복음을 선포해야 할 궁극적 근거를 나타낸다. 이 용어는 여전히 가장 적절하게 이 현실을 표현해 준다. 또 다른 어떤 사람들은 선교를 복음화와 동일시하고, 그리고 거기에다 그리스도교 국가 중에 더 이상 그리스도교 지역이라고 불릴 수 없는 그런 지역에 대한 새로운 복음화까지 포함시키기도 한다. 하지만 이는 두 가지의 다른 임무를 잘못 동일시한 것이다. 교황 요한 바오로 2세는 이러한 시도에 반대하며 다음과 같이 말했다. "예수 그리스도를 전혀 모르는 민족의 상황과 그분을 알고 받아들였다가 배척했지만 많은 부분에서 복음의 원리와 가치들에 젖은 문화 안에서 살아가고 있는 민족들의 상황이 같다고 보는 것은 옳지 않은 듯합니다."[50]

오래된 그리스도교 국가 중에서 많은 사람이 더 이상 세례를 받지 않고 그들의 삶을 의식적으로 그리스도교적인 방식으로 꾸미지 않는다고 하더라도, 그리스도교는 여전히 그들의 일상생활에는 역사적 요소로 남아 있다. 그들에게 구원을 위한 즉각적인 제안이 되고 있는 것이다. "결국 교회는 더 이상 그리스도교답지 않은 나라들 속에서 중요한 긴급 임무를 맡게 된다. 상황의 새로움 때문에 이 임무도 새로워진 것이다. 하지만 이러한 나라들에 대해 교회는 고유한 의미의 선교 즉 구세사의 조건으로 교회의 첫 설립을 달성할 수는 없다. 그러한 나라의 민족들을 새로운 그리스도교화 시도를 통해 본래적 의미의 선교 사명에서 면제된 것으로 여길 수 없다."[51] 만민 선교(mission

50) 요한 바오로 2세, 회칙 「교회의 선교 사명」(1990), 37항.

51) Karl Rahner, "Grundprinzipien zur heutigen Mission der Kirche", in *Sämtliche*

ad gentes)는 독자적인 임무이며, 그것은 여전히 교회의 필수적 의무로 남게 된다.

최근에는 이민(migration)이 새로운 현상을 초래했다. 비그리스도인들이 전통적인 그리스도교 국가 안에서 매우 많아지고 있다. 이러한 상황은 기존 교회들에 새로운 선교적 도전이며 동시에 환대, 지원 및 형제애로의 부르심인 것이다. 따라서 이러한 교회들이 곧바로 선교 국가가 되는 것은 아니지만, 그 안에서 선교적 상황에 직면하게 된 것이다.

1) 선교 활동의 동기

신앙 전파를 위한 열정은 세례 받지 않고 신앙을 명시적으로 고백하지 않는 모든 사람은 멸망할 것이라는 잘못된 가정에 근거해서는 안 된다. 하느님의 구원 은총은 모든 인간의 마음 안에서 보이지 않는 방식으로 작용하고 있으며 구원될 가능성을 제공한다. 하지만 그리스도를 통해 주어진 하느님의 계시에 무지한 이들은 신자들이 교회 안에서 발견한 은총과 진리의 풍요로운 보화에 자유롭게 접근하지 못한다. 개도국을 위한 수많은 발전 지원이 이와 유사하다. 개도국 사람들 역시 농업과 축산의 방법, 수공예 도구 및 치료용 약물을 보유하고 있다. 하지만 산업국(industrialized nations)은 이들에게 더 나은 농업 및 수공예 기법, 더욱 포괄적인 의학 및 교육에 대한 지식 등을 전수해야 할 의무를 느낀다. 종교도 여기서 예외가 아니다. 더욱 깊은 종교적 지식과 더욱 풍요로운 신앙생활을 전수하는 것이 필요하지 않다고 여길 수는 없기 때문이다. 그러므로 하느님의 통치를 향한 참된 열정과 이웃 사랑은 모든 사람에게 신적 계시와 사랑의 이 위대한 보

Werke, vol. 19, Freiburg: Herder, 1995, pp.343~373, 특히 p.350. 전체적인 기여 내용이 주목할 만하다.

화를 열어 보이려고 하는 것이다.

신앙 전파를 향한 근본 동기 중 하나는 그리스도의 선교 명령이다. 그리스도 그분께서 성부로부터 보내지신 것처럼, 제자들도 온 세상에 보내졌다. "그러므로 너희는 가서 모든 민족들을 제자로 삼아, 아버지와 아들과 성령의 이름으로 세례를 주고, 내가 너희에게 명령한 모든 것을 가르쳐 지키게 하여라"(마태 28,19~20).[52] 이 선교 명령은 예수가 모든 인류를 위한 구세주이시라는 진리를 표현해 준다. 예수는 살아 계시는 동안 당신을 따랐던 소수의 제자만을 위한 사명을 지니신 것이 아니라, 모든 인간의 구원을 위한 사명을 지니신 것이다. 예수는 이 사명을 제자들에게 맡기셨다. 복음의 기쁜 소식은 모든 사람에게 전도되어야 한다.

하지만 신자가 신앙을 전파하는 동기는 단순히 그리스도의 선교 명령 때문인 것만이 아니다. 그리스도를 향한 사랑과 신앙을 "값진 진주"(마태 13,46)와 "숨겨진 보물"(마태 13,44)로 경험하는 것도 그들로 하여금 신앙을 다른 이들과 나누도록 움직이게 한다. 복음은 값진 진주로서 하느님의 말씀이다. 이것은 하느님에 관한 지식과 그분의 참된 뜻을 밝혀 주고, 구원의 길을 가르치며, 사람들을 하느님과 만나게 하고 그 사람들의 영적 삶을 위해 확고한 토대를 제공해 준다. "그러므로 선교가 의미하는 것은 삶과 행실로, 말씀과 기도로, 성사와 경배로 그리스도에 대한 우리의 신앙을 타인들과 나누는 것이다."[53]

그 본성상 타인을 향한 참된 사랑은 언제나 진리와 영적으로 풍요로운 가치들을 다른 이들과 나누도록 재촉한다. 이는 그리스도교 신앙의 진리와 그리스도 안에서 새 생명의 은총에 있어서도 다를 수 없

---

52) 또한 마르 16,15~16; 루카 24,46~48; 사도 1,8.

53) Kurt Piskaty, *Heute noch Mission: ist Christus der einzige Weg zum Heil?*, Nettetal: Steyler Verlag, 1994, p.22.

다. 그리스도인은 "하느님을 사랑하는 그 사랑으로 모든 사람과 더불어 현재와 미래 생활의 영적인 행복을 나누고자 하는 것" 때문에 타인들과 그러한 진리들을 전하도록 재촉을 받는다(「선교 교령」 7항). 교회는 그리스도를 드러냄으로써, 인간들에게 그들이 지닌 조건과 그들의 소명에 관해 실제 진리를 밝혀 준다.

더욱이 그리스도가 전도하러 오신 하느님 나라는 개인들만이 아니라 또한 사회와 인류 가족 전체도 변모시키는 힘이 된다. 하느님 계획에 따르면, 온 인류가 "하느님의 한 백성을 이루고 그리스도의 한 몸으로 모이며 성령의 한 성전을 함께 세우도록 하시려는 것이었으며, 이것은 분명히 형제적 화합을 가져다주어 온 인류의 깊은 열망에 부응하는 것이다"(「선교 교령」 7항). 하느님 나라를 세운다는 것은 모든 형태의 악으로부터의 해방을 위해 일하고, 민족들 간의 형제애를 촉진하며 그리고 인류가 모든 이의 성부이신 그분을 섬기는데 하나가 되게 한다는 것을 의미한다. 선교 활동을 통해, 그리스도가 성부의 영광을 위해 전념하셨던 하느님의 계획이 실현되는 것이다. 세계 역사에서 점차 커져 가는 통합은 세상 안에서 그리스도교 선교를 꾸준히 지속해야 할 더욱 강력한 이유가 된다.

끝으로, 선교사가 됨으로써 그리스도교 공동체는 자체의 신앙을 강화하는 데 도움을 받는다. 선교사들의 증언은 냉담자들과 비신자들에게도 여전히 호소력을 지니며, 그리스도교 가치들을 전달한다. "선교 활동은 교회를 새롭게 하고, 신앙과 그리스도교의 정체성을 강화시켜 주며, 새로운 열정과 새로운 자극을 준다. 신앙은 다른 사람에게 전해질 때 견고해진다. 교회가 보편적 사명에 참여하는 것은 그리스도인 백성들의 새로운 복음화를 고무하고 뒷받침해 줄 것이다."[54]

---

54) 요한 바오로 2세, 회칙 「교회의 선교 사명」(1990), 2항.

2) 부르심의 다양성

그리스도의 모든 제자는 신앙을 전파하는 데 자신만의 역할을 다할 의무를 지닌다. 교회는 특히 주교들에게 더 넓은 교회의 선교 관심에 열려 있도록 요청하며, 그들의 교구와 본당의 성소와 재정에 대한 필요에만 좁게 집중하지 말라고 요청한다. "각 주교들은 보편 교회와 모든 교회들의 후원자들이므로 특히 자기의 개별 교회에서 선교 계획을 수립하고 장려하며 지원함으로써 선교 사업에 특별한 관심을 가져야 한다"(교회법 제782조 2항).[55] 성직자들도 이러한 관심을 갖고, 너그러운 마음으로 선교 계획을 촉진시켜야 한다. 새로 형성된 교회들도 지역주의와 고립주의의 유혹에 빠지지 말아야 한다. 그들은 "기꺼이 다른 교회의 선교사들과 원조를 받아들이고 마찬가지로 온 세계에 그렇게 해야 한다."[56]

수도회(religious communities)는 세상 복음화에 있어서 항상 매우 중요하고 칭찬받을 만한 역할을 해왔다. 교황 요한 바오로 2세는 선교사 수녀들에게 특별한 감사의 말을 전한다. "하느님과 이웃, 특히 극빈자를 사랑하고자 자신을 봉헌한 여성들〔동정녀들〕의 모범과 활동은, 여성이 인간 발전과 해방을 이루려면 아직도 갈 길이 먼 민족과 문화에는 반드시 필요한 복음의 표지이다."[57] 동시에 축성 생활회들은 신앙 전파를 하는 데 자신들의 역할을 다해야 할 의무를 충분히 의식하고 있는지 진지하게 자문해야 한다(「선교 교령」 40항; 교회법 제783조).

선교 지역의 방인 그리스도인들은 가정에서, 사회단체에서 그리고 직업 집단에서 그리스도인으로서의 삶을 통해 신앙을 증거하라는 소명을 받았다. "남녀 평신도들은 자기 민족의 전통에 따라 조국의 사

---

55) 또한 교회법 제791조; 제2차 바티칸 공의회, 「교회의 선교 활동에 관한 교령」(*AG*), 29항; 38~39항.

56) 요한 바오로 2세, 회칙 「교회의 선교 사명」(1990), 85항.

57) 같은 책, 70항.

회와 문화 영역에서 그리스도 안에서 그를 완성하면서 그러한 새 삶을 드러내야 한다”(「선교 교령」 21). 기회가 된다면 어디서든지 그들은 신앙을 전파하는 적극적인 사도가 될 의무가 있다. 복음화의 근로자 중 교리교사는 특별한 영예를 차지한다. 그들에게 선교 사업은 큰 빚을 지고 있다. 그들은 “교회 공동체, 특히 젊은 교회들의 기본적인 힘이다.”[58]

이미 그리스도교 국가가 된 지역에서는 평신도들이 자신과 타인들을 위해 선교에 관한 지식과 사랑을 키움으로써(예: 선교 소식지를 통해) 복음화 사업에 협력한다. 또한 자신의 가정, 가톨릭 단체들 및 학교들 안에서 선교 성소를 자극함으로써, 그리고 다양한 종류의 재정적 보조를 제공함으로써 복음화 사업에 협력한다. 그들은 개도국 사람들에게도 사회적·경제적 도움을 기꺼이 제공해야 한다(참조: 교회법 제225조 1항). 즉 “모든 신자는 선교사들의 희생에 동참하여야 한다.”[59] 더욱이 국제 관광의 시대에 그리스도인들은 외국에서 그리스도와 신앙에 대한 사랑을 증거할 의무를 의식해야 한다. 그리스도께 대한 그들의 신앙과 사랑을 외국에서 증거해야 하는 그들의 의무를 의식해야 한다. 끝으로 중요한 임무로서, 비그리스도교 지역에서 그리스도교 국가로 온 이주 노동자들과 난민들 및 유학생들에게 그리스도인의 사랑과 복음적 증거를 보여 주어야 한다.

3) 선교의 방향

“오늘날 사람들은 스승보다 증인을, 가르침보다 경험을, 이론보다 삶과 행동을 더 신뢰한다. 그리스도인다운 생활의 증거는 선교의 시작이며 다시없는 방법이다. (…) 세상에서 호소력이 가장 강한 복음적

58) 같은 책, 73항.
59) 같은 책, 78항.

증거는 사람들에 대한 관심 그리고 가난하고 약하며 고통받는 사람에게 사랑을 보여 주는 것이다."[60]

가장 초기부터 교회는 인간의 현세적 필요들에 대해 관심을 보여 왔다. 이러한 관심은 오늘날 교회의 선교 활동과 불가분의 관계에 있다. "복음화와 인간 발전 — 개발과 해방 —, 이 둘은 실제로 밀접히 관련된다. (…) 복음화에서는 현대 세계에서 논의되고 있는 정의, 해방, 개발, 평화와 같은 여러 문제의 중요성을 무시할 수 없고 무시해서는 안 된다. 만일 그렇게 된다면, 고통과 궁핍 가운데 있는 이웃을 사랑하라는 복음의 가르침을 무시하는 것이 되고 말 것이다."[61] 복음 메시지의 의미는 "선교하는 교회가 인간을 위해 무엇을 하고 그들을 어떻게 지원하며 부족, 국가 및 대륙 간의 다리를 어떻게 놓는지를 볼 때 가장 명백히 드러난다."[62] 청소년의 교육과 각종 학교는 "특히 개발도상국의 국민이 인간의 존엄을 들어 높이고 더욱 인간다운 조건을 갖추게 하는 드높은 가치를 지닌 봉사"가 된다(「선교 교령」 12항).

하지만 이것이 선교사들로 하여금 그들의 역할을 단순히 현세적 활동에 국한하도록 해서는 안 된다. 구원을 현세적 번영이나 인간 발전 또는 정치적·사회적 질서를 위한 활동(initiatives)으로 환원시키지 말아야 한다. "교회는 인간 해방과 예수 그리스도를 통한 구원을 관련지어 생각하지만 결코 이 둘을 동일시하지 않는다. 왜냐하면 교회는 계시, 역사적 체험, 신앙 성찰을 통하여 (…) 해방을 이루고 행복과 발전을 이루는 것이 하느님 나라의 도래를 위한 충분조건은 아니라는 것을 알고 있기 때문이다."[63] 사람은 빵만으로 살지 않는다. 우리의 경험은 선교사들이 사람들에게 받아들여지고 환영받는 이유가, 정확

60) 같은 책, 42항.
61) 바오로 6세, 「현대의 복음 선교」(1975), 31항.
62) K. Piskaty, *op.cit.*, p.33.
63) 바오로 6세, 「현대의 복음 선교」(1975), 35항.

히 그 선교사들을 통하여 영적·종교적 차원을 포함해 지속적이고 총체적인 안녕을 향하는 그런 인간 삶에 대한 관심을 발견했기 때문임을 보여 준다.[64] 선교의 근본 목적은 사람들이 복음을 듣고, 형제적 친교를 나누며, 기도와 성찬례를 통해 한데 모이도록 하는 것이다.

분열된 그리스도교들의 현실에서 볼 때 전교 사업은 교회 일치(ecumenical) 운동의 정신이 필요하다. 복음 전달자들이 서로 대립할 때, 복음화의 유효성은 결국 크게 감소한다. "복음 선포자인 우리는 쓸데없는 분쟁으로 갈라지고 분열된 백성의 모습이 아니라, 함께 진지하게 사심 없이 진리를 추구함으로써 실질적인 긴장을 초월하여 접점을 찾을 수 있는 성숙한 신앙인의 모습을 보여 주어야 한다. 복음화의 운명은 교회가 보여 주는 일치의 증거와 직결되어 있다. 바로 여기에서 책임이 비롯된다."[65]

끝으로, 특별히 최근에 커지고 있는 새로운 국면에 주목해야 한다. 오늘날의 선교는 이전에 비해 훨씬 더 대화의 성격을 띤다. 복음을 전해 받는 사람들이 단순히 선교적 노력의 수혜자가 아니다. 그리스도교가 그들 안에 뿌리를 내릴수록, 그들은 보편 교회의 현실과 삶에 더욱더 기여를 하는 위치가 된다.[66] 종종 과거의 선교지가 이제는 "젊은 교회들"이 되었다. 서방 사람들은 공동의 대화에 대해 마음을

---

64) "선포는 선교에서 오래도록 한결같이 첫째 자리를 차지합니다. 교회는 그리스도께 받은 명시적 명령을 거역해서는 안 되고, 하느님께서 사람들을 사랑하시고 구원하신다는 '기쁜 소식'을 사람들이 알지 못하게 해서도 안 됩니다(…). 복합적인 선교 현실에서 첫 복음 선포는 핵심적이고 대체할 수 없는 역할을 합니다"(요한 바오로 2세, 회칙 「교회의 선교 사명」(1990), 44항; 83항).

65) 바오로 6세, 「현대의 복음 선교」(1975), 77항.

66) 물론 대화 과정에서 복음 메시지의 새로움(newness)과 다름(otherness)을 혼합해서는 안 된다. 복음은 기존에 알려진 것과 다르기 때문에 해방을 가져다준다. "전통문화도 억압, 남용, 착취와 같은 요소들을 포함하고 있는데, 이는 그리스도교 교회 안에서 자리 잡을 수 없는 것들이다(부패의 관행, 여성 차별, 하층계급 차별 등)." 개종자들 스스로도 자신이 떠나온 종교적·문화적 전통에 대해 때로 큰 거부감을 보이기도 한다(K. Piskaty, *op.cit.*, p.53).

열어야 하고 이를 수용해야 한다.

1.3.3. 신앙 일치의 촉진

그리스도가 세우신 교회는 하나이고 유일하다. 하지만 이 일치는 손상되었다. 많은 그리스도교 공동체가 서로 갈라져 존재한다. 그들 모두는 스스로가 주님의 참된 제자라고 선언하지만, 그들의 신념은 서로 충돌하고 갈라진다. 이러한 불화는 그리스도의 뜻에 명백히 어긋나며, 모든 피조물에 복음을 선포해야 하는 이유에 큰 타격을 입힌다. 이에 따라 그리스도인들은 자신들의 분열에 대해 후회하고 해가 갈수록 일치를 향한 열망이 커짐을 느끼게 된다. 가톨릭 측에서 볼 때 제2차 바티칸 공의회의 「일치 운동에 관한 교령」(*Unitatis Redintegratio*, 1964, 이하 「일치 교령」)은 다양한 그리스도교파 간의 관계 개선에 아주 중요한 진전으로 여겨진다. 정확히 이 교령이 일치 운동에 있어서 새 시대를 열었던 것이다.

1) 교회 일치 운동의 속성과 동기

역사가 흐르는 중에 다양한 열교가 하나인 교회를 분열시켰다. 가톨릭교회와 다른 교회나 공동체들이 형성되었는데, 예컨대 네스토리우스파(431년), 단성론파(Monophysites(451년), 동방정교회(1054년), 루터교와 기타 개신교파들(1517년), 성공회(1534년) 등이 있다. 이런 분리의 이유는 다양한데, 잘못이 항상 한 쪽 편에만 있는 것도 아니었다. 가톨릭교회 측의 부족함을 인정하면서 제2차 바티칸 공의회는 "어떤 때에는 양쪽 사람들의 잘못이 없지 않았다"고 언급한다(「일치 교령」 3항).

하지만 과거 분열의 이유가 무엇이었던지 간에 "지금 이러한 공동체들 안에서 태어나 그리스도를 믿게 된 사람들이 분열 죄로 비난받을 수는 없다." 그리스도를 믿고, 그분의 제자로 살아가려고 노력하며, 올바로 세례를 받는 만큼, 그들은 서로를 주님 안의 형제이자 자매로 인정해야 한다(「일치 교령」 3항).

비록 그리스도교 공동체들을 분리시키는 다름이 존재하지만, 교회들과 공동체들 사이에는 의미 있는 그리스도교의 공통 요소들이 몇몇 때로는 아주 많이 나타난다. 그들은 기록된 하느님 말씀, 신·망·애, 세례와 은총의 삶, 성령의 내적 은사들, 그리고 여러 가시적 요소를 지니고 있다. 이러한 요소들 덕분에 서로 다른 교회요 공동체이지만 구원의 신비 실현에 기여할 수 있는 것이다(「일치 교령」 3항). 교황 바오로 6세는 이러한 공통 요소들 때문에 특히 더 밀접하게 관련된 교회들을 '자매 교회'라 부르기도 했다.[67]

나아가 「일치 교령」은 전례 예식(rites)의 형태에 있어서 게다가 계시된 진리를 신학적으로 설명에 있어서도 상이성과 다양성이 긍정적 가치도 지녔음을 인정한다. "또한 갈라진 형제들 안에서 성령의 은총으로 이루어지는 것은 무엇이나 다 우리 자신의 발전에도 이바지할 수 있음을 결코 지나쳐 버려서는 안 된다"(「일치 교령」 4항). "교회 내의 일치 안에서 이러한 다양성이 용인될 뿐만 아니라 바람직하기도 한 이유를 이해하는 것은 어렵지 않다. 제한된 인간의 지성은 하느님과 그분의 인간과의 관계에 관한 진리의 무한한 풍요로움을 이해할 수가 없다. (…) 그러므로 하느님을 이해하기 위해 다양한 시도들이 필요하며, 이를 통해 종합적인 그림을 형성할 수 있다."[68] 이는 교리의 정식

---

67) 바오로 6세는 1967년 이스탄불을 방문하여 콘스탄티노폴리스 총대주교에게 이렇게 말했다. "이제 오랜 분열과 상호 오해의 시기를 지나서, 주님께서는 우리가 자매 교회임을 재발견하게 해 주셨습니다"(*AAS* 62, 1970, p.753). 또한 1970년 잉글랜드와 웨일스의 40위 순교자 시성식에서도 성공회를 "그리스도 가족의 하나의 진정한 친교 안에서 항상 사랑받는 자매"라고 언급했다. 또다시 2002년 10월 12일 요한 바오로 2세와 루마니아 총대주교 테옥티스트(Teoctist)가 발표한 공동 선언에서도 두 공동체를 "자매 교회"라고 불렀다(*L'Osservatore Romano*, 2002.10.13.).

(formulation)은 물론이고 신심, 기도, 예배, 신비 생활 및 영성의 형태들에 대해서도 해당된다.

그럼에도 불구하고, 모든 공동체가 그리스도교 신앙(creed)을 똑같이 온전하고 완전하게 보존해 온 것은 아니다. 사도단의 완전한 일치에도 부족함이 있다. 더욱이 신념의 차이는 그리스도교 공동체들 사이에 대립과 불화를 야기했다. 이는 그리스도의 뜻에 명백히 반하는 것이다. 그리스도는 수난 전야에 성부께 이렇게 기도하셨다. "그들이 모두 하나가 되게 해 주십시오. 아버지, 아버지께서 제 안에 계시고 제가 아버지 안에 있듯이, 그들도 우리 안에 있게 해 주십시오. 그리하여 아버지께서 저를 보내셨다는 것을 세상이 믿게 하십시오"(요한 17,21). 에페소서에 따르면, 교회는 "하느님께서 여러분을 부르실 때에 하나의 희망을 주신 것처럼, 하나이고 성령도 한 분이십니다. 믿음도 하나이고 세례도 하나입니다"(에페 4,4~5. 참조: 갈라 3,27~28).

현존하는 분열은 세상에 악 표양을 주고 있다. 그리스도는 제자들에게 서로 사랑하라는 계명을 주셨기 때문이다(요한 13,34). 복음 전달자 모두가 그 사랑의 계명이 이를 그리스도의 가르침의 본질로 설교한다. 하지만 그들은 동시에 서로 싸우기도 한다. 서로 다른 교리들이 저마다 참된 교리라고 주장하지만, 진리는 하나일 수밖에 없다. 그리스도교 메시지에 대한 신뢰성이 의문에 처한다.

나아가, 예컨대 사회생활, 인권, 평화 및 정의의 문제에 있어서 그리스도교가 한목소리를 낸다면, 분열된 목소리보다 세속 권위들로부터 더 큰 존중을 받을 가능성이 높아진다. 교회들, 학교들, 공소들(mission stations) 및 신학교들 등 건물과 인력에 대한 중복 사용을 피할 수 있고, 성직자 부족의 문제는 더 쉽게 극복될 수 있을 것이다.

그리스도인들 자신도 이러한 분열로 인해 모두 고통받고 있다. 보

---

68) E. Yarnold, *In Search of Unity*, Middlegreen, England: St. Paul Publ., 1989, pp.49f.

편성(catholicity)과 영적 친교에 대한 충만함이 그들 사이에서 실현될 수 없기 때문이다. 이는 가톨릭교회에서도 마찬가지이다. 분열로 인해 가톨릭교회 자체도 모든 면에서의 완전한 가톨릭성(catholicity)을 실제의 삶에서 표현하는 데 상당히 어려움을 느낀다(참조: 「일치 교령」 4항).

2) 일치의 촉진을 위한 실천적 요구들

일치를 회복하려는 관심은 교회 전체에 해당된다. 이는 그리스도인으로서의 일상에서 실천되든지 또는 신학적·역사적 연구에서 실천되든지, 각자 자기 역량에 따라 모든 신자와 성직자로 확장된다. 1993년의 「교회 일치 운동의 원칙과 규범의 적용을 위한 지침」은 일치를 촉진하기 위한 기구들(structures, 위원회, 단체, 일치 운동 촉진자 모임)을 예컨대 주교회의, 교구, 본당, 수도회 등 교회의 모든 조직 단계(levels)에 만들도록 촉구한다.[69] 학문적 차원에서의 교회들 간의 신학적 대화는 일차적으로 전문가들의 몫이다. 이런 대화는 교회 당국과 밀접한 관계하에 이루어져야 한다. 그것은 특별히 주교단과 각국 주교회의의 책임이다(참조: 교회법 제755조).[70] 이와 더불어 삶의 대화도 있는데, 이는 함께 사는 사람들이 선린(善隣, neighbourliness)의 분위기 속에서 기쁨과 슬픔, 자신들의 인간적 문제점과 고통을 나누는 그런 대화이다. 모든 신앙인은 이 대화를 할 수 있으며 또한 해야 한다.[71]

---

69) 교황청 일치위원회, 「교회 일치 운동의 원칙과 규범의 적용을 위한 지침」(1993.03.25.), 37~54항. 〔번역: 『한국천주교주교회의 회보』 77(1993/9), 27~31쪽. 이하 「일치 운동 지침」(1993)으로 칭함.〕

70) "교회 일치 운동이 교회 전체를 포함하는 운동이 되려면, 가톨릭 신자가 다수인 나라에서 가톨릭교회가 참여하는 것이 중요하다"〔「일치 운동 지침」(1993), 32항〕.

71) 1991년 5월 19일 발표된 「대화와 선포: 종교 간 대화를 위한 성찰과 지침」 문서는 대화의 네 가지 형태를 구분한다. 앞서 언급된 신학적 교류의 대화와 삶의 대화 외에도, 행동의 대화와 종교 경험의 대화가 있다(art. 42; *Enchiridion Vaticanum* 13, nr. 332). 후자인 두 개의 대화 형태는 아래의 항목 (3)과 항목 (4)에서 더 자세히 다룬다.

(1) **교회의 쇄신**: 이는 본질적으로 교회 본연의 소명에 더욱 충실함으로써 이루어진다. 앞서 언급했듯이, 현대의 그리스도인들은 수 세기 전에 생긴 열교에 책임이 없지만, 그들의 말과 행위 및 태도는 오늘날에도 분열을 치료하는 데 방해하고 그 분열을 지속하는 데 기여할 수 있다. 그리스도인들은 갈라진 형제들의 감정과 감수성(susceptibilities)을 이해하려는 민감도(sensitivity)를 키워야 한다. 교회 일치 운동의 정신은 그리스도인들에게 형제애적인 존중, 겸손, 자기-부인, 인내 및 질투 없는 너그러움을 요구한다. 그들이 복음을 따라 더욱 순수한 생활을 하려고 노력할수록, 그만큼 더 그리스도인들의 일치를 촉진하고 또 실천하게 된다(「일치 교령」 7항).

교회의 구조, 권위의 방식, 교리 등에서의 결점은 과거의 사안일 뿐 아니라 오늘날의 교회 안에도 존재할 수 있음을 정직하게 직시해야 한다. 「일치 운동 지침」(1993)은 결함이 있음을 감안하고 그를 교정할 것을 촉구한다. "상황과 환경에 따라, 관습에서나 교회 규율에서나 교리의 진술 방법에서 올바르지 않은 것이 보존되어 왔다면 적절한 시기에 마땅히 바르게 혁신되어야 한다"(「일치 교령」 6).

(2) **일치 운동 양성**: 모든 그리스도인이 교회 일치의 정신을 가져야 하므로 교황청 일치 촉진 사무국은 특별 지침에서,[72] 교회 일치 운동의 정신이 이미 가정 안에서부터 실천되고, 본당에서 촉진되며, 모든 학교의 종교 교육에 일치 운동의 차원이 부여되어야 한다고 권고한다. 이 지침은 교사들과 학생들, 특히 신학생들이 다른 교회와 공동체에 대해 더 많이 배우고 그래서 그리스도인들을 일치시키는 요소와 분열시키는 요소를 정확히 평가할 수 있게 되기를 기대한다. 역사를 설명할 때 다양한 그리스도교 교회들을 적절히 고려해야 하며, 종교 분열

72) 「일치 운동 지침」(1993), 55~91항; 191~203항.

에 관련된 사건과 인물들을 공정하게 다루어야 한다. 오판(misjudgements)은 교회 역사책이나 주석서 혹은 교의신학 서적에서만이 아니라, 학교 교과서에서의 공통 분야에서도 삭제시켜야 한다. 진실하고 건설적인 대화를 위해 필요한 전문적·종교적 준비와 일치 운동의 정신을 갖춘 다른 공동체들의 대표자들을 초대할 수 있다. 일치 운동의 양성은 학업을 마친 후에도 성직자들과 사목 종사자들을 위한 지속적인 "쇄신"(aggiornamento)의 형태로 지속해야 한다.

한편, 이 지침은 가톨릭 신자들에게 일치 운동의 행동이 사도들과 교부들로부터 전해 받은 진리에 절대로 충실해야 한다고 권고한다. 하지만 동시에 학생들은 "모두 동일한 신앙 동의를 요구하는 계시된 진리와 다른 한편 그러한 진리들과 신학적 교의들을 진술하는 방식"[73]을 구분하는 법도 배워야 한다. 신학적으로 표현하는 방식에는 정당한 차이가 있으며, 학생들은 이를 인식할 준비가 되어야 한다. 다양한 신학 정식들(formulations)은 보통 상충되기보다는 상호 보완적이다.

(3) **실천적 차원에서의 협력**:[74] 신학적 차원에서 일치 운동의 대화는 오랜 시간이 걸리며, 본질 사안에서조차 완전한 동의는 가까운 시일 안에 이루어질 것 같지 않다. 반면, 사회적·경제적·정치적 삶의 실천적 영역에서는 협력이 광범위하게 가능하며, 실제로 오랫동안 이루어져 왔다. 「일치 교령」은 이러한 종류의 협력을 더욱더 발전시키도록 권고한다. "인간 존엄성의 올바른 존중을 위하여, 또는 평화 증

---

73) 「일치 운동 지침」(1993), 74항. 가톨릭 교리의 진리들이 "예수 그리스도를 통하여 계시된 신비에 있어서 원리가 되거나 중심을 차지하지는 않는다"는 주장도 주목할 가치가 있다(*Ecumenical Directory Spiritus Domini* of 16 April 1970, nr. 74). 계시된 진리들의 위계적 순서는 윌리엄 헨(William Henn)의 논문["The Hierarchy of Truths Twenty Years Later", in *Theol. Studies* 48(1987), pp.439~71]에서 다루어진 주제로, 이 논문은 1966년부터 1986년까지의 관련 출판물 32편을 조사한다.

74) 「일치 운동 지침」(1993), 161~218항을 보라.

진을 위하여, 또는 복음의 사회 적용을 위하여 협력이 필요하다"(「일치 교령」 12항).

"인간의 존엄성, 정의, 평화 및 형제애와 같은 복음적 가치를 추구하는 것은 우리를 주님이며 구세주이신 예수 그리스도께 언제나 돌아가게 하는 공통된 증언에 동참하도록 초대하는 것이다. 이는 가난하고 억압된 자의 이름으로 사회 정의의 문제에 그리스도인이 참여한다는 것을 의미한다. 우리는 교부들로부터 교회가 지배 권력에 맞서서 억압받는 이들의 입과 목소리가 되어야 한다는 가르침을 배워야 한다. 그러므로 그리스도인의 증언이란 경제적 영역에서 나누고 사회적·정치적 억압으로부터의 해방을 추구하는 것으로서, 모든 차원에서 인권을 위한 투쟁에 참여하는 것을 뜻한다."[75] 교회끼리의 협력을 위한 유용한 기본 원칙이란 다음과 같다. 즉 양심이 금하는 것을 제외하고는 모든 것을 함께하라는 것이다.

정당들 안에서 그리스도인들이 협력하는 것은 실현 가능하고 성공적인 일치 운동의 한 형태이다. 몇몇 나라에서 그리스도교적 민주당들은 정부를 구성하기에 충분할 만큼 대중의 강력한 지지를 받아 왔다. 이 정당들은 상호 공정성, 배려 및 연대를 실천하는 공동 행동의 학교이다. 마찬가지로 그리스도교 기업가, 노동자, 의사 및 기타 전문직업인 단체들이 그리스도교 조합을 만들어 왔다.

공적 권리와 입장을 수호하는 것 외에도, 그리스도와 이루는 교회들의 일치가 자연스럽게 낳는 결과는 또한 공동의 증언이어야 한다. 교회들끼리 서로 배우고 함께 나눌 수 있는 넓은 분야는 사목적 영역이다. 청소년 돌봄, 가정 사목, 이주자들과 회교도들과의 만남, 약물

---

75) *Gemeinsames Zeugnis*, Bonn: Sekretariat der Dt. Bischofskonferenz, 1982, Arbeitshilfen 24, Nr. 37. 로마 가톨릭교회와 세계교회협의회(WCC) 공동 실무 그룹의 연구 문서.

과 알콜 의존자 돌봄 및 세속화된 사회와의 대화는 공동의 도전 과제들로서, 이에 대한 공동의 답변과 비전은 가능할 뿐 아니라 바람직하며 어쩌면 필수적인 것일 수 있다. 협력하는 사목은 고립된 사목보다 목표 달성에 더 효과적일 것이다.

(4) **성서 사도직과 복음화에서의 일치 운동**: 성경의 공동 출판과 이를 전파하고 보급하기 위한 공동 활동은 일치 운동의 활동에 있어서 특별히 성공적인 사례 중 하나이다. 이러한 공동 노력은 그리스도교 교파 간의 화합에 크게 기여해 왔다. 성서학회는 많은 그리스도인들이 만나는 장소가 된다. "성서의 번역, 보급 및 연구의 협력은 선교사업, 교리교육 및 종교 교육의 모든 차원에 중요한 영향을 미친다. 계시 내용에 대한 공통된 이해를 위해서 공동의 성서 번역으로서 교파 간에 협력한다는 것은 중요한 함의를 지닌다."[76]

끝으로 복음화 과업에 있어서 최소한 주요 교회들의 협력에 대한 일부 형태들이 고려되어 왔다. "교회들은 선교의 협력자가 되어야 한다. 이러한 협력자 관계는 단순히 경쟁을 포기하는 것을 넘어선다. 이는 각 교회가 다른 교회의 성장을 자신의 성장으로 여길 것을 요구하는데, 이는 교회들이 서로를 그리스도의 몸의 참된 지체로 받아들일 수 있을 때만 가능하다."[77] 물론 선교사들은 항상 자신이 속한 교회에 신자들을 얻고자 요구받을 것이다. 그들은 최선을 다해 잠재적인 회심자들에게 자기들의 신앙이 지닌 진리와 아름다움을 납득시키고자 노력할 것이다. 하지만, 결국에 다른 교회가 그 일에 성공을 거둔다면, 선교사들은 자매 교회를 비방해서는 안 된다. 오히려 그리스도

---

76) Secretariate for the Unity of Christians, *Ecumenical collaboration*, 22 Febr. 1975, 3b; *The Vatican Collection*, vol. 2: *More Postconciliar Documents*, ed. by A. Flannery, ^{2}1998, p.161.

77) E. Yarnold, *op.cit.*, p.88.

교 신앙으로 새 신자들이 늘어난 것에 기뻐해야 한다.

(5) **공동 기도와 예배**: 기도는 분명히 교회 일치를 위한 은총을 청하는 아주 중요한 수단이다. 그런 이유로 그리스도인들은 교회 일치를 위한 기도를 개인적으로나 공적으로 자주 바치도록 요청을 받는다. 그렇게 함으로써, 「일치 교령」은 가톨릭 신자들이 자신들의 영성으로만이 아니라 다른 교회들과 공동체들 내에 과거와 현재에 살아 있는 많은 전통의 보화로도 교회 일치에 대한 신심을 키우도록 권장한다. 이 밖에도 어떤 특별한 환경에서는 그리스도인들이 함께 공동 기도를 하는 것은 바람직하다. 이러한 기도는 지금도 다양한 그리스도교 단체들을 서로 묶어 주는 유대를 진심으로 표현해 준다. 공동 기도는 독서, 기도, 찬미가, 설교나 성경 묵상을 포함하는 말씀의 전례 형태를 띨 수 있다. 특히 1월에 (때로는 다른 달에) 거행하는 "그리스도인 일치기도 주간"은 그리스도인들 사이에 널리 확산되어 왔다.

공동 예배에 관해서는 제2차 바티칸 공의회와 "새 교회법"이 신중함을 보인다. 이 공의회는 공동 예배를 "그리스도인들의 일치 회복을 위하여 분별없이 사용할 수 있는 수단으로 여겨서는 안 된다"고 명시한다. 공동 예배는 (제1원칙으로서) 함께 예배드리는 이들의 신앙의 일치를 의미하며, 이는 일반적으로 다양한 그리스도교 교회들이나 공동체들의 공동 예배를 배제시킨다. 하지만 공동 예배는 (제2원칙으로서) 은총의 수단을 나누는 역할을 할 수 있고, 이를 때로는 권장한다 (「일치 운동 지침」 8항).

새 교회법[78]과 1993년 발표된 「일치 운동 지침」[79]은 가톨릭 신자들이 채택해야 할 실천적 방침을 더욱 구체적으로 제시한다. 성사로

78) 교회법 제844조; 제874조 2항; 제908조; 제933조; 제1183조 3항.
79) 「일치 운동 지침」(1993), 92~142항.

서의 예배와 관련해 해당 규범은 갈라진 동방 교회들과는 상호 참여가 일부 가능하다고 명시한다. 가톨릭 신자들은 자신이 속한 교회에서 성사 배령이 물리적으로나 도덕적으로 불가능한 경우, 필요성이 있거나 진정한 영적 선익이 이를 권장하는 때는 언제나 고해성사, 성찬례 및 병자 도유에 참여할 수 있다. 가톨릭 교역자들은 갈라진 동방 교회의 신자들이 자발적으로 이 성사들을 청하고 합당하게 준비가 되어 있다면, 이 성사들을 집행할 수 있다(교회법 제844조 2항).[80] 단순히 미사에 참석만 하는 것은 합당한 이유가 있다면, 허용된다. 가톨릭 신자가 의무 축일에 갈라진 동방 교회의 미사에 참석한다면, 그는 자신이 속한 교회에서 별도의 미사에 참석할 의무가 없어진다.[81]

성공회나 개신교와 같이 다른 갈라진 형제들에 대해 그들이 죽을 위기의 경우에 또는 교구장 주교 혹은 주교회의가 어떤 중대하고 긴급한 필요가 있다고 판단하는 경우에, 가톨릭 교역자들은 이 동일한 성사들을 집전할 수 있다. 추가로 그들이 속한 성찬례 교역자에게 갈 수 없고, 자발적으로 성사들을 청하며, 해당 성사에 대한 가톨릭 신앙을 표명하고, 합당한 준비를 갖추었을 것이 요구된다(교회법 제844조 4항). 중대한 필요성이라 함은 예컨대, 감옥에 있거나 박해 중인 사람 또는 자신이 속한 교회로부터 너무 멀리 떨어져 사는 그리스도인의 경우를 말한다.[82] 타 교파에 속한 사람들 간의 혼인 중에 주님의 식

80) 하지만 갈라진 동방 교회들은 여전히 이러한 실천을 거부하고 있다. 모스코바 총대주교청은 초기에는 이 새로운 실천에 동의했지만, 1986년에 이를 철회했다. 또한 그리스도 정교회 역시 로마 가톨릭 신자들의 성체성사 참여를 허용하지 않는다. 한편 1984년 안티오키아 시리아 정교회 총대주교청과의 상호 성찬례 참여에 관한 긍정적 합의가 이루어졌다.

81) Cf. *Ecumenical Directory Ad Totam Ecclesiam*, 14 May 1967, nr. 47.

82) 참조: 교황청 교회일치사무국, 「비가톨릭 신자의 가톨릭 영성체에 관한 훈령」(1972), 정하권 옮김, 『사목』 24(1972/11), 120~124쪽. Cf. the special instruction "On Admitting Other Christians to Eucharistic Communion in the Catholic Church" of 1 June 1972. *The Vatican Collection*, vol. 1, ed. by A. Flannery, 1988, rev. ed., pp.554~559: *AAS* 64(1972), pp.518~25.

탁에서 분리시키는 경우 (독일 주교회의 교회 일치 운동 위원회의 선언에서처럼) 신앙과 삶의 부부 공동체를 심각한 위험에 처하게 할 수 있으며, 따라서 이는 배우자들에게 중대하고 필요한 조건이 될 수 있다. 그러한 경우에 "다른 교파에 속하는 이들과의 혼인 생활을 살아가는 배우자들의 경우, 특정한 조건하에 가톨릭교회에서 거룩한 성체를 영하는 것이 허용될 수 있다." 일반적으로 주임신부는 그러한 "필요"가 존재함을 확인해 주어야 한다.[83] 비슷한 처지에 놓인 가톨릭 신자는 이 성사들을 유효하게 보존하는 교회의 비가톨릭 교역자에게 이를 청할 수 있다(교회법 제844조 2항). 또한 가톨릭 신자들이 때때로 혼인한 개신교 배우자의 주일 예배에 참여하는 경우, 이는 때에 따라서 가톨릭교회의 주일미사를 면제받는 이유가 될 수 있다.[84]

(6) **다른 종교들과의 대화**: 모든 국가 간의 점증하는 국제 관계에 더하여 그리스도교 교파들끼리의 최근 화해는 비그리스도교 종교들에 대한 그리스도인들의 태도에도 변화가 나타났다. 제2차 바티칸 공의회의 「비그리스도교와 교회의 관계에 관한 선언」(*Nostra Humanae*, 1965, 이하 「비그리스도교 선언」)은 비그리스도교 종교들에 대해 더 나은 그리고 더 공정한 평가를 위한 기본 문헌이다. 가톨릭교회는 "지혜와 사랑으로 다른 종교의 신봉자들과 대화하고 협력하면서 그리스도교 신앙과 생활을 증언하는 한편, 다른 종교인들의 정신적 도덕적 자산과 사회 문화적 가치를 인정하고 보호하며 증진하도록 모든 자녀에게

---

83) Letter of the Commission for Ecumenism of 11 Febr. 1997; *Una Sancta* 52(1997), pp.85~88, 특히 pp.87f.

84) 마찬가지로, 때로 특정 상황에서는 여행(excursion)조차도, 그때 가지 않으면 해당 여행이 불가능한 경우, 주일미사 의무를 면제받는 사유가 될 수 있다. 물론 예외적인 경우에 한정된 것이며, 이것이 (가톨릭) 주일미사를 다른 교회 공동체의 종교 예배로 정기적으로 대체하는 것을 의미하지는 않는다. 참조: 요한 바오로 2세, 회칙 「교회는 성체성사로 산다」(2003), 30항.

권고한다”(「비그리스도교 선언」 2항). 그리스도교 교파 간의 만남과 상호 이해 및 협력을 촉진하기 위한 실천적 수단들에 관해 언급한 것 중 많은 것은 유다교, 이슬람교, 불교 및 힌두교와 같은 다른 종교들과의 만남에도 동일하게 적용할 수 있다.[85]

1.3.4. 신앙의 교회적 성격

신앙의 교회적 성격을 단언하는 것은 신앙의 수호자로서의 교도권에 대한 종교적 복종의 의미이기에 오늘날에는 불쾌감과 반대를 야기하기가 쉽다. 이는 너무 쉽게도 교조적인 사상 감시자(dogmatic thought police), 사상 통제, 반대자들에 대한 제재, 종교 재판소 및 이단 심문과 같은 이미지를 떠올리게 한다. 이러한 이의 제기들을 진지하게 받아들여야 한다. 교회 구조를 그리스도의 진정한 지향과 복음 정신에 더욱 부합하도록 조정할 필요가 있다. 교회 안에서 신앙의 교회적 성격을 책임지고 있는 권위도 교회 일치 운동에서는 논란이 많은 주제이며 어쨌든 가장 심각한 주제 중의 하나이다. “프로테스탄트들은 권위가 어떻게 행사되어야 하는지에 대해 서로 의견을 달리하지만, 권위에 대한 로마 가톨릭의 접근법이 지나치게 성직주의적이라는 데에는 대체적으로 동의하며, 그런 접근법은 성직 계층의 권위를 절대화한다는 뜻이 된다.” 그와는 반대로, 프로테스탄트에 있어서 권위의 문제는 신학적으로나 교회적으로 약점으로 작용한다. “왜냐하면 프로테스탄트로서는 자신들의 최고(ultimate) 권위가 어디에 있으며 그것이 어떻게 행사되는지에 대해 명확히 대답하기 어렵기 때문이다.”[86]

---

85) 그리스도교와 비그리스도교 종교 간의 적절한 만남에 대한 아주 유용한 성찰에 대해서는 다음의 작품이 제공해 준다. D. Lochhead, *The Dialogical Imperative*, Maryknoll: Orbis, 1988.

86) T.P. Rausch, *Authority and Leadership in the Church*, Wilmington, Del.: Glazier,

"그리스도교의 종교적 신념도 다른 모든 인간적 신념과 마찬가지로 어느 정도의 제도화가 없이는 오래 유지될 수 없다."[87] 그리스도인 개인이 신앙을 유지하고 실천하며 발전시키기 위해서는 공동체의 도움과 지지가 필요하다. 그리고 모든 주요 사회 법인에서처럼 공동 질서의 기능과 공동 관심사에 대한 지도와 배려를 그 공동체 구성원 모두가 똑같이 수행할 수는 없기 때문에 그러한 과업을 담당할 어떤 권위가 필요하다.

1) 교도권의 직권자와 범위

하느님 말씀의 보관은 "교회에 맡겨졌다." 즉, 하느님의 백성 전체에게 맡겨진 것이다(「계시 헌장」 10항). 하느님 말씀을 권위 있게 해석하는 임무는 "예수 그리스도의 이름으로 권한을 행사하는 교회의 살아 있는 교도권에만 맡겨져 있다. 그렇지만 교도권은 하느님의 말씀 위에 있지 아니하고 하느님의 말씀에 종속되어 봉사한다. 이 권한은 전해진 것만을 가르치며, 하느님의 명령과 성령의 도우심으로 그것을 경건히 듣고 거룩히 보존하고 성실히 해석한다"(「계시 헌장」 10항).

교회 내에서 최고 교도권의 구체적 주체는 교황과 함께 또 그를 머리로 하는 주교단이다. 오직 교황과 주교들만이 교회를 대변하여 말할 수 있다. 자연스러운 관점에서만 보더라도, 이 교도권은 교리적 사안에 있어서 개별 신자보다 더 큰 권한을 요구할 수 있다. 교도권은 정확히 거룩한 신앙의 종교적 진리를 전달하고 연구하며 설명하고자 설립되었으며, 이 분야에서 전문 지식을 지니고 있다. 따라서 교리적 사안에 있어서 교도권의 결정 사항은 특별한 비중을 차지하며 특별한

1989, p.9.

87) W. Kasper, *An Introduction to Christian Faith*, London: Bums & Oates, 1980, p.137.

동의를 받을 자격이 있다. 더욱이 그리스도는 베드로에게 오류와 어둠의 세력에 대항할 특별 도움을 보장하셨고(마태 16,18), 사도들에게 성령을 보내시어 당신을 증언하고 그들을 모든 진리 안으로 인도하도록 하셨다.[88]

교회의 교도권은 그리스도교 계시의 전체 내용과 신앙과 도덕의 사안에 직접으로 또는 간접으로 관련된 다른 진리들도 포괄한다.[89] 교회는 신앙과 도덕에 관한 선언을 통해 일반적으로 행사하는 통상적 교도권 외에도, "교회가 거룩하게 보전하고 충실히 설명하여야 할 하느님 계시의 위탁이 펼쳐지는 그만큼 펼쳐지는"(「교회 헌장」 25항) 그런 무류적 교도권도 또한 지니고 있다. 후자인 이 권위는 당연히 훨씬 드물게 발휘된다. 교회 교도권의 주체와 대상 그리고 성경적·신학적 근거에 대한 자세한 논의는 기초신학과 교의신학을 참조하면 된다.

2) 교도권의 가르침에 대한 동의(순명)

교회 교도권의 가르침에 동의(순명)하는 문제는 그 가르침이 교도권에 의해 무류적으로 참이라고 제시되었는지 여부에 따라 본질적으로 달라진다. 과거에는 이런 구분이 충분히 명확하게 이루어지지 않은 경우가 종종 있었다. "교회 교리를 실질적으로 설교할 때, 구속력에 있어서 교리적 발언 간의 기본적이고 공인된 차이들이 있음을 과도하게 흐려놓았던 점은 부인할 수가 없다. 오늘날에는 교회의 교리를 설교할 때 이러한 구분을 명확하게 드러내야 한다. 교도권의 비-결정적인(non-defined) 교리의 발표에 대해 내적 동의(inner assent)를 할 평상

88) 요한 14,16~17; 15,26; 16,13; 사도 1,8; 2,2~4를 보라.

89) 교도권의 권위는 자연적 도덕법에도 확장된다. 하지만 이에 대해 교회가 무류성(infallibility)을 보유하고 있는지에 대해서는 신학자들 사이에서 논란이 있다. 설리반(F. Sullivan)에 따르면, 더 공통된 견해는 자연법의 개별 규범들이 무류한(infallible) 가르침의 대상은 아니라고 본다(*Magisterium. Teaching Authority in the Catholic Church*, Dublin: Gill and Macmillan, 1985, pp.148~152).

적(normal) 의무(「교회 헌장」 25항)를, 실제로 절대적 동의(absolute assent)가 여전히 요구된다거나 신자가 어떤 경우에도 동의를 보류할 수 없다는 식으로 제시되어서는 안 된다."[90]

신앙의 동의(assent of divine faith, *assensus fidei*)는 오직 통상(ordinary) 교도권이나 특별(extraordinary) 교도권이 무류적으로 참되다고 선언한 교리들에 대해서만 (혹은 개별 신자가 확실히 계시된 것이라고 위격적으로 인지한 교리들에 대해서만) 요구된다.[91] 오직 이 절대적 동의는 믿음의 대신덕에서만 나오는 것이다. 주교들 개인은 무류성의 특권을 누리지 않는다. 하지만 주교들이 "상호 간에 또 베드로의 후계자와 친교의 유대를 보전하면서 신앙과 도덕의 사항들을 유권적으로 가르치는 주교들이 하나의 의견을 확정적으로 고수하여야 할 것으로 합의하는 때에는" 무류적 성격을 지닌다. "그것은 이제 주교들이 세계 공의회에 모여서 보편 교회를 위하여 신앙과 도덕의 스승들이 되고 재판관들이 될 때에는 더욱 명백해지므로, 그들의 결정에 신앙의 동의〔순종〕으로 따라야 한다"(「교회 헌장」 25항). 이 본문에서 명백히 알 수 있듯이, 성좌의 기구들은 "보편 공의회들이 그럴 수 있었던 것처럼 '성령 안에서' 말할 수 없으며 무류성의 은사를 내세울 수도 없다는 것이 분명해진다. 왜냐하면 그 은사는 교황 개인에게 주어진 것이고 위탁될 수 없기 때문이다."[92]

---

90) Karl Rahner, "Magisterium", *Sacramentum Mundi* III, 1969, p.356.

91) 공의회나 교황의 결정 없이 전체 주교단의 통상적 교도권이 가르치는 교리의 무류성에 대하여 라너(K. Rahner)는 이렇게 말한다. "하나의 교리가 전체 주교단의 전원 일치로 반포된 것만으로는 불충분하다. 더 나아가 그런 교리는 '확정적으로 고수하여야 할 것'(*tamquam definitive tenenda*, 「교회 헌장」 25항)이라고 명시적으로 적시되어야 할 것이다. 따라서 단순히 신앙과 관련한 교회 교리가 보편적으로 존재해 왔다는 것 자체만으로는 충분하지 않다. 과거에는 상당한 기간 동안 명확히 주목할 만한 반대 없이 일반적으로 가르쳐져 왔다는 이유만으로 어떤 교리가 교회에서 개정 불가한 것으로 간주되었던 경우가 종종 있었다. 그러나 이런 관점은 사실에 반한다. 왜냐하면 한때 보편적으로 받아들여졌던 많은 교리가 문제점이 있거나 오류가 있는 것으로 드러났기 때문이다. 이 관점은 근본적으로 불합리하다"(*op.cit.*, p.356).

종교적 동의(religious assent, *assensus religiosus*) 또는 존경 어린 마음에 의한 순명(respectful allegiance of mind)은 비무류적이지만 권위 있는 교도권(the authoritative, non-infallible magisterium)의 가르침에 요구되는 것이다. 제2차 바티칸 공의회는 이렇게 말하고 있다. 신자들은 "신앙과 도덕에 관하여 그리스도의 이름으로 내린 자기 주교의 판단에 일치하여야 하고, 마음의 종교적 순명으로 그를 따라야 한다. 교황의 유권적 교도권에 대하여는, 비록 교좌에서 말하지 않을 때에도, 특별한 이유로 의지와 지성의 이 종교적 순명을 드러내어야 한다. 이렇게 하여 곧 교황의 최고 교도권을 공손하게 인정하여야 하고, 드러나는 교황의 생각과 의향대로, 교황이 내린 판단을 성실히 따라야 한다"(「교회 헌장」 25항. 참조: 「사목 헌장」 50항; 「종교 자유 선언」 14항).

비무류적 교리란 본성상 개정 불가한(irreformable) 것이 아닌 것을 말한다. 그렇지만 "그 자체로서는 개정 불가한 것이 아닌 사안들에 관해 교도권의 가르침을 충실히 따르겠다는 자발적 자세가 규정이 되어야 한다. 그렇지만 어떤 신학자가 경우에 따라서는 교도권 개입의 적시성이나 형식 또는 내용까지도 의문을 제기할 수 있다. (…) 그러나 우리가 몇 가지 특수한 사례로부터 시작하여 교회의 교도직이 세부 사항들의 판단에 있어서 습관적으로 과오를 범할 수 있다거나 또는 교도직이 그 사명의 온전한 수행에 있어서 하느님의 도우심을 받지 않는다고 결론짓게 된다면, 이는 진실에 상반된다."[93]

사회와 관련된 문제점 중에는 절대적으로 확실하고 개정 불가하다고 판단하기가 거의 불가능한 것들이 많다. 그렇다 하더라도 교회는

---

92) Ladislas Orsy, "Magisterium: Assent and Dissent", *Theol. Studies* 48(1987), p.479.
93) 교황청 신앙교리성, 「신학자의 교회적 소명에 관한 훈령 - 진리의 선물(*Donum veritatis*)」(1990), 24항. 〔**옮긴이 주 #5:** 주교회의 번역문의 번호표기에 오류가 있어 한국어 번역본에서는 25항을 찾아보아야 하나, 이는 번역문에서 원문의 14항을 14항과 15항으로 나누면서 발생한 오류이고, 원문에서는 24항이다.〕

거리낌 없이 발언해야 하며 그 문제점에 대해 가톨릭 신자들 심지어 다른 많은 사람들도 교황과 주교들로부터 논평, 지침 및 결정을 기대하고 있다. "교회 역시 자신의 교리와 실천에 있어서 절대적으로 구속력 있는 교리적 결정을 내릴지 단순히 침묵을 지키고 모든 것을 개인의 의견에 맡길지 항상 딜레마에 있을 수만은 없다. 신앙의 참 본질을 보호하기 위하여, 교회는 어느 정도의 구속력은 지니면서도 신앙의 결정은 아니어서 일종의 잠정적(provisional) 성격을 가지며 어느 정도는 오류의 가능성도 포함하는 그런 교리의 지침을 제시해야 한다. 이는 우리가 감수해야 할 위험이다. 그렇지 않으면, 교회가 삶에 결정적인 실재로서 자기의 신앙을 선포하는 것이 거의 불가능해질 것이기 때문이다."[94]

위의 인용된 제2차 바티칸 공의회의 본문(「교회 헌장」 25항)은, 비록 무류적으로 교리를 선포하려는 의도가 아닌 경우에도, 주교들의 가르침에는 일반적으로 그리고 교황의 가르침에는 특별하게 "존경 어린 순명"(respectful allegiance of mind)과 "의지와 지성에 의한 복종"(loyal submission of the will and intellect)을 요구한다. 이러한 동의(assent)와 복종(submission)은 신자들에게 완고함을 버리고 유순하게 따르는 태도를 전제한다. 완고함은 공식 가르침에 마음을 닫고 그것을 공정하게 듣기를 거절하는 성향이다. 반면, 유순함이란 교도권의 가르침에 열려 있는 태도 즉 "그 가르침의 진리에 대해 호의적으로 타당성을 평가하고자 최선을 다하며, 진리를 스스로 확신함으로써 자신의 지적 동의를 쉽게 이끌어 내려는 태도"이며 이것이 요구된다.[95] 이러한 태도는 신자들이 올바르게 양심을 형성해야 할 의무와도 부합한다. 내

94) Pastoral Letter of the German Bishops 1967, quoted by K. Rahner, *op.cit.*, p.357.
95) F. Sullivan, *Magisterium. Teaching Authority in the Catholic Church*, *op.cit.*, p.164.

적으로 공적인 가르침에 동의하기 위해 정직한 노력을 기울였다면, 비록 의심이 남아 있더라도, 가톨릭 신자들은 자신의 지성과 의지에 의한 종교적 복종을 바친 것이다.

신자는 종종 양심에 따라 교도권의 특정 결정에 대해 의문을 제기하거나 부동의(disagree)가 정당하거나 심지어 의무라고까지 느낄 수 있다. 하지만 거부할 때 결코 자기주장적(self-assertive)이거나 오만해서는 안 되며, 비판적 탐구와 판단에 있어서 언제나 신중하고 존경심을 갖추어야 한다. "자신이 교회가 나중에야 알게 될 것을 이미 알고 있고 그래서 사적인 의견을 가질 권리가 있다고 생각하는 그리스도인이라면, 하느님과 자신의 양심 앞에서 냉정한 자기비판을 통해 자신이 교회 당국의 현재 가르침에서 벗어난 사적인 이론과 실천을 정당화할 충분한 신학적 전문성의 깊이와 너비를 지니고 있는지 자문해 봐야 한다. 이러한 경우라면 원칙적으로는 허용될 수 있다. 하지만 자만심과 주제넘음은 하느님의 심판대 앞에서 자기 고집에 대해 책임져야 할 것이다."[96]

"존경 어린 순명"(respectful allegiance of mind)이란 보통의 가르침이므로 어떤 사람의 내적 확신이 완벽하게 내부적 동의를 허용할 수 없게 되는 경우에 **존경 어린 침묵**(*silentium obsequiosum*)을 유지할 가능성을 배제하지 않는 것이다. 그러나 일반적으로는 교회의 잠정적인 교리 선언들에 위배되는 의견은 강론이나 교리교육에 포함시키지 말아야 한다. 그럼에도 어떤 특정 조건에서는 신자들에게 이러한 잠정적 선언들이 지닌 성격과 제한적인 의도를 설명해 주어야 할 것이다.

신학자들은 회의가 드는 경우에, 진리를 더 깊게 탐구하고 그에 대한 반대 논거를 글이나 말로 유관 기관에 제시할 권리가 있다. 그렇지만 "이러한 경우 신학자는 '대중 매체'에 의존하는 것을 피하고 오히

96) Pastoral Letter of the German Bishops 1967, *op.cit.*, p.357.

려 책임 당국에 호소해야 한다. 교리적 사항을 명확히 하는데 이바지하고 또 진리에 봉사하는 일은 여론의 압력을 가하는 방식으로는 이루어지지 않기 때문이다."[97] 어쨌든 많은 신학적 토론은 대중 언론에 관심을 끌지 못하지만, 몇몇 특정 논쟁은 이목을 끈다. 만일 그렇다면, 오늘날과 같이 거대한 언론의 시대에 학술지에만 국한시키는 것이 항상 가능한 것은 아니다. 그러한 공개 가능성이 논의를 전적으로 억제할 근거가 될 수 없지만, 특별한 주의와 책임감은 요구가 된다.

대중 매체는 산아 제한이나 시험관 수정과 같이 뜨거운 쟁점에 대해서 저명한 신학자, 주교 혹은 추기경의 비판적 논평을 (물론 이러한 쟁점에 대해 보수적인 신학자, 주교 및 추기경들의 발언도 마찬가지로) 불가피하게 뉴스로 다룬다. 그러한 논평들이 항상 성좌와 그 성청들〔**옮긴이 주 #7:** 2022년 성청(congregation)에서 부서(dicastery)로 명칭이 변경됨〕에 대한 존경 어린 침묵(obsequium religiosum)에 어긋나는가? 결국, 모든 개별 사례를 해결할 수 있는 규칙은 없다. 궁극적으로는 "모든 관련자 편에서 현명과 지혜를 대체할 수 있는 것은 없다. 한편으로, 교회 당국(hierarchy)은 창의적 작업에 우호적인 분위기를 유지하기 위해 최선을 다해야 하며, 교회는 그것을 필요로 한다. 여기에는 연구와 성찰의 작업을 수행하는 이들에 대한 일정한 신뢰가 있어야 한다. 그들의 정당한 실수가 허용될 수 있는 합리적인 여지가 있어야 한다. 결국, 실수 없는 가설만 제안해야 한다는 조건이라면 그런 연구팀에 누가 참여하려고 하겠는가? 게다가 교회는 일부의 반대 요소는 감내할 만큼 충분히 강인하다. 반면에 연구자들은 자기 자신의 한계를 인식해야 한다."[98] 그들은 자신의 의견을 "논의가 불가능한 결론

---

97) 교황청 신앙교리성, 「신학자의 교회적 소명에 관한 훈령 - 진리의 선물(*Donum veritatis*)」(1990), 30항. 〔**옮긴이 주 #6:** 한국천주교주교회의 번역문의 번호 표기에 오류가 있어 한국어 번역본에서는 31항을 찾아보아야 하나, 이는 번역문에서 원문의 14항을 14항과 15항으로 나누면서 발생한 오류이고, 원문에서는 30항이다.〕

인 양"[99] 제시하지 않아야 할 것이다.

또한, 부동의(dissent)와 항거(protest)를 구분해야 한다. 항거는 부동의 그 이상으로서, 어떤 쟁점에 대한 교회의 가르침을 바꾸도록 대중의 압력을 가하는 조직된 노력인 것이다. 이는 특별한 위험을 수반한다. 주교들이 신학자들에게, 신학자들이 주교들에게 대항하게 하고, 양극화를 초래한다. 그것이 정당화되는 경우는 극히 드물어야 한다. "공개적이고 조직적인 부동의에 호소하는 것이 교회 안에서 신학적 탐구를 계속하는 데 적합한 방법임을 증명하고 (…) 교회 구조에 잠재적 해악보다 선익이 더 크다는 것을 보여 줄 입증책임은 신학자들에게 있다."[100]

끝으로, 주목해야 할 것은 교회의 결정은 모든 개별 학자의 판단과 비교했을 때, 확실히 더 비중 있고 개연성이 더 높은 것으로 여겨야 한다는 것이다. 신학자들의 가르침은 명백히 교도권의 권위와 동일한 권위를 누리지는 못한다. 그러므로 논란 중인 교리에 대해 신자들이 그 타당성에 대해 충분한 확신과 양심의 확실성에 도달하지 못해 회의 중일 때, 교도권에 유리하게 추정해야 한다.

3) 교도권의 이중적 권위

잘못된 대립을 피하기 위해, 교회의 이론적 권위와 실천적 권위를 구분하는 점에도 충분한 주의를 기울여야 한다. 교회의 이론적 권위는 종교적·도덕적 교리의 진위와 관련되며, 오직 이 영역에서만 무류적 선언 혹은 비무류적 선언의 문제가 생겨나고 의미를 갖는다. 이

---

98) L. Orsy, *op.cit.*, p.492.
99) 교황청 신앙교리성, 「신학자의 교회적 소명에 관한 훈령 - 진리의 선물(*Donum veritatis*)」(1990), 27항. 〔**옮긴이 주 #8:** 한국천주교주교회의 번역문에서는 28항이나, 원문에서는 27항이다.〕
100) Richard Malone, "Magisterium and Dissent", *Euntes Docete* 39(1986), p.520.

이론적 권위는 종교적 동의를 요구하지만, 이것이 무류적 선언일 경우에는 신앙 어린 복종을 요구한다. 반면, 교회의 실천적 권위는 교회의 제도(discipline), 전례 규범, 행정 조치 및 교회법과 관련된다. 이 실천적 권위는 진리의 문제가 아니라, 유용성, 현명함 및 합리적 정책의 문제만을 다루기 때문에, 이성적인 동의나 신앙을 요구하지 않고 의지에 의한 순종(obedience)과 굴복(submission)을 요청한다. 교황이 양형영성체를 허용하거나, 전례에 자국어를 도입하거나, 또는 교회법을 개정하는 경우, 이는 다행스럽거나 불행할 수 있으며, 이전의 법보다 더 적절하거나 덜 적절할 수 있다. 그러나 이러한 경우 무류성과 진리에 대한 질문은 무의미하다. 가톨릭 신자들은 이러한 규율이나 계명을 준수할 의무가 있지만 이를 다행스럽게 생각할 의무는 없다. 물론 교회는 신자들이 이러한 실천적 결정들도 적합하게 존중하면서 받아들일 것이라고 당연히 기대할 수 있다.

제2장

망덕

희망(hope)은 인간 삶의 필수 조건이다. 희망 없이 인간은 존재할 수 없다. 인간은 자기 실존을 갈망과 노력, 숨겨진 충동에서 비롯된 역동성 그리고 더 나은 삶과 완벽한 삶을 향한 열망을 통해 경험하게 된다. 완벽함과 지속되고 흔들리지 않는 행복을 향한 인간의 욕망(desire)을 무시할 수 없는 것이다. 그러나 이러한 욕망은 자상에서는 결코 완전히 충족되지 않기에, 인간은 다시금 미래에서 충족되기를 늘 희망하게 된다. "이 세상을 변형시키는 행위의 어느 한 단계라도 마지막 단계가 될 수 없다. 왜냐하면 도달하는 순간에 그 단계는 이미 지나가 버리기 때문이다."[1] 따라서 희망은 지상 삶의 항구적 동반자로 남는다. 더 나은 미래를 위한 희망은 인간이 지닌 유한성의 한계와 완전한 선 및 완성에 대한 열망에 뿌리 깊이 박혀 있다. 외부 세계에서도 비슷한 것이 관찰된다. 이미 이루어진 것이 어디에서도 충분하지 않다. 모든 존재는 제약에서 벗어나 더 큰 완벽함을 향해 애를 쓴다. 그러나 인간에게는 더 나은 것과 더 완벽한 것을 향한 우주의 거대한 갈망이 집중되고 절정에 이른다.

사람들이 희망할 수 있는 것은 많다. 예컨대 자신의 건강과 자녀의 건강, 자신의 자유와 조국의 자유, 옳다고 믿는 사상의 승리, 궁핍하고 억압받는 이들의 구제 등이다. 그러나 도박꾼이 돈 따기를 희망하거나 위조범도 자신의 위조가 성공하기를 바랄 수 있다. 이런 가장 일반적인 의미에서 보면, 희망은 덕이 아니라 애착인 것이다. 토마스 아퀴나스에 따르면, 희망은 획득하기 어렵지만 불가능하지는 않은 그런 선익에 대한 욕망이다.[2] 욕망에는 성취되리라는 신뢰가 필수적이기에, 희망을 성취에 대한 기대를 동반한 욕망이라고 더 구체화시킬

---

1) J. Alfaro, *Christian Hope and the Liberation of Man*, Rome: Dwyer, 1978, p.15.
2) Desiderium boni possibilis ardui (*S. Th.* IIa-IIae, q.17, a.1). 이 문헌에는 이러한 정의가 정확히 이런 문구를 포함하고 있지는 않지만, 모든 요소가 분명히 제시되어 있다.

수 있다.

분명히 희망은 절대적으로 확실한 기대는 아니며, 불확실성의 요소가 동반된다. 희망은 늘 취약하며 두려움을 가까이서 동반한다. 의심할 여지 없이 가끔은 두려워하는 것이 현명하다. 그래서 성서에서, 특히 구약성서에서 하느님을 희망하는 것은 항상 주님께 대한 두려움과 함께 하는 것이며, 그리고 이 둘이 함께 의롭고 경건한 사람의 특징을 이룬다.

희망의 대상이 도덕적으로 선한 것이 희망의 본질은 아니지만, 이는 망덕의 본질이다. 희망은 오직 도덕적으로 선하고 사랑할 만한 것을 확고히 지향할 경우에만 덕행이 된다. 그리스도교적 희망은 이런 성격을 띤다.

2.1. 신학적 희망의 본질

그리스도인의 희망은 현대에 이르러 의심받고 심지어 철저히 무시당하기도 했다. “그것이 우리 삶의 실제 문제점들로부터 관심과 에너지를 전환시키며 이 문제점들이 극복될 가능성을 감소시키는 하나의 안정제라는 것이다. 카를 마르크스(Karl Marx)는 그 희망은 현실 도피주의적인(escapist) 것이라고 고전적인 비판을 제기하였다. 즉 ‘종교는 억압받는 피조물의 탄식이며, 민중의 아편이다. 민중의 진정한 행복을 위해서는 민중의 환상적 행복인 종교의 폐지가 필수적인 것이다(…).’ 물론 마르크스가 극도로 그리스도교적 희망을 풍자한 것이라고 말할 수 있다. 하지만 그런 풍자가 가능했던 이유는 그리스도인들 스스로가 (단순히 대중적 종교의 차원에서만이 아니라) 그리스도교적 희망에 대해서도 편향된 사고를 해왔기 때문이다. 그리스도인들이 희망을 지나치게 다른 세상의 일로 만들었기에 천국에 대한 마르크스주의적 비판이 그렇게 설득력이 있었던 것이다."[3] 이렇게 축소되고 삭감된 그리스도인의 희망은 교정이 필요하다. 그리스도교 희망은 총체적 희망이며, 개인적·사회적·지상적·내세적으로 인간 삶의 모든 측면에 영향을 미친다.

이 책 제1권에서 성서와 그리스도교 신학에 비추어 인간의 궁극 목적을 숙고한 것은 그리스도교 희망의 대상을 이해하는데 모두 관련이 있다. 그것은 이번의 장에서 고찰할 내용을 보완해 주며 여기서 다시 상기시키게 될 것이다.

2.1.1. 성서에 나타난 희망

1) 구약

구약 전체는 시종일관 희망의 체현(incarnation)과도 같다. 이스라엘의 역사는 계속해서 솟구치는 거대한 갈망의 역사이다. 그 역사는 마침내 메시아 통치의 시대라는 최종 목표가 이루어질 때까지 계속 새로운 목표를 향해 나아간다.

이스라엘 역사의 근간이 되는 사건 즉 아브라함의 부르심 이래로 이런 희망의 분위기는 선택된 백성으로서의 특징이 되었다. 하느님 약속에 근거한 성조들의 희망은 그 목표로서, 위대한 민족으로 성장하고 이를 통해 다른 민족들도 복을 받으며 약속의 땅에 도달하는 것이었다. 하느님께서 아브라함에게 명하신다. 즉 "네 고향을 떠나 내가 너에게 보여 줄 땅으로 가거라. 나는 너를 큰 민족이 되게 하고 너에게 복을 내리겠다. (…) 세상의 모든 종족들이 너를 통하여 복을 받을 것이다"(창세 12,1~3. 참조: 13,14~17; 15,1~6 등등). 이집트 탈출, 광야 행진,

---

3) J. Macquarrie, *Christian Hope*, London: Mowbray, ²1980, p.1.

요르단 강의 건넘 및 가나안 성읍들의 점진적 정복과 같이, 이스라엘의 초기 역사 중에 위대한 사건들은 이 약속이 실현되는 과정의 단계들에 불과하다. 그 후 유배기 동안 이스라엘은 억압자로부터의 해방과 약속의 땅으로의 귀환을 희망했다.

이러한 희망 속에 암시되었던 이스라엘 갈망의 궁극 대상은 점차 더욱 분명해졌으니, 바로 메시아의 통치였다. 야곱의 유다에 대한 예언(창세 49,10)을 시작으로 메시아에 대한 희망은 끊임없이 커졌지만, 그리스도로서 오실 분에 대한 예언이 명확해진 것은 예언자 시대부터였다. 이사야는 메시아의 시대를 제일 아름답게 묘사한다. "어둠 속을 걷던 백성이 큰 빛을 봅니다. 암흑의 당에 사는 이들에게 빛이 비칩니다. (…) 우리에게 한 아기가 태어났고 우리에게 한 아들이 주어졌습니다. 왕권이 그의 어깨에 놓이고 그의 이름은 '놀라운 경륜가, 용맹한 하느님, 영원한 아버지, 평화의 군왕'이라 불리리다. 그 왕권은 강대하고 그 평화는 끝이 없으리다." 그분께서는 "영원까지 공정과 정의로" 다스릴 것이다(이사 9,1.5~6. 참조: 이사 2,2~5). 메시아적 희망의 본질은 최소한 초기에는 이 세상과 관련된 것이었다. 이는 정의, 좋은 통치, 억압으로부터의 자유, 풍요, 풍작, 조화 및 평화의 시대를 고대하는 것이었다. 이스라엘 백성 전체의 기대는 이런 행복하고 축복된 미래를 향했고 그런 등장을 갈망했다.

그럼에도 이러한 희망에 포함되거나 종종 거기에 덧붙여진 이스라엘의 기도와 갈망의 대상은 축복, 자비, 공정한 심판, 용서 및 야훼로부터의 구원 등이었다. 거짓되고 공허한 희망은 인간의 손으로 만든 우상, 사람, 재물, 권력, 특정한 종교적 관행에 기반을 두고 있다. 참되고 경건한 이스라엘인은 야훼를 신뢰한다. "그러나 이제 주님, 제가 무엇을 바라겠습니까? 저의 희망은 오직 당신께 있습니다"(시편, 39,7; 71,5~6; 84; 예레 17,7). 주님과의 동지 의식(fellowship)은 그 어떤 것보다 중요하다. "영원한 생명의 소생"(2마카 7,9)과 부활에 대한 희망은 기원전 2세기인 마카베오 시기의 박해와 전쟁과 함께, 다시 말해, 비교적 늦은 시기에야 나타나게 되었다. 무엇보다도 자신의 가능성을 실현할 기회도 없이 신앙을 지키다 젊은 나이에 죽었다는 점에서 정의를 요구하는 것이 이런 믿음의 동기가 되었다.

이스라엘의 희망은 그 동기가 야훼의 약속이다. 주님께서는 당신이 선택하신 백성과 맺은 계약과 그리고 담겨 있는 그 약속에 충실하십니다. "그러므로 주 너희 하느님께서 참하느님이시며, 당신을 사랑하고 당신의 계명을 지키는 이들에게는, 천대에 이르기까지 계약과 자애를 지키시는 진실하신 하느님이심을 알아야 한다"(신명 7,9). 야훼의 신실하심은 "강한 손과 뻗은 팔로"(신명 5,15. 참조: 창세 26,3; 28,13~15 등등) 거듭 구해 주신 당신 백성을 위한 수많은 개입을 통해 입증되었다. 이스라엘은 이 위대한 **행적들, 곧 마그날리아**(*magnalia*)를 자신들의 전례 속에서 상기함으로써 도움을 간청하고 자신의 희망을 강화했던 것이다. 이스라엘이 경험한 야훼의 강력한 일들에 대한 감사는 희망을 고백하는 것이 된다."[4]

하지만, 하느님 약속의 성취와 메시아적 기대는 언제나 당신 백성의 충실함에 달린 것이기도 했다. "하느님의 백성 또한 계약에서 발생하는 응답 책임을 지닌다. 그리고 약속이 실현되기 위해서 그들은 그 응답 책임을 이행해야 한다. 이 변증법적인 내용은 모든 위대한 예언자들에게서 발견된다." 구약의 다른 문헌들에서도 마찬가지다. 백성들의 불충실은 〔**옮긴이 주 #9:** 여기까지가 이 3판의 72쪽이고 다음 73쪽의 내용은 전혀 딴판이어서 그 흐름이 완전히 끊긴다(여기 73쪽의 내용은 2판의 영어 본문 97쪽 이하의 내용임). 이는 명백한 편집, 인쇄 및 제본에서의 오류이다. 내용으로 2판에는 없는 3판의 '응답해야 할 의무'

4) Ferdinand Kerstiens, "Hope", *Sacramentum Mundi* III, 1969, p.61.

에 대한 내용이 마무리되어야 하고, 그리고 신약에 대한 내용이 시작되어야만 순리에 맞는다. 그리하여 2판의 92쪽 "2. 신약성서" 부분의 처음부터 93쪽의 "완성을 멸망하면서 기다리고 있다"까지를 여기에 일단 집어넣기로 한다.]

2) 신약

요한의 기록에서는 희망이 신앙과 일치되어 있고, 공관복음에서도 신앙과 밀접히 연결되어 분리될 수 없는 것으로 나타나고 있다. 그러나 복음서의 구절과 전체적인 메시지를 주의 깊게 관찰해 보면, 그리스도교 희망에 대해서 많이 나오고 있다. 예수는 자신을 메시아라고 선포하셨다. 그러므로 그는 이스라엘이 오랜 세기를 두고 기다려 온 대망(待望)의 성취이셨던 것이다. 그래서 어떤 사람들은 하느님이 약속하신 그리스도의 새로운 역사가 성취되었다는 인상을 받았다. 그러나 그러한 인상은 하느님 나라의 비유들과 그리스도의 종말론적 가르침과 특히 그리스도의 부활에 의하여 완전히 바뀌었다. 확실히 하느님의 나라는 이미 도래하였다(마태 12,28; 루카 11,20). 그러나 그것은 추수 때까지 자라나야 할 씨앗(마르 4,26~29), 겨자씨(마태 13,31~32), 누룩(마태 13,33) 등의 비유로 아직 자라나야 할 것임이 밝혀졌다. 아직도 희망해야 할 것이 있다. 주님께서 재림하시어 모든 백성이 심판을 받고 결국 하느님 나라가 완성될 종말을 기다리는 것이다(참조: 마태 25장; 26장). 그러므로 그리스도인들은 하느님께서 시작하신 구원 사업의 완성을 열망하면서 기다리고 있다.

희망의 신학은 특히 성 바오로에 의하여 전개되었다. 그는 희망을 신앙과 구분하면서도 신앙과 [**옮긴이 주 #10:** 내용의 흐름으로 볼 때, 여기부터는 3판의 74쪽의 원문 내용을 연결시키는 것이 옳다. 이 속에서는 영어판 원문의 각주 121번이 포함되어 있기에, 각주 번호의 연속성을 위해 이를 집어넣어 둔다.[5)]] 사랑과 함께 이를 세 가지의 대신덕이라고 제시한다. 그가 말하는 희망은 하느님의 변함없는 사랑을 향한 흔들림 없는 신뢰에 가장 확고한 근거를 두고 있다(로마 8, 31~39). 이 희망이 맺는 열매는 기쁨과 평화이다(참조: 로마 12,12; 15,13).

희망의 대상은 신약에서 볼 때 여러 방식으로 묘사된다. 처음에는 주로 종말론적이고 내세적인 성격의 실재들로 보이지만, 종종 현재 시점에도 강력한 함의를 지니고 있다. 한 부류는 하느님 왕국, 새 하늘과 새 땅의 창조, 그리스도 안에서 모든 것이 하나 됨과 같이 온 세상을 염두에 둔 이미지를 포함하며, 또 다른 부류는 구원, 정의, 평화, 용서, 고통과 죽음의 정복, 부활, 영원한 생명, 하느님 영광에의 참여와 같이 인간의 실존적 조건들을 다룬다.

희망의 주된 동기는 하느님의 약속과 그분의 신실하심에 있다. "우리가 고백하는 희망을 굳게 간직합시다. 약속해 주신 분은 성실하신 분이십니다"(히브 10,23. 참조: 티토 1,2; 히브 6,11~20). 이와 관련된 다른 동기는 이미 우리를 위해 행하신 위대한 일들에 있다. 구약에서 희망이 과거에 이룩하신 야훼의 강력한 행적들에 뿌리를 두고 있듯이, 그리스도교의 희망도 하느님의 아드님 예수 그리스도의 사명, 죽음과 부활 및 성령의 선물을 통해 계시된 하느님의 사랑에 뿌리박고 있다.[6)] 특히 그리스도의 부활은 그리스도인이 지닌 희망의 보증이다. 그리스도에게서 일어난 일은 하느님으로부터 오는 생명이 죽음을 이기는 최후 승리의 보장으로 이해된다. 이 희망은 그리스도인을 특징짓고 희망이 없는 이교도들과 그리스도인이 구별되게 한다.[7)]

하지만 구약에서처럼, 신약에서도 희망하는 약속이 자동으로 성취

---

5) J. Macquarrie, *Christian Hope*, *op.cit.*, p.50.
6) 참조: 로마 5,1~11; 에페 1,3~14; 1티모 1,1; 히브 9,11~15.
7) 1코린 15,12~27; 에페 2,12~13; 1테살 4,13~14.

되는 것이 아니라 인간의 태도에 따라 달라진다. 하느님 나라의 도래에는 회개의 정신이 요구되며, 그리스도인들은 "두렵고 떨리는 마음으로" 자기 구원을 이루어야 한다(필리 2,12).[8] 또한 신약은 "양과 염소를 가르는" 심판도 알고 있으며(마태 25,32), 이는 자신의 형제자매에게 보여 준 사랑에 따라 결정된다.

복음의 요청은 모든 인류를 향한다. 이는 모든 이를 그리스도 안에서 확립된 희망에 초대하며 보편적 구원을 약속한다. 따라서 그리스도인의 희망은 모든 사람을 향해 뻗어나가 전 인류의 미래, 나아가 피조물 전체의 미래에 대한 응답 책임을 맡게 된다(참조: 로마 8,18~25).

2.1.2. 신학에서 본 희망의 본성

신학은 희망을 하느님의 전능하신 도움을 확신하면서 구원의 충만함과 그것을 달성하기 위한 수단을 기대하는 덕행이라고 정의한다.[9]

망덕의 대상은 정의에 따르면, 구원의 충만함이며 이는 궁극적으로 하느님과의 복된 공동체를 이루는 것이다. 전통 신학은 보통 망덕의 대상을 영원한 구원, 영복, 영생 또는 하느님을 복되게 점유(possession)하는 것이라고 구체화한다. 최근 신학적 성찰은 희망의 대상을 다소 개인주의적이고 배타적으로 초세상적인 이해를 극복하고 희망이

---

8) 바오로는 하느님 사랑에 대한 확고한 희망을 가장 강하게 표현하면서도, 구원에 대한 신자의 개인적 응답 책임도 일련의 본문에서 명확하게 주장한다. 참조: 로마 11,20~23; 14:10~12; 1코린 4,4~5; 2코린 5,10; 갈라 6,7~8; 1테살 5,23.

9) 몇몇 저자들은 희망을 "확실한 기대"〔놀딘(Noldin)〕 또는 "확실한 신뢰"〔마르크(Marc), 프뤼머(Prümmer), 잘바(Zalba)〕라고 정의한다. 반면 마우스바흐(Mausbach), 실링(Schilling), 요네(Jone), 알파로(Alfaro)와 같은 다른 저자들은 정의에서 "확실한"이라는 단어를 생략한다. 물론 희망이 확실한 기대가 되도록 정의되어서는 안 된다. 이미 언급했듯이, 희망에는 언제나 불확실성의 요소가 있기 때문이다. 하지만 이 불확실성이 있는 이유는 오직 인간의 도덕적 불완전성에만 있고, 하느님의 무한하신 권능, 선하심, 신실하심에 대한 신뢰는 확실히 무조건적인 것이어야 한다. 희망에 대한 또 다른 대안적 정의는 "하느님 백성을 위한 구원 행위에 대해 신뢰를 담은 기대"라고 할 수 있다.

지닌 보편적이고 우주적인 성격을 강조하고자 노력한다. 따라서 희망의 대상은 메시아 통치의 달성, 하느님의 계획에 따른 창조의 완성, 우주의 머리이신 그리스도를 통해 만물이 완벽해지고, 그리고 온전히 구원되는 것이라고 규정된다.

그러나 그리스도인의 희망은 단지 종말에 새로운 창조만을 기대하는 것이 아니다. 주님의 성령께서는 이 땅의 모습을 새롭게 하시기 위하여 파견되셨다. 하느님의 나라는 이미 지금 사람들 사이에서 자라나야 한다. 의로움과 거룩함으로 인간의 마음을 새롭게 하는 것, 현재의 세상을 더 나은 질서를 확립하는 것, 사람들과 민족들 사이에 평화를 세우는 것 등이 모두 희망의 대상에 속한다. 그러므로 그리스도교 희망은 순전히 종말론적인 것들로만 간주하지 말아야 한다. "그것은 인간 삶의 달성 가능한 목표들과 가시적 변화들을 바라는 소박한 희망들과 구별될 수 없으며, 결과적으로 자신의 미래를 초세상적이고 순전히 영적인 것으로만 간주하면서 그러한 희망들을 다른 영역으로 격하시키고 자신과 분리시켜서 생각할 수 있는 것도 아니다. 그리스도교 희망이란 예수 그리스도를 부활시키신 하느님에 의한 만물의 새로운 창조, **노붐 울티뭄**(*novum ultimum*) 즉 궁극적 새로움을 지향하는 것이다. 따라서 그리스도교 희망은 죽음도 포함하여 모든 것을 포괄하는 미래 전망을 열어 주며, 이러한 전망 안에서는 삶의 쇄신이라는 제한된 희망들을 받아들일 수 있고 또 받아들여야 하며, 그런 제한된 희망들을 촉진하고 상대화하며 그것들에 방향성을 부여해야 한다."[10)]

물론 이러한 사소한 희망들은 예비적인 것이고 따라서 임시적인 움직임에 불과하다. 하지만 그것들은 마지막이며 종말론적인 희망과 내재적으로 관련이 있으며 그러한 희망에 이바지한다. 전통 신학도

10) Jurgen Moltmann, *Theology of Hope*, London: SCM Press, 1970, pp.33f.

그러한 이차적(secondary) 대상에 관한 교리에 있어서 그 이차적 대상이 희망의 궁극적 목표에 도달하는 데 필요한 모든 정신적·현세적 수단들이 된다는 진실을 표현하고 있다. 문제는 사소한 희망 중 어떤 것이 정신적·현세적 수단의 범위에 속하는지 충분히 잘 판정하는 것이다. 전례 때 "육신과 영혼의 건강"을 청한다. 그리스도는 당신께 희망을 걸었던 수많은 병자의 눈, 귀, 혀, 팔다리의 사용을 회복시켜 주셨다. 그리스도께 희망을 두는 이들은 구속되지 못한 세상과 그런 세상이 초래하는 슬픔과 고통에 그리고 그 안에 현존하는 불의와 사악함에 반대할 수밖에 없다. 그러므로 희망의 최종 대상은 하느님의 영광, 그리스도 왕국 및 보편 구원의 완성이라 할지라도, 여기 그리고 지금 한 사람의 지상 생활에서 이 보편적이고 궁극적인 목표 실현에 기여하는 모든 것도 희망의 대상이 된다는 확신에 동등하고 온전히 포함되는 것이다.

희망의 동기는 일차적으로 하느님의 전능하신 도움(aid), 즉 우리를 도우시려는 하느님의 태세(readiness)와 그분이 지니신 절대적 권능이다. 그리스도교 희망의 최고 보증은 예수 그리스도를 통해 밝혀진 하느님 사랑이다. 그리스도의 육화, 삶 및 구속적 고난은 하느님의 무한한 자비를 드러내고 증명한다. 그리스도의 부활은 하느님을 사랑하는 이들에게 보여 주신 그분의 충실함과 전능하심에 대한 최고의 증거이다. 종종 희망의 동기는 성경 언어로 하느님의 약속에 신실함으로 정식화된다. 하지만 이러한 약속은 성서에 명시된 약속일 필요는 없다. 하느님의 도우심과 충실하심에 대한 묵시적 약속은 인간 존재가 소명과 사명이라는 사실 자체에 주어져 있다. "당위, 소명, 억제 등 이것들은 이를 충족할 가능성이 없다면, 의미가 없다. 하느님의 기본 약속은, 말하자면, 개인성(personhood)과 공동체를 향한 인간적 소명 안에 이미 존재하는 암묵적 약속인 것이다."[11] 이 약속은 하느님께서 모든 남녀에게 부여하신 삶의 계획을 실현하기 위해 노력할 때, 하느님께서는 그들을 실망시키지 않으실 것이라는 확신을 준다.

희망의 일차적 동기는 이차적 동기들에 의해 보완된다. 전통 신학에 따르면, 이차적인 동기들은 성사들과 교회를 통해 제공되는 은총의 모든 수단들이 된다. 이것들은 인간들 사이에 하느님의 현존하심과 그분의 구원 의지에 대한 가시적 보증, 또한 하느님의 모친 마리아와 성인들의 공로와 전구, 끝으로 인간 자신의 충실함과 진실한 의지, 선한 노력과 애덕 행위도 이러한 수단들이 되는 것이다. 하지만 더 자세히 보면, 은총의 다양한 수단들은 개인의 기도와 예배 행위와 함께한다는 것이다. 따라서 종교적 삶의 영역에서조차도 그러한 수단들은 한 사람이 선한 의지로 시작해야 한다는 뜻이다. 죄스럽고 사악한 생활이 희망에는 위협이 되듯이, 하느님과 우정을 누리려고 하고 그분 곁에서 살려고 늘 애쓰는 이들에게는 하느님을 신뢰하고 그분께 받아들여지기를 희망하는 것이 더 쉽다.

2.2. 희망에 대한 위협

희망은 기본적으로 두 가지 방식으로 잃어버릴 수 있는데, 억측(臆測, presumption)과 절망(絕望, despair)이다. 억측이란 희망하는 것을 너무 이른 시점에 예상하고는 확실히 이루어진다고 기대하는 것이다. 반면, 절망이란 같은 희망이 성취되지 않을 것이라고 너무 이른 시점에 예상하는 것이다. 절망에 대한 극단적인 형태로는 희망의 완전한 포기가 있고, 더 가볍고 빈번한 형태로는 나약함(faintheartedness)과 체념(resignation)으로 나타날 수 있다. 체념은 중세에 '태만'(acedia) 혹은

11) J. Macquarrie, *Christian Hope*, *op.cit.*, p.50.

'슬픔'(tristitia)으로 불렸고 칠죄종(capital sins) 중 하나로 간주되던 것으로서, 탈진한(weary) 희망을 말한다.

1) 억측

억측은 여기서는 신적 질서에 속한 재화나 도우심에 대한 근거 없는 기대를 말한다. 이는 이루어지리라고 성급하게 가정하는 것이며, 신학적 희망의 본질 요소인 하느님을 경외함에 정면으로 반대되는 것이다.

억측은 다양한 원인에서 결과할 수 있고 다양한 형태로 나타날 수 있다. (a) 억측의 한 형태는 자기 자신의 노력만으로 영원한 구원을 기대하는 것이다. 이러한 태도는 은총과 최종 구원의 무상적(gratuitous) 성격에 대한 교의에 어긋난다. 그 뿌리에는 인간의 자연적 능력을 과대평가하고 순전히 도덕적인 성취를 통해 영원한 행복을 얻을 수 있다고 단정하는 펠라지우스주의(Pelagianism)의 교만과 이단이 있다. (b) 억측의 다른 형태에는 맹신주의(fideism)가 있으며, 이는 그리스도의 공로에 의해서만 영원한 구원을 기대하는 것이다. 인간이 구원 사업에 쏟는 개인적 노력에 대해 성급하고 무모하게 스스로를 면제해 준다. 그리하여 그들은 그리스도의 공로에 대한 믿음만 있으면 구원은 확실하다고 보기 때문에, 온 마음을 다해 하느님께 돌아서고 그분의 뜻에 충실하게 순종하려는 수고(pains)는 기울이지 않는다. (c) 끝으로 억측은 죄스럽거나 부적절한 대상을 위해 신적 도움을 기대하는 것이기도 하다. 죄스러운 의도로 하느님의 도우심을 기대하는 것은 신성모독적(blasphemous) 억측이라 불린다. 하느님의 개입이나 도움을 인간의 근면이나 노력의 대체품으로 여기는 것은 하느님을 꾀어보는(tempting) 것이다. 예컨대, 건전한 인간적 심리(trials)를 대신하여 행하는 고문(ordeals), 시험 때 소홀히 한 공부의 벌충으로서 하느님의 협조를 희망하는 것 등이다. 또한, 하느님이 심각하고 자주 저지른 죄를 덜 심각하고 가끔 저지는 죄 정도로 쉽게 용서하신다는 근거로 죄를 늘려가는 것은 동일한 유형의 경솔한(frivolous) 억측의 죄가 된다. 물론 진심으로 뉘우치는 죄인이라면, 하느님께서는 가장 극악한(nefarious) 죄도 사해 주실 것이다. "그러나 논쟁의 요점은 회개를 연기하면서 죄를 쌓아가는 사람이 진정한 통회를 쉽게 할 수 있을지, 오히려 마음이 완고해져 버리지 않을지 여부이다."[12] 죄를 지속하는 것이 길어질수록, 그 죄가 많아질수록, 회개는 더욱 어려워진다. 〔**옮긴이 주 #11:** 여기 3판의 본문 79쪽에서도 갑자기 2판의 내용이 등장한다. 이 또한 명백한 편집, 인쇄의 실수이다. 2판의 한국어 번역판을 참고했을 때, 두 줄 정도의 마지막 문단이 생략된 것으로 판단된다. 그러므로 3판의 원문에는 누락되었지만 2판의 내용 중 한 문장을 다음과 같이 추가한다.〕

그러나 단순히 용서를 받을 수 있다는 희망을 가지면서 인간적 나약성 때문에 죄를 범한다면, 그것은 억측의 죄가 아니다.

2) 절망

〔**옮긴이 주 #12:** 여기부터 기존 2판의 본문이 79쪽에 등장하며 마지막 6줄은 80쪽의 이 3판의 본문과 중복되어 있다.〕

절망이란 희망을 거스르는 위반으로, 하느님의 선하심과 자비 및 구원을 얻기 위한 그분의 도우심에 대한 확신을 잃는 것이다. 그것은 인생의 문제점들을 해결하고 완벽에 도달할 수 있다는 희망을 총체적으로 상실한 상태이다.

절망은 운명적인 가혹한 타격, 지속적 실패 및 사회적 고립으로 인해 생겨날 수 있으며, 특히 하느님과 단절된 삶이 그것과 결합된 경

---

12) B. Häring, *The Law of Christ* II, 1963, p.80.

우에는 더욱 그렇다. 인간은 신적 섭리에 대한 신앙이 없다면, 고통의 상황에서는 희망을 잃기가 아주 쉽다. 큰 죄악상과 심한 양심의 가책은 죄인은 자기 죄가 하느님의 자비를 받기에는 너무 끔찍하다고 믿게끔 절망을 유발할 수 있다.

절망에 빠진 사람은 완벽함과 구원을 얻으리라는 희망을 포기하기에, 결과적으로 이를 위해 노력할 의무를 더 이상 신경 쓰지 않게도 된다. 그는 철저히 이 세상의 재화에 몰두하거나 쾌락주의(hedonism)나 (현대 문학이 이따금 찬양하는) 사이비의 영웅적 허무주의(pseudo-heroic nihilism)의 방식으로 일종의 만족을 추구할 수 있고, 혹은 일하고 살아가는 의지를 상실할 수 있다. 인간은 절망한 마음가짐 속에서는 하느님과 그분의 뜻을 자신과 묶어 주는 유대를 끊어 버린다. 마지막으로 그는 구원을 위해 함께 노력해야 할 자기 동료들과 자신을 이어 주는 끈마저도 포기해 버린다. "불신과 자살 간에는 실증적 관계가 확립되어 있다. 실질적으로 자살과 종교 없음 사이에 연관성이 있다는 의견은 모든 연구자의 공통된 것이다."[13] 인간 중에서 가장 비참한 인간은 희망이 없는 사람이다. 하느님에 대한 경외심은 절망하는 행위를 억제시키지만, 오로지 망덕만이 이를 진정으로 극복할 수 있게 해 준다.

하지만 절망은 심리적 압박, 정서 장애 및 정신질환 등으로 인한 특정한 형태의 의기소침, 불안, 우울증 및 세심증과 혼동해서는 안 된다. 이런 상태들은 낙심이나 절망감을 느끼게 하지만, 하느님의 선하심에 대해 의지적으로 의심하지는 않는다. 이는 종교 생활과 기도를 지속하는 사람인 경우, 명백하다. 극단적인 경우 정신질환은 심지어 자살로도 이어질 수 있지만, 이 경우에는 자유 의지가 결여된 상태이기 때문에 자살에 대한 죄책은 일부만 있거나 전혀 없는 경우도 있

13) "The Dialectic of Hope and Despair", *Concilium* vol. 9, nr. 6(1970), p.136.

다. 마찬가지로 습관적인 죄를 짓는 이들이 '절망'하여 자신은 개선될 수 없다고 절망하는 경우라도, 그들은 대체로 그저 나약한 영혼일 뿐이다. 그들은 하느님의 도우심 자체에 대해 절망한 것이라기보다는 차라리 은총과의 협력하려는 자기 자신에 대해 절망한 것이다.

게다가 삶에 몹시 지쳐 있거나 심한 고통을 당해야 하는 사람이 죽기를 희망할 경우, 이는 희망에 반하는 죄는 아니다. 그러한 소망은 하느님 뜻에 체념(resignation)하고 맡길 경우, 적법하다. 이런 종류의 욕망에 대해서 성 바오로는 필리피서에서 표현한다. 즉 "사실 나에게는 삶이 곧 그리스도이며 죽는 것이 이득입니다. 그러나 내가 육신을 입고 살아야 한다면, 나에게는 그것도 보람된 일입니다. 그래서 어느 쪽을 선택해야 할지 모르겠습니다. 나는 이 둘 사이에 끼어 있습니다. 나의 바람은 이 세상을 떠나 그리스도와 함께 있는 것입니다. 그편이 훨씬 낫습니다"(필리 1,21~23).

3) 나약함과 체념

희망은 언제나 두려움이라는 요소를 동반하며, 이는 앞서 언급한 바 있다. 하지만 나약함(faintheartedness)이란 두려움이라는 요소를 지나치게 강조한 것이다. 나약함은 미래를 향한 개방성이 부족한 상태인데, 변화와 그에 따르는 불확실성에 직면하기가 두렵기 때문이다. 미래가 품고 있는 미지의 새로운 것들은 도전이 아니라 위협으로 경험하게 된다. 한 인간 존재의 무게 중심은 과거에 놓여 있고, 익숙한 예식과 일상이 삶을 지배한다.

체념(resignation)이란 희망이 탈진한 상태이다. 이것은 불충분한 기존 조건에는 수동적으로 굴복하며, 그것을 변화시킬 하느님의 도우심에 대해서는 불신하는 것을 말한다. 체념은 영원한 구원에 대한 신앙을 여전히 갖고는 있지만, 더 나은 세상이 가능하다는 점은 믿지 않는 것이다. 왜냐하면 하느님께서 이 세상의 일에 관심을 두고는 계신지, 그리고 하느님의 도우심이 필요는 한 것인지 등을 의심하기 때문이다.

하느님의 도우심과 은총이 부족하다는 핑계로, 사람은 더 이상의 노력과 수고를 포기해 버린다. 즉 "하느님은 의로움과 평화로 만물이 새로워지는 창조를 약속하셨지만, 인간은 모든 것이 예전과 같고 이전과 같이 남아 있는 것처럼 행동한다. 하느님은 당신 약속으로 인간을 존중하셨지만 인간은 자신에게 요구되는 것을 할 능력이 있다고는 믿지 않는다. 이것은 가장 심오하게 믿는 자를 위협하는 죄이다. 그를 고발하는 것은 그가 행한 악행이 아니라 행하지 않은 선행이며, 그의 비행들이 아니라 그의 태만들인 것이다. 그에게 희망이 부족하다고 그 태만들이 그를 고발하는 것이다."[14)]

이러한 체념은 하느님에 대한 신뢰가 결여된 불신에서 기인한다. 실망과 성공하지 못한 일에서 생길 수 있다. 남는 것은 더 이상의 참여와 노력을 위한 용기와 의지를 잃어버린 피로감뿐이다. 이러한 후퇴는 실망으로부터 영혼을 보호한다고 주장한다. 이는 현실의 견고한 기반 위에 머물며 "더 이상 희망하지 않고 명확하게 생각하려는" 자세로 이어진다(카뮈, Camus). 이러한 사람은 미래에 대한 아무런 전망이 없는 실증주의적인 현실주의를 채택한다. 하느님의 위대한 관심사인 창조의 전개와 그분 나라의 성장을 향한 적극적인 관심은 포기된다. 새롭고 잠재된 가능성은 바라보지 않고 오로지 기존의 가능성을 가지고 사소한 놀이만 하게 되며, 결국 권태로 그리고 미래도 의미도 없는 삶으로 끝나 버린다.

삶의 문제들에 대한 대답은 억측이나 절망이나 체념에 있는 것이 아니라, 오로지 끈기 있는 희망에만 있다. "이 세상은 이상주의에서

---

14) J. Moltmann, *Theology of Hope*, *op.cit.*, pp.22f.

말하듯 자기를 실현하는 천국이 아니다. 이 세상은 낭만주의자들이나 실존주의자들의 저작이 말하듯이 자기를 소외시키는 지옥도 아니다. 이 세상은 아직 끝나지 않았으며, 역사에 계속 관여하는 것으로 이해된다. 따라서 이 세상은 가능성의 세계, 약속된 진리와 의로움 및 평화를 위해 미래에 이바지할 수 있는 세상인 것이다. 이것이 디아스포라(diaspora)의 시대, 희망을 파종하는 시대, 자아 포기와 희생의 시대이며, 이는 새로운 미래의 지평에 서 있는 시대이기 때문이다. 따라서 이 세상에서의 자기 헌신과 희망 속의 일상적 사랑은 이 세상을 초월하는 기대의 지평 속에서 가능해지고 그리고 인간다워진다."[15]

2.3. 희망의 열매와 도전

1) 역경과 고통 중의 인내

희망은 사람들에게 어려움과 역경에서도 맡겨진 임무와 목표를 추구할 힘을 준다. 큰 수고와 희생이 따르는 도덕적 선택을 할 힘과 그것들을 버텨낼 힘을 주는 것이다.

그리스도인들은 다른 이들과 동일한 세상에서 살고 있다. 다른 사람들처럼 고통받고, 고군분투하고, 그리고 죽는다. 다른 믿음을 가진 이들처럼 이들도 고통의 문제점을 직면해야 한다. 하지만 비록 특히 가장 극단적 형태의 고통에 대한 궁극적 의미는 자신들도 쉽게 알 수 있는 것은 아니지만, 그리스도인의 희망은 가장 심오한 어둠 속에서도 절망하거나 포기하지 않고 지속할 힘과 용기를 자신들에게 준다. 고통에 대한 그리스도인들의 가장 근본적 태도는 바로 희망이다. "하느님을 사랑하는 이들에게는 모든 것이 함께 작용하여 선을 이룬다는

15) *Ibid.*, p.338.

것을 우리는 압니다"(로마 8,28)라고 바오로는 로마 신자들을 위로한다. 그는 현세의 고통은 다가올 영광에 견줄 것이 못 된다고 생각한다(로마 8,18). 게다가 그리스도인에게는 그리스도 그분이 본보기이다. "그리스도는 그러한 고난을 겪고서 자기의 영광 속에 들어가야 하는 것이 아니냐?"라고 말씀하신다(루카 24,26). 따라서 그리스도인들은 인내하며 그리스도와 함께 십자가를 짊어지는 법을 배우고, 하느님께서 신실하시니 자신들의 고통을 헛되게 만들지 않으실 것이라는 확신으로 살아간다. 그리스도의 십자가로 자신들의 고통은 영광으로 변모될 것이다.

희망은 심지어 가장 쓰라린 경험 즉 우리의 이기심으로 하느님과 타인에게 끼친 모든 상처에 대해 진정 통회를 일으킬 때 우리가 느끼는 가책을 직시할 힘도 준다. 만약 거기에 단죄에 대한 두려움만 있다면, 사람은 자기 죄에 대해 기억과 인정을 하지 않을 구실을 찾을 것이다. 하지만 진심으로 뉘우치는 이들에게 하느님께서 자비와 용서를 주신다는 약속을 희망하는 것은 죄인들에게는 자기 죄들에 대한 가책을 받아들이고 신뢰로써 기도할 용기를 준다. "오, 하느님! 이 죄인을 불쌍히 여겨 주십시오"(루카 18,13). 희망은 죄인들에게 새로운 삶의 가능성, 하느님의 사랑과 그분과의 친교로 돌아설 가능성을 주는 것이다.

희망은 그리스도인에게 고통 속에서도 인내할 용기를 주지만, 곤경 속에서도 인내하는 모습은 그들이 지닌 희망의 힘을 보여 주는 증거가 되기도 한다. 십자가와 고통 및 죽음을 받아들이고 순종의 시련과 고투를 감당하며 사랑의 고통을 통해 자신을 내어 맡김으로써, 그리스도인들은 부활의 약속, 새 생명의 보증 및 하느님의 정의로운 미래를 미래의 세상에서 선포하게 된다.

2) 미래를 향한 개방성

그리스도인이 지닌 희망으로 인해 그리스도인의 삶은 본질적으로 미래를 향한 전망적이며 미지를 향한 출발이다. 희망이신 하느님과의 만남을 통해 사람들은 끊임없이 자신이 새롭고 놀라우며 독특하고 신비로 가득 찬 존재임을 발견하게 된다. 따라서 그리스도인의 삶은 늘 새로 시작하는 생활이며 탐구하는 마음을 지닌 삶인 것이다. 이러한 삶은 그리스도인의 생각, 전통 및 교리가 어떤 이념으로 굳어지는 것을 막아 준다. 신앙과 그리스도인 생활은 단번에 정해진 폐쇄적인 체계가 아니다. 그것들은 추가적인 발전과 완성을 향해 열려 있으며, 심지어 그것이 필요하기도 하다. 이러한 이유로 신자들은 자신이 아직도 완전한 진리를 찾는 여정에 있음을 인정하기 때문에, 선의를 가진 이들과의 대화에 마음을 열 수 있다. 그들은 그리스도인과 비그리스도인 모두에게 유익한 통찰과 발견을 위한 공간을 만들어 낼 수 있다. 희망은 인간이 순례자의 여정에 있다는 표시이며, 이 인간은 본질적으로 불완전하기에 따라서 미래의 완성을 수용할 능력과 훨씬 위대하신 하느님께 자신을 내어 드릴 태세를 지닌 특징을 띤다.

3) 세상 변화에의 소환(summons)

그리스도인의 희망은 노력을 쓸모없게 하는 것이 아니라 오히려 그것을 요구한다. 사람들은 하느님의 정의와 평화를 희망하며, 그것들이 점진적으로 실현되도록 지금 애를 쓴다. “하느님의 부르심으로 지니게 된 희망”은 만물이 그리스도의 왕국으로 돌아오고 구세주의 통치에 복종하게 만드는 중개자가 되기를 요구한다(에페 1,18; 4,4).

제2차 바티칸 공의회는 “종말론적 희망이 지상 임무의 중요성을 감소시키지 않고 오히려 새로운 동기를 주어 지상 임무의 완수에 도움을 준다”고 가르친다(「사목 헌장」 21항). 이는 이 세상을 발전시키는 데 신자들이 적극 참여하기를 요청한다. 그리스도인들은 다른 모든 사람과 함께 하느님의 창조 사업이 전개되고 완성되는 과정에 협력하라는 불림을 받았기 때문이다(「사목 헌장」 34, 57, 67항). 이는 그리스도인들의 궁극적 희망이 지닌 중요한 측면이다. 다음으로는, 사회의 더 나은 질서를 통해 그들은 그리스도 왕국의 완성에 기여하며, 바로 "이 땅에는 이미 새로운 세기의 어떤 밑그림을 제시하여 줄 수 있는 저 새로운 인류 가족의 몸이 자라고 있다. 따라서 현세 진보는 그리스도 왕국의 발전과 신중하게 구별되어야 하지만, 그 진보가 인간 사회의 더 나은 개선에 이바지할 수 있는 그만큼, 하느님 나라에 커다란 중요성을 지닌다"(「사목 헌장」 39항).

그리스도인의 희망은 하느님 창조 계획과 구원의 목표를 바탕으로 세상을 변화시킬 자극제가 된다. 그것은 모든 현세적인 희망을 넘어서는 추진력이며 최소한 그래야 한다. "그리스도교의 실천 교리가 발전시켜야 하는 기대의 지평은 하느님 나라, 그분의 정의와 평화, 새로운 창조 및 모든 인류를 위한 그분의 자유와 인간성 등의 종말론적 기대의 지평이다. 이러한 지평만이 현재에 대한 형성 효과와 함께, 선교적 지평을 지닌 사람으로 하여금 현재의 부조리함을 반대하고 견디도록 이끌고, 현재의 사회 형태와 충돌하게 만든다. (…) 자신의 종말론적 사명을 이 세상과 사람들의 미래를 위한 사명으로 더 이상 이해하지 못하는 그런 그리스도인만이 자신의 소명을 현재의 사회적 역할과 동일시하며 그것에 안주할 수 있다. 그러나 소명을 그에 합당한 기대의 지평 안에서 볼 때, 거기서 우리의 믿음 어린 순종, 우리의 사도직 및 우리의 사랑은 '창조적 사도직'(creative discipleship)과 '창조적 사랑'으로 이해되어야 한다."[16]

창조적 사도직은 모든 것을 바로잡고 질서를 세운다. 그리스도인들

16) J. Moltmann, *op.cit.*, p.334.

은 자신의 희망 때문에 사물들을 새롭게 변화시키기 위하여 그것들의 현재 상태를 종종 의문시해야 할 것이다. 이는 성 바오로가 이 세상을 따르지 말라고 요청했을 때, 암시된 것이다. 복음은 거짓, 오류, 노예 제도와 불의 등의 세력에 대해 투쟁하며 해방시키는 효과를 지녔다. 그리스도인들은 창조적인 기대 속에서 자신이 살고 있는 세상의 모습을 변화시키도록 요청을 받는다.

4) 인간 해방을 위한 헌신

세상을 변화시키라는 소환은 특별한 방식으로 사회를 개혁하고 인간을 위해 더 나은 삶의 조건을 조성하라는 도전이다. 그리스도교 희망의 일차적 목표 중 하나가 구원이다. 온전한 의미로 이해된 구원은 초월적 차원뿐만 아니라 현세적 차원도 지녔다. 그러나 이 현세적 차원은 그리스도교 교회들에 늘 마땅한 관심을 받지 못했다. 최근 해방신학에 의해 이 차원의 중요성을 실현할 필요가 그리스도인들의 의식에 강하게 제기되었다. 인류의 온전한(integral) 구원은 가난과 비참으로부터의 해방, 불의한 경제와 정치 구조로부터의 해방, 개인의 자유와 인권의 부정으로부터의 해방이 포함되기도 한다. 이 모든 것은 그리스도교 희망에 합당한 관심사들이다. 바오로 6세는 복음화와 해방 간의 밀접한 관련성이 있음을 분명히 했다. "'복음화에서는 현대 세계에서 논의되고 있는 정의, 해방, 개발, 평화와 같은 여러 문제의 중요성을 무시할 수 있거나 무시하여야 한다'는 주장을 받아들일 수 없음을 상기시켰다. '만일 그렇게 된다면, 고통과 궁핍 가운데 있는 이웃을 사랑하라는 복음의 가르침을 무시하는 것이 되고 말 것입니다.'"[17)]

물론 교회의 사명은 단순히 "현세적 삶의 틀에 한정되어 세속적인 욕망과 바람, 일, 투쟁과 완전히 동일시되는 내재적인 구원이 아니라,

---

17) 바오로 6세, 교황 권고 「현대의 복음 선교」(1975.12.08.), 한국천주교중앙협의회, 31항.

이 모든 한계를 뛰어넘어 유일한 절대자이신 하느님과 이루는 일치로 완성되는 구원, 현세에서 시작되지만 영원에서 완성되는 초월적이고 종말론적인 구원을 말한다."[18] 그렇지만 이렇게 말함과 동시에 교회는 "수많은 신자에게 인간 해방에 헌신하도록 더욱 격려하고 있다. 교회는 이들 그리스도인 '해방자들'에게 신앙 정신을 고취시키고 형제애의 동기를 부여하며 사회 교리를 가르치고 있다." 이는 그들의 지혜와 헌신의 기초가 되어야 한다.[19]

---

18) 같은 책, 27항.

19) 같은 책, 38항. 그리고 다음의 원문도 보라. 신앙교리성, 「그리스도인의 자유와 해방에 관한 훈령」, 『한국천주교중앙협의회 회보』 37(1986/6), 강대인 옮김, 1~25쪽. [Note also the *Instruction on Christian Liberty and Liberation* of March 22, 1986, by the Congr. for the Doctrine of the Faith: *AAS* 79(1987), pp.554~599.]

제3장

신애덕

넓은 의미에서 볼 때, 사랑이란 어떤 선익을 향한 모든 애착(affection)을 말한다. 이는 어떤 대상이 가치로 경험될 때 즉 그 대상의 존재, 보존, 획득 또는 증진이 선하고 바람직한 것으로 여겨질 때 불러일으켜진다. 사랑은 인간의 가장 근본적 감정으로, 다른 모든 감정의 근간이자 기원이 된다. 그런 가치에 대한 경험의 즉각적 효과는 그 대상에 대한 쾌락(pleasure, **향락적 사랑**, *amor complacentiae*)이다. 사랑은 이 쾌락에서 그치고 끝나 버릴 수 있다. 그것은 감상적(appreciative) 사랑으로서, 대상을 얻으려 시도하지도 않고 그것에 봉사하려고 하지도 않는다. 하지만 종종 그 대상에 대한 쾌락은 그 가치를 획득하고 향상시키며 하나가 되고자 하는 바람과 결단으로 이어진다.

사랑이 주로 사랑하는 이를 위한 선익을 획득하는 데 관계가 있다면, 이는 욕망하는(desire) 사랑(**정욕적 사랑**, *amore concupiscentiae*)이다. 사람은 이 사랑 안에서 본질적으로 자신의 선익, 자신의 개인적 풍요로움, 자신의 완벽을 추구한다. 사랑받는 가치는 그 자체로 사랑받는 것이 아니라, 자신이 그것에서 얻는 유익 때문에 사랑받는 것이다. 반면 사랑이 타인이나 존재의 선익을 보존하고 증진하는 것을 목표로 삼는다면, 그것은 선의의(benevolence) 사랑(**선의적 사랑**, *amor benevolentiae*) 또는 아가페(agape)이다. 이는 다른 이의 선익을 바라는 사랑이다. 대상은 사랑하는 주체의 완성을 위한 수단으로만 존재하는 것이 아니라 그 자체로 지지받고 증진되기에 족한 가치로 나타난다. 하지만 이 두 형태의 사랑은 사랑을 표현하는 데 있어서 서로 다른 것을 나타내는 것이지 철저히 독립된 종류의 사랑이 아님을 주의해야 한다.

욕망의 사랑은 감각적·물질적·정신적 혹은 이상적 가치를 대상으로 삼을 수 있다. 예컨대 쾌락적 감각, 점유(possession), 지식과 미의 가치, 사회적 지위 또는 국가의 강성 등이 이에 해당한다. 반면 선의의 사랑은 애덕적(charitable) 사랑으로서, 영적 가치와 열망, 자신이 가진 최선을 서로 나누고자 하는 두 사람의 상호적 사랑일 수 있다. 또는 헌신적이고(devotional) 신비적인(mystical) 사랑(**헌신적 사랑**, *amore devotionis*)으로, 사람들이 성스러운 것에 자신을 바치고 그것과의 친교와 일치를 열망하는 사랑일 수 있다. (그리고 이웃 사랑은 이 책의 제2부에서 다룰 것이다.)

3.1. 신애의 본질

우주의 중심 실재이자 만물의 심장은 사랑이다. 성 요한은 "하느님은 사랑이십니다"라고 말한다(1요한 4,16). 하느님의 본질적 속성은 사랑이다. 사랑은 성서에서 중요한 자리를 차지하며, 신약성서의 가장 중요한 메시지는 사랑이다. 이는 인간 삶의 핵심 실재이기도 하다. 따라서 인간으로서 우리의 일차적 임무는 이 사랑을 아는 것, 이 사랑을 향해 우리의 존재를 개방하는 것 그리고 우리 삶 안에서 그 사랑을 표현해 내는 것이다.

3.1.1. 성서에 나타난 하느님의 사랑

그리스어 성서는 거의 모든 곳에서 사랑을 가리키는 용어로서, **아가판**(agapan), **아가페시스**(agapesis) 및 **아가페**(agape)를 사용한다. 명사 **아가페**(agape)는 70인 역 문헌에서 등장하였고 그 이전 문헌에는 찾아보기 쉽지 않다. 이는 언어학적으로 주목할 만한 사건이다. 이 단어들은 당시 고전과 헬레니즘 시대의 그리스어에서 사랑을 나타내는 가장 일반적인 용어인 **에라스타이**(erasthai)나 **에로스**(eros), 그리고 **필레인**(philein)과 **필리아**(philia)에 비해 감정적 요소가 덜 담겨 있다. 성서 밖의 용법에서 볼 때 **아가페**(agape)와 그 파생어들은 순수한 사랑을 뜻한다. 이는 어떤 사람이나 사물을 높이 평가하거나 호의로 받아들이는 사랑을 가리킨다. 성서에서는 이 사랑이 종교적 의미가 더해졌고 여러 면에서 새로운 내용을 담게 되었다. 이러한 언어학적 사실은 이미 "사랑에 대한 성서의 가르침이 그 주제에 관한 이교적 사상과는 본질적으로 다르다"[1]는 점을 보여 준다.

단어 **아가페**(agape)는 성서가 무엇보다도 하느님의 인간을 향한 사랑 또는 인간의 자기 이웃을 향해 보여 주어야 할 사랑을 위해 사용하지만, 이는 인간의 하느님을 향한 관계를 위해서는 훨씬 드물게 쓰인다. 오히려 인간에게 기대되는 하느님과의 태도를 위해서는 단어 신앙이 포착된다. 그럼에도 많은 본문은 명시적으로 또는 암묵적으로 이 신앙 단어로도 하느님을 향한 인간의 사랑에 대해 말한다. 사실 하느님을 향한 인간의 응답에는 신앙이라는 개념만으로는 온전히 담아낼 수 없는 요소들이 있다. "신앙이 하느님으로부터 받는 것이라면, 사랑은 무언가를 드리는 것이며 교환인 것이다. 다른 이를 사랑하는 이는 누구나 다른 이에게 무언가를 주고 싶어 하고, 자신이 할 수 있는 모든 것을 나누고 싶어 하며, 그에게 고통이란 자신이 소망하는 바를 나눌 수 없는 것이다."[2]

하느님을 향한 사랑이 이웃 사랑에서 우선 실천이 되고 있기 때문에(참조: 마태 25,31~46), 종종 이 둘을 동일시하는 경향도 있다. 즉 이웃에 대한 사랑이 하느님을 향한 한 사람의 사랑의 구체적 방식이 되는 것이다. 하지만 그런 명제는 성서 내에는 근거가 없다. 성서는 두 계명을 명백히 구분하며, 이는 합당한 이유를 지니고 있다. 하느님에 대

---

1) Viktor Warnach, "Love", *Encyclopedia of Biblical Theology*, ed. by John Bauer, 1970, p.518.

2) S. Lyonnet, *La carita pienezza della legge secondo san Paolo*, Roma: Ave, 1969, p.25.

한 사랑에는 이웃에 대한 사랑에는 없는 가치가 있다. 우리가 기대하는 것은 인간의 다스림이 아니라 하느님의 다스림이다. "하느님에 대한 사랑을 쓸모없는 신화적 유물로 여기고 인간에 대한 사랑으로 대체하여 그 의미를 공허하게 만들고 싶어 하는 이라면, 그는 그렇게 할 수는 있다. 그러나 이런 주장은 솔직히 예수와 신약에 근거를 두지 말아야 한다."[3] 그리고 구약에도 마찬가지이다. 결국, 사람이 도대체 왜 자기 이웃을 사랑해야 하는지 질문에 마주하게 될 것이다. 이웃에 대한 사랑은 하느님에 대한 사랑에서 그 궁극적인 기준과 근거를 두고 있다. 이는 뒤에서 이웃에 대한 사랑을 다룰 때 더 자세히 살펴볼 것이다.

1) 구약

인간을 향한 하느님의 사랑은 구약 전반에서 증언되고 있다. "그 사랑이 **명시적인 말**(expressis verbis)로 언급된 것이 드문 것은 사실이지만, 그 사랑은 하느님께서 인간에게 어떻게 대하셨는지에 대한 수많은 설화 속에서 간접으로나마 명백하게 표현되고 있다."[4] 하느님에 대한 사랑은 본성상 자발적이고 자유롭다. 그러나 야훼를 향한 이스라엘의 관계를 기초로 한 계약의 본성에 따라, 하느님은 그 대신에 당신을 사랑하도록 기대하시고 또 요청하신다.

(1) **계약의 맥락에서 야훼 하느님을 향한 이스라엘의 사랑**(역사서): 탈출기에서 볼 때 이스라엘이 계약을 지킬 이유가 일차적으로 하느님에 대한 두려움이지만, 신명기에서 볼 때 이스라엘의 일차적 동기는 하

---

3) Wolfgang Schrage, *Ethik des Neuen Testaments*, Göttingen: Vandenhoeck & Ruprecht, ^{5}1989, p.90.
4) V. Wamach, *op.cit.*, p.519.

느님에 대한 사랑에서 발견된다. "신명기가 하느님 사랑의 진화에 긍정적으로 기여한 것은 부정될 수 없다."[5] 다른 역사서들은 종교적 형태의 사랑에 대해서는 거의 관심을 보이지 않는다.

신명기 6장 5절은 계약의 중심 주제로서, 하느님 사랑의 위대한 계명을 이렇게 정식화한다. "주 너희 하느님을 너희 온 마음과 영혼과 힘을 다하여 사랑해라"(또는 참조: 여호 22,5). 이 계명은 하느님 백성으로서의 총체적 헌신에 대해 세 가지로 표현한다. 온 마음을 다해 즉 정신적·정서적 힘을 다하고, 영혼을 다해 즉 자신의 전 존재와 생명을 다하며, 힘을 다해 즉 적극적이고 전심으로 섬길 채비를 다하여 하느님을 사랑하라는 요청을 받는다.[6]

하느님에 대한 전심 어린 사랑은 야훼 하느님을 진실하게 섬기고 그분의 계명을 지킴으로써 실현된다. 주님을 두려워하고 그분의 말씀을 들으며, 그분을 섬기고 그분의 길을 따라 걸으며 그분께 매달린다면, 그분의 사랑은 입증된다. "주 너희 하느님께서 너희에게 요구하시는 것이 무엇이겠느냐? 그것은 주 너희 하느님을 경외하고, 그분의 모든 길을 따라 걸으며 그분을 사랑하고, 마음을 다하고 목숨을 다하여 주 너희 하느님을 섬기는 것, 그리고 너희가 잘되도록 오늘 내가 너희에게 명령하는 주님의 계명과 규정들을 지키는 것이다"(신명 10, 12~13).[7]

하느님에 대한 사랑은 대개 계약에 충실함으로 이해되며, 따라서

---

5) A. Penna, *Amore nella Bibbia*, Brescia: Paideia, 1972, p.127.

6) 랍비 아키바(Akiba)는 마음과 영혼을 다해 하느님을 사랑한다는 것이 어떤 의미인지를 인상적으로 설명하고 증거하였다. 서기 135년 신앙 때문에 순교를 당할 즈음, 그는 "나는 온 마음으로 그분을 사랑하였지만, 그분은 내 운명을 걸고 사랑하라고 말씀하실 것이다. 아직은 온 영혼을 다해 그분을 사랑할 기회가 없었다. 그 순간이 이제 왔다"(인용: "Love", *Dictionary of Biblical Theology*, ed. by Leon-Dufour, 1988, p.323).

7) 또한 신명 5,9~10; 7,9; 11,1.13.22; 13:4~5; 19,9; 30,15~20; 여호 22,5; 느헤 1,5; 다니 9,4 등도 보라.

본질적으로 계약의 법 조항을 지키는 것과 아주 밀접하게 연결된 당위라고 여겨진다. 그러나 이것이 이스라엘의 하느님 사랑이 단지 법적인 의무라는 의미는 아니다. "하느님을 향한 인간의 사랑은 순전한 율법주의나 외적인 제례 준수로 표현되는 것과는 거리가 멀다. 오히려 이는 인간의 모든 능력과 함께 인간 전체를 참여시킨다. '온 마음에서' 우러나와야 하고 살아 있고 역동적인 방식으로 하느님께 깊이 붙어 있는 관계로 나아가야 한다."[8)]

사랑의 계명은 이를 지키는 이들을 향한 축복을 약속하고 이를 저버리는 이들에게 징벌받으리라는 경고를 수반한다. "나는 생명과 죽음, 축복과 저주를 너희 앞에 내놓았다. 너희와 너희 후손이 살려면 생명을 선택해야 한다. 또한 주 너희 하느님을 사랑하고 그분의 말씀을 들으며 그분께 매달려야 한다. 주님은 너희의 생명이시고 너희고 오랫동안 살 수 있게 해 주실 분이시다"(신명 30,19~20).[9)] 이스라엘은 자신의 역사 속에서 하느님 사랑에 불충실한 결과로 드물지 않게 슬픈 고통을 겪었지만, 또한 돌아올 때마다 하느님의 자비도 거듭 받았다(참조: 느헤 1,5~11; 다니 9,3~19). "행복하여라, 너를 사랑하는 이들! 행복하여라, 너의 평화를 기뻐하는 이들!"(토빗 13,14).

(2) **애정(affection)의 유대로서 하느님에 대한 사랑(예언서):** 예언자들은 야훼와 이스라엘 간의 사랑을 상호적 애정을 표현하는 그림으로 묘사하기를 좋아한다. 예언자들은 야훼 하느님에 대한 이스라엘의 헌신을 말할 때 "사랑"이라는 용어를 쓰는 데 다소 주저하지만, 그러한 관계를 아주 강하게 암시하는 비교법을 활용한다. 동시에 "하느님의 백성을 향한 당신 사랑을 고양하는 데 있어서 명백한 진전을 보여 준

---

8) V. Warnach, *op.cit.*, p.523.
9) 탈출 20,5~6; 신명 11,13~17.22~28; 30,15~20도 보라.

다."[10] 특히 눈에 띄는 것은 호세아, 예레미아, 에제키엘 및 제2·제3 이사야이다.

인간을 향한 하느님 사랑은 기본적으로 자기 자녀를 향한 아버지의 사랑과 같다(호세 11,1~4; 예레 3,19; 31,9.20~22). 실제로 이는 어머니의 사랑보다도 더 크다(이사 49,15; 66,13).[11] 야훼 하느님과 이스라엘 간의 상호적 유대는 무엇보다도 남편과 아내의 혼인 계약이라는 은유로 표현된다. 예레미아 예언서 2장 2절 이하는 이러한 비교를 아주 애정 어린 표현으로 사용한다. "주님께서 이렇게 말씀하신다. 네 젊은 시절의 순정과 신부시절의 사랑을 내가 기억한다. 너는 광야에서, 씨 뿌리지 못하는 땅에서 나를 따랐다. 이스라엘은 주님께 성별된 그분 수확의 만물이었다." 이스라엘이 종종 불성실함으로써 이전에 품었던 사랑을 저버리긴 했지만, 주님께서는 늘 이스라엘을 다시 찾아 주시고 부서진 관계를 회복시키고자 하신다. 즉 "나는 너를 영원한 사랑으로 사랑하였다. 그리하여 너에게 한결같이 자애를 베풀었다. 처녀 이스라엘아 내가 너를 다시 세우면 네가 일어서리라"(예레 31,3 이하. 참조: 이사 54,1~10; 에제 16; 호세 2,16~20). 때로는 하느님과 인간 간의 애정 어린 관계가 주인과 가까운 종이거나 심지어 친구로(이사 41,8~10), 또는 목자와 양으로(에제 34,11~24. 참조: 시편 23) 표현되기도 한다.

이 애정 어린 사랑은 야훼 하느님께서 당신 백성을 끊임없이 돌보심과 염려하심의 항구적인 근거가 되며, 따라서 이스라엘이 하느님을 신뢰하는 가장 강력한 동기가 된다. 그러나 이는 또한 하느님과 그분의 계명을 충실히 지키라는 하느님의 강한 명령을 뒷받침해 주는 이

10) A. Penna, *op.cit.*, p.125.

11) 구약에서 하느님을 아버지로 그리고 이스라엘을 아들이나 딸로 지칭하는 부분이 많지는 않지만, 그러한 중요성은 크다. 게다가 다음과 같은 연구를 보라. Gottfried Vanoni, *"Du bist doch unser Vater" (Jes 63, 16). Zur Gottesvorstellung des Ersten Testaments*, Stuttgart: Kath. Bibelwerk, 1995.

유도 된다.

(3) **의인의 덕으로서 변함없는 사랑**(교훈적 지혜문학): 구약의 여러 저작 중 지혜문학은 하느님을 향한 인간의 사랑을 가장 많이 언급한다. 하느님을 두려워하는 유다인은 기도와 찬미로 하느님께 감사하고 그분을 신뢰하며 충실한 사랑을 끊임없이 표현한다.[12] 이 사랑은 야훼 하느님께 속한 모든 것에도 확장된다. 그분의 이름(시편 119,132), 그분의 증언과 약속들(시편 119,119.140.167), 그분의 법과 계명들(시편 119,47~48. 97 등등) 및 그분의 영광이 머무는 거룩한 성전(시편 26,8; 84,1~4)에도 확장되는 것이다. 구원은 주님을 사랑하는 이들에게 주어진다(시편 69, 36; 112,16). 그러므로 신실한 유다인은 주님을 사랑하도록 초대받게 된다. 왜냐하면 주님은 충실하시기 때문이다(시편 31,23). 분명히 이 사랑은 하느님의 법을 지키고 그분의 말씀에 순명할 태세를 포함하고 있다(집회 2,15~16).

사랑은 지혜문학에 따르면, 하느님과 인간 간의 동지 의식(fellowship)의 끈을 형성한다. "주님을 신뢰하는 이들은 진리를 깨닫고 그분을 믿는 이들은 그분과 함께 사랑 속에 살 것이다. 은총과 자비가 주님의 거룩한 이들에게 주어지고 그분께서는 선택하신 이들을 돌보시기 때문이다"(지혜 3,9). 사랑을 통해 인간은 하느님과 밀접한 친교로 하나가 된다. 지혜에 대한 사랑은 "한 사람을 하느님께 가까이 있게 하고"(지혜 6,17~19), "하느님의 벗이"(지혜 7,14) 되게 한다.

하느님께서는 당신의 백성(말라 1,2), 거룩한 도성(시편 87,2), 하느님을 사랑하고 찾는 모든 이들(잠언 8,17)을 사랑하시고,[13] 존재하는 모든 것을 참으로 사랑하신다. "당신께서는 존재하는 모든 것을 사랑하

12) 시편 40,16; 31,23; 116,1; 119,132; 145,20 등을 보라.
13) 또한 시편 146,8; 잠언 15,9; 지혜 7,28; 집회 4,14.

시며 당신께서 만드신 것을 하나도 혐오하지 않으십니다"(지혜 11,24). 하느님의 사랑에 대한 이런 포괄적 이해에는 이미 신약의 보편주의가 준비된 것이다.

2) 신약

(1) 신약의 하느님은 한마디로 "사랑의 하느님"이시고(2코린 13,11; 1요한 4,15), "우리 모두의 아버지이신 하느님"이시다(에페 4,6). 인간을 향한 하느님의 사랑은 일차적으로 아버지의 사랑이다(루카 15,11~32; 1요한 3,1). 구약에서는 아버지로서 하느님의 이미지가 드물게 사용되었지만, 신약에서는 하느님의 부성이 일차적인 중요 개념이다.[14] 삼위일체의 첫 번째 위격이신 하늘에 계신 하느님과 지상의 백성 간의 관계를 나타내기 위해 신약에서 사용된 전형적이고 거의 유일한 이미지는 아버지-아들 또는 아버지-딸의 관계이다. 하느님의 아버지다운 사랑은 인간을 돌보고(마태 6,25~32)[15] 용서할 준비가 되어있다(마태 6,14; 루카 15). 이는 그분의 독생자 예수 그리스도의 육화에서 가장 설득력 있게 표현된다. 하느님과 인류 간의 사랑에 대한 극적인 대화는 예수 그리스도로 집중되며 정점에 이른다. "당신의 자비를 기억하시어"(루카 1,54~55), 하느님께서는 그리스도를 통해 당신의 사랑을 드러내신 것이다(1요한 4,9~10). 예수 그리스도를 통해 하느님과 인류 간의 일치의 완벽한 유대가 이루어졌고 새 계약이 맺어진 것이다. 인류는 하느님의 아들-딸 즉 그분의 자녀가 될 정도로 신적 사랑에 이끌려 들어온 것이다.[16]

---

14) 하낙(A. Harnack)은 하느님의 신적 부성이라는 개념을 신약의 신학이 지닌 새로움의 정수로 간주하기도 했다(*What is Christianity?*, New York/London: Harper & Row, 1957, p.63). 비록 신약의 메시지를 이렇게 축소시키는 데 동의하는 학자는 거의 없지만, 이는 이 개념의 중요성을 강조해 준다.

15) 또한 마태 5,44~48; 7,11; 루카 12,28~30.

16) 요한 1,12; 로마 8,14~17; 2코린 6,18; 갈라 4,4~7; 1요한 3,1~2.

하느님의 사랑은 구원하는 사랑이며, 모든 인간에게(1티모 2,3~4; 4,10; 2베드 3,9) 그리고 온 세상에 확장된다. "하느님께서는 세상을 너무나 사랑하신 나머지 외아들을 내주시어, 그를 믿는 사람은 누구나 멸망하지 않고 영원한 생명을 얻게 하셨다"(요한 3,16). 이 사랑은 특히 믿는 이들(요한 17,20~26; 2테살 2,13)과 하느님의 계명을 충실히 지키는 이들(요한 14,21.23)에게도 적용되지만, 또한 원수와 같은 죄인에게도 미친다(마태 5,44~45; 루카 6,35; 로마 5,8~10).

하느님의 사랑은 제자들을 향한 그리스도의 사랑 그리고 제자들과 모든 인간의 구원을 위해 목숨을 바치신 희생에서 구체화된다.[17] 그리스도와 그분의 제자들 간의 사랑의 유대는 많은 이미지로 묘사되는데, 대부분은 이미 구약에서도 이미 알려진 것으로서, 애정, 돌봄 및 동지 의식(fellowship)의 관계를 암시한다. 그리스도는 선한 목자로서, 안내자 없는 양과 같은 군중에게 연민을 품은 분이시다(마태 9,36; 마르 6,34; 1베드 2,25). 그분은 양들을 앞서가시고, 그들을 아시며, 그들을 위해 목숨까지 버리신다. 그리고 양들은 그분의 목소리를 듣고 그분을 따른다(요한 10,1~18). 또한, 그리스도는 주인이시고 그분의 추종자들은 제자들이 된다. 그들은 그분에게 배워야 하고 그분의 모범을 따라야 한다(요한 13,1~17). 헌신과 사랑의 상호적 관계 때문에 그리스도는 제자들을 심지어 형제로(마태 28,10)[18] 또는 친구로(요한 15,14~15) 대하실 수 있다. 그리스도와 교회 또는 신자 간의 관계는 가끔 신랑과 신부의 관계에 비교하게도 된다. 세례자 요한은 그리스도를 하느님의 백성인 신부를 집으로 맞이하러 오는 신랑에 비유한다(요한 3,29). 그리고 바오로는 코린토 신자들을 "순결한 신부로" 부르면서, 그리스도 외에 아무에게도 성실하고 순결한 헌신을 바치지 말도록 하려는 신적

17) 요한 13,1; 15,12~13; 로마 5,6~8; 1요한 3,16; 4,9~10.
18) 또한 마르 3,31~35; 요한 20,17; 로마 8,29; 히브 2,11~12.

인 질투심을 품고 있다(2코린 11,2. 참조: 에페 5,21~33).

(2) 하느님을 향한 인간의 사랑은 앞서 주신 하느님 사랑을 향한 응답이다. 신적 사랑은 상호성을 요구한다. 신명기의 계명은 여전히 효력이 있다. "네 마음을 다하고 네 목숨을 다하고 네 정신을 다하여 주 너의 하느님을 사랑해야 한다. 이것이 가장 크고 첫째가는 계명이다"(마태 22,37~38 그리고 병행 구절. 참조: 1요한 4,19~21; 5,2~3). 이웃 사랑의 계명과 함께 이는 율법과 예언서 모두를 요약해 준다. 제물(맘몬, mammon)에 대한 사랑과 같은 다른 어떤 사랑도 하느님을 향한 사랑에는 비견될 수 없다(마태 6;24와 병행 구절). 이 사랑은 인간의 전적인 헌신을 요구하며, 이는 아버지와 어머니, 아내와 자녀 및 심지어 자신의 생명을 향한 헌신도 뛰어넘는다(마태 10,37; 루카 14,26).[19]

인간에게 있어서 신애는 다른 덕행들과 동등한 어떤 덕행이 아니다. 아가페는 하느님으로부터 생겨난 새로운 형태나 존재의 영역이다. "하느님은 사랑이십니다. 사랑 안에 머무르는 사람은 하느님 안에 머무르고 하느님께서도 그 사람 안에 머무르십니다"(1요한 4,16. 참조: 3,1~2). 사랑은 그리스도인의 존재 전체가 근거하고 기초하는 기본 조건이다(에페 3,17~19). 이것은 단지 하느님을 대상으로 삼기 때문에만이 아니라, 하느님으로부터 나오고 궁극적으로는 그분의 영원한 사랑에 참여하는 것이기 때문에도 신적인 것이다. "우리가 받은 성령을 통하여 하느님의 사랑이 우리 마음에 부어졌기 때문입니다"(로마 5,5. 참조: 요한 17,26). 이 뿌리에서 인간의 모든 선행이 흘러나와야 하며 이 뿌리에서 갈라지면 아무것도 아니게 된다(요한 15,4~10; 1코린 13). 사랑은 모든 윤리덕과 대신덕 중 가장 위대하다. "그러므로 이제 믿음과

---

19) 이 질문에 대해 다음의 좋은 관련 논문을 참조하라. R. Pesch, "Jesus und das Hauptgebot", in *Neues Testament und Ethik*, ed. by H. Merklein, Freiburg: Herder, 1989, pp.99~109.

희망과 사랑 이 세 가지는 계속됩니다. 그 가운데에서 으뜸은 사랑입니다"(1코린 13,13).

하느님을 향한 사랑은 신적 의지에 대한 총체적 동의와 그분의 계명을 기꺼이 실천함으로써 증명된다. "하느님을 사랑하는 것은 바로 그분의 계명을 지키는 것입니다"(1요한 5,3).[20] 이 동의에는 이웃 사랑이 주요 표현으로 포함된다. "눈에 보이는 자기 형제를 사랑하지 않는 사람이 보이지 않는 하느님을 사랑할 수는 없습니다. 우리가 그분에게서 받은 계명은 이것입니다. 하느님을 사랑하는 사람은 자기 형제도 사랑해야 한다는 것입니다"(1요한 4,20~21). 하지만 동시에, 학대받은 이웃을 이타적으로 돌본 착한 사마리아인의 비유(루카 10,30~37)에 이어서 베타니아의 마르타와 마리아의 이야기에서, 예수는 마르타가 현세적 필요를 돌보느라 바쁜 것에 반해 마리아가 실천한 하느님을 향한 헌신이 첫째가는 계명이며 그리고 그것을 빼앗기지 않으리라고 납득시키셨다(루카 10,38~42).

하느님을 향한 인간의 사랑이 이미 그분의 사랑을 향한 대답이긴 하지만, 그분의 은총 가득한 선사를 향한 사랑하는 인간의 응답은 그분으로부터 또 다른 응답을 불러온다. 아버지의 사랑으로 하느님은 당신을 사랑하는 이들을 지키시고 그들의 복지를 살펴주실 것이다. "하느님을 사랑하는 이들에게는 모든 것이 함께 작용하여 선을 이룬다는 것을 우리는 압니다(로마 8,28). 그분께서는 그들에게 당신의 헤아릴 수 없는 신적인 부(富, riches)를 나누어 주시며(1코린 2,9), 그들에게 당신과 가장 깊은 친교를 맺도록 허락하신다(요한 14,23; 15,10; 1요한 2,5~7; 4,16). 상호적 사랑의 신비한 유대가 형성되는데, 이는 심지어 우정이라고 부를 수 있다(요한 15,14~15).

---

20) 또한 요한 14,15.21~24; 15,10; 1요한 2,4~6.

3.1.2. 신학에서 본 신애의 본성

대신덕(theological virtue)인 사랑은 보통 하느님을 최고선으로 여기고 하느님을 위해 모든 피조물을 사랑하는 덕행이라고 정의된다. 이 정의는 이 덕행의 대상과 동기를 명확히 한다. 사랑의 일차적 대상은 가장 높고 가장 완벽하며 가장 포괄적인 선인 하느님이시다. 부차적 대상은 하느님께서 사랑하시고 원하신 모든 존재와 피조물이다. 여기에는 살아 움직이는 이성적인 존재인 천사와 인간, 우리의 이웃뿐 아니라 우리 자신도 포함된다. 또한 비이성적이고 무생물인 존재 즉 온 세상과 우주도 포함된다. 신애의 동기는 언제나 하느님 자신으로서, 당신 안에 소유하셨고 당신이 창조하신 모든 것에 반영된 무한하신 선함과 아름다움 그리고 상호 사랑의 위격적 관계가 가능한 모든 영적 존재들에게 당신의 모든 것을 초월한 친절의 선물로 당신이 베푸시는 우정의 사랑이다.

하지만 위의 정의는 중요한 면에서 부족함을 드러낸다. 이는 신애 자체를 정의하지 못하는데, 정의에서 중심 용어인 사랑 자체가 다시 사용되기 때문이다. 즉 사랑이라는 대신덕은 "그것으로 인해 우리가 사랑하게 된다(…)." 따라서 신애의 내용을 정의 내릴 시도는 반드시 이루어져야 한다.

하느님을 향한 인간의 사랑은 본질적으로 선의적(benevolent) 사랑의 범주에 속하며, 그것의 특징은 상대방의 선을 바라는 것이다. 그러나 사람이 하느님을 위해 무슨 선을 바랄 수 있는가? 상대의 선을 바란다는 것은 두 가지를 의미한다. 첫째, 상대가 소유하고 있는 선을 단순히 인정하고 또 존중하는 것이다. 둘째, 상대의 선을 보호하고 증진하며 부족한 선을 채우려는 바람과 결단이다. 인간이 선의의 사랑에 대한 첫째의 의미에서 하느님을 사랑할 수 있고 또 사랑해야 한다는 것에는 의심의 여지가 없다. 애덕은 "우리가 하느님을, 그분의 완전하심과 복되심을 매우 기뻐한다는 뜻이다. 우리가 하느님께서 무한히 선하시고 아름다우시며 전능하시고 복되신 분이라는 생각에 기뻐하고 '흥겨워 춤추는 것'이다."[21] 하느님을 사랑하는 것은 그분이 지니신 헤아릴 수 없는 거룩하심과 무한한 선하심을 즐거워하는 것(delight)이며 그분이 영원히 복되심을 기뻐하는 것(joy)이다.

그러나 어느 정도까지는 선의의(benevolent) 사랑의 두 번째 의도도 하느님을 향한 사랑을 통해 실현될 수 있다. 인간이 내면적으로 완벽하신 하느님께 무엇을 더 보탤 수는 없다 하더라도, 그분의 외면적 영광과 찬양에는 보탤 수 있다. 이러한 의미에서 애덕은 하느님의 다스리심이 이루어지기를 소망하는(wish) 것이며 이를 참으로 온힘을 다해 가능한 방법을 동원하여 효과적으로 욕망하는(desire) 것이다. 신애에 대한 이 욕구(desire)는 주님의 기도의 첫 번째 청원에서 표현된다. 즉 "아버지의 이름이 거룩히 빛나시며, 아버지의 나라가 오시며 아버지의 뜻이 하늘에서와 같이 땅에서도 이루어지소서."

끝으로, 하느님에 대한 사랑은 우정의 사랑과 유사한 만큼, 그분과 결합하려는 경향이 있다. 하지만 이는 인간적 우정을 초월하는데, 단순히 애정 어린 일치나 영적 가치의 상호 공유만이 아니라 자신을 총체적으로 선사하고 또 포기하는 것이기 때문이다. "하느님을 사랑하는 것은 자신, 몸과 영혼, 감각과 기관을 온전히 돌이킬 수 없이 영원히 선사함으로써 더 이상 자신에게 속하지 않고 하느님의 철저한 소유가 된다."[22] 신애는 적어도 그것이 완벽할 때, 하느님이 신자 안에 계시고 그 신자가 하느님 안에 머무르는 최심부의 친교와 신비적 결

---

21) Louis Colin, *Love the Lord Thy God*, Covent Garden/Glasgow: Sands & Co., 1956, p.17.
22) L. Colin, *op.cit.*, p.19.

합인 것이다.

신애의 다양한 관점들을 고려할 때, 그것은 하느님께서 무한히 선하심을 환희에 차서 인정하고 더 큰 영광과 그분과의 일치를 욕망하는 것이라고 정의할 수 있다. 더 요약하자면, 신애란 하느님의 속성과 그분이 원하시는 모든 것을 환희에 차서 헌신적으로 인정하는 것이다.

하느님께서 선하시고 아름다우심은 다양한 방법으로 드러난다. 모든 피조물 및 자연의 모든 아름다움은 하느님이 지니신 탁월함과 영광의 표현인 것이다. 모든 시대의 종교인은 자연의 경이로움을 관상하는 것이 하느님을 찬양하고 사랑하도록 이끌어 주는 데 가장 적합함을 깨닫고 있었다. 아시시의 성 프란치스코는 형제인 불과 누이인 물에서 하느님을 보았고 사랑했다. 십자가의 성 요한은 이렇게 말하였다. "영혼은 피조물에 대해 숙려하며 그것들이 하느님의 손으로 빚어졌음을 보고서는 자신이 사랑하는 분 하느님을 사랑하도록 크게 움직이게 된다."[23] 산들의 웅장함, 바다의 광대함, 별이 빛나는 하늘의 장엄함, 호젓한 계곡의 침묵, 봄의 속삼임, 새들의 노래, 장미 또는 심지어 단순한 데이지 꽃의 매력 등은 모두 보이지 않는 아름다움의 메아리이며 광채인 것이다. 이들은 하느님을 반영해 줌으로써 사람으로 하여금 그분을 사랑하고 예배하며 찬양하도록 초대한다.

신적인 것과 우월성 및 헤아릴 수 없는 선성은 위대한 이상향들 속에서도 느끼고 경험할 수 있다. 따라서 하느님에 대한 사랑은 진·선·미를 향한 헌신, 예컨대 예술이나 과학, 또는 자기 조국이나 일반적인 동료 등을 향한 헌신을 통해서도 실현될 수 있다. 이러한 신애의 표현은 종종 추가적인 정화가 필요하겠지만, 사람은 이것들을

---

23) *Spiritual Canticle*, in *The Complete Works*, ed. by E. Allison Peers, vol. II, London: Bums, Oates & Washboume, 1953, p.46.

통해 여전히 하느님을 사랑하고 그분의 절대적 선하심에 다다를 수 있다.

3.1.3. 신애의 특성

(1) 신애는 **최상의**(sovereign) 사랑이어야 한다. 사람들은 하느님을 만물 위에 그리고 어떤 피조물보다도 더 사랑해야 한다. 이는 성서가 마음을 다하고 정신을 다하고 힘을 다하여 하느님을 사랑하라는 계명을 표현하였고(신명 6,5; 마태 22,36~38; 마르 12,30; 루카 10,27) 이를 첫째이며 가장 큰 계명으로 부르는 표현에서 드러난다. 하느님에 대한 사랑은 부모, 형제자매, 처자식에 대한 사랑보다 더 커야 하며 자기 목숨을 사랑하는 것보다 더 커야 한다(마태 10,37; 루카 14,26).

최상의(supreme) 사랑만이 하느님께 합당하다. 존재가 완전할수록 그 존재는 더 사랑받을 가치가 있으며 더 사랑받아야 할 권리가 있기 때문이다. 하느님은 무한한 거룩함(holiness), 지혜, 선성 및 아름다움이시다. 그러므로 무한히 사랑받을 만하시고 그럴 가치가 있으시다. 게다가 그분은 만물의 제일 원칙이시고 최종 목적이시기에 우리의 전적인 사랑을 받으실 자격이 있다. 한 사람이 어떤 존재이고 무엇을 지녔든 남녀 누구나 하느님께 빚진 것이며 그것은 그분의 영광을 위해 사용되어야 한다. 끝으로, 그분의 아들 예수 그리스도 안에서 그분의 육화, 수난과 죽음 및 성체성사를 통해 드러난 하느님의 인간을 향해 모든 것을 뛰어넘는 사랑은 동일한 헌신과 철저한 자아 포기를 요구한다.

하느님을 향한 우리의 사랑이 **최고의 애정**(affective *summus*)일 필요는 없다. 즉 다른 모든 사랑 예컨대 자녀를 향한 어머니의 사랑을 정서적으로 따뜻하고 부드러움으로 능가해야 하는 것은 아니다. 그러한 이상향을 향해 추구할 가치는 있겠지만, 그것이 신애의 본질에 속하는 것은 아니다. 하느님에 대한 사랑은 일차적으로 감정적 본성이 아니라 영적 본성을 지닌다. 하느님을 향한 사랑의 본질은 하느님과 그분의 뜻을 최고 존중하는 것이다. 따라서 신애는 그분에 대한 **최고의 존중**(appretiative *summus*)이어야만 한다. 즉 하느님은 다른 모든 선보다 더 높은 가치를 지니셔야 하며, 어떠한 사랑도 그분을 향한 사랑 위에 놓일 수 없다. 하느님에 대한 사랑은 "느낌의 사안이 아니라 의지의 사안인 것이다. 하늘에 계신 우리 아버지의 이름이 거룩히 빛나시고 아버지의 나라가 오시며 아버지의 뜻이 이루어지도록 기도하는 것이고, 그분이 무한히 완벽하심을 기뻐하는 것이며, 그분을 욕되게 하는 망각과 그분을 모독하는 부정 및 그분에 반한 죄(…) 등을 두려워하는 것이다. — 이들은 의지의 행위이며 각각이 사랑의 행위인 것이다."[24]

하느님이 선하심에 대한 신앙과 그분을 향한 진심 어린 사랑은 종종 고통과 곤경이라는 가혹한 시험을 받는다. 그러나 그리스도의 수난을 통해 인류를 향한 하느님의 사랑이 가장 심오하고 결정적인 방식으로 밝혀지는 것처럼, 신자는 역경과 고난 속에서도 그분의 섭리와 그분의 위대한 호의를 신뢰하도록 요구받게 된다. "악의 난해함(enigma)과 추문, 죄악과 고통의 심연을 직면한 신자는 겉보기와 달리 하느님은 사랑이시며 따라서 일어난 모든 일이 그분의 더 우월하고 무한한 사랑의 설계를 위해 허락된 것이었음을 알게 된다. '하느님을 사랑하는 이들에게는 모든 것이 함께 작용하여 선을 이루기' 때문이다(로마 8,28)."[25]

하느님을 부인하거나 신적 의지에 반해 행동하도록 예컨대 무죄한

---

24) Louis Colin, *op.cit.*, p.50.

25) G. Cereti, *Amore, amicizia, matrimonio*, Genova: Marietti, 1987, p.18.

사람을 죽이도록 요청을 받게 된다면, 그 사람은 자신을 향한 하느님의 지고한 요청을 거스르기보다는 자신의 목숨을 희생해야 한다. 순교란 그리스도를 위하고 이웃을 위해 그분이 그러셨듯이 자신의 목숨을 내어놓는 것으로서(1요한 3,16), 이는 사랑의 가장 높은 증거이다. "그러한 은혜가 소수에게 주어지는 것이지만, 모든 제자는 그 준비를 갖추어, 사람들 앞에서 그리스도를 고백하고, 교회가 늘 겪고 있는 박해 가운데에서 십자가의 길을 걸으시는 그리스도를 따라가야 한다"(「교회 헌장」 42항).

(2) 신애는 **효과적이고 내면적인**(*effective and interior*) 사랑이어야 한다. 하느님에 대한 사랑은 단순히 그분의 선성과 아름다움에 대한 기쁨에 찬 존중하거나 그분의 뜻을 가치로 찬양하면서도 그 실현을 옹호하지 않는 그런 미온적 찬성에 그쳐서는 안 된다. "자녀 여러분, 말과 혀로 사랑하지 말고 행동으로 진리 안에서 사랑합시다"(1요한 3,18). 온 마음과 온 힘을 다해 하느님을 사랑하는 것은 그분의 뜻을 효과적인 방식으로 사랑하고 이를 실현하고자 모든 힘과 수단을 다해 애쓴다는 것을 뜻한다. 이는 하느님 나라와 그 영광의 대의를 위해 적극적이고 활기차게 헌신하는 것을 포함한다. "우리의 수백 가지 작은 일상적 의무, 심지어 가장 일상적인 것까지도 수행하기 위하여 우리는 고귀한 마음이 지닌 너그러움, 그분의 더 큰 영광과 그리스도의 선한 쾌락에 대한 강하고 끊임없는 관심을 지녀야 한다."[26]

사랑이란 감정과 그 말에 행동이 따르지 않는다면, 이는 그 이름에 어울리지 않는 거짓된 사랑이다. 하지만 반대로, 사랑의 내적 정신이 없는 그런 애덕의 외면적 행동과 행실은 진정한 사랑도 아니다. 개인

---

26) L. Colin, *op.cit.*, pp.57f.

적 명예와 영광에 대한 욕망으로 감화된 그런 외면적인 선한 행실은 하느님 또는 이웃에 대한 사랑의 표현이 아니라, 부적절한 자기애(self-love)의 표현이다. 그러므로 그리스도는 제자들에게 자신을 칭찬이나 영광을 얻고자 자선을 베풀지 말고 하늘에 계신 성부를 위해서 하도록 경고하신다(마태 6,2~4). “내가 모든 재산을 나누어 주고 내 몸까지 자랑스레 넘겨준다고 하여도 나에게 사랑이 없으면 나에게는 아무 소용이 없습니다”(1코린 13,3). 외적인 선한 행동은 하느님에 대한 내적인 사랑에서 그 뿌리와 근거를 가져와야 한다. 그래야만 그것이 하느님께 그리고 인간에게 받아들여질 수 있으며, 그래야만 하느님을 사랑하는 것이라고 말할 수 있다.

3.2. 하느님 사랑을 향한 위험 요소

모든 죄는 신애를 거스르고 그것을 위태롭게 만든다. 죄와 사랑은 모순되며 서로를 배제시킨다. 물론 많은 죄가 동료 인간들과 피조물을 직접으로 거스르고, 하느님께서 그들을 사랑하시는 것처럼 그들 모두가 사랑받아야 한다는 하느님의 뜻을 무시하는 한에서, 간접으로 하느님에 대한 사랑을 해친다. 여기에서는 오로지 신애를 향한 직접 위협하는 위험들만을 즉 하느님에 대한 무관심, 거부 및 증오를 다루고자 한다.

1) **무관심**(*indifference*)

하느님에 대한 사랑을 거스르는 죄가 되는데, 왜냐하면 최고선이신 그분은 우리의 마음과 영혼을 다해서 사랑받으실 자격이 있기 때문이다. 이는 하느님에 관한 충분한 지식을 습득하고 그분과의 친교와 우정을 구하고자 노력하는 데 있어서 탓할 만한 태만(negligence)이 있을 때, 죄가 된다. 종종 하느님과 종교적 가치에 대한 무관심은 종교 교육과 지도의 부족에서 유래하기도 한다. 이러한 경우에 그 사람은 죄책(culpable fault)에서 면제될 수 있다. 또한 모든 사람이 종교 세계에 대해 동일한 감각을 지닌 것이 아님을 주목해야 한다. 어떤 이들은 자신의 성격상 신비 체험에 영향을 받기가 더 쉬우며 종교나 기도 생활에 다른 이들보다 더 잘 끌린다. 이러한 타고난 재능(gifts)이나 기질의 차이는 종교 생활의 열성에 차이를 가져온다. 하지만 하느님에 대한 사랑을 실행하는 데 있어서 일반적인 정도의 태만은 하나의 흠결(defect)이자 부족(failing)이다. 그것이 게으름, 피조물에 대한 무질서한 사랑 또는 이와 유사한 원인에서 나온 것이라면, 이는 주관적으로 귀책이 있는(imputable) 비행(wrongdoing)인 것이다. "배은망덕은 신적인 애덕을 감사하는 것과 그 사랑에 대해 그분께 되돌려드리기를 거부하는 것이다. 미온적인 태도는 신애에 응답하기를 주저하거나 태만한 것이다. 이는 애덕의 증진에 자신을 내어 주기를 거부하는 것이라고 의미할 수 있다."[27]

2) 거절과 증오(*Rejection and hatred*)

애덕에 가장 직접적으로 반대되는 죄이다. 증오는 그 자체로 혹은 일부 속성이나 효과로 어떤 악한 것이나 악하다고 보이는 것을 거부하고 파괴하려고 노력하는 것이다. 하느님은 무한이 선하시니 그분을 증오한다는 것은 불가능하리라. 분명히 하느님을 있는 그대로 즉 사랑과 선성의 본질로 보는 사람에게 증오란 불가능할 것이다. 하지만, 이 지상 체류에서는 그분을 그저 막연하고 불완전한 이미지로만 알

---

27) 『가톨릭 교회 교리서』(1994), 2094항.

수 있다. 종종 이러한 지식은 결함이 있을 뿐만 아니라, 왜곡되기도 한다. 무엇보다도 우리는 하느님 그분 자체를 통해서보다는 당신의 신적 활동의 효과를 통해서, 당신의 명령과 법칙을 통해서 그분을 더욱 잘 알게 된다. 하지만 하느님 법이 항상 모든 면에서 우리에게 바람직한 것도 아니며, 그분의 명령이 어둡고 고통스럽게 이해할 수 없는 경우도 드물지 않다. 예컨대 그분의 뜻이 우리에게 질병, 궁핍, 굴욕, 부당한 단죄 등과 같은 것들을 가져다줄 때가 그렇다.

하느님에 관한 잘못된 지식과 그림 때문에 하느님을 거부하고 증오하는 사람이라면, 최소한 그것이 그러한 적대감의 유일한 원인인 경우에는 엄격한 의미로 하느님의 원수라고 칭할 수는 없다. 궁극적으로 그들의 거부는 하느님 그 자체라기보다는 그분에 대한 잘못된 표현들에 맞추어졌기 때문이다. 하지만 하느님에 관한 인간의 언어는 늘 불완전하다는 점도 주목해야 한다. 하느님의 이미지들이 지닌 약점들은 불편해 보이고 자기중심적인 인간 본성에는 희생을 요구하기 때문에, 인간에게 진정 요구하시는 바를 거절하기 위하여 이것들이 핑곗거리가 될 수 있다.

사람들은 하느님께서 인간에게 내리시는 고통, 불행 및 다양한 탄압 때문에 그분께 반기를 들 수 있다. 이러한 곤경의 관점에서 볼 때, 하느님의 사랑을 믿기란 그들에게 너무 힘들게 된다. 이러한 반기는 인간적으로 이해할 수 있더라도, 이는 신앙과 하느님 사랑의 부족으로 간주해야 하며, 죄가 없는 것이 아니다. 종종 이러한 상태는 일시적인 황폐와 절망감일 뿐이며, 사람들은 자신의 감정과 우울감이 가라앉은 후에는 이를 극복하게 된다.

하느님에 대한 증오의 가장 빈번한 원천은 하느님의 계명에 반한 죄스러운 생활이다. 죄에 완전히 빠져서 그릇된 목표와 욕망에 집착하는 죄인에게는 하느님이 아무것도 아니며 그저 원수일 뿐이다. 세상이 그리스도를 증오한 이유는 하느님의 참뜻을 반대하기 때문이다. 그리스도는 유년기부터 "반대를 받는 표징이 되도록" 예정되었고(루카 2,34), 하느님 말씀에 불순종하지 이들에게 걸림돌이 되셨다(로마 9,32~33; 1베드 2,8). 그리스도가 세상으로부터 박해와 거부되신 이유는 그분이 요구하신 사랑이 인간의 욕구와는 반대되는 것이었기 때문이다. "악을 저지르는 자는 누구나 빛을 미워한다"(요한 3,20). 그리스도는 세상의 빛이며, 어둠은 그 빛을 증오한다. 그분의 제자들과 교회는 그분의 사명에 참여하기 때문에 그들의 운명도 비슷하다. "세상이 너희를 미워하거든 너희보다 먼저 나를 미워하였다는 것을 알아라. 너희가 세상에 속한다면 세상은 너희를 자기 사람으로 사랑할 것이다. 그러나 너희가 세상에 속하지 않을 뿐만 아니라 내가 너희를 세상에서 뽑았기 때문에, 세상이 너희를 미워하는 것이다"(요한 15,18~19). 거룩함에 관한 계시가 죄스러운 인간의 소망과 야망에 뚜렷하게 모순이 되면 될수록, 그들의 증오도 더욱 커진다. 많은 예언자와 성인들의 생애는 이러한 적의(enmity)가 있었음을 증언한다.

그리스도의 교역자들과 교회를 반대하는 반종교적 적대감(hostility)이 때때로 그들의 나약함, 참된 형제애의 결핍, 겸손과 관용의 부족으로 인해 초래되었다는 점을 인정해야 한다. 하지만 종교, 그리스도 및 교회에 대한 모든 반대가 과거와 현재의 교회 구성원 특히 사제와 수도자의 나약함 때문이라고 비난하는 것은 부당하다. 세상 속에서 자신의 사명을 다하는 교회는 정의와 의로움을 존중할 의무와 자신의 책략과 개념보다 상위의 법 앞에 책임져야 할 의무를 상기시키기를 증오하는 이들에게는 일종의 도발이 되는 것을 피할 수가 없다. 교회는 그리스도가 그러하셨듯이, 세상에 걸림돌이고 또한 적의의 표적이 될 것이다.

3.3. 기도와 행동으로 나타내는 신애

하느님에 대한 사랑은, 한편으로는 경배와 묵상 및 예배를 통해, 다른 한편으로는 타인에 대한 형제애의 행동과 실천을 통해 표현된다. 동시에 이러한 사랑의 표현은 사랑을 촉진하고 깊게 만든다. "사랑이 좋은 씨앗처럼 영혼 안에서 자라나 열매를 맺으려면, 모든 신자가 각기 하느님의 말씀을 기꺼이 듣고 하느님의 은총에 힘입어 하느님의 뜻을 행동으로 채워 드려야 하며, 성사들, 특히 성체성사와 거룩한 전례에 자주 참여하고, 기도와 극기, 형제들에 대한 적극적인 봉사와 모든 덕의 실천에 꾸준히 헌신하여야 한다"(「교회 헌장」 42항).

앞서 언급했듯이, 오늘날 신애의 실천에 있어서 기도와 관상의 역할을 비하하거나 과소평가하려는 경향이 있다. 몇몇은 기도가 유익하지 않은 활동이며 시간 낭비라고 평가하기도 한다. 형제를 능동적으로 사랑하는 것이 비록 의미 있는 방식으로 하느님을 사랑하는 유일하게 중대한 방식은 아닐지라도, 이는 일차적인 것으로 강조가 된다. 그러나 이는 하느님과 이웃에 대한 인간의 진정한 관계를 노골적으로 왜곡시키고 그들의 실제적 필요를 무시하는 것이다. 성서는 매번 기도와 하느님을 찬양하도록 사람들을 초대하지 않았던가? 예수는 발치에 앉아 가르침을 듣고 있던 마리아를 칭찬하시고, 오히려 많은 봉사로 혼란해져서 마리아의 "일하지 않음"에 대해 주님께 불평하는 마르타에게 주의를 주시지 않았는가? "마르타야, 마르타야! 너는 많은 일을 염려하고 걱정하는구나. 그러나 필요한 것은 한 가지뿐이다. 마리아는 좋은 몫을 선택하였다. 그리고 그것을 빼앗기지 않을 것이다"(루카 10,41~42. 참조: 사도 6,1~5).

인류의 종교적 전통은 관상 생활이 활동 생활보다 우선한다는 확신에 있어서 그리스도교와 일치하는데, 이는 인간을 자유롭게 하는 지식과 헌신을 추구할 수 있도록 하기 때문이다(참조: 「전례 헌장」 2항). "교회적인 것이든 개인적인 것이든 기도는 행위보다 우선한다. 그것은 일차적으로 심리학적 힘의 원천 즉 '재충전'의 기회로 여겨지는 것이 아니라 사랑과 완전한 조화를 이루는 행위인 것이다. 기도는 예배와 찬양의 행위로서, 사랑받은 자가 신적인 메시지를 이해했음을 보여 주기 위해 완전하고 이기심 없는 응답을 시도하는 것이다. 구약과 신약, 그리스도의 생애, 성 바오로와 성 요한의 신학, 이 모두는 기도의 우위성을 증명해 준다. 현대의 그리스도인들이 이러한 사실을 무시하고 자신들이 이웃 안에서만 그리스도를 만난다고 생각하거나, 더 나아가 자신들의 유일한 임무가 이러한 (기술적인) 세상 안에서 일하는 것이라고 상상하는 것은 참으로 우습고 애처롭다. 그들은 곧 세속적 책임과 그리스도인의 사명을 구분하지 못하고 있다. 관상을 통해서 하느님을 알지 못하는 사람은 그분을 행동 안에서도 인식할 수 없으며, 심지어 '탄압받고 치욕을 겪는 이들' 안에 반영된 하느님이 비쳐 보일 때조차, 그분을 인식할 수 없다. 성체성사 거행 자체가 하나의 '회상'(recollection) 행위, 사랑을 통해 관상과 친교를 이루는 행위이며, 미사가 끝났으니 가서 복음을 전합시다[ite missa (missio) est]라고 끝맺듯이, 이는 그리스도인이 세상을 향해 파견되는 유일한 자리인 것이다. 오직 그때만이 바오로가 말한 '끊임없는 기도'가 행동으로 수행될 수 있다."[28]

사람은 하느님을 알지 못하면 진정으로 그분을 사랑할 수 없다. 알지 못하는 것은 사랑할 수 없기 때문이다. 이 앎은 올바르게 이해되어야 한다. 이는 일차적으로 개념적이고 과학적인 지식이 아니라, 신앙을 바탕으로 하느님과의 위격적인 만남을 통해 얻어지는 실존적 지식이며 신적인 것과의 친교와 일치의 경험에서 흘러나오는 실천적 지

28) Hans Urs von Balthasar, *Love Alone*, New York: Herder and Herder, 1969, pp.88f.

식인 것이다. 묵상, 관상, 기도는 하느님에 대한 개인적인 지식으로 가는 유일한 길이며, 결과적으로 하느님의 뜻과 세상에 대한 그분의 계획을 본래적이고 진정성 있게 이해하는 길이기도 하다. 기도와 명상하지 않는 사람들은 하느님과 그분의 참 뜻에서 멀어질 위험을 즉각 직면하게 된다. 그들은 자신의 행동을 통해 이바지해야 할 진정한 목표를 시야에서 놓칠 위험을 초래하며, 이러한 목표만이 그 행위를 사랑의 표현으로 만드는 것이다.

당연히 신애는 일(work)과 행동(deed)을 통해서도 자신을 실현해야 한다. 이러한 조건에서만 사랑은 "율법의 완성"이라고 불릴 수 있다(로마 13,10. 참조: 마태 22,40; 콜로 3,14). 성 요한은 명료하고도 확실한 말로 그리스도인들에게 "말과 혀로 사랑하지 말고 행동으로 진리 안에서 사랑합시다"라고 권고한다(1요한 3,18. 참조: 야고 2,14~26).

하지만 원칙적으로 기도와 묵상도 행동이라고 불릴 수 있음을 주목할 필요가 있다. 사실 집중된 묵상의 태도는 매우 능동적인 노력이자 영혼의 행동이다.[29] 하지만 일과 행동을 통해 실현되는 사랑은 일반적으로, 사람들이 자신을 둘러싼 세상에 변화를 주는 영향력을 행사하는 활동을 의미하며, 특히 이웃 사랑의 행동을 의미한다. 하느님의 뜻은 사람들이 창조 사업에 협력하고 그것을 완성으로 이끄는 것, 지구를 다스리고 그 잠재력을 활용하는 것, 인간 간에 연대, 정의 및 사랑의 일치를 촉진하는 것이다. 따라서 하느님을 향한 인간의 사랑은 그분께서 인간에게 맡기신 활동적 삶의 이러한 임무를 받아들이고 실현하는 데에서 필연적으로 표현되어야 한다.

제2차 바티칸 공의회는 "한편으로 직업적 사회적 활동과 다른 한편으로 종교 생활을 서로 부당하게 대립시켜서는 안 된다"라고 경고한

---

29) Cf. Erich Fromm, *The Art of Loving*, New York: Bantam Books, 1970, 33rd printing, p.18.

다(「사목 헌장」 43항). 형제애의 일과 능동적 봉사는 기도와 예배를 대체할 수 없다. 반대로 신심(devotional) 생활이 지상에서 응답할 책임을 회피하는 핑계가 되어서도 안 된다. 사랑의 큰 계명은 율법 전체를 포함하며, 기도와 제례를 통한 하느님에의 헌신과 능동적 사랑의 행위를 통한 주님을 섬기는 것 모두를 포함하는 것이다.

제4장

신적 예배의 본성과 기초

종교심(religiosity)은 마음의 내면성(interiority)에서 볼 때, 먼저 외부에 표현하려는 욕망을 경험하게 된다. 예배 행위에서 볼 때, 신적 덕행들은 헌신(devotion), 희망 및 사랑을 표현하려는 경향이 있으며, 이것들은 소중한 것이다. 인간의 기도란 흠숭(欽崇, adoration)을 입 밖으로 표현한 것이며, 전례 행위, 상징 및 성사는 마음의 신앙을 알리고 희망과 사랑을 표현한 표지들인 것이다.

기도와 숭배를 통해 신적 덕행이 역으로 자양분을 얻게 되고 만들어지기도 한다. 특히 전례와 성사의 거행은 덕행에 자양분을 제공하고 덕행의 양성에 이바지한다. 신앙의 이런 측면에서 볼 때 제2차 바티칸 공의회의 「전례 헌장」이 기술한 내용은 희망과 사랑에도 동일하게 적용될 수 있다. 즉 "교회가 기도하거나 노래하거나 행동할 때에도 참여자들의 신앙이 길러지고 하느님께 마음이 들어 높여져, 하느님께 마땅한 예배를 드리고 하느님의 은총을 더욱 풍부히 받게 한다"(「전례 헌장」 33항. 참조: 「전례 헌장」 59항).

현재의 구원 법칙으로는 거룩한 제례와 전례의 가시적 표지 없이는 사람들이 하늘에 계신 **아버지**와 자신들을 결합시키는 사랑의 연대와 구원의 풍요로움을 경험할 수가 없다. 이런 맥락에서 볼 때, 종교와 인간 생활 전반에 대한 신적 예배의 중요성과 사적이든 공적이든 공동 예배에 대한 권리 간의 상호 연관성이 강조되어야 한다. 이는 종교적 자유 인권의 필수 부분이다. 특히 지난 세기에는 무신론적 이데올로기와 반종교적 국가 권력에 의해 이 권리가 철저히 부정되지는 않았더라도, 지나치게 축소된 경우가 너무 잦았다.

4.1. 신적 예배의 본성과 대상

4.1.1. 신적 예배의 본성

어원에 따르면, 예배(worship)라는 용어는 "가치(worth)를 부여하다"를 의미한다. 오늘날의 용법에서는 예배는 단지 가치를 부여하는 것만이 아니라 최고의 가치를 누구에게 또는 무언가에 부여하는 것을 뜻한다. 명백히 최고의 가치는 오직 최고의 존재에만 어울릴 수 있고, 이는 거룩하고 신적인 존재로서 초월적 실재이며 이것만이 예배의 대상이 될 수 있다. 많은 종교에 있어서 신적 실재란 위격적인(personal) 신이다. 그리스도인에게는 그것이 성부·성자·성령의 위격적이고 삼위인 하느님이시다. 최고의 가치는 최고의 존재에만 어울린다면, 그 반대로 하느님을 예배해야 할 의무란 "더 위대한 존재를 생각할 수는 없는 분"이라는 안셀모(Anselm)의 참된 하느님 개념에서 자명하게 결과한다. 하느님을 모신다는 것은 필연적으로 그분께 예배한다는 의미이다.[1] 하느님을 믿는 사람은 아주 자연스럽게 그분을 존경하고 경배하게 된다. 즉 "저희의 하느님 주님은 영광과 영예와 권능을 받기에 합당한 분이십니다"(묵시 4,11).

신적 예배의 덕행은 종종 종교의 덕행으로 지정되기도 한다. 그러나 종교라는 이 단어는 일반적으로 볼 때, 예배보다 더 넓고 더욱 기초적인 것이다. 종교란 가장 심오한 의미로 하느님에 대한 신앙이다. 종교의 본질은 대신덕들로 이루어지며, 이것들은 예배의 정신이며 종교 생활을 가능하게 해 주는 시초가 된다. 반면에 신적 예배란 종교에서 흘러나오는 현시이며 표현이다. "그것의 결정적 요소는 하느님

1) "Habere Deum est colere Deum"(Luther in *Tischreden*, Kroker's ed., 1903, nr. 438).

과 신적인 것을 향해 외적 표지를 통해 드리는 존경 어린 경의와 그것에 수반되는 생명과 구원의 희망이다."[2] 예배란 공적이든 사적이든 종교적 행동과 제례를 통해 하느님께 드리는 경배인 것이다.

이 정의에 따르면, 신적 예배의 대상은 하느님께 드리는 종교적 행위와 공적 또는 사적 제례이다. 그 동기는 한편으로 하느님의 거룩하심, 탁월하심 및 장엄하심이며 다른 한편으로는 인간의 의존성과 곤궁함이다. 그분의 거룩하심과 영광의 광채는 피조물과 그분의 공현(epiphanies)을 통해, 특히 그리스도인에게는 특히 예수 그리스도를 통해 반영된다. 그리스도의 삶과 죽음은 하느님의 초월적 사랑을 가장 두드러지게 드러내고 그리스도의 부활은 그분의 승리와 찬란한 영광을 보여 준다. 하느님의 성자로서 그리스도 그분은 흠숭(adoration)을 드릴 대상이다. 신약은 구약이 지극히 거룩하신 하느님께 드리던 방식으로 영예와 영광을 그리스도께 드린다.[3]

그러나 그리스도는 하느님의 거룩한 권능만을 보여 주신 것이 아니다. 그분은 그리스도인에게 성부를 참되게 예배하는 방법도 보여 주셨고 가장 완벽한 방식으로 인류를 대신하여 이 예배를 드리셨다. 그러므로 그리스도인들은 자신의 머리이며 중재자이신 그리스도와 일치해 하느님께 예배드리도록 불린 것이다.

종교와 신적 예배에 있어서 인간은 두 가지 실재를 확인한다. 첫째는 인간이 절대적으로 완전한 존재이시며 거룩한 가치에 반해 자신의 곤궁함, 공허함(nothingness) 및 죄스러움을 받아들이게 한다는 것이다. 이는 존경심으로 이어지며 거리감을 느끼게 하는 것으로서, **두려운 신비**이다(*mysterium tremendum*). 둘째는 인간이 자신이 창조자께 종속되어 있고 오직 인간적 곤궁을 채워 주실 하느님의 완전한 복락을 본질

2) Michael Schmaus, "Worship", *Sacramentum Mundi* VI, 1970, p.390.
3) 요한 1,14; 17,1~5.24; 티모 2,13; 히브 13,21; 1베드 4,11; 묵시 5,12~13.

적으로 지향하고 있다는 것이다. 하느님으로부터 발산되는 매력의 힘은 갈망과 사랑의 헌신을 불러일으키는 것으로서, **황홀한 신비**이다(*mysterium fascinosum*). 존경 어린 거리감과 사랑 어린 투신이라는 두 요소의 대립은 초보적 힘으로서, 모든 종교심에 스며들어 있다.

예배의 목적은 "인간, 사회 및 인류 안에서만이 아니라 자연과 우주 안에서도 실존을 보호, 보전, 쇄신 또는 다시 활력을 주는 존재의 힘으로서, 예배자나 예배하는 공동체의 의식 안에 성스러운 것을 현존하게 하는 것이다. 거룩함을 현존하게 함으로써 그리고 그것의 세상 안에서의 존재를 인지하고 경축함으로써, 예배는 우주 질서도 유지하는 도구가 되며, 생명과 구원의 **필수 불가결한 조건**(*conditio sine qua non*)도 된다. 예배자는 자신이 거룩한 존재와의 관계를 확립하고 그에게 종속되었음을 인정함으로써 거룩한 존재에 참여하게 된다. (…) 그리고 이런 친교 상태 속에서 그 자신은 우주와의 올바른 관계를 회복하게 된다."[4] 마찬가지로 공적 예배는 동일한 종교적 경험을 공유하는 이들을 하나로 결속시키고 집단을 통합하는데 이바지한다. 이 예배는 특히 원시 문화에서만 아니라 높은 문명에서도 집단 통합의 주요 요인이 된다.

4.1.2. 예배의 여러 형태

도덕적으로 선한 모든 행위는 하느님의 영예와 영광에 기여하며 거기에는 그분의 절대적 우월성을 인정하는 것이 포함된다. "무슨 일을 하든지 모든 것을 하느님의 영광을 위하여 하십시오"(1코린 10,31). 그러므로 도덕적으로 선한 모든 행위는 하느님께 합당한 영예를 드리는 것이며 그분께 예배드리는 행위라고 볼 수 있다. 그러나 하느님을

4) F. de Graeve, "Worship", *The Catholic Encyclopedia*, vol. 14, 1967, pp.1030f.

향한 예배 행위란 엄격한 의미에서 볼 때, 그 대상이 명백하고 직접적으로 하느님께 흠숭과 찬양을 드리는 행위들만을 말한다. 하느님은 세속적 의무를 충실히 이행하는 중에 암묵적이고 간접적으로 존경받으실 뿐 아니라, 명백한 지향으로 찬양하고 경배하며 인정하는 행위들을 통해 명시적으로 경배 받으신다. 이 논고는 후자인 명시적 예배 행위에만 초점을 맞출 것이다.

1) 신적 예배의 형태는 사람들이 하느님에 대한 존경과 신심을 표현하고자 사용하는 다양한 수단과 방법에 따라 구분될 수 있다. 기도와 제사는 종교의 가장 근본적인 표현으로서, 첫째 자리를 차지한다. 하느님은 당신을 향한 말씀이나 인간의 점유물 중 일부를 당신께 예물로 바침으로써 경배를 받으신다. 덧붙여서 많은 종교에서는 하느님에게서 오는 말씀인 경전을 낭독하는 것도 하느님 경배에 포함된다. 그리스도교에서는 예수 그리스도의 복음과 신구약의 성서 전체를 선포하는 것이 이에 해당한다(참조: 「전례 헌장」 24항). 특별히 전례 예배 중 성서 봉독은 중요한 역할이다.

그리스도교에서는 예배 행위 중 성사들의 거룩한 예식들에 탁월한 지위를 부여한다. 그 예식들은 신자 공동체가 공식적 교역자의 주도하에 신자 공동체가 행하는 외면적인 전례 행위로서, 개인의 신앙과 사랑, 존경과 흠숭을 표현하게 된다. 동시에 그것들은 인간에게 은총을 전하는 수단이 되어 하느님과의 더 가까운 친교로 인도한다. 성사에는 이와 유사한 예식으로서, 준성사들(sacramentals)이 추가되지만 그러나 이들의 종교적 비중은 더 낮다.

예배의 다른 형태로는 특별한 날과 절기에 대한 성화(sanctification), 행렬과 순례, 성지와 성물에 대한 성별(聖別, segregation), 하느님 이름과 신적 상징물 및 성화상에 대한 공경(恭敬, veneration) 등이 있다. 하느님을 향한 존경은 또한 성인들을 공경함으로써, 그리고 사제나 수도자처럼 거룩한 봉사나 직무에 특별한 방법으로 헌신하는 축성된 사람을 존중함으로써도 표현된다.

특수한 방식의 예배 행위로는 서원(誓願, vows)이 있다. 서원이란 하느님과 자유롭게 맺은 약속에 근거한 의무들을 말한다. 이는 일종의 자발적이며 개인적인 법이다. 이것의 구속력과 해석과 이행에 관해서는 서원자의 의도가 결정적인 기준과 규범으로 존중되어야 한다. 의도가 명확하지 않는 경우, 이는 관대하게 해석되어야 한다.[5] 서원의 조건, 구속력, 관면, 중지에 관한 자세한 내용은 『교회법전』을 보라.[6]

2) 예배에 대한 추가적인 구분으로는 전례적인 것과 비전례적(non-liturgical)인 것이 있다. 전례적 예배란 "합법적으로 위탁된 사람들이 교회의 권위에 의하여 승인된 행위를 통하여 교회의 이름으로 바칠 때 이루어지는 것"을 말한다(교회법 제834조 2항). 이는 교회 또는 공동체의 신앙과 종교적 신념에 대한 공식적 표현이다. 가톨릭교회에서는 전례를 가장 중요한 공식적(official) 예배로 여긴다. 전례 거행은 "탁월하게 거룩한 행위"인 것이다(「전례 헌장」 7항). 이를 통해 신앙인은 그리스도를 증언할 자신의 능력이 키워지며 사랑으로 한마음이 되도록 영감을 받게 된다.

그럼에도 영성 생활은 전례 참여에만 국한되지 않는다. 비전례적 예배와 전례 외의 예배에도 장려할 가치가 있으며 이를 소홀히 할 수 없다. 그리스도인은 또한 골방에 들어가서 은밀히 성부께 기도해야

---

5) 그러므로 일반적인 의미로 성작 봉헌을 서원한 이는 값비싼 성작을 바칠 필요가 없다. 한 달 동안 단식하겠다고 서원한 경우, 일요일에도 단식할 필요는 없다. 그 이상의 일반적 원칙으로서, 서원은 인간법 그리고 특히 교회법에 유효한 규범들에 따라 해석되어야 한다는 것이다.

6) 교회법 제1191~1198조(일반적 서원)와 교회법 제573조와 제598~601조(특히 축성 생활에 관한 종교적 서원).

한다(참조: 마태 6,6). 대중적 신심 행사들도 그리스도교 신심의 부차적이지만 추가적인 원천으로서, 열렬히 추천된다(「전례 헌장」 12~13항). 이것들은 또한 하느님을 향한 목마름을 나타내며 이를 충족시켜 줄 한 방법이 된다. 대중의 종교심은 "하느님의 부성, 섭리, 사랑, 항구한 현존 등 하느님의 심오한 속성에 대한 예리한 인식을 볼 수 있을 뿐만 아니라, 다른 데에서는 보기 드문 인내, 일상생활에서 십자가의 의미, 초연함, 타인에게 열려 있는 태도, 신심과 같은 내적 자세도 볼 수 있습니다."[7)]

4.1.3. 하느님 예배와 성인 공경

최고의 예배인 흠숭(欽崇, adoration)은 오직 하느님만의 것이다. 그분만이 **전적으로 거룩하시고 지극히 높으신** 분이시며, 총체적 헌신과 무조건적 복종을 받으실 만하다. 예수 그리스도는 하느님의 성자이시며 성부와 같은 본성을 지녔기 때문에, 성부와 같은 동일한 예배를 그분께도 드려야 한다.

그러나 신적 예배의 동기가 하느님의 영광과 거룩하심이기에, 그리고 이 영광과 거룩하심이 특별한 방식으로 성인들 안에서 드러나기에, 하느님은 스스로 택하신 이들을 통해서도 영광을 받으실 수 있고, 또 그러셔야 한다. 이것이 천사들과 성인들을 공경할 근거가 된다.

교회는 초기부터 사도들과 그리스도교 순교자들을 복되신 동정 마리아와 천사들과 함께 공경해 왔다. 이어서 즉시 공경의 대상에 그리스도의 동정성과 청빈을 더욱 완전하게 본받은 이들이 추가되었고 마침내 그리스도교 덕행과 신적 은사(charisms)를 탁월하게 실천함으로써

---

7) 바오로 6세, 사도적 권고 「현대의 복음 선교」(1975.12.08.), 48항.

신자들에게 경건한 신심과 모범이 되어 준 이들도 추가되었다. 그러나 이미 고대부터 성인 공경을 거부했던 일부의 사람들이 있었다(예: 비질란티우스 Vigilantius). 성인 공경은 8세기 성화상 파괴자들(Iconoclasts)에게 그리고 16세기 종교 개혁가들에게 공격을 받았지만, 반면 동방교회들 안에서는 이를 아주 높게 평가하였다.

가톨릭교회는 성인을 공경하도록 명령하지는 않았지만, 이를 강력하게 권장하였다. 예컨대 트렌토 공의회에서[8] 그리고 제2차 바티칸 공의회에서 그렇다(「교회 헌장」 50~51항). 성인들은 하느님과 특별히 가깝고 따라서 존경받아 마땅한 피조물이다. 그러나 그들도 피조물이기에 그들에게 합당한 영예는 흠숭지례(adoration)가 아니다. 복되신 동정 마리아가 천주의 모친이며 인간적 거룩함과 하느님 사랑의 가장 완전한 모범이기에 성인 중에서도 특별한 공경을 받으시지만(참조: 「교회 헌장」 52~53항), 결코 흠숭의 대상은 아니다. 때때로 그리스도인들이 하느님과 성인들을 향해 동일한 외적 표지로 예배를 행할 수 있지만, 그러나 내적 태도는 여전히 다른 것이다. 하느님은 스스로 영예를 누리시지만, 성인들은 스스로 영예를 누리는 것이 아니다. 우리에게 보여 준 하느님을 향한 헌신의 모범 때문에, 영광의 하느님과의 결합 때문에, 우리의 이익을 위한 전구 때문에, 그들이 영예를 누리는 것이다. 성인들을 향한 신심은 궁극적으로 하느님을 향한다.

성인들에 대한 사랑은 신자들을 하느님께로 인도하고 하느님을 찬양하도록 영감을 준다. 그 사랑은 성인들을 닮도록 이끌어 주는데, 성인들을 향한 사랑이 그들에게 "생활에서 모범을, 통공에서 참여를, 전구에서 도움을" 주기 때문이다(「교회 헌장」 51항). 그들이 하는 전구의 힘은 하느님의 자비와 사랑을 희망하고 믿도록 신자들에게 추가적인 동기가 된다. 끝으로 신자들이 성도들과 친교 맺고 그리고 상호 애덕

---

8) *DS* 1821; 1867; 2236.

과 복된 삼위에 대한 공동 찬양으로 서로 친교 맺을 때 신자들은 "완성된 영광의 전례를 미리 맛보게" 된다(「교회 헌장」 51항).

가끔 복되신 동정 마리아와 성인들에 대한 공경이 남용되거나 과장되는 경우가 있다. 제2차 바티칸 공의회는 이런 위험을 의식하여 모든 관련자가 가능성이 있는 결함을 예방하고 개선하도록 노력할 것을 요청한다. 그러나 이러한 남용이 성인 공경 자체를 반대하는 논거가 될 수 없다. 신앙인은 무엇을 강조할지 정확히 배우기만 하면 된다. 그들은 "진정한 성인 공경은 복잡한 외적 행동에 있는 것이 아니라 우리 사랑의 강렬한 실천에 있음"을 알아야 한다(「교회 헌장」 51항). 이를 통해 우리는 하느님 섬김에 있어서 더욱 관대해지고 성인들의 생활 방식을 따르게 된다. 프로테스탄트 작가 월터 니그(Walter Nigg)는 일부 그리스도교 지역 내에서 그리스도교 신심의 시야에서 성인들이 사라짐으로써 교회의 빈곤이 초래되었다고 개탄한다. 그리스도교 공동체가 복음과 완전히 일치해 산 가장 진정한 그리스도교 대표자들과의 만남을 상실했기 때문이다.

4.2. 신적 예배를 위한 기초

때로는 하느님을 예배할 의무와 필연성이 완전히 부정되곤 한다. 일부 사람들은 원칙적으로는 이를 인정하면서도, 외적이고 특히 집단적인 예배의 필요와 당위에 대해서는 부정한다. 따라서 우리는 첫째로 신적 예배의 의무에 대한 일반적인 이유를 제시하고, 둘째로 외적이고 집단적인 예배의 필요에 대한 이유를 제시할 것이다.

4.2.1. 신적 예배의 일반적 의무

성서는 예배의 의무를 십계명에서 가장 먼저 언급한다. "나는 (…) 주 너의 하느님이다. 너에게는 나 말고 다른 신이 있어서는 안 된다"(탈출 20,2~3). 첫 번째 석판의 계명들이 예배의 의무 일반에 대해 관련시키지 않고 — 고대 국가들에게는 이 의무와 필요성은 의심할 여지가 없고 자명했기 때문 — 대신 오직 참되고 유일한 하느님께 예배할 의무만을 다루고 있다. 흠숭과 예배는 오직 야훼께만 드려야 한다는 것이다. "정녕 모두 나에게 무릎을 꿇고 입으로 맹세하며 말하리라"(이사 45,23. 참조: 42,8; 48,11). 하느님의 위대하심, 그분 창조의 경이로움, 그분께 예속된 인간을 관상하며, 시편 저자는 회중에게 이렇게 요구한다. "들어가 몸을 굽혀 경배 드리세. 우리를 만드신 주님 앞에 무릎 꿇으세"(시편 95,6. 참조: 96,7~9).

그리스도는 십계명 중 이것을 되풀이 명하신다. "주 너의 하느님께 경배하고 그분만을 섬겨라"(마태 4,10). 하느님을 흠숭하고 그분께 예배드릴 의무는 그저 당연한 것으로 여겨졌다. 이는 그분의 하늘에 계신 성부와 대화하고자 자주 물러가신 일, 바른 기도를 위한 그분의 지침(마태 6,5~13), 당신 제자들과 함께 회당의 전례에 참여하시고 성전 순례를 하시며 거룩한 날을 경축하신 일에서 분명히 드러난다. 유다인들은 이 의무를 전혀 소홀하지 않았고 오히려 아주 양심적으로 임했기 때문에, 특별히 이러한 의무를 강조할 이유도 없었다.

초대 교회에서는 기도와 예배를 위해 정기적으로 모이는 것이 당연한 일이었다. "그들은 사도들의 가르침을 받고 친교를 이루며 빵을 떼어 나누고 기도하는 일에 전념하였다"(사도 2,42. 참조: 사도 20,7). 성 바오로 역시 그리스도인 공동체의 예배 행위를 당연시했다. 그는 단지 그리스도인들에게 "감사하는 마음으로 하느님께 시편과 찬미가와 영가를 불러 드리며"(콜로 3,16) 그리스도의 영과 말씀의 인도를 받고 주님의 만찬을 합당하게 거행하라(1코린 11,17~34)고 권고할 따름이었다.

종교의 역사가 예배와 제례는 인류의 역사만큼이나 오래되었음을 보여 준다. 종교적 제례는 원시 부족들 속에서뿐만 아니라 선진 문명들 속에서도 결코 없었던 적이 없었고, 그저 예배의 형식만이 아주 달랐을 뿐이다. 인간은 자기 존재의 유일한 목적이 하느님이심을 드러내는 수많은 피조물 중 하나이다. 그분과 너무나 본질적인 관련을 맺은 존재이기에, 자신이 하느님 뜻에 전적으로 의존하고 일차적으로 그분의 영광을 위해 존재한다는 사실을 무시할 수 없다.

사람들이 신성함을 믿는 곳은 어디서든 이성은 무한한 위엄을 지니신 하느님께 경외심을 가져야 한다고 말해 준다. 하느님은 모든 거룩함과 선하심 및 권능을 지니신 지극히 높으신 분이시며 반면에 인간은 그분께 받은 것 외에는 아무것도 가진 것이 없는 그분의 피조물이기에, 인간은 그저 그분 앞에 엎드려 모든 영예와 영광과 권위를 그분께 돌려야만 한다. 하느님께 최고 영예를 드리는 것을 거부한다는 것은 자신이 피조물로서, 하느님 뜻에 의해 존재하며 전적으로 그분께 의존하는 유한한 존재라는 자신의 참된 본성과 처지를 부정하는 것이다. 이는 자신이 오류와 왜곡 및 허구 속에서 존재한다는 것을 의미하며, 장기적으로는 영적으로 병들고 불행한 상태에 이르게 된다.

심리학은 진실한 복종과 흠숭을 드림으로써 하느님과의 올바른 관계를 맺는 것이 인간에게 필요하다는 점을 확인해 준다. 융(C.G. Jung)은 특히 인생의 후반기에 있는 사람들의 정신질환과 신경쇠약의 결정적 원인을 종교적 방향성(orientation)이 부족함에서 온다고 보았다. 그는 종교적 믿음을 심리학적 건강의 필수 전제 조건으로 간주한다. 인간 영혼은 절대자를 향한 충동을 느낀다. 사람이 상대적인 것에 절대가치를 부여할 경우, 충족되지 못함으로써 결국 병에 걸릴 수 있다.

"오직 사람이 진정으로 절대적인 것에 대해 실질적이고 구체적으로 그것을 인정하는 태도를 (최고의 계명으로) 취할 때, 심층적 불안과 심리적 강박이 극복될 수 있다. 오직 주관적 경험의 질서와 객관적 질서(실재성의 원칙)가 완전히 일치할 때, 영혼의 내적 평정(equilibrium)이 보장된다."[9]

4.2.2. 외적(external)이고 단체적인(corporate) 예배

구약에서의 종교는 엄격히 질서가 잡힌 외적 제례의 종교였다.[10] 이로 인해 예언자들은 거듭해서 형식주의를 비난해야 했고 내적 헌신과 사랑에 대한 근본적 필요성을 상기시켜야 했다.[11] 그리스도는 "영과 진리 안에서" 성부께 예배하기를 원하신다(요한 4,23). 마음의 헌신이 없는 외적 예물은 무가치하지만, 그렇다고 외적 예물 자체가 이의 제기할 만한 것이라는 뜻은 아니다. "네가 제단에 예물을 바치려고 하다가, 거기에서 형제가 너에게 원망을 품고 있는 것이 생각나거든, 예물을 거기 제단 앞에 놓아두고 물러가 먼저 그 형제와 화해하여라. 그런 다음에 돌아와서 예물을 바쳐라"(마태 5,23~24). 그리스도는 외적 제례를 인정하셨으며 당신도 거기에 참여하셨다(참조: 루카 4,16). 그분은 세례의 명령, 성체성사의 제정 및 사제직의 제정을 통해 당신 교회의 전례적이고 공동체적인 예배의 기초를 놓으셨다. 즉 제자들과 함께 최후의 만찬을 거행하실 때 빵과 포도주의 형상 안에 계시는 당신의 살과 피를 주시면서 제자들에게 "너희는 나를 기억하여 이를 행하여라."라고 명하신 것이다(루가 22,19). 초기 그리스도인들은 정기적

---

9) Josef Rudin, *Psychotherapie und Religion*, Olten: Walter Verlag, 1960, p.127.
10) 참조: 탈출 23,14~19; 레위 1~10; 민수 28; 신명 16.
11) 이사 1,11~17; 29:13~14; 예레 7,21~26; 아모 5,21~24.

으로 모여 함께 빵을 나누며 주님을 찬송하면서 스승님의 뜻을 이행하고 있었다(사도 2,42; 20,7; 1코린 11,17~34).

1) 외적 제례

외적 제례는 인간 본성에서 비롯된 필연적인 것이다. 영육으로 구성된 인간은 몸과 영혼을 통해 하느님을 섬기고 영광을 드려야 한다. 전 존재를 다해 그분을 섬겨야 하기 때문이다. 그러므로 흠숭의 내부적(interior) 감정은 외부적으로(exteriorly) 표현되어야 한다.

사실 사람들은 자연스럽고 자발적으로 하느님을 향한 자신의 내적 헌신을 외적인 제례 행위를 통해 명시하고 싶은 충동을 느낀다. "마음에 가득 찬 것을 입으로 말하는 법이다"(마태 12,34)라는 그리스도의 말씀은 보통의 경험을 발언하신 것이다. 사람들의 영혼이 움직이게 되면 그것을 외적인(external) 말과 표지 및 행위로 표현하려는 욕구가 생긴다. 마음이 가시적 표지와 외적 행위를 통해 하느님을 향하게 되면 정신적 태도는 깨어있게 되고 강화되며 심화되는데, 반대로 외적 표지와 표현을 장기간 방치할수록 내적 태도는 점점 더 이완되고 냉담해지게 된다.

"우리 현대인들은 사고와 감정에서조차도 기술적이고 기계적인 경향을 지니고 있어서 삶에서 표지와 상징의 중요성을 너무 과소평가하는 경향이 있다. 심적이고 영적인 것에 대해 표현하고 요구하는 예식적이고(ritual) 의례적인(ceremonial) 상징에 대해 우리의 평가는 종종 너무 부족하며, 이를 의식적으로 진지하게 노력해서 발전시킬 필요가 있다."[12] 하느님에 대한 자연적 지식은 가시적인 피조물을 통해 얻어지는 것처럼, 그분을 향한 사랑과 신심도 늘 외적 예배를 통해 새롭

---

12) B. Häring, *The Law of Christ* II, 1963, p.130.

게 불타오르게 된다.

또한 외적 제례는 **단체 예배**를 위한 불가결한 전제 조건인데, 외적 표지들이야말로 집단과 소통하고 하나의 공통된 행동으로 결합시킬 유일한 방식이기 때문이다. 단체 예배에 대한 가치와 필요성에 대해서는, 강력한 이유로 다시 확증이 된다.

2) 단체 예배

단체 예배는 본질적으로 사회적인 인간의 본성에 의해 요구된다. 단지 개인만이 하느님 섬김에 불린 것이 아니다. 창조와 구원에 대한 하느님의 포괄적 계획은 모든 이의 연대 행동을 통해서만 실현될 수 있다. 따라서 공동체 역시 공동 예배 속에서 이러한 소명을 상기할 필요가 있다. 심지어 하느님에 대한 예배 방식들에는 공동체가 필요하지 않다고 신자들이 확신하는 경우에조차도, 공동체가 자신들을 필요로 하지 않는지 스스로에게 계속 물어야 한다. 사실, 공동체는 개인적으로 신앙이 깊게 뿌리내린 구성원들의 기여를 필요로 한다.

공동체의 공동 제례는 개인들의 사적인 예배를 보완하고 교정하는 데 필수적이다. 인간 삶의 모든 영역에서 사람들은 공동체를 통해 크게 풍요로워지며, 공동체 없이는 그들의 존재는 빈약하고 열등한 상태로 남겨진다. 이는 예배 생활에서도 마찬가지이다. 개인적인 종교심은 공동체의 예배로 풍요로워지고 균형이 유지되며 오류로부터 보호받게 된다.

게다가, 공동의 제례는 개인에 끼친 영향을 통해 정직하고 고결한 삶을 증진하며, 그리고 공동체의 평화와 일치를 촉진한다. 회중의 활동들은 구성원들이 세상 속에서 도덕적 주체가 될 수 있도록 준비시킨다. “예배는 매우 중요한 것인데, 성서 전통에 기초한 기본적인 상징, 이야기, 이미지, 예식 및 전통을 지속적으로 이어 주는 매개체이기 때문이다.”[13)]

끝으로 그리스도인들에게 전례가 그리스도의 지체로서의 삶에서 매우 중요하기에, 참여할 권리와 의무가 부여된다(「전례 헌장」 14항). 그리스도는 전례 예배의 토대를 세우셨을 때, 특히 세례·신품·성체의 성사들뿐만 아니라 다른 성사들을 통해서도 인간 본성의 영적 필요를 고려하신 것이다. 전례 예식에서 그리스도는 교회를 당신과 결합시키시며, “참으로 하느님께서 완전한 영광을 받으시고 사람들이 거룩하게 되는 이 위대한 행위에” 참여하신다. 하느님께 바치는 공동체의 공동 예식을 통해 “예수 그리스도의 신비체 곧 머리와 그 지체들이 완전한 공적 예배를 드린다”(「전례 헌장」 7항).

3) 실천적 결론

실천적 결론은 첫째, 그리스도인들 특히 전례를 주관하는 이들은 공동체에 의해 제정된 규칙에 따라 전례의 의례를 올바르게 이행하는지 세심한 관심을 보일 의무가 있다는 것이다. 단체 예배가 신적 명령이라면, 공동 예배의 질서를 세우고 보장하는 제례의 법규들을 준수하는 것도 신적 명령이기 때문이다. 특히 성체성사와 다른 성사들의 본질과 밀접하게 연관된 그리스도교 전례의 의례들은 신중히 준수되어야 한다. 비록 전례가 특수 조건과 민족에 따라 조정할 충분한 여지가 있어야 하지만, 이러한 조정조차도 특정한 질서는 무시할 수 없다. 교회의 집전자들은 자신이 속한 더 큰 공동체와 자신이 섬기는 사람들을 위한 책임감에 따라 처신해야 한다.

실천적 결론은 둘째, 공동 예배의 참여가 의무라는 것이다. 예배의 주요 목적은 하느님께 영광 드리는 것이다. 신적 예배를 통해 인간은

---

13) B.C. Birch / L.L. Rasmussen, *Bible and ethics in the christian life*, Minneapolis, Min.: Augsburg Publ. House, [2]1989, p.198.

주님 이름에 합당한 영예와 영광을 그분께 드리게 된다. 따라서 공동 제례의 참여에 관한 궁극적 판단을 한 개인의 감정과 쾌락이 맡길 수는 없다. 단지 "기분이 좋지 않다"라는 이유만으로 거룩한 예절의 참여를 면제받을 수는 없다. "예배는 우리의 기분과는 무관하게 드려야 할 빚(debt)이다. 그것은 주님 이름에 합당한 영광을 그분께 드리는 행위이므로, 따라서 '그리스도인에게는 의무인 것'이다."[14] 예배가 합당하게 행해지고 적절한 목적을 지향할 때 개인의 교화도 뒤따라오지만, 하느님의 영광이 먼저이다. 또한 공동 예배의 참여는 결국 공동체와의 연대 행위로도 봐야 한다. "우리는 내어 줄 준비를 하고 와야 한다. 예배는 단체 행동이며 우리 각자가 그 예배에 무엇인가를 기여할 수 있음을 기억해야 한다. '내가 이 예식에서 무엇을 얻을 수 있을까?'가 아니라 '내가 이 예식에 무엇을 기여할 수 있을까?'를 묻는다면, 단순히 받으러 온 때보다는 훨씬 더 많은 것을 얻게 될 것이다."[15]

4.3. 그릇된 예배와 미신

그릇된 제례(cult)는 예배의 본성에 가장 직접적으로 반하는 것이며, 이는 근본적으로 하느님께 드릴 예배를 왜곡하기 때문이다. 여기에는 실제로 하느님께 합당한 영예를 돌리는 것이 아니라 오히려 그분을 인간의 도구로 삼으려 하거나 헌신적 정신이 결여된 외적 예배 행위(참된 하느님에 대한 그릇된 제례)이다. 또는 거짓 신들을 대상으로 삼는 예배 행위(우상 숭배)이거나 악마와 어둠과 마술적 힘에 의지한 종교적

---

14) R. Abba, *Principles of Christian Worship*, New York/London: Oxford Univ. Press, 1966, p.13.
15) W. Barclay, *The Gospel of Mark*, Edinburgh: Saint Andrew Press, 1977, p.103.

신앙과 신뢰의 유사 행위(미신과 마술)이다.

4.3.1. 참하느님에 대한 그릇된 예배

참된 예배는 하느님의 영예와 영광에 중심을 둔다. 하느님을 향한 인간의 헌신과 완전한 복종을 표현한 것이다. 반면 듯이, 성좌의 그릇된 예배는 인간적 유익을 위한 종교적 행위들을(practices) 통해 하느님을 붙들어 두는 것이나, 또는 합당하지 않는 수단들로서 그분을 이용하는 것 그리고 그분을 향한 인간의 내적 헌신(devotion)과 봉헌(oblation)을 표현하는 것이 아니라 인간적 열정(passions)과 야망(ambitions)의 배출구를 표현하는 것을 말한다.

1) 준마술적인 신심 행위

준마술적인(quasi-magic) 신심 행위는 이러한 종류에는 규정된 예식을 엄격히 고수할 때, 요구된 횟수만큼 반복할 때, 특별한 효과가 나온다고 생각하는 특정한 예식과 기도문이 해당한다. 예컨대, 이러한 기도와 예식은 사람과 동물의 질병을 물리치거나 사업상 성공을 가져오거나 어떤 사람의 사랑을 구하기 위해 사용될 수 있다. 그러나 그 효과는 더 이상 하느님께서 주시는 자유롭고 친절하며 관대한 선물로 여기지 않고, 예식과 기도에 내재된 비밀스런 힘에서 나온 것으로 간주해 버린다. 이 힘이 바라는 성공을 보장해 준다는 것이다. 하지만 이런 준마술적 행위와 구별되는 것은 하느님의 이름이나 그리스도의 이름을 부름으로써 얻는 치유의 그런 은사이다. 이는 성 바오로가 이미 언급하였으며(1코린 12,28~30), 하느님에 대한 순수한 믿음에서 비롯된 것이다.[16]

16) 기도를 통한 치유 은사와 관련된 좋은 정보는 다음을 참조하라. Cf. Francis Macnutt,

가끔 사람들은 성화나 성인 유해와 같이, 거룩한 물건들을 단지 기계적으로 사용하는 것에서도 유익한 효과를 기대하기도 하며, 신자들에게 만져지거나 부착되거나 몸에 지니는 방식이다. 특정한 힘이 이 물건 자체에 부여되며 이것이 지시하는 하느님과 성인들과의 관계는 배제된다. 그러나 궁극적으로 예배, 신앙 및 공경은 하느님과 성인들을 지향해야 한다. 이런 착오는 하느님을 향한 내적 헌신보다는 물질로서의 대상 자체의 효력에 의존하기 때문이다.

그러한 준마술적 행위들이나 방법들은 참 예배에 해가 되며, 부적절한 것들이다. 비논리적이고 혼란스러운 것이며, 큰 악 표양의 원인이 된다. 하지만 많은 경우, 신자들은 이런 무질서를 인지하지 못한 것이기에 그래서 그들의 무지로 인해 어느 정도는 용서가 된다. 게다가 이러한 행위들 속에도 진정한 신심이 가끔은 존재한다. 그러므로 현명한 사목자라면, 이런 남용 때문에 순순한 신심의 흔적마저 없애지 않도록 조심해야 한다. 오히려 그는 그릇된 형식에 집착하는 이들을 가르치고 깨우쳐 그들의 영혼에 존재하는 참된 신심을 심화시키는 것을 목표로 삼아야 한다.

사제들은 때로 사람들이 정당하게 갈망하고 필요로 하는 상징과 외적 예식을 무시하고 반대로 지나치게 유심론적인 지도를 함으로써 실패할 수 있다. 그럴 경우, 사람들은 더욱 거친 신심 형태로 가는 공백을 만들게 된다.

2) 무가치한 방법에 의한 헛된 예배

무가치한 방법에 의한 헛된 예배는 하느님을 향한 헌신을 순수하게 표현한 것이 아닌 제례의 수단들과 행위들은 하느님께 무가치하다.

Healing, Notre Dame, Ind.: Ave Maria Press, 1974; R.A. DiOrio, *Called to Heal*, Garden City, N.Y.: Doubleday, 1982.

이것은 특히 외적 제사와 전례 행위가 한 사람의 하느님을 향한 위격적 순종과 헌신을 대신하여 사용될 때, 해당된다. 이때 예배자들은 하느님을 천상의 통치자로 상상하며, 희생제와 다른 예배 행위의 형태로 당신께 마땅히 지불할 보수를 사람들에게 요구하시는 분으로 여긴다. 그들은 이 "세금"을 내기만 하면, 그 외에는 원하는 것을 마음대로 할 수 있다고 생각한다.

이것은 구약의 예언자들이 맹렬히 비판하던 일종의 예식주의(ritualism)이다. 예언자들을 통해 말씀하신 주님께서 택하신 백성을 이렇게 힐난하신다. "나는 너희의 축제들을 싫어한다. 배척한다. 너희의 그 거룩한 집회를 반길 수 없다. 너희가 나에게 번제물과 곡식 제물을 바친다 하여도 받지 않고 살진 짐승들을 바치는 너희의 그 친교 제물도 거들떠보지 않으리라. 너희의 시끄러운 노래를 내 앞에서 집어치워라. 너희의 수금 소리도 나는 듣지 못하겠다. 다만 공정을 물처럼 흐르게 하고 정의를 강물처럼 흐르게 하여라"(아모 5,21~24. 참조: 이사 1,11~17; 예레 7,21~26). 무엇보다도 하느님은 사람의 마음과 사랑 및 순종을 원하신다. 이러한 영혼이 결여된 외적 제물과 예식은 헛된 것이다.

더욱이 무가치한 제례 행위는 하느님께 영예를 드리고 그분을 향한 공경을 표현한 것이라기보다 인간의 열정을 분출하고 쾌락, 오락, 위신 등의 욕망에 더욱 영합하는 행위와 예식인 것이다. 헛된 예배의 예로서, 고대에 다소 빈번했던 신전 매춘(sacred prostitution)이나 또는 종교적이기보다는 축제적 성격이 강한 특정한 사육제(謝肉祭, carnivalistic) 행렬이 여기에 해당된다. 그러나 개인의 취향에 따라 전례의 의례와 기능을 자의적이고 변덕스럽게 변경하는 일도 이런 부류에 해당한다.

4.3.2. 거짓 신들에 대한 예배(우상 숭배)

그릇된 제례의 가장 극단적인 형태는 허구의 신들, 악신(demons) 및 악마(devil)에게 예배하고 흠숭하는 것이다. 이러한 어리석고 불경한 일탈에 대해 하느님은 십계명 중 제1계명으로서, 당신 외에 다른 신을 단호히 거부하도록 명하셨다. 즉 "너에게는 나 말고 다른 신이 있어서는 안 된다"(탈출 20,3). "인간의 삶은 한 분뿐이신 하느님에 대한 흠숭 안에서 통일을 이룬다. 유일하신 주님을 흠숭하라는 계명은 인간을 단순하게 하고 끝없는 분열에서 구한다."[17]

선신과 악신을 포함한 천상의 모든 신들에 대한 예배는 다소 흔하게 나타나는 종교적 현상이다. 구약과 신약의 성서들이 맞닥뜨린 고대 근동, 그리스 제국 및 로마 제국의 종교들은 모두 다신교였다. 이러한 수많은 남신과 여신에 대한 예배의 뿌리는 보통은 참하느님에 대한 고의적인 배교는 아니고 단순한 무지에 있었다. 따라서 이러한 우상 숭배는 대개 개인의 죄책은 아니다. 그러나 객관적으로 볼 때, 다신교는 오류이며 일탈이므로 배격되어야 하고 극복되어야 한다. 성서는 우상 숭배를 범할 위험에 대항해 거듭거듭 격렬히 맞서 투쟁하기를 촉구한다.[18]

최상의 하느님에 대한 믿음은 종종 작은 선한 영들과 악한 영들에 대한 다양한 믿음과 공존하곤 한다. 그들의 호의를 얻고 달래기 위해 그들에게도 공물을 바치고 희생제를 드려야 한다. 이스라엘의 우상 숭배적 성향에는 일반적으로 이러한 생각이 밑자락에 있었던 것이다. 그들은 여전히 야훼를 고수하면서 동시에 그 지방의 신들도 섬겼다.

---

17) 『가톨릭 교회 교리서』(1994), 2114항.

18) 창세 35,2~4; 여호 24,14~24; 판관 2,11~14; 예레 32,28~35; 1코린 10,14; 1요한 5,21; 묵시 21,8 등등.

이 신들이 결국 존재하며 자신들에게 해를 끼칠 힘을 지녔다고 생각했기 때문이다. 그러나 성서는 이런 논리의 정확성을 인정하지 않는다. 성서가 다른 영들 특히 악마의 존재를 인정한 것은 그것들이 온전히 하느님 지배 아래 있기 때문이었다. 비록 그 영들이 어떤 힘을 지녔다고 하더라도 그 악한 힘에 대처하는 길은 무조건 예배를 드릴 것이 아니라 덕행의 삶을 사는 것이다.

지상의 피조물이 제례의 대상이 될 경우, 신중한 판단이 필요하다. 대부분의 경우 이러한 피조물은 그 자체로 숭배를 받는 것이 아니라 거룩한 존재의 현신들(現身, hierophanies)이거나 그 거처로서 숭배를 받는 것이다. "현신이 된 대상은 그 자체로 숭배되는 것이 아니라, 그것이 아닌 것을 드러내는 한에서만, 즉 그 자체를 넘어 '전적으로 다른 것'을 가리키는 한에서만 숭배되는 것이다. 이는 그 대상의 외모에 의해서든 — 새로움, 특이한 모양, 비범한 환경, 힘, 아름다움, 괴이함, 등에 의해서든 — 또는 그 자신이 축성되었기 때문이든, 예배자들에게 성스러운 존재를 구현해 준다. 예컨대, 성상(聖像)은 그것이 거룩함을 표현하는 상(像)인 한에서만 예배될 수 있다. 대상의 현신적인 성격이 믿는 이들의 종교적 자각 속에서 희미해질 때이면, 우상 숭배에 빠질 위험은 나타나게 된다."[19] 인간들 예컨대 황제들이나 저명한 인물들이 현신으로 공경을 받을 때, 이런 위험은 특히 커진다. 이런 부류의 숭배는 필연적으로 그들의 권위를 과대평가하도록 이끌기에, 따라서 결코 그렇게 하지 말아야 한다. 게다가 돌·나무·강·산·소 등과 같이 성스러운 물건에 깃들어 있다고 여겨지는 영들은 다신교적 세계관의 일부인 경우가 많으며, 여러 미신적 예식과 얽혀있다. 따라서 강을 건너기 전에 먼저 깊은 곳에 사는 수호령(守護靈, guardian spirit)에게 허락을 받아야 하며, 신목(神木, sacred tree)을 지나가려면 먼저 그 나무에

19) P. de Graeve, "Worship", *op.cit.,* p.1031.

거처하는 영에게 경의를 표해야 한다는 것이다. 이러한 비이성적인 믿음은 삶을 크게 방해하며, 이는 그릇된 제례이다. 이를 극복하는 것이야말로 진정하고 순수한 의미의 세속화이자 해방인 것이다.

그러나 더 넓고도 중대한 의미에서 볼 때, 성서가 말하는 우상 숭배란 창조된 현세적 가치를 최고의 선으로 격상시키는 것이다. 성서는 돈, 쾌락 및 그와 유사한 현세적 사물을 최고의 선으로 받드는 이를 우상 숭배자라고 가리킨다(마태 6,24; 에페 5,5; 필립 3,19; 콜로 3,5). 이런 종류의 우상 숭배야말로 우리의 현대 문명에서 가장 현실적 위험이며, 이들은 부, 물질적 진보, 국가 권력 등을 숭배한다. 하느님을 버리고 현세적·물질적·육욕적 사물에 완전히 빠져든다면, 결국 자신이 생애를 바치는 창조된 가치들에다 신적 후광(halo)을 부여하는 것이며, 따라서 인간 자신의 본질적으로 종교적인 본성을 다시 한번 배반하는 것이다.

정부 당국이 규정한 특정 예식이 그 자체로는 모호해서 그것들이 그릇된 제례의 표현이거나 도덕적으로 문제없는 시민적 예의(civil homage) 정도로 간주할 수 있는 경우, 그리스도인은 그런 예식 행사에는 참여할 수 있다. 그러나 이때 반드시 중대한 이유가 있어야 하며, 자신의 행동을 통해 그리고 심지어 자신이 종교 예식(rite)이 아니라 순전히 시민 의례(ceremony)로만 역할을 맡는다는 명백한 선언을 통해서도 분명히 밝혀야 한다. 이 원칙에 따라, 교회는 중국, 일본, 태국 및 기타 나라에서 공자의 동상, 조상의 위패(位牌, tablets) 및 사당(祠堂, sacred shrines)에 대한 공경을 허용하였다.[20]

20) Cf. *AAS* 32(1940), pp.24~26; p.379.

4.3.3. 미신

넓은 의미로, 미신이란 객관적으로 근거가 없으며 따라서 부질없고 터무니없는 믿음들과 실천들을 말한다. 미신에 대한 광의의 개념에는 순수한 신앙과 관행에 의한 준마술적 남용 행위도 포함된다. 이는 앞서 참하느님에 대한 그릇된 예배의 형태에서 언급한 바 있다. 아주 좁은 의미로, 미신이란 상상의 힘을 믿음으로 야기된 헛된 믿음과 실천들을 말한다. 미신적인 종교적 관행의 오류는 참으로 존재하는 영적 힘 즉 하느님과 성인들로부터 은혜를 받고자 어떤 부당하고 무익한 수단에 의존하는 데 있지만, 아주 좁은 의미에서 미신의 오류는 일차적으로 전혀 존재하지 않는 힘을 가정하는 데 있다.

미신은 엄밀히 이성적이지는 않은, 그러나 상징이나 인습적(conventional) 표지의 의미를 지닌 그런 예식이나 관습과는 구별해야 한다. 영적 실재를 가시적으로 표현하는 종교적·전례적 상징들의 이용에는 순수한 의미를 지니고 있다. 그러한 것들은 신적인 것에 접근하도록 사람들을 도와준다. 그리고 그러한 상징이 선택된 것에는 강압적인 이성 작용 때문이 아니다. 사람과 사물을 축복하기 위한 성수 사용은 가시적 표지를 통해 하느님의 도우심과 보호하심을 위한 신자들의 청원을 표현하며 그들이 하느님께 봉사하는 이들이 축성된다는 것을 상징해 준다. 이러한 표지가 엄밀히 필요한 것은 아님에도 불구하고, 이것은 정말 의미가 있다. 다른 표지들도 역시 그럴 수 있다. 인사할 때 (행운의) 오른손을 사용하는 것은 오늘날 상호 존중, 예의 및 우정의 표현으로 이처럼 악수는 진정한 의미를 지니고 있지만, 원래는 마법적 몸짓이었고 결코 현재의 의미를 지니지는 않았을 것이다.

미신은 마찬가지로 사람들의 비정상적(paranormal) 또는 초자연심리학적(parapsychological) 능력의 활용과도 구별되어야 한다. 이러한 능력의 본질과 조건이 아직 과학적 이성으로 완전히 설명되거나 알려지지는 않았지만, 그 존재는 실험적으로 입증되었다. 특정한 사람은 탐지봉(divining rod)과 마술 진자(magic pendulum)를 활용하여 지하수와 광물, 때로는 잃어버린 물건을 찾아내곤 한다. 테이블 돌리기(table-turning) 방식은 숨겨진 사실을 알아낼 수 있는데, 전문가들은 대개 그것이 참가자 중 적어도 한 사람이 의식적이든 무의식적이든 알고 있는 사실을 확실히 드러낸 것뿐이라고 말하기는 한다. 신앙에 의한 치유(faith healing)는 또 다른 비정상적 현상으로서, 심각한 중병에는 한계를 드러냄에도 불구하고 성공적으로 적용되고 있다. 물론 이러한 특수한 능력의 사용은 때때로 미신적 관행들이 혼합되거나 단순한 속임수로 변질되어 순전히 사기 행위로 귀결될 수 있다. 실제로 너무 많은 가짜 치유사가 자신의 사업을 위해 뛰고 있다. "초자연심리학은 훈련된 의료인에 대한 불신을 확산시키는 위험한 '치유사'를 추적하는데 중요 역할을 할 것이다." 이들은 질병 치료도 못할 뿐 아니라 속은 사람들이 필요한 치료를 받지 못하게 하여 건강에 심각한 해를 끼치기도 한다.[21)]

미신의 원인 중 무지는 확실히 중요한 영향을 끼친다. 과학적 사실에 대한 정보 부족 또는 자연 현상에 대한 설명을 모르며 올바른 신개념을 배운 적이 없는 사람들이 미신에 더 쉽게 빠지기 때문이다. 무지는 이해할 수 없는 비정상이고 두려운 일에 대한 해명을 찾아야 하기 때문에 신비한 힘을 믿게 된다. 게다가 미신적 소신과 관행들은 조상으로부터 전해져 오는 경우가 많다. 그것들은 당연하게 받아들여지며, 개인으로서는 벗어나는 것이 어렵다.

하지만 미신의 가장 안타까운 원인은 참된 신앙과 참된 종교의 부재이다. 참된 신앙의 부족은 교육받은 이들 중에서도 여전히 많은 미

---

21) R. Omez, *Psychical Phenomena*, New York: Hawthorn Books, [4]1962, p.137.

신이 만연한 이유를 설명해 준다. 모든 과학적 진보와 지식에도 불구하고 인간 존재는 여전히 불안정하고 예측할 수 없는 수많은 변화에 위협받고 있다. 불안과 초조 속에서 사람들은 안전과 보호받기를 추구한다. 신적 섭리 속에서 피신처를 얻지 못하고 하느님을 향한 신뢰를 찾지 못할 경우, 그들은 표면적 안전을 제공해 주는 미신적 소신에 빠지기 쉽다. 신앙이 쇠퇴할수록 점 보기(fortune telling) 의존도는 높아진 된다.[22] 미신이란 "자신의 까닭 모를 존재를 설명하고 그 불안과 불안정에서 벗어나려는 인간의 절망적 시도 중 하나이다. 미신은 존재의 신비로운 깊이와 초월을 향한 인간의 소명을 드러낸 것이기도 하다. 그러나 그것은 일차적으로 하느님의 절대 주권에 대해 인간의 시각을 왜곡시킨다. 왜냐하면 자신의 숙련된 주문이나 주술로써 자신의 불가해한 존재가 의존하고 있다고 느끼는 신이나 힘을 달랠 수 있다고 믿기 때문이다.[23]

무지에서 비롯된 미신 행위는 자신의 무지가 스스로에게 탓이 없는 한, 확실히 개인의 탓은 없다. 그러나 하느님을 신뢰하는 자아 굴복의 그런 기본 신앙을 태만한 것이라면, 죄책에서 자유롭지 못하다. 성서는 점술(占術, divination), 복술(卜術, augury), 강신술(降神術, necromancy)과 같이 부적(神符, charms), 마술(magic), 술법(sorcery)을 사용하는 심각한 미신 행위는 엄히 단죄한다(신명 18,9~14; 이사 2,6; 8,19; 예레 27,9~10; 사도 19,19). 심지어 주술사(sorcerers), 영매(mediums), 마술사(wizards)를 사형에 처하고 있다(탈출 22,18; 레위 20,27). 미신은 신앙의 부족에서 기인하는 한, 분명히 심각한 불신앙의 중죄이다. 하느님 대신 가상의 힘을

---

22) 1982년 3월 30일 *La Stampa* 지는 이탈리아 전체에 50,000명의 마술사가 있으며 토리노에만 3,000명이 있다고 보도했다(인용: P.A. Gramaglia, *Lo spiritismo*. Casale Monf.: Piemme, 1986, footnote p.8). 이들은 정치인과 기업가를 포함한 모든 계층의 사람들에게 상담을 제공한다.

23) B. Kloppenburg, "Superstition (I)", *Sacramentum Mundi* VI, 1970, p.194.

믿고, 아무것도 없는 곳에서 도움과 보호를 찾고자 하기 때문이다. 게다가 미신 행위는 객관적으로는 개인적·사회적 무책임에 따른 죄인데, 이는 건전한 이성 대신 환상에 근거하여 결정을 내렸기 때문이다. 그 결과 필수적인 결정을 내리지 못하고 단호한 행동은 마비되며 삶의 진정한 요구에 직면하지 않게 된다.

하지만 이 세상에는 비범하지만 실제적인, 이상하지만 여전히 자연스러운 많은 힘이 작용하고 있음을 인정해야 한다. 앞서 언급했던 비정상적 현상의 성격이 바로 그것이다. 이러한 현상의 대부분은 이전에는 미신 행위와 마술 행위로 분류되었지만, 이는 부당한 평가였다. 이러한 현상들은 인간이 고려해야 할 실재이며, 그 사용이 단순히 일반적으로 죄라고 간주할 수는 없다. 이러한 비정상적인 초자연적 힘을 관찰하면, 사람들은 종종 우리가 이해할 수 없는 많은 것들이 존재한다는 이유로 본질적인 의미에서 미신적 관행에도 어느 정도는 신빙성을 부여하도록 만든다. 이것은 무지에 의해 미신을 고수하는 변명 요인으로 고려될 수 있으며, 결국 무지로 귀결될 수 있다. 따라서 신중한 태도가 분명히 요구된다. 한편으로는 비정상적인 현상을 마술이나 미신으로 너무 몰아세우지 말아야 하지만, 또 한편으로는 세속적이든 종교적이든 그것을 무턱대고 맹신해서도 안 된다.

1) **허황된 준수**

허황된 준수(vain observances)란 특정한 표지와 조건을 따르거나 특정 사물을 아무런 타당한 근거 없이 사용하는 것을 말한다.

특정한 표지와 조건을 따르는 헛된 준수의 예로는, 악운의 표지로서 길을 횡단하는 검은 고양이에 대한 두려움, 나쁜 징조로서 숫자 13에 대한 두려움, 길일(吉日)과 흉일(凶日)을 따져 지키는 것 등이 있다. 힌두교도들은 수요일을 가장 불길한 날로 여긴다. 고대에는 금요일이 가장 길한 날로 여겼지만, 그리스도교 시대에는 그리스도가 돌아가심으로 불길한 징조의 날이 되었으며 오히려 화요일과 목요일은 길일로 간주되곤 하였다.

헛된 사용의 대상으로는 보호나 행운을 받기 위한 특정 물건도 있다. 여기 종류에는 부적(符籍, talismans), 호부(護符, amulets) 및 마스코트(mascots)가 있다. 부적은 소유한 사람에게 행운을 가져다주고 부와 성공을 보장한다는 물건이다. 호부는 해로운 영향을 막기 위한 것이다. 이 둘이 항상 뚜렷이 구분되는 것은 아니다. 때로는 상점에서 판매되는 상징이나 도형처럼 비싼 것이기도 하며, 때로는 돌, 머리카락, 뿌리, 작은 약초 주머니, 바지에서 떨어진 단추, 행운의 동전같이 아주 하찮은 물건들이기도 하다. 마스코트는 불운을 막고자 사용되는 것으로서, 악귀를 쫓아내고자 만든 흉측한 짐승이나 마귀나 험상궂은 사람 등의 가면들에서 유래되었다. 현대의 미신은 이런 마스코트를 테디 베어, 호랑이, 기타 동물이나 인형으로 변형시켰다. 어떤 이에게는 이 마스코트가 장난감이고 오락거리일 수 있지만 또 어떤 이는 그것 없이는 여행도 떠나지 않을 수 있다. 때로는 악귀를 막고자 문과 창문에 특별한 기호를 그려 넣기도 한다.

도덕신학은 진정한 미신적 실천에 대해서라면, 반드시 불허한다. 전통적 안내서들의 판정은 일반적으로는 아주 엄하다. 모든 헛된 실천은 정도의 차이는 있지만, 신적 신앙의 존엄성과 올바른 이성에는 반하는 것이다. 하지만 이러한 실천을 모두 중죄로 규정하는 것은 지나친 판정일 것이다. 널리 퍼져 있는 어리석은 관행을 쉽게 무시하지 못한 비이성적 소심함에 뿌리를 둔 실천들도 드물지 않기 때문이다. 하지만 길하고 흉한 모든 종류의 징조를 준수하고 모든 부류의 호부를 사용하는 것이 개인의 생애를 지배하는 전체 체제가 된다면, 결과적으로 하느님을 신뢰하고 기도와 성사에 의존하는 것이 그저 부차적인 정도일 뿐이거나 아무런 중요도도 없게 된다면, 이는 심각한 무질서이기에 그러한 실천은 더 이상 면책되지 않는다. 처음부터 거절하는 것이 지혜로운 일인데, 자신도 모르는 사이에 미신적 사고의 그물에 걸려들 수 있기 때문이다. 따라서 애초부터 '아니요!'라고 해야 한다.

2) 점술

점술(divination)이란 특정한 방법을 통해 미래를 예고(foretell)하거나 기타 불가사의한 지식을 얻어 내려는 시도이다. 그러한 불가사의한 지식은 실종자의 운명, 분실물의 행방, 미제 사건의 범인, 상실된 기억, 부재자의 상태 및 그 외의 것들이다. 때때로 일부 비정상적(paranormally) 재능을 가진 사람들이 숨겨진 사실을 밝혀내는데 놀랄 만한 성과를 거둘 수 있음을 부인할 수 없다.[24] 하지만 사기와 눈속임인 경우가 너무 많다는 점도 역시 사실이다. 특히 실종자의 상태나 먼 미래의 사건과 같이 진실성을 즉각적으로 검증하기 어려운 경우, 속을 위험이 크다. 미래에 대한 예지(豫知, precognition)는 훨씬 희귀한 능력이며, 이는 현재나 과거의 불가사의한 사건에 대한 점술보다 불확실성을 더 많이 수반한다.

점술에 관한 대략의 도덕적 판단에 있어서 미래를 예상(豫想, prediction)하는 것과 기타 불가사의한(occult) 지식을 얻는 것과의 구별을 잘 해야 한다. 신탁(神託, vaticinations)에 대한 모든 믿음이 미신적이고 그래서 죄가 되는 것은 아니다. 실제로 어떤 사람들은 예감(豫感, foreboding)에 대한 특별한 재능을 지니고 있다. 그러나 신탁이나 점 보기에 확실히 의존하는 것은 책임 있는 행동으로 간주될 수 없다. 이는

---

24) 실험에 따르면, "텔레파시와 투시력은 1943년부터 통계적으로 입증된 것으로 간주되었으며 이후 예지력(precongnition)도 그렇게 간주되었다"(H. Bender, *Umgang mit dem Okkulten*, Freiburg: Aurum, [2]1986, p.24).

그러한 예상에 있어서 신뢰성이 너무 제한적이기 때문이며 자주 속임수가 관여되기 때문이다. 그런 예언(預言, prophecies) 때문에 자신의 의무를 소홀히 하는 것은 확실히 무책임한 일이다(예: 자신의 공부, 직업, 가정에 대한 의무). 예컨대, 점술가가 영매술(靈媒術, spiritism)과 같이 자신의 예언(豫言, soothsaying)을 사이비 종교로 포장하는 경우나 자신이 (주장하듯이) 악마와 교제해 지식을 이끌어 내는 경우와 같이, 그가 사용한 방법 때문에라도 점쟁이(fortune teller)에게 자문하는 일은 대체로 반대할 만한 것이다.

불가사의한 지식에 대한 점술은 아주 빈번히 발생하는 현상이다. 무책임하고 죄스러운 행위라고 단순히 일축할 수는 없다. 우리는 비정상적 재능을 받은 이 중 사제들과 수도자들도 있음을 알고 있고 그리고 그들의 동료나 회원이 어려움 중에, 예컨대 분실물을 찾거나 실종자에 대한 정보를 얻고자 그들에게 자문을 구할 경우에 반대하지는 않았다. 그러나 "좋은 결과를 냈던 예민한(sensitive) 사람이 언제 다시 그럴지는 아무도 예상할 수 없다."[25)]

불가사의한 지식에 대한 점술은 그러한 지식에 대한 정당한 권리가 있는 경우, 해로운 오류에 빠질 위험이 없는 경우, 사용된 방법이 무해한 경우, 허용될 수 있는 것으로 보인다. 영매(靈媒, medium)와 자문해 주는 이들이 그러한 지식을 알아낼 자격이 있어야 한다. 개인의 비밀을 존중할 일반적 의무는 이들에게도 적용된다. 예컨대 편지를 이용해 개인의 비밀에 접근할 수 있더라도 무단으로 이를 탐색해서는 안 된다. 또한 범죄를 해결하려는 시도와 같이 해로운 오류를 피하기 위해 주의를 기울여야 한다. 범죄자일 가능성을 드러내는 모든 증거에 대해서는 반드시 통상적인 입증 수단을 통해 충분히 확인해야 한다.[26)] 끝으로 이러한 형태의 점술에도 영매술이나 악마에 의한 마법

25) H. Bender, *Umgang mit dem Okkulten*, *op.cit.*, p.91; cf. 34.

(魔法, conjuration)과 같이 공세적인(offensive) 방법은 삼가야 한다. 특정 형태의 몇몇 점술에 대해서는 논평이 추가로 필요하다.

(1) **점성술**: 이는 사람이 태어나는 순간의 별들 위치와 그 사람의 성격 및 운명 간에 연결된 규칙이 있다고 가정한 것이다. 이것은 별을 통해 사람의 미래를 읽으려는 시도로 이어진다. 점성술은 매우 오래된 형식의 점술로서, 많은 민족 간에 퍼져 있고 오늘날에도 널리 행해지고 있다.

점성술의 대중적인 형식은 신문과 잡지에서 흔히 볼 수 있는 별자리 운세(horoscopes)이다. 그러나 전문적인 점성가들조차도 이는 무가치한 것이라고 일축한다. 별자리 운세를 따르는 것은 진정한 미신 행위로서, 책임감 있는 사람에게는 어울리지 않는다. 그럼에도 별자리 운세가 높은 인기를 누리는 것은 세속화된 사람들조차도 결국 이 세상을 초월하는 어떤 힘에 의존하고 있다는 의식에서 벗어날 수 없다는 신호인 것이다. 그러나 하느님을 향한 신앙이 약해졌거나 상실한 사람들은 우발적인 감정을 충족시키고자 대체물을 찾게 된다. "우주의 심연에서 온 것 같은 지침과 충고 그리고 일생을 도와주는 이 신비로운 '다른 세계'의 안내 메시지는 경외심을 가장한 두려움을 불러일으킨다."[27] 바로 이것이 미신이 죄악이라는 표시인 것이다.

그러나 소위 과학적인 점성술이라도 그 방법과 결론의 타당성을 입증하지는 못했다. 대체로 점성술이 미신이라는 비난도 피할 수 없

---

26) 범죄 사건 해결에 비정상적 능력을 사용하는 데 있어서 교훈적인 사례는 이렇다. H.C. Tenhaeff, "Uber die Anwendung paranormaler Fahigkeiten. Leistung von Sensitiven fur polizeiliche und andere Zwecke", in *Parapsychologie*, ed. by Hans Bender, Darmstadt: Wiss. Buchges., [5]1980, pp.285~305.

27) Johannes Fasbender, "Superstition, III. Astrology", *Sacramentum Mundi* VI, 1970, p.198.

다. 별자리라는 광범위한 분류를 통해 모든 사람마다 진정한 개별 운세를 제공해 줄 수는 없다. 거의 동시에 태어난 사람 모두에게는 성위(星位, constellaion)가 동일하고 그래서 별자리 운세가 동일하기에 그 운명도 동일해야 한다는 결론에 도달한다. 수십 명이 나폴레옹, 괴테, 간디 등과 동일한 별자리 운세를 지니고 있지만, 그들 중 누가 비슷한 운명을 겪었는가? 쌍둥이조차도 같지 않다. 게다가 해석법들도 너무 많아서 무수히 많은 조합이 가능하고 점성가 각자의 방법도 아주 다양해서 한 사람의 운세이지만 여러 가지로 해석이 나온다. 따라서 전문적인 점성술도 역시 사람의 미래를 알아내는 과학적 방법으로서는 무능하고 근거가 없는 것이라고 평가되어야 한다.

그러나 점성술이 순수 과학이라고 받아들일 수는 없더라도, 별들에 대한 관찰에 있어서 민감한 사람들에게 비정상적 통찰을 촉발시키는 수단이 될 가능성마저 완전히 배제할 수는 없다. 이것이 점성가들이 때로 놀라운 예측을 할 수 있는 이유일 수 있으며, 성 토마스도 이를 언급한 바 있다.[28)]

(2) 카드, 찻잎, 수정 구슬 등을 통한 **점 보기**: 이러한 수단들은 점쟁이들이 가장 많이 사용하는 도구이다. 그러한 예언(豫言, soothsaying)은 실제로 비정상적 능력이라기보다는 고객들의 순진한 믿음을 악용하는 경우가 많다는 것에는 의심의 여지가 없다. 전문적인 점술가들이라면, 연상하는(聯想, association) 기술의 대가들일 수 있다. 반면 예민한 감각을 가진 사람에게 별들이 도움을 줄 수 있듯이, 이러한 도구들이 비정상적 재능을 타고난 영매(靈媒, mediums)들에게 정신 집중을 하는 수단이 되어 줄 수 있음을 배제할 수는 없다. 사람의 손금에서 그 사람의 미래를 읽어 내려는 수상술(palmistry)에 있어서도 마찬가지

28) Thomas Aquinas, *S. Th.* II-II, q.95, a.5, ad2.

다. 하지만 필체가 그 사람의 성격에 대한 단서를 제공하듯이, 손금이 실제로 그 사람의 성격에 대해 단서를 제공할 수 있다는 점도 있다. 그러나 비정상적인 재능을 가진 영매(靈媒, mediums)의 경우에서조차도, 다른 모든 예지(豫知, precognition) 사례와 마찬가지로, 불확실성이 너무 커서 예상(豫想, prediction)한 것을 확실히 신뢰할 수 없으며 책임 있는 행동으로 간주할 수도 없다.

(3) **영매술**(靈媒術, spiritism): 이러한 형식의 점술은 죽은 자(강신술, 降神術, necromancy) 또는 영계(靈界, spirit world)의 혼령들(spirits)을 불러내어 그들에게 불가사의한 지식과 미래에 대한 통찰을 얻어 내려는 시도이다. 과학은 지금까지 다른 세계에서 온 영혼과의 소통에 대한 모든 증거가 살아 있는 사람들의 능력을 조합하면 실제로 무리 없이 설명할 수 있는 것이라고 판단한다.[29] 또한 행성의 상태나 심해와 지구 내부의 비밀과 같이 영매술의 강령회(降靈會, spiritistic séance)를 통해 위대한 발견들이 이루어지거나 도움이 된 적이 없다는 점도 주목할 만하다.

영매술의 강령회는 세계 여러 곳에서 자주 볼 수 있다. 영매술은 참된 종교와 신앙을 대체하는 진정한 종교적 제례로 강령회를 발전시켰다. 북미와 남미뿐만 아니라 세계의 여러 지역에서도 영매술 단체들이 실제 교회 형태로 조직되기도 한다. 그들의 집회 장소에는 설교대, 성서가 있는 제대, 꽃, 촛불, 인도하는 혼령과 예수의 사진이 배치되며, 외경의 복음서들이 넘쳐난다. 영매술의 집회에서 모임이 지속되는 동안, "무아지경의 영매(靈媒, medium)는 변조된 목소리로 교회에 모인 회중 앞에서 미래, 가족생활, 여행 및 참석한 이들의 일에 관한

29) Cf. Josef Rhine, "Zum Problem der spiritistischen Hypothese", in *Parapsychologie*, ed. by H. Bender, 1971, p.598.

일반적인 또는 개별적인 메시지를 전달한다."[30] 이러한 조직화된 영매술의 교리적인 기초는, 특히 미국에서는, 비교적 실용주의적 성격을 띠며 도덕적 책임감에 호소하는 면도 있다.[31] 그럼에도 불구하고 이런 부류의 집회들은 기껏해야 혼란스러운 종교심에 불과하며, 결국 그릇된 예배로 분류될 수밖에 없으며 승인될 수가 없다. 신앙과 도덕에 위험을 초래하기 때문에 교황청의 (이전의) 신앙교리성이 영매술 강신회 참석 및 적극적 참여를 불허한 것은 바로 이런 유형의 영매술에 가장 직접적으로 적용된다.[32]

하지만 이러한 집회가 사이비 종교의 형태가 아닌 경우, 자동으로 동일한 판단이 내려지지는 않을 것이다. 교육 및 과학적 탐구를 목적으로 가끔 참여하는 것은 허용될 수 있다. 다만 참여자는 귀신들이 영매(靈媒, medium)의 무의식을 통해 말하고 행동함으로써 의인화한다는 것을 미리 깨닫고 있어야 한다. 하지만 자주 참여하는 경우, 동일한 정당성을 부여할 수 없다. 이는 현실에 대한 그릇된 해석으로 이어지기 때문이다. 전문가들에 따르면, 영매술의 강신회에서 다루는 주제의 4분의 3은 무서운 것들이라고 한다. 신앙교리성의 지침이 제기한 것처럼, 이런 이유로 강신회는 신앙의 위기를 초래한다. 게다가 정기적으로 참석할 경우, 그 사람의 심리적 균형이 깨질 위험도 있다. 경험에 따르면, 초감각적 행위에 지나치게 관여할 경우, 영매적인 정신병으로 이어질 수 있으며, 극단적인 경우 자살 시도까지도 갈 수 있다.[33] 이런 이유로 영매술은 승인될 수 없다.

---

30) P.A. Gramaglia, *Lo spiritismo,* Casale Monf.: Piemme, 1986, p.157. 이 책은 영매술의 역사적 발전과 그런 현상에 대해 잘 설명해 준다.

31) Cf. Gramaglia, *op.cit.,* pp.157~161.

32) *ASS* 30(1897~98), p.701, and *AAS* 9(1917), p.268.

33) Hans Bender, "Mediumistische Psychosen. Ein Beitrag zur Pathologie spiritistischer Praktiken", in *Parapsychologie, op.cit.,* pp.574~604.

3) 마술(魔術, magic)

마술이란 신비한 힘을 통해 초자연적 방식으로 특정한 효과를 일으키려는 시도를 말한다. 이는 유익하거나 적어도 허용 가능한 정도를 목표로 삼는 백마술(白魔術, white magic)과 해를 끼치거나 다른 죄를 목적으로 삼는 흑마술(黑魔術, black magic)로 나눈다. 종종 마술이라는 용어는 완전히 불충분한 수단으로 특정 효과를 얻기 위해 노력하는 행위를 지칭하는 데 사용되며, 이는 당연히 헛된 것이다. 그러한 실천은 당연히 단순한 미신에 불과하다. 그러나 실제로 존재하는 신비한 힘을 사용하는 경우도 마술이라 불린다. 이러한 힘은 순전히 상상의 것이 아니기 때문에 그것을 믿고 실천할 경우, 미신으로 분류해서는 안 된다.

과학자들은 일부 사람들이 순수한 정신적 힘만으로 물체나 다른 사람에게 물리적으로나 심리적으로 영향을 미칠 수 있음을 실험을 통해 입증한 바 있다. 예컨대, 많은 주사위 놀이꾼이 자신이 원하는 숫자가 나오도록 정신적으로 영향을 미칠 수 있다는 사실이 실험을 통해 확인되었다. 그들이 원하는 숫자가 확률 계산을 넘어 더 자주 나오는 현상이 발생했던 것이다. 손수건, 휴지통, 심지어 책상과 같이 큰 물건들을 영매의 정신적인(spiritual) 힘으로 이동시키는 또 다른 염력(念力, psychokinesis) 실험이 수행되었는데, 성공한 것으로 보였다. 몇 킬로미터 떨어진 거리에서도 원격 최면(催眠, telehypnosis)이 효과가 있었던 것으로 보인다.[34] 잘 알려진 것으로는, 심리학적(psychological) 영향력으로 사람 및 동물의 질병도 치유할 수 있는 신앙 치유자의 능력이 있다. 그리고 심리학적인 힘으로 치유할 수 있다는 것은 동일한 힘으로 질병도 일으킬 수 있다는 결론을 도출할 수 있다. 그래서 사

---

34) Cf. Parapsychologie, ed. by Hans Bender, *op.cit.*, pp.176~191(telehypnotism); pp. 460~516(psychokinesis).

악한 시선(evil eye)으로 노려볼 때 재앙을 일으킬 수 있다는 믿음은 단순한 환상이 아니며, 더욱 심각하게 고려해 볼 가치가 있는 것이다.

주목할 만한 것은 보통 마술이라고 부르기보다는 오히려 기적의 힘(miraclous powers)이라고 부르는 경우가 있다는 점이다. 즉 어떤 사람이 자신의 비상한 은사를 하느님과 명백하게 연관시키고 자신은 그저 하느님의 도구로 간주하며 이러한 능력을 타인의 선익을 위해 사용하는 경우이다. 돈 보스코(Don Bosco)의 사례가 그러한 경우이다. 타인의 선익을 위해 이런 힘을 사용하는 신앙 치유사(faith healers)에게 마술이라는 용어는 잘 사용하지 않는다. 마술, 주술(呪術, sorcery), 요술(妖術, witchcraft)이란 단어들은 사람과 동물의 건강에 영향을 끼치고자 모호하고 사악한 방법으로 자신의 능력을 사용하는 경우를 지칭한다. 마술이란 용어는 어떤 신비한 힘이 참된 하느님의 권능과 관계된 것을 명백히 인식하는 경우 외에, 그 힘을 타인이나 사물에 선용하거나 악용할 때에도 사용된다.

비정상적 힘을 사용할 때, 원칙적으로 다른 모든 인간 활동 및 다른 사람에게 행사되는 다른 영향력과 동일한 도덕법을 적용받는다. 초자연심리학적(parapsychological) 능력들 그 자체는 악한 것이 아니다. 이는 다른 특별한 재질들과 마찬가지로 창조주의 선물인 것이다. 그러므로 이러한 능력을 정당하고 선하게 사용하는 것은 그 사람의 의무이다. 선하거나 최소한 중립적인 효과를 위해 이 힘을 사용하는 것은 적법한 것이고 승인될 수 있지만, 그러나 악한 목적과 유해한 결과를 위해 사용하는 것은 죄이며 무책임한 행동이다.

사람들은 많은 경우에 특정한 사람이 비범한 힘을 지닐 수 있다고 인정함으로써 어떤 질병이나 불행의 책임이 그 사람에게 있는 것처럼 의심하곤 한다. 어떤 악한 결과를 특정한 사람들의 탓으로 돌리는 경솔한 행위는 불의와 미신으로 인한 중죄가 된다. 비정상적인 힘의 남용이 의심되는 경우가 있을 수 있지만, 일반적 원칙들은 여전히 유효하다. 즉 범죄는 그 사실이 입증되어야 하며, 추정되는 것이어서는 안 된다. 비정상적인 힘의 경우, 증명 자체가 아주 어렵다는 사실이 이 원칙을 무효화시키지는 않는다. 한 사람이 사악한 마술을 행한다고 부당하게 고발되거나 불행의 희생양이 될 위험이 너무 크기 때문이다. 또한 그러한 비정상적인 재능을 지닌 사람도 아주 드물기 때문에 악한 결과의 원인으로 고려하는 것도 드물어야 한다는 점을 염두에 두어야 한다. 끝으로 사람들은 사악한 마술을 거슬러 기소하는 것보다 더 중요한 것은 신앙과 사랑에 대한 확고한 토대, 충실한 기도 생활, 열성적인 성사 생활 및 그리스도와 교회를 충실히 고수하는 것이다.[35]

---

35) 자신의 자서전 *The Satan Seller*(Plainfield, N.J.: Logos International, 1972)에서 전직 사탄 숭배 사제였던 마이크 워크(Mike Warnke)는 그리스도인들에게 신앙이 살아 있을 경우, 그들에게 주문(呪文, spells)은 아무런 영향을 미치지 않지만, 그렇지 않으면 실제로 해악을 끼칠 수 있었다고 말한다. 동일한 경험을 보고한 자서전도 있다. 즉 Doreen Irvine, *From Witchcraft to Christ*, London: Concordia, 1973.

제5장

예배의 특수한 형태들

5.1. 기도

기도는 가장 기초적인 종교 행위로서, 우리가 창조되었고 하느님께 의존하며 그분을 향해 운명 지어진 존재임을 가장 중요한 사실로 받아들이는 행위이다. 이는 그분은 세상에 현존하시고 피조물의 필요에 주의를 기울이시며 그들을 위하여 행동하신다는 신앙에 기초한다. 그분의 위격적 현존하심은 인간의 응답을 불러일으킨다. 이 응답은 다양한 형태를 취할 수 있으며, 열렬한 간구(시편 74)로부터 절망에 찬 반항(욥 31), 거의 무례한 주장(창세 18,23~33; 예레 14,11~22)으로부터 하느님 섭리에 대한 평화로운 신뢰(시편 23; 27; 34), 흠숭·찬미·감사(1역대 29,10~19)로부터 겸손한 회개(1역대 21,17; 시편 51)까지 다양하다. 그러나 기도는 형식의 다양성을 넘어, 항상 신적 선함에 대한 신뢰와 신적 위엄에 대한 경외심이라는 태도로 특징을 이룬다.

그리스도인에게 기도는 특히 선하고 자비하신 사랑의 성부를 향한 신앙의 표현이다. 하늘에 계신 당신의 성부께 대한 절대적 신뢰는 예수의 기도의 두드러진 특징이다. 예수는 아이가 아버지에게 말하는 것처럼 하느님과 대화하셨다. 성부의 선하심과 권능에 대한 이 신뢰는 교회가 전수 받았다. 신약에서의 기도는 그리스도와의 밀접한 관계로 특징지어진다. 예수와의 친밀한 관계가 기도에 접근하게 해 준다. 이러한 확신의 고전적 표현이 바오로 서간에 나오는 "그리스도를 통하여"라는 구절이다. 그리스도의 영 즉 주님과의 친밀성은 그리스도인이 기도하도록 힘을 준다. 우리 안에 계신 성령께서 "아빠, 아버지"라고 외치게 하신다(로마 8,15; 갈라 4,6).

5.1.1. 기도의 본성

1) 기도의 개념

기도의 정의는 그 독특한 본성 때문에 다른 현실 분야에서 가져온 개념으로는 충분히 설명하기 어렵다는 난점에 직면한다. 기도가 무엇인지, 어떻게 기도해야 하는지를 아는 것은 결국 개인적 경험을 통해 이루어져야 한다. 그럼에도 기도의 개념에 대해 특정한 개념적 명확화 작업은 적절하며 또 가능한 일이다. 모든 정의가 공통적으로 지닌 핵심은 기도가 "신적 영역을 향해 이끌리는 인간 마음의 활동"이라는 통찰이다.[1] 이 넓은 정의는 범신론적 종교에서의 명상 활동까지도 포함할 수 있다. 그러나 보통의 좁은 의미에서 기도는 사건들을 주관하고 인간의 탄원에 응답하는 위격적 성격의 **당신**(Thou)으로서 만나는 신적 실재를 전제한다. 그리고 "마음의 활동"에 대한 더 더 구체적인 정의가 필요하다.

기도에 대한 고전적 정의에는 두 개가 있다. 하나는 사도 교부들 이래 기도에 대해 "하느님께 말하기"이거나 "하느님과 이야기하기"라는 묘사였다. 다소 의인화되어 있는 아브라함과 야훼의 협상(창세 18,23~33), 주님과 욥의 대화(욥 38~42), 겟세마니에서 성부의 뜻을 거슬러 씨름하시는 그리스도(루카 22,41~44) 등은 이 개념을 잘 설명해 준다. 이 정의는 하느님께서 사람들에게 위격적인 관심을 갖고 계시고 그들의 말을 경청하신다는 진리를 강조한다.

또 하나의 정의는 다마스쿠스의 요한의 것으로 여겨지는데, "마음을 하느님께 들어 올리는 것"이다.[2] 신학자들은 흔히 이 정의를 채택

---

1) C.A. Bernard, *La preghiera cristiana,* Roma: LAS, 1976, p.47.

2) "Oratio est ascensio mentis ad Deum"(*De fide*, I. 3, c. 24; *Patrologia Graeca* 94, 1090). 같은 맥락으로 표현된 "기도는 하느님을 향한 영혼의 경건한 애정(affection)"이라는 정의가 있다(Richard Rolle, *The Fire of Love and the Mending of Life*, Garden City,

하며, 때로는 "마음을 하느님께 들어 올리고 그분과 경건하게 머무는 것"이라는 문구로 확장한다. 성서는 "하느님 앞에서 마음을 털어 놓는 것"(1사무 1,15), "사슴이 시냇물을 그리워하듯이" 하느님을 그리워하는 것(시편 42,2), 영혼을 들어 올리는 것(시편 25,1), 주님께 피신하는 것(시편 31,1~2)이라고 말한다. 이 정의는 사람들이 스스로 결합하려고 애쓰는 바로 그 하느님의 거룩하심과 모든 것을 포괄하는 완전하심을 더욱 강조해 준다. 기도가 영혼의 고양(高揚, elevation)이라는 것은 찬송·헌신·희망·사랑의 행위 속에서 인간 전체가 하느님을 향해 움직이는 것을 의미한다. 따라서 하느님에 대한 지적인 반성은 아직은 기도가 아니며, 조사나 연구의 단계에 머물러 있는 것이다.

최근 신학자들은 또 하나의 다른 정의를 시도해 왔다. 기도를 하느님의 사랑스러운 뜻을 어떻게든 정식화된 사랑으로 수용하는 것이라고 정의를 내린다.[3)] 이 정의는 기도가 하느님의 뜻을 위한 포기이며 그분 사랑에 대한 응답임을 강조한다. 엄밀한 의미에서 기도는 말로써가 아니면 적어도 개념적으로라도 어떻게든 형식을 갖추어야 한다. 이 정의는 기도의 본질적 속성 즉 하느님의 뜻을 위한 포기를 지적해 준다는 장점을 지녔지만, 다른 정의들은 이를 명확하게 부각시켜 주지는 못했다. 그럼에도 불구하고 기도의 개념에서 이러한 포기를 너무 독점적으로 강조하는 것에는 약간의 주의가 필요할 것이다. "하느님 섭리를 위한 포기를 기도의 정수(精髓, quintessence)로 삼으려는 시도는 기도의 대화적 성격을 무시하는 것이다. 그것은 하느님의 불변하심이라는 하나의 진리를 강조함으로써 (이 진리를 분리해서 생각하면, 진정한 기도는 불가능한 일이 되어 버리고) 오히려 그분께서 우

N.Y.: Image Books, 1981, p.85).

3) Cf. K. Rahner / H. Vorgrimler, *Kleines theologisches Worterbuch,* Herder - Bücherei, Band 108/109, 1961, p.117. 또 다른 정의는 하느님과 함께 머무름인데, 이는 이미 교부들에 의해 사용되었다.

리의 사정에 대해 '개인적인' 관심을 가지신다는 또 하나의 진리를 망각하게 만든다. 우리가 하느님의 불변하심을 인간 사고의 통상적인 능력에 의해 조작될 수 있는 명제로 환원시켜서는 안 된다. 하느님의 강생과 십자가의 진리, 인간을 위해서는 그분이 '변하신다'는 그러한 진리에 가능성을 열어두어야 한다. 하느님께서 인간을 위해 변하신다는 이 진리가 기도가 대화적 성격도 지닐 수 있는 유일한 근원인 것이다."[4)]

2) 기도의 동기와 내용

기도의 동기는 흠숭·찬양·감사·청원·중재·속죄 등이다. 흠숭, 찬양 및 감사의 기도는 일차적으로 하느님의 영광을 중심에 둔다. 이는 하느님을 향한 인간의 사랑 어린 신심(loving devotion)을 표현한 것이다. 반면에 청원, 중재 및 속죄의 기도는 하느님께 영광을 드리기도 하지만, 직접적으로 인간의 필요성에다 더 중점을 둔 것이다. 반면에 청원의 기도는 특히 지상에서 살아가는 남자와 여자에게 가장 적합한 형태로서, 이는 인간이 하느님께 전적으로 의존되었음에 주의력을 집중하는데, 이러한 의식은 종교의 불가결한 요소가 된다. 흠숭의 기도와 청원의 기도는 전적으로 분리된 것은 아니다. 신애의 선사, 하느님 나라가 오심 및 그분의 이름이 거룩히 빛나시기를 구하는 청원은 궁극적으로 하느님의 영광을 목표로 삼기 때문이다. 현세적 재화가 하느님께 이바지하는 데 필요한 수단이라는 점에서 인간의 현세적 필요를 위한 청원조차도 하느님의 영광과 그분의 나라에 이바지할 수 있으며, 또한 그래야 한다.

기도가 하느님과의 위격적 관계인 한, 기도하는 사람이 자신의 삶 모두를 기도 안으로 가져오는 것은 당연한 일이다. 삶의 걱정·만족·

4) Josef Sudbrack, "Prayer", *Sacramentum Mundi* V, 1970, pp.78f.

두려움·기쁨 모두가 하느님과 나누는 대화의 일부가 되어야 한다. 이는 신자들에게 사건들과 거리를 두고 더욱 객관적으로 평온하게 그것들을 바라볼 수 있는 역량을 준다. 기도 속에서 자신의 문제점들을 하느님 앞에 가져오는 것은 "어려운 순간을 자신의 힘으로 홀로 살아 내는 것이 아니라, 우리의 미래를 맡길 수 있다고 알고 있는 그분과의 관계 속에서 우리가 살아 내고 있음을 의미하는 것이다."[5)]

기도에 대해 흔히 제기되는 반론은 사람들이 특히 위기의 상황에서 문제점에 단호히 맞서기보다는 하느님께 숨어 버리는 것으로 그친다는 것이다. 그렇게 되면 기도가 개인적으로 할 행동과 노력을 대신해 버리게 된다. 물론 이러한 반론이 모든 형태의 기도에 해당되는 것은 아니다. 흠숭과 찬양의 기도에는 해당되지 않지만, 특정 형태의 청원 기도에는 그럴 수 있다. 예컨대 설교나 시험을 준비하는 데 필요한 적절한 준비를 대신해 기도에 의존하는 것은 일종의 억측(臆測, presumption)인 것이다. 반면에 "우리는 인간의 지식과 활동의 간극을 하느님과 기도로 메우던 관행에 대해 아무리 반대할지라도 — 그리고 이에 반대하는 것이 옳지만 — 이러한 간극이 존재한다는 사실을 부인할 수는 없다."[6)] 인간의 본질적인 유한성에서 비롯된 간극과 한계는 있다. 이러한 조건에서 볼 때, 신앙과 기도는 하느님을 향한 인간의 필요를 가장 의미심장하게 표현한 것이 된다. 자신의 곤궁함에서 비롯된 기도에 투신함으로써 "내적 해방과 평정심이 있게 된다. 기도의 이런 결과를 성경은 기쁨과 평화라고 부른다."[7)]

---

5) S. Bastianel, *Prayer in Christian Moral Life*, Middlegreen, England: St. Paul Publ., 1986, p.62.

6) W. Kasper, *An Introduction to Christian Faith*, London: Burns & Oates, 1980, p.86.

7) *Ibid.*, p.87.

3) 기도의 다양한 형태

형태에 따라서, 기도는 내적(interior) 혹은 외적(exterior), 개별적(individual) 혹은 공동적(common), 비형식적(informer) 혹은 형식적(former) 기도가 있다. 내적 기도 또는 마음의(mental) 기도는 하느님과의 마음의 만남이며 영혼이 그분 안에 머무름이다. 단순히 내적 기도는 외부로 말을 하지 않으며, 다만 정신의 단어와 이미지와 어느 정도 연관될 뿐이다. 내적 기도의 주요 형태에는 묵상(默想, meditation)과 관상(觀想, contemplation)이 있다. 외적 기도는 외부로 말하고 예식을 통해 표현된다. 그것이 진정한 기도가 되려면, 내적 기도 또는 적어도 내적 기도를 일깨우는 욕구가 유지되어야 한다. 그러나 비록 기도가 본질적으로는 마음에 의한 헌신이라고 해도, 외적 기도를 무시하거나 소홀히 해서는 안 된다. 인간은 정신과 육체의 합일체이다. 그러므로 마음의 기도는 자연스럽게 외적 자세, 신조(信條, formulas) 및 예식으로 표현하고자 애를 쓴다. 반대로, 외적인 말과 형식은 기도의 정신을 새롭게 타오르게 해 준다.

개별 기도와 공동 기도는 상호 보완적이어야 한다. 모든 사람은 개별적이며 사회적 존재이다. 하느님을 향한 인간의 사랑은 위격적 결단이다. 모든 사람은 자신만의 개인적 필요가 있고 독특한 불림을 받았는데, 이 불림을 통해 하느님께 영광을 드리게 된다. 그러므로 그리스도는 이렇게 권고하신다. “너는 기도할 때 골방에 들어가 문을 닫은 다음, 숨어 계시는 네 아버지께 기도하여라”(마태 6,6). 공동체의 기도는 구성원 개인들의 묵상과 기도가 없이는 성장할 수 없다. 그러나 역으로 구성원들은 공동체의 기도로부터 지원을 필요로 한다. 공동체의 기도로부터 많은 자극을 받고 영적으로 풍요롭게 되며, 자신들의 종교적 사고와 청원이 편협하고 일방으로 가는 것을 막아 준다. 이러한 이유로 우리 주님은 제자들에게 공동으로 기도할 것을 지시하신다. "두 사람이나 세 사람이라도 내 이름으로 모인 곳에는 나도 함께 있기 때문이다"(마태 18,20).

비형식적 기도는 정신의 사고와 마음의 애정을 자발적으로 표현하는 것이다. 구체적인 순간의 영감에 따라 그리고 동료들과 자유롭게 이야기하는 대화 방식에 따라 단어를 선택하여 표현한다. 이는 자유롭고 비형식적인 기도라고 해도, 모든 기도의 중요 목표를 고려해야 한다. 반면 형식적 기도는 과거 세대 및 성인들과 영감을 받은 다른 사람들의 종교적 경험과 통찰이 지닌 풍부한 보화를 우리에게 전해준다. 이는 개인 기도를 자극하고 고안하는 데 가장 적합하다. 사전에 정해진 기도문은 개인적으로 기도를 잘 표현하지 못하거나 영적 침체기를 겪고 있는 이들에게 피난처가 되어 준다. 거룩한 전례의 존엄성과 특히 전례 거행의 일치에 대한 필요성 때문에 교회는 신적 예배 중에 미리 정한 공식 기도문을 사용하도록 요구한다. 따라서 전례 기도문은 형식적인 기도이다. 이러한 전례 기도는 성사 거행 때처럼 공동 예배를 위해 쓰일 수도 있고, 사제들과 성직자들이 성무일도 때처럼 개별적인 낭송을 목적으로 할 수도 있다.

4) 기도와 행동

기도와 행동 모두 하느님의 영광과 세상을 향한 그분의 계획을 위해 이바지해야 한다. 그러나 기도가 본질적으로 경청, 성찰 및 묵상이란 특성을 띠는 반면, 행동은 변화를 위한 기술로 나아간다. 이는 내적 수양을 위한 심리적 기술, 일을 위한 전문적 기술, 그리고 사도직을 위한 사목적 기술이 포함된다. 그 구조적 관점에서 보면, 기도와 행동은 대조를 이룰 수 있다. 그러나 목적이란 관점에서 보면, 일치된다.

동일한 목적을 추구하는 만큼, 기도와 행동은 하느님의 뜻과 그분의 설계에 화합한다는 동일한 기본 조건에도 맞아야 한다. 그분의 뜻을 벗어난 것은 완전히 죄가 아닐지라도 그 효과는 사라진다. 이러한 원칙은 행동뿐 아니라 기도에도 해당된다. "기도만이 성화의 유일한 수단은 아니며 내적인 삶 또한 절대적인 것이 아니다."[8] 전례·신심·순례·묵상, 이 모두는 하느님의 뜻과 의도에 일치한다는 관점에서 도구적 성격을 띤다. 기도는 존재들과 사건들이 지닌 영적 중요도에 대한 감각을 선명하게 하는 데 도움이 된다. 하느님의 설계는 인간의 욕망과 기획으로 환원되지 않으며, 오히려 인간이 하느님의 의도를 알고 그에 순응하기 위해 애써야 한다. 반면에 기도만으로는 하느님의 계획을 진전시키고 현실화할 수 있는 조건이 되지는 않는다. 하느님을 따르는 행동 역시 필수적이며, 그분의 뜻과 그분을 위한 진정한 이바지가 된다. 기도의 필요성에 대해서는 이후에 더 자세히 살펴볼 것이다.

5.1.2. 기도의 필요성과 축복 기도

종교와 예배가 전혀 없는 세상은 아무 데도 없었음을 역사가 보여주듯이, 모든 민족과 모든 시대의 사람들이 기도했고 또 기도하고 있다는 사실도 역시 입증된다. 사람들은 자발적이고 내적 성향에 의해 기도로 하느님을 향하려는 충동을 느낀다.[9]

그리스도인의 기본 법규는 그리스도의 모범과 말씀이다. 그분의 모범은 끊임없이 기도하라는 초대였다. 그분은 종종 한적한 곳으로 물러가 하늘에 계신 성부와 대화하셨고,[10] 다른 때에는 제자들과 군중 앞에서 감사와 찬양의 기도로 성부께 말을 거셨으며,[11] 제자들에게

---

8) C. Bernard, *op.cit.*, p.110.

9) 『뉴스위크』 여론조사(1997.03.31.자, 46~51쪽)에 따르면, 87%의 사람들이 하느님은 기도에 응답하신다고 말한다. 다시 말해, 최소한 가끔은 기도한다. 즉 54%는 매일 기도하고, 29%는 하루에 한 번 이상 기도한다. 82%는 기도에 응답이 없더라도 하느님을 외면하지 않으며, 많은 이가 하느님은 기도 응답에 편파적이지 않으신다고 믿는다.

10) 마르 1,12~13.35; 6,46; 루카 5,16; 6,12; 9,18; 11,1~4.

"낙심하지 말고 끊임없이 기도할" 필요에 대해 가르치셨다(루카 18,1. 참조: 18,1~8). 그분은 특히 유혹의 순간에 기도하라고 이렇게 권고하셨다. "유혹에 빠지지 않도록 깨어 기도하여라"(마태 26,41). 사도들의 편지에도 비슷한 권고들이 이렇게 나온다. "끊임없이 기도하십시오. 모든 일에 감사하십시오"(1테살 5,17~18). "늘 성령 안에서 온갖 기도와 간구를 올려 간청하십시오. 그렇게 할 수 있도록 인내를 다하고 모든 성도들을 위하여 간구하며 깨어 있으십시오"(에페 6,18). "기도에 전념하십시오. 감사하는 마음으로 기도하면서 깨어 있으십시오"(콜로 4,2).

기도가 필요한 내재적 이유는 무엇보다도 하느님께 예배할 의무에서 비롯된다. 기도가 예배 중에서 가장 기본적인 행동이기 때문이다. 그것은 종교의 참 실체와 관련이 있다. 하느님께 기도하지 않으면서 예배를 드릴 수는 없다. 예배가 내적이든 외적이든, 사적이든 공적이든, 하느님을 향한 인간의 헌신과 경외심의 일차적 표현은 기도이다.

더 나아가 기도는 특별한 방식으로 인간의 하느님 사랑에 대한 간절한 표현이다. 이는 아이가 성부와, 제자가 스승과, 신도가 신적 친구와 나누는 그런 신심 깊고 애정 어린 이야기이며, 하느님께 가까이 나아가 그분을 알게 하는 수단인 것이다. 하느님은 당신이 현존하심을 모든 사람의 마음에 느끼게 하시지만, 인간은 묵상과 기도를 통해야만 더 깊이 알고 더 가까이 다가갈 수 있다. 그리고 하느님 은총의 부르심으로 영혼이 그분을 향한 사랑으로 불타오르게 되면, 기도는 하느님과의 우정을 지속시키고 주님과의 친교를 유지하는 수단이 된다.

기도는 또한 두 개의 대신덕 즉 신덕과 망덕에도 중요한 역할을 하는데, 왜냐하면 기도가 이 두 덕행을 유지하고 키우는 일차적 수단이 되어 주기 때문이다. 특히 신앙 안에서 주님과의 만남은 사람들이 자

11) 마태 11,25~27의 병행 구절; 요한 11,41~42; 12,27~28; 17,1 이하.

신의 삶 속에서 하느님의 뜻을 알고 자신의 윤리적 응답 책임을 이해하는 전제 조건이 된다. 도덕적 깨달음을 돌볼 임무란 신자들에게는 개인 기도에 참여하는 일이라고 해석된다. 이는 개인 기도가 하느님과의 만남을 실현하는 장소인데, 그 만남이 도덕적 행위에 동기 부여를 하고 방향을 설정해 주기 때문이다. 따라서 "기도는 인간이 지닌 도덕적 선함에 직접적인 영향을 끼친다."[12]

하느님을 향한 신심과 개인의 영적 유익에의 관심은 하느님을 두려워하는 그리스도교 신자 모두가 자주 그리고 규칙적으로 기도하도록 자연스럽게 요구한다. 그리스도교의 도덕 정신은 규칙적으로 아침과 저녁에 기도하는 관습을 조성하였다. 비록 명시적 명령은 아니지만, 이러한 기도는 그리스도교적 경건함과 내밀하게 연결되어 있기 때문에 그리스도인들은 이를 생략하지 않는 것을 당연하게 여긴다. 가끔 생략하는 것이 죄는 아닐지라도, 이를 전적으로 무시하거나 상당한 기간 소홀히 하는 것은 내적 생활에 손상을 입히게 되며, 그 결과로 비난을 받게 마련이다. 이에 특정한 규칙성이 요구되는데, 명확한 계획이 없으면 사람들은 너무도 쉽게 기도하기를 잊어버리기 때문이다. 가족들은 공동 기도의 습관을 유지하고 기르도록 불린다. 자녀들과 함께 아침과 저녁에 그리고 식사 때 공동 기도를 바치는 관습은 매우 칭송받을 만하다. 더 이상 함께 기도하지 않는 가정은 점차 그리스도적이고 종교적인 정신이 빈곤해질 것이다.

흔히 "삶으로 기도한다"는 관용구를 듣게 된다. 한 사람의 삶 전체가 하느님께 봉사하며 경의를 표해야 한다는 의미에서는 이러한 단언이 진실이다. 그러나 이 표현은 정작 중요한 모든 것은 일과 행동뿐이라고 아주 쉽게 주입하고 있다. 우리의 경험은 기도하고 하느님께 들은 말씀을 묵상하는 것이 불충분하거나 소홀할 경우, 하느님과의

12) S. Bastianel, *op.cit.*, p.53; cf. pp.47~51.

관계는 약해지고 비인격적이게 되며 점점 더 비현실적이게 됨을 반복해서 보여 준다. 믿는 이에게 필요한 것은 "자신을 이해하고 하느님과의 관계를 바탕으로 일상적인 경험을 위격적으로 통합하는 것이다. 이를 위해 단순히 우리 시대의 긍정적인 인간 이상을 강하게 느끼고 그에 서약하고 헌신하는 것만으로는 충분하지 않다. (…) 믿는 이라면 기도해야 한다."[13] 이 구호(catch-phrase)를 사제와 수도자가 잘못 사용할 경우, 그 악영향은 특히나 확산된다. 그들은 하느님 백성을 위해 기도하도록, 따라서 엄밀한 의미로 말하자면 평신도들이 할 기회가 적은 기도를 하도록 특별한 방식으로 위임받은 이들이기 때문이다. 이들은 자신의 이러한 의무를 다시 다른 이들(예: 소수의 관상 수도회)에게 떠넘길 수는 없다. 이는 믿는 이들의 공동체에 의해 지정되고 유지되는 그러한 의무를 무시하는 것이다. 게다가 성 아우구스티누스는 선견지명을 가지고 이렇게 지적한다. "내부에서 하느님의 말씀을 듣지 않는 사람이 외부에다 말씀을 전도하는 것은 쓸데가 없다."[14]

5.1.3. 기도의 조건들

교리 안내서들은 기도의 조건이나 특성을 다양하게 열거한다. 일반적으로 기도에 요구되는 최소의 조건은 주의(attention), 경외심〔reverence, 저자에 따라서는 겸손(humility)〕 및 신뢰심(trust), 이들 세 가지이다. 청원 기도에는 한 가지 조건이 더 추가되는데, 반드시 구원에 도움이 되거나 합당해야 한다는 조건이다.[15] 흔히 끈기(perseverance)도 기도

---

13) *Ibid.*, p.11.

14) 인용: C. Bernard, *op.cit.*, p.143.

15) 성 토마스에 따르면, "기도는 마음을 하느님께 고양하는 것이고 그분께 적절한 것을 청원하는 것이다"(oratio est ascensus mentis in Deum et petitio decentium a Deo: *S. Th.* II-II, q.83, a.1).

의 조건에 포함시킨다. 그러나 이는 덜 적절한 것으로 보이는데, 이 조건이 없더라도 기도는 자체로 선할 수 있기 때문이다. 하지만 기도에 있어서 끈기는 그리스도인의 선한 생활을 위한 조건과 기도를 더 확실하게 응답받기 위한 조건이다(참조: 루카 11,5~8; 18,1~8).

1) **주의**(attention)

주의는 외적인(external) 것과 내적인(internal) 것, 현행적인(actual) 것 및 잠재적인(virtual) 것으로 구분된다. 외적 주의는 하느님을 향해 마음을 집중하는 데 방해하거나 불가능하게 하는 모든 산만한 활동을 피하는 것이다. 여기에는 영적 회상에 적합한 시간, 장소 및 외적 자세에 대한 선택이 포함된다. 내적 주의는 기도문의 의미, 하느님의 현존, 또는 신적 진리에 마음을 집중하는 것이다. 외적 주의는 단어의 적절한 의미에서는, 주의가 아니다. 엄격히 말하자면, 그것은 주의 그 자체가 아니라, 주의를 준비하고 보호하는 것일 뿐이다. 현행적 주의는 기도의 내용이나 하느님의 현존에 마음을 실제로 집중시키는 것이다. 반면에 잠재적 주의는 비의욕적으로(非意慾的, involuntary) 산만해져 순간적으로 분심(分心, istracted)이 들었더라도 기도하고자 지속하는 지향(persisting intention)을 말한다.

예배 때는 가능한 한, 현행적 주의를 가지고 기도해야 한다. 하지만 구두 기도는 모든 말마디와 모든 문장의 뜻에 주의를 기울일 필요가 없다. 하느님을 향하려는 일반적 주의를 기울인다면, 충분하다. 비의욕적인 산만함이 기도의 가치를 없애지는 않는다. 비의욕적으로 산만해진 사람도 여전히 기도할 지향을 유지하고 있고, 따라서 그의 신심이 완전히 없는 것은 아니다. 게다가 기도문을 염송하거나 외적인 평정 자세를 지속하는 것은 마음을 신적 진리를 묵상하고 하느님과 대화하도록 다시 이끌려는 경향이 있다. "감각을 통해 넘치는 환희의 속에서 즐거움까지 느껴지는 기도가, 비난받지 않을 산만함에 지배받더라도 바쳐진 기도보다 더 아름답거나 중요하거나 위대한 것도 아니다."[16]

반면에 기도하려는 내적 지향 없이 기도문을 외적으로 염송할 때, 이는 분명 기도의 충분조건이 되지 못한다. 기도를 구성하는 것은 외적 자세와 말마디가 아니라 하느님께 마음을 들어 올리는 것이다. 그래서 우리 주님은 다음과 같이 권고하신다. "너희는 기도할 때 다른 민족 사람들처럼 빈말을 되풀이하지 마라. 그들은 말을 많이 해야 들어주시는 줄로 생각한다. 그러니 그들을 닮지 마라"(마태 6,7~8). 고의적인 분심은 기도의 참 정신에 위배되며, 예컨대 일하면서 공동 기도를 바칠 때처럼 분심이 정당화될 수 있는 특별 사유가 없는 한, 이는 하느님에 대한 불경이 된다.

하지만 성무일도나 소성무일도와 관련해서 교회법 규정을 지키기 위해서라면, 외적 주의만으로도 충분하다. 그렇지 않으면, 반복할 의무가 지나치게 부담스러워지고 양심의 가책을 초래할 수 있기 때문이다. 그러한 법적 목적은 시간경(canonical hours)을 바친다면, 충분히 달성된 것이다. 일반적으로 성직자와 수도자는 일단 성무일도를 바칠 때 의미 있는 방식으로 기도하려고 노력할 것이기 때문이다. 때로 성무일도가 고정된 문장에 의존하기에 생동감이 부족하고 억압적이라며 반대하는 의견이 제기되기도 한다. 이러한 이유로 일부 성직자나 수도자가 성무일도를 바칠 의무감을 거의 느끼지 않는 경우가 있다. 그러나 미리 정식화된 본문과 그러한 구조는 장점이 될 수 있다. 언제나 자신만의 아이디어를 찾을 필요 없이 본문과 시편에 몰입할 수 있고, 시간이 지나면 본문이 더욱 친숙해진다. 기도하는 사람이라면, 언제라도 특정 단어나 문장에서 새롭게 경탄하고 감동하며 마음이 울

16) S. Bastianel, *op.cit.*, p.56.

릴 것이다. 물론 성무일도는 반드시 개인적 묵상으로써 규칙적으로 보완되어야 함은 두말할 필요도 없다.

2) 경외심

경외심은 하느님을 거룩하신 주님이시며 전능하신 창조자로 알아 모시는 예배의 근본 태도이다. 이는 하느님을 향한 **두려움의 신비**(*mysterium tremendum*)에 부응하는 자세이다. 틸만(Tillmann), 놀딘(Noldin), 헤링(Häring) 등의 학자들은 기도의 조건 중 하나로서 경외심을 열거하고 있으며, 반면 탕퀘리(Tanquerey), 프뤼머(Prümmer), 마르크(Marc) 등은 그 대신 겸손을 언급한다. 그러나 경외심은 예배의 근본 태도 중 하나로서 가장 기본적인 행위인 기도에서도 구현되어야 하기에, 경외심을 기도의 본질 조건에 포함시키는 것이 더 적절해 보인다. 한편, 겸손은 영원하시고 지극히 거룩하신 하느님 앞에서 자신이 종속되고 죄스러운 존재임을 받아들이는 것이므로, 그분을 향한 경외심 안에 이미 포함된 것으로 보인다.

경외심은 먼저 외적으로 합당한 행동을 요구하는데, 이는 이미 외적인 주의에 대한 요구에 포함된다. 그러나 무엇보다도 기도는 하느님의 거룩하심과 거룩하신 뜻에 대한 내적 존경을 요구하며, 이는 의욕적으로 대죄의 상태에 집착하는 것과는 양립할 수 없다. 이것이 죄인이 기도할 수 없다는 뜻은 아니다. 죄인은 기도할 수 있으며, 심지어 기도해야 한다. 그리스도 친히 죄인들에게 기도하라고 격려하신다(루카 18,13~14). 그러나 그들의 기도가 유효하고 합당하기 위해서는 최소한 회개하고 성화되려는 욕구가 수반되어야 한다.

3) 신뢰심

하느님의 선하심과 신실하심에 대한 신뢰심은 기도, 특히나 청원

기도에서는 불가피하다. 들어주실 것이라는 희망 없이는 진정한 청원 기도가 성립될 수 없다. 또한 하느님을 향한 신뢰심은 아무런 두려움이나 주저함 없이 자신들의 운명을 그분의 손에 맡기도록 이끌어 준다. 이는 하느님께서 당신의 피조물에게 좋은 것이 무엇인지를 가장 잘 알고 계신다고 확신에서 나온 것이다. 하느님 뜻에 신뢰하고 의탁하는 자세가 모든 기도의 특징이어야 하는바, 이러한 의탁은 하느님과의 친교와 우정의 기초를 이루며 그분과 기도 속에서 대화하기 위한 필수 조건이기 되기 때문이다.

4) **청원 내용의 적합성**(fittingness)

이 넷째 조건은 청원 기도에만 적용된다. 하느님께 청하는 내용은 도덕적으로 선하고 어떤 식으로든 하느님 나라와 인간 구원과 관련되어야 한다. 예컨대, 강도 짓에 협력하는 것처럼, 죄가 되는 내용이어서는 결코 안 된다. 청원 기도는 망덕에 포함되는 모든 선익이 대상이 될 수 있다. 예컨대, 하느님 나라의 도래와 영원한 구원, 그런 다음 인간을 향한 하느님의 부르심과 어떤 식으로든 관련되고 기여할 수 있는 영적·현세적 선익 모두가 될 수 있다. 이것들은 자신이나 지상의 동료 또는 연옥 영혼들을 위해 청원할 수 있는 것들이다. 그리스도교 기도의 완벽한 모범은 주님의 기도이며, 이는 그리스도 친히 제자들에게 가르쳐주신 것이다(마태 6,9~13; 루카 11,2~4).

청원 기도의 내용이 매우 합리적이고 선한 것 같아도 청원이 항상 응답되는 것이 아니라는 자각이 들 때, 문제점은 생겨날 수 있다. 올리브 동산에서 "아버지, 아버지께서 원하시면 이 잔을 저에게서 거두어 주십시오"라는 예수의 기도는 매우 합리적이고 정당한 것이었다. 그러나 예수님도 마찬가지로 덧붙이셨다. "그러나 제 뜻이 아니라 아버지의 뜻이 이루어지게 하십시오"(루카 22,42). 하느님께서는 그리스도에게 수난을 허용하셨는데, 이는 수많은 이를 위한 구원과 축복의 원천이 되었다. 그러므로 참된 신자라면, 무엇보다도 하느님의 은혜(favour)를 구하고 다른 모든 것은 그분의 성스러운 뜻과 일치할 때에만 바란다. 따라서 순수한 기도는 그 응답 방식과 시기를 하느님의 재량에 맡기며, 그분의 끊임없는 보살핌이 당신 자녀를 버리거나 포기하지 않으실 것을 신뢰한다.

5.1.4. 기도의 공동체적 차원

기도 생활 전체는 그 사람이 속한 종교 공동체에 의해 결정적으로 형성되고 영감을 받는다. 그리스도인들은 교회 공동체에 의해 양성을 받는다. 자신들이 믿는 공동체의 중재를 통해 신앙으로 태어나는 것처럼, 기도로 하느님께 드리는 응답도 "필히 공동체다운 표현을 찾게 된다. 그것은 믿는 백성으로서의 기도일 것이며 공동체적 성격을 지닌 가시적 형태를 띨 것이다."[17]

교회의 기도에 따르는 그리스도인들은 자신의 기도를 통해 사도적 역할을 하도록 인도된다. 즉 자신의 필요에만 집중하는 것이 아니라 자신의 동료와 그리스도교 공동체 전체의 필요까지도 포함하도록 인도된다. 성 바오로는 "모든 사람을 위해 간청과 기도와 전구와 감사를 드리십시오. (…) 이것은 우리의 구원자이신 하느님께서 좋아하시고 마음에 들어 하시는 일입니다. 하느님께서는 모든 사람이 구원을 받고 진리를 깨닫게 되기를 원하십니다"(1티모 2,1~4)라고 촉구한다. 전례 기도는 이러한 면에서 늘 모범이 되어왔다(참조: 미사에서 신자들의 기도들과 기타 전례 예식서).

17) S. Bastianel, *op.cit.*, p.69.

개인이 특별한 관심을 친지들과 그들의 특수한 필요에 자주 기울이는 것은 당연한 일이다. 그러나 그리스도인의 애덕은 개인의 친척이나 친구에게만 한정시킬 수 없다. 궁핍한 이웃에게도 기도를 확장시켜야 한다. 재화의 공평한 분배, 정당하고 현명한 정부, 그리스도교 일치의 회복, 정의와 평화의 그리스도 왕국에 대한 보편적인 확립 등도 신자들의 마음에 결코 덜 중요한 것이 아니어야 한다.

5.2. 성사에 의한 인간 생활의 축성

성사는 상징의 세계에 속하며, 예식(rites)의 형식을 띤다. 우리 시대의 고무적 징조 중 하나는 상징에 대한 감각이 부활하고 있다는 것이다. 언어의 한계가 감지되고 있으며, 단지 추상적 개념만으로 현실의 풍요로움 전체를 포착하기에는 충분하지 않다. 한편 상징은 내용이 덜 정의되어 정확지 않지만, 다른 한편 단어와 개념만으로는 이해할 수 없는 포괄적인 실재와 심오한 경험에 대해 더 넓게 인식한 것을 전달해 줄 수 있다. 신앙과 종교에 대한 진리들은 이러한 실재들과 특별한 방식으로 관련되어 있다. 상징으로 표현된 의미의 심오함 때문에 오히려 관상에 적합하다. "상징은 항상 그 자체가 지닌 '저 너머'를 가리킨다. 따라서 형언할 수 없고 신비하며 본질적으로 보이지 않는 것이 상징을 통해 관상에 제공될 수 있다."[18]

종교의 예식들은 단조로운 일상에서 인간을 고양시키고 세상을 해석하며 그것을 더 넓은 맥락 안에 놓음으로써 인간 존재를 풍요롭게 해 준다. 이 예식들은 사람들이 모든 것을 무조건 개인적으로 표현해

---

18) J.M. Castillo, *Simboli di liberta: analisi teologica dei sacramenti*, Assisi: Cittadella, 1983, p.216.

야 하는 수고를 덜어 주도록 돕는다. "그러한 예식들은 훨씬 이전에 검증되고 일반적으로 수용된 행동 양식과 감정 표현을 제공해 주며, 이런 방식으로 행동하면 자신들이 상위의 공동체와 일치한다는 것을 깨닫게 해 준다."[19] 이와 더불어 그것들은 "개인을 공동체나 사회 안에 통합시킨다. 개인은 집단의 공동 예식을 수용함으로써 그 일원이 되며, 역으로 그 집단은 현존하는 공동 예식을 인정함으로써 형성되고 지속하게 된다."[20] 끝으로, 예식은 인간이 자기 힘의 한계를 경험하고 상위의 힘에 내맡겨져 속수무책으로 여겨지는 상황에서조차도 행동할 수 있는 가능성을 제공한다. 인간으로 하여금 (사랑하는 이의 죽음과 같이) 바꿀 수 없는 사건에 대처하도록 도와준다.

가톨릭교회의 성사에는 교회 전례의 일곱 가지 절대적인 행위들이 있는데, 세례·견진·성체·고해·병자·신품·혼인의 성사들이다. 성사의 본질과 방식, 성서의 근거와 제도, 외적 표지와 의례, 집전자와 배령자에 대해서는 교의신학과 전례학에서 자세히 설명하고 있다. 여기서는 성사로서 예배에 대한 도덕적 차원에만 국한하여 숙고할 것이다. 성사의 개념과 기능에 대한 몇 가지 언급은 신적 예배의 행위들로서 지닌 성격과 신적 예절(service)로서 차지하는 위치를 밝히는데 전제되어야 할 것이다.

5.2.1. 성사의 본성과 기능

과거에는 성사를 교회를 통한 하느님 편에서의 행위로서 일차적이고 일방적으로 보았으며, 교회를 통해 그분은 인간에게 은총을 베푸

19) Helmut Weber, "Das bleibende Thema der Sakramente", in *Grundlagen und Probleme der heutigen Moraltheologie*, ed. by W. Ernst, Würzburg: Echter, 1989, p.201.
20) *Ibid.*

시고 성화시키신다고 보았다. 따라서 성사는 은총을 주시는 표지로 정의되었다. 그러나 인간의 편에서 하느님께 찬송과 감사를 드리는 예배 행위로서 성사의 또 다른 중요한 측면은 거의 간과되었다. 그럼에도 성사가 교회의 가장 뛰어난 공동 예배의 행위라는 점에는 의심할 여지가 없다.

제2차 바티칸 공의회는 성사에 관한 부족한 관점을 보완하면서 이렇게 선언한다. "성사는 인간의 성화와 그리스도 몸의 건설 그리고 하느님께 드리는 예배를 지향한다"(「전례 헌장」 59항). 새 교회법에 따르면, 그 위에 성사는 신앙을 표현하고 강화하는 표지이며 수단이다(교회법 제840조). 따라서 그것은 그리스도교의 윤리(ethos)와 생활 방식에 대한 표현이고 가르침이며, 이를 동기 부여하고 양육하기도 한다. 이러한 성사의 기능은 일반적으로 전례의 기능과 일치하며, 전례의 가장 두드러진 요소는 바로 성사이다. 따라서 전례에 대해 이 공의회는 이렇게 설명한다. "인간의 성화가 감각적인 표징들을 통하여 드러나고, 각기 그 고유한 방법으로 실현되며, 그리스도의 신비체가 완전한 공적 예배를 드리게 된다"(「전례 헌장」 7항). 인간의 성화와 하느님을 향한 공적 예배는 전례 일반과 성사의 가장 중요한 두 가지의 기능이다. 외면적으로 성사는 표지이며, 신학적 정의에서도 보편적으로 이 점이 강조되었다. 더 구체적으로는, 성사란 말씀과 표지로 이루어진 상징적 행위인 것이다.

위의 숙고를 고려할 때, 성사는 교회에 의해 거행되는 상징적 행위라고 정의될 수 있으며, 이 행위는 신앙을 표현하고 길러주며, 하느님께 예배를 드리고 인간을 성화시켜 준다. 이 정의는 제2차 바티칸 공의회에서 언급된(「전례 헌장」 59항), 그리스도의 몸을 세운다는 그런 사회적 측면을 명시적으로 포함하지 않지만, 이는 신자의 성화의 특정한 측면으로 간주할 수 있다. 성화라는 개념을 개인적 차원과 사회적 차원을 아우르는 포괄적 의미로 이해하면 된다.

전례에는 성사와 유사한 또 다른 예식 즉 준성사(sacramentals)라고 불리는 예식이 있다. 준성사는 성사처럼 신자들을 근본적으로 성화시켜 주지는 않지만, 그러나 "이를 통하여 사람들은 성사들의 뛰어난 효과를 받도록 준비되고, 생활의 여러 환경이 성화된다"(「전례 헌장」 60항). 준성사는 신자를 하느님 은총을 받을 수 있도록 준비시키며, 동시에 하느님께 예배를 드리는 상징적 행위로 특징지을 수 있다. 성사는 그 기원이 그리스도께로 거슬러 올라가지만, 준성사의 기원은 교회에 의해 제정된 것이다.

성사와 준성사는 신자들의 삶에서 일어나는 거의 모든 사건을 성화시킨다(「전례 헌장」 61항). 성사는 인간 생활의 주요 사건들과 반복되는 중요한 일들, 즉 탄생, 책임연령 진입, 혼인, 중병과 죽음, 일상생활과 노동, 자기 성찰과 쇄신 등을 축성해 준다(consecrate). 반면 준성사는 널리 인생의 작은 사건들, 인간 생활의 도구와 수단을 축복한다(bless). 예컨대 대개 재배 과정에서 농토와 농작물, 대개 신년 초에 정기적으로 가옥, 목초, 가축, 자동차 등 그리고 물론 종교적 목적을 위해 사용되는 모든 건물과 물품들을 축복하는 것이다.

5.2.2. 성사적 예배의 필요성과 구체적 방법

성사로서 예배가 중요하고 필요한 첫째 이유는 신앙을 키우고 자신과 세상을 성화해야 할 신자의 의무에서 나오기 때문이며, 그리스도가 직접 제정하신 것이며 신앙과 은총의 특권적 표지가 성사이기 때문이다. 성사는 신자들을 믿음의 생활과 공동체로 더 잘 인도해 준다. 신자들이 고의로 이 성사를 소홀히 한다면, "그리스도교 생활의 기초 요소를 배울 희망은 거의 사라지게 될 것인데, 그리스도의 지향 속에서 성체성사와 다른 성사들이 신앙의 성장, 그리고 참신앙의 열매인 갈리지 않는 사랑, 정의 및 평화의 원천으로 주어졌기 때문이다."[21] 둘째 이유는 그리스도교 신자들에게 성사로서 예배를 하는 것만큼 외적·공동체적 예배의 의무를 더 좋게 수행할 방법이 없기 때문이다. 성사는 교회가 제정한 그리스도교 공동체의 가장 출중한 전례의 예절로서, 하느님을 향한 경외심과 신심을 표현하기 위해 시행하는 것이다. 그리스도교 예배와 종교의 참 본질이 바로 성사 안에서 나타나기 때문이다.

하지만 그리스도인들은 성사를 일차적으로 의무의 관점으로 보지 않는다. 오히려 그들에게는 하느님께서 주신 선물이며 그분 사랑의 초대이다. 그들은 사랑하고 감사하는 응답의 마음으로 성사 배령에 임할 것이다. 그들의 깊은 신심은 성사들, 특히 성체성사를 자주 받도록 그들을 자극해 줄 것이다. 각 성사는 그 기능이 다르고 그리스도인의 삶에서 중요도 또한 달라진다. 이에 대해서는 다음에서 약술하고자 한다.

세례성사는 한 사람이 영적으로 하느님의 자녀로 다시 태어나고 그리스도의 제자가 되며 그리스도교 공동체에 입교하는 성사이다. 그 외적 표지는 물로 씻는 것이다. 그리스도의 뜻에 따라 신자는 오직 이 성사로만 교회의 일원이 될 수 있으며, 그분의 제자가 되려는 사람은 세례를 받을 준비가 되어 있어야 한다. "누구든지 물과 성령으로 태어나지 않으면, 하느님 나라에 들어갈 수 없다"(요한 3,5. 참조: 마르 16,16). 그리하여 그리스도는 사도들에게 이렇게 명하신다. "너희는 가서 모든 민족들을 제자로 삼아 아버지와 아들과 성령의 이름으로 세례를 주어라"(마태 28,19). 그러므로 그리스도를 믿게 된 사람은 누구

21) B. Häring, *Free and Faithful in Christ* II, 1979, p.225.

나 세례를 받을 의무가 있다. 이 성사는 그리스도와의 교제(fellowship)에 기초가 되며 다른 모든 성사를 받을 수 있는 전제 조건이다. 다양한 그리스도교파들이 이 기본 성사에 동의하는 정도에 따라 기본적 일치로 연합을 한다. 특히 서로의 세례를 명백한 방식으로 상호 인정하는 경우, 이러한 일치는 가장 분명하게 드러난다.

그리스도교 부모는 자녀가 세례를 받게 할 의무가 있으며, 탄생 후 몇 주 이내에 이를 행해야 한다(참조: 교회법 제868조 1항). 부모가 자녀에게 물적·영적 필요 모두를 제공하고 자신들이 가진 최선을 다하는 것은 특히 영적 가치에서는 자신들의 권리이며 의무가 되기 때문이다. 부모의 신앙이 자녀의 세례를 위한 기본 조건이기는 하지만, 어느 정도는 대리인들도 인정해 준다. 비록 부모의 신앙이 약하더라도, 부모의 동의가 전제된다면 아이를 신앙 공동체가 받아들이고 필요한 종교 교육을 제공할 수 있다면, 세례는 정당화될 수 있다.[22)]

견진성사는 그리스도인들이 사도적 사명과 그리스도의 제자로서 의무가 있는 공적 증언을 할 수 있도록 준비시키는 성사이다. 이것은 안수와 (축성된 향유인) 크리스마 성유(chrism)를 바르는 외적인 표지에 의해 이루어진다. 이를 통해 신자들은 성령을 받아 자신의 사명을 수행하는 데 도움과 힘을 받게 된다. 견진성사라는 명칭은 라틴어 **콘피르마레**(*confirmare*)에서 유래하였으며, 이는 '힘을 돋우다' '강화하다' '견고하게 만든다' 등의 뜻을 지녔다. 프로테스탄트들도 견진을 알고는 있지만, 성사로 인정하지는 않는다. 이 은사를 통해 그리스도인들은 삶 전체로 그리스도를 증언하고, 세상 구원을 위한 사명에 참여해

22) 유아세례에 관한 지침에 대해서는 다음을 주목하라. *Pastoralis actio* by the Congr. for the Doctrine of the Faith of 20 Oct. 1980. Vatican Collection, vol. 2: *More Postconciliar Documents*, ed. by A. Flannery, [2]1989, pp.103~117(*AAS* 72, 1980, pp. 1137~56).

야 한다. 동시에 신앙 공동체에 더 깊게 통합되는 것도 이 성사의 목표이다. 이러한 이유로, 그리스도교 사도직과 생활을 위한 중요한 이 견진성사는 적절한 시기에 받아야 한다(교회법 제890조).[23)]

성체성사는 그리스도의 희생을 쇄신하는 것이며, 빵과 포도주의 형상 아래 그리스도의 몸과 피를 받아 모시는 거룩한 잔치인 것이다. 이는 신앙, 사랑 및 일치를 주는 성사이며, 신자들에게 영적 양식을 제공한다. 신앙, 신적 예배 및 신자들의 성화를 위해 이 성사가 아주 중요하기 때문에, 교회는 성찬 제사의 참여와 성체를 받아 모시기 위한 몇 가지의 기본 요구사항을 규정해 두었다. 따라서 가톨릭 신자는 모든 주일과 의무 축일에 거룩한 미사의 거행에 참여할 의무가 있다. 이 의무에 대해서는 아래에서 더 자세히 다루고자 한다.

그리스도교 신자들이 성찬의 식탁에서 그리스도와 친교를 갖는 것을 그분은 명백히 바라셨다. "너희가 사람의 아들의 살을 먹지 않고 그의 피를 마시지 않으면, 너희는 생명을 얻지 못한다"(요한 6,53). 그리스도의 이 명령은 그리스도인들이 최소한 가끔은 영성체를 통해 그분을 영접해야 한다는 뜻이다. 가톨릭교회는 이성 사용을 할 수 있는 모든 신자에게 최소한 일 년에 한 번 즉 부활 시기 동안에 영성체를 할 것을 명한다(교회법 제920조). 일 년에 한 번의 영성체는 중대한 의무이다. 하지만 자주 영성체하기를 매우 권장한다. 죽을 위험에 처했을 때 이미 그날 영성체를 했더라도, 이들은 다시 영성체를 할 수 있으며 이를 권장하기도 한다(교회법 제921조).

오래전부터 가톨릭 신자는 성체에 대한 존경을 표하고자 영성체

---

23) 성사 그 자체가 막중한 의무를 부과하지 않을지라도(저자들의 견해가 다르지만), 성사를 준비하는 것은 종종 신앙을 위한 심화 교육의 기회가 된다. 그리고 이 심화 교육은 종종 실제로 받을 사람과 그 사람을 책임지고 있는 사람에게 중요한 의무가 될 수 있다.

전에 공복재(空腹齋)를 지키는 데 익숙하였다. 따라서 이는 축성된 빵과 포도주를 통상의 식음료와는 구별해야 한다는 신앙의 확신을 표현한 것이다. 현재의 공복재(空腹齋, eucharistic fast) 규정은 영성체 전 한 시간까지는 모든 단단한 음식과 음료를 삼가야 하되, 물과 약물은 제외한다고 명시하고 있다. 새 규정에 따르면, 물은 공복재를 깨는 것이 결코 아니다. 게다가 노인, 질병의 고통에 시달리는 이들 및 이들을 돌보는 이들은 영성체 전 한 시간 이내에 무엇을 먹었더라도, 영성체를 할 수 있다.[24] 하루에 성체성사를 두세 번을 거행하는 성직자는 시간의 간격이 채 한 시간이 되지 않았더라도, 두 번째나 세 번째의 미사 거행 전에는 무엇이든 먹을 수가 있다(참조: 교회법 제919조).

성체성사를 받은 이는 노자성체(viaticum)에 관한 조항은 예외로 하고, 자신이 참여한 성체성사 거행 중에서라면 같은 날에 (세 번은 안 되지만) 두 번의 영성체까지는 받을 수 있다.[25]

고해성사(penance)는 뉘우치는 죄인이 세례 이후에 범한 죄들을 사제의 사죄경을 통해 용서받는 성사이다. 이 성사는 중죄에 떨어진 이들에게 하느님의 자비로 용서받고 교회와의 화해를 받기 위한 통상적인 수단이다. 가톨릭교회는 이 의무를 부당하게 미루지 않도록 교회법이 중죄를 범한 모든 신자가 최소한 매년 한 번은 성실히 자신의 죄들을 고백하도록 규정하고 있다(교회법 제989조). 반드시 부활 시기에만 할 것은 아니지만, 신자들이 매년 고해성사를 부활의 영성체와 연계시키는 일은 확실히 의미가 크다.

더욱 자주 고해성사를 받는 일은 중죄만이 아니라 경죄를 사함 받

---

24) 이는 병약한 사제에게도 적용된다. 그가 병상에 누워 있지는 않더라도, 미사를 거행하든지 영성체를 받든지 마찬가지이다.

25) Cf. CIC 917 and *Responsa Patres Pontificiae adproposita dubia*, July 11, 1984(*AAS* 76, 1984, p.746).

기 위해서도, 적극 권장된다. 고해성사는 순수한 예배 행위이며 성사의 효과를 지닌다. 이 성사는 신자들이 더욱 깊은 양심 성찰을 촉진하고 영적 태만을 막아 주며, 영적 지도를 제공하고 참되고 겸손한 속죄의 방법이 된다. 하지만 영적 지도는 또한 사목자를 향한 책임이기도 하다. 한편 신자들에게 고해성사의 축복을 말하면서도 일부 고해 사제의 가혹하고 엄격하며 잘못된 조언은 오히려 방해가 될 수도 있다. 특히 고해성사에서는 사목자의 사목적 양성과 현명함이 필수적이다.

병자성사는 병자에게 (축성된 식물 기름으로) 도유(塗油, anointing)하는 것으로서, 위독한 병자에게 하느님의 축복을 간청하여, 하느님의 뜻이라면, 건강이 회복되고 하느님의 은총이라는 선물을 통해 영혼을 강화하기 위한 성사이다. 이 성사가 은총의 방편이며, 병고와 죽음 속에서 신자들을 그리스도와 더욱 깊이 결합시켜 주기에, 이 성사에 감사해야 한다. 따라서 육신의 건강과 특히 영적 복지를 위해 이를 기꺼이 활용해야 한다.[26]

성품성사는 교회의 성무를 집전할 권한을 부여하는 성사이다. 당연히 부제·사제·주교의 직무를 수행하고자 원하는 이들에게는 당연히 엄중하게 필수적인 의무이다. 이는 사제와 주교가 집전하는 대부분의 성사가 유효하게 이루어지는 기초가 된다. 또한 성직에 필요한 훈련과 교회의 정식 승인 없이 중대한 의무를 행사하는 것은 무책임한 행동이다.

---

26) 이전에 저자들은 병자성사를 받아야 할 의무가 중한 것인지 경한 것인지에 대해 논의했었다. 새 교회법과 『가톨릭 교회 교리서』(1994)는 이 성사에 대한 의무를 언급하지는 않지만, 분명히 교회는 중환자에게, 특히 죽어 가는 이에게 이 성사를 받도록 강력히 권고한다.

혼인성사는 그리스도교 남녀(couples)가 혼인을 유효하게 맺고자 서로에게 베푸는 성사이다. 교회는 혼인을 성사로 거룩하게 하는데, 이는 혼인의 영속성과 행복이 특별한 방식으로 천상의 축복과 도움이 필요하기 때문이다. 가톨릭교회는 성사적 혼인만을 유효한 혼인으로 인정하기에, 가톨릭 신자는 반드시 교회가 요구하는 교회법적 형식을 준수해야 한다. 즉 권한 있는 사제와 두 명의 증인 앞에서 혼인 계약을 맺어야 하며, 만약 교회법상 혼인 장애가 존재한다면, 그러한 장애에 대해 관면(寬免, dispensations)을 받아야 한다. 또한 가톨릭 신자들은 혼인과 미래의 가정을 그리스도교적 기반 위에 세울 중대한 의무를 지녔으며, 무효한 혼인으로 인해 교회 공동체로부터 스스로가 배제될 수 없기에, 혼인할 경우, 그들은 반드시 이 성사를 받을 중한 의무를 지닌다.

5.2.3. 유효하고 효과적인 성사 배령의 조건들

성사 배령을 위한 전제 조건은 살아 있는 상태의 사람이어야 하고, 이미 죽은 사람에게는 베풀 수 없으며, 세례성사를 받은 사람만이 다른 여섯 개의 성사를 받을 수 있다는 것이다.

1) 신앙

과거의 많은 신학자의 견해는 유효한 성사 배령을 위해 신앙이 반드시 요구되는 것은 아니라고 보았다.[27] 하지만 제2차 바티칸 공의회는 이를 다르게 표현한다. 성사는 "신앙을 전제한다"고 선언하며, 그것이 신앙을 키우고 표현하기 때문에, "신앙의 성사"라고 부른다(「전례 헌장」 59항. 참조: 9항). 다만, 유효한 성사 배령을 위해서는 신앙이 필

27) Cf. Jone-Adelman, *Moral Theology*, 1963, nr. 462.

수 조건인지, 아니면 단지 성사의 열매를 맺기 위한 조건인지 명확히 규정하지는 않았다. 그러나 이러한 선언의 전반적인 성격을 고려하면, 신앙은 단지 유효한 성사 배령을 위해서만이 아니라 효과적인 성사 배령을 위해서도 필요하다는 뜻이다. 이는 내재적 근거로도 더욱 확인된다.

성사를 배령하려는 진실하고 신중한 소망은 적어도 하느님의 존재와 그분을 섬길 소명에 대한 신앙, 그리고 예수 그리스도와 그분의 복음에 대한 신앙을 전제해야 한다. 그리스도에 대한 신앙은 그리스도교 종교의 본질이다. 성사를 진심으로 배령하는 것은 그리스도교 종교를 받아들이고 이를 추종한다고 공언하는 것이다. 그럴진대, 하느님과 그리스도에 대한 신앙이 없이 어떻게 그러한 행동을 할 수 있겠는가? 이러한 기본적 신앙 없이는 성사를 배령하려는 진정한 의도를 가졌다고는 볼 수 없다. 따라서 신앙은 단순히 성사의 효과적 배령뿐 아니라 유효한 배령을 위한 조건으로도 요구된다. 하지만 그리스도교 신앙에 대한 완벽한 지식이나 오류나 의심이 전혀 없는 신앙까지 요구되는 것은 아니다.

신앙 행위를 이끌어 낼 수 없는 유아들의 세례에 대해서는 여전히 이해하기에 어려움이 제기된다. 하느님과 그리스도에 대한 위격적 신앙이라는 조건을 충족시킬 수 없을 경우, 유아의 세례는 어떻게 유효할 수 있을까? 유아의 위격은 여전히 부모나 그들의 대리인 또는 교육자에게 긴밀하게 맺어져 있다. 유아는 그들에게 전적으로 의존하며 그들의 결정에 자신을 전적으로 맡긴다. 따라서 부모와 교육자의 신앙이 그 유아의 신앙을 보증할 수 있으며, 이는 유아가 세례 받기에 충분하다. 또한 교회는 그 직무를 수행하는 교역자가 대신하여 아기의 이름으로 신앙을 선언할 수 있다. 모든 어린이는 어떤 식으로든 교회의 보살핌에 맡겨져 있으며 교회는 그 아이에 대해 책임이 있기 때문이다. 그러나 교회법에 따르면, 부모의 동의 없이, 혹은 가톨릭 교육이 보장되지 않은 상태에서 아이를 가톨릭 신앙으로 세례를 금하고 있다. 다만, 그 아이가 이성을 갖기 전에 사망할 것이 예상될 경우는 예외이다(교회법 제868조 1항).

2) 바른 지향

유효한 성사 배령을 하려면, 그 성사에 대해 충분한 지향을 품고 있어야 한다. 하느님의 은총은 사람의 의지에 반하여 강요되지 않으며, 더욱이 당사자의 동의 없이 예배를 드리는 일은 훨씬 적다. 성사를 통해 하느님과 그리스도를 인격적으로 만나려면, 그분을 만나고 영접하려는 마음의 준비가 필요하다. 유아 세례의 경우, 아기들이 위격적 지향을 가질 없는 것도 사실이지만, 또한 그들은 그리스도의 은총을 방해할 장애물을 놓을 수 없다. 따라서 부모와 교회는 자신들의 지향으로 하느님 앞에서 아기의 의사를 대신하는 것이다.

지향은 현행적(現行的, actual)이거나 잠재적(潛在的, virtual)이거나 습관적인(習慣的, habitual) 것일 수 있다. 현행적 지향이란 지금 여기서 의식하고 있고 당사자의 현재 행위를 유발하는 그런 의지적 결단(determination)을 말한다. 잠재적 지향이란 마음속에 의식을 떠올리고 있지는 않지만, 그럼에도 당사자의 현재 활동에 원인이 되는 그런 의지적 결단을 말한다. 세례를 막 받으려는 사람들은 그리스도인이 되려는 지향을 항상 떠올리지는 않을 것이다. 그들은 집중해서 참여해야 하는 거룩한 예식의 방법에 주의하느라 때때로 산만해질 수 있다. 그러나 그들의 현재 활동은 세례를 받으려는 의지의 결단에서 나온 것이다. 이는 잠재적 지향에 해당한다. 습관적 지향이란 어떤 사안에 대한 지속적 원의를 의미하지만, 현재의 행위에는 영향을 끼치지 않는 것이다. 일반적으로 가톨릭 신자들은 죽을 때 교회의 예식을 받겠다는

지향을 지니고 있지만, 이런 지향은 그들의 일상생활 속의 행동에 영향을 주지는 않는다.[28)]

성사는 예배 행위이므로, 하느님과의 위격적 만남이 이루어지고 위격적인 예배 행위가 이루어지기 위해서는 적어도 수령자의 잠재적 지향이 필요하다. 그러나 사람을 객관적으로 축성하고 성스러운 은총의 전달이라는 의미에서 볼 때 성사는 성화의 수단이기도 하므로, 유효한 성사 수령에는 원칙적으로 습관적 지향으로도 충분하다.

다만, 배령자의 행동이 성사의 본질적 요소이거나 유효한 배령을 위한 필수 조건이 되는 경우, 항상 잠재적 지향이 있어야 한다. 혼인성사는 배령자가 집전자이기도 하기에, 여기에 해당한다. 고해성사도 아주 개연적으로는 여기에 해당되는데, 왜냐하면 많은 저자들은 참회 행위가 이 성사의 주요 구성요소이고 적어도 이 성사를 받기 위한 필수 조건이라고 여기기 때문이다.[29)]

모든 경우에 있어서 가능한 한 더욱더 명시적이고 의식적인 지향을 갖추는 것이 당연히 바람직하며, 이를 위해 성사 배령에 앞서 적

---

28) 암시적(implicit) 지향과 명시적(explicit) 지향은 구별된다. 암시적 지향은 다른 명시적 지향에 포함된 무언가에 대한 의도이지만, 명시적 지향은 자기가 특별히 알고 동의한 대상을 얻으려는 의도나 결단이다. 따라서 예컨대 가톨릭 신자로 살겠다는 명시적 지향은 죽을 위험에 처했을 때 마지막 성사 즉 병자성사와 노자성체를 받겠다는 암시적 지향을 포함하고 있는 것이다.

29) 각종 성사를 배령하는 데 필요한 지향은 교의신학이 자세히 설명해 준다. 여기서는 간단한 설명만 덧붙이고자 한다.

성품을 받기 위해서는 명시적인 습관적 지향이 있어야 하는데, 새로운 지위와 새로운 부담을 안으려는 지향이 당장의 또 다른 의지 행위 속에 포함되어 있어야 하는 것은 아니기 때문이다.

세례를 받기 위해서도 그런 비슷한 지향이 요구되는데, 이 성사로써 당사자는 특정한 선택을 해야만 하는 상응하는 의무를 지고 그리스도교를 받아들이는 것이기 때문이다. 그러므로 하느님의 뜻에 따라 살겠다는 일반적 지향은 세례를 받기에는 충분히 명시적인 지향이 아니다. 세례는 그리스도를 향한 명시적 믿음을 전제로 한다.

그러나 견진과 병자 도유를 받기에는 암시적인 습관적 지향으로도 충분하다.

그러므로 사제는 아픈 사람이 그리스도인으로 죽겠다는 뜻을 철회한 적이 없다고 추정할 수 있다면, 그가 의식이 없더라도, 그에게 병자 도유를 할 수 있다.

절한 준비를 하는 것은 의무이다.

3) 하느님을 향한 사랑과 경외심

성사를 (유효하게가 아니라) 가치 있고 열매 가득하게 배령하려면, 항상 하느님을 향한 어느 정도의 사랑이 필요하다. 적어도 진심으로 하느님께 순종하고 그분을 섬기려는 기초적인 사랑이 필요한 것이다. 세례·고해의 성사는 "죽은 이의 성사"로 그리고 성체·견진·병자 도유·성품·혼인의 성사는 "산 이의 성사"로 구분이 된다. 세례·고해의 성사는 죄로 인해 하느님에게서 분리되었던 이들에게 신적 생명의 은총을 회복시켜 준다. 이 두 성사를 받는 이는 은총의 지위를 마련하거나 새롭게 해 주는 것이기에, 이 두 성사는 그런 지위를 요구하지 않는다. 이 둘을 가치 있게 배령하려면, 불완전하더라도 최소한 하느님을 향한 사랑의 상태에 있어야 있고 더 이상 죄짓지 않을 진지한 의지가 필히 있어야 한다.

산 이의 성사들을 (유효하게 배령하려면 은총의 지위가 필수적인 것은 아니지만) 가치 있게 배령하려면, 은총의 지위 즉 신적 생명과 사랑을 통한 하느님과 결합된 상태에 있어야 한다. 그러므로 중죄를 지은 그리스도인이 산 이의 성사들을 받고 싶다면, 먼저 완전한 통회(perfect contrition)를 함으로써, 또는 가급적이면 고해성사를 통한 죄의 고백을 함으로써, 은총의 지위를 회복해야 한다. 거룩한 영성체를 하려면 먼저 중죄에 대해서는 고백할 의무가 있지만, 영성체를 할 긴박한 필요가 있고 고백하는 것이 도덕적으로 불가능한 경우에는 예외를 둔다(교회법 제916조). 이때는 완전한 통회만으로도 충분하다. 하지만 이러한 처지에서 미사를 집전한 사제나 영성체를 한 신자는 가능한 한 빨리 고해성사를 받아야 한다(교회법 제916조).

5.2.4. 성직자의 책임

성직자는 성사를 적절하게 청하는 이들에게 집행할 의무가 있다(교회법 제843조). 또한 사목적 배려로 이를 해야 한다.

1) 교회에 의한 위임

성사는 믿는 이들의 공동체인 교회의 행위이다. 그리스도교 공동체의 이름으로 성사를 집전하는 것이기에, 따라서 교회의 위임을 받은 성직자만이 이를 유효하고 합법적으로 집행할 수 있다. 각종 성사를 유효하고 합법적으로 집행할 권한이 있는지에 대한 판단은 교의신학과 교회법에서 다룬다. 이에 대해 적용되는 간략한 규정은 다음과 같다. 세례성사는 모든 사람이 유효하게 집행할 수 있지만, 통상적인 집전자는 주교, 사제 및 부제이다. 평신도는 위급한 필요의 경우에만 합법적으로 집행할 수 있다. 혼인성사는 그리스도교 신랑과 신부가 집행하며, 이는 교회의 규정들을 준수해야 한다. 첫째로는 유효한 성사를 위해 요구되는 교회법적 형식을 준수하든지 아니면 관할권 있는 당국자에 의해 관면을 받든지 해야 하며, 둘째로 혼인 장애는 없어야 한다. 성품성사는 주교만이 집전할 수 있다. 기타 성체·참회·병자도유·견진의 성사 집전에는 사제직의 권한이 필히 있어야 한다. 또한 고해·견진의 성사는 유효한 집전을 위해서는 특별히 관할권이 요구된다(참조: 교회법 제966조; 제822조).

가톨릭교회에서 갈라진 그리스도교 교회들 및 교파들에 의해 유효하게 서품된 주교와 사제는 가톨릭 신자들에게 성사를 유효하게 집전할 수 있다. 갈라진 형제들과의 준성사 예배에 관한 합법적 참여 규범에 대해서는, 이 책 제1장의 "1.3.3. 신앙 일치의 촉진" 부분을 참고하라.[30]

집전자의 삶 전체는 그의 신적 소명과 의무에 부합해야 한다. 교회의 위임은 실질적으로 집전자가 공동체 내에서 올바른 지위에 있음을 보증하지만, 이는 아주 기본적인 것으로서, 그는 자신이 설교하고 가르치는 그리스도교 이상향을 설득력 있게 실천하며 살아야 한다. 적어도 그는 끊임없이 이상향을 구현하고자 애써야 한다. 이러한 이유로, 신학 입문서들은 (유효성의 문제가 아니라) 가치 있는 성사 집전을 위해 그가 은총의 지위에 있어야 한다고 요구한다.

2) 바른 지향

모든 성사는 교회와 그 교역자들에게 맡겨졌기에, 성직자는 언제 누구에게 성사를 베풀 것인지 결정해야 한다. 따라서 성사를 집전할 때에는 특정한 배령자에게 성사의 은총을 부여하려는 특별한 결정이 필요하다. 단순히 외적 예식을 집전하는 것만으로는 성사가 유효하지 않으며, 예컨대 정신적 분심에 또는 취중에 집전하는 것은 성사의 존엄성에 위배된다. 따라서 유효한 성사 집전을 하려면, 최소한 잠재적(virtual) 지향은 있어야 한다. 하지만 그 지향이 반드시 명시적일(explicit) 필요는 없다. 암시적인(implicit) 잠재적 지향으로도 충분하다. 예컨대 교회가 지향한 대로, 그리스도가 제정하신 대로, 신자들이 믿는 대로 하면 충분하다. 따라서 유다인 의사가 그리스도인들처럼 하려는 지향을 가지고 죽어 가는 아기에게 세례를 베풀었다면, 세례는 유효하다.

한편 조건부 집전은 그 조건이 과거나 현재의 것과 관련할 때만 유효하다. 불확실한 미래의 것과 관련할 때는 무효가 된다. 비그리스도교 국가에서 아기가 가톨릭 보육원에서 머물고 이교도 친척이 데려가지 않는다는 조건으로 유아 세례를 주는 것은 무효이다.

---

30) 교회법 제844조 2항도 참조하라.

3) 사목적으로 의미 있는 성사 거행

유효한 집행을 위한 요건은 늘 존중되어야 하지만, 신앙의 신비를 의미 있게 거행하는 것도 그에 못지않게 중요하다. 제2차 바티칸 공의회는 긴급성을 강조하면서 이렇게 기술한다. “그러므로 거룩한 목자들은 전례 행위에서 유효하고 정당한 거행을 위한 법규를 준수할 뿐 아니라 신자들이 잘 알고 능동적으로 또 효과적으로 전례에 참여하도록 돌보아야 한다”(「전례 헌장」 11항). 성사 거행은 배령자의 신앙을 심화하는 방식으로 진행되어야 하며, 동시에 신자들도 공동체가 그 구성원들의 참여를 필요로 한다는 점을 깨달아야 한다.

교역자들은 가능한 한 성사 배령자가 필수적인 신앙과 의향(disposition)을 갖추게 할 의무가 있다. 여기에는 적절한 복음화와 교리교육이 포함된다(참조: 교회법 제843조 2항). 하지만 거기에 요구 수준을 너무 높이지 않도록 주의해야 한다. 성사는 교회의 신앙과 이상향을 표현하는 것이지만, 이미 그 이상을 달성한 사람에게 주는 포상이 아니라, 그 이상을 향해 가는 과정에 도움을 주는 것이다. 그러므로 성사 거행의 기준은 믿는 이들이 이미 목표에 도달했는지가 아니라 오히려 치유 은총을 향해 기꺼이 개방하고 있는지가 되어야 한다. “사목에 있어서 엄격함은 항상 성사에 해를 끼쳤다.”[31] 주일미사에 참여할 준비가 안 되었다고 누군가를 혼인성사에서 배제시키는 것은 정당화될 수 없다. “사목자가 예컨대 ‘나는 당신 자녀에게 세례를 주지 않겠습니다’라고 하거나 ‘당신의 종교적 실천에서 볼 때 나는 당신이 교회에서 혼인하는 것을 거부합니다’라고 하는 등, 이러한 엄격주의적 표현은 심각한 불쾌감을 줄 수 있고 교회를 완전히 떠나게 할 수 있다. 사목 활동은 영성체를 못 하게 하는 것(excommunication)보다는 영성체

---

31) Wilhelm Zauner, “Sakramente in einer sakularisierten Gesellschaft”, *Theologischprakt. Quartalschrift* 138(1990), p.105.

하게 하는 것(communication)에 목표를 두어야 한다."[32] 대화를 적절히 진행하면, 성사에 대한 의향이 없는 이들도 대부분 자기 뜻을 거두고 받아들이게 된다.

성사 집전자는 교회가 규정한 예식(rites)을 따르고 성사 거행을 명하는 지시문(rubrics)을 준수할 의무가 있다. 성사는 교회의 권위와 보호에 맡겨진 것이며, 집전자는 자신의 권한이 아니라 교회를 대표하여 거행하는 것이기 때문이다. 사제는 예식과 지시문에 대해 아주 정통해야 하고, 관할권 당국자가 발행한 모든 규정을 숙지해야 하며, 이를 실천할 의무를 지닌다. 물론 가장 중요한 것은 성사의 유효성을 위해 요구되는 성사의 내용(matter)과 형식(form)을 준수하는 것이다. 그러나 다른 규범적 지시문들도 존중해야 한다. 예식의 상징적 의미가 클수록 이를 준수할 의무도 커진다. 성사 거행에 있어서 규정된 예식을 무시하는 것은 그리스도교 신자들이나 연로한 이들에게 추문과 혐오감을 불러일으키는 것이며, 교회 공동체에 반하는 죄가 된다. 특별히 이러한 무시 행위가 부주의나 자만심이나 쓸데없는 과시처럼 무가치한 동기에서 반복적으로 나올 경우, 이는 집전자 자신이 직무를 받을 때 수락한 의무를 위반하는 것이다.

그럼에도 심각하게 경멸하는 것이 아닌 한, 지시문(rubrics)을 소홀히 하는 것을 반드시 중죄로 간주하지는 말아야 한다. 안내서들의 전통은 확실히 지시문의 비중에 대해 도덕적으로 과장하였다.[33] 또한 전례법은 점차 쓸모 없어질 수 있으며, 공식적인 폐지 행위 없이도 구속력이 중지될 수 있음을 기억해야 한다. 이는 장기간에 걸쳐서 또는 빠르게 발생할 수 있다. "법을 준수하는 것이 공동체의 다수가 전

32) *Ibid.*

33) Cf. K.H. Peschke, "Die Stinde in den Traktaten uber die Sakramente", in *In Verbo Tuo*, Festschrift zum 50-jahrigen Bestehen des Missionspriesterseminars St. Augustin, St. Augustin, 1963, pp.235~246.

례나 교회를 거부하게 하는 원인이 된다면, 전통적 가르침으로서 **에피케이아**(*epikeia*)는 이 법을 준수하지 않은 것을 정당화해 준다."[34] 물론 규범을 문자 그대로 준수함으로써 특정 공동체에 역효과가 나는 시점을 판단하는 일은 쉽지 않다. 그러한 판단을 내리는 일은 적절한 정보를 가진 양심의 판단에 달려 있다. 예컨대, 얼마 전까지 성체를 손에 주는 것을 거부함으로써 성체의 배령자와 집전자 간에 불필요한 대립을 초래하였다. 그러한 경우, 집전자가 전례 규범을 문자 그대로 준수하고자 성반(stick)을 내밀기보다는 손에다 성체를 얹어주는 것이 더 현명한 행동이었을 것이다.

반면 전례를 너무 주관적으로 수행할 위험도 존재한다. 제2차 바티칸 공의회에 의한 방침 덕분에 전례에서 개인적 요소가 더 넓게 생겨났다. "이로써 전례는 더 매력적이게 되었지만 동시에 더 취약해졌다. 개별 집전자의 개인적 특성이 때로는 신자들에게 거부감을 주거나 반발을 일으킬 수 있다(…). 공동체의 유익을 위해서 그리고 가능한 한 많은 사람에게 다가가기 위한 갈망으로, 때로는 자신의 주관을 내려놓고 다른 모든 사람과 조화를 이루는 방식을 택할 준비가 되어 있어야 한다."[35]

마찬가지로, "다양성을 아끼는 마음이 아무리 크다고 해도, 인간에게는 깊이 뿌리박힌 지속성과 반복에 대한 필요성도 존재한다는 것을 지적해야 한다. 많은 것들이 너무 빠르고 급격하게 변화하는 세상 속에서는 지속과 반복의 요소가 필요하며, 이를 통해 인간은 자기 정체성의 일부를 유지하고 궁극적인 뿌리에서 뽑혀 나가지 않을 수 있기 때문이다. 전례는 인간의 가장 민감한 영역을 다루는 만큼, 이러한 필

---

34) R.K. Seasoltz, *New Liturgy, New Laws*, Collegeville, Minn.: Liturgical Press, 1980, p.209.
35) H. Weber, "Das bleibende Thema der Sakramente", *op.cit.*, p.207.

요를 충족시키는데 크게 기여할 수 있다. 따라서 전례 안에서조차 안식처와 안정감을 얻기보다는 잦은 변경과 주례자마다 바뀌 버리는 구조만을 경험하게 된다면, 그로 인한 좌절감과 피해는 장기적으로 더욱 커질 것이다."[36]

전례 예식의 일관성은 영적 평온을 제공하며, 하느님의 현존하심에 마음을 쉽게 열게 해 준다. 예배에서 표현되는 하느님의 현존을 예배자들이 충분히 경험하려면, 그들이 예배와 관련된 예식과 기도에서 편안함과 친숙함을 느끼게 해야 한다. 이런 이유로, 전례와 설교에서 감응하고 풍요로운 영적 기반을 제공하기 위해서는 그들이 기도와 성서 설화들을 일찍부터 익힐 수 있어야 한다. 마음이 아직 열려 있고 흡수력이 있는 취학 전과 학령기의 어린이가 기도와 성서 말씀을 듣고 배우는 것은 장래의 모든 종교적 실천을 할 굳건한 기반을 마련하기 때문이다.

5.3. 거룩한 날들에 의한 시간의 축성

그리스도교 공동체는 무엇보다도 매주 주님의 날인 주일을 거행함으로써 시간과 일상을 성화한다. 또한 대림절과 성탄절, 사순절과 부활절, 주님·성모님·성인들의 또 다른 축일들과 같이, 해마다 돌아오는 특별 축일과 거룩한 시기가 있어서 그 해를 축성해 준다. 게다가 가톨릭교회는 특정한 날에 단식재와 금육재를 지키게 함으로써 신자들에게 속죄의 정신을 길러준다. 아래에서는 첫째로 주일과 거룩한 시기를 지냄에 대해서, 둘째로 단식재와 금육재의 날에 대해서 고찰하고자 한다.

---

36) *Ibid.*

5.3.1. 일요일과 거룩한 시기들의 거행

계시된 것은 없음에도, 인간은 공동체가 함께 하는 정기 예배의 시간과 반복적인 휴식의 날이 필요함을 느낀다. "문화적 배경이 어떻든지 인간의 신체적·도덕적 건강, 정신의 생산성 및 생활의 조화를 위해서는 하루를 정기적으로 반복해서 쉬는 것이 필요하다. 신자들에게는 예배에 전념할 수 있는 규칙적인 날도 필요하다."[37] 피조물로서의 인간은 휴식 시간의 필요와 하느님을 개별로나 공동체로나 예배해야 할 필요가 있다. 그러므로 특정한 시간과 날을 공동체의 휴식과 예배를 위해 따로 떼어 놓은 것은 인간적 본성에 따른 요구라고 할 수 있다.

1) 일요일에 대한 역사적·성경적 기원

(1) **역사적 기원**: 예배일은 반드시 주간의 유형을 따라갈 필요는 없다. 하지만 칠 일을 한 주로 하는 유형은 유다교와 그리스도교는 물론 이슬람교도[38] 채택하였고 지금은 훨씬 더 널리 채택되고 있다. 주 칠일제는 최소 4,000년부터 존재했다. 이는 특히 별에 대한 깊은 지식으로 유명한 칼데아(바빌로니아-수메르) 문화에서 비롯되었다. 주 칠일제의 근거는 달의 위상(lunar phases) 때문이다. 고대 바빌론에서는 음력으로 매달 7일, 14일, 21일, 28일에 제례를 거행했다. 일곱째 날은 신들이 인간의 활동을 돕지 않기에 일을 삼가야 하는 날로 인식했

37) Ambrose Verheul, "From the Sabbath to the Day of the Lord", *Theology Digest* 19(1971), p.58.

38) 이슬람교에 금요일은 공동의 예배와 기도를 하는 날이지만, 일반적으로는 휴식일이 아니다. 하지만 (레바논을 제외한) 모든 아랍 국가에서는 학교와 공공 기관 및 대부분의 상점이 문을 닫는다.

다. 나중에 이집트인들이 주 칠일제를 받아들였고, 이집트를 거쳐서 기원전 1세기경, 그때까지는 주 팔일제를 사용하던 로마 제국에게도 진해졌다. 거기에서부터 로마의 전체 영향권과 게르만 부족들에게까지 확산되었다. 이는 그리스도교가 우세해지기 전 즉 고대 신들이 여전히 숭배되던 때에도 이미 진행되었다.[39]

(2) **구약에서의 안식일**: 엿새를 일한 후 정기적인 휴식일로서 유다교 안식일의 기원은 정확히 밝혀지지 않았다. 헤를리츠(G. Herlitz)의 『유대 백과사전』에서는 주 칠일제가 바빌로니아에서 온 것으로 언급한다. 하지만 이후 안식일에는 휴식과 경축하는 날이라는 특징을 지닌 주간 안식일은 확실히 이스라엘의 종교적 특성을 띠게 되었다.[40]

탈출기의 저자는 안식일의 기원을 창조 때 보여 주신 하느님의 모범(참조: 창세 1,1~2,3)과 야훼의 직접적인 명령에서 찾는다. "안식일을 기억하여 거룩하게 지켜라. 엿새 동안 일하면서 네 할 일을 다 하여라. 그러나 이렛날은 주 너의 하느님을 위한 안식일이다. 그날 (…) 어떤 일도 해서는 안 된다"(탈출 20,8~10).

초기에는 안식일은 그저 쉬는 날이었다. 탈출기 중 가장 오래된 문헌에는 기도나 제사에 대한 언급이 없다. 그러나 곧바로 제물을 추가로 바치는 예배일로 발전하였으며(민수 28,9~10), 백성들은 거룩한 집회를 가졌다(레위 23,3.37~38). 안식일은 처음부터 종교적 성격을 지녔던 것이다. 이날은 야훼께서 거룩하게 만드신 날이며(탈출 20,11), 주님을 위한 날이었다(레위 23,3). "가축의 첫 새끼와 밭의 첫 곡식이 인간

---

39) Herbert Pribyl, "Der Sonntag als Tag der wöchentlichen Arbeitsruhe", in *Der Tag des Herrn. Kulturgeschichte des Sonntags*, ed. by R. Weiler, Wien: Böhlau, 1999, pp. 95~139, 특히 pp.97f.

40) *Jüdisches Lexikon*, ed. by G. Herlitz, vol. IV/2, Frankfurt/M: Jüdischer Vlg., ^{2}1987, pp.6~11.

노동의 십일조로 바쳐졌듯이, 안식일도 말하자면 인간의 날 중 십일조로 바쳐진 것이었다."[41] 따라서 안식일 준수는 엄격한 구속력을 지녔다.[42] 예언자들은 안식일 준수야말로 야훼의 축복을 받는 조건이라고 여겼다.[43]

바빌론 유배 기간, 예루살렘 성전에서 희생 제사를 드릴 수 없게 되자 안식일의 중요성은 더욱 커졌다. 사람들은 회당에 모여 기도하고 성경을 읽었다. 또한 가정에서도 기도와 전통을 통해 종교적 축성을 함으로써 안식일을 따로 구별하였고 (여전히) 구분하고 있다.[44] 동시에 안식일을 신성화하는 규율은 점점 더 세밀해졌고 강화되었으며 옥죄여졌다. 금지된 노동의 목록도 점점 길어졌다. 그리스도 당시의 바리사이들에게는 안식일에 침상을 옮기는 것(요한 5,10), 병을 고치는 것(루카 13,14), 밀 이삭을 뜯는 것(마태 12,1~2), 또는 이천 보 이상을 걷는 것(참조: 사도 1,12)은 불법이었다. 결과적으로 안식일 계명을 준수하는 것이 완고한 율법주의를 낳았고, 이는 인간을 섬기기보다는 억압하게 되었다.

(3) **신약에서의 주일**: 초기 교회에서는 일요일과 안식일이 각각 공존했다. 오랜 기간 일요일에는 노동을 쉬지 않았고 안식일에 쉬었는데, 이는 로마 제국에서는 안식일과 똑같은 사투른(Saturn, 농업의 신)의 날이 공휴일이었기 때문이다. 그러나 초기부터 교회 즉 어린 그리스도교 공동체는 자신들의 고유한 예배일로 일요일을 간택했다.

그리스도교의 일요일 성찬례 거행은 부활하신 그리스도가 이날에

---

41) Walter Kornfeld, "Sabbath", *Encyclopedia of Biblical Theology*, ed. by J. Bauer, 1969, p.799.
42) 탈출 31,14~15; 민수 15,32~36에 의하면, 위반 시에는 사형에 처해질 수도 있었다.
43) 이사 58,13~14; 예레 17,19~27; 에제 20,13.
44) Cf. Thereto Ferdinand Dexinger, "Der Sabbat heute", *Theol. prakt. Quartalschrift*, 141(1993), pp.227~233.

신자들을 만나길 원하신다는 확신에 기원을 둔다. 모든 복음사가는 그리스도가 "주간 첫날에" 죽은 이들 가운데 살아나 제자들을 만나셨다는 사실을 중시한다.[45] 성 루카는 오십 일 후 똑같이 일요일에 성령강림도 일어났다고 결부시킨다(사도 2,1~4). 주님이 발현하셨을 때 그분은 사도들과 제자들에게 빵을 나눠 주시고 함께 드셨다(루카 24,30; 요한 21,9~13). 이는 그리스도가 수난 전날 제정하셨고 그분의 제자들이 그분을 기억하여 행해야 할 성찬식을 상기시켜 준다. 따라서 그리스도인들은 일요일마다 모였고 빵을 떼어 나누었던 것이다. 성 루카는 자신의 기록에서 이렇게 전한다. "주간 첫날에 우리는 빵을 떼어 나누려고 모였다"(사도 20,7). 이 구절은 그저 이따금 모인 것이 아니라 전통적인 관습이 된 것을 의미한다(또한 참조: 1코린 16,1~2).

그리스도교 공동체가 하느님 말씀을 듣고 성찬식에 참여하기 위해 모이는 일요일 거행의 관습은 초기 그리스도교 저자들 즉 **디다케**(서기 100년경)의 저자, 안티오키아의 이그나티우스(약 107년 사망), 순교자 유스티누스(약 160년 사망) 등에 의해 확인이 된다. 히폴리투스, 테르툴리아누스, 오리게네스, 키프리아누스 등은 일요일의 신적 예식을 당연하게 받아들였다.

일요일은 "첫째 날"일 뿐만 아니라 "여덟째 날"이라는 특징도 지니는데(참조: 요한 20,26), 이는 노동한 후 휴식하는 날이며 끝이 없는 날, 즉 영원한 축복을 선포하는 날이기 때문이다. "주일"이란 이름은 일찍이 묵시록 1장 10절에서 나타난다.[46] 주일을 가리키는 (일요일인) "태양의 날" 용어는 서기 150년경 순교자 유스티누스의 『호교론』에서 처음 사용되었다. 그는 일요일이란 이름이 더 친숙했던 이교도 독

---

45) 마태 28,1; 마르 16,2; 루카 24,1; 요한 20,1.19.26.

46) 교회 라틴어와 로망스어는 예컨대 도미니카, 도밍고, 디망쉬 등으로 일요일을 나름 표현해 이 명칭을 보존하고 있다.

자들을 위해 행성 요일제(planetary week)에서 나온 이 용어를 채택했던 것이다.[47]

(4) **사도적 전통의 계율**: 십계명이 가르쳐지는 곳마다 그리스도인들은 제3 계명이 "안식일을 기억하여 거룩하게 지켜라"라고 말하는 것을 배웠다. 옛날부터 『교리문답』에 쓰여 있었다. 그리스도교적 맥락에서 볼 때, 안식일은 일요일을 의미하며 제3 계명은 하느님께서 친히 주신 십계명 중 하나로 등장한 것이다.

그러나 신학자들의 견해는 이와 관련해 통일된 것이 아니었다. 이들 중 다수는 일요일 성화의 의무는 단지 교회법에 불과하다고 주장한다. 안식일 성화에 대한 구약 법은 그리스도로 끝났지만 새 계약에는 일요일 준수에 대해 주님께서 주신 명시적 계명은 없다는 입장이다. 소수의 다른 의견은 일주일 중 하루를 거룩하게 지켜야 할 의무는 신법인 반면, 특별한 날을 정하는 것은 교회법이라고 주장한다.[48] 그 이유는 하느님 그분이 창조 사업에서 그러한 주기를 따르셨고 이에 따라 인간이 엿새는 일하고 하루는 성스러운 휴식과 신적 제례를 위해 남겨 두라고 명하셨기 때문이다(창세 1~2,3; 탈출 20,8~11).

제2차 바티칸 공의회는 일요일에 대한 계율이 명시적으로 신법의 계율이라고 언급하지는 않지만, 그것의 출처는 교회 권위 그 이상의 것이라고 여긴다. 이 계율을 사도적 기원을 둔 것으로 인정하는 것이다. "그리스도께서 부활하신 날에 그 기원을 둔 파스카 신비를 여덟째 날마다 경축한다(…). 이날에 그리스도 신자들은 함께 모여(…)" 성

47) "'태양의 날'이라고 불리는 이날에는 모두가 모여 성찬식에 참여하고자 도시와 시골로부터 왔다(…). (일요일은) 그들이 모이는 날이 되었는데, 하느님께서 세상을 창조하신 첫째 날이자 우리의 구원자 예수 그리스도가 죽음에서 부활하신 첫째 날이기 때문이다"(『호교론』 제1권 67,3).

48) Cf. *Prümmer* II, 1958, nr. 465; *Tanquerey* II, 1919, nr. 1011; Göpfert, *Moraltheologie* I, 1923, nr. 338; Zalba, *Theol. Mor. Comp.* I, 1958, nr. 1244.

찬례에 참여해야 한다(「전례 헌장」 106항). 이 공의회는 분명히 일요일의 거행이 특별한 존엄성을 지닌 전통임을 강조하기를 원한다. 교회가 성당 제단의 위치나 단식의 날과 금육의 날에 대한 순전히 교회적인 입법 조치들을 바꿀 수는 있어도 이 법을 바꿀 수는 없다.

가톨릭 신학자 모두가 동의하는 것은 인간이 자연적 신법에 따라 하느님을 예배하고 공공 행위를 통해 공동체로서도 예배해야 할 의무를 지닌다는 점이다. 이러한 행위는 공통된 시간과 장소 및 예식이 있음을 전제로 하는 것이기에, 공공 제례에 대한 시간과 세부 사항들을 정할 자격이 있는 종교 당국자가 필히 있어야 한다. 그렇지 않다면, 공공 제례를 하기는 불가능하다. 공공 예배를 위한 정확한 시간·장소·예식을 정하는 일은 종교 당국자가 지혜롭게 판단해야 한다. 이러한 선택에서 당국자는 성취해야 할 범위 내에서는 자율을 누린다. 그러나 한번 선택이 이루어지고 공식 법규로 선언되면, 공동체와 개별 구성원들에게는 구속력이 생긴다.[49)]

성경적·사도적 전통을 고려하자면, 그리스도교 교회들은 일요일을 정기적인 안식일과 공동체의 예배일로 정했다. 가톨릭교회의 교회법은 가톨릭 신자들에게 거룩한 미사에 참여하고 거룩한 일요일 휴식과 의무 축일들을 준수하도록 의무를 부여한다(교회법 제1247조). 이러한 계율들에 대해서는 약간의 추가 설명과 구체화가 필요하다.

2) 일요일 미사

공동체 예배에 있어서 일요일의 기본 의미는 제2차 바티칸 공의회

---

49) 인간 권위에 대한 실정법을 준수해야 할 의무는 사안의 중요도에 따라 경중이 달라진다. 오늘날 가끔 주장되고 있는 것처럼, 하느님에게서 직접 나온 결정이 아니라 인간 권위에서 나온 결정이라는 이유로 그 의무가 가벼운 것은 아니다(cf. G. Troxler, *Das Kirchengebot der Sonntagsmesspflicht*, Freiburg Schweiz: Universitatsverlag, 1971, pp. 238f). 교통 법규들은 인간 권위자에 의해 제정되지만, 그 법규 중 다수는 도로 이용자들의 건강과 생명을 보호하기 위해 필수적인 수단이기에, 중대한 의무를 지운다.

가 이렇게 요약해 준다. "이날에 그리스도 신자들은 함께 모여 하느님의 말씀을 듣고 성찬례에 참여하고, 주님이신 예수의 수난과 부활과 영광을 기념하며, '우리를 새로 태어나게 하시어, 죽은 이들 가운데에서 다시 살아나신 예수 그리스도의 부활로 우리에게 생생한 희망을 주신'(1베드 1,3) 하느님께 감사를 드려야 한다. 그러므로 주일은 최초의 근원적인 축일이다"(「전례 헌장」 106항). 일요일이란 그리스도인들이 함께 모여 하느님께 예배드리는 날이며, 그리스도에 대한 믿음을 고백하며 이를 강화하는 특별한 날인 것이다.

(1) 역사적 발전

시원적인 사도적 공동체가 처음 시작한 때부터 그리스도인들은 주간의 첫째 날에 "빵을 떼어 나누려고"(사도 20,7; 1코린 16,2) 모이곤 했다. 따라서 그들은 최후 만찬 때 주님을 기억하며 성찬식을 거행하라는 그분의 명령 즉 "너희는 나를 기억하여 이를 행하여라"(루카 22,19)를 이행했다. 그 당시 이 전통은 교회의 실질적인 계율로 정식화되지는 않았다. 그러나 공동의 모임에 참여하는 것은 당연하였고 공동체에서는 기정된 규율로 간주되었다. 히브리인에게 보낸 서간은 참석을 게을리하는 것은 개탄할 일이며 그래서는 안 된다고 책망한다(히브 10,25).

사도 교부들과 초기 교부들의 기록에서도 동일한 태도를 볼 수 있다. "일요일 성찬례의 공동 거행에 참여하는 일은 참여 가능한 곳이라면 어디에서나 그리스도를 향한 그 공동체의 신앙을 분명하고 구체적으로 표현한 것이며 모두가 당연하게 받아들인 하나의 '규율'이였다(…). 교회가 공식적으로 선언한 실정법이 없어도 단지 때때로 상기시키는 권고만으로 모든 이가 그 의무를 자각했다. 만약 참여의 열정이 줄어들거나 떨어져 나가려는 경향이 나타나면, 히브리서에서 이미 지적된 것처럼(히브 10,25), 훈계나 강한 권고를 통해 이를 바로

잡고자 하였다."[50] 안티오키아의 이그나티우스(약 107년 사망)는 집회의 의무적 성격을 아주 단호하게 표현하며 이렇게 기술한다. "집회에 나타나지 않는 사람은 오만에 찬 사람이고 이미 스스로를 심판한 것이다."[51]

일요일 미사에 참여하기를 의무로 처음 규정한 것은 스페인의 엘비라(Elvira) 지방 공의회였다(300~312). 곧이어 341년의 안티오키아와 343년의 사르디카(Sardica) 등 다른 지방 공의회들도 이를 규정하였다. 이후 여러 지방 공의회들은 일요일 계율을 점점 더 명확하게 정의하고 규합시켰다. 결국 거룩한 일요일 미사의 참여는 어느 곳에서나 그리스도인의 기본 의무 중 하나로 간주되었다.

제2차 바티칸 공의회도 일요일 미사에 대한 신자들의 정기적인 참여는 교회의 확립된 규율이라고 규정한다. 일요일마다 신자들은 한 곳에 모여 성찬례를 거행해야 한다(「전례 헌장」 106항). 이것은 교회 생활에서 중요한 위치를 차지하기에, "거룩한 공의회는 영혼의 목자들이 교리교육의 전수에서 신자들이 특히 주일과 의무 축일에 미사 전체에 참여하도록 열심히 가르치기를 강력히 권고한다"(「전례 헌장」 56항). 동시에 일요일과 의무 축일들의 미사 때, 중대한 사유가 아니라면, 강론을 생략하지 말도록 권고한다(「전례 헌장」 52항).

(2) 의미와 이유

일요일은 — 위에서 이미 언급했듯이 — 그리스도인들이 주님의 수난과 부활을 기념하고자 함께 모여 특별한 방식으로 공동 예배를 드리는 날이다. 이날은 부활하신 주님께 바쳐진 날이며, 그리스도교 신

50) Adolf Knauber, "'Aus apostolischer Überlieferung(…)' Zur Frühgeschichte der sonntäglichen Eucharistieverpflichtung", *Theologie und Glaube* 63(1973), pp.318~319. 이 논문은 일요일 미사의 참여에 대한 의무를 토론할 때 아주 가치 있는 도움을 준다.
51) 이그나티우스의 *Eph.* 5,3; *Eph.* 13,1; *Magn.* 7,1; *Philad.* 6,2.

앙의 모든 신비와 구속 사업 전체를 상기하는 날이기도 하다. 이로 인해 주일마다 성서의 다양한 구절을 낭독하는 전례주년의 형성을 이끌었고, 이는 그리스도의 생애와 구원 사업의 다양한 사건들을 상기시켜 주었다(참조: 「전례 헌장」 102항). 그러므로 일요일은 가장 특별하고 보편적인 방식으로 주님을 기념하는 날이며, 신자들에게 그리스도를 향한 공동의 신앙을 표현하고 "너희는 나를 기억하여 이를 행하라"는 주님 명령을 따르는 독특한 기회를 제공하는 날이 되었다(루카 22,19 또는 1코린 11,24~25).

거룩한 미사를 공동으로 거행하는 것은 신자들의 신앙을 강화하고 그리스도를 향한 헌신을 쇄신하는 데 많은 기여를 한다. 그리스도의 삶, 죽음 및 부활을 기념하는 미사는 그리스도에 대한 공동의 신앙을 고백하고 키우며 심화하는 탁월한 수단이다(참조: 「전례 헌장」 33항). 이것은 신자들로 하여금 사랑으로 한마음이 되고 애덕으로 성장하며 신경(creed)으로 공언하는 바를 행동으로 실천하도록 영감을 준다. 공동체로서 신앙을 함께 고백하고 형제자매들과 한마음이 되는 체험은 신자들의 신앙에 확신을 주고 선한 의지를 지속하게 해 준다. 이것이 개별 신자들에게도 공동체가 필요한 이유이며, 공동체 역시 구성원들의 존재가 필요한 이유인 것이다.[52)]

또한 그리스도인들은 하느님을 향한 공동의 찬양, 감사 및 영광을 드리기 위해 일요일을 거룩하게 지낸다. 앞서 언급했듯이, 인간은 하느님께 공동의 예배를 드릴 의무를 지닌다. 이를 위해서는 하느님을 향한 공동의 예식을 드릴 특정한 시간과 날이 정해져야 한다. 예전부

---

52) 종교를 가진 사람들은 질병과 긴장에 있어서 더 잘 대처할 수 있다. 이는 미국 캘리포니아주의 공중 보건 당국이 28년간의 연구 끝에 마련한 연구 결과다(1997). 5,286명의 캘리포니아 사람에 대한 관찰은 일반적으로 교회 다니는 이들이 더 오래 살고, 더 건강하게 삶을 가꾸며, 더 많은 운동을 하고, 담배를 덜 피우며, 더 많이 사회적 접촉을 하는 것을 보여 주었다.

터 교회는 이러한 예식을 위해 일요일에 거룩한 미사 혹은 ("감사제"를 뜻하는) 성찬례를 거행하기로 선택했다. 종교들이 하느님에 대한 공경과 헌신을 하나의 제사를 통해 특별히 표현한다면, 가톨릭 신자들과 많은 그리스도인들에게 가장 고상한 제사는 거룩한 미사의 성찬 제사가 된다. 빵과 포도주의 형상 안에서 그리스도는 제대에서 하늘의 성부께 스스로를 바치셨고 이로써 그리스도인들은 지체로서 그분과 하나를 이룬다.[53] 즉 "성찬례에서 그리스도의 제사는 그 신비체의 지체들의 제사이기도 하다. 신자들의 삶, 찬미, 고통, 기도, 노동 등은 그리스도의 그것들과 결합되고 그리스도의 온전한 봉헌과 결합되며, 이로써 새로운 가치를 얻게 된다."[54]

과거에는 일요일을 다소 개인주의적으로 준수하려는 경향이 있었지만, 이는 공동체의 사안임을 명백히 강조해야 한다. 일요일 거행의 목적은 특별히 신앙과 사랑의 공동체를 형성하는 데 있다. 이날에는 개인이 아닌 사회적 조직으로서의 공동체가 하느님께 찬미와 감사를 드리는 날이다. 그리스도교 가정의 부모와 자녀가 함께 하느님 말씀을 듣고 성찬례의 잔치에 참여함으로써 일요일 거행은 공동의 소속감을 경험하게 해 준다. 게다가 일요일 예식은 평소에는 거의 만나기 힘든 이들을 한자리에 모이게 한다. 전 세계에서 거행되는 일요일의 종교적 재회(reunions)는 사람들을 사회적으로 그리고 전 세계적으로 한데 묶어 주며, 이는 무엇보다도 성탄절과 부활절과 같은 그리스도교의 대축일에는 두드러지게 나타난다.

그러나 신앙 공동체라도 종교적 결속을 넘어 상호 연대를 구체화시켜야 한다. 사도 시대부터 일요일의 재회는 그리스도인들에게 가장 가난한 이들과 형제적 나눔의 기회였다. 바오로는 코린토 신자들에게

---

53) 참조: 「전례 헌장」 47~48항과 「사목 헌장」 11항.
54) 『가톨릭 교회 교리서』(1994), 1368항.

가난한 예루살렘 신도들을 위한 모금을 독려하며 이렇게 편지를 썼다. "매주 첫날에 저마다 형편이 닿는 대로 얼마씩을 자기 집에 따로 모아 두십시오"(1코린 16,2). 하지만 그리스도인의 연대는 물질적 도움으로만 표현되는 것이 아니다. "우리 주변이나 우리가 알고 있는 사람 중에는 병자, 노인, 어린이, 이민자들이 있을 수 있다. 그들은 특히 주일에 고독과 결핍 및 고통을 절실히 느낄 수 있다."[55] 물론 그러한 도움은 일요일에만 실천해야 하는 것은 아니다. 일상의 삶 속에서도 지속적으로 이루어져야 하지만, 그러나 자주 일요일은 이를 위해 가장 좋은 기회가 될 수 있다.

(3) 의무의 경중

① 프로테스탄트 지역에서는 일요일 의무에 대해 강조하지는 않지만, 가톨릭교회는 **일요일 미사의 구속력 있는 성격**을 늘 주장해 왔다. 주일마다 정기적으로 공동체가 모이는 것은 아주 중요한데, 그래야만 그 안에서 그리스도의 성령께서 충분히 살아 계시고 세상을 변화시키실 누룩이 될 수 있기 때문이다. 강하고 지속하는 순환 없이는 공동체가 형성되거나 살아 있거나 활동할 수는 없다. 제사로서 미사가 이러한 집회를 위한 성사적 예식으로 선택된 이유는 그것이 주님의 죽음과 부활을 선포하는 가장 심오한 형식이며 새 계약에 대한 신앙을 가장 포괄적으로 구현해 주는 전례이기 때문이다.

교회의 지속된 관행에서 보면 일요일 미사 참석의 의무에 대한 강력한 근거와 이미 언급한 본질적 이유를 고려할 때, — 오늘날 종종 주장하는 것처럼 — 미사 참석에 대한 계율을 권위주의적인 교회가 신자들을 강제로 묶어 두려는 그런 율법주의적 권리침해라고 볼 수 없다. 오히려 그것은 인간의 본성 자체에 내재된 것이며, 특히 그리스

55) 요한 바오로 2세, 「주님의 날」(1998.05.28.), 72항.

도와 신앙에 대한 신자들의 책무를 구체적으로 표현한 것이다. 일요일과 대축일의 미사 참여에 관한 계율은 신자들이 종교 생활을 돌보게 하는 버팀목이 되고 영적으로 게으르거나 지치지 않도록 보호막이 되어 준다. 교회의 지시에 따른 미사 참여는 그러한 계율이 합법적이고 의미 있는 것으로 받아들여지는 한, 무가치하지 않다. 일요일 계율에 대한 준수 관습은 "결국 공동체가 개별 신자를 신앙에 무관심한 시대를 잘 헤쳐 나가도록 하고 이를 통해 새로운 위격적 투신을 할 접촉점을 유지하게 하는 장점을 지녔던 것이다."[56)]

가톨릭 전통에 따르면, 일요일과 의무 축일의 미사 참여는 아주 중대한 의무이다. 안티오키아의 이그나티우스는 엄중한 어조로 이러한 평가를 내린 바 있으며, 그는 공동 모임에 나오지 않는 그리스도인은 교만에 사로잡힌 것이고 스스로를 심판한 것이라고 선언했던 것이다(에페 5,3). 엘비라 지방 공의회(300년경)는 일요일 미사의 참여를 매우 중요하게 여겼으며, "마을에 머물고 있으면서 일요일 미사에 세 번의 주일 동안 교회에 나오지 않는 사람은 일정 기간 공동체에서 제외시켜야 하며 이는 그가 징계받고 있음을 나타내기 위함이다"(21항).[57)] 이런 규정은 곧바로 다른 지역들에서도 폭넓게 수용되었다.[58)] 15세기 중엽부터 도덕신학자들은 일요일 미사나 그것의 중요한 대목을 궐할 때 중죄로 여겼다. 이는 오늘날까지도 도덕신학자들의 보편적인 가르침이었다.

하지만 매번 일요일 미사를 궐할 때마다 하느님의 구원 계획에 정

---

56) Julius Card. Döpfner, "Wir brauchen feste Zeiten. Zurn Wert der 'Sonntagspflicht' ", *Gottesdiens*, 1972, p.21.

57) Cf. C. Kirch, *Enchiridion Fontium Historiae Ecclesiasticae Antiquae*, Herder, 1956, nr. 334.

58) 343년 사르디카 지방 공의회(Synod of Sardica/Sophia)의 교회법 제11조는 이렇다. "너희는 옛적에 너희 조상들이 시내에 머물러 있는 평신도가 계속해서 세 주일을 집회에 참석하지 않으면, 그 공동체에서 제외시켜야 한다고 명령받았던 사실을 기억하라."

면으로 위배되는지에 대해서는 의문을 품을 수 있다. 이 의문이 오히려 게으름의 습관을 유지할 빌미만 제공하는 것은 아닐까? 초기 지방공의회들은 연속 세 번의 일요일 미사를 궐한 경우, 공동체에서 징계하였다. 이는 미사 참여에 대한 의무의 경중을 좀 더 세밀하게 구별할 방향을 제시해 줄 수 있겠다. 실질적으로 그 의무는 막중하지만, 사소한 사안으로 볼 수 있다. 즉 이따금씩 궐하는 것은 경미한 것이다.[59] 독일 교구들의 공동 시노드(1971~1975)에서도 일치된 입장이 표명되었고 이렇게 선언되었다. "특별한 이유 없이 지속적으로 성찬 거행에 불참하는 이들은 자신이 세례를 받고 그리스도인이라고 불리는 이로서, 교회 공동체와 자신에게 마땅히 해야 할 의무를 심각하게 저버리는 것이며, 동시에 하느님의 은총을 배은망덕하게 거부하는 것이다."[60]

② **이 계율이 구체적으로 부과하는 의무**는 앞서 언급했듯이, 신자들이 모든 일요일과 의무 축일의 거룩한 미사에 참여하는 것이다. 단순히 신체적으로만 출석하는 것이 아니라 성스러운 신비를 의식하고 이를 경건하며 적극적으로 거행하는 것이어야 한다. 의무 축일은 현재 각각국 주교회의에서 따로 정하고 있으며, 성탄절은 교회가 보편적으로 지키는 축일이다. 이 의무의 대상은 이성을 사용하는 사람이며 만 일

---

59) 이 견해는 이렇게 지지를 받는다. Francois Reckinger, *Wird man morgen wieder beichten?*, Kevelaer: Butzon und Bercker, 1974, pp.129~131; B. Häring, *Free and Faithful in Christ* I, 1978, p.416; Reinhold Bärenz, "Zur theologischen Dimension des Sonntagsgebotes", *Catholica* 37(1983), p.86f; Karl Rahner, "Das Sonntagsgebot in der Industriegesellschaft", in *Schriften zur Theologie* XIV, Köln, 1980, pp.238~247, esp. p.243. 1983년의 교회법은 일요일 미사 참여가 원칙적으로 의무라고 이렇게 표현한다. "일요일과 다른 의무 축일에 신자들은 미사에 참여할 의무가 있다"(교회법 제1247조). 요한 바오로 2세의 교황 교서 「주님의 날」(1988)은 이렇게 주석을 한다. "이 법령은 일반적으로 중대한 의무를 수반하는 것으로 이해됐습니다. 이것은 『가톨릭 교회 교리서』의 가르침(2181항)입니다"(47항).

60) *Gemeinsame Synode der Bistumer in der BRD*, Offizielle Gesamtausgabe I, Freiburg: Herder, 1976, p.200.

곱 살부터 해당된다(교회법 제11조). 이미 초기부터 교회는 주일과 대축일에 그리고 그 전날 오후부터 성찬례를 거행했다.[61] 이렇게 오래된 관습을 고려해서 가톨릭 신자들은 토요일 오후나 축일 전날 저녁 미사에 참여함으로써 미사 참여의 의무를 다하게 된 것이다(참조: 교회법 제1248조 1항).

오늘날에는 미사의 두 부분 즉 말씀의 전례와 성찬의 전례가 하나로 연결되었다는 점이 더욱더 강조되고 있다. 즉 "미사가 구성되는 두 부분 곧 말씀 전례와 성찬 전례는 서로 밀접히 결합되어 있어 하나의 단일한 예배 행위를 이룬다." 따라서 제2차 바티칸 공의회의 교부들은 "미사 전체에 참여하도록" 신자들에게 강력히 권고한다(「전례 헌장」 56항. 참조: 「사제 직무」 4항).

③ **미사 참여의 의무가 면제가 되는 사람**은 예컨대, 상해를 당할 위험, 아주 큰 곤란, 또는 공동체의 복리를 위한 중요한 봉사 등의 사유로 인해 미사 참석할 수 없는 사람이다. 환자와 쇠약해진 노인, 교회에서 거리가 먼 사람, 너무 가난해 제대로 복장을 갖출 수 없는 사람, 국가나 직장의 의무나 비상시 지원할 의무로 인해 또는 긴급한 애덕 활동에 의해 방해받는 사람, 부모나 남편 또는 고용주로부터 심각한 불명예를 받을 수 있는 아동, 여성, 혹은 종업원들은 면제된다. 다른 날에는 할 수 없는 특별 여행이나 유사한 휴양을 위해서는 그런 기회가 다시는 없을 때, 면제가 된다. 축일 준수의 의무에 대해서는 주교(지역 교구장)나 사목구 주임신부가 관면할 수 있다(참조: 교회법 제1245조).[62]

---

61) 이 거행은 구약에 기원을 둔 자연스러운 관습이며, 늦은 오후 첫 별의 출현과 함께 시작했다.

62) 지역 교구장과 사목자는 자신들에게 맡겨진 개인들과 가족들에게 관면할 수 있으며, 심지어 자신들의 관할권 밖에서도 다른 곳에 거주하는 사람들에게도 단독 사안에서 그리고 정당한 이유로 관면할 수 있다. 교황청 설립의 성직 성직회나 사도 생활단 안에서 장상은 그 피지배자들과 주야로 수도원 안에 거주하는 사람들에 한해 예의 그 관면 권한을

예컨대 질병이나 노령으로 인해 미사에 직접 참여할 수 없는 사람들이 라디오를 통한 미사 청취는 환영할 대안이다. 하지만 별다른 사유 없이 방송 미사만으로 주일미사의 의무를 완전히 대신할 수는 없다. 그 이유는 공동체가 구성원을 모을 수 없다는 사실을 떠나서 그들은 성스러운 분위기와 그리스도 안에서 공동의 형제 의식을 경험할 수 없으며 개인의 주거 공간은 영적 회상을 하는 것이 아주 어렵고 특별히 미사가 방송되는 동안 분심을 피하는 것이 거의 불가능하기 때문이다. 텔레비전을 통한 종교 예식을 방송하는 것에 대해서는 서로 이견이 있다. 교회의 공식 선언은 특별한 제한을 두지 않지만, 다른 목소리 중에는 이의 제기가 있다. 텔레비전이라는 매체가 불경스런 생활, 흥행 및 구경거리를 보여 주는 경향을 강하게 띠고 있기에 거기서 참된 종교적 체험을 하는 것은 불가능하며, 그러한 방송은 종교적 품위(propriety)를 해칠 것이라는 것이다. 이는 불가해한 계율의 원칙을 어기는 것으로, 비신자는 말씀에 접근할 수 있지만 성찬에는 접근할 수 없다는 그 원칙을 위반하는 것이다.[63] 이 문제는 여전히 신학적 논의가 진행 중이다. 아무튼, 방송 매체를 통해 종교 예식에 진심으로 참여하려는 사람은 이 예식의 거룩함과 장소의 신성함에 걸맞은 기도의 태도를 유지해야 한다.

만약 해당 지역에서 사제가 부족해서 신자들이 사제 없는 일요일 예식 즉 말씀의 전례만 거행될 수 있다면, 가톨릭 신자들에게 거기에 적극 참여하도록 강력히 권장된다.[64] 1971~1975년 독일 교구들의 공

행사한다.

63) 이러한 반대 의견을 제기한 사람이 있다. Johann Baptist Metz, "The Electronic Trap. Theological Remarks on Televised Worship", *Concilium* 1993/6, pp.57~62. 그는 자신의 의견을 위해 라너(Karl Rahner)를 인용하기도 한다. 마찬가지로 유보적인 입장을 제기한 사람이 또 있다. John A. Coleman, "The Sociology of the Media", *op.cit.*, pp.11~12.

64) 참조: 교회법 제1248조 2항. 하지만 참여가 의무로서 부과되지는 않는다.

동 시노드는 그러한 일요일 예식에 참여하는 것도 "일요일 의무의 의미"를 성취한 것으로 간주하였고 성찬 거행에 참여하는 것만큼이나 거기에도 참여하도록 초대하였다.[65] 사목구의 주임신부는 그러한 예식에서 거룩한 성체가 분배되도록 해야 한다.[66] 심지어 그러한 예식조차도 없는 경우, 신자들에게 공동으로 또는 개인으로 일요일 기도를 바치도록 권장된다.[67]

3) 일요일 휴식

제2차 바티칸 공의회는 그리스도인들에게 일요일이 기쁨과 휴식의 원천이 되기를 바란다. "주일은 최초의 근원적인 축일이다. 신자들의 신심을 일깨워 주는 주일은 또한 즐거움과 휴식의 날이 되도록 강조하여야 한다"(「전례 헌장」 106항). 이 목적을 달성하기 위해서는 사람들이 노동에서 자유로워야 한다. 이 조건하에서만 일요일은 진정한 의미로 축일이 될 수 있다.[68]

(1) 역사적 발전

유다인들에게 성스러운 휴식의 날은 매주의 안식일이었다. 반면 이교도들의 축제일과 성스러운 휴식의 날은 더욱더 불규칙한 성격을 띠었다. 그러나 토성(Saturn)의 날은 안식일과 일치하는 행성 주간의 첫 번째 날로서, 불행을 피하기 위해 사업을 삼가야 한다는 신화적 관념과는 달랐다.

그리스도인들은 자신이 속한 환경에 휴식의 날을 맞추어야 했다.

---

65) *Gemeinsame Synode der Bistümer in der BRD*, *op.cit.*, 205.

66) "Directorium de celebrationibus dominicalibus absente presbytero", *Notitiae* 24(1988), pp.371~372, nrs. 20 and 28.

67) *Ibid.*, p.373, nr. 32.

68) 요한 바오로 2세, 「주님의 날」(1998.05.28.), 8~18항을 보라.

유다교라는 환경 속에 있던 초기 그리스도인들은 안식일에 쉬었고 일요일에 예배를 드렸다. 이는 분명 이상적인 조건은 아니었다. 그러나 당시 박해받던 작은 교회 공동체는 휴식의 날을 일요일로 옮길 기회나 그럴 영향력을 갖고 있지 못했다. 그럼에도 불구하고, 사도들의 결단(inherent determination)에 의해 일요일을 예배일로 선택한 것은 노동을 자제하고 휴식의 일을 그날로 옮기도록 만들었다.

테르툴리아누스(220년경 사망)는 일요일 휴식을 최초로 언급한 사람이다. 그는 이를 진정한 그리스도교 정신을 따른 결과라고 생각했다.[69] 그리스도인들에게 종교와 제례를 바칠 자유를 부여했고 여러 개의 화려한 교회를 지은 콘스탄티누스 황제는 321년에 안식일 대신 일요일을 로마 제국의 공적 예배와 휴식의 날로 지키도록 포고하였다. 공적 휴일에 관한 이전 입법에 따라 농사는 금지된 노동에 포함되지 않았다.[70]

일요일 휴식에 관한 최초의 교회 규율은 538년 제3차 오를레앙(Orleans) 지역 공의회의 결정문에 이렇게 나타난다. "야만인에게" 그리스도교의 가치를 전하고자 일요일에 들판에서 일하는 것을 금지한다. "왜냐하면 이로써 교회에 가서 기도에 전념하는 것이 더 쉬워지기 때문이다"(28항).[71] 브라가(Braga)의 마르티누스(580년 사망)는 그리스도인이 일요일에 피해야 할 노동으로서, "노예 노동"(servile work)이

---

69) *Apologet.* 16:11(*Corpus Christianorum. Series Latina*〔*CCL*〕 I, 116); *De orat.* 23:2(*CCL* I, 271); *De idolatria* 14:7 (*CCL* II, 1115).

70) 『유스티니아누스 법전』 제3권 12편(*Codex Justinianus*, Liber 3, Title 12)에 나오는 일요일 휴식에 관한 콘스탄티누스의 법은 다음과 같이 실행되었다. "모든 재판관과 모든 시민과 모든 상인에게는 거룩한 일요일에 쉬게 하라. 그러나 농촌에 사는 사람들에게는 자기 밭을 자유롭게 경작하게 하라. 곡식의 파종이나 포도밭 경작에 알맞은 날이 빈번하게 일요일이 될 수가 있기 때문이다. 그러므로 하늘이 주시는 양식을 잃지 않도록 절호의 시간을 놓치지 않아야 한다"(인용: *New Catholic Encyclopedia*, vol. 13, 1967, p.802).

71) Cf. C. Kirch, *Enchiridion Fontium Historiae Ecclesiasticae Antiquae*, Herder, 1956) nr. 1038.

란 용어를 처음 사용하였다.

7세기 이후 그리스도인에게는 일요일 휴식이 통상의 의무로 간주되었다. 일요일에는 특정한 육체노동이나 세속의 활동을 삼가야 했다. 그러나 금지 노동에 대한 정확한 결정은 가변적이었고, "노예 노동"이란 용어가 보편적으로 사용된 것은 아니었다.[72] 이 용어는 교회법의 공식 모음집인 그레고리우스 9세의 교령(1234년)에 의해 교회법에 본격적으로 도입되었다.

그러나 그레고리우스 9세 이후에조차도 금지된 "노예 노동"에 대해서는 완전히 통일된 해석이 없었다. 이는 상대적인 개념으로서, 시대와 지역에 따라 다양하게 해석되었다. 토마스 아퀴나스는 일요일의 노동 금지를 유다인의 안식일 준수처럼 엄격한 의미로 받아들여서는 안 된다고 보았다.[73]

(2) 의미와 이유

창세기의 첫 구문에서 하느님의 "일하심"이 인류의 모범이 된다면, 그분의 "쉬심" 또한 마찬가지로 모범이 된다. 탈출기에서 세 번째 계명은 이를 언급한다. "이렛날은 주 너의 하느님을 위한 안식일이다. (…) 이는 주님이 엿새 동안 하늘과 땅과 바다와 그 안에 있는 모든 것을 만들고, 이렛날에는 쉬었기 때문이다"(탈출 20,10~11). 이렛날의 신적 휴식이란 "말하자면, 당신 손이 행하신 '참 좋으신' 작품(work) 앞에서 즐거운 기쁨으로 가득 찬 시선으로 그것을 바라보며 하느님께서 머물러 계심을 의미한다(창세 1,31). 이는 새로운 성취를 바라보는 것이 아니라 이미 성취된 것의 아름다움을 즐기는 '관조적'(contem-

---

72) 『그라티아누스 교령집』(*Decretum Graiani*, 1140)은 교황 자신이 작성한 교회법으로서, 노동의 금지를 언급하지만 육체적 노동이라는 용어를 사용하지는 않았다.

73) *S. Th.* II-II, q.122, a.4, ad4.

plative) 시선이다. 만물을 향해 보내시는 하느님의 시선인 것이다."[74] 사람들은 자기 일과 활동으로부터 거리를 두어야 자신의 목적지와 존재 이유를 숙고할 수 있다. 항상 더 많은 것을 위해 숨 가쁘게 애쓰다 보면, 복음에 나오는 부유한 곡식 농부가 풍족한 곡식을 즐기지도 못하는 결말로 치닫게 된다(루카 12,16~21). 안식일은 시간과 역사가 궁극적으로 하느님의 손에 달려 있음을 상기시킨다.

창조 때 하느님께서 이루신 경이로움에 대한 기억은 신명기의 안식일 계율로 보완이 된다. 여기서 이 계명의 기초는 야훼께서 행하신 이집트에서의 해방에서 찾을 수 있다. "너는 이집트 땅에서 종살이를 하였고, 주 너의 하느님이 강한 손과 뻗은 팔로 너를 그곳에서 이끌어 내었음을 기억하여라. 그 때문에 주 너의 하느님이 너에게 안식일을 지키라고 명령하는 것이다"(신명 5,15). 이집트에서의 고된 노예생활의 경험은 이스라엘로 하여금 나그네, 하인, 노예, 심지어 소와 나귀와 모든 가축 등 모든 피조물이 안식일에 쉬게 할 동기이자 의무가 된다. 따라서 인간의 착취 심리에 대해 결정적 한계를 그어준다.

창조와 구원에 관한 하느님의 일은 그리스도의 부활 안에서 더욱 확장되었다. 태초에 있었던 하느님의 창조 사업에 더하여 구속 사업과 그리스도의 부활을 통한 "새로운 창조"가 추가되었다. 제2차 바티칸 공의회에 따르면, 일요일이 "즐거움과 휴식의 날"이 되어야 하는 중요한 이유로 우리가 파스카 신비를 기념하는 것이다(「전례 헌장」 106항).

물론, 일이 없는 일요일에는 공동체의 일요일 예식에 참여하는 것도 도움이 된다. 일상 노동과 생계에 따른 요구에 사로잡혀 있으면, 충분히 자유롭게 하느님 예배에 실제로 헌신할 수가 없다. 공동체의 예배를 위해서는 공동의 휴식 시간이 필요하다. 이는 공휴일이 아닌 종교 축일의 경우 신적 예식의 참석자가 적어지는 것에서 잘 드러난

---

74) 요한 바오로 2세, 「주님의 날」(1998.05.28.), 11항.

다. 아침이나 저녁에 두 시간의 노동 중단만으로는 공동체 예배에 바람직한 휴식, 평온 및 축제의 분위기를 조성하는데 충분하지 않다. 게다가 각자의 다양한 상황으로 인해 모두가 같은 시간에 미사에 갈 수는 없기에, 제한된 휴식 시간으로는 모두가 신적 예식에 참여할 수 없게 되어 버린다.

일요일 휴식에는 종교적 목적 외에도, 현세적·사회적 성격의 다른 주요한 목적들도 있다. 이것들도 교회가 지지하는 관심사이며, 비록 그 목적들의 달성을 신적 예식의 이름으로 강제할 수는 없을지라도, 중요하다. 따라서 일요일 휴식은 사람들에게 활기를 되찾고 새로운 관심과 기쁨으로 일에 헌신하기 위해 필요한 오락과 소창(消暢)의 시간을 제공해 준다. 일에서 벗어난 공동의 자유는 더욱더 가족 유대감의 배양과 공동체 연대의 강화를 제공해 준다. 이는 결코 사소하지 않은 사회적 축복인데, 주중에는 근무 환경이 서로 달라 가족들이 함께할 수 있는 시간이 상대적으로 적기 때문이다. 대부분 일요일이 유일한 공동의 시간이 되는데, 만일 이 시간마저도 빼앗긴다면, 공동체는 분열이 추가되고 더 심한 개인주의와 고립으로 이어질 것이다. 또한 수많은 협회와 클럽 및 기타 단체들의 모임들도 영향을 받을 것인데, 이것들도 공통적인 주말 시간에 의존하고 있기 때문이다.

끝으로, 휴식의 날은 영적·문화적 가치를 함양하고, 자연을 향유하며, 취미를 위한 여가를 제공한다. 엄격한 경제적 생산 활동에 완전히 매몰되어서는 안 된다. 돈과 물질적 이득 외에도, 진정한 인간의 삶을 위해 그리고 인간 인격의 충분한 발전을 위해 필요한 다른 가치들이 여전히 있다. 일요일은 노동 과정의 일상적 틀에서 해방시켜 줌으로써, 사람들이 영적 활동에 헌신할 수 있게 해 준다. 이를 통해 일요일은 숙고와 명상의 시간과 내적 삶을 함양할 시간을 제공한다. 이러한 가치들은 다시금 종교 영역에 닿아 있으며 휴식의 날과 하느님 예배

간의 밀접한 관련성을 보여 준다. 히브리인들이 안식일의 휴식을 전적으로 종교적 성격을 띠는 의무로 간주하면서 강하게 인식했던 그런 관련성을 말이다.

(3) 의무적 성격과 내용

안식일의 휴식 계율에 대한 엄격한 해석은 예수와 유다교 율사들 간의 주요 갈등 중 하나였다.[75] 이는 예수가 그들의 엄격한 율법주의에 대해 이의 제기하시며 선언하셨다. "안식일이 사람을 위하여 생긴 것이지, 사람이 안식일을 위하여 생긴 것은 아니다"(마르 2,27~28과 병행 구절). 즉 안식일은 인간의 필요와 복지보다 하위라는 것이다.

① **교회법이 부과하는 의무**는 모든 일요일과 의무 축일에 "하느님께 바쳐야 할 경배, 주님의 날의 고유한 기쁨 또는 마음과 몸의 합당한 휴식을 방해하는 일과 영업을 삼가야 한다"는 것이다(교회법 제1247조). 일반적으로 부적합한 일은 광업·농업·어업의 노동(1차 산업 부문)과 공장·건설·장인의 노동(2차 산업 부문)과 같이, 육체적으로 더 힘든 노동으로 이해되어 왔다. 최근에는 임금이나 고용이라는 측면이 기준에 추가되었으며, 이에 따라 제3의 노동 부문인 서비스업도 포함되었다. 일요일 휴식에 대한 정신과 배치되는 노동을 정의하기 위해서는, 그리스도교 공동체에서 선량한 사람들의 감정과 공통된 판단을 항상 중요한 기준으로 삼았다.

금지된 노동을 규정하기 위한 결정적 기준은 특정 노동이 하느님 예배, 축일 분위기 및 공공의 성스러운 휴식에 방해되는지 여부이다. 이러한 기준에 따라 공적인 재판 행위와 상거래 역시 금지된 활동으로 늘 포함되었다. 이러한 법의 내적 취지는 일요일의 목적을 방해하는 다른 모든 직업적 활동뿐만 아니라, 심지어 오락 활동도 금지시키

---

75) 마르 2,23~28과 병행 구절; 3,1~5과 병행 구절; 루카 13,10~17; 14,1~6.

게 된다. 만약 지적 활동, 자유 예술 및 스포츠 행사가 하느님 예배를 방해하고 개인이 영적 삶을 함양하고 가족의 유대를 필수적이며 건전하게 돌보지 못하게 한다면, 이것들 또한 일요일 휴식의 취지를 위배하는 것이다.

도덕신학자들은 일반적으로 성스러운 휴식의 의무가 본성상 위중한 것이며 그 의무를 완전히 무시하면 중죄가 된다고 보았다. 하지만 제2차 바티칸 공의회 이전의 입문서들은 두 시간 혹은 심지어 반나절의 금지된 일요일 노동을 했다고 반드시 중죄로 판단할 수는 없다고 가르쳤다. 중죄가 되려면, 습관적으로 계명을 무시해야 한다. 일반적인 원칙으로서, 노동이 오래 지속될수록, 공공에 미치는 방해가 클수록, 사람들을 노동에 많이 연루시킬수록(예: 공사장), 위반의 정도는 위중한 것으로 간주한다. 사용자는 일요일에 직원들에게 충분하게 자유시간을 제공할 막중한 의무를 지닌다. 아주 심각한 이유를 제외하고는, 일요일 미사 참여하는 데 필요한 시간을 늘 확보해 주어야 한다. 휴식을 일요일에 제공할 수 없을 경우, 다른 날로 보상을 해야 한다.

② 인간 생활에 필요한 구체적 조건들은 일요일 휴식의 계율에 많은 **예외들**을 필요로 한다. 이러한 예외들이 증가하는 추세인데, 이는 일요일 휴식을 잠식함으로써 위협이 된다. 이것은 종교적 측면뿐만 아니라 사회적·문화적 측면에서도 사회에 큰 손실이 될 것임을 의심할 여지가 없다. 모든 사람은 건전한 양심을 가지고 스스로에게 물어봐야 한다. 즉 내가 주장하는 일요일 노동은 어떤 종류의 것인가? 일요일에만 할 수 있는 것인가? 그 전이나 그 후에도 할 수 있는 것인가? 이는 일요일에 상점을 열지 여부에 대한 토의에서 특히 중요하다.

긴급한 필요가 있다면, 계율에 대해 항상 면제를 받는다. 일요일에 일하지 않으면 자신과 가족을 부양할 수 없는 빈자는 이 법에서 면제되며, 실직당하지 않으려고 일을 나가야 하는 직원도 역시, 면제된다.

농부는 폭풍우가 닥칠 경우, 일요일이라도 곡물, 건초 등을 수확하거나 과일 수확이나 가뭄 때의 밭에 물을 주기를 할 수 있다. 화재, 홍수, 지진 등의 경우에도 필요한 모든 노동은 허용된다. 대중교통, 주유소, 요식업, 호텔, 병원 등과 같이 공공복지와 공동선을 위해 필수적인 서비스 역시, 동등하게 정당화된다. 정비사는 필수적인 여행 또는 이미 시작한 여행을 위해 차량 정비를 해 줄 수 있으며, 월요일에 쓸 연장이나 기계 수리를 미리 준비할 수 있다. 노동자는 공장의 피해를 예방하기 위해 필요한 작업과 서비스를 수행할 수 있다.

때때로 일요일에 비싼 기계를 사용하지 않는 것은 손실이며, 지속적으로 사용하는 사람에 비해 불리해진다는 주장이 제기된다. 그러나 일요일 노동을 쉬는 것은 늘 물질적 이익의 희생과 연결되며, 이는 농부에게든 기술자에게든 산업체 운영자에게든 마찬가지이다. 게다가, 노동조합이 일요일 노동에 반대하는 압력을 가해 온 결과, 기업이 일요일 노동 없이도 존속할 수 있으며 심지어 일요일 휴식을 존중하지 않거나 덜 존중하는 나라들과의 경쟁 속에도 수익성을 낼 수 있음을 보여 주었다. 연속되는 작업을 완전히 피할 수 없는 경우도 있을 수 있다. 그러나 그러한 경우라고 해도, 일반적으로 최소한 일요일 안에서 가장 중요한 시간 즉 16시간, 12시간, 또는 8시간 정도는 노동의 중단이 가능하다. 아무튼 전제 국민과 국가 경제의 공공복리에 중요한 사안일 때라면, 특정 경제 부문에서의 연속 작업은 정당화될 수 있다. 일요일 휴식의 의무에 대해서는 주교(그 지역의 교구장)와 주임신부가 관면할 수 있다(참조: 교회법 제1245조).[76]

---

76) 일요일 미사에 대한 관면은 여기 각주를 보라〔**옮긴이 주 #13:** 원문의 오류를 바로잡아 보자면, 이 책의 "③ 미사 참여의 의무가 면제되는 사람" 부분을 보라〕.

5.3.2. 종교적 금식과 금육의 날

구약에서는 이미 참회 행위를 높이 평가하였다. 직접적 동기는 다양하지만, 참회란 본질적으로 "하느님께 대한 사랑과 헌신을 목표로 하는 종교적이고 개인적인 행위로, 자신을 위한 것이 아니라 하느님을 위한 금식인 것"으로 이해된다.77)

그러나 참회는 개인적 차원과 사회적 차원을 지니고 있다. 참회는 완전함과 거룩함에 대한 표지이며 도구로 여겨졌으며, 이는 유딧과 다니엘 및 예언자 안나 그리고 단식과 기도로 하느님을 경배한 다른 뛰어난 남녀들이 증명했던 바이다(토빗 12,8; 유딧 8,6; 다니 10,3; 루카 2,37). 모세처럼 의롭고 거룩한 남녀들 또한 자신들의 참회를 통해 전체 공동체의 죄에 대해 보속하였다. 예컨대 모세는 신앙이 없는 백성의 잘못으로 인한 하느님의 진노를 풀어 드리고자 사십 일 동안 단식했던 것이다(신명 9,18).

그리스도 그분도 공생활을 시작하기 전에 사십 일 동안 기도와 금식을 하셨다. 비록 그분은 내적 회개와 헌신의 정신이 결여된 겉꾸밈의 참회와 금식을 거부하셨지만, 이러한 실천 자체가 무가치하다고 배격하지는 않으셨다. 오히려 올바른 정신으로 이를 수행할 경우, 인정하셨던 것이다(마태 6,16~18).

위대한 종교 전통과 주 예수님의 모범에 따라 그리스도인들은 초창기부터 금식과 참회의 날 및 절기를 지켜왔다. 여러 참회 시기 중 교회 전례력에 한때나마 들어간 것 중에서 가장 중요한 것은 사순절이다. 이는 그리스도교 백성들에게 특별히 높게 평가되어 왔다. 제2

---

77) Apostolic Constitution on Penance *Paenitemini* of Pope Paul VI, 17 Feb. 1966. *Vatican Collection*, vol. 2: *More Postconciliar Documents*, ed. by A. Flannery, ^{2}1998, 2(*AAS* 58, 1966, p.179).

차 바티칸 공의회는 이를 명시적으로 언급하였고 신자들의 신심과 목자들의 특별 보살핌을 하도록 권고한다. "사순 시기의 참회는 오로지 내적이고 개인적인 것만이 아니라 또한 외적이고 사회적인 참회가 되어야 한다. 참회의 실천은 우리 시대에 따라 증진되어야 한다"(「전례 헌장」 110항). 또 하나의 가장 오래된 전통은 금요일을 주님의 수난하신 날이며 속죄를 실천하였던 것이다.

교회 내에서 공동 참회의 실천은 일차적이고 본질적으로는 신적 예배의 표현이다. 이는 희생과 많은 공통점을 지녔다. 사람들은 얼마의 현세적 만족을 거부함으로써 더 높고 영원한 가치의 실체를 더욱 생생하게 경험하게 되는데, 이는 주의를 기울여 보살필 가치가 있다. 자기 부정에 대한 종교적 실천은 어떤 때는 죄에 대한 보속의 성격이 강하지만, 또 어떤 때는 주님께 대한 감사와 사랑의 표현이 되기도 한다. 이러한 실천은 언제나 인간의 정화와 성화를 돕고 그리스도의 모습을 닮게 해 준다. 사순절 감사송은 참회의 실천을 통해 "당신은 우리의 악습을 고쳐 주시고 마음을 들어 높이시며 성덕에 나아가게 하시고 영원한 상급을 베푸시나이다"라고 기도한다.

새로운 참회 규정에 따르면,[78] 보편 교회가 지킬 재계의 날과 시기는 연중 모든 금요일과 사순절 기간을 말한다. 주교회의가 정한 것으로서, 모든 금요일에는 육류 또는 다른 종류의 음식을 금식해야 하며, 금요일이 대축일과 겹칠 때는 예외로 한다. 재의 수요일과 성금요일에는 단식과 금육 모두를 지켜야 한다.

주교회의는 단식과 금육의 준수에 대해 더 구체적인 방법을 정할 권리가 있으며, 이를 전부 또는 부분적으로 다른 형태의 참회, 즉 애

---

78) 교회법 제1249~1253조를 보라. 이 법전은 1966년 바오로 6세의 사도적 헌장 「회개하여라」(Apostolic Constitution *Paenitemini*)에 의해 제정된 참회의 순서에 관한 규정을 실질적으로 채택하고 있다.

덕 활동과 신심 수련으로 대체시킬 수도 있다. 주교(지역의 교구장)나 주임신부는 정당한 사유가 있을 경우, 단식재와 금육재를 관면해 줄 수 있거나 또는 이를 다른 속죄 행위로 변경해 줄 수 있다(참조: 교회법 제1245조).[79] 단식과 금육에 대한 교회의 가르침이 구체적으로 요구하는 사항에 대해 추가적인 설명이 필요하다.

1) 단식의 계율

단식법은 하루에 정찬(正餐)은 한 번만 하도록 규정한다. 조식과 석식 때에는 평소보다 적은 양의 음식을 먹을 수 있으며, 이 두 번의 소찬을 합쳐도 한 번의 정찬보다는 적어야 한다. 이 두 번의 가벼운 양을 합쳐도 정찬의 양과 같아서는 안 된다. 우유나 과일 주스와 같은 음료의 섭취는 단식 규정을 깨뜨리는 것은 아니다.

단식법의 적용 대상자는 만 18세부터 만 60세에 도달하지 않은 이들이다(교회법 제1252조. 참조: 제97조 1항).

과거의 안내서들은 단식 계율에 대한 면제 사유를 아주 자세히 설명했다. 그러나 의무로서 단식 기간은 이틀뿐인지라, 건강한 사람이라면 나이와 상관없이 이를 지킬 수 있을 것이다. 하지만 단식으로 인해 건강이나 노동력이 심각하게 영향을 받을 때, 이 법은 구속력이 없다. 또한 너무 가난해서 늘 굶주린 사람에게도, 구속력은 없다.

2) 금육의 계율

금육법은 육류(肉類)의 섭취를 금하지만, 동물성 기름이나 육수로 만든 조미료는 먹을 수 있다.[80] 섭취하지 말아야 할 육류는 포유류와

---

79) 여기서도 일요일 계율의 경우와 마찬가지로 성좌의 성직 수도회나 사도 생활단에서 장상들이 자신들의 회원들과 그 소속자들과 수도원에 주야로 거주하는 이들에게 동일한 관면권을 행사한다.

80) Cf. M. Zalba, "Ad Const. Apost. 'Paenitemini' adnotationes quaedam canon-

조류의 고기이다. 그러나 물고기, 해산물, 양서류, 파충류는 가능하다. 물론 이것이 가톨릭 신자들이 금육의 날에 생선을 먹을 수 있다거나 필히 먹어야 한다는 뜻은 아니다. 실제로, 특히 생선이 비싼 지역에서는 대신 밭에서 나는 저렴한 과일과 채소, 반죽 음식(paste) 및 유제품을 섭취하는 것이 이러한 취지에 더 잘 부합할 수 있겠다.

금육법은 만 14세부터 수명이 다할 때까지 모든 사람에게 의무가 적용된다(교회법 제1252조). 이는 만 7세부터 부과하던 구법을 폐기하고 개정한 것이다.

이 의무는 금요일에 대축일이 겹칠 때, 중단된다. 그리고 자신의 건강이나 노동에 육류가 필요한 경우(예: 광산이나 용광로 근무) 또는 사용자가 다른 음식을 제공하지 않는 경우(예: 하인, 아동, 부인), 이는 면제된다.[81]

대부분의 지역에서 주교회의는 금육을 다른 형태의 참회 행위로 대체하는 것을 허용할 권리를 행사해 왔다. 즉 애덕 활동과 신심 수련 및 기타 형태의 참회 행위로 대신할 수 있도록 하였으며, 때로는 매주 금요일에, 때로는 사순절 금요일에 예외를 적용시키곤 하였다.

---

icomorales", *Periodica* 55(1966), p.752.

81) 배나 비행기를 움직이는 근무자는 여행객과 같이, 단식과 금육이 면제된다. 그러나 그들에게는 다른 경건한 일을 하고 적어도 성 금요일에는 단식과 금육을 지키도록 권고된다(Decree *Pro materna* of March 19, 1982, of the Papal Commission for Tourism: *AAS* 74, 1982, p.744).

5.4. 거룩한 것에 대한 존경의 의무

5.4.1. 하느님의 이름에 대한 존경

신적 존재의 이름은 모든 민족이 존경하며 신성하게 여긴다. 마치 사람의 이름이 공허한 단어가 아니라 그의 존재를 대표하듯이, 하느님의 이름도 그분의 신적 존재를 나타내는 단어이다.

이스라엘인들은 특히 사람의 이름, 그리고 하느님의 이름이 지닌 대표성에도 매우 민감했다. 야훼의 이름을 거룩하게 하는 것(이사 29, 23), 사랑하는 것(시편 5,12), 찬미하는 것(시편 7,18), 높이 기리는 것(시편 34,4)은 그저 야훼 자체를 거룩하게 하고 사랑하며, 찬미하고 높이 기리는 것과 다름이 없다. 야훼의 이름은 경외로우며(신명 28,58), 영원히 지속되는 이름이다(시편 135,1). 하느님의 이름을 거룩하게 하는 것은 아주 중요한 것이어서 십계명 중 하나가 되었다. 즉 "주 너의 하느님의 이름을 부당하게 불러서는 안 된다. 주님은 자기 이름을 부당하게 부르는 자를 벌하지 않은 채 내버려 두지 않는다"(탈출 20,7).[82] 주님을 모독한 자이므로 "자기 백성 가운데에서 잘려 나가야 한다"(민수 15,30; 레위 24,15~16).

신약은 하느님의 이름에 대해 동일한 경외심을 보이며 그분의 성자 예수 그리스도의 이름으로 확장한다. 제자들은 「주님의 기도」인 "우리 아버지"(마태 6,9)에서 배운 것처럼, 하느님의 이름을 거룩히 드러내야 한다. 그리스도인은 하느님의 이름을 찬미해야 하며(히브 13,

---

82) 유다교에서는 점점 더 존경을 강화함으로써 호렙에서 계시된 그 이름을 더 이상은 실제로 발음하지 않는 경향이 되었다. 그래서 읽을 때 야훼라는 이름을 **하느님**(*Eloihim*) 또는 가끔 **나의 주님**(*Adonai*)으로 대체하였다. 그러므로 유다인들은 성서를 히브리어에서 그리스어로 번역할 때 야훼의 이름을 전혀 쓰지 않고 그저 **주님**(*Kyrios*)으로 썼다("Name", *Dictionary of Biblical Theology*, ed. by X. Léon-Dufour, 1988, p.378).

15), 자신의 행위로 인해 그분의 이름이 모욕을 받지 않도록 주의해야 한다(로마 2,24; 1티모 6,1). 구원은 예수의 이름과 결부되어 있기에,[83] 그분의 이름도 역시 존경과 경배를 받아야 한다(필리 2,9~11). 그리스도인은 주 예수의 이름이 영광을 받도록 행동해야 한다(2테살 1,11~12).

그러므로 하느님의 이름은 그분의 존재를 나타내며 그분의 위격을 상징한 것이기에, 존경심을 가지고 사용해야 한다. 하느님의 이름을 영예롭게 하는 것은 그분을 영예롭게 하는 것이고, 그분의 이름을 불명예스럽게 하는 것은 주님을 불명예스럽게 하는 것이다. 이는 예수의 이름과 그분을 표현한 성화상에도 마찬가지이며, 복되신 동정 마리아와 사도들 및 성인들처럼 그분과 특별히 가까운 이들의 이름에도 어느 정도, 존경심을 가지고 사용해야 한다.

하느님의 이름에 대한 오용

하느님의 성스러운 이름은 여러 가지의 방식과 정도로 불명예가 될 수 있다. 하느님의 이름을 불경스럽고 헛되이 사용하는 불경(profanity)과 신성모독(blasphemy)의 죄는 구별해야 한다.

1) **불경**이란 거룩하신 이름을 생각 없이 또는 화가 나서 실례되게(disrespectful) 사용하는 것이다.

하느님의 이름을 개의치 않게(unconcerned) 사용함으로써 즉 속된(profane) 것을 다루듯 취급함으로써 불경스럽게 될 수 있다. 신학자 자신들은 과학자들이 자기 분야의 현상을 논의하듯이, 순전히 학문적인 방식으로 하느님과 신적 신비들을 논하지 않도록 경계해야 한다. 교리교육과 신학적 가르침 중에 하느님의 이름을 사용하는 것은 언제나 그분에 대한 존경과 사랑을 나타내야 한다.

83) 마태 1,21; 사도 4,12; 10,43; 로마 10,13; 1코린 6,11.

하느님 이름을 부주의하고 경박하게 사용하는 것은 엄격한 의미로 "헛되이" 부르는 것이다. 거룩한 이름이 단순히 감탄사처럼 표현하는 수단으로 사용되며, 놀람, 흥분 및 두려움과 같이 하느님과는 전혀 관계없는 속세적인 정서와 흥분을 표현하는 전달 수단으로 남용되는 것이다.

더욱 심각한 남용은 죄스러운 분노 또는 다른 죄스러운 감정을 표현하는 과정에서 하느님의 이름에 대한 불경이다. 그렇지만 흥분한 순간에 거룩한 이름을 생각 없이 내뱉는다면, 경죄에 불과할 것이다. 하지만 죄스러운 분노가 생길 때마다 거룩한 이름을 습관적으로 남용한다면, 심각한 불경에 해당한다. 더 나아가 타인에게 혐오스럽게 모욕하고 저주할 목적으로 성스러운 이름을 사용한다면, 중죄가 된다.

2) **신성모독**(Blasphemy)이란 하느님을 경멸하거나 모욕하는 모든 말, 몸짓 또는 형상을 표현하는 것을 말한다. 이는 종교를 거스른 빈번한 죄 중 하나이다. 신성모독은 하느님 사랑을 거스르는 가장 무거운 죄인데, 사람들 앞에서 하느님의 영광을 해치기 때문이다. 극장, 영화, 텔레비전 등 다양한 볼거리와 문학 작품은 때때로 하느님, 그리스도, 성인 및 종교 자체를 조롱하는 표현을 한다. 이는 세속화된 오늘의 사회 안에 아직 남아 있는 종교적 가치와 정서를 파괴하려는 경향이 있다. 신성모독은 "그것을 듣는 사람 특히 어린이와 청소년의 정신과 마음 안에 있는 하느님에 대한 존경심, 경외심 및 신뢰심에 손상을 입히는 경우가 많다. 이는 하느님의 구속 사업에 해를 끼치는 것 외에도 인간 존재에 있어서, 최고의 가치인 신앙, 신뢰, 사랑 및 종교심에 있어서 자기 동료에게 해를 끼치는 것이다."[84] 언론의 자유는 진리에 의해 제한을 받으며, 이는 하느님과 그리스도에 관한 진리뿐만 아니라 사람들이 거룩하게 여기는 것에 대한 정당한 신념과 정서를

84) H. Boelaars, "La blasfemia", *Studia Moralia* 17(1979), p.208.

존중하는 것도 포함된다.

직접적인 신성모독은 하느님 자체를 모욕하는 경우이다. 하느님이 불의하고 무자비하다고 여겨 그분을 저주하는 것, 하늘을 향해 주먹질하는 것, 그분의 성화상이나 십자가에 침 뱉거나 짓밟는 것 등이 신성모독이다. 또한 하느님이나 그리스도를 조롱하는 미사나 행렬 및 하느님을 모독하는 유사한 행위들 역시, 신성모독이다. 간접적인 신성모독은 성인이나 성물을 모욕하는 것이다. 그러나 이러한 행위가 실제로 성물을 경멸할 의도를 지닌 경우에만, 심각한 죄이다. 신앙심이 부족한 형태의 신심 행위를 조롱하는 것은 어쨌든 쉽사리 불쾌감을 줄 수는 있지만, 신성모독은 아니다.

많은 사람들 특히 남자들은 단순히 습관적으로 신성모독을 한다. 그들의 거친 말투는 사나이다움을 과시하려는 데 이용되며, 소년들 또한 이를 따라 하면서 자기들이 사내답고 대담하다는 모습을 보여주고자 한다. "이러한 개인적이고 사회적인 악습의 진정한 근본 원인은 참된 신앙과 종교심의 결여 때문이다."[85] 습관과 모방 및 하느님에 대한 명백한 인식의 부족은 이러한 행위의 죄책을 다소 완화할 수 있지만, 그럼에도 그 행위는 여전히 부적절하고 불경스러운 것이다.

주(註): damn it!(염병할!), hang it!(오라질!), bloody bastard!(개자식!) 등과 같은 표현은 일반적으로 저주하는 말로 간주된다. 그러나 이러한 표현들이 성스러운 이름을 포함하지 않은 한, 하느님과 성스러운 것들에 대한 존경을 위반한 것은 아니다. 따라서 표현이 부적절하긴 하지만, 전혀 죄가 안 되는 경우도 많다. 그러나 이는 형제를 향한 애덕의 위반이나 분노의 죄를 쉽게 범할 수 있다.

85) *Ibid.*, p.219.

5.4.2. 축성된 사람들에 대한 존경

특별한 축성이나 공적 서원을 통해 종교적 직무에 헌신하는 사람들은 거룩한 이들이다. 그리스도교의 맥락에서 볼 때, 여기에는 주교, 사제, 부제[86] 및 수도 공동체의 회원이 포함된다. 이들은 인간들 간에 현존하시는 하느님에 대한 표지인 한, 그들에게 존경을 표해야 한다. 하느님과 관계되어 있기에 거룩한 장소들과 거룩한 사물들을 존경심으로 대해야 한다면, 축성된 사람들에게도 마찬가지로 종교적 존경심을 표해야 한다. 하지만 축성된 사람이 자신들의 종교적 신분을 무시하거나 망각할 경우, 이 또한 스스로 존경심을 깎아 먹는 원인이 될 것이다.

축성된 사람에 대한 부당한 대우는 인적 독성죄(人的 瀆聖罪, personal sacrilege)이다. 무엇보다도 구타·침 뱉기·짓밟기·감금·살해 등과 같이 모든 신체적 폭력이 포함된다. 교황에게 신체적 폭력을 가하는 자는 성좌(聖座)만이 행사하는 파문 조치(excommunication)를 받게 된다. 주교에게 가하는 자는 제재 조치(interdict)에 처하게 된다.[87] 신앙이나 교회의 권위를 모욕하고자 성직자에게 폭력을 가하는 자는 정당한 처벌을 받아야 한다(교회법 제1370조). 새로운 교회법은 더 이상 "법정에서의 특전"을 고수하지 않으며, 성직자를 세속 법정에 피고 또는 피의자로 소환하는 것을 금하지 않는다. 하지만 단순히 명예훼손을 하고자 그런 법정에 부당하게 소환하는 것은 교회가 이를 명시적으로

86) (오늘날 소품을 대체하는) 직무만 받은 이들은 더 이상 성직자의 지위에 속하지는 않는다. 부제품을 받음으로써 성직 지위에 들어간다(cf. the two Motu Proprios of Aug. 15, 1972, *Ministeria Quaedam*, *AAS* 64, 1972, p.531, and *Ad Pascendam*, *op.cit.*, p.540).

87) 파문 조치를 받은 자에게 금지되는 것은 (1) 공적 예배 의식에서 그 어떤 직무 역할을 맡는 것, (2) 성사나 준성사를 집전하는 것과 성사를 배령하는 것, (3) 교회에서 직무, 직책, 기능 또는 통치 행위를 행사하는 것이다. 제재 조치를 받는 자에게 금지되는 것은 (3)항의 경우를 제외하고, 동일하다. 교회법 제1331조와 제1332조를 보라.

언급하지 않더라도, 범죄이며 인적 독성에 해당한다.

또한 독성이란 축성된 사람들의 성스러운 직무를 방해하는 행위 즉 그들의 종교적 소명과 양립할 수 없는 그런 전적으로 세속적 직무에 강제로 종사하게 하는 행위를 말한다. 군복무가 성직자 신분과는 덜 어울린다고 교회는 간주해 왔다. 따라서 성직자와 그 후보자는 주교의 허가가 없는 한, 군복무에 지원하지 말아야 한다(교회법 제289조 1항). 축성된 사람들은 자신의 종교적 소명을 심각하게 위반함으로써, 스스로가 인적 독성을 저지를 수 있다.

5.4.3. 성스러운 장소에 대한 존경

하느님 예배만을 위해 특별히 고유하게 축성된 장소들은 거룩한 곳으로 간주해야 한다. 이 장소는 신적 존재와 특별한 관계가 있는 곳이기에, 사람들이 그곳에서 존경 어린 태도를 보이려는 충동을 보편적으로 느낀다. 공동체 예배는 그에 적합하고 구별된 장소를 필요로 한다. 인간 심리에서 볼 때, 종교 제례에 참여 여부는 그 환경이 단정하고 적합한지에 따라 상당히 영향을 받는다. 이러한 제례 장소는 특별히 사람들 가운데 현존하시는 하느님을 생생하게 상징하며, 그분은 사람들과 땅을 거룩하게 하는 관문, 친밀하신 분으로 경험하게 하는 관문인 것이다.

교회법에 따르면, 전례적 축성이나 축복을 통해 신적 전례나 신자들의 매장(埋葬, burial)을 위해 따로 구별된 장소는 거룩한 곳이다(교회법 제1205조). 여기에는 성당, 경당, 특별히 축복된 묘지가 해당된다. 성당에 부속된 제의실은 거룩한 곳이 아니며, 또한 창고, 다락방, 지하실, 종탑도 아니다. 성체를 모신 성당과 경당은 특별히 하느님의 현존 때문에, 무엇보다도 존경 어린 태도를 취할 필요가 있다.

"거룩한(sacred) 장소에는 경배와 신심과 종교의 행위를 실행하거나 증진시키는 데 이바지하는 것만 허가되고, 장소의 거룩함(holiness)에 맞지 아니하는 것은 무엇이든지 금지된다"(교회법 제1210조). 이러한 교회법 규정은 모든 종교의 성스러운 장소에 적용된다. 가톨릭교회의 유효한 지침에 따르면, 주교나 관할 직권자는 개별적인 경우에 한하여 장소의 신성함에 부합하는 한 다른 용도를 허가할 수 있다. 따라서 성당 안에서 종교적이고 영적인 음악 연주회는 허용될 수 있지만, 그 외의 음악은 안 된다. "예컨대 최고의 아름다운 교향곡이라도 그 자체로 종교적인 것은 아니다."[88]

성스러운 장소를 심각하게 하찮은 대우를 하는 것은 장소적 독성죄(場所的 瀆聖罪, local sacrilege)이다. 여기에는 두 가지가 해당된다. (1) 성스러운 특성을 중대하게 침해하는 활동과 목적으로 거룩한 장소를 모독하는 행위이다. 이는 불경스러운 쇼, 불경스러운 춤, 시장 활동(참조: 예수께서는 성전에서 장사꾼을 쫓아내셨음. 마르 11,15~17), 재판 행위, 공공 연회 및 싸움을 포함한다. (2) 심각하게 죄스럽고 소문난 행위이다. 교회법에 따르면, 신자들에게 추문이 되는 심각한 모욕 행위가 일어나고, 그것이 지역 주교나 직권자의 판단에 따라 그 장소의 거룩함에 심각하게 반하는 것으로 여겨져 더 이상 그 안에서 경배를 거행할 수 없게 될 경우, 그 장소는 '신성모독이 된 것'으로 간주된다. 이 경우에는 전례적 참회 예식을 통해 보상이 이루어지기까지 예배를 거행할 없다(교회법 제1211조).

그러나 긴급한 필요에 의해 성스러운 건물을 난민을 수용하거나 군인 특히 병자와 부상자를 수용하는 것은 성스러운 장소를 속화시키

88) "성당 안에서의 연주회"에 관한 1987년 11월 5일 경신성사성(Congr. for Divine Worship and the Discipline of the Sacraments)의 문서(*Notitiae* 24, 1988, pp.33~39) 8항. 입장료는 무료여야 한다(10항).

는 행위로 간주되지 않는다. 그러한 경우가 아니라도 교회 안에서 사적인 식사를 하는 것은 부적절한 것이지만, 신성모독은 아니다. 비밀리에(occult) 범한 중죄를 성스러운 장소 안에서 저질렀다고 해도, 심각한 신성모독은 아니며, 이를 고해성사 때 고백할 의무는 없다.

5.4.4. 성스러운 물건과 사물에 대한 존경

신적 예식을 위해 독점적으로 사용되는 것들은 성스러운 것으로 간주된다. 예컨대 성사들 특히 제대의 성체처럼 그것이 본질적으로 성스러워진 경우, 그리고 예컨대 제구와 제의처럼 그것이 특별한 축성이나 축복에 의해 성스러워진 경우가 이에 해당한다. 또한 성인 유해나 성서 말씀도 하느님과 그리스도와의 특별한 관련성 때문에 성스러운 것이다.

어떤 소재나 물건이 신적 제례에 더 독점적이고 더 직접적으로 지정될수록, 더욱 존경스럽게 다루어야 한다. 최고의 공경을 드릴 것은 특별히 그리스도의 현존을 드러내는 성체이다. 신적 예식을 위해 쓰고자 축성되거나 축복된 성스러운 그릇이나 의복은 불경한 목적으로 이용되어서는 안 된다(참조: 교회법 제1171조). 예컨대 카펫, 등잔, 촛대, 포도주병, 세숫대야 등이 그러하다. 또는 축복을 받았지만 신적 제례를 위한 것이 아닌 물건들도 세속적 용도로 사용할 수 있다. 예컨대 축복된 초로 공부하거나 축복된 소금으로 음식의 간을 맞출 수 있다.

성물(sacred things)을 불경하게 사용하거나 대하는 것은 "물적" 독성죄가 된다. 성물을 세속적이고 물질적 이득을 위해 악용하는 특별한 남용 행위에는 성직매매(simony)가 있다.

1) 물적 독성죄

물적 독성죄는 성물을 오용한 것이며, 다음과 같은 경우에서 범해질 수 있다.

(1) 성사 특히 성체성사를 하찮게 배령하거나 거행하거나 불경하게 대할 경우. 가장 심각한 형태의 신성모독 중에는 하느님 증오, 그리스도교 경멸 및 미신적 목적 등으로 성체를 심각하게 모독하는 행위 등이 있다. 이러한 범죄자는 성좌에 유보된 파문 처분을 받는다(교회법 제1367조). 성체를 의도적이고 중대하게 모독하는 행위는 비록 성체를 감실, 성광 및 제대에서 제거하지 않았다고 해도, 독성죄를 범한 것이다.[89]

성체를 하찮게 취급하는 과실에는 성작, 성체포, 제대포 등이 아주 더러울 경우, 성체를 제때 새로 갈아 넣는 데 소홀한 경우, 성체등이 꺼진 채로 성체를 두었을 경우가 있다. 하지만 이러한 태만이 중대한 경우, 독성죄가 된다.

(2) 제구, 제의, 성유, 성인 유해, 십자가, 성화상 등 성물을 하찮거나 불경스럽게 취급할 경우. 예컨대 성작을 술잔치에 사용하듯이, 하느님 예배를 위해 축성되거나 축복된 성구나 제의를 세속적 용도로 사용할 경우, 독성죄이다(성전의 성구를 잔치에 사용함으로써 독성죄를 저질렀던 벨사차르 왕이 받은 하느님의 징벌을 참조하라. 다니엘서 5장). 하지만 그러한 것들이 본래의 형태를 잃어버린 경우, 예컨대 성작이 녹아내렸거나 제의가 분해되었을 경우라면, 세속 목적으로 사용할 수 있다. 또한 더 이상 쓸모없게 된 성물을 소각시킬 경우, 독성죄가 아니다.

같은 맥락에서, 성당을 포함한 성물이나 신적인 예식만을 위해 직접적으로 지정된 성구를 훔치거나 몰수하는 것도 독성죄가 된다. 하

---

89) Pontif. Council for the Interpretation of Texts of Law, June 4, 1999: *AAS* 91(1999), p.918.

지만 교회의 일반 재산(예: 부동산)을 부당하게 취득한 경우에는 정의를 위반했지만, 독성죄는 아니다.

(3) 불경하고 죄스러운 목적으로 성서 말씀을 남용할 경우. 따라서 미신이나 마술 행위에 성서를 사용하는 것은 독성죄이다. 농담으로 성서를 인용하는 경우, 일반적으로는 부적절한 것이지만, 통상적으로는 독성죄가 아니다.

2) **성직매매**(simony)

물질적 재화는 거룩한 것을 섬기는 데 사용되어야 하지만, 그와는 반대로 거룩한 것을 현세적이고 물질적 이익을 섬기는 데 사용되어서는 안 된다. 성직매매는 이러한 질서를 뒤집어 버리게 된다. 영신적인 것을 돈으로 사고팔려 하거나, 영신적인 일에 특별히 연결된 세속적인 것을 금전적 대가로 사고팔려고 하는 의도적인 시도가 그것이다. (이 용어는 사도 8,12~24에 언급된 마술사 시몬에게서 유래된 것으로서, 그는 성령을 받게 하는 효능을 사도들로부터 돈으로 사려고 했었다.) 여기서 현세적 대가는 금전뿐 아니라 다른 현세적 혜택도 포함된다.

거래의 대상이 될 수 없는 영적인 것들에는 성사, 대사, 축복과 축성(준성사), 교회법적 권한 행사, 수도회 입회의 허락, 교회 직분의 수임 등이 있고,[90] 영적인 것과 긴밀히 연결된 현세적인 것으로는 축성된 성작, 축복받은 묵주, 교회 직무에 부여된 성직록(聖職祿, benefices) 및 이와 유사한 종류들이 있다.

예컨대 축복을 받았다고 해서 묵주와 다른 성물을 더 높은 가격에

90) 교회법에 따르면, 성직매매로 인한 교회 직분의 제공은 그 자체로 무효이다(교회법 제149조 3항). 마찬가지로 성직매매의 이유로 교회 직분을 사임하는 것도 그 자체로 무효이다(교회법 제188조).

판매하는 것은 성직매매에 해당한다. 하지만 성물이 축성이나 축복과는 무관하게 원래의 가격에 팔 경우,[91] 소요 경비와 특별한 수고 때문에 상응한 보상으로 대가를 받는 경우, 성직매매는 아닌 것이다. 따라서 성인의 유해를 획득하느라 든 비용 때문에 또는 늦은 시간이나 먼 거리 때문에 미사 집전에 대한 얼마의 보상을 요구하는 경우, 성직매매가 아니다.

성직매매의 죄는 그 사안의 비중에 따라 중죄 또는 경죄로 구분한다. 현세적 이익이 아주 작거나 큰 불의를 저지르지 않았을 경우, 경죄이다. 따라서 성인의 유해를 획득하느라 발생한 비용에 비해 약간 더 많은 비용을 요구한 경우 또는 어떤 사제가 특별 미사를 집전하는데 실제로 겪은 수고보다 약간 더 많은 보상을 요구할 경우, 중죄는 아니다. 그러나 성직자가 사람들이 가난해서 영대비(令帶費, Stole-Fee)를 낼 수 없는데도 보수를 바라고 성사 집전이나 관할권을 행사하는 경우, 중죄가 된다.

91) 현행 교회법에서 볼 때, 축복받은 성물이 매매되거나 상점에 전시됨으로써 그 축복들이 무효가 된다는 언급은 없다.

제2부

그리스도인의 창조된 세상을 향해 응답할 책임

제 2 부	그리스도인의 창조된 세상을 향해 응답할 책임
제 6 장	이웃 사랑과 정의
제 7 장	육체적 생명과 건강
제 8 장	명예, 진실함, 충실
제 9 장	성과 혼인
제 10 장	공동체 생활에서의 도덕적 책임
제 11 장	노동과 소유 및 경제
제 12 장	피조물에 대한 책임 있는 돌봄

•
•
•
•
•

모든 피조물은 신적인 선하심과 아름다움의 현시로서, 그분께 사랑받는다. 이들은 하느님께 영광을 드리고 그분 나라의 실현에 기여하도록 불렸다. 그리고 모든 남녀는 그분과 이루는 친교의 공동체를 이루도록 예정된 것이다. 따라서 하느님을 사랑한다면, 그분께서 사랑하시는 이들도 사랑하게 된다. 이 사랑은 모든 인간과 모든 피조물에까지 확장된다. 결과적으로 모든 계명과 도덕법은 모든 피조물이 하느님을 섬기고 그분의 나라에 참여하도록 부르시는 주님의 사랑에서 비롯된다. 그러므로 비록 그 직접적인 대상이 인간과 피조물에 돌려야 하는 사랑과 정의라 할지라도, 십계명의 두 번째 부분에 있는 계명의 본성은 단순히 세속적인 것만이 아니다. 그것들의 궁극적 원천은 하느님을 향한 사랑이다. 계명의 최종 목적은 자신의 영광도 자신의 완벽함도 아니며, 오직 신적 봉사와 하느님의 영광에 있는 것이다.

제6장

이웃 사랑과 정의

6.1. 이웃 사랑의 본성과 질서

사랑은 종교 생활과 세상에서의 개인적 헌신을 일치시키는 연결고리이다. 이러한 일치에 대한 인식은 예수 그리스도가 신약을 통해 가르치신 바와 같이 종교와 도덕에 있어서 큰 이익이 된다. 그리스도를 믿는 이들에게는 종교의 목표가 단순히 하느님과의 친교를 방해하는 세상으로부터 물러서는 그런 신비주의적 환상일 수는 없다. 하느님을 향한 사랑은 필연적으로 이웃과 하느님의 피조물에 대한 사랑을 포함하게 된다.

하느님에 대한 사랑과 피조물에 대한 사랑은 하나이면서도 다르다. 이 둘은 공통된 동기에서 즉 하느님 그분과 그 피조물 안에서 그분의 사랑스러움이라는 공통된 동기 때문에 하나인 것이다. "우리는 하나의 유일한 사랑으로 하느님과 이웃을 사랑한다. 즉 하느님은 당신 자신을 사랑하시고, 우리는 하느님을 위해 우리 자신과 이웃을 사랑한다."[1] 그러나 이 둘은 대상이 서로 다르기 때문에 다르다. 완전한 거룩함을 지니신 하느님은 하느님 사랑에 대한 대상이시며, 피조물은 제한된 선성을 지닌 존재들로서 이웃 사랑, 자기 사랑 및 세상 사랑에 대한 대상인 것이다. 대상들의 근본 차이는 이 둘에 대해 다른 방식으로 다룰 필요가 있음을 정당화하고 또한 그렇게 다루도록 권장한다. 이 장에서는 이웃 사랑을 다루며, 여기에는 자기에 대한 사랑도 포함된다. 자연에 대한 사랑은 이 책의 끝에서 별도의 장으로 다룰 것이다.

---

1) Augustine, *De Trinitate*, lib. VIII, n. IX (12) (*CCL* 50, p.289).

6.1.1. 성서에 나타난 이웃 사랑의 계명

1) 구약

이웃애(Love of neighbour)에 대한 계명이 구약에서는 신약에서만큼 탁월한 위치에 있지는 않으며, 여러 계명과 함께 하나의 계율로 나타난다. 사실 다른 계명들에 비하면, 덜 엄숙하게 소개된다. 그럼에도 이스라엘 사람은 자기의 동료들에게 사랑 어린 관심을 갖도록 요구된다. "네 이웃을 너 자신처럼 사랑해야 한다"(레위 19,18).

이웃애는 야훼와의 계약을 함께 맺은 이스라엘 동포들을 향한 첫째이며 으뜸가는 일로 표현된다(레위 19,17~18).[2] 이 배경에는 특히 가부장적 사회 구조에서 발달한 강한 연대감이 자리한다. 동일한 조상의 후손이라는 사실 때문에 이스라엘 사람은 동족을 "형제"로 간주한다. 하지만 신적인 지침에 따라, 이웃애는 둘째로는 이방인에게도 즉 이스라엘 백성 중에 정착한 외국인들에게도 적용된다(레위 19,33~34; 24,22; 신명 10,18~19). 일부 예외가 존재하지만(레위 25,39~46), 이스라엘 사람들과 거의 동등한 권리를 보장받았다. 셋째로는 노예들에게도 적용되었지만, 사랑의 형제적 친교에 이르기에는 상당한 제한은 있었다.[3] 그럼에도 이스라엘 안에서 노예들은 동방의 다른 어떤 나라에서보다 더 인간적 대우를 받았다.

이웃애에는 어느 정도 원수로서의 이웃도 포함해야 한다.[4] 하지만 "동태복수법"(*lex talionis*)은 여전히 유효하고(탈출 21,23~25; 레위 24,17~

---

2) 몇몇 병행된 표현이 이 계율에서 "이웃"이라는 용어를 명확하게 한다. 즉 "형제" (19, 17), "이웃"(amit, 19,15.17) 및 무엇보다도 "네 백성의 자손들"(19,18a). 따라서 "사랑해야 할 이웃은 이스라엘 동포임에 의심의 여지가 없다"(S. Legasse, "*Et qui est mon prochain?*", Paris: Cerf, 1989, p.41). 또한 교훈·지혜의 문학에서도 사랑의 대상은 언제나 동족을 의미하며, 경우에 따라 이방인을 추가하기도 한다.

3) 탈출 21,20.26~27; 23,12; 신명 5,14; 23,16~17; 욥 31,13~14.

4) 탈출 23,4~5; 레위 19,17~18; 잠언 24,17~18.29; 25,21~22; 집회 28,1~7.

21) 복수와 원수의 처벌을 바라는 기도도 드물지 않게 존재한다.[5] 기원후 2세기 랍비 문학 이전에는 비-이스라엘의 외국인과 이교도 민족들에 대한 사랑은 언급되지 않았다.[6] 하지만 정의와 사랑이 지배하는 보편적 왕국을 향한 메시아적 약속이 이방 민족에게도 미치는 한, 원수에 대한 선의의 태도가 아예 없는 것은 아니며 이것은 점차 성장하도록 되어 있다.[7]

이웃애는 자기를 사랑하는 것만큼 해야 한다. 이스라엘 사람은 자기애(love of self)에 따라서 이웃애를 발휘해야 한다(레위 19,18). 이 기준은 토빗기 4장 15절에서 제시된 황금률(golden rule)에 대한 부작위적 형태 즉 "네가 싫어하는 일은 아무에게도 하지 마라"에도 똑같이 포함된 것이다. 사랑의 현저한 요구사항은 자기 이웃을 향한 곧은 태도, 친절 및 자비이다. "만군의 주님이 이렇게 말한다. '너희는 진실한 재판을 하여라. 서로 자애와 동정을 베풀어라. 과부와 고아 이방인과 가난한 이를 억누르지 마라. 서로 남을 해치려고 마음속으로 궁리하지 마라'"(즈카 7,9~10. 참조: 신명 10,18~19; 미카 6,6~8). 도움이 필요한 이에게 실질적 지원을 제공하는 것은 이웃애에 있어서 가장 중요한 실증적 과제이다(신명 15,11; 이사 58,4~7). 이러한 실천적 사례로서, 토빗기가 열거한 물질적인 자비의 행실 몇몇이 있다. "배고픈 이에게 먹을 것을 나누어 주고, 헐벗은 이들에게 입을 것을 나누어 주어라. 너에게 남는 것은 다 자선으로 베풀고, 자선을 베풀 때에는 아까워하지 마라"(토빗 4,16. 또한 참조: 1,16~18). 하지만 선하든 악하든, 가치 한 사람인지 악한 사람인지, 가치 있든 가치 없든, 무차별적으로 모든 이에게 베풀지 말고, 참으로 도움을 받을 만한 이들에게 베풀라는 경고도

5) 시편 35, 58; 69; 109; 예레 15,15; 18,19~23.
6) Cf. V. Warnach, "Love", *Encyclopedia of Biblical Theology*, 1969, vol. II, p.525.
7) 이사 2,2~4; 19,23~25; 42,6~7; 66,18~21; 미가 4,1~4; 즈카 9,9~10.

있다(집회 12,1~6).

자기애는 이 세상의 재화를 현명하게 향유하라는 조언에서 나온 충고이다(코헬 9,7~9; 11,7~10; 집회 30,21~25). "제때에 술을 절제 있게 마시는 사람은 마음이 즐거워지고 기분이 유쾌해진다. 술을 지나치게 마신 자는 기분이 상하고 흥분하여 남들과 싸우게 된다"(집회 31,28~29). 자신에게 탐식과 사치에 빠지지 말라고도 경고하지만(집회 37,27~31), 너무 검소하거나 인색하지 말라고도 한다(집회 14,4~7). 자기애와 이웃애가 자신의 친구들과 함께 삶의 기쁨을 나누라는 권고 속에서 하나로 통합되는 것이다(집회 14,11~16).

더 나아가 행복한 삶의 원천인 지혜를 사랑하고(집회 4,12~13; 잠언 9,12) 불행의 원인인 죄를 피하도록 하며,[8] 그리고 좋은 명성을 돌보도록 가르침을 받아야 한다. "네 이름에 주의를 기울여라. 이름이 황금덩이 천 개보다 오래 남는다"(집회 41,12. 또한 참조: 10,28~29).

2) 신약

"초대 교회와 세기를 거듭해 온 그리스도교는 도덕적 영역에서 예수님의 가장 위대한 업적이 하느님을 사랑하고 자신의 이웃을 사랑하라는 가장 큰 계명을 선포해 주신 것임을 깊이 확신했다. 아가페에 대한 그리스도교 메시지는 그 모범이자 가장 탁월한 표현이 죄 많은 인류를 구원하러 오신 하느님 성자의 사명에서 드러나며 세상에 새로운 것을 가져왔다. 그것은 너무나 거대하고 이해할 수 없는 개념이자 실재이기에 하느님의 가장 탁월한 계시라 할 수 있다."[9] 예수의 가장 큰 계명이 지닌 파급은 신약의 저작 곳곳에서 확인할 수 있다.

---

8) 참조: 토빗 12,10; 시편 34,13~15; 잠언 8,36; 16,17; 집회 7,1~3.

9) R. Schnackenburg, *The Moral Teaching of the New Testament*, London: Burns and Oates, 1967, p.90.

이웃애는 구약에서와 마찬가지로, 신약에서도 본질적으로는 종교적 방식으로 동기가 부여되며, 무엇보다도 예외 없이 모든 인간을 향한 하느님 사랑의 모범과 그리스도의 자기희생적 사랑에 의해 동기 부여가 된다. 하느님은 선한 이들에게나 악한 이들에게나 태양이 뜨게 하시므로 그리스도인의 사랑도 동일하고 보편적인 성격을 지녀야 한다(마태 5,44~48; 루카 6,32~36; 1요한 4,9~11). 또한 그리스도는 제자들의 발을 씻기시고 그들을 위해 그리고 모든 인류의 구속을 위해 당신의 목숨을 희생하셨기에, 제자들도 이 모범을 따라 동일하게 행해야 한다(요한 13,12~16.34; 에페 5,1~2; 1요한 3,16). 또한 이웃애는 주님이 내리신 명백한 계명이자 하느님을 향한 사랑과 함께 가장 큰 계명이다(마르 12,28~31 병행 구절). 요한에 따르면, 형제 사랑의 계명은 그리스도의 위대한 유산이다. 마찬가지로 바오로에게 있어서도 다른 모든 계명은 궁극적으로 이 계명으로 귀결된다.[10] 우리가 형제를 사랑해야 한다는 것은 하느님의 뜻이며, 따라서 이웃애는 하느님을 향한 우리의 사랑이 진정한 것인지를 판별하는 증거가 된다(1요한 4,7~8.20). 루카 복음 6장 35절은 이웃애의 동기로 천상의 보상을 추가로 말한다. "너희가 받을 상이 클 것이다. 그리고 너희는 지극히 높으신 분의 자녀가 될 것이다."

하느님의 사랑과 그리스도의 사랑은 의롭든 불의하든, 친구이든 원수이든, 유다인이든 이방인이든, 모두를 포함하기에 제자들의 사랑도 모든 이를 포함해야 한다(마태 5,43~48; 루카 6,32~36; 갈라 3,28). 이것은 착한 사마리아인의 비유로 아름답게 예시된다(루카 10,30~37). 사랑해야 할 이웃은 단순히 같은 동포이거나 같은 종교를 가진 자만이 아니라, 구약에서 그랬던 것처럼 궁극적으로는 함께 사는 이방인에게도 확장된다. 그리스도는 이웃애 계명을 모든 인류에게 확대하시며, 그들이

10) 요한 13,34; 15:12; 1요한 2,7~11; 4,21; 로마 13,8~10.

어떤 인종이나 종교인이든, 어떤 친구나 원수이든 상관없이 사랑해야 한다고 가르치신다. 구체적으로, 사랑해야 할 이웃은 하느님께서 당신의 섭리에 따라 그리스도인 곁에 보내 주신 모든 사람이다. 그리스도인은 그들을 섬기고 도와야 한다. 그리스도의 사랑 계명이 지닌 보편성은 모든 민족들에게 가서 세상의 구원을 위하여 복음을 선포하라는 사명에서도 명백히 드러난다(마태 28,18~20; 마르 16,15; 사도 1,8).

바오로에게 있어서 그리스도인의 사랑은 반드시 모든 사람에게 확장되어야 한다. "여러분이 서로 지니고 있는 사랑과 다른 모든 사람을 향한 사랑도 주님께서 더욱 자라게 하시고 충만하게 하시기를 빕니다"(1테살 3,12; 또한 5,15와 갈라 6,10). 사목 서간들 속에서는 신약의 다른 어떤 저작보다 하느님의 구원 의지가 지닌 보편성을 더욱 강조한다. 우리의 구세주이신 하느님께서는 "모든 사람이 구원을 받기를 원하십니다"(1티모 2,4; 또한 4,10과 티모 2,11).

하지만 특별한 사랑은 그리스도 안에서 형제자매가 된 이들에게 향해야 한다. 요한은 특히 그리스도인들이 사랑을 실천해야 할 대상이 신앙의 형제 공동체라고 강조한다. 신약의 다른 저작에서도 형제애(love of brethren)를 강조한다.[11] 바오로는 그리스도 안에서 의롭게 된 엄밀한 의미의 형제들과 "바깥 사람들"을 구분한다. 이들을 향한 태도로서 그의 규범은 때때로 제한적이고 조심스럽다.[12] 하지만 그렇더라도 그리스도 안에서 형제자매가 된 이들에 대한 개념은 전적으로 민족을 벗어난 것이다. 신자들의 공동체 안에는 유다인도 그리스인도 없다.[13] 모든 사람은 그리스도인이 될 수 있지만, 참으로 그렇게 된 사람만이 형제자매로 인정된다. 그러나 그리스도교적 형제애의

---

11) 갈라 6,10; 1테살 3,12; 4,9~10; 1베드 1,22.
12) 1코린 5,12~13; 2코린 6,14~17; 콜로 4,5.
13) 로마 10,12; 1코린 12,13; 갈라 3,28; 콜로 3,11.

경계가 배타적 집단을 형성하려는 목적이 아닌 것은 분명하다. 오히려 그것은 신앙 공동체에 대한 특별한 사랑을 강조하는데, 그리스도인들이 신앙 공동체에 많은 빚을 지고 있고 유혹적이며 때로는 적대적인 세상에 맞서 서로의 지지가 필요하기 때문이다. 그러나 이 사랑의 경계는 배타적이지 않다. 예수가 모든 인류를 사랑하시고 그들을 위해 돌아가셨기에, 이웃애는 모든 사람의 영적·물적 필요를 포함해야 한다.

사랑의 척도로 신약은 자기애를 반복적으로 제시한다. "네 이웃을 너 자신처럼 사랑해야 한다"(마르 12,31 병행 구절). 이 척도는 다시금 황금률로 표현되지만, 그리스도는 토빗기의 방식과 달리 실천적인 형식으로 이를 말씀하신다. "남이 너희에게 해 주기를 바라는 그대로 너희도 남에게 해 주어라"(마태 7,12; 루카 6,31). 그러나 신약에서 자기애는 이웃애를 위한 궁극적이고 가장 완벽한 척도는 아니다. 완벽한 척도는 하늘에 계신 아버지의 모든 피조물을 향한 무한한 사랑이며(마태 5,43~48), 무엇보다도 그리스도의 자기희생적 사랑인 것이다. 이웃애에 대한 그리스도의 계명이 "새로운" 것이라 불리는 이유는 바로 그리스도인이 서로를 사랑할 때 그분의 사랑을 척도로 삼아야 하기 때문이다. "내가 너희에게 새 계명을 준다. 서로 사랑하여라. 내가 너희를 사랑한 것처럼 너희도 서로 사랑하여라"(요한 13,34. 참조: 15,12).

게다가 이웃애는 그리스도의 사랑에서만 척도를 지니는 것이 아니다. 그리스도의 아가페는 신앙인이라면, "그 안에" 단단히 "뿌리를 내리고 그것을 기초로 삼아야 하는"(에페 3,17. 참조: 로마 8,35~39) 삶의 영역이 된다. 아가페가 그리스도의 구원 행동의 결과로 우리가 놓이게 된 실존의 영역이며 머물러야 하고 그것에 따라 행동해야 할 영역인 것이다.[14]

---

14) 로마 5,5; 요한 15,4~10; 17,26; 1요한 4,7~21 등등.

이웃애는 십계명의 후반부에 나오는 모든 계명을 충실히 이행함으로써 그 자체로 입증된다. 모든 법이 사랑의 계명으로 요약되기 때문이다(마태 7,12; 로마 13,8~10). 그럼에도 신약에서는 독특한 성격의 이웃애의 형태를 일부 볼 수 있다. 형제들을 향한 무한하고 순수하며 진심어린 용서는 그리스도교적 사랑의 일차적 의무이다. 이 의무는 「주님의 기도」에 포함되어 있다. 용서를 구하는 우리의 청원이 받아들여지려면, 우리도 서로 용서할 준비가 되어 있어야 한다(마태 6,12~15 병행 구절. 참조: 마태 18,21~35). 바오로 사도는 이렇게 권고한다. "주님께서 여러분을 용서하신 것처럼 여러분도 서로 용서하십시오"(콜로 3,13; 또한 에페 4,32). 원수애는 용서의 정신을 보여 주는 가장 고상한 증거가 된다.

예수는 이러한 영적 자비 행위와 함께, 육체적 필요에 대해 실질적 도움을 동등하게 강조하신다. 이는 최후 심판의 장면에서 잘 드러난다(마태 25,31~46. 참조: 루카 10,30~37의 착한 사마리아인의 비유와 루카 16,19~31의 부자와 거지 라자로). 비록 사랑이라는 단어가 최후 심판 담화에 직접 나타나지는 않지만, 왕의 심판 기준은 명백히 가난하고 가장 작은 이들에게 보여 준 사랑 행위이다. 우리가 하느님께 은혜를 입었다면, 우리 또한 구하고 있는 이나 궁핍한 이에게 베풀어야 한다(루카 6,30~36과 병행 구절; 14,12~14; 야고 2,14~17). "너희가 되어서 주는 만큼 되어서 받고 거기에 더 보태어 받을 것이다"(마르 4,24와 병행 구절).

그리스도교 사랑의 또 다른 두드러진 특징은 형제들 및 더 나아가 모든 사람을 사욕 없이 섬기는 것이다. 예수 당신도 이에 대한 최고의 모범을 보여 주셨고 심지어 "많은 이들을 위해" 목숨까지 내어 주셨다(마르 10,45 병행 구절). "나는 섬기는 사람으로 너희 가운데에 있다"(루카 22,27). 이 위대한 모범을 따라, 제자들은 "사랑으로" 서로 섬겨야 하며(갈라 5,13), 필요하다면 자기 목숨을 희생하면서까지 그렇게 해야 한다.[15] 가장 탁월한 사랑의 봉사는 교회 밖에 있는 이들에게 복음을 선포하여 그들도 구원되게 하는 것이다.

자기애에 대해서 신약 그 어디에도 이를 명하거나 권고하는 구절은 없다. 그러나 이는 하나의 사실로서, 이웃을 자신처럼 사랑하라는 규범에서 전제되고 있다. 바오로는 티모테오에게 자기 자신을 돌보고 건강을 잘 챙기라고 이렇게 권고한다. "그대의 위장이나 잦은 병을 생각하여 포도주도 좀 마시십시오"(1티모 5,23). 그러나 무엇보다도 주님의 날을 준비하고 두렵고 떨리는 마음으로 자신의 구원을 위해 힘쓰라고 하는 많은 권고는 자기애의 정당성에 대한 호소들이라고 여길 수 있다.

6.1.2. 이웃애의 본성

1) 이웃애의 개념

짧고 간결하게 정의하자면, 이렇다. "사랑은 다른 사람의 선익을 바라는 것이다."[16] 다른 사람의 선익을 바란다는 것은 무엇보다도 그가 타고난 은사(gifts)이거나 취득한 기능(faculties)으로서 소유하고 있는 선한 재능(endowments)을 인정하고 소중히 여기는 것은 의미한다. 또한 이웃이 마땅히 소유하고 발전시켜야 할 선익을 그를 위해 바라는 것 혹은 그가 되찾기를 바라는 것도 포함된다. 그러나 단지 그러한 남녀의 선익을 바라는 것만으로는 충분하지 않다. 실제로 우리가 도울 수 있는 상황일 때 우리는 적극적으로 그들의 가능성에 따라 선한 재능을 보호하고 그들에게 결핍되어 있는 선함을 회복하거나 촉진

15) 마태 20,26~28; 요한 13,13~17; 15,12 이하; 필리 2:4~8; 1요한 3,16.
16) Thomas Aquinas, *S. Th.* I-II, q.26, a.4.

하도록 힘써야 한다. 이러한 촉진은 하느님께서 개인에게 맡기신 삶의 임무라는 틀 속에서 행해져야 한다. 이러한 모든 측면을 종합하면, 이웃애는 이웃의 영육이 받은 은사를 진심으로 존중하고 보호하는 것, 그리고 하느님의 부르심에 따라 그를 증진시키는 것이라고 정의될 수 있다.

이 정의에 따르면, 이웃애의 표적이나 대상은 첫째, 개인(또는 개인들의 집단)이 받고 실현한 모든 선익을 진심으로 존중하는 것, 둘째는 개인이 영육으로 지닌 선한 은사를 보호하고 회복하며 증진시키는 것이다. 이는 그에게 맡기신 하느님의 소명에 따라 이루어져야 한다.

사랑해야 할 **이웃**은 모든 사람이 해당된다. 즉 친척과 남들, 내국인과 외국인, 친구와 원수, 개인과 단체, 외부인, 같은 나라 사람과 외국인, 친구와 원수, 개인과 집단(가족, 공동체, 국가) 모두가 해당된다. 이하에서 개인으로서의 이웃애에 대해 말하는 것은 “이웃 집단”에도 마찬가지로 적용된다. 또한 천상의 성인들과 주님 안에서 세상을 떠난 모든 이들도 그리스도교적 사랑의 대상이 된다.

천상의 성인들은 이미 지상 순례를 마쳤기에, 그들의 거룩한 삶과 성덕은 거룩한 삶과 성스러움을 존중하는 방식으로만 사랑받을 수 있다. 이와 마찬가지로, 지상의 수많은 사람들은 자신이 지닌 선함 때문에 사랑받을 수 있지만, 그들을 돕거나 변화시키는 것은 불가능하거나 불필요할 수 있다. 그러나 많은 경우, 적극적인 방법으로 이웃의 복지와 발전을 증진하는 것도 가능할 것이다.

실효적으로 증진하려면, 일정한 기준에 따라야 한다. 이 기준은 단순히 어떤 개인의 기쁨과 만족감일 수는 없다. 아이에게 여행과 오락을 마음껏 즐기도록 기회를 주는 것은 적절하지 않고, 학업을 통해 인생을 준비하는 것이 더 바람직하다. 또는 어떤 사람이 정부의 직책을 원한다고 해도, 그가 그 직무를 능숙하고 책임감 있게 수행할 수 없다면, 그 직책을 얻게 하는 것은 적절하지 않다. 이웃애의 기준과 척도는 종종 "황금률"의 형태로 주어진다. "무엇이든 다른 사람들이 너에게 해 주기를 원하는 대로 너도 그들에게 해 주어라." 심지어 예수와 성서도 이 원칙을 말씀하셨으며, 이것이 실천적 지혜의 규칙임은 명백하다. 그러나 황금률은 예비적 기준이지 궁극적 기준은 아니다. 자기애에 모순되는 재화나 자격을 원할 수 있고(예: 마약, 포르노, 자유연애), 그러한 것들을 원하는 타인에게 이웃애를 거슬러 마찬가지로 제공할 수 있기 때문이다. 그러한 것들을 주는 것도 받는 것도 불의하다.[17]

따라서 신약은 이웃애의 새롭고 더 완전한 척도로서, 그리스도가 우리 인간을 사랑하신 모범을 제시함으로써 이 황금률을 넘어선다. 사랑하라는 명령은 그리스도의 모범 속에서 구체성과 생생함을 얻게 된다. 그리스도의 봉사 생활과 그 추종자들의 참된 복지를 위한 이타적 헌신만큼 사랑의 중심성과 범위를 더 잘 보여 주는 것은 없다. 그 어떤 것도 봉사와 그를 따르는 이들의 참된 복지를 위한 비이기적인 헌신인 예수의 삶보다 사랑이 지니는 중심적 위치와 그 범위를 잘 보여 주지 못한다. "이 진리를 논리적 명제로 표현할 수 있는 방법은 없다. 이 메시지를 제자들에게 전달하기 위해서는 예수가 살아 낸 삶과 그분이 해 주신 이야기가 필요했던 것이다."[18]

하지만 결국, 그리스도의 모범은 사람들에게 하느님 나라가 필요함을 보여 준다. 이것이 사랑의 궁극적 기준이다. 이웃애는 이 세상에 대한 창조자의 계획을 실현하도록 돕고 하느님 나라를 준비해서 더 잘 섬길 수 있을 때 더욱 완벽해진다. 그리고 창조와 구원 사업을 펼

---

17) Cf. P. Tillich, *Love, Power, and Justice*, London: Oxford Univ. Press, 1954, p.79.
18) M.T. Kelsey, *Caring. How Can We Love One Another?*, New York: Paulist, 1981, p.21.

치고 완성하도록 각자가 특별한 임무를 받았기에, 이러한 보편 범위 내에서 각자의 특수 부르심은 이웃애를 위한 궁극적인 길잡이 원칙이 되어야 한다.

이웃애의 **동기**(또는 이유)는 하느님께서 모든 사람을 사랑하신다는 사실이다. 이 사랑을 통해 그분은 남녀가 당신의 선성과 아름다움을 공유하고 더 온전히 누리기를 원하신다. 하느님 선성에 참여는 하느님과 닮음 혹은 하느님의 자녀, 그리스도의 형제자매, 성령의 궁전과 같은 비유들로 성서가 묘사해 준다. 물론, 그리스도교의 이웃애는 성서에서 가장 큰 계명으로 여겨지는 이웃애에 대한 반복되고 강조되는 명령과 그리스도의 모범을 통해 동기 부여가 된다. 그러나 이 계명은 결코 인간 본성을 벗어난 어떤 것을 강요하는 것이 아니다. 오히려 타인들 안에서 발견되는 선성에 대한 환희와 그리고, 하느님과 닮음 및 그 아름다움이 모든 인간과 모든 피조물 안에서 더욱 완벽해지기를 바라는 희망과 갈망에 잘 부합되는 것이다.

앞서 말한 것에서 도출할 수 있는 것은 이웃애는 단순히 어떤 개인의 덕행이나 공로에 의해 동기 부여가 되는 것이 아니라는 것, 물론 그러한 요소가 남녀 개인이 사랑하는 데 분명히 기여는 한다는 것이다. 오히려 사랑은 아직 부족함이 있는 하느님의 닮음을 완벽하게 이루려는 욕망에 의해 더욱더 동기 부여가 된다. 아가페는 이웃 남녀가 사랑받을 가치를 보이지 않을 때조차도 그를 사랑하는 것이다(예: 죄인과 원수에 대한 사랑). "그러므로 아가페는 타인이 선하거나 상냥하거나 도움받기가 합당해서가 아니라 그가 잘되기를 바라고자 사랑하는 것이다."[19]

올바로 이해된 **자기애**는 이웃애와 동일한 목표를 실현하도록 요구하며 동일한 동기를 통해 움직인다. 하느님은 우리의 이웃이 당신과

19) V. Warnach, *op.cit.*, p.534.

닮기를 바라시는 것만큼 우리도 당신을 닮기를 바라신다. 따라서 자기애는 이웃애에서 지적된 것과 동일한 목표를 실현해야 한다. 즉 자기 자신을 받아들일 것, 하느님의 뜻에 따라 자신의 성장을 증진하는 것이다. 이 모두는 그분의 영원한 계획이라는 범위 안에서 각자의 소명에 따라 되어야 한다.

2) 이웃애의 특성

코린토 전서의 「사랑의 찬가」에서 바오로는 사랑을 구별하는 여러 특성을 열거한다. "사랑은 참고 기다립니다. 사랑은 친절합니다. 사랑은 시기하지 않고 뽐내지 않으며 교만하지 않습니다. 사랑은 무례하지 않고 자기 이익을 추구하지 않으며 성을 내지 않고 앙심을 품지 않습니다. 사랑은 불의에 기뻐하지 않고 진실을 두고 함께 기뻐합니다. 사랑은 모든 것을 덮어주고 모든 것을 믿으며 모든 것을 바라고 모든 것을 견디어 냅니다"(1코린 13,4~7). 이러한 특성들은 완벽한 사랑을 나타낸다. 그러나 보통으로 진정한 애덕의 본질에 속하는 것으로 강조되는 두 가지의 특성은 사랑이 내면적이라는 것과 행동적인 것이라는 것이다. 여기에 셋째로 추가되는 특성은 존경심이다.

사랑은 타인의 가치를 진심으로 긍정하고 받아들이며 그의 선한 재능을 시기하거나 깎아내리지 않는 그런 **내면적인**(interior) 것이어야 한다. 이는 집단들과 국가들 간의 관계에서도 마찬가지이다. 또한 사랑이 이웃에게 보여 주는 관심은 진실하고 순수한 것이어야 한다. 이웃의 복지를 향한 내적인 관심 없이 그저 외적 행위만을 하는 애덕은 그러한 명칭에 어울리지 않는다. 따라서 자신의 평판을 위해 애덕을 수행하면서도 내적으로는 이웃의 운명에 대해 실제로 관심을 두지 않는 경우가 있다. 이러한 "애덕 사업"은 사랑의 진정한 정신이 결여된 것이며, 사랑이 아니다. 그러나 종종 이웃을 향한 진정한 관심이 어느 정도의 사리사욕과 섞여 있다고 해도 애덕 사업의 모든 장점을 완전히 지워 버리지는 않는다. 하지만 사랑의 정서와 감성은 사랑의 본질이 아니다. 다만 이것들이 존재할 때 사랑에 활력을 더해 줄 것이다.

사랑은 타인의 복지를 위해 실질적으로 관심을 기울이는 그런 **행동적인**(active) 것이어야 한다. 많은 사람이 사랑을 자신의 느낌과 동일시한다. 그러나 아가페는 단지 감성이 아니다. "나는 단지 내가 사랑한다고 느낄 때만 사랑하지 않고, 다른 사람들이 나로부터 사랑받고 돌봄을 받는다고 느낄 때도 사랑한다."[20] 비록 가난과 곤궁으로 인해 외부적인 애덕 활동을 거의 못 할 수 있지만, 가능한 범위 내에서는 실질적 구호를 제공해야 한다. "자녀 여러분, 말과 혀로 사랑하지 말고 행동으로 진리 안에서 사랑합시다"(1요한 3,18. 참조: 야고 2,15~17). 이처럼 사랑은 궁핍한 이웃이 잘 지내기를 바랄 뿐만 아니라, 구체적으로 이웃에게 선을 행하고 가능한 모든 선익을 타인에게 제공하고자 애도 쓰는 것이다. 특별히 엄청난 불행이 닥친 특수한 경우에만 그렇게 하는 것이 아니라, "먼저 일상의 생활환경에서" 실천되어야 한다(「사목헌장」 38항). 황금률과 더욱이 그리스도의 정신은 우리가 타인의 삶에 공감하며 참여할 것을 명한다. 우리의 눈만이 아니라 타인의 눈을 통해서도 상황을 바라보고, 실질적인 연민을 갖고 그들의 고통과 환희에 참여하도록 요구받게 된다. 행동적이고 세심하게 배려하는 사랑은 연대의 정신으로 타인들을 위해 응답할 책임감을 형성한다. 이 사랑은 개별적인 이웃들의 현세적·영적 필요뿐만 아니라 공동체와 정치조직에도 확장되어야 한다. "애덕은 고지식하고 순진한 이상주의를 버리고 정책적 차원을 찾아내야 한다."[21] 사랑의 정책적 추진력은 사회적 지평을 향해 에토스의 방향을 이끌어 간다.

---

20) M.T. Kelsey, *op.cit.*, p.15.

21) M. Vidal, *L'atteggiamento morale*, vol. 3, Assisi: Cittadella, 1981, p.78.

사랑의 가장 필수적인 또 다른 특성으로 나타나는 것은 사랑받고 도움을 받는 개인이나 공동체를 향한 **존경 어린**(reverent) 존중인 것 같다. 그것이 우애이든 가장 내밀한 결합의 부부애(conjugal love)이든, 아니면 곤경에 처한 이들에 대한 사랑이든, 모든 사람이나 사회적 공동체가 지닌 고유한 가치와 존엄을 겸손하게 존중하는 것은 진정 사랑하고 존중하는 관계가 발전하고 지속되기 위한 선결 조건이다. 타인은 남자든 여자든 지식, 자유, 주도권 및 사랑을 스스로 창출할 수 있는 독립된 존재 즉 하나의 세계로 인정받아야 한다. 그러므로 타인을 향한 존중이란 사랑 행위가 그 사랑을 받는 사람이 행동할 주도권과 능력을 빼앗아서는 안 된다는 것을 의미한다. 하느님께서 모든 인간 피조물을 향해 끊임없이 관심을 두시지만 강요하거나 강제하지 않으신다고 할 때, 인간이 그렇게 하는 것은 더욱더 적합하지 않다. "자유의 특성에 대한 관심은 일반적으로는 타인의 도덕적 능력을 존중하는 것과 연결된다."[22] 진정한 존중의 본질은 타인이 공동 행위자(co-agents)로서 격려를 받고, 그렇게 받아들이고 환영하는 것이다. 사람들은 이러한 태도에 부합하는 방식으로만 애덕 활동에 참여해야 한다.

반면에, 사랑을 힘없는 굴복과 혼동하지 않도록 주의해야 한다. 사랑과 완력의 사용은 종종 대립이 되는데, 사랑이 완력의 사용을 포기하는 것으로 보는 방식과 정치권력에 의한 완력의 사용이 사랑을 포기하는 것으로 보는 방식으로 대립되는 것이다. 힘을 포기한 사랑과 사랑을 포기한 힘은 서로 대립된다. 그러나 그렇게 둘이 대립된다면, 오류이며 혼란이 된다. 힘이 불신의 대상으로 여겨지고 사랑이 단순한 친절이나 감정적 성질로 환원되어 버린다면, 사회윤리의 건설은 불가능해진다고 기꺼이 말할 수 있다. 이러한 분리는 정치 영역에 참여하는 것을 두렵게 만들거나 설령 참여한다고 해도 정치에서는 그리

22) G. Outka, *Agape. An Ethical Analysis*, London: Yale Univ. Press, 1972, p.266.

스도교 윤리의 규범을 거부하게 만들 수 있다. 그렇게 된다면 "이는 정치적 측면에서 정치와 종교 및 윤리를 분리시키고, 단지 강제의 정치로 이끌 뿐이다. 건설적인 사회윤리가 되려면 전제로서, 힘의 구조에도 사랑의 요소가 있어야 하고 힘의 요소가 없는 사랑은 혼란과 패배를 가져온다는 점을 인식하고 있어야 한다."[23]

사랑은 사랑에 어긋나는 것을 파괴해야 한다. 그러므로 모든 종류의 범죄와 투쟁해야 한다. 사랑은 비록 불의를 저지르는 자들도 하느님의 피조물이고 여전히 사랑의 창조물이기에 그들을 구원하려고 노력은 하지만, 사랑을 거스르는 그들의 공격에 대해서는 저항할 것이다. 신애 자체가 우리로 하여금 죄인들의 의화와 구원 행위를 하도록 우리 안에서 마련하신 것이 양심의 가책과 지옥의 절망이라는 "기묘한 행위"이다. "그리스도의 십자가는 신애의 상징이며, 사랑을 거슬러 행동하는 자에게 주어지는 멸망에 함께 참여하신 것이다. 이것이 속죄가 지닌 의미이다."[24]

6.1.3. 이웃애의 보편성과 질서

애덕의 보편성은 그리스도교 사랑의 특수한 성격으로서, 이는 친척과 친구에 대한 자연적 사랑과 및 구약과 고대의 동포애와는 대조된다. "유다인도 없고 그리스인도 없고, 종도 자유인도 없으며, 남자도 여자도 없습니다. 여러분은 모두 그리스도 예수님 안에서 하나입니다"(갈라 3,28). 교회는 그리스도의 위대한 유산을 충실히 보존해 왔고 오늘날의 세계에서도 이를 새롭게 선포한다. "그리스도인의 사랑은 참으로 모든 사람에게 미치며, 인종 차별도 사회적 종교적 신분의 차별

23) P. Tillich, *op.cit.*, p.12.
24) *Ibid.*, p.115.

도 없으며(…) 교회도 자기 자녀들을 통하여 어떠한 처지에 있는 사람들이든 특히 가난한 사람과 고통받는 사람들과 결합한다"(「선교 교령」 12항). 이와 같은 이유로 제2차 바티칸 공의회는 인간의 존엄성과 권리의 문제에 있어서 개인이나 민족 간의 차별에 반대하며, 모든 차별에도 배격한다. "인종이나 피부색, 신분이나 종교를 이유로 한 온갖 인간 차별과 박해는 그리스도의 뜻에 어긋나는 것이므로 교회는 이를 배척한다"(「비그리스도교 선언」 5항. 참조: 「사목 헌장」 29항).

하지만 보편적 사랑의 계명을 실천하는 데 몇몇 문제가 있다. 도움이 필요한 자신의 형제자매를 돕기 위한 수단과 능력은 제한되어 있기 때문이다. 궁핍한 동료를 모두 도울 수는 없다. 그렇다면 누구를 먼저 도와야 하는가? 누구에 대한 책임이 가장 무거운가? 통상의 사람은 가난한 이, 곤궁에 빠진 이를 돕기 위해 어느 정도까지 자신의 수단과 재화를 희생해야 하는가? 도덕신학은 이에 대해 우선순위를 정하는 여러 규칙에 따라 응답해야 한다. 끝으로, 원수와 악인들을 사랑하는 경우, 특별한 문제점과 어려움을 만나게 된다.

1) 사람과 관련한 사랑의 질서

(1) 자기애의 질서

지혜의 격언이 이르길, "자신에게 악한 자가 누구에게 관대하겠느냐?"(*Qui sibi nequam, cui bonus?*, 집회 14,5). 자기 자신에게 못된 사람이 누구에겐들 잘하겠는가? 즉 자기 자신을 올바로 사랑하는 법을 모른다면, 타인을 잘 사랑할 수 없다. 성 아우구스티누스도 한 설교에서 같은 견해를 밝혔다. "먼저 여러분 자신을 사랑하는 법을 배우십시오. (…) 만약 자신을 사랑하는 법을 모른다면, 어떻게 여러분의 이웃을 진실로 사랑할 수 있겠습니까?"[25] 최근 심리학의 연구 결과는 이러한 옛 경험과 일치한다. 황금률은 자기애를 전제로 삼으며, 타인에게 베풀 도움의 본보기로 자기애를 이용하는 것이다. 하느님의 부성애는 결국 타인에 대한 사랑의 동기만큼이나 자기애의 동기도 된다. 자신을 포함한 모든 이가 그분의 자녀이기 때문이다. 반면에 이러한 원칙들로 인해 이기주의적 태도로 쉽게 나갈 수 있다는 우려도 근거 없는 것은 아니다. 항상 먼저 자신의 안녕을 생각하고 더 큰 몫은 자신이 차지하려는 자기 우선적 태도를 장려할 수 있기 때문이다. 그러므로 몇 가지의 설명과 구분이 필요하다.

고상한 존중심과 선의로 자기를 사랑하는 것만큼 동일한 정도로 이웃도 사랑해야 한다. 하지만 완덕과 하느님과의 친밀도가 높을수록 그 사람에 대한 고상한 존중심도 더 커야 하므로, 나 자신을 사랑하기보다 더 큰 사랑을 받아야 할 사람이 있음을 의미할 수 있다. 같은 원리로, 공동선과 관련해 우리보다 훨씬 더 중요한 사람인 경우가 그렇다. 그 사람의 생명을 우리 자신의 생명보다 더 우선시해야 한다. 따라서 전시 때 일반 병사가 장군이나 다른 지도자의 생명을 위해 자신의 생명을 희생하는 일이 종종 생긴다. 반면, 공동선에 중요한 사람이라면, 자기 생명을 위험에 노출시키지 않을 의무가 있으며, 또한 다른 사람에게는 그러한 위험을 감수하도록 요구할 수 있다. 마찬가지로 동일한 품질의 작업에 대해 타인에게 허용할 보상보다 더 큰 보상을 자신이 요구할 수 없으며, 자신의 작업보다 더 나은 품질의 이웃의 서비스에는 더 큰 보상을 허용해야 한다. 물론 반대의 경우도 마찬가지로 적용된다.

자신과 이웃을 사랑하는 데 있어서 감정의 강도가 동일할 필요는 없다. 그러한 감정적 동등성은 사람에게 있어서 가능하지도 않다. 왜

25) *Sermo* 368, nr. 5 (*Patrologia Latina* 39, col. 1655); cf. St. Thomas, *S. Th.* II-II, q.26, a.4 and 5.

냐하면 인간은 필연적으로 타인에게보다 자기 자신에게 훨씬 더 가까이 있기 때문이다. 더욱이 감정의 깊은 관여는 통상 더 큰 책임을 수반하며, 본성은 그러한 책임을 이행하고자 한다. 또한 사람은 다른 어떤 이보다 자기 자신에 대해 더 큰 책임을 지닌다.

자기 개인의 의무에 대한 응답 책임 때문에, 자기 자신의 의무에 대해 더 큰 관심이 요구된다. 자기애는 사람들이 하느님과 그 나라를 효과적으로 섬길 수 있도록 하고 자신의 구원을 위해 힘쓸 것을 요구한다. 다시 말해 인간은 자기 자신을 위해 책임을 지니며 자기애는 그 책임을 완수하기를 요구한다. 자신에 대한 책임은 여러 면에서 자기 이웃에 대한 책임보다 우선한다. 자신의 계발, 성화 및 구원은 우리의 책임 있는 행위에 더 직접적으로 달려 있으며, 동료 인간의 구원보다 더 큰 영향을 받는다. 그 이유는 하느님으로부터 정신적·육체적 선익들과 함께 우리 자신을 직접 관리할 책임을 먼저 받았기 때문이다. 따라서 우리의 개인적 발전과 구원이 우리에게는 이웃의 발전과 구원보다 더 직접적인 의무가 된다. 물론 우리 자신이 성화와 구원에 관심을 가져야 한다는 동일한 책임은 어느 시점에 이르면 타인을 섬길 의무를 더욱 증가시키게 된다. 왜냐하면 타인을 섬기지 않고는 완벽한 성숙에 도달할 수가 없고 구원의 길은 성숙한 그리스도인으로 하여금 이웃의 구원에 대해서도 점점 더 염려하도록 이끌 것이기 때문이다.

비록 자기애가 가장 자연스럽고 또 문제점이 없는 경향인 것으로 보이지만, 진정으로 자신을 사랑하지 못하는 사람들이 있음을 어렵지 않게 발견하게 된다. "오늘날 우리 중 많은 이들이 마약이나 술에 빠지거나 어떤 바쁜 활동에 몰두하는 이유는 단순히 내면을 들여다보고 온전한 자기 자신을 조용히 바라보는 것을 감내할 수 없기 때문이다."[26] 모든 인간에게는 이기적이고 어리석으며 폭력과 증오로 기울어지는 부분이 존재한다. 이러한 부분은 종종 자기애를 고통스러운 의무로 만들어 버리지만, 자신과 타인의 선익을 위해서는 이를 피할 수가 없다. 동시에 모든 남녀 안에는 따뜻함과 사랑을 주고자 하는 진실한 배려심도 존재한다. "참으로 사랑하기 위해서는 내 안의 밝은 면과 어두운 면 모두를 온전히 바라봐야 한다. 그래야만 나는 절망에 빠지지 않고 내 안의 부정적이고 파괴적인 부분을 통제할 수 있게 된다."[27] 자신을 알고 받아들이기 위해서는 침묵과 고독의 시간이 필요하다. 또한 배려심이 있는 사람들과의 교제가 필요할 수 있다. 그리고 마지막으로, 우리를 확실히 받아들이시고 관심과 사랑을 주시는 신애이신 그분과의 관계도 필요하게 된다.

(2) **이웃애의 질서**

내적 존중에 관하여, 하느님과 가까운 사람일수록 더 큰 사랑을 받을 만하다. 하느님과 이웃을 섬기는데 헌신도가 클수록 그리고 그 안에서 하느님과 그리스도의 모습이 더 완전하게 드러날수록, 그 사람은 내적 존중에 의한 사랑을 더욱 받아야 한다. 이 사랑은 무엇보다도 그 사람의 선성을 기뻐하고 그것이 손상되지 않고 보존되기를 바라는 소망과 의지를 가지는 것이다.

적극적 협조에 관하여, 영적으로나 현세적으로 큰 필요와 고뇌에 찬 이들일수록 더 큰 사랑을 받아야 한다. "타인의 이웃이 되어 그에게 적극적으로 봉사하는 의무는, 이웃이 어떤 면에서건 가져야 할 것을 가지지 못했을 때 한층 더 절실해진다."[28] 필요의 정도가 동일한 경우, 보통 혈연이나 우정의 유대가 더 깊거나 자신의 돌봄에 맡겨진

26) M.T. Kelsey, *op.cit.*, p.50.
27) *Ibid.*, pp.50f.
28) *Catechism of the Catholic Church* (1994), nr. 1932.

이들을 먼저 도와야 한다. 이는 생활의 구체적인 환경 속에서 받은 많은 은혜를 통해 그들에게 고마움에 대한 특별한 빚을 지고 있으며 또한 특별한 책임을 지고 있기 때문이다. 일반적으로 친인척 내에서 따라야 할 순서는 이렇다. 즉 자신의 배우자, 자녀, 부모, 형제자매, 기타 친인척이다. 또한 공동체 구성원(예: 수도회 회원), 친구, 가사 종사자 및 직장 동료도 특별한 배려를 받아야 한다. 예컨대 양부 또는 양모에게 맡겨진 고아처럼 자신의 돌봄에 맡겨진 이들은 사랑의 질서에 있어서 통상적으로는 먼 친척이나 친구들보다 우선하지는 않지만 동일한 도움을 받을 권리를 지닌다. 내적 가족 관계에서처럼 사랑의 의무와 정의의 의무가 결합될 경우, 도움을 줄 의무는 더욱 커진다. 통상의 상황에서 볼 때, 필수적 사안에 대해 사랑의 질서를 뒤엎는 것은 죄가 될 수 있으며, 심지어 중죄가 될 수 있다. 예컨대 자신의 배우자, 자녀, 부모에게 소홀하면서 먼 친척을 우선하는 경우가 그렇다. 성 토마스는 극심한 궁핍의 상황에서라면 부모는 가장 우선시해야 한다고 말한다. 우리가 부모에게 생명을 받았기 때문이다. 그러나 필요의 정도가 동일한 경우, 배우자, 자녀, 부모 중 누가 가장 먼저 도움을 받아야 할지 정하는 것은 쉽지가 않다.

하지만 한쪽 배우자가 가족을 버렸고 그들을 거의 또는 전혀 돌보지 않았을 경우, 버림받은 쪽 배우자가 자신의 자녀, 부모, 심지어 형제자매나 친구들에게 우선적 도움을 주는 것은 정당하다. 마찬가지로, 형제자매는 가족으로부터 멀어졌지만 다른 친척이나 이웃이 남겨진 부모와 자녀에게 많은 관심을 기울일 수 있는 경우도 정당하다. 애덕을 발휘한 후원자들은 어려운 상황에 놓였을 때, 소원해진 형제자매보다는 더 우선적으로 도움을 받을 자격이 있다.

나아가 교회와 사회에 특별히 중요한 인물들을 위해서 또는 전반적인 공동 복리를 위해서, 평상적인 사랑의 질서에서 예외가 요구될 수 있다. 국가와 민족을 수호하기 위해서는 자신의 생명을 희생할 준비가 되어 있어야 하듯이 동일한 이유로, 자기 아내나 자녀도 희생시킬 준비가 되어 있어야 한다. 비록 강한 애정의 유대로 결속된 관계라고 해도 마찬가지이다.[29)]

2) 필요의 중대성에 따른 사랑의 질서

우리 이웃의 곤궁과 참사 모두가 동일한 정도로 심한 것은 아니다. 오히려 그것들의 정도에는 차이가 있다. 따라서 이웃애가 요구하는 도움과 희생도 그 정도에 따라 달라질 것이다. 그러한 정도는 극도의(extreme) 필요, 중대한(grave) 필요, 통상의(ordinary) 필요로 나눌 수 있다. 극도의 필요란 영적·육적 파멸의 긴박한 위험에서 거의 또는 전혀 벗어날 수 없는 상태를 의미하며, 죽음, 심각한 신체적 훼손, 장기간의 투옥 등이 이에 속한다. 중대한 필요란 다른 사람의 도움이 없이는 영적·육적 고통과 피해를 벗어나거나 스스로 구할 수 없는 상태를 의미하며, 예컨대 무서운 가난, 고통스러운 질병, 심각한 범죄 표적의 위험 등이 이에 속한다. 통상의 필요란 악에서 벗어나는 데 어려움이 크지 않은 경우 또는 그 악 자체가 심각하지 않은 경우를 의미한다.

(1) 자신의 필요가 이웃과 동일한 정도로 심각한 경우, 그리스도교 사랑은 이웃을 위해 자신의 재화를 희생함으로써 자신을 이웃보다 더 열악한 상태로 만들도록 명하지는 않는다. 또한 그 어떤 필요성이 있

29) 이러한 선택의 기로에 놓였던 인물 중 하나가 바로 유명한 물리학자 막스 플랑크(Max Planck)였다. 그의 아들 에르빈(Erwin)이 히틀러에 대한 저항 운동을 펼친 이유로 체포되어 사형 선고를 받았을 때, 나치 정권은 아버지인 그에게 만약 히틀러와 체제에 대한 충성 선언을 매체에 발표하면 아들을 석방하겠다고 제안했다. 그러나 그는 자신의 양심적 신념 때문에 그러한 충성 선언을 발표하지 않았고, 결국 그의 아들은 1945년 1월 23일 처형되었다(A. Läpple, "Hinfuhrung zur Lukas-Passion", *Praedica Verbum* 100, 1995, p.157).

더라도 이웃을 돕기 위해 자신의 구원을 심각한 위험에 빠뜨리는 것은 결코 허용되지 않는다(예: 사회사업에 지나치게 몰두하는 사제의 경우). 자신의 영혼을 해를 입히는 방식으로 타인의 참된 선익을 증진시킬 수는 없다. 만약 자신의 구원을 해친다면, 결국에 가서는 이웃의 참된 복지에도 해를 끼치게 된다. 따라서 타인의 구원을 염려하는 것이 자신의 영적 삶을 심각하고 임박한 위험에 빠뜨리게 할 경우, 먼저 자신의 나약함을 돌보아야 한다. 이러한 경우에서 가장 큰 고통과 필요에 처한 이웃은 자기 자신이다. 물론 이것이 영적 은총에 대한 모든 작은 위험도 피해야 한다는 뜻은 아니다. 왜냐하면 그러한 위험과 맞닥뜨림으로써만이 그 사람이 성숙하고 강해질 수 있기 때문이다.

(2) 종교 공동체와 시민 공동체가 극도의 위기에 처했을 때, 이를 수호하고 구하기 위해서는 자기의 재산과 생명을 희생할 준비가 되어야 있어야 한다. 그리스도의 희생은 이러한 본성을 지녔다. 그분은 인간을 영적 죽음에서 구원하시고자 자신의 생명을 내어 주셨다. 박해 시대에 그리스도인들이 공개적으로 신앙을 증거하고 순교한 것 역시, 그리스도교 공동체의 영적 가치를 지켰던 하나의 방식이다. 마찬가지로 군인은 조국을 방위하기 위해 목숨을 바칠 준비가 되어 있어야 한다.

(3) 극도의 필요에 이웃이 처한 경우, 자신의 큰 불편과 물질적 희생을 감수하더라도 그를 도와야 한다. 하지만, 특별히 중요한 인물을 위해 공공복지(common welfare)가 그러한 희생을 요구하는 것이 아닌 한, 자기 생명을 희생할 의무까지는 없다. 그러나 자신의 재산, 건강 또는 기타 수단에 대한 최고의 희생은 (가까운 친척과 은인을 향한) 효심(piety)의 의무나 (사제와 의사에게 부과된) 정의(justice)의 의무가 있을 때만 요구된다. 예컨대 배우자·자녀·부모가 심각한 병에 걸렸을 경우, 그 가족을 돕기 위해 자신의 자동차나 생명에 필수적인 것

이 아닌 소유물의 매각을 통해 그 아픈 친척을 도울 수 있다면, 그렇게 하도록 요구할 수 있다. 사제와 의사는 병자(예: 에이즈 환자)를 돌보는 과정에서 일반인보다 건강과 생명에 대한 더 큰 위험을 감수할 의무가 있다. 그렇지만 그들은 늘 공동체 전체의 복지를 고려해야 하며, 소수의 사람을 위해 다수의 사람을 간과하는 것은 허용되지 않는다.

전통적인 윤리 안내서들이 형제적 사랑으로, 영적으로 극도의 필요에 처한 이웃을 돕고자 생명과 재산을 걸어야 한다고 요구할 경우, 이 규정은 다소 이론적이라고 볼 수 있다. 이러한 입문서들은 항상 추가적으로 다음의 조건을 명시한다. 즉 그러한 희생은 그 도움이 성공하리라는 확고한 희망이 있을 것, 공공복리(common weal)가 그러한 희생을 금하지 않을 것이다. 이러한 예외는 개인 한두 명의 구원이 걸려 있는 경우에도 적용될 수 있다. 예컨대, (화재가 난 집 안에서) 아이에게 세례를 주거나 (박해 시기에) 병자를 돕는 것이 사제 자신의 죽음을 거의 확실히 야기할 때, 이는 의무가 아니다. 공공복리가 그러한 희생을 금한다는 위에서 언급된 이유 외에도 병자가 자신의 구원을 돌볼 다른 방법을 가질 수 있다는 것, 세례를 받지 않은 아이를 포함한 많은 이들의 구원을 위해 하느님께서 마련하신 다른 방법이 있을 것이라는 점도 추가로 고려해야 한다. 그렇다고 해도 성사와 사제의 도움으로 구원을 얻는데 더 쉬워질 수 있음이 부정되는 것은 아니다.

특정 상황에서는 매우 관대한 사랑의 정신이 사람으로 하여금 의무로 규정된 수준을 넘어서 행동하도록 촉진할 수 있다. 부모라면, 극도의 필요에 처한 자녀를 돕고자 기꺼이 자기 목숨을 희생할 준비가 된 경우가 드물지 않다. 윤리 안내서들은 이러한 희생을 사랑의 의무로 간주하지는 않지만, 객관적으로 볼 때 부모가 목숨을 보전하는 것이 더 나은 선택일 수 있다. 왜냐하면 부모가 죽으면 남겨진 자녀들이 충분히 보호받지 못할 수 있기 때문이다. 그러나 이러한 자기-희생의 사랑은 의심할 여지 없이 큰 존경을 받을 만하다.

(4) 중대한 필요에 이웃이 처한 경우, 통상적 희생을 감수하는 범위 내에서는 돕는 것이 의무이다. 하지만 효심의 의무나 직무상의 의무는 가까운 친척이나 돌봐야 하는 이들의 중대한 필요 사항을 채워 주거나 완화하기 위해 훨씬 더 큰 희생을 요구할 수 있다. 예컨대, 평소 책임감 있는 상인이 은행 대출금을 갚지 못해 가게를 잃을 위기에 처했을 때, 만일 자기 통장 계좌에서 2,000달러를 빌려 줌으로써 그를 구할 수 있는 형제가 있다면, 그는 그렇게 할 의무가 있다. 그러나 개인의 질병의 경우, 자기애가 자신에게 비상의(非常的, extraordinary) 치료를 받을 의무를 부과하지는 않듯이, 타인 치료를 위해서도 비상의 치료를 제공할 의무는 없다.

(5) 통상의(ordinary) 필요에 처한 이웃의 경우, 통상의 애덕 활동을 할 의무를 지니지만 모든 개별적 사례마다 의무가 있는 것은 아니다. 이러한 범위는 당사자의 재산 정도에 따라 달라진다. 재산이 많을수록, 더욱 자주, 더욱 너그럽게 도움을 줄 의무가 커진다.

3) 원수애

구약은 앞서 지적한 것처럼, 이미 여러 차례 원수애를 요구한다.[30] 원수애의 뛰어난 모범은 자신을 이집트 노예로 팔아넘긴 형제들을 용서한 요셉의 사랑과 그리고, 자신에게 악의를 품은 사울 왕의 면전에서 보여 준 다윗의 고결한 관대함을 들 수 있다. 사실, "네 원수는 미워해야 한다"는 말은 구약 어디에서도 찾아볼 수 없다(마태 5,43). 이 말은 "사랑의 실천을 좁은 민족중심주의의 틀 안에 가두려는 부정적

30) 탈출 23,4~5; 레위 19,17~18; 욥 31,29~30; 잠언 20,22; 24,17~18.29; 25,21~22; 집회 28:1~9.

인 관점을 지적한 것이다. (…) 즉 예수는 구약에 대한 잘못된 해석을 비판하고 계신 것이다."[31] 구약에서는 원수애를 그저 이스라엘 동족들에게 국한된 일반적인 이웃애만으로 국한시켰고, 최대로 확대하더라도 그 땅에 거주하는 이방인들까지만 포함했다. 주변의 이교 민족들은 이 사랑의 대상에 포함되지 않았다. 이것이 일부 랍비들이 자신의 원수 즉 국가적 원수는 미워해도 된다는 결론을 내렸을 가능성이 있다. 실제로 구약의 몇몇 본문, 예컨대 신명기 7장 2절도 이를 암시하고 있다. 또한 '동태복수법'(*lex talionis*, 탈출 21,23~25; 레위 24,17~21; 신명 19,21)과 많은 기도문도 복수의 태도를 내포하고 있다(시편 109; 139, 21~22; 140,8~11).

이에 반해, 예수는 원수애의 개념을 더욱 넓히셨고 이를 인종과 국가의 구별 없이 모든 적대자에게 확장하셨다. 당시 일부 종교 집단에서는 이를 완화시키려는 해석이 존재하였지만, 예수는 이 계명의 진정한 의무적 성격을 강조하셨다. "그러나 나는 너희에게 말한다. 너희는 원수를 사랑하여라. 그리고 너희를 박해하는 자들을 위하여 기도하여라"(마태 5,44).[32] 여기서 말하는 원수는 단순히 사적인 개인의 원수만이 아니다. "마태오에게 있어서 원수애란 곧 신앙 때문에 그리스도인을 박해하는 모든 이를 사랑하는 것이다."[33] 의심의 여지 없이 다른 상황에서도 이러한 사랑은 국가적 원수와 같이 다른 적대적 집단에까지 확대되어야 한다.

주님의 명령에 충실하여 제2차 바티칸 공의회는 신자들에게 원수

---

31) *The New Jerome Biblical Commentary*, London: G. Chapman, 1989, p.644. 또한 쿰란 공동체의 영향도 있었을 가능성이 있다. 그 쿰란 문헌 IQS 1,9~10에서는 다음과 같은 권고가 발견된다. 즉 "그들(성도들)은 하느님의 재판정에서 각자의 상급을 받은 빛의 자녀들을 사랑해야 하며, 또한 각자의 죄에 따라 하느님의 징벌을 받는 모든 어둠의 자식들을 미워해야 한다"(quoted by *The New Jerome Bibi. Com.*, *op.cit.*).

32) 또한 참조: 루카 6,27~28.32~36; 로마 12,14~21; 1테살 5,15.

33) S. Legasse, "*Et qui est mon prochain?*", Paris: Cerf, 1989, p.99.

들에게도 사랑과 선의를 베풀도록 권고한다. “그리스도의 가르침은 우리가 받은 모욕까지 용서하라고 요구하며, 사랑의 계명을 모든 원수에게까지 확대시킨다. 이것이 신약의 계명이다”(「사목 헌장」 28항). 그러나 바로 이 문헌은 늘 거부해야 마땅한 오류와 그리고 오류를 범한 사람 간에 구별을 필히 하도록 요구하며, 그 사람이 인간으로서 존엄성을 잃지 않으며 따라서 존중과 사랑을 받을 자격이 있다고 강조한다. 이러한 구별은 배격할 것에 대한 증오와 원수에 대한 적의(*odium abominationis et odium inimicitiae*)을 구별한다는 전통과도 일치한다. 배격해야 할 증오는 개인이나 집단 또는 국가의 오류, 그릇된 자질, 악행 등을 대상으로 하며, 이러한 문제들을 제거하려는 바람과 노력을 의미한다. 만약 배격해야 할 증오가 진정으로 악의 문제에 관한 것이라면, 그것을 제거하려는 노력은 정당화될 수 있다. 예수가 바리사이들과 율법 학자들의 위선, 허영 및 율법주의의 남용을 비판하신 것이 이에 해당한다(마태 23; 루카 11,37~52). 반면에, 적의의 증오는 원수 자체(개인이나 집단)를 거부하고 해를 가하며 파괴시키려는 마음을 뜻한다. 이러한 증오는 선의의(benevolence) 사랑에 정면으로 배치된다. 사랑이 일치를 가져온다면, 이러한 증오는 분리를 낳는다. 이러한 증오가 완전히 형성되었다면, 중죄가 된다. 이에 대해 성 요한은 이렇게 말한다. “자기 형제를 미워하는 이는 모두 살인자입니다”(1요한 3,15). 비록 원수에게 작은 해악을 가하려는 수준일지라도, 초보적인 미움의 성향은 이미 불완전한 형태로 드러날 수 있다.

원수애의 일반적 목적은 (개인이든 집단이든 국가이든) 모든 이웃을 향한 사랑의 목적과 동일하다. 즉 그것은 비록 그가 원수라 할지라도 그 자신이 받은 선익과 일구어 낼 법한 선익을 진심으로 존중해 주는 것, 그리고 그가 하느님을 섬기도록 불린 가운데 수행해야 할 임무를 촉진시켜 주는 것이다. 하지만 이웃애에 대한 후자의 측면 즉 하느님의 소명 안에서 성장하도록 돕는 일은 원수의 경우에서는 특별한 방식으로 나타난다. 원수애의 특별한 목적은 적의의 악한 뿌리와 원인을 제거하고 파괴하는 일이다. 그러나 이러한 부정적 목표는 결국 긍정적 목표를 겨냥한다. 즉 적의로 인해 손상되었고 상실된 선함과 온전함이 회복되기를 겨냥하는 것이다. 죄인을 향한 하느님의 사랑 즉 아주 참된 의미에서 원수를 향한 그분의 사랑은 원수애의 이러한 성격을 가장 분명하게 드러내 준다. 즉 죄의 뿌리를 파괴하고 신적 은총의 쇄신된 선물로써 죄의 뿌리를 파괴하고 인간의 상실된 온전성의 회복을 드러내 주는 것이다.

적의에 맞서게 할 수단과 방식에 대한 결정은 이러한 원수애의 목표에 따라 이루어져야 한다. 예컨대, 너희를 치는 자에게 다른 빰을 돌려 대라는 그리스도의 훈계(마태 5,39~40 병행 구절)는 제자들로 하여금 가장 고결한 인내심을 요청하신 것이다. 우리가 적의를 극복하고자 한다면, 보복을 그만두고 원수에게 일체의 매정한(unkind) 행위도 중단해야 하며, 심지어 원수의 회심을 이끌어 낼 적합한 적극적 조치를 취해야 한다고 극적으로 강조하신다. 그러나 다른 많은 경우에서처럼, 그분의 이 훈계는 엄격한 의미로 볼 때 도덕적 규범으로 의도하신 것은 아니다. 원수의 회심을 위해 필수적이거나 적어도 유용한 경우에만 이러한 고도의 요청은 문자 그대로 이행하도록 요구되는 것이다. 그러나 그것이 원수로 하여금 자신의 악행을 계속하게 하거나 추가로 가해를 부추기는 결과를 초래한다면, 그것은 요구되지 않으며, 종종 허용되지 않을 수도 있다. 대사제의 심문 중에 경비병 한 사람이 예수를 때렸을 때, 그분 자신도 다른 빰을 돌려대지 않으셨고 오히려 모욕에 대한 근거를 정당하게 요구하신 바 있다(요한 18,22~23). 이러한 상황에서의 침묵은 유죄를 인정한 것으로 잘못 해석될 여지가 있었다. 이와 비슷한 상황에서 바오로 역시, 자신을 공격하는 이들에게 맞섰다(사도 23,2~3). 따라서 원수들의 회심과 그들과의 화해라는 목표를 가장 잘 달성하면서도 동시에 필요에 따른 억제 장치도 포함되어야 한다. 이는 최고로 너그러운 인내이든, 강력을 한 저항을 통해서든, 필요한 경우 법에 호소를 통해서든 이루어져야 한다.

원수애는 특히 다음과 같은 방식으로 검증되고 드러나야 한다.

(1) **용서의 정신:** 원수애는 항상 악의적 증오와 복수심을 배제한다. 적극적인 의미로 원수애는 가해자가 진심으로 자신의 잘못을 보상하고자 노력하는 경우, 그와 화해할 준비를 갖추도록 요구한다. 물론 가해자나 적대적인 당사자가 자신의 행동에 대해 잘못과 죄책을 인정하지 않는 한, 용서는 가능하지 않다. 만일 가해자가 어떠한 잘못도 진정으로 인정하지 않는다면, — 또한 그러한 행동 방식을 계속할 결심을 포함한 것이라면 — 용서라는 사안이 성립되지 않는다. 압제자가 아무런 양심의 가책도 없이 자기 백성을 희생시키고 착취하는 한, 쉽게 용서받기는 어렵다. 심지어 하느님조차도 우리가 뉘우친 죄만을 용서하신다. 하지만 하느님께서 죄인이 뉘우칠 때 언제나 용서할 준비가 되어 계시듯이, 우리 인간도 원수가 뉘우친다면 즉시 화해할 준비가 항상 되어 있어야 한다. 나아가 가해자가 어느 정도 무지로 인해 행동한 경우도 고려해야 하는데, 이는 그의 개인적 죄책을 감소시키거나 심지어 완전히 면하게 할 수도 있다. 이러한 경우, 피해자는 모든 저항을 포기하지는 않더라도 더 큰 이해와 인내를 지녀야 한다. 이러한 인식을 바탕으로 예수는 십자가 위에서 원수들을 위해 이렇게 기도하신 것이다. "아버지, 저들을 용서해 주십시오. 저들은 자기들이 무슨 일을 하는지 모릅니다"(루카 23,34).

피해자는 진심 어린 화해의 제안을 호의적으로 받아들이고 가해자가 초래한 피해에 대한 합리적 보상을 받아들일 애덕의 의무가 있다. 원칙적으로는 가해자 또는 더 큰 죄책을 진 자가 먼저 화해의 첫발을 내디뎌야 한다. 그러나 용서의 정신은 특히 갈등이 한창일 때 피해자 역시 일정한 죄책이 있는 경우, 화해를 준비하기 위해서는 피해자에게 먼저 적극적인 조치를 취하도록 요구할 수도 있다. 사과가 늘 명시적으로 되어야 하는 것은 아니다. 많은 경우, 상대방에게 특별한 배려를 표시하거나 정중한 인사와 같이 암묵적으로 사과를 대신할 수도 있다.

용서의 정신은 배상과 보상에 대한 권리를 전반적으로 포기하도록 요청하지는 않는다. 가해자는 자신이 초래한 손해를 복구시킬 의무가 있으며, 피해자는 이를 요구할 권리를 지닌다. 가해자가 용서를 구했다고 해도 사법적 조치는 여전히 취해질 수 있다. 예컨대, 사법 처리가 유일하고 안전한 배상의 방법인 경우 또는 공동체를 유사한 범죄로부터 보호하기 위해 필요한 경우가 그렇다. 그러나 법적 조치의 동기가 복수심이어서는 안 된다. 성 알퐁수스는 이렇게 경고한다. "정의를 향한 사랑은 너무도 쉽게 복수심을 가리는 위선적인 가면이 된다."[34] 피해가 사소한 경우, 애덕의 입장에서는 피해자가 자신의 배상받을 권리를 포기하도록 의무를 지울 수 있다. 무엇보다도 배상으로 인해 상대방의 손실이 과도할 경우라면, 포기할 의무가 생기게 된다.

(2) **존중과 배려에 대한 통상적 신호**(signs): 이러한 신호는 특히 인사하기와 기도해 주기이다. 만일 "가장 표독하게(virulent) 거부하는 형식은 그 사람을 외면하는 것"이라는 말이 사실일 경우,[35] 그렇다면 원수애는 상대자와 최소한의 사회적 접촉을 요구하는 것이 될 것이다. 가까운 친척(형제, 자매, 자녀 및 부모) 간에 적의가 있을 때, 결혼식이나 세례식 같은 특별한 행사 때 방문 및 기타 가끔의 방문이나 인사는 통상적 존중의 신호에 쉽게 포함될 것이다. 이러한 신호는 증오가 더

34) *Homo apostolicus*, tr. 4, nr. 17; cf. *Theologia moralis*, lib. II, nr. 29, footnote.
35) M.T. Kelsey, *Caring*, *op.cit.*, p.156.

욱 심화되지 않도록 막고, 화해할 준비가 되어 있음을 증명하며, 또한 (사제들 또는 수도자들 간의 공공연한 적의와 같은) 악 표양을 피하기 위해서도 드물지 않게 요구가 된다. 이와 더불어 적대적인 사람에 대해 긍정적 발언을 함으로써 스스로 마음과 정신의 깊은 변화를 불러올 수 있다. 만일 그러한 신호가 실질적으로 화해를 가져올 수만 있다면, 존중과 사랑에 대한 통상적 표시뿐만 아니라 또한 특수한 표시도 할 의무를 지닐 수 있으리라.

하지만 심각한 이유로, 일시적으로는 존중에 대한 관례적(customary) 표현을 거부할 수 있다. 예컨대 어떤 사람에게 그의 잘못을 깨닫게 하고 마음의 변화를 불러일으키기 위해 그러한 조치를 취할 수 있다. 기혼자들은 자신의 배우자를 유혹하여 자신의 가정의 일치와 화합을 깨려는 자에게 이러한 방식으로 깊은 불만과 슬픔을 드러낼 수도 있다. 부모 역시 자녀의 그릇된 행동을 바로잡기 위해 이것이 적절한 수단이라고 판단될 경우, 이와 유사한 방식으로 행동할 수 있다. 또한 마피아 조직원이나 폭력배처럼 드러난 원수들이 계속 범행을 저지르는 한, 그들과는 사회적으로 상종하지 말아야 할 것이다.

그러나 이러한 이유들이 가해자와 원수를 위한 기도를 거부하는 것에까지 동일하게 적용되지는 않는다. 적어도 일반적 방식으로라도 그들을 위해 기도해야 하며, 특히 잘못을 저지를 이들의 회개와 교정을 위한 기도 속에 그들을 포함시켜야 한다. 이는 바로 그리스도의 뜻이기 때문이다. 즉 우리를 미워하는 이들을 위해 기도하고 그들을 위해 선을 베풀어야 하기 때문이다(마태 5,44; 루카 6,27~28). 원수를 위한 기도는 실제적인 효과를 띤다. 즉 우리가 그들에게 불친절한 말을 하거나 행동하는 것을 막아 주는 효과를 준다. 만일 그들에게 부정적인 행동을 한다면, 우리가 하느님께 드리는 청원기도 즉 우리의 원수들 특히 그들 영혼의 참된 선익을 돌보아 주십사 청하는 것과는 상충되기 때문이다.

(3) **필요한 경우의 원조:** 극도의 필요시, 누구나 가능한 한 모든 사람을 도와야 하듯이, 원수도 도와줄 의무를 진다. 예컨대 의연금, 음식, 의복, 응급처치 등으로 도와야 한다. "'그대의 원수가 주리거든 먹을 것을 주고, 목말라하거든 마실 것을 주십시오(…).' 악에 굴복당하지 말고 선으로 악을 굴복시키십시오"(로마 12,20~21. 참조: 잠언 25,21~22). 극도의 필요가 아니라면, 보통 명령으로는 아니고 권고로는 자주 제시된다. 만일 추가적인 도움이 원수의 회심과 그와의 화해를 가져올 수단이라고 입증된다면, 그것을 제공하는 것은 의무가 된다.

위의 원칙들과 요구를 실제로 구현하는 것이 구체적 상황에서는 종종 큰 어려움에 부딪힐 것이다. 깊은 상처를 입고 불의를 크게 당한 사람에게 즉시 그리고 단숨에 용서하기란 결코 쉬운 일이 아니다(예: 강간당한 소녀의 경우). 또한 가해자가 자신의 비행을 인정하고 교정하기를 기대하는 것은 정당하다. 그럼에도 불구하고, 그러한 기대는 누그러뜨려야 하며, 각자의 인생사에 따라 즉 인간이 오류를 범하는 경향이 있고 고뇌와 불의의 경험에 따라 행동할 수밖에 없다는 점을 이해해야 하기 때문이다. 어떠한 경우에서든 사람들은 적어도 용서할 수 있는 사랑의 은총과 원수의 회심을 위한 기도를 할 수 있고 또 그렇게 해야 한다. 받은 해악을 용서하고 불의의 고통을 견디는 것은 (다섯째와 여섯째의) 영적인 자비 행업에 속한다.

원수애는 앞서 언급한 것처럼, 적대적인 집단이나 국가에도 동일하게 적용된다. 이는 평판이 나쁜 소외 집단에 더더욱 적용해야 한다. 손상을 입었을 경우, 용서할 준비가 되어 있어야 하며, 상대편이 이를 개선하려 할 경우, 실질적인 용서가 표현되어야 한다. 반대 집단이나 원수 단체를 위한 기도는 늘 필요하며, 예컨대 적대적인 종파의 종교 건물이나 적국의 대사관에 대해서는 최소한의 기본적 존중이 표현되어야 한다. 또한 그러한 국가와 같은 집단 내의 모든 구성원이 적대적 태도를 지녔거나 저지른 불의를 인정한 것도 아니라는 점을 고려해야 한다. 적대적 집단의 개별 구성원 예컨대 부상당한 적군 병사는 필히 도와주어야 하며, 이는 국제법에도 규정되어 있다. 예컨대 기근으로 큰 어려움에 처한 패배한 적국 역시, 굶주린 개별 원수와 마찬가지로 원조를 받아야 한다.

평화의 선익을 증진하는 아주 중요한 방법은 다른 집단이나 국가에 대한 선입견을 제거하는 일이다. 검증되지 않은 부정적 판단은 거부감과 적의를 만드는 데 종종 중요한 역할을 한다. 이를 무너뜨리기 위해서는 개인이 그러한 태도를 버리는 것만으로는 충분하지 않다. "내가 소외 집단, 소수 민족 및 비국교도들에게 '아무런 반감이 없다'고 해도, 나는 그들에 대한 우리의 집단이나 사회의 연대(joint) 책임에서 벗어날 수 없다."[36] 새로운 사고방식과 새로운 가치 기준의 도입이 필요하다. "원수애 계명은 단순히 나 개인의 변화만이 아니라 동시에 그리고 무엇보다도 사회적 변화를 목표로 삼아야 한다. 이러한 사회적 변화야말로 원수애 계율로부터 던져진 그리스도교 공동체의 임무인 것이다."[37]

6.2. 이웃애의 구체적인 표현

이웃애는 모든 사회적 관계에 관련된 근본 덕행이며, 우리의 이런 관계들을 고양시키는 혼이 되어야 한다. 그러나 이웃애의 표현 중에

---

36) Paul Hoffman / Volker Eid, *Jesus van Nazareth und eine christliche Moral*, Freiburg: Herder, 1975, p.179.
37) *Ibid.*, p.183.

서도 특히 직접적인 것으로 여겨온 것들이 있다. 바로 애덕이나 **자비의 행실들**(works)이다.

구약과 신약은 이미 앞서 언급한 것처럼, 육체적 필요에 대한 실질적 도움을 이웃애의 가장 중요한 표현으로 여긴다. 그리스도도 이러한 행실들이 당신의 메시아적 사명의 표지가 되기를 원하셨다(참조: 마태 11,2~5). 마찬가지로 제2차 바티칸 공의회는 모든 형태의 인간적 필요를 덜어 주고자 의도된 상호 원조를 그리스도교 애덕의 특별히 생생한 표현으로 여긴다(참조: 「평신도 교령」 8항). 이러한 원조는 특히 사회 사도직의 범위에 속하며, 제2차 바티칸 공의회는 이를 「평신도 사도직에 관한 교령」(*Apostolicam Actuositatem*, 1965)에서 다루고 있다.

전통적으로는 자비나 애덕의 **일곱 가지 신체적인 행위**가 열거되곤 한다. 즉 굶주린 이를 먹이는 것, 목마른 이에게 마실 것을 주는 것, 노숙자를 맞아들이는 것, 헐벗은 이를 입히는 것, 병자를 방문하는 것, 갇힌 이를 위로하는 것, 죽은 이를 묻어 주는 것이다. 락탄시우스(Lactantius)는 마태오 복음 25장 35절 이하의 최후 심판의 가르침에서 처음 여섯 개의 신체적 자비 행위를 뽑았고 마지막 하나는 토빗기 1장 17절에서 마지막의 신체적 행위를 추가했다. 이와 유사하게, 덜 알려진 것이기는 하지만, **자비의 일곱 가지 정신적인 행실**의 목록도 만들어졌다. 즉 무지한 이를 가르치는 것, 고민하는 이에게 조언하는 것, 슬퍼하는 이를 위로하는 것, 오류를 범한 이를 교정하는 것, 가해자를 용서하는 것, 나쁜 이를 참을성 있게 견뎌 주는 것, 산 이와 죽은 이를 위해 기도하는 것이다. 첫 번째 목록을 자세히 보면, 다섯 번째와 여섯 번째의 행실(병자를 방문하고 갇힌 이를 위로하는 것)은 신체적인 것이라기보다는 오히려 정신적인 것이기도 하다. 이 모든 행실은 오늘날에도 여전히 유효하지만, 그 적용 범위는 더 확장되고 보완해야 한다.

이러한 목록을 평가할 때, 이것들은 고대 세계의 필요에 부합하는 것이지만 동시에 숫자의 상징성에 대한 선호의 영향도 받았다는 점을 염두에 두어야 한다. 사랑은 늘 시대마다 새롭게 요구되는 특정한 필요를 알아차리고 이웃애의 원조가 어디에서 요구되는지를 찾아야 한다.

가난하고 궁핍한 이들에 대한 관심은 세기들을 통해 교회가 지닌 중요한 특징이었다. 역사는 시대를 초월하여 교회가 궁핍한 이들을 세심히 돌보아 온 증거를 제공한다. 초대 그리스도교 공동체는 희사를 높이 평가했고(사도 2,44~45; 4,34~37), 곧이어 특별한 방식으로 부제들과 과부들을 선발하여 공동체 내 궁핍한 이를 돌보도록 하였다(사도 6,1~6; 1티모 5,9~10). 또한 바오로의 권고로 형편이 더 나은 공동체들은 예루살렘의 가난한 신자들을 위해 의연금을 모았다(2코린 8~9). 초기 교부 시대부터 구호소와 호스피스 시설들이 설립되었다. 수많은 세기 동안 가난한 이와 고아, 장애인과 병자, 그리고 기타 도움이 필요한 이들을 위한 조직적인 돌봄은 거의 전적으로 교회의 손에 맡겨져 있었다. 특히 수도회와 남녀 신심 공동체가 이러한 임무에 헌신하였다. 비록 현대 국가가 여러 유형의 공동 사회사업을 조성했지만, 사적인 개인들과 단체들 및 교회의 애덕 사업을 위해 여전히 남아 있는 영역은 많다. 또한 오늘날에도 교회들은 자선 부문에서 많은 사회사업을 모범적으로 제공하고 있다(예를 들면, 인도에서의 마더 데레사와 그녀의 수도회 활동, 남미 대도시에서 거리의 아이들을 돌보는 교회 관계자들의 노력, 그리고 선교지에서 교회가 펼치는 자선 및 사회활동 전반을 언급할 수 있다).

오늘날의 사회에서 발휘할 **애덕 어린 사랑의 분야들**로는 다음과 같은 것들이 열거된다. 즉 환자들 특히 불치병이나 만성 질환을 앓는 이들에게는 간호가 필요하며, 면역결핍 질환인 에이즈(AIDS)의 등장으로 인해 이 분야에서 새로운 도전이 나타났다. 장애가 있고 정신적으로 지체된 이에게는 원조와 돌봄이 필요하다. 혼인이나 교육 문제로 특별한 어려움을 겪는 가정들은 이를 극복할 수 있도록 도움을 받아야 한다. 불안정한 환경에 놓인 청소년들에게는 공감 어린 지도와 여가 시간에 자유롭게 이용할 수 있는 개방된 센터나 클럽이 필요하다. 고아들에게는 가정이 주어져야 하고, 가능하면 입양 가정을 통해 보호받는 것이 가장 바람직하다. 멀리 집을 떠나있는 노동자들과 이주민들에게는 친절한 관심과 교류가 필요하다. 중독자들과 중독 위험에 놓인 이들은 거기서 벗어날 수 있도록 도움을 받아야 한다. 출소자들은 사회에 복귀할 수 있게 해야 한다. 그리고 다양한 유형의 사회 복지사를 양성하고 훈련하는 기관들이 설립되고 운영되어야 한다.

그러나 이러한 더 전문적인 애덕 사업 외에도, 통상적인 애덕 사업 역시도 그 중요성은 여전히 크다. 예컨대, 궁핍한 이들에게 (국내가 아니라면 국외에서) 의연금을 제공하거나 외로운 사람들과 병자들을 방문하는 것 등이 그러하다. 오늘의 사회에서 외로운 사람들은 종종 잊힌 그룹이며, 특히나 도움을 필요로 한다. 이들은 특히 노인들 사이에 발견되지만, 젊은이 중에서도 존재한다. 외로움은 인간을 파괴하는데, 외로움을 증폭시키는 가장 큰 요인은 바로 타인에게서 소외되고, 단절되고 고립되는 것이다. "외롭고 고립된 사람들은 인간적인 교류와 소통을 하는 사람들과 비교해, 훨씬 더 자주 다양한 질병으로 인해 목숨을 잃는다. 인간은 타인과의 상호작용에서 단절될 때, 문자 그대로, 죽는다."[38] 마태오 복음 25장에서 그리스도가 오른편에 있는 이들을 칭찬하시는 말씀 중에서 이런 대목을 발견한다. "내가 나그네였을 때에 따뜻이 맞아들였다." 낯선 사람의 요청은 보통은 절박한 외침이다. "나그네들이 우리를 찾아올 용기를 내는 경우, 그것은 보통

38) M.T. Kelsey, *Caring, op.cit.*, p.69.

은 그들이 진정으로 필요하다는 뜻이며, 우리는 곧바로 그들을 만나려는 모든 노력을 기울여야 한다."[39] 복음의 메시지를 살아가는 그리스도의 교회는 그 가운데 있는 낯선 이들에게 손을 내밀어야 한다. 끝으로 오늘날 개도국의 거대한 빈곤과 문제점은 그리스도교 사랑의 새롭고 광범위한 영역을 열어 놓았다. 이들 국가는 재정적 도움, 자원봉사자들의 사회-경제적 협력, 모든 분야에서의 전문가 훈련을 필요로 한다.

개인들에게든 집단과 국가에게든 원조(assistance)를 제공하는 경우, **애덕 어린 구호(aid)의 방식**은 언제나 근본 덕행들을 지켜야 한다. 제2차 바티칸 공의회의 문헌들도 이 점을 강조하고 있다. 공의회 교부들은 이렇게 경고한다. 즉 "순수한 지향이 사리 추구나 지배욕으로 더럽혀지지 않아야 한다"(「평신도 교령」 8항). 모든 도움은 필요로 하는 이들의 참된 복지를 향한 진정한 관심과 그리고 하느님 설계 안에서 그들이 부여받은 고유한 소명을 존중하는 배려에서 나온 것이어야 한다.

그러나 주는 사람의 동기나 원조 자체만 올바르면 되는 것이 아니라, 또한 주는 방식도 애덕의 정신을 반영해야 한다. 애덕을 선사하기 위해서는 도움을 제공하는 과정 중에 부드러움, 세심함 및 섬세함이 동반되어야 한다. 가난한 사람들에게 잘난 체하거나 억지로 하거나 참을성 없는 태도는 아주 너그러운 구호마저도 망치게 한다. "하느님께서는 기쁘게 주는 이를 사랑하십니다"(2코린 9,7. 참조: 로마 12,8; 집회 35,10). 참으로 궁핍한 사람들에게는 진심 어린 존중과 인정 어린 친절로 대해야 한다. "도움을 받는 사람의 품위를 최대한 존중하여야 한다"(「평신도 교령」 8항).

진정한 사랑에는 타인의 말을 들 수 있는 능력이 요구된다. 오직 주의 깊게 들음으로써 다른 사람이 진정으로 필요한 것이 무엇인지

---

39) *Ibid.*, p.178.

알 수 있게 된다. “주고 싶다고 느낀 것을 주는 것이 아니라, 상대방이 현재의 기쁨과 미래의 발전을 위해 필요로 하는 것을 주는 것이 중요하다. 내가 다른 사람들을 알지 않는데, 어떻게 그런 관심과 배려 및 이해를 그런 종류의 배려와 돌봄 그리고 합의를 제공할 수 있겠는가? (…) 또한 내가 그들의 말을 경청하지 않는다면, 어떻게 이것이 가능하겠는가?”[40] 타인에 대해 먼저 알아보지 않고 제공하는 것은 가부장주의이고 권위주의이다. 그리고 사람들은 시간의 흐름에 따라 변화하기 때문에, 우리는 그들에 대해 한번 알아본 것으로 끝낼 것이 아니라 계속해서 그들의 말을 경청해야 한다. 이는 도움이 필요한 이들에게만 해당되는 것이 아니다. 무엇보다도 우선적으로는 자신의 가족 구성원들과 가까운 삶의 동반자들에게 해당된다. 사랑의 우선순위에 관한 규범은 이 점에서도 동일하게 적용된다.[41]

이웃애는 가히 **사랑의 성사**로서의 특성을 띤다.[42] 이는 단지 받는 이의 마음을 신애와 어쩌면 그리스도교 메시지에도 열리게 하는 데 그치지 않는다. 애덕은 말과 행동으로 이를 실천하는 이에게도 동일하게 신애의 성사가 된다. 제2차 바티칸 공의회가 자기 탓 없이 하느님을 아직 분명하게 알지 못하지만, “하느님의 은총으로 바른 생활을 하려고 노력하는 사람들”(「교회 헌장」 16항)도 구원을 얻을 수 있다고 말할 때, 바로 그들의 선한 삶이 곧 그들을 구원하는 성사가 된다. 선한 삶은 가장 자연스럽게 사랑의 행위로 나타날 것이다. 이를 이행하

---

40) *Ibid.*, p.68.

41) 모턴 켈시는 자신의 경험을 반추하며 이렇게 결론짓는다. “만일 내 인생에서 사랑하고 경청하는 것과 관련해 한 가지를 다시 할 수 있다면, 나는 우선순위를 명확히 하고 내 아내와 내 아이들을 최우선 목록에 두었을 것이다”(같은 책, 85쪽). 그리고 이것은 타인을 위해 시간 할애가 필요함을 의미한다. “사랑하고자 하는 사람을 위해 시간을 내지 않고서는 그 사랑은 표현될 수 없다”(같은 책, 103쪽).

42) B. Häring, *The Law of Christ II*, 1963, p.390.

는 이들에게는 그것이 구원의 수단이자 성사인 것이다.

전통적으로, 윤리 입문서들은 형제애의 맥락에서 희사와 형제적 교정에 대한 특수한 의무를 다루곤 한다. 그러나 이는 이웃애를 두 가지의 특정하고 다소 제한적인 영역으로 너무 축소시키는 것처럼 보인다. 희사의 의무는 재산과 관련한 사회적 의무 항목에서 적절하게 다루어질 수 있으며, 형제의 교정은 명예라는 도덕적 선익의 항목에서 다루어질 수 있다.

사유 재산에 관련된 사회적 의무들을 다루는 부분에서 그리고 형제적 교정은 존경의 도덕적 선을 다루는 부분에서 적절하게 다룰 수 있을 것이다.

6.3. 정의의 덕

정의란 자주 기원하는 청구이며 덕행인 것이다. 모든 사람이 정의를 호소하고 또 정의를 요구한다. 그러나 동시에 정의는 논란이 많은 개념이기도 하다. 이것은 많은 분쟁과 논의의 주제이다. 정의는 도덕적 및 사법적 삶의 근본 개념 중 하나이며 쉽게 정의될 수는 없지만, 아주 필수적인 것이다.

6.3.1. 성서에서의 정의의 덕

정의 혹은 올바름은 성경에서 중심이 되는 중요 개념 중의 하나이다. 그러나 다소 다면적 개념이기에, 이를 정의하기가 어렵다. 성서의 맥락에서 정의와 관련된 단어들의 용례는 오늘날 세속적 언어에서나 심지어 종교적 언어에서의 용례보다 훨씬 더 넓다.

성경의 용례 중 하나로서 정의는 첫째의 의미로, 윤리덕과 친숙하다. 때로는 사회적 규범을 뜻하지만 대개 그 범위가 확대되어 하느님 계명의 완전한 준수를 포함하는 의미로도 사용된다. 이에 상응해서 하느님께서도 온전하신 분으로서의 본보기가 될 당신의 정의를 드러내시는데, 먼저 당신의 백성과 각 개인을 인도하실 때, 그다음은 응보의 하느님으로서 각자의 행실에 따라 상과 벌을 주실 때, 당신의 정의를 드러내신다는 뜻이다.

성경의 또 다른 주제에서 정의는 두 번째 의미로, 더 직접적으로 종교적 가치를 부여한다. 이는 정의가 하느님의 자비이자 구원의 선물이 된다. "신앙을 통해서 사람이 얻는 하느님의 정의는 궁극적으로 그분의 자비와 부합한다. 그리고 신적 자비와 마찬가지로 하느님의 속성을 의미하고 때로는 이 자비가 베푸는 구원의 구체적 선물을 지칭하기도 한다."[43] 구약에서도 이미 이러한 정의 개념은 존재한다. 신약에서 성 바오로는 이러한 의미로 정의〔"하느님의 정의" "의화"(justification)〕를 말한다.

그러나 여기서는 윤리덕으로서의 정의만 관심을 갖기에, 첫째의 의미로서의 정의만을 다루도록 할 것이다.

1) 구약

윤리덕으로서의 정의는 때로는 더 좁게 시민적(civil) 정의를 뜻하기도 하고, 때로는 더 넓게 곧음(uprightness)과 온전한 선함(intergal goodness)을 뜻하기도 한다.

시민적 정의는 이스라엘의 고대 율법에서 재판관들에게 요구되었으며, 그들은 의무 수행을 온전히 행하도록 요청받았다(레위 19,15.35; 신명 1,16; 16,18~20). 마찬가지로 정의는 왕에게도 요구되었으며(시편 72,

43) "Justice", *Dictionary of Biblical Theology*, ed. by Léon-Dufour, 1988, p.282.

1~4; 예레 22,1~3), 그렇게 함으로써 왕은 칭송도 받았다(2사무 8,15; 1열왕 10,9). 또한 정의는 타인의 권리를 존중하는 의미에서 유다인 공동체의 모든 구성원에게 요구되기도 했다(탈출 23,6~8; 신명 25,13~16; 잠언 16,13). 예언자들은 판관들과 임금들이 가난한 이들을 억압하면서 저지른 불의를 반복해서 단호하게 규탄하였다.[44] 힘 있는 왕이나 재판관이 힘없는 신하나 고소인을 대하는 관계는 상급자와 하급자, 주인과 종 사이의 모든 관계의 전형이 된다. 이 모든 관계에 있어서 강하고 힘 있는 이들은 약한 이를 보호할 의무를 지닌다(에제 45,9; 미카 6,6~8). 예언자들은 억압에 무방비로 노출된 이들을 야훼께서는 우선하신다고 강조한다. 그들은 가난한 이들에 대한 착취와 권력을 남용하는 자들에게 내려질 신적 응징을 예언한다. 구약은 결코 불의를 단순히 인간적인 규칙이나 관습에 대한 위반으로만 보지 않으며, 언제나 하느님의 계명에 대한 위반과 그분의 거룩하심에 대한 모독이라는 종교적 차원으로 본다. 인간 정의의 한계를 알고 있던 예언자들은 미래의 메시아를 흠 없는 정의를 펼칠 의로운 통치자로 바라본다(이사 9,7; 11,3~5; 16,5; 32,1; 예레 23,5).

더 넓은 의미에서 정의는 율법에 충실하고 신적 계율을 완벽하게 준수하는 것을 의미한다.[45] 의로운 사람이란 올곧고 흠이 없으며, 나무랄 데 없는 종인 것이다.[46]

2) 신약

사법 형태로서 정의에 대한 권고는 예수의 메시지나 사도 교회의 메시지의 핵심이 아니다. "복음은 정의의 의무와 관련한 규정을 제시

44) 아모 5,7.11~15; 6:12; 이사 3,13~15; 5,7.22~23; 예레 5,26~28; 22,13~17.
45) 창세 18,19; 신명 6,25; 잠언 11,3~11; 12,28; 이사 56,1~2; 에제 18,5~24.
46) 창세 6,9; 7,1; 18,23~32; 잠언 12,10.26.

하지 않으며, 억압받는 집단에 끊임없이 호소하지도 않고, 또한 메시아를 의로운 재판관으로 묘사하지도 않는다."[47] 예수의 동시대인들이 가장 심각하게 잘못한 것은 사회적 불의라기보다는 더 구체적으로는 종교적 악습인 형식주의와 위선이었다. 그러므로 바리사이에 대한 예수의 비판은 예언자들이 불의를 규탄했던 것에 상응한 것이다.

"예수의 표현 방식에서 정의는 율법에 충실함이라는 성경의 의미를 보존하고 있다. 비록 이것이 예수의 메시지가 지닌 핵심 내용은 아니지만, 그분은 도덕적 삶이 참된 의로움이라고, 즉 하느님 계명에 대한 영적 순종이라고 정의하기를 주저하지 않으셨다."[48] 산상설교에서 예수는 제자들의 참된 정의를 정의하신다(마태 5,17~48). 제자들의 정의는 율법 학자들과 바리사이들의 정의보다 더 뛰어나야 한다. 바리사이들은 율법 규정을 외적이고 율법적으로만 준수하는 데 만족했지만, 정의의 정신 즉 이웃의 복지를 진정으로 염려하는 태도는 간과했던 것이다(마태 5,20; 23,23).

정의는 윤리덕이므로, 복음과 사도 교회에서는 이를 종종 완덕의 삶과 거룩함이라는 폭넓은 의미로 사용했다. "정의의 길"(마태 21,32; 2베드 2,21)이라는 표현은 하느님 계명에 따라 사는 삶을 의미한다. 이러한 의미로 정의로운 사람은 하느님 계명을 준수하는 사람이다. 그러므로 '의로운' 혹은 '올바른'이란 형용사는 구약과 신약의 여러 인물, 그리고 그리스도에게도 적용되었으며, 이는 곧 곧고 거룩하다는 뜻이다.[49] 또한 예수가 "모든 정의를 이루러" 왔다고 세례 받으시면서 말씀하실 때, 이는 그분 안에서 옛 정의가 비로소 정점과 완성을 이루게 된다는 기쁜 사건을 선포하신 것이다(마태 3,15).

---

47) *Dictionary of Biblical Theology*, *op.cit.*, p.283.
48) *Ibid.*
49) 마태 1,19; 13,17; 루카 1,6; 2,25; 2베드 2,7.

종종 정의는 다른 덕행들과 나란히 그리고 그것들과 구별되는 덕행으로 나타나기도 하는데, 이는 시민적 정의와 사회적 덕행의 의미에서 그럴 것이다(에페 6,14; 1티모 6,11; 2티모 2,22).

6.3.2. 정의의 본질

1) 정의의 개념

학자들은 정의 개념에 대하여 공통된 의견을 보이지 않으며, 때로는 크게 달랐다. 그렇지만 정의가 지닌 세 가지 특징에는 동의한다. "정의의 공통된 특징을 세 가지로 구분할 수 있다. 첫째, 사회적 규범의 성격이다. 이는 인간이 서로에게 행하는 행위를 인도해 주는 지침이 되기 때문이다. 둘째, 승인으로서의 성격이다. 특정 행위에 대해 정의롭다고 판단할 때 그 행위는 승인된 것으로 명시되기 때문이다. 셋째, 의무로서의 성격이다. 어떤 행위가 정의롭다고 판단되는 경우 그와 유사한 상황에 처하면 동일한 행동을 해야 할 의무가 따르기 때문이다."[50] 정의 외에도, 타인들과의 유대를 맺을 때 지침을 제공하는 다른 규범들이 또한 존재한다. 예컨대, 예의, 점잖음 또는 화법과 같은 것들이다. 그러나 이것들은 정의와 달리, 그 준수 여부가 개인을 도덕적으로 선하거나 악하다고 판단하도록 만들지는 않으며, 엄밀히 의무적인 것도 아니다. 이런 점들이 정의와는 구분이 된다. 정의는 법의 규범 또는 도덕성의 규범과 더 밀접하게 연계되어 있지만, 정의가 이 둘과 관련을 맺는지 그리고 어떻게 관계를 맺는지에 대해서는 논란의 소지가 있다.

정의의 본질에 관해서는 기본적으로 세 가지의 이론이 있다. 즉 실정법(positive law) 이론, 사회선(social good) 이론 및 자연권(natural right)

50) Otto A. Bird, *The Idea of Justice*, New York/London: F.A. Praeger, 1967, pp.10f.

이론이다.[51] 첫 번째인 실정법 이론은 정의를 법에 부합한 것으로 정의함으로써 정의로움을 법적인 것과 동일한 것으로 환원시킨다. 정의의 개념은 단순히 합법성이라는 개념으로 대체할 수도 있게 된다. 이 이론의 장점은 많은 권리가 법 조항에서 비롯된다는 점을 들 수 있다. 예컨대, 18세 이상의 시민들이 보통 선거의 권리를 갖는다는 것과 같다. 하지만 이 이론에 반대되는 논거에는 실정법에 존재하지 않는 문제에 대해서도 정의는 호소된다는 점, 그리고 정의는 법적 판단의 기준을 제공하며 그 타당성도 평가한다는 점이 있다. 그러므로 정의는 합법성과 동일시될 수 없으며 오히려 합법성을 초월하고 그것을 판단하는 척도인 것이다.

사회선 이론은 정의를 사회선에 유용한 것을 행하는 것이라고 정의한다. 따라서 정의는 합법성보다 더 넓은 개념이 된다. 정의는 사람에게 실정법의 요구 이전에도, 실정법을 초월해서도, 심지어 실정법이 사회선의 요구와 상충할 때조차도, 사회선을 증진시킬 것을 의무로 지운다. 이렇게 정의하는 것에는 법적 정당성을 판단하는 객관적 기준을 제공해 주는바, 그러한 기준은 사회선의 중요한 가치인 것이다. 그럼에도 이것도 만족한 것으로 완전히 입증된 것은 아니다. 너무 넓으면서 동시에 너무 좁다. 사회선에 기여하는 모든 것이 정의에 대한 의무는 아니다. 예컨대 애덕의 행위가 이에 해당한다. 애덕에 의한 의무는 정의에 의한 의무가 아니다. 그러나 이렇게 정의하게 되면, 애

51) 앞의 책에서 오토 버드(Otto Bird)는 실정법 이론을 주장한 학자로 23명을 열거하는데 그중 홉스(Hobbes), 홈스 Holmes, 켈젠 Kelsen, 스피노자(Spinoza)를 포함시킨다(p.45). 사회선 이론을 주장한 학자로는 19명을 열거하는데 그중 벤담(Bentham), 밀(Mill), 흄(Hume), 라트브루흐(Radbruch), 시즈윅(Sidgwick)을 포함시킨다(p.81). 자연법 이론을 주장한 학자로는 42명을 열거하는데, 그중 아퀴나스(Aquinas), 아리스토텔레스(Aristotle), 아우구스티누스(Augustine), 브루너(E. Brunner), 그로티우스(Grotius), 라이프니츠(Leibniz), 로크(Locke), 마리탱(Maritain), 메스너(Messner), 프펜도르프(Pufendorf), 수아레스(Suarez), 델 베키오(Del Vecchio), 비토리아(Vitoria), 볼프(Wolff) 등을 포함시킨다(p.121).

덕에 의한 의무와는 아무런 차이가 없게 되며, 모든 의무는 정의의 덕행에 속하게 된다. 그러나 정의의 의무들은 사회선의 요구에서만 나오는 것은 아니며, 육체적·정신적 삶을 유지하고 증진하며 심지어 사회선에는 아무런 유익이 없을 때도 자신의 존재 조건을 개선할 사람들의 권리에서도 나오는 것이다. 심지어 장애인이 단순히 사회의 짐으로 보일지라도, 그들은 생계를 유지할 권리를 지닌다. 이것이 사회선이 정의의 요구를 위한 아주 중요한 기준이 된다는 점을 부정하는 것은 아니다. 다만 보완할 필요가 있다는 것이다.

자연권 이론은 정의의 궁극적 토대가 자연권이라고 주장한다. 사람들이 권리를 지닌 것은 사회로부터 권리들을 부여받았기 때문이 아니라, 인간으로서의 본성(nature)이 자신들에게 권리를 부여했기 때문이다. 정의에 의해 존중받아야 할 인간의 권리들은 일차적으로 본성 그 자체에 내재하는(inherent) 법칙에서 유래한다. 인간과 인간 공동체들은 정돈된 생활, 자기실현 및 발전을 위한 자연권을 지닌다(참조: 인권). 인간의 권리들은 이차적으로 자연권이 공동체의 법에 의해 더 구체적으로 규정됨으로써 형성되기도 한다. 왜냐하면 자연권의 요구들은 보통 다양한 방식으로 충족될 수 있으며(예: 소유권과 상속권) 이 요구들이 어떻게 구체적으로 실현할지는 공동체가 결정할 수 있기 때문이다. 그러나 그러한 실정법은 반드시 가능한 한 자연권의 요구에 부응해야 하며 결코 그에 반하는 경우, 정당하고 법적 구속력은 없게 된다. 분명한 것은 이러한 정의의 기준은 인간 본성과 존재의 목적에 관한 이해에 본질적으로 의존한다는 점이다. 그리고 그리스도인에게는 그 목적에 하느님의 피조물 돌봄도 포함되어 있다는 점이다. 이러한 이해에 차이가 있는 한, 무엇이 인간의 권리여야 하고, 아닌지의 차이도 발생할 것이다. 하지만 그러한 차이들은 자연법 이론 자체와 상충하는 것이 아니라, 오히려 인간의 본성과 운명에 대해 더 큰 합의를 얻는 데 노력하도록 초대하는 것이리라. 인간 본성은 궁극적으로 여러 종류가 아니라 오직 하나의 종류일 것이기 때문이다. (더 자세한 설명은 제1권의 자연법에 관한 내용을 보라.)

플라톤과 아리스토텔레스를 따르는 자연법 이론의 뛰어난 대표자 중 한 사람인 토마스 아퀴나스는 정의를 "각자에게 그의 마땅한 것을 주려는 확고하고 지속적인 의지"라고 정의한다.[52] 이 정의는 많은 철학자들과 신학자들이 받아들였다. 그럼에도 정의의 공통된 관념과 비교해 보자면, 이는 상당히 넓게 정의된 것이다. 토마스 자신은 정의 개념을 엄격한 권리의 의무들을 넘어서, 감사, 순종, 인격 존중, 심지어 친절함과 하느님 예배에까지 확장시킨다.[53]

그러므로 다른 저자들은 이렇게 정의한 것을 좁혀 보고자 시도한다. 더 적절하게 정의해 보자면, 정의란 "우리의 이웃이 진정한(strict) 권리로서 가진 것을 충족시키는 것"[54] 또는 "각자가 권리로 가진 것이나 그에게 마땅한 것을 그에게 돌려주는 것"이다.[55] 예배의 의무는 진정한 개인의 의무이자 신적 권리에 속한 것이지만, 그럼에도 보통은 정의의 의무로는 간주되지 않는다. 따라서 더 명확히 설명하자면, 최종적으로 정의란 '각 개인과 인간 공동체에 그들의 소유나 권리에 의해 마땅히 누려야 할 것을 주는 것'이리라. 이렇게 정의할 때 인간 공동체를 명시하는 것은 권리의 주체가 단지 개인만이 아니라 공동체

52) "Justitia est habitus secundum quern aliquis constanti et perpetua voluntate jus suum unicuique tribuit"(*S. Th.* II-II, q.58, a.1).

53) *S. Th.* II-II, q.80 und ff.

54) K. Hörmann, *An Introduction to Moral Theology*, London: Burns and Oates, 1961, p.244.

55) Otto Bird, *op.cit.*, p.164. 권리에 의해 마땅히 주어야 할 것이 무엇인지를 결정하는 것은 항상 법적 조항을 요청하며, 적어도 법적 권리가 될 수 있는 사안이어야 한다. 이 사안을 더 정밀하게 정의하려면, 특정한 인간관과 공동체의 삶이 지닌 의미를 이해하는 바에 따라가게 된다. 그러므로 정의(justice)가 요구하는 것을 특정한 세계관과 신념과 별도로 정의해 줄 수는 없다.

도 된다는 점을 분명히 한 것이다. 여기서 권리로서 **소유한 것**과 **마땅히 주어야 할 것**을 구별해야 한다. 정의란 한편으로는 사람들에게 정당하게 그들이 소유한 것을 유지하게 하는 것이며, 다른 한편으로는 그들이 아직 소유하지 않았지만 정당하게 주어야 할 것을 제공하는 것이다. 이는 보통 교환, 분배 및 분담에 있어서 평등 원칙에 따라 이루어진다. 소유 또는 권리로 마땅히 해야 할 의무는 원칙적으로 (가족을 포함한) 공동체가 보호할 선익이거나 해야 할 의무들인 것이다. 따라서 감사, 보통의 존중, 친절의 의무는 이러한 성격을 띤 것이 아니므로, 이렇게 정의한 것에는 포함되지 않는다. 소유한 것 또는 권리로 마땅히 주어야 할 것에 대한 이해는 기본적으로 개인이 채택하는 정의 이론에 좌우될 것이다.

2) 정의의 속성

정의가 요구하는 것에는 인간과 사회의 존치와 발전을 위하여 기본적이고 본질적으로 필수적인 요소를 지니고 있다.

(1) 정의의 요구에는 원칙적으로 강제성이 있다. 모든 공동체는 구성원의 권리를 무시하고 침해하는 이들에 대항하여 이를 강제하기 위한 조치를 하고 권위를 부여한다. 물론 침해가 충분히 중대한 경우에만 당국의 강제 조치가 적용될 수 있다. 가벼운 사기 또는 분배 정의에서의 작은 불평등은 법적 개입의 대상으로 여기지 않는다. 따라서 정의가 "원칙적으로 강제될 수 있다"는 것은 그 사안이 충분히 중대할 경우에 한해 강제력을 띤다는 의미이다.

(2) 정의의 요청들은 최소한 원칙적으로, 명확하고 종결짓는 성격을 띤다. 정의는 엄밀한 불법 행위를 배제하기에, 하지 말아야 할 것을 명확하게 선언하게 된다. 또한 타인에게 정의로 해야 할 마땅한 의무는 교환, 분배 및 분담의 균등 원칙에 따라 규정되기에, 정의가

요구하는 바는 비교적 정확히 규정할 수가 있다.

(3) 원칙적으로 정의의 요구가 침해된 경우에는 배상을 요구하며, 예컨대 신체 훼손의 경우처럼 입은 손해가 회복될 수 없는 경우에는 최소한 보상을 요구한다. 분배 정의 특히 사회 정의에서는 그 요구가 덜 명확하며 구체성이 떨어질 수 있으며, 따라서 배상의 요구도 덜 뚜렷하고 몰아치기가 쉽지 않을 수 있다. 물론 덕행으로서의 정의는 법적 구속력이 미치는 범위에만 한정되는 것은 결코 아니다. 정의란 타인의 정당한 요청에 진지한 관심에서 비롯되며, 그들의 존재와 자기실현을 위해 그리고 하느님과 그분의 신적 계획에 효과적으로 이바지하기 위해 불가피한 것을 제공하고자 애쓰는 것이다.

6.3.3. 정의의 분류

정의는 각 개인과 인간 공동체에 자신들이 소유한 것과 권리에 따른 마땅한 것을 돌려주는 것으로 정의되어 왔다. 이렇게 정의된 것에서는 정의를 두 가지의 기본 형태로 구분한다. 첫째, 정의란 사람들에게 그들의 권리에 따라 소유한 바를 남겨 주는 것이며, 그들의 진정한 존재를 그들에게 부여하는 것이다. 이러한 정의는 귀속 정의(attributive justice)이다.[56] 여기에는 자신의 인격, 획득한 재산, 명예와 정당한 평가, 발견한 것 및 자격에 대한 공정한 인정 등의 권리가 포함된다. 둘째, 정의는 사람들에게 권리상 마땅한 것을 돌려주는 것이다. 예컨대 아직 소유하지는 않았지만 보수, 배상 또는 특전으로 받을 자격이 있는 것을 의미하거나 혹은 공동체 봉사를 위해 부담으로 받아들여야 할 것을 의미한다. 사람에게 마땅한 재화나 부담할 비율은 보

56) Cf. Paul Tillich, *Love, Power, and Justice*, London: Oxford University Press, 1954, pp.63f.

통 교환, 분배 및 분담에 있어서 균등의 원칙에 따라 주어지기에, 이 정의는 비례 정의(proportional justice)라고 할 수 있다. 이 비례 정의는 다시 교환 정의(commutative justice), 분배 정의(distributive justice), 분담(법적) 정의〔contributive (legal) justice〕 및 사회 정의(social justice)로 세분된다. 셋째, 정의의 요구는 사회 공존과 인간 발전에 기본적 요건이기에, 이를 침해하는 것은 용인될 수 없고 오히려 가해진 피해에 대해서는 복구가 요청된다. 이것은 마지막 형태의 정의로서, 배상 정의(retributive justice) 또는 응보 정의(vindicatory justice)로 이어진다. 이는 피해자에 대한 보상과 가해자에 대한 적극적인 처벌을 요구한다.

교환 정의, 분배 정의, 분담 정의 및 사회 정의, 이 네 가지의 형태는 추가적인 설명이 필요하다. 다음과 같이 특징과 구분이 이루어진다.

(1) **교환 정의**는 재화와 서비스의 교환이 엄격하게 균등한 가치에 따라 이루어지도록 요구한다(한쪽 당사자가 자발적으로 보상을 완전히 포기하는 경우는 예외이다). 교환 정의의 권리와 청구권은 주로 계약에 기반을 두기에, 계약 정의(contractive justice)라고도 불린다. 이는 주로 상업적 거래와 공정한 가격 책정, 공정한 노동 보수의 지급에서 작용하며, 최근에는 보험 계약에서도 아주 큰 규모로 작용한다(이는 보험회사의 빈번한 사기가 교환 정의에 위배되는 행위라는 것도 의미한다).

(2) **분배 정의**는 공동체와 그 구성원 간의 관계를 조정한다. 이는 공동체 내에서 이익과 부담이 비례적 균등에 따라 분배되기를 요구한다. 분배 정의는 국가에서, 교회에서, 혹은 수도회나 가족과 같이 아주 작은 공동체에서 권위를 지닌 이들을 지도해야 한다. 개인들과 집단들이 자격, 재원, 공동복지에 대한 기여도에서 모두가 동등하지는 않기에, 지원, 부담 및 명예 등은 필요, 역량 및 공로에 비례하여 즉 비례적 균등에 따라서 분배되어야 한다. 소득에 따라 직접세가 차등적으로 부과되는 것이 이에 대한 사례이다. 부담의 불균형한 분배나

혜택 부여의 편향성은 분배 정의에 위배된다.

(3) **분담 정의 혹은 법적 정의**는 공동체 구성원들에게 공동선(common good)의 요구를 준수할 의무를 지운다. 분배 정의가 공동체의 개별 구성원들에 초점을 맞추는 반면, 분담 정의는 공동체 전체의 일반선(general good)에 초점을 맞춘다. 따라서 이러한 형태의 정의는 종종 일반 정의(general justice)라고 불리기도 한다. 국가 내에서 분담 정의는 예컨대 조세법, 사회적 입법, 군복무와 같이 법의 정당한 요구를 따르도록 시민들에게 의무를 지우며, 적절한 법을 통해 공동선에 기여하도록 정부 당국자에게도 의무를 지운다. 분담 정의는 법과 밀접한 관련을 지니기 때문에, 법적 정의라고도 불린다. 하지만 이 용어가 분담 정의는 거의 법의 영역에서만 작동하는 것처럼 상정하게 한다면, 이는 잘못된 것이다. 심지어 실정법과 별개로 그리고 법률 이전에도 사람들은 본질적으로 자신의 존재와 발전을 보장하고 의무를 이행하는 데 도움이 되는 공동체의 공동선을 위해 자신의 몫을 기여해야 할 엄중한 의무를 지닌다. 그러므로 이 의무는 교회, 지역 공동체, 수도회, 심지어 가족 내에서도 유효하다.

국가 공동체의 구성원인 국가들은 이들 공동체의 입법 기관이 제정한 법률을 준수해야 할 법적 정의에 구속을 받는다.

(4) **사회 정의**는 상당히 최근의 개념으로서, 가톨릭의 도덕적 가르침에는 비오 11세 교황 이후에 받아들여졌으며, 그의 사회 회칙 「사십주년」은 이 용어의 특징을 잘 담고 있다. 이 개념의 의미에 대해 저자들의 의견은 다양하다. 어떤 이들은 사회 정의를 단순히 법적 정의의 또 다른 표현으로 보고, 이 둘을 동일시한다.[57] 다른 저자들은 사회 정의가 법적 정의와 분배 정의를 모두 포함하는 개념이라고 주장한다. 또 다른 저자들은 사회 정의를 비례 정의의 독립적인 한 형

57) For example Jean-Marie Aubert, *Morale sociale*, Assisi: Cittadella, ^{2}1975, p.121.

태로 간주하며, 다른 형태와는 구별한다.[58)]

사회 정의는 사회 집단들의 경제적 복지와 관계한다. 따라서 경제적 협력의 결실을 사회적 동업자들과 비례적으로 나누기를 요구한다. 즉 경영진이 과도하게 이윤을 독점하거나 노동자들이 기업의 생산성과 확장을 위태롭게 할 정도로 과도한 임금을 요구하는 것은 사회 정의에 위배된다.

나아가 사회 정의는 국가의 부가 다양한 사회 집단과 지역에 비례적이고 공평한 분배가 되기를 요구한다. 한 국가의 부나 토지 소유권이 소수의 부유한 가문에 집중된 반면, 대다수 시민은 빈곤 속에 살아가는 경우, 이는 정의에 위배된다. 사회 정의는 또한 사회 내부에서 강한 부문과 약한 부문 간의 균형을 요구한다. 예컨대 잘사는 산업 부문과 상대적으로 소외된 농업 부문 간에 또는 발전된 지역과 덜 발전된 지역 간 불균형을 시정하도록 요구한다.

끝으로, 사회 정의는 상호 관계를 맺은 국가들에 대해서도 의무를 부과한다. 즉 경제적으로 발전한 국가들에는 빈곤과 고통 속에 있는 국가들을 지원해서 그들이 인간답게 살 수 있도록 의무를 부과한다.

사회 정의를 다양하게 적용하자면, 기업 내부, 국가 내부 그리고 국가 가족 전체 안에서 부를 공평한 분배를 하라는 요구에 따라서, 사회 집단들로 하여금 경제적 부에 대한 몫을 비례적으로 공유하도록 명령한다는 공통점을 지닌다. 또한 분배 정의에서처럼 국가 또는 공동체와 그 구성원 간의 관계를 명령하지 않고 동등한 사회 집단 간의 관계를 명령한다는 공통점도 지닌다. 또한 분담 정의에서처럼 각 주체의 상급 공동체에 대해 분담을 규정하지는 않는다. 물론 간접적인 방식으로 사회 정의는 전체 공동체의 복지에 기여하지만, 이는 모든 형태의 정의에 해당한다. 따라서 사회 정의는 비례 정의의 네 번째

58) For example J. Messner, *Social Ethics*, ^{2}1965, pp.319~21.

형태라는 결론은 타당해 보인다. 사회 정의는 경제 발전에서의 몫, 보편 복지에 대한 기여도, 인간다운 삶의 권리에 따라 사회 집단들과 국가들 간에 부의 공평한 분배가 이루어질 것을 요구한다.

6.3.4. 정의와 사랑

견고한 사회질서도 지속적 평화도 정의의 요구를 존중하지 않으면, 가능하지 않다. 애덕 제공과 행위는 결코 박탈된 정의를 대신할 수 없으며, 그것들은 기껏해야 배상이 불가능한 경우에 있어서 정의를 침해한 것에 대한 속죄의 의미를 지닐 수 있을 뿐이다. 반면에 정의는 사회질서 안에서조차도 사랑에 의해 생기를 받아야 한다. 비록 정의가 사람들 간의 평화를 위한 필수 불가결한 전제 조건이긴 해도, "평화는 정의가 줄 수 있는 것보다 훨씬 더 멀리 나아가는 사랑의 열매도 된다"(「사목 헌장」 78항).

정의의 의무와 사랑의 의무는 동일하지 않다. 사랑의 요구는 정의의 요구를 능가한다. 그러나 정의가 올바르게 이해된다면, 즉 단순히 사회적 입법의 자구를 준수하는 것을 의미하는 법적 정의가 아니라 바로 인간 본성의 요구로부터 흘러나오는 권리를 존중하는 윤리덕으로 이해된다면, 정의와 사랑 간에는 아무런 대립도 존재하지 않는다. 후자인 윤리덕으로 정의를 이해한다면, 정의와 사랑 간에는 밀접한 관계가 있다. 정의가 요구하는 것은 사랑 또한 요구하는 것이지만, 반대로 사랑의 요구가 정의의 요구는 아닌 것이다. 즉 사랑은 더 포괄적인 덕이며, 정의의 요구는 최소한의 요건을 구성하다는 뜻이다. 이로부터 윤리덕으로서의 정의는 사랑과 모순될 수 없다는 결론이 나온다. 사랑과 모순되는 그 어떤 요구도 정의의 요구일 수 없다.

비록 사랑이 정의를 포함하기는 하지만, 그렇다고 해서 그 사랑이 정의를 생략하고 애덕이라는 보편적 덕행을 대체할 수도 있다는 결론으로 이어져서는 안 된다. 진실성, 절제, 감사, 존중 등의 다양한 덕은 애덕을 인간 활동의 특정 영역들로 설명한다. 이러한 덕행들은 사람의 다양한 관계와 삶의 조건 속에서 사랑이 요구하는 바를 더 분명히 발전시킨다. 정의는 선한 의지로 사랑을 실행하기에 앞서 어디서부터 시작해야 할지를 분명히 규정해 준다. 인간의 존재와 발전 및 공동체 삶을 위한 가장 기본적이고 면제할 수 없는 요건들을 보장한다. 이러한 정의는 타인을 그가 있는 그대로 있도록 허용하고 그에게 속한 것을 그에게 남겨 주는 것이다. 사랑은 정의가 보장해 주는 것에 더해서, 타인이 자기 존재의 충만함에 이르도록 이바지하는 데 도움을 준다. 그것의 궁극적 이유는 사랑만이 이웃을 진실로 알 수 있고, 그리고 따라서 그에게 마땅히 주어져야 할 바를 온전히 알 수 있기 때문이다. 사랑은 정의가 올바로 보도록 해 준다. 개인에 대한 구체적 지식과 이해를 바탕으로 사랑은 정의의 요구를 규정하는 데 도움을 주어야 한다. 사회 정의의 요구들은 형제애의 관점과 자매애의 관점에서만 분명히 식별될 수 있다.

더 나아가 사랑은 이웃과 공동체의 진정한 복지에 정의보다 더 부합할 때마다 정의의 엄격한 요구를 진정시켜야 한다. 정의가 무자비한 권리 집행을 위한 수단으로 사용되어서는 안 된다. "*Summum jus, summa injuria*" 즉 "최고의 권리는 최고의 불의"라는 로마인의 격언이 있다. 사랑의 영향을 받아 법의 자구를 넘어설 수 있는 "보다 고결한 정의"가 요구된다. 이것은 실로 가장 시급한 요구이다. 그러나 여기서 주의해야 할 점은 정의가 성문화된 시민적 규범 또는 종교 규범의 뜻으로 받아들여지고 있다는 것이다. 이러한 정의의 경우에는 실제로 정의와 사랑 간의 갈등이 발생할 수 있다. 하지만 이러한 종류의 갈등은 정의가 여기서 다루는 의미 즉 윤리덕으로 이해된다면, 정의와 사랑 간에는 아무런 대립도 존재하지 않는다. 후자인 윤리덕으로 정의를 이해한다면, 정의와 사랑 간에는 밀접한 관계가 있다. 정의가 요구하는 것은 사랑 또한 요구하는 것이지만, 반대로 사랑의 요구가 정의의 요구는 아닌 것이다. 즉 사랑은 더 포괄적인 덕이며, 정의의 요구는 최소한의 요건을 구성한다는 뜻이다. 이로부터 윤리덕으로 이해된다면, 발생할 수 없을 것이다.

정의의 의무들이 사랑의 최소 요구사항인 한, 그것들은 오직 사랑에 의해서만 부과되는 의무들보다는 언제나 더 중대하고 긴급한 것이다. 그러므로 도덕적 가르침은 정의의 의무를 애덕의 다른 행실보다 먼저 이행하도록 요구해야 한다. 그러나 동시에 그리스도인들은 산상수훈에서 그리고 그리스도가 우리를 사랑하신 것처럼 서로 사랑하라는 계명에서 제시된 그리스도교 사랑의 더 높은 이상과 열망을 결코 잃어버려서는 안 될 것이다.

6.3.5. 정의의 기본 요구로서의 인권

인권의 관념은 모든 인간은 세계의 이성에 참여하기에 평등하다는 고대 로마의 스토아 철학과 남자와 여자가 하느님의 모습대로 창조되었다는 그리스도교 사상에 멀리 기원을 두고 있다. 하지만 이 두 흐름은 그 시대의 구체적인 사회 조건에 거의 영향을 미치지 못했다. 16세기의 몇몇 스페인 신학자 중 프란치스코 데 비토리아(F. de Vitoria), 가브리엘 바스퀘스(G. Vasquez), 도밍고 데 소토(D. de Soto) 및 멜쵸르 카노(M. Cano) 등은 국가 간의 권리라는 사상을 진척시켰고, 심지어 1542년 제정된 소위 "새 법령"(Leyes Nuevas)에서 인디언들에게도 인권을 부여함으로써 실제로 법적 효력을 부여하는 데 성공했다. 그러나 이들의 전통은 가톨릭 도덕신학에서 계승되지 않았고, 오히려 후고 그로시우스(Hugo Grotius), 사무엘 푸펜도르프(Samuel Pufendorf), 크리스티앙 토마시우스(Christian Thomasius) 및 그리스티앙 볼프(Christian Wolff)와 같은 합리적인 자연법 이론의 대표자들에 의해 이어졌다.[59] 인권에 대한 현대 이해에 결정적인 자극은 인본주의, 합리주의적 자연법 및 계몽운동의 지성 세계에서 비롯되었다. 인권에 대한 최초의 명시적 선언은 「미국 독립 선언」 원문에 들어있는 1776년의 「버지니아 권리장전」(Virginia Bill)며, 이는 앵글로·색슨 전통에 뿌리를 두고 있다. 이는 1789년 프랑스 혁명에 의해 반성직주의적 성격으로 과격하게 되었다. 인권 선언은 1793년 프랑스 헌법을 본보기로 하여 이후 19세기 많은 국가의 헌법에 차례로 도입되었다.

인권 증진에 결정적인 단계는 1948년 유엔(UNO)에 의한 「세계 인권 선언」(Universal Declaration)이었다. 이 외에도 유엔은 여러 보충 선언을 채택했는데, 예컨대 1966년 「경제적·사회적·문화적 권리에 관한 국제 규약」(International Covenant), 1966년 「시민적·정치적 권리에 관한 국제 규약」, 1979년 「여성에 대한 모든 형태의 차별 철폐에 관한 협약」(Convention) 등이 있다. 1975년 「헬싱키 회의의 최종 의정서」(Final Act of the Helsinki Conference)는 인권 존중이 "평화, 공의와 필수적 복지를 〔**옮긴이 주 #14:** 공식 번역문에는 'well-being necessary'가 빠져 있다.〕 이루는 근본적인 요소라는 것과 모든 참가국 간의 우호, 협력관계의 발전을 이루는 데 꼭 필요한 것이라는 점을 인정한다"고 말한다(제7절).[60]

가톨릭교회는 인권 선언에 대해 초기에는 부정적 태도를 취했는데, 이는 프랑스 혁명의 반성직주의적 편향, 세속주의에 대한 두려움, 과도한 개인주의에 의해 영향을 받은 것이었다. 이러한 추세와 두려움

---

59) 인권 전통의 역사적 기원에 대해서는 다음을 보라. Wilhelm Ernst, "Menschenrechte", *Neues Lexikon der christlichen Moral*, Innsbruck: Tyrolia, 1990, pp.481~8.

60) *Basic Documents on Human Rights*, ed. by I. Brownlie, Oxford: Clarendon Press, ^{3}1992, p.396.

이 일으킨 트라우마는 교회 안에서 오랫동안 지속되었고,[61] 20세기 후반에 와서야 완전히 극복되었다. 그것은 "그리스도교의 본질적인 인본주의적 자극이 기존의 그리스도교 전체를 거슬러 촉발되어야 했다는 사실은 현대 발전의 비극"이었다.[62] 요한 23세 교황은 교황 문헌에서 처음으로 '인권'이라는 용어를 사용하였고,[63] 제2차 바티칸 공의회는 이를 지지했다.[64] 1974년의 「세계 주교 시노드」는 인권 목록을 작성했다.[65] 같은 해, 교황청 정의와 평화 평의회의 실무 문서는 이 주제를 더 깊이 다루었다.[66]

인권의 전통은 원칙적으로 자연법적 사상과 매우 가까운데, 기본 권리들은 인간 본성이 다른 피조물들과는 달리 이성과 자유 의지를 부여받았고 따라서 모든 인간이 공통적이고 평등한 존엄성을 지녔다는 사실로부터 유래되기 때문이다.[67] 오늘날 모든 국가가 인권을 인

---

61) Pius VI (Letter *Quod aliquantum*, 10 March 1791, and Encyclical *Adeo Nota*, 23 April 1791); Pius VII (Apostolic Letter *Post Tam Diuturnas*, 29 April 1814), Gregory XVI (Encyclical *Mirari vos*, 15 Aug. 1832) and Pius IX (Encyclicals *Nostis et Nobiscum*, 8 Dec. 1848, and *Quanta cura*, 8 Dec. 1864; cf. *DS* 2977~9). 이 문헌들은 종교 및 양심의 자유, 표현 및 언론의 자유, 정치적 권리를 거부했다. "(종교적) 무관심주의라는 가장 위험한 근원에는 모든 사람의 양심의 자유를 주장하고 옹호해야 한다는 터무니없고 잘못된 견해, 아니 오히려 광기가 흐르고 있다. 전염병과 같은 이 오류는 지나치게 무제한적으로 자유로운 의견이 무분별하게 퍼져 나가도록 길을 열어 주며, 이는 성스러운 것과 시민적 대의 모두에 해를 끼친다"(Gregory XVI, *Mirari vos*, *DS* 2730f).

62) W. Kasper, quoted by G. Luf, "Peace and Human Rights as Seen by the Churches", in *Peace for Humanity*, ed. by A. Bsteh, New Delhi, 1996, p.144.

63) 참조: 「지상의 평화」 11~27항. 이 회칙에서 교황은 1948년의 유엔 인권 선언에 밀접하게 부합하는 인권 목록을 제시한다. 그러나 유엔 선언과는 달리, 이 회칙은 주목할 만한 '인간의 기본 의무' 목록도 추가하였다(28~36항).

64) 참조: 「사목 헌장」 41항. 공의회의 인권에 대한 교리는 「종교 자유에 관한 선언」(*DH*)에서 아주 상세하게 표현된다.

65) *Diritti dell'uomo e riconciliazione. Appello del santo padre in unione con i padri sinodali*, 23 Oct. 1974(*Enchiridion Vaticanum* 5. Bologna: EDB, 1979, pp. 380~3).

66) *The Church and Human Rights*, 10 Dec. 1974 (Vatican City 1975). 이 문서는 "지난 2세기 동안 인권에 대한 교회의 태도는 너무나 자주 주저와 이의와 보류를 일삼았고, 때로는 자유주의와 세속주의의 입장에서 발표된 인권 선언은 어떤 것이든 가톨릭 편에서 맹렬히 반발하고 나선 일까지 있었다"고 시인하였다(18항).

정한다는 사실은 공통된 인간 본성에서 모든 이에게 공통된 권리와 의무가 발생한다는 진리를 설득력 있게 입증해 준다. 여기에 더해, 그리스도교 신앙은 모든 사람이 만민을 사랑하시는 하늘에 계신 아버지의 똑같은 자녀들이고 그분의 창조 계획과 구원 계획을 실현하는 데 협력하도록 불림을 받았다는 사실에서 사람들은 공통된 존엄성을 지니고 있다고 본다. 이것은 인권에 대한 토대에 대해 더 깊은 근거를 부여하게 된다.

1948년의 「세계 인권 선언」은 기본적으로 두 개의 권리 집단을 포함하고 있다. 첫 번째 집단은 개인적 권리로서, 본질적으로 한 개인이 특정한 기본 선익(fundamental goods)을 취득하거나 유지하는 데 방해받지 않을 권리들을 말한다(제1~21조). 두 번째 집단은 사회적 권리로서, 실질적으로 도움받을 권리들을 말한다(제22~30조). 첫 번째 집단의 권리는 타인과 사회가 방해하지 않을 것을 요구하는 데 그치지만, 두 번째 집단의 권리는 적극적 구호를 요구하며 이는 시간, 재정 및 기타 자원의 투입을 타인에게 요구하게 된다. 그러므로 후자의 적극 구호 주장은 여건에 따라 훨씬 더 좌우되는데, 이는 쓸 수 있는 필요한 자원이 실제 있는지 여부에 달려 있기 때문이다.[68]

---

67) 인간 존엄성의 기준에 관하여 데이비드 홀렌바흐(David Hollenbach)는 이렇게 경고한다. "인간 존엄성 개념은 거의 공허한 개념이다. 만일 더 구체적으로 명시되지 않는다면, 그러한 개념은 특별한 자유, 필요 및 인간관계와도 아무런 관련성이 없다. 바로 이 때문에 인간의 존엄성 개념은 아주 이념적인 체계가 서 있어야 도덕성 정당성을 지니게 된다. (…) 인간의 가치를 인정하는 것에서 합법적으로 사회에서 요구할 수 있는 개별 권리들을 제한하는 것에 이르기까지의 전환은 역사적 경험과 역사적으로 축척된 이해를 통하여 이루어진다"("Global Human Rights", in *Readings in Moral Theology No. 5: Official Catholic Social Teaching*, ed. by C.E. Curran / R.A. McCormick. New York: Paulist Press, 1986, pp.376f.

68) 이미 언급한 1966년의 두 국제규약은 「세계인권선언」의 권리를 더 상세히 전개하고 있는데, 시민적·정치적 권리에 관한 국제규약은 주로 선언의 첫 번째 부분인 개인의 권리를 다루고 있고, 경제적·사회적·문화적 권리에 관한 국제규약은 주로 선언서의 두 번째 부분인 사회적 권리를 다룬다. 다음을 보라. I. Brownlie, *op.cit.*, pp.125~143 and pp.114~124.

첫 번째 집단은 자유와 평등(제1~2조), 생명과 신체의 온전에 대한 권리(제3~5조), 법적 평등과 법적 보호(제6~11조), 사적 영역의 보호(제12조), 거주지 선택의 자유(제13조), 피난과 국적(제14조와 제15조), 혼인과 가족(제16조), 재산(제17조), 사상·종교·결사의 자유(제18~20조) 그리고 참정(제21조)에 관한 기본권으로 구성되어 있다.

두 번째 집단은 단지 엄밀한 의미의 권리만이 아니라, 정치적 목표의 기초로서 특히 재정이 부족한 공동체에서는 당장 실현하기는 어렵더라도 지향해야 할 것들을 담고 있다. 이 집단은 사회 보장(제22조), 노동, 직업 선택의 자유, 동일 임금 및 가족 생계(제23조), 휴식과 여가(제24조), 최저생계와 사회보험(제25조), 인권 존중을 위한 교육과 양성(제26조), 문화생활 참여와 저작권 보호(제27조), 그리고 안전한 사회와 국제 질서(제28조)에 관한 권리를 담고 있다.

제29조는 간략하고 보편적인 형식으로 공동체를 향한 개인의 의무를 언급하고 있는데, 그렇지 않았더라면 충분히 다루지 못할 주제이다. 두 번째 집단의 권리가 요구하는 분배 정의는 그 상관관계로서, 공동복지를 향한 보편 정의의 의무를 의미하며, 이는 개별 시민을 가장 직접적으로 관여시키고 연대할 의무를 부과한다.

때때로 주로 아시아에서 나오는 목소리들로 볼 때, 자신들의 문화와 종교를 고려해 유엔의 인권에 부분적인 보편성만을 부여하려고 한다. 자신들의 역사가 인권에 대한 또 다른 이해를 정당화시킬 수 있다고 주장한다. 하지만 이러한 주장은 모든 인간 존재에 공통된 본성에서 기인된 인권의 기원과 모순된다. "인권은 보편적일 뿐 아니라 불가분적이기도 하다. **모든**(every) 인간 존재에게 마땅히 부여되어야 할 뿐만 아니라, 누구나 **모든**(all) 인권을 청구할 수 있어야 한다. 특정 문화권에서 권리 중 일부를 부차적이거나 무효한 것이라고 선언하는 인권 이해에는 아무런 근거가 없다. 1993년 빈에서 유엔이 개최한 세계 회의가 아시아에서 나온 비판적 목소리들에 맞서 인권의 보편성과 불가분성을 다시 한번 확인한 것은 큰 성과였다."[69] 하지만 동시에 인권의 보편적 성격은 "인권의 실현을 위한 경제적·사회적 조건을 조성할 모든 사람의 의무도" 규정한다. "모든 사람은 자신에게 마땅한 권리들을 실제로 이용할 수 있어야 한다."[70]

하지만 인권의 불가분성은 동시에 모든 권리의 중요성이 완전히 동일하다는 의미는 아니다. 「시민적·정치적 권리에 관한 국제 규약」의 제4조는 공공의 비상사태 경우에도 상대화될 수 없는 권리들을 다음과 같이 열거한다. 즉 1. 생명권, 2. 고문 및 잔혹하고 굴욕적인 취급 금지, 3. 노예 및 강제노동 금지, 4. 채무 불이행만으로 인한 구금 금지, 5. 소급 처벌 금지, 6. 법 앞에 인간으로서의 인정 권리, 7. 사상, 양심 및 종교의 자유 등을 열거한다.

권리에 대한 상세한 설명은 도덕신학의 여러 분야에서 다루고 있다. 인권은 인종, 성별, 언어, 종교, 정치적 혹은 다른 의견, 국적이나 사회적 출신, 출생이나 지위와 관계없이 모든 인간에게 부여된 권리로서, 이제는 인류의 공통 유산이 되었다. 마찬가지로 법 앞에서 모든 인간의 기본적 평등성과 법에 따른 평등한 보호를 요구할 권리도 공통의 유산이다. 여성을 위한 평등한 권리의 요구에도 특별히 주목할 가치가 있는데, 왜냐하면 이것이 세계의 많은 지역에서는 여전히 미흡하기 때문이다. "여성에 대한 차별이 권리의 평등과 인간 존엄성의 존중이라는 원칙에 위배된다는 점을 상기하며" 사회가 "여성 차별을

---

69) *Gerechter Friede*. Bonn: Sekretariat d. Dt. Bischofskonferenz, 1995(*Die deutschen Bischöfe* 66), nr. 73.

70) *Ibid*., nr. 74. 하지만 인권 문제에서 "제3세계"에 대해 독선적인(self-righteous) 훈계와 견책을 하는 것은 식민주의 시대에 "제1세계"가 보여 준 행태를 고려할 때, 잘못된 것이며, 인권 실현에 도움이 되지 않는다. 1689년 영국의 권리장전과 1776년 미국의 버지니아 권리장전은 노예의 법적 지위의 변경에 아무런 역할을 하지 못했다. 노예제 금지는 1890년 브뤼셀 반노예법에 의해 비로소 이루어졌다.

구성하는 기존의 법률, 규정, 풍습, 관행들을 폐지하거나 개선하도록 입법을 포함한 모든 적절한 조치를 취해야 한다."[71]

양심, 표현 및 사상 전파의 자유에 대한 권리는 단지 종교적 관용에 관한 설명에서처럼, 자신의 종교적 신앙을 고백하고 증언하며 전파할 자유에만 국한된 것이 아님을 유의해야 한다.[72] 오히려 그 범위가 보편적이며, 다른 모든 신념에도 적용된다. 하지만 다른 경우와 마찬가지로, 이 자유는 타인의 인권 침해로부터 보호받을 권리와 국가 안보, 공공질서, 공중 보건 및 도덕의 요구들에 의해 분명히 제한된다.

정치적 삶의 현실이 인권 선언들에 표현된 서약(pledges)에 부합하지 못하는 것은 확실하다. 때로는 그것과 현저하게 대립되기도 한다. 그럼에도 공통된 도덕적 권위를 인식하는 것은 그 자체로 희망의 근거가 된다. 공통된 경험에서 보면, "권리들에 대한 구체적이고 긍정적인 선언만으로는 충분하지 않으며, 그에 상응하는 윤리적 태도가 수반되어야 한다. 바로 이 지점에서 종교는 인권의 윤리(ethos)를 심화하고 강화하며 이러한 권리를 생생하게 자각하도록 영향을 줌으로써 기여할 수 있다."[73] 그리스도교 교회들은 이 기본 관심에 대해 단호히 나설 의무가 정당한 것이라고 생각해야 한다. 그럼에도 이들은 이 사안에 대해 조심성을 가지고 접근해야 하는바, 충돌로 가득한 교회들의 역사를 돌아보면, 이 현상을 받아들이는 것이 얼마나 어려웠는지를 보여 주기 때문이다.

---

71) *Convention on the Elimination of All Forms of Discrimination against Women*, 1979, text and art. 2(f) (I. Brownlie, *op.cit.*, p.169 and p.171). 또한 제2차 바티칸 공의회는 인간의 본질적 평등을 강조하며, "자유로이 배우자를 선택하고 생활 신분을 받아들일 권리, 또는 남성이 받을 수 있는 것과 동등한 교육과 문화의 기회가 여성에게 거부되는 경우"와 같은 차별에 특별히 반대한다(「사목 헌장」 29항).

72) Cf. *ibid.*, pp.672f.

73) Gerhard Luf, "Peace and Human Rights as Seen by the Churches", in *Peace for Humanity*, ed. by A. Bsteh, New Delhi: Vikas Publ. House, 1996, p.151.

동시에 교회는 스스로도 어느 정도까지 기본권을 존중하고 실천하고 있는지 성찰해야 한다. “특히 오늘날, 교회는 자신의 실천을 통해 평가를 받는다. 예언자적으로 인권을 옹호하는 것은, 타인에게 의롭고 자비로운 존재로 인식될 때에만 설득력을 가질 수 있다. 따라서 인권을 향한 교회의 봉사는 끊임없는 양심 성찰과 교회 자체의 생활, 법, 제도 및 태도의 지속적인 정화와 쇄신을 요구하게 된다. (…) 교회가 인권 실현을 위해 수행할 수 있는 봉사는 아무리 중요하다 해도 단순한 언어적 호소에 그치는 것이 아니다. 스스로 바르게 행함으로써 모범을 보이는 것이다.”[74] 무엇보다도 교회는 이 세상에서 정의를 향한 갈망과 인간다움을 향한 열망에 대해 실망을 주어서는 안 된다.

74) W. Kasper, “The theological foundation of human rights”, in *Human Rights and the Church*, ed. by the Pontif. Council for Justice and Peace, Vatican City, 1990, pp.70f.

제7장

육체적 생명과 건강

한 사람의 생명, 그의 육체적·정신적 온전성 및 건강을 존중하는 것은 기본 인권 중 하나이다. "모든 사람은 생명과 신체의 자유와 안전에 대한 권리를 가진다"(1948년의 「세계 인권 선언」 제3조). 이 권리에는 자신뿐만이 아니라 타인의 건강과 생명을 존중할 의무도 해당된다. 이 장에서는 건강과 생명에 대한 다양한 책임과 이를 침해한 죄를 명시하고 설명할 것이다.

7.1. 몸과 육체적 생명에 대한 그리스도교의 관점

몸에 대한 그리스도교의 태도는 몸에 대한 유심론적인 이원론에 대한 적대감과 유물론적 우상화 간에 중간 위치를 점한다. 육체와 영혼은 합일체로서, 하느님의 모습으로 창조되었다(참조: 창세 1,27). 그리고 인류가 죄에 떨어짐으로써 육체만 영향을 받은 것이 아니라 육체와 영혼 모두가 상처를 입었고 악으로 기울게 되었다.

바오로 사도는 영(spirit: **프네우마**, pneuma)을 거스르는 육(flesh: **사륵스**, sarx)을 때때로 반대한다. "육이 욕망하는 것은 성령을 거스르고, 성령께서 바라시는 것은 육을 거스릅니다. 이 둘은 서로 반대되기 때문입니다"(갈라 5,17; 또한 로마 7,14~23). 하지만 바오로식의 **사륵스**에 대해 마치 육체가 하느님을 적대하는 타락의 원리이며 영혼 자체는 본래대로 남아 있는 것처럼 생각해서는 안 된다. 시기, 질투 및 격분과 같이 영의 죄라고 생각했던 것조차도 **사륵스**의 일이다(갈라 5,20~21). 바오로뿐만 아니라 히브리어와 셈족의 인간학에서 볼 때, 인간은 늘 합일체이지만, 다양한 각도에서 볼 수 있다. **사륵스**는 나약성, 유혹에의 취약성 및 죄의 노예 상태인 전체 인격체를 의미한다. 반면 신적인 성령의 삶에 참여하는 **프네우마**는 영혼과 육체 모두를 새롭게 해 주는 거룩한 삶의 원리이다.

그리스도의 육화에서 볼 때, 그분은 인간 영혼이 부여된 참된 인간 몸을 취하셨고 이 둘을 성화시키셨다. 성 바오로는 이렇게 맺는다. "여러분의 몸이 여러분 안에 계시는 성령의 성전임을 모릅니까?"(1코린 6,19). "그러므로 형제 여러분, 내가 하느님의 자비에 힘입어 여러분에게 권고합니다. 여러분의 몸을 하느님 마음에 드는 거룩한 산 제물로 바치십시오"(로마 12,1). 몸의 성화를 위해서는 육체의 건강을 잘 돌볼 것(참조: 1티모 5,23), 고통, 질병 및 죽음 자체를 하느님 뜻에 따를 것(루카 14,27 병행 구절), 그리고 하느님의 영광을 위해 모든 선한 일에 우리 몸의 에너지를 쓰도록 투신할 것(1코린 10,31) 등이 포함된다.

육체적 생명은 하느님의 선물이며 성서는 장수를 축복으로 본다. "내가 그를 오래 살게 하여 흡족케 하리라"(시편 91,16. 참조: 탈출 20,12; 잠언 10,27; 에페 6,2~3). 그러나 이를 인간 마음대로 쓰라는 뜻이 아니라 관리자처럼 하라는 것이다. 하느님과 이웃을 섬기는 데 쓰라는 것이다. "우리 가운데에는 자신을 위하여 사는 사람도 없고 (…) 우리는 살아도 주님을 위하여 살고 죽어도 주님을 위하여 죽습니다"(로마 14,7~8). 이것이 결코 최고선은 아니기 때문이다. "영예로운 나이는 장수로 결정되지 않고 살아온 햇수로 셈해지지 않는다. 사람에게는 예지가 곧 백발이고 티 없는 삶이 곧 원숙한 노년이다"(지혜 4,8~9). 지상의 생명을 향한 집착이 그리스도를 본받는 데 장애가 된다면, 심지어 "자기 목숨을 미워해야" 한다(루카 14,26; 요한 12,25). 곧 참된 관점으로 생명을 바라보라는 뜻이다. 끝으로, 그리스도인은 그리스도와 형제들을 위해 지상적 존재를 희생시킬 준비도 해야 한다. "친구들을 위하여 목숨을 내놓는 것보다 더 큰 사랑은 없다"(요한 15,13). 이 말씀은 지상의 삶을 상대화하라는 것인데, 왜냐하면 그리스도는 훨씬 더 높은 가치의 삶에 정통한 분이시기 때문이다. "정녕 자기 목숨을 구하려는 사람은 목숨을 잃을 것이고, 나와 복음 때문에 목숨을 잃는 사람은 목숨을 구할 것이다"(마르 8,35; 루카 9,24).

7.2. 건강에 대한 책임

1) 건강의 개념과 건강을 돌볼 의무

육체적 생명과 건강은 하느님께서 인간에게 맡기신 선익(goods)이다. 따라서 자신에게는 건강을 돌봐야 할 의무가 있다. 정상적으로 자기 보존 본능은 이미 인간이 이 의무에 주의를 기울이게 한다. 에페소서는 이 사실을 자명하게 보여 준다. "아무도 자기 몸을 미워하지 않습니다. (…) 오히려 자기 몸을 가꾸고 보살핍니다."(에페 5,29). 자신의 건강을 돌보는 일은 개인적 관심에 국한된 것이 아니다. "내가 내 건강을 어떻게 관리하느냐는 사적인 문제가 아니다. 한편으로는 한 개인이 공동체에 봉사해야 할 의무가 있고 또 다른 한편으로는 아픈 사람으로서 자신이 공동체로부터 지원을 받기도 해야 하기 때문이다."[1] 특히 사람들은 자신의 능력으로 주님의 나라를 섬기고 창조자와 구원자의 의도에 기여하도록 불린 것이기 때문에, 자신의 건강에 대해 책임도 져야 한다.

모든 이는 자기 몸의 생명과 건강 및 그것의 온전성을 유지하도록 구속을 받는다. 생명과 건강을 해칠 수 있는 것들을 자신이나 타인에게서 물리쳐야 한다. 위생과 보건에 관한 시민 입법은 공중 보건을 위한 중요 서비스의 관련 정도에 따라 양심을 구속한다(참조: 「사목 헌장」 30항). 이러한 서비스의 예로서, 특정 질병에 대한 예방 접종, 순수 식

---

1) Joachim Piegsa, *Der Mensch - das moralische Lebewesen*, vol. 3, St. Ottilien: Eos, 1998, p.257.

품과 의약품에 대한 규제, 전염병 예방을 위한 위생 조치 등이 있다.

공중 보건과 의료는 무엇보다도, 생물학적 유기체로서의 온전성과 조화로운 기능으로 이루어진 생물학적 건강에 관심을 둔다. 그러나 사람의 심적(psychic) 건강을 돌보는 것은 우선 정신의학(psychiatry) 분야에서뿐만 아니라 또한 심리요법(psychotherapy) 분야에서도 의료 기술과 관련이 있다. 따라서 건강의 의학적 개념은 육체적 안녕뿐 아니라 정신적 안녕도 포함한다. 훨씬 더 넓은 개념으로는 사람의 영적 안녕과 사회적 안녕도 포함한다. 따라서 세계보건기구는 건강을 완벽한 신체적·정신적·영적·사회적 안녕의 상태라고 정의한다.

따라서 건강 개념은 육체적 건강의 의미로만 받아들여서는 안 된다. 정신과 영혼의 건강이 심지어 더 중요하다. 영의 자유를 억압할 정도의 강력한 활력을 지닌 사람보다는 비록 비교적 연약하지만 영에 순응하며 하느님 사랑과 이웃 사랑에 필요한 것을 위해 열려 있는 사람이 인간 건강의 이상향에는 더 가깝다. 인간의 건강에 대한 기준은 단지 신체적(physical) 활력이 아니다. 오히려 그것은 각자의 총체적 소명에 최고로 적합한 상태인 것이다.

현대의 심리학과 정신의학은 정신과 영혼의 혼란이 육체의 건강에 어느 정도 영향을 미친다는 점을 보여 주었다. 두통, 위장장애, 피부발진과 같은 질병들은 심리학적으로 유발된 건강 문제인 경우가 드물지 않다. 질병의 근원이 기질적(organic) 결함인 경우에도 치유 과정은 삶에 대한 각자의 내적 태도에 크게 좌우된다. 따라서 각자는 자신의 심리적 건강과 자신에게 맡겨진 이들의 건강을 위해서도 책임이 있다.

사람들은 질병과 죄 사이에 관계가 있다고 보았다. 그리스도의 치유 기적에 대한 성경 설화는 치유에 대한 필수적 측면으로서 죄의 용서를 반복해서 언급한다. 정신신경증적 질환과 인간으로서의 실패 간에는 특히나 분명한 관계가 있다. 중죄를 짊어진다는 것은 영혼을 짓누르고 영-육의 관계에 영향을 끼친다. 하지만 진정한 정신신경증은 — 신경의 반응과는 달리 — 환자 자신의 실패가 아니라 주변 환경에 의한 실패와 결점으로 발생한다는 점에 유의해야 한다. 따라서 종종 조상의 죄책에 의해 이러한 질병과 다른 많은 질병을 얻게 될 수도 있다. 의학이 환자를 효과적으로 돕고자 한다면, 육체적·심리적·사회적 기능 간의 상호 관계를 헤아려야 한다.

끝으로 영적 건강은 "사람들이 어떤 식으로든 자기 존재의 의미에 대해 신념을 가진다는 점을 전제로 한다. 그러나 그런 영적 건강의 기초는 현재" 그 어느 때보다도 훨씬 불확실해 보인다.[2] 사회적 환경은 물질주의나 공리주의의 철학보다 더 심각한 원인을 적지 않게 구성원들에게 제공하고 있다. 사회가 구성원들의 건강을 보장하고 회복하려면, 사회 자체는 삶을 위해 개혁되어야 하고 더 의로운 관점을 취해야 한다. 그리스도교 신앙과 다른 종교들도 여기에 도움을 제공하며, 자신들의 본질적 역할을 높이 평가할 필요가 있는 것이다.

2) 영양물

구약과 다른 많은 종교에서와 달리, 신약에서는 "부정한" 음식이 없다. 마르코 복음 7장 14~19절에 따르면, 외부에서 뱃속으로 들어가는 것은 사람을 더럽히지 않는다. "하느님께서 창조하신 것은 다 좋은 것으로, 감사히 받기만 하면 거부할 것이 하나도 없습니다"(1티모 4,4. 참조: 로마 14,14). 무엇을 먹을지 또한 먹지 말아야 할지에 대한 결정은 오직 절제의 요구, 건강과 위생의 구체적인 요구 및 사랑의 요구에만 근거해야 한다(참조: 1코린 8,8.13).

먹고 마시는 것에는 도덕 질서가 있어야 한다. 자기 보존을 위해서

---

2) Paul Sporken, *Die Sorge um den kranken Menschen*, Düsseldorf Patmos, ^{4}1988, p.39.

는 충분한 영양물이 필요하다. 음식을 충분히 섭취하고 이를 도덕적 의무로 이행하기 위해서 하느님께서는 다른 본능들과 마찬가지로 이를 미각의 쾌락으로 주셨다. 영양물로서의 목적에 따르는 한, 이 쾌락을 누리는 것은 전적으로 정당하다. 그러나 사람이 음식을 섭취할 때 바른 질서의 한계를 넘어 쾌락만을 위하고 건강의 요구에 반하는 행동을 할 위험이 있다.

바른 질서는 그 목표에 의해 분명해진다. 음식의 양과 형태가 육체적 생명의 보존과 발달에 도움이 된다면 옳은 것이고, 이 목적에 반하는 것은 그른 것이다. 육체에 해가 되지 않지만 특별히 도움도 되지 않는 음식과 음료는 거부할 만한 것은 아니다. 오락, 사교 및 그와 유사한 목적에 사용된다면, 그러한 기능은 긍정적이다.

음식을 섭취할 때 올바른 질서를 기꺼이 지키려는 사람은 이런 측면에서 전체적으로 미각을 조절함으로써 절제의 덕을 실천하게 된다. 허용되는 것보다 더 먹거나 마실 때 또는 건강에 필요한 것보다 적게 먹을 때, 이것은 절제의 덕에 어긋난다. 마찬가지로 건강을 해치는 음식이나 음료로 쾌락을 추구하거나 사치의 낭비에 빠지면, 특히 다른 가족이 경제적 고통을 겪거나 주변인들이 동시에 굶주리고 있다면, 죄를 짓는 것이다(참조: 루카 16,19~31의 부자인 탐식가와 빈자인 라자로의 비유).

단식재는 일반적으로는 먹고 마심과 쾌락에 대한 무질서한 욕망을 통제하는 데 도움이 된다. 우리 주님께서 친히 재를 지키셨고(마태 4,2), 일 년 내내 단식하는 것은 적합하지 않다고 하시면서도(마태 9,15), 단식재는 권고하셨다(마태 6,16~18; 마르 9,28~29). 교회는 늘 단식을 높게 평가해 왔으며 단식에 대한 칭송과 교회의 규정을 통해 신자들을 단식재로 인도한다. 단식의 동기는 사순절 감사송에 다음과 같이 잘 표현되어 있다. (중요한 관행 중 하나로서 단식이 포함된) 사순절을 지킴으로써 "주님께서는 우리의 잘못을 바로잡으시고 우리 마음을 당신께로 향하게 하시며, 우리가 거룩하게 성장하도록 도와주시고 영생의 상급을 주신다."

3) 오락(recreation)과 스포츠

오락과 충분한 수면은 인간의 고갈된 노동력을 회복시키는 데 필요하다. 이는 자연의 요구이며 명령이다. 오락의 중요 요소는 기쁨이며, 이는 사교성, 예술 활동 또는 자연 명상(예: 도보 여행)을 하는 가운데 찾을 수 있다. 오락과 향락을 제공하기 위해서는 시합도 적합하다. 내기도 배제하지는 않지만, 열광적으로 하거나 심지어 경제적 상황에 해를 끼치거나 빈자들에게 모욕을 주는 그런 낭비 방식은 나쁜 짓이며, 하지 말아야 한다.

스포츠 활동은 나태, 근육 감퇴, 비만을 막아 주고 콜레스테롤, 심근경색, 당뇨병 등과 같이 비만으로 가는 불균형을 잡아준다. 많은 덕행이 스포츠를 통해 특히 단체 운동을 통해 발휘되는데, 연대성, 협동심, 창의력, 공정 경쟁, 규칙 준수, 타인 존중, 충직성, 신뢰, 지배욕의 절제, 한계와 패배에 승복 등이 그렇다. 또한 스포츠 관중도 선수들의 성과를 인정함으로써 그리고 비열함과 개인주의에 대해 비난함으로써 시합으로 인해 덕을 입는다. 제2차 바티칸 공의회는 신체적 운동과 스포츠 행사가 "공동체 안에서도 정신 균형을 유지하고 어떠한 신분이나 국적 또는 다양한 인종의 사람들과 형제 관계를 맺는 데에 도움을 준다"고 평가한다(「사목 헌장」 61항).

그러나 여기에서도 올바른 균형이 필요하다. 스포츠를 하더라도, 다른 의무들을 고려하지 않은 채 예상 가능한 부상(예: 권투나 럭비)에 대한 충분한 보호조치 없이 해서는 안 된다. 높은 성과를 내고자 주로 암페타민(amphetamines)과 같은 강력한 각성제를 사용하는 것은 스포츠의 참 정신에 위배되며, 스포츠 규약에 따른 부정행위의 수단으로 판정을 받는다. 게다가 새로운 에너지를 내게 한 것이 아니고 피로감을 없애는 동시에 마지막 체력까지 소진시키는 것이기에, 건강에도 위험하다. 육체를 훈련하고 강화하려면, 스포츠의 적절한 기능에 맞추어야 한다.

4) 흥분제와 약물

(1) **흥분제**[stimulants: 중독성 음료(intoxicating drinks), 담배, 커피, 차, 콜라, 빈랑(betel, 베틀후추)]를 알맞게 이용한다면, 건강, 휴식 및 사교성에 도움이 될 수 있다. "이제는 물만 마시지 말고, 그대의 위장이나 잦은 병을 생각하여 포도주도 좀 마시십시오"라고 티모테오 서간이 전하듯이(1티모 5,23), "술은 알맞게 마시면 사람들에게 생기를 준다"(집회 31,27. 참조: 시편 104,15). 하지만 흥분제는 건강을 쉽게 해치고 중독으로 이어질 수 있기에, 이를 절제하는 것은 음식 절제보다 더 큰 의무가 따른다. 특히 담배와 중독성 음료에 있어서는 더욱 그렇다.

흡연의 유해성은 점점 더 확실시되고 있다. 심장마비와 폐암에, 폐기종, 만성 기관지염 및 뇌졸중에 흡연이 연결된 것을 많은 연구들이 밝혔다. 흡연에 의한 사망률은 에이즈와 교통사고에 의한 사망률을 훨씬 능가한다.[3] 흡연은 임신 중 아기에게도 비교할 수 없는 위험을 초래한다. 흡연 여성의 아기 체중은 다른 아기보다 평균 200g이 적고 신체적·정신적 성장이 더디다. 게다가 산부 흡연자에게 유산과 조산의 위험도 증가한 것으로 나타난다. 니코틴(nicotine)은 중독성 물질로 확증되었다. 이 모든 요인을 종합하면, 도덕적 관점에서도 과도한 흡

---

3) 1986년 미국에서는 에이즈로 8,959명, 교통사고로 48,560명 그리고 담배 관련 원인으로 350,000명이 사망했다(*Newsweek*, April 11, 1988, p.43). 흡연자는 비흡연자보다 연간 사망 위험이 70%가 더 높다. 매일 두 갑을 피우는 흡연자의 경우, 위험은 100%가 더 높다. 에스트로겐이 함유된 피임약을 복용하는 흡연 여성의 경우, 심장마비 위험이 특히 높으며 다른 여성보다 10배나 더 높다.

연에는 반대할 수밖에 없다.

술의 남용은 한층 더 심각하다. 술 중독은 많은 나라 특히 선진국(developed nations)에서 가장 큰 사회-의료적 문제점이다. 이는 자신의 신체 기관에만이 아니라 가족에도 영향을 끼치는 것으로, 아마도 질병의 특징 중에는 최악일 것이다. 개인과 가정의 행복을 파괴한 경우가 너무나 많다. 술 중독에 의한 사망은 약물로 인한 사망보다 훨씬 더 많다.[4] 주취(酒醉, drunkenness)는 교통과 산업에 있어서 가장 흔한 사고의 원인이다. 임신 중 음주는 아기의 지적 장애의 주원인 중 하나이다. 임부의 음주로 인해 매년 많은 신생아가 기형으로 태어난다.[5] 술중독자의 자녀는 매일 학교에서 귀가할 때 무슨 일이 벌어질지 전혀 모른다. 그들에게 삶은 끊임없는 불안 상태이기 때문이다. 술 중독은 가장 사랑하는 사람들로 하여금 터무니없이 분노를 터뜨리게 만들곤 한다. 이 모든 이유로 각자에게 술 소비를 책임 있게 할 막중한 의무가 부과된다.

(2) **마약 남용**은 우리 시대의 신체적·심리적 건강에 또 다른 큰 위험이며, 점점 더 높은 비율을 차지한다. 아주 널리 알려진 마약은 마리화나, 코카인, 암페타민, 바르비투르산염 및 아편 추출물이다.[6] 술·담배와 달리, 마약은 일반적으로 건강을 더 빨리 망가뜨리고 특히 코카인과 헤로인은 가격도 훨씬 비싸다. 환각제인 메스칼린과

---

4) 1988년 미국에서 술 중독자에 대한 추산은 1,000만 명이고 1998년 독일에서는 250만 명이었다. 서독에서 마약 중독자의 연간 사망률은 1979~1983년 사이에 약 600명이었고, 술 남용자의 사망률은 15,000~17,000명이었다(*Evangelische Verantwortung*, 1985/2, p.11).

5) "적당한 양이라도 임신 중 술을 마신 임부는 태아에게 해를 끼칠 수 있다. 다량의 술을 마시면 아기의 지적 장애, 척추 굽음 및 얼굴 기형이 발생할 수 있으며, 그리고 소량의 술이라도 마시면 정서적 문제점, 불면증 및 학교와 직장에서 만성적으로 적응하지 못하는 아이를 낳을 수 있다"(*Newsweek*, Aug. 21, 1989, p.52).

6) 약물남용의 규모가 커지고 있음은 압수된 약물과 이로 인한 사망자가 꾸준히 증가한다는 점에서 알 수 있다. 이탈리아에서 약물로 인한 사망자는 1980년 208명에서 1990년 1,500명으로 증가했다. 독일에서는 1981년 981명에서 1990년에는 1,500명에 이르렀다.

LSD도 여기에 속한다. 이 둘은 신체적으로 중독성은 없지만, 심리학적인 부정적 체험("환각", bad trips)을 할 위험이 있다. 특히 LSD의 경우, 매우 드물기는 하지만, 살인, 자살 및 정신적 붕괴의 사례도 있다. 이 약물이 유도하는 감각적 경험이나 의식의 변화는 지적으로나 미적으로 그다지 생산적이지 않다고 평가된다.

마리화나(marijuana)**와 해시시**(hashish)는 오늘날 가장 널리 사용되는 마약인데, 하나는 말린 잎을 섞은 것이고 또 하나는 즙액에서 추출한 것이다. 이 둘은 피울 수 있고 또 대마초나 인디언 대마 식물에서 생산된다. 나쁜 평가를 받고 있지만, 많은 전문가는 처음에는 다소 무해한 것으로 보았다. 중독성이 없기 때문이다. 이것은 담배나 술처럼 습관을 만들지도 않으며 범죄나 폭력으로 이어지지도 않는다. 현재까지도 이 약물이 건강에 끼치는 영향에 대한 의견은 분분하다. 어떤 이는 건강에 제한적인 영향만을 끼치는 가벼운 약물로 보지만, 어떤 이는 심각하게 해로운 약물로 본다. 그동안 마리화나를 습관적으로 사용하면, 나태한 삶을 보인다는 사실이 알려졌다. 일반적으로는 수동적이고 무기력하며 비생산적이고 게으르고 앉아서만 생활하며 의욕과 야망이 전혀 없게 된다는 것이다. 그래서 최근의 일부 연구는 이 약물이 세포를 손상시키고 암을 촉진한다고 주장한다. "마리화나에 의한 세포 손상에 관해 많은 연구는 폐, 성기, 뇌, 면역체계에 대한 이 약물의 다른 모든 손상을 설명해 주고 있다. 본인은 수년에 걸친 정기적인 마리화나 흡연으로 인한 완만한 세포 손상을 만성적으로 생명을 갈아먹는 것이라고 단정하는 바이다."[7] 마리화나의 만성적 이용은 특히 뇌를 손상시킨다. 위의 인용 자료에 의하면, 이렇게 광범위하게 뇌 변화를 일으키는 약물은 아직 알려진 적이 없다. "마리화나가

---

7) Gabriel Nahas, quoted by Peggy Mann, "Marijuana Alert II: The Devastation of Personality", *Reader's Digest*, Jan. 1982, 18th year, p.18.

몇 달 만에 유발할 수 있는 심리학적 장애의 정도에 도달하려면, 과음을 수년간 해야 한다."[8] 또한 마리화나의 타르(tar)는 담배보다 50~100%나 더 많은 발암물질을 함유하고 있으며, 이것이 감염과 싸우는 백혈구 생성을 방해한다. 이런 위험을 감안할 때, 마리화나를 억제하는 것이야말로 가장 현명한 충고이며 명백한 의무이기도 하다.

코카인은 코카나무에서 추출한 것으로서, 흔히 크랙(crack)이라고도 부른다. 보통 분말 형태인데 코로 흡입한다. 일반적으로는 신체적 중독을 일으키지 않는다고들 주장하지만, 결국에는 중독된다고 주장하는 이들도 있다. 그 효과는 무엇보다도 "충동적인 행복"이라고 하는 적극적 도취감의 반응인데, 이는 사용자의 지적·신체적 능력이 증가한 것처럼 보이게 한다. 그다음에는 환각과 박해받는다는 공포감의 단계로 이어진다. 코카인 중독자들은 도처에 적들이 있는 것으로 보기에 폭력적이게 되고 동료들에게 위험한 사람이 될 수 있다. 마침내 우울증 단계가 되며 5~10년에 걸쳐 신체적 쇠약과 함께 완전히 지적 무능 상태로 이어진다. 또한 코카인은 태내 아기에게도 심각한 위험을 초래한다. 조산아로 태어나 체중이 907g에 불과할 가능성이 있다. "다른 조산아들에 비해 수두증(뇌에 물이 차는 증상), 뇌의 성장 부진, 신장 장애, 무호흡증(아기가 갑자기 숨을 멈추는 증상)을 겪을 가능성이 더 높다. 또한 뇌졸중과 유사한 뇌경색을 겪을 가능성도 더 높다."[9] 그들은 태어날 때부터 돌보기가 거의 어렵다. 이렇게 볼 때, 도덕적으로 판단하자면, 코카인 이용을 단호히 부인(disavowal)하고 거부할 수밖에 없다.

암페타민(amphetamines)은 원래 의약품으로 개발된 것이며, 자극과

---

8) Peggy Mann, *op.cit.*, p.19. 동일한 결론은 다음과 같다. S. Apthorp, *Alcohol and Substance Abuse*, Harrisburg, Pa.: Morehouse, ^{2}1990, pp.108~111.

9) "The Crack Children", *Newsweek*, Feb. 12, 1990, p.50.

활력을 준다. 그러나 이전의 주장과는 달리, 이것도 중독성이 있다. 끊으면 피로와 우울증이라는 역효과가 나온다. 이 집단에 속한 것으로서 **엑스터시**는 최근 인기를 끄는 마약이다. 이것은 활기차고 쾌활하며 사교성과 같이 긍정적 감각을 증가시킨다. 억제력, 근심 및 두려움이 사라지며 통증, 갈증, 피로감(예컨대 춤출 때)을 느끼지 않는다. 이는 순환계의 붕괴나 완전 탈수로 이어질 수 있다. 잦은 후유증으로는, 중추 신경계와 심장, 신장, 간장과 같은 내부 장기들의 지속적 상해가 나타난다.

바르비투르 약제〔Barbiturates: 멤부탈(Membutal), 세코날(Seconal), 루미날(Luminal), 아미탈(Amytal)〕는 다른 의학적 용도(예: 고혈압이나 간질 치료)로도 사용되지만, 보통은 수면제로 투여된다. 의사들이 자유롭게 처방하고 있고 많은 사람들이 의존하고 있다. 그러나 보기만큼 무해한 것은 아니다. 의료 전문가의 진찰 없이 또는 우발적으로 과다 복용할 때, — 이 약물의 이용자들은 동일한 용량이라도 때에 따라 다양한 부작용을 경험하게 되는데 — 치명적일 수 있다. 게다가 "바르비투르산염은 신체적 중독성이 있다. 약물의 일관된 효과를 얻으려면, 복용량을 늘려야 한다. 갑자기 중지하면 금단 증상이 온다. 경련, 메스꺼움, 섬망, 경련의 증상들이 매우 심하기에 의사들 대부분은 병원에서 오랜 시간을 두고 안전하게 끊기를 권한다. 바르비투르산염에 대한 중단은 마약에 대한 중단보다 더 견디기 어려운 것으로 여겨진다."[10] 따라서 이 약물은 의사의 진찰 후에만 사용해야 하며, 의사들은 이를 처방할 때 아주 신중해야 한다. 일반적으로 많은 사람들이 실제로 별생각 없이 습관적으로 이용하는 다양한 활력제(대개는 암페타민)와 안정제("기분조절 약", up and down pills)의 이용도 더욱 제한해야 한다고 덧붙일 수 있겠다.

끝으로 아주 위험한 것은 **아편 유도체**(opium derivatives)인 모르핀인

10) J. Cassens, *Drugs and Drug Abuse*, London/St Louis: Concordia, 1970, p.84.

데, 무엇보다도 헤로인이 그렇다. 데메롤(Demerol)과 돌로핀(Dolophine)과 같은 합성 물질도 있다. 이것들은 모두 순수한 마취제이다. 장난으로 접하다가 쉽게 중독되는데, 특히 헤로인이 그렇다. 신체는 계속 갈망하고 이를 박탈하면 견딜 수 없는 경련과 욕지기 같은 고통을 겪게 된다. 게다가 중독자에게 마약은 매우 비싸고 종종—특히 헤로인의 경우에—자기 직업으로 벌 수 있는 것보다 더 많은 돈을 삼켜버린다. 따라서 중독자들 대부분은 자기 집에서부터 도둑질을 시작하여 계속하게 된다. 이로 인해 가족은 끝없는 고통을 겪으며 재정적으로 고갈되고 파산에까지 이르게 된다. 결국 마약은 개인의 건강과 생명에 직접적인 위협이 된다. 중독자들끼리 살균되지 않는 주삿바늘을 교대로 사용하는 것은 B형 간염을 빈번하게 일으키는데, 특별히 심각한 것은 에이즈를 일으킨다는 점이다. 헤로인 남용으로 인한 사망도 빈번하게 발생한다. 따라서 마취제의 의료적 이용 외에, 쾌락을 위한 이유로는 절대 허용할 수 없다.

(3) **원인과 치료법**. 알려진 술 중독의 위험과 강력한 마약의 해로운 성격에도 불구하고, 중독 현상은 널리 퍼져 있다. 그 이유는 여러 가지이다. 어떤 이는 쾌락을 추구하고, 어떤 이는 파티에 어울리고 싶고, 어떤 이는 경험하고 싶어 한다. 심적인 것이 문제가 될 경우가 많다. 불안정감, 성적 불만족감, 타인의 기대에 부응할 수 없다는 실제적인 또는 그렇게 생각하는 무능력감, 가족 갈등, 실직 또는 사회적 고립감과 같이, 우울한 생활 조건으로 인한 절망감이 그런 경우이다. 특히 혼자 사는 남자와 여자 중 중독자들이 많다. 현재 우리 사회에서 볼 때, 결국 진정한 이상향이 없고 인간 존재에 대해 깊은 의미를 줄 수 없는 물질주의적 인생관이 중독 문제의 근본 원인 중 하나이다. 경제적 성공과 안락한 삶으로는 사람들이 삶의 목적을 찾을 수가 없다.

따라서 중독을 성공적으로 통제하려면 한 사람의 삶 전체를 철저히 재조정해야 하는 경우가 많다. 진정한 이상향에 투신하며 새롭고 더 깊은 의미를 부여해야 한다. 또한 중독자의 가족도 그들의 행동과 서로의 관계를 지배하던 기본 태도를 점검해야 할 것이다. 끝으로, 중독이라는 문제점에는 비인간적인 사회 조건과 싸우고 인생관을 개혁하려는 사회 전반에 대한 도전이 놓여 있다. 부유층과 부자 국가 속에서 중독자가 많은 현상은 어쩌면 하느님께서 인류에게 주신 교훈일지도 모른다. 번영, 편의 및 쾌락은 인간의 마음을 채울 수 있는 가치가 아니다. 사람들이 살아가고 일하려면, 더 가치 있는 이상향이 필요하다.

일단 중독에 빠지면 사람들은 자유가 너무 제한되기에, 혼자서는 더 이상 헤어날 수 없게 된다. 중독에서 벗어나려는 사람들을 돕고자 나선 이들의 이타적인 봉사는 높이 칭송할 만하다. 하지만 동시에 중독자 스스로 이웃의 도움을 수용할 때까지는 도움을 받을 수 없기에, 적어도 이웃의 도움을 받아들이는 일은 중독자에게 도덕적 의무가 된다. "익명의 알코올 중독자(Alcoholics Anonymous) 모임은 약물 의존에 대한 가장 성공적인 치료법을 선도해 왔다. 중독자가 더 높은 힘을 접하지도 않고 사랑하는 이들에게 끼친 피해를 기꺼이 회복시키지도 않으며 이웃에게 봉사하지 않는 한, 그는 회복될 수 없다고 늘 강조한다."[11]

7.3. 의학적 치료와 수술

여기서 다룰 문제는 오늘날 생명윤리라는 용어로 자주 취급되는

11) K.D. O'Rourke / D. Brodeur, *Medical Ethics*, vol. I, St. Louis: Catholic Health Association of the U.S., 1986, p.129.

분야이다. 생명윤리는 처음에는 의료윤리와 동일하게 사용했었다. 그러나 그 사이 배아와 유전 공학의 연구와 같이 생물학적 문제도 포함하게 되었다. 마침내 동물과 생태계에 대한 처우 문제도 추가되었다. 생태계 분야에 대해서는 이 책에서 특별한 장으로 할애했다(제12장).

육체적 생명은 소유권으로서가 아니라 관리하는 이용권(usufruct)으로서 사람들에게 맡겨진 하느님의 선물이다. 우리 생명의 주인이며 소유자는 이를 창조하신 하느님이시다. 따라서 자기 생명과 자기 몸의 온전성을 임의로 악용하거나 훼손하는 것은 허용되지 않는다. 한편 손상된 건강을 책임 있는 방식으로 회복시킬 의무도 있다.

지체들의 온전성이 절대 가치를 지닌 것은 아니다. 전신의 안녕을 위해 — 절단(amputation)이나 훼손(mutilation) 등으로 — 희생될 수도 있고 또한 종종 희생되어야 할 경우도 있다. 몸 전체의 보존이 부분의 보존보다는 더 중요한데, 그럴 필요성은 대부분 이미 질병으로 인해 쓸모가 없게 된 경우이다. 전체를 구하기 위해 신체의 일부를 희생할 수 있다는 이 원칙을 전체성(totality)의 원칙이라고 부른다.

전체성의 원칙은 전통적으로 환자나 위험에 처한 사람의 신체 건강을 보존하기 위해 제한적으로만 활용되었었다.[12] 그러나 장기 이식이 가능해지면서 기증자의 건강에 지속된 해를 끼치지 않는 한, 예컨대 신장 등 자기 장기를 타인의 선익을 위해 희생하는 것도 정당화될 수 있다는 판단이 우세해졌다. 그 정당성을 얻으려면, 병든 동료의 절박한 필요성과 기증자의 장기가 없어도 생명에 지장이 없다는 조건이 필요하다. 이러한 밑바탕에는 궁극적으로 형제적 애덕의 원칙이

12) 교황 비오 12세의 다양한 발언이 생체 간이식의 가능성을 배제하는 것처럼 보였기에, 가톨릭 신학자들은 처음에 전체성의 원리를 초월하는 데 어려움을 겪었다[예: *AAS* 44 (1952), pp.782, 786~787; 45(1953), p.747; 48(1956), pp.461~462; 50(1958), p.693]. 이 논의에 대한 자세한 연구는 다음을 보라. J. Gallagher, "The Principle of Totality: Man's Stewardship of His Body", in *Moral Theology Today: Certitudes and Doubts*, ed. by the Pope John Center, Saint Louis, Mo., 1984, pp.217~242.

있는 것이다.

7.3.1. 내과와 외과의 치료 일반

"의업은 인간적 행위로는 가장 존경받는 직업이다. 종교적·그리스도교적으로 표현될 때는 더욱더 명예롭다. 믿음의 관점에서 볼 때, 의업은 인간의 육체적 질병과 영적 질병을 치유하고자 우리 가운데 오신 예수 그리스도의 치유 직무에 동참하라는 부르심인 것이다."[13] 고통받는 이들을 돕는 일에서만큼 교회와 세속 사회가 지속적으로 협력해 온 분야는 없었다. 오늘날에도 보건사업은 교회 공동체 전체의 관심에 맞추어 보완될 필요가 있다. "모든 신자가 아픈 이들을 돕는 일에 자발적으로 헌신해야 할 소명을 받았다고 느껴야 한다. 사실 모든 사목 활동은 병자를 위한 배려가 없다면, 완전한 활동이 못된다."[14]

1) 의료진의 의무와 권리

의사들의 에토스(ethos)는 어느 때나 아픈 이웃을 위해 봉사하는 것을 자신의 성소(vocation)로 이해하려는 특징을 띤다. 어떤 상황에서도 자신의 지식과 능력을 다해 환자의 고통을 덜어 주고 치료하는 것이 의사의 사명이다. 의료진은 정치적 동기나 그 어떤 공리주의적 이유로도 사람을 무력화하거나 죽이는 데 자신의 의술을 이용해서는 안 된다.

의술이 지속적으로 진보하고 개선된다는 점을 고려할 때, 교육을

---

13) J. Mahoney, *Bio-ethics and Belief*, London: Sheed & Ward, ^{3}1988, p.36.
14) Pontifical Commission for the Apostolate of Health Care Workers, *The Laity in the World of Suffering and Health*, Rome: Vatican Polyglot Press, 1987, p.24.

지속적으로 받아 발전에 뒤지지 않도록 직업적 역량을 높이려는 노력은 오늘날 그 어느 때보다 의사들에게는 중요한 의무이다. 게다가 오늘날 의사들의 세분화된 전문성이 점점 더 요구되고 있기에 의사가 모든 의료 영역에서 골고루 유능한 것은 아니다. 따라서 자신들의 한계를 인정해야 한다. 환자의 상태에 따라 다른 의사의 도움을 받아야 한다. 그리하여 의사들 간의 협력과 상호 인정을 위한 에토스(ethos)가 점점 중요해졌다.

의사들은 윤리학에 의해 수립된 도덕적 선행의 규범들을 무시할 수 없다. 그리스도인으로서의 의사는 복음 정신에 투신하게 된다. 그러나 윤리학과 도덕신학 및 교회들은 의사가 맞닥뜨릴 수 있는 도덕적 문제점 모두에 대해 즉각 대답해 줄 여건이 되지 못한다. 평신도들은 "자기 사목자들이 언제나 실제로 전문가들이어서 무슨 문제가 생기든 중대한 문제라도 구체적인 해결책을 즉각 내놓을 수 있다거나 또 이를 위하여 사목자들이 파견되었다고 생각하지 말아야 한다. 오히려 평신도들은 그리스도인의 지혜로 빛을 받아 교도권의 가르침을 존경하는 마음으로 새기고 자기의 고유한 역할을 받아들여야 한다"(「사목헌장」 43항. 참조: 33항). 그러나 이런 역할을 맡았다고 해서 의사들이 자신만이 품위 있고 인간적인 결정을 내릴 수 있다고 믿는 극단적 태도는 취하지 말아야 한다. 이런 태도는 윤리적 문제에 대해 단순히 접근함으로써 그 자체로 교조주의적 경직성으로 기울어질 수 있다. 의사가 윤리보다 법에 더 관심을 기울인다면, 윤리적인 부적절한 상황은 더욱 악화될 것이다. 안타깝게도 의료진을 위한 인간적·도덕적 교육은 의학적 실습보다 아주 짧은 경우가 많다.

의료의 최우선적 목적은 건강이 손상된 이들을 돕는 욕망이어야 하며, 이런 관심은 빈자에게도 확대되어야 한다. "전통적으로, 전문가는 가난한 가운데 도움이 필요한 이들에게 무료 봉사를 제공할 준비가 되어야 한다는 것이 모든 직업의 기본 원칙이었다. 실제로 공식적인 의료윤리 강령에는 보통 치료비를 환자의 지불 능력에 따라 조정해야 한다고 언급한다."[15] 의사들 자신은 치료 결과에 많은 만족감을 얻고, 오히려 금전적 보상을 일차적 동기로 생각하지 말아야 한다.

동시에 의사는 돈이 없으면 자동으로 고가의 치료를 포기해야 하는 환자 개인뿐만 아니라 또한 공공 수입으로 재정을 충당해야 하는 사회 복지 체제의 경제적 한계에 대해서도 관심을 두어야 한다. "의사가 환자를 치료할 때 윤리적 우려 때문에 세상에 다른 사람은 없는 것처럼 또는 다른 사람의 요구는 중요하지 않은 듯이 자신의 환자만을 치료하는 것은 허용되지 않는다."[16] 의료인들과 일반 대중은 종종 의료 재원이 무한하다고 생각하는 듯하다. 폭증하는 의료비 때문에 윤리적으로 시급한 의문이 점점 더 대두된다. 국민총생산의 몇 퍼센트를 의료에 써야 할까? 공동선의 또 다른 가치들과 목표들의 요구도 정당하다. 가톨릭 윤리학에서는 아주 고가의 치료를 특수(extraordinary) 수단으로 간주하기에 그래서 그렇게 할 의무는 없는 것이다. (아래에서 특수 치료를 자세히 설명할 것이다.) 따라서 공공의 재원과 시설에서의 값비싼 치료를 요구할 시민의 권리는 제한을 받는다. 이 분야에 대한 포괄적인 윤리적 평가는 아직 없지만, 이는 아주 시급한 문제이다.

기밀 유지(confidentiality)는 의료진과 환자 간의 긍정적 관계를 위한 기본 요건이다. 의료상담 과정에서 얻은 정보는 외부인이 얻지 못하도록 보호되어야 한다. 보험회사를 위해 정확한 문서와 상세히 정보 제공을 해야 하는 실제적인 의료 관행은 오늘날 정보를 받아 보는 사람들의 범위를 상당히 넓히고 있고 의료적 기밀 유지를 완화하려는 경향도 있다. 여기에는 정보를 제공받는 사람들의 범위를 가능한 한

---

15) K. O'Rourke / D. Brodeur, *Medical Ethics*, vol. I, *op.cit.*, p.12f.
16) *Ibid.*, p.27.

좁히고 그들에게 비밀 유지(secrecy) 의무를 부과하는 방법으로 대응해야 한다. 비밀 유지의 필요성은 유전자 검사의 경우, 특별히 커진다. 검사 대상자의 명백한 동의가 있는 경우에만 검사 결과를 타인에게 제공할 수 있다. 자발적 동의를 얻는 것이 불가능할 경우 그리고 예컨대 성병이나 에이즈와 같은 여타의 전염성 질병의 경우에서처럼 타인을 보호하기 위해 필요한 경우, 기밀 유지 권리에 대한 예외라고 인정할 수 있다.

의사는 — 환자가 의사의 양심을 존중할 의무를 갖는 것과 마찬가지로 — 환자의 양심을 동일하게 존중할 의무를 지닌다. 어느 쪽도 자기의 가치 체계를 상대에게 강요할 수 없다. 어떤 사람이 생명유지장치를 분리시킴으로써 죽는 것을 허용받고 싶을 경우, 그리고 주치의는 이를 비윤리적이라고 생각할 경우, 그 의사는 환자에게 자신의 가치 체계를 강요할 수도 답을 줄 수도 없을 때 자신의 신념을 굽히기보다는 차라리 그 사안에서 손을 떼야 할 것이다. 만일 어떤 환자가 의료적 검증이 안 된 약을 요청할 경우, 의사는 그의 청원을 거절해야 할 것이다.

국가 당국도 의사들의 양심적 신념을 존중할 의무를 진다. 어떠한 정당한 법률도 그들의 양심에 반하는 의료적 처치를 제공하도록 그리고 수술을 하도록 강요할 수 없다. 예컨대 낙태(abortion)처럼 부도덕한 특정 의료의 개입에 양심상 거부감을 느낄 때, 아무도 그러한 의사의 권리를 침해할 수 없다.

2) 환자의 의무와 권리

개인 건강에 대한 일차적 책임은 환자에게 있으며, 의료인의 임무는 환자가 이러한 목표에 도달하도록 그를 돕는 것이다. 이는 환자가 지닌 기본 의무를 뜻하지만, 동시에 건강관리와 관련해 환자의 자율성에 대한 기본권을 의미하기도 한다. 환자는 자신이 치료를 받을지 아닐지 결정할 권리를 지니고 있으며, 의사는 환자의 동의 없이는 치료를 진행하지 말아야 한다. 이런 자율권의 윤리적 근거는 인간으로서 환자가 의사와 동등하다는 사실, 환자의 안녕은 의사의 것이 아니라 환자 자신의 것이라는 사실, 그리고 직접 당사자로서 원칙적으로 생리적 건강뿐만 아니라 자기 삶의 사회적·정신적 조건과 관련해 자신에게 무엇이 도움이 되는지 가장 잘 알 수 있다는 사실에 있다. 의사에 의한 부권적인(paternalistic) 치료 결정은 환자와 의사의 관계성을 침해한다. 그러나 환자의 자율권은 그 자신에 대해 갖는 도덕적 의무와 타인의 권리에 의해 제한을 받는다. 의사는 환자가 진정한 자기의 이익이나 타인의 이익에 반한 결정을 하도록 공모해서는 안 된다.

환자는 본인이 알고서 동의할 수 있도록 자신의 건강 상태와 그에 필요한 충분한 정보를 제공받을 권리가 있다. 그러한 정보에는 그런 치료적 조치(procedure)의 목적, 예상되는 위험과 이점, 대안적인 조치들, 기대되는 결과 및 비용의 문제 등을 담고 있어야 한다. 이런 정보들은 환자가 이해할 수 있는 방식으로 제공되어야 한다. 예후가 심각한 경우, 의사는 환자가 낙담하거나 우울하지 않도록 그에게 진실을 숨기는 경향이 있다. 하지만 "아프거나 죽어 가는 환자들과 대화해 보면, 그들이 자신의 상태에 대해 계속 의심을 품은 채 있는 것도 원하지 않지만, 또한 퉁명스럽거나 모진 방식으로 알게 되는 것도 원하지 않는다는 것이 밝혀졌다."[17] 따라서 이는 중환자에게 진실을 말할지 말지의 문제가 아니라 오히려 진실을 공유하는 예절과 방식의 문제인 것이다.

의사와 환자 **모두는** 치료의 필요성 외에도, 경제적 사정과 사회적 우려를 고려해야 한다. 비용, 혜택 및 기타 사회적 가치를 고려하는

17) O'Rourke / Brodeur, *Medical Ethics*, vol. I, *op.cit.*, p.59.

일은 의사와 환자 모두의 책임이다. 환자는 사회가 의료에 이용할 수 있는 재원에 대해 무한히 요구할 수 없다.

끝으로, 환자는 치료 과정에서 자신의 몫을 다하고 대게는 내재해 있는 자기-회복의 에너지를 활용하도록 불렸으며(의사는 이를 위해 환자들을 도와야 한다), 환자는 적임자의 조언을 따르고 치료에 협조하며, 정서 존중, 감사 표현, 명예 보호 그리고 공정하고 신속하게 비용 지불을 함으로써, 의사, 간호사, 의료 기술자 및 시설에 대한 책임을 표시해야 한다.

환자가 스스로 결정할 수 없는 경우, 동의에 관한 특수한 문제점이 발생한다. 이 경우 타인들이 결정해야 하는데, 이를 **대리 동의**(proxy consent)라 부른다. 이것은 해석적(interpretative) 동의와 추정적(constructive) 동의로 구분된다. 해석적 동의는 당사자와 친분 있는 사람의 개인적 견해에 근거한다. 환자 당사자라면, 해당된 상황에서 어떤 마음과 어떤 결정을 내릴지를 해석하려는 시도인 것이다. 추정적 동의는 합리적인 사람이 자신에게 주어진 환경과 최선의 이익을 위해 결정을 내릴 수 있는 지혜로써 환자를 위해 대신 결정하는 것이다. 이러한 사안에 대해 생각이 불가능한 신생아나 어린이의 경우, 이는 가장 분명히 드러난다.

대리 동의의 특성을 고려할 때 이런 판단을 내릴 수 있는 사람은 환자를 잘 알고 있고 또 그 환자의 안녕을 위해 필히 사랑 어린 관심을 가진 사람이어야 한다. 법률 조항은 적임자의 순서로서 배우자, 성인 자녀, 부모, 성년인 형제자매, 조부모, 후견인 등을 제시한다.[18] 물론 이들이 최선의 결정을 내릴 것이라는 추정은 절대적인 것이 아니다. 그들이 환자의 선익에 부합하지 않는 결정을 할 경우, 다른 이들

18) 1987년 미국의 해부학적 기증법(Anatomical Gift Act)에서 이 순서를 볼 수 있다.

이 거기에 이의 제기를 할 수 있다. 필요하다면, 시민 당국에 이 사안을 호소할 수도 있다. 친척이 없는 경우, 주치의가 결정을 내려야 하는데 그러면 이것은 통상적인 추정적 동의가 된다.

예컨대 암으로 죽어 가는 혼수상태의 환자를 위한 치료법을 결정할 때, 대리인은 환자가 결정을 내릴 수 있다면 어떤 결정을 내릴지 파악해야 한다. 하지만 다수의 치료 결정권자는 그럴 능력이 없는 환자를 위해 자신이 생각하는 대로 결정하고 싶은 유혹을 받는다. 이는 대리 동의의 본질에 어긋나며 특히 의사라면, 이것을 경계해야 한다. 유언장이 있는 경우 — 말기 질환이나 영구 혼수상태일 때 자신이 어떻게 치료받고 싶은지를 적어 두는 사전 의료 의향서가 있는 경우 — 이를 존중해야 한다. "윤리적으로 보장될 수 있는 범위 내에서의 의지 표현은 '어떤 식으로든' 허용되어야 할 뿐만 아니라 의사에게도 구속력이 있음이 강조되어야 한다."[19)]

심각한 선천성 기형을 지닌 신생아의 치료를 결정할 때, 생명은 대부분의 경우 보존할 가치가 있는 선물이라고 판단한다는 점을 고려하면서 부모는 아이의 선익에 부합하는 결정을 내려야 한다. 그러나 의사결정에 무능력한 환자의 경우와 마찬가지로, 부모와 의사는 비용 요소와 사회적 우려를 고려해야 할 의무와 권리가 있다. 심각한 유전 질환으로 영아가 평생 24시간 간호를 받아야 하거나 치명적인 질환이 있는 경우, 그들에게는 그 영아를 대신하여 생명 연장 치료를 할 의무가 없다.

환자가 의사결정을 내릴 역량은 언제나 있다고 추정해야 한다. 생명이 위태로운 질환을 앓고 있는 고령자, 보호소에 수용된 환자 또는 정신과 치료의 이력이 있는 환자와 같은 "범주"에 그를 넣어 의사결정 무능력자로 자동으로 단정해 버리는 것은 심각한 남용이며 과잉

---

19) Günter Virt, *Leben bis zum Ende*, Innsbruck: Tyrolia, 1998, p.60.

조치이다. "개인들이 진술이나 선택을 할 때 또는 적절한 선택에 부합하지 않는 것 같은 행동을 보일 때, 그 진술은 그 사람이 아주 무능력하다는 것이 아니라 적절한 조사가 필요하다는 것을 가리킨다."[20] 이보다 훨씬 더 존중되어야 할 것은 "생전 유언장"(living will)이며, 사람들은 말기의 질환에 있거나 능력 또는 의식을 잃은 경우, 특수한 치료의 시도를 바라지 않는다고 명시하기 때문이다.

3) **통상**(ordinary) **치료와 특수**(extraordinary) **치료**

의약품(medicaments)은 직접적인 목적이 질병을 치유하거나 완화하는 경우나 통증을 덜어 주는 경우, 허용된다. 우연히 수명을 단축시킨다고 하더라도, 허용된다. 이를 전제로, 사람에게 약물을 이용하거나 치료를 받아야 할 의무가 어느 정도인지 의문이 생긴다. 이에 대해 답하고자 가톨릭 도덕신학은 일반 치료와 특수 치료로 구분한다.

통상 치료란 (윤리적 맥락에서)[21] "환자에게 합리적 이익을 기대할 수 있고 과도한 비용, 통증, 여타의 불편 없이 구해서 사용할 수 있는 모든 약품, 치료법, 수술을 말한다."[22] 예컨대 환자가 도움과 치료를 받고자 기후가 다른 곳이나 다른 나라로 이동하는 경우, 막중한 불편이 있는 것이다. 약품과 치료법이 비교적 편리하게 이용할 수 있어야 하고, 유익에 대한 합리적 희망을 제공하는 것이어야 한다. 이러한 조건 중 하나라도 부족한 것이라면, 특수 치료가 된다. 따라서 특수 수단이란 "과도한 비용이나 고통 또는 기타의 불편 없이는 얻거나 사용할 수 없는 것이나, 사용 시 유익에 대한 합리적 희망을 주지 않는 그

20) O'Rourke / Brodeur, *Medical Ethics*, vol. II, St. Louis, Mo.: Catholic Health Association of the U.S., 1989, p.92.

21) 약물이나 시술은 공상적이거나 기괴하거나 실험적이거나 불완전하게 확립되었거나 비정통적이거나 인정받지 못한 경우, 특수한 것으로 간주한다.

22) G. Kelly, *Medico-Moral Problems*, Dublin: Clonmore and Reynolds, 1960, p.129.

런 약물과 치료법 및 수술을 말한다."[23]

과거에는 특별했던 수단이 나중에는 다른 이유로 인해 평범해질 수 있다는 것도 유의하는 것이 중요하다. 대수술이 예전에는 특수 치료로 간주되었는데, 첫째 이유는 대부분의 사람이 큰 고통을 견딜 수 없었기 때문이고, 둘째 이유는 감염의 위험 등 결과가 아주 불확실한 경우가 많았기 때문이다. 현대의 의학은 통증과 감염의 위험을 모두 통제할 수 있는 수준이 되었다. 마찬가지로 예전에는 비쌌던 치료도 의학과 생산기술의 발전에 따라 가격이 덜 비싸졌다. 따라서 과거에는 특수한 것이었던 수술과 치료가 이제는 통상적인 것이 되었다. 다시 말해, 특정한 치료들은 아주 가난한 나라와 덜 부유한 지역에서는 불균형적으로 비싸서 특수한 것이지만, 부유한 나라와 유복한 지역에서는, 그렇지 않을 수 있다. 이러한 설명으로는, 통상 수단과 특수 수단의 구분은 분명하지도 정확하지도 않으며, 유동적인 것임이 분명히 드러난다. 구체적 사례로 볼 때 해당 시술이 특수 수단의 경우인지 판단하기는 쉽지 않다. 그것은 수학 공식처럼 산출되는 것이 아니라 현명하고 양심적인 사람들의 합리적 판단에 따라 산출되기 때문이다.

최근 몇몇 신학자들은 균형적(proportionate) 수단과 불균형적(disproportionate) 수단으로 구분하기를 선호한다. 이 구분은 치료의 유형, 치료의 난이도, 위험도, 비용, 치료받을 가능성, 수반되는 통증 등과 그리고 환자의 상태, 정신적 자산, 물질적 재원, 기대하는 결과 등을 비교한 것에 기초한 것이다. 이렇게 비교할 때 그것이 합리적일 경우라면, 균형적 치료이다. 비합리적일 경우라면, 불균형적 치료가 된다. 그러나 이러한 구분도 모호함이 없는 것은 아니다. 어떤 균형을 합리적이라고 간주할까? 예컨대 심폐 이식의 경우처럼, 치료비가 매우 비싸지만 수명 연장의 가망이 가장 높을 것으로 예상되는 경우, 그 치

23) G Kelly, *op.cit.*, p.129.

료가 균형적인 것이라고 보고 따라서 의무적인 것으로 간주해야 하는가? 그 외에 아직 계산해 넣어야 할 다른 요소는 무엇인가? 결국 이 구분도 의학적 치료의 정당성을 판단하는 데 있어서 과거의 것보다 더 쉽고 명확한 것을 제시한 것은 아닌 것 같다. 저자들은 기존의 전통적 구분이 여전히 유용하고 도움이 된다고 보는 것이 일반적이다.

'삶의 질'(quality-of-life)에 대한 기준도 이 문제에 속하게 된다. 이 기준에 따르면, 중증 환자나 심각한 결함이 있는 신생아의 경우, 치료를 시작하거나 이를 계속할 의무는 삶의 목표를 실현하고 의미 있는 인간 존재로 살아갈 능력에 의해 결정되거나 또한, 다른 이들에 따르면, "인간관계를 맺을 잠재성"에 의해 결정되어야 한다는 것이다. 이런 잠재력이 전혀 없거나 겨우 생명 유지의 노력에 의해서만 살고 있다면, 진정한 인간 존재를 위한 최소한의 '삶의 질'은 상실된 것이고 따라서 그 사람에게는 죽는 것이 허용될 수 있다.[24] 이 기준은 실제로 통상/특수의 치료를 구분할 때 조건의 하나로서, "환자의 유익을 위한 합리적 희망"을 제시한다. 중환자나 쇠약해진 환자의 경우에는 특히 해당된다. 이것은 치료의 의무성을 판단하기 위한 유일한 조건이라는 점에 유의해야 한다.

중병을 치료하거나 또한 이를 예방하는 데 필요한 내·외과의 통상 치료는 의무적이다. "자연 이성과 그리스도교 도덕은 인간이 심각한 질병에 걸렸을 때 자기의 생명과 건강을 보존하기 위해 필요한 치료를 받을 권리와 의무가 있다고 말한다. 자기 자신, 하느님, 인간 공동체를 향한 그리고 대부분은 특정인을 향한 인간의 이런 의무는 잘 질서 잡힌 애덕, 창조자에 대한 복종, 사회 정의, 심지어 가족에 대한 헌신뿐만 아니라 엄격한 정의에서도 비롯된다. 그러나 보통 — 개인, 상황, 장소 및 문화의 상황에 따라 — 오로지 통상 치료 즉 자신에게

24) R.A. McCormick, *Theol. Studies* 36(1975), p.122.

나 타인에게 막중한 부담을 주지 않는 치료만을 해야 한다. 더 엄격한 의무를 부과하면, 대부분의 사람에게 너무 부담이 되어 더 높고 더 중요한 선을 달성하는 것을 아주 어렵게 만들 것이다. 삶, 죽음, 모든 현세적 활동은 사실 영적 목적에 종속된 것이다"(비오 12세).[25]

반면에 자신의 아주 심각한 의무를 궐하지 않는 한, 생명과 건강을 보존하기 위해 꼭 필요한 치료 그 이상을 하는 것은 금지되지 않는다. 치료에 실패하게 된다면, 가족의 재정에 과도한 압박을 주어 집과 생계를 잃게 할 뿐만 아니라 상위 공동체의 자원을 과도하게 써 버림으로써 불공평한 것이 될 수도 있다. 하지만 예외적으로, 특수 수단을 사용하는 것이 의무적일 수 있다. 중요한 군인이나 정치가의 경우처럼, 공동선을 위해 한 사람의 수명을 연장하는 것이 필요한 경우, 적어도 며칠을 연장함으로써 중요한 가족 문제를 해결할 수 있는 경우, 특수 치료는 의무가 된다.

이러한 고려들은 일차적으로 환자의 의무에 해당한다. 의사들의 문제점은 더욱 복잡하다. 의사는 환자에게 의무적으로 할 것만 하는 것이 아니라 환자가 합리적으로 원하는 것도 해 주어야 한다. 따라서 의사들은 무엇보다도 환자나 그 대리인의 의도를 확인해야 한다. 만약 확인이 불가능하다면, 환자가 원할 것이라고 생각하는 것 또는 최선의 환자 이익에 부합한 것이라고 진심으로 판단 내린 것을 해야 한다. 이러할 경우, 의사 자신이 환자의 처지에 있다면 무엇을 원할 것

---

25) *AAS* 49(1957), p.1030. 또한 1994년 『가톨릭 교회 교리서』에서도 통상 치료와 특수 치료를 구분하고 있다. "비용이 크게 들고 위험하며 특수하거나 기대했던 효과를 내지 못하는 의료 기구의 사용 중단은 정당하다. 그런 경우는 '지나친 치료'를 거부하는 것이다"(2278항). 대표적 사례는 목 아래쪽이 마비된 영국의 "B 양"이 1년 넘게 생명을 유지해 온 인공호흡기를 떼어 달라고 요청한 사건이다. 2002년 3월 22일 런던 고등법원의 결정은 그녀가 이 요청을 할 자격이 있다고 판결했다. 글래스고의 마리오 콘티 대주교와 카디프의 피터 스미스 대주교는 이 판결이 정당하고 도덕적으로 이의 제기할 수 없는 것으로 간주했다(*Kathpress* nr. 71, 25/26.3.2002, p.8).

인가 하는 황금률의 적용이 도움 될 것이다.

진단이든 치료든 불필요한 시술들에 대해서는 도덕적으로 이의 제기할 만하다. 환자의 복지와 관련해 균형 잡힌 이유가 없는 경우, 그 시술은 불필요하다. 어떤 치료가 사람의 생명을 구하지도 증진시키지도 못할 경우, 생리적 목숨을 구할 수 있지만 받아들이기 어려운 '삶의 질'이 되어 버리거나 단순히 연장만 하는 경우, 불필요한 치료가 된다. 정당화될 수 없는 것으로서 가장 자주 지목되는 것은 맹장이나 담낭의 제거술, 관상동맥 우회수술, 제왕절개술, 여러 가지 난소나 자궁의 제거술, 복합적인 의학적 분석들 등이다. 건전한 의료 기준에 반하는 모든 시술은 더더욱(fortiori) 불필요하다. 다른 이유로 개복했을 때 겉보기에 건강한 맹장이라도 제거해 버리는 것은 집도의의 재량으로 허용될 수 있다. 그 이유는 우리가 아는 한, 맹장 자체는 유용한 목적이 없으며 개복했을 때 맹장을 제거하면, 미래에 당할지 모르는 수술을 지금 아무런 위험이 없을 때 또는 비용 부담이 별로 없을 때 할 수 있기 때문이다.[26]

4) 생명 보존의 의무

통상 치료와 특수 치료의 문제는 특히 말기 질환의 상황에서 볼 때, 심각하다. 의학계에 널리 수용되는 원칙에 의하면, 의사와 간호사의 의무는 치료하고 고통을 덜어 줄 뿐만 아니라 가능한 한 생명을 연장하는 것이다. 그들은 죽음이 모든 수단을 동원해서 가능한 한 멀리해야 할 원수라고 간주한다.

그러나 통증 완화와 생명 보존이 깔끔하게 일치하지 않는 경우가 왕왕 발생한다. 그 둘이 서로 충돌하고 때로는 상호 배타적인 대안으

26) 켈리(G. Kelly)는 이것이 — 적어도 미국의 — 좋은 병원에서는 상당히 일상적인 관행이라고 한다(*Medico-Moral Problems*, *op.cit.*, p.253).

로 나타날 수 있다. 수명 연장은 때때로 희망 없는 고통의 연장을 의미한다. 이것은 모든 종류의 약물과 외과적 수단 및 기계 장치를 한 채로 그저 생물학적 생명만을 유지시킨다. 그런 환자는 영구적 혼수상태에 놓이고 뇌는 돌이킬 수 없게 손상되거나 파괴되어 있다.

이런 경우 생명 연장은 더 이상 의무적인 것으로 간주할 수 없다. 왜냐하면 생명이 궁극적 선익도 최상의 가치도 아니기 때문이다. "특히 생물학적 수준에서 단순히 생명을 유지하는 것은 인간 삶의 목적이 아니다. 이러한 삶의 목적에 생명, 건강 및 모든 현세적 선익은 예속된다."[27] 사람들은 삶의 목적을 다르게 정의할 수 있다. 즉 어떤 이는 상호 위격적 관계의 가능성으로 정의하며, 어떤 이는 영적인 성장과 발전으로 또는 하느님의 창조 사업이나 그분의 인류 구원 계획을 실현하는 데 헌신하는 것으로 정의한다. 그러나 삶의 목적을 더 이상 달성할 수 없게 되면, 생명 연장의 의무도 중단된다는 점에는 모두가 동의할 것이다.

다시 말하면, 죽음을 전적으로 부정적 실재로 간주하려는 경향에 대해서는 문제 삼아야 한다. 사실 그것은 잘못이다. 그리스도교 신앙의 관점에서 죽음이란 그리스도와의 재회, 영생으로의 진입, 하느님과의 최종 합일인 것이다(참조: 필리 1,21~23). 만일 죽음이 원수라면, 의사들은 지는 싸움을 벌이고 있는 것이다. 조만간 그들은 반드시 패배할 것이다. 하지만 의업의 궁극 목적은 죽음을 물리치는 것만이 아니다. 그보다는 사람들로 하여금 하느님과 그분의 신적 계획을 최대의 효율로 섬기고 영원한 구원을 이루도록 돕는 것이다. 따라서 개인의 지상에서의 임무가 종료될 때, 의사의 임무도 거기서 종료된다.

의료적 양심은 치료를 기꺼이 시작하는 것만이 아니라 중단하는 것도 배워야 한다. 누군가의 생명이 이미 절망적이라면, 특히 문제의

---

27) O'Rourke / Brodeur, *Medical Ethics*, vol. I, *op.cit.*, p.66.

생명이 아무런 인간적 반응의 징후가 없고 순전히 식물 상태가 된다면, 약물과 장비를 이용해 생명을 무기한 연장할 필요는 없다. 이 경우에 모든 특수 수단을 생략하고 자연적 과정이 진행되도록 놓아 두는 것이 허용된다. 회복 불가능한 혼수상태인 환자가 감염된 경우, 항생제나 다른 치료를 끊을 수 있다는데 커다란 공감대가 이루어져 있다. 하지만 인공적인 정맥 영양공급(intravenous nutrition)과 위관 영양(stomach tube feeding)의 중단에 대해서는 국가마다 다르게 평가를 한다. 독일 의사들의 대부분은 인공적 영양공급은 중단할 수 없는 것으로서 기본적 지원이라고 간주한다. 반면 "영국 의사들 다수는 위관 영양은 특정한 상황에서 중단할 수 있는 치료 중 하나로 간주한다(Lynn / Childress 1986; Shannon / Walter 1988; Jennett 1993; Gormally 1993; Grubb and others. 1996)."[28] 가톨릭 의료윤리에서 합의된 입장에 따르면, 위관 영양은 불가역적 혼수상태의 환자에게는 특수 수단이기에, 중단될 수 있다.[29]

이것은 불치의 고통스러운 질병의 경우에도 해당된다. 의사는 불치

---

28) Dirk Lanzerath, "Koma, irreversibles/irreversibel Komatose. 2. Ethisch", *Lexikon der Bioethik* II, Gütersloh, 1998, p.411. 이 논문에 게재된 참고문헌은 이렇다. J. Lynn / J.F. Childress, "Must patients always be given food and water", in: *By no extra-ordinary means*, Bloomington, 1986, pp.47~60; T.A. Shannon / J.J. Walter, "The PVS patient and the forgoing/withdrawing of medical nutrition and hydration", *Theological Studies* 49(1988), pp.623~647; B. Jennett, "The case for letting vegetative patients die", *Ethics and Medicine* 9(1993/3), pp.40~44; L. Gormally, "Definitions of personhood: implications for the care of PVS patients", *Ethics and Medicine* 9(1993/3), pp.44~48; A. Grubb et al., "Survey of British clinicians' view on managements of patients in persistent vegetative state", *The Lancet* 348(1996), pp.35~40.

29) 해당 논의에 대한 가톨릭계의 적절한 연구는 다음과 같다. R.A. McCormick, *Corrective Vision*, Kansas City: Sheed & Ward, 1994, pp.225~232, 210~224. 여기에는 무뇌증(apallic) 증후군도 해당한다. 이것은 대뇌와 소뇌 사이의 기능이 중단으로 뇌간만 계속 기능하는 영구적 식물인간 상태(PVS)를 말한다. "최적의 치료에도 불구하고 (산소 부족으로 야기된) 저산소증의 경우 3~6개월 이상, 외상성 PVS 의 경우 6~12개월 이상 식물인간 상태가 지속되면(…) 추가적인 적극 치료와 PEG 튜브를 통한 인공적인 영양물과 수액을 공급하는 것이 의문에 처할 수 있다." 이에 대한 대답은 다시금 다양해진다(J. Jorg, "Apallisches Syndrom", *Lexikon der Bioethik* I, 1998, p.187).

병 환자에게 의료의 정상 조치를 취해야 하지만, 특별한 노력과 특수 수단으로 그의 생명을 연장할 의무는 없다. 오히려 고통, 고뇌 또는 죽음의 과정만을 연장한다는 의미라면, 인위적인 생명 연장은 부도덕한 것으로 판단해야 한다. 이에 관해 요한 바오로 2세는 이렇게 선언한다. "최선의 지향을 가졌다 하더라도 악화되는 그런 치료적 집착은 결국 — 쓸모없을 뿐 아니라 — 이제 말기 상태에 이른 환자를 온전히 존중하지 않은 것으로 판명될 것입니다."[30]

불치의 암 환자를 위한 요양원이 정맥 영양 공급 등을 하지 않는 것은 아주 건전한 그리스도교적 자세이다. 영국에서 손더스 경(Dame Saunders)이 시작해서 최근 많은 호응을 얻고 있는 호스피스 운동(hospice movement)은 이러한 방침을 허용하고 있다.[31] 불치의 암이나 이와 유사한 말기 질환의 경우, 정말로 가장 적절한 도움은 모든 환자에게 — 원하는 음식과 음료를 포함해 — 헌신적인 간호를 제공하고, 환자의 고통을 최고로 완화하며, 죽음을 잘 준비하도록 돕는 것이다. 특수 치료든 통상 치료든 생명 연장을 위한 다른 치료법은 사용할 의무가 없다. 따라서 암으로 죽어 가는 환자가 폐렴에 걸렸을 경우, 의미 있는 방식으로 생명을 연장할 수 없다면, 폐렴 치료도 거부할 수 있다는 것이 일반적 견해이다.

환자는 특수한 것으로서의 치료를 거부할 권리가 있다. 오늘날에는 지나치게 고통스러운 치료도 여기에 포함된다.[32] "가족이나 공동체

---

30) Audience for a delegation of physicians on 23 March 2002, *L'Osservatore Romano*, 24 March 2002, p.5.

31) 호스피스 실천은 말기 질환 환자의 정맥 영양공급과 관련해 완전히 통일된 것은 아니다. 그러나 말기 단계에서는 이를 포기하는 경향이 있다. 1994년에는 2,000개의 호스피스가 있었다. 여기에다 추가로 환자가 집에서 외래 치료를 받는 방법도 있다. 방식은 항상 동일하다. 통증 완화, 따뜻한 돌봄 및 죽음의 과정에 가족의 긴밀한 참여가 혼합되어 있다. 시슬리 손더스 경(Cicely Saunders)은 성공회의 의사이다.

32) "텍사스 헨더슨(Henderson) 근처에서 프로판 가스 폭발로 댁스 코워트(Dax Cowart)가 중상을 입었을 때, 그는 (…) 의료진에게 죽게 해달라고 간청했다. 몇 주 동안 그의 생

에 과도한 비용을 부담시키지 않으려는 욕구조차도 생명 연장 치료를 거부할 합법적 근거가 될 수 있다. 왜냐하면 온정적인(compassionate) 사람은 윤리적 결정을 내릴 때 타인의 필요와 권리를 생각하기 때문이다."[33] 희망이 없는 상황이라면 환자의 의사를 존중하는 것은 훨씬 더 중요해진다. "죽어 가는 환자가 자신을 표현할 수 있고 더 이상의 치료를 의식적으로 거부한다면, 누구나 이를 따라야 한다."[34] 이는 더 이상 자기 의사를 표현할 수는 없지만 '생전 유언장'을 남겨둔 환자에게도 동일하게 적용된다.

생명을 더 유지하려는 환자 또는 대리인의 합리적인 바람은 당연히 존중되고 이를 따라야 한다. 그렇지만 "환자에게 실질적으로 도움이 될 것이라는 희망이 없는데도 의사가 가족을 달래려는 단 하나의 목적으로 가장 비싼 조치들을 하도록 유혹해서는 안 된다. 이미 운명이 정해진 목숨을 위한 고가의 치료는 환자 가족의 구성원들에게 중대한 불의를 저지르는 것이다. 종종 가족은 그저 가문의 평판에 대한 두려움 때문에 막대한 재정적 짐을 진다. 이 경우에 주치의가 가족의 압력에 굴복한다면, 무책임한 행동이 된다."[35]

의사가 고통을 겪는 생명을 불필요하게 연장하거나 뇌 기능이 중지된 사람의 식물인간 상태를 유지한다면, 환자와 가족 및 다른 환자

명은 실낱같은 희망에 매달려 있었다. 1년 이상을 그는 자신의 의지와 달리, 오른쪽 눈과 손가락 여러 개가 제거되었고 왼쪽 눈이 꿰매지는 등, 극심한 치료를 겪었던 것이다. 그리고 고통과 항의를 끊이지 않고 했다(…). 지금부터 17년 전의 일이었다. 코워트는 현재 로스쿨을 졸업했고 혼인해 텍사스에 살면서 자신의 투자금을 관리하고 있다. 그러나 그는 오늘날까지도 치료를 받지 않을 선택권을 의사들로부터 침해받았다고 주장한다"(*Time*, March 19, 1990, 38). 그는 의사 앞에서 무력하게 있는 환자들의 모습에 대해 여전히 분개한다.

33) O'Rourke / Brodeur, *Medical Ethics*, vol. I, p.66.

34) *Das Ende menschlichen Lebens - Die Zukunft des Lebens*. Common statement of the German Bishops' Conference and the Protestant Church in Germany(EKD), in *Leben im Alter*, Bonn: Sekretariat der Dt. Bischofskonferenz, 1993. *Arbeitshilfen* 104, p.97.

35) B. Häring, *Medical Ethics*, ^{3}1991, p.131.

의 진정한 안녕과 공동선을 결국 위반한 것이다. "의학적으로 회복될 희망이 없이 기계적으로 신진대사가 되도록 인간 장기들을 돌보는데 소비되는 수백 시간과 수백만 달러가 어떤 의미에서 공동선에 대한 공격은 아닌가?"[36] 이를 물어볼 가치가 있다. 더 이상 희망이 없는 환자를 살리기 위해 환자의 가족은 불필요한 불안과 비용을, 병원 인력과 시설은 불필요한 기술과 자원을, 대기 환자들은 치료를 받는 데 불필요한 지연을 겪지 않도록 하고자 의사는 이런 이유와 다른 가치 있는 이유들로 환자의 건강과 안녕에 더 이상 도움이 되지 않는 치료는 중단할 태세가 되어 있어야 한다.

5) 불법 치료에 대한 협력

간호사가 양심상 용납할 수 없는 수술들, 예컨대 통용되고 있는 단종(sterilization), 기증자에 의한 인공수정, 인간배아 실험, 낙태, 안락사 등에 보조하도록 호출되는 경우가 제법 있다. 이런 조치들에 참여해도 되는가? 아니면 그런 협력을 거절해야 하나? 보조하기보다는 차라리 사임해야 하는가?

제공하는 서비스가, 예컨대 치료 장소, 환자, 도구 준비 등등 치료와 관계없이 간호사가 모든 환자에게 정상적으로 하는 행위들인 한, 그 자체로는 도덕적으로 중립적인 것이다. 간호사가 의사의 잘못된 행동과 목적을 찬성한 것이 아니라면, 그저 질료적(material) 협력만을 제공한 것이다. 특정 조건에서는 이러한 협력은 허용될 만하다. 더 간

---

36) H. L. Smith, *Ethics and the New Medicine*, Nashville and New York: Abingdon Press, 1970, p.156. 1986년에 약 10,000명의 미국인이 영구 식물인간 상태에 있었고 위관 영양으로 유지되었다. 그들의 가족에게는 끊임없는 고통의 근원이었으며 재정적 부담은 연간 10만 달러에 달했다("To Feed or Not to Feed", *Time*, March 31, 1986, p.33). 1990년 1월 "뉴욕주 대법원 판사는 어느 가족이 위관 영양을 제거해 달라고 요청한 이후 혼수상태에 빠진 환자를 돌보는 데 들어간 하루 172달러씩 약 2년 치의 비용은 가족이 지불할 필요가 없다고 판결했다"(*Time*, March 19, 1990, p.38).

접적인 협력일수록 정당화는 더 쉬워지며, 더 직접적일수록 정당화는 더 어려워진다.

물론 간호사가 부당한 진료에 보조하기를 거절할 수 있다면, 그렇게 해야 한다. 만일 그러한 보조를 면제해 달라고 요청해도 소용이 없고 저항할 수도 없다고 판단된다면, 간호사는 자신의 불찬성 의견을 드러내는 단호한 방법으로 자신의 요청을 표현해야 한다. 그러나 자신의 요청이 쓸데없을 뿐 아니라 자신에게 심각한 불편을 초래할 것이라고 예견하거나 과거 경험을 통해 알고 있다면, 그런 요청은 생략하고 다른 방식으로 반대 의견을 보여 줄 수 있겠다. 하지만 간호사는 자신의 양심적 요청이 받아들여지지 않을 것이라고 속단하지는 말 것이다. 자신의 원칙을 주장함으로써 존중받는 경우는 매우 많다.

이의 제기할 만한 수술이나 치료에 대한 협력 거부가 비교적 심각한 불편을 초래하지 않고는 불가능하다고 추정될 경우, 그렇다면 그런 비의지적인 보조는 허용된다. 다른 일자리를 구할 가망 없이 실직할 위험이 있다면, 비록 그것이 질료적(material) 협력일지라도 정당화될 근거는 충분할 것이다. 게다가 간호사가 예컨대 환자를 위해 사제나 교역자를 불러오고 하느님의 평화를 누리도록 죽어 가는 아기에게 세례를 주는 등, 병원에서 많은 영적 선익을 행할 수 있다는 사실도 또 다른 정당화될 근거가 될 것이다.

그러나 이런 조건들이 채워지지 않았을 경우, 그런 협력의 요구가 매우 빈번한 경우, 특히나 수행되는 수술이 교회에서뿐만 아니라 국가에서도 거부되는 경우〔예: 국가법이 금하는 낙태, 기형아에 대한 자비적 살해(mercy killing, 불법적 인체 실험)〕, 간호사는 그 병원을 떠날 의무가 있다. 그렇지만 간호사에게 합법적 선택이 그저 사직 외에 다른 방법이 없는 상황은 거의 없다.

현대의 다원주의 사회에서는 부수적인 요소도 등장한다. 즉 "상대방 자신은 잘못하고 있다고 생각하지 않을 수도 있고, 도리어 그 자신이 구상하는 행동이 도덕적으로 옳다고 하거나 심지어 도덕적으로 의무라고 생각할 수도 있다는 점이다."[37] 환자와 의사가 올바로 행동한다는 정직한 신념으로 행할 경우, 이것이 자동적으로 그 어떤 협력이라도 허용된다는 것은 아니지만, 질료적 협력이 더 쉽게 허용될 근거는 될 것이다. 왜냐하면 양심은 도덕적으로 올바른 행위의 마지막 규범이며 아무도 자신에게 도덕적 진리를 독선적으로 강요할 수는 없기 때문이다. 하지만 관용의 덕행은 쌍방의 것이다. 환자와 의사는 간호사가 자신들의 양심을 존중해 주는 것만큼 간호사의 양심도 존중해 주어야 한다.

7.3.2. 특별 치료

1) 장기 이식

장기 이식은 비교적 최근의 외과적 조치(procedure)이다. 피부 이식에 대한 첫 실험이 1923~24년에 이루어졌다. 인간 신장의 동종 이식은 최초로 1954년 성인인 일란성 쌍둥이 간에 성공했다. 인간 심장의 이식은 1967년 최초로 이루어졌다. 이후 간·췌장·폐의 이식이 뒤를 이었다. 초기 10년 동안의 심장 이식은 환자의 면역체계가 이식된 심장을 거부했기 때문에 보통 1년 이내에 사망함으로써 실패했다. 그러나 1980년 항(抗)거부제(antirejection drug)인 사이클로스포린(cyclosporin)이 개발되어 획기적인 변화를 불러왔고, 생존율이 상당히 높아졌다. 1989년 살아 있는 기증자로부터 처음으로 간의 약 1/3 이식이 이루어졌다. 하지만 이식 비용은 특히 간과 심장의 경우, 아주 높다.[38]

---

37) J. Mahoney, *Bio-ethics and Belief*, *op.cit.*, p.119.

38) 1988년 장기 이식에서 1년간의 생존율은 심장의 경우 82%, 간의 경우 70%, 신장의

이식에는 자가이식(autografts), 이종이식(heterografts), 또는 인간이식(homografts)이 있다. 자가이식이란 예컨대 피부나 뼈와 같이 조직을 환자 자신의 신체 한 부분에서 다른 부분으로 옮기는 것이다. 이는 건강상의 이유로도 정당화된다. 이종이식이란 — 또한 타종이식(xeno-grafts)이라고도 부르는데— 동물 조직을 인체에다 이식하는 것이다. 한 사람의 정체성을 변화시키지 않는 한, 이는 허용될 수 있다.[39] 동물의 성선(性腺, sex glands)을 인간에게 이식하는 것은 심각한 변화를 동반하기에, 부도덕한 것이며 거부해야 한다. 인간 이식이란 — 또한 타인이식(allografts)이라고도 부르는데— 한 사람의 조직을 다른 사람에게 이식하는 것이다. 그 조직은 죽은 사람의 신체에서 나온 것이거나 살아 있는 기증자의 신체에서 나온 것일 수 있다. 원칙적으로는 뇌, 뇌의 일부 및 성선의 이식과 같이 인간의 정체성에 변화를 불러올 수 있는 이식은 허용되지 않는다. 인간이식과 관련된 추가 질문 몇 개는 더 자세히 논의해야 한다.

시체(피부, 눈의 각막)와 합법적 수술로 잘라 낸 장기들(뼈)로부터 이식조직을 만드는 것은 도덕적으로 이의 제기가 없다.[40] 시체로부터의 이식 작업은 고인의 명시적인 거부 의사와 다르게 허용되지는 않으며, 일반적으로는 가족이나 책임 있는 친척의 동의 없이 허용되지도 않는다. 사망자는 주인 없는 나무나 금속 조각처럼 죽었다고 해서 공공재가 되는 것은 아니다. 고인의 의사에 반하여 장기를 적출하는 것은 그의 존엄성과 그에 대한 예우에 위배되는 것이다.

죽은 사람의 육체가 심장과 폐의 이식에는 독점적 공급원이며 신장, 간, 췌장 및 각막의 이식에는 주요 공급원이 된다. 이는 정확히 언

경우 95%였다(cf. *Newsweek*, Sept. 12, 1988, p.46).

39) 의사들은 오랫동안, 예컨대 돼지 심장의 판막과 호르몬을 사람에게 사용해 왔다.

40) "뼈 은행"(bone banks)은 일반적으로 수술 중에 제거한 뼈로 구성되며, "피부 은행"(skin banks)은 유일한 공급처는 아니지만 사체를 주요 공급원으로 삼는다.

제 사람이 사망한 것으로 간주할지에 대한 의문을 제기하게 한다. 이 질문은 뇌 기능이 멈춘 후에도 다양한 기계로 사람의 식물적 생명이 유지될 수 있기에, 오늘날 특별히 시급한 것이 되었다. 일차적으로 이 현안을 결정하는 것은 의사들의 권한에 달려 있다. 그들은 일반적으로 뇌 활동의 기능이 완전하고 돌이킬 수 없음이 임상적으로 입증되면 사람이 사망했다는 데에 동의한다. 초기의 전문가들 간에는 인간의 사고 과정을 지배하는 상위의 신피질(新皮質, neocortical) 중추(centres)만 기능을 멈추면 뇌사(腦死, brain death)가 된 것인지에 대한 논란만 있었다. 신피질 기능이 비가역적으로 상실되면 인간의 특징적 기능이 파괴된 것이라는 근거로 이 견해를 옹호한 이들이 일부 있었다. 그러나 지금은 뇌간(腦幹, brain stem)의 기능도 비가역적으로 상실되어야 한다는 더 엄격한 견해가 이제는 보통이 되었다. 비록 첫 번째 견해가 이론적으로 수용할 수 있는 것으로 보이지만, 실제로 대뇌 피질만의 비가역적 종말을 사망이라고 단정하는 것은 난관에 봉착하였으며,[41] 자발적 호흡을 유지하고 심장이 스스로 여전히 뛰고 있는 사람을 사망했다고 선언하는 것도 마음에 내키지 않는 일이다. 1981년 미국에서 제정된 "사망 결정 통일법"(Uniform Determination of Death Act)에 따르면, 뇌사의 판정기준은 뇌간을 포함한 전체 뇌의 모든 기능이 비가역적으로 상실된 상태를 말한다.[42] 따라서 인간의 사망 기준은 전체 뇌의 사망이다. 뇌사 판정기준은 이식이 예상될 때만 적용해야 한다는 점을 유의해야 한다. "만일 다른 상황이라면, 심장과 폐 기능의 비가역적 중단이라는 전통적인 임상 징후가 있을 때만이 생명유지 장치들은 제거되어야 할 것이다."[43]

---

41) 예컨대, 뇌전도(EEG)의 평평함이 청소년, 쇼크, 저체온의 경우인지 그리고 바르비투르산염 과다복용과 같은 특정 진정제가 투여된 것인지, 확실성을 제공해 주지는 않는다.
42) *Journal of the American Medical Association*, 246(1981), p.2185.
43) O'Rourke / Brodeur, *Medical Ethics*, vol. I, *op.cit.*, p.133.

사망자의 장기를 이식하기 전에 사망 확인이 완전히 보장될 수 있도록 세계의학협회와 많은 국가의 의사 단체들은, 장기 이식과 관련된 경우에 사망이 일어났음을 두 명 이상의 의사가 결정해야 한다는 것과 사망 시점을 판정한 의사는 어떤 경우에도 이식 수행에 직접 관여되지 않아야 한다는 것, 두 원칙에 동의하였다. 또 다른 문제는 이식에 대한 기증자나 그 대리인의 필수적 동의에 관한 것이다. 일부 국가는 포괄적인 동의 모델을 채택하고 있다(예: 독일이나 스위스). 기증자가 동의한 경우, 의사가 정보를 제공한 후 친척이 거부하지 않다면, 장기 적출이 가능하다. 또 다른 국가들은 명확한 반대 모델(contradiction model)을 채택했다(예: 벨기에, 프랑스, 오스트리아, 스페인).[44] 즉 장기 적출이 불법이 되는 경우는 오직 사망자가 거부 의사를 (문서나 구두로) 표현했을 때뿐이며, 간혹 친척들이 거부 의사를 표명했을 때도 불법이 된다.

가장 논란이 되는 것은 **이식 목적을 위해 낙태되는 태아를 착취**(exploitation)하는 것이다. 일반적인 기계식 흡입으로는 활용 가능한 부위들을 많이 얻어 내지 못하기에, 따라서 손으로 천천히 적출하는 방식이 선호된다. 이때 질병 전염을 막기 위해서는 수술 전에 철저한 검사가 이루어져야 한다. 게다가 치료를 위해서는 때때로 여러 태아가 필요하다. 예컨대 파킨슨 환자가 뇌에 주사 한 번을 맞으려면, 6~9주의 배아가 4~10개 필요하다. 이는 낙태 수술의 시기를 조정해야 한다는 것을 의미한다. 낙태 옹호론자들은 어차피 낙태되는 태아의 귀중한 생체 부위들을 그냥 버리지 않고 의미 있게 활용할 수 있다고 즉각

44) 모순 모델에 대하여 제기되는 반론은 사망자가 반대 의사를 명시적으로 선언하지 않았다고 해서 장기 이식에 동의했다고 결론 내릴 수는 없다는 것이다. 이탈리아법(1997)은 이 모델을 수정하여 법적 연령에 도달한 모든 시민에게 적절한 시기에 사망 시 장기 이식에 대한 동의가 전제된다는 사실을 알려야 하며, 명백히 반대 의사를 표명하지 않는 한 이식에 동의한 것으로 간주한다.

주장한다. 그러나 도덕적으로 배격할 만한 낙태 수술에서 부가적 이익을 뽑아낸다는 사실과는 별개로, 이렇게 활용함으로써 착취할 목적으로 태아를 생산하려는 경향이 곧 생길 수 있다. 임신과 초기의 인간 생명이 경제적 생산 공정으로 전용되는 것이다. 이와 함께 매매가 진행되면, 지금까지 발생한 낙태를 착취하는 것만이 아니라 오히려 낙태를 더 증가시킬 것이다. 이러한 시술은 아직 실험 단계에 있으며, 지금까지 확실한 치료 효과는 입증된 바 없다. 그러나 설령 이러한 치료가 효과를 낳는다고 해도, 이것이 과연 정당화될 것인가? 태어나지 않는 한 명 또는 그 이상의 태아를 희생시키면서까지 치료받고 싶을까? 이러한 방식으로 치유를 받으려는 사람은 누구나 스스로에게 던질 어려운 질문인 것이다.

살아 있는 사람으로부터 또 다른 사람에게 조직이나 장기를 이식하는 것(생체 간의 장기 이식)은 기증자의 몸에 심각한 해를 끼치지 않는 한, 허용된다. 여기에는 수혈, 피부 이식 및 골수 이전과 같이 소량의 유기물 이식도 포함한다(의학계는 피, 피부 및 골수도 장기로 간주). 주요한 장기 이식에 적합한 것은 신장과 간이다. 사람에게는 신장이 두 개이고 하나만으로도 완전한 기능을 할 수 있기에, 다른 하나는 제공이 가능하다. 살아 있는 기증자로부터 간의 일부를 이식해도 관련된 손상은 없다. 간은 단시간에 재생이 가능한 유일한 장기이다. 자기 이웃의 선익은 대부분에게 자신의 실제 삶에서 아주 높은 선익이며, 기증은 원칙적으로 모두 정당화된다. 물론 요구되는 희생이 더 중요할수록 이식을 수행하는 이유도 더 중요해야 한다. 이식은 선한 의료적 기술에 반하지 않는다면, 수행될 수 있다.

하지만 고통받는 동료를 위해 신장 기증을 하는 그런 희생은 일반적인 애덕 의무가 아니라는 점에 유의할 것이다. 이는 영웅적인 것이며 따라서 완전히 자유롭게 선택하는 그리스도교적 사랑의 행위라고 간주해야 한다. 이런 이유로 기증자의 동의는 완전한 자유 의지와 지식을 바탕으로 이루어져야 한다. 장기기증의 수혜자가 특히 형제, 자매 또는 가까운 친척일수록, 잠재적인 기증자에게 과도한 압력을 가하지 않도록 모든 노력을 기울여야 한다. 미성년자가 장기 기증자가 되는 것에 대해 성인이든 아동이든 유효한 동의를 제공할 수 있는지에 대해서는 중대한 논의가 제기되며, 이에 대한 대답은 부정적이라는 견해가 지배적이다. 따라서 이 경우에, 예컨대 미성년인 일란성 쌍둥이 간의 신장 이식은 적법하지 않다. 동의 가능한 연령을 징집 연령이나 보편적인 참정권 연령으로 삼는다면, 어느 정도는 난처함이 덜 할 것이다.

사망한 기증자로부터의 신장 이식이 가능해짐에 따라, 의학계에서는 생존한 기증자의 신장 이식을 점차 대체해 보고자 노력을 기울여왔다. 하지만 한동안은 생존한 친척의 신장 이식을 다시 장려하는 추세가 나타나고 있다. 이러한 생존 기증자 이식이 권장되는 이유는 이식의 성공률이 상대적으로 훨씬 높기 때문이다. 게다가 사망한 기증자에게 얻는 장기의 수보다 이식의 대기자가 항상 훨씬 많다. 이러한 불균형은 금전적 보상을 대가로 신장뿐만 아니라 피부나 혈액을 생존 기증자로부터 구매하는 관행으로 이어졌다. 이런 생존 기증자는 오히려 개발도상국의 가난한 사람 중에서 더 쉽게 발견된다. 따라서 아버지는 중병에 걸린 어린 딸에게 신장을 기증하는 대가로 그 기증자에게 기꺼이 돈을 지불할 의향을 품게 된다. 비록 기증자가 보상을 바라고 그렇게 하더라도, 그는 실제로 소녀의 생명도 구하고 동시에 자신과 가족도 새로운 경제적 삶을 위한 금전적 수단을 얻게 된다. 어느 한쪽이 무책임한 행동을 했다고 비난하기는 어렵다. 문제는, 인간의 “여분 부위”(spare parts)를 대상으로 한 실제 거래가 성행하게 될 위험이며, 이를 뒤따라 발전할 각종 암거래 흥정과 착취 행위는 다른 어느 경우보다도 깊은 혐오감을 불러일으킨다는 점이다. 이를 방지하고자 일부 국가에서는 유료 기증자의 이식을 전면 금지시키고 오직 이타적 이유만으로 이식을 허용한다. 그렇지 않으면 기증자와 수혜자의 암거래가 발생하며 이로 인해 다양한 의료적 위험이 초래될 것이기에, 정부는 모든 무연고(unrelated) 기증에 대해서 엄격한 감시와 심사 절차를 규정해야 한다. 생존한 기증자로부터의 각막 이식은 반드시 금지되어야 한다. 왜냐하면 그것이 기증자의 생리적 구조에 회복 불가능한 손상을 주기 때문이며, 비록 이식 성공률이 절반에 불과하더라도 사망한 기증자로부터 이식이 가능하기 때문이다.[45)]

가톨릭의 가르침에 따르면, 대부분의 이식은 특수 치료이며 따라서 의무 사항이 아니다. 특히 심장, 폐, 간의 이식 등은 부담과 비용이 매우 높으며, 수술을 행하는 데 필요한 의료적 노력도 엄청나다. "교회 전통에 따르면, 어쨌든 비싼 비용은 특정한 치료법을 의도적으로 중단할 근거가 된다."[46)] 지상의 삶에는 늘 한계가 있으며, 그리고 신자들은 죽음을 하느님에로의 회귀라고 본다. "무제한적인 장기 이식을 주장하고 전파하는 것은 오히려 이 세상의 삶이라는 한 장의 카드에다 모든 것을 거는 가치관을 드러내는 것이다. 그 너머에 아무것도 희망할 것이 없기에 가능한 모든 수단을 동원해 그 기간을 최대한 연장하려는 표현일 뿐이다. 그리스도인은 모든 이식을 불신으로 대해서도 안 되지만, 어떤 대가를 치르더라도 살아 보려는 추세에 대해 지지할 수는 없다."[47)]

---

45) 1990년 7월 31일자 『인디아투데이』(*India Today*) 보도(Raj Chengappa, "The Organ Bazaar", pp.30~37)에 따르면, 1985년 500개였던 살아 있는 기증자의 신장이 늘어 매년 2,000개 이상 인도에서 판매되는 것으로 추정된다. 신장 한 개당 가격은 30,000루피(당시 1,500달러), 피부 1제곱인치당 300루피(15달러), 각막 한 개당 80,000루피(2,150달러)였다. 혈액 은행의 매출액은 연간 1,000만 루피(약 5백만 리터)를 돌파했다.

46) Hans / Rotter, *Die Wurde des Lebens*, Innsbruck: Tyrolia, 1987, p.68.

2) **단종**(sterilization)**과 거세**(castration)

단종이라는 용어는 흔히 생식 능력을 박탈하는 일체의 절단 시술이라는 넓은 의미로 사용된다. 하지만 더 정확하게는 단종은 생식선을 그대로 둔 채 특정 외과 수술로 〔예컨대 난관의 결찰(ligation) 또는 절단, 정관 수술(vasectomy)로〕 또는 약물로 생식 기능을 그저 억제시키는 의료적 개입만을 포함한다. 반면에 거세는 생식선(reproductive glands)을 〔예컨대 남성의 경우 고환(testicles)과 여성의 경우 난소(ovaries)를〕 제거하거나 파괴하는 것이다. 여성의 자궁 전체를 제거하는 것은 자궁 제거술(hysterectomy)이라고 한다.

단종이나 거세는 외과적 또는 약물적 치료의 일차적이고 직접적인 수단으로 그리고 이어진 결과로 사람에게 불임과 유익이 발생하는 경우, 직접적인 것이다. 반면 치료가 일차적으로 병리적 상태를 제거하거나 감소시키는 데 목적이 있고 불임은 이차적이고 부수적인 결과인 경우, 간접적인 것이다.

불임과 거세는 일종의 절단이다. 이는 출산을 목적으로 한 신체의 기능과 기관을 박탈하는 것이며 또한 그 사람의 독특한 생리적·심리적 특성에도 확실한 영향을 끼치는 것이다. 이런 기능과 기관은 임의로 억제하거나 파괴해서는 안 되는 것이며, 충분히 중대한 이유가 있어야만 그럴 수 있다. 도덕신학의 전통에 따르면, 그러한 이유는 절단되는 사람의 신체적 건강 때문이어야만 한다. 거세는 단종보다 더욱 과격한 절단 행위이기에 그것이 정당화되려면 단종보다 더 중대한 이유가 요구된다.

전통적인 가톨릭 도덕신학에 따르면, 단종과 거세는 허용되는 경우는 (1) 심각한 병리적 상태를 치료, 완화 또는 예방을 위해 그것이 즉각적이고 직접적일 때, (2) 더 간단한 치료법을 합리적으로는 이용할

47) H. Weber, *Spezielle Moraltheologie*, Graz: Styria, 1999, p.176.

수 없을 때이다. 성기 자체가 병에 걸렸거나 다른 신체 부위에 질병을 일으키는 생리적 원인일 경우라야 한다. 따라서 난소의 제거나 방사선 조사(irradiation)는 유방암이나 난소로 인한 궤양을 치료하는 경우, 허용된다. 그러나 불임이나 거세는 추가 임신을 두려워는 여성의 심리적 장애를 치료하려는 경우, 허용되지 않는다. 이러한 경우의 시술은 출산 기능은 직접적으로 억제하지만 질병 치료는 그저 간접적일 뿐이다. 따라서 이는 부적법한 직접적 단종 행위가 된다.

여성은 자궁이 질병의 심각한 원인을 제공할 경우, 자궁을 보존하기 위해 — 재정적이고 신체적이며 심리학적으로 — 아주 지독한 고초를 겪을 필요가 없다. 자궁을 불필요하게 제거하는 경우가 빈번하지만, 그럼에도 그러한 수술이 필요한 경우도 있다. 예컨대, 월경이 정기적으로 10일에서 15일간이나 지속되고 그 기간에는 큰 고통을 겪으며 출혈이 심해 일에 지장을 받는 여성의 경우, 이에 해당한다. 다른 덜 과격한 치료법이 모두 실패한 경우, 그녀가 정상적인 생활을 하도록 돕기 위해 자궁 제거는 가능하다.

논란의 대상은 여러 번의 제왕절개로 인해 심하게 손상된 자궁의 경우이다. 자궁벽이 약해졌고 더 이상의 임신은 심각한 위험이 초래되기 때문이다. 이러한 자궁을 제거할 수 있는지에 대한 논란은 이미 1950년대에 있었다. 몇몇 저자는 자궁 제거를 반대했는데, 자궁 자체는 다른 임신이 없는 한 당사자에게 위험을 초래하지 않으며 이러한 위험은 금욕으로 피할 수 있다고 생각했기 때문이다. 하지만 다른 저자들은 자궁 제거가 가능하다는 견해를 가졌고 — 지금은 이 견해가 보편화되었는데 — 그 자궁은 병들고 쓸모없는 장기가 되었기 때문이다. 장기는 본질적으로 멈추어 있는 것이 아니라 기능을 해야 한다. 더 이상 임신할 수 없도록 손상된 자궁은 기능이 없어진 것이다. 따라서 건강상의 이유로 제거하도록 권고를 받을 경우, 보존할 의무는 없다. 그리하여 이것은 자궁 제거술 대신에 간단한 단종 시술이 — 비록 이 경우에는 직접적인 단종 수술이 되긴 하지만 — 허용되는지에 대한 추가 질문으로 이어졌다. 이것이 덜 과감한 방법이고 어차피 자궁 제거술과 연결된 것이기 때문이다. 일부 신학자들은 이런 시술이 여성 건강에는 위험이 적기 때문에 허용해야 한다는 결론에 도달했다.[48] 하지만 이러한 결론에 대해 1994년 신앙교리성은 이렇게 배격하였다. 즉 논의된 이 사례에 있어서 단종과 그리고 손상된 자궁 제거 모두는 허용 불가한 것으로 기울어졌다.[49]

다시 임신하게 될 경우 그 여자에게는 치명적일 수 있고 따라서 가장 안전한 예방 수단으로서 단종이 권장될 수 있는 또 다른 질병의 사례들이 여전히 있다. 이러한 의학적 적응증에는 신장과 심장의 특정 질환들이 있다. 지금껏 논의된 사례들과 대비하여, 이 경우의 생식 기관은 병리학적 영향을 받지도 않고 질병을 유발하지도 않는다. 심장 질환은 생식 기관에 의해 조절되지도 않고 그래서 억제하거나 제거함으로써 치료될 수도 없다. 따라서 이러한 상태의 여성에 대한 단종은 직접적인 단종이라고 간주해야 한다. 그리고 가톨릭 도덕신학의 전통적 원칙에 따르면, 이는 허용 가능한 것이 아니다.

의도된 악한 효과들에 있어서 직접적인 것과 간접적인 것을 구별과 관련된 문제점은 『그리스도교 윤리학: 제1권 기초 도덕신학』의 제5장 "5.4. 선택의 규칙들과 더 작은 악의 문제점"에서 논의한 바 있다. 거기에서 볼 수 있다. 일부 저자는 생식 기관의 온전성(integrity)이라는 가치가 직접적인 불임수술을 절대 허용할 수 없을 정도로 높은

48) 이 결론은 다음에서 도출되었다. E. Tessen, "Discussion morale", *Cahiers Laennec* 24(June 1964), pp.69f; Thomas J. O'Donnell, *Medicine and Christian Morality*, New York: Alba House, 1976, pp.132~4. 물론 직접적인 단종 금지에 있어서 예외를 인정하는 모든 저자들도 이러한 결론을 유추할 수 있다.

49) Responsa ad proposita dubia *Utrum liceat ablatio* circa "interclusionem uteri" et alias quaestiones, *AAS* 86(1994), pp.820~821; English text *Origins* 24(1994), pp.21lf.

것이 아니라고 주장한다. 가톨릭 도덕신학에서 그 자체로 절대적이며 유일한 가치는 최고 계명인 사랑이며, 이는 하느님의 영광, 그 나라의 촉진 및 창조 계획의 성취를 목표로 삼는다. 다른 절대적 가치나 주장이 존재한다면, 그것의 유일한 이유는 이들 가치를 보존하려는 것이며 하느님 사랑과 이웃 사랑이라는 핵심 계명이 언제나 무조건적으로 요구하는 것들이기 때문이다. 하지만 생식 기관의 온전성이 그러한 가치를 지닌 것은 아닌 것 같다. 따라서 직접적인 단종이 예외 없이 사랑의 계명에 반하며 하느님의 영광과 그 나라의 촉진에 반하는 범죄라고 말할 수 없다. 이와 비슷한 사례에서 직접적인 단종이 허용될 만하다고 여기는 저자들에는 매코믹(R. McCormick), 헤링(B. Häring), 로보(G. Lobo), 데덱(J. Dedek), 고로페(V. Gorospe), 키아바치(E. Chiavacci), 와티오(H. Wattiaux), 로시(L. Rossi), 데머(K. Demmer), 제노바시(V. Genovesi), 스포켄(P. Sporken), 그륀델(J. Gründel), 뵈클레(F. Böck- le), 쇼켄호프(E. Schockenhoff), 베버(H. Weber) 및 후놀드(G. Hunold) 등이 있다.50)

---

50) 예방적 치료라는 이유로, 그리고 이후의 다음 저자들 대부분은 우생학적 동기와 산아 제한이 필요한 절박한 상황에서는 최후의 수단(ultima ratio)으로서 불임수술은 적법한 것으로 간주한다. R.A. McCormick, "Medico-Moral Opinions: Vasectomy and Sterilization", *Linacre Quarterly* 38(1971), p.10; B. Häring, *Medical Ethics*, 31991, pp.84f; G. Lobo, *Current Problems in Medical Ethics*, Allahabad: St. Paul Society, 1974, pp. 143~5; J.F. Dedek, *Contemporary Medical Ethics*, New York: Sheed and Ward, 1975, pp.72~76; Vitaliano R. Gorospe, ed., *Freedom and Philippine Population Control*, Quezon City: New Day Publishers, 1976, pp.30f; Enrico Chiavacci, *Morale della vita-fisica*, Bologna: EDB, 1976, pp.73f; Henri Wattiaux, *Génétique et fécondité humaines*, Louvain-la-Neuve: Faculté de Théologie, 1986, pp.15~17; Leandro Rossi, "Sterilità (e sterilizzazione)", *Dizionario enciclopedico di teologia morale*, Roma, 71987, pp.1059f; Klaus Demmer, *Leben in Menschenhand*, Freiburg: Herder, 1987, pp.136f; V. Genovesi, *In Pursuit of Love*, Dublin: Gill and Macmillan, 1987, p.386; Paul Sporken, *Die Sorge um den kranken Menschen*, Düsseldorf: Patmos, 41988, p.179; J. Grundel, "Sterilisation", *Lexikon Medizin Ethik Recht*, ed. by A. Eser et al., Freiburg: Herder, 1989, p.1104 & p.1107; F. Böckle in *Handbuch der christlichen Ethik*, vol. 2, ed. by A. Hertz et al., Freiburg: Herder, 21993, pp.46~53; E. Schockenhoff, *Ethik des Lebens*, Mainz: Grünewald, 1993, p.377; H. Weber, *Spezielle*

반면에 가톨릭 도덕신학의 전통적 원칙에 따르자면, 직접적인 단종은 결코 허용 가능한 것이 아니다. 인간은 자기 몸의 주인이 아니고 그저 관리인이기에, 자기 장기를 마음 내키는 대로 처분할 수는 없다. 인간의 기관들이 지닌 본래의 목적을 존중해야 하며, 그 기관에 영향을 끼쳐 건강을 해치는 병적 상태에 처한 경우에만 그 기관을 억제시킬 수 있다. 1975년 교황청 신앙교리성의 답변은 교도권과 특히 비오 12세의 선언들을 인용하면서 무조건 금지해야 할 것이 모든 직접적 단종이라고 하였고, 이를 배격하였다. 그 단종은 생식 기관을 출산에 부적합하게 만드는 직접적 목적과 즉각적 효과를 바라는 한, 내재적으로 악한 것으로 간주해야 한다.[51]

특별한 것은 강간의 위협에 처한 여자들의 문제였다. 1960년 벨기에령의 콩고 봉기 때 수녀들과 다른 여자들이 강요된 임신을 피하며 자신을 보호하고자 불임약(sterilizing pills)을 복용하기로 한 결정 때문이었다. 신앙교리성과 그 측근인 로마 신학자 몇몇 즉 팔라치니(Palazzini), 허스(Hurth), 람브루치니(Lambruschini), 잘바(Zalba)는 합법적인 자기 방위(self-defence)의 이유로 불임약 복용은 정당화된다고 판단했다.[52] 성폭력을 거스른 자기 방위에서와 마찬가지로 공격자를 피하기 위해 얼굴을 할퀴는 것이 정당화되는 것처럼, 폭력의 결과를 피하기 위한 일시적인 불임도 정당화된다는 것이다. 많은 저자가 이 권리를 남편에 의한 성폭력에 노출되는 아내가 정당하게 동의를 거부하는 때

Moraltheologie, 1999, p.360; G. Hunold, "Sterilisation, III. Theologisch-ethisch", *Lexikon für Theol. und Kirche*, Frei- burg, 2000, pp.988f.

51) Responsum *Quaecumque sterilizatio* of 13 March 1975(*AAS* 68, 1976, pp.738~740).

52) 처음 세 저자의 선언들은 다음에서 확인할 수 있다. *Studi cattolici*, nr. 27, 1961: P. Palazzini pp.63f, F. Hurth pp.64~7, F. Lambruschini pp.68~72. M. 잘바의 경우는 *Rassegna di teologia* 9(1968), pp.225~237에서 해당 논설을 참조하라. 이 논설의 번역은 *Linacre Quarterly* 52(1985), pp.218~237에 수록되었다.

에 강요된 성적 관계의 경우에도 확대하여 적용시킨다. 이러한 경우 아일랜드 주교회의는 "아내가 반임약(反姙藥, contraceptives)에 의지하는 것은 성교는 자유롭게 해야 한다는 점을 전제한 것이기에, 도덕적 의미에서 단종으로 볼 수는 없다"고 결론지었다.[53] 이 견해에 동의하는 저자들은 푹스(J. Fuchs), 피터스(H. Peeters), 헤링(B. Häring), 비서(J. Visser), 잘바(M. Zalba), 데릭(C. Derrick), 귄터(A. Günthör), 드 마저리(B. de Margerie), 바이엘(E. Bayer),[54] 그리고 피에그사(J. Piegsa)이다.[55] 그 근거는 타당해 보이며 여자가 이를 따르는 것도 적법하다.

논란이 되는 문제는 국가가 성범죄 예방을 위해 치료적 형벌로 거세를 부과할 수 있는지 여부이다. 1940년 성청의 일반적인 금지는 비오 12세가 나중에 명시했듯이, 무죄한 이의 단종에만 해당된다.[56] 형벌로서 장기간의 자유 박탈이 적법한 것이라면, 적어도 비행 당사자가 동의한다면, 이 경우에 거세라는 대안도 정당성이 없는 것은 아닐 것이다.

이러한 맥락에서 볼 때, 남성으로서 성별의 형태(phenotype)를 여성의 것과 비슷하게 또는 그와 반대로도 변경시키는 수술로서 성별의 재지정(sexual reassignment)도 여기에 속한다. 일부 의사들은 성별의 재지정이 성역(gender)에 대한 혐오감(dysphoria) 증후군이라 불리는, 이

---

53) E.J. Bayer, *Rape within Marriage*, Lanham: Univ. Press of America, 1985, pp.121f에서 인용함. Cf. *America*, Feb. 7, 1981, p.89. 주교들은 "이런 상황에서 의사나 약사가 반임약(contraceptive)을 제공하도록 협력하게 되는데 〔물론 사실상의 낙태약(abortifacient in disguise)이 아니라는 전제하에〕 도덕적 반대는 없을 것이다"라고 덧붙인다.

54) E.J. Bayer, *op.cit.*, pp.83~102, 126.

55) *Der Mensch - das moralische Lebewesen Ill*, St. Ottilien, 1998, pp.218f. 이러한 고려를 근거로 피에그사(J. Piegsa)는 정신 장애인을 다른 효과적 방법으로 보호할 수 없는 경우, 단종을 허용할 수 있다고 본다. 이 결론은 동의할 가치가 있다.

56) *DS* 3788(Decree of the Holy Office); *AAS* 43(1951), pp.843f; *AAS* 45(1953), p.606 (비오 12세).

유도 모르고 고통을 겪는 질환을 다루는 데 도움이 될 수 있다고 믿는다. 이 질환은 자기의 성적 역할에 의한 큰 불행감과 자신의 실제 성별이 반대되는 성역이라고 보는 강박관념의 특징을 이룬다. 성별의 재지정에는 남성의 경우 거세와 모조의 질 형성이 포함되고, 여성의 경우 유방절제, 자궁절제, 때로는 모조의 음경 형성이 포함된다. 호르몬 치료와 심리치료도 병행된다.

이러한 병리학적이고 생물학적인 원인은 밝혀지지 않았다. "현재로서는 생물학적 소인을 일부 인정할 수도 있겠지만 결정적인 원인은 심리 발달의 정도에 가능성이 더 높다."[57] 외과적 수술은 실제로 고통받는 사람의 문제점을 해결하지도 못하고 성별의 정상 상태에 도달할 수 있게 해 주지도 않는다. 도덕신학은 심인성 불안감을 완화하고자 인간의 기본 기능을 파괴하는 것에 동의할 수 없다. 그리고 이러한 시술은 — 예상한 것처럼 — 최종적으로 완화시켜 주지는 못하기에 더욱더 동의할 수 없다. 치료법은 보통 짐스러운 불안감을 덜어 줄 수 있는 심리치료와 개인 상담의 형태를 취해야 할 것이다.

3) 이상 임신의 사례에 대한 수술들

여기서 논할 치료는 태어나기 전의 아이에 대한 수술이거나, 태아나 아직 태어나지 않은 아이의 죽음이 개연적으로 또는 확실히 일어날 어머니에 대한 수술이다. 이는 간접적인 방식의 수술만을 말한다. 직접적인 치료 낙태의 문제는 나중에 낙태에 관한 부문에서 다룰 것이다. 다행히 의학의 발전으로 치료적 낙태나 태아를 직접 살해할 필요가 있는 경우가 아주 크게 줄었다. 많은 경우 제왕절개를 통해 도움을 받을 수 있으며, 현재는 비교적 안전한 수술이 되었다.[58]

---

57) O'Rourke / Brodeur, *Medical Ethics*, vol. I, *op.cit.*, p.112.
58) 그렇지만 이러한 개입은 실제로 필요한 경우가 아니면, 수행해서는 안 된다. 첫 번째

일반 원칙으로서 이중 결과의 원칙에 따르면,[59] 바라지 않은 간접적 결과로 아이가 죽을 위험을 개연적으로나 확실하게 초래하는 의료 개입은 임신부의 생명을 위협하는 위험하고 병적인 상태의 경우, 허용된다. 따라서 암에 걸린 임신부의 자궁을 외과적으로 제거하는 수술은 태아의 사망도 포함되지만, 허용될 수 있다. 그러나 임신부와 태아를 모두 구할 수 있는 다른 방법은 없다는 것이 확인되어야 한다. 이는 그러한 수술의 허용을 위한 명백한 전제 조건이다. 이러한 외과적 개입 중 몇몇은 다음에서 논하고자 한다.

(1) **태아의 생존 가능 시기 이전의 임신 중 자궁 출혈**: 이 경우의 출혈은 일반적으로 태아가 있는 자궁을 비우거나 자궁 수축을 시킴으로써 출혈을 억제하는 맥각 지혈제(ergot preparations)를 투여하여 치료한다. 이런 치료는 임신부의 생명이 절박한 위험에 처해 있고 태아의 생명도 구할 수 없게 되는 과다 출혈일 때만 적용된다. 중간 정도의 출혈에 대한 기본 치료는 침상에서의 안정과 진정제 제공이다.

과다 출혈이 있는 경우에 의사는 태아가 이미 사망했거나 태반이 이미 자궁벽에서 완전히 분리되었다고 믿을 충분한 이유가 있을 경우, 자궁을 비울 수 있다. 그러나 태아가 아직 살아 있고 태반이 아직 자궁벽에 붙어 있을 경우, 가톨릭 도덕신학의 전통적 가르침에 따르면, 자궁을 비우는 것만을 직접 목적으로 삼는 것은 허용되지 않는다. 왜냐하면 이는 직접 낙태에 해당하기 때문이다. 하지만 의사들은 장기간 과다 출혈로 무조건 태아가 죽었다고 단정적으로 추정하지는 말아야 한다.

과다 출혈을 막고자 맥각 지혈제를 사용하는 경우, 자궁이 수축됨

의 제왕절개 분만은 향후의 분만도 제왕절개로 해야 할 개연성이 높다.

59) See *Christian Ethics I*, Alcester, 1997, pp.267~269.

으로써 결과적으로 혈관이 막히거나 태반이 분리될 수도 있다. 그렇지만 맥각 지혈제는 태아를 배출함으로써 출혈을 멈추게 하려는 것이 아니라, 태아의 유무와는 관계없이 자궁 수축을 시킴으로써 출혈을 멈추게 하려는 것이 목적이다. 따라서 이런 치료가 낙태와 관련된다면, 이는 간접적인 것일 뿐이기에, 허용된다. 또한 맥각 지혈제는 다량으로 투여하지 않는 한 단단히 붙어 있는 태아를 분리시키지 않는다는 점도 알아 두어야 한다.

(2) **난관과 난소의 이소성**(異所性, ectopic) **임신**: 때때로 나팔관이나 난소 안에서 임신하게 된다. 이런 상태로는 태아의 생존은 불가능하다.[60]

난관 파열로 인한 출혈을 막고자 임신부의 동맥을 결찰하고 난관을 제거하는 것은 도덕적으로 정당하다는 것에 신학자들은 동의한다. 이 경우 태아가 생명을 잃는 것은 — 실제로 태아가 아직 죽은 것이 아니라고 하더라도 — 신체의 위험한 부분을 제거하고 출혈을 막고자 고안된 시술의 간접적인 효과일 뿐이다.

의학 연구가 난관의 혈관이 지속적으로 붕괴되어 출혈이 발생하기 전에 난관이 이미 병이 들었음을 보여 줄 때, 보통 신학자들은 실제로 파열이 된 난관은 제거할 수 있다고 판단한다. 이 경우 수술의 직접적인 대상은 태아를 제거하는 행위가 아니라 난관의 혈관 붕괴에 내재된 위험을 예방하는 행위인 것이다. 이는 안전한 견해로서, 따를

60) 지난 수십 년 이소성 임신, 특히 난관 임신의 발생률이 아주 증가했다. 미국에서는 1970년에 15~44세 여성의 자궁 외 임신이 17,800건이 보고되었고, 1980년에는 이 수치가 52,000건에 달했으며, 1990년에는 약 60건 중 1건이 이소성 임신으로 추산되었다. 그 원인에는 성병 특히 골반 염증성 질환의 증가, 난관 절제술, 자궁-내-장치, 프로게스테론 피임약, 체외 수정 등이 있다(cf. William E. May, "The management of ectopic pregnancies: a moral analysis", in *The Fetal Tissue Issue*, ed. by P.J. Cataldo / A.S. Moraczewski. Braintree, Mass.: The Pope John Center, 1994, p.123).

수 있다.

일부 의사는 여자의 생식력을 보존하고자 난관이 파열되기 훨씬 전에 난관에 임신된 태아의 적출을 옹호한다. 하지만 다른 의사들은 이 시술의 타당성을 위해서는 더 많은 임상 자료가 필요하다고 주장한다. 이 시술이 시행된다면, 비록 치료적인 것이긴 하지만, 명백히 직접적 낙태가 된다. 따라서 이 시술의 적법성은 일반적으로 치료 낙태가 허용되느냐에 달려 있다. 이 역시 논란의 여지가 있는 사안이므로, 나중에 자세히 살펴볼 것이다.

(3) **복부의 이소성 임신**: 드물게 이소성 태아가 복강(腹腔, abdominal cavity)으로 들어가 임산부의 장(腸, intestine)에 붙는 경우가 생길 수 있다. 이 태아는 발견되는 대로 언제든지 임신 중절이 허용되는가?

심각한 이유로 태아가 최소한의 생존력을 갖추자마자 적출할 수는 있지만, 일반적으로 거의 만삭까지 기다리는 것이 훨씬 더 안전하다고 의료 전문가들은 판단한다. 단순히 복강에서 발견되었다는 이유만으로 생존 불가능한 태아를 제거하는 것은 허용되지 않는다. 이는 불법적인 직접 낙태가 되기 때문이다. 반면에 임신부의 장이 이미 손상되었고 생명을 구하기 위해 긴급한 치료가 필요하다면, 비록 그 과정에서 태아가 죽더라도, 손상된 장을 치료할 수 있다. 또한 임신부가 피를 흘리는 경우, 출혈을 막고자 필요한 임신부의 혈관 결찰은 이런 시술이 태아에게 혈액 공급을 차단하더라도, 허용된다. 이 두 사례에서의 임신 중절은 간접 낙태로 간주된다.

4) 인공수정(artificial insemination)과 시험관 수태(IVF)

(1) **인공수정**은 자연적인 성교가 아닌, 예컨대 정자 이동에 사용되는 주사기와 같이, 기계적이고 인공적인 보조기구를 이용한 수정을

말한다. 정자를 남편이 아닌 (일반적으로는 익명의) 다른 기증자로부터 얻은 경우, 비배우자간(heterologous) 수정이라고 하고 남편에게서 얻은 경우, 부부간(homologous) 수정이라고 부른다.

필요에 의해 미혼녀가 비배우자간 수정을 할 경우, 그 아이는 시작부터 가족과 아버지를 박탈당한다는 것을 함축한다. 그런 상황은 그 아이에게는 영구히 결손이 되는 것이며, 이 사례에서처럼 의도적으로 초래된 경우, 그 어린 인간에게는 불의를 당한 것이 된다. 따라서 도덕신학자들은 이런 수정을 도덕적으로 용납할 수 없는 것으로 간주한다. 여자 동성애 커플이 인공수정을 요청할 때는 건강하고 정상적인 가정에서 자랄 아이의 권리도 명확하게 고려해야 한다. 이러한 환경에서 출산은 영아의 자연적 권리를 심각하게 침해한 것이다.

반면에, 혼인 중에 비배우자간 수정을 할 경우, 아이는 정상적인 가정에서 태어난 것이 된다. 기증자를 모르기 때문에 가정의 안정을 위협할 수 있는 여자의 정서적 어려움도 생기지 않는다. 정상적으로는 남편의 동의하에 수정이 이루어지며, 이 동의는 아이를 받아들이겠다는 수락을 기본적으로 보장해 준다. 이런 식으로 논리를 전개하며 아이가 없는 부부는 자녀라는 축복을 갖고자 행복을 찾으려고 한다. 남편도 이러한 행복에 참여하게 된다. 남자에게는 생물학적 아버지가 되는 것을 생각하기보다는 심리학적 아버지가 되는 체험이 더욱 중요하기 때문이다. 그렇지만 처음에 동의한 남편이 나중에 아이에 대한 반대의 감정을 품게 될 위험이 있음을 무시할 수 없다. 사랑스러운 남편이 아기에게 정을 주는 것을 보는 어머니는 여자로서 자라는 아기가 주는 기쁨을 얻지 못한다. 아주 부자연스러운 이유로 아이의 아버지를 전혀 모르고 있기 때문이다. 이렇게 해서 태어난 아이가 일치의 유대가 되기보다는 오히려 잠복된 분열, 불안정, 걱정의 원인이 될 위험 요소가 된다. 정자 기증자에 대한 문제도 제기되어야 한다. 참으로 책임 있는 사람이라면, 자신이 알지도 못하고 책임질 수도 없는 아이의 출산을 위해 자신의 정자를 내어 줄까? 놀랍지도 않지만, 기증자들은 대개 젊고 건강하며 아직 성숙하지 못한 사람, 아마도 대학생일 것이다. 따라서 대부분의 신학자가 비배우자 간의 수정을 허용하는 것을 어려워하며, 교회 교도권과 마찬가지로, 이를 아주 명백하게 거부한다.[61] 자녀 없는 부부가 자녀를 간절히 원한다면, 입양이며 이것이 훨씬 더 나은 해결책이다.

남편의 정자를 사용한 인공수정의 도덕적 문제는 본질적으로 다르다. "단순히 정상적 방식으로 이루어지는 자연적 행위가 그 목적을 달성하도록 용이하게 하거나 가능하게 해 주려는 특정한 인공적 방법을 사용하는 것이 반드시 금지되는 것은 아니다"(비오 12세).[62] 수정을 용이하게 하는 기술적 수단들로는 자궁경관을 통해 정자의 이동을 돕는 데 사용되는 자궁경관 숟갈 또는 정상적인 성교 후 정액을 채취한 다음 아내의 생식기 속에 더욱 깊이 넣어 주는 주사기가 있다. "인공(artificial) 수정"이라기보다는 "보조(assisted) 수정"이라 부르는 편이 낫다. 이런 방법에 대해서는 이의 제기가 없다.

가톨릭 의료윤리에서 논란이 되는 것은 남편으로부터 아내에게 수정을 위해 정자를 얻는 절차들 즉 콘돔 성교, 성교 중단, 수음, 또는 혼인 행위와는 결부되지 않는 다른 방법들이 그것이다. 실용적 관점에서 볼 때, 수음은 필요한 정자를 수집하는 가장 쉽고 가장 확실한 방법이다. 하지만 비오 12세는 "자연에 반하는 행위로 정자를 얻는" 부부간 수정 모두를 배격한다.[63] 그도 틀림없이 위의 언급된 방법들을 언급한 것이다. 신앙교리성의 훈령도 인공수정은 — 정자가 일반

61) 1949년 의료윤리에 대한 연설에서 비오 12세는 비배우자 간의 수정을 절대 용납할 수 없는 것으로 간주한다(*AAS* 41, 1949, pp.557ff).
62) *op.cit.*, p.561.
63) *op.cit*, p.561.

적으로 수음으로 얻어진다는 사실과는 별개로 — 부부 행위의 두 의미 즉 일치의 의미와 출산의 의미 간의 하느님께서 원하신 불가분의 연결성을 보장해 줄 수 없는 것이라고 지적한다.[64]

반면에, 의사들의 편에서 볼 때, 부부간 수정은 원칙상 의료적으로 책임 있는 행위로 간주된다. 정자가 남편에게서 나온 경우, 아이는 합법적 혼인의 열매로 잉태된 것이므로 따라서 합법적 아이라는 점을 인정하게 된다. 이러한 인공수정이라면, 성행위의 출산적 의미는 불만족스러운 것이 되기보다는 오히려 뒷받침이 되고 있다. 수정의 직접 목적이 아이의 잉태이기 때문이다. 그리고 남편과 아내가 서로의 사랑으로 인해 함께 아이를 원하는 것이라면, 그 성행위도 사랑의 표현으로서의 의미를 유지한다. 부부는 의심할 여지 없이 인공수정을 이러한 의미로 생각한 것일 것이다.

따라서 부부간 수정에서는 성이 지닌 이중의 목적은 보장된다. 인공수정을 위해 직접 의도해서 여자의 질 외에 사정하거나 부부 행위 없이도 사정한 것일 경우, 이는 진정한 수음이나 오나니슴(onanism), 즉 오난의 죄에서 유래한 성교 중단이나 수음과 관련된 결점을 가진 것과는 다르다(참조: 창세 38,8~10). 수음이 '외로움의 죄'(solitary sin)로 간주되어 배격될 만한 것이라고 판단할 근거는 부부간 수정의 경우에는 아무것도 없다. 얼핏 볼 때, 정자의 조달법이 수음이나 오나니슴인 것으로 보이지만, 그러나 그것들과는 본질이 다르다. 그러므로 이와 유사한 고려로 인해, 많은 가톨릭 저자들은 인공수정 금지는 오히려

64) 교황청 신앙교리성, 「생명의 선물(*Donum Vitae*): 인간 생명의 기원과 출산의 존엄성에 관한 훈령」(1987.02.22.), 『가톨릭 교회의 가르침』 62(2020), 160쪽(제2부 6항); 마찬가지로 「인간의 존엄」(*Dignitais Personae*, 2008.09.08.), 『가톨릭 교회의 가르침』 62(2020), 12항(180~181쪽). 1994년의 『가톨릭 교회 교리서』는 구별을 하지만, 원칙적으로는 같은 입장을 채택한다. "(부부간 인공수정과 수태의) 이 수법이 부부 사이에서 쓰인다면, 아마도 이 기술은 덜 비난할 만한 것이 될지는 몰라도, 그래도 마찬가지로 도덕적으로 받아들일 수 없는 것이다"(2377항).

그 행위의 본질과 도덕성에 대한 오해에서 비롯된 것이라는 결론, 이 금지를 더 이상 절대적인 형태로 고수해서는 안 된다는 결론에 이르게 되었다.65)

(2) **시험관 수태**(IVF)는 남녀의 생식세포를 체외(extra-corporeal) 용기에서 융합시키는 수정을 말한다. 여자의 난소에서 약물을 사용해 여러 개의 난자를 성숙시킨 다음, 난자를 외과적으로 꺼내어 유리 용기에서 정자와 수정시킨다. 며칠이 지난 후, 임신이 일어나길 바라며 여자의 자궁 안으로 옮긴다. 이렇게 임신된 첫 번째 아기가 1978년에 태어났다. 하지만 착상 성공률이 상당히 낮았기에 여러 번 시도해야 한 경우가 훨씬 더 많았다. 이 치료는 관련된 모든 사람, 즉 의사와 남편 그리고 무엇보다도 아내에게는 길고 힘든 여정이다. 비용도 상당하여 넉넉지 못한 계층에게는 너무 비싸다. 끝으로 호르몬에 의한 불임 치료가 여자의 건강에 미치는 이차적이고 부정적인 영향은 간과하지 말아야 한다.66)

---

65) 이것은 다음 저자들의 견해이다. R. Van Allen, “Artificial Insemination「AIH」: A Contemporary Re-analysis”, *Homiletic and Pastoral Review* 70(1969/70), pp.363~372; B. Häring, *Medical Ethics*, [3]1991, *op.cit.* pp.86f; F. Podimattam, *A Difficult Problem in Chastity: Masturbation*, Bangalore: Asian Trading Corp., [2]1973, pp.185~187; G.V. Lobo, *Current Problems in Medical Ethics*, 1974, *op.cit.*, p.152; A. Regan, “The Accidental Effect in Moral Discourse”, *Studia Moralia* 16(1978), p.118f; J.G. Ziegler, “Zeugung oder Befruchtung - moraltheologische Implikationen”, *Theologie und Glaube* 72(1982), pp.261~3; L. Leuzzi, “Il dibattito sull'inseminazione artificiale”, *Medicina e morale* 22(1982), pp.357~361. 그는 다음의 저자들도 인용한다. E. Chiavacci / A. Delepierre / M. Di Janni / L. Rossi / A. Valsecchi / M. Vidal / Alois Wolkinger, “Lebensbeginn durch Menschenhand?”, in *Lebensbeginn durch Menschenhand*, ed. by E. Bernat, Graz: Leykam, 1985, p.96; H. Wattiaux, *Génétique et fecondité humaines*, 1986, *op.cit.*, p.95; H. Rotter, *Die Wurde des Lebens*, Innsbruck: Tyrolia, 1987, pp.38~42; P. Sporken, *Die Sorge um den kranken Menschen*, [4]1988, *op.cit.*, p.184; J. Mahoney, *Bioethics and Belief*, London: Sheed & Ward, [3]1988, p.17; F. Böckle in *Readings in Moral Theology No. 7: Natural Law and Theology*, ed. by C.E. Curran / R.A. McCormick, New York: Paulist Press, 1991, pp.404~7; K. Hilpert, “Insemination”, *Lexikon der Bioethik* II, 1998, pp.313f.

66) 2005년 한 번의 IVF 시도 비용은 약 9,000달러였고 성공률은 10년 전 12%에서 25%

가톨릭 진영에서는 제삼자의 정자나 난자에 의한 비배우자 수태(heterologous fertilization)[67]를 비배우자간 인공수정(heterologous artificial insemination)만큼이나 배격해 왔다. 다만, 부부의 정자와 난자로 된 부부간 시험관 수태에 대해서만 도덕적 가능성을 논의했을 뿐이다. 많은 신학자가 이를 도덕적으로 허용할 만하다고 판단했다. 몇몇 주교들 외에도, 독일과 오스트리아 주교회의(1984/5)와 같은 일부 주교회의들에서는 이러한 시술에 대해 원칙적으로 배격하지는 않았지만 주의가 필요하다는 성명을 발표했다.[68] 정자 조달 방법에 대한 논의는 부부간 인공수정의 경우와 동일하다. 관련된 다른 의료적 단계들에 관해서는, 모든 배아가 이식되고 일부의 배아는 불필요하다는 이유로 죽게 내버려두지 않는 한, 도덕적으로 배격할 만한 것이 없는 것으로 보았다.

하지만 위에서 언급한 바티칸 훈령은 모든 인공수정을 반대하는 일관된 논리로 모든 형태의 시험관 수태를 배격한다. 즉 "그 자체로 불법이며 출산과 부부 일치의 존엄성에 반하는 것이다."[69] 왜냐하면

로 증가했다. 여자에게 호르몬 치료의 부작용은 대부분 축소되거나 무시되었다. 뼈 쇠퇴, 난소의 큰 낭종, 흉막과 복강의 물이 고일 수 있다. 혈액 구성 요소의 변화로 때때로 혈전증(thromboses)과 색전증(embolisms)이 생길 수 있다.

67) 1990년경부터 다른 여자의 난자를 불임 여성의 남편 정자로 수정시킨 후 자궁이나 나팔관에 이식하는 IVF가 벨기에, 영국, 헝가리, 이탈리아, 네덜란드, 미국 등 일부 국가에서 빈번하게 시술이 되었다. 성공률은 35% 이상이다. 독일 등 다른 국가에서는 금지되어 있다.

68) 오스트리아와 독일의 주교회의의 성명을 참조하라(*Herder Korrespondenz* 39, 1985, p.241, and 40, 1986, p.146). 로터(H. Rotter)는 "독일어권의 도덕신학자들은 놀랍게도 만장일치로 시험관 수태를 원칙적으로 도덕적 허용을 할 만한 것이라고 판단했다"고 언급한다(*Die Würde des Lebens.* Innsbruck: Tyrolia, 1987, p.38). 자녀를 얻으려는 소원을 이루고자 **최후의 수단**(*ultima ratio*)으로서의 IVF는 많은 우려에도 불구하고 오늘날에도 도덕적으로 책임 있는 행위로 간주되고 있다(G.W. Hunold / Th. Laubach, art. "Fortpflanzung/ Fortpflanzungsmedizin", in *Lexikon der Bioethik* I, Gütersloh, 1998, p.782).

69) 교황청 신앙교리성, 「생명의 선물(Donum Vitae): 인간 생명의 기원과 출산의 존엄성에 관한 훈령」(1987.02.22.), 『가톨릭 교회의 가르침』62(2020), 159쪽(제2부 5항); 이 질문에 대한 가장 중요한 주장은 회칙 「생명의 복음」(1995) 14항 그리고 「인간의 존엄」(*Dignitais Personae*, 2008.09.08.), 『가톨릭 교회의 가르침』 62(2020), 15~17항(180~181쪽)에서 반복된다.

인공수정만큼이나 시험관 수태(IVF)가 인간 수태를 목표하는 행위를 부부 행위로부터 분리시켜 버리기 때문이다.

여자의 유전적 결함으로 발생한 불임의 경우, 시험관 수태에 의한 강제적인 수태는 불임의 원인인 부모의 부정적 형질을 자녀에게 전해 줄 것이기에, 이는 사회에 바람직하지 못한 결과를 초래하고 많은 노력과 비용이 든다는 점도 고려할 문제인 것이다. 하지만 불임이 질병이나 사고로 인해 발생한 경우, 이러한 고려는 요구되지 않는다. 〔또한 세포질 내 정자 주입(intracytoplasmic sperm injection)으로 임신된 아기를 포함한〕 시험관 아이가 정상적 방식으로 임신된 아이(4%)보다 대부분의 선천적 결함(8~9%)의 영향을 두 배나 더 많이 받는다는 연구 결과도 슬픈 일이다.[70] 결국 배아 실험, 배아 조작, 배아 선택 및 "버려진" 동결 배아의 폐기 등과 같이 방법을 남용할 가능성이 심각하게 우려된다. 전체적으로 보면, 로마 바티칸에서 나온 부정적 평가에 대해서는 추가할 것이 많이 있다. "이 영역에까지 기술이 침투함으로써 치러야 할 대가는 너무나 커 보인다. (…) 이러한 시술은, 자녀가 없는 슬픔을 해소하고자 함에도 불구하고, 오히려 그 고통보다 더 깊은 슬픔을 초래할 가능성을 열어놓는다."[71]

시험관 수태 시술의 다음 단계는 **착상-전-진단**(preimplantation diagnostic, PID)이다. 이는 자궁 착상 이전에 배아에 대해 유전적 검사를 하는 것이다. 특히 이미 유전에 의한 질병이나 장애를 지닌 아이가 있고 또 다른 장애아를 낳을 위험이 있는 부부를 위한 것이다. 하지만 경험에 따르면, 착상-전-진단은 항상 배아를 유전적 기형으로 아주 쉽게 단정할 수 있다. 게다가 최소 9~10개의 배아가 필요하기에,

70) M. Hansen et al., "The Risk of Major Birth Defects after Intracytoplasmic Sperm Injection and in Vitro Fertilization", *The New England Journal of Medicine* 346 (2002), pp.725~730.

71) H. Weber, *Spezielle Moraltheologie*, 1999, p.134.

잉여 배아에 대한 도덕적 문제도 가중된다. 무엇보다도 자녀 없는 부부의 소원을 이루기 위해 개발된 시험관 수태가 이 대목에서 볼 때, 새로운 목적에 이바지하게 된다. 즉 건강한 생명과 건강하지 못한 생명을 선택하는 목적에, 그리고 그 결과 삶을 살 가치가 있는 생명과 살 가치가 없는 생명을 평가하는 목적에 이바지하게 된다. 교회의 가르침은 착상-전-진단 시술을 배격한다.[72)]

인공수정 또는 시험관 수태를 이용할 수 있다는 이유가 불능 장애(impediment of impotence)로 인한 혼인 계약 부적합자들 간의 혼인을 유효하게 하는 것은 아님을 유념해야 한다. 불능이란 성교가 불가능한 처지를 의미한다. 이러한 처지가 혼인 전에 확실히 존재한다면, 그리고 그 처지가 그저 일시적인 것이 아니라 영구적인 것이 확실하다면, 그러한 사람은 혼인 계약을 맺을 자격이 없다(참조: 교회법 제1084조 1항).

대리모(surrogate motherhood)는 한 여자가 다른 여자의 아이를 시험관 수태를 통한 임신으로 낳아 주는 것으로서, 그 수태가 부부간이든 비배우자간이든 상관없이 신학자들은 물론 바티칸 훈령도 이를 매우 불쾌한 것으로 보며 배격한다. 이러한 강제적인 생식은 통상적인 시험관 수태보다 더 부정적인 유전 형질을 영속화시키는 것이며, 자손과 사회에 최고선으로 간주될 수 없는 것이다.

복제(cloning)는 동물에게 사용되는 무성 생식의 방식이다. 하나의 형태는 초기 단계의 배아를 두 개 이상의 배아로 분열시켜 복제하는 것이고, 다른 하나의 형태는 난자의 세포핵을 성체 동물의 세포핵으로 치환하여 복제하는 것이다.[73)] 이렇게 처리된 배아나 난자는 암컷

---

72) 반면, 세속 영역에서는 점점 더 많은 국가가 PID를 허용하고 있다. 예컨대 덴마크, 프랑스, 영국, 이탈리아, 네덜란드, 스웨덴, 스페인이 허용한다.

73) 배아의 초기 단계에서 동물 복제는 이미 한동안 시행해 왔다. 자연에서도 일란성 쌍둥이가 태어날 때 일어난다. 난자의 세포핵을 치환하는 두 번째 형태의 복제로는 1997년 영국에서 양 돌리(Dolly)의 경우가 처음으로 성공한 것이며, 나중에는 다른 종의 동물에서도 반복되었다.

의 자궁으로 옮겨 성장하도록 촉진을 시킨다. 인간에 대한 복제 행위는 이미 1987년 바티칸 신앙교리성에 의해 배격된 바 있다.[74] 1998년의 「유럽 생명 윤리 협약」의 부속 의정서에도 인간 복제를 엄격히 금지하는 조항이 담겨 있다.[75] 금지의 이유는 인간의 정체성을 보호하고, 자연적인 유전적 구성의 우연성을 보존함으로써, 미리 정해진 체질보다는 더욱더 많은 자유를 인간에게 부여하며, 인간 존재의 고유한 특성을 보장하기 위함이다. 다양성, 자발성, 우연성 및 독특성은 싹트는 생명의 본성에 속한다. 이미 가진 것을 반복하는 것은 미래를 향상시키지 못한다. 새로운 것이 존재하지 않으면 낡은 것이 고착화된다. 이는 — 적어도 인간의 경우에는 — 무책임한 조작이 된다. 의학연구를 위해 세포나 조직 일부를 복제하는 것은 금지되지 않는다.

실제적 경험에서 나온 결과는 그러한 비중이 더 크다. 동물실험에서는 과체중 출산, 심장과 간 및 기타 장기의 기형과 같은 이상 징후가 빈번하다. 선천적 결함의 발생은 자연 분만의 경우 1~2%인데 비해, 복제의 경우 20~30%로 그 비율이 걱정된다. 동물을 복제하는 이들에게 이런 결함들은 비용과 품질에 대한 관리상의 문제가 된다. 하지만 인간에 대해서는 막중한 도덕적 우려가 제기된다. 비정상적인 송아지는 죽일 수 있지만, 비정상적인 인간을 죽일 수는 없다. 인간 복제를 도덕적으로 허용할 수 없다고 가장 세게 강조하는 이유가 이것이다.[76]

복제 분야에 있어서 추가될 문제는 치료용 복제와 배아에 대한 소모적 사용이다. 간경화 등 중환자의 세포를 복제해 배아로 키워 그

74) 신앙교리성, 훈령 「생명의 선물」 제1부 6항. 마찬가지로 '생명윤리에 관한 특정 문제'의 훈령 「인간의 존엄」(2008.09.08.), 28~30항.

75) 1998년 1월 12일 현재 17개국이 서명했다. 네덜란드에서는 2002년부터 허용되었다(cf. *Herder Korrespondenz* 55, 2002, p.348).

76) "Safety is the strongest ethical argument against human cloning", Guterl / Karen Lowry Miller, "Attack of the Clones", *Newsweek*, 13. Jan. 2003, p.43.

환자의 간을 회복시키는 데 쓰려는 시도가 그것이다. 그러나 어떤 기존의 생명을 위한 치료라고 해도 또 다른 기존 생명의 파괴를 정당화할 수는 없다. 초기 생명에 대한 보호를 완화하면, 다른 생명의 영역, 예컨대 장애인과 노인에 대한 우리의 태도에도 영향을 줄 위험이 내포되어 있다. 배아 보호를 해제해야만 환자에게 더 많은 도움을 줄 수 있다는 것은 과장된 생각이다. 오히려 부정확하고 잘못된 방향이다. 의학의 노력은, 예컨대 성체줄기세포(adult stem cells)를 질병 치료에 사용하는 등, 도덕적으로 문제점이 없는 영역에 집중해야 한다.[77]

5) **심리요법**(psychotherapeutic) **치료**

심리치료(psychotherapy)는 해소되지 않은 심적(psychic) 갈등으로 생기는 신경증(neurotic)과 심신의(psychosomatic) 질환을 다룬다. 이 질환은 생활의 어려움을 극복하려는 시도가 실패했거나 그럴 용기가 부족해서 발생할 수 있다. 순수한 신경증은 공포증, 강박증, 세심증과 같이, 순전히 심적인 것의 혼란이다. 반면에 심신의 질환은 마비 현상, 발진, 궤양 등과 같이 신체에 영향을 끼치지만, 궁극적으로는 병의 원인이 신체가 아니라 심적인 것에 있다. 따라서 심적인 원인을 발견하고 해소해야만 치료에 효과를 본다. 의사들 일반은 심리학적 조건에 의한 질환에 대해 기본 지식을 갖추어야 한다. 질병이 지닌 심인성의(psychogenic) 성질을 인식하고 있거나, 적어도 그럴 가능성을 고려해야 할 때를 알 수 있어야 한다. 그럴 경우, 자기의 환자를 유능한 심리치료사(psychotherapist)에게 넘겨주어야 한다.

---

77) 2003년 4월 유럽 의회는 생식 및 치료 목적 모두를 위한 인간 복제를 전면 금지하기로 의결했다. 마찬가지로 2005년 3월 유엔 총회는 치료 및 생식 목적 모두를 위한 인간 복제를 전면 금지할 것을 촉구하는 위원회의 결의안을 지지했다. 벨기에·영국·중국은 이 결정에 강력히 반대했다. 표결은 84 대 34로 나뉘었고, 기권은 37표였다("United Nations Declaration on Human Cloning", *National Catholic Bioethics Quarterly* 5, 2005, pp. 357f).

심리치료는 환자의 심인성 증상의 구제를 목표로 삼는다. 궁극 목표는 질환을 유발한 심적 갈등을 해소하는 것이다. 치료를 위해서는 환자들이 이성적이고 영적인 방식으로 자신의 갈등을 직면하도록 도와야 한다. 종종 자신의 존재에 의미와 중요성을 부여해 줄 진정한 철학과 종교적 삶의 토대가 그들에게 필요하다. 여기에는 성숙과 미성숙, 쾌락주의적 태도, 인생의 목적과 목표 설정의 필요성에 대한 논의가 포함된다.[78] 이런 상황에서 유물론적인 인생철학을 지닌 심리치료사에게 돌봄을 받는 일은 위험할 수밖에 없다. 분석가는 자신의 도덕성과 종교적 기준을 사례에 적용하는 것을 피해야 하지만, 이것이 늘 보장되기는 어렵다고 본다. 따라서 그리스도인과 가톨릭 신자는 치료를 위해 심리치료사를 선택할 때, 주의해야 한다.

심리치료사는 건전한 도덕이 제시하는 주의 사항을 지켜야 한다. 즉 범성욕주의(pansexualism)의 오류를 (특히 프로이트의 정신분석 연구소에 의해 전파된 것을) 피하고, 환자가 밝히도록 허락하지 않은 비밀을 존중하며, 실질적으로 죄가 되는 것(material sin)은 절대 권고하지도 말아야 한다. 마지막의 요구사항은 환자가 자기 양심에 따라 행동하는 것이 오류일 경우, 치료사는 이를 허용하지 말라는 뜻으로 해석해서는 안 된다. 이미 비오 12세는 심리치료를 위해서는 "현재로서는 불가피한 것을 용인할 수 있다"라고 지적한 바 있다.[79] 그러나 치료사는 내담자 자신이 할 의향도 없는, 도덕적으로 문제될 행동에 대해서는 긍정적으로 권하지 말아야 한다. "정신과 의사(psychiatrist)는

---

78) 심적 갈등에 대한 유용한 도움은 빅터 프랭클(Viktor Frankl)의 의미치료 연구소(logotherapeutic school)가 제공해 주는데, 여기는 심적 혼란의 영향을 받는 사람이 가능하다면 스스로 문제를 해결할 수 있게 해 준다. 이 연구소에 따르면, 모든 정신신경증의 약 20%는 인생의 의미를 상실한 것에서 비롯된다. 의미 치료법의 목표는 환자를 더 깊은 영성, 인격적 책임감, 필요한 동료를 향한 개방성과 반응성, 삶의 의미와 목적을 발견하도록 안내하는 것이다.

79) Allocution of April 13, 1953 in *AAS* 45(1953), p.286.

다른 의사와 마찬가지로 환자의 안녕과 환자의 가치 추구를 목표로 서비스한다. 그러기 위해서는 환자의 가치와 존엄을 존중하는데 세심한 주의가 필요하다. 상담의 본질은 상담자가 해당 환자의 가치를 만들어주는 사람일 수 있다고 하는 가정을 배제하는 것이다."[80] 오히려 치료사는 환자가 자신의 가치관 내에서 더 진정한 인간이 되도록 도와야 한다. 또한 정신질환 치료를 위해 마약이나 최면을 사용하려면, 적어도 합리적으로 추정할 수 있는 환자의 동의가 필요하다.

7.3.3. 인체의 탐구

인간에 대한 탐구는 의학에 있어서 중요한 부분이다. 대부분은 아니더라도 새로운 치료법은 수많은 인체 실험이 필요했다. 천연두 백신, 마취제 사용, 장기 이식, 특정한 선천적 결함의 치료 등은 한때 인체의 탐구를 요구했다. 그러나 실험에는 본성상 위험을 수반한다. 따라서 모든 남용을 방지하고자 의사로서의 막중한 책임과 엄격한 예방 조치가 요청된다.

의료 실험에는 치료적인 것과 비치료적인 것이 있다. 환자의 유익을 위해 충분히 보장되지 않은 치료법을 시행하는 경우, 치료적 실험이라고 할 수 있다. 그러나 실험의 목적이 의학 발전과 다른 이의 유익을 위한 것일 경우, 비치료적 실험이 된다. 탐구가 치료적인 것이라면, 당연히 더 큰 위험도 감수할 수 있다. 그 치료 대안으로서 효과가 덜하거나 방법이 전혀 없는 경우에는 상당히 큰 비용, 고통, 기타의 불편을 감수해야 할 수도 있다.

---

80) K.D. O'Rourke / D. Brodeur, *Medical Ethics*, vol. I, St. Louis, Mo.: The Catholic Health Association of the U.S., 1986, p.93.

모든 임상 탐구는 의학적으로 자격을 갖춘 자에 의해서만 그리고 자격 있는 의사의 감독하에 행해져야 한다. 사람에게 치료법을 적용하기 전에 실험자는 실험실과 동물실험 또는 기타의 과학적 탐구에서 얻은 철저한 정보를 갖추고 있어야 한다. 게다가 환자에게 기대되는 유익이나 의학의 목적이 지닌 중요도는 실험 대상자에게 잠재되어 있는 위험과 비례해야 한다. 환자의 신체적·심적 피해를 입히지 않도록 모든 합리적인 예방 조치를 취해야 한다. 실험하는 의사는 피험자에게 진정한 관심을 보여야 한다. "연구자 자신이 실험 대상이 되고 싶지 않을 경우 또는 자기 가족이나 자기 친구를 실험 계획에 자원하도록 감히 권유하지 못할 경우에는 다른 사람에게도 협력하도록 권하지 않는다는 점을 중요한 기준으로 삼아야 할 것이다."[81] 의사가 학문적 야망을 위해 동료를 수단으로 삼는 것은 이웃에 대한 존경과 사랑을 심각하게 침해하는 것이다.

환자의 상태가 가능한 정도라면, 실험의 성격을 충분히 설명한 후 환자 스스로 자유롭게 동의하도록 해야 한다. 아니라면, 합법적 보호자의 동의를 구해야 한다. 그러한 설명은 환자나 보호자가 이해할 수 있는 언어로 해야 한다.

일차적으로 실험이 타인의 선익이 되기 위해서는 피험자는 실험의 성격, 방법, 기간, 목적 및 이성적으로 예상할 수 있는 모든 불편함과 위험에 대해 완전하고 객관적인 정보를 받아야 한다. 피험자가 완전히 자유롭게 발한 동의는 단연코 필수 요소이다. 전쟁포로나 수감자에 대한 강제 실험은 인간성에 반한 범죄로 간주된다. 임상 연구를 위한 피험자는 일체의 강압이나 강박의 개입 없이 자유롭게 선택을 할 수 있는 정신적·신체적·법적 조건을 갖추어야 한다. 정신질환자와 신경증 환자는 대부분 자유롭게 동의를 발할 수 없기에, 일반적으

---

81) B. Häring, *Medical Ethics*, ^{3}1991, p.198.

로는 배제시켜야 한다. 법적 무능력자인 피험자(아이, 혼수상태의 사람)의 경우, 1997년 유럽평의회의 「생명윤리 협약」의 규정에 따르면, 해당 피험자에게 치료적 유익이 없는 실험은 법적으로 자격이 있는 사람을 실험하는 것이 불가능할 경우, 실험 결과가 같은 연령대나 같은 질병이나 장애를 지닌 사람에게 유익이 될 경우, 일어날 수 있는 위험과 부담을 최소화시킬 경우, 법정 대리인이나 당사자가 반대하지 않을 경우 등, 이때만이 허용된다.[82]

실험이 진행되는 동안 피험자나 그 보호자는 연구 지속에 관한 동의를 언제든지 철회할 수 있어야 한다. 피험자 측의 의사들은 실험 지속이 피험자에게 해롭다고 판단될 경우, 실험을 중단할 의무를 진다.[83]

7.3.4. 유전 의학과 공학

유전 공학이란 염색체 내의 분자 수준으로 유전자를 재배열하거나 치환하는 것을 말한다. 이는 1973년 유전자 접합(gene splicing) 기술이 발명되면서 가능해졌다. 하나의 유전자를 여러 개로 잘라 낸 다음 그 중 하나를 분할된 다른 부분들 사이에 삽입하여 하나로 결합된 유전자 안에다 재결합시킨다. 이 기술을 기반으로 짧은 시간 내에 인슐린, 인터페론(interferon), 성장 호르몬 등 상품으로서 몇 가지 중요 제품을 만들 수 있게 되었다. 과학자들이 박테리아로 하여금 살아 있는 세포 속에서 이러한 제품들을 생산하도록 유도해 낸 것이다.

---

82) 1996.11.19.의 유럽평의회 집행위원회가 채택한 「생명윤리 협약」 제17조.
83) 인간 대상의 탐구에 대한 기본 규범은 1964년 6월 세계의학협회에서 채택한 '임상 연구 분야의 의사들을 위한 권고'로서, 헬싱키 선언에 명시되어 있다. 그 전문은 다음에서 재인용되어 있다. B. Häring, *Medical Ethics*, 1973, pp.209~212.

이 신기술은 인류가 자연에 대한 지배권을 지금껏 접근할 수 없었던 수준으로 확장시켰다. 그러나 인류가 지배하는 다른 모든 영역과 마찬가지로 자연에 대한 지배는 인류에게 위임된 것이고 제한적이며, 인류가 하느님께 이를 해명할 의무를 져야 한다. 기술은 언제나 사람들이 더 완전하고 신속하게 치유되도록 도와야 한다. 내적·외적 속박에서 벗어나 인간다운 삶을 살며 더욱 건강하고 쾌적한 환경을 조성하도록 도와야 하는 것이다.

1) 인간 외의(infrahuman) 생명에 대한 유전 공학

인간 외의 생명에 대한 유전 공학의 목적은 원하는 형질을 지닌 유기체를 만드는 것이다. 초기 형태의 유전 공학에는 그 사례로서, 더 많은 우유를 생산하기 위한 젖소의 품종개량 또는 쌀 수확량을 배가할 신품종을 만들려는 다양한 벼의 교배 등이 있다. 유전자 접합 방법은 농산물을 개량하고 질병과 해충을 퇴치하며 환경 보호를 할 수 있는 새롭고 시간 절약할 가능성을 열어 준 것은 분명하다. 낟알 작물은 추위나 가뭄에 더 잘 견디도록 만들었다. 멕시코에서는 토양 속에 알루미늄 독성이 높아 현재 아무것도 자라지 못하고 있는 수천 제곱마일에서 자랄 수 있는 형질 전환된 작물이 경작되고 있다. 화학 살충제의 사용을 줄였다. 이것이 얼마나 중요한지는 바이러스와 곰팡이 질병으로 인해 전 세계 수확량의 10~30%가 손실되고 있다는 점에서 짐작할 수 있다. 해충 때문에도 비슷한 비율로 손실이 발생한다.

하지만 탐구 과정에서 부주의로 인해 병원성 유기체가 생성될 수 있다는 우려도 존재한다. 과학자들 스스로가 이런 위험의 가능성을 가장 잘 알고 있다. 이들의 염려는 1975년 미국 몬터레이에서 열린 "아실로마르 회의"(Asilomar Conference)로 이어졌다. 이 회의에서는 미국 국립보건원이 유전자 접합에 대한 향후 연구 지침을 발표하도록 허용하는 의결을 하였다. 그 결과, 1976년에 『재조합 DNA 분자 연구에 대한 N.I.H.의 연구 지침(서)』이 출판되었다. 더 많은 경험을 쌓고 잠재적 위험을 더 명확하게 검토함으로써 그 지침은 점차 완화되었지만, 폐기되지는 않았다. 과학자들 자체의 이러한 윤리적 책임 의식은 매우 환영받을 일이다.

하지만 사람들은 종종 농업에서 식물과 동물의 유전자를 변형시키는 일에 대해 큰 의구심(reservations)을 표한다. 반면에 의학에서는 이를 대체로 긍정하며 받아들인다. 유전자 기술이 실용화된 이후 25년간 단 한 것의 유전자 기술 사고도 발생하지 않았다는 점이 신뢰의 근거가 되었다.

2) 인간 생명에 대한 유전 공학

치료를 위한 유전 공학의 개입은 아주 심각한 위험을 피하는 한, 원칙적으로는 환영받아야 한다. 유아 사망률이 점차 줄고 있고 유전적 결함을 지닌 아이들의 생존율이 높아지면서 유전 의학의 중요성도 빠르게 커지고 있다. 유전으로 인한 단독의 유전 질환은 약 3,000개가 있다. 산업화된 국가에서는 소아과 입원자의 약 3분의 1이 선천적 결함 때문이다.

세포나 체세포의 유전자 치료는 신체의 특정 세포에서 유전적 결함을 제거하기 위한 시도를 말한다. 예컨대 조혈 질환의 경우, 골수에서 결함 있는 세포를 추출하여 유전적으로 치료한 후 자가 복제를 촉진하는 처치를 병행하면서 체내에 다시 이식하는 방법으로 치료가 이루어질 수 있다. 세포 유전자 치료는 또한, 예컨대 다운증후군의 원인인 여분의 21번 염색체를 제거하는 등, 발생 중인 배아의 세포 구조의 이상을 교정하는 것이다(몽골리즘).

이와는 별도로, 생식세포의 유전자 치료가 있는데, 이는 유전자 자체의 결함을 제거하는 것이며 이렇게 변형된 것은 세습이 된다. 많은 유전성 질병은 이런 식으로만 교정될 수 있다. 하지만 유전병 치료는 잘못 변형될 수 있으며, 현재로서는 그럴 가능성이 없다고 보장할 수도 없다. 물론 인간 게놈(genome, 인간을 인간답게 만드는 유전자의 총체)에 대한 비치료적 변형에서도 마찬가지다. 게다가 인간에 대한 "개량"은 바람직한지를 누가 결정할 것인지의 문제가 발생한다. 이렇게 출산된 인간에 대해 책임은 누가 질 것인가? 특정 질병에 대한 저항력을 높이는 변형은 원칙적으로 허용될 수 있다. 그러나 이런 두 경우 모두 치료와 개입에는 배아들의 생명을 잃게 하는 수많은 실험을 전제한 것이다. 윤리적으로 이러한 실험 절차를 옹호할 수는 없다. 따라서 이러한 실험과 치료는 인간 외의 생명에만 국한해야 한다.[84)]

3) 유전적 결함에 대한 진단과 제어

유전적 결함은 유산과 영아 사망의 잦은 원인이 된다. 인지한 모든 임신의 15%가 유산이 되는데, 그중 약 60%는 염색체 이상으로 인한 것이다. 그러나 아마도 훨씬 많은 유산이 아주 초기에 발생했을 것이지만 인지하지 못했을 것이다. 출생아 중 약 1%는 유전적으로 생긴 질병이나 장애를 가지고 있으며, 유아 사망률의 약 40%는 유전적 요인과 관련이 있다. 따라서 자연은 스스로 대부분의 유전 결함을 지닌 자손을 도태시키는 경향이 있다. 반면에 모든 장애의 90%는 선천적인 것이 아니며 생후 질병이나 사고로 인해 후천적으로 발생한다.

유전적 결함으로 진단될 가능성은 1970년대 이후 극적으로 증가했다. 음파를 이용한 초음파 기록(sonography)은 태아의 위치와 구조의

84) 1996년의 「생명윤리 협약」은 제13조에서, 인간 게놈의 변화를 목표로 하는 개입은 자손의 게놈 변화를 목표로 하지 않으며, 오직 예방, 진단 또는 치료 목적으로만 허용된다고 명시하고 있다.

이상을 찾아내는 데 적합하다. 이는 비침습적(non-invasive) 방법이며, 위험성은 없지만 제한적 진단만 할 수 있고 확실성은 떨어진다. 더욱 신뢰할 수 있는 방법은 침습적 방법이지만 부분적으로 상당한 위험이 수반된다. 그중 양수 검사(amniocentesis)는 탁월한 위치를 차지하는데, 태아를 둘러싼 양수를 분석하는 것이다. 양수 내의 태아 세포를 분석해 보면, 대부분의 염색체 이상의 검출, 거의 75가지의 심각한 선천성 대사의 장애 및 태아의 신경관 결손의 식별에 유용할 수 있다. 숙련된 사람이 시행할 경우, 이 기술의 정확도는 약 99%이다. 그러나 임부가 아기를 잃을 수도 있는 위험이 수반된다. 의사들의 경험에 따르면, 그 위험은 0.5~1.8%에 이른다. 이는 100명 중 약 1명의 임부가 자기 아기를 잃었다는 기억을 안고 살아가야 한다는 뜻이다. 융모막 조직 검사(biopsy of chorionic tissue)의 경우, 유산의 위험은 더 높아지며 2~4%에 이른다. 이 경우, 얇은 관이나 바늘을 이용해 배아 세포의 견본을 채취해서 분석한다. 이 방법의 장점은 임신 9주에서 13주 사이에 수행할 수 있고 4일 이내 분석이 끝난다는 것이다. 반면에 양수 검사는 임신 13주에서 18주 사이에만 가능하며 3주 후에야 분석 결과를 예상해볼 수 있다. 주목할 만한 것은 가능한 한 빨리 융모막 조직 검사를 할 경우, 16주 이후에 양수 검사를 할 때보다는 최대 6배나 많은 결함을 진단해 낼 수 있으며, 이는 유전적 결함이 있는 태아를 가진 임부의 대부분이 어쨌든 유산으로 이어졌음을 확인시켜 준다.

안타깝게도 산전 진단에 사용되는 방법이 무엇이든, 지금까지 치료는 5~10% 정도만 가능하며 매우 제한적이다. 대부분의 경우, 양수 검사의 실제 사용은 낙태를 결정하는 기준으로만 활용이 된다. 진단 결과로 심각한 유전병이 있는 것으로 확인되면, 90% 이상의 여성이 낙태를 택한다. 경증이고 치료 가능한 결함조차도 낙태로 이어진다.

가톨릭 윤리는 이런 선택에 동의할 수 없다.[85] (낙태 문제는 아래에서 자세히 다룰 예정이다.) "하지만 태아의 장애가 중한 경우, 인간 생명을 합당하게 존중하고자 그 생명을 가능한 한 오래 연장시키기 위해 최대의 노력을 할 의무는 없다. (…) 사실 통상 치료를 생략해서도 안 되지만 생명 보존을 위해 특수 치료는 안 해도 된다."[86] 역설적으로 유전적 결함이 있는 아기를 낳을 위험이 높은 임부가 태아가 정상인지 확신이 없어서 낙태를 준비하고 있을 때, 오히려 이 진단이 아기의 생명을 살릴 수도 있을 것이다.

어떤 경우에는 이 양수 검사가 태아의 건강이 불확실할 때 부모의 깊은 불안을 해소해 주는 방법으로 의미가 있고, 유전병이 확인될 때 어려운 상황에 대비하고 적절한 조치를 취하는 방법으로 의미가 있을 수 있다. 하지만 때때로 사전 고지가 역효과를 내어 아기에 대한 거부감을 증가시킬 수도 있다. 아이에게 유전적 장애가 있다는 사실을 알게 되는 즉시 부모에게는 지원이 제공되어야 한다. 장애아가 있고 그런 아이와의 긍정적 경험을 가진 다른 가정과 연락을 취할 수 있고, 병원은 위탁 돌봄과 다른 서비스를 적절하게 알선할 수 있을 것이다. 어떤 부모는 장애아를 시설에 입소시키고 싶어 할 수도 있다. 자녀의 장애가 너무 심해 집에서는 돌봄이 불가능할 때, 위탁을 결정하는 것은 적절하다. 그러나 다운(Down) 증후군과 같은 경우에는 집에서 돌보는 것이 더 적절한 해결책이다. 다른 모든 조건이 동일하다면, 사랑하는 가정의 분위기에서 자란 장애아가 훨씬 더 잘 자란다.

---

85) "산전 진단(産前診斷)은 (…) 결과에 따라서는 유산을 할 수도 있다는 생각으로 이 방법을 사용한다면, 도덕률을 심히 거스르는 것이 된다"(『가톨릭 교회 교리서』 2274항). 일부 국가에서는 의사가 임부에게 산전 진단 결과를 알려야 할 의무가 있으며, 그렇지 않을 경우 장애아의 양육 및 부양에 대한 손해를 책임져야 할 수 있다. 그러나 동시에 의사는 진단의 한계와 위험성뿐만 아니라 임부가 모를 권리에 대해서도 양심에 따라 주의를 환기시킬 의무가 있다.

86) H. Rotter, *Die Würde des Lebens*, Innsbruck: Tyrolia, 1987, pp.51f.

유전병을 가진 사람이 아이를 가지려고 무책임하게 행동하는 경우에 대해 의문을 품을 수 있다. 미국의 "교황 요한 센터"(Pope John Center, 현재는 National Catholic Bioethics Center)는 "심각한 유전병을 지닌 아이를 낳을 확률이 25%이고 재정과 기타 지원이 없이는 그 상황에 대처할 수 없는 어려운 상황일 때, 부부가 아이를 갖는 것은 무책임한 것이라고 답한다."[87]

의료 목적으로 성인을 대상으로 한 유전자 예측 검사를 하려면, 유전 상담이 필요하며, 이에 대해 직업적 비밀을 엄격하게 준수해야 한다.

7.4. 건강과 생명에 대한 위험 감수

건강과 생명은 크고도 중요한 선익이기에, 부주의함으로써 자신의 생명이나 타인의 생명을 위험에 빠뜨리는 것은 허용되지 않는다. 각 개인과 사회 전체는 인체와 생명을 보호하기 위한 정당한 요구를 사랑으로 존중해야 한다. 그러나 건강과 생명이 최고의 가치는 아니기에 그것들보다 더 중요한 가치를 위해서라면, 위험에 노출시킬 수도 있다. 이런 위험을 허용할 가능성은 비례의 원칙에 따라 판단한다. 위험이 클수록 그 위험을 허용할 수 있는 이유도 커야 한다.

7.4.1. 허용 가능한 위험의 정도

개인이든 국가이든 사용자 입장에서라면, 자신이 고용하는 이들의

87) A.S. Moraczewski(ed.), *Genetic Medicine and Engineering*, St. Louis, Mo.: The Pope John Center, 1983, p.95.

생명과 건강을 보호하기 위해 모든 합리적인 예방 조치를 취해야 할 매우 중한 의무가 있다. 예컨대 채굴, 터널 공사, 교량 건설, 시험 비행처럼 건강과 생명에 불가피하게 위험을 수반하는, 그러나 사회에 매우 중요한 특정 직종과 서비스가 있다. 해당 서비스가 공공복지를 위해 필수적이거나 아주 유익한 것인 한, 사용자는 이러한 일을 위해 사람들을 고용할 수 있고 사람들은 그런 일을 수락할 수 있다. 같은 이유로, 제련 공장에서 건강에 유해한 작업은 안전을 보장받을 수 없더라도 그 작업이 사회에 크게 중요한 것인 한, 허용된다. 전염병을 치료하는 일도 위험하지만, 역시 허용된다. 때로는 의무적으로 해야 하는 일이지만 생명이 위험에 노출되기도 한다. 따라서 의사라면, 에이즈 환자에 대한 치료든 예컨대 치과 치료와 같은 치료든, 이를 거부할 수 없다. 하지만 그런 감염자는 의사에게 자신의 감염 사실을 반드시 알려야 한다.

생명과 신체의 위험을 수반하는 무대 공연(줄타기, 곡예, 그네 곡예), 자동차 경주, 등산 등도 충분히 준비되고 훈련된 사람에게는 허용된다. 그들의 기술로 생명의 위험을 피할 수 있기 때문이다. 위험은 실제보다도 더 커 보인다. 관객이 높은 외줄에 올라선다면 정말 위험하겠지만, 숙련된 공연자에게는 위험하지 않다. 그러나 공중 곡예사가 공연의 매력을 높이고자 그 아래의 안전망을 제거한다면, 이런 방식은 불필요하게 생명의 위험을 높이는 것이기에, 부당한 것이다.

불의하게 갇힌 수감자는 사형이나 종신형을 피하기 위해 생명의 위험을 무릅쓰고 탈출을 시도할 수 있다. 마찬가지로 불에 타죽지 않으려고 위험한 높이에서 뛰어내릴 수 있다. 이 밖에도 물에 빠진 사람을 구조하는 등 중요한 선익을 직접 목표로 삼을 때는 자신의 생명에 위험한 행동을 취하는 경우도 많다.

7.4.2. 위험 감수의 죄

건강과 생명에 대한 위험 감수의 죄는 단순한 부주의로 인해 발생할 수 있다. 어떤 행동의 악한 결과는 부주의로 인해 그러한 결과를 예견하지 못한 데에서 기인한다. 이런 부주의에 대한 죄책은 자기 탓의 정도와 발생한 피해의 정도에 따라 달라진다. 무관심과 무자비함으로 인해 위험이 초래되었다면, 죄책은 더 커진다. 여기서는 행동에 따르는 위험이 예견되었음에도, 충분히 중요한 동기도 없이 행동한 경우를 말한다. 스스로 심각한 위험에 처한 경우, 이는 사랑을 거스르는 중죄이다. 흔하게 위험 감수의 죄가 되는 것들은 다음과 같다.

교통에서의 위험 감수: 차량 교통의 엄청난 발전은 모든 종류의 부상과 사망 사고의 가능성을 크게 증가시켰다. 보행자들과 특히 차량 운전자들 그리고 자전거 운행자들도 무모한 행동을 피하고 교통 법규를 준수함으로써 사고를 예방해야 한다. 주취는 교통사고의 원인 중 1위를 차지한다. 약간의 술을 마셨을 경우에도 안전을 위해 반응 속도와 판단의 정확성을 떨어뜨릴 수 있다. 과로 운전도 또 하나의 원인이 된다. 너무 많은 운전자가 자신의 피로를 충분히 고려하지 않는다. 지친 업무 이후의 운전이 휴식을 가져다준다고 믿는 것은 자기기만이다. 마찬가지로 과속 역시 교통사고에 있어서 빈번한 위험 요소가 된다. 특히 젊은 남자들은 일종의 경쟁하는 스포츠처럼 운전하려는 유혹을 받는다. 나이나 질병 또는 다른 이유로 더 이상 안전하게 운전할 수 없음을 깨달은 운전자라면, 현실적으로 자신의 부족함을 겸손하게 인정하고 운전을 중단해야 한다.

자기 직무에 대한 태만: 타인의 건강과 생명에 대한 책임은 특히 의사와 관련 직업인에게는 직접적이게 된다(약사, 간호사, 조산사). 물론 의사는 필연적으로 인간적 오류(그리고 자신에게서가 아니라 환자에게서 오는 질병)에 노출이 된다. 환자 치료 중에 실제로 부주의할 가능성이 있지만, 이 점은 참작해야 한다. 자주 발생하는 부주의한 형태로는 또는 더욱더 빈번한 경우로서 의식적으로 내린 결정에는, 건강에 해롭거나 더러운 성분이 포함된 행위 또는 이미 부분적으로 상한 식품을 판매하는 행위 등이 있다. 이보다 더 심각한 결과를 초래할 수 있는 위반으로는 차량이나 위험한 장비(예: 전기설비)를 부주의하게 조립하는 행위 또는 지진·화재에 안전이 충분하지 못한 건물을 부주의하게 짓는 행위 등이 있다.

노동 조건의 열악성: 건강과 생명에 위험이 있는 고용을 허용할지에 대한 문제는 위에서 이미 언급한 바 있다. 불충분한 안전 조치, 부적합한 위생 조건, 무자비한 착취는 동료의 건강과 생명에 가장 심각한 위반임을 다시금 지적해야 마땅하다. 특히 광업·공장·건설 노동에서 노동이 더더욱 그렇다.

임신·전염병에 대한 관심 부족: 임신부가 흡연·음주 또는 약물 이용, 무거운 짐 운반, 오토바이 운전 등에서 부주의함으로써 태아에게 해를 끼치거나 사망에 이르게 할 경우, 죄가 된다. 자기 아내를 구타하는 남편도 동일하게 죄가 된다.

전염성 질병에 걸린 사람이 다른 사람의 감염을 피하는 데 필요한 모든 조치를 할 중대한 의무가 있음은 분명하다. 특히 매독이나 임질 같은 성병 그리고 무엇보다도 에이즈의 경우, 심각한 부주의에 대한 우려가 너무나도 부족하다.[88] 성적 관계는 통상 인간적 사랑의 맥락에서 보게 된다. 그러나 진실하고 깊은 사랑이 있다면, 감염자는 상대

88) 에이즈(후천성 면역 결핍 증후군)는 최근까지도 알려지지 않았던 질병이다. 첫 사례는 1981년 여름 미국에서 발견되었다. 미국과 유럽에서는 주로 동성 간 항문 성교와 정맥주사에 의해 확산되었으며 이성 간 성교에 의한 감염도 덜 빈번하지만 점차 증가하고 있다. 반면 아프리카의 중부에서는 주로 이성 간 성교에 의해 전염된다. 하지만 감염된 혈액이 수혈되는 등 개인적 책임 없이도 감염은 될 수 있다.

가 질병에 감염될 위험을 피할 의무가 있다. 혼인한 이는 상대에게 자신의 질환에 대해 알려야 한다. 에이즈와 같은 불치병 또는 치명적인 질병을 숨길 경우, 혼인의 유효성에 문제가 된다.

신체적 학대와 고문: 신체 학대의 피해자는 분명히 공동체의 약한 구성원이며 대부분은 아동과 여자이다. 아동 학대는 일반적으로 추정치보다 훨씬 더 빈번하다. 모든 학대 사례 중 최소 40%는 술과 약물이 관련되어 있다. "매질하기는 애정 깊은 어머니를 10분 이내에 괴물로 만들 수 있다."[89] 신고할 수도 있음을 알게 됨으로써 높아진 대중의 의식은 공동체 내에서 아동 학대를 더 억제시킬 수 있다. 교사, 의사 및 기타 전문가에게 학대 징후를 알리도록 하는 프로그램도 억제에 도움이 된다. 미국에서 응급 수술 받는 여성의 20%는 가정 폭력의 피해자이며, 이는 다른 나라에서도 마찬가지일 것이다.

고문은 길고 끔찍한 역사를 지녔으며, 우리 시대에도 여전히 문제로 남아 있다. 오늘날의 고문 방법이 신체적으로 흔적을 거의 남기지 않는 경우가 많지만, 학대 자체로 인해 겪는 통증과는 별도로, 심리학적 상처는 오래 지속된다. 각국의 법률에 따르면, 고문은 금지되어 있다. 1948년의 「세계 인권 선언」 제5조는 이렇게 선언한다. "어느 누구도 고문, 또는 잔혹하거나 비인도적이거나 굴욕적인 처우 또는 형벌을 받지 아니한다." 1975년 유엔의 「고문 반대 선언」은 이 개념을 더욱 명확히 해 준다. "고문이라 함은 공무원이나 그 밖의 공무 수행자가 직접 또는 이러한 자의 교사·동의·묵인 아래, 어떤 개인이나 제삼자로부터 정보나 자백을 얻어 내기 위한 목적으로, 개인이나 제3자가 실행하였거나 실행한 혐의가 있는 행위에 대하여 처벌을 하기

---

89) *Newsweek*, Dec. 12, 1988, p.51. 1986년 미국에서는 2백만 명 이상의 아동 학대 사례가 보고되었다. 매년 1,200명 이상의 어린이가 아동 학대와 방치를 통해 사망했다(*ibid*.).

위한 목적으로, 개인이나 제삼자를 협박·강요할 목적으로, 개인에게 고의로 극심한 신체적·정신적 고통을 가하는 행위를 말한다"(부칙 제1조).[90] 도덕적 관점에서 볼 때, 그러한 만행이 공무원 이외의 사람 예컨대 게릴라 단체의 일원에 의해 가해지는 경우에도 고문이며, 같은 이유로 두 경우 모두 금지된다. 반대로 후자의 경우에 있어서, 만일 저항 투사(resistance fighters)의 대의명분이 정당하다는 이유로 예외를 인정한다면, 논리적 일관성을 때문에 정당한 대의명분이 있는 공무원에게도 동일하게 고문을 인정해 줘야 하리라. 하지만 본격적인 고문 체계는 당국자는 고문을 쉽게 할 수 있는 수단을 가졌기 때문에, 일반적으로 국가 당국만이 개발한다는 것이 사실이다. 따라서 가장 심각한 학대는 정부 차원에서 일어난다. 그렇지만 앞의 정의에서 언급한 잔혹 행위가 타인에 의해 가해지는 경우, 여전히 고문인 것이다. 고문이 매우 탄력적인 단어임을 인정해야 한다. 동생을 죽이려는 두 명의 깡패 중 한 명을 체포한 사람이 그 계획을 저지하고자 매우 효과적으로 점점 고통을 주는 팔 꺾기(arm lock) 장치를 활용해 그러한 계획에 대한 전체 정보를 얻어 내려는 것은 고문인가? 이 질문에 대해 매코믹(R. McCormick)은 개인적으로는 고문이 아니라고 본다.[91] 많

---

90) Ian Brownlie(ed.), *Basic Documents on Human Rights*, Oxford: Clarendon Press, [3]1992, p.36. 이 조항은 고문이 "수감자 처우에 관한 표준 최소 규정(Standard Minimum Rules for the Treatment of Prisoners)과 부합하는 범위 내에서 합법적 제재 조치로부터 초래되거나 이에 내재하거나 수반되는 고통은 고문에 포함되지 아니한다"고 덧붙였다.

91) *Theol. Studies* 40(1979), p.78. 구체적 상황에 대한 성가신 문제는 존 베넷(John Bennett)이 편집한 *Storm over Ethics*(Philadelphia, 1967)이 인용한 보고서에서 잘 드러난다. 이 보고서는 히틀러 치하의 추방되는 유다인을 구하려던 저항 투사들의 활동을 다루고 있다. "물론 배신이나 발각될 기회는 수없이 많았다. 둘 중 하나를 피할 유일한 방법은 위협을 가한 사람을 죽이는 것뿐인 경우가 많았다. 더욱 끔찍한 상황은 이 지하조직이 어딘가에서 발각될 위험이 있다는 것을 알고 있고, 자신들에 대한 계획을 알고 있는 사람(아마 나치 친위 대원)도 알고 있는 그런 상황에서 그를 고문해 목숨이 달린 정보를 얻어야 할지 말지를 결정해야 하는 경우였다. 이 모든 과정은 무고한 유다인의 생명을 구하기 위한 초기 결정의 논리적이고 때로는 불가피한 결과였을 뿐, 그 이상도 이하도 아니었다"(p.3).

은 이들도 매코믹의 말에 동의한다. 그러나 분명한 것은 이러한 절차가 인가된 법정 조사 방법이 될 수는 없다는 점이다. 이는 고문과 관련한 어려움을 잘 보여 준다. 어쨌든 이러한 논란에 속하는 사례는 극소수에 불과하다. 고문은 우리 세계에서 너무나 많은 사람들을 위협하고 있지만, 고문에 대한 반대는 충분히 이루어지고 있지 않다. 고문에 반대해 싸우는 사람들은 최고로 찬사를 받을 자격이 있다.

7.5. 인간 생명에 대한 위협(attempts)

가톨릭 도덕신학에 있어서 인간 생명의 파괴 행위를 도덕적으로 판단하기 위해 직접 살인과 간접 살인으로 구분하는 것은 중요하다.

직접적 살인이란 한 사람의 죽음이 어떤 행위의 목적으로 또는 그 목적을 달성하려는 수단으로 의도된 경우를 말한다. 따라서 증오심에서 원수를 독살하거나 극심한 질병을 못 이겨서 수면제를 과다복용할 경우, 직접 살인이 된다.

간접적 살인이란 사람을 죽이는 것이 목적 달성을 위한 수단으로 의도된 것이 아니고 단지 부수적 결과로서 허용하는 행위를 말한다. 따라서 군사적 목표를 위한 파괴가 일부 민간인의 죽음을 포함하는 경우, 간접 살인이 된다.

7.5.1. 자살

자살이란 자기 권한으로 직접 자기 생명을 끊는 행위이다. 국가 권위에 의해 합법적으로 사형 선고를 받은 사람이 자결한 경우, 엄밀한 의미에서는 자살이 아니다(참조: 소크라테스). 도덕신학자들은 그러한 사

형 선고의 집행이 허용되는 것인지 많은 논쟁을 한다. 많은 저자들은 이것이 허용된다고 판단한다.[92)]

자살하는 아주 많은 이유로는, 문제에 대처할 수 없는 무능력, 사회적 고립, 쓸모없고 다른 사람에게 짐이 될 뿐이라는 느낌, 가망 없는 질병으로 인한 견딜 수 없고 겉보기에 무의미한 고통 등이 있다. 따라서 절망은 가장 흔한 자살의 동기가 된다. 그러나 또 다른 동기로서 아주 이타적 성격의 자살도 있다. 예컨대, 오래 지속되고 치료비도 비싼 자신의 질병으로 가족의 생계를 위협하게 된 아버지가 자살하는 경우, 수감자 특히 스파이가 기밀 누설이나 다른 사람을 배신할 위험을 막기 위해 자살하는 경우, 저항 운동의 조직원이 자기 나라의 시민 자유와 권리를 위해 단식 투쟁을 하다가 죽는 경우 등이다.

통계학자들에 따르면, 여자보다 남자가 더 많이 자살하고, 시골 사람보다 도시 사람이, 젊은이보다 노인이, 개도국 시민보다 선진국 시민이 더 많이 자살한다. 일반적으로 여론은 자살을 불명예스럽고 도덕적으로 비난받을 일로 여긴다. 자살자 가족과 친구들은 늘 죽은 방식에 대해 입을 닫아 버린다. 이는 자살이 드문 일임을 알려 준다. 물질적으로 가난한 제3세계 국가에서는 실제로 하나의 사건일 수 있지만, 제1세계의 선진국에서는 자살이 교통사고의 사망률을 능가할 정도로 높은 발생률을 보인다.[93)]

도덕철학은 자살에 대해 다양하게 판단해 왔다. 소크라테스와 아리스토텔레스는 자살을 배격하는 반면, 스토아학파는 개인의 자유와 함께 주어진 자기 결정권이라면서 자살을 옹호한다. 쇼펜하우어(Schopen-

---

92) Cf. St. Alphonsus(III, 369); Marc(I, 753); Merkelbach(II, 350); Prümmer(II, 112); Genicot-Salsmans(I, 361); Häring(*The Law of Christ* III, 1966, pp.200f).

93) 서독에서는 1986년의 교통사고 사망자가 8,948명이었던 것에 비해 자살은 11,599명이었다. 15세에서 20세 사이의 청소년 자살은 매년 약 1,500건이다. 중부 유럽 국가에서는 매년 10만 명당 20건 이상이 발생한다. 자살을 시도했지만 성공하지 못한 사람의 수는 이보다 최소 10배 이상이 많다.

hauer)와 흄(Hume)도 옹호한 바 있지만, 반면에 헤겔(Hegel), 칸트(Kant) 및 피히테(Fichte)는 자살을 배격한다. 칸트는 도덕적 주체의 소멸이 도덕 자체의 소멸을 의미하기에 자살을 배격한다. 오늘날 인본주의자들, 특히 안락사를 지지하는 이들은 개인적 권리로서 자실을 옹호한다.

구약에서는 자살을 명확히 단죄한 것이 없다.[94] 신약에서는 타인을 위해 자기 목숨을 희생하는 것을 사랑의 행위로 간주한다. "친구들을 위하여 목숨을 내놓는 것보다 더 큰 사랑은 없다"(요한 15,13; 1요한 3,16). 그리스도와 신앙을 위한 자기 목숨의 희생에 대해서 그리스도교 신학에서는 늘 높게 평가했고, 심지어 그것을 요구하기도 했다. 하지만 이를 승인하는 것은 그리스도의 십자가 희생이 그랬듯이, 간접적으로 생명을 제공할 때뿐이다. 그리스도는 스스로 목숨을 취하신 것이 아니라 타인들이 가한 죽음을 피하지 않으셨을 뿐이다. 직접적인 자살은 그리스도교 신학에서 늘 배격되었으며, 가톨릭 도덕신학은 통상 모든 종류의 자살을 중죄로 여기고 배격한다. 자살을 반대하는 이유는 다음과 같다.

1) 첫째 이유는 자기 자신을 죽이거나(자살) 다른 사람을 죽이는(살인·안락사·낙태) 모든 형태는 직접 살인에 해당되기 때문이다. 이는 인간에게는 자신의 신체와 생명에 대해 소유권이 없다는 진리에 근거한다. 인간은 책임 있는 관리와 사용권만을 지닌다. 사람의 생명에 대한 소유자이자 주인은 하느님이시다. 그분은 인류와 피조물에 대한 신적 계획에 봉사하는 데 생명을 이용하도록 인간에게 선물로 주셨다. 이 신적 계획은 인류의 협력을 통해 창조 사업을 전개하고 완성시키는 것이다. 그러므로 사람들은 이 계획에 내재된 하느님의 뜻과 조화를 이루면서 생명을 유지하고 살아가야 한다. 따라서 자살하거나 타인을 죽이는 일은 인간에 대한 하느님의 주권적 소유권을 침

---

94) 참조: 판관 9,54; 16,30; 1사무 31,4; 2사무 17,23; 2마카 14,41~46.

해하는 행위이다.

하지만 다른 많은 사안에서처럼 이 사안에 대해서는 하느님은 왜 자연적 이유와 조건을 통해서라도 당신의 의지를 밝히지 않으시는지 의문이 제기된다. 하느님은 한 사람의 생명뿐 아니라 인체의 모든 지체와 부분의 궁극적 소유주이시다. 그렇지만 우리는 다양한 상황에서 볼 때, 상위의 선익을 위해서라면 우리 몸의 지체나 부분을 희생할 수 있다는 결론을 내리게 된다. 마찬가지로 구체적 상황에 직면했을 때, 자기 생명이나 타인의 생명을 보존하는 것은 하위의 가치이며 자유, 정의 또는 공동체의 생존과 같은 상위의 가치들을 수호하는 것이 더 시급하다는 점이 분명해진다. 이것이 확실하게 드러날 수 있다면, 그러한 상황에서 한 사람이 목숨을 희생하고 직접적으로 희생하는 것도 하느님의 뜻이라고 결론을 내릴 수 있지 않을까? 이러한 결론을 인정하는 저자는 슐러(B. Schuller), 매코믹(R. McCormick), 홀데레거(A. Holderegger), 이드(V. Eid), 카힐(L. Cahill), 로터(H. Rotter), 뵈클레(F. Böckle) 등이다.[95] 그리고 당연히 암묵적이든 명시적이든 공동선을 위해 (예를 들어 스파이들의) 자살을 인정하는 저자들이 있고, 임신부의 생명을 구하기 위해서라면 직접적인 치료적 낙태를 인정하는 저자들이 훨씬 더 많다(아래 참조). 이러한 숙고의 결론이 잘못되었다고 할 수 없다. 그러나 사람의 생명은 현세의 최고선이며 그것의 희생을 정당화시키는 가치는 당연히 상위의 것이어야 하기에, 인간 생명의 직접적인 살해

---

95) B. Schüller, *Die Begrundung sittlicher Urteile*, Düsseldorf Patmos, ^{2}1980, first edition 1973, p.251; R.A. McCormick, "The New Medicine and Morality", *Theology Digest* 21(1973), pp.315~320; Adrian Holderegger, *II suicidio*, Assisi: Cittadella, 1979, pp.367~9, 435f; Volker Eid, "Freie Verfilgung uber das eigene Leben?", in *Euthanasie oder soil man aufVerlangen töten?*, ed. by the same, Mainz: Grünewald, ^{2}1985, pp.79~86; Lisa S. Cahill, "Respecting Life and Causing Death in the Medical Context", *Concilium* 179(3/1985), p.37; Hans Rotter, *Die Warde des Lebens*, Innsbruck: Tyrolia, 1987, p.117; F. Böckle in *Handbuch der christlichen Ethik*, vol. 2, Freiburg: Herder, ^{2}1993, pp.54f.

금지에 대한 예외는 극히 드물 수밖에 없을 것이다.

2) 자살은 자신의 공동체와 딸린 사람들을 향한 의무에 반하는 범죄이다. 한 사람을 키우기 위해서는 가족과 더 큰 공동체의 많은 서비스, 지출 및 희생이 따른다. 한 사람의 생명은 늘 공동체의 큰 투자이며, 그는 이를 열매 맺게 할 의무가 있고, 타인들을 해치는 일이 아니라면, 함부로 생명을 버릴 수 없다. 책임져야 할 부양가족이 있다면, 더욱더 자신의 생명을 끊을 수 없다. 그렇지만 공동선이라는 이유로, 자기 목숨을 스스로 희생하는 경우도 있다. 체포된 스파이가 동료와 조국을 배신하지 않기 위해 자결하는 일은 대표적 사례이다. 따라서 이 둘째 논거도 조건적이며 절대적인 것은 아니다. 이마저도 예외를 인정하기 때문이다.

3) 자살은 자기 자신을 사랑하고 완벽을 추구해야 할 의무를 위반하는 것이다. 자신을 죽이는 사람들은 자신이 더 이상 인격적으로 성장할 가능성을 스스로 제거하는 것이다. 하느님께서 부르신 그런 충만한 완벽에 도달하기를 거부하는 것이다. 철회도 교정도 허용하지 않는 최종적이고 돌이킬 수 없는 결정을 내리는 것이다.

그렇지만 이것은 보통 사실이지만, 다시 여기서도 예외가 있음을 진척시킬 수 있다. 완벽을 위한 매우 중요한 수단이 희생하는 것이기에, 특히 더 큰 선익을 위해 자기 목숨을 간접적으로 희생하는 것은 허용되며 때로는 그 희생이 요구되는 경우도 있기에, 어떤 경우에는 자기 목숨을 직접 희생하는 것도 허용되지 않을까? 그러므로 이 셋째 논거도 대부분의 자살 사례에서는 유효하지만, 다른 논거에서와 마찬가지로, 모든 자살에 다 유효한 것은 아니다.

구 교회법은 자살자를 교회 묘지에 매장하지 않도록 규정한 바 있다. 더 이상은 유효하지 않다. 새 교회법은 그리스도인으로서의 장례가 대중의 추문을 일으킬 명백한 죄인 경우에만, 교회 장례식을 거부해야 한다고 규정한다(교회법 제1184조). 의사들은 자살하는 사람들의 약 20%가 정신과적(psychiatric) 질환(정신병)의 원인을 지녔고 60%가 정신병적(psychopathic) 성격의 소유자라고 판단한다.[96] 이 정신병적 질환(정신병들의 집단)은 자유 의지를 아주 없애지는 않지만 감소시킬 수는 있다. 따라서 자기 목숨을 취하는 사람의 주관적인 죄책을 판단하기는 매우 어렵다.

자살 시도가 도움을 요청하는 사람들의 마지막 외침인 경우가 많다. 자신의 문제점에서 벗어날 방법을 찾지 못하거나 실제로 또는 상상 속에 자신이 버림받고 사회적으로 죽었다고 생각하기 때문이다. 따라서 자살 시도는 때때로 어려움에 처한 사람에게 기대했던 관심과 도움을 제공했는지 가까운 친척들의 양심 문제이기도 하다. 그리고 "자살 시도를 긴급한 도움 요청으로 이해한다면, 실제로 도움을 요청한 그 사람의 신체적 생명을 구한 후에도 그에게 생활 지원을 제공해야 한다."[97] 자살 시도자를 다시 살려 놓고도 최소한 개인 차원에서 도움을 제공하려는 초기의 노력을 하지 않는 것은 의학적으로나 도덕적으로 무책임한 일이다. 한편 생생한 신앙과 종교적 신념이 자살 예방에 최상의 방지책이 된다는 것은 통계적으로 입증된다. 종교는 자살 예방에 매우 중요한 역할을 한다. 아주 중요한 상황에서 스스로 결정을 못 내리는 사람들에게는 권위와 전통이라는 억지력이 필요하다.

생명은 한 사람의 현세적인 최고선이지만, 그 자체로 최고의 가치가 아님은 위에서 설명한 바 있다. 이러한 이유로 전통은 특정 상황

96) Georg Siegmund, *Sein oder Nichtsein. Die Frage des Selbstmordes*, Trier: Paulinus, 1961, pp.119f.
97) P. Sporken, *Die Sorge um den kranken Menschen*, Düsseldorf, ^{4}1988, p.231.

에서 **간접적 자살**(*indirect killing*)을 언제나 허용하였다. 균형적으로 중대한 이유가 있는 경우, 그것은 의무라고 여겨왔다. 생명에 대한 위험이 커질수록 그 사유는 점점 더 막중한 것이어야 한다. 자기 생명을 확실히 희생해야 하는 것과 균형을 이루는 이유는 특히 자신의 신앙과 공공복지(common welfare)와 같이 자신의 신체적 생명보다 높거나 적어도 동등한 가치여야 한다. 누구든지 제자가 되고자 하는 사람은 자기 목숨을 미워해야 한다고 그리스도가 요구하셨다면(루카 14,26; 요한 12,25), 이는 그리스도와 그분의 나라를 위해 자기의 생명을 희생할 준비가 되어 있어야 한다는 뜻이다. 형제애도 그런 희생을 요구한다(요한 15,13).

그리스도의 정신으로 희생한 훌륭한 사례는 폴란드 사제 막시밀리안 콜베의 경우이다. 아우슈비츠 수용소의 수감자였던 그는, 다른 수감자들의 탈출에 대한 보복으로 굶어 죽는 형벌을 받게 된 어떤 가장을 대신해 자발적으로 죽었던 것이다(1941년). 전시에 적에게 더 이상 대항할 수 없는 상황에 다다랐을 때는 자기 목숨을 잃을 것이 예견되더라도, 자신들의 요새를 폭파하거나 배를 침몰시킬 수 있다. 또한 화재로 더욱 참혹한 죽음을 피하기 위해서라면 자신이 죽으리라는 확신이 들었더라도, 불타는 건물에서 뛰어내리는 것은 허용되기도 한다.

도덕신학 안내서들도 마찬가지로, 난파선의 승객들로 구명정이 만원이 된 경우, 비록 얼음물 속에서 살아날 가망이 없더라도 승객은 자발적으로 바다에 뛰어들 수 있고 또한 제비뽑기로 강제로 구명정에서 내리게 할 수도 있음에[98] 동의한다. 통상 이를 간접적 자살 또는

98) 그리세즈(G Grisez)와 보일(J.M. Boyle)은 그들의 저서 *Life and Death with Liberty and Justice*(London: Univ. of Notre Dame Press, 1979, p.108)에서 하나의 사례를 보고한다. 즉 1841년 얼음 덮인 북대서양에서 좌초될 구명정을 가볍게 하고자, 선장의 명령에 따라 승객을 배 밖으로 던진 선원의 경우이다. 당사자 홈즈(Holmes)는 이후 체포되어 필라델피아에서 살인 혐의로 재판을 받았다. 판사는 배심원들에게 이러한 사건에서는 그가 배 밖으로 던져질 사람을 제비뽑기로 골랐어야 했다고 말했다. 하지만 홈즈가 그렇게

간접적 살해라고 해석한다. 그러나 "간접적"이라는 분류는 다소 궤변적이고 억지스러운 것으로 보인다. 초과한 승객의 죽음은 중립적 행위에서 나온 부수적인 결과가 아니고 구명정의 나머지 승객을 구하기 위한 수단임이 분명하다. 이 사례를 바르게 분석하자면, 전통이 직접 살해에 대한 일반적 금지의 예외를 둔 것으로 인정해야 하지 않을까?

최근의 많은 저자들은 체포된 스파이나 군인이 공동선이라는 기본 가치를 보호하는 데 달리 다른 방법이 없을 경우, 자기 목숨을 직접 희생하는 것은 적법하며 심지어 의무적이라고까지 간주한다. 예컨대 고문받고 동료를 배신하거나 군사 기밀을 누설하도록 위협받을 경우, 심각한 인권 침해에 대한 비폭력 항의의 최후 수단으로써 단식 투쟁을 하는 경우, 또는 다른 사람이나 여러 사람의 목숨을 구하기 위한 경우, 이때는 적법하다. 적법하든 의무이든 이 견해를 옹호하는 저자들로는 숄츠(F. Scholz), 얀센(L. Janssens), 홀데레거(A. Holderegger), 헤링(B. Häring), 케르버(W. Kerber), 포미마탐(F. Podimattam), 매과이어(D. Maguire), 이에드(V. Eid), 스포켄(P. Sporken), 쇼켄호프(E. Schocken- hoff), 베버(H. Weber) 등이 있다.[99] 위에서 논한 구명정 사례와 아주 유사한 예외들은 많이 있다.

하지 않았기에 배심원들은 그에게 유죄 판정을 내렸지만 인정을 베풀도록 판사에게 권고했다. 홈즈는 6개월의 중노동형을 선고받았다. 희생자를 선택하는 방식을 제외하면, 이 판결의 기본 원칙은 구명정에서 일부 승객을 (죽도록) 추방한 것은 현재의 상황에서는 원칙적으로 합법적이라는 것이다. 이는 도덕신학 안내서에서도 흔히 볼 수 있는 판단이다.

99) F. Scholz, *Wege, Umwege und Auswege der Moraltheologie*, München: Don Bosco, 1976, p.19; L. Janssens, "Norms and Priorities in a Love Ethics", *Louvain Studies* 6(1976/7), p.215; A. Holderegger, *op.cit.*, pp.420f, 436; B. Häring, *Free and Faithful in Christ* III, 1981, p.85; W. Kerber, "Zur moraltheologischen Beurteilung eines politisch motivierten Hungerstreiks", *Theologie und Philosophie* 57(1982), pp. 58f; F. Podimattam, "Conflict Morality: an Interpretation", *Jeevadhara* 12(1982), p.448; D. Maguire, *Death by Choice*, Garden City, N.Y.: Image Books, 1984, p.186; V. Eid, "Freie Verfügung uber das eigene Leben?", *op.cit.*, pp.80f; P. Sporken, *op.cit.*, p.229; E. Schockenhoff, *Ethik des Le bens*, Mainz: Grünewald, 1993, p.189; H. Weber, *Spezielle Moraltheologie*, *op.cit.*, p.207.

7.5.2. 동료에 대한 살인과 간접 살해

생명은 지상에 존재하는 사람들의 가장 기본적인 선익이다. 여기서 나온 직접적인 결과는 인간 행위의 기본 규범인 살해 금지이다. 이 규범은 많은 문화권에서 발견되지만, 예외가 없는 절대적인 규범은 아니었다. 금령으로서의 그 역사를 살펴보면, 예외가 점점 더 제한되어 왔음을 알 수 있다. 따라서 유혈 분쟁은 공적 사법권으로 대체되었다. 사형은 더 엄격하게 제한되었고, 전쟁 포로는 생명권을 부여받았으며, 민간인은 군사적 전투에서도 보호받게 되었다.

형법은 살인(murder)을 계획적 살해(premeditated homicide)와 돌발적인 열정에 의한 비계획적 살해(unpremeditated homicide)로 구분한다. 후자의 경우는 덜 중한 범죄이긴 하지만, 사랑에 반하는 중죄이기도 하다. 살인에 관한 도덕적 개념은 두 형태를 모두 포함한다. 임의로 상처를 입히고 죽이는 테러도 마찬가지로 인간 생명에 반하는 범죄가 된다. 자비적 살해나 안락사 그리고 낙태는 특별한 문제점과 연결되기 때문에, 별도의 영역에서 다루겠다. 사형의 문제와 전쟁에 의한 국방의 문제는 공동체 생활에 관한 장(제10장)에서 다루기로 한다.

가톨릭 도덕신학에서는 동료를 직접적이고 불법적으로 죽이는 행위를 모두 살인이며 도덕적 중죄로 간주한다. 가톨릭적인 견해에 따르면, "불법적"(illegal)이란 뜻은 (a) 국가 당국의 허가나 명령에 의한 경우라고 하더라도, 무죄한 사람을 죽이는 모든 행위이며, (b) 사적인 제재로서 법질서 밖의 범죄로 죽이는 행위를 말한다. 동료를 간접 살해하는 행위는 중대한 이유가 있다면, 정당화될 수 있다. 그러나 정당화되지 않으면, 살인죄에 해당한다.

1) 살인 일반

성서의 첫 부분에는 동생 아벨을 살해한 카인을 이미 단죄한 바 있다. "네 아우의 피가 땅바닥에서 나에게 울부짖고 있다"(창세 4,10). 살인에 대한 기본 판단은 탈출기 20장 13절과 신명기 5장 17절의 제5계명 "살인해서는 안 된다"에서 내려졌다. 히브리어로 사용된 이 동사는 다소 드문 **라사흐**(*rasach*)이다. 이는 허용되지 않는 불법적 살해를 의미한다. 여기에는 전쟁에서의 살해나 사법적 판결에 따른 범죄자의 처형이나[100] 동물의 살해는 해당되지 않는다. 탈출기 23장 7절은 특히 무죄한 이에 대한 살해를 단죄한다. "죄 없는 이와 의로운 이를 죽여서는 안 된다. 나는 악인을 죄 없다고 하지 않는다"(또한 참조: 신명 27,25). 살인을 단죄한 이유는 하느님과 인간의 권리를 침해했기 때문이다. "사람의 피를 흘린 자 그자도 사람에 의해서 피를 흘려야 하리라. 하느님께서 당신 모습으로 사람을 만드셨기 때문이다"(창세 9,6). 예수는 제5계명의 타당성을 강조하셨고(마태 19,18; 마르 10,19) 살인의 뿌리인 분노와 증오를 이미 단죄하셨다(마태 5,21~22). 교회 교도권의 입장에서 볼 때, 회칙 「생명의 복음」(1995년)은 특히 무죄한 이를 고의로 살해하는 행위를 명시적으로 배격한다. 베드로와 그 후계자들에게 부여된 권한으로 요한 바오로 2세는 "무고한 인간을 직접, 의도적으로 죽이는 것은 언제나 지극히 부도덕한 행위"라고 단언한다(57항).

살인이 범죄가 되는 내재적 근거는 다음과 같다.

(1) 인간 생명의 소유자이며 주인은 오직 하느님뿐이시다. 사람은 자신의 생명을 처분할 수 없는 것처럼 타인의 생명을 처분하는 일은

---

100) J. Scharbert, *Exodus*, Würzburg: Echter, 1989, p.85; 코흐(R. Koch)에 따르면, 그 금지에는 전쟁, 사법적 판결에 의한 범죄자의 처형, 혈연의 보복, 외국 국민의 살해, 그리고 동물의 살해는 해당되지 않는다["Le sixième (cinqueíème) commandement(Ex 20, 13; Dt 5,17)", *Studia Moralia* 16, 1978, p.16].

훨씬 더 허용되지 않는다. 이 논거는 자살에 관한 부분에서 자세히 토의된 바 있다. 그 논거의 타당성과 지적된 한계는 여기서도 동일하게 적용된다. 전쟁과 사형에 있어서 이미 인정된 예외들을 감안할 때, 하느님께서 더 더 시급하게 보호하시려는 상위의 선익이 그 희생을 정당화하거나 요구하는 경우를 제외한다면, 살해 금지는 효과가 있도록 정식으로 규정되어야 한다.

(2) 생명은 인간의 현세적인 최고선이며, 지상적 존재로서 인간에게는 불가결한 것이다. 이 선익에서 인간의 높은 권리가 유래한다. 정의의 원칙에 따르면, 그런 권리는 상위의 권리를 보호하는 경우를 제외하고는, 세상의 어떤 권력에 의해서도 빼앗길 수 없다. 그러한 상위의 권리, 예컨대 타인과 공동체의 기본권을 위협하는 범죄자의 그 권리는 빼앗길 수 있다. 이 경우, 정의와 공공복리(common weal)의 보호라는 상위의 권리는 범죄자의 죽음을 요구할 수 있게 된다.

가톨릭 도덕신학의 공통된 가르침에 따르면, 무죄한 이의 경우에 자기 생명을 향한 직접적 폭행으로부터 보호받을 권리보다 더 높은 지상적 권리는 없다. 이 경우에는 공공복리의 요구조차도 더 높은 권리가 되지 못하는데, 왜냐하면 (한 지체가 몸 전체를 위하여 존재하듯이) 한 개인이 국가를 위해 존재하는 것이 아니라 이때는 국가가 그 개인을 위해 존재하기 때문이다.

하지만 궁극적으로는 개인과 국가가 모두 하느님과 그분의 영광을 위해 존재한다. 둘 다 그분의 계획에 이바지하도록 불린 것이다. 이 계획은 초월적인 천국만을 목표로 하는 것이 아니다. 이러한 하느님의 구원 계획과 창조를 세상에서 전개하는 것도 포함된다. 이러한 계획을 이룰 권리는 어떤 개인이나 국가의 권리보다 더 높은 것으로 간주되어야 한다.

(3) 사회의 복지는 인간 생명의 보호를 요구한다. 사람들이 사적

권리로서 서로를 죽이도록 허용한다면, 사회의 안전은 사라질 것이다. 공공복리는 더 이상 존재하지 않을 것이다. 하지만 이 논거가 공공복리를 위해 (직접 살해해서) 무죄한 이를 희생시키는 것이 어떤 상황에서도 부적법한 것임을 증명하지는 못한다.

무죄한 이에 대한 **간접적 살해**(*indirect killing*)는 가톨릭 윤리학이 늘 인정했듯이, 언제나 살인(murder)이 되는 것은 아니다. 균형적으로 상위의 선익을 보호하기 위해서라면, 이는 때때로 허용된다. 그렇지 않으면 다른 중요한 가치 특히 공공복지를 수호하거나 보존할 수 없기 때문이다. 당연히 어떤 행동이 무죄한 이를 간접적인 죽음에 이르게 할 확실성이 클수록, 그 행위가 정당화될 이유도 더 중대해야 한다. 간접적 살해의 정당성은 균형적 이유(proportionate reason)의 규칙에 따라 판단된다.[101)]

적의 군사 시설이나 전쟁 수행에 중요한 공장을 폭격하는 것은 일부 민간인도 살해될 것으로 예상되더라도, 허용된다. 마을 전체를 구할 수 있다면, 압제자가 죽이고 싶어 하는 무죄한 이들을 그에게 넘겨줄 수 있다. 비록 불의한 침략자나 반군이 여자나 아이를 방패로 삼고 있고 그래서 무죄한 생명들을 잃을지라도, 자신을 방위할 다른 방법이 없다는 전제하에, 그들을 향해 반격을 할 수 있다. 제동 장치의 고장으로 자동차가 내리막길로 돌진해 내려갈 때, 운전자는 다른 차량이나 보행자의 목숨을 보호하고자 제방이나 다리 난간 밑으로 떨어지도록 운전대의 방향을 돌릴 의무는 없다. 물론 더 큰 재앙을 예방할 수 있다면, 운전자가 적정한 수준의 위험이 있는 들판으로 방향을 돌릴 의무는 있을 것이다. 원칙적으로 타인의 생명이나 가치를 구

---

101) 간접적으로 의도한 효과의 허용 여부에 대한 질문은 『그리스도교 윤리학: 제1권 기초 도덕신학』, 가톨릭대학교출판부, 2022, 369~383쪽을 보라.

하기 위해 무죄한 생명을 간접적으로 희생시키는 일은 구하려는 생명이나 가치가 희생되어야 할 생명이나 가치보다 더 크거나 적어도 동등할 때만, 정당화될 수 있다.

자살이란 맥락에서 논한 과밀한 구명정의 사례는 그 배를 구하기 위해서는 추첨으로 뽑힌 승객들이 배 밖으로 던져질 수 있다는 점에서 여기에도 해당된다. 바르게 분석해 보자면, 이는 무죄한 이에 대한 직접적 살해를 금하는 일반론의 예외를 의미한다. 또한 많은 저자들은 아래와 같이 직접적인 치료적 낙태의 경우에서도 예외를 허용한다.

2) 안락사

안락사는 사람들의 마음을 사로잡고 출판물, 토론 및 여론조사를 지속적으로 발생시키는 주제이다. 절망적이고 희망이 없는 경우, 안락사를 지지하는 경향이 커지는 것으로 나타났다.[102] 현대 의학은 고통을 완화할 수 있는 수준이 되었으며 따라서 안락사를 선택할 정당성은 존재하지 않는다는 주장은 상당 부분이 사실이지만, 보편적인 주장도 아니다. 뼈암과 방광암인 경우, 지금도 예전처럼 고통스러운 지독한 통증, 삼킴곤란, 호흡곤란, 구토 및 궤양과 같은 여타의 고통 그리고 조절하기 어려운 통증이 있기 때문이다. 게다가 원칙적으로는 이용 가능한 의료지원이 모든 상황과 모든 장소에 늘 있는 것도 아니다.

102) 영국과 프랑스에서는 각각 1987/8년에 인구의 72%와 76%가 적극적 안락사를 지지한다고 밝혔다(*Newsweek*, March 14, 1988, p.46). 2000년 11월 네덜란드 의회는 다음의 엄격한 조건하에서 지금까지 허용되었던 적극적 안락사를 합법화했다. 1) 의사는 환자가 고통 상태를 참을 수 없다고 평가해야 할 것. 2) 환자는 명확한 말로 고통을 종식시켜 달라고 요청해야 할 것. 3) 제2의 별도 의사를 불러서 그 평가를 확인하도록 할 것. 4) 사망이 발생한 후 의사는 이 사망에 이르게 된 개별 단계에 대한 자세한 조서(protocol)를 제출해야 할 것. 네덜란드 로테르담의 에라스무스(Erasmus) 대학교의 설문조사에 따르면, 90년대 초반 적극적 안락사 사례는 연간 2,300건에 달했다. — 2002년 5월 벨기에 의회도 비슷한 법으로 안락사를 합법화했다.

용어 설명: 안락사 또는 자비적 살해(mercy killing)라는 이 단어는 통상 고통받는 불치의 환자를 치명적인 약물이나 수단을 사용해 의도적으로 살해하는 것을 의미한다. 도덕신학에서는 이를 직접적(direct) 또는 적극적(active) 안락사로 규정하며 더 넓은 의미에서는, 간접적(indirect)이고 소극적(passive) 안락사에 대해서도 말한다. 간접적 안락사란 진정제나 마취제를 통해 고통을 완화하다가 그 부작용으로 생명이 단축되는 것이다. 소극적 안락사란 생명 연장 조치를 생략하거나 중단함으로써 쉽게 죽도록 하는 것이다. 일상 용법으로 그리고 특히 교회적이고 신학적인 용어로, 안락사라는 거의 항상 직접적이고 적극적인 형태를 의미한다. 교황청 사회복지평의회(Cor Unum Council)의 권고에 따르면, 모호성과 혼란을 피하기 위해서 후자인 소극적 안락사 형태로 한정할 때만, 허용될 수 있다.[103]

역사의 흐름 속에서 우리는 특히 원시 인류에게서 — 그러나 그들에게서만은 아니고 — 우생학적·사회적 이유로 기형아나 비정상적 아이나 아주 늙고 병든 사람을 유기하거나 살해하던 관행(praxis)을 접하게 된다. 공정하게 말하자면, 원시적 환경과 특히 유목민 집단에서는 평생 장애인을 부양하는 데 엄청난 어려움이 있음을 인정해야 한다. 독일의 나치 정권은 "살 가치가 없는 생명" 즉 심각한 정신 장애나 심각한 불치성 기형의 환자들을 체계적으로 근절하고자 노력한 바 있다. "사회적 안락사"라고도 불리는 이 관행은 오늘날 보편적으로 배격되고 있다. 연민과 극심한 고통에서의 해방이라는 이유로 옹호되는 안락사와는 분명히 구별해야 한다. 오늘날 안락사를 지지하는 사람들은 후자인 소극적 안락사만을 염두에 두고 있다.

---

103) Document *Dans le cadre*, "Quelques questions d'ethique relatives aux grands malades et aux mourants" of June 27, 1981, sections 3.lf; *Enchiridion Vaticanum*, vol. 7. Bologna: EDB, 1982, nrs. 1253f. 이 문헌은 뛰어난 역량과 공감으로 작성되었으며, 주목할 만하다.

도덕적 평가에 있어서, 적극적 살해와 소극적인 생명 연장 포기를 구분하는 것은 기본이다. 전자의 적극적 살해인 경우, 환자 사망의 적극적인 원인은 환자의 질병이 아니라 의사의 개입 때문이다. 누구나 적극적으로 행한 것에 대해서는 책임을 져야 하기 때문에, 여기에서는 의사가 책임을 피할 수 없다. 후자의 소극적인 경우, 환자 사망의 적극적 원인은 환자에게 내재된 질병이다. 의사는 어떤 식으로든 도와줄 책임이 있는 경우에만 치명적 질병의 자연 경과를 멈출 의무가 있으며, 이런 책임이 있는 한 자신의 멈출 의무를 다해야 한다. 이러한 책임은 환자나 대리인의 의향, 환자의 능력 여부 및 대리인의 유무에 따라 달라진다. 또한 의사는 쓸모없는 일을 할 의무가 없기에, 환자에게 실질적 이익이 된다는 희망 여부에 따라 좌우된다.

적극적 안락사에 대한 찬반의 논거: 적극적 안락사 문제에 있어서, 대부분의 경우 환자의 의향은 문자 그대로 받아들일 것이 아니고 더 나은 도움을 요청한다는 뜻임을 경험 많은 의사들은 시인한다. 그렇지만 양질의 간호 지원과 집중적인 개인 치료라는 최고의 조건에서도, 고통을 통제할 수 없고 죽도록 도와주길 바라 마지않는 그런 "완전한 고통"은 발생할 수 있다. 오늘날 안락사 옹호자들은 후자의 경우에 도움을 주고 싶어 한다. 이들 논거의 핵심은 가망이 없는 통제 불능의 고통과 무의미한 비참함보다는 오히려 죽음이 낫다고 보는 것이다.

이러한 극단적 고통을 고려할 때, 너무 복잡한 결의론(casuistry)과는 무관하게, 통증 완화 약물의 의도하지 않은 부작용으로 생명이 단축되는 경우라도, 그러한 약물을 투여할 수 있다고 비오 12세는 이미 선언한 바 있다.[104] 반면 적극적이고 직접적인 안락사에 대해서는 신앙

104) Allocution "Trois questions religieuses et morales concemant l'analgésie" of 24 Feb. 1957, in *AAS* 49(1957), pp.129~147; the allocution of 9 Sept. 1958, in *AAS* 50

교리성의 「안락사에 관한 선언」(1980년)[105]과 요한 바오로 2세의 회칙 「생명의 복음」(1995년)에서도 이렇게 배격된다. "본인은 안락사가 하느님 법에 중대한 위반임을 확인하는 바입니다. 그것은 고의적이고 도덕적으로 용납할 수 없는 인간 살해 행위이기 때문입니다"(65항).

전통적으로 자살과 무죄한 동료의 살해에 반대하는 논거는 안락사의 경우에도 유효하며, 특정 문제에 적합한 몇 가지 수정 사항이 추가되었다.

(1) 인간의 생사에 관한 **하느님의 배타적 처분권의 논거:** 도덕신학의 전통에서 볼 때, 이것은 가장 중요하고 가장 결정적인 논거로 간주된다. 그러나 위에서 논의했듯이, 이 논거가 완전히 결정적인 설득력이 있는지는 여러 저자들에 의해 의문시되고 있다. 이 논거는 실제로 하느님 앞에서 자기 생명에 대한 자신의 책임을 시험하게 한다. 그러나 인류와 세상을 향한 하느님의 계획에 이바지하고 이에 모순되지 않는다면, 자기 생명을 적극 희생한 것에 대한 정당성을 보장받게 된다.

이런 성찰을 통해 일부 저자는 극심한 질병에 시달리는 사람의 자율과 존엄을 지키기 위한 인도적 죽음의 이유로 또는 연민과 형제애의 이유로 특정 상황에서는 적극적이고 직접적인 안락사도 정당화될 수 있다는 결론을 내린다.[106] 안락사에 반대한다고 단호히 주장하는

(1958), pp.687~696.

105) Cf. *Vatican Collection*, vol. 2: *More Post Conciliar Documents*, ed. by A. Flannery, ²1998, p.513; *AAS* 72(1980), p.546. 마찬가지로 『가톨릭 교회 교리서』 1994, 2276항.

106) 다음의 저자들은 원칙적으로 그리고 모든 상황에서 적극적 안락사의 가능성을 배제하지 않으려 한다. P. Sporken(*Menschlich sterben. Düsseldorf*: Patmos, ²1973, pp.36f); C.E. Curran(*Ongoing Revision*. Notre Dame, Ind.: Fides Publ., 1975, p.160); D. Maguire(*Death by Choice*. Garden City, N.Y.: Image Books, ²1984, p.134; p.186); H. Kuitert("Haben Christen das Recht sich selbst zu töten", *Concilium* 21, 1985, p.232); H. Küng(*Menschenwurdig sterben*. München: Piper, 1995, pp.56~72).

신학자들조차도 이론적으로 극단적인 상황에서는 이러한 저자들의 생각을 완전히 배척하고 싶어 하지는 않으며, 경계선상의 사례인 경우에는 전반적으로 똑바른 윤리적 해결책을 늘 찾을 수는 없음을 그들도 인정한다.[107)]

(2) **공공복리의 논거:** 현재의 논의에서 매코믹(McCormick), 홀데레거(Holderegger), 로터(Rotter) 및 에이드(Eid) 등은 인간에 대한 하느님의 소유권을 결정적 논거로 간주하지는 않지만, 그럼에도 이들은 공공복리(또는 자기애: 홀데레거)라는 논거로부터 원칙적으로는 적극적 안락사를 배격하는 결론에 도달한다. 반대 의견을 자세히 살펴보자면, 다음과 같다.

첫째로 안락사를 원칙적으로 허용하는 경우, 빙하 균열의 효과(crevasse effect), 즉 "댐 붕괴 효과"(Dammbrucheffekt)로 쉽게 이어질 수 있다. 자신들은 그다지 큰 고통을 겪고 있지는 않지만 사회에는 부담이 되는 장애인이나 병자에게도 안락사를 확대시키는 선례가 될 수 있기 때문이다. 하지만 안락사에 대해 많은 윤리적 원칙에서는 예외가 인정됐지만, 예외가 명확하게 명시되어 있는 한, 우려되었던 빙하 균열의 효과(예: 음식 도난, 직업적 비밀)는 나타나지 않았다고 답할 수 있다. 현재의 논쟁에서 안락사를 정당화하는 이유는 회복할 희망이 없는 환자를 지속적이고 극심한 고통에서 해방시키려는 것이며, 다른 이유는 배제된다.

---

107) 예컨대, Volker Eid(ed.), *Euthanasie oder Soll man au/Verlangen Töten, op.cit.*, p.11(Vorwort) and p.89(contribution "Freie Verfügung über das eigene Leben"); Lisa Sowle Cahill, "Respecting Life and Causing Death in the Medical Context", *Concilium* 179(3/1985), p.37; E. Schockenhoff, *op.cit.*, p.189; Alfons Riedl, "Seinen Tod sterben dürfen. Zur Diskussion um die Sterbehilfe", *Theol. prakt. Quartalschrift* 142, 1995, p.17. 마지막의 저자는 이렇게 판단한다. "경계선상의 상황들도 존재할 수 있으며, 이러한 경우 윤리 역시도 그 한계에 직면하게 된다. 왜냐하면 죽음을 위한 (직접적이고 적극적인) 도움과 그리고 (단순하지만 불충분할 수 있는) 고통 완화 간의 구분이 더 이상 명확하게 유지되기는 어렵기 때문이다."

둘째로 의사가 자비적 살인을 할 경우, 의사와 환자 간의 신뢰라는 근본 가치는 심각하게 훼손되고 또한 사라질 것이다. 그러나 이 지점에서 볼 때, 그러한 신뢰의 상실은 원칙적으로 의사 표현 능력이 있는 환자의 의지에 반하여 안락사를 행할 때 초래될 것인데 오늘날에는 이런 입장을 갖고 있는 이가 없다고 반박될 수 있다. 나머지의 경우라면, 모든 윤리학자가 적절한 이유로 인정하는 생명 연장 조치 중단의 경우인데, 이와 비슷한 상황은 이미 일어나고 있다. 예컨대 이식용 장기를 얻기 위해 너무 일찍 중단하는 사례 말이다. 비록 이런 가능성도 있지만, 벌어질 남용을 적절한 규범이 막아주고 있기에 신뢰가 상실된 적은 없었다.

셋째로 안락사에 있어서 필수 조건은 방금 언급했듯이, 환자의 자유로운 동의이다. 그러나 이러한 동의는 어떻게 식별하고 확인할 수 있을까? 안락사를 향한 환자의 소원이 종종 더 많은 도움과 개인적 돌봄을 원하는 가려진 탄원(hidden plea)일 뿐이거나 또는 일시적 우울증이나 과도한 약물 복용으로 인한 장애의 결과라는 점도 이미 언급한 바 있다. 끝으로 이 소망은 환자가 이제 지금 떠나야 한다는 상상이나 사회적 환경의 실제적 압박으로 인한 결과일 수도 있다. 의심할 여지 없이 이러한 사태를 방지할 예방 조치들, 예컨대 더 나은 치료 제공, 적절한 숙고 기간 및 담당 의사의 다른 의사들과의 의논 등을 마련할 수 있겠다. 그리고 죽음을 적극적으로 앞당길 정당한 사유로 극심한 고통만을 인정한다면, 사회적으로 압력을 가할 위험이 개입될 실질적 소지는 없어질 것이다. 하지만 미성년자나 신생아처럼 동의할 수는 없지만 질병이나 결함으로 인해 극심한 고통을 겪는 사람들에게는, 동의 요건이 해결책을 제시하지 못한다는 것도 사실이다. 이 경우에 부모나 다른 대리인이 동의할 수 있을까? 이 경우는 환자의 자유로운 동의가 없는 안락사에 해당하겠지만, 대리 동의의 가능성을 부정하는 것은 아니다.[108] 그러나 정확히 이 시점에서 볼 때, 사회적 안락사로 가는 단계는 아주 작지만, 일단 시작되면, 이 방향을 피할 수 없으리라는 두려움은 커진다.

혼수상태의 환자에게는 고통이 없기에, 그에 대한 적극적 안락사가 논의되지 않는 것도 이해해야 한다. 이 경우 문제의 요점은 오히려 앞서 다룬 바 있는 추가 치료에 대한 소극적 생략에 있다. 이에 대한 언급이 여기서 이루어질 수 있다.

(3) **자기애의 논거:** 책임 있는 자기애는 안락사를 금지한다. 최근의 저자 중에서 이 논거를 바탕으로 안락사를 배격하는 사람은 홀더레거(Holderegger)이며, 이는 실제로 이런 조치에 반대하는 강력한 논거이다. 그는 "자신을 처분하는 것은 타인의 생명을 위한 선물과 희생으로서 정당화되는 반면, 박탈당하는 상황에서 죽음의 직접적인 원인은 정당화되지 않는다"고 판단한다.[109] 안락사를 금하는 이유는 개인적 가능성을 실현하고 자신을 궁극적인 충만한 경지에 이르게 하라는 하느님의 소명 때문이다. 사람은 자살을 암시할 수도 있는 결핍의 상황들(질병, 고통) 속에서도 이 의미의 지평에 자신을 열어 두어야 한다. 왜냐하면 그들의 육체적 삶은 언제나 의미를 부여하시는 하느님의 긍정 속에 지탱되고 감싸여 있기 때문이다.[110]

한 사람의 생명에 대한 종결은 결코 그 사람의 궁극 소명과 대립될

---

108) 1993년 3월 암스테르담 근처의 푸르메렌트(Purmerend)에서 한 소녀가 수두증과 척추가 갈라진 심각한 기형(척추 이분증)을 지닌 채 태어났다. 날 때부터 하반신 마비였던 그 아기는 지속적으로 극심한 고통을 겪었다. 조금만 건드려도 벌써 경련을 일으켰다. 아기는 쉬지 않고 울며 소리 지르고 칭얼거렸다. 진통제도 효과가 없었고, 수면제 역시 잠깐의 효과만 있었다. 여섯 명의 의사가 아기를 진찰했다. 그들의 판단에 따르면, 그 아기의 기대수명은 불과 몇 주에 불과했으며, 이는 하나의 순교와도 같았다. 담당 의사는 동료 의사들과 생후 나흘 된 아기의 부모 그리고 한 명의 성직자의 동의를 받아 그 생을 조기에 종결지었다(*Der Spiegel* 14/1995, p.236).

109) A. Holderegger, *Il suicidio*, Assisi: Cittadella, 1979, p.436.

110) *Ibid.*, pp.430s.

수 없다. 하느님을 믿는 모든 사람은 이 엄청난 요구를 예리하게 깨닫고 있을 것이다. 그러나 죽어 가는 모든 고통, 가장 크고 가장 긴 고통도 하느님의 긍정에 둘러싸인 인간 성숙의 마지막 단계로 간주되어야 하며 그리고 사람이 이를 단축할 수 없는 것이라면, 마약으로 간접적으로 수명을 단축시키거나 고통을 줄이기 위해 수명연장 조치를 소극적으로 생략하는 것도 배제해야 되지 않는가? 그렇지만 이러한 행위들은 합법적인 것으로 간주된다. 원칙적으로는 고통에서의 해방은 모든 자비 행위의 대상이 되기 때문에 가치 있는 선익이다. 그러나 심각한 말기적 고통으로부터의 해방이 안락사로 생명을 종결시키는 것을 정당화할 수 있는 선익일까? 여기서 마음들은 갈라진다. 그리스도교 가르침에 따르면, "고통 특히 삶의 마지막 순간에 겪는 그 고통은 하느님의 구원 계획에서 특별한 위치를 차지한다. 사실 그것은 그리스도의 수난에 참여하는 것이며 아버지의 뜻에 순종하며 바치신 구속 희생과 일치하는 것이다."[111)]

이것이 고통에 맞선 싸움은 언제든 덜 시급한 것으로 간주될 수 있다는 뜻은 분명히 아니다. 선하신 목자를 따름에 있어서 남녀는 가능한 한 모든 형태의 불행과 통증에 맞서 싸우고자 그리고 가능한 한 이를 줄이고 완화시키고자 노력해야 한다. 또한 앞서 지적한 바와 같이, 이미 절망적인 목숨을 살게 된 경우에는, 특별한 의료적 노력이나 특수한 수단을 통해 생명 연장을 할 의무도 없고 이를 정당화시킬 근거도 없다. 끝으로 말기 질환자에게는 의료진의 적절한 서비스와 가족의 보살핌이 있어야 하며, 이를 통해 그가 아주 빈번하게 죽고 싶게 만드는, 자신이 버림을 받았고 무가치하다고 보는 그런 느낌을 없

111) Congr. for the Doctrine of the Faith, "Declaration on Euthanasia", *Vatican Collection*, vol. 2: *More Postconciliar Documents*, ed. by A. Flannery, [2]1998, p.513 (*AAS* 72, 1980, p.547).

애주어야 한다. 이와 관련해 앞서 언급한 손더스 경(Dame Saunders)의 호스피스 운동은 널리 본받을 만한 방법임을 보여 주었다.

3) 낙태

낙태는 인류 역사를 관통해 추적할 수 있는 하나의 현상이다. 그러나 우리의 시대에는 그 어느 때보다 낙태율이 무섭게 급증하였으며 미국에서는 매년 150만 건, 유럽의 주요 국가에서는 수십만 건, 세계적으로는 약 5~6천만 건의 낙태가 시행되고 있다. 여자들은 낙태가 자신의 곤경을 해결해 줄 것이라고 거듭 믿는다. 그러나 다른 어려움 그리고 더 심각한 어려움에 직면하는 경우가 많다.

낙태는 인간이 개입해서 자궁 밖에서 생존이 불가능한 배아나 태아를 임부의 자궁에서 제거하는 것으로서, 자궁에서 제거하기 전에 인간을 살해함으로써[112] 또는 자궁 밖에서 특정한 죽음에 노출시킴으로써 이루어진다.

낙태가 예컨대 미혼모의 평판을 보호하고자 생존이 불가능한 결실(fruit)을 배출시키거나 자궁 내에 자손(offspring)을 분쇄할 목적으로 또는 이러한 목적을 달성하기 위한 수단으로 의도된 경우, 직접적 낙태가 된다. 예컨대 임부의 암으로 인한 자궁 제거의 때처럼, 태아의 사망이 단순히 직접 의도된 목적의 부수적인 효과로서만 허용되는 경우, 간접적 낙태가 된다.

자녀(offspring)는 대략 28주 후에나 생존할 수 있다. 제대로 갖춰진

112) 도덕적 관점에서 볼 때, 태아를 소금 용액으로 죽이든, 흡인기로 빨아내든, 외과적으로 제거하든, 최근 발명된 낙태를 일으키는 "피임약"(pill) RU 486(미페프리스톤, Mifepristione), 미페진(Mifegyne), 미페프렉스(Mifeprex)으로 낙태하든, 사용 수단에 있어서는 차이가 없다. 후자의 약물은 임신 첫 7주 동안 복용할 수 있는 '손쉬운 침실용 약물'이라고 홍보되고 있다. 하지만 그중 약 5%가 실패하는데, 그렇게 실패하면 약물에 의해 태아 손상이 생김으로써, 외과수술로 낙태를 해야만 한다. 이러한 합병증과 여타의 빈번한 합병증 때문에 경구 피임약(pill)은 의학적 통제하에 복용해야 한다.

병원에서는 26주 이후에도 생존이 가능하다고 본다. 자유 의지로 조절한 것이 아닌데 임신 중단이 일어난 것이 20주 이전이라면, 유산(miscarriage)이라고 한다. 20주 이후라면, 조산(premature birth)이라고 한다. 이런 일이 부주의로 일어났다면, 죄책은 어느 정도 있다.

(1) 인간 생명의 시작에 관한 문제점

언제 수정란에 영혼(spiritual soul)이 주입되는지에 대한 질문은 특별한 문제점을 일으킨다. 따라서 엄격한 의미로 배아는 언제부터 사람으로 간주될까? 오래전부터 철학자와 신학자 사이에는 두 가지 이론이 있었다. 아리스토텔레스와 그 뒤를 이은 성 토마스 아퀴나스는 태아가 발달 중 특정한 단계에 도달한 이후 영혼이 육체에 주입된다고 생각했다. 그때까지는 태아는 그저 식물적·동물적 성격의 생명으로만 살아 있다. 베네딕토 14세는 이 견해에 찬동했고,[113] 영혼이 주입되는 시점은 일반적으로 임신 후 대략 6주로 설정되었다(남아의 경우 40일, 여아의 경우 80일). 이 이론은 오랫동안 아주 통상적인 것으로 유지되었다. 그러나 아주 최근에, 생성 과정에 대한 새로운 의학적 통찰의 영향으로, 18세기 말 신학자들 간에 수정〔conception. **옮긴이 주 #15:** 이 단어는 원래 임신, 수태 및 착상의 의미이기에 저자가 오해한 것으로 보임.〕 순간에 즉각 주입된다는 이론이 자리를 잡았으며, 19세기에는 아주 통상적인 것이 되었다.[114] 하지만 오늘날 인간 생명의 시작에 대한 더 수

---

113) *De Festis*, lib. II, c. 15, nr. 1, in *Opera omnia* 9, ed. J. Silvester, Prato: Aldina, 1843, 303a, quoted in *Theol. Studies* 51(1990), p.617.

114) 그렇지만 나중 주입 이론은 지난 세기뿐만 아니라 19세기에도 얼마의 옹호자는 늘 있었다. 헤어링(H.-M. Hering)은 다음과 같이 유명 저자들을 나열한 바 있다. 즉 Liberatore, Zigliara, Comoldi, Lorenzelli, Sanseverino, di Maria, Card. Mercier, Remer, Sertillanges, Prümmer, Farges-Barbedette, Vermeersch, Merkelbach, Lanza("De tempore animationis foetus humani", *Angelicum* 28, 1951, pp.18~29). 1869년까지는 교회 형법이 임신 40일 이후 임신이 중단된 경우에만 영성체 금지(excommunication)의 형벌을 부과했다. 비오 9세만이 이런 금지를 폐지한 바 있다.

용 가능한 설명으로서, 영혼이 주입이 되기 전에 물질이 어느 정도는 발달해야 한다는 생각을 다시 제시하는 학자들이 늘고는 있지만, 다른 많은 학자는 수정(conception)의 순간에 영혼이 즉각 주입된다는 것을 계속 옹호한다.

교회가 두 이론을 승인하거나 단죄한 공식 선언은 없다. 하지만 두 견해 모두 개연성이 있기에 그리고 인간 생명이라는 위대한 선익을 다루고 있기에, 실천적인 질서에서는 누구나 더 안전한 방법을 따라야 하고, 살아 있는 수정란을 발달 단계와 관계없이 인간의 모든 권리를 지닌 인간 위격으로서 언제나 대우해야 한다고 신학자들은 통상 주장한다.[115] 이러한 신중한 이론은 적어도 성 토마스와 그의 편에 선 사람들의 의견을 지지하는 확실한 증거가 없는 한, 준수되어야 한다.

지금까지는 그런 증거가 전혀 확립될 수 없는 것처럼 보였다. 그러나 이 문제를 더 명확하게 하는 데 기여해 줄 의학적 발견이 현재 생겼다. 인간의 정자는 난자에 도달하는 데 약 4시간이 걸린다. 정자가 난자에 침투한 후 정자의 핵과 난자의 핵이 합쳐지는 데 약 24시간이 걸린다. 이렇게 생성된 개체를 접합자(zygote)라고 부르는데, 이 접합자는 6~7일 동안 나팔관과 자궁으로 이동하는 단계에 있게 된다. 그런 다음 착상, 즉 지금은 배반포(blastocyst)라고 불리는 유기체가 자궁벽에 이식하는 단계가 일어난다. 이 착상 단계는 수정(conception) 후 14일에 완료된다. 수정 후부터 8주 또는 12주의 말기까지의 착상체(conceptus)를 배아라고 하며, 그 이후부터는 태아라고 부른다. 착상 이전의 기간에는 수정란의 수많은 유실이 발생하여 자연스럽게 배출

115) 신앙교리성, 「인간의 존엄. 생명윤리의 특정 문제에 관한 훈령」(2008.09.08.), 4항; 마찬가지로 『가톨릭 교회 교리서』(1994), 2270항 및 요한 바오로 2세, 「생명의 복음」(1995), 60항.

된다고 의사들은 주장한다. 가장 통상적으로 제시된 유실 수치는 50%이지만, 어떤 이들은 30%로 더 낮추고 어떤 이들은 60%로 더 높이기도 한다.

새로운 연구 결과가 있다. 착상이 완료되고 원시선(primitive streak)이 형성되는[116] 수정 후 16일 이내의 기간에는 단일 배아(uniovular)인 작은 세포 덩어리가 일란성 쌍둥이로 분할될 가능성이 있다는 것이다. 즉 원시선 형성의 이전까지는 아무도 그 세포 덩어리를 인간 개체(individuum)라고 언급할 수 없다는 것, 그래서 그것을 인간 위격(person)이라고 언급할 수 없다는 것을 의미한다. 마찬가지로 초기 단계에서는 쌍둥이가 하나로 결합될 수도 있다. 심지어 두 개의 수정란이 융합되어 하나의 인간 존재로 형성될 수 있는 증거도 몇몇 있다.[117] 이것은 수정란에 영혼이 주입(animation)되는 일 또는 수정란이 인간화(hominization)되는 일은 배아의 개체화(individualization)가 확정된 이후의 시점 즉 수정 후 16일이 지나간 시점에만 일어난다는 가설을 뒷받침해 준다. 개별화(individuation) 기간을 수정 후 보통 약 2주로 정하는 이러한 견해를 채택한 최근의 저자들로는 허드첵(M. Hudczek), 슈넨베르그(P. Schoonenberg), 지그문트(G. Siegmund), 돈첼(J. Donceel), 그륀델(J. Gründel), 러프(W. Ruff),[118] 큐란(C. Curran), 로보(G. Lobo), 다이아몬드(J. Diamond), 키아바치(E. Chiavacci), 파스트라나(G. Pastrana), 마호니(J. Mahoney), 말허베(J.-F. Malherbe), 포드(N. Ford), 울버

116) 원시선(primitive streak)이 배아 원반의 꼬리 끝에 세포가 쌓여 배아의 축과 배아가 제대로 형성되었다는 가장 초기의 증거를 제공해 준다는 점을 발견했다는 것이다. 이것은 일란성 쌍둥이가 될 수 있는 최종 단계이기에 실제로 이 단계에서는 쌍둥이 발생이 아주 드물다는 것이다.

117) 난소와 고환의 조직을 모두 가진 개체 즉 양성 인간의 기원은 이러한 융합 때문에 일어난 것이다. 20세기 의학 연구에서 이런 양성 인간의 사례는 60건이 보고되었다.

118) 위격적 생명의 시작은 더 지연된 시점일 가능성까지도 돈첼과 러프는 고려한다. 즉 그 시작으로서, 태아의 대뇌와 뇌의 기능이 충분히 발달된 단계를 말하는데, 이러한 시작의 시점은 수정 후 두 번째 달 또는 세 번째 달이라는 것이다.

트(W. Wolbert), 섀넌(T. Shannon), 울터(A. Wolter), 뵈클레(F. Böckle), 시몬즈(T.A. Simonds), 매코믹(R. McCormick) 그리고 풀(J. Poole) 등이 있다.[119)]

이 저자들의 관점에 반하여, 수정 순간부터 그 접합체는 유전적으로 인간 생명이라고 하는 반론도 있다. 이는 사실이다. 그러나 그렇다고 해서 그 접합체가 인권을 지닌 인간이라는 결론이 반드시 도출되는 것은 아니다. "접합체도 배반포도 유전적으로 독특하고 부모와 구별되지만 그것이 존재론적 개체(ontological individual)는 아니다."[120)] 배아-이전의(pre-embryonic) 세포는 하나 이상의 인간 개체들이 될 수 있는 잠재력을 지녔기에, 유전적 고유성은 둘 이상의 유기체들도 공유할 수 있다. 여기서 이 가정에 근거한 전제, 즉 인간 존재 안에는 생

---

119) M. Hudczek, "De tempore animationis foetus humani secundum embryologiam hodiemam", *Angelicum* 29(1952), pp.162~181; P. Schoonenberg, *God's World in the Making*, Pittsburg: Duquesne Univ., 1964, pp.49f; G. Siegmund, "Beginndes individuellen menschlichen Lebens", *Theologie der Gegenwart* 12(1969), p.171; J.F. Donceel, "Immediate Animation and Delayed Hominization", *Theol. Studies* 31(1970), pp.96~101; J. Gründel, "Unterbrochene Schwangerschaft. Einmoraltheologisches Tabu?", *Theologie der Gegenwart* 13(1970), p.206; Wilfried Ruff, "Individualität und Personalität im embryonalen Werden", *Theol. und Phil.* 45(1970), p.54; C. Curran, *New Perspectives in Moral Theology*, Notre Dame, Ind.: Fides Publ., 1974, p.188; G.V. Lobo, *Current Problems in Medical Ethics*, Allahabad: St. Paul Society, 1974, pp. 104~106; James J. Diamond, "Abortion, Animation, and Biological Hominization", *Theol. Studies* 36(1975), pp.320~3; E. Chiavacci, *Morale della vitafisica*, Bologna: EDB, 1976, p.141; G. Pastrana, "Personhood and the Beginning of Human Life", *The Thomist* 41(1977), p.282. J. Mahoney, *Bio-ethics and Belief*, London: Sheed & Ward, 1984, p.85; J.-F. Malherbe, "L'embryon est-il une personne humaine?", *Lumière et vie*, nr. 172, vol. 34(1985), pp.28~31; N.M. Ford, *When did I begin?*, Cambridge Univ. Press, 1989, pp.170~3. Werner Wolbert, "Wann ist der Mensch ein Mensch?", in *Moraltheologisches Jahrbuch* I, Mainz, 1989, p.30; Thomas A. Shannon / Allan B. Wolter, "Reflections on the Moral Status of the Pre-Embryo", *Theol. Studies* 51(1990), p.623; F. Böckle in *Handbuch der christlichen Ethik*, vol. 2, ed. by A. Hertz et al., Freiburg: Herder, [2]1993, p.45 & p.55; T.A. Simonds, "Aquinas and Early Term Abortion", *Linacre Quarterly* 61, nr. 3(1994), pp.16f; R.A. McCormick, *Corrective Vision*, Kansas City, MO: Sheed & Ward, 1994, pp.186~8; Joyce Poole, in *Christian Ethics. An Introduction*, ed. by B. Hoose, London: Cassel, 1998, p.300.

120) T. Shannon / A. Wolter, *op.cit.*, p.613.

명의 다양한 수위(levels)가 있다는 전제는 혈액 세포나 피부 세포와 같은 인체 세포가 영혼의 움직임과 무관하게 몸과 분리되어 계속 살 수 있고 (피부 세포의 경우) 증식할 수도 있다는 사실에 의해 입증이 된다. 이러한 복제 가능성이 영혼은 정자와 난자가 결합되는 순간이 아니라 나중에야 발생된다는 주장도 강력하게 뒷받침해 준다.[121] 아직은 인간 위격이 지닌 개체성을 다룰 단계가 아니라는 주장을 추가로 확인해 주는 것은 이미 설명했듯이, 자연 자체가 높은 비율로 착상 이전의 초기 단계에서는 수정란이 유실되도록 허용하고 있기 때문이다. 만일 이미 위격적 인간의 생명과 불멸하는 영혼의 큰 가치를 다루는 단계라고 한다면, 이러한 자연의 낭비에 대해서는 충분히 설명할 수 없기 때문이다. 유의할 것은 영혼이 나중에 주입된다는 최근의 견해가 수정 후 정확히 2주에 또는 16일에 영혼이 발생한다고 주장하는 것도 아니라는 점이다. 오히려 인간의 초기 유기체 상태에 관한 과학적 데이터가 첫 16일의 기간에는 영혼이 발생되지 않는다는 아주 확실한 결론이 나왔다는 주장일 뿐이다. 어느 단계에서 적극적으로 영혼이 발생하는지 언급된 것은 없다. 스콜라학자들과 성 토마스는 훨씬 더 지연된 날수를 선호했다. 이는 여전히 사실일 수 있다. 단지 현재의 과학적 데이터는 첫 16일의 기간과 같은 확실성을 통해 위격적 영혼이 나중 단계에서 존재한다는 점을 배제시키지 않을 뿐이다.[122]

---

121) 복제 양 돌리(Dolly, 1997)의 방식에 따른 복제 과정에서는, 염색체 수가 절반에 불과한 모체 난자의 핵이 제거되고, 염색체 수가 완전한 성체의 세포핵으로 대체된 뒤 새로운 생명체로 성장하도록 자극을 받는다. — 여기서 주의해야 할 점은, 이 경우는 기증자의 "분할" 방식을 다루는 것이 아니라는 것이다(기증자의 배아가 나뉘어 일란성 쌍둥이가 되는 경우와 같은 분할에 해당함). 오히려 이 경우는 기증자의 세포핵이 난자에 주입되어 수정되는 방식이며, 오직 이 세포핵과 난자의 결합으로부터 새로운 인간 존재가 형성되는 것이다.

122) 인간의 영혼이 어떤 방식으로 존재하게 되느냐는 물음은 여전히 더 깊은 성찰이 필요한 문제이다. 라너(K. Rahner)는 하느님께서 언제나 이 세상 안에서 이차의 원인들을

이러한 숙고가 옳다면, 엄격한 의미에서 16일이라는 기간이 지나기 전까지는 낙태에 대해 언급할 수가 없다. 따라서 그륀델(J. Gründel)이 바르게 지적했듯이, 수정란 착상을 방해할 가능성이 있거나 확실히 방해하는 약품과 장치를 단순히 "낙태"라는 이유로 분류할 수도 없게 된다.[123] 사실 1962년 이미 영국 교회협의회(British Council of Churches)는 자궁에 착상되지 않은 수정란은 아직 인간의 위격적 생명이 아니라는 의견을 표명한 바 있다. 따라서 그들은 수정란 착상을 막는 것을 낙태로 보지는 않는다.[124] 그렇지만 수정란은 이미 살아 있는 유기체이며 상황이 유리해지면 인간으로 발달하게 될 것이다. 따라서 이 수정란을 존중하고 보호할 의무가 있다. 그러므로 수정란 착상을 막는 반임약(contraceptives)을 단순한 반임약과 동등하게 취급할 수는 없다. 그러한 반임약은 피해야 할 이유가 더 크다. 그러나 이 초기 단계에의 개입을 금하는 것은 배아-이전이 하나의 인격체이기 때문이 아니다. "인간 유기체를 적절히 보호하는 일은 그 발달 단계에 따라 달라진다"는 결론은 정당한 것으로 나타난다.[125]

몇몇 저자는 착상체 존재를 종식시키는 행위의 허용 가능성에 대해 추가적인 결론을 끌어낸다. 강간의 경우, 착상 방지를 위해 "사후 피

통해 일하신다고 지적한다(Hominisation. *The Evolutionary Origin of Man as a Theological Problem*, London: Burns & Oates, 1965, pp.95f). 각 인간의 재생산(human reproduction) 과정에 관여되는 것은, 하느님께서 당신의 피조물을 건너뛰어 '직접적으로' 개입하시어 새로운 기적의 요소를 주입하고 인간의 영혼을 주입하시는 것이라기보다는, 오히려 존재의 새로운 단계들과 그 표현들이, 이미 일정한 존재의 문턱에 도달했으며 하느님의 우주적 활동에 의해 더 나아가도록 자극받고 있는 창조된 주체들(무기물 또는 유인원 또는 인간)의 진정한 활동을 통해, 내면으로부터 솟아오르는 것이다. 또한 J. Mahoney, *Bio-ethics and Belief*, London: Sheed & Ward, ^{3}1988, pp.71~78를 보라.

123) J. Gründel, "Unterbrochene Schwangerschaft. Bin moraltheologisches Tabu?", *Theologie der Gegenwart* 13(1970), p.206.

124) Cf. *Human Reproduction: A Study of Some Emergent Problems and Questions in the Light of the Christian Faith*, The British Council of Churches, London, 1962.

125) T. Shannon / A. Wolter, "Reflections on the Moral Status of the PreEmbryo", *Theol. Studies* 51(1990), p.603.

임약"(morning after pill) 사용이 허용될 수 있다는 견해를 취하는 신학자들로는 로보(G. Lobo), 데덱(J. Dedek), 마호니(J. Mahoney), 매코믹(R.A. McCormick), 그륀델(J. Gründel)[126] 그리고 제노베시(V. Genovesi) 등이 있다. "강간은 예외적 사례로서, 예외적이고 극단적인 대응이 필요하며 그럴 가치가 있다."[127] 주목해야 할 것은 정자가 난자에 4시간 이내에 도달할 수 있더라도 24시간이 경과되지 않으면 두 세포핵의 융합이 완료되지 않는다는 점이다. 따라서 즉각적인 영혼 주입을 가정하는 사람들조차도 이 기간 내의 생식세포 제거에 대해서는 합당한 것으로 간주해야 할 것이다.

이미 언급했듯이, 태아의 영혼 주입에 관한 두 이론 중 하나만 유효하다고 선언한 교회의 공식 발표는 없다. 그러나 교회 교도권은 임신 초기 단계의 태아가 이미 인간인지 의심 중이더라도 감히 살인의 위험을 감수하려는 것은 중죄가 될 수 있다고 진척시킨다. 태아의 사망을 초래하는 개입인 경우, 인간 위격이 아니라고 하기 위해서는 단순한 확률만으로 충분하지 않다. 도덕적 확실성도 필요하다. 위의 저자들의 주장이 이러한 확실성을 확보할 수 있는 조건에 있는가? 이 물음은 결정적이고 중대하다.

---

126) G. Lobo, *op.cit.*, p.105; J. Dedek, *Human Life. Some Moral Issues*, New York: Sheed & Ward, 1972, pp.87~89; J. Mahoney, *op.cit.*, p.85; R.A. McCormick, *Corrective Vision*, Kansas City: Sheed & Ward, 1994, p.187; J. Gründel, *op.cit.*, p.206. 이중 후자는 논란의 여지가 있는 경계선의 사례에서는 다른 의견을 가질 수 있으며, 적어도 이와 관련해서는 "낙태"를 말할 수 없다고 비평한다. 마호니와 매코믹은 또한 유전적 이상을 초기 착상체의 발달을 중단시킬 심각한 이유에 포함시키지만, 그러나 필요한 검사는 합리적으로 영향을 미칠 수 있는 시험관 수태에게만 적용시킬 수 있을 것이다.

127) V.J. Genovesi, *In Pursuit of Love. Catholic Morality and Human Sexuality*, Dublin: Gill and Macmillan, 1987, p.349. 베버(H. Weber)의 관점도 비슷하다. 그에 따르면, 낙태에 있어서 범죄학적 사유의 경우, 차단 허용은 사법 영역에서는 받아들여질 수 있다. 이러한 경우의 차단은 많은 양심적 사람들도 도덕적으로 악한 것이라고 생각하지 않으므로, 탓 없는 오류의 가능성을 감안해야 한다. 대다수의 사람은 이와 반대되는 법이 불공평한 것이라고 생각하고는 지지하지 않을 것이다(*Spezielle Moraltheologie*. Graz: Styria, 1999, p.124).

(2) 낙태의 도덕성

낙태는 여러 논란과 궁지에서 벗어날 수 있는 방법이라며 이를 옹호하는 이들이 있다. 다양한 영역에서 낙태를 정당화할 수 있는 이유로 인정되는—하지만 교회는 결코 승인하지 않는—상황을 "사유"(indications)라고 부른다. 이는 무엇보다도 민법에 따라 낙태를 합법화하거나 최소한 낙태가 용인되고 처벌이 면제되는 경우와 관련된다. 네 개의 사유로 구분한다.

① 우생학적 사유는 의사의 판단에 의하면 태아가 심각한 결함의 영향을 받을 것으로 예상될 경우, 낙태를 요구한다. 그 결함이란 유전적 질병이나 후천적 질환, 예컨대 임신 중인 어머니의 독일 홍역으로 발생할 수 있다. 앞서 이미 설명했듯이,[128] 오늘날 초음파 검사, 태아경 검사 및 양수 검사처럼 다양한 방법으로 태아가 지닌 염색체 및 기타의 많은 결함을 예측할 수 있게 되었다. 이로써 낙태가 더욱 빈번해졌다. 그러나 출생 전에 결함 있는 아기를 죽이는 것이 합법적이라면, 출생 후 죽이는 것은 왜 불법이어야 하는지 알기가 어렵다.

② 범죄학적(또는 윤리적) 사유는 강간으로 인한 임신의 경우에 해당된다. 이 경우에 아이가 어머니의 의지에 반하여 과도한 부담을 강요하게 되며 어머니는 아이를 사랑하는 데 큰 어려움을 겪을 것이기 때문에, 낙태는 정당화된다고 간주한다. 또한 아이의 존재도 어머니를 커다란 도덕적 부담과 사회적 수치심에 놓이게 만든다. 몇몇 저자는 근친상간의 경우도 이러한 사유에 포함시킨다.

③ 사회적 사유는 아이가 어머니나 가족에게 너무나 큰 사회적 짐으로 간주되는 경우에 해당될 것이다.[129] 아주 흔한 낙태 이유는 여

---

128) 이 책 제7장의 "7.3.4. 유전 의학과 공학" 중 "3) 유전적 결함에 대한 진단과 제어" 부분을 보라.

자로서의 인생 계획과 상충되는 경우이다. 낙태를 원하는 여자는 전적으로 혼자이며 전일제(full-time) 근무를 하고 있다. 부부는 아이 하나 더 갖는 것이 재정적으로 너무 큰 부담이라고 생각할 수 있다. 하지만 낙태를 결정하는 궁극적 이유는 심각한 재정 압박이 아니라 가족 생계의 하락에 대한 염려가 아주 흔하다. 극심한 빈곤이 실제로 낙태할 상황에 놓이게 하지만, 낙태는 사실 빈곤층보다 경제적 안정을 누리는 층에서 더 흔하다는 것이 증명된다. 또한 수치심이라는 동기도 미혼 소녀나 그녀의 가족에게, 특히 시골에서는 작용한다.

④ 의학적 또는 치료적 사유는 임신으로 인해 임부의 건강이 심각하게 위협받거나 심지어 생명이 위태로운 경우, 낙태를 정당화한다. 전통적으로 의학적 사유와 밀접한 것은 정신 건강상의 이유로 인한 사유인데, 정신과적 사유라고 부를 수 있다. 치료적 낙태는 꾸준히 감소하는 반면, 정신과적 이유로 인한 낙태는 증가하고 있다. 그러나 낙태의 정신과적 필요성과 정당성에 대한 판단은 정신과 의사들 간에도 크게 엇갈린다. 그들의 반응은 정신과적 이유로 인한 낙태를 배격하는 의견부터 아주 관대한 의견까지, 다양하다.

가톨릭 윤리학은 우생학적·범죄학적·사회적 사유로 인한 모든 종류의 낙태를 단호히 배격하며, 그것을 무죄한 이에 대한 살인으로 간주한다. 동시에 임부의 생명에 심각한 위험이 있는 경우에는, 간접적 낙태가 적법하다는 것도 항상 인정해 왔다. 이 문제점은 아래에서 더 연구해야 한다.

성서는 낙태와 그것에 대한 비난 여부를 명확히 언급하지 않는다. 탈출기 21장 22절에서는 타인의 아내를 유산하게 한 사람에게 벌금

---

129) 미국에서 가장 많은 낙태의 사유가 이 사유에 속하는데, 99.3%이다. 어머니로서의 생활, 강간, 근친상간, 태아의 기형 등의 "괴로운 사유"(hard cases)는 약 0.7%에 불과하다(Brian Clowes, *The Facts of Life. Front Royal*, Va.: HLI, 1997, p.325).

을 물리는 경우와 그리고 그녀에게 다른 해악을 가한 경우를 구분한다. 즉 목숨에는 목숨, 눈에는 눈, 상처에는 상처라는 아주 가혹한 **탈리오의 법칙**(*Lex Talionis*)이 적용되는 경우와 이를 구분한다. 지혜서 12장 3~7절은 부모가 자기 자녀와 무방비 상태의 생명을 살인하는 것을 단죄한다. 이 외에도 성서는 하느님이 생명의 창조자이시며 인간은 그분의 모습대로 창조되었다고 가르침으로써 생명의 신성함을 강조한다(참조: 시편 139,13~16). "모태에서 너를 빚기 전에 나는 너를 알았다. 태중에서 나오기 전에 내가 너를 성별하였다"(예레 1,5).

이런 성경적 사고방식과 유다교의 유산에 영향을 받은 배경으로 초기의 그리스도교 교회는 낙태에 대한 판단을 공식화했다. 초기부터 단호히 배격한 것이다.[130] 낙태와 영아 살해를 심각한 도덕적 범죄로 보지 않던 그리스-로마 세계의 태도와는 반대로, 낙태에 대한 단죄는 발전했다. 수 세기 동안 그리스도교는 낙태를 범죄로 간주했다.[131] 1세기에 교회는 이미 이 죄를 범한 신자들에게 중한 제재를 내렸다. 현행 교회법에서는 낙태를 주선한 이에게는 교구장에게 유보된 파문 제재를 부과한다(교회법 제1398조). 제2차 바티칸 공의회는 낙태를 반대해 엄중한 입장을 취한다. 즉 "생명은 임신〔受精〕 순간부터 최대의 배려로 보호받아야 한다. 낙태와 유아 살해는 흉악한 죄악이다"(「사목 헌장」 51항). 요한 바오로 2세는 「생명의 복음」(1995년)에서 베드로와 그 후계자들에게 주어진 권한으로 "직접적인 낙태, 곧 목적이나 수단으로 의도된 낙태는 무고한 인간 존재를 고의로 죽이는 것이므로 언제나 심각한 윤리적 무질서를 구성한다"고 다시 한번 선언한다(62항).[132]

---

130) 낙태에 대해 최초의 명확한 단죄는 성경 이후의 가장 빠른 문헌인 『디다케』(2,2)와 『바르나바의 서한』(19,5)에서 나타난다.

131) Cf. J.T. Noonan, Jr., "An Almost Absolute Value in History", in *The Morality of Abortion*, Cambridge, Mass.: Harvard Press, 1970, pp.1~59.

낙태를 배격하는 내재적 이유는 일반적으로는 무죄한 이를 살해하는 것에 반대하는 이유와 동일하다. 하지만 여기에 덧붙일 것은 낙태가 여자를 황폐하게 만드는 결과가 빈번하다는 것이다. 종종 낙태의 합법성은 여자들이 낙태를 하도록 부추기지만, 그런 합법성이 피해를 예방하거나 구제해 주지는 못한다. 우선 여자의 생리적 건강에 영향을 끼친다. 자궁을 빨아내고 긁어내는 과정에서 몇 번이고 자궁벽에 천공이 발생한다. 이후 염증은 종종 불임과 출산 전후(perinatal)의 다양한 합병증을 일으킨다. 병원에서 색전증과 사망 사례도 발생한다.[133] 유도 낙태는 자연유산, 나팔관이나 자궁 외 임신 및 조산을 증가시킨다. 이로써 장애아 출산의 수가 늘어난다. "유도 낙태를 경험한 여자와 혼인하는 남자는 불임 아내나 사산 또는 결함이 있는 아이를 가질 가능성이 더 높다. 스웨덴 정부 보고서에 따르면, 유도 낙태 이후 4~5%의 불임이 생긴다."[134] 몇몇 여자는 자신이 낳을 수 있는 유일한 아이를 죽이게 된다. "젊은 여자들, 그들의 부모 및 미래의 남편들은 유도 낙태가 안전하지도 간단하지도 않다고 생각하는 것이 현명할 것이다."[135]

많은 여자에게 더 심각한 일은 심리적 합병증이다. 낙태-후-증후군(PAS)이라는 용어가 생겼다. 여기에는 불안 반응, 심한 죄책감, 자존감 저하, 악몽 및 우울증 등이 포함된다. "맙소사! 내가 뭔 짓을 한 거

132) 『가톨릭 교회 교리서』(1994)에서도 마찬가지다. 즉 "직접적 낙태 즉 목적이나 수단으로 의도된 그런 낙태는 도덕률에 심각하게 어긋난다"(2271항).

133) 미국에서는 매년 100명에 달하는 여자가 합법적 낙태로 사망한다. 하지만 대다수는 낙태 때문이 아니라 혈액 중독이나 마취제 과실 등 다른 원인 때문에 발생한 것으로 보고된다. 종종 2~3%는 처음에는 눈치채지 못한 채 자궁 천공으로 인한 고통을 겪는다. 낙태는 유방암, 자궁경부암, 난소암 및 간암의 위험을 증가시킨다(Brian Clowes, *The Facts of Life*, *op.cit.*, pp.21f).

134) M. Litchfield / S. Kentish, *Babies for Burning. The Abortion Business in Britain*, London: Serpentine Press, 1974, p.191.

135) *Ibid.*, p.191.

지?" 이는 낙태한 많은 여자를 괴롭히는 질문이다. 낙태는 생명을 키우려는 여자의 본성과는 너무나도 모순된다. "사실 대부분의 여자가 낙태 후 부정적 감정을 느낀다."[136] 많은 여자가 상처를 감추고 있지만, 속으로는 울고 있다. 매년 낙태한 날이 오면, 종종 문제가 심화된다. 때때로 갱년기 때와 같이 나중에만 나타난다. 낙태 후의 자살률이 증가한다. 낙태 후의 혼인 생활은 더 이상 그전과 동일하지 않다. 죄책감과 증오심이 확산된다. 아이의 죽음이 둘 간의 관계를 가로막는다. 이러한 상태는 가족 전체에게 해롭다. 치유는 쉽지 않다. 이런 상황을 직접 겪은 여자들이 가장 잘 도와줄 수 있다. 그녀들에게는 더 쉽게 문을 열게 된다. 낙태를 경험한 여자는 자신과 같은 처지의 사람들이 자신의 고통, 죄책감 및 슬픔을 이해할 수 있으리라 생각하며 그들에게서 신뢰를 보기 때문이다. 일부 국가에서는 도움을 주는 관련 단체가 결성되었다.[137] 임부를 안내할 때 그녀에게 낙태의 심각한 결과와 후유증에 대해 알려 주는 일이 시급하다.

특히 아기의 신체 부위들을 당장 알아볼 수 있는 임신 후기의 낙태인 경우, 담당 의료진에게도 심리적 영향을 끼친다는 것은 놀라운 일이 아니다. 이러한 반응에는 다시 한번 악몽, (부부관계를 포함한) 대인 관계에 부정적 영향을 끼치고 도덕적 번뇌도 생긴다. 자신의 행동이 생명을 파괴한다는 사실을 의료진도 무시할 수가 없다. 그런 잔인한 행동이 수술자 자신을 잔인하게 만들거나 불안하고 번뇌하게 만든다.[138]

---

136) Pam Koerbel, *Does Anyone Else Feel Like I Do? And Other Questions Women Ask Following an Abortion*, New York/London: Doubleday, 1990, p.14; cf. p.22.
137) 미국에는 예컨대 이런 단체들이 있다. American Victims of Abortion(419 Seventh St., N.W., Suite 500, Washington, D.C., [4]2000), Open ARMS(P.O. Box 19835, Indianopolis, Ind. 46219), WEBA(3553 B North Perris Blvd., Suite 4, Perris, Calif. 92370). 그리고 영국에는 British Victims of Abortion, 7 Tufton St., London SWlP 3QN). 더 이상의 주소들은 다음을 보라. P. Koerbel, *op.cit.*, pp.215~217.

홀로 남겨진 어머니들에게는 가능한 한 공동체적·재정적·직업적 도움을 제공해야 한다. 어머니와 함께 아이들의 아버지도 언제나 아이의 생명에 대해 매우 심각한 책임을 져야 하지만, 그 어머니의 가족은 물론 지역사회 전체가 도와야 한다. 대안으로서 아이를 입양 보내는 방법도 있다.[139] 많은 나라에서 볼 때, 아기가 없는 부부가 입양을 원하는 아기의 수는 입양이 가능한 아기의 수보다 더 많다. 교회와 프로라이프 센터들(pro-life centres)은 입양 관련한 도움을 기꺼이 주며 낙태라는 잔인한 선택이 아닌 또 다른 선택을 찾도록 상담과 적극적 지원을 제공하고 있다.

(3) 치료적 낙태의 문제

낙태 일반에 대해서는 교회가 보편적으로 배격해 왔지만, 어머니의 생명을 구하기 위한 수단으로서의 치료적 낙태는 논란의 여지가 더 많다. 의학의 발달로 이런 어려운 사례들을 많이 줄일 수 있었지만, 여전히 발생하고 있다.[140] 게다가 국가와 지역들 모두가 이러한 발전을 동등하게 누리고 있는 것도 아니다. 교부 테르툴리아누스(Tertullianus, 220년경 사망)가 낙태를 언급한 바 있는데, 그는 "잔인한 필요성"이긴 하지만 치료적 낙태를 인정하는 것으로 보인다. 낙태 일반을 살인으로 배격하지만, 치료적 낙태가 필요한 경우에 대해서는 이렇게 적고 있다. "가끔 태아가 자궁에 잘못 들어앉아 분만이 어렵게 됨으로써 그

---

138) D.G. McCarthy / E.J. Bayer, *Handbook on Critical Life Issues*, Braintree, Mass.: Pope John Center, [2]1988, p.91.

139) 놀라운 일은 입양을 위해 아이를 내어 주기보다 대부분은 낙태를 선호한다는 점이다. 사실, 입양하는 경우에도 어머니에게 정신적 장애, 죄책감 및 우울증이 닥칠 수 있지만, 낙태의 경우에는 두 배나 더 자주 닥친다.

140) 어머니의 생명이나 건강에 이유가 있는 까다로운 사례는 1988년 미국에서 5,610건인데, 이는 미국 전체 낙태의 0.36%에 해당한다(Brian Clowes, *The Facts of Life*, *op.cit.*, p.326).

태아가 죽지 않으면 어머니를 죽일 위급한 경우, 태아를 죽게 할 수 있다."[141]

중세 신학자들은 보편적으로 직접적 낙태를 불법으로 여겼고, 간접적인 치료 낙태만을 허용했다. 15세기부터 18세기까지 많은 신학자가 어머니의 생명을 구하기 위한 영혼이 아직 주입되지 않은 태아에 대한 직접적 낙태는 허용된다고 보았다.[142] 19세기 초에 치료적 낙태의 문제는 다시 한번 검토되었다. 이는 새로운 의료적 보조도구와 기술의 발달에 의한 것이었을 것이다. 몇몇 신학자들은 산모의 생명을 구하기 위해서는 개두술(craniotomy) 및 기타의 직접적 낙태가 치료상 이유로 허용된다고 가르쳤다. 이를 허용한 저자로는 발레리니(Ballerini), 아반지니(Avanzini), 코스탄티니(Costantini), 아피첼라(Apicella),[143] 린센만(Linsenmann)[144] 및 렘쿨(Lehmkuhl)[145]이 있다.

당시의 교회 교도권은 처음으로 이 문제에 대해 공식적인 언급을

---

141) *De anima* 25,4.

142) 이 의견은 나폴리의 요한(†1336)의 *Quodlibetum* 10에서 표명되었다. 이 견해에 인용된 다른 저자들은 이렇다. Antoninus of Florence(*Summa theol.*, pars III, tit. 7, c. 2, §2; Verona, 1740), Sylvester da Prieras(*Summa Sylvestrina*, Medicus nr. 4; Antwerp, 1569), Martinus Azpilcueta(better known as Doctor Navarrus, *Enchiridion sive Manuale Confessariorum et Poenitentium*, c. XXV, nrs. 60~64; Venice, 1593), Franciscus Torreblanca(*Epitome Delictorum sive De Magia*, lib. II, c. XLIII, nr. 10; Lyons, 1678), Leo Zambellus (*Repertorium Morale Resolutorium Casuum Conscientiae*, Medicus, nr. 11; Venice, 1640), Johannes Baptista de Lezana(*Summa Quaestionum Regularium seu de Casibus Conscientiae*, tom. III, Abortus, nr. 5; Venice, 1646). Cf. C.E. Curran(*New Perspectives in Moral Theology*. Notre Dame, Ind., 1974, pp.175~177). 유명한 신학자 산체스(T. Sanchez)는 이 견해에 대해 12명의 저자를 나열하면서 직접 채택했다(*De sane to matrimonii sacramento*, lib. IX, disp. 20, nr. 9). 그 이후 이 견해를 선호하는 저자들은 이렇다. P. Laymann, I. de Dicastillo, T. Raynaud and J.A. Bossius. Advocates of this view in the 18th century are L. Habert and M. Mazzotta(cf. R. Bruch, *Moralia varia*, Düsseldorf: Patmos, 1981, p.271, footnote 74; p.273 & p.276).

143) Quoted by M. Zalba, *Theol. Moralis Compendium* I, 1958, p.880, footnote 50.

144) *Lehrbuch der Moraltheologie*, Freiburg, 1878, pp.491ff.

145) Lehmkuhl retracted this doctrine after the decree of the Holy Office of May 31, 1884; cf. *Theologia moralis* I, 1888, nr. 841.

했다. 직접적 낙태를 허용할지 그리고 특히 산모의 생명을 구하려는 개두술을 허용할지 여러 질문에 관한 답변에서(1884~1902년 사이),[146] 그러한 수술이 확실히 적법하다고 가르쳐서는 안 된다고 교황청은 말했던 것이다. 그러나 이에 대한 반대 의견이 확실히 오류라고 선언된 것은 아니지만, 충분히 확실한 것으로 간주되지도 않는다고 평가한 것이다.

치료적 낙태에 대한 최초의 명시적이고 절대적인 불허는 비오 11세의 회칙 「정결한 혼인」에 나온다. 그는 "무죄한 이에 대한 직접적 살인을 면책할 수 있는 충분한 이유"인 "의료적이고 치료적 조치"를 명백히 배격한다.[147] 그리고 이 입장은 비오 12세도,[148] 바오로 6세도,[149] 요한 바오로 2세도[150] 그리고 1974년의 신앙교리성의 선언[151]도 채택하였다.

교회 교도권과 가톨릭 도덕신학자들에 의한 직접적인 치료적 낙태의 거부는 다른 치료적 낙태의 거부와 동일한 원칙에 근거한다. 즉 무죄한 이에 대한 직접적 살해는 항상 부도덕한 것이며 어떤 상황에서든지 금지된다는 원칙 때문이다. 반면에 비가톨릭 신자들은 일반적으로 이 엄격한 태도에 동의하지 않으며, 치료적 낙태는 정당한 것으로 간주한다. 가톨릭 신학자 중에서도 제2차 바티칸 공의회 이후 이 문제는 재연되었다.

옛 신학자들은 직접적인 치료적 낙태를 옹호하기 위해 네 개의 논

146) *DS* 3258; 3298; 3337.
147) *DS* 3720.
148) *AAS* 43(1951), p.838.
149) 「인간 생명」 14항. *Vatican Collection*, vol. 2: *More Post Conciliar Documents*, ed. by A. Flannery, ²1998, p.404.
150) 「생명의 복음」 62항.
151) "Quaestio de abortu", nr. 14. *Vatican Collection*, vol. 2, *op.cit.*, p.446(*AAS* 66, 1974, p.739); 『가톨릭 교회 교리서』(1994), 2271항도 마찬가지이다.

거를 내세웠다. 첫째, 적어도 어머니의 생명을 구하기 위해 태아의 임박한 죽음을 어느 정도 앞당기는 일은 적법하다는 논거이다. 둘째, 태아는 어머니의 생명이 위태로운 위기 상황에서 그러한 낙태로 어머니를 구할 수 있다면, 자기의 생명을 희생할 준비가 되어 있다고 가정하는 것은 정당하다는 논거이다. 셋째, 두 개의 악 사이에 놓인 사람은 덜 악한 것, 이 경우는 태아를 죽이는 것을 선택할 수 있고, 심지어 그렇게 선택해야만 한다는 논거이다. 넷째, 태아는 부당한 공격자이며 어머니의 생명을 구하기 위해서는 태아를 죽일 수 있다는 논거이다.

하지만 처음 세 개의 논거는 낙태시키는 것이 무고한 이를 직접 살해하는 것이 아니라는 것을 보여 주지 못하고 있고, 이것은 늘 비도덕적인 것이라는 전제에서 나온 것이기에, 배척을 받게 된다. 태아의 죽음을 직접 가속시키는 것은 불법적인 직접적 살해의 행위이다. 아이의 "희생적" 사망은 의사가 태아를 직접 죽이는 의사의 개입으로 발생하는 것이다. 그리고 태아를 직접 살해하는 행위를 그저 물리적(physical) 악일 뿐인 다른 악 즉 어머니의 자연적 사망이나 어머니와 아이가 함께 자연적 사망하는 것보다 덜 악한 행위로서 보고 그러한 비도덕적 행위를 누구도 선택할 수는 없다.

넷째 논거는 치료적 낙태가 단순히 무죄한 이를 살해하는 것이 아니라 질료적으로(materially) 불의한 공격자를 죽이는 것이므로, 적법한 것이다. 이 논거는 오늘날에도 여전히 사용되고 있으며, 누난(J. Noonan), 그리세즈(G. Grisez), 메이(W. May)와 같이 보수적인 저자들은 이를 유효한 것으로 간주한다.[152] 그러나 반대론자들은 그 어떤 합리적 해

152) J. Noonan, Jr., *op.cit.*, p.58; G. Grisez, *Abortion: The Myths, the Realities, and the Arguments*, New York and Cleveland: Corpus Books, 1970, pp.340f. 그리세즈는 자기 방위를 위한 살인과 어머니의 생명을 위협하는 태아를 죽이는 것 모두를 간접적 살인으로 간주하면서, 이를 허용한다. William E. May, "The Morality of Abortion", *Linacre*

석을 하든지 간에, 태아가 "침략"(aggression)한 것이 아니라고 본다. 태아는 자신의 권리를 넘은 것이 아니며 부당한 방법으로 어머니의 권리를 빼앗은 것도 아니다. 오히려 아기가 살아서 자궁을 나가는 것을 방해한 것은 어머니의 병리적 상태이기 때문에, 아기에게는 오히려 어머니가 질료적으로 불의한 침략자라 불릴 수 있으리라. 나머지 부분에 대해서도, 이 해결책 역시 교도권의 과거 가르침과는 충돌을 피하지 못하게 되는데, 왜냐하면 태아가 이러한 조건하에서 불의한 침략자로 간주될 수 있다는 논거는 비오 11세의 회칙 「정결한 혼인」에서[153] 또한 요한 바오로 2세의 회칙 「생명의 복음」에서도 배격된 바 있기 때문이다(58항).

그렇지만 이 논거들은 주목할 만한 진실을 지적해 준다. 자연스러운 상식적 판단은, 비록 인간의 직접적인 개입으로 태아의 사망이 예상되어야 하더라도, 태아와 어머니가 함께 죽은 것보다는 태아가 혼자 죽는 것이 낫다는 것이다. 가톨릭 도덕신학자 간에는 의심과 주저가 완전히 사라지지 않았다. 적법한 간접적 치료 낙태와 불법적인 직접적 치료 낙태 간의 구별은 현실적인 주장을 완전히 정당화하지 못하는 것 같다. 엄격하게 일관성을 적용하면 다소 불합리한 결과를 초래할 수 있다. 생존 가능성이 없는 태아를 의사가 제거한 후 병들고 피가 나오는 자궁을 치료하는 것이 정말 잘못된 것인가? 아니면 이 경우 낙태가 "간접적인" 것이고 따라서 중대한 사유로 허용되는 것이기에 의사는 자궁 전체를 제거해도 되는가? 평신도와 개신교 신학자들이 일반적으로 가톨릭 도덕신학의 전통적 입장을 이해하지 못하는 데는 단순히 선의가 부족한 것이 아니다.

직접 의도한 악한 결과와 간접 의도한 악한 결과에 대해서는 『그리

Quarterly 41, 1974, pp.74f.

153) *AAS* 22(1930), p.563, par. 63.

스도교 윤리학: 제1권 기초 도덕신학』에서 다루었으며("5.4.2. 간접적으로 의도한 효과에 대한 귀책 가능성") 거기서 살펴볼 수 있다. 몇몇 저자는 때때로 충분히 중대한 이유가 있다면, 직접 의도된 악한 결과도 인정할 수 있다고 주장한다. 그런 이유란 산모의 생명을 구하는 경우, 그리고 그렇지 않으면 산모와 태아가 함께 죽게 될 경우이다.

사람의 생명은 의심할 여지 없이 현세적인 최고선이자 권리이다. 그럼에도 그 사람의 지상 생명이 전적으로 최고선은 아니며, 따라서 최고의 권리도 아니다. 사람의 영원한 구원 외에 최고선은 인류와 세상을 향한 하느님 계획의 실현이다. 이 계획에는 창조 사업의 전개가 포함된다. 이 관점에서 볼 때 태아의 예견되는 사망은 어머니와 아이가 동반 사망하는 것보다 덜 악한 것이며, 권리를 덜 침해하는 것이다. 왜냐하면 어머니는 여전히 인류와 세상을 향한 하느님 계획을 실현하는 데 기여할 수 있고 아마도 큰 기여를 할 수 있을 것이기 때문이다. 이는 특히 그녀가 여러 자녀의 어머니일 경우, 더욱 분명해진다. 그러나 다른 측면에서도 이것은 보여질 수 있다. 하지만 태아는, 어머니의 사망을 견딜 수 없을 뿐만 아니라, 그 어떤 도움이나 기여도 할 수 없다.

치료적 사유에 대한 신중한 인식은 1976년 독일 주교들의 선언과 1995년 독일 교리서에서 발견된다. "한편으로 태아의 생명과 함께 산모의 생명을 잃는 것과 다른 한편으로 한 사람의 생명만 잃는 것 간에 결정해야 하는" 갈등 상황에서 양심에 따라 의사가 산모의 생명을 선택하는 경우, 그 주교들은 이러한 입장을 단죄하는 것을 원하지 않는다.[154] 하지만 주교들의 이 선언에 있어서, 이 결정은 양심에 따른 것

154) *Empfehlung für Arzte und medizinische Fachkräfte in Krankenhäusern*, Bonn: Sekretariat d. Dt. Bischofskonferenz, 1976. *Die Deutschen Bischöfe* 7, p.7; "Nobody will deny his respect to such a decision", *Katholischer Erwachsenenkatechismus*, vol. 2, Freiburg, 1995, p.292.

일 뿐, 객관적으로 옳은지 여부는 미지수이다. 어쨌든 이 경우에 해당된 개입은 파문 받지는 않는다.[155] 벨기에 주교들은 스스로 치료적 낙태의 허용 가능성을 지지한다고 명백히 선언한다.[156] 마찬가지로 언급된 사례에서 치료적 낙태가 허용될 수 있다고 생각하는 최근의 가톨릭 저자들로는 스프링거(R. Springer), 트루아폰텐(R. Troisfontaines), 데덱(J. Dedek), 비서(G. Visser), 헤링(B. Häring), 주교 스팀플(Bishop Stimpfle), 얀센(L. Janssens), 코르네로트(L. Cornerotte), 비달(M. Vidal), 그륀델(J. Gründel), 포디마탐(F. Podimattam), 스포큰(P. Sporken), 맥카시(D. McCarthy) / 바이엘(E. Bayer), 뵈클레(F. Böckle), 쇼켄호프(E. Schocken- hoff), 로터(H. Rotter), 베버(H. Weber), 사그마이스터(R. Sagmeister) 등이 있다.[157] 사그마이스터는 "우리는 오늘날 도덕신학자 간에는 장기적으로 구원 불가한 생명에 비해 구원 가능한 생명을 우선시한다는 폭넓은 합의를 주목

155) Cf. K. Mörsdorf, *Lehrbuch des Kirchenrechts III*, Paderborn, [11]1979, pp.45f.

156) "Déclaration des évêques beiges sur l'avortement", *Documentation Catholique* 70(1973), p.433.

157) R.H. Springer, "Notes on Moral Theology", *Theol. Studies* 31(1970), p.493; R. Troisfontaines, "Faut-il legaliser l'avortement?", *Nouvelle Revue Theologique* 93(1971), p.491; J. Dedek, *Human Life. Some Moral Issues*, New York: Sheed and Ward, 1972, pp.87f; Giovanni Visser, "Aborto diretto sempre illecito?", in *Problemi attuali di teologia*, ed. by the Pont. Ateneo Salesiano, Rome(Zurich: PAS, 1973), pp.94f; B. Häring, *Medical Ethics*, Slough: St. Paul [3]1991, pp.100f; J. Stimpfle, Bishop of Augsburg, in a declaration of April 27, 1974; quoted by F. Scholz, "Durch ethische Grenzsituationen aufgeworfene Normenprobleme", *Theol. prakt. Quartalschrift* 123(1975), p.342; L. Janssens, "Norms and Priorities in a Love Ethics", *Louvain Studies* 6 (1976/7), p.214; L. Comerotte, "Loi morale, valeur humaines et situations de conflit", *Nouvelle Revue Theologique* 100(1978), pp.528f; M. Vidal, *L'atteggiamento morale* II, Assisi: Cittadella, 1979, p.227; J. Gründel, *Normen im Wandel*, München: Don Bosco Verlag, 1980, p.184; F. Podimattam, "Conflict Morality: an Interpretation", *Jeevadhara* 12(1982), p.448; P. Sporken, *Die Sorge um den kranken Menschen*, Düsseldorf: Patmos, [4]1988, p.136; 143. D.G. McCarthy / E.J. Bayer, ed., *op.cit.*, pp.83f; pp.91~3; F. Böckle, in *Handbuch der christlichen Ethik*, vol. II, ed. by A. Hertz et al., Freiburg: Herder, [2]1993, p.55 & p.58; E. Schockenhoff, *Ethik des Lebens*, Mainz: Grünewald, 1993, p.323; H. Rotter, *Verantwortung für das Leben*, Innsbruck: Tyrolia, 1997, p.64; H. Weber, *Spezielle Moraltheologie*, Graz: Styria, 1999, p.125; R. Sagmeister, "Abtreibung", in *Neues Lexikon der christlichen Moral*, Innsbruck: Tyrolia, 1990, p.17.

할 수 있다"고 말한다. 이로써 그는 비서와 코르네로트도 선호하는 견해 즉 산모와 아이가 함께 죽어야 하는 경우에만 허용된다는 견해를 채택한 것으로 보인다. 그렇지 않으면, 오히려 누가 죽든지 간에 섭리에 맡겨야 한다. 이미 언급한 요한 바오로 2세가 「생명의 복음」(62항)에서 직접적 낙태를 거부한 것은 직접적인 치료 낙태를 배격한다는 뜻이다. 그러나 본문이 이러한 가르침을 뒷받침하기 위해 자연법에 호소하고 있는 만큼, 자연법이 예외를 허용하는 범위 내에서는 예외도 가능하다고 볼 수 있지 않을까? 위에서 인용된 저자들은 아마도 그런 확신을 가지고 있는 듯하다.

7.5.3. 자기 방위

1) 자기 방위의 개념과 조건

자기 방위(self-defence)란 자신이나 제삼자로부터 현행적이고 불의한 위협에 반하는 폭력적 저항이다. 이 방위에는 불의한 공격자가 인간의 중요한 선익들에 위협을 가하는 경우, 그 공격자를 살해하는 것도 포함될 수 있다.

자기 방위의 조건

(1) 침략(aggression)이 불의한 것이어야 하며, 공격자(aggressor) 편에서 정당한 것이 아니어야 한다. (예컨대, 음식 절도가 정당화되는 긴급한 상황이라면, 그것은 정당화될 수 있다.) 공격(assault)이 최소한 질료적으로 부당한 것이었다면(unwarranted) 충분히 조건이 되며, 그리고 가해자가 주관적으로 (형상적으로) 유죄인지는 중요하지 않다. 따라서 정신병자나 술에 취한 사람을 향해서도 자기 방위로 저항할 수 있다.

(2) 침략이 현행적인 것 즉 급박하거나 현실적이거나 진행 중인 것이어야 한다. 자신이나 자기 소유에 대한 불의한 공격이 확실하고 피할 수 없음이 분명할 때, 그것을 저지하기 위해 공격을 할 수 있다. 침략이 끝난 다음 살인하는 것은 더 이상 자기 방위가 아니며, 이는 복수가 된다. 따라서 여자는 자신을 성폭행 다음에는 상대방을 죽이지 못한다. 그러나 물건을 훔쳐 달아나는 도둑에 대해서는, 자기 방위가 적용된다.

(3) 방위의 수단은 위험의 경중에 균형이 맞는 것으로 제한되어야 한다. 공격자에 대한 심한 상해나 살해는 생명, 몸 지체들의 온전성, 강간 시도로부터의 신체의 온전성, 고가의 현세적 재화 등 중대한 가치를 수호할 경우에만, 허용된다. 감귤이나 바나나를 훔치는 소년을 살해하는 것은 균형에 맞지 않는다. 자기 방위로써 생명과 재산을 지킬 수 있듯이, 동일한 방식으로 타인의 생명과 점유물도 지킬 수 있다.

(4) 저항은 방위 목적으로서의 정당성을 얻기 위해서는 필요하고 충분한 정도로 최소의 폭력으로 제한되어야 한다. 가능한 여러 수단 중에서 공격자에게 가장 해가 적은 수단을 늘 선택해야 한다. 따라서 도망침으로써 자기 생명을 구할 수 있다면, (예컨대 경찰관의 경우처럼 매우 수치스러운 일이 아니라면) 도주해야 한다. 공격자에게 부상을 입혀서 막을 수도 있는 경우, 살해는 부적법한 것이 된다. 하지만 피해자가 흥분 상태로 인해 자기 방위의 허용 한계를 넘었다면, 흔히 면책이 된다.

2) 자기 방위를 정당화하는 논거들

(1) 성서와 전통

성서는 자기 방위에 대해 진전된 교리를 아무것도 제공하지 않는다. 직접 언급하는 본문은 탈출기 22장 2~3절이 유일하다. 도둑이 집에 침입한 것이 밤중이었다면, 그를 살해하는 것이 허용되었다. 낮이었다면, 살해는 허용되지 않았다. 피해자가 도움을 청하거나 더 쉽게 알아보고 재판관 앞에 그를 고발할 수 있기 때문이다.

신약의 몇몇 가르침은 자기 방위의 권리 행사를 반대하는 것처럼 보인다. 따라서 예수는 뺨을 치는 사람에게 다른 뺨마저 돌려대라고 가르치셨고(마태 5,39), 성 바오로는 선으로 악을 이기라고 설교했다(로마 12,21; 1코린 6,7). 하지만 이 본문들을 지나치게 강조하거나 자기 방위의 권리를 부정한 것으로 보는 것은 틀렸다. 오히려 대제사장 앞에서 있던 예수는 한 경비병에게 뺨을 맞았을 때 다른 뺨을 내밀지 않으셨으며, 도리어 그에게 그런 처벌의 정당성을 따져 물으셨다(요한 18,22~23). 그분의 사명 자체는 잘못된 협의를 피하고 불의한 대우는 반대하도록 요구하였다. 그리고 사도행전 23장 2절에서 바오로는 하느님께 대제사장이 저주받도록 청했고 그 대제사장은 바오로의 입을 치도록 명령한 바 있다.

몇몇 교부들은 자기 방위의 권리에 대해 의구심을 보였다〔예: 테르툴리아누스(Tertullianus), 키프리아누스(Cyprianus), 암브로시우스(Ambrosius), 바실리우스(Basilius)〕. 하지만 성 아우구스티누스는 이 권리를 인정한다.[158] 스콜라학파와 그 이후의 신학은 자기 방위의 권리를 보편적으로 인정하였다.[159]

---

158) *Epist.* 153, 17.

159) 몇몇 교황의 결정이 자기 방위의 권리를 직접적으로 제한하고 있지만(Alexander

자기 방위의 권리는 고대로부터 적어도 자기 생명이 공격을 받은 경우, 국가의 사법적 신념으로 그것을 인정하였다. 현대에 와서는 거의 모든 형법이 이 권리를 완전히 인정하고 있다.

(2) **이성에 의한 논거**

① 자연적 법질서가 존재하는데, 이러한 법질서가 모든 개인과 모든 공동체의 존재와 자연스러운 발전을 위해 필요한 권리를 보장해 준다. 동시에 이 질서는 다른 사람들과 공동체들의 권리도 동일하게 존중해 줄 의무를 지운다. 그런 자연적인 법질서의 존재와 그것에 대한 불가침성은 그것이 없이는 질서정연한 인간 삶과 성공적인 발전이 불가능해진다는 사실에서 비롯된다.

이러한 자연적 질서의 절대적인 필요성 때문에, 이 질서는 그것의 보존에 필요하다. 무력을 통해서라도 호위하고 수호하도록 허용하고, 이를 요구해야 한다. 질서를 파괴하는 자들의 사적 영역에 있어서 절대적 불가침성을 수호하는 법질서는 질서의 위반과 파괴를 막아줄 것이다. 이것은 법질서의 필요성과는 모순이 되지만, 정치인과 심지어 교황을 보호하는 경호원도 자기 방위라는 수단에 불과할 뿐이다.

자신이나 타인의 권리를 수호하는 시민들은 여전히 자연 질서를 본래대로 수호하려는 것일 뿐이다. 그들은 처벌을 하려는 것이 아니다. 처벌은 법 위반 행위가 완료된 후에 행해지기 때문이다. 처벌 권한은 공권에다 맡기게 되는데, 그것이 깨진 질서를 충분하고 안전하게 회복시킬 수단이 되기 때문이다.

② 자신이 돌보도록 맡겨진 사람들(자기 가족, 친척, 공동체나 복지 단체)

VII, *DS* 2037f, and Innocent XI, *DS* 2130f), 이런 제한을 둠으로써 암묵적이고 원칙적으로는 이를 승인하고 있다. 『가톨릭 교회 교리서』(1994) 2265항과 요한 바오로 2세의 회칙 「생명의 복음」(1995) 55항에서는 이 권리를 명시적으로 인정하고 있다.

에 대한 관심과 헌신적 사업에 대한 관심은 종종 불의한 침략자를 막는 것을 정당화해 줄 뿐 아니라 요구하기도 한다. 악행을 하는 이를 가능한 한 용서하라고 명하는 사랑의 계명은 불의하게 위험에 빠진 이웃의 복지를 수호하라는 명령이기도 하다.

③ 마지막으로 자기 방위를 위한 셋째 논거는 악한 결과에서 가져온 것으로서, 불가침성이란 첫째 논거 속에 암묵적으로 이미 존재한다. 어떤 개인에게 강도나 살인을 하려는 사람이 불가침의 대상이 된다면, 그 개인은 충분히 보호받지 못해 모든 무자비한 폭력에 노출될 것이다. 이런 불가침성은 잔인한 사람이 더 많은 범죄를 저지르도록 조장하며 따라서 범죄를 늘게 할 것이다.

일반적으로 침략자를 살해함으로써 자기 권리를 지킬 의무는 없다. 그리스도교의 사랑은 불의한 침략자의 생명을 빼앗는 것을 자제하고 불의를 당하는 것을 선택할 수 있다. 그러나 자기 가족이나 공동체의 부양과 보호를 위해 자기 목숨이 필요하다면, 자기 방위로 침략자를 무력화시킬 의무도 있는 것이다. 애덕 의무는 타인들(아내, 자녀, 부모, 자신에게 특별히 위탁된 이들)을 수호할 의무를 부과한다. 종종 사법관, 경찰, 경비원은 자신의 직무상 불의한 침략으로부터 타인을 지킬 의무가 있다.

7.6. 고통과 죽음에 대한 수용

질병과 노령(afflictions)은 고통(suffering)과 죽음이라는 고뇌(agonizing)의 문제를 더 깊이 경험하게 한다. 이 문제점에 대한 답은 세계관 특히 종교에 따라 달라진다. 그리스도교 신앙은 고통을 **아버지**의 영광을 위해 고통과 죽음을 겪으신 그리스도와 사람을 결합시키는 수단으로 본다. "우리는 언제나 예수님의 죽음을 몸에 짊어지고 다닙니다. 우리 몸에서 예수님의 생명도 드러나게 하려는 것입니다"(2코린 4,10). 허약함을 관대하게 심지어 영웅적으로 수용함으로써 그 사람은 그리스도 안에서 완전한 성숙에 이르게 된다. 고통은 사람들을 하느님에 대해, 삶의 의미에 관한 문제에 대해 그리고 자기 동료의 필요성에 대해 더욱 민감하게 만든다. 게다가 그리스도인은 고통을 하느님의 백성 전체를 위한 은총의 원천으로 여기도 한다. 자신의 허약함을 통해 "그리스도의 환난에서 모자란 부분을 이렇게 그분의 몸인 교회를 위하여 육신으로" 채우는 것이다(콜로 1,24). 병자는 그리스도의 모습이자 표지이므로 그 병자를 섬기는 것은 예수 그분을 섬기는 것이다. 그분은 심판의 날에 "내가 병들었을 때 (…) 나를 찾아 주었다"고 말씀하실 것이다(마태 25,36).

병자성사는 고통과 죽음의 역경 속에 있는 그리스도인에게 힘을 준다. 이 성사를 오직 죽음의 준비로만 여기는 것은 틀린 것이다. 야고보 서간에서는 도유(塗油, anointing)를 병든 몸을 치유하는 데 훨씬 도움이 되는 것으로 여긴다(야고 5,14~15). 교회는 병든 그리스도인들이 도유 성사를 통해 받는 은총을 소홀히 하지 않기를 간절히 바라며, 또한 병자의 주변인들이 특히 사제를 모셔 옴으로써 병자를 도와주기를 바란다.

말기의 질환자는 자신의 마지막 길이 거의 모두 힘든 길이기 때문에, 특별한 도움이 필요하다. 이는 "진리를 전하는 것이 필요하다기보다는 죽음의 길을 기꺼이 동행할 준비된 이웃이 필요하다고 이해해야 한다. 따라서 동행자가 얼마나 지식이 많고 유능한지는 임종자에게 그다지 중요하지 않다. 가장 중요한 것은 따뜻한 마음으로 임종을 맞이하게 하는 것이다."[160] 환자의 특정 상태와 신뢰도에 따라 의사, 간

---

160) P. Sporken, *Die Sorge um den kranken Menschen*, Düsseldorf: Patmos, [4]1988,

호사, 사제나 목사, 친척, 친구 등이 조력자가 될 수 있다. 측근들은 환자가 희망과 욕구를 표현하는 신호에 예민해져야 한다.

죽음으로써 육체적 생명은 끝나지만 그렇다고 그 생명이 무의미하게 소멸하는 것은 아니다. 한 사람의 지상 삶의 역사는 또한 하느님의 역사이다. 그리스도와 결합해 산 삶이라면, 더욱 그러하다. 죽음을 향해 걷는 사람은 유년기와 청년기에서 완전한 성숙기와 쇠퇴기에 이르기까지 자신의 인생을 돌아보면서 하느님의 길, 그분의 일을 반추하게 된다. 되돌아보면서 자신이 쓴 역사 속에서 하느님께서 쓰신 역사를 발견하기 때문이다. 사제는 임종자로 하여금 이제는 지나간 삶 속에서 하느님 사랑의 길과 그분의 일의 흔적을 발견하도록 도울 수 있다.

임종하는 그리스도인은 자기 굴복(self-surrender)으로서의 마지막 행위를 봉헌하게 된다. 살아도 주님을 위해 살고 죽어도 죽님을 위하여 죽는다(로마 14,7~8. 참조: 필리 1,20). 고통과 죽음으로써 그리스도와 결합된 그리스도인의 죽음은 또한 불멸과 부활 및 그리스도와의 최종 결합에 대한 희망으로 가득 차 있다. “그리스도를 죽은 이들 가운데에서 일으키신 분께서 (…) 여러분의 죽을 몸도 다시 살리실 것입니다”(로마 8,11). 죽는 것은 그리스도와의 완전한 결합을 의미하므로 그리스도인에게 죽음은 최종적으로 이득이다(필리 1,21~23). 지상에서의 현재 신분은 주님에게서 나온 떠돌이이며 따라서 죽는 것은 그분 곁으로 돌아가는 것이다. 그분과 함께하고자 떠나려는 그리스도인의 욕구 때문이다. “우리는 확신에 차 있습니다. 그리고 이 몸을 떠나 주님 곁에 사는 것이 낫다고 생각합니다. 그러므로 함께 살든지 떠나 살든지 우리는 주님 마음에 들고자 애를 씁니다”(2코린 5,8~9).

이러한 전망에서 볼 때 죽음은 더 이상 두려워할 악이 아니라 지상

p.240.

의 떠돌이에서 벗어나려는 욕구이다. 물론 죽음에 대한 욕망은 현세적 불행으로 인한 조급함이나 삶의 일상적 고통으로 인한 피곤함과 같이 덜 완벽한 동기에서 비롯된 것일 수도 있다. 그러나 이 세상을 떠나고자 하는 욕망이 — 바오로의 경우처럼 — 천국에서 그리스도와 결합하려는 소망, 하느님 안에서 영원한 안식을 얻으려는 그런 소망에서 비롯된 것이라면, 완전히 합당한 것이다.

제8장

명예, 진실함, 충실

여기 제8장의 주제들은 일차적으로 이상적이고 정신적인 가치들이다. 참가치들 모두가 그렇듯이, 이 가치들 역시 사람에 대한 존중과 보호를 요구한다. 참다운 이웃애는 이러한 가치들과 관련되어야 한다. 이 가치들을 지지하고 옹호하며 증진시키기 위하여 이웃애가 이바지한다. 육체적 생명의 다음으로 **명예**(*honour*)라는 선익은 근본 가치로서, 인간이 이 세상을 살아가기 위해 매우 중요하다. 이 명예는 사람들의 참가치와 공동체 내에서 지위의 존엄에 따라 각자에게 마땅한 존중을 부여한다. 진리는 사람이 실재와 조화를 이루며 살고 행동할 수 있도록 한다. 따라서 **진실함**(*Truthfulness*)은 어떤 형태로든 진리를 존중하고 동료들과 소통하는 데 있어서 진리에 대한 보증으로서의 덕행을 말한다. 진실과 밀접한 관련이 있는 것은 **충실**(*fidelity*)이며, 이를 통해 자신의 신념·말·약속에 진실한 사람이 된다. 비밀 엄수(secrecy)는 사람들이 배신하지 않을 것이라는 명시적이거나 묵시적인 조건하에 다른 이에게 비밀을 맡긴 것이기에, 많은 경우에 충실함(faithfulness)을 요구한다. 하지만 어떤 때는 비밀 엄수가 의무가 되는데, 이는 소박하게 개인의 사생활 권리와 영혼의 내밀한 영역을 보호할 권리에서 나온다.

8.1. 도덕적 선으로서의 명예[1)]

8.1.1. 명예의 본질과 기초

명예라는 선익은 내적인 긍정만이 아니라 외적인 존경을 표현함으로써 사람의 가치를 인정하는 것이다. 더 넓은 의미에서 명예는 한 사람의 자기-존중을 의미하며, 이를 통해 자신의 신념과 말에 그리고 일반적으로는 더 나은 자아에 충실하게 한다. 누군가를 "명예로운 사람"이라고 특징지을 때, 이런 의미가 있는 것이다. 도덕적 명예는 가장 고귀한 명예로서, 도덕적 정직성이 부여되고 존중받는 것이다. 게다가 과학적 명예나 시민적 명예 또는 정치적 명예와 같이, 더 제한적인 형태의 명예도 있다.

명예의 기본은 그 사람이 지닌 완벽함, 선함 및 거룩함이다. 모든 면에서 최고의 완벽함은 하느님께만 있기에, 최고의 명예는 절대적으로 그분만이 지니신다. 따라서 그분의 거룩하심은 모든 이에게 아낌없는 예배와 총체적 헌신을 요구한다.

모든 피조물은 하느님의 완벽하심과 아름다우심이 방사된(放射, radiations) 존재이다. 그분 손에서 나온 피조물로서, 자신들이 드러내는 가치에 따라 크고 작은 존경을 각각 받을 만하다. 그들이 보여 주는 명예는 궁극적으로는 그들의 창조자이신 하느님 그분께 바치는 명예인 것이다.

물질적 피조물 중 가장 큰 명예는 인간에게 돌려야 마땅하다. 인간은 하느님의 형상이기 때문이다. 그분의 형상이 인간 안에서 더 많이

---

1) 명예에 대한 도덕적 선이 지닌 긍정적 측면들은 전통적 편람들(handbooks) 속에서는 거의 주목받지 못했다. 그것들은 명예에 반한 죄로 국한시킨다. 도덕적 가치와 명예에 대한 책임 있는 배려는 다음에서 개발되었다. Mausbach / Ermecke, *Katholische Moraltheologie* III, 1961, pp.568~579; B. Häring, *The Law of Christ* III, 1966, pp.605~618.

실현되고 그분의 자녀가 될수록 인간에게는 더 큰 명예를 받을 만하다. 이러한 이유로 성인들은 특별한 명예를 누리는데, 하느님과 특히 가까운 사람들이기 때문이다. 성인들 다음으로는 그리스도의 참된 추종자들과 하느님을 두려워하는 신자들이 있으며, 이들은 거룩한 삶을 살려고 노력하는 사람들이다. 하느님께 참되게 헌신하는 사람은 아름다움, 지성, 체력 또는 물질적 부를 소유하고 타고난 사람보다 더 큰 명예를 누릴 만하다. 그렇지만 명예는 과학에서, 경제에서, 공예 또는 예술에서 타고난 재능을 계발하고 잘 활용한 사람들에게도 주어진다. 비행을 저지르는 자들로부터 도덕적·시민적 명예를 박탈하는 것도 맞지만, 공통된 인간성 때문에 그들도 기본적인 인간 존엄성을 지니고 있기에, 그들을 존중해야 하며 굴욕적 방법으로 대우하고 처벌하는 것은 금지되어야 한다.

누구나 자신의 존재와 본래의 가치를 포기할 수 없듯이, 명예도 포기할 수는 없다. 때로는 외적인 명예의 포기가 허용될 수 있지만, 내적인 명예와 그에 따르는 외적 권리는 늘 지켜 주어야 한다. 다른 이의 명예를 존중하는 것은 정의에 대한 의무이다. 따라서 다른 이의 명예를 침해하는 것은 그 사람의 권리도 침해하는 것이다. 이는 정신적 선익에 대한 부당한 손해이기에 배상을 청구할 수 있다.

명예는 중요한 사회적 선익이다. 상호 존중하지 않고 사는 공동체는 사회적 응집력이 없으며 구성원들의 노력을 극대화할 최대로 이끌어 낼 수 없다. 각 개인이 공동체 내에서 번영하고 열매 가득하도록 일하게 하려면, 명예가 필요하다.

명예는 교육적으로도 커다란 중요성을 지닌다. 한 사람이 행하거나 성취한 선을 인정하고 존중하는 것은 모든 이에게 불가결한 도덕적 격려가 된다. 교육에서는 건전한 명예 의식을 무시해서는 결코 안 된다. 비난과 처벌을 가할 경우에도, 궁극적으로는 그들의 자존감을 불러일으켜 그들이 더 나은 성취를 하도록 해야 한다. 명예롭지 못한 사람, 무관심이나 경멸만 받아온 사람은 똑같은 방식으로 행동하고 싶은 유혹을 너무나 쉽게 받는다.

8.1.2. 명예가 지닌 주요 의무

1) 자기 명예에 대한 존중

성서의 가르침에 따르면, 좋은 명성은 높은 선익이며 현세적 선익 중에서는 최고선이다. "이름은 큰 재산보다 값지다"(잠언 22,1). "네 이름에 주의를 기울여라. 이름이 황금덩이 천 개보다 오래 남는다"(집회 41,12).

그리스도인으로서의 호평은 복음의 대의를 증진시킨다. "유다인에게도 그리스인에게도 하느님의 교회에도 방해를 놓는 자가 되지 마십시오. 무슨 일을 하든 모든 사람을 기쁘게 하려고 애쓰는 나처럼 하십시오. 나는 많은 사람이 구원을 받을 수 있도록, 내가 아니라 그들에게 유익한 것을 찾습니다"(1코린 10,32~33). 이렇게 선한 모범은 하느님의 영광에 기여한다. "너희의 빛이 사람들 앞을 비추어, 그들이 너희의 착한 행실을 보고 하늘에 계신 너희 아버지를 찬양하게 하여라"(마태 5,16).

그러므로 그리스도인과 그리고 하느님을 사랑하는 사람은 모두 자기 명성을 소중히 여겨야 한다. "형제 여러분, 참된 것과 고귀한 것과 의로운 것과 정결한 것과 사랑스러운 것과 영예로운 것은 무엇이든지, 또 덕이 되는 것과 칭송받는 것은 무엇이든지 다 마음에 간직하십시오"(필리 4,8). 성 바오로는 하느님과 사람을 향해 깨끗한 양심을 갖고자 열망했고 이것이 명예라고 여겼으며(사도 24,16; 2코린 1,12), 명예를 업신여겨 선한 대의를 훼손하는 이들에 맞서 명예를 지키는 일에 망설이지 않았다(1코린 9; 2코린 11~12장).

반면에, 사람들에게서 칭찬 자체를 구해서는 안 된다. 어떤 선행이 그저 외적 명예만을 위해 욕망에서 나온 것이라면, 그리고 하느님과 이웃을 진정 사랑하는 마음이 없다면, 아무런 덕행도 아니다. 바로 그리스도가 엄히 꾸짖으신 바리사이의 태도가 그렇다. “너희는 사람들에게 보이려고 그들 앞에서 의로운 일을 하지 않도록 조심하여라. 그러지 않으면 하늘에 계신 너희 아버지에게서 상을 받지 못한다”(마태 6,1. 참조: 갈라 1,10).

자기 명예를 책임 있게 돌보는 것은 적법하며, 이는 종종 의무가 되기도 한다. 그것은 질서 있는 자기애에 속한 일이다. 또한 매우 자주 도덕적·영성적 선익에 대해 책임 있는 사람의 의무가 되기도 한다. 자기 명예를 돌볼 의무는 특히 부모, 교육자, 사제, 장상 및 공직자에게는 매우 중대하다. 그들의 영향력은 자신들이 얼마나 훌륭한 명예를 지녔는지에 크게 좌우된다. 그리스도인으로서의 자기 명예를 존중하는 일은 사도적이고 선교사적인 관심사이기도 하다.

자기 명예를 지킬 의무가 명예를 소소하게 고집해야 한다는 뜻은 아니다. 실제로 자기 명예를 위태롭게 하지 않을 정도로 사소하게 존중하지 않는 것에 대해서는 통상 무시해야 한다. 하지만 자기 명예를 심각하게 훼손하려는 불의한 공격에 대해서는 자기 방위의 권리와 그리고 종종 의무도 지닌다. 극단적인 경우, 자기 명예를 보호하고자 법정에서 법적 조치를 취하는 것은 정당화된다. 무엇보다도 공동체를 대표하는 사람일 경우, 더욱 그렇다. 그 명예가 직책에 속한 것일 경우, 명예를 포기하는 일은 그 개인의 문제가 아니기 때문이다. 그러나 올바른 명예의 수호라고 해도 정당한 자기 방위의 한계를 초과해서는 안 되며, 명예훼손을 막는 데 필요하고 충분한 정도로 제한해야 한다. 어떤 상황에서든지 자기 방위를 위해 허위나 야비한 방법을 쓰는 것은 허용되지 않는다.

타당한 명예감(proper sense of honour)은 실제로는 갖추지 못한 위장된 덕행이나 자신의 것이 아닌 공덕(功德, merits)을 인정받고자 애쓰는 일을 금하게 된다. 정당하지 않는 명예는 기쁨이 되기보다는 수치심이 되어야 마땅하다. 지나친 명예 추구는 무질서한 야망의 죄이다(마태 23,5~7. 참조: 루카 11,43). 그와 반대되는 죄는 자기 명예에 무관심한 것이며, 타인의 견해를 멸시하는 것이다. 더 나아가 정당한 자존감(self-esteem)에 반하는 죄로는 거짓 겸손, 하느님께 받은 은사의 폄하 및 자기-비하가 있다. 이 죄들은 자기-고양(self-exaltation)과 마찬가지로 진실함에 반대된다.

2) 자기 이웃에 대한 존중

정의는 타인의 명예를 존중하도록 요구한다. "여러분은 모든 이에게 자기가 해야 할 의무를 다하십시오"(로마 13,7). 사랑은 타인의 명예도 긍정적으로 증진하도록 촉구한다. "형제애로 서로 깊이 아끼고, 서로 존경하는 일에 먼저 나서십시오"(로마 12,10). 고귀한 마음을 지닌 사람들은 칭찬하는 것에서도 관대하다. 이들은 자신의 명예를 알아줄 때까지 기다리지 않고 타인에게 쾌히 관대하게 명예를 부여한다.

공직자는 공동체를 대표하고 그 선익에 봉사하는 사람이기에, 특별한 명예를 누려야 한다. 따라서 세상의 합법적 권위자 모두는 존중되어야 한다(로마 13,7; 1베드 2,17). 영적 권위를 지닌 이들도 그에 못지않게 존중받을 가치가 있다(히브 13,17; 1베드 5,5). 부모 존경은 십계명의 넷째 계명으로서 요구되며 성서가 이를 반복해서 강조한다.[2] 노인들도 자신의 인생 경험과 젊은 세대에 봉사한 노고 때문에, 특별히 존경받을 만하다.[3]

---

2) 탈출 20,12; 신명 27,16; 마태 15,4; 19,19.

타인 존경은 다양한 방식으로 표현할 수 있다. 즉 예의를 갖춘 존경 어린 만남으로, 직접 대면했을 때 칭송하고 인정해 줌으로, 그 자리에 없을 때는 좋은 평판과 칭찬함으로 표현할 수 있다. 선천적 결함이나 가난 때문에 사람을 무시해서는 안 된다. 올바르게 사는 한, 모든 장애인도 건강하고 튼튼한 사람만큼 존중받을 자격이 있고, 빈자도 부자만큼 존중받을 자격이 있다. 성 야고보는 그리스도인들이 집회 때 부자에게 많은 관심을 기울이면서도 빈자에게는 말석을 배정해서 치욕을 준다고 호되게 꾸짖는다(야고 2,2~6). 물론 도덕적 결함은 상대방에 대한 존경심을 감소시키긴 하지만, 그러나 모든 이는 자기 자신의 한계를 유념해야 한다. 약점과 결함은 존경과 명예를 여전히 받을 만한 긍정적 자질들과도 종종 공존한다. 망자도 후손으로부터 존경받을 권리가 있는데, 모든 사람은 인류가 감사해하고 기억하는 삶을 살고 싶어 하기 때문이다.

상급자에게 표현하는 명예는 언제나 그가 대표하는 공동체에 대한 명예의 표현이기도 하기에, 직무를 대표하는데 자격이 부족하더라도, 그를 향한 존경을 거부해서는 안 된다. 하지만 의무에 헌신하고 정직한 삶을 사는 상급자라면, 자기 의무를 다하지 않는 상급자보다는 더 크게 존경받을 자격이 있음이 명백하다.

단지 개인만이 명성을 누릴 권리가 있는 것이 아니라 예컨대 종교공동체, 국가, 수도회 및 모든 조직된 단체와 같이 공동체들도 그럴 권리가 있다. 이들 역시도 명예를 지니며, 할당된 임무를 완수하고 하느님 부르심에 부응하는 정도에 따라, 명예를 요구할 수 있다. 반대로 모든 공동체와 국가도 명예를 소중히 여기고 그에 걸맞은 자격을 지키고자 노력해야 한다.

---

3) 레위 19,32; 잠언 16,31; 1티모 5,1~2.

3) 교정에 대한 직무와 의무

단점과 허물(faults)은 한 사람의 명예를 훼손하며, 종종 다른 사람에게 손해를 끼치기도 한다. 이웃이 이를 깨닫고 교정하도록 돕는 것은 애덕 행위이다. 따라서 가톨릭 도덕신학은 형제적 교정(fraternal correction)을 특별한 애덕 활동으로 항상 간주해 왔다. 그리고 사회 집단에도 자체의 명예가 있듯이, 그것들도 역시 면밀히 조사하고 교정해야 할 필요가 있을 수 있다. 이를 공동체적 교정(communal correction) 또는 공동체적 비판(communal criticism)이라 부를 수 있다.

형제적 교정이란 이웃이 악에서 벗어나도록 그의 허물(fault)에 대해 가르치는 것을 말한다. 이는 사법적 강제력이 아닌 사적인 성격의 것이다. 또한 아버지나 어머니 및 조력자로서의 권위에 의한 교정에 대해 보통은 이를 부성적(또는 모성적) 교정이라고 부르지만, 형제적 교정으로 간주한다. 이에 반해, 교회법적 교정을 포함하는 사법적 교정은 공동체 구성원에 대해 권위자가 특정한 절차에 따라 (문서로 하거나 증인 앞에서) 수행하는 공식적인 교정 행위로서, 그 집행이 입증 가능하고 필요시 법적 조치의 근거가 될 수 있도록 한다. 공동체적 비판은 악을 바로잡기 위해 사회 집단이 공통의 허물을 깨닫게 하는 것이다.

성서는 형제적 교정이라는 주제를 거듭 언급한다. 구약의 지혜 문헌은 이미 이렇게 권한다. “친구에게 물어보아라. 그가 그런 일을 하지 않았을 수도 있다. 그런 일을 했다면 다시는 하지 않으리라. 이웃에게 물어보아라. 그가 그런 말을 하지 않았을 수도 있다. 그런 말을 했다면 다시는 거듭하지 않으리라”(집회 19,13~14). 마태오 복음은 이 질문에 대해 명백히 주의를 기울이며 제자들에게 의무뿐 아니라 교정할 때의 올바른 순서도 지시해 준다(마태 18,15~17). 반면 루카 복음은 “네 형제가 죄를 짓거든 꾸짖어라” 하고 짧고 묵직하게 선포한다(루카

17,3). 성 야고보는 형제적 교정이 애덕이며 공로가 된다는 것을 강하게 역설한다. "죄인을 그릇된 길에서 돌이켜 놓는 사람은 그 죄인의 영혼을 죽음에서 구원하고 또 많은 죄를 덮어 줄 것입니다"(야고 5,20). 바오로는 일반적인 교정 의무에 대해서는 테살로니카 전서 5장 14절에서, 부성애적인 교정 의무에 대해서는 티모테오 전서 5장 20절에서 각각 표현한다. 즉 "줄곧 죄를 짓는 이들은 모든 사람 앞에서 꾸짖어, 다른 사람들도 두려움을 가지게 하십시오."

공동체적 비판을 할 의무는 성서에 명시된 권고였다기보다는 가장 훌륭한 인물들이 실제 행동했던 방식이다. 구약 예언자들은 자기 나라의 사회적이고 종교적인 불만을 소리 높여 비판했다(참조: 이사 1,11~17; 예레 7,21~26; 아모 5,21~24). 마찬가지로 편협한 율법주의를 향해(참조: 마태 23장)[4] 그리고 당시 유다교의 민족주의를 향해(참조: 루카 10,30~37의 착한 사마리아인의 비유 그리고 마태 25,31~46의 심판 설교) 그리스도가 행하신 맹렬한 비판도 이런 성격을 띤 것이다.

형제적 교정의 의무와 공동체적 비판의 내적 이유는 이웃과 공동체의 악을 방지하고 그들이 소명에 부응하며 하느님 영광을 효과적으로 증진할 수 있도록 하려는 의무 때문이다. 교정 행위는 종종 자신의 권리나 타인의 권리를 지켜 주려는 권리와 의무 때문에 요구되기도 한다.

하지만 교정을 받아들이고 단점이나 허물을 개선하려는 노력을 해야 할 의무도 존재한다. 보통 교정 행위를 반복한다는 것은 아주 어렵다. 이러한 교정에 대해 저항하고 과민하게 반응하며 보복하는 사람은 곧 혼자가 될 것이다. 사안이 심각해지면, 결국에는 더 가혹한 대우를 받게 될 것이다.

---

4) 또한 마태 6,1~8; 12,1~14 병행 구절; 15,1~20; 마르 7,1~23; 루카 11,37~52; 13,10~17; 14,1~6.

형제적 교정의 대상에는 자신이나 타인에게 해를 끼치는 이웃의 모든 허물(faults), 특히 심각한 악이 해당된다(예: 마약이나 알코올의 의존). 예의가 부족한 것 같이, 덜 무책임한 것과 심지어 불완전한 것도 그 대상이 된다. 예컨대 올바른 식탁 예절과 적절한 복장에 대해 형제나 자매가 알려 주는 것은 이러한 부족함은 사회적 접촉과 그 관계에 장애가 되기 쉽기에, 큰 도움이 된다. 공동체적 비판의 대상에는 공동체적 임무에 적합하게 부응하지 못하는 것으로서, 소수자에 대한 차별, 어떤 단체의 사명에 대한 이념적 왜곡(참조: 그리스도가 비판하신 종교적 율법주의), 특권 부여에의 편파성, 인권 무시 등, 사회 집단 내에서의 불만 사항들이 해당된다.

아래의 조건과 규범은 형제적 교정에 직접 적용되는 것이지만, 공동체적 비판이라는 더 넓은 영역에는 필요한 만큼 변경을 함으로써(*mutatis mutandis*) 방향 제시도 하게 된다.

(1) **형제적 교정을 위한 조건들**: 형제적 교정 행위가 의무가 되거나 종종 단지 기회라도 되려면, 다음의 조건들이 충족되어야 한다.

① 그 이웃이 실제로 도움이 필요하다는 조건이다. 말하자면, 형제적 도움이 없이는 스스로를 충분히 개선할 수 없는 사람이어야 한다. 게다가 나보다 유능하거나 적어도 동등하게 유능한 사람 중 아무도 기꺼이 도와주려 하지 않는 상태이어야 한다. 또한 교정이 필요할 정도로 그의 결함이나 허물이 심각한 수준이어야 한다.

② 교정 행위가 유익할 것이라는 희망의 근거가 있어야 한다는 조건이다. 이런 이유로, 보통 낯선 사람을 교정할 의무는 없다. 특히 권위자는 자신이 묵시적 승인을 했다는 인상을 주지 않기 위해서는 성공할 희망이 없더라도 교정해야 할 의무를 진다. 예컨대 주교라면, 적어도 하나나 두 명의 소속 사제가 아주 중요한 전례 규율을 무시

하는 것에 대해, 비록 그 사제들이 태도를 바꿀 가능성이 희박하더라도, 곧바로 반대를 표시해야 한다. 타인을 교정할 의무가 있지만 경험상 성공 가능성이 낮다는 점도 알고 있다면, 그는 때때로 그 일을 기꺼이 수행하고 더 쉽게 해낼 수 있는 사람을 찾아보라고 충고를 할 수 있다.

③ 교정하는 데 과도한 개인 희생이 없어야 한다는 조건이다. 모든 교정 행위에는 어느 정도의 용기와 노력이 필요하므로 이것들을 의무의 일부라고 여겨야 한다. 남을 교정한다는 것은 적절한 방법으로 하더라도 상대가 받아들이지 않거나 분노를 터뜨리는 반응에 맞닥뜨릴 위험이 있기 때문이다. 그러나 자신의 교정 행위가 나쁘게 받아들여질 경우 그가 큰 불이익을 두려워해야 할 정도라면, 그리고 그 허물이 공동선에 심각한 위협이 아니라면, 교정의 의무는 없다. 이 경우에도 최소한 어느 정도는 성공하리라는 합리적 희망이 있어야 한다〔참조: 조건 (2)〕. 그러한 희망이 없다면, 공동선을 보호하기 위해서는 다른 수단을 택해야 한다. 주교, 사목자, 장상, 부모 등은 심각한 개인적 희생을 치르더라도, 자신의 직분과 처지에 따라 자신에게 맡겨진 이들을 교정할 의무를 진다. 형제적 교정을 할 의무의 정도는 두려워해야 할 해악의 심각성에 따라 달라진다. 이웃의 허물로 인해 자신이나 타인에게 끼칠 해악이 클수록 이웃을 교정할 의무도 커진다.

(2) **교정을 위한 올바른 자세:** 형제적 교정의 동기는 이웃 복지에 대한 진지한 관심과 하느님 영광과 그 통치에 대한 열정이어야 한다. 또한 자신의 권리나 제삼자의 권리를 수호하는 것도 동기가 된다. 반면에 개인적 혐오, 분노 및 복수심에서 비롯된 비판은 진정으로 건설적 성격이 아니므로 그러한 동기라면, 충분히 정당화되지 않으며, 교정이 이루어지지 않을 수 있다. 게다가 그러한 비판은 단점을 부당하게 확

대하거나 외견상의 실수를 찾아내려는 경향이 있고, 교정 행위를 불의한 것으로 만들며, 따라서 교정을 거의 확실히 실패하게 만든다.

교정 방식은 조심스럽고 분별력이 있으며 자상하게 표현되어야 한다. 교정 또는 훈계는 가능한 한, 친절하고 온화한 방식으로 이루어져야 한다. "어떤 사람이 잘못을 저지르는 것을 보면, 영적인 사람인 여러분은 온유한 마음으로 그를 바로잡아 주어야 합니다. 그리고 그대도 유혹에 빠지지 않도록 조심하십시오"(갈라 6,1. 참조: 마태 7,4). 어떤 사람이 친절한 말에도 무감각하거나 심각하게 받아들이지 않을 때에만, 또는 오만하고 무자비한 태도로 엄한 대응을 요구할 때에만, 강력하고 가혹한 태도가 허용된다. 그러나 그때조차도 교정을 하는 사람은 자기 자신의 부족함을 겸허히 인식함으로써 강도를 누그러뜨려야 한다.

더 나아가 현명함은 그사이에 새로운 허물이 추가되더라도 올바른 순간을 선택하고 적절한 시기를 기다리는 방법을 알게 해 준다. 타고난 한계로 인해 사람은 절대 완벽해질 수 없기에, 사소한 실패에 대해 자기의 부하나 동료에게 잔소리하는 것은 현명함이 아니며, 애덕도 아닌 것이다. 또한 수많은 결함은 시간이 지남에 따라 스스로 교정되는 경향이 있고 특히 아주 작은 허물의 경우에는 그러한 과정이 스스로 작동될 수 있기에, 이는 형제적 교정을 위한 위의 (1)의 조건도 채우지 못한 것이다.

끝으로, 교정되어야 할 사람의 감정과 종종 명예를 살리기 위해서라도, 특히 그 허물이 공개된 것이 아닌 경우, 교정은 비공개로 행하는 것이 바람직하다. 이는 올바른 교정의 순서로 연결이 된다.

(3) **올바른 교정의 순서:** 한 사람의 동료 중 누가 먼저 교정할 의무를 지는가? 이 질문에 있어서, 첫째는 사랑의 질서상 그에게 가장 가까운

이들이다. 즉 배우자, 부모나 부모를 대신하는 사람, 부모의 교정을 위해서는 자녀 중 연장자, 형제자매, 그 밖의 친척 및 친구들의 순이다. 또한 수도회 및 유사 공동체 내에서는 장상들과 회원들(confreres)이 특별한 의무를 진다.

마태오 복음에(18,15~17) 명시된 교정의 순서는 본질적으로 오늘날에도 유효하다. 허물이나 오류를 범한 이웃을 먼저, 사사로이 교정해야 한다. 이것에 대해 효과가 없고 사안은 상당히 중요한 경우, 한 사람이나 두 사람을 불러 허물(fault)에 대한 사실과 구제(redress)의 필요성을 확인시켜야 한다. 그럼에도 그가 듣지 않는다면, 권위자들에게, 비록 그들이 외견상 그저 부성적인 교정일 뿐이겠지만, 직무상 그를 교정하도록 알린다. 이러한 교정도 성공하지 못한다면, 그리고 그 상황을 개선할 필요가 있다면, 그 사안은 사법 당국에 넘겨야 한다. 사법 당국이 교정할 때 잘못한 사람이 정정하기를 거부할 경우, 보통은 제재를 통해 그를 강제한다.

하지만 이 순서에는 예외가 있다. 허물(faults)이 어떤 식으로든 공개될 경우, 당국의 교정이 훨씬 더 효율적일 것으로 예상되는 경우, 그리고 특히 공동선이나 타인의 선익이 걸린 경우, 즉각 당국에 알리는 것은 정당하기에, 그렇게 보고해야 한다. 특히 가정 안에서 그리고 청소년 훈련기관 내에서 사소한 고발은 피해야 하지만, 공동체 구성원에게 심각한 위험이 있는 경우, 관련 당국에 보고해야 한다. 물론 상급자는 보고할 사람에 대한 정보와 성격을 신중하게 검토해야 한다. 또한 피고발인에게 자신을 변호할 기회도 부여해야 하며(*audiatur et altera pars*), 이는 쉽게 무시해서는 안 될 규칙이다.

상급자뿐만 아니라 하급자에 대해서도 익명의 고발은 배격하는 것이 원칙이다. 이러한 절차는 경쟁, 원한 또는 보복에 의한 악의적이고 사실이 아닌 고발로 이어질 수 있기 때문이며, 이에 대한 방위 수단도 없기 때문이다. 반면에 허물(faults)을 보고한 사람은 보복으로부터 보호받을 권리가 당연히 있으며, 따라서 그 사람은 장상에 의해 자신의 이름이 비밀로 지켜질 권리도 지닌다. 이 권리는 무엇보다도 보복이 우려되는 아주 중대한 사안의 경우, 더욱 그렇다. 보고자의 이름을 공개해야 할 필요가 있는 경우, 먼저 그 보고자의 허락을 받아야 한다.

8.1.3. 타인의 명예를 침해하는 죄들

삶에 대한 많은 도덕적 영역에서보다 더욱 명예의 영역에서, 누구나 이웃을 거스른 악한 생각으로 죄를 범할 수 있다. 비애덕적(uncharitable) 생각은 자주 범하는 죄이긴 하지만, 그다지 신경 쓰지 않는 경우가 잦다. 특히 속단(速斷, rash judgment)은 이웃의 명예를 침해하게 된다. 또 어떤 사람은 타당한 이유도 없이 도덕적 결함이라는 죄로 판단 받는다. 그리스도의 경고가 이에 적용된다. "남을 심판하지 마라. 그래야 너희도 심판받지 않는다"(마태 7,1).

우리 이웃이 호평을 받을 만하고 아무런 죄책이 없다면, 그들은 우리의 존중을 받을 권리가 있다. 이는 집단·종교·국가 등에서도 적용된다. 단지 생각으로 존중하는 것마저도 거부하는 것은 불의한 것이다. 관련 사안은 중대한데 이유가 불충분함을 완전히 알면서도 판단을 내렸다면, 그것은 속단이라는 중죄가 된다. 하지만 자각이 부족한 경우가 많다.

"오늘날 타인의 평가와 명예를 존중할 의무에 대한 감수성은 상당 부분 상실되었다. 이는 무엇보다도 매체(media)가 지닌 광범위한 영향력과, 그들이 자신의 존재 이유로까지 여기는 것으로서 어디서든 발견되는 남용과 부정행위를 폭로하는 행위 때문에도 그 감수성은 상실된 것이다."[5] 현재의 우리 사회에서 매체가 이러한 분야에서 중요 기능을 한다는 점에는 의심의 여지가 없다. 그러나 동시에 매체는 필요 이상으로 폭로하고 또 타협하려는 특수한 유혹에 스스로를 노출시키기도 한다. 이것은 독자와 청중에게도 영향을 끼친다. 매체 윤리는 아래에서 더 구체적으로 다룰 것이다.

하지만 실제의 생활에서 경계심을 갖는 것은 성급한 행동이 아니다. 현명함이 종종 이를 요구한다. 신중한 사람은 자기 이웃의 악함을 생각하기보다는 단지 속을 가능성만을 따져볼 뿐이다. 따라서 부모와 교육자는 책임지고 현명하게 감시할 의무를 지닌다. 그들이 불신감을 가득 지녀야 한다는 뜻이 아니다. 오히려 인간이 나약하다는 현실을 샅샅이 살피고 자기 자녀를 악에서 보호해야 한다는 자기 책임을 현명하게 점검한다는 뜻이다.

1) 모욕, 중상, 비방

(1) **명예훼손(defamation)의 종류**에는 특히 모욕(contumely), 중상(calumny) 및 비방(detraction)이 있다. 모욕은 다른 사람이나 사회단체가 현장에서 불의하게 불명예를 당할 때 발생한다. 이는 말, 표식 및 외면을 통해 표현될 수 있다. 해당된 개인이나 집단이 실제 그 자리에 있을 때일 필요는 없다. 그들은 당사자가 알게 될 방식으로, 당사자를 대표하는 것, 사진, 깃발 등을 모욕적으로 대우함으로써 그에게 불명예를 입힐 수도 있다.

중상은 내용이 거짓임을 알면서도 타인에게 거짓된 정보를 옮기는 것이다. 중상의 공통된 형태는 진실과 거짓을 혼합하는 것이다.

비방은 내용이 사실이지만 감춰진 허물(faults)을 들추어냄으로써 그 사람의 좋은 평판을 침해하는 것이다. 고자질(talebearing)은 동일한 범

5) Helmut Weber, *Spezielle Moraltheologie*, Graz: Styria, 1999, pp.53f.

주에 속한 범죄로서, 다른 사람이 어떤 사람에 대해 불리하게 말한 것을 바로 그 당사자에게 알리는 것이다. 이유는 종종 불화의 씨앗을 심어 어떤 식으로든 이익을 얻으려는 의도 때문이다.

명예훼손은 명백한 말이 아닌 다른 방식으로도 범할 수 있다. 다른 이의 선행 동기가 흐려지게 하는 못된(sinister) 해석, 악의적 침묵, 넌지시 암시, 비꼬는 칭찬, 선행의 폄하 등, 이 모두는 구두 형태의 비난(slander)이다.

하지만 발언한 허물(faults)이 이미 공공연히 알려진 것이거나 곧 일반에게 알려질 것이라면, 세평(reputation)에 해를 끼친 것이 아니며, 따라서 비방은 아닌 것이다. 가정, 기숙학교, 신학교, 수도원 등, 폐쇄적인 공동체 내에서 공개적으로 알려진 범죄라고 해도 외부인에게 알려서는 안 된다. 한 곳에서는 공공연히 알려졌지만 다른 곳에서는 알려지지 않은 범죄나 과거에 공개된 것이지만 지금은 잊힌 허물(faults)에 대해서 죄지은 사람이 이미 보상했고 더 잘 살고자 노력하고 있다면, 알리거나 다시 들추어내지 말아야 한다.

(2) **명예훼손의 죄악상:** 성서는 비방하는(slanderous) 혀를 가증스럽게 여긴다. 이미 가장 초기의 성경이 명한다. 즉 "너희는 중상하러 돌아다녀서는 안 된다"(레위 19,16). 남의 말을 옮기고 비방하는 자들은 저주를 받는다. 왜냐하면 많은 이들의 평화를 파괴하기 때문이다. 덕 있는 사람은 자신의 혀로 죄짓지 않기 위하여 입에 문과 빗장을 단다(집회 28,13~26; 시편 101,5). 그리스도는 모욕에 대해 엄한 심판을 내리신다. 즉 "자기 형제에게 '바보!'라고 하는 자는 최고 의회에 넘겨지고, '멍청이!'라고 하는 자는 불붙는 지옥에 넘겨질 것이다"(마태 5,22). 바오로 역시 험담꾼, 중상꾼, 비방자는 하느님에게서 멀어진 악인들의 무리로 규정하며(로마 1,29~30; 2티모 3,3), 하느님 나라를 상속받지 못한다고 말한다(1코린 6,10). 야고보 서간은 훈계한다. 즉 "형제 여러분, 서

로 헐뜯지 마십시오"(야고 4,11~12. 참조: 마태 7,1~2).

모욕은 타인에게 마땅히 돌아가야 할 것을 빼앗는 행위로서 불의한 죄이다. 이 죄의 심각성은 모욕이 표현하는 말, 행동, 태만의 성격에 따라 결정된다. 사회적 인식도 역시 고려되어야 한다. 교양 없는 이들 간에는 친근함의 표시로 받아들여질 수 있는 표현도, 교양 있는 이들 간에는 모욕으로 받아들여질 수 있다. 거칠고 투박한 인격의 사람들이 사용하는 조악한 언어는 종종 공격적으로 인식되지는 않지만, 더 신중한 사람의 입에서 나올 경우에는 중대한 모욕이 될 수 있다.

중상은 상대에게 존재하지 않는 허물을 교묘히 뒤집어씌우는 것이기에, 명백히 정의와 진리를 거스른 죄이다. 참다운 호평의 권리는 무조건적이며 보편적인 권리이다. 진리와 정의는 실제로 선한 사람을 악한 사람으로 묘사하지 않을 도덕적 의무를 요구한다.

그러나 비방(detraction)은 보고된 허물이 사실이라고 해도, 정의와 사랑을 거스르는 죄이다. 발언의 진실함이 입증된다면, 시민법은 과연 비방자(slander)를 처벌하지 않는다. 그러나 이것이 자의적인 명예훼손을 도덕적으로 적법하다고 하지는 못한다. 호평은 외적 품행에 근거한 사회적 가치이기에, 그 사람이 공적으로 호평을 실추시킨 일이 없다면, 숨겨진 허물(예: 자살 시도)을 함부로 드러냄으로써 그 호평에 해를 입혀서는 안 된다. 이는 개인에게 해를 끼칠 뿐만 아니라, 그 사람의 공적 업무와 사회적 관계에 지장을 주기에, 공동선에도 해를 끼친다.

비방은 문제의 허물이 단 한 번의 예외적인 실수나 우연한 결함일 경우, 특별한 방식으로 불의가 된다. 결함의 누설은 종종 그 결함을 일반화하고 그것을 그 사람의 고유한 특성으로 돌리는 경향이 있다. 이러한 과장은 정의뿐 아니라 진리도 위반한다. 실제로 비방은 과장된 언사와 함께하는 경우가 많으며, 그 희생자에게는 도덕적 노력을 포기하게 하는 유혹을 일으키기도 한다. 즉 이미 사회적 평판이 낮기에 더 이상 노력할 이유를 느끼지 못하게 된다.

명예훼손은 명성이 재물보다 더 귀한 것이기에, 절도보다 더 중한 죄가 된다. 이 죄의 중대성은 피해자의 명예에 미칠 수 있는 손해, 매도당한 사람이 입은 역경, 직업적 능률에 미칠 해악, 그리고 있을 수 있는 물질적 손실(예: 실직) 등에 따라 다르다. 피해자의 명예에 끼친 손해는 보통 알려진 허물이 심각할수록, 비방자와 피해자의 지위와 직무가 받는 존경이 클수록, 그리고 명예훼손을 들은 사람의 수가 많을수록, 더 중대해진다.

한 사람이 비록 어떤 사안에서 호평을 상실했더라도, 다른 사안에서 타인들의 호평을 받을 자격은 여전히 있다. 따라서 한 가지에서 잘못했다고 해서 그 사람 전체를 단죄하는 것은 불의하다.

(3) **명예훼손의 협력:** 명예훼손을 하는 사람만이 아니라 또한 그에게 협력하는 사람들도 명예훼손의 죄를 짓는다. 동의하는 형태로 비방을 경청한 사람들은 비방의 죄에 떨어진다. 청자들은 발언자가 비방하도록 또는 중상하도록 유도하거나 발언 내용을 인정한다면, 명예훼손에 직접 협력한 것이 된다. 명예훼손을 멈추거나 배격할 수 있고 또 그렇게 해야 할 때 이를 생략한다면, 간접 협력을 한 것이다. 이러한 협력은 애덕에 반하는 죄를 짓는 것이다. 부모, 사목자 및 장상은 자기 수하들의 중상 행위를 막고 견제해야 할 특별한 의무가 있지만, 또한 타인의 중상 행위로부터 보호해 줄 의무도 있다. 간섭함으로써 심각한 불편을 당할 때, 성공을 거둘 가능성도 없을 때, 반대함으로써 사안이 더 나빠질 뿐일 때, 그들은 비방을 저지할 의무를 벗게 된다.

(4) **타인 허물에 대한 비밀의 밝힘**은 적법할 수가 있으며, 때때로 이유가 충분할 경우는 의무적이기도 하다. 왜냐하면 행위가 불법한 경우, 명성을 보호하는 것은 당사자와 공동체 이익에 부합할 때라는 조

건부의 권리일 뿐이기 때문이다. 허물을 은폐하는 것이 누설하는 것보다 더 해가 될 때, 특별히 당사자가 잘못된 태도를 고집할 때, 불의로 위협받는 가치를 수호하는 것이 죄인의 명예를 보호하는 것보다 비중이 더 커진다. 허물에 대한 은폐를 정당화하는 이유에 대해서는 아래의 "2) 비밀의 밝힘" 부문을 보라. 하지만 이러한 일들에 대해 무분별하거나 경솔한 험담(gossip)은 부적절하며, 쉽게 반애덕의 죄가 된다. 험담은 비방의 길을 열어 준다는 점에서도, 위태롭다.

2) 명예훼손에 대한 배상

불의하게 야기된 피해를 변상하는 것은 정의와 애덕의 의무이다. 따라서 이는 명예훼손을 한 자들에게도 요구된다. 그들은 피해자의 세평에 가해진 손해와 그로 인해 생길 물질적 상해를 회복시키는 것에도 최선을 다해야 한다. 그들은 상해를 혼동하더라도 적어도 예견할 수는 있는 범위 내에서 이 의무를 지게 된다. 가해진 해악이 중할수록 배상의 의무는 중해지고, 가벼울수록 의무도 가벼워진다. 중한 의무에 대해서는 심각한 불편이 있더라도, 구속력을 지닌다.

모독(insult)에 대한 배상은 모독 자체가 공적이면 공적으로 하고, 사적이면 사적으로 해야 한다. 당사자가 직접 또는 중개인을 통해 배상한다. 유감(regrets)은 잘못한 당사자가 피해자 앞에 직접 나타날 수 없는 경우, 편지로도 표현할 수 있다. 배상은 피해자에 대한 후회와 존중을 명확히 표현하는 방식으로 이루어져야 한다. 당국자를 향한 배상은 적어도 그에 대한 모욕이 심각한 경우, 용서를 구해야 한다. 동급자이거나 하급자를 향한 배상은 일반적으로는 특별한 존중과 호의를 표시하는 것으로 충분하다. 그러나 때로는 비록 동급자라 할지라도, 심각한 모욕에 대해서는 용서를 청해야 한다.

중상한 자는 거짓된 비난(charges)을 명백하고 분명한 방식으로 철회함으로써 배상해야 한다. 법정에서의 거짓된 증언은 다른 방법으로는 손해를 복구할 수가 없을 경우, 철회해야 한다. 비방한 자는 비난한 내용이 사실이기에, 철회할 수는 없고, 따라서 비방당한 사람의 허물을 변호해 주거나 그 사람의 선한 자질을 알리는 등, 다른 방법으로 배상을 해야 한다.

명예를 훼손한 자는 그러한 진술을 할 당시 그 자리에 있었던 모든 이에게도 배상을 확대해야 한다. 소문을 퍼뜨리는 자들 앞에서는 가능한 한 명예훼손적인 발언을 하지 말아야 한다. 하지만 그러한 이야기가 명예훼손의 성격임을 깨닫게 된 후 전하지 않을 의무는 일차적으로 이를 반복하려는 자들의 양심에 부여된다. 신문, 라디오 또는 텔레비전을 통해 명예를 훼손한 경우, 일반적으로는 오직 동일한 매체 방식을 통해서만 배상이 가능하다.

훼손된 세평을 위한 배상의 의무는 다음의 경우, 없어진다. 즉 피해 당사자가 자기 권리를 포기했다고 합리적으로 추정할 수 있을 경우, 그 사람의 명성이 다른 방법으로 회복된 경우, 가해자가 사법적 조치로 처벌받았을 경우, 피해자가 이미 보복했을 경우, 또는 (이 경우에도 확실한 허위는 교정되어야 하지만) 죄가 상호적이고 양측 모두가 동등하게 중죄일 경우, 위반 사실을 잊어버려서 기억을 되살리지 않는 것이 더 현명할 경우, 또는 배상이 불가능해진 경우 등이 해당된다. 후자의 경우는 피해자가 입은 피해보다 가해자가 비례적으로 훨씬 더 큰 피해를 겪게 될 경우이다. 피해 당사자에 의한 자발적 용서(condonation)는, 만일 그러한 포기가 자기 친척이나 공공복지에 중대하게 해를 끼칠 경우, 받아들여질 수 없다. 특히 명예훼손이 예컨대 사목자, 장상 및 판사 등 공적 지위에 있는 사람들의 권위를 훼손한 경우, 그렇다.

8.2. 진실함

8.2.1. 성서에서의 진실함

진리에 대한 성경의 개념은 오늘날의 언어와 아주 똑같은 개념이 아니다. 현대의 어법은 생각이나 진술이 사실이나 개인의 내적 확신과 지식에 부합할 때, 참된 것으로 간주한다. 진리에 대한 이러한 이해는 그리스 사상에 가깝다. 반면 성경은 오히려 진리를 충실성이라는 의미로 생각한다. 진리는 하느님의 법과 복음의 메시지를 향한 충실함이다. 하느님의 법과 말씀은 진리이다. 따라서 그것을 받아들이고 순명하는 사람은 진실하다. 마찬가지로 이웃에게 충실함을 보여주는 이도 진실하다. 한 사람의 주장을 신뢰할 가능성은 진리라는 개념에 포함된 하나의 측면이지만, 이는 항상 충실함을 요구하는 더 포괄적 관점에서 만나게 된다.

1) 구약

진리로 사용되는 히브리 단어는 **에메스**(*'emeth*)이다. 어근인 아만(*'aman*)은 확고한(firm), 신뢰할 만한(reliable), 신뢰할 가치가 있는(worthy of confidence) 등의 뜻이다. (전례 단어인 "아멘"은 거기서 유래했다.) 따라서 **에메스**의 의미는 충실함에 가깝다. 성경은 실제로 진리라기보다는 충실함으로 더 자주 해석한다.

에메스를 야훼께 쓸 때는 그분은 충실하고 신뢰할 수 있는 분이라는 것을 표현한다. 특히 하느님의 진리는 그분이 계약과 약속에 충실한 분이란 뜻이다.[6] **에메스**는 하느님의 말씀과 법의 특성을 띤다. "당신의 말씀은 참되십니다"(2사무 7,28). "그 계명들은 모두 진실하다"(시

6) 신명 7,9; 32,4; 느헤 9,33; 시편 71,22; 89:1~2.30~35; 이사 49,7; 호세 2:19~18.

편 111,7). 따라서 "당신의 빛과 당신의 진실을 보내소서. 그들이 저를 인도하게 하소서"라고 시편은 기도한다(시편 43,3).

어떤 사람이 진실하다고 단언된 경우, 그것은 그가 하느님, 그분의 계약 및 그분의 법에 충성한다는 의미이다. "그러니 이제 너희는 주님을 경외하며 그분을 온전하고 진실하게 섬겨라"(여호 24,14. 참조: 2역대 31,20; 즈카 8,3). "진리 안에서 걷는 것"과 "진리를 행하는 것"은 모두 하느님의 법에 충실하게 산다는 뜻을 담고 있다.[7] 비슷한 의미로 **에메스**는 사람을 "충성스럽고 진실하게 대한다"라는 표현처럼, 사람 간의 충실한 관계를 나타낼 때 사용될 수 있다.[8] 때로 진실함은 재판관의 속성으로도 여긴다. 사람은 "진실하게 재판하고" "진실한 판결을" 내려야 한다(잠언 29,14; 에제 18,8; 즈카 7,9). 여기서 진리는 형평과 정의라는 뜻을 지니게 된다(또한 참조: 이사 59,14).

끝으로, **에메스**는 좁은 의미로, 말에 대한 품질로 사용될 수도 있다. 따라서 진리는 주장과 실제가 일치한다는 것을 의미한다(1열왕 10,6; 22,16). 진리를 말하지 않는 것은 죄악(iniquity)이다(예레 9,5). 주님께서는 사람들이 말을 할 때, 진실하기를 바라신다. "너희는 서로 진실을 말하라"(즈카 8,16). "진실한 입술은 길이 남지만 거짓된 혀는 한순간뿐이다"(잠언 12,19).

2) 신약

신약에서의 진리(**알레테이아**, *alétheia*) 개념은 구약에서의 개념과 비슷하며 여러 가지로 유사하다. 구약에서처럼 진리는 하느님의 충실하심(로마 3,3~4)과 약속에 대한 당신의 충실하심(로마 15,8)을 뜻할 수 있다.

---

7) 1열왕 2,4; 3,6; 2열왕 20,3; 토비 3,5; 4,6; 13,6; 시편 26,3; 86,11; 집회 27,9; 이사 38,3.
8) 창세 24,49; 47,29; 여호 2,14; 잠언 3,3; 14,22; 16,6; 20,28.

하느님의 말씀은 진리이며(2코린 4,2), 예전에 율법이 진리였던 것처럼(로마 2,20) 이제는 복음이 신뢰할 수 있고 믿음직한 것으로서 진리인 것이다.[9)]

사목적·가톨릭적 서한에서 볼 때, 진리는 종종 복음과 일치하는 건전한 교리를 의미한다.[10)] "진리를 깨닫게 되는 것"은 복음을 받아들이고 그에 따라 사는 것을 의미한다(1티모 2,4; 티토 1,1~3). 거짓 교사들이란 "진리를 잃어버렸고" "진리에서 빗나간" 이들을 뜻하는데, 신앙을 왜곡시키는 사람들이기 때문이다.[11)] 하지만 살아 계신 하느님의 교회는 여전히 "진리의 기둥이며 기초이다"(1티모 3,15).

특별히 요한계 작품에서 진리는 중요한 개념이다. 그리스도는 아버지로부터 들으신 것을 선포하심으로써 진리를 밝혀 주신다(요한 8,26.40.45~47; 18,37). 아버지의 말씀이신 그분이 진리이시다. 이것이 그리스도교적 혁신의 위대함인 것이다. 그리스도는 "길이요 진리요 생명이시다"(요한 14,6). "참빛"(요한 1,9; 1요한 2,8)으로서 그분은 "생명의 빛"이시다(요한 8,12). 진리, 빛 및 생명이 그리스도에 관한 술어로 사용될 때는 이 용어들 모두가 동등한 뜻을 갖는다.

진리라는 신적 선물은 복음과 하느님의 진리를 받아들이고 그에 따라 살아야 할 의무를 부여한다. 그리스도인은 새로운 인간 본성을 입고 진리가 요구하는 거룩함을 성취해야 한다(1코린 5,8; 에페 4,20~24). 진리는 악과 반대되는데(로마 1,18; 2,8), 이는 빛이 어둠과 반대되는 것과 같다(에페 5,8~14). 따라서 그리스도인은 "진리를 벗어나 헤매지" 말아야 한다(야고 5,19). 요한에 의하면, 참 제자는 "진리에 속한" 사람이다.[12)] 따라서 그는 진리를 따라야 하고(2요한 4; 3요한 3~4) 참된 것을

---

9) 갈라 2,5.14; 에페 1,13; 콜로 1,5~6; 야고 1,18.
10) 2티모 4,2~5; 티토 1,9; 2베드 1,12.
11) 1티모 6,5; 2티모 2,18; 3,8; 4,3~4; 티토 1,14; 2베드 2,2.
12) 요한 17,17~19; 18,37; 1요한 3,19.

행해야 한다(요한 3,21; 1요한 1,6). 이는 그리스도의 법을 달성하며 그 계명을 지키는 것일 뿐이며 다른 뜻은 없다.

신약이 협의로서 진실함을 요구한다는 것은 의심할 여지가 없다. 예수는 제자들이 "예"와 "아니요"를 말할 때, 믿을 만하고 진실하게 말하도록 요구하신다. 그 이상의 말은 악에서 나오는 것이다(마태 5,37). 같은 의미에서 바오로도 이렇게 권고한다. "그러므로 거짓을 벗어 버리고 '저마다 이웃에게 진실을 말하십시오.' 우리는 서로 지체입니다"(에페 4,25; 콜로 3,9~10). 허언과 거짓말은 거듭 단죄를 받는다. 거짓말의 문제점은 아래에서 더 다룰 것이다.

8.2.2. 진실의 덕과 그 의무

진실함이란 사람이 모든 면에서 진리를 존중하도록 요구할 수 있는 가치로 보고 존경하는 마음 자세를 말한다. 그것은 하나의 성향으로서, 첫째, 주저 없이 진리에 열려 있는 태도, 둘째, 알려진 진리를 무조건 행하고자 준비가 되어 있는 태도, 셋째, 적어도 원칙적으로는 진리를 동료들과 공유할 준비가 되어 있는 태도인 것이다.

진실함은 근본적으로 존재에 대해 수용하고 순종하며, 실재의 요구를 거부하지 않는 채비를 말한다. 진리는 인간에 의해 형성되는 것이 아니고 오히려 진리가 인간을 형성하도록 견디며 진리에 의해 인간이 스스로 파악되도록 허용해야 한다. 궁극적으로 진실함이란 사람들이 진리와 존재의 근원이시며 헤아릴 수 없는 최심부의 진리 바로 그 자체이신 하느님에 의해 스스로가 파악되게 하는 것을 의미한다.

진실할 의무의 근거는 그런 진실함이 없이는 인간 인격과 사회생활 및 종교의 적절한 발전이 불가능하다는 데 있다. 사람과 사회는 진보를 이룩해야 할 실재에 관한 사실들과 법들이 은폐되거나 잘못 표현되거나 무시될 경우, 진보할 수가 없다. 또한 하느님의 뜻으로 표현된 진리를 부정하면서 그분께 예배하는 것은 양립될 수 없다. 실재에 관한 지식과 인식은 효과적이고 결실 있는 행동을 위해서는 불가피한 토대이다. 진실하지 않은 경우, 이 토대를 빼앗기게 되지만, 진실한 경우, 이 토대에 접근하게 된다.

1) 생각에서의 진실함

진실함을 얻으려면, 무엇보다도 자신의 생각이 진실해야 한다. 인간이 다양한 방식으로 맞닥뜨리는 진리를 받아들이고 진심으로 이것을 추구해야 한다. 물론 수집할 수 있고 알아낼 수 있는 진리 모두를 찾아낼 사람은 없다. 진리를 추구할 의무는 일차적으로 한 인간의 자기 자아와 세상이 자신에게 부여한 임무 및 지기 존재의 신적 토대에까지 확장된다. 그 토대이신 하느님께서 자신의 삶에 궁극적 의미를 부여해 주시는 것이다.

제2차 바티칸 공의회는 진리를 추구하고 고수해야 할 의무를 모든 인간이 지닌 엄중한 의무라고 지적하였다. 모든 인간은 "본성적으로 진리 특히 종교에 관한 진리를 추구하도록 이끌리며 그 진리를 추구할 도덕적 의무를 지닌다"(「종교 자유 선언」 2항. 참조: 1항). 이 의무는 모든 사람이 "진리를 탐구하고 자기 의견을 표현하고 전파할" 권리와 부합한다(「사목 헌장」 59항).

진실함이 기본으로 요구하는 것 중 하나는 자신 안의 진리와 직면할 용기이다. 인간은 타인 앞에서만이 아니라 자신 앞에서도 자신의 참 존재와 지향을 가면으로 가릴 수 있다. 자신의 진짜 동기에 대해 스스로 눈감고 자신의 참 의무를 속이며 비현실적 외면의 세계로 도피할 수 있다. 자기기만의 과정은 극단으로 진행되어 변덕스러움이 거의 제2의 본성이 되어 자신이 흐릿하게만 인식될 수 있다. 마귀를

"거짓의 아비"라고 불리는 데는 이러한 이유가 있는 것이다(요한 8,44). 이러한 기만과 일탈의 상태를 물리치기 위해서는 자신이 철저하게 정직해지는 법을 배워야 한다. 이를 위해서는 겸손한 자기 수용과 진지한 자기 한계 인정이 필요하다. 마찬가지로 자기 잘못을 발견할 때마다 회심할 준비도 되어 있어야 한다. 내면의 진실함은 자만하지 않는 겸허한 자기 부정을 전제한다.

진실함에 관한 윤리는 객관적 질서의 법칙과 주변 세계의 실재들을 고려도 해야 한다. 이런 것들은 과학으로 밝혀지기 때문에 과학의 발견과 이미 해결된 결론들에 주의를 기울여야 한다. 특히 자신의 삶과 일에 관련이 있는 것이라면, 더욱 그렇다.

종교 문제에서 가장 절실한 요구사항은 진리를 추구하고 하느님의 구원 말씀에 열려 있어야 할 의무이다. 제2차 바티칸 공의회는 이 의무를 특별히 강조한다. "모든 사람은 진리, 특히 하느님과 그분의 교회에 관한 진리를 탐구하며, 깨달은 그 진리를 받아들이고 지켜야 한다"(「종교 자유 선언」 1항. 참조: 2~3항). 그렇지만 이 의무가 특별히 긴급한 것이기는 해도, 그 어떤 강압도 정당화되지는 않는다. 진리 탐구는 "인간의 존엄성과 사회성에 알맞은 방법으로 곧, 자유로운 연구, 교육과 훈련, 커뮤니케이션과 대화로써 하여야 한다"(「종교 자유 선언」 3항). "진리는 오로지 진리 그 자체의 힘으로 의무를지울〔드러날〕 뿐이다"(「종교 자유 선언」 1항). 그러나 이처럼 중요한 사안에서 진리를 추구하고 고수해야 할 의무를 다하지 않는 사람은 도덕적 허물을 면할 수가 없다.

2) 품행(conduct)에서의 진실성

사람의 행위들 또한 진실해야 한다. 자신이 지지하는 원칙들과 고백하는 신앙에 부합한 행위여야 한다. 품행에서의 진실함은 자신의 생각과 말에 부합하게 행동하고 생활하는 것을 의미한다.

성서는 하느님께 속한 이들에게 "진리를 행하고" "진리 안에서 걸으며" 그리고 진리에 순종할 의무를 부과할 때, 이런 의미에서 진실함을 말한 것이다. 이러한 표현들의 의미는 설명한 것처럼, 하느님 법에 충실하고 신앙의 요구에 따라 사는 것이다. 이것보다 더 중요한 진실함이란 없다.

이와 같은 방식으로 제2차 바티칸 공의회는 모든 사람이 진리를 추구할 뿐만 아니라, "깨달은 그 진리를 따르고 또 자신의 온 삶을 그 진리의 요구에 맞추어야 한다"(「종교 자유 선언」 2항. 참조: 1항)고도 역설한다. 진리를 발견하게 되면, 사람들은 자신이 창조하신 하느님께 나아갈 수 있도록 인격적 동의를 하고 그 진리를 굳게 따라야 한다(「종교 자유 선언」 3항).

자신이 지지하는 대의를 주장하는 사람은 진실하다. 우리는 충직한(upright) 사람에 대해 이렇게 말한다. "우리가 충직한 친구들과 충직한 상대자를 원한다면, 그러면 우리는 올곧음과 신뢰성에 대해 생각하게 된다. 진실함을 충직함에 비추어 이해한다면, 올바른 주장에 대해서만 생각하는 것이 아니다. 실천으로 그것을 증명할 능력도 생각하게 된다. 충직한 사람은 자신이 주장하는 바가 진실하다는 것과 동일한 의미를 지닌다."[13]

따라서 인지된 진리와 신앙에 대한 개인의 확신에 모순되는 모든 행위는 진실한 것이 아니다. 진실함과 특별한 방식으로 반대되는 것은 위선(hypocrisy)이며, 그 위선은 외부적 행동으로는 덕행인 체하지만, 진짜의 동기는 다른 성격의 것이다. 바리사이와 율법 학자에 대해 그리스도가 비판하신 이유가 이것이다. 자선, 기도, 금식, 지나치게 세심한 율법 준수 등 그분은 그들이 경건하고 선한 행위를 한 것이 하느님과 궁핍한 이웃을 위해서가 아니라 사람들로부터 칭찬받기 위

---

13) D. Mieth, *Die neuen Tugenden*, Düsseldorf Patmos, 1984, pp.161f.

해서였고 그것을 책망하신 것이다(마태 6,1~8; 23). 또한 그분은 또 다른 유사한 형태의 불성실함(insincerity), 즉 스스로는 이행하지 않으면서도 규칙과 의무에 대해 집착하는 것을 비판하신다. "그들의 행실은 따라 하지 마라. 그들은 말만 하고 실행하지는 않는다. 또 그들은 무겁고 힘겨운 짐을 묶어 다른 사람들 어깨에 올려놓고, 자기들은 그것을 나르는 일에 손가락 하나 까딱하려고 하지 않는다. 그들이 하는 일이란 모두 다른 사람들에게 보이기 위한 것이다"(마태 23,3~5).

하지만 부정직함(dishonesty)과 위선 여부에 대한 판단은 극복 불가한 오류에 빠져 잘못된 신념에 따라 행동하는 사람들에게는 해당되지 않는다. 그들은 자신의 생각과 확신에 따라 행동하고 있기에, 자신의 행위에 있어서는 진실하다. 제2차 바티칸 공의회에서 지적했듯이, 그들은 거짓됨에 대한 죄는 없다. "어쩔 수 없는 무지에서 양심이 잘못을 저지르는 수도 드물지 않지만, 양심이 그 존엄성을 잃지는 않은 것이다"(「사목 헌장」 16항).

진실함에는 동시에 동의할 수 없는 상황을 회피하지 않고 직면할 능력도 요구된다. 이는 반감과 복수 욕구에 굴하지 말고 타인의 비판을 받아들이도록 요구하는 것이다. 진실한 사람은 타인의 의견을 진지하게 받아들이고 자신의 오류와 실수를 인정할 준비가 된 사람이다.

이것은 단지 개인에게만 적용되는 것이 아니라 집단과 공동체, 심지어 교회에도 해당된다. "교회 자체 안의 공동체적 삶에서도, 다시 말해 가톨릭 신자들 간에서도 신앙을 받아들일 때, 진실하고 용기를 장려하는 데에도 배려해야 한다. 우리 스스로 의견들에 대해 조바심을 느낄 때에도 그것들을 표현하도록 허용하자. 우리가 그런 의견들을 표현할 수 있는 기회를 확대하거나 축소시킬 수 있는 위치에 있는 교회 안에서 실제로 '여론'이 자리를 잡도록 허용하자."[14] 그리스도교

호교론은 지지자와 반대자를 다른 기준으로 재도록 허용해서는 안 된다. 오히려 **스승**의 정신으로 동기 부여된 그리스도인이라면, 논쟁 방법에서 공정을 유지하고 타인의 의견들을 호의적으로 경청하기 위해서 모든 노력을 기울여야 한다.

그리스도인이 하느님으로부터 특권으로 선사 받은 신앙의 진리에 대한 충절(loyalty)은 결국 그 필수요소 중 하나로서, 타인들 앞에서 그 진리를 증언할 용기도 따라온다. 모든 그리스도인은 그리스도교 진리에 대한 증인이 되어야 한다. 자신의 소명과 특별한 상황에 적합한 방식으로 그 진리를 증명해야 하는 것이다.

3) 말에서의 진실함

들을 수 있는 언어는 지식의 내적 언어를 어느 정도 표현한 것이어야 한다. 사람들은 자신의 생각과 통찰을 외부적인 말로 완벽하게 표현할 수 없는 것이 사실이며, 종종 그들이 표현하도록 허용되지 않는 것도 사실이다. 하지만 말이 진실하려면, 외부적 말로 선언되는 모든 것이 그 사람의 내면적 생각과 지식에 부합한 것이기를 요구한다.

진실한 말은 정의, 존경 및 사랑을 요구한다. 왜냐하면 정말의 반대인 거짓말은 타인들에게 진리를 배격하게 할 뿐 아니라 참이 아닌 것을 믿도록 유도하고 그들을 오류에 빠지게 만들기 때문이다. 그들은 그대로 거짓말을 받아들이며 실제로는 존재하지도 않는 보장(securities)에 의존하게 된다. 이를 근거로 행동한다면, 종종 그 자신이 해를 입을 뿐 아니라 타인에게도 해를 끼치게 된다. 유익한 공존, 열매 많은 협력 및 효과적인 업무를 하려면, 다른 사람들의 진술과 주장에 대한 진실을 확고히 신뢰하는 것은 필수 조건이 된다. 다른 사람에게는 진실이 중요하지 않은 것처럼 보일 때조차도, 모든 거짓말에 내재

---

14) K. Rahner, "On Truthfulness", in *Theological Investigations* VII, 1971, p.251.

되어 있는 신뢰 위반은 상대방을 향한 범죄가 된다. 모든 거짓말은 상대방을 진리에 걸맞지 않은 사람 또는 진리를 알 자격이 없는 사람으로 취급해 버린다. 이는 동등한 가치와 권리를 지닌 사람으로서 상대방의 존엄을 침해하는 행위이다. 진실이 존중되는 곳에서만 지적이고 도덕적인 교제도 활발해질 수 있다.

하지만 인간의 말은 실재들을 표현하는 데 역량의 한계가 있고 모호한 경우도 많음을 유념해야 한다. 말은 명확하고 분명하지 않아서, 늘 청자가 화자가 의도한 대로 이해하지 못하는 경우가 빈번하다. "진실한 발언에 있어서, 표현의 한계와 모호함으로 인해 원칙적으로 거짓말처럼 느껴지는 모든 것이 실제로 거짓말인 것은 아니라는 것을 의미한다. 적어도 거짓과 거짓 아닌 것 간의 경계선은 지독히 순진한 접근법이 암시해 주듯이, 그다지 매끄럽지가 않다."[15]

형제애 입장에서는 타인이 필요한 것을 도와줄 의무가 있는 만큼, 그들과 진리를 공유할 의무도 있다. 그렇지만 이 의무는 아무런 제한 없이 적용되는 것이 아니다. 자신이 알고 있는 모든 진리를 타인에게 전할 의무는 없고, 허용되지 않는 경우도 많다. 그리스도는 정말로 진실하셨다. 하지만 하느님의 신비를 사람들에게 단계를 두고서 선포하셨다. 모든 이들에게 선포하신 것이 아니며, 오히려 "진주를 돼지들 앞에" 던지지 말도록 경고하셨다(마태 7,6). 이웃애가 진리를 공유하도록 명한다고 할 때, 진리를 활용하고 타인에게 해를 끼치는 방식으로 진리를 드러내는 것도, 더 높은 질서의 가치가 이를 정당화하지 않는 한, 금지한 것이다. 진리를 점유한 사람은 그 계시가 참으로 교화되고 차이를 극복하며 공동체를 일굴 것인지, 반대로 혼란을 야기하고 분열을 일으키며 파괴적이게 될 것인지, 현명하게 숙고해야 한다. "죽이고" 재앙을 일으킬 수 있는 진리도 있다. 예컨대, 어머니가 (또는 지

15) H. Weber, *Spezielle Moraltheologie*, 1999, p.35.

인이) 아이에게 아버지는 친부가 아니라고 밝힐 때, 또는 어떤 재무장관이 자기네 화폐가 평가 절하될 것이라고 공개적으로 인정할 때, 그렇게 된다. "따라서 진리를 말하는 법도 필히 배워야 한다."16) 말과 앎을 단순히 일치시키는 것보다 더 많은 것이 문제가 되고 있기 때문이다.

진실은 명백한 거짓말을 통해서만이 아니라 치사한 아첨, 과찬 및 위선을 통해서도, 부정된다. 치사한 아첨은 악행과 공모하면, 중죄의 공범이 된다. 상대를 기쁘게 하거나 적법한 이득을 얻으려는 의도라면, 비록 불성실이긴(insincere) 하지만, 그것은 덜 위중하다. 마찬가지로 자랑도 허세도 진실과는 반대된다.

부정직하고 위선적인 사람은 때때로 진실에 대해 급진적 솔직함과 직설적 노출을 함으로써 무자비한 역습을 받게 된다. 자기 자신과 타인에 대한 가혹할 정도의 고통스러운 일이긴 하지만, 진실함이라는 덕행을 완벽하게 실현한 것으로 간주된다. 솔직함과 지고한 정직함은 그 자체로 확실히 칭찬할 만하다. 그러나 사람들이 생각하는 것과 안다 믿는 모든 것이 발설된다면, 솔직함과 정직함 자체가 결점을 갖게 된다. 타인의 진실을 완전히 아는 것은 쉽지 않기 때문이다. 진실의 일부만 알려질 경우도 많다. 하지만 부분적인 진실을 공개하는 것은 상대방에 대한 불완전한 모습만 제공하는 것이며, 따라서 불의한 일이 되기 쉽다. 게다가 진실이 정말로 사실일지라도, 사랑(charity)과 정의는 언제나 그 자체의 덕행을 훼손하지 않는 형태로 진실을 표현할 것을 요구한다. "형제에게 진실을 말한 그리스도인은 자신이 그 진실이 유지되도록 도와줄 첫 번째 형제가 되기도 해야 한다."17)

애덕은 가능한 한 타인의 감수성을 살려야 하며 진실을 배신해서

16) D. Bonhoeffer, *Ethics*, London/Glasgow: Collins, 1968, p.364.
17) The Belgian Bishops, *Unser Glaube*, Freiburg: Herder, 1988, p.187.

는 안 된다. 진실을 광신하는 자(fanatic)는 "수치심에 상처를 입히고 신비를 모독하고, 신뢰를 깨며, 자신이 속한 공동체를 배신한다. 그리고 자신에 의해 파괴된 것에 대해 그리고 '진실을 감당할 수 없는' 인간의 나약함에 대해 오만하게 비웃는다. 진리는 파괴적이며 희생자를 요구한다고 말하며, 그는 연약한 피조물들 위에 하나의 신이 된 것처럼 느끼고 자신이 사탄을 섬기고 있음을 깨닫지 못하고 있다."[18] 진정한 진실함에서 나온 동기인지 사랑 없는 오만함에서 나온 동기인지를 판단할 간단한 기준은, 타인을 비판하는 것과 같은 방식으로 자신을 비판해 보는 것이며 또한 다른 이에게도 권고할 의향이 기꺼이 있는지를 자문해 보는 것이다.

성실하고 충직한 사람일지라도, 자기 이웃에 대해 배려하고 자신과 타인을 모욕으로부터 보호해야 할 필요 때문에, 많은 것들을 숨겨야 한다. 이러한 필요가 진실한 사람에게 자주 갈등을 야기한다. 이 문제점에 대해서는 다음에서 더 살펴보아야 한다.

8.2.3. 거짓말과 진실에 대한 적법한 숨김

거짓말은 개인의 내적 신념과 앎에 반하는 언어로 진술하는 것이다. 가톨릭 도덕신학에서는 일반적으로 거짓말을 마음에 둔 것과 **반대되는 말**(speech, *locutio contra mentem*)로 정의한다. 많은 개신교 신학자와 최근 일부의 가톨릭 저자들은 이 정의에다 진실할 권리의 침해를 포함시킨다. 물론 이것은 중요한 관점으로 거짓말의 개념을 좁히게 된다. 이 경우 **거짓말**(*mendacium*)은 상대방의 진실할 권리를 침해하는, 진실이 아닌 말(untruthful speech)이라고 정의된다. 따라서 참되지는 않지만 권리를 침해하지는 않는 말은 거짓말(lie)이 아닌 것이다.

18) D. Bonhoeffer, *op.cit.*, p.366.

이를 **가장된 말**(false speech, *falsiloquium*)이라고 하며, 이 저자들은 이를 진실에 반하는 범죄로 간주하지는 않는다.[19] 이하에서 거짓말에 대한 설명은 전통적 정의 즉 거짓말은 마음에 둔 것과 반대되는 말을 기초 삼을 것이다.

1) 성서에 따른 거짓말

구약은 십계명에서 "이웃에게 불리한 거짓 증언을 해서는 안 된다"는 계명을 정식화한다(탈출 20,16). 이 계율은 법정에서 타인에게 해를 끼치려는, 참이 아닌 선언을 금지시킨 것이다. 따라서 교리서들이 종종 여덟째 계명을 더 일반적 형태로서 "거짓말을 하지 말라"고 표현할 경우, 문자 그대로 번역한 것이 아니다. 하지만 다른 본문들이 거짓말과 거짓말쟁이를 전반적으로 단죄하고 있기에, 이는 성서의 정신과 일치된 것이다(참조: 레위 19,11).

예언자들은 진실을 요구하며 모든 거짓말과 중상 및 기만을 단죄한다(예레 9,3~9; 나훔 3,1; 스바 3,13). 시편은 만사에 거짓말이 만연한 것을 한탄한다(시편 59,12~13; 62,4; 109,2). 하느님은 사기 치는 자를 역겨워하신다(시편 5,6). 지혜문학은 중상, 표리부동 및 은폐만이 아니라,[20] 직접적인 거짓말도 거듭 단죄한다.[21] 때때로 거짓말 개념은 더 넓은 의미를 띠게 되는데, 의로움과 참된 종교와는 반대로 하느님 존재를

19) 몇몇 가톨릭 신학자는 형상적 말(speech)과 질료적 말(speech)을 구분한다. 발언되는 상황이 화자가 자신의 참된 생각을 전달할 것이라고 누구나 합리적으로 기대할 수 있는 경우, 그 말은 형상적인 것이다. 적어도 객관적으로 화자가 자신의 참된 생각을 전달할 것이라고 누구나 기대할 수는 없는 때라면, 그 말은 질료적인 것이 된다. 사람이 염두에 두는 것에 반하는 형상적 말만이 거짓말일 뿐이지, 질료적 말은 거짓말은 아니다. 이 이론을 주장하는 이들이 있다. A. Vermeersch(*Theologia Moralis II*, 1928, nr. 703 & 705) and A. Tanquerey(*Synopsis Theologiae Moralis et Pastoralis* III, 1953, nr. 292 & 295).

20) 잠언 6,17; 12,19.22; 지혜 1,11; 집회 7,13; 20,24~26.

21) 잠언 4,24; 26,23~28; 집회 5,14; 28,13~26.

몰라봄, 거짓 종교(irreligion) 및 우상 숭배를 의미한다.[22)]

역사서들은 구체적인 거짓말과 사기에 있어서 아브라함(창세 12,11~13; 20,2), 이사악(창세 26,7~11), 야곱(창세 27,18~19), 다윗의 아내 미칼(1사무 19,13~14.17) 및 다윗 자신(1사무 20,6.28~29; 21,1~2)이 저지른 여러 사례 등등을 이야기한다. 이 거짓말들에 대해 신성한 저자들이 승인한 것인지 또는 그저 역사적 사실로만 전달받은 것인지는 의견이 일치하지 않는다. 확실히 그 본문들은 그런 속임수들에 대해 명시적이거나 암묵적이거나 비난하지는 않는다. 히브리 산파들이 새로 태어난 사내아이를 죽이라는 파라오의 사악한 명령을 회피하고자 파라오를 속인 거짓말은 의심의 여지 없이, 정당한 것으로 간주된다. 그들이 그렇게 행동한 것은 하느님을 경외했기 때문이며, 따라서 그들은 복을 받았다(탈출 1,15~21). 유딧이 홀로페르네스와 그 부하들을 속여 자기 백성을 구한 거짓말도 정당했다(유딧 10,12~13).

신약에서 예수는 십계명 중 하나로 거짓 증언 금지를 반복하신다(마르 10,19 병행 구절). 그분은 그것을 넘어 제자들에게 전적인 진실함을 요구하신다. 제자들의 "예"와 "아니요"는 맹세라는 추가 확인이 필요하지 않을 정도로 신뢰할 수 있어야 한다(마태 5,37).

사도들의 서간에 따르면, 낡고 죄스러운 본성에 속한 거짓말과 허위는 벗어 버려야 한다. "서로 거짓말을 하지 마십시오"(콜로 3,9. 참조: 에페 4,25). 그리스도인들은 "모든 악의와 모든 거짓과 위선과 시기, 그리고 모든 중상을 버려야" 한다. 하나니아스와 사피라 부부가 예루살렘 공동체에 거짓말을 했다가 아주 엄한 심판이 가해졌고, 그들은 급사했다(사도 5,1~11).

요한계 문헌들에 따라 진리가 하느님의 계명에 신실한 것이라면, 그 반대인 거짓말도 마찬가지로 더 넓은 의미를 띠게 된다. 즉 하느님

22) 시편 78,36~37; 예레 13,25; 16,19~20; 호세 7,13; 10,13.

께 대한 불순명, 증오 및 이단적 거짓도 이에 해당된다. "'나는 그분을 안다' 하면서 그분의 계명을 지키지 않은 자는 거짓말쟁이고, 그에게는 진리가 없습니다"(1요한 2,4. 참조: 1요한 1,6; 2,22; 4,20). 궁극적으로 거짓말은 하느님과 반대된다. 악마는 거짓말의 아비이다. "그는 진리 편에 서 본 적이 없다. 그 안에 진리가 없기 때문이다"(요한 8,44). 묵시록에서는 거짓말은 모든 악의 화신이다. 거룩한 도성 안에는 거짓을 행하는 자의 설 자리가 없다. 거짓말쟁이들이 차지할 몫은 "불과 유황이 타오르는 못뿐이다. 이것이 두 번째 죽음이다"(묵시 21,8.27; 22,15).

2) 역사의 요약

이교적인 고대에서는 절대적으로 진실해야 할 의무를 거의 모르고 있었다. 더 상위의 선을 위해서는 거짓말을 허용하고 때로는 그렇게 요구하기도 했다(소크라테스, 플라톤, 스토아 학자들). 아리스토텔레스는 종종 예외로 인용되었다. 그는 이익이 걸려있지 않을 때조차 진실한 말을 하는 사람, 계약과 정의의 사안에서처럼 거짓이 비도덕적인(base) 것이기에 그 자체로 피하려는 사람들을 높이 칭송한다.[23] 그러나 그가 국가의 이익이 걸렸을 때도 모든 거짓말을 절대로 배제하려고 했는지에 대해서는 해석자들의 의견이 일치하지 않는다. 거짓말과 모든 종류의 부정직에 대한 가장 철저한 단죄는 키케로(Cicero)에게서 찾을 수 있다.[24] 그는 공적인 일뿐 아니라 사적인 일에서도 거짓말을 단호히 거부한다. 그렇지만 범죄적 수법과 지향을 가진 악당에게는 신뢰와 맹세를 지킬 필요가 없다고 보았다.[25]

고대 그리스도교에서 많은 교부들은 모든 종류의 거짓말을 단죄하

---

23) Aristotle, *Nicomachean Ethics*, book 4, chap. 7.
24) Cicero, *De Officiis*, book 3,14~32.
25) *Ibid.*, book 3,29.

였고 그 어떤 예외 인정도 원하지 않았다. 하지만 모두 일치된 것은 아니었다. 또 다른 이들은 더 큰 악을 피하고자 긴박한 상황에서는 예외를 인정하였다. 후자의 의견을 지닌 저자로는 알렉산드리아의 클레멘스, 오리게네스, 크리소스토무스, 푸아티에의 힐라리우스, (나중에 자기 의견을 수정한) 히에로무니스, 카시아누스 등이 있다.[26] 거짓말에 대한 그리스도교 교리에 결정적으로 영향을 끼친 사람은 성 아우구스티누스이다. 그는 거짓말을 속이려는 의도를 가진 거짓 진술이라고 설명하면서 본질적으로 악이라고 간주한다. 어떤 상황에서도 거짓말을 금지한다. 예외를 허용하지 않는다. 자신의 의견을 뒷받침하고자 키프리아누스와 암브로시우스의 말을 인용하지만, 궁극적 근거는 성서의 가르침에 있다.

중세의 신학자들은 극소수를 제한다면, 성 아우구스티누스의 금지 견해를 취한다. 토마스 아퀴나스도 이 견해를 채택했기에, 그리스도교와 특히 가톨릭 전통에서는 이것이 아주 강해졌다. 토마스는 거짓말을 말의 본성에 반하는 것으로 간주하였고 따라서 그 자체로 악이라 생각했다. 다른 견해로는, 충분한 이유가 있을 때 거짓말은 허용된다고 생각하는 중세 신학자 중 오세르(Auxerre)의 윌리엄, 헤일스(Hales)의 알렉산더와 보나벤투라 등이 있다.

근대에는 종교 개혁으로 인해 교회가 갈라졌고, 거짓말의 도덕성

---

26) Gregor Muller (Die Wahrhaftigkeitspjlicht und die Problematik der Lüge, Freiburg: Herder, 1962)에 따르면 다음과 같은 고대 작가와 저술에서도 비상시 진실에 대한 의무의 면제를 인정하고 있다. 즉 맹인 디디무스(Didymus the Blind), 키레네의 시네시우스(Synesius of Cyrene), 아스토르가의 딕티니우스(Dictinius of Astorga), 키루스의 테오도로(Theodoret of Cyr), 교부들의 말씀(the Apophthegmata Patrum), 가자의 프로코피우스(Procopius of Gaza), 가자의 도로테우스(Dorotheus of Gaza), 브라가의 마르티누스(Martin of Braga), 요하네스 클리마쿠스(John Climacus), 콘스탄티노폴리스의 게르마누스(Germanus of Constantinople), 스투디테의 테오도로(Theodorus of Studion), 니케아의 에우스트라티우스(Eustratius of Nicaea), 테살로니카의 유스타티우스(Eustathius of Thessalonica), 요한 아포카우쿠스(John Apocaucus), 요한 칸타쿠제누스(John Contacuzenus), 안토니오 멜리사(Antonius Melissa). 마지막 여섯 작가는 9~14세기의 인물들이다.

교리에 대한 분열도 함께 일어났다. 프로테스탄트 신학자들은 일반적으로 이웃을 돕기 위한 "공적인(officious) 거짓말"과 자신의 정당한 이익을 지키기 위한 응급의(emergency) 거짓말은 허용된다고 주장하지만, 이에 대해 칼뱅(Calvin)은 예외이다. 그로티우스(H. Grotius, †1645)가 거짓말(lie)과 가장된 말(false speech)을 구별함으로써 특별히 중요하게 되었다. 거짓말은 진리에 대한 상대방의 권리를 침해하는 비진리(untruth)이지만, 가장된 말은 그렇지 않다. 오직 거짓말만이 도덕적으로 악한 것으로 본다. 반면에 칸트(Kant)와 피히테(Fichte)는 비록 사람에게 죽음이 초래되더라도 진실을 향해 타협하지 않는 의무를 고수한다.[27]

가톨릭 도덕신학에서 근대의 시작은 **심중 유보**(心中 留保, mental reservation, *restrictio mentalis*)라는 학설로 특징지어진다. 화자가 진심을 숨기고자 이중적 의미를 지닌 단어를 선택하는 경우이다. 하나의 의미는 대화 때 통상 사용되는 단어가 지닌 보통의 것이지만, 또 하나의 의미는 덜 쓰이지만 문맥상 가능한 의미인 것으로서 청자가 쉽게 인식하지 못하는 것을 말한다.[28] **순전한**(purely) **심중 유보**(*restrictio pure mentalis*)를 허용하기까지 이른 많은 신학자 중에는,[29] 데 발렌시아(G. de Valencia, †1603), 산체스(T. Sanchez, †1610), 레시우스(L. Lessius, †1623) 및 수

---

27) I. Kant, "Über ein vermeintes Recht aus Menschenliebe zu lugen", *Werke in sechs Bänden*, ed. by W. Weischedel, Darmstadt 1970/71, vol. 4, pp.635~643. 피히테에 대해서는 다음을 보라. H. Steffens, *Was ich erlebte. Aus der Erinnerung niedergeschrieben*, reprint Stuttgart-Bad Cannstatt, 1995, vol. 4, pp.158f.

28) 예컨대, 누군가에게 "어제 영화 보러 갔어요?"라고 물었을 때 그가 "네, 어제 영화 봤어요"라고 대답하면 이 대답은 명확하지가 않다. 텔레비전에서 영화를 봤을 수도 있기 때문이다. 관습적 용법은 특정한 단어에다 두 번째의 의미를 부여할 수도 있다. 예컨대, 정중한 관습적 문구로서 "안주인께서는 집에 안 계십니다"라는 것은 "집에 방문객을 들일 수가 없습니다"를 의미한 것이기도 하기 때문이다.

29) 다니엘 콘치나(Daniel Concina)에 따르면 — 그의 진술은 신중하게 받아들여야 하지만 — 17세기 전반에 무려 50명의 신학자가 순전한 심중 유보를 지지했다(*Theol. Christiana* III, 1758, 5, dist. 3, nr. l; quoted by G. Müller, *op.cit.*, p.191, footnote 2).

아레스(F. Suarez, †1619)가 있다. 수아레스는 이를 개연적으로 허용할 수 있다고 여겼다. 이 순전한 심중 유보란, 발화된 말에서 사용된 단어나 외부 상황으로는 실제 의미를 전혀 추측할 수 없는 경우를 말한다. 예컨대, 도둑이 심중으로는 “오늘”이라는 단서를 덧붙이면서 “나는 도둑질 하지 않았다”고 주장하는 경우가 그러하다. 이 학설은 1679년 인노켄티우스 9세에 의해 무효가 되었다. 맹세를 통해서라도 순전한 심중 유보인지를 확인하게 된다면 허용할 수 있다는 견해는 악 표양이 된다고 단죄하였기 때문이다.[30] 실제로 순수한 심중 유보는 거짓말과 다르지 않다.

유보에 관한 도덕적 일탈에 대해 교황청이 개입한 이후, 순전한 심중 유보 이론은 더 이상 유지되지 않았다. 하지만 예컨대 카타네오(C. Cattaneo, †1705), 라크루아(C. Lacroix, †1714), 스타틀러(B. Stattler, †1797), 볼게니(G. Bolgeni, †1811) 등과 같이, 거짓말 금지에 대해 예외를 허용해야 한다는 목소리가 완전히 없어진 것은 아니다.

어떤 비상 상황에서 가장된 말의 허용 가능성을 옹호하는 가톨릭 신학자들이 20세기에 상당히 증가했다. 뮐러는 여기에 30명 이상의 신학자를 열거한다. 도르신스키(A. Dorszynski), 제니코(E. Genicot), 켈리(G. Kelly), 라로스(M. Laros), 레트루스(M. Ledrus), 린트보르스키(J. Lindworsky), 룰란트(L. Ruland), 탕케레(A. Tanquerey), 우바흐(G. Ubach), 베르메르쉬(A. Vermeersch),[31] 그리고 더 최근의 저자로는 디마리노(A. di Marino), 후프티어(M. Huftier), 부르네크(M. Brunec), 콘넬(F. Connell), 몰린스키(W. Molinski), 커런(C. Curran), 메칭거(J. Metzinger), 헤링(B. Häring), 얀센스(L. Janssens), 퍼거(F. Purger) 및 코르프(W. Korff)[32] 등이다.

30) *DS* 2126~8.

31) Gregor Müller, *op.cit.*, pp.326f.

32) A. di Marino, “Why is lying forbidden?”, *Theology Digest* 4(1956), pp.9~12; M. Huftier, “Le Mensonge”, *L'Ami du Clergé*, 72(1962), pp.689~700; pp.705~716; M.

이는 거짓말이 무조건 본질적 죄악(intrinsic sinfulness)이라는 것이 가톨릭 도덕신학에서 볼 때 논박할 여지가 없는 가르침이 아님을 보여준다. 실제로 예외의 가능성을 옹호하는 신학자들의 상당수가 반대 견해 또한 개연적임을 정당화한다.

3) 거짓말의 죄악성에 대한 근거

거짓말은 배격할 만한 것이다. 모든 신학자가 이에 동의한다. 또한 예외를 허용하더라도, 마지못해하며 매우 조심스럽게 한다. 진실은 높은 가치이며 때로는 희생을 요구하더라도 지켜야 한다. 이를 증명하고자 다양한 근거들이 제시된다. 기본적으로는 다음과 같다.

(1) 거짓말은 이웃을 오류로 이끌고 상호 신뢰를 훼손하기에, 죄이다. 동료를 향한 진실을 부정하는 것일 뿐만 아니라 더 나쁜 것은 동료에게 그릇된 정보를 제공하며 그로 인해 그가 그 정보를 이용할 때마다 그릇된 결론에 이르게 하기 때문이다. 이는 실제적이고 효율적인 행동을 불가능하게 만든다. 아주 흔하게 이런 오류는 속은 사람 자신이나 타인에게도 해로운 행동을 하도록 오도한다. 따라서 개인적인 안전과 결실 있는 활동의 가장 중요한 토대를 파괴한다.

따라서 고의로 틀린 정보를 제공받게 되면, 누구나 불의하다고 여긴다. 이런 이유로 거짓말은 상호 신뢰라는 또 다른 필수 불가결한

Brunec, "Mendacium intrinsecee malum sed non absolute", *Salesianum* 26(1964), pp.608~685; F.J. Connell, *More Answers to Today's Moral Problems*, Washington: Catholic University of America, 1965, pp.123f; W. Molinski, "Truth", *Sacramentum Mundi* VI, 1970, p.317; C.E. Curran, *Contemporary Problems in Moral Theology*, Notre Dame: Fides Publishers, 1970, pp.114~6; J. Metzinger, "Falschaussage oder Luge?", *Zeitschrift fur kath. Theologie* 94(1972), pp.311~319; B. Häring, *Free and Faithful in Christ*, vol. 2, 1979, pp.47f; L. Janssens, "Ontic Evil and Moral Evil", in *Readings in Moral Theology* No. 1, ed. by C.E. Curran / R.A. McCormick, New York: Paulist Press, 1979, pp.73~78; F. Purger, *Ethik des Lebens*, Freiburg: Herder, 1985, pp.151f; W. Korff in *Handbuch der christlichen Ethik*, Bd. 3, ed. by A. Hertz et al., Freiburg: Herder, [2]1993, p.91.

선을 훼손한다. 원활하고 효과적인 협동을 위해서는 신뢰가 필수이다. 반면 불신은 혐오와 악의를 일으킨다. 이런 이유로 볼 때, 거짓말은 공동선을 해친다고 당연히 말할 수 있다.

(2) 거짓말은 나아가 모든 주장이나 진술에 담긴 약속을 위반하는 일이다. 어떤 사람이 진술하거나 자기의 생각과 신념을 말할 때마다, 자신의 진술이 사실에 상응한 것이고 자신의 생각을 진실하게 표현하고 있다는 암묵적 약속을 제공한다. 이러한 암묵적 약속 때문에 사람들은 믿음을 갖게 되며, 바로 이것 때문에 이웃을 거짓말로 속일 수도 있는 것이다. 약속을 위반하는 일은 다른 사람을 경멸하는 것이기에, 거짓말은 또한 인간 존엄성에 반한 범죄라고 비난받게도 되는 것이다.

(3) 세 번째 논거는 말의 본질에서 나온다. 하느님이 인간에게 부여하신 능력으로서 말이 지닌 본연의 의미는 인간 자신의 생각과 판단을 표현해 내는 일이다. 단어들은 그 본성상 마음의 내용을 외부로 표현하기 위한 기호이다. 따라서 진실하지 않은 진술은 단어와 말에 내재된 목적과는 모순된다. 이는 사물의 본질이 요구하는 질서에 반한다. 토마스 아퀴나스[33]와 다른 많은 가톨릭 신학자에게 이 후자의 논거는 결정적인 것이다. 거짓말이 지닌 내재적 죄악상(intrinsic sinfulness)이 결정적으로 증명되기 때문이다.

그렇지만 거짓말이 그 자체로 중죄는 아니라는 것이 신학자들의 보편적 가르침이다. 보통 거짓말이 야기하는 해악은 중대 사안에 해당할 만큼 심각하지 않다. 말의 오용으로 인해 인간의 능력에 초래될

33) "Cum enim voces naturaliter sint signa intellectuum, innaturale est et indebitum quod aliquis voce significet id quod non habet in mente. Unde Philosophus dicit in IV Ethic., quod mendacium est per se pravum et fugiendum; verum autem est bonum et laudabile. Unde omne mendacium est peccatum"(*S. Th*. II-II, q.110, a.3; likewise *Scriptum super Sententias*, t.3, dist.38, a.3). 거짓말의 내재적 죄악성에 관한 토마스 아퀴나스의 이성적 증명은 이 몇 줄로 제한되어 있다.

무질서도 심각한 수준으로 여겨지지는 않는다. 거짓말이 자기 동료에게 막중하게 해를 끼치거나 하느님께 커다란 불명예를 안기는 경우에만 중죄가 된다. 농담 어린 거짓말은 보통 죄로 간주되지는 않는다. 그 목적이 심각한 정보를 전하는 것이 아니라 그저 오락을 위한 것이기 때문이다.

거짓말의 죄악상을 인정해버리면, 진실을 악용하려는 무분별한 질문자(inquirers)나 무자비한 참견자(intruders)를 맞서서 진실을 어떻게 지킬 것인지의 어려운 문제점이 생긴다. 이 경우에 쉽사리 진실을 누설할 수 없고 최대한 숨겨야 한다는 점을 모든 신학자도 깨닫고 있다. 종종 정의나 애덕으로 비밀을 보호할 의무도 있다. 통상 공인되지 않은(unwarranted) 질문자에게는 전혀 답하지 않거나, 반문함으로써 주의를 돌리거나, 간단히 묵살할(rebuffed) 수도 있다. 그러나 많은 경우에 침묵이나 묵살이 오히려 보호해야 할 그 비밀을 드러나게 할 수도 있다. 결과적으로 진실을 감추는 답을 하는 것 외에 다른 방법이 없는 경우가 아주 빈번하다.

가톨릭 신학자 대부분은 적어도 과거에, 이미 언급한 **심중 유보**만이 이런 문제 상황에서 벗어날 수 있음을 보았다. 첫째로 속이는 것이 허용될 만큼의 충분한 이유가 있는 경우이다. 둘째로 찾아내려는 정보에 대해 그 질문자가 아무런 권리를 가지지 않은 경우이다. 심중 유보를 통해 질문자를 현혹되게 할 수 있다. 당연하지만, 법정에서나 상급자로부터 합법적으로 질문을 받을 때, 정당하지만 귀찮은 계약을 맺게 될 때, 당사자가 괴로움을 당할 수 있는 오류에 대해 애덕으로 또는 정의로 바로 잡아야 할 의무가 있을 때, 이때는 심중 유보가 허용되지 않는다. 넓은 심중 유보로서 보통의 사례들은 다음과 같다. 직무상 비밀과 관련해서 인가받지 않은 자의(unauthorized) 질문에 대해서, 심중 유보로는 “나는 타인에게 알리도록 허가받은 사람이다”라고

하면서도 "나는 그것에 대해 아무것도 모른다"고 응답할 수 있다. 이는 신앙 고백의 사안에서도 특별히 적용된다. 법정에서 불의하게 신앙 고백을 요구받게 될 때, "나는 그것에 대해 아는 바가 없다"고 대답할 수 있다. "내가 올바르게 심문받을 수 있게 될 것"이라는 심중 유보가 불법(illegality)의 상황으로 인해 이해받을 수 있게 되었기 때문이다.[34]

반면에 수많은 철학자, 프로테스탄트 신학자만이 아니라 앞선 많은 가톨릭 저자들도 가장된 말 또는 거짓말은 최후의 수단으로서 허용하고 있다. 이들의 주장은 더 면밀한 주의와 검토가 필요하다.

4) 가장된 말(false speech)을 통한 진실 은폐

심중 유보(mental reservation) 이론은 진실을 숨겨야 하는 난처한 상황에 약간의 도움을 준다. 그러나 제한과 단점이 없는 것도 아니다. 진실을 숨기는데 안전한 수단이 되지 못하는 때가 더러 있는데, 특히 질문자가 지능이 높은 경우가 그렇다. 언어 능력이 부족한 사람들은 적절한 표현을 찾지 못하며 이를 행사하는 데 불리하다. 게다가 심중 유보와 가장된 말(false speech)의 차이점은 구체적으로 이를 행사할 때 실제로 크지 않으며, 많은 이들에게는 그것이 하찮은 것처럼 보인다.

따라서 가장된 말을 허용하는 것이 진실을 감추고 남용을 막아야 할 긴급 상황에서는 더 큰 정의를 실현할 수 있는 해결책이 된다고 가톨릭 신학자들도 거듭 느껴왔다. 이런 견해에 대한 더 발전된 근거들은 다음과 같다.

(1) 말의 진실함은 중요한 가치이나 유일한 가치도, 최상의 가치도

34) 많은 저자에 따르면, 법정에서 기소된 범죄자가 "유죄가 아님"을 주장할 수 있다. 이것은 판사에게 정보 제공을 거절하려는 관습적인 방식이기 때문이다(cf. Jone-Adelman, *Moral Theology*, 1963, nr. 370). 그렇지만 이런 후자의 유보가 여전히 그리스도교적 진실함의 이상에 부합한 것이라고 주장하기는 어려워 보인다.

아니다. 여전히 더 높은 가치들이 있다. 이러한 상위의 가치들을 보호하기 위해서는 진실성이란 선을 희생시킬 권리가 있으며, 필요하다면 의무도 지우게 한다. 그런 상위의 가치들이란 원칙적으로 폭력적 저항을 통한 자기 방위를 정당화시켜 주는 가치들과 동일하다. 그러한 방위 대상에는 무죄한 생명, 몸의 지체들의 온전성, 강간 시도 때의 육체적 무결함, 큰 가치를 지닌 물질적 재화, 국가 안보, 게다가 중요한 비밀 등이 있다. 수호해야 할 가치는 오도된 말로 손상될 가치보다는 항상 더 높고 더 시급한 것이어야 한다.

이러한 상황에서 거짓말의 희생자가 될 수도 있는 사람으로서 합리적 정신을 지닌 사람은 누구라도 이 조치에 동의할 것이다. 이후 거짓말이 지닌 보통의 악한 결과 즉 상호 신뢰에 대한 해악은 생겨나지 않을 것이다. 게다가 그런 상황이라면 보통 속은 사람이 입는 피해는 발생하더라도, 어쨌든 크지는 않다. 하지만 상당한 피해가 생긴 경우, 속이게 된 이유의 가치가 너무 높아서 속은 사람조차도 그 행동을 이성적으로 반대할 수 없는 것이어야 한다. 또한 적어도 자신의 탓 없이 속은 사람에게는 기망 행위가 중단된 후 사실 관계를 명확히 밝혀 줄 것이며 만일 피해를 보았다면, 가능한 범위 내에서 배상해 줄 것도 요구해야 할 것이다.

(2) 두 번째 근거는 진실을 알려는 질문자의 권리가 절대적인 것이 아니라는 고찰에서 나온다. 진실을 알 권리는 사적이고 위격적인 영역에서 부당한 간섭으로부터 보호받고 진실의 악용 또는 남용으로부터 수호할 권리로 인해 제한된다. 그러나 진실을 숨길 권리나 왕왕 그럴 의무가 있는 경우라도, 가장된 말이나 거짓말로 불순하거나 악의가 있는 질문자를 물리칠 권리가 없이는 보호받을 수 없기 때문이다. 가장된 말을 전적으로 금지하면, 타인의 간섭으로부터 특정한 진실을 보호하고 부당한 공격으로부터 상위의 가치를 지켜낼 권리를 보

호할 충분한 수단도 없게 된다.

하지만 진실에 대한 권리는 그 자체로 모든 인간에게 중요한 특권이기에, 또 다른 사람의 그 권리를 경솔하게 부정하는 일은 불의하다. 그러한 권리는 반대의 주장이 충분하고 확실하게 입증될 때까지 유효한 것으로 여겨야 한다. 진실에 대한 질문자의 권리를 타당하게 반대할 수 있더라도, 가장의 말은 덜 과감한 수단, 예컨대 침묵, 회피 또는 얼버무림 등을 사용할 수 없을 경우에만, 정당화된다.

또한 진실에 대한 권리를 자발적으로 포기하는 경우 또는 그런 포기가 예상될 수 있는 경우가 있다. 예컨대, 농담조의 거짓말인 경우, 또는 병자가 위중한 상태에 있기에 특정한 진실이 밝혀지면 그가 심각한 해를 입을 수 있는 경우 등이 그렇다.

(3) 앞의 두 가지 논거는 많은 이들에게 설득력이 있어 보일 수 있다. 그러나 가톨릭 신학자들은 이 둘을 최종적인 것으로 보지 않았는데, 그 이유는 이들 논거는 비상시 가장된 말이 반드시 상호 신뢰를 훼손하는 것이 아님을 보여 줄 따름이기 때문이다. 그러나 모든 거짓말이 약속의 위반이며 무엇보다도 말의 본성과 모순된다는 논거들이 입증된 것은 아니다. 이런 이유로 진실함이라는 선보다 더 크다고 여겨지는 선을 보호하고자 거짓말하는 것은 선한 목적을 위해 악한 수단을 사용한 것이 된다. 이는 용납될 수 없다.

이런 난처한 상황에 답하기 위해서는 말의 본성을 더 자세히 살펴볼 필요가 있다. 언어 과학이 이것에 대해 도움이 될 수 있다. 그에 따르면, 언어의 목적은 사람의 생각과 사실 정보를 표명하는 것만이 아니다. 언어에는 다양한 기능이 있는데, 그중 두 가지가 표명(manifestation)의 기능과 정보(information)의 기능이다. 다른 기능들도 있지만 이 맥락에서는 타인들에게 영향을 끼치는 기능이 특히 중요하다. 그러한 영향력은 요청·질문·권고·위협·명령 등을 통해 행사된다.

이 기능은 일차적으로 정보를 목적으로 삼지 않으며, 반드시 정보가 목적도 아니다. 이것의 일차적 목적은 특정한 행동 양식에다 영향을 주는 것이다.[35] 예컨대 화려한(rhetorical) 질문의 목적은 전달이 아니라, (화자가 자신의 지식이 부족함을 전달하려는 의도가 아니라) 청자로 하여금 반성하도록 자극하려는 의도인 것이다.

이를 가장된 말의 문제점에 적용해 보면, 다음의 결론이 가능해진다. 거짓말은 표명과 정보라고 하는 기능들을 수행하지 않더라도, 영향력을 행사하는 기능에 대해서는 수행한다. 청자로 하여금 특정 행동 양식을 포기하도록, 아니면 하지 않을 행동을 하도록 영향을 끼치려는 것이다. 그러므로 거짓말은 언어와 전혀 무관한 목적을 위해 언어를 이용하는 것이 아니다. 이는 거짓말이 말의 본성상 언어의 목적과 절대적으로 모순된다고 하는 논거를 반박하게 된다.

(4) 모든 거짓말은 약속 위반을 포함하고 있다는 반론에서 볼 때, 정당하게 지적할 수 있는 것은 가장된 말이 상대방에게 끼치는 영향력은 표명이나 정보의 외관을 지닌 선언이기 때문에 초래된다는 점이다. 이러한 형태의 말에는 외적 선언이 그 화자의 내적 지식이나 생각과 일치한다는 암묵적 약속이 포함되어 있다. 가장된 말에서는 이 약속이 지켜지고 있지 않다. 그러므로 비록 거짓말에서 볼 때 언어가 무관한 기능으로 사용되는 것이 전혀 아니더라도, 거짓말은 타인에게 영향을 끼치기에 중립적 수단은 아닌 것이다. 그것은 오히려 반대해야 마땅한 방법으로 작동하고 있는 것이다. 올곧은 사람이라면, 약속은 지켜야 하며 마음 내키는 대로 깰 수는 없다.

---

35) Cf. F. Kainz, *Psychologie der Sprache vol. 1: Grundlagen der allgemeinen Sprachpsychologie*, Stuttgart: F. Enke, 1954; Robert T. Harris / James L. Jarrett, *Language and Informal Logic*, New York: Longmans, Green and Co., 1956, pp.158~165; John L. Austin, *How To Do Things With Words*, New York: Oxford Univ. Press, 1965.

그렇지만 약속이라고 해도 무조건 구속력이 있는 것은 아니다. 신학자들의 공통된 견해처럼, 예외가 허용된다. 약속 의무에 있어서 합법적인 예외 사유 중 본 사례와 관련된 것은 다음과 같다. 말의 진실함에 대한 약속 이행이 매우 해롭거나 부도덕한 결과를 초래할 경우, 또는 그 수약자(受約者, recipients)가 자진해서 그 약속을 포기하거나 포기할 것으로 예상될 경우, 약속에서 면제될 수 있다. 그러나 여기에서도 거짓말로 인해 발생할 피해보다 예방할 피해의 정도가 더 커야 한다고 규정한다. 하지만 이것이 검증된다면, 가장된 말은 정당화될 것이다.

앞선 성찰들은 진실함이 궁극적으로 약속에 대한 충실함이라는 것을 거듭 보여 주었다. 이는 진실함이 충실함과 밀접하게 관련되어 있고, 이러한 표현은 성서적 이해와도 일치한다. 따라서 진실함은 충실함이라는 덕에 비추어 볼 때 가장 잘 이해가 된다.

8.2.4. 맹세(oath)

사람과 사회는 자주 진실을 필요로 하기에, 그리고 진실이 거짓말로 인해 너무 빈번하게 위협을 받기에, 사람들은 진실을 보장해 줄 수단을 찾는다. 특별히 맹세를 통해 이런 보장을 찾아낸다. 맹세는 어떤 주장에 대한 진실함이나 어떤 약속에 대한 성실함을 증언하기 위해 하느님을 부르는 것이다. 따라서 단언의(assertory) 맹세와 약속의(promissory) 맹세로 나뉜다.

성서의 구약에는 맹세의 사례들이 많다. 야훼도 자기 이름을 걸고 맹세하신다(창세 22,16; 탈출 32,13; 예레 11,5). 유일하게 허용된 맹세는 당연히 야훼의 이름으로 하는 맹세뿐이며(신명 6,13; 10,20), 다른 신의 이름으로 하는 맹세는 우상 숭배이다.[36] 거짓으로 또는 경솔하게 맹세하는 자는 하느님께 죄짓는 것이다. “나의 이름으로 거짓 맹세를 해서는 안 된다. 그러면 너희는 너희 하느님의 이름을 더럽히게 된다”(레위 19,12. 참조: 시편 24,4~5; 집회 23,9~11). 위증한 자는 하느님의 벌을 받는다(민수 5,21; 1열왕 8,31~32).

신약의 태도는 맹세에 대해 아주 유보적이다. 산상설교 중 예수는 맹세도 금하신 것으로 보인다. “아예 맹세하지 마라. (…) 너희는 말할 때에 ‘예’ 할 것은 ‘예’ 하고, ‘아니요’ 할 것은 ‘아니요’라고만 하여라. 그 이상의 것은 악에서 나오는 것이다”(마태 5,34.37; 야고 5,12). 제자들이 하는 말은 그것을 확증하고자 맹세할 필요가 없을 만큼 신뢰할 수 있는 말이어야 한다. 다른 많은 경우에서처럼 그리스도는 목표로 삼을 이상향을 여기서도 제시하신 것이다. 더 위대하고 더 철저히 완벽해지도록 도전하신다. 그러나 이러한 도전은 엄밀한 의미의 율법을 따라 해서는 안 된다. 맹세도 여기에 해당된다는 것을 다른 구절을 통해 알 수가 있다.

마태오 복음 23장 16~22절은 맹세를 원칙적으로 단죄한 것이 아니다. 오용에 대해 비판한 것일 뿐이다. 거듭해서 그리고 단호하게 신약은 하느님께서 당신 자비를 조상들에게 약속하셨던 그 맹세를 언급한다.[37] 바오로는 명시적인 형식으로 맹세한 적은 없지만, 맹세와 유사한 단언을 자주 했다.[38]

묵시록에서도 맹세의 활용이 잘못된 것은 아니다. 천사가 나타나서 영원하고 살아 계신 하느님에 의해 최종 구원이 확실하고 가까워졌다고 거룩한 맹세를 서약한다(묵시 10,5~6). 이런 이유로 신약에서 맹세에 대한 단죄가 맹세를 절대 거부한 것으로 이해해서는 안 되기에, 모든

36) 예레 5,7; 12,16; 아모 8,14; 스바 1,4~5.
37) 루카 1,73; 사도 2,30; 히브 6,13~18; 7,20~21.
38) 로마 1,9; 2코린 1,18; 갈라 1,20; 1테살 2,5.10.

교파의 교회들은 현재 불완전한 세상 상황에서 충분한 이유가 있다면, 맹세의 허용은 정당하다고 항상 생각해 왔던 것이다.

유효한 맹세가 되려면, 맹세의 정식(formula)이 타당하고 지향이 있어야 한다. 정식으로서 충분한 것은 이렇다. "나는 하느님께 서약한다" "하느님이 증인이시다" "그러니 하느님은 나를 도우소서" "나는 십자가에 서약한다" 등등. 의심스러운 정식들은 다음과 같다. "하느님이 아신다." "하느님이 보는 앞에서 나는 말한다." "하느님이 살아 계시는 바와 같이" 등등. 비록 표현이 의심스러울 경우라도 그 표현을 한 사람이 맹세하려는 지향이 있다면, 맹세는 성립된 것이다. 지향이 있었는지 의심스러울 경우, 맹세가 아닌 것으로 추정한다. "나의 명예를 걸고" "명예와 양심 안에서" "내가 살아 있는 것과 마찬가지로 진실하게"와 같이, 하느님을 부르지 않는 정식들은 불충분한 것이 확실하다. 맹세를 대신하는 법정 신고(statutory declarations)는 강력하고 명시적으로 진실을 증언하는 것이지만, 엄격한 의미로 맹세는 아니다. 예컨대 술 취한 사람의 맹세처럼, 적어도 사실상의 지향 없이 하는 맹세는 무효이다. 기만이나 무력으로 강요되었거나 공포의 심한 압박으로 된 맹세는 구속력이 없으며, 새 교회법에 따르면, **법 자체로**(*ipso iure*) 무효가 선언된다(제1200조 2항).

적법한 맹세가 되려면, 진실성, 도덕적 적법성 및 충분한 이유라는 세 가지가 필요하다. 첫째, 맹세하는(swear) 이는 자신의 단언(assertions)이 진실임을 확신하거나 약속을 지키려는 확고한 의도를 갖고 있어야 한다. 이것은 거짓말과 합리적 의심은 배제시키지만, 극복 불가의 오류나 합법적인 심중 유보는 배제되지 않는다. 거짓 증언을 하려고 하느님을 들먹이는 것은 위증이며 중죄이다. 몹시 의심하면서 진실이라고 맹세하는(swear) 것도 마찬가지로 중죄가 된다. 둘째, 단언이나 약속이 도덕적으로 적법한 것이어야 한다. 죄가 되는 자랑이나 비방을 확인하기 위해 하느님을 부른다면, 경죄(abuse)이다. 악한 것을 맹세로 약속할 때, 적어도 약속한 사안이 중죄가 되는 것이라면, 중죄이다. 셋째, 맹세는 충분한 이유가 있을 때 해야 한다. 하느님 이름에는 존경이 요구되기 때문이다. 경솔히 맹세하는 것은 하느님께 마땅한 존경을 반대하는 위반이긴 하지만, 통상적으로 중죄는 아니다.

약속의 맹세를 지킬 의무는 약속한 대상의 경중에 따라 위중하거나 경미해진다. 금지된 일이나 쓸모없는 일을 하겠다는 맹세에는 의무가 생기지 않는다. 약속의 맹세에 대한 해석은 대체로 맹세자의 지향에 좌우된다. 그렇지 않으면, 그 맹세는 법률에 따라 엄격히 해석되어야 한다. 맹세자가 사기 치는 경우, 예컨대 본인은 알고 있지만 맹세를 받은 이는 모르고 있는 경우, 맹세 받은 이의 지향에 따라서 해석되어야 한다(교회법 제1204조).

충성 맹세 또는 취임 맹세는 국가의 법에 복종하고 법규에 따라 직무를 수행하며 올바른 권한에 반하는 어떤 일도 맡지 않는다는 것을 의미한다. 그러나 모든 시민법을 준수한다는 맹세로부터 자기 스스로가 구속된다는 뜻은 아니다. 신적 권리나 교회적 권리에 반하는 법률에 대해서는 맹세가 적용되지 않는다.

약속의 맹세는[39] 다음의 경우에 구속력이 없어진다. 즉 수약자(promisee)가 면제해 준 경우, 약속한 내용이 실질적으로 변화되었거나 — 변경된 상황 때문에 — 불가능하거나 해롭거나 부도덕하거나 쓸모가 없거나 더 큰 선익에 방해가 되는 경우, 맹세했던 조건이 소멸되거나 발생하지 않는 경우, 끝으로 관면(dispensation)이나 교환(commutation)이 된 경우, 등이다. 맹세자는 약속한 것을 더 좋은 또는 동등하게 좋은 것으로 교환할 수 있다. 가톨릭교회의 신자들에게는 교황 외에도 교구 직권자, 본당 사목구 주임신부, 성좌설립 수도회의

39) 일반적인 약속 중단에 대해서는 아래의 설명을 참조하라.

장상 그리고 사도좌나 교구 직권자로부터 권한을 위임받은 사람, 이 모든 이들은 (자기의 소속자들 전체를 위해) 덜 좋은 것으로 대체하거나 면제해 줄 권한을 지닌다. 하지만 관면은 타인의 기득권에 연루되거나 침해해서는 안 된다.[40]

현재 상황은 한편에서는 법정이나 고위의 공직 취임에서의 맹세가 여전히 요청되고 있고, 다른 한편에서는 종교적 성격에서의 맹세가 감소한다는 특징을 띤다. 점점 더 세속화된 오늘의 사회는 종교적 중립국에서 종교적인 자격의 행위를 요구하는 것은 더 이상 적절하지 않다고 여기고 있다. 이로 인해 맹세를 다른 중요한 보증이나 언명으로 대체하려는 염원으로 이어진다. 교회는 지금까지 맹세, 특히 취임 맹세를 아주 높게 평가해 왔고 또 그것의 폐지를 반대해 왔다. 그러나 맹세는 특히 법정에서 자주 남용되는 것으로 노출되었다. 종교적 중립국들의 현 상황에서 고려해 볼 때, "성경에 비추어 맹세를 요청하고 서약하는 관행에 문제점이 없는 것이 아니기에, 교회 측의 반대가 더 이상 정당한 것으로 보이지는 않는다."[41]

8.3. 충실(fidelity)

8.3.1. 충실의 본질과 토대

충실이란 자신의 신념, 말 및 약속에 참되게 머무르고, 타인의 정당한 희망을 실망시키지 않는 사람의 덕행이다. 특별한 방식으로, 이

40) 교회법 제1203조와 제1196~1197조. 거기에서 소속자 개념에 대한 추가 자격을 참조하라.

41) H. Weber, *Spezielle Moraltheologie*, 1999, p.61.

것은 명시적으로든 묵시적으로든 맺은 약속을 당사자가 이행하도록 의무를 지운다. 진실함과 충실은 이미 살펴본 것처럼, 성서에서는 아주 밀접하게 관련된 개념들이다. 하느님과 이웃에게 충실한 사람은 진실하다. 두 개의 덕은 실로 같은 부류(cognate)이다. 말에서의 진실함은 말과 생각 간에 조화를 유지하도록 사람들에게 의무를 지운다. 충실함(faithfulness)은 말과 행동 사이에 조화를 유지하도록 명한다. 앞 단원에서 성찰한 행동에서의 진실함은 이 충실함을 다룬 것이다. 이 내용을 여기서 다시 상기하게 될 것이다.

하느님을 향한 인간의 충실함은 도덕적 의무의 토대이다. 사람들이 하느님의 사랑 어린 풍성함으로 받은 모든 것은 주님을 충성으로 섬기도록 그들에게 끊임없이 의무를 부여한다. 그리스도의 구원 사업을 통해 인간이 받은 구속적 은총은 이제 그리스도의 동료라는 특별한 형태로 하느님께 충실히 헌신하도록 초대하는 또 다른 근거가 된다.

하느님을 향한 충실함은 필히 사람들을 향한 충실함을 포함하며 이를 요구한다. 위격적 관계가 친밀하면 할수록 부모 자녀 간의 충실, 부부의 충실, 우정의 충실과 같이 충실로서의 특징을 더욱더 띠게 된다. 교회는 특히나 혼인 유대의 약속과 사제 직무의 약속 및 수도 서원의 약속을 향한 충실함에 대해 높게 평가한다.

충실의 주요 특성은 사람의 행동에 있어서 안정성과 신뢰성이다. 대인 관계에서의 충실은 상호 신뢰와 개인적·사회적 안전의 필수적 토대이다. 이는 삶의 행복, 공동 작업의 결실 및 개인과 사회의 안전한 발전에 중요한 전제 조건인 것이다. 이 점에 있어서도 충실은 진실함과 비슷하다. 반면 불충(infidelity)은 상호 신뢰를 훼손하고 연대성을 파괴하며, 상호 협조와 선의를 보장하는 유대를 깨 버린다.

8.3.2. 약속(promise)

충실은 아주 특별하게 맺은 약속의 이행에서 입증된다. 우리는 간단한 결의(resolve)나 결심(resolution), 단순한 약속, 그리고 약속의 계약을 구별한다. 결심은 실제의 약속이 아니라 명시적 지향(intention)이다. 그래서 우리는 어떤 사람에게 우리가 성탄절에 그를 찾아갈 의도가 있다고 말할 수 있다. 이러한 의도는 상대방을 향해 충실할 의무의 토대는 못 된다. 그 의도가 합리적인 것이었다면, 합당한 이유 없이는 결의를 바꾸지 않겠다는 것이며, 기껏해야 자신에게 충실한 의무일 뿐이다.

단순한 약속은 무상의 제공으로서, 약속을 받는 사람을 위해 무언가를 해 주기로 스스로를 구속하는 것이다. 상대가 이를 수락하면, 충실할 의무의 토대가 된다. 통상적으로는 약속 이행의 의무는 위중하지 않다. 일방적 약속은 보통 약속자(promiser)도 자신을 심각하게 구속할 의도가 없으며, 수약자(promisee)의 기대도 크지 않아서 중대한 의무를 발생시키지는 않기 때문이다. 그러나 수약자가 이 약속에 의존하여 약속 이행이 되지 않으면 자신에게 불이익이 될 행동을 취하게 될 경우, 그 약속 의무는 중대해진다. 어떤 가장에게 더 나은 직장을 확고히 보장함으로써 그가 현재의 직장을 그만둘 때 그 약속을 지키지 않는다면, 중대한 불의가 된다.

약속된 사안에 대한 확실한 권리가 수약자에게 넘어갔다면, 약속에 대한 계약은 성립된다. 그 약속이 유효하려면, 수약자가 그러한 제안을 수락하고는 수락한 사실을 약속자에게 명시해야 한다. 이는 정의에 입각한 기초적 의무인 것이다. 약속에 관한 계약은 명시적으로 의도한 경우뿐만 아니라 정황이 실제로 동의를 했다고 말하는 경우에도, 성립된 것으로 추정해야 한다. 따라서 그 약속이 제공받은 서비스에 대한 보상이거나 상호적인 것이라면, 그 정황은 약속에 대한 계약에 해당한다. 불확실성을 없애고자 법은 약속이 법적 구속력을 갖도록, 예컨대 증여 약속에 대해서는 법적으로 또는 공증으로 인증을 받도록 요구한다.

약속에 대한 계약이 있었는지, 단순히 약속만 했었는지, 또는 단순히 결심만 했는지 의심스런 경우에는 더 작은 의무가 유효한 것으로 추정한다. 약속을 이행하지 않아서 수약자에게 손해를 끼치게 된 경우, 단순히 약속만 했더라도 적어도 이를 어렴풋하게 예견할 수 있었다면, 그 손해에 대한 배상 의무가 생긴다. 약속 불이행의 경우에 비밀 보상에 기댈 수 있는 것은 오직 그 약속이 특별한 서비스를 제공한 것에 대한 보수일 때뿐이다.

약속이 무효가 되는 경우로는, 예컨대 술 취한 상황처럼 동의가 불완전한 경우, 사기로 얻어 낸 경우, 심각하고 불의한 두려움 속에서 강압적으로 얻어 낸 경우 등등이 있다.

약속에 대한 의무가 정지되는 경우로는, (1) 수약자가 자발적으로 포기하거나 포기했다고 정당하게 추정할 수 있는 경우, (2) 약속 내용이 (예컨대 가난해지거나 병이 생겼을 경우처럼) 불가능하게 되었거나 해롭거나 부도덕하거나 쓸모가 없어진 경우, (3) 약속이 이루어진 조건들에 대해 예견하지 못했던 실질적인 변화가 생겼거나 약속자가 알았더라면 결코 약속하지 않았을 상황이 알려진 경우, (4) 한 쪽이 사망한 경우 등이 있다. 하지만 정의에 따라 의무를 지는 실제적 약속, 예컨대 무상의 서비스를 한 하인에게 주인이 유산을 약속한 경우, 그 약속은 상속인에게 승계된다. 마찬가지로 약속이 수양자를 위한 것이 아니라, 일차적으로 그의 가족을 위한 약속인 경우, 그 약속에 대한 의무는 그가 사망하더라도 정지되지 않는다.

8.4. 비밀

1) 비밀의 본질과 토대

비밀이란 누설되어서는 안 되는 숨겨진 사실이다. 숨겨진 사실은, 예컨대 사생아 자녀나 재정적 곤경과 같이, 약점이거나 잘못일 수도 있고, 발명품이나 국방 기밀과 같이, 남용으로부터 보호해야 할 높은 가치의 선익일 수도 있다.

비밀에는 자연적인 비밀, 약속된 비밀, 위임된 비밀이 있다. 자연적 비밀이란 자연법에서 직접 의무가 나온 것이기에 이렇게 부른다. 자연법적 비밀이 구속력을 갖기 위해서는 그 어떤 규약도 동의도 필요가 없다. 형제적 배려(concern)와 인간 동료의식의 본질은 비밀을 요구한다. 여기에는 사안의 본성상 밝혀지면 다른 이에게 상처나 불쾌감을 주게 될 사실 모두가 포함된다.

약속된 비밀이란 해당 사안에 관한 (예컨대 직장을 바꾸려는 사람의 지향에 관한) 지식을 취득한 후, 비밀 유지의 의무는 없지만, 비밀을 유지하겠다고 약속한 비밀을 말한다. 그 약속이 자연적 비밀에 관한 것이라면 비밀 유지의 의무는 정의에서 나온 의무와 그리고 약속을 향한 충실에서 나온 의무로서, 이중적이다. 쓸모없거나 부적법한 사안에 대해 약속한 비밀에는 구속력이 없다.

위임된(entrusted) 또는 의탁된(committed) 비밀이란 오직 비밀을 유지한다는 조건으로만 얻게 되는 비밀을 말한다. 합의(agreement)는 명시적인 것 또는 묵시적인 것이 있다. 묵시적인 것에는 직업적 비밀에 속한 것으로서, 예컨대 장상, 판사, 의사, 조산사, 변호사, (예컨대 중독자를 위한) 상담사 등은 비밀의 의무를 진다. 직업적 비밀은 가장 구속력을 지닌다. 최고로 엄격하고 가장 신성한 비밀은 사제 직무의 고해 비밀이다.

비밀은 험하고 악한 현실에서 파생되는 엄중한 명령이다. 우리는 자신과 타인의 연약함을 늘 고려해야 한다. 신중함이 부족하면, 우리 자신, 이웃 및 우리가 사는 다양한 공동체에도 아주 심각한 해를 끼칠 수 있다. 사적인 서원이나 도움이 절실한 누군가에게 재정 지원을 제공한 사실과 같이, 타인의 질투와 불의한 주장을 야기할 수 있는 경우에도, 마찬가지로 아주 개인적이고 내밀하며 신성한 가치들에 대한 존중조차도 분별을 통해 보호되어야 한다. 이런 의미에서 그리스도는 경고하신다. 즉 "거룩한 것을 개들에게 주지 말고, 너희의 진주를 돼지들 앞에 던지지 마라"(마태 7,6). 아주 개인적이고 신성한 가치와 진리를 향한 존중심은 이러한 가치와 진리의 내용을 이해할 수 없고 바르게 응답할 수 없는 사람들에게 이를 넘겨주는 것을 금한다. 이와 같은 존중은 우리로 하여금 삶의 가장 내밀하고 개인적인 관심사는 신중하게 침묵하는 사람에게만 털어놓게 하며, 우리가 이웃의 내밀한 삶을 파헤치는 것도 금한다.

2) 비밀의 밝힘

개인의 선익과 공동체의 복지를 위한 비밀의 커다란 중요성은 밝혀야 할 충분한 이유가 없는 한, 우리로 하여금 밝히는 것을 금한다. 비밀이 중요할수록 그 이유도 중요해야 한다. 충분한 이유 없는 비밀의 공개는 타인이 그렇게 밝힘으로 인해 입은 해약의 경중에 따라 중죄 또는 경죄가 된다. 특별히 직업적 비밀에 대한 위반은 사소한 사안이 아니라면, 중죄가 된다.[42] 직업적 비밀을 위반해 발생한 손해는 언제나 정의롭게 복구시켜야 한다. 불의한 수단을 써서 정의를 위반한 것이 아니라면, 비밀 위반은 대체로 애덕으로 배상해야 한다.

---

42) 국가의 형법은 직업적 비밀을 인가 없이 누설하는 것에 징역이나 벌금을 부과할 수 있다.

비밀 유지 의무의 종료는 (1) 당사자가 공개를 합리적으로 허가하는 경우, (2) 타인의 공개 때문에 그 사안이 비밀이 아니게 된 경우, (3) 충분한 이유로 비밀을 밝히는 것이 정당화된 경우이다. 약속한 비밀을 지키는 데 불균형적으로 불편이 큰 경우는 비밀을 밝힐 충분한 이유가 된다. 장상이나 판사가 심문할 권리를 가졌다면, 자연적이고 약속한 비밀이라도 밝혀야 한다. 그러나 그러한 권리는 확실한 것이어야 한다.

자연적 비밀을 밝힐 충분한 이유로는 공동선을 위해 또는 위협받는 당사자를 위해 비교적 큰 악을 회피하는 경우이다. 공공의 선익은 은밀한 허물을 밝히는 것을 정당화한다. 따라서 범죄자나 공모자를 거슬러 적합한 당국에 고발하거나 증언하는 것은 옳다. 대학생들은 학생회의 도덕을 타락시키는 동료에 대한 정보를 제공해야 할 것이다. 공직에 출마하려는 후보자의 자격이 안 되는 은밀한 허물은 밝힐 수 있으며, 심지어 밝혀야만 한다. 투표자들은 후보자가 출마하는 직책에 부적합하거나 자격이 안 되는 결함에 대해 알 권리가 있다. 하지만 후보 자격과는 아무 관련이 없는 은밀한 허물과 지나간 죄에 대한 것이라면, 알 권리는 없다. 이러한 사적 명예에 대해서는 다른 사람들과 마찬가지로 공직 후보자에게도 침해할 수 없다.

상대방에게 가해지는 피해가 불균형적으로 크지 않는 한, 자신에게 부당한 피해에 대비하고자 미리 상대방의 잘못을 밝힐 수 있다. 예컨대, 재무 담당자로서 공동체의 재화를 잘못 관리했다고 고발당한 경우, 윗사람의 지시를 받았다는 사실을 밝힐 수 있다. 타인을 보호하기 위해서는 은밀한 결함을 밝힐 수 있다. 따라서 무죄한 이가 곧 고통을 겪게 된다면, 그 범죄의 진범을 알게 해야 한다. 의심하지 않는 사람으로 하여금 유혹자, 사기꾼, 가짜 의사 등을 경계하도록 알려야 한다. 어느 근로자가 "도둑질"(long fingers)을 한다거나 사업에 방해되는 결점을 지녔다고 사용자에게 경고할 수 있다. 하지만 그 근로자가 물질적으로나 도덕적으로 훨씬 더 큰 손해를 입을 위험이 있는 경우, 고발은 삼가야 한다.

비밀을 간직한 사람 본인의 더 높은 선익을 위해서라면, 비밀을 밝히는 것은 정당화될 수 있다. 따라서 자녀의 잘못을 부모에게 밝힘으로써 교정할 수 있게 하는 것은 적법하다. 또한 소속자의 선익에 필요하다면, 그의 잘못을 윗사람에게 공개할 수 있다.

위탁된 비밀은 윗사람에게도 누설하지(divulged) 말아야 한다. 다만 공동선이나 다른 사람들 또한 비밀을 위탁한 사람 본인에게나 중대한 위험이 닥칠 경우, 누설해도 된다(예: 자살을 범할 의도를 밝힌 경우). 따라서 그러한 비밀은 무죄한 이가 입을 심각한 피해, 비밀을 위탁한 당사자가 불의하게 초래할 그러한 피해를 피하기 위해서 밝힐 수 있다. 무죄한 사람이 불의한 공격으로부터의 방위권을 침해받을 수 있는 비밀은 위탁된 비밀보다 우선할 수가 없기 때문이다. 따라서 어떤 의사가 성병 걸린 신랑에게 혼인을 만류할 수 없는 경우, 그 의사는 신부에게 그 사실을 밝힐 수 있다. 하지만 범인 처벌받을 원인이 되지 않는 한, 사법적 처벌로부터 어떤 무죄한 사람을 보호하기 위해서 범인에게 반한 증언을 하고자 직업적 비밀을 위반해서는 안 된다. (예컨대 마피아 구역에서는, 변호사가 형사 의뢰인으로부터 입수한 범죄 가해자에 대한 진술이 해당 의뢰인의 생명을 심각하게 위태롭게 할 수 있다.) 하지만 단순히 개인적인 위험을 피하고자 공동선을 위태롭게 해서는 안 된다.

비밀을 위탁한 사람이 합리적으로 반대하지 않는 한, 비밀을 유지해 줄 현명한 상담자와 비밀 사안을 논의하는 것은 허용된다. 그렇지만 우리는 직업적 비밀과 그 직업 자체에 대한 대중적 신뢰가 손상되고 공동선에 해가 되지 않도록 늘 세심한 주의를 기울여야 한다.

3) 비밀에 대한 조사(probing)

타인의 비밀을 캐내는 것은 불법이며 법률에 따라 처벌을 받는다.[43] 따라서 주거침입, 도청, 편지 열람, 전화도청, 비밀 대화의 녹음 등의 방법으로, 예컨대 발명품, 의료기록, 개인의 사적 의견과 같이 숨겨 둔 사실에 관한 지식을 취해서는 안 된다. 이것은 통상적으로 사안이 사소하지 않고 그 지식을 빼앗으려는 의도가 있는 한, 중죄이다.

그렇지만 아주 중대한 이유가 있는 경우, 사용된 수단이 불의한 것이 아닌 한, 타인의 비밀 탐사는 허용되며 때때로 요구되기도 한다. 서신의 비밀에는 특별한 문제가 제기된다. 이에 대해 세밀하게 설명된 규범 중 일부는 비밀 대화 녹음에도 적용될 수 있다.

일반적으로 타인의 편지를 읽는 것은 사생활 권리의 침해이다. 발신자나 수신자가 허용할 경우, 그러한 권한이 생긴다. 부모에게는 아직 자신들의 권위하에 있는 자녀의 편지를 읽을 권리가 있다. 마찬가지로 교육자에게도 담당 학생들의 편지를, 가족의 비밀이나 양심에 관한 문제가 포함된 것이 아닌 한, 읽을 권리가 있다. 그러한 문제의 경우, 편지 읽기를 중단해야 한다.

이 외에도 공공복지, 이웃 또는 자신의 중대한 피해를 막기 위해 필요한 경우에만, 타인의 편지를 읽는 것이 적법할 뿐이다. 같은 이유로, 전화 대화를 엿듣거나 대화의 비밀 녹음도 정당화된다. 시민 당국은 예컨대 범죄나 국가 기밀의 누설을 밝혀내거나 예방하기 위한 것처럼, 공공복지를 보호하기 위해 필요한 경우, 편지를 열어볼 수 있다. 물론 공직자는 공동선이 요구하는 범위 내에서만 그 정보를 이용

---

43) 불법적으로 비밀을 캐는 것의 심각성은 1972년 미국의 악명 높은 워터게이트 사건에서 잘 드러난다. 이는 닉슨의 선거운동 기간 중 그의 정당(공화당) 구성원들이 민주당의 선거 전략을 알아내기 위해 민주당의 본부(워싱턴의 워터게이트 아파트)에 침입하여 도청 장치를 설치한 사건이다. 이 사건에 대한 수사는 닉슨의 최측근 참모 몇 명을 포함시켰고 강제로 사임시켰다. 닉슨도 도청 사실을 알고 있었던 것으로 보이지만, 다른 이들은 그가 단지 자기 부하들을 보호하자 했을 뿐이라고 말한다. 닉슨은 1974년 8월 사임했다.

할 수 있다. 편지의 다른 내용에 대해서는 직업적 비밀의 의무에 구속을 받는다. 또한 개인은 자신에게 심각하게 부당하고 해로운 내용이 포함되었다고 추정할 권리가 있는 경우, 다른 이의 편지를 읽는 것이 허락된다. 따라서 배우자는 중대한 불의와 해악으로부터 자신이나 가족을 보호하기 위해 자기 배우자의 편지를 열어볼 수 있다.

누군가 공공의 쓰레기통에 버린 편지를 읽는 것은 불법이 아니다. 하지만 그 편지가 작은 조각으로 찢어져 공개된 장소에 버려진 경우, 그 조각들을 모아서 읽는 것은 보통 애덕에 반한 것이다. 분실된 편지라면, 읽지 말아야 한다.

8.5. 사회적 통신(social communication)의 윤리

사회적 통신 중 영향력 있는 도구는 대중 매체(mass media)이다. 여기에는 언론, 라디오, 영화, 텔레비전, 음향·영상 녹음 및 인터넷이 속한다. 공정성, 진실성, 품위 및 타인(소수자, 타민족, 시민의 사생활 등) 존중에 대한 요구사항은 이러한 영역 전체에서 가장 직접적으로 관련된다. 하지만 대중은 출판, 라디오 및 텔레비전의 언론(journalism)이 이런 덕목을 충분히 존중하고 있음에 대한 확고한 믿음이 없다. 조작, 당파주의 및 선정성(sensation mongering)에 대한 의혹은 매체에 대한 신뢰성을 약화시킨다. 매체가 지닌 숨은 권력을 향한 두려움과 불안감이 존재하며, 이에 대해 개인으로서는 무력감을 느낀다. 사회적 통신에 대한 에토스(ethos)가 절대 필요하다.

1) 사회적 통신의 역할

언급된 염려에도 불구하고, 대중 매체는 현대 사회가 원활하게 기능하기 위해서 없어서는 안 될 필수 요소이다. 이것들은 세상에서 일어나고 있는 일을 대중에게 알려 주고 신속하게 전달한다. 이런 식으로 사람들로 하여금 공동선에 효과적으로 기여하도록 할 수 있다. 매체들의 도움으로 얻은 지식은 사람들로 하여금 적절하게 결정을 내리고 공동의 노력을 결합시키며 창의적 작업을 통합할 수 있게 해 준다. 현대의 사회생활에서는 사람들이 올바른 길을 선택할 수 있도록 완전하고 정확한 정보가 필요하다. 정보에 관한 권리는 단순히 개인의 특권이 아니며 공공의 이익에 필수적이다.

매체들은 실제 사건에 대한 정보 외에도 교육의 광범위한 분야에서 점점 많은 역할을 한다. 교육시설이 부족한 곳에 기본 교육을 제공하고 문맹 퇴치에 도움이 된다. 또한 상당수 인류의 활동 안에서 예술적·문화적 성취도 이룰 수 있게 한다. "이는 경제적·사회적 불평등을 제거하는 것만큼이나 사회적 진보의 진정한 표시이다."[44]

끝으로 좋은 오락 역시도 공동체를 위한 서비스이다. 권태가 사람들에게 심각한 위험이 될 수 있기에 좋은 오락을 "정신적인 자비 활동"으로 규정짓는 것이 적절하다.[45]

"사회에서 살아가는 사람들의 통합과 진보는 사회적 전달과 그것이 사용하는 모든 수단의 주요 목표가 된다."[46] 일반적으로 인간 삶의 궁극 목적에 대해 언급된 내용은 특히 사회적 전달에도 적용된다.[47] 인간 복지, 사회 진보 및 창조적인 세상 발전은 사회적 통신의

---

44) *Communio et Progressio. Pastoral Instruction on the Means of Social Communication* of 29 Jan. 1971, nr. 49; English translation in *Vatican Collection*, vol I: *The Conciliar and Postconciliar Documents*, ed. by A. Flannery, [4]1996, pp.293~349. 이 문헌은 이 주제에 대한 매우 건설적으로 기여했으며 주목할 가치가 있다.

45) A. Rummel, quoted by A. Auer in *Handbuchder christlichen Ethik*, vol. 3, ed. by A. Hertz et al., Freiburg: Herder, [2]1993, p.537.

46) *Communio et Progressio*, nr. 1.

47) 참조: 칼-H. 페쉬케, 『그리스도교 윤리학: 제1권 기초 도덕신학』, 이동호·방종우 옮김, 가톨릭대출판부, 39~61쪽.

목적과 그에 따른 올바른 사용의 기준이 된다.

2) 알 권리와 알릴 권리

표현과 통신에 대한 자유의 권리는 처음 1776년 미국의 「버지니아 법안」에 의해, 그다음 1789년 프랑스의 「인간과 시민의 권리 선언」에 의해 선포되었다. 1948년 「세계 인권 선언」은 제19조에 이를 포함시켰다. 즉 "모든 사람은 의견의 자유와 표현의 자유에 대한 권리를 가진다. 이러한 권리는 간섭 없이 의견을 가질 자유와 국경에 관계없이 어떠한 매체를 통해서도 정보와 사상을 추구하고, 얻으며, 전달하는 자유를 포함한다." 이 권리에 대한 초기의 우려가 지난 후,[48] 교황 요한 23세,[49] 제2차 바티칸 공의회(「사회 매체 교령」 5, 12항; 「사목 헌장」 59항) 및 다른 교회적 선언들은 개인과 사회에 본질적인 것으로서, 이를 결연하게 확인하였다. "여론이 적절한 방식으로 형성되려면, 사상과 태도를 표현할 자유가 절대적으로 필요하다."[50] 하지만 정치적 현실에서 의견의 자유를 완전히 실현하기까지는 갈 길이 멀다. 1988년에는 세계 국가의 절반 이상이 언론, 라디오 및 텔레비전에 대한 자유를 아직 누리지 못했다.[51]

표현의 자유와 특히 (라디오와 텔레비전을 포함한) 언론의 자유는 진실을 은폐하려는 개인들과 기관들이라는 강력한 장애물을 만나는 경우가 많다. 기자들은 때로 목숨을 걸고 취재에 나섰고 상당수가 직

---

48) Cf. Gregory XVI(Encyclical *Mirari vos*, 15 Aug. 1832: *DS* 2730f) and Pius IX(Encyclical *Quanta cura*, 8 Dec. 1864: *DS* 2979).

49) 「지상의 평화」 12항.

50) *Communio et Progressio*, nr. 26. 마찬가지로 the allocution given by Pope Paul VI on 17 April 1964, *AAS* 56(1964), pp.387ff.

51) 프리덤 하우스(Freedom House, 미국의 비영리 국제 감시 단체)에 따르면, 1988년에 56%의 국가가 언론의 자유를 누리지 못했고, 20%는 부분적으로, 24%만이 완전한 자유를 누렸다. 참조: W.G. Pippert, *An Ethics of News. A Reporter's Search for Truth*, Georgetown University Press, 1989, p.18.

무 수행 중에 살해되었다.[52] 용기 있는 많은 남녀가 전체주의 체제에 맞서 이 권리를 주장하고 행사하다가 자신들의 자유와 목숨을 잃었다. 언론의 자유는 자유와 관련한 다른 모든 권리를 위한 충실한 보증이 된다. "누구나 언론의 자유라는 척도로부터 한 나라의 정치적 자유와 통신에 대한 전반적인 질을 파악할 수 있다고 주저 없이 말할 수 있다."[53] 표현과 통신의 자유는 그 자체의 근본적인 중요성과 커다란 취약성 때문에, 상반되게 이해충돌이 될 때마다 이 자유에 유리하도록 추정해야 한다. 여기에 '회의 중에는 자유를'(In doubt, liberty, *In dubio libertas*)이라는 원칙이 우선 적용되는 것이다.

하지만 표현의 자유 특히 언론의 자유도 남용의 위험으로부터 자유롭지 않다. 언론인이 항상 공동선이라는 관심사만으로 동기 부여되는 것이 아니다. 선정주의와 인기에 대한 성향, 개인적인 충성심과 편견, 동정심과 혐오감이 그들의 보도에 영향을 미칠 수 있다. 마지막으로 매체는 또한 독자들의 호의와 시청자 수에 의존한다. 방송국의 규제 완화는 특히 텔레비전의 경우, 재정적 기여에 필요한 광고의 의존도를 높아지게 만든다. 경쟁이 심화되면, 도덕적·문화적 기준은 위태로워진다.[54] 실제로 매체가 경제적 측면에서 완전히 자유로웠던 적은 전혀 없었다.

매체의 자유와 개인의 사적 영역·명예에 관한 권리 사이의 대립에서 명예의 권리는 너무도 쉽게 무너진다. 자유로운 표현의 권리는 무한한 것도 아니다. "그것은 다른 권리들과 조화를 이루어야 한다. 인간과 사회 모두의 명예를 지켜 주는 진실의 권리가 있다. 가족과 개

52) 1987년 기자 중 25명이 사망, 10명이 납치되거나 실종, 188명이 체포, 51명이 추방, 436명이 괴롭힘을 당했다(W.G. Pippert, *op.cit.*).

53) H. Boventer, *Pressefreiheit is nicht grenzenlos. Einführung in die Medienethik*, Bonn: Bouvier, 1989, p.26.

54) 음란물(pornography)에 대해서는 이 책 제9장의 "9.2.1. 정숙과 책임 있는 성" 중 "1) 정숙의 덕"의 "(2) 통신 매체들"을 보라.

인의 사생활을 보호하는 사생활의 권리가 있다. 필요성이나 직업적 의무 또는 공동선 자체가 요구할 경우에 통용되는 비밀 유지의 권리가 있다."[55] 유엔의 「세계 인권 선언」은 그 조항 중 표현의 자유 권리뿐만 아니라 사생활·명예의 보호 권리도 포함하고 있다. "어느 누구도 그의 사생활, 가정, 주거 또는 통신에 대하여 자의적인 간섭을 받거나 그의 명예와 명성에 대한 비난을 받지 아니한다"(제12조).

3) 사회적 통신의 의무

(1) **정보 전달자**(communicators, 매체에 적극 종사하는 모든 사람)는 매체 사용에 대해 당연하지만 특별히 큰 책임을 진다. "사회적 통신의 매체는 인류를 위한 것이기에, 정보 전달자는 인간에게 이바지하려는 열정을 지녀야 한다. 그들은 오직 자기 동료 인간을 진정으로 알고 사랑할 때만 이것을 달성할 수 있다."[56] 제작 과정에서 정의와 정직한 판단은 이들로 하여금 모든 집단 즉 소수자에게도 다수자에게도 필요로 하는 것에 관심을 기울이고 모든 집단을 공정하게 대변하도록 재촉하게 된다.

보도는 늘 진실에 전념해야 한다. 그렇지만 "나는 정직하게 진실을 말하고 그 결과는 하느님께 맡겨드린다"라고 하는 신념 어린 언론인의 유일한 기준은 사실에 대한 진실만이 아니다. 성경은 자비, 정의 및 평화와 같이 다른 특성들과도 진실을 연계시킨다(시편 85,10; 이사 16,5; 즈카 8,16). 그밖에 사랑은 다음의 영역에서도 최종의 기준이 된다. 어떤 특집 기사(feature)가 정의와 평화에 기여하지 않는다면, 예컨대 적대감을 조장하거나, 테러분자들의 폭력 행위를 방지하려는 경찰 전술을 그들에게 알리게 될 경우, 그러한 기사는 생략해야 한다. "우

---

55) *Communio et Progressio*, nr. 42.
56) *Ibid*. nr. 72.

리 모두는 언론인이기 전에 인류 가족의 일원이다. 테러와 같은 상황에서는 우리의 의무가 기사가 아니라 사람들에게 있음을 기억해야 한다."[57]

언론인의 책임에 따르는 본질적인 의무들에는 진실한 정보, 신중한 보도, 허위 보도의 정정, 뉴스 조달 시 부정직한 방법 사용의 금지, 직업적 비밀의 보호(safeguard), 사적 영역의 보호 및 뇌물수수의 금지 등이 있다. 명예, 진실함, 충실 및 비밀 유지라는 도덕적 선익에 관련해 이 장에서 언급된 내용 모두는 여기서도 적용된다. 또한 표제(headlines) 하나가 사람을 "해칠" 수 있다. 사실과 허구를 뒤섞은 보도는 특히나 위험하다. 사적 영역에 대해서는 존중해야 하며, 특별히 언론인은 이를 존중해야 한다. 오직 개인의 사적 행위가 공공의 이익에 영향을 미칠 경우에만, 예컨대 공직 후보자 자격의 경우, 언론에서 토론할 수 있다.[58] 고위직일수록 면밀한 조사가 필요하지만, 이때도 성격, 솔직함, 판단력, 자기 수양, 책임감 등 직무와 관련된 자질과 조건에 대해서만 할 수 있다. 동시에 그러한 조사도 후보자의 자녀, 형제자매 또는 먼 친척의 생활을 침범할 경우, 정당화되지 않는다.

언론인은 대부분 가능한 한 공정하게 기사를 취재하고자 한다. 하지만 취재할 기사와 특집을 선정하고 지면을 할애할 때는 편견과 선입견이 더 많이 작용한다. "언론의 진정한 힘은 여론을 형성하거나 통제하는 능력이 아니다. 오히려 그 힘은 대중을 위해 기사를 선택하고 '의제'(agenda)를 설정하는 데 있다."[59] 매체는 사람들이 무엇을 생각해야 하는지 알려 주는 데는 그다지 성과가 없더라도, 수용자(受用者, recipients)에게 이것을 알려 주는 데는 놀라울 정도로 성공적이다.

---

57) W.G. Pippert, *op.cit.*, p.119.

58) 1973년 독일 언론 위원회(German Press Council, Deutscher Presserat)가 결의한 매우 적절한 언론 규범을 참고하라. H. Boventer, *op.cit.*, pp.111~3.

59) W.G. Pippert, *op.cit.*, p.55.

매체가 언급하는 내용에는 힘을 실어 주지만, 반면 생략하는 내용의 중요성은 줄여 버린다. 게다가 텔레비전의 경우, 기자들은 매체에 맞는 적합한 형태로 보고서를 만들어야 하는 어려움에 직면한다. "사진 영상이 포함된 기사만 보도될 뿐이다."[60] 정보의 전달자도 수신자도 이러한 한계를 깨닫고 있어야 한다.

시사 사건과 화제들을 중개하는 것은, 너무나 많은 사건과 주제가 넘쳐남에 따라서, 피할 수 없이 한계에 부딪히게 된다. 기자는 그 와중에 선택해야 하고, 종종 신속하게 선택해야 한다. 그러한 신속한 진행의 특성상, 신중한 선별과 심의를 위한 시간이 많이 주어지지 않는다. 따라서 전달자는 정보가 심각하게 불완전하거나 오류가 있을 때마다 이를 보완하고 수정해야 할 의무를 지닌다. "게다가 참신함이라는 가치의 사건만 뉴스가 되기에, 특별히 '뉴스 가치가 없는' 현실들은 정보에서 제외된다."[61] 이는 생활의 안정적 요소를 희생시킴으로써 현실이라는 그림을 왜곡시킨다. 정보 수신자 스스로가 그것을 바로잡는 법을 배워야 한다.

언론계에 수반되는 한계를 통해 전달자들은 자신의 기사와 전제들에 대한 오만이나 자만에 빠지지 말아야 한다. 세계관이나 사고방식, 그리고 문화적 배경은 종종 무의식적으로 그들의 견해와 선택에 영향을 끼친다. "기자는 현실적으로, 하나의 기사만으로는 궁극적인 진실이나 심지어 대부분의 진실을 전달하기도 어렵다는 것을 인정해야 한다."[62]

---

60) John A. Coleman, "The Sociology of the Media", *Concilium* 1993/6, p.5.

61) A. Auer, "Anthropologische Grundlegung einer Medienethik", in *Handbuch der christlichen Ethik*, vol. 3, ed. by A. Hertz et al., Freiburg: Herder, [2]1993, pp.537f. 사고, 자연재해, 폭력 행위, 정치적 위기는 특히 "뉴스의 가치가 있다." 따라서 "나쁜 뉴스"가 독점적이지는 않지만, 보도에서는 상당한 비중을 차지하게 된다. 제럴드 프리스트랜드(Gerald Priestland)는 일반적으로 나쁜 뉴스가 약 40%, 좋은 뉴스가 30%, 중립적인 뉴스가 30%라고 추정한다(W.G. Pippert, *op.cit.*, p.4).

법으로 금하지 않는 것은 언론에서 자유롭게 다루어도 된다는 의견은 안타까운 오해다. 언론계 활동을 입법으로 제한한다면, 그 자체로 단점도 있고, 지나친 규제는 바람직하지 않다. 이런 이유로, 대중매체와 언론계의 에토스는 대부분 명문화되어 있지 않고, 실제로 살아 있는 실천적 규범이다. 언론인이 존중받고자 한다면, 이 에토스를 준수해야 한다.

(2) **국가**와 당국은 "표현의 자유를 유지하고, 이를 위한 올바른 조건들이 존재하는지 확인해야 할 본질적 의무를 지닌다. 모든 개인은 자신의 충분히 숙고된 판단을 따를 수 있는 기회를 가져야 한다. 인간의 존엄성은 완전히 존중되어야 한다."[63] 이 사안에서 시민 당국의 역할은 일차적으로 긍정적이다. 당국의 주된 임무는 억압하는 것이 아니라, 때로는 시정 조치가 필요할 수 있지만, 모두를 위한 자유의 공간을 보장하는 것이다. 시민의 자유는 진정으로 필요할 때만, 제한되어야 한다. 따라서 검열은 최후의 극단일 경우에만, 행해야 한다.

통신의 자유와 알 권리는 "법률로 제정하고 이를 약화시킬 수 있는 과도한 경제적·정치적·이념적 압력으로부터 보호받아야 한다. 시민들이 통신 매체의 실제 운용을 비판할 수 있는 권리를 보장하는 법률이 마련되어야 한다. 이는 그 매체가 독점으로 운영되고 있을 때, 특히 바람직하다."[64] 원칙적으로 대중 매체 분야에서 독점은 바람직하지 않다. 때때로 국가가 입법 조치를 통해 독점 형성에 대응하고 그러한 기업연합(cartels)이 너무 강력하다면, 해체할 필요가 있다. 반면에 공동선을 위해 명백히 기여는 하지만 불리한 여건 때문에 운영비

62) W.G. Pippert, *op.cit.*, p.28.
63) *Communio et Progressio*, nr. 84.
64) *Ibid.*, nr. 87.

를 지불할 수 없는 초창기라면, 재정 지원이 있어야 한다. 개별 시민과 소수자 집단의 명예는 법의 보호를 받아야 한다. 매체 사용에 있어서, 종교적 자유는 보장되어야 한다.

매체의 전문가나 해당 기관이 스스로 협회를 구성하도록 적극 권장되어야 한다. 이는 국가 당국으로부터 간섭의 필요를 줄여 준다.

(3) **정보 수용자**는 완전하고 정확하며 참되게 알 권리가 있다. 그러나 알 권리에는 알릴 의무도 따른다. 정보는 그저 주어지는 것이 아니라 찾아야 한다. 사람들은 충분히 알 경우에만, 자신이 속한 공동체에서 책임 있고 적극적인 역할을 맡을 수 있고, 공동체 생활에서도 쓸모 있는 일원이 된다.

"정보의 수용자들은 정보를 공급하는 이들의 상황에 대한 명확한 개념을 가지고 있어야 한다. 전달자들에게 초인적 완벽함을 기대해서는 안 된다. 하지만 보고서에 실수나 왜곡이 발견되면 신속하고 분명하게 정정이 이어져야 한다는 것은 수용자들이 기대할 권리이자 의무인 것이다. 누락이나 왜곡이 발생할 때마다, 항의해야 한다."[65] 독자와 청중은 "개인의 취약성과 제도적 결함을 감안할 때, 단일 기사로는 전체 진실을 보여 줄 수 없다는 점을 인식해야 한다. 독자는 같은 사안에 대해 출판물과 기사를 비교하고 대조해야 한다."[66] 그 수용자들은 다른 출처에서 정보를 가져옴으로써 어느 정도 정확성을 회복할 수 있다.

대중 매체가 독자와 수용자를 조작하고, 특히 텔레비전은 그들로부터 가치 척도를 수동적으로 흡수하도록 유혹한다는 불만이 종종 나온다. 그렇지만 관찰한 바에 따르면, 수용자는 매체가 숨기고 있는

65) *Ibid.*, nr. 41.
66) W.G. Pippert, *An Ethics of News*, *op.cit.*, p.27.

메시지에 대해 사실상 스스로를 지킬 수 있다. "예컨대, 동유럽에서는 공산주의 정권 시절에 많은 시청자들이 정부가 주장하고 선전하며 여론조작을 시도했음을 '읽어 낼'(read through) 수 있었다."[67] 그리고 매체가 만들어 내는 여론에서 혼인과 가족의 중요성이 점점 줄고는 있지만, 여론조사에서 볼 때, 가족에 대한 존경과 긍정적 평가는 거의 변함없이 유지되고 있다. 매체가 여론에 미치는 많은 영향에도 불구하고, 매체가 마음대로 여론을 형성할 수는 없다. 수용자들은 자신의 판단에 대해 의식적으로 자주성을 유지해야 한다. "대중이 어느 정도 자기 인식을 하고 매체에 나타나지 않은 것을 중요하고 실제적인 것으로 간주하되, 매체가 간과하는 가치를 그들에게 홍보해 주는 것은 중요하다."[68] 반대로 매체는 대중이 통상의 지식을 탈피하고 그들에게 자선과 사회적 필요를 가리켜줄 수 있는 조건이 된다. 조작될 위험은 무엇보다도, 예컨대 다른 나라의 정치 발전에 대한 보도와 같이, 수용자 스스로는 잘 알지 못하는 영역에 존재하게 된다. 특히 이러한 경우에는 서로 다른 성향의 출처를 참조하는 것이 중요하다. 특히 어린이나 경험이 없고 불안정한 사람이 무분별하고 과도하게 텔레비전을 시청하는 경우, 가치 판단을 수동적으로 흡수할 위험이 존재하게 된다. 따라서 이들에게는 오리엔테이션, 안내 지침 및 도움이 필요하다.

일반적으로 대중 매체를 신중히 활용하게 하는 교육이 필요하다. 가정, 학교 및 교회가 그 역할을 해야 한다. "어린이에게 예술적 취향, 예리한 판단 능력 및 건전한 도덕성에 기초한 개인적 책임감에 대한 장려는 결코 너무 이른 것이 아니다. 그들 앞에 놓여 있는 출판

---

67) J.A. Coleman, *op.cit.*, p.8.

68) Ottmar Fuchs, "How the Churches Deal with the Media", *Concilium* 1993/6, p.87.

물, 영화 및 방송을 선택할 때 변별력을 발휘할 수 있게 하려면, 이러한 것들이 모두 필요하다."[69]

4) 대중 매체와 교회들

복음을 선포하기 위해 전자기기인 대중 매체에 너무 많은 것을 기대하는 것은 부당해 보인다. "신문도 라디오도 솔직히 '제2의 강론대' 기능을 발휘할 수는 없다. 매체가 대체할 수 없는 교회의 중요성은 오히려 오해를 제거하고, 교회가 지닌 세계적 차원의 의식을 알려 주며, 현대 사회의 인간화를 향해 교회가 기여하는 바를 보여 줌으로써, 사회에서 '긍정적 분위기'를 조성하고 교회 메시지를 위한 길을 닦도록 하는 것이다."[70]

통신 분야에서 전문적으로 유능한 그리스도인이라면, 청중이 관심을 갖는 종교 생활의 항목을 뉴스 편집자들이 간과하지 않도록 도울 수 있다. 그들은 인간 삶이 지닌 종교적 차원에 관심을 기울일 수 있다. 이들이 이러한 일을 하는 이유가 자기 관점으로 매체를 지배하기 위해서가 아니라, 현실에 대해 더 충만하고 더 완전한 모습을 만드는 데 정직하게 기여하려는 것임은 말할 필요가 없다.

세속적 매체가 교회나 종교에 대해 보도할 경우, 종교적 출판물보다 더 많은 독자에게 다가갈 수 있다는 이점이 있다. 교회에 덜 관여하는 수많은 신자에게는 교회를 향한 마지막 "탯줄"(umbilical cord)이 될 수 있다. 그리고 대중 매체가 "제2의 강론대" 기능을 발휘할 수는

---

69) *Communio et Progressio*, nr. 67.

70) G. Virt, *Handbuch der christlichen Ethik*, vol. 3, ed. by A. Hertz et al., Freiburg: Herder, ²1993, p.549. 그렇지만 1992년 2월 22일의 사회 커뮤니케이션에 대한 최근의 사목 지침 "*Aetatis Novae*"는 가톨릭 매체 활동이 교회 선교의 모든 영역에서 역할을 해야 하며 사회 커뮤니케이션 교육이 사목 활동에 참여하는 모든 사람을 양성하는 데 필수적인 부분이 되어야 한다고 아주 강력하게 촉구한다(nrs. 17f; 21). 모든 주교협의회와 모든 교구는 사회 커뮤니케이션의 임무를 위해 완전한 계획을 수립해야 한다(nr. 23 and ff).

없다 하더라도, 어떤 이에게는 마지막 강론대로서의 기능을 할 수도 있다. 하지만 세속 매체와 더불어 교구 신문, 종교 잡지, 본당 소식지 등 유통량이 상당한 교회가 소유한 언론에 대해서도 언급하지 않을 수 없다. 이들 언론의 경우, 물론 구독자에게만 해당되는 이야기이지만, 부가적인 강론대의 역할을 한다고 할 수 있다. 신앙을 소중히 여기는 그리스도인이라면, 가정에 이들 신문 중 하나를 집에서 구독해야 한다.

언론사가 세심한 주의와 관심을 기울여 종교 뉴스 보도를 교회가 기대한다면, 교회는 "언론사에 완전하고 전적으로 정확한 정보를 제공함으로써 그들이 차례로 임무를 수행할 수 있도록 할 의무를 지닌다. (…) 중요한 결정과 성명서는 공개 시한을 정해 미리 통보해 주는 것이 현명하다. 이런 식으로 그 언론사가 교회의 이익을 위해 적절한 설명과 논의를 하도록 채비를 갖출 수 있게 된다."[71] 그렇지 않으면, 교회 당국이 정보를 제공하지 않으려 하거나 제공할 수가 없는 경우, 진실이 아닌 위험한 '반쪽짜리 진실'이 소문으로 퍼지게 된다.

또한 교회 당국은 하느님 백성 사이에 책임 있고 자유롭게 의견 교환이 이루어지도록 하고 이를 위한 조건이 조성되도록 주의를 기울여야 한다. 여론과의 자유로운 대화를 통해서만 교회는 생각과 행동을 효과적으로 진척시킬 수 있기 때문이다.

---

71) *Communio et Progressio*, nrs. 123f.

제9장

성과 혼인

성도덕이란 인간적 성(性, sexuality)이 지닌 의미와 목적, 에로스적(erotic)이고 성적인 인간 행위와 관계에 대해 도덕적 의미심장함을 설명하는 것이다. 오늘날 성 윤리를 정교화하기 위해서는 특별한 어려움을 맞닥뜨리게 된다. 성에 대한 사람들의 태도에 많은 변화가 일어났다. 그리스도교의 전통적 성 윤리는 크게 만족스럽지 못하며, 더 이상 설득력이 없는 것으로 평가되었다. 성에 대한 관점이 성행위의 출산적 기능 쪽으로 너무 협소해진 것으로 보인다. 게다가 영지주의와 마니교에서 나온 이원론으로부터 그리스도교 윤리학이 영향을 받았다는 비난도 받고 있다. 모든 성욕(sexual desire)과 쾌락이 죄라고 의심을 받았고 심지어 철저히 폄하도 받았다. 육(肉, flesh)에 대한 만족은 영(靈, spirit)에 반대되는 것으로 여겼다. 성적 쾌락은 비이성적인 어둠의 영역으로 밀려났다. 이를 반대하고자 그것의 도덕적 성격을 죄이며 사죄(mortal sin)라고 쉽게 규정하였다. "성별(性別, sex)은 달갑지 않은 필수품으로 표현되었고, 성적인 죄들은 최악의 것들로 간주하였다."[1] 그 결과, 성애(sexual desire)에 대한 선한 가치 평가도 적극적 안내도 거의 없이, 경고와 금령으로 가득한 성 윤리가 되었다.

이러한 성적 회의론(negativism)에 대해 강한 반작용이 일어났다. 전통 규범은 쉽게 버려졌고, 금기들은 무시당하였다. "성의 혁명"에 대해 당당히 말하게 되었고, 성에 대한 접근을 적극적으로 옹호하게 되었다. 성적 관계들에 대해 잘못된 억압 대신에 순수하게 인격화(personalization)하도록 요구하였다. 그리하여 성애는 **창조자**께서 원하신 것이고 전적으로 선한 인간적 가치라는 것을 발견하여 이를 고양

1) Vincent J. Genovesi, *In Pursuit of Love. Catholic Morality and Human Sexuality*, Dublin: Gill and Macmillan, 1987, p.133. 또한 아주 계몽적인 연구로서 다음을 보라. Michael Müller: *Die Lehre des hl. Augustinus von der Paradiesesehe und ihre Auswirkung in der Sexualethik des 12. und 13. Jahrhunderts bis Thomas von Aquin*, Regensburg: Pustet, 1954.

하게 되었다.

의심할 여지 없이 성에 대해 재평가와 재감정(re-appreciation)이 시행되고 있다. 그렇지만 성에 대한 현재의 관행에는 무시할 수 없는 결함도 있다. 무엇보다도 사랑이 광범위하게 분리된 것이 특히 그렇다. 즉 한편인 모험과 성애가 다른 한편인 사회적 헌신과 생명의 원천으로 갈라진 것이다. 타인의 성을 착취하면서 소모품으로 성을 취급하는 이 분야에서의 징후가 종종 아동 매춘, 매춘 관광 및 폭력 등의 형태로 증가하고 있다.[2] 성애에 대한 간편하고 부담 없는 향락과 그것이 인간 본성의 본능에 의해 자발적으로 조절된다는 순진한 낙관론(optimism)은 정당화되지 않는다. 타락한 인간의 상태를 간과할 수는 없다. 성의 주인이 되기에는 간단치 않은 문제점들이 드러난다. 성적 충동(drives)을 "열정"(passions)이라는 용어로 부르는 이유가 있다. 열정이 일으킨 긴장이 가끔은 사람들에게 고통을 준다. 그리고 스토아학파, 영지주의, 마니교와 같은 고대 이교 철학이 성을 격하하는 것에 동의할 수는 없지만, 그들의 부정적 태도는 성 안에 작용하는 어두운 힘을 지적해 준다. 성적 열정은 때때로 인간의 정신적 자아, 평화 및 참 행복을 위협한다. 힌두교와 불교같이 큰 종교들도 이러한 우려를 공유하며, 신자들에게 성적인 힘의 사용을 자제하도록 가르친다. 건전한 성 윤리는 인간의 성이 지닌 실재 전체에 대해, 즉 사랑을 풍부하게 하는 창조적 힘과 이를 남용하여 비인간화하는 힘에 대해, 공정하게 평가해야 할 것이다.

---

2) Ron O'Grady, *The Rape of the Innocent*, Bangkok: ECPAT, 328 Phaya Thai Road, 1994. 1996년 유니세프(UNICEF)의 추산에 따르면, 매년 100만 명의 아동이 성적 착취와 관련되어 수익성 있는 상거래의 피해자가 되고 있다.

9.1. 인간적 성(性, sexuality)의 본성과 의미

인간은 다른 인간들에게서 태어나야 한다. 모든 인간의 뒤에는 한 남자와 한 여자 그리고 한 가정이 있다. 인류의 두 존재가 하나의 혼인으로 함께 사는 동안에 한 인간이 생겨나게 된다. 그 어느 순간에 '내'가 있게 된다.

한 생명이 존재하게 되는 순간은 하느님에 의해 "주어진" 순간이다. 부(父)도 모(母)도 새 생명이 어떤 존재가 될 것인지 확실히 말할 수가 없다. 수태 작용에는 어느 정도 인간의 창의력으로 흉내 낼 수 없고 예측할 수 없는 힘이 항상 작용한다. "보라, 아들들은 주님의 선물이다"(시편 127,3). 비록 새로운 인간 생명이 우리가 만들지 않은 법칙에 따라 생겨나기는 하지만, 우리가 이 법칙을 연구하고 어느 정도는 이를 통제할 수 있다고 여전히 주장할 수 있다. 그러나 인간의 모든 통제를 벗어난, 침해될 수 없는 경이로움이 있다. 즉 태어난 존재가 인간이었다는 것, 바로 "나"였다는 것이다.

새로운 인간 생명의 시작은 특히 하느님의 지속적 창조의 힘이 뚜렷이 드러나는 신성한 순간이다. 결국 부모는 어떤 특별한 아이를 원할 수는 없다. 그저 "아들"이거나 "딸"이기를 바랄 뿐이다. 바로 "나"이기를 원하는 것은 하느님뿐이시다. 그러므로 인간인 부모와 하느님의 협력으로 한 아이가 태어난다. 하느님과 협력할 수 있는 힘은 부모가 자녀에게 새 생명을 주듯이 부모에게 부여된 힘이다. 이 협력은 임신과 출산으로 시작해서 자녀 교육으로 완성된다. 하느님께서는 부모를 통해 새 생명을 기르시고, 사랑하시며, 인도하신다. 부모는 막중하고 기쁨 가득한 책임을 맡는다.

새 생명의 시작에는 두 사람, 부와 모의 애정과 전적인 사랑이 있다. 이 사랑과 결실은 두 성별(sexes)의 다름에 기반을 두고 있다. 하지만 이러한 다름은 새 생명의 창조에만 의미심장한 것이 아니다. 사람들의 성적 차이는 자신들의 전체 인격에 항상 그리고 영원히 스며들어 있고, 그들의 모든 행동에 새겨져 있으며, 출산 외의 다른 측면에서도 독창적으로 나타난다.

1) 성에 대한 성경의 관점

(1) **구약** 특히 창세기의 진술은 인간의 성적 차이에 대한 인류의 유아기적(primal) 이해를 보존하고 있다. 인간의 이성성(異性性, hetero-sexuality)은 **창조자**의 작품이다. "하느님께서는 이렇게 당신의 모습으로 사람을 창조하셨다. 하느님의 모습으로 사람을 창조하시되 남자와 여자로 그들을 창조하셨다"(창세 1,27). 본문은 인간이 지닌 하느님의 모습과 두 성별로 구분된 동일한 숨(breath)에 대해 이야기한다. 그리고 그 저자는 이것이 참 좋았다고 덧붙인다(창세 1,31). 인간 위격 전체는 좋게 창조된 것이다. 따라서 성 역시도 하느님의 선물이며, 전적으로 수용할 수 있는 것이다.

창세기 1장에 따른 성의 목적은 자손을 낳는 것이다. "하느님께서 그들에게 복을 내리며 말씀하셨다. '자식을 많이 낳고 번성하여 땅을 가득 채우고 지배하여라'"(창세 1,28; 또한 9,1). 이 말씀은 명령과 축복을 명시한다. 이는 구약이 수태(fertility)를 하느님의 선물로 여기며 높이 평가한 것과 일맥상통한다. 두 성별의 목적이 생식이듯이, 이는 인간 존재의 목적에도 적용된다. 하느님께서 인간에게 번성하라고 명하셨다. 왜냐하면 이를 통해 **창조자**의 창조 사업이 펼쳐지게 되기 때문이다. 아담은 모성 역할을 고려해 아내를 하와라고 불렀다. "그가 살아있는 모든 것의 어머니가 되었기 때문이다"(창세 3,20).

창세기 2장은 자녀 출산이라는 첫째 목적에 이어 또 다른 목적 즉 하느님께서 남자와 여자를 첫 부부로 창조하신 이유를 덧붙인다. 아담을 존재하도록 부르신 후 하느님께서는 이렇게 말씀하신다. "사람이 혼자 있는 것이 좋지 않으니, 그에게 알맞은 협력자를 만들어 주겠다"(창세 2,18. 참조: 토빗 8,6). 인간은 동반자가 필요한 존재로 창조되었다. 그래서 하느님은 아담에게 짝을 만들어 그를 외로움에서 해방시키시는 것이다. 이 설화는 하느님께서 아담의 갈비뼈 하나를 빼서 여자를 만드시는 과정을 아주 생생하게 설명한다(창세 2,21~22). 하느님은 남자의 일부를 취해 여자라는 짝을 만드셨다. 그래서 남자와 여자는 함께 어울려서 서로를 완성시킨다.[3] 첫째 설화의 경우에서와 마찬가지로, 불평등함에 대해 그 어떤 암시도 없다. 오히려 하와는 아담에게 유일하게 적합한 짝이며, 그녀의 역할은 동물들이 수행할 수 없는 것이다. 이러한 완성과 상호 동반을 위해 남자와 여자는 부모의 집을 떠난다. 이로써 그 둘은 자신들만의 공동체를 이루며, 둘을 "한 몸"(창세 2,24)이라 부를 정도로 내밀하게 결합을 이루는 상호적 자기 증여(self-giving)의 정점을 이룬다. "'둘이 한 몸이 된다'는 표상은, 일부일처가 이스라엘 안에서 불변의 규정은 아니었지만, 여기서는 이상적인 것으로 간주하고 있음을 강하게 시사해 준다."[4]

양성 간의 원초적 관계는 성경의 설화에 따르면, 죄가 아니었고 모든 수치심으로부터 자유로운 것이었다(창세 2,25). 그러나 온전함(integrity)이라는 시원적 상태는 인간이 죄에 떨어졌을 때, 상실되었다. 이로써 창조 질서 전체와 양성의 관계에는 혼란이 생겼다. "그 둘은 눈이 열려 자기들이 알몸인 것을 알았다"(창세 3,7). 그들의 상호적 관계 속

---

3) 플라톤은 『향연』에서, 그리스 신화에 따르면 제우스가 원래 어떻게 인간을 양성애자로 창조했는지 말한다. 나중에야 그는 인간을 둘로 잘랐다. 거기에서 성별 간의 사랑이 나오는데, 왜냐하면 이제 각각의 반쪽이 다른 쪽을 찾기 때문이다(*Symp.* pp.190f). 유사한 신화가 다른 사람 중에서도 발견된다.

4) Joseph Jensen, "Human Sexuality in the Scriptures", in *Human Sexuality and Personhood. Proceedings of the Workshop*, Dallas, 1981(St. Louis: Pope John Center, 1981), p.17.

에서 양성 간의 태평하던 자연스러움이 사라진 것이다. 그들의 경험에서 볼 때, 성은 공격받기 쉬운 점유물이 되었고, 타인에 의해 또한 자기 자신에 의해 남용되지 않도록 이를 보호해야만 하였다.

창세기 1장과 2장을 제외하면, 구약은 일차적으로 성을 출산의 측면에서 바라본다. 자녀라는 축복은 하느님의 선물이며 기쁨의 근거이다(시편 127,3~5; 128,3~6). 반면에 무자식은 불행이며 하느님의 벌이다(레위 20,20~21; 1사무 1,1~20; 이사 47,9 등). 그리하여 자녀를 얻어야 하는 공동체의 필요는 개인들의 소망과 이익보다 우선한다.

그렇지만 사랑을 향한 자발성이 완전히 사라진 것은 아니다. (최상의 노래 즉 가장 좋은 노래인) 아가서에서는 남녀 간의 자유롭고 열렬한 사랑이 아주 시적으로 묘사된다. 이는 사랑에 대한 가사 모음집인데, 여기서는 에로스적(erotic)이고 관능적(sensual)이며 성적인(sexual) 사랑이 높이 평가되었을 뿐 아니라 찬양도 받았다. "아가는 현자들이 인간의 성을 기뻐하고 향락을 누릴 선물로 여겼음을 분명히 보여 준 것이다."[5] 그러나 이 사랑은 단지 장난스러운 것이 아니라 결합하고픈 욕망과 아픈 이별을 고통스럽게 체험하는 것이기도 하다(3,1~4). 따라서 이 시는 문란함에 관한 것이 아니다. 애인이 다른 곳에서 또 다른 사랑을 즐기고 있다는 말은 없다. 묘사된 사랑에는 오히려 인내심과 영속성이 있다(8,6~7). 아가의 언어는 잠언 5장 15~20절의 표현에 가깝다. 자기 아내와 함께 즐거워하도록 권고하며, 행실이 나쁜 여자에게 빠지지 않도록 남편에게 권고한다.

성에 대해 구약에서 긍정적 태도를 보여 주는 가장 두드러지고 가장 중요한 사례 하나는 예언자들이 야훼와 그 백성 간의 관계를 유추하고자 혼인 관계를 자주 사용했다는 점이다.[6] 남편과 아내의 관계야

---

5) S. Sapp, *Sexuality, the Bible, and Science*, Philadelphia: Fortress, 1977, p.28.
6) 이사 54,1~10; 예레 2,2~3; 31,3~4; 에제 16장; 호세 2,14~20.

말로 예언자들이 야훼와 이스라엘의 관계를 위해 찾을 수 있는 최고의 유비(analogy)였던 것이다. 그와 반대로, 예언자들이 암시하듯이, 신적 계약의 특성은 ― 확고부동한(steadfast) 사랑, 상호 연민, 고통을 함께하기, 내밀함(intimacy) 및 기꺼이 응답하는 태도(ready response)는 ― 부부간의 계약에도 적용되어야 한다.

성적 문제를 다루는 대다수의 구체적인 법률은 성이 항상 사회적 기준에 의해서도 규정된다는 사실을 강조한다. 실제로 그 율법의 상당수는 수간·근친상간·강간·간음·매매춘을 금하는 법들처럼, 높은 도덕적 태도를 드러낸다. 반면에 다른 율법들은 단지 금기(taboos)에 가까운 것들로, 예컨대, 여자의 생리혈, 출산, 남성 성기의 분비물, 생리 기간 중 성교(intercourse), 심지어 통상의 부부 성교에도 부정함이 있다고 여기는 것들이다(레위 12,1~5; 15,16~27; 18,19.29). 여기에는 성에 대한 부정적 평가의 흔적들이 뚜렷이 보이는데, 이것들은 특히 여성에게 부담을 지웠다. 남자에 의한 일부다처제와 혼외 동거를 허용하고(탈출 21,7~11), 재산으로서 여성을 취득하며(탈출 20,17), 이혼 권리를 남자에게만 부여하는 것(신명 24,1)처럼, 다른 율법들도 여자와 관련한 특정한 가치에 대해 여전히 불완전한 이해를 다시금 드러낸다.

(2) **신약**은 무엇보다도 예수라는 인물로 특징을 이룬다. 예수는 성에 대해 자연적 태도를 보이셨고, 이원론과 마니교처럼 성을 경멸하지는 않으셨다. 남자와 여자에게 동등한 존중과 관심으로 대하셨다. 여성도 제자로 그리고 친구로 삼으셨다.[7] 유다인 전통이 당신 자신을 압박하거나 그들의 구원자로서 당신의 사명을 방해하는 것을 허용하지 않으셨다.[8] 당신의 가르침이나 행동에 있어서 여자나 혼인 생활에

7) 마태 27,55~56 병행 구절; 루카 8,2~3; 10,38~42; 요한 11,20~36.
8) 마태 9,20~22 병행 구절; 루카 7,36~50; 요한 4,7~27.

대해 경시하셨다는 그 어떤 암시적인 흔적도 없다.

구약의 순결(purity)과 관련한 제례 율법은 신약에 의해 폐지되었다.[9] 동시에 초기 교회가 성적 삶 속에서 자기통제와 규율에 많은 관심을 기울였다는 점도 간과할 수 없다. 옛 로마의 황제 시대에는 기존의 엄격했던 도덕이 문란하고 방종한 풍조로 대체되었고, 이는 사회 전반의 타락을 가중시켰다. 따라서 악습(vices) 목록 중에 〔종종 유흥(avarice)과 결합된〕 우상 숭배, 부정(unchastity), 탐욕(avarice)이 큰 비중을 차지한 것은 우연이 아니다. 테살로니카 전서 4장 3~8절에 따르면, 하느님께서 원하시는 성화를 위해서는 부도덕(immorality)의 절제와 혼인 생활의 순결(purity)이 요구된다. 코린토 전서 6장 9~10절의 악습 목록에서 바오로는 "불륜을 저지르는 자도 우상 숭배자도 간음하는 자도 남창도 비역하는 자도, (…) 하느님의 나라를 차지하지 못합니다"라고 경고한다. 이러한 악습들은 신자가 되기 이전의 과거의 것들이었다. 그리스도인은 자신의 몸이 성령의 성전이기에, 거룩하게 되어야 한다(1코린 6,13~20).

기혼자들에게는 충실한 사랑을 서로 유지하도록 권고한다(콜로 3,18~19; 1베드 3,1~7). 에페소서에서 볼 때, 그리스도와 교회를 결합시키는 유대(bond)와 혼인 계약의 유대를 평등하게 비유함으로써 이러한 사랑은 더없이 고상해졌다(에페 5,21~33). 그리스도가 교회를 사랑하시고 교회를 위해 자신을 내주신 것처럼, 남편은 아내를 사랑해야 한다. 그리고 교회가 그리스도에게 그러하듯이 아내는 남편을 따라야 한다. 이러한 유사성으로 인해 혼인은 독특한 존엄성과 특별한 안정성을 얻게 된다. 부부관계를 피하려고 고민하는 기혼자들에게 바오로는 "서로 상대방의 요구를 물리치지 마십시오. 다만 기도에 전념하려고 얼마 동안 합의한 경우는 예외입니다. 그 뒤에 다시 합치십시오"(1코린

---

9) 참조: 마르 7,1~23; 사도 15,6~29; 로마 14,14; 갈라 2,11~21; 4,10~11; 콜로 2,16~17.

7,5). 그리고 열정이 강한 미혼자들에게는 오히려 혼인하도록 권한다(1코린 7,8~9. 36~37).

신약의 성 윤리가 지닌 독특한 성격은 하느님 나라를 위한 독신 생활을 칭찬한다는 점에 있다. 혼인을 통한 성의 성취가 이 세상에서 남자와 여자로서의 유일한 방법은 더 이상 아닌 것이다. 독신 생활이 혼인의 외에 두 번째 생활의 형태로 나타난다(마태 19,11~12). 구약 시대에는 자손을 낳는 것이 하느님 백성을 영속시키는 일차적 의무였지만, 교회에는 두 가지 삶의 형태 즉 재림으로 끝이 날 혼인 생활과 바오로는 더 낫다고 생각하는 축성된 독신 생활이 공존하게 된 것이다(마태 22,30 병행 구절). 이는 혼인을 과소평가하려는 것이 아니다. 왜냐하면 바오로에게 있어서 혼인은 하느님께서 원하시고 제정하신 유대이기 때문이다. "이 사람은 이런 은사, 저 사람은 저런 은사, 저마다 하느님에게서 고유한 은사를 받습니다"(1코린 7,7). 그러나 오로지 주님만을 기쁘게 해 드리기 위해 갈라지는 마음 없이 그분께 집중함으로써(1코린 7,32~35), 우리는 혼인 제도와 관련된 현세의 구조가 일시적이라는 것과 하느님을 사랑하고 봉사에서 궁극적인 성취를 발견한다는 것을 증언하게 된다.

2) 인간의 성적 구조 일반

남녀 간의 성차(性差, sexual difference)는 인간 본성의 한 구성요소이다. 두 성별은 성 기관과 분비샘 체계로 구별되는 것만이 아니다. 그것들의 해부학적 구조 전체가 다르다. 따라서 남자는 더 튼튼한 뼈와 체격을 지녔고, 반면 여자의 체질은 더 부드럽고 골반이 더 넓으며, 유방은 더 발달한다.[10] 대부분의 국가에서 여자의 평균수명은 남자

10) 여자의 근력은 남자의 55%, 지구력은 67%를 지닌다. 여자는 남자보다 더 느리며 남자만큼 빠르게 행진할 수 없다. 만일 미 육군이 2마일 달리기에서 여자 생도들에게 1분을

보다 5~7년이 더 길다.

심지어 (시상하부의) 중추신경계에서도 차이가 확인된다. 따라서 심리적 특성과 정신적 성향이 다르다. 남성이 더 활동적이고 외향적이며, 공격할 때 더 큰 용기를 낸다. 여성은 더 수용적이고 보호적이며 더 큰 인내력을 보여 준다. 남자는 사물을 향해 관심을 가지며 객관적인 목표에 더욱더 관심을 갖는다. 여자는 인격체에 관심이 많고, 자신이 사랑하는 이들을 위해 자신의 영혼과 존재 전체를 헌신한다. 남자의 특징은 사실에 대해 논리적이고 예리하게 돌입하며, 여자는 직관과 사랑에 더 많이 이끌린다. 대중의 지혜에 따르면, 차이점은 이렇게 표현된다. 즉 남자는 머리가 다스리고, 여자는 마음이 다스린다. 예술가들은 흔히 애덕의 상징으로 남자보다는 여자를 택한다.

두 성별에는 각자의 장단점이 있다. 남녀는 서로를 보완한다. 따라서 상대의 성별을 경멸하거나 차별하는 것은 근거 없는 자만이고, 부당한 해악이며, 궁극적으로 **창조자**를 거스른 죄이다. 양성의 차이는 "반드시 고려해야 하지만, 한 쪽에 의한 다른 쪽의 지배를 정당화하려는 구실로 그 차이를 이용하는 것은 결코 안 된다."[11] 남녀의 보완적인 구조는 에로스적(erotic) 긴장을 낳고, 이는 개인과 공동체의 생활에 중요한 영향을 끼친다. 특히 문화생활에서 많은 업적들을 낳는 원천이 된다. 따라서 그러한 차이들을 평준화하기보다는 오히려 적절하게 육성하는 것이 바람직하다.

양성의 차이를 통찰해 보면, 몇 개의 결론에 도달한다. 생물학적 발달은 교육에 앞서 일어나므로, 교육에 따라 형성되어야 할 기층

더 허용하지 않으면, 81%가 불합격하게 된다. 여자 생도는 남자 생도용 11파운드의 소총 대신 8파운드의 소총을 어깨에 멘다. 이는 올림픽 게임에서 남자와 여자가 별도의 종목으로 경쟁하는 것과 부합한다.

11) Synod of Bishops, document of Oct. 25, 1980, *Nos, patres synodales* on the Tasks of the Christian Family, nr. 19. *Enchiridion Vaticanum* VII, Bologna: EDB, 1982, p.756.

(substratum)으로서의 역할을 할 뿐 아니라, 그 기층이 어느 정도까지 형성될지에 대해 한계도 설정해 준다.[12] 남성성과 여성성의 참 본성은 각각의 특성이 유지되고 발휘될 수 있을 우호적인 기회를 요구한다. 이 둘을 모호하게 만들거나 무시하는 것은 부자연스럽고 인간 위격의 성적 본성을 부당하게 만든다. 따라서 두 성별을 어느 정도는 분리하여 교육하는 것이 잘못된 것은 아니다. 어떤 차별의 결과가 아닌 한, 여전히 분리 교육하는 문화권에서는 그 때문에 열등감을 느낄 필요는 없다. 소년과 소년의 생물학적·정신적 성숙의 과정이 서로 속도가 다르게 진행되며, 각각의 특성이 먼저 개발되어야만 상호 만남에서 각각의 자질이 결실을 맺을 수 있기 때문이다. 특별히 사춘기 때는 더욱 그렇다.

상대의 성별을 이질적이고 부자연스럽게 모방해서는 안 되며, 한 개인에게 성적 개별성을 완전히 벗어난 임무와 방침은 주지 말아야 한다. 극단적으로 단순화된 인류 평등주의(simplistic egalitarianism)에 맞설 냉철한 현실주의가 요구된다. "각자에게는 그의 것을"이라는 원칙을 "각자에게는 동일한 것을"이라는 준칙(maxim)으로 왜곡시켜서는 안 된다. 이는 인류에게 특히 여자에게 해만 끼칠 수 있기 때문이다. "성역(性役, gender)은 적어도 인종만큼이나 정체성과 의식을 구조화한 것이며, 동일함(sameness)이라는 평등성에 지나치게 열성을 쏟는 정치로 인해 성급하게 희생자가 되어서는 안 된다."[13] 때때로 옹호되는

12) 3~4세 될 때까지 아이들은 모든 것을 가지고 놀지만, 그 후에는 고정관념을 따라간다. 여아는 인형 놀이를 하고, 남아는 병정놀이를 한다. 소녀들은 교대로 사방치기(hop-scotch) 놀이를 하고, 소년들은 축구 경기를 한다. 부모가 이러한 불균형을 바로잡으려고 아무리 주의를 기울이더라도, "아이들은 그 어디에나 보존되어 있는 전통적인 남성/여성의 구별을 좋아할 것이다"("Guns and Dolls" by Laura Shapiro. *Newsweek*, May 18, 1990, p.44). 5세에서 10세 사이의 어느 순간에 모든 소녀가 자신이 소년들과 다르며 아이를 갖게 될 것임을 알게 된다. 무의식적으로 자신이 성취하고자 애써야 할 자질이 양육, 도움, 애정이라고 결론 내리게 된다. "그러나 소년들은 그러지 않는다. 그리고 실제로 바로 그런 일이 일어난다"(*ibid.*, p.46).

두 성별의 완전한 동등화(equalizing)는 오늘날, 적절한 여성적 가치들을 희생시키면서 남성적 기준이 우세해지는 결과를 너무도 쉽게 빚어낼 것이다. 정의란 모든 이에게 동일한 의무와 임무를 맡기는 것이 아니다. 각자의 고유한 능력과 은사(gifts)에 맞추어 의무와 노동을 분배하도록 요구하는 것이다.

3) **성애**(sexual love)**의 본성과 목적**

두 성별 간의 이끌림(attraction)과 사랑은 가장 내밀하고 가장 육체적이며, 동시에 성애 행위에 있어서 가장 황홀한 표현이다. 성애의 행복한 실현(actuation)은 본질적으로 성애의 더 깊고 순수한 의미와의 일치에 달렸다. 사실적인 실현과 성적 만남의 진정한 의미 간의 불일치는 좌절과 고통 및 상대방에 대해 불공정하거나 노골적으로 남용하는 태도로 이어질 수밖에 없다. 이 때문에 성애의 본성과 목적에 대한 바른 정의는 성과 혼인에 대한 모든 윤리의 근본 요소가 된다.

자기 보존의 본능이 남녀가 음식을 먹고 개체로서의 생명을 유지하도록 재촉하듯이, 같은 방식으로 성적인 본능은 인간 종족을 유지하도록 남녀를 부추긴다. **창조자**는 이러한 본능의 목표에 도달하게 하려고 유희로 끌어들이셨고, 이 본능을 충족시킬 때는 쾌락을 부여하셨다. 그러나 쾌락은 그러한 본능적 기능들의 목적과 목표물이 아니다. 이는 그러한 본능의 힘을 사용하고 그래서 생명을 유지하고 전파하고자 하느님께서 인간에게 마련해 주신 유인책(allurement)인 것이다.[14] 쾌락을 향유하는 것은 정당하고 선하다. 하지만 쾌락은 언제나

---

13) Lisa S. Cahill, *Sex, Gender and Christian Ethics*, Cambridge, UK: Cambridge University, 1996, p.87. "여자의 성적이고 더 나아가 생식적인 경험은 남자와 구별할 뿐만 아니라 역사적으로 여자를 하나로 묶어왔다. 왜 우리는 지금 여자들을 그토록 해체시키려는 것인가?"라고 저자는 묻고 있다.

14) 쾌락 없이 해야 하는 일은 아주 긴장을 해야만 할 수 있기에, 누구나 생략하려는 경향이 있다. 예컨대 질병으로 인해 식욕이 없는 사람을 억지로 먹이려면, 얼마나 큰 노력

자신이 운명적으로 이바지해야 할 목표물을 실현하는 데 예속되어야 한다. "따라서 성은 순전히 본능의 사적 만족을 위한 도구가 되어서는 안 되며, 쉽게 구할 수 있는 약물이 되어서도 안 된다. 성은 인간에게 자신을 초월하는 목표를 제공한다."[15)]

그렇다면 성애의 목표나 목적은 무엇일까? 이 질문은 지난 수십 년 동안 치열하게 논의됐다. 도덕신학의 전통은 성행위의 출산 기능을 아주 강조했다. 남녀가 부부애의 실현을 목표로 삼을 수 있는 다른 모든 목적도 기본적인 출산 기능에 전적으로 예속되어야 했다. 최근 들어 신학자들은 성에 대한 이러한 관점이 불완전하고 불만족한 것이라고 생각하게 되었다. 다시 말해, 출산 기능과는 별개로, 성행위는 그 자체로 선하고 가치 있는 또 다른 목적으로서, 상호적 사랑을 표현하는 수단이 된다는 것이다. "목적"(ends)이라는 용어 자체는 종종 잘못된(unfortunate) 용어로 간주되었다. 성의 "합목적성"(合目的性, finalities)이나 "의미"(meanings)와 같은 표현들이 선호되기는 하지만, 언급되는 현실은 언제나 동일하다. 제2차 바티칸 공의회의 「현대 세계 교회에 관한 사목 헌장」은 이러한 문제를 다룬다. 이 헌장은 성애의 목적에 관한 가톨릭 신학의 가르침을 완성하고 더욱 전개한 것이다(「사목 헌장」 47~52항).

(1) 성애는 자녀 출산을 통한 인류의 번식을 성애의 합목적성(finality)으로 삼는다. 성을 편견 없이 평가하려면, 전통적인 성 윤리에 동의해야 한다. "종의 현상으로서의 (따라서 사회적 현상으로서의) 성별은 생식력과 결정적인 관련이 있다."[16)] 자녀 출산은 성기능(faculties)이 지

이 필요한지 알고 있다. 마찬가지로 육아와 관련된 쾌락이 없다면, 육아와 관련된 노력을 기울이는 사람도 거의 없다.

15) J. Grundel, "Sex", *Sacramentum Mundi* VI, 1970, p.81.

16) Lisa S. Cahill, *op.cit.*, 1996, p.111.

닌 타고난 궁극적 목적이다. 성적 구조 전체와 그 성향은 자녀를 목표로 삼는다. 인간에게 성기능을 부여하신 **창조자**의 궁극적 지향은 인류의 번식이다. 성적 결합에 대한 욕구(urge)와 성기 자체는 출산할 필요가 없었다면, 존재하지 않았을 것이다. 이는 그리스도가 하늘나라에 있는 사람은 천사처럼 혼인하지 않는다고 사두가이들에게 응수하신 것을 전제한 것이다. 즉 "사람들이 죽은 이들 가운데에서 다시 살아날 때에는, 장가드는 일도 시집가는 일도 없이 하늘에 있는 천사들과 같아진다"(마르 12,25).

제2차 바티칸 공의회에서도 자녀 출산은 자연이 정한 성의 목적이다. "혼인 제도 자체와 혼인의 〔부부〕 사랑은 그 본질적 특성으로 자녀의 출산과 교육을 지향하며, 그로써 마치 절정에 이르러 월계관을 쓰는 것과 같다"(「사목 헌장」 48항. 참조: 50항). 이 본문은 혼인의 사랑(married love)의 목적에 대해 말할 뿐만 아니라(이 공의회에서는 혼인의 사랑 이외에 다른 성애는 인정하지 않음) 또한 혼인에 대해서도 언급하면서, 자녀 출산뿐만 아니라 교육까지 그 목적에 포함시킨다. 이 교육은 혼인 제도 전반의 목적이기는 하지만, 혼인 행위 자체의 목적이라고 간주될 수 없다. 이 혼인 행위의 목적이 자녀 출산이며 이 공의회는 이를 혼인 사랑이 지닌 본연의 목적이자 월계관으로 본다. 주목해야 할 것은 이 공의회에 따르면, 혼인 사랑 전체가 출산을 지향하는 것이지 각각의 부부 행위가 그런 것은 아니라는 점이다. 출산은 성기능 전체의 목적이기는 하지만, 각각의 성행위 하나하나의 목적은 아닌 것이다.

결과적으로 성적 활동도 그로 인해 생겨나는 새 생명을 책임 있게 돌볼 수 있는 방식으로 이루어져야 한다. 따라서 자녀 교육이 성행위의 목적이라고 볼 수는 없지만, 자녀 교육에 대한 준비는 성애를 적법하게 실현하기 위한 전제 조건임은 분명하다. 그리고 자녀의 양육과 교육은 기나긴 과정이기에, 어머니와 아버지는 이를 위해 상시로 (permanently) 결합되어 있어야 한다.

단 아이와 부모 간의 상시로 결합해야 할 필요에 따라서, 인간의 사랑은 이미 자연스러운 열망을 통해 일시적 동반자 그 이상의 것을 목표로 지닌다. 남자와 여자는 서로에게 온전히 속하기를 바란다. 부부 행위(conjugal act)를 통해 상호적 사랑을 총체적으로 표현하려는 욕망 desire 은 임신하는 순간에만 국한되지 않고, 새롭게 성취되기를 항상 동경하며, 따라서 상시적인 동반자도 요구하게 된다. 이는 성애가 지닌 두 번째의 합목적성(finality)으로 이어진다.

(2) 성적 결합은 남편과 아내의 상호적 사랑과 존중을 표현하고 자신들의 내밀한 일치를 심화시키는 데 적합하다. "부부가 친밀하고 정결하게 서로 결합하는 행위는 아름답고 품위 있는 행위이다. 참으로 인간다운 방법으로 이루어지는 그러한 행위는 상호 증여를 뜻하고 북돋우며, 기쁘고 고마운 마음으로 서로 풍요롭게 한다"(「사목 헌장」 49항). 최근의 교도권 문헌에서도 부부 행위가 지닌 일치적인(unitive) 의미로 이러한 목표를 자주 언급한다. 부부 결합에 대한 숙고에 따르면, 제2차 바티칸 공의회부터 부부 사랑이라는 주제와 그리고 그것이 부부 행위 속에서 발견된다는 표현이 지배적이게 되었다.

혼인 행위(marital act)는 상호적인 감사와 사랑을 표현하는 데 적합하다. 왜냐하면 이 부부 행위를 자녀 출산을 **위하여 적합하고 지향된 것으로서 그 전체적 의미와 가치를** 받아들인다면, 남자는 앞으로 자기 자녀의 어머니가 되고 싶어 하는 상대하고만 그러한 내밀하고 정결한 사랑을 나눌 준비가 되어 있을 것이며, 마찬가지로 여자의 경우에도 자기 자녀의 아버지가 되고 싶어 하는 상대하고만 그러할 것이기 때문이다. 바로 그래서 제2차 바티칸 공의회가 혼인의 사랑을 위한 육체적 표현을 "혼인에 고유한 특수 요소와 우애의 표지〔부부 애정의 특수한 요소와 표시〕"(「사목 헌장」 49항)로 간주하게 된 것이다. 성행위가 개인적 감정과 존중을 표현하는 데 적합하기에, 최근에는 성행위를 하나의 언어로 이해하게 되었다. "여기서 사람은 상대에게 자기가 어떤 입장인지를 육체적인 방식으로 전달한다. 이처럼 성적 결합은 일치·긍정·안정·따뜻함·생식력 등을 나타낸다. (…) 이러한 몸의 언어가 진실해야 할 의무는 윤리적 결론으로 나오게 된다."[17]

성적 조우(遭遇, encounter)는 상호 갈망과 기대감의 관계를 조성한다. 성애는 본성상 반복하고(recurrence) 충실하기를 요구한다. 가임기가 아닌 때도 남편과 아내는 늘 서로를 재차 갈망한다. 이렇게 반복되는 갈망을 통해 자연은 부부에게 함께 유대를 이어가도록 재촉한다. 자녀들에게 안정적인 가정을 보장하고 양육 부담에 대해 어머니에게 아버지의 도움을 보장해 주도록 강제한다. 성애가 조성하는 공동체는 영육이 참여하면 할수록 더욱더 강해진다. 이것은 고마움·너그러움·기쁨의 분위기를 조성한다. 이러한 태도들은 가족 전체에 영향을 미치지 않을 수 없으며, 더 넓은 환경 속에서도 공동체를 일구게 된다.

혼인의 사랑과 우애의 표현은 부부 행위를 할 이유가 충분히 된다. 따라서 교회는 나이나 건강상의 이유로 임신할 수 없는 사람들의 혼인도 늘 허용한다. 일단 성적으로 결합하려는 충동이 일어나면, 이 충동은 자연적 방식에 따라 움직이고 이런저런 이유로 자녀를 임신할 수 없는 곳에서도 활발히 작용한다는 점을 역시 고려해야 한다.

그러나 조건들이 맞는 상태라면, 사랑의 결합으로부터 자녀가 배제되어서는 결코 안 된다. 두 개의 목적은 항상 상호 연결되어 존재한

---

17) H. Rotter, "Sexualitat", *Neues Lexikon der Moraltheologie*, Innsbruck: Tyrolia, 1990, pp.683f.

다. 상호적 사랑이라는 기초가 없는 출산은 자녀가 안전하게 크는 데 필요한 사랑의 공동체를 빼앗는 것이다. 반면에, 예컨대 유전적 결함의 이유로 상호 합의하는 정당한 사유를 제외한다면, 자녀 출산을 배제시키는 사랑의 결합은 소명을 거부하는 것이고, 상대에게 약속한 것을 지키지 않는 것이며, 상대가 동의하지 않은 경우는 — 거의 드문 경우이지만 — 상대를 기만한 것이 된다.

현대의 시기는 성이 지닌 두 측면의 상호 보완성(complementarity)을 간과하는 경향이 있다. 성별이 개인에게 갖는 의미, 즉 개인적 만족과 상호 위격적 충족을 지나치게 강조하고, 출산이라는 측면과 그것의 사회적 차원은 과소평가하는 경향이 있다. 그러나 이러한 접근은 여전히 불완전하고 부적절하다. "성별에 대해 가장 완전하고 도덕적으로 매력적인 경험은 그것의 세 가지 측면 — 쾌락적인 면, 상호 인격적인 면, 어버이다운 면 — 이 교차하는 지점에서 이루어진다. 성적 결합, 상호 쾌락 및 내밀한 정서적 헌신은 자녀에 대한 부부의 공동 부모 관계를 통해 표현되고, 강화되며, 사회적 중요성을 부여받는다."[18]

출산이라는 목표와 마찬가지로 상호적 사랑이라는 목표도 완벽하게 달성할수록, 남녀는 공동생활의 상시적 결합으로 더욱 결속하게 된다. 이는 부부가 순전히 이기적인 정신으로 개인의 성적 만족을 채우려는 것이 아니라, 동반자에게 안전과 안식처를 제공하는 진정한 사랑의 정신으로 상대방을 한 인격으로서 맞이할 최상의 조건을 제공한다. 상시적 결합만이 성애의 아주 깊은 심리학적 구조에 부합하는 것이다.

4) 성적 행위에 대한 사회적 규제

성은 한 사람을 다른 사람들에게 향하도록 하는 것이기에, 그리고

18) Lisa S. Cahill, *op.cit.*, p.115.

완전히 현실화하려면 동반자를 요구하기에, 그것은 공동체의 사회생활에 필히 영향을 끼친다. 사람은 자신의 성욕을 만족시키고자 타인을 임의로 사용할 수 없고, 자신의 육체, 자신에 대한 자유로운 처분, 인간다운 대우, 책임 있는 보살핌 등에 대한 배우자의 권리를 존중해야 한다. 그리고 공동체는 이 권리를 보호해야 한다.

오늘날의 성 윤리는 성적 태도를, 전적으로는 아닐지라도, 일차적으로는 앞에서 언급된 개인의 자율성이라는 기준에 따라 판단한다. 자율성은 존중되어야 하며, 측정 가능한 부정적 결과는 피해야 한다. 서구 사회는 자율성, 자유, 평등에 우선권을 부여하며, 이를 최고의 도덕 가치로 높게 평가한다. "여전히 검토되지 않은 것은 자율성이 다른 도덕적 가치들〔즉 헌신, 정직, 신의(fidelity), 우정, 가정, 공동체 의식, 지적 성취〕 더 자명하게 중요한 것인지 여부이다."[19] 반면에 아시아·아프리카·라틴 아메리카 등의 사회들은 공동체와 가정의 중요성에 대해 더 큰 존중을 보인다. 성에 대한 이러한 사회적 의미는 무시될 수 없다.

실제로 성에 관한 관계들은 모든 사회에서 아주 중요한 관심사인데, 이는 그러한 관계가 공동체의 미래인 자녀에게 생명을 주기 때문이다. 한 사회의 생존, 복지, 성장은 영육으로 건강하게 자라나는 세대에 달려 있다. 이를 위해서는 청소년의 건강이 보장되도록 성적 관계들이 질서 있게 정돈되어야 한다. 건전한 가정생활은 그것의 필수조건이 된다.

비록 인간의 성적 본능에 형식과 방향을 부여해야 한다는 필요성에는 대체로 합의가 있지만, 그러한 기준이 무엇인지에 대해서는 동일한 합의가 없다. 이러한 필요성은 행동 연구에 의해 입증된다. 인간적 성은 사회생활을 위해 그 에너지를 조절해야 할 특정한 성질을 가

---

19) *Ibid.*, p.17.

지고 있다. 따라서 인간적 성은—동물과 달리—교미 기간 외에도 계속 활성화된다. 성욕은 수태와 분리될 수 없다. 인간의 본능은 보편화된 그리고 불확실한 본성을 지니고 있어, 성적 과잉의 가능성을 수반한다. 이 모든 요소는 제도적으로 뒷받침되는 방향과 질서가 성적 관계에 필요하다는 점을 시사한다.

따라서 어떤 사회에서도 성이 사적인 개인의 자의적 의지에 맡겨진 적은 없다. 항상 사회적 규범의 지배를 받아 왔다. 성이 지닌 사회적 의미는 공동체의 염려와 필요가 고려되기를 요구한다. 이는 민속학이 보여 주었듯이, 규범 체계의 내용이 어디서나 똑같지 않았고 역사적이고 문화적으로 영향을 받음을 보여 주었지만, 이는 여전히 유효하다.

성 규범들에 일정한 상대성이 있음을 관찰한 현대인은 자신의 공동체가 제시한 규범들을 비판하게 되었다. 이제 그들은 전통과 권위에 근거한 주장만으로는 충분하지 않다고 여긴다. 이들 규범의 타당성과 필요성에 대한 본질적인 근거를 알고 싶어 한다. 이는 정당한 관심이다. 그럼에도 성 규범은 현대 사회에서도 여전히 중요하다. 과거 세대들의 경험과 도덕적 지침은 성 윤리를 정교하게 만드는 어려운 과제에 유효하게 기여할 수 있는지를 냉정히 검토해 보아야 한다.

성 품행의 규범들이 개인의 성적 자유에 어느 정도 제한을 가하지만, 이는 일차적으로 자의적 방종(licence)에 대한 제한이다. 그러한 규범들은 얽히고설킨 성적 기호, 욕망 및 열정의 혼란 속에서 의미 있고 안전한 길을 찾아야 하는 부담을 덜어 준다. 이를 통해 사람들은 방황하고 통제되지 않은 성의 요구들과 싸우느라 소모될 수도 있는 에너지를 다른 임무에 더 자유롭게 쓰는 데 도움을 받게 된다.

5) 여자의 존엄성에 대한 그리스도교의 존중[20)]

진정한 사랑과 행복한 가정생활에서 두 성별의 만남은 여자의 존엄성을 향한 존경에 크게 좌우된다. 문화의 역사는 여자에 대한 공정한 존중이 종종 결여되어 있었음을 보여 준다. 따라서 그리스도인들이 여자에 대해 진정한 존중심을 지니셨던 그리스도의 태도와 신앙의 진정한 가르치심을 상기하는 것은 더욱 절실하다.

여자에 대한 혐오는 문화와 종교의 역사에서 가끔 나타나는 현상이 아니라 오히려 넓게 퍼져 있다. 인도의 환생과 업보(karma) 이론에 따르면, 여자는 열반(nirvana)이나 극락에 들 수 없다. 먼저 남자로 다시 태어나야 하지만, 사악한 생을 산 남자는 거꾸로 다음 생에 여자로 환생한다. 지중해 세계에 큰 영향을 미친 페르시아의 이원론은 영들을 창조한 선한 원리와 물질을 창조한 악한 원리를 상정한다. 남자는 선한 원리와, 여자는 악한 원리와 관련이 있다고 간주한다. 이 이론은 영지주의자들(Gnostics)에 의해 채택되었고, 이후 유다교와 일부의 그리스도교 계열로 유입되었다(예: 마니교와 후대의 카타리파). 그리고 코란이 여자에게 영혼이 있다는 사실을 부정한다는 때때로 잘못 주장되듯이, 코란이 여성이 영혼을 지닌다는 것을 부정한다고 할 수 없지만, 무슬림 내에서 여자들의 구체적인 사회 조건은 그녀들의 자유를 크게 제약하고 그녀들을 남편의 권위에 완전히 종속시킨다.

그리스 고전에는 수많은 여성혐오 발언이 나온다. 그 저자들이 중세의 그리스도교와 후기의 인본주의 시대에 큰 호평을 받았기에, 그들의 사상은 그리스도교 사상가들에게도 당연히 영향을 미쳤다. 특히 13세기의 후기 스콜라철학에서 아리스토텔레스의 생물학 이론이 채택된 것은 큰 의미를 갖는다. 아리스토텔레스에 따르면, 남자는 생식

---

20) 다음의 책은 매우 유익한 설명을 담고 있다. Cf. M. Müller, *Grundlagen der katholischen Sexualethik*, Regensburg: Pustet, 1968, pp.49~77.

에서 능동적이고 생명과 형상을 부여하는(life and form-giving) 원리, 즉 씨앗을 주는 존재이다. 반면 여자는 수동적일 뿐이며 단지 물질 즉 비옥한 토양만을 제공할 뿐이다.[21] 그 결과로, 남자만이 형상을 부여하는 원리라고 상상했기에, 오직 남자만이 태어나야 마땅하다. 그렇지만 실제 여자가 태어나는 것은 그 어떤 실패와 결함 때문이라는 것이다. 따라서 아리스토텔레스는 여자를 "망가진 남자"(maimed man, *mas occasionatus*)로 여겼다. 불행히도 이 잘못된 신조는 대 알베르토와 토마스 아퀴나스의 저술에도 들어가 그들의 학설이 되었다. 이러한 신조는 성서의 지지를 받을 수 없다. 이는 명백히 비그리스도교에서 기원한 것이다.

이러한 일탈이 있지만, 평등한 남녀 존엄성에 관한 의식은 그리스도교 안에서 전혀 상실되지 않았다. 성 암브로시우스는 "남자든 여자든 모두가 하느님의 모습과 닮음을 지녔음을 알아야 한다"고 말한다.[22] 성 바실리우스는 "남자 못지않게 여자도 하느님의 모습대로 창조된 특전(privilege)을 지녔다. 남녀 모두 동일한 존엄과 동일한 덕을 지녔다"라고 선언한다.[23] 성 프란치스코 드 살은 "특별히 은총과 영광을 청하는 데 있어서, 여자는 남자와 동등하다. 이 영광은 (…) **창조자**의 모습과 닮음에서 나온 결과이다"라고 덧붙인다.[24]

이들 인용문 모두는 창조 설화를 언급하고 있으며, 이는 여자에 대한 그리스도교적 평가의 기초를 제공한다. "하느님께서는 이렇게 당신의 모습으로 사람을 창조하셨다. 하느님의 모습으로 사람을 창조하시되 남자와 여자로 그들을 창조하셨다"(창세 1,27). 여자는 남자와 동

---

21) 오늘날 남자는 아이의 수태에서 단지 정자를 제공할 뿐임을 알고 있다. 오직 여자의 난자와 결합했을 때에야 그것은 "씨앗"이 되어 새로운 인간이 되는 것이다.

22) *Exhortatio virginitatis* 10, nr. 68: Migne, *Patrologia Latina* 16, p.356.

23) Hom. 10 in Gen.: Migne, *Patrologia Graeca* 30, p.54.

24) *Opuscules. Oeuvres* 25, pp.291~293.

일한 방식과 동일한 존엄으로 하느님께서 창조하셨다. 아담은 하와를 자기 뼈 중의 뼈요, 살 중의 살이라고 부르면서 이 진리를 표명했다(창세 2,23). 그리고 비록 첫 조상이 하느님을 거슬러 공동으로 반항하였고, 하와가 먼저 죄를 지었으며, 그 결과 남자에게 복종하게 되었지만(창세 3,6.16), 이는 남성-여성의 관계에 관한 하느님의 원래 지향이 아니다. 그리스도는 후에 하느님께서 남자와 여자로 창조하신 원래 지위를 언급하시며 그 지위로 회복되기를 원하신다(마태 19,3~6 병행 구절). 잠언(31,10~31)과 집회서(26,1~4.13~18)에서는 충실한 아내와 든든한 협력자로서의 아내에 대한 찬사가 감동적으로 나오지만, 그리스도 시대의 팔레스타인에서는 여성의 지위가 확실히 하위였다. 유다인의 일상 기도문은 자신을 여성으로 창조하지 않으신 주님께 드리는 감사를 담고 있었다.

이러한 상황에서 그리스도의 태도는 더욱더 돋보였다. 그는 여자를 남자와 동등한 존엄을 지닌 사람으로 대하셨다. 설교 때 남자와 여자를 차별하지 않으셨다. 비록 여자의 법적 지위를 변경하려고 하시지는 않았지만, 실제로는 여자를 동등한 권리와 존엄을 가진 인격체(persons)로 인정하셨던 것이다. 남편과 아내에게 절대적인 충실을 요구하셨고, 여자가 가지지 못한 유다인 남자의 이혼권을 배격하셨다(마태 19,3~9 병행 구절). 그분의 실제 행동은 후기 유다교에서는 거의 찾아볼 수 없는 높은 존경과 섬세한 배려를 보여 주신다. 여자들을 당신의 추종자(followers)로 받아들이셨고, 그들이 제공하는 도움을 받아들이셨으며(마르 15,40~41 병행 구절; 루카 8,2~3), 베타니아의 친한 가정을 방문하시어 마리아와 마르타 자매가 당신의 말씀을 듣도록 해 주셨다(루카 10,38~42. 참조: 요한 11,20~36). 구세주로서의 당신 사명에 필요하다고 여기실 때는 여자들을 대하는 유다인 관습의 경계를 넘어서기도 하셨다. 의식상(ritually) 부정 타는 일임에도 불구하고 피의 문제를 지닌 여자가 당신 몸에 손을 대는 것을 허용하셨다(마르 5,25~34 병행 구절). 죄인과 창녀로 알려진 여자들에게 동정 어린 사랑과 자비를 베푸셨는데, 이는 바리사이들의 관점에서는 도무지 이해할 수 없는 것이었다(마태 21,31~32; 루카 7,36~50; 요한 8,2~11). 요한 복음에 의하면, 제자들도 놀랄 정도로 야곱의 우물에서 사마리아 여자에게 공공연하게 말씀하셨다(요한 4,27). 예수가 여자를 동등한 존엄을 지닌 한 인격이자 하느님 자녀로 인정하신 사실은 장기적으로 그리스도교 세계와 그 너머에서 여자의 사회적 지위에 심오한 변화를 일으켰다. 세계의 위대한 종교 지도자 중 예수만이 여자를 남자와 동등한 가치로 보셨다.

하느님 앞에서 남녀의 새로운 평등 조건은 성 바오로의 갈라티아 서간에서 적절한 표현이 나타난다. "여러분은 모두 그리스도 예수님 안에서 믿음으로 하느님의 자녀가 되었습니다. (…) 유다인도 그리스인도 없고, 종도 자유인도 없으며, 남자도 여자도 없습니다. 여러분은 모두 그리스도 예수님 안에서 하나입니다"(갈라 3,26~28). 티모테오 전서에서는 나이든 여자를 어머니처럼, 젊은 여자를 누이처럼 존중을 표하도록(to honour) 아주 적절한 충고가 발견된다(1티모 5,2. 참조: 마태 12,50). 그리고 성 베드로는 남편들에게 아내에게 존중을 표하도록 권고하는데, 이는 아내도 신적인 은총의 생명을 받는 상속자이기 때문이다(1베드 3,7).

여성주의 사상가들은 때때로 바오로의 가부장적 신학과 여자에 대한 태도가 편향되었다고 비판한다. 그러나 바오로계 문헌들을 면밀히 분석해 보면, 그 서간들은 그러한 말을 하지 않은 것으로 나타난다. 그 서간들은 여자들에게 협력자(co-worker, 프리스카), 자매(sister, 압피아), 일꾼(diakonos, 포이베), 그리고 사도(apostle, 유니아)라고 선교사 칭호와 특성을 부여한다(로마 16,1.3.7; 필레 2장). 로마 서간(16,6.12.)에서, 바오로는 마리아, 트리패나, 트리포사, 페르시스가 주님 안에서 자신과 동등하게 "열심히 일"한 것을 칭찬한다. 필립보 서간(4,2~3)에서는, 에우오디아와 신티케가 자신과 "나란히 수고했다"고 말한다. 프리스카(로마 16,3; 1코린 16,19), 라오디케이아의 님파(콜로 4,15), 티아티라시 출신 리디아(사도 16,14~15)와 같은 여자들은 가정교회를 설립하고 유지하는 데 중요한 역할을 했다. 요컨대, 바오로 서간들은 여자들도 초기 그리스도교 공동체의 선교사들과 지도자들이었음을 나타낸다. 물론 바오로는 여자가 복종해야 한다는 견해도 분명히 밝혔다(1코린 11,3~16; 14,33~35; 콜로 3,18).[25] 그는 의심할 여지 없이, 당시의 문화적 배경에 영향을 받았을 것이다. "게다가 바오로의 주된 관심사는 복음 전파에 있었기에, 그는 사회 문제에 부수적으로 관심을 가졌을 뿐이며 자신이 설교한 그리스도의 복음에 방해가 되거나 불신받을 수 있는 사회적인 반역 운동을 아예 피했다."[26]

여자에 대한 그리스도교의 존중과 평가는 특별히 그리스도의 모친 동정 마리아를 향한 높은 관심과 신심에서 잘 드러난다. 구원 역사에서 여자들의 특별한 역할이 없었던 고대의 유다교 사상과는 달리, 신약 자체는 구원의 신비 속에서 마리아의 특수한 역할 때문에 마리아가 축복받으신 것을 찬양한다(루카 1,26~56). 초기부터 그리스도교 저자들은 여자를 아주 심하게 차별했던 하와의 모습과 빛나는 마리아의 모습을 대조하였다. 구세주의 탄생은 마리아가 하느님 말씀에 "예" 함으로써 가능해졌다. 이 구원 사건의 중심에는 한 여자가 있었다. 마리아는 자신의 생생한 믿음을 통해 믿는 모든 인간의 대표이자 원형(archetype)이 되었다.[27] 교회는 그리스도 어머니의 모습이라는 모범을

25) 슈나켄부르크(R. Schnackenburg)에 따르면, 많이 인용되는 구절인 "여자들은 교회 안에서 잠자코 있어야 합니다"라는 코린토 전서의 구절(14,34~35)은 바오로 이후에 삽입된 것으로 인정받고 있다는 것이다(*Die sittliche Botschaft des Neuen Testaments*, vol. 1. Freiburg: Herder, 1986, rev. ed., p.249). 하지만 이 구절은 같은 전통에 속하는 티모테오 전서의 구절(2,11~15)과 마찬가지로, 신약성서의 일부로 여전히 간주된다.

26) S. Sapp, *Sexuality, the Bible, and Science*, Philadelphia: Fortress, 1977, p.74.

통해 구체적인 언어로 신자들에게 여자의 존엄성을 존중하도록 가르친 것이다.

그리스도교에서 여자에 대한 평가는 크든 작든 대부분의 다른 문화권보다 더 높았다고 말할 수 있다. 그렇지만 이로써 부족함이 모두 해소되었다는 의미는 아니다. 과거에는 경제적·기술적 한계는 분명히 감안해야 하는바, 예컨대 교육받을 가능성에 대해, 상당히 제한을 두었고 가정 안에 어머니가 있기를 더 폭넓게 요구했기 때문이다. 그러나 여전히 여자에 대한 차별도 분명히 존재하며, 예컨대 남자와 동일한 내용의 노동에 대해 임금이 낮고 여자의 사회적 종속이 있다. 이와 관련해 많은 진전이 있었지만, 완전히 만족할 수준은 아직 아니며, 특히 모든 지역에서는 더욱 그렇다. 그리스도교의 사회적 메시지인 상호성과 평등은 교회 안에서 계속 주목을 받아야 한다. 동시에 세계의 여러 지역에서 여자의 낮은 지위를 다루고 다양한 형태의 차별 철폐와 여자의 평등한 권리를 위해 일하는 것도 교회에는 큰 숙제이다.[28]

9.2. 성도덕에 대한 기본 방향

성은 창조하는 힘이다. 그러나 다른 강한 자연의 힘과 마찬가지로, 이 힘도 바르게 조절되어야 한다. 남녀를 억압하는 쪽이 아니라 그들에게 봉사하는 쪽으로 억제되어야 한다. 그렇지 않으면, 종속, 좌절 및 파멸의 근원으로 바뀔 수 있다. "인간 성의 특성과 그것이 담고 있

27) 제2차 바티칸 공의회, 「교회 헌장」 제8장 '복되신 동정 마리아'에 관한 52~69항을 보라.
28) 1994년 중국, 인도, 파키스탄, 방글라데시에서 매년 백만 명의 어린이가 여자라는 이유로 태어나기 전에 또는 후에 죽어야 한다고 전문가들은 추산했다.

는 역동성 때문에 인간에게 이런 사안으로 표류하지 않고 이런 힘들을 형성하고 규율을 제공하도록 절실하게 요구한다."[29]

9.2.1. 정숙과 책임 있는 성

1) 정숙의 덕

정숙(貞淑, modesty)이란 성(sexuality)의 역역에서 부끄러움(shame)이 요구하는 바를 존중하는 자세이다. 이 덕행을 잘 이해하기 위해서는, 부끄러움의 감각에 대한 고찰 몇 가지가 요구된다. 고대와 중세는 부끄러움을 본질적으로 열등감이라고 여겼다. 부끄러움이라는 감정은 실제 사악하거나, 일반적 견해로 볼 때, 불명예스럽다고 여겨지는 일에서 발생한다. 따라서 자신의 죄에서 비롯된 결함보다는, 개인적인 실패가 아닌 것에서 비롯된 결함을 덜 부끄러워한다는 것을 관찰할 수 있다. 그럼에도 가난, 기운 옷, 천한 일과 같이, 전혀 개인의 잘못이 없는 일들에 대해서도 부끄러워한다. 이 경우의 부끄러움은 대중의 무시 때문에 나온 것이다.

하지만 이것만으로는 부끄러움의 모든 영역을 다룬 것이 아니다. 예컨대 어떤 학생이 자기 방에서 기도하는 중에 갑자기 동료가 들어온다면, 그는 대개 자신의 신심 행위를 감추고자 다른 행위로 바꾸려 할 것이다. 이 경우의 부끄러움은 비난받을 정도로 전혀 열등한 것이 아닌 행위에서도 발생한 것이다. 오히려 그 학생은 가장 가치가 있지만, 아주 개인적이고 내밀하며 신성한 성격의 무언가를 숨기고 싶어 한 것이다. 한 행위가 영혼의 깊은 곳에 다다를수록 그리고 정서가 섬세할수록 그것은 더욱더 비밀로 지키고 싶어진다. 부끄러움이라는 감각은 자발적인 보호 본능으로서, 타인의 간섭에 대해 즉각 반응한

---

29) J. Gründel, "Sex", *Sacramentum Mundi* VI, 1970, p.76.

다. 영혼은 특정한 가치가 비밀 속에서만 익을 수 있고, 은둔 속에서만 가장 심오한 아름다움을 펼칠 수 있음을 직감한다.

부끄러움의 주된 영역은 성이다. 부끄러움의 감각은 성교 행위를 숨기려고 할 뿐만 아니라, 외모, 만짐, 입맞춤과 같이, 리비도(libido)의 표현 일체를 숨기려고 애쓴다. 이러한 부끄러움은 부부애를 가장 적법하게 표현하는 데도 느껴진다. 부부는 자신의 행위들을 외부의 시선으로부터 피한다. 이유는 일차적으로, 타인의 사소한 호기심과 부당한 침입으로부터 보호해야 할 필요성 때문이다. 이러한 개인적 보호라는 의미에서만이 타인 앞에서 알몸을 가리는 발가벗음의 부끄러움을 온전히 이해할 수 있게 된다. 몸은 부끄러워해야 할 어떤 열등한 것이기 때문이 아니라, 오히려 지켜져야 할 것이기 때문이다.

불행히도, 빅토리아 시대에는 부끄러움이 얌전빼는 것(prudishness)으로 변질되었다. 사람들은 자기 몸을 자연스럽게 대하는 것조차도 부끄러워했다. 이로 인해 현대에 들어 모든 형태의 부끄러움을 급진적으로 배격하는 경향으로 이어졌다. 부끄러움의 극복이 인간 행방의 한 요소처럼 여겨졌다. 그러나 "일부 사람들은 부끄러움을 상실하면서 잃어서는 안 될 많은 것들이 묻혔다는 것을 느낀다. 부끄러움 없이는 인간다움이 점점 더 위축된다는 것을 우리는 깨달아야 한다."[30] 사람들은 여전히 상처받기 쉬운 존재이며, 귀중한 것은 보호될 필요가 있다.

성적인 사안에 있어서, 부끄러운 느낌은 인간에게 타고난 것이지만, 그 표현에는 상당한 차이가 있다. 이는 양심과 유사하다. 어떤 의미에서는 이것은 성별의 분야에서 개인의 자아를 보호하는 양심의 내밀한 부분이다. 비록 알몸으로 다니는 종족이더라도 타인의 눈에 띄

30) R.J. Haskamp, *Ich schäme mich. Ein Plädoyer gegen die Unverschämtheit*, Würzburg: Echter, 1989, p.8.

지 않게 성적 활동을 한다는 사실은 부끄러움의 존재를 드러내 준다. 외부인들이 자신의 성기에 주의를 기울이면, 그들은 성기를 가린다.

부끄러움이라는 감각의 의미심장함은 근본적으로 보호 본능에 있다. 그것은 내밀한 영역을 위한 울타리 역할을 하며, 사람이 성적으로 자극을 받을 때 일종의 제동 장치로 작용한다. 부끄러움이라는 장벽은 육체적 욕망을 억제한다. 이는 호색적인 흥분(libidinous agitation)이 너무 빨리 퍼져 지성 활동의 방해를 막아준다. 부끄러움은 성적 충동을 숙고하고 결정할 수 있는 가능성을 확보해 준다. 즉 이러한 충동에 저항할지 또는 순응할지 또는 순응하는 것이 바람직할지를 결정하게 한다. 부끄러움의 감각은 즉각적으로 성급하고 경솔하게 진행되지 않도록 차단한다. 따라서 이것은 개인적이고 내밀하며 신성한 영역의 보호자(guardian) 역할을 한다.

부끄러움에 대한 반응은 연령·성별·관습에 따른 차이를 보인다. 특정 상황에서 어떤 사람에게는 보호 차원의 주의가 필요하지만, 다른 사람에게도 늘 그런 것은 아니다. 5세 미만의 아동에게는 성적 부끄러움의 감정이 탐지되지 않는다. 부끄러움이 깨어나는 감각은 먼저 항문 부위에서 나타난다. 올바른 의미의 성적 부끄러움은 몸과 마음이 상응하는 성숙에 도달했을 때 비로소 자각된다. 노년기에는 그 부끄러움이 다시 퇴축(退縮)한다.

두 성별 간의 차이도 존재한다. 여자는 타인의 시선을 피동적으로 받을 때, 특별한 성적 자극을 느낀다. 따라서 부끄러움은 여자로 하여금 남자의 시선에서 피하게 하고 자기의 몸을 가리도록 유도한다. 반면에 여자들끼리는 남자들보다 알몸 노출(denudation)을 덜 부끄러워한다.

타고난 부끄러움의 감각을 구체적으로 표현하는 데에는 관습과 사회적 환경이 매우 중요한 역할을 한다. 일부 인종 중에는 유방의 노출이나 이성 앞에서의 완전한 나체조차도 부끄러운 감정이 유발되지 않는다. 이유는 그 지역에서의 관습적인 나체나 특정한 복장이 일반적으로 성욕을 자극시키지 않기 때문이다. 반면에 관습에 어긋나는 신체적 노출은 관심을 끌고 성적인 열정을 일으킨다. 관습적이지 않은 옷차림이 성적 자극을 유발하지만, 나체는 오히려 그렇지 않다는 것도 사실이다. 따라서 정숙에 대한 규칙은 언제나 시간과 장소라는 특수한 조건을 신중하게 고려해야 한다. 그러나 이러한 상대성이 있더라도, 그 규칙의 기본적인 중요성에 대해서는 의문을 품지 않는다.

성의 영역에서 부끄러움이 요구하는 바를 따르도록 마음을 준비시키는 윤리덕(moral virtue)이 정숙(貞淑, modesty)이다. 이는 예모(禮貌, propriety)의 덕이라고 불릴 수도 있다. 정숙은 생각, 말, 행동 등에서 한 사람의 성적 온전성에 반해 생길 위험 모두와 거리를 두려는 태도이다. 부부간에서도 부끄러움의 감각은 저속함을 막아줄 보호자로서 역할을 해야 한다.

다음으로는, 정숙에 대해 몇몇 특정 분야가 언급될 것이다. 제시되는 지침들은 현명한 규범이 된다. 그것들은 방향을 제시하기는 하지만, 자기 동기를 검토하고 자기 행동의 가능한 결과를 책임 있게 조사할 의무를 면제해 주지는 않는다. 각자는 정숙에 대한 자신의 개별적 감각이 요구하는 바에도 감응해야 한다.

(1) **대화와 옷차림:** 성에 대한 저속하고 음탕한 대화는 생명의 근원을 향한 정숙과 존중의 태도와는 상충된다. "성도들에게 걸맞게, 여러분 사이에서는 불륜이나 온갖 더러움이나 탐욕은 입에 올리는 일조차 없어야 합니다. 추잡한 말이나 어리석은 말이나 상스러운 농담처럼 온당치 못한 것들도 마찬가지입니다"(에페 5,3~4). 이러한 말들은 그 어떤 집단 속에서, 특히 남녀가 섞인 모임 속에서는 말하지 말아야 한

다. 하지만 부부끼리 서로에 대해 전적인 사랑을 주고자 말로 표현하는 경우, 이는 정숙에 어긋나지 않는다. 사랑의 감정을 죽이지 말고 말로 나타내도록 권고된다. 반면에 자신의 성적이고 에로스적인 경험을 제삼자 앞에 누설하는 것은 부적절하기에, 이는 배격되어야 한다. 남자들은 아내들끼리 서로 에로스적인 생활(erotic life)을 말할 때, 대개 자기 혼인의 비밀을 배신한 것으로 느낀다. 이는 부부 간의 사랑을 손상하고 그리고 여자들 자신을 천박하고 속없으며 부덕한(banal) 여자로 만들어 버린다.

미용 문화는 외모를 매력적으로 가꾸려는 남자와 여자의 건전한 욕망에 부합한다. 의복과 유행의 품위를 도덕적으로 판단할 때, 유행이 부정한(不貞, immodesty) 정도에 대한 경중을 수치로 규제하기는 불가능하다는 점을 명심해야 한다. 유행에 대한 판단을 형성할 때의 규칙은 최신의 그리고 특이한 유행은 부적절하고 자극적인 효과를 쉽게 줄 수 있다는 것, 반면에 오래 지속된 유행이나 관습은 설령 그것이 비교적 자유롭고 개방적인 것이라 하더라도 덜 매력적이거나 전혀 매력이 없다는 것이다. 오늘날과 같이 국제 관광의 시대에는 복장과 유행의 문화적 차이도 고려해야 한다. 예컨대, 이슬람 국가에서 서구 사회의 자유분방한 유행은 무례하고 도발적이며 추문으로 여겨질 수 있다.

(2) **통신 매체들**(도서 · 잡지 · 영화 · 연극 · 텔레비전 · 비디오 · 광고): 통신 및 오락 수단의 무분별한 사용은 오늘날 정숙에 대한 주요한 위협 중 하나이다. 매체들은 정보, 교육, 풍요를 위한 효과적인 도구가 될 수 있지만, 때로는 인생, 가정, 도덕성을 왜곡시키는 관점의 전달 수단이 될 수도 있다. "음란물〔외설, pornography〕과 가학적(sadistic) 폭력은 성을 변조시키고, 인간관계를 부식시키며, 개인을—특히 여성과 젊은

이들을 — 성적 착취하고, 혼인과 가정생활을 폄하시키며, 나아가 반사회적 행동을 조장하고, 사회의 도덕적 기반을 약화시킨다."[31] 따라서 이러한 유해 제품의 생산이나 보급에 자발적으로 참여하는 것은 심각한 도덕적 악으로 판단될 수밖에 없다. 이러한 제품을 이용하는 사람들은 자신에게 해가 될 뿐만 아니라, 점차 타인의 존엄성과 권리에 대해서도 무뎌지고 무감각해진다. "음란물〔외설〕과 폭력은 친절과 동정심을 잠식시켜 버리고 대신에 냉혈성과 야수성을 조장할 수 있다."[32] 이러한 제품 중 가장 끔찍한 형태는 아동 음란물이다. 이는 아동을 향한 성폭력을 부추기고, 아동에게 장기적이고 심각한 심리 피해를 초래한다. 이러한 음란물 제작과 거래를 불허하는 것만으로는 충분하지 않으며, 그 소지 자체도 금지시켜야 한다. 표현의 자유에 대한 권리는 정당하게 존중되어야 하지만, 개인, 가정 및 사회 전체의 사생활, 공공의 품위 및 기본 가치의 보호에 대한 권리도 존중되어야 한다.

아무도 음란물과 폭력의 악한 영향에서 자유로울 수는 없지만, 특히 청소년과 미성숙한 사람은 취약하며 피해자가 될 가능성이 가장 높다. 매체에 나오는 음란물은 감수성이 예민한 사람 특히 청소년들이 이것이 정상이고 받아들일 수 있는 행동으로 간주하고 또한 모방하게 할 수 있다. 한편 문학과 공연 중에도, 성인이나 기혼자 등 특정 집단에는 적합하고 합법이더라도, 청소년이나 종교적 독신자 등 다른 집단에는 부적절할 수 있음을 유념해야 한다.

정보 전달자들은 스스로 공동선을 존중하고 증진을 위한 통신 매

---

31) Pontif. Council for Social Communications, *Pornography and Violence in the Communications Media: a Pastoral Response*(7 May 1989), Vatican Polyglot Press, 1989, nr. 10. 〔번역: 교황청 사회홍보평의회, 「대중 매체의 외설과 폭력」, 『한국천주교중앙협의회 회보』 54(1989/9), 51쪽, 10항.〕 이 문헌은 매우 시의적절한 것이어서 주목할 만하다.

32) 같은 책, 52쪽, 18항.

체의 윤리강령(codes)을 제정하고 적용하는 데 동참하도록 재촉을 받는다. 입법자들과 법 집행 관계자들도 부족한 부분을 건전한 법으로 제정하고, 기존 법률을 집행해야 한다. 그러나 무엇보다도 시민들의 건전한 태도가 요구된다. 부모와 교회 및 학교, 특히 종교·윤리 과목의 교사는 매체를 구별해서 이용하도록 장려하고, 이에 필요한 사회적·윤리적 가치를 가르치려는 노력을 강화해야 한다. 일반 대중도 자신의 신념을 표출할 수 있다. 관계자들에게 편지를 보내거나 항의·청원에 서명하는 방법, 또는 고귀한 도덕 기준을 장려하려는 단체의 회원으로 가입하는 방법이 있는데, 그중에서도 고위한 원칙을 지닌 사람에게만 투표해야 할 것이다.

예술에서 발가벗음의 묘사나 관상은 원칙적으로, 부정(不貞, immodesty)한 것임을 유념하라. 외적 표현을 통해 예술가는 더욱 깊은 실재, 예컨대 창조의 경이로움이나 영혼의 아름다움을 표현하고자 한다. 발가벗음은 성적 흥분을 위해서가 아니라 정신적 가치를 위해서 제시되는 것이다. 그럼에도 예술에서 우수성에 대한 기준이 그저 명인다운 묘사나 (문학 작품의 경우) 뛰어난 표현만일 수는 없다. 예술가들 또한 도덕적 요구에서 벗어날 수 없으며, 더 나은 세상을 위해 스스로 봉사해야 한다.

2) 책임 있는 성

그리스도교 도덕에서는 성과 관련해 질서를 지키는 도덕적 힘과 덕행을 정결(chastity)이라 부른다. 하지만 오늘의 사람들은 정결이란 용어를 걸핏하면 편협하고 얌전빼는 성 윤리와 결부시킨다. 실제로 과거 정결의 덕은 다소 좁은 의미로, 부적법한 성욕과 쾌락을 절제(continence)하고 금욕(abstinence)하는 것과 동일시되는 경우가 많았다. 이 덕행의 본질을 포기와 부정으로 보았다. 이렇게 부정적 시각으로 제시될 때, 정결이 큰 매력을 발휘하거나 열정을 불러일으킬 수 없다. 오히려 썰렁하고 성가신 짐으로 여겨질 우려가 있다. 그리스도교 도덕은 성애에 대한 긍정적이고 책임 있는 배려를 정결 안에다 통합하는 데 성공하지 못했다.

정결은 절제 이상의 것이다. 그것은 '요구하고 보호해야 할' 가치의 관점에서 보아야 한다. 정결은 생명의 신비와 상대방의 위격적 존엄을 존중하는 태도이다. 상대방은 이기적 방식으로 악용되지 않고, 보호받는 사랑을 요구할 권리가 있다. 정결은 부부 협력과 공동체 번식을 위한 인간관계에 — 이전에는 성애의 본질로 인정해 왔던 그러한 목적에 — 진정으로 이바지할 수 있는 성적 힘을 형성하고 질서를 잡아 준다. 이러한 의미에서의 정결은 성욕 모두를 극기(abstention)하는 것이 아니다. 오히려 성적 내밀함의 행복을 위해 부부의 상호적인 자기-증여(mutual self-givinig)라는 의미를 담고 있다. 이것이 책임 있는 성이다. 그러나 이러한 책임은 성애의 가치를 긍정하고 바르게 발전하도록 마음을 쓰되, 그것을 절대화하지는 않는다. 성애의 가치를 넘어서는 목적들을 알고 있기 때문이다.

부정(不淨, unchastity)은 당연히 부정적인 의미의 용어로 정의되어야 한다. 그러나 형제애가 단지 사랑이 없는 행동을 피하는 것 이상의 일인 것처럼, 정결도 부정을 피하는 것 이상의 일임을 명심해야 한다. 부정은 자신의 성적 힘의 부적법한 사용과 그에 대한 부적법한 욕망을 의미한다. 그러나 성에 대한 순전히 기능적·생물학적 접근도 부정으로 보아야 하는데, 왜냐하면 그것이 성을 인간 사랑의 전체 맥락에서 분리하기 때문이다. 성적 만족은 인간으로서의 타인을 무시하고 동물 수준으로 격하시켜서 추구되어서는 안 된다. 이것이 합법적인 혼인 유대 속에서 행해지더라도, 그러한 방식의 성행위는 정결의 이상향과는 어긋난다.

초기 교회는 성생활에서의 자기-통제에 대해 매우 관심을 두었다. 우리의 주님은 행위에서뿐 아니라 생각에서도 순결을 요구하신다(마태 5,28). 즉 하느님 나라를 위한 가장 완전한 형태의 금욕 즉 동정 생활(virginity)을 권고하신다(마태 19,10~12). 성 바오로는 그리스도인들에게 부도덕과 방탕의 악습에 대해 반복해서 경고하며,[33] 그들이 그리스도께 속한 자로서 자신들을 그로부터 지켜야 한다고 말한다.[34] 그리스도인에게는 이방인들의 시민적 도덕 그 이상이 요구된다. "저마다 자기 아내를 거룩하게 또 존중하는 마음으로 대할 줄 아는 것입니다. 하느님을 모르는 이교인들처럼 색욕으로 아내를 대해서는 안 됩니다"(1테살 4,4~5).

물론 정결은 경건과 도덕에 대한 일부의 설명이 암시하는 것처럼 모든 덕행 중 최고의 덕이 아니다. 우리 주님과 사도들은 명백히 그리고 반복해서 가장 중요한 덕행은 애덕이라고 지적하셨다. 분명하게 사랑의 법이 신약에서는 가장 중요한 계명으로 세워졌다. 그러나 애덕 다음으로는 초기 그리스도인들과 이교도 이웃들을 가장 잘 구별하게 해 준 것이 성의 규율이었다는 점도 사실이다. 책임 있는 성을 향한 그리스도교의 이상향은 높다. 종종 그것은 인간이 조용히 간직하는 성질의 것이 아니라, 계속해서 자신을 그 방향으로 향하게 하고 인내로써 힘써야 할 목표인 것이다. 진지한 열망과 성실한 절도(moderation)는 영혼이 그리스도교 정결의 가치들을 향해 열려 있게 해 줄 것이다.

정결에 반한 범죄는 성적 능력이 발달한 후, 즉 사춘기 이후에야 가능하다는 점을 유념해야 한다. 유아기의 생식기 자극(manipulation)이라는 현상은 흔히 있다. 이는 때로 '유아의 수음'이라고 불리기도 하지

---

33) 1코린 6,9~20; 갈라 5,19~21; 에페 4,17~14; 5,3~5; 1테살 4,3~8.
34) 갈라 5,23~24; 콜로 3,5; 또한 1티모 4,12; 티토 2,5.

만, 당연히 오르가슴(orgasm)은 불가능하다. 여기서 "수음"이라는 용어는 단지 호기심이나 어쩌면 감각적 느낌 때문에 성기에 손대는 현상을 가리킨다. 특히 3세에서 6세 사이의 어린이들은 자신의 성적 기관에 호기심을 보인다. 그들의 자위에는 전혀 죄책이나 죄가 되지 않는다. "일반적으로는 '안돼', 손찌검, 또는 위협적 훈계로 그런 현상에 주의를 돌리려는 것은 현명하지 못하다. 생식기에 대한 그러한 집중은 오히려 아이에게 자기 신체의 이 부분이 덜 바람직하거나 무서운 것이거나 또는 '나쁜' 것임을 암시해 줄 뿐이다. 다시 말해, 부모에게 그 아이들의 수음적인 행동을 무시하도록 권고해야 한다."[35] 6세가 지나면, 보통 성기에 대한 호기심은 뚜렷이 줄어든다.

아이들이 부정한 행동을 했다고 그들을 꾸짖는 것은 핵심을 놓치는 것이다. 그들은 성적 흥분과 쾌락에 대해 무지하기 때문이다. 또한 진정한 의미에서 성적 환상도 알지 못한다. 그럼에도 자라나는 아이는 서서히 부끄러움의 감각을 발달시키며, 이에 어긋나는 잘못을 저지를 수 있다. 그러나 결코 중죄는 아니다. 때가 되면 아이들은 정숙을 위반하는 일을 피하도록 훈련받아야 한다. 아이들 간에는 자신의 성기를 상호 검사하는 '의사 놀이'나 성교를 시도하고 흉내 내는 '엄마 아빠 놀이'가 드물지 않다. 이것을 단순히 무해한 탐색의 기쁨으로만 간주할 수는 없다. 이러한 일이 반복되면, 사춘기에서 파멸적인 결과를 쉽게 초래할 타락의 기질이 생기게 된다. 이런 면에서 타락한 아이는 타인을 유혹할 위험 요소가 된다. 이러한 부류의 추잡함에 대해 아이들에게 경고하고, 정숙의 아름다움을 가르치는 것은 아주 적절하다.

---

35) G Hagmaier / R. Gleason, *Counselling the Catholic*, New York: Sheed and Ward, 1964, pp.74f.

9.2.2. 성적 환상

성적 환상이란 모든 에로스적(erotic) 성격의 이미지, 정신적 사진, 몽상 등을 의미한다. 단지 에로스적인 장면, 옷차림, 접촉감 등의 내용이든, 완전한 성행위를 상상하는 것이든, 모두가 포함된다. 심리학자들은 성적 환상을 완벽히 피할 수 있는 사람은 아무도 없다고 단언한다. 동시에 그러한 환상을 통제하는 법도 배워야 한다고 본다.

환상과 이미지는 인간의 정신생활에서 매우 중요한 부분이며, 원활하고 성공적인 행위를 가능하게 하는 핵심적 요소이다. 환상은 시공이 분리되어 있더라도, 관계를 이어가게 하며, 미래의 행동을 계획하고, 예상되는 도전에 대한 반응을 결정하며, 발생 가능한 상황에 대한 대응을 예측하는 데 이용된다. 이러한 환상을 통해 연애편지를 쓰고, 에로스적인 문학 작품을 읽거나 쓰며, 지난주의 데이트 경험을 회상할 수 있다.

전통적인 도덕학에서는 정상적인 사람의 경우, 일시적인 이미지에서 시작하여 수음이나 성교를 하고 싶은 성적 흥분을 가지게 하는 정교한 몽상으로, 점진적으로 진행할 위험이 상당히 높다고 간주하였다. 따라서 성행위에 대한 통제는 환상의 가장 초기 단계, 즉 희미한 움직임이 일어날 때부터 시작되고 거기에 집중되어야 한다고 본다. 그렇지 않으면, 유혹에 저항할 능력이 현저히 약화된다는 것이다.

하지만 이러한 시각이 현대 심리학자들 간에 보편적으로 공유되는 것은 아니다. 건전한 성적 적응에 관하여 현재 알려진 바에 따르면, 환상을 자동으로 배척하는 것이 개인의 최선의 이익이 된다고 보지 않는다. 각각의 환상은 그 자체의 내용과 상황에 따라 평가되어야 한다. 무차별적인 억압은 지나치게 단순화된 행동 방침일 뿐이다. 사람은 정상적인 에로스적 환상을 수용하는 법을 배워야 한다. 즉 그 환상에 수반되는 관능적 이끌림과 가치를 인식하고, 자신의 책임 있는 자기통제를 약화시키고 압도하기에 이를 수준에 도달하기 전에 자신을 그 환상으로부터 거리 두는 법을 배워야 한다. 도덕적으로 악해질 가능성은 개인이 환상의 삶 속에서 스스로 설정해야 할 한계를 의식적으로 무시할 때, 그때에 발생하기 때문이다.

성적 환상은 그 내용이 지닌 본래의 비도덕성 때문에 거부감이 들 수 있다. 게다가 삶의 신분 상태에 따라 상이한 기준이 적용되어야 한다. 기혼과 독신, 두 가지 신분의 전통적 구분만으로는 충분하지 않게 되었다. 구체적으로 교제 중인 청소년, 약혼자, 기혼자, 종교적 독신자 등과 같이, 더 정밀한 구분이 요구된다.

(1) 성적 환상은 원칙적으로 그 내용이 승인될 수 없는 경우, 배격될 만한 것이다. 결코 승인할 수 없기 때문에, 부도덕한 상상으로 고의적으로 즐기는 것은 정결에 반한 내면의 죄이다〔예: 강간, 가학성애, 근친상간, 간음(adultery), 사음(fornication), 소아성애〕. 특히 중죄를 범하려는 심각한 욕망은 그 자체로 중죄이며, 우리 주님께서 이러한 말씀으로 단죄하셨다. "음욕을 품고[36] 여자를 바라보는 자는 누구나 이미 마음으로 그 여자와 간음한 것이다"(마태 5,28).

하지만 "실효적 욕망"(efficacious desire) 즉 심각하게 부도덕한 행위를 범하려는 진지한 소원과 지향을 제외한다면, 거부감 드는(objectable) 환상에 대해 (과거에는 그랬듯이) 너무 빨리 중죄로 판단해서는 안 된다. 생각으로 인한 단순한 죄에 있어서 부도덕한 행위에 대한 동의는 아직 불완전하며, 이는 실효적 욕망으로 발전할 수도 있다. 그리고 때로는 실효적 욕망처럼 보이는 것조차도, 실제 상황에서는 구체적으로 실행 가능한 상황이 주어질 때에도 그것이 행동으로 이어지지

36) "*Ad concupiscendam earn*"(in order to covet her): 그녀를 갈망하고자.

않음으로써, 불완전한 동의에 불과했음이 드러나기도 한다.

그럼에도 부정한 생각들이 중죄는 아닐지라도, 그것들은 무질서하고 죄가 되며, 그래서 반드시 피해야 한다. 명백하게 부도덕한 것은 인간의 상상 속에서도 용납하지 말아야 한다. 모든 죄는 외면화되기 전에 마음속에서 먼저 발생한다. "마음에서 나쁜 생각들, 살인, 간음, 불륜(fornication), 도둑질, 거짓 증언, 중상이 나온다. 이러한 것들이 사람을 더럽힌다"(마태 15,19~20).

(2) 삶의 다양한 신분에 대해 몇몇 구별이 있어야 한다. 미혼자는 성에 내재된 하느님께서 원하신 가치에 대해 감사하는 마음과 함께 평생의 짝이 될 수 있는 사람과의 에로스적 관계가 정당하다고 볼 수 있다. 이런 생각들은 부정한(不貞, unchaste) 것도 불손한(不貞, immodest) 것도 아니다. 이는 특히 교제 중인 젊은이들에게 해당된다. 교제 활동은 에로스적 환상을 불러일으키며, 이는 정상적인 현상이다. 교제할 나이가 된 젊은이들은, 상대방에 대한 평가와 상호 관계에 있어서 성적 측면도 고려해야 한다. 왜냐하면 이것이 시험되고 궁극적으로 지향해야 할 일생의 공동체가 지닌 본질에 속한 것이기 때문이다. 약혼자끼리의 성적 환상에 대한 도덕적 한계는 훨씬 더 넓어야 한다. 혼인할 사람이라면, 처음부터 성적 환상이 부부 생활의 정상적 측면이라는 점을 처음부터 알고 있어야 한다. 그렇다 하더라도 그러한 환상에 지나치게 탐닉하면 — 다른 모든 것들에서 그렇듯이 — 문제를 일으킬 수 있다.

기혼자에게는 성적 환상이 부부 사랑의 필수적 요소이다. "일반적으로 성적 환상은 성적 관계를 자극하고 그것이 무뎌지거나 기계적으로 되는 것을 막을 수 있다. 혼인에서의 성이 성교에만 국한될 경우, 성은 본래의 온전성을 잃게 되며, 그 결과로 오해, 성에 대한 거부,

또는 단순한 육체적 결합으로 전락하는 것은 한순간이다. 기혼자들이 성적 환상에 대해 여전히 미혼 시절의 도덕적 기준을 적용하는 것은 안타까운 일이다."[37] 기혼자들의 부부관계와 관련한 환상은 상호적 사랑의 표현을 풍부하게 하고 기쁨을 더해 준다. 따라서 그러한 환상은 장려되어야 한다. 반면에 "혼전에는 혼인에 대해 가능한 한 많은 가능성을 상상할 수 있지만, 혼인한 사람은 더 이상 그런 꿈을 꾸어서는 안 된다. 왜냐하면 그것은 자신이 헌신하는 내면의 삶의 양식에 대한 흠 없는 일관성을 감소시키기 때문이다."[38]

많은 기혼자 간에는 정상적이고 허용될 만한 환상이 무엇인지에 대한 오해가 존재한다. 성교 시 체위의 변화나 특정한 접촉에 의한 내밀함을 일탈로(deviations) 간주하지만, 이는 틀린 생각이다. "실제로 성적 일탈은 대상이 부적절할 때, 즉 성교 자체를 대체하는 행위일 경우로 국한된다. 일반적으로, 어떤 성의 활동이 욕망을 자극하고 성교로 마무리하는 전희(foreplay)의 성격을 띤다면, 그것은 일탈이 아니라 정상이다. 흔한 예로는 체위의 다양화나 입이 아닌 신체 부위를 키스하는 행위 등이 있다. 따라서 이러한 활동들에 대한 환상도 뒤틀린 사고를 드러내는 것이 아니라 정상적인 것이다."[39] 물론 기혼자들은 서로의 감정을 배려해 주고, 상대방에게 불쾌감을 주는 행위를 요구해서는 안 된다.

끝으로 종교적 독신의 삶을 하느님께 봉헌하기로 명확히 결단한 이들은 환상에 대해 더 엄격한 규범을 적용해야 한다. 자기 삶에서는 행할 수 없는 관계에 대한 상상은 삼가야 한다. "일단 내가 스스로 어떤 삶의 양식에 헌신하기로 했고 이후 또 다른 삶의 양식을 중심 가

---

37) Robert P. O'Neil / Michael A. Donovan, *Sexuality and Moral Responsibility*, Washington/Cleveland: Corpus Books, 1968, p.93.
38) Adrian von Kaam, *The Vowed Life*, Denville, N.J.: Dimension Books, 1968, p.136.
39) O'Neil / Donovan, *op.cit.*, pp.91f.

치로 상상한다면, 그것은 파멸적인 행위가 된다."[40] 이러한 포기를 달성하려는 종교인은 고상한 습관을 강하게 키워야 한다. 이는 깊은 경계심과 자기 부정의 노력을 전제로 한다.

9.2.3. 수음에 대한 도덕적 관점

수음(masturbation)은 자기자극(self-stimulation)을 하는 어떤 방식을 통해 또는 성교를 제외한 타인과의 에로스적 행위를 통해 얻는 완전한 성적 만족(오르가슴)이다. 하지만 대부분의 경우, 수음이라는 용어는 자기자극을 통한 성적 충족을 말한다. 이는 오염(pollution), 자기 애욕(autoerotism), 자기 남용(self-abuse), 오나니슴(onanism)이라고도 불린다.

수음의 발생, 원인 및 영향: 이에 관한 일반적인 연구 결과에 따르면, 소년의 약 95%, 소녀의 약 60%가 청소년기에 한두 번 이상 수음을 한다. 사춘기의 성적 충동에 눈뜨면, 청소년은 쾌락의 느낌을 시도하고 실험하도록 유혹을 받는다. 청소년은 아직 성적 환상, 성적 흥분 및 오르가슴의 구조에 대해 모르고 있으며, 자신의 성적 바람과 자극을 통제하고자 씨름해야 한다. 평균 15세의 소년은 주 2~3회 수음을 하며, 그러한 습관은 몇 달에서 4~5년 동안 지속된다. 비록 개시 연령은 다양하지만, 이미 10세에서 12세 사이에는 수음이 흔히 시작된다. 따라서 이 연령대의 청소년들에게는 성별의 실재와 그것의 진정한 의미를 가르치는 것이 현명하다.

청소년기에 수음을 한 사람 중 약 20%는 성인이 되어서도 이를 지속한다. 이는 더 큰 우려의 근거가 될 수 있지만, 대부분의 성인 수음을 병든(pathological) 인물의 모습으로 단정하는 것은 잘못이다. 수음

---

40) Adrian von Kaam, *op.cit.*, p.139.

하는 미혼자 대다수의 일차적 이유는 현재 이성과 성교할 기회의 결핍 때문이다. 임신 후기, 배우자의 중병, 장기 출장의 직업, 수감으로 인한 별거 등으로 정상적인 부부관계가 어렵거나 불가능해진 기혼자들도 같은 이유로 수음할 수 있으며, 이는 미혼인 성인들과 유사한 상황에 처해 있기 때문이다.

수음이 습관화되어 병리적 징후를 나타내는 사례도 있다. 성인인데도 정상적인 이성 간 성교보다 수음을 더 선호하는 경우는 확실히 병리적이다. 또한 수음은 신경증적 억제나 잠재된 동성애로 인해 다른 출구가 막혀 있을 때, 성적 긴장을 해소하는 수단이 되기도 한다. 하지만 이러한 습관적·강박적 형태의 수음은 신경증적 갈등의 원인이라기보다는 그 증상일 뿐이다. 따라서 심리치료사에 의한 치료가 필요하다.

과거에는 대중의 믿음과 의학의 연구들이 많은 신체적·정신적 장애의 원인을 수음으로 돌렸다. 그러나 그러한 주장은 근거가 없다. 수음에서 기인한 질병이란 존재하지 않는다. 정서적·심리적 영향도 완전히 없는 것은 아니지만, 그다지 심각하지도 않다. 수음은 성적 충동이 불완전하게 이루어지므로, 이러한 만족으로는 불충분함의 느낌을 일으킨다. 성애가 지닌 감각적·에로스적 측면이 펼쳐질 수 없다. 리비도(libido)의 충족이 상상과 성기 지극에 제한된다. 그 이후에는 자주 우울감이 뒤따른다. 습관화가 된 수음으로 인해 외부 세계에 개방되기보다는 점점 내향성이 커지고 쉽게 자기 몰두로 기울어진다. 이러한 영향은 보통 심각한 것은 아니지만, 무시할 수도 없다.

도덕적 평가: 심리학에서는 수음을 아동기에서 성인기로 넘어가는 인생의 한 과도기적 단계로 간주한다. 이렇게 볼 때, 수음은 아직 미성숙한 인격의 표현인 것이다. 제때에 극복되지 않고 습관화될 경우,

심리학자들은 정서적 갈등, 건전한 정서 생활에서 성과 사랑을 적절한 위치에 두지 못하는 무능력, 또는 이와 유사한 혼란을 가져온다고 본다.

성서에서는 수음을 명시적으로 단죄하는 내용이 없다. 5세기 초기까지의 교부들은 이 문제를 명시적으로 다루지 않았다. 최초로 수음을 죄로 명시한 것은 6세기 영국-아일랜드의 보속집(*penitential books*)이었다. 거기에서 나온 교리는 7세기 말기와 8세기에 유럽 전역으로 퍼졌다. 수음에 대해 부과된 보속은 다른 성적인 죄들의 보속보다는 훨씬 가벼웠다. 청소년의 경우 성인보다는 보속이 더욱 관대하였다.[41] 이 사안에 대해 엄격주의적 태도는 칼뱅파의 청교도주의 영향과 그 전통에 따라 써진 의학 서적의 영향으로 꽃피우기 시작했으며, 수많은 질병을 수음의 탓으로 돌렸다. 근세의 입문서들은 일반적으로 수음을 중죄로 간주하였다.

수음의 도덕적 결함에 대한 내적인 이유는 성적 활동의 이중 목적 — 자녀 출산과 부부의 상호적 사랑의 표현 — 이 이러한 고독의 행위(solitary act)로 인해 좌절된다는 점에 있다. 성적 활동의 참되고 고유한 의미가 실현된 것은 아니다. 성의 본질에서 나온 이 결론은 위에서 언급한 불충분한 만족감과 우울감의 경험에도 부합한다. 인간적 기능(技能)의 욕구불만은 실제로 도덕적 무질서를 시사한다. 하지만 그러한 행위가 중죄라고 자동으로 입증되지는 않는다. (예컨대, 거짓말로 언어로서의 목적을 좌절시키는 일은 상황을 악화시키는 경우가 아니라면, 중죄로 간주되지 않는다.) 이와 관련해 몇몇 저자들은 수음의 부정적 영향이 중죄로 평가될 만큼 심각하지는 않다고 주장한다.[42] 또한 여성 수음의 경우, 배우자의 정자를 낭비하거나 배우자에

---

41) Cf. G Cappelli, *Autoerotismo. Un problema morale nei primi secoli cristiani?*, Bologna: EDB, 1986, 261쪽 이하 그리고 255~267쪽의 요약 전체를 보라.

게서 차단되는 일이 아니기에, 생물학적 자원의 낭비라는 논거도 설득력을 잃게 된다.

바티칸 성청들의 논평들은 수음이 객관적으로 중죄라는 견해를 유지하고 있다. 그러나 그것들은 "그 사람의 주관적 책임감을 평가하는 데는 아주 신중해야 하며" "수음을 극적으로 과도하게 다루지 말도록"을 조언한다.[43] 개인의 주관적 책임은 예컨대, 반수면 상태, 성적 흥분의 자동 반응에 대한 경험 부족, 강한 정서적 긴장, 신경증적 장애, 또는 깊이 뿌리박힌 습관 등이 있다면, 경감된다. "의도적으로 자주 행하는 수음으로 인해 실질적으로 도덕적 결함이 있는 태도가 초래되는 경우에만, 중죄라고 확실히 말할 수 있다. 통상적으로는 이를 중죄로 추정할 수 없다."[44] 물론 타인과의 에로스적 행위로써 유정(遺精, pollution)이 발생되었다면, 이는 당연히 도덕적으로 관련된 상황이 된다.

불임 검사를 위해 정자를 얻거나 특정 성병을 진단하기 위한 임상

---

42) 이 견해는 다음의 것들에 의해 지지되었다. R. O'Neil / M. Donovan, *op.cit.*, pp. 107f; p.110; Eugene J. Weitzel, in *Contemporary Pastoral Counselling*, ed. by the author, New York: Bruce Pub1. Co., 1969, p.9; E. Curran, *Contemporary Problems in Moral Theology*, Notre Dame, Ind.: Fides Publ., 1970, pp.175f; J. Dedek, *Contemporary Sexual Morality*, New York: Sheed and Ward, 1971, pp.60f; F. Podimattam, *A Difficult Problem in Chastity: Masturbation*, Bangalore: Asian Trading Corp., ²1973, pp.153~180; François Reckinger, *Wird man morgen wieder beichten*, Kevelaer: Butzon und Bercker, 1974, pp.113~120; J.P. Hanigan, *Homosexuality*, New York: Paulist Press, 1988, pp.137f. *Neues Lexikon der christlichen Moral*(ed. by H. Rotter / G. Virt, 1990)에서는 수음 항목을 빼버렸다.

43) 교황청 가톨릭교육성, 「성교육에 관한 지침」(1983.11.01.), 김창훈 옮김, 『한국천주교중앙협의회 회보』 51(1989/5), 98~10항; 교황청 신앙교리성, 「성 윤리상의 특정 문제에 관한 선언」(1975.12.29.), 오경환 옮김, 『사목』 44(1976/3), 9항; 『가톨릭 교회 교리서』 2352항.

44) H. Rotter, *Sexualität und christliche Moral*, Innsbruck: Tyrolia, 1991, p.49. 자연히 일어나는 몽정(夢精, nocturnal emissions) 때는 도덕적 책임이 전혀 없다는 점을 유념해야 한다. 도덕신학자들이 가르쳤듯이(예를 들어 H. Jone, *Moral Theology*, 1963, nr. 229), 그러한 경우, "반쯤 깨어 있는 동안 쾌락의 일부를 경험하는 경우"가 소죄라고 보기는 어렵다. 이 쾌락은 단순히 자연스러운 절차에서 나온 무의식적인 결과이기 때문이다.

절차로 수음이 이루어진 경우, 특별한 문제점이 제기된다. 건강상의 이유로 사지나 장기의 절단이 정당하다면, 유사한 상황에서 사정(ejaculation)의 경우도 동일하게 정당하다. 예컨대 발의 절단이 해당 기관의 본래 기능에 반하더라도, 이는 전체성의 원리에 따라 이의 제기할 수 없는 절단인 것이다. 마찬가지로, 건강상의 이유로 정자를 얻는 것은 죄가 되는 수음이 아니라, 동일한 원칙에 따라 정당화된 사정인 것이다.[45]

9.2.4. 인간적 사랑의 진정한 성장

남자와 여자는 성적 충동 때문에 본능적으로 서로에게 끌린다. 그러나 이러한 본능적 충동으로만 전적으로 이루어진 성적 결합은 완전한 인간적 사랑이 아니다. 성애의 표현 이전에, 그리고 이에 앞서, 두 성의 관계가 상호 존중과 애덕 어린 배려의 인격적 만남이어야 한다. 사랑의 큰 계명은 성에도 적용된다. 성애는 그리스도교적 아가페(aape)의 몰아적인(self-forgetful) 사랑으로 조명되고 인도되어야 한다. "인격 전체의 뒷받침이 없는, 따라서 책임과 의무를 감당할 준비가 되어 있지 않는 에로스적·성적 사랑 모두는 진정한 사랑이라고 할 수 없다."[46] 성욕이 상대방을 단순히 자기만족의 대상으로만 여기거나, 성의 사회적 측면을 인식하지 않는다면, 이는 분명히 잘못된 방향에 있

---

45) 이것은 다음 저서들의 견해이기도 하다. M. Vodopivec, "Samenuntersuchung", *Lex. f. Theol. und Kirche* IX, Freiburg, ²1964, p.296; F.M. Podimattam, *op.cit.*, pp.150f; B. Häring, *Medical Ethics*, ³1991, p.86; Enrico Chiavacci, "La fondazione della norma morale nella riflessione teologica contemporanea", *Rivista di teologia morale* 10 (1978), p.33; R.A. McCormick, "Notes on Moral Theology", *Theol. Studies* 40(1979), p.71; pp.95f; K. Hilpert, "Onanie", *Lex. f. Theol. und Kirche* VII, ³1998, p.1053. 그러나 *DS* 3684를 보라.

46) J. Gründel, "Sex", *Sacramentum Mundi* VI, 1970, p.83.

는 것이다.

하지만 성애와 그리스도교의 아가페(agape)는 전혀 별개의 것이 아니다. 인간의 성은 타인에게 사랑하고 돌보며, 섬기고 보호하려는 내재적 성향을 지닌다. 이러한 사랑의 배려는 성장 과정에 있는 소년과 소녀 안에 점진적으로 발전시켜야 하며, 상호 동반관계가 밀접하게 성장하듯이 지속적으로 늘려가야 한다.

1) 청소년 시기에 사랑으로 성숙하기

소년과 소녀는 진정한 남자와 여자가 되기 위하여 각자의 고유한 방식으로 성숙해야 한다. 성장 과정에서 점진적으로 서로를 우호적이고 예의 바르게 상호 존중하며 만나는 법을 배워야 한다. 또한 견실한 직업과 가사 기술의 습득도 대단히 중요하다. 이러한 준비는 이들을 유능하고 바람직한 삶의 배우자로 만들어 줄 것이다.

젊은이들은 성적인 도발 없이 공정한 방법으로 이성과의 만나는 법을 배워야 한다. "미래에 혼인의 배우자 선택하거나 혼인의 포기를 의식적으로 결정할 수 있도록, 그들은 이성을 개별적으로 점차 알아가야 한다. 비록 이러한 만남이 성적 내밀함과 섣부른 헌신으로 이어질 위험이 존재하지만, 사랑하는 인간 능력에 대한 필수적인 성숙 단계를 거부하거나 건너뛰는 것은 옳지 않다."[47]

성은 악이 아니며, 단지 열등한 생명력인 것도 아니다. 인간 삶에 있어 높은 가치를 지닌 것이다. "물론 전체의 진실을 위해서는 죄의 세력이 있다는 점도 언급되어야 한다. 파멸적인 이기심도 존재한다. 한 사람이 다른 사람을 위험에 빠뜨리는 일, 심지어 인간이 인간을 학대하는 일도 있다. 바로 남녀의 만남에서 한 사람이 다른 사람을

47) "Hirtenbrief der deutschen Bischöfe zu Fragen der menschlichen Geschlechtlichkeit", *Herder Korrespondenz* 27(1973), p.339.

사랑 없는 방식으로 취급하거나, 그 존엄을 훼손할 수 있다. 이는 성적 만남의 가장 내밀한 영역에서도 그러하다. 따라서 우리의 성을 인간답게 실현하기 위해서는 단순한 긍정 이상의 것이 필요하다. 선과 악을 분별하는 은사와 주님 계명을 준수하는 가운데 드러나는 하느님을 향한 깊은 사랑도 요구된다(요한 15,9~10). 이러한 높은 요구는 각 시대와 인생의 상황 전체에 있어 새롭게 요청된다. 기본적인 것은 존중과 사랑이다. 이는 서로에 대한 부드러움, 배려, 상호 돌봄으로 나타나며 둘의 만남이 깊어질수록 더 커져야 한다. 존중과 사랑은 또한 금욕(asceticism)과 포기를 요구하기도 한다. 이는 성을 부정(disapproval)해서가 아니라 오히려 성적 충동의 무질서한 요구와 성적으로 자극된 환경의 모욕으로부터의 자유를 위한 금욕인 것이다. 결국 우리는 점유·권력·쾌락에 대한 욕망을 올바르게 평가하지 않으면, 오늘날 삶의 다른 문제에서도 존재를 유지할 수 없음을 알게 된다."[48]

남녀 간 사랑의 성숙 과정은 느리기에, 시간이 필요하다. "청소년들이 서로 애정을 더욱 민감한 방식으로 표현할 욕구를 느낀다고 하더라도, 애무(caress)는 그들의 동반관계(companionship)에서 행할 것이 아니다. 애무란 함께 머물고 혼인이라는 독점적 동반관계로 함께 성장하고 싶은지를 진지하게 시험하는 젊은이들에게만 허용되는 것이다."[49] 너무 이른 나이에 맺은 깊은 결합은 청소년의 성숙에 해를 끼치며, 그러한 결합이 깨질 경우, 특히 소녀에게는 비극적 결과가 초래될 수 있다.

상호 애정을 표현할 때 흔히 사용되는 용어가 목 껴안기(necking)와 쓰다듬기(petting)이다. 이 둘은 종종 같은 의미로 사용되지만, 강조점

---

48) *Ibid.*, p.340.
49) J.M. Reuss, *Modern Catholic Sex Instruction,* Baltimore/Dublin: Helicon, 1964, p.65.

의 차이는 주목할 가치가 있다.[50] 목 껴안기는 머리카락 쓰다듬기, 보통의 입맞춤, 어깨 쓰다듬기 등과 같이, 아주 가벼운 애정 표현을 의미하며, 원칙적으로는 형제와 자매간에도 허용 가능한 형태에 속한다. 완전한 신체 접촉과 강력한 성적 흥분은 피하는 방식이다. 반면, 쓰다듬기는 통상, 특별히 남자에게, 성적 흥분을 유발시키는 형태로서 포옹(hugging)·껴안기(embraces)·육체적 접촉과 같이, 아주 내밀한 애무 방식을 의미한다. 교제 연령의 청소년에게는 목 껴안기는 적절할 수 있지만, 성적 자극을 동반한 애무와 에로스적인 쓰다듬기는 아직 적절하지 않다. 후자는 약혼기와 혼인을 직접 준비하는 시기에는 가능하다. 그러나 문화적 관습과 관용에 대한 민감성도 고려해야 된다. 원칙적으로는 허용 가능하더라도, 실제 특정 상황에서는 반대 받을 수도 있다.

오늘날에는 성적 쾌락을 조기에 무제한으로 즐기도록 유도하는 많은 압력이 존재한다. 이러한 압력은 자기통제, 사랑의 성숙, 혼전 정결을 무시하게 만든다. 성 해방의 대표자들은 더 높은 인격 성숙이나 가정의 안정과 행복을 결실로 보여 주지도 못하면서 '바람둥이 사고방식'을 조장할 뿐이다. 성적으로 과잉된 대중적 분위기에 물들고 싶지 않은 청소년은 다름의 용기를 절실하게 필요로 한다. 각종 오락이나 에로스적인 표현물에 무분별하게 몰입하고 각종 인쇄물을 거리낌없이 읽는 사람은 누구나 성에 대해 주인이 되고 또 성숙한 사랑으로 성장하는 데 성공할 수 없다. 마찬가지로 깨끗하고 바른 태도를 지향하는 다른 이들과의 결사는 이를 달성하는 데 중요한 도움이 된다. 예배 참여, 본당 공동체와의 연대, 신앙 공동체 안에서의 생활은 복음

50) 이미 어원적으로 이 단어들의 기원은 특정한 의미 차이를 나타낸다. '목 껴안기'라는 용어는 'neck'(목)에서 파생되었으며, ('목선' 위의) 좀 더 가벼운 성격의 애무를 나타낸다. 반면 애무라는 용어는 'pet'(애완동물, 애완견, 마음에 드는)에서 파생되었으며, 더 내밀한 형태의 애무를 의미한다.

정신에 따른 삶을 살아가는 그리스도인들에게는 필수적인 버팀목이 된다.

젊은 남자와 젊은 여자가 혼인을 생각할 정도로 서로 사랑하는 법을 배웠을 때, 그들은 더 애정 어린 방식으로 자신의 사랑을 표현할 권리를 지닌다. 포옹과 입맞춤은 약혼자들에게 정당한 사랑의 표현이다. 그러나 자신들의 가장 깊은 행복은 상대를 점유하는 것이 아니라 보호하는 것임을 잊어서는 안 된다.

2) 부부 사랑을 지탱하는 힘: 아가페(agape)

마침내 헌신적 사랑은 부부가 아이를 가지려는 소망 때문에 또는 상호 애정 속에서 자신을 서로 내어 주려는 원의 때문에, 그들이 서로를 만나는 순간에 지지력이 되어야 한다. 물론 남편과 아내는 서로에 대한 육체적 애정과 성애를 통해 아무런 거리낌 없이 행복해질 자격이 있다. 그 어떤 의심과 불안감도 부부 사랑 속에서 상호적인 자기 증여의 깊은 즐거움과 행복에 찬 황홀함에 영향을 끼치게 해서는 안 된다. 그러나 이러한 행복은, 성애가 몰아적(self-forgetful) 아가페라는 더 포괄적이고 지속적인 사랑 안에 깊이 새겨져야 한다는 요구와 모순되지 않으며, 오히려 그러한 요구에 의해 지지를 받는다.

"위격적인 육체적 만남이 진정한 사랑의 조우가 되기 위해서는, 남녀가 사심 없이 서로에게 응답해야 한다. 그들이 그렇게 할수록 성적 쾌락은 더 큰 깊이의 행복을 가져다줄 것이다. 반면에, 순전히 충동으로 된 짝짓기(mating)는 성적 쾌락의 탐닉을 허용하기는 하지만, 진정한 행복을 가져다주지 못한다."[51] 남편과 아내는 일반적으로 처음부터 완벽한 형태의 상호적 사랑을 실현할 수 없다. 그들은 끈기 있는 노력으로 자신의 사랑을 성숙하게 완성해 나가야 한다. 그러나 목표

---

51) J. Reuss, *op.cit.*, p.43.

가 완벽한 사랑이라는 점을 결코 놓쳐서는 안 된다.

3) 축성된(consecrated) 독신의 정신: 그리스도교적 아가페

그리스도교가 시작된 이래, 그리스도와의 친교(fellowship) 안에서 수많은 남녀가 "하느님 나라를 위하여" 미혼으로 남기로 하였다(마태 19,12). 가톨릭 신학이 말하는 동정(virginity)이나 축성된 독신이라 부를 때의 의미는 하느님께 직접 봉사하고 하느님과의 친교에 전적으로 헌신하는 삶이다(참조: 1코린 7,32~35). 축성된 독신은 자신의 동료들에 대한 봉사라는 측면에서도 매우 중요하다. 독신으로 동정을 지키는 이들은, 동료들의 종교적 필요를 위한 사제직으로서의 봉사가 되든 병·약자의 복지를 위한 애덕의 봉사가 되든 상관없이, 자신의 이웃을 섬기는 데 자유로워진다. 이 외에도, 현세적인 안락과 행복만을 위해 사는 시대에, 독신자들은 사람들이 이 세상에서는 삶의 궁극적 충족감을 찾을 수 없고 오히려 하느님과의 친교 안에서 더 높은 삶을 향해 불렸다는 진리를 의미심장하게 증언한다.

축성된 독신의 상태에 있더라도, 사람은 무성적(無性的, a-sexual) 존재가 되지는 않는다. 이는 자발적이든 비자발적이든 모든 형태의 독신에 동일하게 해당된다. "그는 남성 또는 여성으로서 자신의 개성을 발전시키며, 이성의 짝과 완전한 인간적 동반관계를 맺으려는 타고난 욕망을 아주 자연스럽게 유지한다. 그러한 미혼자가 이기적인 노총각이나 원한 맺힌 노처녀가 되지 않으려면, 하느님을 받아들이고 동료 인간을 섬기는 일에 자신을 넘어서는 한 걸음을 내디뎌야 한다. 이로써 미혼자는 (독신이 자발적이든 비자발적이든 상처를 줄 수 있음에도) 아무런 왜곡이나 손상 없이 남녀 간의 바람직한 사랑의 동반관계를 자제하면서 이를 견딜 수 있게 된다."[52] 아가페가 지닌 사심 없고

52) *Ibid.*, pp.44f.

헌신적인 사랑 안에서만 독신이 정복되고 열매 맺을 수 있게 된다. "축성된 독신에 대한 평가는 이를 실천하는 이들이 공동체 안에서 예수가 하느님 나라를 구체화하는 것으로 내세우신 가치들과 관계들, 즉 연민, 자비, 용서, 소외된 이들과 죄인들과의 연대 등을 확대하는 구체적인 역량에 좌우된다."[53]

성적 동반관계를 자제한다고 해서 모든 형태의 동반관계를 자제한다는 뜻은 아니다. 인간에게는 성적 작용보다 더 중요한 것은 대인관계, 우정, 공동체, 수용, 인정받음에 대한 욕구이다. 이러한 상위의 욕구가 충족되면 하위의 욕구는 관리가 더 쉬워진다. "높은 수준의 욕구에서 사랑하면, 낮은 수준의 욕구와 그에 따른 좌절 혹은 만족은 덜 중요해지고, 덜 중심적이게 되며, 더 쉽게 무시할 수 있게 된다."[54]

9.2.5. 올바른 성교육을 위한 배려

오랜 관습의 붕괴와 전통 규범에 대한 의문 제기로 인해 발생하는 문제점들을 맞닥뜨리기 위해서는, 자신의 성에 대해 진정한 이해를 발전시키도록 돕는 것이 필수적이다. 이를 위해서는 (성인 연령층도 어느 정도 포함해서) 완전하고 정확하며 포괄적인 성교육이 요구된다. 아동과 청소년에게는 과거에 제공되던 것보다 훨씬 더 많은 정보와 긍정적인 성적 태도와 훨씬 더 완전한 가치관 전달이 필요하다. "연구에 따르면, 그러한 성교육 정보가 원래 일어나지 않았을 성적 활동을 부추기지는 않는 것으로 나타났다."[55] 이러한 정보를 전달하

---

53) Lisa S. Cahill, *Sex, Gender and Christian Ethics*, Cambridge, UK: Cambridge University, 1996, p.183.

54) Abraham Maslow, *Motivation and Personality*, New York: Harper & Row, 1970, pp.177f; quoted by V. Genovesi, *op.cit.*, p.144.

55) C. Gallagher et al., *Embodied in Love*, New York: Crossroad, 1989, p.59.

는 가장 좋은 주체는 부모이지만, 그러한 여건이 되지 않는 경우가 많다. 종종 부모 자신이 성에 대한 올바른 이해와 방향을 갖추어야 한다. 그들은 성을 비하하고 억압하는 도덕의 측면을 강조하는 부정확하고 왜곡된 시각에 영향을 받았고, 그래서 성에 대한 두려움을 갖고 있다. 그러나 적어도 일부 지역에서는, 이러한 시각에 변화가 진행되고 있다.

성적 사실에 관한 생물학적·심리학적 정보가 필요하긴 하지만, 성애의 더 깊은 의미와 책임에 대한 이해가 없다면, 그 정보는 불충분한 것이 된다. 단지 임신 예방만을 유일한 목표로 삼는 성교육 프로그램들은 득보다는 오히려 해를 끼칠 수 있다. 건전한 성교육 프로그램이 되려면, 다음과 같은 내용으로 구성해야 한다.

(1) 성은 하느님의 선물이라는 인식과 그리고 성의 생식적 의미와 사랑 표현("언어")으로서의 기능에 대한 이해를 전달할 것. (2) 성차와 양성평등에 관한 본질적인 생물학적 사실, 구애, 성교, 임신, 출산에 관한 정보를 알릴 것. (3) 사람들이 자녀를 원하는 이유, 자녀를 가질 권리의 한계, 책임 있는 부모 역할의 필요성을 알릴 것. (4) 자연적 가족계획 방법·대체 방법의 정보 및 각 방법에 대한 윤리적 평가를 알릴 것. (5) 태아의 권리, 유전적 질환의 문제 및 장애자를 향한 지지 태도에 대해 토의를 할 것. (6) 동성애 문제점과 심리사회적 발달의 유사한 어려움을 고찰할 것. "이러한 성교육 프로그램들은 많은 생리적·심리적 문제들의 발생 빈도나 심각성을 줄이는 데 큰 도움이 될 수 있기에, 이는 예방의학으로 간주할 수도 있다."[56] 이러한 교육은 심리학적 예방을 장려하고, 사실적 정보와 진정한 가치를 제공함

56) K. O'Rourke / D. Brodeur, *Medical Ethics*, vol. I, St. Louis, Mo: Catholic Health Association of the U.S., 1987, p.107. 성교육 프로그램을 위한 위의 희망 사항 목록은 이 책을 따른 것이다.

으로써 젊은이들이 현실적이고 건설적 방식으로 생활에 직면할 수 있도록 도와준다.

9.3. 비혼자의 성

9.3.1. 혼인에 앞선 성적 관계들

한편으로 헌신하지 않으며 난잡한 교제와 다른 한편으로 비교적 안정된 비혼의 공동체 간에는 구별해야 한다. 후자는 충실함과 믿음직함, 사랑 안에서의 신뢰와 협력이 요구되는 관계들이다. 오늘날 비혼 공동체에 대한 수용도가 높아졌다면, 이는 후자의 경우를 의미한다. 따라서 이는 별도의 부문에서 다룰 것이다.

1) **혼전 성교**(premarital intercourse)

혼전 성교는 그리스도교 윤리에서 늘 부정적 평가를 받았다. 그러나 이는 다소 빈번한 현상이기도 하다. 오늘날 성 윤리의 전통에 대해 비판적으로 재검토될 것은 바로 이 주제와 관련된 것들이며, 놀라운 일도 아니다. 혼전 성교는 정말 항상 그리고 일반적으로도 잘못되었고, 따라서 탓이 있고 죄가 되는 것인가? 오히려 이것을 호의적으로 보는 긍정적 근거들이 제시되지 않는가? 어떤 논거가 정말로 이를 반대하는 것인가?

(1) 성서의 가르침

그리스도교의 혼전 성교에 대한 태도는 신약이 모든 사음(fornication)을 배격하는 것에서 강한 영향을 받았다. 이미 구약은 성창(聖娼,

sacral prostitution)뿐만 아니라 속창(俗唱, secular prostitution)과도 강력하게 싸우고 있었다.[57] 심지어 혼인하는 남자는 자기 아내가 처녀가 아님을 알게 되면, 그녀를 돌로 쳐 죽이도록 명하기도 하였다. "그 여자가 제 아버지의 집에서 음행을 하여 이스라엘에서 추잡한 짓을 하였기 때문이다"(신명 22,21). 하지만 특별히 남자의 경우, 모든 혼전 성교를 일반적으로 금하는 규정은 없다. 그럼에도 후대의 유대 전통은 더욱 엄격한 경향을 보였으며, **제누트**(*zenut*, 이성 간의 부도덕한 성교)의 금지를 남자에게도 확장시켰다. "후대 랍비의 용어에서 **제누트**는 모든 혼외 성교뿐만 아니라, 랍비의 지침에 반하는 혼인 내의 성교에도 적용되었다."[58]

신약은 하느님 나라의 의로움에 반하는 모든 사음(fornication, *porneía*)을 단호히 배격한다. "신약은 모든 혼외 성교와 부자연스러운 성교를 무조건 부정하는 특징을 띤다."[59] 그리스도는 사람의 마음에서 나오는 것 중 하나로 사음과 간음을 열거하셨으며, 이것이 사람을 더럽힌다고 말씀하셨다(마태 15,19~20; 마르 7,21~23). 성 바오로의 서간에는 성적인 부도덕과 사음에 대한 비난이 반복해서 나온다. 창녀와의 잦은 접촉은 물론, 모든 부류의 불법적 욕망의 충족은 그리스도인과 주님의 밀접한 관계를 심하게 해친다고 보았다(1코린 6,15~18를 보라).

바오로가 사용한 사음(*porneía*)이라는 개념이 오늘날 사용되는 것과 같은 의미인지, 아니면 바오로만 사용하는 더 제한적으로 다른 의미를 지녔는지, 이를 질문해 봐야 한다. 코린토 전서 5장 1절에서는 공동체의 한 신자가 자신의 계모와 결합한 근친상간 관계를 **포르네이아**(*porneía*)로 규정한다. 6장 13~20절에서는 창녀와의 결합에 대해 말하

---

57) 레위 19,29; 신명 23,17~18; 집회 9,6; 예레 5,7; 아모 2,7.
58) Hauck / Schultz, "Pomeia", *Theological Dictionary of the New Testament*, ed. by Kittel/Friedrich, vol. VI, 1968, p.589.
59) *Ibid.*, p.590.

면서, 매춘이라는 의미로 이 용어를 사용한다. 그렇지만 전체 문맥은 더 넓은 의미를 지니며, 사람이 "그리스도의 지체"가 되는 대신 "창녀의 지체"가 되는 성적 부도덕의 형태 전체가 포함된다고 암시한다.

코린토 전서 7장 1~2절에서 바오로는 남자가 여자를 접촉하지 않는 것이 좋다고 판단한다. 그러나 **포르네이아**에 대한 유혹 때문에, 남자는 아내를, 여자는 남편을 두어야 한다고 말한다. 여기서 바오로는 오직 혼인 중에만 성관계가 정당하다고 판단한다. "이 문맥에서 복수형인 **포르네이아**는 아주 일반적인 의미로 이해해야 한다. 이는 혼외의 성적 활동 모두를 가리킨다."[60] 테살로니카 전서 4장 3~8절은 사음을 이교도들의 이기적 음욕과 동일시한다. 즉 "하느님의 뜻은 바로 여러분이 거룩한 사람이 되는 것입니다. 곧 여러분이 불륜(*porneía*)을 멀리하고, 저마다 자기 아내를 거룩하게 또 존중하는 마음으로 대할 줄 아는 것입니다. 하느님을 모르는 이교인들처럼 색욕으로 아내를 대해서는 안 됩니다." 바오로는 이교인들 간에 널리 행해지는 난교와 방종을 단죄한다. "코린토 전서 7장 2절에서처럼 이곳에서도 이 단어는 매우 일반적인 의미로, 합법적 혼인 밖에서의 성적인 방종 모두를 가리킨다."[61] **포르네이아**는 비난받는 죄로서, 악습 목록 속에서도 정식으로 등장한다.[62] 그러나 단순한 열거만으로는 그 죄의 구체적 성격을 추가로 알아낼 수 없다.

본문 전체와 그리고 모든 혼외 성교를 배척했던 신약 저자들의 유다교적 배경을 고려할 때, 신약은 혼외의 성관계 모두를 단죄한 것으로 결론 내려야 할 것이다.[63] 초기 교회도 이런 의미에서 신약을 이

---

60) A. Humbert, "Les péchés de sexualité dans le Nouveau Testament", *Studia Moralia* 8(1970), p.160. Wolfgang Schrage(*Die konkreten Einzelgebote in der paulinischen Paränese*, Gütersloh: Gerd Mohn, 1961, pp.219f)에 의해 같은 결론에 도달한다.

61) Humbert, *op.cit.*, p.162.

62) 2코린 12,21; 갈라 5,19; 에페 5,3~5; 콜로 3,5; 계시 9,21.

해하였다.

(2) 교도권의 교리

교회 교도권은 혼전 성교가 중죄라는 확신을 반복적으로 천명해 왔다. 혼전 성교에 대해 신학적·도덕적 오류라고 교도권이 내린 여러 번의 단죄는 혼외 성교가 죄이자[64] 중죄라고[65] 명시하였고, 적어도 이를 명확히 전제하고 있다. 성 윤리와 성교육에 관한 최근 로마 교황청의 두 문헌은 이러한 교회 입장을 한 번 더 확인해 준다.[66] "성적 결합의 관계는 결혼 안에서만 허용되는 것이다."[67] 이 교리는 가톨릭 신학의 오랜 전통과 일반적인 그리스도교 신앙의 일관된 전통을 반영한다. 1971년부터 1975년까지 개최된 "서독의 공동 시노드"에서 성관계는 완전히 혼인 안에서 그 자리를 갖는다고 선언되었다. 하지만 동시에 혼전 성관계에 대해 차등적 평가도 요구하였다. "아무 상대와의 난잡한 성적 교제는 서로 사랑하고 영구적 유대를 맺기로 결심한 약혼자나 굳건히 약속한 상대방 간의 내밀한 관계와는 달리 평가되어야 한다. 이들은 중대한 이유로 인해 아직 혼인을 하지 못한 경우이기 때문이다. 그럼에도 이러한 관계들 역시 도덕적 규범에 부합한다고 여길 수는 없다. 여기서 책임 있는 결정을 내리도록 돕는 것은 양심 형성을 위한 시급한 과제이다."[68]

---

63) Humbert, *op.cit.*, p.182. 유배 이전 시대와 대조해 볼 때, "예수 당시의 유다교는 세 개의 사죄(사음·우상 숭배·살인) 중에 모든 혼외 성적 활동도 포함시켰다. 랍비 파울루스는 이 엄격한 평가를 택했다"(D. FaBnacht, "Sexuelle Abweichungen", in *Handbuch der christlichen Ethik*, vol. II, ed. by A. Hertz et al., Freiburg: Herder, ²1993, p.180).

64) *DS* 1367; 2148; Pius XI in *Casti Connubii*, *AAS* 22(1930), pp.558f.

65) *DS* 835; 897; 2045.

66) 신앙교리성, 「인간 위격. 성 윤리상의 특정 문제」(1975.12.29.), 7항; 가톨릭교육성, 「인간 사랑에 대한 교육 지침. 성교육에 관한 지침」(로마, 1983), 95항.

67) 가톨릭교육성, 같은 곳.

68) Gemeinsame Synode der Bistümer in der Bundesrepublik Deutschland, *Beschlüsse der Vollversammlung. Offizielle Gesamtausgabe* I, Freiburg: Herder, 1976,

(3) 혼전 절제(continence)를 지지하는 논거들

혼전 절제를 지지하는 논거의 두 가지는 성애의 본질과 목적에서 도출된다. 그리고 셋째 논거는 귀납적인 것으로서, 지속 가능한 혼인 유대만이 전정으로 행복한 성적 관계를 위한 조건을 제공한다는 점을 보여 준다.

① 성애는 자녀 출산을 통한 인류의 번식을 아주 근본적인 목적으로 삼는다. 혼전 성교와 혼외 성교에서는 원칙적으로 이 목적을 달가워하지 않으며, 배제시켜 버린다. 성교와 출산이 근본적으로 분리되며, 인간의 성을 왜곡시킨다. 이것은 성적 결합이 항상 출산과 함께 이루어져야 한다는 의미는 아니다. 그러나 성교의 자연스러운 목적 중 하나를 완전히 배제시켜 버리면, 인간의 성이 지닌 균형·의미·통합성은 깨져버린다.

성행위와 출산의 밀접한 관계는 피임하려는 노력에도 불구하고, 자연이 종종 제 역할을 하여 아이가 임신되는 사실에서 드러난다. 반임기구(contraceptives)를 이용할 수 있음에도 불구하고, 그것들의 지속적 사용과 절대적 효과는 항상 보장되는 것이 아니다.[69] 부주의, 감정의 갑작스러움, 즉흥성 등 다른 관련 요인들도 있지만, 소녀 중 일부는 의식적으로나 무의식으로 임신하려는 욕구를 지니고 있다. 따라서 젊은 사람 중 임신에 대한 두려움은 줄었음에도 불구하고 실제 임신 발생률은 줄지 않았음을 최근의 조사들이 보여 주는 것은 놀랍지가 않다. 이는 아기에게 특히 심각한 위험이 되며, 또한 소녀에게도 그러하다. 어느 쪽이든 그 아기는 낙태될 것이다.[70] 그들 커플은 혼인하게

---

p.442.

69) "1989년의 어떤 연구에 따르면, 피임약을 사용하는 여성 중 약 11%만이 올바르게 사용한다. 이러한 부주의는 특히 엄청난 수의 젊은 여성들이 의도하지 않게 임신하게 되는 주원인이다. 피임약(pill)을 복용하는 미국 여성 중 매년 약 63만 건의 임신이 발생하는데, 이 가운데 80% 이상이 15~24세의 여자들이다"(Brian Clowes, *The Facts of Life,* Front Royal, Va.: HLI, 1997, p.73).

되지만, 자신들의 선택이 옳다는 확신이 없이 이루어진다.[71] 아니면 소녀는 상대측의 도움이나 가족의 보호 없이, 아이와 홀로 남게 된다. 이럴 경우에는 다시 "빈곤·마약·낮은 교육·낮은 고용률 등 많은 사회적 병리 현상이 따라올 수 있다."[72] 미혼모는 일반 인구에 비해 빈곤할 확률이 두 배나 높다. 그 외에도 "여자에게 필요한 것은 단지 돈만이 아니다. 친구, 가족, 즉 인맥이 필요하다."[73]

따라서 혼전 절제에 대한 전통적 논거는 오늘날에도 여전히 유효하다. 성교는 건전한 자녀 교육이 보장될 수 있는 부부가 행하는 경우에만, 책임 있는 행위이다. 그리고 적절한 자녀 교육은 상시적인 혼인 상태(또는 그에 상응하는 상태) 안에서만 보장될 수 있다.

② 두 번째 논거는 성행위의 또 다른 목적 즉 상대방에 대한 상호적 사랑의 표현과 그것의 심화로부터 도출된다. 성교는 상호적인 사랑 관계의 정점으로서, 전적인 자기-증여의 자연스러운 표지이다. 앞서 설명한 것처럼, 이 행위에는 본질적으로 그러한 의미가 내재되어 있다. 성기의 교접을 갖기 전에, 상대방에 대해 다음과 같은 질문에 긍정적으로 답할 수 있어야 한다. "당신은 내 아이의 어머니(또는 아버지)가 되길 원하는 사람인가요? 당신은 나의 남은 생애 동안 함께하며 나를 돌보기를 바라고, 또 내게 돌봄을 받고 싶은 사람인가요?"[74] 이

---

70) 클로즈(Brian Clowes)에 의하면, 미국에서 낙태하는 산모의 82%는 미혼이다(*op.cit.*, p.325).

71) 십 대의 혼인이 이혼으로 끝날 가능성은 2~3배 더 높다.

72) "Life with mother", *Newsweek*, Jan. 20, 1997, p.42. 혼외 출산율은 1994년 스웨덴 50%, 노르웨이 46.9%, 덴마크 46.8%, 영국 32%, 오스트리아 26.8%, 아일랜드 19.7%, 독일 15.4%, 네덜란드 13.1%, 스페인 10.5%, 이탈리아 7.3%, 스위스 6.4%, 그리스 2.9%(*ibid.* p.423). 미국의 경우, "미국 청소년 10명 중 4명, 즉 매년 거의 100만 명이 20세가 되기 전에 적어도 한 번은 임신한다. 그들 중 80%는 미혼이다"(*Newsweek*, May 11, 1998, p.44).

73) Backmann of Denmark's Motherhelp, *Newsweek*, Jan. 20, 1997, p.46.

74) V. Genovesi, *In Pursuit of Love*, Dublin: Gill and Macmillan, 1987, pp.164f. 이 질문에 당사자들이 진심으로 긍정적으로 답한 후에야 성교가 이루어진다면, 혼전 성관계의 발생률이 급감할 것이라는 점은 과소평가하기가 어려울 것이다.

러한 선택적 사랑의 표징과 표현이 아닌, 그저 긴장 완화나 심지어 육체적 쾌락만을 위한 성교는 진지한 의미에 미치지는 못한다. 이는 망상 또는 속임수일 뿐이다.

성행위의 성격은 사랑의 단일하고 배타적인 표현으로서, 사람들이 그러한 관계를 자발적으로 경험하는 가운데 확인된다. 한 소년이 어떤 소녀에 대해 특별한 에로스적 애정을 느끼기 시작하면, 그녀는 "특정한 배타적이고 독점적인 관계의 대상으로 선정되는 것이다. 그가 알고 있는 다른 여자 지인들은 더 이상 그러한 정도로 선정될 수 없다. 우리 문화의 사랑가, 시, 대중음악을 생각해 보라. 모든 사람의 마음 안에는 이러한 사랑이 지속되고, 심지어 '영원'히 지속되기를 바라는 열망도 있다. 우리의 본성에 대해 우리가 바꿀 수 있는 것은 별로 없다. 특정한 성관계에 배타성, 질투 없는 소유욕, '영속성' 등의 요소가 포함되어 있을 때, 행복을 가져올 것이라는 강력한 근거가 있다. 이 요소 중 하나라도 빠져 있거나 불확실할 경우, 파괴적인 긴장과 불행을 야기할 것이다."[75] 따라서 헌신이 없는 혼외 성교가 깊은 만족감과 자아실현의 느낌을 주기보다는 불만족함과 불쾌감만을 남긴다는 것은 놀라운 일이 아니다. — 또한 주목할 만한 관찰은, 첫 번째의 내밀한 성적 접촉이 일반적으로 상대방을 향해 지속적인 애정을 남긴다는 것, 또한 특히 여자에게 더 두드러지지만 남자에게도 마찬가지라는 것이다. 이 애정은 그들 안에 평생 동안 남아 있으며, 다른 상대와 혼인할 때 불가분의 애정 형성에 방해할 수 있고, 그리고 나중에 이전 상대와의 우연한 만남으로 인해, 부부 결합에 방해를 받을 수도 있다.

③ 성교를 혼인에만 제한하는 것은 결국 남녀가 육체적 사랑과 결

---

75) O'Neil / Donovan, *Sexuality and Moral Responsibility*, Washington/Cleveland: Corpus Books, 1968, p.131.

합을 통해 아무 거리낌 없이 완전히 행복할 수 있기 위해 필요한 전제 조건들에 의해서도 요구된다. 개별적으로 보면, 이러한 조건들은 혼전 성교의 허용 불가를 절대적으로 증명하는 것은 아니다. 왜냐하면 둘은 덜 이상적인 조건과 더 낮은 수준의 공동 행복에 만족할 수도 있기 때문이다. 그럼에도 이 조건들은 혼전 또는 혼외의 성관계가 지닌 불충분함과 결핍을 보여 주는 징후들이 된다.

남녀(couple)가 서로 전적으로 행복해지기 위해서는 시간이 필요하다. 시간의 압박이 오면, 성애를 충분히 펼칠 수 없다. 시간의 제약 자체는 방해가 된다. 그들은 방도 필요하다. 그들이 확실하게 방해받지 않을 자신들만의 방, 편안한 장소가 필요한 것이다. 자동차처럼 비좁은 곳은 필요한 편안함을 제공하지 않는다. 호텔의 방조차도 자신의 거처와는 비교가 되지 않는다. 또한 그들 만남이 반복될 수 있는 것이어야 한다. 이번 만남이 유일한 것이거나 마지막일 수 있다는 두려움이 있을 때, 어떻게 완전히 행복할 수 있겠는가? 서로에 대해, 그리고 다음 만남에 대해 확신이 있어야 한다. 게다가, 참된 사랑은 단순한 성교 그 이상의 것을 욕망한다. 상대의 관심사와 생각, 슬픔과 기쁨을 함께 나누길 원한다. 둘이 하는 식사조차도 서로를 향한 애정(tenderness)의 표현이다. 대화도 이에 속하며, 영화·연극·연주회·춤 및 이와 유사한 것들도 마찬가지이다. 사랑에 빠진 둘은 가능한 한 모든 것을 서로 나누길 좋아한다. 다시 말해, 사랑과 성적 자기-증여가 결합하면, 인생이 결합되기를 원한다. 그리고 이러한 사랑의 총체적 결합 속에는 아이에 대한 소망도 당연히 포함시켜야 한다. 끝으로, 남녀의 사랑은 지극히 사적인 일임에도 불구하고, 모든 남녀는 결국 사람들로부터 자신들의 결합을 인정받기를 바란다. 끊임없이 은밀하고 도피하는 관계는 유쾌하지 않으며, 가능하지도 않다. 따라서 사랑으로 함께 하는 남녀는 공개적으로 받아들여지기를 원한다. 이 모든 조건은 성애를 완전히 행복하게 구현하기 위한 전제 조건들이며, 이는 오직 지속적이고 공개적인 혼인 유대를 통해서만이 성취된다.

(4) **이견들**

혼전 자제를 요구하는 것이 오늘날 불합리하고 부당한 금기-도덕(taboo-morality)의 산물이라며 자주 공격받는다. 이를 반대하는 논거가 몇몇 제기되는데, 이에 대해 검토가 필요하다.

① 첫째 논거로서, 성적 충동은 다른 모든 충동과 마찬가지로 충족이 필요하다는 주장이다. 자제는 부자연스러운 긴장을 강요한다. 오늘날의 문명에서는 성적 성숙과 혼인까지의 간극이 상당히 길기에, 이 동안의 욕구 충족을 위한 자연적이고 정상적인 방법이 혼전 성교라는 것이다. 정신 병리학 및 심리치료의 증거는 성적 충동의 억압이 심리학적으로 해로움을 확인해 준다고 주장한다.

하지만, 진실은 이 주장을 지지하지 않는다. 많은 수의 젊은이가 심리학적 건강에 아무런 해도 없이 금욕(continent)하고 산다. 그리고 그 숫자도 상당하지 않는가? 왜냐하면 예컨대 약혼 중에 가끔의 성교 행위가 성숙과 혼인 간의 간극을 메워 주는 임시변통(shift)으로 간주되지는 않기 때문이다. 혼전 성교를 맺는 남녀가 그렇지 않은 남녀에 비해 상호 위격적 관계, 신의(fidelity) 및 향후 혼인 유대에 대한 안정성에 있어서 더 큰 문제를 겪는다.[76)]

76) 킨제이(Kinsey) 연구(1953)에 따르면, 혼전 성 경험이 있는 아내들은 나중에 혼외정사를 두 배 이상 자주 맺는다. 혼전 성관계를 맺었던 부부의 이혼 발생률은 — 아래를 참조하라 — 혼전에 금욕했던 부부의 경우보다 두 배 이상 높다. 다양한 연구에 따르면, 혼전 성관계를 가진 부부는 혼인 생활에 적응이 더 어렵다고 한다. 따라서 혼전 성 경험이 풍부한 부부 중 15%는 자신의 혼인 생활이 불행하다고 말하지만, 혼전 자제를 실천한 부부 중 4%만이 혼인 생활을 불행하다고 한다. 하지만 그 성관계가 미래의 혼인 상대에게만 국한된 경우, 이후의 혼인 생활 적응에 거의 영향을 미치지 않는다(G. Schmidt in *Die Sexualität des Menschen. Handbuch der medizinischen Sexualforschung*, ed. by H. Giese. Stuttgart, ^{2}1971, p.75).

② 둘째 논거는 상대방이 성적 측면에서도 서로 정말 맞는지 알아야 한다는 주장이다. 이러한 경험은 혼인이라는 최종 서약 이전에 수집되어야 하며, 그 이후에는 그러한 혼인 유대로부터의 철회가 불가능하기 때문이다.

그러나 둘이 정말로 맞는지를 성교라는 수단으로 실험할 필요가 있는가? 생리학적 측면에서 볼 때, 그러한 필요성은 존재하지 않는다. 생식기의 기형이 있지 않는 한, 두 사람은 언제나 잘 맞는다. 따라서 기형으로 인해 영향을 받는 사람이라면, 당연히 상대방에게 이를 알려야 한다. 심리적 궁합(compatibility)에 관해서는 혼전 성교 이외의 사랑과 애정 통해서도 충분히 시험 가능하다. 이는 앞서 언급한 바 있다. 게다가, 사랑의 즐거운 육체적 경험을 위해서는 둘이 서로 동조하는 것이 필요하다. 이것은 처음부터 또는 몇 번의 관계로는 도달될 수가 없다. 혼인 이전의 성교로는 부부로서의 사랑의 조건을 예상할 수 없으며, 따라서 의미 있는 실험을 할 수가 없다. 도리어 둘이 육체적으로 서로 만족시킬 수 있는지 알아내려고 할 때, 둘은 다른 본질적인 것들을 알지 못한 채, 상대방에 대해 진정한 이해를 구하는 것이 방해받을 수 있다. 일단 둘이 성적으로 얽히게 되면, 혼인에 대한 진정한 전망을 냉정하게 평가하는 데 심각한 편견을 갖게 된다. 그러나 그들의 인생에서 볼 때, 신뢰할 수 있는 자기 평가가 이때보다 더 중요한 때는 없다. 서로가 알아가야 할 궁극적 목표는 무엇보다도 성격의 적합성, 직업적·지적·종교적 관심사 및 도덕적 사고방식이어야 한다. 소위 “실험”을 위한 혼전 성교의 논거가 얼마나 논박될 수 있는지를 보여 주는 예는 다음과 같다. 오늘날에는 과거보다 더 많은 남녀가 소위 “실험 혼인”을 실행하고 있음에도, 실제로 혼인이 더 성공적인가? 오히려 통계는 반대의 결과를 보여 준다. 실험이 없었던 과거의 혼인은 동등하게 지속되었을 뿐 아니라, 오히려 더 오래 지속되었다.

또 다른 문제는 예컨대 아프리카의 일부 나라에서 혼전 관계가 여자의 가임력을 시험하기 위한 방식으로 허용되고 있다는 점이다. 임신이 발생하면 그 혼인이 구속력을 갖는다는 혼인 약속(understanding)인 것이다.[77] 이 관습에 일정한 논리가 없는 것은 아니다. 비록 그리스도교 선교회가 이 관습을 인정하지는 않지만, 그럼에도 이 관습을 폭넓게 고려하고 있으며, 그런 지역에서는 아기가 생길 때까지 교회에서의 혼인도 미루고 있다. 하지만 아프리카 학자 음비티(J. Mbiti)는 이 관습에 반대하며, 이는 여자에게 공정하지 않기 때문이라고 주장한다. "여러분의 배우자가 아이를 낳을 수 있을지 없을지는 혼인에 따르는 모험 중 하나이다. 여러분은 태어날 아기를 위해서가 아니라, 그녀를 위해 혼인해야 한다."[78]

③ 끝으로 셋째 논거는 혼전 절제의 필요성을 위해 성적 쾌락을 억압하는 것이 정당성이 없다는 것이다. 사람들은 도덕적 금기의 억압에서 해방되어야 하며, 합법화된 충족과 행복을 누릴 수 있어야 한다는 것이다. 어떤 남녀가 오르가슴에 이르지 않는 애무나 심지어 오르가슴까지 애무를 행하든, 아니면 혼전 성교까지 행하든, 결국 어떤 차이가 있는가? 성행위의 비도덕성의 실제 기준은 "타인을 해치거나 착취하는지"이다. 그렇지 않다면, 이는 적법하다.[79]

---

77) "교회의 가르침에도 불구하고, 자녀에 대한 강한 갈망은 대다수의 이그보족(Igbo) 그리스도인들 사이에 '임신이 안 되면 결혼도 없다'는 입장이 생겨났다"(Bernard K. Nwakonobi, *Consent in Igbo Christian Marriage*. M.A. dissertation, Catholic Institute of West Africa, Port Harcourt, 1989, p.21). 그렇지만 젊은 이그보족 남자들이 임신이 이루어지기 전에 혼인 서약을 교환할 때, "그들의 내적 지향은 종종 외적 행위와는 일치하지 않게 된다. 그러면 그러한 조건으로 맺어진 혼인의 유효성을 문제 삼을 수 있지 않을까?"(*ibid.*, p.91).

78) J. Mbiti, *Love and Marriage in Africa*, Singapore: Longman Singapore Publishers, 1973, p.72.

79) Cf. J. Fletcher, *Moral Responsibility*, London: SCM Press, 1967, p.131; p.134; pp.137f.

혼전 성교의 금지가 미개한 금기-도덕이 가한 부당한 억압이라는 주장은 기존의 전통적 입장을 옹호하는 여러 논거로 반박된다. 이 논거들은 이미 설명한 바 있기에, 여기서는 내용의 일부만 덧붙이고자 한다. 자유로워진 혼전 성교가 더 큰 행복을 가져다준다는 약속은 사실로 입증된 적이 없다. 참된 행복, 사랑에 찬 동반관계 및 개인적 안정을 추구하는 갈망은 혼전 성교로는 충족되지 않는다. 비극은 혼전 성교가 좌절과 외로움에서 벗어나는 길이 아니라, 오히려 더욱 깊은 황량함 속으로 들어가는 길이라는 점이다. "영구적 헌신 없이 이런 식으로 성을 이용하는 것은 그 성에서 의미와 애정의 깊이를 비워 버리는 것이며, 성애조차도 무의미한 공허 속에 내맡기게 되고, 결국 사람은 이전보다 더 외롭고 소외를 느끼게 된다."[80)]

단순히 "정직"과 "참사랑"만을 성의 적법한 사용 기준으로 삼는 것만으로도 젊은이들에게는 과도한 부담을 준다. 왜냐하면 자기 자신에게 정직하기가 아주 어려운 영역이 바로 성애의 영역이기 때문이다. "만일 사람이 어떤 것에 대한 강한 욕망을 가지고 있다면, 그는 그 욕망을 허용된 것으로 해석하려는 경향이 있다. 따라서 성적 결합과 같이 중요한 문제에 있어서는, 개인이 스스로 판단하도록 내버려두는 것만으로는 충분하지 않다."[81)] 바로 성애에서 무엇을 해야 하는지도 알려 주는 표준이 필요하다. 참사랑은 즉각적인 결과만이 아니라, 더 먼 결과도 고려해야 한다. 특히 청소년들에게는 안내 규범이라는 도움이 필요하다. "이 연령대의 성적 활동에 대한 금기에는 그럴 만한 이유가 있다."[82)]

---

80) F. Manning, "The Human Meaning of Sexual Pleasure and the Morality of Premarital Intercourse, Part III", *AmEcclRev* 166(1972), p.316.

81) H. Rotter, *Sexualität und christliche Moral*, *op.cit.*, p.61.

82) Morton T. Kelsey, *Caring. How Can We Love One Another*, New York: Paulist Press, 1981, p.131.

끝으로, 난잡한 성교가 건강에 중대한 위험, 즉 성병·낙태 및 최근의 치명적 질병인 에이즈 등을 수반한다는 사실은 간과하지 말아야 한다.[83]

절정까지의 쓰다듬기(heavy petting)와 성교를 동일시하는 견해는 지나치게 단순화된 것이다. 성교는 자신을 내어 주는 확실한 표현이지만, 쓰다듬기는 그렇지 않다. 남녀가 다양한 형태로 열정적인 키스나 쓰다듬기를 할 수 있지만, 이는 가장 내밀한 육체적 결합인 성교의 상징적 의미에는 미치지 못한다. 바로 이러한 이유로, 쓰다듬기가 가장 친밀한 성적 결합은 아니기에 임신을 일으킬 수 없으며, 이는 본질적 차이를 이룬다. 게다가, 오르가슴에 이르는 쓰다듬기도 그리스도교 도덕에서 남녀의 적절한 애정 표현으로는 간주되지 않는다.

2) 비혼(Non-marital) 공동체들

비혼 공동체는 혼인의 유대 없이 남녀가 성관계를 포함하여 함께 사는, 다소 안정적인 결합을 말한다. 1970년대 이후 이러한 공동체들이 서구 여러 나라에서 크게 늘었다. 이들 공동체에 대한 대중의 평가에도 뚜렷한 변화가 나타나며, 점점 더 사회적 배척을 덜 받는 경향을 보인다.[84] 사람들은 이것을 "혼인 증명서 없는 혼인"이라 부르기도 한다. 많은 경우, 남녀는 평생 서로에게 적합한 사람인지 시험해

---

83) 에이즈는 어디에서든 위험하다. 그러나 최악의 피해 지역은 사하라 이남의 아프리카이다. 2000년 에이즈로 고아가 된 아이는 1,200만 명이었다. 여아는 남아보다 에이즈에 두 배나 더 취약하다. 보츠와나(Botswana), 레소토(Lesotho), 남아프리카공화국, 짐바브웨에서는 15~25세 소녀 중 25%가 감염되었다. 그들의 삶은 사실상 파멸이었다. 에이즈 백신은 없으며, 생명을 연장할 치료법은 대다수에게는 너무 고가라 접근이 불가능하다. "치료법이 없을 때, 질병 퇴치의 가장 좋은 방법은 예방이다. 그리고 그 예방은 단 한 가지, 즉 성행위와 태도를 바꾸는 것뿐이다"(*Newsweek*, July 17, 2000, p.25).

84) 독일에서 비혼 공동체의 수는 1990년에 963,000명, 1998년에는 2,000,000명이었다(비스바덴 Wiesbaden, 연방통계청). 이러한 증가는 서구 나라들의 상황을 전반적으로 반영한 상징적 현상이다.

보고 싶어 한다. 따라서 이를 가리켜 "실험 혼인"이라고도 한다. 실험 혼인이라는 결합 방식이 흔한 이유는 사랑만이 진정하고 충분한 기초라고 여기는 태도로 인해 법적 제도 자체를 거부하기 때문이다. 또 어떤 사람들은 지속적으로 헌신할 의무가 없는 상대방을 원하기도 한다. 소수이긴 하지만, 어떤 경우에는 재정적인 손실 회피를 목적으로, 예컨대 한쪽의 연금 상실이나 몇몇 형태의 차별에서 비롯된 문제를 피하려는 경우도 있다.

교회의 유효한 규범으로 평가해 본다면, 이러한 공동체는 승인을 받을 수 없다.[85] 혼전 성교의 문제에 관해 앞서 언급했던 내용 중 많은 부분이 여기에도 적용될 수 있다. 남녀의 상호 적합성을 시험하려는 특별한 의향에 관해서는, 이러한 공동체의 실질적인 결과들이 더 안정된 혼인을 가져다주는 것으로 나타나지는 않는다. 오히려 실험 혼인을 한 후 정식 혼인을 한 남녀의 이혼율은 혼인식 전까지는 따로 살았던 남녀의 이혼율에 비해, 두 배나 높았다는 연구 결과도 있다.[86] 실험 혼인의 기간 동안, 남녀는 서로에 대해 어떤 최종적 권리를 지니지 못한다. 이는 혼인 생활의 위기 속에 인내할 수 있는 훈련으로서 적절하지 못하다. 결국 "실험 혼인"은 약 40%가 5년 이내에 파탄이 나기 때문에, 생겨날 수 있는 아이에게 안정을 제공하지 못한다. 또한 이러한 관계의 불안정한 상태에서 원하지 않은 임신이 발생하는 경우, 낙태를 선호할 가능성이 높다고도 의심해 볼 수 있다.

공식적 혼인 약속이 신실한 사랑 관계에 필수적인 것은 아니라는 빈번한 논리는 성교를 혼전(婚前, premarital)의 것과 혼인의 식전(式前,

85) 참조: 요한 바오로 2세, 사도적 권고 「가정 공동체」(1981.11.22.), 79~81항.

86) 이것은 "Bumpass / Sweet, 1995; Hall / Zhao, 1995; Bracher / Santow / Morgan / Trussell, 1993; Bumpass / Sweet, 1995; 기타 자료"의 연구 결과들이다. 서구의 일부 국가에서는 이혼율이 심지어 80%에 달하기도 한다. 이에 대해서는 다음을 참조하라. the report *Marriage Preparation and Cohabiting Couples*, U.S. Catholic Conference, Washington, 1999(www.nccbuscc.org/laity/marriage/cohabiting.htm).

pre-ceremonial)의 것으로 구분하게 만들었다. 실제로 성교가 남녀의 삶이 하나로 결합되었다는 표현일 경우, 또한 성교에 수반하는 모든 책임을 기꺼이 받아들인다는 의미일 경우, 둘은 도덕적 의미에서 이미 혼인한 것이다. 둘의 결합이 공식적인 혼인식에 의해 아직 합법화되지는 않았더라도, 이러한 경우의 성교 행위는 식전의 성교이며, 혼전의 성교는 아닌 것이다.[87)]

그러나 식전의 성교가 정말 상호 사랑을 더 가치 있게 표현한 것인지, 성교가 공개적으로 혼인한 것만큼 정말로 그 남녀의 결합을 강화해 줄 것인지, 질문해 봐야 한다. 사랑과 헌신을 위한 아름다운 공언(公言, professions)은 "단순한 수사에 불과하며, 이기심과 미성숙함을 상당히 가려 줄 수 있다. 여기서 문제는 한 쪽이 다른 쪽의 — 공개되지 않은 — 헌신의 말이 진실인지를 확신할 수 없다는 점에 있다. 이러한 결합 중에 깊이 헌신한 배우자가 상대방이 비록 말은 했지만, 그 약속이 실제로는 진심이 아니었음을 발견하는 경우가 너무나 자주 그리고 너무나 충격적으로 생기곤 한다."[88)] 성적 영역에서 볼 때, 순전히 사적인 관계는 자기기만과 타인을 속이기에 너무나 많은 여지를 남긴다. 인간의 사랑과 헌신의 역량이 혼인을 가능하게 한다면, 인간의 불성실과 무책임의 성향은 혼인을 필수적이게 만든다. 혼인할 때까지 생식기의 표현을 기다릴 수 있는 사랑은 남녀가 서로에게 단지 성적 충족을 원하는 것이 아니라, 서로를 향한 성적 욕구가 자신들의 사랑보다 하위에 있음을 보여 주는 가장 확실한 증거가 된다.

또한 혼전 성교와 식전의 성교를 구별하는 것이 진정 합법적인 것인지도 의심해야 한다. 혼인은 단지 개인 간의 유대만이 아니라, 사회

87) Cf. Paul Ramsey, "A Christian Approach to the Question of Sexual Relations Outside of Marriage", *The Journal of Religion* 45(1965), pp.100~118.
88) P. Keane, *Sexual Morality*, New York: Paulist Press, 1977, pp.105f.

적·교회적 실재이기도 하다. 따라서 두 사람의 개인적 합의만으로 혼인을 말할 수는 없으며, 반드시 사회적·교회적 승인과 제재가 따라야 한다. 더구나 그리스도인이 혼인을 성사로 받아들인다는 점에서, 부부가 서로에게 은총의 성사가 되어 주는 만큼, 혼인은 선천적으로 신자 공동체가 인정하는 외적 표지를 전제로 하는 사건인 것이다. 따라서 자신들의 사랑을 생식기의 방법으로 사적 공언을 하는 약혼한 남녀는 선의로(good faith) 자신들의 상호 헌신을 말했다고 하더라도, 그들이 혼인했다고 간주할 수 없다. 지난 분석에서 볼 때, 이러한 공동생활의 조건은 "실존적 부정직성을 의미하는데, 이는 곧 상대방을 사랑하고 그의 곁에 머물고 싶다고 하면서도 공적으로는 상대방과 확실히 연결된 느낌이 없음을 나타내는 것이기 때문이다. 이는 당연히 남녀의 의식에도 부정적 영향을 끼친다."[89] 이로써 불안감이 조성되고, 상호 신뢰와 완전한 자기-증여에 방해가 초래된다.

하지만 가톨릭 도덕가들과 교회법 학자들은 특정한 예외를 언제나 인정해 왔다. 예컨대, 가톨릭 신자가 성직자에게 접근하기 아주 어려운 상황이 있다. 즉 성직자가 드물게 방문하는 외딴 지역에 사는 경우, 박해 시기로 인해 성직자가 교구 신자들의 필요를 충분히 정기적으로 돌볼 수 없는 경우 등이다. 이러한 경우의 남녀는 공식적인 의례를 치르지 않고도 혼인할 수 있으며, 기회가 되었을 때 결여된 규정을 채우면 된다.[90] 심각한 재정적 불이익이나 이와 유사한 문제를 피하고자 공식적인 방식으로 혼인하기를 원하지 않는 사람의 경우도 이러한 범주에 해당할 수 있다. 때때로 본당신부는 그러한 남녀를 비밀리에 혼인시킨 적도 있지만, 이는 반드시 교구 직권자(local ordinary)

89) H. Rotter, *Sexualität und christliche Moral*, *op.cit.*, p.73.
90) 참조: 교회법 제1116조. "그러한 상황이 1개월간 지속될 것이 신중하게 예견되는 때" 증인 앞에서만 맺은 혼인 계약은 적법하다.

와 상의하에 행해야 한다.

가톨릭 신자 쪽이 가톨릭교회가 인정하지 않는 외적 형식으로만 혼인을 맺는 경우, 예컨대 교회법의 형식이 아니거나 적절한 관면이 없으면, 해당 혼인은 무효이다. 이때도 혼인에 대한 항구적인 결합 의지가 있다면, 이를 단순히 내연관계(concubinage)라고 불러서는 안 된다. 이러한 혼인은 교회 앞에서는 무효이지만, 합법적 혼인의 모든 요소를 갖추고 있기 때문이다.

9.3.2. 기타의 비혼 관계

1) 매음

성교가 돈을 받고 제공되는 경우, 이를 매음이라고 한다. 성서, 특히 구약에서 "사음"(fornication)이라는 용어는 종종 이러한 형태의 성적 부도덕을 지칭하며, 이는 속창(profane prostitution)이나 성창(sacred prostitution) 모두에게 적용되었다. 여성 매음과 남성 매음이 구분되는데, 후자는 훨씬 적다. "60년대 이후 혼외 성적 접촉에 대한 자유주의적 태도가 증가했음에도, 대중의 여론은 매음을 여전히 배격할 것으로 그리고 사회 규범과 모순되는 것으로 판단한다."[91] 그럼에도 매음부와의 성적 접촉은 남성 인구에서 나타나는 흔한 현상이다. 서방 세계에서는 매음을 전반적으로 부정하는 것과 달리, 동아시아 문화와 많은 개도국에서는 매음을 더 관대하게 용인하는 것으로 보인다.

혼전 성교를 반대하는 모든 논거는 그보다 더욱 강하게 매음에도 반대한다. 성교는 사랑하는 사람 사이에서만 하는 것이 옳다. 그러나 매음은 여타의 혼외 성교보다는 더더욱 인격적 사랑이 결여된 것이다. 따라서 다른 혼외 성교들보다 훨씬 더 깊은 불쾌감과 우울감의

---

91) G Kaiser, "Prostitution", *Staatslexikon* IV, 7th ed., 1988, p.598.

원인이 된다. 매음은 남녀 간의 제대로 된 사랑이 없이 이루어진다. 게다가 남자가 매음업소(brothel)에서 만나는 여자는 대체적으로 수동적이며, 그에게 그다지 협력해 주지 않는다. 따라서 기대하던 만족을 찾지 못한다. 그 결과, 매음업소를 자주 가는 젊은이는 곧 여자에 대한 깊은 경멸감을 갖게 되며, 심지어 자기 자신에 대한 경멸감까지도 얻게 된다.

하지만 무시할 수 없는 슬픈 사실은 매음부 다수가 흔히 사회적으로 황폐한 상황의 희생자라는 점이다. 그들은 여자로서, 매음에 나서는 것 외에 선택지가 없다고 경험한다. 경제적 궁핍이 매음의 원인이라면, 가장 중요한 임무는 당사자들이 다른 생존 수단을 찾도록 돕는 것이다.

2) 간음(adultery)

간음은 적어도 한 쪽이 기혼자인 두 남녀의 성교를 말한다. 이는 정결에 반하는 죄일 뿐만 아니라, 정의와 신의(fidelity)에 대한 위반이기도 하다. 구약과 신약의 성서는 간음의 죄를 다소 가혹한 용어로, 단죄한다. 십계명에서 하느님은 당신 백성에게 명하신다. 즉 "간음해서는 안 된다"(탈출 20,14). "이웃의 아내를 탐내서는 안 된다"(탈출 20,17). 이 명령을 어기는 자에게는 엄중한 처벌이 내려진다(레위 20,10; 신명 22,22; 집회 23,18~27). 그리스도 역시 십계명이 제시한 금령을 확인하셨고 또 강조하셨다(마태 5,27~32). 그러나 다섯 남편을 두었던 사마리아 여인과(요한 4,18) 그리고 간음하다 붙잡혔고 사람들이 돌로 치고자 했던 여인에게도(요한 8,11) 용서를 베푸셨다. 하지만 예수는 간부(姦婦, adulteress)를 용서하신 후 덧붙이셨다. 즉 "가거라. 그리고 이제부터 다시는 죄짓지 마라"(요한 8,11). 성 바오로에게 간음은 하느님 나라에서 제외되는 죄 중 하나였다(1코린 6,9; 또한 히브 13,4).

간음을 배격하는 내적 이유는 첫째로, 일반적으로 혼외 결합은 배격되는 것이기 때문이다. 무엇보다도 그 결합이 적절한 보살핌을 받지 못할 아이들을 낳을 수 있는바, 그들의 부모가 영구적으로 결합된 것이 아니기 때문이다. 간음하는 여자가 혼인하지 않았을 경우에는, 특히 그렇다. 기혼녀인 경우에 아이는 가정 안에서 태어나기는 했지만, 그 남편은 다른 남자의 아이에 대한 양육 의무를 떠맡게 되고, 적자들이 유산을 서자와 나누도록 강요받는다는 점에서 사실상 남편과 그 적자들에게 불의를 저지른 것이 된다. 또한 간음으로 낳은 아이의 친부에 대해 의심이 제기될 경우, 그 아이는 태어난 가정 내에서 온전히 받아들여지지 못할 수도 있다.

더욱이 간음은 혼인한 상대방의 가정 내 사랑, 조화 및 안정성에 파괴적인 결과를 초래한다. 간부들의 사랑은 거의 갈라진다. "충실함을 해칠 수 있는 관계는 내부 구성원들이 타인들을 배타적으로 대하려 할 때 드러난다."[92] 이로써 당사자들은 원래 배우자와 가족으로부터 멀어지게 되며, 이는 원래 혼인 유대의 안정성을 불가피하게 약화시킨다. 상대방이 혼인에 불충실했음을 무고한 배우자가 알게 될 경우, 사랑과 조화는 아주 큰 손상을 입는다. 분명히 간음은 서로 약속한 혼인의 신의(fidelity)와 혼인성사의 서약(pledges)을 어긴 것이다. 남편이나 아내가 자기 배우자의 간음에 동의했다면, 비록 간부는 정의를 위반한 것은 아니지만, 정결과 충심(piety)의 덕행을 어긴 것이다.

많은 경우 간음을 방지할 수 있는 길은 남편과 아내가 서로에 대한 상호적 사랑과 관심을 게을리하지 않는 데에 있다. 진실한 사랑으로 진정 결합된 부부간에 간음은 일어나지 않을 것이다. 혼인 상담사들의 판단은 이렇다. "아내 네 명 중 하나는 적어도 일생에 한 번은 간

---

92) B. Fraling, *Sexualethik, Ein Versuch aus christlicher Sicht*, Paderbom: Schoningh, 1995, p.178.

음을 저지른다고는 하지만, 여자가 자기 남편이 주는 성적 안정감을 포기하고 낯설고 새로운 상대에게 가는 것을 대개는 극히 꺼려 한다." 아내가 불충실해지는 이유는 흔히 남편이 아내를 성적으로나 정서적으로 당연시하는 소홀함 때문이다. "모든 인간에게는 관심이 필요하지만, 특히 아내에게는 부드러움, 이해심 및 안도감이 포함된 특별한 관심이 필요하다. 여자는 남편이 더 이상 자신에게 '배려'(care)가 없다고 판단하는 순간, 간통(infidelity)의 유혹에 취약해진다. 남편의 예방적인 배려 한번이 수년간 지속될 불안을 예방할 수 있다."[93]

사실상 남편에게 있어서도 마찬가지다. "부주의하거나 무관심한 아내들이 비록 무의식적이긴 하지만, 사실상 남편들을 다른 여자들의 품으로 밀어 넣는 경우가 많다." 잔소리하고 자기주장이 강하며 무관심한 아내를 집에 둔 남자들은 자기의 두려움과 희망을 함께 나눌 동반자를 찾는 노력을 하다가 헛되이 끝나는 경우, 결국 다른 누구를 찾아갈 수도 있다. 당연히 (여자도 남편에게서 그러하듯이) 남편도 자기 아내에게서 성적 만족을 추구한다. 기혼녀라도 자신의 매력을 가꾸고 색다른 매력에 편승해야 한다. 그럼에도 남편들의 불만족은 감정적인 차원에서 나오는 경우가 더 많다. "남자에게 있어 에로스적인 성적 기술보다 더 중요한 것은 아내가 자신을 사랑하고 성적으로 원한다는 확신이다."[94]

성적 행복 또는 불행의 기반은 침실이 아닌 식탁에서 다져진다. 성적인 충족만으로 된 혼인 생활은 지속될 수 없다. 성은 그것이 성실하고 위격적인 사랑의 표현일 때만 행복감과 성취감을 준다. 남편과 아내는 서로를 위한 삶의 참된 동반자, 동맹자, 협조자 및 친구가 되

---

93) David R. Reuben, "Why Wives Cheat on Their Husbands", *Readers Digest.* vol. 21, Sept. 1973, pp.73~76.

94) D. R. Reuben, "Why Husbands Cheat on Their Wives", *Readers Digest,* vol. 20, Feb. 1973, pp.65~68.

어야 한다. 훌륭한 조화와 지속 가능한 우정의 근본적 요소는 공통의 관심사들에 있으며, 이는 자녀가 집을 떠난 후에도 지속된다. 이러한 관심사들은 일부러 길러 두어야 한다. 이를 위해 동일한 직업을 가질 필요는 없다. 정원 관리·자선 활동·정치 참여·본당 협력·공동 취미 등도 될 수 있다. 어떤 혼인 상담사는 이렇게 썼다. "내게 의심의 여지는 없다. 이러한 혼인은 다른 혼인보다 더 잘 유지되며, 그 안에서 문제들은 다른 어떤 협력관계들보다 더 쉽게 해결된다."[95)]

구약에서는 간음이 아내가 범한 경우에만 이혼의 사유가 되었다. 마태오 복음 5장 32절과 19장 9절의 사음 조항은 신약의 이혼 금지에 대한 예외 조항이라고 보았고, 가톨릭교회를 제외한 그리스도교파들 대부분은 간음이 있었을 경우 이혼을 허용하신 것으로 이를 해석해 왔다. 그러나 신약 전체가 그토록 강조하는 용서의 정신은 이러한 결점(failing)이 있을 때에도 적용되어야 한다. "한 쪽의 배우자가 상대방에 대해 죄책감이 전혀 없는 경우는 거의 없다. 모두가 인간으로서 원칙적으로 동료들과 하느님으로부터 용서가 필요한 존재이기 때문에, 용서할 수 있는 조건에 있을 때 최선을 다해 용서를 베풀고 혼인생활을 지속하려고 노력해야 한다."[96)] 그리고 상대방도 그렇게 노력해야 한다.

3) 근친상간

근친상간은 혈연이나 인척 관계의 가까운 친족 간의 성교를 말한다. 전문가들 대부분이 동의하는 것은 알려진 그 어떤 사회에서도 부녀간, 모자간, 남매간의 성교나 혼인이 관습이거나 허용된 경우가 없

95) Reinhold Ruthe, *Formen der Partnerschaft*, Freiburg: Herder, 1979, p.47. 공통된 관심사야말로 훌륭한 조화를 위한 가장 중요한 요소로 간주된다.
96) H. Rotter, "Ehe", *Neues Lexikon der christlichen Moral*, Tyrolia: Innsbruck, 1990, p.106.

다는 점이다. 근친교배는 생물학적·심리적·사회적 차원에서 자손의 건강에 해롭기에, 사회는 가까운 친척 간의 혼인을 당연히 거부해 왔다.[97] 이 보편적 금령에 대한 예외는 고대 이집트인, 잉카인 및 하와이인 등 왕가에서 특히 관찰되었고, 이 경우에 병약한 자손은 대개 살해되었다.

구약은 대부분의 사회에서 규범도 그렇듯이, 위에서 언급했던 몇몇 경우보다 더 넓게 근친혼을 금지하고 있었으며, 이는 대부분 사회의 일반적 규범이기도 하다. 한 남자가 손녀, 의붓딸이나 계모, 의붓 손녀나 의붓할머니, 며느리나 장모, 이모나 조카딸, 형수나 이복남매와 혼인하는 것도 금지되었으며, 물론 반대로 여자에게도 마찬가지로 금지되었다.[98] 신약은 이러한 규범을 유지하는 것으로 보이는데, 아무런 변경도 없었기 때문이다. 세례자 요한은 헤로데가 자기 동생이 살아 있을 때 그의 부인과 혼인한 것을 심각한 타락으로 비난했다(마르 6,17~18). 성 바오로는 자기 계모와 동거하는 자를 파문하였다(1코린 5, 1~13).

교회법에서는 근친상간이란 용어를 사용하지는 않지만, 그러나 다양한 혈족이나 인척끼리의 혼인 장애를 규정하고 있으며, 이는 구약의 금령보다 더 넓은 규모이다. 직계의 존비속 간에는 혼인 장애가 존재하며, 방계 혈족 사이에서 남매간과 사촌간에도 장애가 있다(참

---

97) 체코슬로바키아 연구원 시마노바(Eva Seemanova) 박사는 근친상간으로 난 아이들에 대해 연구했다. 그녀는 부녀, 남매, 모자와 성적 관계를 맺은 여자들에게서 태어난 161명의 아이를 조사하고 기록했다. 같은 집단의 여자들은 친척이 아닌 남자에게서도 95명의 아이를 낳았다. 근친상간 결합으로 태어난 자녀는 처음부터 불운한 경우가 많았다. 15명은 사산되었거나 생후 1년 이내에 사망했다. 대조군에서는 비슷한 기간 동안 5명의 아이만이 사망했다. 근친상간 집단 중 40% 이상의 아이들이 중증의 지적 장애, 왜소증, 심장 및 뇌의 기형, 청각 장애, 결장 비대 및 요로 이상 등 다양한 신체적·정신적 결함을 앓고 있었다. 반면 대조군 중 심각한 정신적 결함을 보인 아이는 없었고, 단지 4.5%만이 신체적 이상을 보였다(*Newsweek*, Oct. 9, 1972, p.32).

98) 레위 18,8~18; 20,11~17.19~21; 신명 17,20~23.

条: 교회법 제1091条; 제108조). 직계 혈통 관계에서 친족인 모든 사람 즉 남자와 그의 며느리 또는 딸, 여자와 그녀의 사위 또는 아들 간에 장애가 있다(교회법 제1092조). 하지만 사촌간의 혼인 금지는 교회가 마지못해 관면해 주는 장애이지만, 직계 인척 간의 경우에는 관면이 아주 드물다.

근친상간의 금지는 건강한 자손 출산, 건전한 가족 구조, 사회의 안정을 위한 우려에서 비롯된다. 이는 핵가족 내의 성적 경쟁과 그에 따른 긴장을 제거하고, 밀접한 가정 내부에서 성적 학대를 억제한다. 또한 자녀들이 배우자를 찾기 위해 가까운 혈족을 떠나도록 압박함으로써, 이는 젊은이들이 사회 전체와 통합하도록 촉진하고, 가족 내 유전적으로 이상하고 특이한 현상의 집중을 방지하게 된다.

구체적인 근친상간 금지조차도 늘 문화적 전통에 좌우되며, 일부는 도덕률보다는 관습의 성격을 띠기도 한다. 그러나 가정이라는 가장 밀접한 범위에서는 분명히 도덕적 요구이며, 조부모, 부모와 자녀 및 남매간의 근친상간은 대죄가 된다.

4) 폭력의 죄들

강간은 동의하지 않은 여자에 대한 부당한 성교이다. 이는 성적 책임과 정의에 반하는 중대한 위반이 되는데, 여자의 몸에 대한 권리를 침해하기 때문이다. 게다가 이러한 폭력은 그녀에게 사회적인 (불의한) 불명예를 가져오고, 장래의 혼인을 막을 수도 있다. 법과 법정이 강간 피해자를 더 철저히 보호하고, 가해자만큼이나 피해자를 심문하는 재판 관행은 개선되어야 할 절실한 요구(desideratum)이다.

강간은 물리적 또는 정신적 강제력(존경 어린 두려움, 사기 및 기만을 포함한 심각한 두려움)을 사용해 범해질 수 있다. 마찬가지로 (정신이상 또는 주취로 인해) 이성을 쓰지 못하는 여자를 범함으로써도 그럴 수 있다. 상급자의 지위를 악용해 하급자를 음행에 순응하도록 한다면, 거의 모든 문명국은 이를 도덕에 반한 범죄로 간주하여 엄히 처벌한다. 16세 미만의 소녀를 유혹한 행위도 (법정 강간으로) 처벌한다.

부도덕한 공격의 피해자는 자기 방위를 위해 가장 적절한 수단을 쓸 수 있다. 그러나 다른 불의한 공격의 사례와 마찬가지로, 공격자에 대한 극단적 수단 즉 살해함으로써 자기 권리를 지키는 의무는 일반적인 것은 아니다. 하지만 강간당하는 여자에게는 어떤 형태로든 적극적인 저항이 요구되지만, 자신의 생명이나 평판에 위험을 초래할 경우에는 외적인 저항이나 도움 요청을 삼갈 수도 있다.

불순한 목적으로 남자나 여자에 대한 유괴(강제 납치)의 죄 또는 폭력적 구금의 죄도 강간과 유사한 죄이며, 정의와 성적 책임에 반하는 중죄이다. 사용된 강제력은 물리적인 것이거나 정신적인 것일 수 있으며, 피해자 본인 또는 그가 속한 권위자를 상대로 행사될 수 있다. 교회법에서는 유괴를 혼인 장애의 요소로 간주한다(교회법 제1089조).

9.3.3. 동성애와 성적 일탈

1) 동성애

동성애 문제는 일반적으로 생각되는 것보다 훨씬 더 흔하다. 고해소나 응접실에서 별로 접하지 않는다고 해서 동성애가 상대적으로 드문 일이라고 생각해서는 안 된다. 사회가 동성애자에게 부여한 낙인 때문에, 동성애자는 정상적인 성적 체질(constitution)의 사람들에게 자신의 성향을 드러내는 것을 꺼린다.[99] 남성 인구의 약 5%, 여자의 경

---

99) 그러나 지난 수십 년 동안, 특히 60년대 후반 이후 동성애 집단은 자신들이 항상 전통적으로 받아온 차별에 맞서고, 더 공정한 대우를 요구하고자 아주 단호하게 전면에 나섰다. 동성애 운동의 역사에 대해서는 다음을 참조하라. R.F. Lovelace, *Homosexuality and the Church*, London: Lamp Press, 1978, pp.29~33.

우는 그것의 절반 정도가 동성애자라고 신뢰할 만한 연구기관들은 추정한다. 그러나 동성애 체질을 지닌 사람 모두가 반드시 적극적으로 동성애 실천을 하는 것으로 이해해서는 안 된다.[100)]

(1) **동성애 관계의 개념과 본질**

동성애는 동성의 사람을 향한 지속적이며 주된 에로스적 이끌림(erotic attraction)으로 정의되며, 이는 자주 (꼭 그렇지는 않지만) 성적 활동과 결부된다. 특별히 여성의 경우에는 흔히 상호 간의 수음으로 이루어진다. 동성의 사람에 의한 육욕적 성교(carnal copulation)의 모방(대개 직장 성교)은 남색(sodomy)이라 불린다.[101)] 한 남자의 음경을 다른 남자의 입에 넣는 것은 구강성교(fellatio)라 불린다.[102)] 여자들 간의 동성애 활동은 여성 동성애자(lesbian or sapphic love)라 불린다.[103)] 성인과 그리고 청소년이나 아동 간의 동성애 활동은 소아성애(pederasty or pedophilia)라 불린다.

심적인(psychic) 체질로서의 동성애 활동과 더 일시적이고 우발적인 동성애 활동을 구분하는 것은 중요하다. 많은 소년이 사춘기부터 청년기 초반까지, 적어도 가끔씩 동성애적인 성적 놀이에 참여한다. 이러한 놀이는 대부분 수음 기술의 연장선에 불과하다. 이성애적인 배

100) 킨제이(Kinsey)에 따르면, 남성 인구의 4%는 평생 동성애자이며, 다른 통계에서는 5%이다. 여자 중 동성애자는 남성의 절반 정도이다. 동성애 체질을 가진 사람 모두가 동성애 활동을 하지 않으며, 적어도 정기적으로는 안 한다. 영국의 엘리스(H. Ellis)와 독일의 히르슈펠트(M. Hirschfeld)의 연구에 따르면, 인구의 2.2%나 2.3%가 오직 동성하고만 정기적으로 성관계를 가진다(Paul G. Ecker, "Homosexuality. Genetic and Dynamic Factors", in *Personality and Sexual Problems*, ed. by W. Bier, New York: Fordham Univ., 1965, pp.154f).

101) 이성 간의 직장 성교는 불완전한 남색(imperfect sodomy)이라 불린다.

102) 이 용어는 이성 간에 생식기를 입으로 접촉하는 경우에도 사용된다. 이는 정상적인 성교 행위의 전희에 그친다면, 성적 일탈로 간주되지 않는다. 부부 간의 경우라면, 반드시 배격할 만한 행위는 아니다.

103) 이 표현은 레스보스(Lesbos) 섬에 살면서 여성들 간의 성관계를 실천하고 찬양한 것으로 전해지는 여류 시인 사포(Sappho, 기원전 600년)에게서 유래되었다.

출구가 없을 때(예: 병영, 수용소 등), 어른들 간에도 일시적 동성애 활동이 유발될 수 있다. 이러한 활동들이 〔물론 체질적인(constitutional) 동성애를 배제하는 것은 아니지만〕 아직 그러한 징후는 아니다. 진정한 동성애는 이성 간의 정상적인 이끌림이 동성 간의 비정상적인 이끌림으로 대체된 것이다. 많은 경우 단순히 이성애적 이끌림이 결여된 상태이다. 또한 동성애와 이성애 자극을 모두 받을 수 있는 양성애(bisexual) 유형도 자주 발견된다. 이들은 여기서는 이런 성향이, 저기에서는 저런 성향이 더 잘 나타날 수 있다.

전형적인 동성애나 역성애(逆性愛, invert)의 사람은 흔히 여성스러운 남성 또는 남성스러운 여성일 것이라고 상상되지만, 이는 사실이 아니다. 동성애자 중 소수만이 다른 성별의 신체적 특성 일부를 지녔으며, 가끔 다른 성별의 버릇(mannerisms)이나 복장을 모방하기도 한다. 그러나 대다수는 자신의 성적 취향을 드러내는 외적인 신체적 특성을 띠지 않는다. 실제로 여성적 외모의 남자 중 상당수는 철저히 이성애자이다.

체질적 동성애의 원인과 본성에 관한 견해들은 복잡하고 다양하다. 동성애가 선천적 성향이라고 보는 이론은 생물학적인 증거로 뒷받침되지는 않는다. 지금껏 동성애자와 이성애자 간의 생리적 차이는 발견되지 않았다. 따라서 그 원인은 심리학적 요인에서 찾아야 한다. 동성애는 아마도 개인의 어린 시절 경험과 특별한 체질적 기질(constitutional makeup) 간의 상호 작용의 결과일 것이다. "결론적으로 이 문제는 양심의 가책(scruples), 억제(inhibitions), 강박관념(obsessions), 수줍음(shyness) 등의 많은 삶의 문제들과 매우 유사하다."[104)]

104) M. Oraison, *The Homosexual Question*, London: Search Press, 1977, p.58; cf. p.115. 몇몇 저자는 동성애를 성적 발달이 정지된 상태로 간주한다. 이 이론에 따르면, 사람들은 먼저 동성에게 이끌리는데, 이는 익숙한 존재에게 더 쉽게 반응하기 때문이다. 나중에서야 이성애 관계로 전환하게 되는데, 동성애자는 이 두 번째 단계를 밟지 못한 상태

오늘날 동성애를 보는 제한적 관점에 반해, 그것은 이성애적 성향과 동등한 지위를 갖는 단순한 대안일 뿐이라는 견해가 종종 존재한다. 그러나 다음과 같은 점은 간과되어서는 안 된다. "동성애 성향의 사람에게는 약점이 존재한다. 생명 전달의 가능성은 물론, 장기적인 안식처와 안정감을 주는 가정을 조성하고 구축할 수 있는 길도 본질적으로 막혀 있다."[105] 동성애 성향을 이성애 성향과 동등하게 평가하는 것은 인류 지속을 위한 번식의 중요성과 모순이 된다.

(2) 도덕적 평가

동성애적 체질(constitution)과 명시적인 동성애적 활동(activity)과는 구분해야 한다. 동성애적 체질은 개인의 잘못 없이 형성되는 경우가 많으며, 따라서 다른 개인적 특성과 마찬가지로 비난받을 것이 아니다. 후자의 경우 즉 동성애적 성향의 실천은 원칙적으로 자유 의지의 통제를 받을 대상이므로, 이성애자들이 자신의 성행위에 책임지는 것과 마찬가지로 동성애자도 자신의 성행위에 대해 책임져야 한다.

① 동성애에 대한 **성서**의 판단은 동성애 행위가 중죄라고 최근까지는 신학자들에게 확실하고 분명한 것처럼 보였다.[106] 전통적으로 창세기 19장에 기록된 소돔과 고모라의 멸망은 그 도시들의 동성애적 관행과 변태성에 대한 하느님의 징벌로 해석됐다. 하지만 자세히 보면, 그 도시들의 범죄는 강간과 손님 접대의 법에 대한 위반인 것으로 밝혀진다. 거룩함에 관한 두 개의 규약인 레위기 18장 22절과 20

로 보는 것이다.

105) H. Weber, *Spezielle Moraltheologie*, Graz: Styria, 1999, p.346.

106) 이슬람교도 동성애 행위를 단호히 거부한다(cf. *The Koran*, *Sura* 4:16; 7:80f). 반면에 일부 형태의 동성애 활동을 정상적이고 수용 가능한 것으로 간주했던 다수의 원시 사회가 언급된다. 고대 그리스와 로마에서 동성애의 관행이 있었음을 성서가 알려 준다. 반면에 다른 사회들에서는 엄격하게 단죄되었다(cf. D.J. West, *Homosexuality*. Penguin Books, 1968, pp.19~30).

장 13절은 동성애 행위를 명료하게 금지하며, 심지어 사형까지도 규정하고 있다. 이러한 금지가 단순히 제례적인 동성애 매음에만 적용되는 것이 아니다. 왜냐하면 의심의 여지 없이 이 규정들은 제례 영역에만 국한할 수 없게 도덕 질서의 다른 많은 근본적인 금령과 계율 가운데 함께 위치하고 있기 때문이다. 물론 구약의 계율들이 신약에까지 자동으로 적용되지 않는다는 반론도 제기될 수 있다. 구약은 신약에 의해 대체되고 초월되었기 때문이다.

그러나 신약의 본문에서도 동성애 배척이 발견된다. 로마서 1장 26~32절, 코린토 전서 6장 9~10절, 티모테오 전서 1장 9~10절이 그것이다. 후자의 두 본문은 동성애를 하느님 나라에서 배제되는 죄 중 하나로 열거하고 있다. 첫째인 로마서는 남자들뿐 아니라 여자들 간의 동성애 활동을 수치스러운 이교도의 악습으로 묘사한다. “이런 까닭에 하느님께서는 그들을 수치스러운 정욕에 넘기셨습니다. 그리하여 그들의 여자들은 자연스러운 육체관계를 자연을 거스르는 관계로 바꾸어 버렸습니다. 남자들도 마찬가지로 여자와 맺는 자연스러운 육체관계를 그만두고 저희끼리 색욕을 불태웠습니다”(로마 1,26~27). 몇몇 저자들은 바오로가 여기서 말한 동성애는 본래 이성애자임에도 불구하고 이교도들의 동성애적 행동의 원인이 성적 음욕에 대해 끝없는 갈망한 경우라고 해석한다. 따라서 그들은 혼인을 통해 성적 충족을 구했어야 했다는 것이다. 하지만 체질적 동성애의 문제는 이 본문에서 다루어지지 않았다. 이 본문으로부터 바오로가 체질적 동성애자의 경우 동성애 행위를 달리 판단하고 승인했을 것이라고 결론을 내릴 수 있을까? 이 질문에 대해 완전히 “아니다”라고 단언할 수는 없지만, 완전히 확실하게 “그렇다”라고 단언할 수도 없다.[107)]

---

107) 성 바오로의 판단은 너무나 명백하기에, 동성애 동거관계를 정당화하려는 피텐저(N. Pittenger)로서는 자신의 주장을 옹호하기 위해 바오로의 진술의 정확성을 부정하는 것

성서의 정신에 있어 본질적으로 중요한 것은 혼인과 가정에 대해 기본적으로 긍정하는 태도이다. 창세기 1장과 2장, 마태오 복음 19장 1~12절 및 에페소서 5장 21~23절 등의 본문들은 이성애, 부부 및 출산 중심의 사랑에 대해 분명하고 긍정적인 평가를 표현한다. 이로써 성서 기록의 확신에 따르면, 성행위는 혼인과 가정 안에서 행해야 한다고 추론할 수 있다. 동성애에 관한 언급은 단순히 긍정적이지 않을 뿐만 아니라, 오히려 완전히 부정적이다.

② **그리스도교 전통**의 일관된 가르침에 따르면, 인간의 성의 규범적인 형태는 이성 간의 혼인 안에서 이루어지는 것이며, 이는 본질적으로는 출산, 사랑 및 신의와 결부되어 있다. 이로부터 동성애 행위는 인간의 성이 지닌 의미와 조화를 이루지 못한다고 간주되어 전통적으로 거부됐다. 이는 개신교 신학에서뿐만 아니라 가톨릭 신학에서도 적용되며, 최근에는 일부 보고서나 위원회가 안정적인 동성애 관계에 일정한 정당성을 부여하려는 경향이 있음에도 불구하고, 마찬가지이다. 1975년 신앙교리성의 「성 윤리상의 특정 문제에 관한 선언」(*Persona humana*)은 확고한 동성애자들을 이해심을 갖고 대해야 함을 분명히 한다. "그들의 과실성은 현명하게 판단되어야 한다. 그러나 이 사람들의 조건에 부합한다는 구실 하에 동성애 행위에 도덕적 정당성을 제공하는 사목 방법은 사용될 수 없다. 객관적 도덕 질서에 의하면 동성애적 관계는 본질적이고 필수적 목적을 결여한 행위이다"(8항). 이 신앙교리성이 1986년 가톨릭 주교들에게 보낸 편지는 이러한 판단을 재확인해 주고 있다.[108] 두 문헌 모두는 동성애 행위를 인정

외에는 다른 방법이 없다고 생각한다. 그는 다음과 같이 썼다. "당대 그리스-로마 세계의 많은 대도시들의 공공연한 방탕함을 목격했을 때 그가 느낀 강한 혐오감을 표출한 것에 불과하다. 그러나 이 주제에 대한 바오로의 정확한 발언들이 무오류한 것은 아니다"(*Time for Consent*, London: SCM Press, 1970, p.105).

108) Letter to the Bishops of the Catholic Church on the Pastoral Care of Homosexual Persons (*Homosexualitatis problema*) of Oct 1, 1986(*AAS* 79, 1987, pp.543~554); cf.

할 수 없는 것으로 간주하지만, 그것이 대죄인지 소죄인지, 혹은 언제 그런 것인지에 대한 추가 규정은 삼가고 있다. 하지만 기존 전통에 따르면, 동성애는 항상 중죄이다.

③ 동성애 행위를 도덕상 인정 불가로 판단한 **본질적 이유**는 그것이 성의 이중적 목적을 헛되게 만들기 때문이다. 분명히 동성애 행위는 생명 전달의 가능성을 전적으로 배제하는데, 이는 성적 능력의 가장 기본 목적이다. 성행위의 또 다른 목적은, 앞서 설명한 바와 같이, 부부애에 대한 표현과 육성에 있다. 동성 접촉에 대한 옹호자들은 성행위 또한 동성 간에도 사랑의 표현이 될 수 있다고 주장한다. 그러나 깊게 살펴보면, 성행위는 궁극적으로 새로운 인간 생명을 탄생시킬 수 있기 때문에, 사랑과 존중의 표현이 될 수 있다는 것이다. 모든 남녀는 자기 아이의 아버지 또는 어머니로 받아들일 수 있을 정도로 서로가 진심으로 존중하는 상대자와 만이 공동의 아이를 갖고 싶어 한다. 따라서 남녀에게 성적으로 결합할 준비가 되었다는 것은 적어도 그 결합의 온전한 의미를 수용하는 한, 높은 존중이 표시되는 때이다. 동시에 남자와 여자 둘은 서로를 보완하는 방식으로 창조되었기 때문에, 서로를 갈망하고 지속적인 친교를 갈망한다. 이러한 보완성을 통해 자연은 혼인 유대의 안정성을 지원하며, 이는 자녀에게 필수적인 안정성을 제공한다. 하지만, 동성끼리의 성행위는 그러한 사랑의 표현이 될 수 없다. 동성의 상대방은 성차에 기반을 둔 상호 간의 완성을 서로에게 제공할 수 없다. 성행위에 사랑의 표시라는 특성을 부여해 주는 전제 조건이 빠진 상태인 것이다.

성의 본질에 대한 이러한 통찰은 동성애 활동이 수반하는 심리학적 함의를 통해 더욱 확증된다. 동성애가 주는 성적 만족감은 궁극적으로 불충분한 것으로 경험된다. 이는 자주 좌절감과 우울감을 수반

---

nrs. 4 and 7.

한다. 실제로 자기 삶의 방식에 대해 만족해하는 동성애자는 거의 없으며, 욕구 충족의 방식은 불안정하고 미완의 것으로 나타난다. 무의식적 죄책감이라는 요인이 그들 대다수에게 크게 작용한다. 동성애 관계는 자주 양면적인 것으로 드러난다. 즉 애정의 감정으로 서로에게 끌리는 동시에, 혐오감으로 거부하는 감정을 경험한다. 이는 동성애 결합의 안정성을 강하게 방해하게 된다. 결국 자신들이 갈망하는 진정한 부부애를 서로에게 줄 수 있는 상태가 아닌 것이다. 노년이 된 동성애자들은 대부분 가정도 뿌리도 친구도 떠난 사람들이다. 더 이상 성적 충족의 대상으로서 매력이 없어지게 되며, 더 깊고 지속적인 영적 사랑의 토대 위에 형성된 우정도 성숙되지 못한 채 있게 된다. 특히 남성 동성애자들에게서 노화를 두려워하는 경향이 두드러진다. 동성애자들 스스로도, 가정의 일상에 제한받을지언정 소위 '게이'로서의 삶을 부러워할 이유가 거의 없다는 점에 동의한다. 남성 동성애자들에게 실시한 어떤 조사에 따르면, 자신이 아버지가 된다면 자기 아들은 이런 문제로부터 자유로워지기를 바라는 욕구가 압도적으로 드러난다.[109] 또한 동성애자는 에이즈의 고위험군에 속한다. 에이즈 감염은 일차적으로 항문 성교에 의해 발생한다. 에이즈 질병의 치명적인 위험성 때문에, 모든 보균자는 다른 사람을 전염시키지 않도록 최대한의 예방 조치를 취할 의무가 부과된다.[110]

④ 모든 동성애 활동을 허용할 수 없다는 주장에 대한 **반대 의견** 중 적지 않은 비중을 차지하는 것은 이러한 방식으로 전적으로 동성애자만이 성적 충족의 모든 가능성을 박탈당하게 된다는 것이다. 실제로

109) Cf. Eugene C. Kennedy, *The New Sexuality*, Garden City, N.Y.: Doubleday, Image Books, 1973, pp.13~7.

110) 1988년 12월 AIDS 에 관한 TV 쇼에서 파리의 루스티거(Lustiger) 추기경은 "바이러스를 지닌 채 정결하게 살 수 없는 이는 제안된 방법을 사용해야 한다"고 조언했다. 비록 표현은 하지 않았지만, 이는 분명히 콘돔을 언급한 것이다(*Time*, Dec. 26, 1988, p.55). 그리고 동성애 관계에서는 항문 성교가 일반적인 행위이다.

동성애자들의 성적 충동의 강도는 이성애자들과 다르지 않다. 성 바오로는 모두가 자신처럼 미혼으로 있기를 바랐다. 그러나 모두가 그렇게 살 수 없다는 것도 잘 알고 있었다. 그래서 "욕정에 불타는 것보다 혼인하는 편이 낫습니다"라고 판단을 내린다(1코린 7,9). 그러나 성적인 열정이 너무 강해서 "불타는" 동성애자에게 있어서, 그리스도교의 대답은 무엇인가? 그들의 경우 성 바오로의 권고를 거꾸로 적용해야 하는가? 즉, 성적으로 자족하기보다 열정에 불타는 것이 낫다는 것인가? 전통은 이러한 방식으로 사안을 봤다. 그런데 이러한 입장이 모든 동성애자의 처지를 공정하게 대변한다고 할 수 있을까? 방금 언급한 성 바오로의 본문에 근거하여, 전통은 비록 혼인의 부차적이며 세 번째 목적인 *remedium concupiscentiae* 즉 정욕의 치유(remedy of concupiscence)를 제시해 왔다. 그렇다면 동성애자에게 이 치유의 기회를 부정하는 것이 옳은가? 이것이 이 논의의 중심이자 핵심이다.

⑤ **최근 이론**의 일부는 (여기서는 가톨릭 저자만 살펴보는데) 안정적인 동성애 결합이 혼인의 대안적인 생활 방식이 될 수 있으며, 동성애자들도 다른 이들과 마찬가지로 성적 내밀함의 권리를 누려야 한다고 주장한다. 물론 이 경우에도 상호 간의 지원과 충실성이라는 동일한 이상을 추구해야 한다는 조건이 따른다[맥닐(McNeill),[111)] 바움(Baum),[112)] 코스닉(Kosnik) 외 다수[113)] 및 매과이어(Maguire)[114)]]. 다른 저자들

111) John J. McNeill, *The Church and the Homosexual*, Kansas City: Sheed Andrews and McMeel, 1976. 이 책 전체는 동성애 결합에 합법성을 부여하기 위한 것이다. 1년 동안 네 번이나 인쇄되었다. 그러나 1977년에 맥닐 신부는 신앙 교리에 대해 더 이상 공개적으로 가르치거나 설교하지 말라고 명령을 받았고, 그 책의 교회 인가(imprimatur)는 취소되었다.

112) Gregory Baum, "Catholic Homosexuals", *Commonweal*, Feb. 15, 1974, p.9.

113) Anthony Kosnik et al., *Human Sexuality. New Directions in American Catholic Thought*, New York: Paulist Press, 1977, p.214. 이 책은 많은 주목을 받았지만, 신학자들, 미국 주교들 및 신앙교리성으로부터도 상당한 비판을 받았다(*Vatican Collection*, vol. 2: *More Post Conciliar Documents*, ed. by A. Flannery, [2]1998, pp.505~509); 이 책의 성에 대한 기본 이론은 심각한 결함을 지닌 것으로 평가되었다.

은 동성애 활동을 도덕적 악으로 보지만, 자신의 성으로 고통받는 사람의 구체적 상황 안에서는 도덕적인 차악(lesser moral evil)으로 간주될 수 있으며, 따라서 이 경우에는 사목적으로는 인정될 수 있다고 본다〔비서(Visser), 코르프(Korff)〕.[115] 다른 이들은 불가피한 절충으로 정당화될 수 있다고 본다. 비록 세상의 죄악상(sinfulness of the world)에 의해 이상향에는 미치지 못하지만, 어쩔 수 없이 불가피한 것이기 때문이다〔큐란(Curran), 데덱(Dedek)〕.[116] 또 다른 이들은 동성애의 행동을 존재론적 악(ontic evil) 즉 생물학적으로 결함이 있는 것으로 간주하여 원칙적으로는 이를 피해야 하지만, 중대한 이유가 있을 때는 예외로 인정한다〔킨(Keane), 바체크(Vacek), 케이힐(Cahill), 하니건(Hanigan), 매코믹(McCormick) 및 오레종(Oraison)〕.[117]

첫 번째 이론에 대해서는 위의 논거에서 보았듯이, 동성애 결합은 이성애 결합의 의미에는 결코 도달할 수 없다고 대답해야 한다. 따라서 두 종류의 결합을 동일한 잣대로 비교할 수는 없다. 본질적 차이가 있다는 사실은 이 이론이 가정하는 안정적이고 충실한 동성애 결합에 대한 기대가 현실에서는 이루어지지 않는다는 아주 공통된 경

114) Daniel Maguire, "The Morality of Homosexual Marriage", in *A Challenge to Love*, ed. by R. Nugent, New York: Cross Road, 1986, pp.118~134.

115) Jan Visser in an interview of 1976, quoted in J. McManus et al., "The Declaration on Certain Questions concerning Sexual Ethics", *The Clergy Review* 61, June 1976, p.9; Wilhelm Korff, "Ethische Entscheidungskonflikte", in *Handbuch der christlichen Ethik*, ed. by A. Hertz et al., Freiburg: Herder, ^{2}1993, pp.89f.

116) Charles E. Curran, *Catholic Moral Theology in Dialogue*, Notre Dame, Ind.: Fides Publ., ^{2}1976, pp.216~219; John F. Dedek, *Contemporary Medical Ethics*, New York: Sheed and Ward, 1975, pp.85f.

117) P.S. Keane, *Sexual Morality*, New York: Paulist Press, 1977, p.87; Edward Vacek, "A Christian Homosexuality", *Commonweal* 107 (Dec. 5, 1981), p.684; Lisa Sowle Cahill, "Moral Methodology: A Case Study", in *A Challenge to Love*, *op.cit.*, p.91; James Hanigan, *Homosexuality: The Test Case for Christian Sexual Ethics*, New York: Paulist Press, 1988, pp.162f; R.A. McCormick, *The Critical Calling*, Washington: Georgetown Univ., 1989, pp.308f; Marc Oraison, *The Homosexual Question*, London: Search Press, 1977, pp.119~121.

험 때문에, 강하게 확인이 된다. 동거 기간은 몇 달 또는 1년 정도 지속된다. 물론 예외적으로 안정된 동성애 동거도 있는 것이 사실이다. 그러나 이러한 경우에는 둘 간의 성적 활동은 점차 줄어들어 결국에는 사라지기에 이른다.[118] 즉 관계의 안정성은 성이 아닌 다른 가치들에 기반하고 있는 것이다. 성적 배타성이라는 의미로서의 충실성은 사실상 이러한 관계에서는 실현되지 않는 것으로 평가된다. 여성 동성애자의 우정은 상대적으로 장기간 지속되는 경향이 있다. 또한 이들의 성적 활동은 시간이 지나면서 감소하지만, 완전히 없어지지는 않는다.

차악의 이론, 타협의 이론 및 허용 가능한 존재론적 악의 이론은 서로 매우 유사하다. 이 세 가지 이론은 모두 동성애 행위가 이상향에 미치지 못하는 결핍으로 간주하며, 가능하면 피해야 할 것으로 본다. 예외적 허용은 임시변통의 해결책으로 간주된다. 또한 강박의 가능성이라는 요소도 고려해야 한다. 동성애 관계에서는 강박의 형태가 꽤 흔한 것으로 보인다. 심적인 강박은 자유 의지를 약화시키며 따라서 귀책 가능성도 감소시킨다. 한 사람의 성이 왜곡될수록, 해결되지 않는 문제로서 부담이 커질수록, 통제하기도 더욱 어려워진다.[119]

하지만 반드시 구분해야 할 것은 성인끼리의 동성애 행위와 미성년자에 대한 성적 학대이다. 전자는 일부가 중죄로 간주하고 다른 일부는 덜한 죄로 간주될 수 있지만, 후자는 범죄이며 법에 따라 처벌

---

118) Cf. W. Müller, *Homosexualität eine Herausforderung für Theologie und Seelsorge*, Mainz: Matthias-Grünewald, 1986, p.129; p.135.

119) 자비에르 테브노(Xavier Thévenot)는 상당수의 동성애자가 비교적 짧은 기간의 금욕조차도 지속하며 살 수 없다고 보고한다. 350명의 동성애자를 대상으로 한 그의 연구에서, 45%는 "정기적으로 동성애 행위를 하지 않는 것은 내 능력 밖의 일이다"라고 고백했고, 33%는 "나의 동성애 행위는 진정으로 자유로운 행위가 아니라고 생각한다. 즉 그것은 나보다 더 강하다"라고 응답했다(*Homosexualités masculines et morale chrétienne*, Paris: Éd. du Cerf, 1985, p.275).

받는다. 학교·어린이집·운동단체·보이스카우트 및 유사 기관들이 이와 관련한 추문으로 인해 휘말린 바 있다. 아주 고통스러웠던 점은 이러한 범죄에 성직자들이 연루되었다는 사실이다. 이러한 경우, 교회 당국은 관용을 베풀어서는 안 되며, 추가적인 위법 행위를 단호히 배제하려는 조치를 단단히 취해야 한다.[120] 이 사안에 대한 교회의 처벌 규범은 2001년에 강화되었는데, 학대에 관계된 미성년자의 연령 상한을 16세가 아니라 18세로 상향되었으며, 공소시효는 피해자가 18세가 지난 후 5년이 아니라 10년으로 연장되었다.[121]

청소년끼리의 동성애 놀이는 본질적으로 유아기적 현상인 것으로 이해될 수 있지만, 그럼에도 허용 불가한 것으로 판단되어야 한다.

(3) 실천적 고려 사항

동성애 성향을 재지정(reassign)하려는 시도는 성공률이 아주 낮지만, 치료가 이루어지기도 한다. 치료가 성공하려면, 동성애자의 심적인(psychic) 정체성(identification)이 본질적으로 변해야 한다. 이는 아주 강한 동기가 있는 때에만 가능하다. 치료에는 분석가와 환자 모두의 각별한 노력이 필요하다. 많은 동성애자는 치료받을 경제적 여유가 없거나 노력을 지속할 여력이 없기에, 죽을 때까지 다른 성향으로 살

---

120) 아동 성추행 가해자는 대부분 아동의 가족인 것으로 밝혀졌다. 그러나 성직자가 연루된 경우에 그 추문은 아주 심각한데, 그들은 교회의 대표자로서 신앙과 선한 도덕에 봉사하는 사람이기 때문이다. 1984년 이후, 그리고 2001/2년에도 다시 한번 보스턴의 한 신부가 그 해 118건의 성추행 사건으로 고소당했으며, 이 사건은 언론의 일면을 장식했다. 학대 해결의 비용으로 미국 교회는 수억 달러를 지출했다. 범죄 한 성직자에게 9년 이상의 징역형이 선고되었다. 보스턴의 추기경은 해당 신부를 미성년 남성들과의 접촉을 막지 않고, 30년 넘게 이 본당 저 본당으로 인사 발령한 것에 대해 비난을 면치 못했다. 가톨릭 지도자들은 이 사건이 사제 성소에 부정적 영향을 끼칠 것이라고 우려하고 있다("Sins of the Fathers", *Newsweek*, March 4, 2002, pp.41~46). 비슷한 추문이 80년대 후반과 90년대 초반 이후 아일랜드의 성소 감소에 큰 영향을 주었다고 한다.

121) 참조: 교회법 제1395조와 제1362조 2항. 그리고 신앙교리성의 「신앙교리성에 유보된 중대 범죄에 관하여」〔(2001.05.18.), 『가톨릭 교회 가르침』 20(2002/4), pp.43~46〕에서 새로운 규범이 나왔다.

아가야 한다.[122)]

이러한 기질로 인해 고통받지 않아도 되는 행복한 사람들은 동성애자를 혐오스러운 존재가 아니라 이해, 격려 및 동정이 필요한 이들로 받아들이는 법을 배워야 한다. 동성애자로 확인된 사람들은 보통 자신에 대해 일종의 절망감을 지니며, 스스로 문제를 해결하지 못한 채 동료들로부터 거부당하고 버림받았다고 느낀다. 심지어 자신을 싫어하기도 한다. 이 때문에 하느님과 사회를 향해 원망하고 싶어진다. 그리고 그러한 원망은 스스로를 고립과 외로움으로 이끈다. 따라서 동성애자는 스스로의 가치에 대해 확신을 되찾도록 도움을 받아야 한다. 그들에 대한 혐오와 배척은 오히려 무의식적 열등감에 빠지도록 압박을 강화할 뿐이다. 그들을 향한 사랑과 공감(sympathy)은 그들이 사회에 건강하게 통합되고, 질서 있는 삶을 살 수 있음을 믿게 만들 수 있다.[123)]

양성애적인 동성애자의 이성애적 혼인에 대해서는 명확한 규칙을 정할 수 없다. 어떤 경우이든 신중히 생각해야 한다. 만일 남성 동성애자가 배타적인 동성애 체질을 지닌 것이 확실할 경우, 배우자를 위해서라도 혼인하면 안 된다. 교회 법정의 혼인 무효 소송에서 이러한 체질은 혼인 무효의 장애로 간주된다. 반면, 여성 동성애자들은 배우자에 대한 의무와 가정생활의 의무를 수행하는 데 어려움을 덜 겪는

---

122) 존 하비(John F. Harvey)에 따르면, "최근 콜린 쿡(Colin Cook)이 시작한 '익명의 동성애자 모임'(Homosexuals Anonymous)의 프로그램이 가장 효과적이다. 이 운동은 집단 지원을 통해 자기-수용과 자기-통찰을 길러 주고 그와 동시에 근본적인 인격 변화를 위해 필수적인 영적 차원을 결합시키는 것이다. 집단 치료를 보완하기 위해 개인 치료가 필요할 수도 있다"(*The Homosexual Person*, San Francisco: Ignatius Press, 1987, p.76). 존 하비 본인도 1980년에 시작된 "용기"(Courage)라는 영적 지원 단체에서 활동하고 있다(*ibid.*, pp.140~158).

123) 동성애 행위에 대해 일부 국가의 시민법이 규정한 징역형 처벌은 교정보다는 오히려 오염의 효과(contaminating)를 준다. 형법은 다음의 경우에서만 동성애적 범죄를 형벌로 제재해야 한다. 즉 a) 청소년 타락의 방지, b) 공공 예의에 반하는 범죄의 방지, c) 이익을 목적으로 한 사악한 착취의 방지이다.

다. 어떠한 경우든, 자격 있는 심리학자에게 의견을 구해야 한다.

동성애자는 자신에게 만족감을 주는 사교와 스포츠의 모든 활동에 참여하도록 용기를 가져야 한다. 많은 경우, 이러한 참여는 신체적 접촉에 대한 더 기본적 욕구를 해소하는 데 도움이 된다. 일정 정도의 성적 자극 가능성은 감수해야 하며, 만일 어떤 특정 활동이 유혹의 직접적 원인이 된다고 판명된 경우에만, 그것을 자제해야 한다. 교사·사회 복지사·체육지도자·스카우트지도자 등이 자기 학생 또는 부하직원과 실제 동성애의 활동을 했을 경우, 당연히 그러한 직위를 그만두도록 설득해야 한다. 부적절한 행동으로 유혹할 수 있는 상황을 피해야 한다는 이 규칙은 여전히 유효하다. 반면에 이러한 직업이 유혹을 받을 만한 우려가 없는 이들에게는 오히려 바람직하고 건강한 배출구가 될 수 있다.[124)]

이성 간의 만남이 이성애적 감정을 배제하지 않는 것처럼, 동성 간의 관계도 동성애적 감정을 배제하지는 않는다. 오히려 이러한 감정은 상호 간의 수용과 지지를 매개로 하여 인간관계에 공감과 따뜻함을 부여한다.[125)] 이러한 자질은 긍정적이다. 물론 동성애적 우정이 오히려 성행위의 계기가 될 수 있다. 그러나 어느 정도의 위험이 있지만, 그러한 우정 자체의 기본적인 정당성과 모순되는 것은 아니다. 하지만 지속 가능한 우정의 진실하고 오래가는 기반은 성행위가 아니라, 공통된 영성적·문화적·이상적 가치와 관심사이다. 따라서 그들의 노력은 자신들의 성장과 발전을 목표로 해야 하며, 이러한 방향으

---

124) 일부 동성애자(invert)는 비록 직업적 접촉이 그들에게 유혹거리로 보일 수 있을지라도, 직업적인 관계에서는 아무런 영향을 받지 않지만 일이 없는 개인 시간에만 어려움을 겪는 방식으로 성향이 형성되기도 한다.

125) 헨리 나웬(Henry Nouwen)은 동성애적 애정을 향한 "긍정"을 통해, 성적 감정을 고립된 영역에서 해방시키고 전체 인격 안에 통합되기를 기대한다. 이렇게 통합될 때, 그 성적 감정은 광기 어린 힘을 잃게 된다("The self-availability of the homosexual", in *Is Gay Good?*, ed. by W.D. Overholtzer, Philadelphia, 1971, p.211).

로 그들은 생식기 활동이라는 장벽을 넘어서도록 애를 써야 한다. 끝으로, 동성애자들은 자신의 에너지를 사회적 임무와 사랑의 실천에 쏟아야 한다. 그들의 노력에는 하느님 은혜를 구하는 진지하고 규칙적인 기도가 따라야 한다. 모든 그리스도인의 길은 결국, 그리스도와 교류하면서 하느님 나라를 증진하고 인류를 섬기는 삶이다.

최근의 흐름은 동성애자들도 혼인에 상응하는 법적 권리를 수반하는 시민적 혼인의 지위를 얻으려는 쪽으로 가고 있다.[126] 하지만 — 이미 위에서 설명했듯이 — 이성애 혼인과 동일한 기준으로 측정될 수는 없다.[127] 따라서 가톨릭교회와 정교회는 교회에서의 동성애자들의 혼인 체결(contraction)을 거부한다. 이는 사회에 해악을 끼치고 혼인과 가족 제도를 폄하한다. 그들은 이성애 혼인을 같은 부류의 동거 관계로 생각하도록 유도하고, 자녀 출산과 생명 전달이라는 점 그리고 혼인의 불가 해소성과 일부일처제를 경시하게 만들 수 있다.[128] 성공회와 개신교 역시도 초기에는 동성애 혼인과 동성애자라고 고백한 사람의 서품에 대해 부정적인 태도를 취했었지만, 현재는 의견들이 서로 갈라지고 있다.[129]

---

126) 덴마크(1989), 노르웨이(1993), 스웨덴(1994), 네덜란드(1996), 핀란드(2002), 벨기에(2003), 아르헨티나(2003), 캐나다(2003)에서는 시민적 혼인이 허용되고 있다. 스웨덴과 네덜란드에서는 입양의 권리를 인정한다. 독일(2001)은 "동성애 동거"의 등록을 도입하여, 임차권, 상속권, 증언거부권 등에서 혼인과 유사한 법적 효과를 부여하고 있다. 반면, 미국 연방에서는 2003년 7월까지 37개 주가 동성혼을 금지하는 법안을 통과시켰다.

127) "그러한 혼인"은 혼인신고 때 동성 상대방들이 서로의 성(姓)을 따르고 친족이나 인척으로 간주되는 경우, 그 부자연스러움은 더욱 명백해진다. 이로 인해 스칸디나비아 국가들에서의 법제화 경험은 기대와 달리 실제 해당 제도가 많이 활용되지 않음을 보여 준다.

128) 신앙교리성은 2003년 6월 3일자 문헌에서, 동성애 동거 관계를 합법적으로 인정하고 그들의 지위를 전통적 결혼의 지위로 동일시하는 것을 거부했다. 그러한 인식은 "인류의 공동 유산에 속하는 근본 가치를 어둡게"(11항) 할 것이다. 이 문제에 대한 정교회의 평가는 *Die Grundlagen der Sozialdoktrin der Russisch-Orthodoxen Kirche* (Sankt Augustin: Konrad Adenauer Stiftung, 2001, nr. XII.9.)를 보라.

129) 독일 개신교 교회회의는 다음과 같은 지침을 공식화했다. "동성애 동거 관계에 대한 축복은 허용될 수 없다. 오직 개인에 대한 축복만 고려될 수 있다"(*Mit Spannun-gen leben. EKD-Texte* 57, Hannover: Kirchenamt der EKD, 1996, nr. 6.3). 그러나 2011년

여기에서 왜 형제나 자매, 다른 친척 또는 다른 사람들(예: 두 명의 여성 교사)과 같이, 성적이지 않은(non-sexual) 성격의 영구적 가구들이 영구적 성격의 동성애 동거 관계와 동일한 법적 특권을 주장할 수 없는지에 대해 더 포괄적인 질문이 제기된다. 이러한 질문이 프랑스에서 도출되었던 것으로 보이는바, 그곳에서는 1999년 동성애든 이성애든 일반적으로 "비혼적(non-marital) 생활공동체"의 등록이 가능하게 되었다. 이들은 "시민적 연대의 협약"(civil pact of solidarity)을 체결함으로써, 혼인과 유사한 법적 특권을 얻게 된다. 단, 이러한 공동체들이 혼인으로 간주되지 않으며 입양권도 포함되지 않는다면, 해당 법 조항이 반드시 문제가 있다고 보기는 어렵다. 특권(prerogatives)이 요구되는 분야에는 상대방의 질병에 관한 정보 접근권, 구금 때의 면회권, 임차권, 상속권 및 증언거부권 등이 있다. 이러한 부분에서는 실제로 법적 공백이 존재할 수 있으며, 일정한 보완이 필요할 수 있다. 하지만 이러한 협약이 얼마나 오래 존속될 수 있을지, 그리고 다른 법적 대안은 없는지, 여전히 열려 있는 상태이다.

2) 성적 일탈

성적 일탈은 성적 행동의 이상성(異常性, abnormalities)을 말한다. 성적 욕망의 대상이 동물인 것처럼 이상할 수도 있고, 성적 흥분을 유발하는 행위의 종류가 가학성 변태성욕인 것처럼 이상할 수도 있다.

(1) **수간**(bestiality): 사람과 동물의 성교(coition)를 이렇게 부른다. 성서에서 엄중하게 단죄된다(탈출 22,19; 레위 18,23; 20,15~16; 신명 27,21). 이 일탈은 동물에 대한 변태적 애정으로 이루어지며, 그것으로는 인

11월 20일, 교회회의 대의원들은 동성애 목사들이 목사관에서 동성애 짝과 함께 거주하는 것을 허용하는 법을 만장일치로 결의했다.

간적 성행위의 고유한 의미를 달성할 수가 없다. 아이를 낳을 수도 없고 어떤 방식으로도 사랑의 표현이 아니다. 오직 성적 긴장을 풀기 위한 수단일 뿐이다. 에로스적이고 영적인 열망으로부터 성적 만족의 완전한 분리는 필연적으로 성의 격하와 욕구불만의 원인이 된다.

(2) **성도착증**(sexual paresthesia)**의 형태**: 성도착증이란 성적 흥분이 전혀 성교와는 전혀 무관한 사물을 통해서 일어나는 경우를 말한다. 즉 가학성 변태성욕(sadism)은 타인에게 고통이나 학대를 가함으로써, 피학대성 변태성욕(masochism)은 자신이 고통받거나 굴욕을 당함으로써, 그리고 주물성 변태성욕(fetishism)은 옷·신발·머리카락 등과 같이 비인격적 사물들을 취함으로써, 성적 흥분이 일어난다. 이중 가학성 변태성욕은 가장 끔찍한 범죄(가학성 학대, 강간 후 살인 등)로 이어질 수 있다.

이러한 행동들의 도덕적 악은 정도가 다양한데, 최악은 가학성 변태성욕이다. 물론 이러한 성향의 근원에는 종종 개인의 죄책 없이 획득된 심리적 장애가 있을 수도 있다. 그러나 그렇다고 해서 모든 사람은 자신의 성향과 열정의 표출을 통제해야 하며, 또 불법적인 만족을 포기해야 한다. 그리고 그러한 열정이 타인에게 해를 끼치는 경우라면, 더더욱 포기해야 한다.

9.4. 혼인 상태에서의 도덕적 책임

9.4.1. 예비 기간

집중적인 혼인 준비의 기간은 보통 사귐의 시간을 가진 후에 이어진다. 과거에는 오늘날보다 더 흔하게 약혼이라는 형태로 이루어졌었지만, 그러나 다른 형태의 접촉이 이를 대신할 수도 있다. 많은 경우에는, 둘이 결합하려는 동기는 서로에게서 느끼는 사랑이다. 젊은 두 남녀는 외부인은 완전히 파악할 수 없는 무언가를 서로에게서 발견하고, 그리고 그것이 서로에게 소속되어야 한다는 감정을 불러일으킨다. 또 다른 경우에는, 배우자 선택의 결정적 동기가 예컨대 직업적·경제적 이해의 일치와 같이, 더 실용적이고 합리적인 성격을 띤다. 사람들은 오늘날 이러한 동기에 대해 다소 반감을 갖지만, 경험에 따르면, 순전히 이기적인 동기가 아니라면, 이러한 이유를 고려한 혼인이 놀랍도록 좋게 발전하는 경우가 많다. 그러나 자발적이며 위대한 사랑이 혼인의 동기라고 해도, 이성과 양심을 결코 배제해서는 안 된다. 당사자들은 정말 서로 조화를 이룰지 책임 있게 점검해야 하며, 이것이 약혼 기간의 목적이다.[130] 교회는 당연히 혼인 준비의 중요성을 강조하는데, 이는 약혼자들의 복지와 가정생활에는 매우 중요하다.[131] 사목자들은 약혼자들의 준비를 도울 책임이 있다.[132] 경험이 보여 주듯이, 약혼 기간은 혼인의 소명을 성숙시키고 신앙의 가치를 심화시키는 축복의 시간이 되기에, 이는 특히 적합하다.

1) 준비 기간의 의미

약혼(engagement) 또는 가약(佳約, betrothal)은 젊은이들이 자신의 첫

---

130) 하트(Hart)와 쉴즈(Shields)는 이상적인 혼인 연령이 신랑은 29세, 신부는 25세였으며, 그러나 신랑의 경우 4살, 신부의 경우 2살의 변동은 행복도에 큰 차이가 없음을 발견했다. 신부가 21세 미만이고 신랑이 24세 미만인 경우에는 가사의 문제가 증가했으며, 혼인 연령이 낮을수록 그러한 문제는 더 컸다.

131) "어느 때보다도 우리 시대에 필요한 것은 결혼과 가정생활을 위하여 젊은이들을 준비시키는 것이다(…). 그래서 교회는 더욱 적합하고 더욱 집중적인 결혼 준비 과정을 촉진해야 한다"(요한 바오로 2세, 사도적 권고 「가정 공동체」(1981.11.22.), 66항. 또한 교황청 가정평의회, 「혼인성사 준비」(1996.05.12.), 『가톨릭 교회의 가르침』 4(1997/5), 17항.

132) 참조: 교회법 제1063조.

사랑이 견고한 기반에 놓인 것인지를 보게 해 준다. 이들은 대화, 산책, 오락을 단둘이 또는 다른 젊은이들과 함께할 때, 서로를 드러낸다. 서로의 가정과 직장에 있어서 행동과 성향을 목격할 수 있고 서로의 배경과 관심사, 이상향 및 종교적 신념을 점차 알게 된다. 이는 지극히 중요한 결정을 내리기에 필요한 통찰을 충분히 얻기 위한 것이다. 부모는 과거보다 덜 개입하지만, 약혼자들은 그들의 조언을 무시하지 말고 신중히 고려해야 한다.

'점검의 시기'로서 엄밀한 준비 기간은 본래 일정 기간 즉 적어도 몇 개월은 필요하다. 반면, 너무 길어져도 안 된다. 약혼 기간이 2년 이상이면, 정서적 억압이나 소원해짐, 혹은 법적으로는(*de jure*) 미혼이지만 사실은(*de fecto*) 부부처럼 절충안으로 지낼 소지가 있다. 둘 모두는 긴장, 제약 및 장래 혼인의 큰 부담을 초래할 수 있다. 따라서 가까운 시일 내 혼인할 가망이 없는 약혼이나 이와 유사한 결합(unions)은 피해야 한다.

오늘날 젊은이들은 배우자 선택에 있어서 큰 자유를 누린다. 이는 그들의 개인적 책임은 크게 늘어나지만, 현재 성 문제에 대한 표면적 접근과 혼인 제도 자체에 대한 회의적 추세로 인해 성숙한 결정을 어렵게 만든다. 따라서 교회의 사목적 배려와 사회 전체는 이들에게 혼인에 대해 지속적이고 철저한 준비를 제공하고 그 의미, 책임 및 도전을 깊이 이해하도록 이끌 사명을 지닌다.

사목적 차원에서 혼인 준비를 위한 강연과 강좌는 매우 권장되며, 보통 젊은이들로부터 대체로 환영받는다. "그러나 경험에 비추어 보면, 결혼생활을 잘 준비한 젊은이들은 일반적으로 다른 이들보다 더 잘 성공할 것이다." 이러한 강좌에서는 "가정 사도직, 다른 가정들과의 형제적 유대와 협력, 가정의 (…) 유익을 위해 마련된 집단들과 (…) 운동들에 적극적 참여를" 위한 준비도 소홀히 되어서는 안 된다.[133]

안타깝게도 실제로는 많은 남녀들이 가치관, 자녀 양육, 아동교육 등 가정생활의 중요한 측면에 관한 세미나와 워크숍의 기회들을 놓치는 경우도 자주 생긴다.

2) 준비 시기의 목표와 임무

약혼이나 가약은 둘이 평생을 서로 결합하겠다는 첫 번째의 결단이기에, 여전히 잠정적인 성격을 띤다. 이 시기는 서로에게 적합한지 점검해야 하는 시기이기에, 서로에게 사랑, 신의 및 솔직함을 보여 주어야 한다. 성은 가장 넓은 의미에서, 약혼기에 영·육으로 필수적인 역할을 한다. 전인적 인간의 에로티시즘(eroticism)이 발전함에 따라, 그것은 '오직 너'만을 향하며 제삼자는 자동으로 배제된다. 이 과정에서 젊은이는 점차 (그리고 지도받아야 할 부분이기도 하지만) 서로의 미래에 책임이 있음을 인지하게 된다. 진정으로 사랑함으로써 자신의 구애가 이기적이지 않도록 해 줄 것이다. 이 시기 동안에는 세 가지 목표를 달성해야 한다. 이는 상호 사랑에 대한 더 내밀한 표현이 정당화될 수 있는 이유를 알려 준다.

첫 번째의 성취 목표는 "성적 태도와 행동에 있어서 수년간 쌓은 방어기제와 억제를 점차 해체하는 것이다. 이 시기에는 그들의 과거에 충동 통제에 도움이 되었을 '만지지 마세요'라는 태도를 버리는 것이 중요하다." 과거에 필요했던 통제장치는 오히려 장애물이 될 수 있다. "신체적인 애무(intimacies)는 이제 용인이 되는 부끄러운 것(weakness)이 아니라 심리학적·도덕적으로 혼인을 준비하는 데 필수적인 것으로 보아야 한다."[134]

---

133) 요한 바오로 2세, 사도적 권고 「가정 공동체」(1981.11.22.), 66항.

134) R.P. O'Neil / M.A. Donovan, *Sexuality and Moral Responsibility*, Washington/Cleveland: Corpus Books, 1968, p.141.

두 번째 목표는 성적 차원을 영적이고 인격적인 사랑의 차원과 통합하는 것이다. 젊은 남녀는 자신들의 성적 충동을 사랑의 대상이며 이상화된 인물에 대해 존중(esteem)과 경의(admiration)를 드러내는 정신적 애정과 분리시키려는 경향이 있다. 이들은 사랑하는 상대를 이상화하여 높은 위치에 올려놓고 이 사람에 대한 성적 충동을 억누른다. 만일 그 상대가 실제로 좋은 자질을 많이 지녔다면, 이러한 분열은 더 심화되기도 한다. 이러한 태도는 청소년기적인 특성이기에, 이는 사랑하는 관계에서는 성이 필수적인 부분이라는 확신으로 전환되어야 한다. "독신 생활에나 적합한 정숙(modesty)의 분위기에서는 이러한 필연적 통합이 이루어질 수 없다. 오히려 이상적인 사랑의 대상이 실제로 성적 감정을 표현할 수 있는 존재이며, 그러한 감정이 상대방을 향한 사랑에서 나온 것임을 보여 줌으로써 강화되어야 한다. 사람은 사랑의 인격적인 애정과 성적 측면이 통합될 때, 성심리적으로(psychosexual) 성숙해진다."[135]

세 번째의 주요 목표는 성에 대해 자유롭게 소통하는 것이다. 부부는 현재와 미래의 성적 관계 전반에 대해 서로 논의해야 한다. 그들은 서로의 정서, 반응, 불안, 거리낌 및 성향을 이해하는 법을 배워야 한다. 이것들은 둘 모두에게 큰 관심사이지만 흔히 무시되기 일쑤이다. 이에 대한 개방된 논의는 일반적으로 해방감을 느끼게 하고, 상대에 대한 오해와 잘못된 억제를 제거해 주며, 상호 일치에 크게 기여한다.

소심하고 불안한 감정 그리고 통제되지 않는 열정도 모두 부적절하다. 약혼자끼리는 다른 미혼들에게는 부적절한 것으로 간주되는 사랑의 표현들이 허용된다. 약혼 기간에는 애무의 교환이 긍정적이고 필수적인 요소가 된다.[136] 핵심은 이러한 애무를 통해 상호 간의 사

135) *Ibid.*, p.142.

랑이 풍요로워지고, 상대방이 행복해지는지 여부이다. 남자는 신부를 짜증 나지 않게 하고 둘이 즐겁기 위해서는, 특히 내밀한 애무를 하려는 장소와 상황에도 재치와 섬세함이 요구된다는 점을 알아야 한다. 구혼의 여러 단계에서 젊은이들이 만족할 수 있는 애무에 대해 정직하고 양심적으로 말하는 것은 아주 적합한 것이며 또한 자연스러운 일이다.

하지만 애무할 자유가 아주 커졌다고 해서 약혼자들이 이미 부부가 된 것 같은 태도를 미리 행하지는 말아야 한다. "그러한 유대는 교회와 국가에 의해 확인받지 않은 한, 결정된 것이 아니다. 따라서 젊은이들이 아주 내밀한 관계가 되었을지라도, 이러한 상황에서의 성교는 무책임한 것이다. 왜냐하면 성교는 그 본성상 최종의 성격(definitive character)을 지니기 때문이다. 이는 '영원히'(for good)라는 의미를 암시한다. 성교를 통해 자신을 내어 주는 순간, 젊은 남녀는 내적 변화를 겪게 된다. 그 후로는 서로를 남편과 아내로 경험하게 되며, 그리고 결합 행위를 할 때마다 다음의 결합 행위를 불러내게 된다. 이는 한편으로는 이미 혼인했다는 느낌을 불러일으키지만 다른 한편으로는 아직 혼인하지 않았다는 자각의 갈등을 야기한다. 그리고 시간이 오래 지난 뒤에 다시 되돌아가려면, 심한 내적 갈등을 감수해야만 가능해진다."[137]

인정해야 할 것은 전적인 건네줌을 포기하는 경우, 상당한 긴장이 초래된다는 점이다. 그럼에도 이러한 긴장은 해롭지 않으며 성애의 발전에 중요한 요소가 된다. "흔히 오해들 하는 것과 달리, 긴장은 해

---

136) Böckle / Köhne, *Geschlechtliche Beziehungen vor der Ehe*, Mainz: Matthias-Grünewald, 1967, p.57. 저자들은 상호적 사랑의 표현이 때로는 유정(遺精, pollution)을 초래할 수 있다고 언급하지만, 그러나 그것이 일차적으로 추구되거나 직접 의도하지는 말아야 한다.

137) *A New Catechism. Catholic Faith for Adults*, London: Bums and Oates, 1967, p.387; cf. Böckle / Köhne, *op.cit.*, p.32; pp.56f.

롭기는커녕, 성애의 성숙에 중요한 요소가 된다. 일부의 긴장은 창의력을 지닌다. 모든 긴장을 제거하는 것은 인간의 노력, 성장 및 성취 모두를 없애는 것과 같다. 혼인 이전에 완전한 성적 만족을 거부함으로써 생기는 긴장은 혼인의 미래에 필수적인 상호 신뢰의 토대를 세우는 데 유일하게 효과적인 수단이며, 사랑의 관계를 다른 모든 차원으로 확장하도록 요구하는 힘이라고 말하고 싶다."[138] 이러한 긴장을 통해 얻어지는 사랑의 다른 차원에는 부드러움, 애정, 지적 교류(intellectual community), 감수성 및 희생 등이 있다.

실패했다고 위축될 필요가 없다. 오히려 하느님의 뜻이라고 인정하면, 필히 새로운 용기의 기회가 된다. 성교가 있었다는 사실과 아이가 곧 태어날 것이라는 사실도 남자에게 혼인할 의무가 생기게 하는 것은 아니다. 물론 아버지로서, 아이와 그 어머니에 대해 특히 경제적 측면의 책임이 없어지지는 않는다. 아이는 악질의 혼인 속에서보다 결손 가정에서 크는 것이 더 낫다. 아이가 없다면 그러한 상대와 혼인할 것인지, 자문해야 한다.

인류의 다수는 혼인의 신분이 되도록 하느님께 불렸다. "사람이 혼자 있는 것이 좋지 않다"는 성경 본문은 명시적으로 혼인을 언급하고 있다(창세 2,18). 혼자 사는 삶은 큰 자유를 줄 수 있지만, 필히 더 큰 만족, 더 나은 건강, 더 나은 성적 만족을 보장하지는 않는다. 행복한 성행위에 대한 특권은 대개 굳게 결합된 사람들의 몫이다. 사람들은 일반적으로 혼인하고 가정을 꾸리는 시점에 이르러서야 삶의 충만한 수준에 도달하게 된다. 이러한 충만한 삶은 자신을 의지하는 이들에게 책임을 다하고, 개인적 편의만을 추구하는 위험한 삶의 틀에서 벗어날 때 비로소 가능해진다.

---

138) O'Neil / Donovan, *Sexuality and Moral Responsibility*, *op.cit.*, p.135.

9.4.2. 혼인의 본성

"혼인을 통해 남녀는 상호적 안전과 가정을 제공하는 데 적합한 공동체 안에서 결합하게 되며, 그러한 공동체는 상대방의 성적 갈망을 충족시키고 자녀 출산과 교육에 적합하다."[139] 혼인이 인류에게 기본적 중요성을 지닌 까닭에, 혼인의 권리와 혼인 계약 안에서 두 배우자의 평등은 「세계 인권 선언」에 담기게 되었다. "성인 남녀는 인종, 국적 또는 종교에 따른 어떠한 제한도 없이 혼인하고 가정을 이룰 권리를 가진다. 그들은 혼인에 대하여, 혼인 기간 중 그리고 혼인 해소 시에 동등한 권리를 향유할 자격이 있다"(제16조).

1) 혼인의 목적과 이유

혼인의 목적과 이유는 "성애의 본성과 목적"의 부문에서 논의된 성애의 목적들과 밀접한 관련이 있지만, 완전히 동일하지는 않다. 혼인의 목적에는 출산뿐만 아니라 자녀 교육도 있다. 그리고 또 다른 목적에는 매우 포괄적 의미에서의 상호 부조가 있으며, 부부 행위를 통한 상호적 사랑의 표현은 그저 여러 측면 중 하나에 불과하다.

(1) 생명의 전달

"혼인과 부부 사랑은 그 본질상 자녀의 출산과 교육을 지향한다. 자녀들은 참으로 혼인의 가장 뛰어난 선물이며, 부모의 행복에 크게 이바지한다. (…) 그러므로 진정한 부부 사랑의 실천과 거기에서 나오는 가정생활의 전체 구조는, 혼인의 다른 목적들을 뒤로 제쳐 두지 않고, 부부가 그들을 통하여 당신 가족을 날로 자라게 하시고 풍요롭

---

139) H. Rotter, "Ehe", *Neues Lexikon der christlichen Moral*, Innsbruck: Tyrolia, 1990, p.98.

게 하시는 창조주와 구세주의 사랑에 굳센 마음으로 협력하는 자세를 갖추도록 한다. 인간 생명을 전달하고 교육하는 의무는 부부의 고유한 사명으로 여겨야 한다"(「사목 헌장」 50항. 참조: 48항).

창조자의 의도를 해석하는 성서는 인류의 번식을 혼인의 본질 목적으로 올바르게 간주한다. 엿새 창조의 기사에서 하느님께서 최초의 인간 부부에게 "자식을 많이 낳고 번성하여라"(창세 1,28) 하신 축복은 모든 시대의 혼인에 생식력을 부여한 것이다. 하느님의 이러한 혼인 축복은 자녀가 하느님의 선물이며 또한 그분의 계획 속에서 혼인이 생명의 전달과 인류의 번식에 이바지한다는 이스라엘의 믿음을 표현한 것이다.

오늘날 가정은 이전 시대보다 훨씬 더 자녀 수를 제한하고 있는데, 실제 타당한 이유가 자주 있다. 비록 혼인에서 상호 사랑과 협조의 측면이 우리 시대에는 과거보다 훨씬 강조되고 있지만, 대부분의 부부는 여전히 아이를 원하며, 간절히 바라고 있다. 이는 많은 난임 부부가 임신할 가능성을 위해 큰 노력을 기울이거나 적어도 입양을 시도하는 데서 아주 명백히 드러난다. 이것이 성과 혼인 제도가 자연적으로 자녀를 최종 목적으로 삼고 있다는 진리를 설득력 있게 입증해 준다.

게다가 아이는 사회 전체에 근본적으로 중요하다. 어떤 개인이 절대로 아이에게 의존해 있지는 않더라도, 사회 전체는 아이에게 의존한다. "사회는 계속 존재하려면 늘 새로운 아이를 필요로 하며, 그래서 혼인도 필요하다. 왜냐하면 일반적으로는 혼인만이 아이들이 육체적·정신적으로 건강하게 성장할 수 있는 환경을 제공하며, 아마도 이것이 경제적으로도 가장 효율적인 방식일 것이다. 공적으로 제공되는 아이 돌봄은 — 통상적으로 부모가 너그러운 헌신을 포기할 경우 — 훨씬 큰 비용이 들 것이다."[140]

혼인과 가족이라는 제도는 생명의 전달을 위한 적절한 조건들을 창출한다. 그것들은 부부애와 그 열매인 아이에게 필수적 공간을 마련해 준다. 따라서—성애의 자연스러운 열매인 아이에게 최선을 다하기 위해서는—책임 있는 사랑의 만남은 혼인의 유대를 전제해야 한다.

(2) 상호 부조와 완성

혼인 계약을 하는 또 다른 중요한 이유는 배우자들이 서로 안에서 발견하는 상호 부조와 완성 때문이다. 혼인을 통해 남녀는 "혼인 동거 관계로 서로 도와주고 봉사한다"(「사목 헌장」 48항). 제2차 바티칸 공의회에 따르면, 이 목적은 혼인의 소위 첫 번째 목적에 종속된 것이 아니라 동등한 중요성을 지닌다(「사목 헌장」 50항).[141] 서로 다른 은사와 능력을 지닌 남녀는 이 계약을 통해 가장 완전한 방식으로 서로를 완성한다.

혼인의 이 임무는 창세기에서 에덴 낙원의 기사를 통해 확인된다. 하느님께서 남자에게 아내를 주신 이유는 상호적 협력과 동반을 위함이다. "사람이 혼자 있는 것이 좋지 않으니, 그에게 알맞은 협력자를 만들어 주겠다"(창세 2,18). 그래서 하느님께서는 여자를 창조하셨다. 그녀를 본 아담은 이렇게 외쳤다. "이야말로 내 뼈에서 나온 뼈요 내 살에서 나온 살이로구나! 남자에게서 나왔으니 여자라 불리리라." 그리고 성서는 이렇게 결론 내린다. "그러므로 남자는 아버지와 어머니를 떠나 아내와 결합하여, 둘이 한 몸이 된다"(창세 2,23~24). "한 몸"이라는 표현은 아주 구체적이고 생생한 방식으로 혼인을 통해 이루어지

---

140) H. Weber, *Spezielle Moraltheologie*, Graz: Styria, 1999, p.344.
141) 1994년의 『가톨릭 교회 교리서』는 혼인의 이중 목적을 2363항에서 설명하는데, "부부 자신들의 선익과 생명의 전달"이 그것이다.

는 남편과 아내의 상호적 완성을 역설한 것이다. 이는 혼인이 단순한 유대가 아니라 새로운 존재, 함께 하는 존재, 결코 돌이킬 수 없는 실재가 이루어진다는 뜻이다. 현재의 주제에 대해 다른 성서 본문과 비교는 이 장의 서두에서 성에 대한 성경의 관점을 다루었으므로, 여기서는 언급을 그친다.

하지만 남녀가 혼인의 유대 속에서 서로를 내어 주는 상호 부조는 단지 기쁨에 찬 동반관계와 행복한 함께함으로만 이해되어서는 안 되며, 슬픔과 고통 속에서의 진지한 연대로도 이해되어야 한다. 인간의 혼인과 그리고 에페소서에서 그려진 그리스도와 교회의 결합 간의 비교는 "우리의 가정이 그리스도께서 가르치고 영감 주신 사랑을 보여 줄 때에만 성립한다. 그것은 자신과 마찬가지로 상대방을 사랑하는 사랑이어야 한다. 그것은 (…) 십자가가 자리하고 있는 사랑인 것이다. 그러므로 그러한 사랑은 실망을 견디는 사랑이며, 서로의 기대에 부응하지 못하고 기쁨이나 충만한 사랑을 느끼지 못하는 상황으로서의 실패를 견디어 내는 충실함인 것이다. 이는 마치 그리스도의 십자가가 인간적으로는 절망적이었지만 결국 구원과 선을 가져다준 것과 같다."[142] 이러한 사랑만이 전적으로 "주님 안에서의 혼인"이다. 물론 그리스도교 혼인에 십자가가 있다고 해서 불행과 실패에 굴복한다는 뜻이 아니다. 그리스도인이라면, 행복한 가정생활을 구축하고 유지하기 위해 항상 모든 노력을 기울일 것이다. 그러나 이는 가정에 닥친 불행조차도 성숙을 위한 학습 장소가 되고, 하느님 나라를 위한 더 높은 질서의 열매의 원천이 될 수 있음을 의미한다.

모든 가정생활 속에는 어느 정도의 예상되는 긴장을 정확히 고려할 때, 지속적 유대로서의 혼인은 단순한 동거 관계 이상의 더 큰 안전과 보호를 부부에게 제공해 준다. 단지 동거 관계인 경우, 위기와

---

142) *A New Catechism. Catholic Faith for Adults,* 1967, *op.cit.,* p.391.

갈등이 닥치면 둘은 더 빨리 헤어질 것이다. 이들은 주로 감정과 정서로 결합되어 있기 때문이다. 둘 중 하나는 "버려질 것이고 새롭게 시작할 힘과 가능성이 더 이상 없게 될 경우도 적지 않다. 함께 늙어가는 행복, 평생 동안 충실함과 애정을 누릴 가능성은 결국 혼인 유대의 밖에서보다는 그 안에서 훨씬 더 쉽다."[143)]

(3) **성애의 성취**

남녀는 애정과 사랑으로 서로의 매력을 아주 강하게 경험한다. 이는 앞의 성도덕의 기본 방향에서 이미 논의된 바 있다(이 책 제9장의 "9.2.4. 인간적 사랑의 진정한 성장"을 보라). 이 강력하고 기초적인 경향은 인간 본성이 이성을 향하도록 끌어당기고 촉구하며 심지어 강요하기도 하는 에로스적인 성적 매력에 뿌리를 두고 있다. 이는 성취되기를 갈망하는 강렬한 욕망인 것이다. 따라서 성적인 정욕의 치유(*remedium concupiscentiae*)와 억지력은 보통 혼인의 세 번째 이유로 열거된다. 그런 점에서 혼인이 정욕을 진화하고, 성욕이 거칠게 빗나가는 것을 방지하며, 성욕을 혼인 사랑의 단단한 통제하에 두는 데 도움이 되는 것으로 여겨진다. 혼인의 이러한 목적은 코린토 전서 7장에서 바오로가 지적한 바 있다. 미혼자와 과부를 향한 그의 권고는 독신으로 지내는 것을 권하지만, 그러나 이렇게 덧붙인다. "그러나 자제할 수 없으면 혼인하십시오. 욕정에 불타는 것보다 혼인하는 편이 낫습니다"(9절). 티모테오 전서에서는 젊은 과부에게 혼인하지 말라는 권고조차도 빼버렸다. 오히려 혼인하라고 권고하였는데, 왜냐하면 일부의 젊은 과부는 이미 탈선했기 때문이다(1티모 5,11~15).

두 성별은 어떻게 하든 서로를 보완할 뿐만 아니라, 성적으로도 서로를 갈망하는 존재로 창조되었다. 이를 통해 자연은 자들에게 필요

---

143) H. Weber, *Spezielle Moraltheologie*, *op.cit.*, p.343.

한 혼인의 안정성을 지원하며, 배우자에게 신뢰할 수 있는 도우미로서의 확신을 제공한다. 성적으로 성취하려는 갈망은 아이를 가질 수 없는 상황이나 시기에도 지속된다. 안정적 결합의 유대 즉 혼인 공동체의 유대야말로 정기적으로 성적 만족을 구할 수 있고, 동시에 상호 완성을 위한 정서적 욕구도 보장되는 유일한 장소이다. 바로 이러한 이유만으로도 남녀는 혼인할 권리를 갖는 것이다. 물론 모든 사람이 동일하게 강한 성적 기호를 가진 것은 아니며, 혼인이라는 도움이 필요한 것도 아니다. 하지만 원칙적으로, 사회는 대다수의 남녀가 혼인이라는 욕구를 지니고 있기에, 이들에게 혼인의 가능성을 제공하는 것이 전체적으로 유익하다. 이 때문에 배우자가 없어진 이혼자가 자신의 탓이 없는 경우도 드물지 않기에, 이들에게 큰 문제점이 생긴다. 이 문제는 이혼을 다룰 때 자세히 논의해야 한다.

물론 성적 욕망의 충족은 단순히 성적 본능을 해소하려는 고립된 방식만을 목표로 삼아서는 결코 안 된다. 배우자들은 이를 통해 단순히 충족을 넘어 상호 사랑과 배려를 향해 나아가야 한다. 앞서 설명했듯이, 사랑에 대한 그리스도교의 핵심 계명은 성의 영역으로도 확장된다. 에로스의 성애는 아가페의 헌신적 사랑으로 뒷받침되고 유지되어야 한다. 이는 동시에, 성적 본능을 의미 있게 실현하려면, 궁극적으로 **창조자**의 의도대로 혼인의 다른 목적들에 대해서도 존중하고 봉사해야 함을 의미한다.

2) 혼인의 단일성(일부일처)

역사적으로 몇몇 진화론자들은 혼인의 기원을 원시적 사회의 난교(亂交, promiscuity)에서 찾아볼 수 있다고 생각했다. 그러나 전적으로 난교의 사회가 존재했다는 증거는 아무 데도 없다. 하지만 일부다처제는 고대 세계에 꽤 널리 퍼져 있었다. 이를 인정하지 않았던 그리스인과 로마인이 예외였지만, 그들도 축첩은 했다. 그렇지만 보통 일부다처제의 특권을 누릴 수 있던 것은 부유층뿐이었다. 실제로는 일부다처가 허용된 곳에서도, 일부일처가 가장 흔한 혼인 형태였다. 원시 사회를 포함해, 과거에 일부다처를 완전히 거부한 채 일부일처만 허용하는 사회도 있었다. 이러한 사회의 수는 지속적으로 늘고 있다. 이는 남편과 아내의 상호 헌신이 더욱 인간적으로 깊어지게 되었고, 둘이 점점 더 동등한 위치에 서게 되었다는 사실과도 맥을 같이 한다.

구약에서 성조들은 기원전 2000년경 고대 동방에서 발견되던 일반적인 혼인 관행, 즉 일부다처제를 따랐다. 판관기와 열왕기의 시대의 사람들에게 많은 아내를 두는 것은 부와 권력의 상징이었다. 그러나 이스라엘이 가나안 정착 이후에는 일반인 중 일부다처의 혼인이 거의 보이지 않는다. 그 이유가 부분적으로 경제적 문제와 제한된 여성 인구의 문제 때문일 수 있지만, 동시에 예언자들의 설교와 지혜 문헌에 반영된 것처럼, 이스라엘 자체에서도 일부일처가 혼인의 이상향으로 계속 확산되었기 때문이다. 비록 예언자들이 일부다처를 현실적인 형태로 받아들이긴 했지만, 야훼와 이스라엘의 관계를 묘사할 때 혼인 계약을 이용한 것에서 보듯이, 혼인에 관한 그들의 이상향은 일부일처였다. 아가서에서 칭송받는 사랑은 수많은 사람 중 하나를 선택하는 질투 어린 사랑이다. 결국 이는 일부일처제 그리고 그것의 기초인 신의(faithfulness)를 향한 열렬한 탄원인 것이다. 이후 그리스-로마 세계의 일부일처제도 이스라엘에 영향을 미치게 된다. 지혜 문헌에서는 더 이상 아내가 여럿인 것에 대한 언급이 없다. 독자들은 일부일처 혼인을 준수하고 있음을 가정한 것이다.

에덴 동산의 첫 혼인 — 이어지는 모든 혼인의 원형 — 에 대한 묘사는 (영구적인) 일부일처 혼인이라는 점에서 예언서와 지혜 문헌의 이상향에 가깝다. 이 기사에서 "그를 위해 알맞은 협력자"라는 표현과 "내 뼈와 살"이라는 친족관계의 관용구를 사용한 것은 둘을 위한 그리고 오직 둘만을 위한 영구적인 공동생활에 대해 증언한 것이다. 더군다나 라멕만이 두 아내를 취한 사람이었고(창세 4,19), 셋 가문의 조상들은 일부일처였다고 표현된(창세 5장과 7장) 카인 후손의 명단을 언급함으로써, 야훼계와 제관계 전통도 일부일처를 정상적인 것으로 여겼음을 확실히 보여 준다.

예수와 신약은 일부일처에 대해 명시적으로 논의하지 않으셨고, 이를 자명한 것으로 여기셨다. 그리스도는 이렇게 말씀하신다. "창조 때부터 '하느님께서는 사람들을 남자와 여자로 만드셨다.' '그러므로 남자는 아버지와 어머니를 떠나 아내와 결합하여, 둘이 한 몸이 될 것이다'"(마르 10,6~8 병행 구절). 일부일처제는 명시된 것이기보다는 암시된 것이다. "둘이 한 몸이 될 것이다"라는 이 표현 뒤에는 분명히 일부일처제가 있다. 바오로에게도 일부일처제는 아주 자명한 것이었기에 별도로 명령할 것도 없었다(1코린 7,2.10~11). 그리스-로마 세계에서의 혼인은 적어도 법적으로 일부일처제였기에, 그리스도인들은 아무런 문제도 제한도 직면하지 않았던 것이다.

수 세기에 걸쳐 그리스도인들은 주님께서 명하신 일부일처의 혼인을 고수해 왔다. 그리스도인에게 일부다처를 금한 것은 트렌토 공의회의 교리였다.[144] 제2차 바티칸 공의회는 이성적 논거를 약술하면서 이렇게 말한다. "이 깊은 결합은 두 인격의 상호 증여로서, 자녀의 행복과 더불어 부부의 완전한 신의를 요구하며, 그들의 풀릴 수 없는 일치를 촉구한다"(「사목 헌장」 48항). "서로 완전한 사랑 안에서 인정되는 아내와 남편의 평등한 인격적 존엄으로, 주님께서 확고히 세우신 혼인의 단일성이 분명하게 드러난다"(「사목 헌장」 49항).

일처다부제(polyandry, 여러 남편과 한 아내의 결합)와 일부다처제(polyga-

144) *DS* 1798; 1802.

my or polygyny, 여러 아내와 한 남편의 결합)는 혼인의 목적에 어긋난다. 왜냐하면 이것들은 남편과 아내 간의 사랑 어린 결합을 방해하며, 자녀 교육을 위한 필요한 협력을 어렵게 만들거나 심지어 불가능하게 만들기 때문이다. 이러한 모순은 일처다부의 생활에서 가장 분명하게 드러나며, 이는 자녀의 교육뿐 아니라 자녀의 확산에도 도움이 되기보다는 오히려 방해가 된다. 반면, 일부다처제는 자녀의 확산 자체보다는 자녀의 교육과 부부간의 상호 사랑과 헌신에 더 큰 장애가 된다. 또한 여자의 존엄성도 떨어뜨린다. 과거 시대의 사회 조건들이 〔스콜라 신학이 '파생된 자연법'(secondary natural law)에 근거해 고대에는 일부다처제가 허용될 수 있었던 것으로 판단했듯이〕 일부다처제를 전적으로 배제하지는 않았지만, 오늘날에는 확실히 그러한 조건들이 혼인의 목적과 점점 더 강하게 충돌한다.

그럼에도 일부다처제가 소멸 위기에 처했다고 보는 것도 시기상조이다. 세계적인 종교인 이슬람교는 일부다처를 인정하고 있으며, 아프리카의 많은 부족도 여전히 이를 사회적 지위의 표시로 간주한다.[145] 복음을 전하는 이들은 바로 일부일처제의 교리 때문에 자신들의 지역에서 종종 큰 어려움을 겪는다. 특히 이 문제에 대한 가톨릭 교회의 엄격한 태도로 인해 다른 교회와 이슬람교로 개종하는 사례가 종종 발생되었다. 예수에게는 합법적 아내를 버리고 다른 아내와 혼인하는 것이 불의인 것은 분명하다. 그렇다면, 예수는 제자가 되기를 원하는 사람에게 합법적으로 혼인한 여러 아내 중 두 번째, 세 번째 아내를 버리도록 요구하셨을까? 그리스도교 신앙으로 개종하기 이전에 맺은 일부다처의 혼인은 비록 스콜라 학파가 가르치듯이 '파생된

145) 힐만(E. Hillmann)은 1968년과 1970년의 통계를 보고하였다. 이에 따르면, 사하라 사막 이남의 약 740개 아프리카 부족 중 580개가 여전히 일부다처제를 명예의 표시로 여겼다(*Polygamy reconsidered*, New York: Maryknoll, 1975, pp.93f).

자연법'만을 따르더라도, 자연법으로 유효한 것임을 명심해야 한다. 세례를 받으면 자연법적으로 유효한 혼인이 자동으로 무효가 되고 죄가 된다는, 결정적인 성서적·교의적 교리가 있는가? "오히려 — 부부 유대가 '합법적으로' 그리고 선한 지향으로 맺어진 것이기 때문에 — 두 번째 아내와 자녀를 내쫓고 그러한 결과를 초래하는 것이 '죄'이며, 오히려 부부가 계속 동거하는 것은 죄가 아니라고 말하고 싶어진다."146) 물론 일부다처제 하의 개종자인 경우, 일부일처제식의 요구는 쉽지 않은 것이, 인간성에 대한 어떤 의미를 훼손할 수도 있기 때문이다. 최소한 이것은 다처인 그 개종자의 모든 아내와 자녀를 위한 물질적 보장이 되어야 한다는 의미이다.147) 그러나 그리스도교 신앙으로 개종한 후에는, 더 이상 일부다처의 혼인이 불가하다는 점을 이해해야 한다. 실제로 이는 무효이며, 허용될 수 없다.

하지만 일부일처제가 타인들과의 우정이나 선한 교제(good companionship)의 관계들을 위한 여지가 없는, 배타적 의미로서 두 사람만의 공동체일 것이라고 추론해서는 안 된다. 인간적 갈망은 둘만의 관계로는 해소되지 않는다. "인간은 자기 보호와 가족을 위해서는 더 많은 관계에 개방하는 것이 결정적 요소임을 경험한다. 사회화의 과정으로서 다양한 사회 집단에 편입되는 일은 혼인 생활 속에서도 여전히 중요한 임무이다."148) 하지만 이것이 또 다른 성적 협력관계(partnerships)에 개방될 수 있다는 뜻은 아니다. 부부애의 배타성이 보장되지 않으면, 공동체가 영속되기는 거의 불가능하며, 지속적인 갈등과 질투가 발생할 것이기 때문이다. "삼각관계나 소위 '개방된 혼

---

146) K. Müller, "Die Taufe Polygamer, ein ungelostes Problem", in *Prospettive di missiologia, oggi. Documenta missionalia* 16, Roma: Gregoriana, 1982, p.236.
147) A. Günthör, *Chiamata e risposta. Una nuova teologia morale* III, Roma: Paoline, 41988, pp.185f.
148) Johannes Gründel, *Die Zukunft der christlichen Ehe*, München: Don Bosco, 21979, p.66.

인'(open marriage)으로 살 수 있다는 생각은 인간의 심리를 완전히 잘못 판단한 것일 뿐 아니라, 현실적으로도 실패한 개념이다. 이러한 관계는 보통 짧은 기간만 가능할 뿐이며, 혼인의 붕괴로 가는 과도기에 불과하다.[149]

3) 혼인의 불가 해소성

부부가 양립 불가인 경우, 대부분의 사회는 이혼의 가능성을 규정하고 있다. 인정받을 수 있는 수많은 이혼 사유 중 간음은, 특히 아내의 간음은 아마도 가장 널리 포함된 사유이다. 아내의 불임은 또 다른 빈번한 사유이지만, 이 경우에는 일부다처제라는 해결책이 고려된다. 그럼에도 이혼이 결코 이상적인 해결책이라고 보지는 않기에, 원시 사회에서 이혼을 쉽게 할 수 있었던 것만큼이나 이혼이 일관되게 흔한 것도 아니었다. 오늘날은 이혼에 대한 구체적 조항은 다르지만, 거의 모든 국가에서 법적 이혼이 가능하다.

이혼이라는 주제는 최근 수십 년간 특히 고통스러운 문제로 대두되었다. 이혼율이 급증하고 있다. 과거에도 있던 사유 외에 그 이유들이 다양해졌다. 성적 사안에 대해서는 오히려 자유로움이 더 크게 받아들여지고 있다. 산업화된 세계와 거대 도시 속에서 사람들은 더 이상 대가족이 아니라, 부모와 자녀로만 구성된 작은 핵가족으로 살고 있다. 이는 한편으로 부부가 대가족이 한때 제공했던 지원과 결속력을 상실하게 되었고, 또 다른 한편 이혼 후 새로운 동반자를 찾을 필요성은 더 커졌다. 게다가 오늘날 사람들은 과거보다 훨씬 — 선진국에서는 거의 30년 이상 — 더 오래 산다. 과거에는 이혼에 도달하기 전에 많은 혼인이 죽음으로 끝났겠지만, 오늘날에는 이혼이 발생한 경우, 남은 수명도 길기에 더욱 큰 부담이 되었다. 더 자유로워진 이

149) H. Rotter, *Sexualität und christliche Moral*, Innsbruck: Tyrolia, 1991, p.35.

혼의 입법은 변화된 상황의 결과이기는 하지만, 동시에 이혼이 골치 아픈 갈등을 쉽게 벗어나는 방법처럼 보여 줌으로써 오히려 이혼을 부추기기도 한다.

반면, 잠복된 갈등의 해결책을 조기에 성실히 취했더라면, 실패한 혼인의 상당수를 구제할 수 있었으리라는 점도 지적됐다. 수많은 이혼 절차를 진행했던 어떤 판사는 이런 결론에 도달했다. "모든 구체적 사례에서 이 이혼이 정말 필요했는지 내가 자문해 볼 때, 명백히 '그렇다'는 대답에 이르렀던 경우는 상대적으로 드물었다."[150] 많은 혼인의 실패는 당사자들이 갈등을 극복하고 서로 용서하는 법을 배우지 못했기 때문이다. 그 반대의 경우로, 성공적인 부부의 협력관계는 성적인 조화를 이루는데도 가장 좋은 기반이 된다.

(1) **구약**

이혼에 대한 구약의 태도는 사회인류학에서 발견된 일반적 태도와도 일치한다. 성조 시대에서는 단 한 건의 이혼만 언급된다. 즉 아브라함은 사라의 요청으로 자신의 첩 하갈을 버렸다(창세 21,9~14). 아내를 소박해도 신부 측에 낸 지참금이 남자에게 반환되지 않았다는 점은 확실히 임의적인 이혼에 대항해 여자를 보호하는 역할을 했다. 즉 여자를 내보내는 것이 재산을 버리는 것이기도 했기 때문이다. 그러나 원칙적으로 이혼은 가능했으며, 후대의 유다교 율법에는 합법적으로 이혼을 인정했다. 어떤 남자가 아내와 혼인하면서, "그 여자에게서 추한 것이 드러나 눈에 들지 않을 경우, 이혼 증서를 써서 손에 쥐여 주고 자기 집에서 내보낼 수 있다"(신명 24,1). (이 증서의 의미심장함은 아내가 간음을 저지르지 않고 새 혼인을 할 수 있도록 자유롭게 해 준다는 것이다.)

---

150) Troje, quoted by B. Fraling, *Sexualethik*, Paderborn: Schoningh, 1995, p.172.

언급된 이 본문에서 이혼 사유는 다소 임시적이고 별로 명확하지 않다. 이것은 후대의 유대 율사들 간에 많은 토론과 다양한 의견이 생기는 계기가 되었다. 예수 시대에 이 본문에 대한 해석은 두 가지였다. 즉 하나는 샴마이(Shammai) 학파로서, 여자가 간음한 것만으로 이혼에 충분한 사유가 된다고 간주하는 엄격한 해석과 그리고 또 하나는 힐렐(Hillel) 학파로서, 신명기 24장 1절로부터 어떤 사유라도 충분하다고 결론을 내리는 폭넓은 해석이다. 이혼이 가능한 사유 중에는 아내가 음식을 태웠다거나, 심지어 남편이 더 예쁜 사람을 발견했다는 이유조차도 있었다.[151] 예수 시대의 회당에서는 힐렐(Hillel) 학파를 선호했다. 그럼에도 이혼은 흔하지 않았으며, 주로 부유층이 이를 활용했다.

예언자들은 한편으로는 현실적 상황을 수용하면서도, 또 다른 한편으로는 불가 해소한 혼인을 이상향으로 여겼다. "혼인과 부부의 충실성에 관한 예언자들의 설교 전반에서 분명한 것은 이혼은 일어나서는 안 되는 일이었다는 점이다."[152] 예언자들은 일부일처제의 이상향처럼, 혼인 계약에 대한 불가 해소성의 이상향을 야훼와 이스라엘의 관계에 비유한다. 구약에서 이상적인 혼인의 절정은 말라기 2장 14~16절에 나타난다. "네가 배신한 젊은 시절의 네 아내와 너 사이의 증인이 바로 주님이시기 때문이다. 그 여자는 너의 동반자이고 너와 계약으로 맺어진 아내이다. 한 분이신 그분께서 그 여자를 만들지 않으셨느냐? 몸과 영이 그분의 것이다. 한 분이신 그분께서 바라시는 것이 무엇이냐? 하느님께 인정받는 후손이다. 그러므로 너희는 제 목숨을

---

151) Cf. Paul Hoffmann / Volker Eid, *Jesus van Nazareth und eine christliche Moral*, Freiburg: Herder, 1975, pp.114f. 여자는 이혼할 권리가 없었다. 기껏해야 그에게서 도망칠 수 있었다. "만일 그 남편이 그녀를 위해 세 가지[음식, 의복, 부부관계] 중 하나라도 해 주지 않으면, 그녀는 아무런 대가를 지불하지 않고 떠날 수 있다"(탈출 21,11). 그러나 이 경우, 그녀는 이혼 증서를 받지 못했기에, 재혼할 수도 없었다.

152) G.N. Vollebregt, *The Bible on Marriage*, London: Sheed and Ward, 1965, p.43.

소중히 여겨 젊은 시절의 아내를 배신하지 마라. 정녕 나는 아내를 내쫓는 짓을 싫어한다. 주 이스라엘의 하느님께서 말씀하신다." 이 이상향은 에덴 동산의 기사에서 여자 창조를 다룬 구절에도 동일하게 반영되어 있다. 여기서 첫 번째 혼인은 일부일처제였을 뿐 아니라 영속적이었다고 묘사되고 있다.

(2) **신약**

이혼 문제에 대한 유다인들의 논쟁은 예수가 이 주제를 명백히 다루시게 되었고, 유다교 율사들의 이완된 태도(indulgence)를 강하게 반대하실 기회가 되었다. 이 주제에 대한 예수의 말씀은 마태오 복음 5장 31~32절, 루카 16장 18절, 코린토 전서 7장 10~11절에 전해지며, 마르코 복음 10장 2~12절과 마태오 복음 19장 3~9절의 대담에서도 찾아볼 수 있다. 바리사이들과의 토론이 진행되는 중에 예수는 "마음이 완고하기에" 모세가 제정한 유다인의 이혼 권리를 무효화하셨다. 예수는 모세가 허용했던 이혼 증서의 발행을 반대하시면서, 두 개의 성경 구절을 인용하셨다. 창세기에 따르면, 여자는 남자와 동등한 존엄성을 부여받았다. "하느님께서는 남자와 여자로 그들을 창조하셨다"(창세 1,27). 그리고 "둘은 한 몸이 된다"(창세 2,24). 남편은 아내와 함께 새로운 공동체를 형성하고 하나가 되어 아내와 다시는 분리될 수 없게 된 것이다.

예수의 말씀은 그 어떤 실제적 이혼도 거부하신다는 의미이다. 그러나 복음서 자체는 마태오 복음 5장 32절과 19장 9절의 "사음〔불륜, fornication〕 조항"에 명시된 예외를 인정하고 있는 것은 아닐까? "나는 너희에게 말한다. 부정〔불륜, unchastity, *porneía*〕을 저지른 경우를 제외하고 아내를 버리는 자는 누구나 그 여자가 간음하게 만드는 것이다. 또 버림받은 여자와 혼인하는 자도 간음하는 것이다." 이 조항의 해석은 상당히 까다로운 문제이다. 그러나 위의 조항 하나로 예수의 근본적인 이혼 반대를 무효화시킬 수는 없다. 산상설교(마태 5,31~32)에서는 예수의 목적은 모세의 율법을 넘어 새 계명으로 대체하는 것이다. 예수가 실제 부정(unchastity, 간음)을 이혼 사유로 인정하셨다면, 그분은 샴마이(Shammai) 학파의 입장을 넘어서지 못한 것이다. 더욱이 마르코, 루카 및 바오로는 이 예외를 전혀 언급하지 않는다. 그렇게 중요한 선언을 그들이 생략했을 것이라고는 상상할 수가 없다.

그러면 "사음〔불륜〕 조항"은 어떻게 해석해야 할까? 이를 설명하고자 학자들은 다양한 시도를 해왔다. 아주 널리 받아들여지는 두 개의 이론이 있다. 그 하나의 이론에 따르면, 이 조항의 포르네이아(porneía) 용어는 사도행전 15장 20절과 29절에서와 같이, 혈족 간의 혼인을 의미한다. 구약에서 금지되었고(레위 18,6 이하) 유다인뿐만 아니라 초대 교회에서도 불법으로 간주되었지만, 이방인 사이에는 부분적으로 합법으로 여겨졌다(예: 삼촌과 질녀 간의 혼인). 이러한 혼인은 예비자 중에서 종종 발견되었으며, 그 혼인은 해소되어야 했다. 이는 이방인들에게 이혼과 같은 인상을 주었고, 그리고 마태오의 이러한 편집은 이 문제를 해결하려는 시도였다는 것이다.[153] 하지만 초대 교회가 이러한 특별 사례에다 모세 율법을 그렇게 엄격하게 적용해야 했는지 의문이며, 유다인들조차 개종자에게는 보통 이러한 혼인 장애 요건을 적용하는 것을 요구하지 않았기에 의문이 든다.[154]

또 다른 하나의 이론에 의하면, 이 조항은 기본적으로는 이혼 금지이지만 실제 예외를 표현한 것이다. 포르네이아(porneía)는 사음(forni-

153) Cf. Heinrich Baltensweiler, *Die Ehe im Neuen Testament*, Zürich: Zwingli, 1967, pp.92~102; A. Humbert, "Les peches de sexualite dans le Nouveau Testament", *Studia Moralia* 8(1970), pp.158f; William J. O'Shea, "Marriage and divorce: the biblical evidence", *Theology Digest* 19(1971), p.6.

154) H. Baltensweiler, *op.cit.*, pp.99f.

cation) 또는 간음(adultery)으로 번역된다. 이러한 해석은 개신교와 정교회 주석가들 간에 빈번하게 사용되었으며, 오늘날 가톨릭 저자들 간에도 점점 더 받아들여지고 있다. "오늘날 가톨릭 주석가를 포함한 주석가들 대부분은 아내가 간음한 경우 실제로 예외를 인정하는 쪽으로 기울고 있다."[155] 이 조항은 십중팔구 초기 그리스도교 공동체 내에서 발전되었고, 마태오가 삽입한 것으로 간주된다. 비록 그렇다고 하더라도, 이것은 영감을 받은 성경 본문인 것이다.

이 이론에 따르면, 예수가 이혼을 급진적으로 배격하신 것을 의심하지는 않지만, 엄격한 법 조항이 아닌 이상향을 표현하신 것으로 간주한다. 마태오 복음 5장 31~32절이 산상설교 안에 담겨 있다는 점에서 이러한 견해는 지지를 받는다. 그리스도가 과격한 표현 문구를 통해 아주 탁월하게 완벽해지도록 요구하셨지만, 문자 그대로 지켜야 할 법률을 규정하신 것은 아니었다. 이 설교에는 계율이 아닌 이상향으로서 교회가 받아들인 명시적 선언들이 많이 있다(예: 맹세와 비폭력에 대한 가르침). 혼인의 불가 해소성에 대한 그리스도의 요구(insistence)도 문자 그대로 실천해야 할 법규라기보다는, 어쩌면 진지하게 추구해야 할 이상향일 것이다.[156]

요약하자면, 그리스도의 마음은 분명하다. 그리스도교 배우자들 간의 이상향은 이혼할 필요가 없는 충실함이어야 한다. 반면에 초대 교회는 불가피한 불완전성으로 인해 제한받는 세상의 구체적인 조건도

---

155) R. Schnackenburg, *Die sittiiche Botschaft des Neuen Testaments*, vol. 1, Freiburg: Herder, 1986, rev. ed., p.152; R. Schnackenburg, *Die sittiiche Botschaft des Neuen Testaments*, vol. 1, Freiburg: Herder, 1986, rev. ed., p.152; Gabriele Lachner (*Die Kirchen und die Wiederheirat Geschiedener*, Paderbom: Schöningh, 1991, p.105)에 따르면, 마태오의 삽입이 실제적인 예외였다는 점은 오늘날 가톨릭 주석가들도 받아들인다.

156) "제기된 의심의 요소들을 고려할 때, 이혼자와 재혼자의 처리 문제에 있어서 교회의 입장이 예수님의 뜻에 의해 절대로 제약받는다고 말할 수는 없다"(W. Beilner, "Ehescheidung im Neuen Testament", *Theol. prakt. Quartalschrift* 142, 1994, p.342).

고려하고, 그에 맞게 조정한 것으로 보인다. 여기서 비그리스도인이 그리스도인 배우자와 헤어지기를 원할 경우에는 바오로가 이를 허용한 예외 규정도 상기할 필요가 있다. 이 경우 그는 그리스도인이 "속박을 받지 않는다"고 썼다. 즉 공통된 해석에 따르면, 그때는 독신으로 지낼 의무가 없다는 뜻이다(1코린 7,12~16).

(3) 교도권의 가르침

교부 중 상당수는 혼인의 불가 해소성을 절대로 지지한다. 그러나 사음 조항을 실제 예외로 보는 해석은 고대부터 전통이었다. 일부 교부들은 어려운 경우들에서는 예외가 허용된다고 지지하였으며, 그 근거로 보통 마태오복음의 사음 조항을 언급했다.[157] 이러한 두 번째 전통은—이미 그리스도교 역사의 초기에—동방 교회들에 의해 채택되었다.

최고의 교도권의 자세는 혼인 유대가 해소될 수 없다는 지속적인 신념의 특징을 띤다. 로마 교황들과 보편 공의회들의 가르침은 일관되며, 거의 만장일치로 이혼 후 재혼은 불가하다고 가르친다. 가톨릭 교회는 혼인의 절대 불가침성을 엄청난 희생과 고통의 대가를 치르면서도 옹호해 왔다. 특히 대표적 사례는 잉글랜드의 헨리 8세 국왕에 대한 로마 교회의 확고한 태도이다. 그는 첫 혼인의 해소에 대한 자신의 청원을 교황이 거부하자, '영국의 교회 분열'을 일으켰다.

혼인 불가 해소성에 대한 가톨릭의 교리는 트렌토 공의회에서 명확히 선언되었다.[158] 그러나 그 공의회의 교부들이 동방 교회들(Eastern Churches)의 이혼 관행에 대한 단죄를 명시적으로 피했다는 점도 주목

---

157) Cf. G. Pelland, "De controversia recenti, relativa ad testimonium traditionis de divortio", *Periodica* 62(1973), pp.413~421; G. Lachner, *op.cit.*, pp.196~201.
158) *DS* 1797; 1805; 1807.

할 만하다. 이 동방 교회들 또한 첫 번째 배우자가 살아 있는 동안은 유효한 성사혼이 되지 않는다고 보지만, 둘째 혼인은 용인되었으며, 성사 배령도 허용되었다. 따라서 트렌토 공의회의 결정은 간단히, 교회가 이혼 후 재혼을 허용하지 않는 것에 오류가 없다는 것이다.

제2차 바티칸 공의회 또한, 어려운 처지에 대해 이혼을 허용하자는 일부의 제안들이 제기되었음에도 불구하고, 다시금 혼인의 불가 해소성을 선언한다. "이렇게 부부가 자기 자신을 서로 주고받는 인간 행위로, 하느님께서 제정하신 견고한 제도가 사회 앞에 나타난다. 부부와 자녀와 사회의 행복을 지향하는 이 신성한 유대는 인간의 임의에 좌우되지 않는다." 혼인의 선익은 배우자 간의 "풀릴 수 없는 일치"를 촉구한다(「사목 헌장」 48항).

현행 교회법은 부부 행위로 완결된(consummated) 그리스도인의 성사 혼인은 사망 이외에 어떠한 인간 권력으로나 어떠한 이유로도 해소될 수 없다고 명시한다(교회법 제1141조). 하지만 미완결된(non-consummated) 혼인은 정당한 사유로 해소될 수 있다(교회법 제1142조). 게다가 세례 받지 않은 양측의 합법적 혼인은 비록 완결되었더라도, 한쪽 편의 신앙을 위해, 바오로 특전(Pauline privilege)에 의해 해소될 수 있다(교회법 제1143조). 이 특전은 코린토 전서 7장 12~16절 본문에 근거한다.[159]

159) 신앙을 위해(In favour of the faith, *in favorem fidei*) 비그리스도교 혼인이나 한쪽만의 그리스도교 혼인도 때로는 교황의 권위에 의해 해소가 되며, 이 경우에는 (베드로의 후계자인 교황이 그 권한을 부여했기 때문에) 베드로 특전이라고 부른다. 예컨대, 비세례자가 세례 받은 비가톨릭인과 혼인을 한 후 가톨릭으로 돌아선 배우자가 가톨릭 혼인을 가능하게 하도록 그 혼인을 갈라서게 할 때 해소되며, 또한 비세례자인 둘 중 한 배우자가 자신이 가톨릭 교인이 되고 싶지는 않지만 가톨릭 교인과는 혼인하기를 원하는 경우 (다른 배우자로부터 버림받은 것이기에 구체적으로는 더 이상 존재하지 않는) 혼인을 갈라서게 할 때, 해소가 된다.

(4) 내재적 이유

제2차 바티칸 공의회는 이혼 반대에 작용하는 근거로서, 배우자의 선익과 자녀의 선익 및 사회의 선익 세 가지를 열거한다. 여기에 네 번째 근거는 신학적 성격을 띠며 그리스도교 혼인의 성사적 지위에서 나온다.

① 상호 도움과 보호라는 목표는 남편과 아내가 맺는 영속적 결합을 통해서만 완전히 실현된다. 인간의 사랑은 이미 심리 구조상, 영구적 동반자를 열망한다. "안전과 위안은 서로가 변함없이 지속적으로 의지할 수 있다는 인식과 경험으로부터 발생하며, 이는 갈등과 위기에서도 그러해야 한다는 의미이다."[160] 상대방의 사랑을 매일 새로 확인할 필요가 없다는 사실은 일상의 문제를 해결할 에너지를 자유롭게 쓸 수 있게 한다. 반면, 어느 한쪽 마음속에 둘의 결합이 깨질 수 있다는 일말의 가능성이 잠재해 있다면, 부부는 서로를 온전히 내어줄 수 없다. 따라서 진실히 사랑하는 것과 시한부의 혼인은 양립 불가한 것으로 보인다. 이혼은 상호 도움과 사랑의 완성이라는 혼인의 목표를 좌절시킨다.

혼인 유대가 풀릴 수 없다는 확실성은 부부의 신의와 사랑의 선익을 보호할 강력한 동기가 된다. 이는 배우자들이 서로의 한계를 인내로 견디며 서로 간의 일치와 조화를 유지하려는 강력한 동기를 제공해 준다. "혼인과 가정의 제도가 불확실해지면, 사회는 그만큼 가난해지고 인간적 면모를 잃게 된다. 더욱 고립되고 더욱 계산적이며 순전히 공리주의적인 관계가 확산되며, 연대감의 붕괴도 가속화된다."[161] 이혼은 사회, 가족 및 우정 관계에 부정적 영향을 미치며, 종종 고립

---

160) H.-G. Gruber, *Christliche Ehe in moderner Gesellschaft*, Freiburg: Herder, 1994, p.331.

161) Wolfgang Schauble, "Die Schöpfung bewahren - das Leben schützen", *Evangelische Verantwortung*, Oct. 1988, p.9.

으로 이어진다. 미래가 어떻게 전개될지에 대한 불안과 불확실성은 커진다. 당연하지만, 충실함은 '참사랑의 자매'인 것이다.

② 해소 가능한 혼인은 자녀에게 해가 된다. 혼인 유대가 끊어질 때마다 자녀는 부모 중 하나 또는 둘 모두를 잃게 되며, 이는 필연적으로 자녀들의 자신감, 안정감 및 교육에 영향을 미친다. 어머니의 남편이나 친구가 자기 아버지와 전혀 다른 사람일 때, 아이들은 자주 끔찍한 긴장 상태에서 산다. "부모의 이혼으로 인해 자녀보다 더 큰 고통을 겪는 사람은 없다. 아이들은 이혼의 주요 부상자이자 희생자이다. (…) 자녀는 실제 부모의 이익이나 변덕으로 희생되는 것이다. 이혼은 자녀에게는 부모로부터 거부당하는 경험인 것이다."[162] 아이들은 부모의 이혼을 아무 문제 없이 받아들이지 못하며, 이를 진정한 해결책이라고 느끼지도 않는다. 계부나 계모는 친부모를 대신하기 어렵다. 비록 많은 양부모가 최선을 다하지만, 부모 중 어느 한쪽이 생물학적 부모가 아닌 경우, 아동은 학대받을 가능성이 훨씬 더 높다.[163] 결국 자녀의 선익은 이혼을 요구하는 경우가 거의 드물며, 반대로 혼인의 안전성을 강하게 요구한다.

③ 사회의 선익은 안정된 가정을 필요로 한다. 그래야만 젊은 세대가 건전한 교육을 보장받을 수 있고, 공동체 내에서 상호 의존과 연대를 확실히 보호받고 지원받을 수가 있기 때문이다. 따라서 국가는 어려워진 혼인 생활을 가능한 빨리 눈에 띄지 않게 해소시키는 직권만 지닌 것이 아니다. 또한 위태롭고 깨진 혼인 생활을 회복하고 화해를 이끌어 낼 도움을 제공할 의무도 지닌다. 혼인과 가정을 지원할

162) *Love is for Life.* A Pastoral Letter of the Irish Bishops, Dublin: Veritas Publ., 1985, p.63.

163) 1976년 미국에서 한 명 이상의 대리 부모와 함께 사는 아동은 유전적 부모와 함께 사는 동년배 아동보다 치명적인 학대를 당할 확률이 약 100배 더 높았다(*Newsweek*, March 12, 1989, p.27).

적극적 정책은 인도적인 이혼법만큼이나 요구된다. 모든 학교 교육은 혼인에 대한 긍정적 이미지와 가치 기준을 제공해야 한다.

④ 마지막 논거는 신학적 성격을 띤다. 이는 그리스도교 혼인이 지닌 성사적 지위에 기초를 둔 것이기에, 그리스도인에게만 적용된다. 모세가 이스라엘 백성에게 허락한 이혼을 그리스도는 당신 제자들을 위해 폐지하셨고, 바오로는 코린토 전서 7장 12~16절에서 비그리스도교 혼인의 경우에만 (예컨대 신앙을 위해) 이혼을 허용하였기에, 그리스도인 간의 성사혼은 결코 해소될 수 없다는 결론에 이르게 된다.

또한 에페소서 5장 21~33절에서도 언급된다. 이미 언급했듯이, 이 본문은 그리스도인의 혼인을 그리스도와 교회의 일치와 병행(parallel)시킨다. 남편들은 그리스도가 교회를 사랑하신 것처럼 자기 아내를 사랑해야 한다. 그리고 교회가 그리스도께 헌신했듯이 아내들도 자기 남편에게 헌신해야 한다. 그러나 이는 유비(analogy)인 것이며, 〔교회는 단지 은유적인 신부(metaphoric bride)에 불과하며, 교회의 개별 지체들은 계약에 늘 충실하지는 않았기에〕 그리스도와 교회 사이의 초월적 계약의 절대적 영속성으로부터 상당히 다른 우연적 질서인 혼인 계약을 똑같은 절대적 영속성이라고 결론하는 것은 지나친 무리일 수 있다.[164] 혼인성사의 절대적 불가 해소성을 입증할 결정적 증거를 위해서는 다른 논거로 보완될 필요가 있다.

결론적으로, “혼인은 남녀의 가장 내밀한 결합을 나타내며, 자녀의 출산·교육과 불가분하게 연결되어 있기에, 단일하며 항구적인 것이어야 한다. 즉 혼인의 시작부터 부부는 이 혼인을 지지하고 강화해야

164) T. Mackin는 *Divorce and Remarriage*(New York: Paulist Press, 1984, pp.530~537)에서 에페소서 5장 21~33절에 대해 자세히 분석한 것을 참조하라. 그는 해당 본문 전체와 그 문맥이 권유적(parenetic) 의도를 지닌다고 지적한다. 이 유비에서 비교의 요점은 그리스도와 교회 간의 신뢰와 자기 증여의 사랑이며, 이는 부부 간의 관계에도 동일하게 적용되어야 한다. 하지만 혼인 유대의 불가 해소성에 대한 언급은 없다(p.534).

할 가장 막중한 의무가 있다. 그들은 혼인 생활이 무너지고 소멸하지 않게 할 절대적 의무를 진다. 이 의무는 혼인을 세상을 향한 성사로 삼은 이들에게 특히 적용된다. 왜냐하면 그들은 교회를 향한 그리스도의 사랑과 충실함을 세상에 반영하는 참된 직역을 맡았기 때문이다."[165)]

(5) **숙식의 분리**(separation)

아주 심각한 이유가 있을 때, 가톨릭교회가 신자들에게 허용하는 유일한 형식의 분리는 '숙식의 분리' 즉 공동생활을 중단이며, 혼인 유대는 유지된다(사법적 별거, judicial separation). 성서 역시 이런 가능성을 언급하며 이를 허용하고 있다(1코린 7,10~11). 부도덕하거나 범죄 생활을 할 때와 다른 가족 구성원의 영혼과 육체에 위험이 있을 때, 그 불만이 지속되는 한 무죄한 배우자에게 별거할 권리를 부여한다(참조: 교회법 제1151~1155조). 이 경우에 자녀 교육에 대한 결정은 무죄한 당사자가 맡는다. 사법적 별거는 배우자의 아무런 잘못이 없는 경우에도 일어날 수 있다. 예컨대 양육할 자녀가 없고 한쪽이 수도 생활을 하고자 하는 경우가 그러한데, 이때는 상대방의 동의가 필요하다. 이러한 경우라면, 필요시 민사상 이혼도 가능하지만, 가톨릭 신자에게는 재혼할 권리가 없다.

언뜻 보기에, 완전한 이혼을 반대하는 모든 이성적 논거가 '사법적 별거'도 반대하는 것처럼 보인다. 그러나 이는 전적으로 사실이 아니다. 사법적 별거인 경우, 최소한의 상호 도움과 궁극적 재결합에 대한 희망과 가능성은 상당히 크다. 실제로 별거의 사유가 사라지면, 공동생활을 재개해야 한다. 이러한 고통의 상황에서도 부부가 혼인 서약

---

165) R. McCormick, *The Critical Calling*, Washington: Georgetown Univ., 1989, pp. 248f.

을 충실히 지킬 때, 자녀들에게 존경심이 생기지 않을 수가 없다. 그리고 무엇보다도 이러한 분리에 대한 유혹은 재혼이 허용되는 경우보다 훨씬 약하다. 부부들은 — 원래 그래야 하듯이 — 법적 별거를 최후의 수단으로만 고려하게 될 것이다. 하지만 재혼이 허용된다면, 그만큼 신중함은 덜해진다.

(6) 쟁점 사례에 관한 사목적 배려

시민법들은 일반적으로 이혼 후 재혼의 가능성을 인정한다. 한쪽 또는 양쪽의 배우자가 이혼 상태에서 재혼한 가톨릭 신자들도 상당수 있다. 이러한 혼인은 교회법적으로 유효하지 않다. 다시 말해, 그러한 가톨릭 배우자는 교회 공동체와 혼인에 대한 믿음과 맞지 않는 삶을 살고 있다는 뜻이다. 따라서 그들은 신앙과 그리스도교적 생활의 일치를 상징하는 표징인 성사들을 받을 수 없다. 그렇지만 이혼 후 재혼한 가톨릭 배우자 중에 많은 선의를 보이는 이들도 많다. 자녀를 가톨릭 신앙으로 교육하고, 미사에 참석하며 성사들을 받으려는 갈망도 크다. 자신들은 거룩한 예식에서 배제되는 것에 괴로워하지만, 현재의 가정과 가족을 깨뜨리고 따로 살 수 없다고 생각한다. 이들을 위해 할 수 있는 일이 있는가? 사목자들이 이들을 도울 수 있는 수단이 있을까?[166]

교회법상 무효한 — 두 번째의 — 혼인이 유효하게 재인정될(revalidated) 수 있는 경우도 상당수 있다. 즉 동의의 부족, 혼인 형식의 결여, 혼인 무효의 장애 등의 경우로 첫 번째 혼인이 무효가 된 경우들이 그렇다. 최근 교회법 판례는 무효에 대한 다양한 사유를 인정하게

---

166) 이와 관련해 최근 교회의 새로운 사실을 잘 보여 주는 기사가 있다. Kenneth R. Himes / James A. Coriden, "Pastoral Care of the Divorced and Remarried", *Theological Studies* 57(1996), pp.97~123.

되었는데, 특별히 사회성 장애(sociopathy, 만성적인 반사회적 행동), 배타적 성격의 체질적 동성애, 감각과민증〔hyperaesthesia: 여성의 음란증(nymphomania)과 남성의 음란증(satyriasis)〕 및 정신쇠약(hyperaesthesia, 습관적인 우유부단 상태) 등과 같이, 이전에는 명확히 구별되지 않았던 혼인 동의의 부족으로 무효들이 된 것이다(참조: 교회법 제1095조).[167] 하지만 언급한 사례들에서 유효한 서약을 할 수 없는 상태란, 전문 의사의 판단에서 볼 때, 혼인 계약 당시에 존재했어야 하며 영구적인 것이어야 한다. 그러한 무능력이 일시적이고 치료 가능한 것인데도 동의가 무효화되는 것은 아니다. 이 사안에 대한 교회법 규정에 대한 무지로 인해, 해결할 수 있었지만, 해결되지 않은 사례들도 드물지 않다. 영혼의 목자들은 종종 새롭게 발전된 세부 사항 모두를 완전히 정통하지 못할 수도 있으니, 어려움에 처한 부부가 자신의 교구 법원으로 보내지도록 더욱 관심을 기울여야 한다. 물론 이러한 문제를 다룰 수 있는 자격의 전문가를 한 명 이상 늘 준비해 두어야 한다. 혼인 유대를 지지하도록 법적인 추정은 덜 엄격하고 후견인다운 방식으로 적용되어야 한다고 자주 권고가 제기된다. 또한 전체 절차가 과도하게 지연되지 않고 신속하게 처리될 수 있도록 배려되어야 한다.

그러나 혼인 무효가 가능한 것 외에도, 혼인 무효가 불가능한 고통스러운 사례는 여전히 존재한다. 그렇다면, 무효한 재혼 상태의 가톨릭 배우자가 성사 배령이 가능한가? 전통적인 도덕신학과 사목신학은 남매로서의 관계성 안에서 활로를 찾는다. 즉 혼인 무효가 되지 않는 재혼 부부가 남매처럼 살겠다고, 즉 부부 행위를 자제하겠다고 약속한다면, 다시 성사 배령을 할 수 있다. 어떤 상황에서 볼 때, 이것은 문제를 안고 있는 부부에게는 최선의 도움이 될 수 있다. 비록 근접한 생

167) Cf. Lawrence G. Wrenn, *Annulments*, Canon Law Society of America, 1972, revised ed.

활 조건 때문에 상대방이 때때로 약속을 지키지 못할 수도 있지만, 이는 그들이 해결할 수 없는 잘못된 상황에 대처하기 위한 진실한 대응으로 간주된다. 하지만 많은 부부는 이러한 해결책이 자신들의 상황에서는 비현실적이며 절제를 약속하는 것도 불가능하다고 생각한다.

아주 최근의 접근 방법은 다음과 같은 가능성에 주목한다. 즉 그리스도교 배우자들이 이전의 혼인에 대해 양심에 구속을 받지 않으며 재혼이 정당하다고 판단할 수 있다는 것이다. 법률도 교회법도 결코 완전하지 않기 때문이다. 지상 순례의 길에서 볼 때, 법과 양심, 교회법과 신앙 간의 완전한 일치는 이루어지지 않는다. 이러한 "내적 법정"(internal forum) 또는 "선의"(good faith)라는 해결책은 크게 세 가지 상황으로 구분해 볼 수 있다.

첫째, 혼인이 내적 법정에서는 실제로 무효지만 외적 법정에서는 증거를 충분히 제시할 수 없는 경우이다. 소위 "입증할 수 없었던 경우"(unprovable case)이다. 이 경우, 당사자들은 양심상 두 번째 혼인이 정당하다고 생각할 수가 있다.[168)]

둘째, 혼인이 공식적으로는 인지되지(recognized) 않은 장애 요소로 인해 내적 법정에서는 무효로 간주되는 경우이다. 소위 "비인지된(unrecognized) 경우"이다. 혼인 장애에 대한 교회법의 역사는 그 이해가 발전됐음을 보여 준다. 이전에는 혼인 장애로 알려지지 않았던 일부 결함이 이제는 혼인 무효에 이를 충분한 사유로 인정되고 있다(예: 체질적 동성애). 그렇다면, 교회법에 의해 인정되지는 않았지만, 객관적으로는 혼인을 무효화시킬 수 있는 기타의 장애들이 여전히 존재할 수 있는 것이다.

셋째, 첫 혼인은 교회가 인정한 이유로 볼 때 확실히 무효이지만,

---

168) 가스파리(P. Gasparri, 1932), 카펠로(F. Capello, 1947) 및 휘르트(F. Hürth, 1953)는 이미 이러한 상황에서 재혼의 유효성을 인정하였다.

교회 법원의 최종 판결이 몇 년 동안은 요원한 경우이다.[169] 소위 "계류 중인(pending) 경우"이다.

이러한 상황들에 처한 가톨릭 신자들이 재혼을 했다면, 성사 배령이 가능한가? 오늘날 신학자들 대부분은 특히 첫 번째와 두 번째의 경우는 가능하다고 일반적으로 동의한다. 본당 사제는 "외적인 법규와 충돌하더라도, 참회자에게 잘 형성된 본인의 양심에 따르도록 조언할 권리를 지닌다."[170] 그는 어려움을 겪는 부부에게 상응한 도움과 조언을 주는 것을 주저하지 말아야 한다. (물론 성사에 참여시, 그 부부는 교회에 돌아갈 공개적 추문과 손해를 피해야 한다. 즉 그들은 자신들이 잘 알려지지 않은 곳에서 영성체를 해야 하며, 무효한 혼인의 부부가 남매처럼 함께 살기로 약속한 경우에서처럼, 그렇게 예방조치를 준수해야 한다.)

끝으로, 가장 큰 문제점은 "이해 충돌의(conflict) 경우"로서, 첫 혼인이 확실히 유효했던 경우이다. 배우자 둘 중 하나의 잘못으로 혼인이 깨졌고, 재혼하여 현재는 혼인이 무효인 채 살고 있는 것을 말한다. 그들을 성사에 참여시키는 것이 정당화될 수 있는가? 물론 첫 혼인 당사자 간의 재결합이 아직 가능한 경우, 성사 참여는 허용되지 않는다. 잘못을 범한 장본인은 손해를 보상하고 첫 혼인을 회복하려는 의지를 통해 진심으로 회개했다고 입증한다면, 성사 배령이 가능하다.

그러나 초혼이 회복할 수 없게 깨졌고 재혼이 확고히 자리 잡은 경우, 어떻게 이를 다루어야 하는가? 결합을 유지하는 것이 당사자와 재혼해서 낳은 자녀를 위해 새로운 도덕적 의무가 생겼을 수도 있다. 배우자가 이전 잘못을 진심으로 회개할 경우, 성사 배령이 허용될 수

---

169) Cf. R.T. Bosler, *What They Ask about Marriage*, Notre Dame: Ave Maria Press, 1975, p.247.

170) Ladislas Orsy and others, "Relief in difficult marriage cases", *Theology Digest* 19(1971), p.21.

있을까? 요한 바오로 2세는 “이혼자들을 돕고 그들이 자신들은 교회에서 떨어져 나간 것이라고 생각하지 않도록 염려하는 마음으로 최선을 다하라고 사목자와 전 신자 공동체에 호소하는 바입니다.” 비록 교회가 이혼하고 재혼한 사람에게 성찬례의 영성체를 허용할 수는 없더라도, 성사만이 은총의 유일한 수단은 아니다. 그들은 하느님 말씀, 미사 봉헌, 기도, 애덕 활동 및 공동체 봉사 등 다양한 은총의 수단들을 여전히 이용할 수 있다. 그들 부부가 성사에서 제외된 것을 참회의 마음으로 받아들이기만 하면, 이 또한 은총의 원천이 되기도 한다.[171]

이 문제점에 관한 관점과 접근법은 오늘날 널리 토론되고 있다. 혼인의 안정성은 분명히 보호할 필요가 있으며, 간편한 이혼 관행 때문에 쉽사리 위협받게 할 수는 없다. 반면 이혼한 사람과의 혼인에 대해 일정한 횟수의 경우들에 대해서는 성사 배령을 허용해야 한다는 주장이 다음과 같이 제시된다.

① 혼인의 권리는 기본 인권이다. 비록 이혼은 했지만 혼인 권리가 일률적으로 부정당할 수는 없을 것이다. 이러한 주장은 혼인 초기 배우자로부터 버림받은 젊은 여자나 남자가 남은 인생을 독신으로 살아야 한다는 요구에 직면한 때 가장 확실히 드러나지만, 그러나 이는 그 밖의 여러 상황에서도 마찬가지로 이 주장은 적용된다.

② 이혼자와 혼인한 초혼 배우자가 고해성사와 영성체가 거부된다는 전제를 하는 것만큼이나 항상 중죄를 범한 것은 아니다.

③ 이혼한 상대방도 자신의 잘못 없이 초혼이 파탄에 이른 경우가 있으며, 만약 잘못이 있었다고 하더라도 진정으로 회개하였을 것이고, 이제는 더 이상 초혼의 유대를 회복할 수 없기에, 그도 하느님의 용서를 바랄 수 있다.

---

171) 요한 바오로 2세, 사도적 권고 「가정 공동체」(1981.11.22.), 84항.

④ 재혼한 부부는 서로와 자녀를 위해 새로운 도덕적 책임을 떠안게 되었기 때문에, 다시 이별하지 않을 새로운 의무를 진다. 동시에 이들의 성적 결합은 혼인의 안정성에도 도움이 되기에, 이 관점에서 바람직한 것이다. 따라서 재혼에 대한 충실함이나 부부애는 더 이상 중죄로 규정할 수 없다.

⑤ 재혼한 사람들을 절대적이고 평생토록 성사에서 배제시키는 관행은 많은 신자들로 하여금 교회를 멀리하게 하는 이유가 된다.[172)]

동방 교회들의 관행은 아마도 이 맥락에서 추가로 논의하고 연구할 가치가 있을 것이다. 앞서 언급한 것처럼, 그러한 관행은 당사자들에게 재혼의 가능성을 허용한다. 배우자의 유기, 연락의 두절, 정신이

---

172) Cf. H. Rotter, “Ehe”, *Neues Lexikon der christlichen Moral*, 1990, pp.107f. 이러한 이유로 일부 신학자들은 재혼한 이들이 1년에 몇 번만이라도 성사 배령을 하도록 조건부로 재승인하는 방안을 제안한다. 비엔나의 보좌주교인 크라츨(Helmut Kratzl)에 따르면, 자신과 의견을 공유하는 저자들로서, 라칭거(Ratzinger), 헤링(Häring), 뵈클레(Böckle), 회르만(Hörmann), 푹스(Fuchs), 그룬델(Gründel), 로테르(Rotter), 레만(Lehmann), 카스퍼(Kasper) 및 포르스터(Forster)가 이러한 견해를 주장한다(“Thesen zur Pastoral an wiederverheirateten Geschiedenen”, *Theol.-prakt. Quartalschrift* 129, 1981, pp.150f). 또한 매코믹(R. McCormick)도 이 견해를 지지한다(*The Critical Calling*, *op.cit.*, p.246). 1993년 9월의 「공동 사목 서한」에서 독일 주교 레만(K. Lehmann), 사이어(O. Saier) 및 카스퍼(W. Kasper)는 이러한 실행의 가능성을 고려했다. 성사 배령의 허용을 위해 그들은 다음 조건을 충족해야 한다. (1) 초혼이 회복될 가망이 없을 것. (2) 관련된 모든 죄를 진심으로 뉘우치고 피해를 회복했으며 초혼의 아내와 자녀에 대한 의무를 이행했을 것. (3) 재혼이 더 오랜 시험을 견뎌왔을 것. (4) 재혼이 지속됨으로써 새로운 도덕적 의무가 생겼을 것. (5) 당사자들이 신앙의 정신으로 생활하고 자녀를 교육할 것. 또한 둘 중 한 쪽의 이혼으로 대중에게 큰 파문과 추문을 일으켰는지 여부도 고려할 것. “이러한 판단은 대체할 수 없는 양심의 인격적 결정으로만 내릴 수 있다. 이를 위해 당사자는 교회 당국(즉 사제)의 명확한 조언과 공정한 도움이 필요하다.” “그렇지만 사제는 이에 대해 공식적인 승인을 발표하지는 않는다”(Pastoral letter of the three bishops, *Herder Korrespondenz* 47, 1993, p.465). 하지만 이 견해와는 달리, 1994년 9월 14일자 「재혼한 이혼자들의 영성체」에 관한 신앙교리성의 서한은 그들이 객관적으로 하느님의 법을 위반한 상태에 있다고 단언하고 있다. 따라서 이런 상태가 지속되는 한 그들은 영성체를 할 수 없다(4항). 문서의 영어 원문은 다음을 참조하라. “Pastoral Ministry: The Divorced and Remarried”, *Origins* 23, 1994, pp.670~73(Letter of the German Bishops); “Concerning the Reception of Holy Communion by Divorced-and-Remarried Members of the Faithful”, *Origins* 24, 1994, pp.337, 339~41(Letter of the CDF); “Response to the Vatican Letter”, *Origins* 24, 1995, pp.341~44.

상, 목숨의 위협과 같이, 중대한 사유로 초혼이 확실히 폐기된 경우에만 재혼이 허용된다. 정교회 신학에 따르면, 성사혼(sacramental marriage)은 해소될 수 없으며 교회가 결코 이를 풀 수 없다. 하지만 특정 상황에서는 초혼의 외적 실재는 더 이상 존재하지 않는다는 점을 인정한다. 그리고 이러한 경우 재혼할 수 있도록 허락한다. 그러나 재혼은 초혼과 동등하게 취급되지 않는다. 이는 혼인 예식에 반영되어 있는데, 거기에는 참회의 요소가 포함되고 첫 번째의 가약(betrothal)보다는 기쁨의 분위기가 덜하며, 초혼 때 있었던 '관 씌우는 예식'(coronation)도 없다. 더욱이 재혼자에게는 이별이든 사별이든 관계없이, 참회의 기간이 부과되는데, 재혼의 경우는 최대 2년, 삼혼의 경우는 최대 5년이 부여된다. 이 기간 동안 당사자들은 고해성사를 제외한 다른 모든 성사들을 받을 수 없다.[173] 가톨릭교회 역시 성혼인의 영속성을 성사적 실재로 인정하면서도 다른, 아마도 성사적이지 않은 혼인 방식의 가능성을 배제하지 않을 수 있을까? "이것이야말로 교회가 일부 부부에게 재혼을 깨는 대신 함께 지낼 것을 권고할 때 보여 줄 사목적 실천 방향으로 보인다." 지금까지는 명백히 부부 행위 없는 불완전한 형태의 혼인 결합이었기 때문이다.[174] 이 문제에 대한 최종의 답은 소수의 신학자만으로는 어렵고, 교회 전체의 더 깊은 성찰과 폭넓은 합의가 필요한 대목이다.

4) 공적인 행위로서의 혼인

두 사람의 혼인은 공익을 위한 중요 행위이기에, 이는 공개적으로

---

173) Cf. Olivier O. Rousseau, "Divorce and Remarriage East and West", *Concilium*, vol. 4, nr. 3, April 1967, pp.57~69; Alexander Sclunemann, "The Indissolubility of Marriage: The Theological Tradition of the East", in *The Bond of Marriage*, University of Notre Dame Press, 1968, pp.97~116; G. Lachner, *op.cit.*, pp.34~39.

174) R. McCormick, *op.cit.*, p.249.

체결되고 공동체에 알려져야 한다. 사적인 의사표시는 불분명하고 검증이 불가능하기에, 충분하지 않다. 혼인은 사회의 보호가 필요하다. 따라서 사회 자체와 공동복지를 책임진 이들의 관심사는 혼인 계약을 법으로 비준하고 보호하는 일이다. 좋은 법이란 사랑에 반하는 것이 아니라 공공의 영역에서 사랑의 유대를 인정하고 보호한다는 뜻이다.

혼인의 공공성은 시대와 지역에 따라 다양하게 나타났다. 가톨릭 혼인에 대한 정확한 법적 형식은 16세기 트렌토 공의회 이후의 교회법에 제정되었다. (이는 혼인이 성사이며 혼인의 보호자는 교회이기 때문에 가능하다). 혼인은 공인된 사제(본당 주임이나 교구 직권자나 둘 중 한 쪽에게 위임받은 사제)와 두 명의 증인 앞에서 체결해야 한다고 규정되어 있는데, 이는 소위 "교회법적 형식"의 요건이다. 이러한 형식은 가톨릭 혼인의 유효성을 위한 조건으로, 오늘날에도 여전히 유효하다. 다만, 예외가 있는데, 배우자가 죽을 위험이 있는 경우, 사제가 한동안 참석할 수 없을 것으로 예상되며 두 명의 증인 출석으로 충분한 경우, 또한 혼종혼(mixed marriage)을 위해 교구 직권자가 교회법적 형식의 관면을 부여했을 경우 등이다(교회법 제1108조 1항).

국가 역시 혼인 계약을 보호하고 이에 필요한 법적 안전을 제공할 책임감을 갖는 것은 이해할 수 있고 또 바람직하기도 하다. 어쨌든 모든 시민이 가톨릭 신자는 아니다. 이로 인해 시민 혼인이 도입되었다. 일부 국가에서는 종교 의례를 법적으로 인정함으로써 이중 예식을 피하고 있지만, 다른 국가에서는 구별해서 따로 하고 있다.

사회의 최선을 위해 혼인 가치를 보호해야 할 필요성과 의무로부터 혼인법과 장애 사유가 생겨났다. 혼인할 수 없는 장애 사유들은 보통 혼인의 참된 본질에서 나온 것으로서, 예컨대 혼인 유대가 이미 있는 경우, 둘 중 한 쪽의 연령이 미달한 경우, 강박이나 두려움이 있는 경우, 너무 가까운 혈족인 경우, 육체적 또는 심적인 발기불능의 경우, 등이다. 이러한 사유들은 혼인의 본질과 존엄에 어긋나는 것들을 상세히 규정한 것이다. 혼인의 유효성 여부는 혼인의 본질에 대한 이해가 충분한 것으로 전제한다. 그리고 가톨릭 신자들은 혼인의 단일성과 불가 해소성 및 원칙적으로 생식력 있는 혼인 결합의 권리를 인식하고, 이러한 필수 요소들을 수용할 준비가 되어 있어야 한다.[175]

5) 성사로서의 혼인

(1) 성사적 표지와 은총

에페소서 5장에서는 그리스도와 교회의 관계를 혼인의 모범(model)으로 제시한다. 부부를 향한 관습적 훈계는 신비적 기반에서 이해된다. 즉 교회가 그리스도께 헌신하듯이, 아내도 남편에게 헌신한다(22~24절). 반면 남자에게는 군주적 권위가 부여되는 것이 아니고, 그리스도의 모범을 따라 아내를 사랑하도록 권고가 주어진다. "남편 여러분, 그리스도께서 교회를 사랑하시고 교회를 위하여 당신 자신을 바치신 것처럼, 아내를 사랑하십시오"(25절). 교회를 향한 그리스도의 전적이고 헌신적인 사랑과 **주님**을 향한 교회의 사랑은 혼인에서 남자와 아내가 서로 사랑해야 할 모범이자 척도가 된다.

가톨릭과 정교회는 신약 서간의 이러한 신비로운 성찰을 바탕으로, 혼인의 성사적 성격에 대한 교리의 기초를 수립한다. 이 구절에서 저자는 단순히 그리스도와 교회의 관계로 도덕적 권고에 동기 부여하는 것 이상이다. 예컨대 노예에게 그리스도처럼 주인을 섬기라고 촉구한

---

175) 교회법에서 혼인을 무효화하는 장애 요소들에 대해서는 교회법 제1083~1094조를 참조하고, 동의의 부족으로 인한 혼인 무효에 대해서는 교회법 제1095~1107조를 참조하라.

다(에페 6,5~8). 그는 신비의 실재로서 혼인 관계를 설명한다. 혼인 유대의 항구성은 그리스도와 교회 간의 일치의 영원성을 상징한 것이며, 그리스도와 함께하는 공동체를 현존하게 한다.

제2차 바티칸 공의회도 그리스도와 교회의 일치라는 맥락에서, 혼인이 성사적인 실재라고 표현한다. "진정한 부부 사랑은 하느님의 사랑 안으로 받아들여져 그리스도의 구속 능력과 교회의 구원 활동으로 다스려지고 풍요로워진다. 그리하여 부부는 효과적으로 하느님께 인도되고 부모의 숭고한 임무 수행에서 도움과 힘을 얻는다. 그러기에 그리스도인 부부는 그 신분의 의무와 존엄성을 위하여 특수한 성사로 견고하게 되고, 이를테면 축성된다"(「사목 헌장」 48항).

그리스도교 부부는 자신들의 상호 동의와 약속으로 자신들이 혼인성사를 집전한다. 그러나 모든 성사 뒤에는 교회의 더 넓은 환경이 자리한다. "그렇다면, 근본적인 성사는 그들 부부가 아니라 그들이 혼인 생활을 영위하고 있는 교회인 것이다. 교회는 모든 구성원의 통합체로서 그들이 다양한 영적 삶을 살아가는 데 필요한 기본이 되는 신념을 제공한다."[176] 따라서 혼인성사는 단 하루의 엄숙한 행사가 아니라, 교회 안에서 성사적 축복과 통합의 영구적인 상태를 가져온다. 이 성사를 통해 부부가 서로에게 제공하는 모든 사랑, 부부의 내밀함, 부드러움, 도움, 조언은 은총과 그리스도 현존의 원천이 된다. 또한 이 성사는 하느님께서 주실 자녀들에게 사제적 봉사를 할 수 있도록 부부를 준비시켜 준다.

(2) 혼인 계약을 위한 교회의 책임

혼인이 성사라는 성격을 지녔다는 것은 하느님께서 원하신 혼인 계약의 질서와 거룩함이 교회에 맡겨졌음을 의미한다. 부부에 대한 그

---

176) C. Gallagher et al., *Embodied in Love*, New York: Crossroad, 1989, p.64.

리고 특히 자녀 교육에 대한 혼인의 도덕적·종교적 중요성은 교회도 똑같이 혼인 유대를 책임지기를 요구한다. 그러므로 가톨릭 신자의 혼인은 교회법의 적용을 받으며, 가톨릭 배우자는 혼인에 관한 모든 문제를 교회법대로 준수해야 한다. 따라서 교회법을 준수하지 않은 순전히 사회 혼인은 교회의 관할 당국의 관면을 얻지 않는 한, 가톨릭 신자에게는 유효한 것이 아니다. 하지만 양쪽이 실제로 혼인하려는 확고한 의지를 가진 경우, 사회 혼인을 순전히 '동거(concubinage) 행위'로 보기보다는 '무효한 혼인'(invalid marriage)으로 불러야 한다. 이 경우, 사회 이혼 후 다른 사람과 교회의 혼인식을 올리는 것이 가능해진다. 그러나 이혼의 원인이 된 쪽에게는 이전 혼인에 대한 가능한 의무를 준수하도록 요구해야 한다. 왜냐하면 "이전 혼인의 상대편을 거부한 사람이 이제는 아무런 불편 없이 교회의 혼인식을 할 수 있게 된다면, 사람들에게 정당한 분노를 일으킬 수 있기 때문이다."[177]

사회의 이혼은 가톨릭 신자들 간의 유효한 혼인 유대를 해소시키지 못한다. 그럼에도 중대한 사유가 있는 경우, 유효한 성사혼이더라도 가톨릭 신자는 사회적 이혼의 청구가 허용될 수 있다. 예컨대 '숙식의 분리'가 이미 이루어졌고 오직 사회 이혼만이 다음의 권리를 보호할 수 있는 수단이 될 경우가 그렇다. 즉 재산 손실의 방지, 어머니와 그 자녀의 생계 보장, 법적 제재 위험의 방지, 자녀 양육권의 확보, 그리스도교 교육의 보장 등의 권리 말이다.

교회는 혼인 영성을 키울 수 있는 공동체적인 영적 환경을 조성해야 한다. 또한 가톨릭 부부들이 현세의 실제 조건들에서 직면하는 필요, 근심, 시련, 실패에 교회도 동참해야 한다. 교회의 성사적 기능은 혼인식 전례에만 머물러서는 안 되며, 혼인 생활 전체에 걸쳐 계속되어야 한다.

---

177) H. Rotter, *Sexualität und christliche Moral*, Innsbruck: Tyrolia, 1991, p.96.

개신교 성직자 역시도 종교 예식으로 혼인을 축복하지만, 혼인을 성사로 간주하지는 않는다. 그럼에도 가톨릭 혼인법은 두 명의 개신교인끼리의 혼인도 성사로 간주하기에, 불가 해소성을 지닌다고 본다. 이것은 가톨릭 신자의 순수한 사회 혼인이 성사로 간주되지 않는 것과는 다르다. 하지만 그륀델(J. Gründel)은 개신교인끼리의 혼인인 경우, 그들의 사회 혼인 안에 성사혼을 구성하는 데 필수적인 혼인 동의가 실제로 늘 존재하는지, 따라서 그것이 실제로 성사혼의 불가 해소성에 늘 관여하는지, 정당하게 의문을 제기한다. 만일 그러한 확신이 없다면, 오히려 그들의 혼인도 가톨릭 신자의 비종교적 혼인처럼 무효로 간주하는 것이 더 공정하다고 주장한다. 즉 "비가톨릭의 그리스도인들이 맺은 수많은 사회 혼인은 혼인 동의의 부족으로 인해 완전히 유효한 혼인으로 행한 것이 아닐 수 있다."[178)]

(3) 혼종혼

교회의 입법에서는 가톨릭 신자와 비가톨릭 그리스도인 간의 혼종혼(타 교파 금지 장애)과 그리고 가톨릭 신자와 비세례자 간의 혼종혼(미신자 장애)을 구분한다.[179)] 혼종혼은 항상 문제를 야기하지만, 무엇보다도 가톨릭이 아닌 배우자가 강한 종교적 신념을 가진 경우, 더 큰 문제가 된다. 비록 외적으로는 교회와 결별하지 않은 가톨릭 신자가 무신론자와 한 혼인 역시, 덜 불행한 것이 아니다. 오늘날의 개방된 사회에서는 혼종혼을 전적으로 피할 수는 없다. 그러나 가톨릭 성직자도 개신교 성직자도 이러한 혼종혼은 자주 신앙과 가정 화목에 해를 끼칠 가능성이 크다는 데 동의를 한다. 더욱 위태로운 것은 가톨

---

178) J. Gründel, *Die Zukunft der christlichen Ehe*, München: Don Bosco, ²1979, p.161.
179) 참조: 교회법 제1124조와 제1129조.

릭 신자와 이슬람교도 간의 혼인이다. 무슬림 환경의 남자와 혼인하는 그리스도교 소녀들은 거의가 신앙을 잃게 된다.

남편과 아내가 각자의 신앙과 종교적 신념에 동의하지 않는다면, 삶의 중요한 일에서 일치를 향한 갈망은 충족되지 못하고 긴장이 초래된다. 부부는 무엇보다도 인생의 중대한 가치를 함께 하고 싶을 것이지만, 혼종혼의 경우에는 중요한 일에서 서로 의견이 일치하지 않는 경우가 자주 생긴다. 그리고 두 사람이 서로의 신념을 사랑과 관용으로 받아들이더라도, 자녀의 종교 교육과 세례 문제는 여전히 미해결로 남게 된다. 가톨릭과 개신교의 두 사람 모두가 실제 자신의 신앙을 확신한다고 가정할 때, 둘의 종교적 신념을 평등하게 실천할 수는 없다. 어떤 종교로 아이를 양육할 것인가?[180] 또한 신앙과 관련한 것들에 대해 무관심해질 위험도 있다. "이러한 이유로 자신의 의무를 인식하는 교회는 혼종혼 계약을 만류하게 되는데, 교회가 혼인 안에서 가톨릭 신자들이 마음의 완벽한 결합과 생활의 완전한 친교를 얻기를 가장 바라기 때문이다."[181]

물론 특정한 경우, 특히 그리스도인끼리의 혼인이라면, 혼종혼이 당사자들에게는 최선의 혼인이 될 수도 있음을 배제하지 않는다. 이 경우 혼인 계약을 맺기 전에 자녀의 종교 교육 문제를 명확히 해 두는 것이 좋다. 결과가 어떠하든, 자녀는 그리스도교 일치를 촉진하는 방식으로 교육받아야 한다. "자녀가 특정 교회에 속해 교육을 받더라

180) 그리스도교와 무슬림의 혼인에서는 자녀의 종교적 소속 문제는 더욱 첨예해진다. "무슬림 쪽에서 생각할 때, 무슬림 쪽이 자기 자녀가 무슬림이 되지 않게 한다는 것은 상상할 수 없는 일이며, 부부가 무슬림 쪽의 문화적 환경으로 들어간다면, 자녀는 사실상 무슬림이 될 수밖에 없다"(*Christen und Muslime in Deutschland*, Bonn: Sekretariat der Deutschen Bischofskonferenz, 1993, p.44).

181) 바오로 6세, 「혼종혼에 대한 자의 교의」(1970.03.31.), *AAS* 62(1970), p.258. 세례는 받았지만 신앙을 잃은 쪽은 그리스도 안에서 결합할 의사가 없기 때문에, 혼인성사를 받을 수 없다. 이 경우에는 준-전례의(paraliturgical) 축복조차도 피해야 한다(Intemat. Theol. Commission of Dec. 1~6, 1977).

도, 다른 교회를 향한 개방성을 포함해야 한다. 때때로 자녀를 다르게 신앙 고백을 하는 예배와 공동체 행사에 데려감으로써 이것을 드러낼 수 있다."[182]

오늘날 가톨릭 신자와 비가톨릭 신자 간의 혼인에 대한 개정된 규범은 교회법 제1124조부터 제1129조까지에 규정되어 있다. 타 교파 장애와 미신자 장애를 관면할 수 있는 권한은 교구 직권자에게 있다. 이 관면을 받기 위해 가톨릭 쪽은 신앙에서 이탈하지 않을 태세를 갖추고 있음을 고지해야(declare) 하며, 모든 자녀가 가톨릭교회 방식의 세례와 양육을 받도록 모든 힘을 다하겠다고 성실한 약속을(promise) 해야 한다. 이는 적절한 시기에 가톨릭 쪽이 해야 할 약속에 대해 비가톨릭 쪽에도 알려야 하며, 이를 분명히 인지할 수 있게 해야 한다. 이러한 고지와 약속을 구두로 할 것인지, 서면으로 할 것인지, 증인 앞에서 할 것인지, 이는 주교회의(bishops' conferences)가 결정할 사안이다.

유념할 것은 가톨릭 배우자의 약속은 자녀를 가톨릭 신앙으로 양육하도록 자신의 힘을 다한다는 것에 구속된다는 점이다. 자녀의 가톨릭 교육을 실제로 실현한다는 것이 아니라, 단지 진실한 지향일 뿐이다. 따라서 가끔 가톨릭 신앙으로 자녀 교육이 불가능하다고 해서 가톨릭 배우자의 구원 가능성이 박탈되는 것은 아니다. 그들은 여전히 교회의 성사들을 받을 수가 있다.

가톨릭 신자와 동방 교회 신자 간의 혼인의 유효성은 성직자가 종교 예식을 거행해서 이루어질 경우, 교회법의 다른 요건도 준수하는 한, 유효하다. 이러한 경우 집전의 합법성을 위해서도 교회법적 형식을 준수해야 한다. 다른 모든 혼종혼의 유효성을 위해서도 교회법적

---

182) *Geme insame Synode der Bistumer der BRD.* Offizielle Gesamtausgabe I, Freiburg: Herder, 1976, p.794.

형식이 요구된다. 하지만 교회법적 형식을 준수하는데 어려움이 중대한 경우, 교구 직권자는 형식 자체를 관면해 줄 권리가 있다. "면제의 사유 가운데에는 가족의 화목 유지, 혼인에 대한 부모의 승낙 획득, 비가톨릭 당사자의 특별한 종교적 투신(commitment)의 인정, 다른 교회나 교회 공동체의 교역자와 맺은 그의 혈연관계 등이 포함된다."[183] 이 경우 개신교 목사 앞에서 또는 국가 당국자 앞에서도 유효하게 혼인을 맺을 수 있다. 그러나 주교들은 거기에는 얼마의 공적인 형식의 예식이 항상 있음을 알고 있어야 한다.

가톨릭과 개신교 간의 혼종혼, 즉 교회 일치의(ecumenical) 혼인은 가능하다. 이 경우 타 교파나 타 종교의 공동체 교역자도 전례 거행에 참여시킬 수 있다. 하지만 혼인의 하나 됨을 강조하기 위해, 동의 교환을 두 번 표현하는 두 개의 '별도(separate) 종교 예식'을 갖거나 두 번의 동의 교환이 공동으로 또는 연속적으로 거행되는 '동시적(simultaneous) 혼인식'을 갖는 것은 허용할 수 없다〔**옮긴이 주 #16:** 가톨릭의 방식으로만 동의 교환을 하라는 취지〕. 당사자들의 요청이 있다면, 교구 직권자는 가톨릭 사제나 부제가 타 교파 교역자가 집행하는 혼종혼에 참석하거나 어떤 식으로든 참여하도록 허락할 수 있으며, 반대로 가톨릭 교역자가 집전하는 혼인 거행에 타 교파 교역자가 참여하도록 초대하고 간단한 권고와 축복을 하도록 허용할 수도 있다.[184]

9.4.3. 책임 있는 부모 역할과 산아 조절

하느님은 인간의 첫 부부에게 이렇게 축복하셨다. "자식을 많이 낳고 번성하여라"(창세 1,28. 참조: 9,1.7). 이 축복은 성과 혼인이 인류의

---

183) 교황청 그리스도인일치촉진평의회, 『교회 일치 운동의 원칙과 규범의 적용에 관한 지침서』(1993.03.25.), 한국천주교주교회의 홈페이지, 154항.
184) 같은 책, 156~8항.

번식에 이바지하는 것임을 표현한다. 성서에서는 자녀가 많음이 하느님의 총애이자 기쁨의 근거라고 여긴다(창세 24,60; 룻 4,11~12). 반대로 자녀가 없음은 불행이며 하느님의 벌이다.[185] 시편 저자는 이렇게 기도한다. 즉 "보라, 아들들은 주님의 선물이요 몸의 소생은 그분의 상급이다"(시편 127,3).

오늘날에도 과거와 마찬가지로, 아이들을 하느님의 선물이며 축복으로 여기는 것은 당연하다. "집안의 아기는 기쁨의 샘"이라고 어떤 시인이 썼듯이, 아기는 인간 혼인의 완성이며 부모의 자부심이다.

그렇기 때문에, 예전에는 많은 부모들은 아이들이 생기는 대로 받아들이는 것을 당연한 것으로 여겼다. 논리적으로 큰 설득력을 지니지는 않았지만, 이러한 생각은 최근까지만 해도 큰 문제가 되지 않았다. 하지만 오늘날 우리는 무엇보다도 위생과 의료의 아주 좋아진 조건으로 인해 세계 여러 지역의 인구가 너무 빨리 증가하고 있다는 사실에 직면해 있다.[186] 특히 신생 개도국들은 급증하는 인구에 대처하는 데 큰 어려움을 겪고 있다. 하지만 서구의 많은 산업국들은 반대되는 극단이 표출되고 있다. 즉 인구 증가의 정체만이 아니라 실질적인 인구 감소를 경험하고 있다.[187] 이것은 산아 제한의 정당성이나 필요성 혹은 산아 제한의 수단에 대해 의문을 제기한다.

---

185) 레위 20,20~21; 이사 47,9; 예레 18,21; 루카 1,25.

186) 원시 문화에서는 자녀 둘이 가임 연령에 도달할 때까지 생존하려면, 여섯 번의 임신이 필요했다. 이는 에스키모, 태평양 섬이나 남매 내륙의 부족 등 오늘날에도 존재하는 원시 부족에 대한 관찰을 통해 알게 된 것이다.

187) 1998년 2월 27일 교황청 가정평의회의 선언에 따르면, 이미 51개국에서 출생률이 인구 유지에 필요한 수준 이하로 떨어졌다. 독일, 헝가리, 이탈리아, 스페인 등 13개국에서는 사망률이 출생률보다 더 높다(La verité sur la chute de la fécondité dans le monde, 1998, n° 3; *Enchiridion Vaticanum* 17, nr 469).

1) 산아 제한의 정당성

종교계는 때때로 (적어도 과거에는) 산아 제한 문제의 중요성을 과소평가하는 경향이 있었다. 이들은 문제가 부의 불평등한 분배에, 그리고 무진장한 자연 자원의 효율적 활용의 부족에 더 많은 이유가 있다고 지적했다. 따라서 실제적 대처 수단이란 인류가 과학적·기술적 노력을 증가하여 자연에 대한 지배력을 넓히고, 부족한 경제적·사회적 조건을 개선하며, 부국이 빈국과의 연대를 더 강화하는 것이었다.

이러한 수단 모두를 최대로 활용한다는 데에 이견은 확실히 없다. 그럼에도 이러한 가능성에는 한계가 있다. 많은 신생국의 경우에서처럼 인구가 폭증하면, 해당 국가의 경제 발전도 이를 따라갈 수 없다. 그 결과, 영양실조, 주택 부족, 실업, 학교시설의 부족, 의료의 필요, 비위생적 환경 등이 초래된다. 높은 인구 증가는 환경 부담의 증가도 수반한다. 인간의 생활공간이 계속 확장되면, 동물과 식물의 종들의 소멸로 이어진다.

게다가 일부 국가에서는 이미 인구밀도가 높아 더 이상 인구 증가를 흡수할 수 없는 지경에 도달했다.[188] 세계 인구는 점점 빠르게 증가하고 있으며, 이에 대한 저지(checks)가 필요하다는 것은 당연하다.[189] 이미 많은 국가에서는 식수 공급마저도 심각한 문제가 되고 있다.

부모 역할에 책임감이 필요하고 그것이 의무라는 점은 지난 수십년 동안 신학자들 간에 널리 인식됐고, 가톨릭교회의 공식 문헌들도

188) 중국은 2000년까지 인구를 12억 명으로 억제하고자 모든 노력을 기울였음에도, 이를 초과했다. 현재 세계 최빈국이며 최고의 인도 밀도 국가 중 하나인 방글라데시는 1961년에 5천만 명, 10년 후인 1971년에 7천5백만 명을 기록했으며, 2000년에는 1억 5천만 명 이상으로 추산된다.

189) 세계 인구는 1830년에 10억 명, 100년 뒤인 1930년에 20억 명, 30년 뒤인 1960년에 30억 명, 15년 뒤인 1975년에 40억 명, 12년 뒤인 1987년에 50억 명, 1999년에 60억 명에 이르렀다. 유엔 인구기금(UNFPA)은 세계 인구가 2050년까지 100억 명, 이후 100년 동안은 완만하게 증가하여 2150년에는 116억 명까지 늘어날 것으로 전망한다.

점점 더 명백하게 이를 천명해 왔다. 부모는 책임 있게 자녀를 낳을 의무가 있다. 이 의무는 제2차 바티칸 공의회 문헌에도 표현되어 있다. 이 의무는 부모가 "자기 자신들의 행복과 아울러 이미 태어났거나 앞으로 태어날 자녀들의 행복을 위하여 힘쓰며, 시대와 생활 신분의 물질적 정신적 조건을 알아내고, 마침내 가정 공동체와 현세 사회와 교회 자체의 선익에 이바지하는 것"을 의미한다(「사목 헌장」 50항).[190]

또한 이 공의회는 인구 조절이 특별한 어려움을 겪고 있는 개별 부부들만의 문제가 아니라 국가 당국도 자국의 인구 문제 해결에 이바지할 권리와 의무가 있음을 인정하고 있다. 즉 "정부는 그 권한의 범위 안에서 자기 나라의 인구 문제에 관한 권리와 의무를 가진다. 예컨대 사회 법제와 가정 관련 입법, 농촌 인구의 도시 이동, 국가의 형편과 위급 상황에 관한 정보 등의 문제에서 그러하다"(「사목 헌장」 87항). 하지만 몇 명의 자녀를 낳을지에 대한 문제는 궁극적으로 부모의 양심적인 결정에 맡겨야 하며, 이는 부모의 권리라고 덧붙인다. 이러한 결정은 "절대로 공권력의 판단에 맡겨질 수 없다"(「사목 헌장」 87항).[191] 그러나 동시에, 부모는 이 권리를 신체적·사회적·정신적 건강에 대한 권리와 분리해서 행사할 수는 없다.

부모의 건강, 가족의 정신적·물질적 복지, 사회의 이익을 고려할 때, 자녀의 수의 제한이 정당화되는 사유는 다음과 같다.

1. 어머니의 건강과 생명에 대한 위험.
2. 우생학적(eugenic) 고려. 즉 유전적 결함이 있거나 생존 가능한(live) 아기를 출산할 수 없는 경우.[192]

---

190) 마찬가지로 참조: 바오로 6세, 「민족들의 발전」(1967), 37항.
191) 이러한 부모 권리는 교황청의 「가정 권리 헌장」(1983), 3항에서 또 한 번 선언되었다.
192) 앞서 인용한 것처럼, 미주리주의 세인트루이스(St. Louis)에 있는 교황 요한 센터

3. 경제적 어려움. 예컨대 가족의 낮은 소득, 계속되는 실직 위험, (특히 대도시의) 주거 공간의 부족, 자녀 교육 기간의 장기화로 인한 자녀의 늘어난 의존 등의 경우.
4. 고학력의 요구. 산업사회들의 높아진 교육적 요구의 경우.
5. 제한된 자원으로 인한 국가적 요구. 일부 국가는 이미 인구밀도가 너무 높으며 특히 저개발 국가에서 빠르게 증가하는 인구를 부양할 수단과 사회적 지원이 부족한 경우.

책임 있는 부모 역할에는 출산 간격을 위한 현명한 계획도 포함된다. 하지만 한 가정 내의 자녀들 간의 나이 차이가 너무 크지 않아야 한다는 교육학적 통찰은 2년 반 이상을 넘지 않도록 권장한다.

책임 있는 부모 역할이 요구되고 냉정한 인구 통제가 정당하다는 것은 보편적으로 인정되고 있으며, 가톨릭교회 내에서도 논쟁의 대상이 아니다. 단순히 극기하는 것만이 자녀의 수를 제한하는 정상적인 방법이 아니라는 점 역시, 논쟁의 여지가 없다. 앞서 설명했듯이, 혼인 결합은 출산 이외에도 상호적 사랑의 표현과 성적 욕망의 충족과 같은 행위를 정당화하고 이를 요구하는 목적도 가진다. 논란의 대상은 바로 임신을 피하는 데 적합한 수단이 무엇이냐는 점이다.

2) 인류 전파의 사명[193)]

한편, 오늘날 경제적으로 여유가 있는 국가들에서는 아이를 한두

(Pope John Center)에서 실시한 한 연구에 따르면, "부부가 심각한 유전적 장애를 가진 아이를 낳을 위험이 25%이고 재정 및 기타 도움 없이는 그 상황에 대처할 수 없는 아슬아슬한(narrow) 상황일 때 (추가되는) 자손은 피하는 것을 의무로 간주한다"(A.S. Moraczewski, ed., *Genetic Medicine and Engineering*, St. Louis, Mo.: Catholic Health Association of the U.S., 1983, p.95).

193) 이 부분은 다음에서 많이 인용했다. H. Weber, *Spezielle Moraltheologie*, 1999, pp. 352~7.

명만 낳거나 아예 혼인과 자녀를 포기하려는 경향이 있다. 이는 세계 인구 문제에 대한 이상적인 해법으로 보기는 어렵다. 건강하고 경제적으로 안정된 부부라면 아이를 책임질 수 있으며, 하나나 둘 이상의 자녀도 충분히 감당할 수 있다. 특히 선진국의 현재 추세를 고려할 때, 이 공의회는 이렇게 칭송한다. "하느님께서 맡기신 임무를 다하는 부부들 가운데에서 지혜로운 공동 결정으로 더 많은 자녀를 넓은 마음으로 받아들여 알맞게 교육하는 부부들을 특별히 상기하여야 한다"(「사목 헌장」 50항).

출생아의 감소는 현대 반임약(contraceptives)이 실질적으로 도움을 주었다. 그렇지만 출산율 감소의 결정적 원인은 반임약 때문이 아니다. 다음과 같이 또 다른 이유들이 있다.

(1) 여자들의 역할과 자의식이 변화하였기 때문이다. 산업화된 국가에서는 여자들의 직업 활동이 거의 일반적인 상황이 되었으며, 어머니로서의 역할과 조화하려면 자주 어려움이 커졌던 것이다. (2) 아이들은 더 이상 가족을 위한 저렴한 일손이 아니기 때문이다. 훈련비를 들여야 하고 오랜 기간에 양성해야 되기에, 상당한 비용을 발생시킨다. 동시에 — 아마도 더 중요한 요소일 수 있지만 — 노후 보장은 법적 연금보험이 담당하게 되었기에, 자기 부모를 위한 노후 보장의 제공자로서의 중요성도 상실했기 때문이다. (3) 자녀가 개인의 자유를 제한하기 때문이다. 서구 문화권 사람들이 매우 중요시하는 자아실현은 강력한 이상향이 되었으며, 거기서 나오는 요구들과 아이들이 상충되는 가치로 여겨진다. 물론 국가 간의 인구성장이 불균등했으며, 인구 감소 국가에는 장기적으로 심각한 결과가 초래된다는 점은 분명한 사실이다.

성경에 따르면, 이미 언급했듯이 인간은 "자식을 많이 낳고 번성하라"는 지시를 받았다(창세 1,28). 초기 유다교는 창세기의 이 말씀을 모든 이를 위한 계율이자 의무로 이해했다. 여기에서 혼인의 의무를 추론해 내었다. 신약에서는 이러한 의무를 역설하지 않았다. 그리스도와의 영적 연대(fellowship) 속에서는 하느님께 헌신할 독신 생활이라는 대안도 있다. 동시에 과거에는 사람들이 자녀 출산의 욕망을 지녔다는 사실을 고려할 때, 계율을 명시할 필요는 없었다.

그러나 그리스도인들이 혼인하는 한에, 생명의 전달은 기혼자 신분으로서 할 의무로 간주되었고 또 간주되고 있다. 과거에는 자녀의 출산과 양육을 혼인의 **피니스 프리마리우스**(*finis primarius*) 즉 일차적 목적으로 간주했었지만, 오늘날은 혼인 자체가 자녀의 출산과 양육을 지향한다는(ordered) 확언을 통해 표현하고 있다.[194)]

이 조항은 혼인 안에서는 원칙적으로 자녀를 배제하지 말아야 한다는 의미이다. 혼인이 유효하게 되려면, 혼인의 결실인 자녀를 받아들여야 한다.[195)] 엄밀히 말하자면, 혼인의 동의가 유효하려면, 효과적인(fruitful) 성교의 권리 즉 자녀를 낳을 수 있는 방식으로 성교할 권리를 서로에게 넘겨주기만 하면 된다. 그럼에도 심각한 유전 질환의 자손이 생길 위험이 높은 경우처럼 선한(good) 이유가 있는 경우, 이 권리를 포기하고 자녀를 포기하는 것이 허용된다. 그러나 예컨대 아무런 선한 이유 없이 자녀 출산을 배제하는 것은, 심지어 상호 동의를 했더라도, 혼인 무효가 된다.[196)]

따라서 비록 그리스도교 전통이 어디에도 인간 생명의 전파를 의무로 요구하고 있지는 않지만, 기혼자에게는 원칙적으로 기꺼이 이러한 의지를 요구한다. 생명 전달이 하느님의 의도와 뜻에 부합한다는

---

194) 참조: 교회법 제1055조.

195) 교회법 제1101조 2항을 보라. 참조: 교회법 제1055조; 제1096조.

196) 자녀 출산을 배제하는 것뿐만 아니라, 상대 배우자의 의사에 **반하여**(*against the will*) 자녀의 수를 **제한한다는**(*limitation*) 단서조차도 혼인 무효가 될 수 있다. Cf. *Handbuch des katholischen Kirchenrechts*, Regensburg, ²1999, p.938.

확신은 정당하기에, 부모는 생명의 대물림을 통해 특별히 직접적인 방법으로 **창조자**의 협력자가 된다. 자녀는 공동체의 보존과 생명력 유지에 대체할 수 없는 존재이다. 혼인을 하지 않더라도 교육에 참여함으로써, 많은 사람들이 이 목적을 위해 협력한다. 아이들은 부모 자신과 가족 전체에게 중요하다. 물론 자녀들은 부모에게 물질적·교육적 요구를 하게 마련이다. 그러나 정상적인 조건에서라면, 이들은 풍요로움과 축복 그리고 기쁨이기도 하다. 자녀 교육을 통해 부모가 인격적으로 성숙해진다. 가족생활은 행복의 아주 큰 원천이다. 자녀들은 외로움으로부터 부모의 노년을 지켜 준다. 독신자들은 노년에 누가 방문을 오겠는가? 그들이 (오늘날은 흔히 보듯이) 외동 자녀들이기 때문에, 형제자매가 없어 그 외로움은 더욱 커진다. 교육에 대한 재정적 수요에 대해 대중의 일방적인 논의가 암시하는 것처럼, 자녀들이 짐만 되는 것이 아니다. 그들은 하늘이 주신 것(godsend)이며, 은총이자 축복이다.

자녀의 수에 관해, 위에서 설명한 다양한 이유로, 제한하도록 권고할 수 있다. 반면 교육적 이유에서 볼 때, 한두 명보다 더 많은 수의 자녀를 두는 것이 좋다. 또한 현세 사회의 이익을 위해서는 평균 둘 이상의 자녀가 필요하다. 그러한 숫자로는 사회가 증가하지 않을 뿐만 아니라 심지어 감소할 것이다. 왜냐하면 두 자녀가 부모를 대신할 때 혼인하지 않거나 자녀가 없거나 조기 사망한 사람들을 대체할 여유는 더 이상 없기 때문이다. 따라서 사회의 이익과 복지를 위해서는 자녀의 수가 너무 적지도 너무 많지도 않아야 한다.[197] 따라서 책임 있는 가족계획의 필요성은 계속된다. 이에 대한 방법은 다음에서 논

197) 1994년 로마 교황청립 과학원의 보고서에 따르면, 전 세계 평균 가족당 2.3명의 자녀를 목표로 삼아야 한다. 이렇게 되면, 2025년에 세계 인구가 85억 명 수준으로 유지될 것이다.

의한다.

3) 자연 가족계획

자연 가족계획(NFP, Natural Family Planning)은 흔히 달력법 또는 주기법이라고 불리는데, 일본인 오기노(Kyusaku Ogino, 1923/4)[198]와 오스트리아인 크나우스(Hermann Knaus, 1929)라는 두 의사의 발견에 기초한다. 여자가 늘 동일한 수준의 가임성을 지니는 것이 아니며, 가임기와 불임기가 존재한다고 이들은 발견했다. 그 이유는 월경주기 중 단 한 번 난자가 성숙하기 때문인데, 이는 다음 월경의 시작일로부터 12~16일 전에 일어난다. 난자의 수명은 12시간에서 최대 48시간 정도이므로, 나머지 기간은 불임기가 된다. 일시적이든 영구적이든 추가 임신을 피하고 싶은 부부는 난자의 성숙을 기대할 수 없는 불임기에만 성교하는 것이 좋다. 하지만 불임기를 계산할 때 남성 정자의 수명을 고려해야 하는데, 마찬가지로 12시간부터 2일, 길게는 3일까지도 지속된다.

이 방법을 사용하는 데 추가적인 방법은 여자의 일일 체온을 기록(이상 온도 기록, biphasic record)하는 것이다.[199] 배란 때는 여자의 기초체온이 상승하며 다음 월경이 시작될 때까지 유지되었다가 다시 하강한다는 사실에 기반을 둔다. 3일 이상의 고온이 지속될 경우, 사흘째 날의 저녁부터 불임기가 시작된다. 이 방법은 배란 후 기간(post-ovulatory phase)에만 유효하지만, 정확히 관찰하면 매우 효과적이다.[200]

---

198) 의사 오기노는 1930년에 이를 발견했다고 보통 알려져 있다. 그러나 앤서니 짐머만(Anthony Zimmerman)의 조사에 따르면, 오기노의 발견은 의사 크나우스의 발견보다 앞선다("How Ogino Discovered Rhythm", *Linacre Quarterly* 62, 1995, pp.29~32).

199) 니폰 시스템(Nippon System Co.)에서는 1977년부터 15초 만에 체온을 측정하는 건전지식 체온계를 판매하고 있다. 필립스(Philips)에서도 유사한 체온계를 판매한다. 안타깝게도 개도국의 가난한 사람들에게는 다소 비싸다.

200) 단, 체온 상승은 가벼운 병, 질병, 외부 온도 상승으로 인해 발생할 수도 있다. 때때

이 방법은 펄 지수(pearl-index)에서 0.8이다.[201]

추가적인 도움으로는 빌링스(Billings) 방법 또는 점액관찰법(mucus method)이 있다.[202] 이 방법의 근거는 가임기가 다가옴에 따라 여자의 몸이 자궁 경부의 점액을 분비한다는 사실이다. 이 점액을 관찰함으로써 가임기를 알아내는 것이다. 점액에 의한 축축함이 사라진 후 3일이 경과하면, 그 3일의 저녁부터는 안전한 불임기가 다시 시작된다. 단지 이 방법만을 시용하면, 아주 정확한 것으로 평가되지는 않는다(펄-지수 5). 하지만 기초체온법과 자궁경부의 점액관찰법을 병행하는 이중의 검사 방법을 쓸 경우, 상대적으로 안전하다. 이중 검사의 방법에 대한 이론적인 안전성(검사법 자체의 안전성)은 펄-지수 2.3이지만, 실제적인 안전성(사용법의 안전성) 즉 사람들의 실제적 오류 가능성까지 고려한다면, 펄-지수 6.3으로 평가된다.[203] 하지만, 자궁내장치(IUD)와 단종의 방법을 제외하면, 대부분의 다른 방법들도 실제적 안전성은 낮아진다.

자연적 가족계획(NFP)의 방법은 처음 발견되었을 때부터, 가톨릭 도덕신학과 교황의 가르침에 의해 적법한 것으로 받아들여졌다. 이 방법을 통해 하느님께서 인간 본성에 심어주신 자연법과 생식 주기를 부부가 활용하는 것이며, 혼인 행위가 생명 전달을 방해하지 않도록 개방하는 것이기 때문이다. 불임기 중에 수태 작용이 일어나지 않는

로 체온 상승 없는 배란이 일어나기도 한다. 반대로, 무배란 주기(anovulatory cycle)에서는 대체로 체온 상승이 나타나지 않는데, 이는 특히 폐경 전기(pre-menopause)에는 드물지만 체온 상승이 나타날 수 있다. 결과적으로 장기간 성교를 참아야 할 수 있다.

201) 펄-지수는 특정한 산아 제한 방법을 사용하는 여성 100명이 1년 이내 임신이 발생하는 횟수를 나타낸다.

202) 이 방법을 개발하고 전파하기 위해 많은 노력을 기울인 부부 존 빌링스(John J. Billings) 박사와 에블린 빌링스(Evelyn L. Billings) 박사의 이름을 따서 명명된 것이다. 정보 및 자료를 원하면, "가족생활 센터"(The Family Life Centre, 17 Alexandra Parade, North Fitzroy, Victoria 3068, Australia)로 문의하라.

203) 자연 가족계획법을 채택한 이들은 가임기나 특히 수유기에 정상적인 월경주기가 회복되지 않은 경우, 콘돔(condom)과 같은 다른 방법을 병행하기도 한다.

것은 이 기간 동안에 자연 그 자체가 생식력을 중단시키기 때문이다.

자연적 가족계획의 방법이 성교의 주기적 절제(periodic continence)라는 희생을 요구하는 것은 사실이다.[204] 그러나 많은 부부가 이 방법에는 큰 축복이 따른다고 증언한다. 자연적 가족계획의 방법은 다른 수단과 방법이라면 쉽게 포기하게 해 버리는 인격적 기질(personal dispositions)을 갖추도록 도와주는데, 이는 기혼자들에게 아주 중요한 덕목이다. 이 방법은 "특히 부드러움과 정서적 충만감을 통해 혼인 생활의 꽃을 피울 수 있게 한다. 절제의 기간 동안은 사랑의 최고 순간이 되는데, 이것이 혼인한 커플이 연애 기간이 지난 후 쉽게 잊어버렸던 다양한 애정의 표현들을 할 수 있게 해 주기 때문이다. 그런 후에 많은 이들에게 성교의 기쁨은 더 커진다는 점을 굳이 덧붙일 필요가 있을까? 일반적으로 볼 때, 절제의 기간은 욕망을 새롭게 해 주고, 습관적인 지루함으로부터 벗어나게 하는 데 도움이 된다."[205] 자연적 주기를 선택하면, "그렇게 함으로 부부는 부부 일치가 육체적 차원을 포함한 인간적 성의 내적 요체를 이루는 부드러움과 애정의 가치로써 풍요롭게 된다는 것을 체험하게 된다."[206]

자연적 가족계획은 상호적인 협력과 배려가 없다면, 가능하지 않다. 따라서 배우자 둘이 함께 학습에 참석해야 한다. 이는 상대방에 대한 사랑과 존중을 깊게 하고, 혼인의 조화와 동반관계를 도우며, 가족의 행복과 혼인 생활의 안정에 크게 기여한다. 남편들은 가임기에

---

204) 주기법(rhythm method)은 성적인 쏠림이 가장 강해지는 시기 즉 배란기에 절제를 요구하는 방법이라고 때때로 비난을 받는다. 하지만 이러한 의견에 논쟁할 여지가 없는 것이 아니다. 전문가들은 배란기 중 성욕(libido)이 증가한다는 증거는 없다고 반박한다 (cf. J. Rötzer, "Die naturliche Empfangnisregelung als vorgezeichneter Weg", *Theologie und Glaube* 11, 1968, p.232).

205) Marie-Cecile d'Ursel, "Natural Regulation of Fertility", *Lumen vitae* 41(1986), p.209.

206) 요한 바오로 2세, 「가정 공동체」(1981), 32항.

대한 인식을 통해 아내에게 협력할 때 아내가 매우 감사해하고 큰 격려를 받는다는 점을 알아야 한다.

마찬가지로, 불임 날짜와 가임 날짜를 주의 깊게 관찰하고 계산하는 것이, 특히 체온과 점액 관찰 방법을 결합할 때, 다소 성가시다는 점도 사실이다. 그럼에도 "한 여자가 자기 몸의 주기를 관찰하고 파악하는 일은 일부가 생각하는 것만큼 지루하지 않다. 오히려 그 주기는 그녀 자신에게는 제2의 본능이 된다. 여성성에 대한 이러한 새 인식은, 지식과 자유의 진정한 진보와 마찬가지로, 그녀 자신에게는 참된 기쁨의 원천이 된다."207)

게다가 모든 방법에는 장단점이 있다. 무엇보다도 주기법은 부부가 혼인 결합의 온전함이 가능해지게 한다. 이것은 "경구피임약"(pill)과는 반대로, 건강에 해를 전혀 끼치지 않으며 아주 저렴하다. 또한 몸에 이질적인 인공적 수단을 사용하지 않기에, 자궁내장치들(IUDs)가 덜 좋다는 것을 많은 여성들이 인식하게 한다. 최근의 동향을 보면, 소위 "현대식" 반임(反姙, contraception)이 권장할 만한 것인지 많은 수의 남자와 여자가 다시 생각해 보는 것으로 나타났다. 대중 매체도 이러한 의구심들을 반영하고 있다. 모든 남녀에게 자연적 산아 제한과 인공적 산아 제한에 대한 충분하고도 적절한 정보를 제공해야 할 타당한 이유가 있다. 이러한 정보를 바탕으로 자신들이 선택해야 한다. 안타깝게도 현재 제공되고 있는 정보는 결코 완전하지 않다.

4) 기타의 산아 조절 수단

(1) **성교 중단**은 소위 '혼인적 오난 행위'(onanism)208) 또는 질외사정

207) Marie-Cecile d'Ursel, *op.cit.*, p.213.

208) 이 용어는 자식 없이 죽은 형에게 자손을 낳아 주어야 했던 오난(Onan)의 사연에서 유래한다. 그러나 오난은 이 의무로 형의 아내 타말(Tamar)과의 자손을 낳고 싶지 않았고, 따라서 정액을 땅에 쏟아 버렸다. 이 때문에 그는 주님에 의해 죽임을 당했다(창세

(withdrawal)이라고도 불린다. 이 방법은 가장 오래된 산아 조절 방법으로서, 기술적 또는 화학적 도구가 필요 없다. 이는 실패율이 높으며, 건강에 해롭지는 않지만, 여자의 성적인 욕구 충족을 방해한다.

(2) **국소의 기계적 도구와 화학적 수단: 기계적 수단**으로는 콘돔, 자궁내장치(IUD) 및 질격막(vaginal diaphragm)이 있다. **콘돔**은 오늘날 비교적 높은 효과를 지녔으며(펄-지수 3.3), 건강에 해롭지 않고, 최근 다시 널리 받아들여지고 있다.[209] 이것은 에이즈(AIDS) 감염에 있어서 가장 효과적 보호 수단이다. **자궁내장치**는 비록 경구피임약보다는 덜하지만, 비교적 효과를 신뢰할 만하다. 펄-지수는 1~3등급이다. 현재는 구리 코팅된 나선형으로 특히 3~5년마다 교체해야 하며, 확산하고 있다. 하지만 염증·경련성 문제·패혈성 유산 등의 부작용을 일으킬 수 있다. 나선에 대한 작용 방식은 정자와 난자의 수정에 방해하는지 또는 수정란의 착상에 방해하는지, 완전히 명확하지가 않다. **질격막**(vaginal diaphragm)은 중간 수준의 효과를 지녔으며, 화학적 차단제와 함께 사용할 경우, 효과에 대한 신뢰성은 더 높아진다. 펄-지수는 6등급이다.

화학적 수단들(스프레이, 좌약, 크림, 젤리 및 정제)은 끈끈한 점액으로 질 내부를 덮어 자궁 입구를 차단하고 정자를 죽인다. 이것들은 중간 정도의 효과를 지니며, 최근에는 덜 사용한다.

(3) **호르몬 제재 또는 단종 약물**(sterilizing drugs)은 대중적으로 소위 '경구피임약'(pill)이라 불린다. 이것들이 반임약(反姙藥, contraceptives)으로

38,9~10). 분명히 오난이 벌을 받은 이유는 단순히 정액을 버린 것 때문이 아니라, 취수혼(取嫂婚, levirate marriage)의 법을 무시한 것 때문이었다. 따라서 단순히 성교 중단의 행위를 오난의 태도와 동일시해서는 안 된다.

209) 하지만 콘돔은, 특히 오래되어 부서지기 시작할 경우, 결함이 있다. "50,000개 이상의 콘돔에 대한 식품의약국(FDA)의 최근 조사에서 적어도 50개 중 1개 이상이 누출에 대한 기준을 충족하지 못했으며, 수입 상품이 가장 나빴다"(*Newsweek*, Aug. 31, 1987, p.46). 이 기사에 따르면, 콘돔의 실패율은 10%이다.

사용된 것은 1960년으로 거슬러 올라간다. 여기에는 에스트로겐과 프로게스토겐의 복합 약물(복합-피임약, combined pill) 또는 프로게스토겐만 함유된 매우 낮은 용량의 단일 약물이 있다(단일-피임약, mini-pill). 복합 약물은 주로 배란을 억제하고 수정 자체를 막는 반면, 프로게스토겐만 함유된 약물(단일-피임약)은 이미 수정된 난자의 착상을 막는다. 이는 "사후-피임약"(morning-after pill)의 효과도 마찬가지이다. 이는 단일-피임약은 조기 낙태약으로 작용하기에, 윤리적으로 더 큰 우려를 낳는다.[210] 복합 약물의 효능은 매우 높고(펄-지수 0.2~0.5), 단일-피임약의 효능은 다소 낮다(펄-지수는 3.1이지만 그러나 두통·복통·피로 등 부작용은 더 적다). 장기간 복용 후 중단하더라도, 여자의 생식력이나 임신 경과 및 태어난 아기의 상태에 영향을 주지 않는다. 호르몬 제재는 산업국에서 가장 많이 사용되는 반임(反姙, contraception) 수단이다.

피임법에 따른 건강 위험성은 다양하게 평가되고 있다. 한동안 그 위험성은 미미하다고 평가되었지만, 최근에는 더 큰 우려가 제기되고 있다. 특히 35세 이상이고 흡연하며 심혈관 질환의 가족력이 있는 여자의 경우, 더욱 우려가 된다. 유방암의 위험성을 부정했던 그전과는 달리, 현재는 더 이상은 배제시키지 않는다. 더욱이 피임약은 인공의 호르몬을 처리하는 것이기에 간질환(양성, 악성), 간 비대 및 간경화 등의 위험도 존재한다. 반면, 난소암 감소, 생리주기 조절 등의 유익한 효과도 주목받고 있다.

(4) **단종 수술**은 여자의 경우 난관결찰, 절단 또는 전기 응고로 되며, 남자의 경우 정관 절제술로 된다. 의학적으로는 시술 후 임신이 불가능해진다는 장점이 있다. 일부 나라에서는 널리 이용되는 반임(反

---

210) 하지만 최근 조사에 따르면, 복합 약물은 착상을 막는 추가적인 효과도 내포된 것으로 추정한다. 이러한 방식으로 착상 방지 기능은 에스트로겐 함량이 많으면 감소되지만, 에스트로겐이 적고 프로게스토겐 함량이 높을수록 증가한다. Cf. N. Tonti-Filippini, "The Pill: Abortifacient of Contraceptive?", *Linacre Quarterly* 62(1995), pp.5~28.

姙, contraception) 방법이다.[211] 복원 수술의 성공 여부는 제한적으로만 가능하다. 이것의 명확한 성격은 쉽게 과소평가 되곤 한다. 영구 단종은 특히 남자의 경우, 발기 부전의 경험 또는 그러한 판정을 받아들여 심리적 문제를 겪을 수 있으며, 이로 인해 부부 상담사의 도움이 필요해지곤 한다.

5) 산아 제한에 관한 교회의 가르침

산아 제한의 수단에 대한 의학적 측면은 확실히 실용성을 구현하는 것이 중요하지만, 그 자체만으로는 도덕적 정당성을 주지는 않는다. 제2차 바티칸 공의회가 확언한 것처럼, 방법을 선택하기 위해 "순수한 의향이나 동기 평가만을 고려하는 것으로는 충분하지 않다. 그 도덕성은 인간의 본성과 그 행위의 본질에서 이끌어 낸 객관적 기준, 곧 참사랑이라는 맥락 안에서 상호 증여와 인간 출산의 온전한 의미를 보전하는 그러한 기준으로 결정되어야 한다"(「사목 헌장」 51항). 이 공의회는 구체적인 방법들의 적법성에 대해 판단하지 않았으며, 이 문제는 교황 요한 23세가 특별 위원회에 위임하였고, 교황 바오로 6세는 성명서를 작성하도록 유보하였다. 바로 이 성명서가 1968년 회칙 「인간 생명」(*Humanae Vitae*)으로 출판되었다.

산아 제한의 적법성에 대한 문제는 처음으로 교황 비오 11세가 1930년 회칙 「정결한 혼인」(*Casti Connubii*)에서 다루었다. 한편으로 새로 발견된 오기노-크나우스(Ogino-Knaus) 방법은 자연에 내재된 법칙을 존중한 것이기에, 승인하였으며 또 다른 한편으로 당시 존재하는 산아 조절의 인공적 수단들은 자연법의 요구에 부합하지 않기에, 배격

211) 단종 시술은 미국(34.6%, 즉 난관결찰 23.2%, 정관 절제 11.4%), 라틴 아메리카(39.4%), 중국(50.4%) 및 인도(80%)에서 가장 자주 사용되는 피임 수단이다(V. Genovesi, 1987, *op.cit.*, p.219).

하였다. 당시에는 인공적 수단 중에는 아직 호르몬 제재가 없었으며, 이것은 30년이 지난 후에야 등장했다.

산아 제한 수단에 대한 도덕적 평가에 있어서 결정적으로 중요한 것은 혼인을 어떻게 이용하든 항상 출산의 가능성을 열어 두어야 한다는 것이며, 회칙 「인간 생명」은 이를 단언(assertion)하였다(11항). 이 가르침은 혼인 행위의 이중적 의미 즉 일치의 의미와 출산의 의미 간에 "하느님께서 원하신 불가분의 관계에 기초한" 것에 근거한다(12항). 이에 따라 회칙은 "성교 이전이나 도중에 또는 이후에 목적으로든 수단으로든 특별히 출산을 가로막는 모든 행위"를 도덕적으로 허용할 수 없다고 결론한다(14항). 따라서 고의적으로 반임하는(contraceptive) 모든 혼인 행위는 "내적으로 그릇된"(intrinsically wrong) 것이라고 선언한다(같은 곳). 따라서 사실상(*De facto*) 영구적 절제를 고려한 것이 아니라면, 오직 주기법에 의한 자연적 가족계획 방법만 허용된다는 것이다.[212] 개별 상황에서 허용되지 않는 반임(反姙, contraceptives) 방법의 사용이 중죄인지 여부의 문제는 「정결한 혼인」에서와 달리, 「인간 생명」에서는 논의되지 않았다. 그것은 반임 방법이 본질적으로 도덕적 무질서(**내재적 악**, *intrinsece malum*)라고 단언할 뿐이다.

이 회칙은 치료 목적의 호르몬 제재의 사용 가능함을 언급하고 또 적법하다고 선언한다(15항). 따라서 여자의 생리불순이 너무 심한 경우, 호르몬 제재가 이를 정상화하는 데 도움이 될 수 있음을 견지한

---

212) 예전에는 가톨릭교회가 그 자체로는(*per se*) 불법으로 간주하지 않았던 또 다른 방법 즉 *copula sicca*(건조한 성교)라고도 불리는 *amplexus reservatus*(성교 중단)에 대한 말들이 돌았었다. 그 방법은 오르가슴에 의한 성적 만족을 고의적으로 피하는 완전한 혼인 결합이다. 우리는 이 방법이 요구하는 자기-지배(mastery) 그리고 생명에 위험을 주지 않으면서 사랑의 일치를 나누는 이 방법을 활용하려는 부부의 결단을 높이 평가해야만 한다. 그렇지만 1952년 성청의 경고에 따르면, 그리스도교 도덕법의 관점에서 볼 때, 아무런 의혹이 없는 방법인 것처럼 이것을 권장하지 말라는 것이다(*DS* 3907). 이렇게 경고하는 이유는 아마도 사람들이 필요한 정도의 자제력을 갖지 못한 나머지 오나니슴(onanism)을 범할 위험에 노출될 수 있다는 우려 때문이다.

다. 치료 목적인 경우, 일시적인 출산 장애가 생기더라도, 호르몬 제재의 사용이 허용된다. 또한 수유기간 동안 여자의 건강한 몸은 배란을 억제하는 에스트로겐과 프로게스토겐 화합물과 유사한 호르몬을 생산하며 이는 일반적으로 6~7개월 지속된다고 알려졌는데, 이런 식으로 자연 그 자체가 어머니(the mother)에게 휴식기를 준다. 유기체로서 어머니가 이러한 호르몬을 생성하지 않음으로써 수유기간인데도 배란이 억제되지 않는 경우 — 오늘날 이런 일이 자주 발생하는데 — 어머니에게 이 호르몬을 공급해 줌으로써 결함을 치료하는 약물은 허용이 된다.[213)]

1981년 사도적 권고 「가정 공동체」(*Familiaris Consortio*)에서 요한 바오로 2세는 전임자의 일부 말씀을 반복하면서, 「인간 생명」(*Humanae Vitae*)의 교리를 되풀이한다.[214)] 요한 바오로 2세는, 이미 바오로 6세가 언급한 것과 같이, 반임 방법들이 부부 행위의 출산적 의미에 어긋난다고 하는 이의 제기에 이어서, 그 방법들이 전적인 자기-증여의 가치를 손상시킨다고 하는 두 번째의 이의 제기도 덧붙인다. 즉 "남편과 아내 상호 간의 완전한 자기-증여〔봉헌〕를 표현하는 본래의 언어가 반임을 통해, 〔산아 제한이라는〕 객관적으로 모순된 언어, 즉 자신을 상대방에게 완전히 증여하지 않는〔바치는 것을 거부하는〕 언어로써 덮어 씌워진다. 이것은 생명 출산〔생명〕에 대한 가능성〔개방성〕을 적극적으로 막아버리는 것이 되고〔거부함과〕 아울러 위격의〔인간〕 전체(personal totality)를 증여하도록 불린〔바치도록 되어 있는〕 부부애의 내적 진리를 왜곡시키는〔부정하는〕 것이 된다"(32항). 주기법의 경우는 이러한 두 이의

213) 그러나 소량의 호르몬이 모유에 들어가기 때문에, "피임약"(pill)이라는 보통의 호르몬 제재들은 그 목적에는 그다지 적합하지 않다. 오히려 3개월 동안 지속되는 프로게스토겐 장기 공급 제품(progestogen-longterm-deposit)을 주사하는 것이 더 적합하다. 여기에는 아주 적은 양의 프로게스토겐만이 모유에 들어가기에, 아기에게는 해를 끼치지 않는다. 이와 관련해서는 의사의 조언을 구해야 한다.

214) 요한 바오로 2세, 「가정 공동체」(1981), 32항.

제기에 해당되지 않는다. 여기서는 그들이 아무런 조작이나 변경 없이, 하느님의 계획과 완전한 자기-증여의 요구에 전적으로 따르기 때문이다. 하지만 다른 편에서는 반대 의견도 제시되는바, 모든 혼인 행위가 완전한 자기-증여 행위라고 하는 생각은 성교와 부부애를 아주 이상적으로 묘사한 것이라는 점이다. 심지어 "가장 이상적인 상황에서도 인간이 '완전한 자기-증여'를 달성하는 경우는 거의 없다. 사람들이 반복적으로 행하는 일련의 행위 속에서도, 각각의 모든 행위마다 그러한 증여를 한다는 것은 가능하지 않다."[215)]

많은 주교회의가 회칙 「인간 생명」과 그것이 다루는 문제에 대해 사목 서한들을 발표하였다. 이들 모두는 최고 교도권으로서의 발표에 대해 존경심을 품고 인정하며, 신앙과 그리스도인 생활에 관련된 사안에 대해 발언해야 할 교회의 의무도 존중하였다. 그러나 동시에 일부 주교회의는 이 교황 선언이 많은 부부들에게 따라올 도덕적 어려움에 대해 예리한 인식을 지니고 있었다. 예컨대, 건강상의 이유로 추가 출산을 절대로 피해야 하거나, 여자의 주기와 체온 및 점액이 너무 불규칙하여 주기법을 전혀 사용할 수 없거나 거의 할 수가 없는 부부들이 일부 있다. 주교들은 이 회칙이 권위는 지녔지만, 그럼에도 교도권의 무류적인(infallible) 문헌은 아니라고 지적한다.[216)] 물론 모든 사람이 자기 양심을 형성할 의무에 있어서 가톨릭 신자의 경우, 교회

215) Lisa S. Cahill, *Sex, Gender and Christian Ethics*, Cambridge, UK: Cambridge University, 1996, p.203.

216) 오스트리아, 벨기에, 캐나다, 영국, 독일, 스칸디나비아, 스위스 등 여러 주교회의에서는 때때로 배우자들이 양심상 회칙과 다르게 판단할 수 있음을 논의하였고 인정하기도 한다. 프랑스 주교들은 부부가 부부애의 육체적 표현과 교도권이 제안한 책임 있는 부모됨의 규범을 어떻게 조화시켜야 할지 몰라서 두 의무의 충돌 상황에 자주 빠질 수 있다고 예상한다. 이렇게 의무들끼리 충돌할 때, 전통적인 지혜로서 어느 것이 더 큰 의무인지 하느님 대전에서 분별해야 한다고 본다. 브라질, 이탈리아, 일본 등의 주교들은 회칙에는 정작 단죄에 대한 위협 언급이 없음을 주목한다. 따라서 곤경에 처한 부부들은 스스로 하느님의 사랑에서 멀어졌다고 느껴서는 안 된다고 말한다(E. Hamel, "Conferentiae Episcopales et Encyclica '*Humanae Vitae*'", *Periodica* 58, 1969, pp.243~349).

의 공식 가르침을 충분히 숙지할 의무, 그것의 도덕적 비중에 주의를 기울일 의무 및 개인적 결정을 내릴 때 이를 충분히 고려해야 할 의무가 포함된다. "하지만 구체적 상황에서 사람은 막중한 양심의 갈등에 직면하게 되어 구속력 있는 양심의 평결(verdict)에 응답해야 할 경우가 생길 수 있다. 그러한 평결에 순종함으로써 그는 비록 양심이 극복 불가한(invincibly) 오류에 있더라도 양심의 존엄을 유지하였기 때문에, 교도권에 대한 가톨릭적 이해에 이의 제기를 하지 않은 것이고, 스스로 교회 밖으로 나가지 않았으며, 양심의 존엄성을 훼손하지 않은 것이다. 책임 있는 출산의 의무를 아는 가톨릭 신자라면, 만일 자연적인 가족계획 방법으로 책임 있는 부모가 되고 부부의 전적인 자기-증여라는 목표에 도달할 수 있다면, 인공적인 산아 제한 방법을 가볍게 여기지는 않을 것이다."[217]

주목해야 할 가톨릭 신학자 사이에 합의된 원리(tenet) 중 하나는 교도권이 반대하는 산아 제한 방법을 자기 배우자가 사용하는 데 동의하지 않고, 그리고 그러한 배우자의 마음을 바꿀 수 없는 남편이나 아내의 경우, 혼인의 책무(marriage debt)를 수행하는 것은 허용된다는 점이다. 부부가 더 이상 자녀를 갖지 않기로 합의한 경우와 가임기를 제외한 때라면, 심지어 이를 요구할 수도 있다. 이때의 협력은 오직 질료적인 협력일 뿐이기에, 예컨대 가정의 평화나 자제가 초래할 수 있는 위험을 피하려는 경우에 중간 정도의 중대성이 있다면, 허용된다.

가톨릭교회와는 달리, 프로테스탄트 교회들은 특정한 산아 제한 수단의 적법성 문제에 대해 실질적으로 중요성을 부여하지 않는다. 개인적 상황과 필요에 대해 최선의 방법을 책임 있게 선택하는 것은 혼인 당사자들의 몫이다. 임신 중단(interruption)은 가톨릭교회와 마찬가

217) W. Ernst, "Empfangnisregelung", *Neues Lexikon der christlichen Moral*, 1990, p.136.

지로 프로테스탄트 교회들도 산아 제한의 합법적 수단으로 보지 않는다.[218]

9.4.4. 부부애와 부부의 내밀성(intimacy)

혼인은 육체적인 관계 그 이상이며, 영적 결합이기도 하다. 혼인 중에 성행위의 목표가 상대방을 향한 사랑을 배제한 채 이루어진다면, 이는 정결이라 부를 수 없다. 성은 혼인 생활 전체 그리고 부부애가 요구하는 수많은 배려와 분리될 수 없는 것이다.

1) 부부 행위에 대한 수락

부부 행위의 수락(granting)은 혼인 계약의 본질적 요소를 이룬다. 그러기에 부부 행위의 제공(rendering)은 중대한 사안이다. 배우자 간에 충분한 이유 없이 혼인의 애정 표현을 거절하는 것은 사랑을 위반한 것이다. 상당 기간을 정당한 동기 없이 혼인 신고(marital subission)를 거부한다면, 중대한 잘못이다. 이는 특히, 혼인의 책무(marital debt) 이행이 혼인의 사랑과 충실을 보장하고 상대방의 무절제(incontinence)와 심지어 간음으로부터 상대방을 보호하는 데 필요해 보인다면, 더욱 그러하다. 또한 부부애를 강화해야 할 필요가 있을 때도 역시, 양심상 혼인 행위를 제공할 의무를 발생시킨다.

그리스도교 전통에서는 부부 행위에 대한 권리를 "혼인의 책무"라고 간주해 왔다. 이로 인해, 특히 남편이 아내의 의지에 반해 언제든 성교를 강요할 권리가 있다는 인상을 불러일으켰을 수도 있다. 하지

218) 유익하면서도 여전히 화제가 되고 있는 다음의 논문을 보라. H.D. Schelauske, "Die Beurteilung des Usus Matrimonii in der protestantischen Ethik", *Catholica* 16(1962), pp.209~231.

만 부부 행위에의 권리는 절대적인 것이 아니며, 여자들이 남편의 성적 만족을 위해 순종해야 할 수단으로 전락해서는 안 된다. 이런 의미에서, 여자들이 혼인 속에서 성폭력에 항의하는 것은 정당하다. 교회의 전통 역시, "혼인의 책무"로부터 면제되는 다수의 예외적 상황을 인정해 왔다. 이 예외들은 아래에서 지적될 것이다. 반면, 부부 행위의 수락은 앞서 설명한 것처럼, 혼인의 본질적 요소이다. 사유가 충분치 않은 거절은 필히 혼인의 안정성을 위태롭게 하며, 따라서 잘못이다.

물론, 부부는 일정 기간 동안, 상호 합의에 따라, 성교를 포기할 권리를 지녔지만, 그로 인해 정결과 충실의 덕행에 심각한 유혹이 초래되는 수준에 이르러서는 안 된다. 이와 관련해 성 바오로의 충고에 귀 기울여야 한다. 즉 "남편은 아내에게 의무를 이행하고, 마찬가지로 아내는 남편에게 의무를 이행해야 합니다. 아내의 몸은 아내가 아니라 남편의 것이고, 마찬가지로 남편의 몸은 남편이 아니라 아내의 것입니다. 서로 상대방의 요구를 물리치지 마십시오. 다만 기도에 전념하려고 얼마 동안 합의한 경우는 예외입니다. 그 뒤에 다시 합치십시오. 여러분이 절제하지 못하는 틈을 타 사탄이 여러분을 유혹할 수 있기 때문입니다"(1코린 7,3~5). 이 외에 혼인의 책무가 면제될 사유들은 다음과 같다.

혼인의 사랑이 사려 깊다면, 월경 기간, 임신의 말기, 또는 혼인 결합이 불편과 고통을 수반하는 질병 중에는 혼인의 책무를 요구하지 않는다. 하지만 질병이 장기간일 경우, 비록 아픈 배우자가 성교를 귀찮고 불쾌한 일로 생각하더라도, 혼인의 책무를 요구하는 것은 실제로 정당화될 수 있다. 추가로 임신하면 아내의 생명에 심각한 위험이 초래되는 경우, 임질, 매독 및 에이즈와 같이, 심각한 전염병이 있는 경우, 가임기 동안의 성교 억제는 가장 막중한 의무이다. 너무 자주 성교의 요구, 만취했거나 타인이 있는 장소에서의 성교 요구, 남색적인 방식(직장 성교)의 성교 요구나 이와 유사한 상황에서 성교 요구 등, 비합리적이고 죄스러운 성교를 요구하는 경우, 이는 허용되지 않는다.

간음을 범한 배우자는 혼인 행위를 요구할 권리를 상실한다. 그럼에도 무죄한 배우자는 그리스도교적 사랑과 가정 전체의 선익에 대한 염려로 인해 종종 어떤 의무를 지게 된다. 죄와 타협하지 않으셨지만 진실한 회개가 있을 때는 용서해 주신 그리스도의 태도를 본받아야 한다(요한 8,2~11). 그러나 회개한 배우자를 용서했다면, 전적으로 용서해야 하며, 반복되는 비난으로 모욕을 주어서는 안 된다.

남편이 아내와 자녀를 부양하지 않거나 가족의 수입을 낭비해 아내에게 생계 책임을 강요하는 경우, 아내는 혼인의 책무를 제공할 필요가 없다. 그러나 가정이 가난하게 사는 것이 남편의 탓이 아닌 경우, 그러한 책무를 거부할 이유는 되지 않는다.

2) 혼인의 내밀함을 향한 부르심

낭만이 사라지는 것은 혼인 안에서 흔한 현상이다. 시간이 가듯이 배우자를 향한 성욕도 사라지며, 일부의 환경에서는 과거보다 오늘날 훨씬 더 널리 경험되고 있다. "확실한 것은, 지금껏 집계된 것보다 훨씬 더 많은 이들에게 성적 열망이 대중문화가 거침없이 묘사하는 것처럼 쉬우면서도 무진장한 충동은 아니라는 점이다."[219] 부부가 그저 좋은 동료나 친구로 남게 된다. 자신들의 책임은 다한다. 그러나 더 이상 성적인 연인은 아니다. 부부관계가 깨지지는 않을 수 있지만, 그

---

219) *Newsweek*, Oct. 26, 1987, p.48. 이러한 현상은 미국에서 가장 흔한 성의 불만 사항으로 나타났으며, 아마 다른 선진국에서도 마찬가지일 것이다. 혼인 치유사들은 이를 ISD(억압된 성적 욕망)라고 불렀다. "일반 인구의 20~50%가 언젠가 어느 정도는 이러한 증상을 경험한다고 추산한다"(*ibid.*, p.46). 성이 과도하게 찬양되는 문화 속에서 성적 욕망이 없다는 현실은 외면한 채 여전히 다루지 않고 있다. 이 욕망의 부재는 혼인의 불행을 초래하는 아주 큰 원인이다.

러나 부부관계의 중요한 심지어 기본도 상실된 것이다.

문제는, 겉으로는 기혼자들이지만 실제로는 여전히 미혼자라는 것이다. 그들이 존재 깊은 곳에서는 독신자였던 것이다. 기혼자들은 서로에게 중요한 사람이라고 느낄 수 있고, 함께 일할 수도 있으며, 서로를 위해 기꺼이 희생할 수도 있다. 그러나 각자가 서로 성욕이라는 유대로 함께 기본적이며 지속적으로 구속되었다고 보지는 않는다. "하지만 참된 혼인 안에서 여자는 자신을 개별적이며 사적인 존재로 생각하지 않는다. 스스로를 언제나 오직 남편의 사랑을 받는 사람이라고만 생각한다. 그러나 그녀는 남편을 향한 최대치의 성욕, 즉 자신을 완전히 황홀하게 남편에게 내어 주고자 하는 욕망을 의도적이고 항구적으로 키워 나가지 않는 한, 그렇게 자신을 바라볼 수 없다. (…) 마찬가지로 진정한 남편이라면, 자신을 일차적으로는 변호사, 의사, 버스 기사 등으로 보지 않는다. 항상 아내의 연인이며, 아내를 완전히 자기 관심사의 중심에 두는 사람으로 보게 된다. 그는 자신에게 속하지 않고 아내에게 속한다."[220] 성에 대한 열정이 혼인의 한 부분 혹은 한 구역이 아니라, 부부 생활의 전반을 이루는 기운과 배경이어야 한다.

혼인 안에서 성의 열정이 쇠퇴하는 현상의 이면에는 실제로 내밀함에 대한 선천적인 인간의 두려움, 특히 성적인 내밀함에 대한 그러한 두려움이 작동하고 있다. "오르가슴은 커다란 쾌락이지만, 타인의 손에 자신을 맡겨야 하는 것에는 그렇지 않을 수 있다. 그것은 배우자의 지독한 지배욕이나 소유욕을 두려워하는 것 때문이 아닐 수도 있다. 그러나 우리는, 인간 마음의 깊은 심술(perversity)에서 볼 때, 타

---

220) C. Gallagher et al., *Embodied in Love: Sacramental Spirituality and Sexual Intimacy*, New York: Crossroad, 1989, p.40. 이 부분 전체는 이들 저자들이 많이 인용하였다.

인을 — 그것이 누구이든 — 나 자신만큼 소중하게 만들려는 생각 자체를 싫어한다. 우리는 자기 우선주의를 포기하지 않으려고 본능적으로 저항한다. 그러므로 성욕을 유지하는 것과 무기력하게 방치하는 충동 사이의 갈등은 기본적으로 이기주의와 이타주의, 자기중심성과 자기 포기, 이기심과 사랑 사이의 갈등인 것이다. (…) 성애는 하나의 죽음이며 부활이다. 우리의 개별적이고 사적인 자아의 죽음이며, 새로운 삶을 향한 우리의 결합된 자아들(coupled selves)의 부활이다. 그리고 이렇게 죽는 것과 부활하는 것은 바로 혼인이 지닌 성사적 힘이다. 성욕은 강력한 내적 충동이며, 자아 중심이 아니라 오히려 타자 중심이 되도록 부르시는 은총인 것이다."[221] 그렇다면 혼인의 영성은 성적 영성이다. 그 기쁨 가득한 내밀함은 부부를 위한 소명이자, 하느님의 계획이다. 이것은 부부가 하느님께 가까이 다가갈 수 있는 도구인 것이다.

"부부가 지속적으로 성적 내밀함을 이룩하면, 자신의 위격들은 변화된다. 그들은 서로에게만이 아니라 만나는 사람 모두에게도 더욱 기꺼이 용서하게 된다. 타인과의 모든 접촉에서 덜 까다롭고, 덜 민감하며, 덜 변덕스러워진다. 자녀에게도 더 온화하고, 성장하고 꽃이 피도록 더 편히 대해 준다. 그리고 우리 문화의 특징인 소비주의에 덜 오염이 된다."[222] 혼인성사 안에서 성욕이 치유하고 구원하는, 하느님이 주신 은총이 된다.

성적인 내밀함은 부부를 결합시키되, 고립된 단일체로 만들기 위해서가 아니라 열매를 맺기 위해서이다. 두 사람이 자녀를 원하지 않고, 가능한 많이 책임 있는 사랑으로 양육하려 하지 않는다면, 그들 애정의 진실성에는 무언가 부족함이 있을 것이다. "배우자의 복지를 생각

221) *Ibid.*, p.47.
222) *Ibid.*, p.48.

한다고 하면서, 그 사람으로 하여금 기존에 존재하지 않았던 새로운 내밀한 존재들을 낳고 키울 수 있는 능력을 배려하지 않는다면, 그 배우자를 위한 배려에는 무엇인가 부족함이 있다. 이처럼 우리는 부부의 내밀함이 자녀와 손자녀에게 자연스럽게 확장됨으로써 그들의 성사성을 확인할 수 있으며, 이는 무한한 미래로 이어진다."[223]

3) 부부 교제에 대한 배려

부부 교제(交際, fellowship)에는 부드럽고 애정 어린 사랑의 표현들로 채워져야 한다. 부부간의 내밀감은 그들의 사랑을 키우고 생기를 유지시킨다. 따라서 부부의 매력을 표현하는 애무와 애정 행위는 적법할 뿐만 아니라, 요구되기까지 한다. 심지어 그러한 애정 행위 중에, 부부의 의지와 지향에 반하여 오르가슴이 발생한다고 하여도, 불법적인 것이 아니다. 아껴 줌(endearment)의 행위는 부부애를 키우고, 우울이나 슬픔에 빠진 배우자를 위로하며, 그 사람에게 받아들여지고 소속감과 인정받음을 느끼게 한다.

성적인 내밀함은 또한 부부 생활의 성적으로 활발한 소통을 포함하기도 한다. 이러한 측면은 너무 개발되지 않아 자주 어려움이 발생한다. "아내는 성적 측면에 대해 자신의 견해가 남편을 불쾌하게 할까 두려워하고, 남편도 마찬가지이다. 그 결과, 너무 많은 부부가 이러한 측면의 소통에 실패한다."[224] 상호 신뢰를 통해 부부는 인위적인 이상을 벗어나 참으로 위격적인 존재로서 자신을 드러내는 데 두려움을 극복해야 한다. 오랜 기간 동안 성적 친교에 관한 어떤 측면에서 불만족을 느끼고 있음에도, 그 불만을 배우자에게 한 번도 언급하지 않은 이들이 드물지 않다. 이러한 측면에도 역시 솔직한 의사소

223) *Ibid.*, p.103.
224) P. Keane, *Sexual Morality*, New York: Paulist Press, 1977, p.116.

통으로 해소해야 한다.

성적 열정을 생생하게 유지하려면, 부부는 "여유롭고 방해받지 않는 사랑을 나눌 시간을 확보하고자 시간과 돈의 예산을 세우는데, 최우선을 두는 생활 방식을 필요로 한다. 부부는 모두 최소한의 만족을 주는 손쉬운 사랑 방법에 만족하고는 다른 일에 몰두함으로써 성의 기술을 발전시킬 시간을 갖지 못한다."[225] 그러나 부부는 다른 바람직한 소망이나 계획들을 희생해서라도, 부부의 내밀함을 위한 시간을 반드시 확보해야 한다. 부드러운 행위에도 창의성은 필요하다. 혼인의 사랑은 단순히 주어진 사실이 아니라, 계속 키워 가야 할 소질(aptitude)인 것이다.

이러한 맥락에서 볼 때, 자기 몸과 외모의 돌봄도 필요하다. 부부는 모든 면에서 서로에게 매력적이고, 욕망이 솟으며, 사랑스러워야 한다. "옷차림과 외모 관리 등에 소홀히 하는 사람은 장기적으로는 매일 서로 접촉할 때, 부담이 된다. 이러한 소홀함은 곧 상대방을 존중하지 않으며, 좋은 외모를 유지할 만큼 상대를 중요하게 여기지 않는다는 신호가 될 수 있다. 좋은 예의도 역시, 마찬가지이다. 사랑에는 말과 모든 품행의 수양이 요구된다."[226]

고립된 개인들이 내밀한 결합으로 변화하는 것은 부부 생활의 모든 측면에 영향을 끼친다. "예컨대, 부부는 한쪽의 진로 발전이나 자기 계발만을 위해 결정을 내리지 않는다. 또한 두 목표를 교대로 추구하지도 않는다. 남편의 승진은 아내의 개인적 성장과 일치할 것이며, 그 반대도 마찬가지이다. 왜냐하면 그렇게 되지 않을 것을 다른 쪽도 추구하지는 않을 것이기 때문이다. 한 쪽에게 이롭게 보이지만 다른 쪽에게 해로운 것은, 진정한 의미에서 누구에게도 이로운 것이

---

225) C. Gallagher, *op.cit.*, p.60.

226) H. Rotter, *Sexualitdt und christliche Moral*, Innsbruck: Tyrolia, 1991, p.45.

아니다. 따라서 모든 만남에 있어 진정한 선익은 남편의 것도 아내의 것도 아닌, 바로 '그 둘의 것'이다."[227]

227) C. Gallagher, *op.cit.*, pp.102f.

제 10 장

공동체 생활에서의 도덕적 책임

인간은 본성상, 사회적 존재이다. 현실에 열린 눈을 지닌 이에게는 의심의 여지가 없는 진리이다. 존재하고 자신을 발전시키기 위해 여러 면으로 공동체의 지원이 필요하다. 특히 개인의 영적 발전은 거의 전적으로 타인의 교육·지도·도움에 의존하며, 이는 무엇보다도 가족·부족·국가·교회에 의해 이루어진다. 이 사실은 최근 인종학, 문화 인류학이 "인간의 영적 형성에 사회적 전통, 전해 오는 경험과 지식의 세계, 사고와 상상의 방식, 가치와 권리에 관한 신념, 관습과 태도가 얼마나 광범위하게 영향을 미치는지"를 보여 줌으로써, 효과적으로 확인하였다.[1] 이에 부합하는 것은 사회적 친교를 향한 인간의 본능이며, 이는 인간의 본성에서 아주 강력한 충동이다. 오직 사회적 완성을 통해서만 인간은 자신의 본성이 요구하는 바를 온전히 발전시킬 수 있다. "우리가 얼마나 작은 존재인가. 혹은 우리가 우리의 자산이라고 부르는 것에서 실제 소유하고 있는 것은 얼마나 초라한가. 우리는 선조들뿐 아니라 동시대인들에게도 모두를 받고 배워야 한다. 아주 위대한 천재라도 자신 안에 가진 것에만 의존해야 한다면, 그리 멀리 가지 못할 것이다"(괴테).

공동체와 사회가 인간의 삶에서 갖는 지대한 중요함을 고려할 때, 사람들은 한편으로 사회로부터 도움받을 권리를 지니지만, 다른 한편으로는 사회에 지원할 의무도 지닌다. 사회를 향한 관심은 자신의 복지에 관한 관심이자 이웃에 관한 관심이며, 궁극적으로는 최종 목표를 향한 관심이다. 모든 인간, 모든 공동체 및 모든 인류는 하느님의 나라와 영광, 그리고 창조 계획과 인류의 구원이라는 이 최종 목표에 이바지하고 이를 실현하도록 불린 것이다. 그리스도교의 사회 교리는 인간의 본성과 그 운명을 이렇게 이해하는 것만이 인간 존엄성을 온전히 받아들이고 확실하게 보증할 수 있다고 믿는다.

---

1) J. Messner, *Social Ethics*, St. Louis/London: Herder Book Co., 1965, pp.96f.

10.1. 사회 일반의 본성과 질서

10.1.1. 사회의 본성

1) 사회의 개념

사회란 넓은 의미에서, 공동의 목표 달성을 위해 사람들이 영구적으로 모인 결사(association)이다. 이러한 결사는 본성상 요구되거나 자유 의지가 발휘되어 이루어진다. 따라서 사회는 자연적 또는 일차적 사회인 필수 사회와 그리고 자유롭게 선택한 목적으로 된 자발적 또는 이차적 사회로 구분된다. 가족·부족·국가 등은 본성에 의해 요구된 것이다. 인간은 보통 이러한 사회에 속한 것을 받아들이며 자유로 동의하지만, 비록 자신이 그 일원인 것을 싫어하더라도, 필연적으로 이러한 사회에 속하게 된다. 반면, 자유롭게 의도한 사회로는 종교 사회, 교육 사회, 주식회사, 운동과 오락을 위한 모임 등이 있다. 이 모든 결사의 공통된 특징은 내재적 목적이나 내적 원칙에 의해 결정된다는 점이다. 그런 만큼 이들은 외부의 의지나 외부의 강제력에 의해 통일성이 유지되는 결사들과는 다르다. 따라서 사회라는 용어는 외적인 목적을 위해 외부에 의해 조직되는 군대에는 적용되지 않는다.

더욱 좁은 의미에서 볼 때, 사회란 인간이 실존적 목적을 달성하기 위한 항구적 결사로 정의된다.[2] 이 정의는 본성상 필요한 공동체들 즉 종교 공동체와 교육 사회에 적용되지만, 그러나 주식회사나 카드게임 모임에는 적용되지 않는다. 이러한 제한된 의미에서의 사회만이

---

2) *Ibid.*, p.99. 실존적 목적들은 간단히 말해, 자기 보존, 자기완성, 혼인과 자녀 양육, 동료들의 복지를 위한 관심과 돌봄, 공익사업의 촉진을 위한 사회적 협력, 절대적·초월적 선성을 향한 투신, 특히 예배를 통한 하느님과의 결합 등을 포함한다(*ibid.*, p.19). 이러한 목적들에 대한 더 자세한 설명은 다음을 보라. *Christian Ethics*, vol. I, 1997, rev. edition, pp.99~100.

아주 심각한 사회적 의무들(예: 순종의 의무)을 부과하며, 따라서 도덕신학에서는 특별한 관심을 가진다.

사회(society)와 공동체(community)라는 용어는 종종 혼용되며, 이는 명확한 구별이 없음을 시사한다. 그럼에도 강조점에서는 차이가 드러난다. '공동체'라는 표현은 일차적으로, 그 모임(group)의 내적 발전, 즉 구성원의 개인적 성장에 중요한 가치와 상호 연대의 유대 형성에 주로 관심을 갖는 결사들(associations)을 위해서 우선 사용된다. 공동체의 전형적인 예는 가정이다. 반면, '사회'라는 용어는 목표 달성을 위해 체계적인 조직들(orgainzition)과 외적인 제도들(institutions, 법률·행정기관·정부 관리)로 특징을 이루는 결사들을 지칭한다. 이러한 결사들의 전형을 보여 주는 것은 국가이다. 그러나 두 용어는 결코 서로 배타적인 것이 아니다. 최소한의 외적인 조직 없이는 공동체가 존재할 수 없으며, 최소한의 연대와 구성원 상호 간의 개인적 관심 없이는 어떤 사회도 성립할 수 없다. 실제로 하나의 사회를 결속시키는 힘은 구성원들이 공유하는 가치, 이상향, 그리고 헌신이다. 이러한 것들이 인간의 존엄성, 자유, 평등, 연대, 창의성(creative genius)을 보장해 준다. 이 가치들이 강하게 확립될수록 공동체의 결속력이 강해지지만, 그 반대의 경우 결속력이 약해진다.

2) 공동선: 사회의 목표와 기능

공동선이란 인간이 자기완성을 더욱 충만하고 더욱 용이하게 추구하도록 하는 집단생활 조건의 총체이다(참조: 「사목 헌장」 26항; 74항; 「종교 자유 선언」 6항). 이 정의는 인간의 자기완성 실현에 더해 그들에게 부여된 목적의 실현을 포함하는데, 이는 인간에게 타인과 그리고 세상에 대한 하느님 계획에 봉사하도록 하는 임무가 있기 때문이다.

두 개의 보완적 요소가 공동선을 구성한다. "교회의 선언들에서 볼 때 '공동선'은 기술적인 용어로서, 일반적으로 '봉사적인 가치'라는 의미로 이해된다."[3] 따라서 이는 학교·병원·사회서비스·에너지 공급·도로망·법적 질서 등의 형태로 실현되는 다양한 지원(aids)을 말한다. 이것들은 공동선의 한 측면을 이룬다. 그러나 진보를 제도·조직·기술의 측면으로만 보아서는 안 된다. 공동선은 궁극적으로 사회의 구성원들에게 실현되는 선익과 가치들이며, 이것이 공동선의 또 하나의 측면이다. 진정한 진보는 무엇보다도, 사회 전체에서 육체적·정신적 건강을 지닌 상태이며, 구성원들의 충분한 수준의 교육과 교실 수업, 모두를 위한 노동 기회, 종교적·도덕적·문화적 삶에서의 바람직한 조건, 사회 정의의 선, 진정한 자유 그리고 인간 평등인 것이다. 또한 사회 구성원들에게 실현되는 이러한 선익과 가치 역시, 위의 정의에서 언급한, 인간이 자신의 완성과 부여된 목적을 더욱 완전히 실현할 수 있도록 해 주는 사회생활의 조건들에 해당한다.

공동선의 기능은 기본적으로 두 가지이다. 첫째, 공동선은 구성원들이 온전한 인간 존재가 되도록 촉진하고 이를 가능하게 한다. 이 목표의 실현에 있어 인간은 각기 고유한 공동선을 지닌 여러 사회로부터 도움을 받으며, 이들 사회는 구성원들이 온전한 인간성을 성취하도록 도움을 준다. 둘째, 공동선은 인간 본성 안에 있는 반사회적 충동이 타인의 권리와 사회 질서를 침범하지 못하도록 방지한다. 이러한 측면의 공동선은 평화와 질서를 확립하고 보장함으로써 실현된다. 이를 위한 가장 효율적 수단은 강제력을 수반하는 국가의 법이다.

공동선이 주는 도움은 인간 자신이 임무와 실존적 목적을 실현하도록 돕는 것을 말한다. 따라서 공동선의 기능은 보조적이며 보완적이다. 여기에서의 결론은 공동선이 그 자체로 목적이 아니라는 점이다. 공동선은 인간 인격과 하느님의 창조적이고 구원적인 계획을 위

---

3) O. von Nell-Breuning, *Gerechtigkeit und Freiheit*, Wien: Europaverlag, 1980, pp.35f.

해 존재한다. 이는 인간이 결코 공동선과 사회의 목적을 위한 단순한 수단이 될 수 없음을 뜻한다. 인간은 언제나 사회의 단순한 부분이 아니고 하나의 세포 그 이상이며, 직접적으로 하느님에 대해 책임지는 존재이다.

사람들은 자발적으로, 보통 공동선이라는 실제를 국가·기관들과 연관시킨다. 그러나 국가뿐 아니라 다른 사회 모두도 자신의 사회적 목적, 고유한 기능과 역할을 지니며, 따라서 그것들 자체의 공동선을 지닌다. 가정·종교 공동체·자선단체·노동조합·운동단체 등은 모두 각자의 공동선을 지니고 있다. 당연히 이러한 공동선의 다원성은 상이한 공동체들끼리 단순히 공존한다는 것만을 의미하지 않는다. 상이한 사회들과 그들의 공동선은 위계적 구조를 이룬다. 각 사회는 그 자체의 목적 안에서는 자율적이지만, 더 작은 사회는 더 넓은 목적을 지닌 더 큰 사회에 관련된 한도 내에서 더 큰 사회에 종속되어 있다.

한 사회의 공동선은 그 구성원들이 이를 존중하고 증진할 책임과 의무를 질 때에야 비로소 실현된다. 따라서 공동선이란 하나의 윤리적 과업(enterprise)이기도 하다. 이는 특히 공동체주의(communitarianism)가 강조해 온 관심사이다. 공동체주의는 공동체의 재건, 시민 덕목의 회복, 시민의 새로운 책임 의식, 사회의 도덕적 기반의 강화 등을 정당하게 촉구한다.[4] 사람들에게는 너무나도 쉽게 국가에 책임을 떠넘기려는 경향이 있다. 그러나 이것은 국가를 — 이상적으로나 물리적으로나 — 작동하지 못하게 한다. 모든 이는 자신뿐 아니라 공동체 전체에 대해서도 책임을 진다. 여기에는 은행과 다국적인 결합들, 노동조합과 사용자의 협회들과 같이, 거시적 주체들(macro-agents)이 포함된다. 이들 역시, 공동선을 위한 윤리적 과업에 대해 책임을 느껴

---

4) Amitai Etzioni, *The Spirit of Community. Rights, Responsibilities, and the Communitarian Agenda*, New York: Crown Publishers, 1993.

야 한다. 그리고 지구 차원에서도 공동선에 관한 관심이 얼마나 시급한 것인지는 생태 위기의 문제를 통해 분명해졌다.

공동의 약속을 통일하고 조정하기 위해서는 그 일치를 보장해 줄 권위가 필요하다. 따라서 공동선은 권위를 세워 준다. 하지만 공동선은 해당 사회의 특정 목적에 부합하도록 권위를 제한하기도 한다. 이와 동시에 상이한 사회들과 그들의 상이한 목적들이 모두 동등한 중요성을 지닌 것은 아니다. 특정 집단의 공동선을 존중하고 봉사할 의무의 경중은 인간의 실존적 목적과 궁극 목표를 구현하기 위해 그 사회가 가진 중요도에 달려 있다. 즉 공동체의 선익이 인간의 기본 임무와 실존적 목적에 가까울수록 그것의 공동선을 존중하고 증진할 의무는 더욱 커진다는 것을 의미한다. 이 의무는 국민에게도 권위자에게도 똑같이 해당된다. 공동선이 지닌 구속력은 운동모임에서보다는 가정에서 더 크고, 주식회사에서보다는 국가에서 더욱 크다.

3) 연대성의 원칙

연대성의 원칙은 상호적 관심과 의무에 대한 유대를 의미한다. 이는 공동선을 향한 확고한 헌신이다. 이를 통해 인간의 형제애는 구체화 된다. "우리는 모두 같은 배를 타고 있다"라는 유명한 말이 있다. 사회 전체와 그 구성원들은 운명 공동체로서 서로 긴밀하게 연결되어 있다. "개인의 복지와 공동의 복리는 상호 의존하며, 이 둘의 운명은 불가분하게 얽혀 있다. 이는 사실에 대한 진술이며, 동시에 무엇이 되어야 하는지도 말한다. 즉 구성원 전체가 전체의 복리에 주의를 기울여야 하고, 전체의 복리에 책임을 지며, 마찬가지로 전체도 그 구성원들의 복리에 주의를 기울여야 하고, 그들의 복리에 책임을 진다."[5] 연대가 없다면, 사회 본체(social body)는 개별 집단들과 사적 이익들의

---

5) O. von Nell-Breuning, *op.cit.*, p.47.

추구로 해체되어 버린다. 정의, 결속력, 사회 평화는 그 구성원끼리의 연대에 달려 있다. 사회에서 더 유복한 구성원들일수록 연대의 긴급성을 경시하려는 유혹을 더 쉽게 받는다. 그들은 좋은 삶을 지내고 있고 타인의 선의에 거의 의존하지 않기 때문이다. 그러나 길게 볼 때, 전체 사회의 상태가 건전하지 않으면, 그들의 복지도 보장되지 않는다. 법질서가 그들에게는 정의와 권리를 보장하는 충분한 장치로 보일 수 있다. 그러나 법적 규칙을 넘어서서 타인에 대해 더 깊게 존중하고 봉사하는 감정이 존재하지 않으면, 심지어 법 앞에서의 평등마저도 타인에 대한 지속적 착취와 실제적 경멸을 위한 알리바이 역할을 할 수 있다. 살림살이가 나은 이들은 "더 약한 사람들에게 책임을 느껴야 하며 자기네가 가진 모든 것을 그들과 나눌 태세가 되어야 한다. 한편 더 약한 사람들은 같은 연대감의 정신을 갖고서, 그저 피동적인 태도만 취하거나 사회 기틀 자체를 파괴하는 입장을 취할 것이 아니라, 자기의 정당한 권리를 당당히 주장함과 아울러 모든 이의 선익을 위해서 자기로서 할 수 있는 바를 행하여야 한다."[6]

연대는 오직 재정적으로 강한 이가 연대의 협약(pact)에 대해 돌려받는 것보다 더 큰 기여를 할 때에만 가능하다. "모든 이가 자신이 지불한 것만큼 다시 돌려받으려 한다면, 연대의 체계는 재정적으로 유지될 수 없다. 재정적으로 강한 이는 자신이 받는 것보다 더 많이 지불할 준비가 되어 있어야 한다." 그럼에도 기여에 대한 기대가 과도해서는 안 된다. "수혜자 측에서 공동 기여금을 남용하지 말아야 하며, 오직 필요한 범위 내에서만 그것을 이용해야 한다. 왜냐하면 보조성의 원칙에 따라 각자는 (…) 자신이 할 수 있는 일 모두를 스스로 해내야 할 의무가 있기 때문이다."[7]

6) 요한 바오로 2세, 회칙 「사회적 관심」 39항.

7) L. Roos, *Der Sozialstaat im Spannungsfeld von Solidarität und Subsidiarität,*

연대의 부문에서 희망적인 표지는 명예의(honorary) 활동인데, 이는 언급하지 않고 지나칠 수 없는 부분이다. 수많은 남녀가 협회·조합·교회 공동체·공직 등에서 무보수로 활동하고 있다. 이들은 매달 수백만 시간의 명예로운 일을 수행한다. 사회생활은 이들 없이는 가능하지 않다. 이들의 노력은 진지하게 격려와 인정을 받아야 한다.

또한 상호 의존을 연대로 전환해야 한다는 점은 국제관계에도 적용된다. "더욱 강하고 부유한 국가들은 다른 국가들에 대해서 윤리적인 책임감을 느껴야 마땅하다. (…) 경제적으로 취약한 국가들 또는 아직 자급자족하는 수준에 있는 국가들은 다른 국민들과 국제 공동체의 조력을 받아 인문과 문화의 보고를 갖고서 공동선에 나름대로 이바지할 수 있어야 한다."[8] 연대의 정신으로 이루어지는 협력은 국제 차원에서도 지속 가능한 평화의 기초를 이룬다.

4) 사회의 보완적 기능(보조성의 원칙)

보조성의 원칙은 사회 제도가 더 작은 집단 및 개인의 임무와 욕구에 관해 협력적이고 보완적인 기능을 갖는다는 것을 의미한다. 이는 한편으로, 사회는 더 작은 집단이나 개인이 스스로 할 수 있는 일은 그들에게 맡겨야 하며, 다른 한편으로, 그들이 필수적이거나 최소한 유익한 과업을 완수하지 못할 경우, 그들을 도와야 한다는 것을 의미한다.

"보조성의 원칙"이라는 용어는 다소 최근에 나온 것이지만, 이 원칙이 담고 있는 진리는 아주 오래전부터 알려진 것이다. 이 용어는 20세기 초에 만들어졌으며,[9] 비오 11세의 회칙 「사십주년」에서 도입

Köln: Bachem, 1997, p.5.

8) *Sollicitudo Rei Socialis*, nr. 39.

9) 1892년 태어난 구스타프 군드라흐(Gustav Gundlach)에 의해, 이 신조어가 만들어졌다.

되었다. 회칙의 해당 본문은 이 원칙을 주로 소극적인(negative) 역할, 즉 사회의 개입에 제한을 가하는 법칙으로 정의한다. “개인의 창의와 노력으로 완수될 수 있는 것을 개인에게서 빼앗아 사회에 맡길 수 없는 것처럼, 한층 더 작은 하위의 조직체가 수행할 수 있는 기능과 역할을 더 큰 상위의 집단으로 옮기는 것은 불의이고 중대한 해악이며, 올바른 질서를 교란시키는 것이다”(35항: 원문에서는 79항).[10] 주목할 점은 비오 12세가 이 원칙이 교회 생활에도 유효하다고 선언했다는 점이다.[11]

보조성의 원칙은 개인의 특별한 권리와 능력을 과도한 사회적 지배로부터 보호하며, 소규모 결사의 역량을 더 큰 사회의 억압적이고 전체주의적인 주장으로부터 보호한다. 이 원칙은 국가가 전능해지는 것도 반대하지만, 조직체들이 전능해지는 것도 반대한다. “결과적으로 보조성을 적용하는 것은 현대의 대중 집단을 위한 유망한 해결책 중 하나로 간주되는데, 이것이 중앙집권화, 관료화, 비인격화의 경향에 대한 균형추 역할을 하기 때문이다.”[12] 보조성은 자격과 권한의 위임, 권력 분산, 권력의 공유를 의미하기에, 민주주의를 강화하는 효과적인 수단이 된다.

보조성의 원칙은 사회의 권력을 제한할 뿐 아니라, “보조하다”라는 어원적 의미에서 드러나듯이, 더 작은 집단과 개인을 보조하고 지원할 의무와 자격을 나타낸다. 사회의 도움 없이는 필요하거나 중요한 임무를 수행할 수 없는 경우에, 그 사회의 개입은 요청된다. 부차적으로는, 개인이나 더 작은 조직들이 무능력하거나 태만과 무시를 함으로써 적절히 의무를 수행하지 못할 경우에도, 그러한 개입은 요구

---

10) 핵심 구절은 요한 23세에 의해 축어적으로 「어머니요 스승」 53항에서 반복하고 있다. 요한 23세는 다른 곳에서도 이 원칙을 계속 언급하고 있다(117항과 152항).

11) Allocution of Feb. 20, 1946: *AAS* 38, 1946, pp.144f.

12) Theodor Herr, *Katholische Soziallehre*, Paderborn: Bonifatius, 1987, pp.43f.

된다.

사회들이 어느 정도로 도움을 제공해야 하는지는 그 구성원들의 능력과 책임을 다하려는 의지 및 역량에 따라, 확대되거나 축소된다. 구성원들이 무능하거나 책임을 질 의지가 부족할수록, 공동선 기능은 그만큼 커지고, 사회 개입의 필요성도 커진다. 다만, 사회 권위가 권한 확장의 정당성을 주장할 경우, 그에 따른 입증의 책임(burden of proof)은 그 권위자에게 있다. 즉 일차적으로는 책임과 권한을 지닌 이들이 그러한 책임을 행사할 능력이 없거나 의지가 없음을 입증해야 한다. 게다가 보조성의 원칙은, 국민이 자신의 권한에 맞는 임무를 자신의 책임으로 완수할 수 있는 상태에 놓이는 순간, 사회적 권위의 개입과 지원은 더 이상 불필요한 것으로 규정한다. 말하자면, 이것은 보조성의 세 번째 공리로서, 자기-도움(self-help)을 위한 지원이 목적을 달성했을 경우, 중단되어야 한다는 것이다.

이 보조성 원칙은 일차적으로 권한을 지닌 이들에게 구속력을 가지며, 그들의 피지배자들에게 필요한 도움을 제공할 의무가 있을 뿐 아니라 그 피지배자들의 개인적인 책임도 존중해 줘야 한다. 이차적으로 이 원칙은 회원 집단들(the member societies)과 개인들에게도 의무를 부여한다. 왜냐하면 피지배자들의 위격적 권리와 책임을 보호하는 과정에서, 그들 스스로가 권리와 책임을 행사할 것을 요구하기 때문이다. 실제로 보조성의 원칙이 정식화될 수 있는 것은 개인에게 가능한 한 많은 책임을 부여한다는 것, 그리고 사회가 필요한 만큼만 개입한다는 것이다. 한편 권위는 보조적 기능의 질서에 의해 설정된 한계를 존중할 의무를 진다. 다른 한편, 사회의 구성원들은 자신의 역량을 적극 사용하고 책임을 준수할 권리뿐 아니라 의무도 지닌다(참조: 「사목 헌장」 75항).

마지막으로, 유의할 점이 있다. 실제의 생활에서는 보조성의 질서가, 정의의 질서 일반이 그렇듯이, 결코 완전히 구현되지 못할 것이다. 예컨대, 중앙집권과 지방분권 간의 완벽한 균형도 그렇다. 그 이유는 인간의 한계와 불완전성 때문만은 아니라 사회 내부의 역동성이 작용하여 끊임없이 변화를 야기하고 모든 사회 질서를 늘 앞서가기 때문이다. 그러므로 피지배자들은 과장된 요구와 기대를 가지고 사회에 접근할 것이 아니다. 오히려 인간의 제도와 그 권위가 지닌 필연적인 한계를 감안해야 한다. 게다가 사회 안에는 특정한 범위 내에서 개인적 가치나 사회적 가치 중 어느 한 쪽을 자유롭게 더 강조할 수 있는 여백이 정당하게 존재한다. "역사가 알려 주듯, 이러한 것을 통해 민족들의 삶과 그들의 풍부하고 다양한 정치적·사회적 제도들이 나오게 된다."[13]

10.1.2. 책임 있는 권한 행사

어떠한 공동체도 질서와 조정을 담당하는 권위 없이는 존재할 수 없다. "저마다 자기 의견만 고집하여 정치 공동체가 붕괴되지 않으려면, 권력이 필요하다"(「사목 헌장」 74항). 그러나 이것이 가장 참되고 반박할 수 없기는 하지만, 오늘날 사람들 간에는 권위에 대한 불신이 넓게 존재한다. 사람들은 권위의 남용 사례를 알고 있으며, 권위가 자주 보여 주는 전체주의적 경향에 대해 위협을 느낀다. 이에 대한 교정 수단으로서 사회의 전반적인 민주화가 모색되고 있으며, 이는 피지배자들이 공직자의 임명과 사회 통치에 더 큰 영향력을 갖도록 해준다. 그럼에도 문명과 사회생활의 늘어나는 복잡성은 필연적으로 권위의 범위도 계속 확장되게 한다. 따라서 권위의 힘이 책임 있게 행사되어야 할 당위성은 더욱 커진다.

13) J. Messner, *op.cit.*, p.216.

권위라는 용어는 라틴어 아욱토리타스(*auctoritas*)에서 유래하며, 이는 '증대시키다' '풍요롭게 하다'의 동사 아우제레(*augere*)에서 비롯된 것이다. 따라서 권위는 그것이 행사되는 대상을 풍요롭게 하고 증대시키기 위해 마련된 제도이다. 이것이야말로 권위의 참되고 고유한 사명이다.

권위란 타인들의 개인적 선익이나 사회 전체의 선익을 위한 요구사항을 사람들에게 제기할 수 있는, 어떤 사람의 우월성이라고 정의될 수 있다. 이는 개인적 권위와 공식적 권위로 구분된다. 개인적 권위는 한 사람이 지닌 지적·전문적·영적·도덕적 우월성에 근거를 둔다. 이는 더 깊은 심오한 지식, 더 풍부한 경험, 더 뛰어난 기술과 전문성, 더 성숙한 인품, 혹은 특별한 지도력의 카리스마에서 비롯될 수 있다. 반면, 공식적 권위 또는 사회적 권위는 어떤 사람이 사회로부터 부여받은 통치나 지배의 역할에 의해 갖는 권위를 말한다. 이는 그 보유자의 개인적 자질과는 무관한 것이지만, 그들이 개인적 권위도 겸비하는 것이 바람직하다. 그럼에도 공식적 권위는 부적절한 자 또는 부도덕한 자에 의해 그것이 행사되더라도, 당연히 그의 직무 범위 내에서는, 사람들에게 의무를 부과할 수 있다.

또 다른 구분은 이론적 권위와 실천적 권위로 나눈다. 이론적 권위는 주장하는 진리에 관련된 것이며, 특정한 지식, 과학 또는 종교적 신앙의 분야에 특별한 전문성을 지닌 이가 이 권위를 지닌다. 이는 지성으로 수용되기를 호소한다. 반면, 실천적 권위는 행위를 위한 지시, 규범, 규율, 시민법과 교회법에 관련을 맺는다. 그 권위는 복종을 요구한다. 사회윤리가 다루는 권위는 바로 이러한 협의의 권위이다. 이러한 구분은 특히 종교 권위의 행사 때 중요하며, 이미 이 책 제1장 "1.4. 신앙의 교회적 성격"에 관한 부분에서 이를 다룬 바 있다. 이 구분에 주의를 기울이면, 교회 권위에 대한 복종 문제에서 오해를 피하는 데 도움이 된다. 다른 곳에서도 마찬가지로 교회 안에서도, 실천적 권위는 올바른 방침에 관한 문제일 뿐이며, 예컨대 전례 언어가 라틴어일지 혹은 자국어일지와 같이, 진리의 문제는 아닌 것이다. 따라서 이러한 영역에서 변화는 교리의 변화가 아니다. 이는 오류나 진리의 문제가 아니라 신중함, 현명함, 정의로움의 문제인 것이다.

1) 성서에서의 권위

신약과 구약 모두에서 권위는 본질적으로 그리고 일차적으로 하느님께 속한 절대적 주권을 의미한다. 이는 그분의 아주 높은 속성에 속한다. 다른 모든 권위는 그분에게서 기원하며, 그분을 섬기기 위해 지정된 것이다. 그분께서 만드신 창조 세계 안에서, 인간이 자연을 지배할 수 있는 모든 권능 또한 그분에게서 비롯된다(창세 1,28; 집회 17,2). 이러한 권능은 특히 왕들과 통치자들이 자기의 백성과 국가를 다스릴 수 있는 권위에 해당된다.[14] "사람은 누구나 위에서 다스리는 권위에 복종해야 합니다. 하느님에게서 나오지 않는 권위란 있을 수 없고, 현재의 권위들도 하느님께서 세우신 것입니다"(로마 13,1. 참조: 요한 19,11). 권위자들은 피지배자들의 선익을 위해 일하는 하느님의 일꾼이며 심부름꾼이다(로마 13,1~7).

권위자들은 하느님의 심부름꾼이자 공동선의 일꾼으로 임명되었기에, 봉사의 정신으로 자신들의 권위를 행사하도록 배운다. "너희 가운데에서 높은 사람이 되려는 이는 너희를 섬기는 사람이 되어야 한다. 또한 너희 가운데에서 첫째가 되려는 이는 모든 이의 종이 되어야 한다. 사실 사람의 아들은 섬김을 받으러 온 것이 아니라 섬기러 왔고, 또 많은 이들의 몸값으로 자기 목숨을 바치러 왔다"(마르 10,43~45. 참조: 루카 22,25~27). 그리스도는 최후 만찬에서 제자들의 발을 씻겨 주심

---

14) 잠언 8,14~17; 지혜 6,1~9; 집회 10,4; 이사 45,1~5; 예레 27,6.

으로써 이러한 진리를 구체적으로 예시하셨다. 제자들은 그를 주님이며 스승이라 불렀는데, 이는 타당하다. 그렇다면 주님이며 스승인 그가 그들의 발을 씻겨 주셨으니, 그들도 그 모범을 따라 서로 발을 씻어 주어야 한다(요한 13,1~17).

사도들의 서한은 권위를 사려 깊고 자상하게 행사하도록 권고한다. 즉 남편은 아내를 사랑하고 가혹하게 대해서는 안 된다(에페 5,25~30; 콜로 3,19; 1베드 3,7). 아버지는 자녀가 성나게 하지 말고 분별 있게 대해야 한다(에페 6,4; 콜로 3,21). 주인은 종들을 잘 대하고 의롭고 공정하게 대해야 한다(에페 6,9; 콜로 4,1). 그리고 공동체의 원로들은 맡고 있는 이들의 참된 관심과 복지를 돌보아야 한다(1베드 5,1~4). 이러한 사랑과 관심에 대한 동기와 모범은 모든 사람, 특히 교회를 향한 그리스도의 자기-희생적인 사랑이다. 왜냐하면 교회는 **아버지**로부터 그리스도에게 맡겨진 양 떼이며, 그 양 떼를 구원하고 그리스도 왕국의 일원으로 삼기 위한 것이기 때문이다.

2) 권위의 근거와 기능

(1) **권위의 근거:** 인간은 본성상 상이한 재능을 지니고 있다. 일부는 다른 이들보다 더 좋은 재능과 성질을 가지고 있다. 아무도 자신의 쾌락과 행복을 위해서만 존재하고 사는 것이 아니듯이, 일차적으로는 그들도 그것을 자신의 만족과 성취를 위해서만 받은 것이 아니다. 자신의 능력을 공동의 복지와 그리고 영구적으로 하느님의 위대한 목표 즉 그분의 영광과 그분의 나라에 봉사하도록 불린 것이다. 이러한 봉사는 타인들에게 자신의 더 큰 지식과 더 나은 기술을 전달하고 길을 안내함으로써 이루어진다. 이렇게 함으로써 그들은 자신들에게 지도받고 훈련받는 이들로부터 자연스럽게 권위를 부여받게 된다.

그러나 권위는 재능의 차이와는 별개로, 집단의 필수 구성요소이며, 권위 없이는 사회가 존재도 작동도 될 수 없다. 사람들이 자신의 임무와 목적을 실현하는 데 사회의 도움이 필요하다면, 필연적으로 이를 조정하고 이끌어 갈 권위도 필요하다. 왜냐하면 하나의 공동체는 많은 이들로 구성되어 있으며 이들은 서로 다른 방식으로 행동하려는 경향이 있기 때문이다. 여러 활동들을 조정하고 공동선을 향하도록 조직하려면 명령권이 필요하다. “공동선을 돌보는 한 사람의 지휘 아래 있지 않으면, 여러 사람끼리의 사회생활은 존재할 수 없다. 한 사람은 오직 하나만을 주목하는 반면, 많은 이들은 많은 일들을 추구하기 때문이다. 그래서 철학자가 자신의 『정치학』 서문에서 다수가 하나로 향하는 한에는 다수를 이끄는 하나가 항상 선두에 있음을 발견할 것이라고 말한다.”[15] 그러므로 인간은 본성상 자신의 목표를 실현하기 위해 사회에 의존하는 존재이기에, 권위 또한 사회의 본질적 요소로서 인간 본성에 근거를 둔다. 그리고 하느님은 인간 본성을 창조하신 분이기에 권위는 궁극적으로 그분 자신에게 그 기초와 기원을 두고 있다(참조: 「사목 헌장」 74항).

어디서든 공동선이 실현되려면, 다수의 활동을 지도하고 조화시키는 사회적 권위가 있어야 한다. 공동선의 요구는 통치의 권위를 필요로 하며, 이 권위의 권리와 의무의 직접적 원천이 된다. 그러나 사회적 권위는 공동선을 목적으로 확립된 것이니만큼, 이 목적에 의해 제한되며, 그 목적이 요구하지 않은 것은 요구할 수도 없다.

(2) **권위의 기능:** 기본 기능으로서 권위는 교육적 권위와 조정적 권위, 두 가지로 구분할 수 있다.

① **교육적 권위**는 한 사람이 위격적 성숙을 얻도록 조력한다. 피지

15) Thomas Aquinas, *S. Th.* I, q.96, a.4.

배자들이 자기 운명을 완전히 스스로 책임질 자율성이 부족할 때, 이 권위가 개입하고 이끈다. 그것은 독립적이고 책임감 있게 자신의 임무를 수행하고, 공동체에 신뢰할 수 있는 방식으로 봉사할 수 있는 자립된 인간을 목표로 한다. 스스로의 운명을 책임질 수 없는 아이들의 경우, 재난 예방을 위해서는 부모가 자녀를 인도해야 한다. 또한 국가의 권위도 때때로 교육적 조치를 통해 피지배자들에게 개입해야 한다. 이는 그들 자신의 선익을 준비하는 데 필요한 통찰력이나 의지력이 부족한 경우, 예컨대 의무 교육이나 중독 예방 조치를 통해, 국가 권위가 개입한다. 하지만 교육적 권위가 지속적으로 노력해야 할 것은 스스로를 불필요한 존재가 되도록 만들어야 한다. 오직 이럴 때에만 그 권위의 참 목표가 달성되는 것이기 때문이다. 그래서 부모·교육자 그리고 모든 권위자는 피지배자의 성숙도가 허용하는 한, 많은 자유를 부여해야 한다. 그러나 완전한 성숙이라는 목표는 거의 달성되지 않기에, 대부분에게는 교육적 권위가 필요하다.

② 반면에 **조정 기능의 권위**는 본성상 성격의 임무를 지닌다. 이는 사회 질서의 유지와 공동 목표를 추구하기 위해 힘들을 조정하는 것이다. 문명과 문화의 가치를 촉진하고 진보하려면, 행동의 통일성을 구현해야 한다. 인간 삶의 복잡성이 늘어날수록 권위에 의한 질서의 필요성도 커진다. 따라서 사회적 권위의 본질적 임무는 구성원들의 결합이나 요구에 의해 결정되는 것이 아니다. 불림을 받은 개인으로서 이바지해야 하는, 개인들의 역량을 넘어서는 임무와 목표에 의해 결정되는 것이다.

권위가 그 임무를 수행하는 수단은, 일차적으로 그러한 권위의 요구가 필요함에 대해 피지배자들을 설득하는 것이다. 올바른 권위는 그 목적을 폭력적인 진압을 통해 독재적으로 추구하는 것이 아니다. 개인적 책임, 자발적 동의, 개인 의무에 대해 양심적 이행을 하도록 호소한다(참조: 「사목 헌장」 74항). 권위가 강제력에 의지할 수 있는 것은 오로지 이차적인 수단일 때뿐이다. 즉 피지배자들이 고의로 또는 판단력의 부족으로 인해 정당하고 필요한 요구에 복종하기를 거부하고, 그로써 공동의 복리나 심지어 자신의 복지도 해치고 손상을 줄 경우, 강제력이 가능해진다. 강제력은 완벽한 인간 공동체에서는 필요하지 않을 것이며, 따라서 권위의 본질적 속성은 아니지만, 구체적이고 죄에 물든 인간 조건에서는 불가결한 요소이다.

3) 봉사 정신에 따른 권위 행사

상급자들은 자신의 권위를 지배로서가 아니라, 그리스도의 모범을 따르는 봉사로 보아야 한다(마르 10,42~45; 요한 13,1~17). 피지배자들이 목표 달성을 위한 도구가 아니라, 하느님께 직접 책임을 진 동료 일꾼으로 인식해야 한다. 이 일꾼들도 하느님의 창조적이고 구원적인 설계를 촉진하는 데 있어 위격적인 기여를 하도록 불린 존재들이다. 권위자들은 자신의 이익을 위해서가 아니라, 자신이 통치하는 개인과 공동체의 이익을 위해 타인에 대한 권한을 부여받은 것이다. 권위자들의 직무는 이들을 향한 봉사직이다.

따라서 상급자들은 자신의 권위를 하급자들의 이익을 위해 행사할 의무를 지닌다. 이러한 의무 이행의 실패는 과보호하고 독재적으로 행사하는 것만이 아니라, 필수적인 권위 행사를 소홀히 하는 것도 해당된다. 한편 상급자는 하급자를 하나의 역량을 지닌 사람으로 진지하게 대하지 않고, 온정주의적으로 간섭하려는 유혹, 더 나쁘게는 자기 권력을 자기 기분에 따라 남용하려는 유혹을 경계해야 한다. 그러한 "권위주의적" 행태는 저항감, 분노, 은밀한 보복 또는 공개적 반란을 초래할 수 있다. 반면, 상급자들은 자기 직무에 필요한 역량을 갖추고자 노력해야 하고, 안일과 나태에 빠져서는 안 된다. "정당한 권위의 지시를 내리지 않는 것은 피지배자들의 잠재력을 방해하거나 낭비하는 것이다."[16] 필요한 역량을 확보하기 위해, 상급자는 다른 이들과 상의도 하고, 비판을 수용하며 심각하게 검토하되, 피지배자들과의 성실한 대화를 모색할 것이다. 상급자가 비록 아무리 뛰어났더라도, 모든 상황 속에서 특히 대규모 공동체 안에서 무엇이 피지배자들의 선익인지를 혼자서는 결코 예측할 수 없기 때문이다.

권위는 공동선을 증진하고 공동 임무의 성취를 위하여 여러 세력을 조정하기 위해 존재하는 것이므로, 해당 공동체의 목적에 따라 정해진 범위 내에서만 명령할 수 있다. 상급자들은 법과 헌법과 공동체의 목적을 준수해야 하며, 자기 하급자들에게 필요한 자유의 여지를 남겨 주어야 한다. 동시에 계율과 법이 너무 많거나 복잡해져서도 안 된다. 이미 토마스 아퀴나스는 이렇게 말하였다. "상급자가 너무 많은 조례를 제정하거나 명하여 하급자가 준수할 수 없다면, 그 하급자는 면책이 된다."[17] 또한 현명한 상급자는 더 중요한 계율과 덜 중요한 규정을 구별할 줄 알아야 한다.

더불어 권위자들도 공동체의 법률에 똑같이 구속받는다. 왜냐하면 법은 공동선을 위해 제정된 것이며, 공동선을 증진하는 것이 권위의 고유한 임무이기 때문이다. 상급자가 평범한 하급자보다 예외나 불기소처분의 사유를 더 잘 적용받을 수 있지만, 그들 역시 이를 위한 충분한 이유를 가져야 한다. 상급자의 모범은 하급자들의 자발적 순종을 이끌어 내는 데 매우 중요하다. 하급자들은 권위자가 드러내는 가치와 그 개인적 태도가 일치하기를 기대한다.

끝으로, 상급자는 하급자들이 공동의 복지에 기여할 수 있는 역량을 최대한 활용할 수 있어야 한다. 개인의 자발성을 억압하지 말고,

16) Waldemar Molinski, "Authority", *Sacramentum Mundi* I, 1968, pp.132f.
17) *S. Th.* II-II, q.105, a.1, ad3.

오히려 그것을 부유(enrichment)와 풍산(fruitufulness)의 원천으로 장려해야 한다. 이와 관련하여 제2차 바티칸 공의회가 수도회 장상들에게 준 권고는 모든 권력자에게도 동일하게 유익하다. 장상들은 "임무 수행과 활동에서 적극적이고 책임 있는 순명으로 협력하도록 회원들을 이끌어야 한다. 그렇게 하여 장상들은 기꺼이 회원들의 의견을 듣고 수도 단체와 교회의 선익을 위하여 회원들의 공동 노력을 증진하여야 한다"(「수도 생활 교령」 14항). 하지만 이것이 무엇을 해야 할지 정하고 그 일을 하도록 요구하는 장상의 권위를 약화해서는 안 된다고 본문은 계속해서 말한다.

상급자는 자신이 이끄는 하급자들과 사회의 복지를 위하여 권위를 부여받았으므로, 자신의 모든 정당한 명령은 이 복지를 위한 봉사의 일환으로 여겨야 한다. 상급자 자신은 이 분야에서 자기 하급자들의 필요와 공동선, 그리고 하느님 뜻에 따른 요구에 순종해야 한다. 그래서 하급자들의 순종은 단순히 상급자의 뜻에 굴복하는 것이 아니라, 자기들 자신의 선익과 공동체의 목표, 하느님께서 자신들을 위해 품으신 뜻을 향해 스스로 나아가는 것이다.

10.1.3. 순종의 덕

순종이란 단어는 라틴어에서 유래되었으며, 동사 아우디레(*audire*, '듣다')에서 파생된 것이다. 또한 '순종하다'를 의미하는 히브리어와 그리스어도 또한 '듣다'라는 단어와 연관되어 있다.[18] 그렇다면, 순종이라는 문자 그대로의 의미는 타인의 의지 표현에 귀를 기울이고, 그것을 행할 준비된 태도를 뜻한다. 하지만 이렇게 일반적인 의미로 이해할 때, 순종은 반드시 도덕적 가치를 지닌 것은 아니다. 오히려 순종

18) 이것은 다른 셈어와 인도유럽어족에서도 마찬가지이다.

은 하나의 덕으로서, 권위를 지닌 사람의 명령을 책임감 있는 태도로 신속히 수행하려는 의지의 태세를 말한다. 여기에서 책임감은 그리스도인에게 있어 하느님 앞에서의 책임을 말한다.

과거에는 순종의 덕을 늘 높게 평가하였다. 헬레니즘 철학, 특히 신플라톤주의는 이렇게 확신하고 있었다. 즉 "인간이 자기의 의지를 포기하고 신을 향한 타율성과 그리고 신에 의해 세워진 권위에 순종할 때에만 비로소 완성에 다다른다. 왜냐하면 오직 이 길을 통해서만 인간의 분산됨이 '회상'(recollection)을 통해 극복되기 때문이다."[19] 스콜라철학, 그리스도교 윤리학과 금욕주의의 스승들, 그리고 칸트 계열의 철학자들도 순종의 가치를 높게 평가했다. 때로는 너무 강조함으로써 일반적으로, 자기 결정은 덜 선하고 자기 의지의 포기는 가치가 더 높은 것으로 나타났다. 당시에는 복종 자체를 위해 명령을 수행하는 맹목적 순종이 순종의 이상형으로 간주되기도 하였다. 그러나 이러한 과장이 고전적 신학의 교리 일반이라고 생각할 수는 없다.

반면, 현대인들은 자주 다른 사람의 뜻에 순종(obedience)하고 굴복(submission)함에 대해 매우 유보적인 자세를 보이곤 한다. 순종이 자립적이며 창의적으로 독립하는 데 있어 장애물로 의심받고 있다. 그것을 개인적 성숙을 방해하는 것으로 느낀다. "순종은 대체로 덕행이 아니라 필요악인 것처럼 보인다. 다시 말해, 순종 없이는 교육과 사회생활이 불가능하다고 인식하고 있지만, 인간의 목표가 자기 결정권을 최대로 행사하는 것이라고 보아 순종은 최소한으로 축소되기를 바란다. 이러한 관점에서 보면, 이러한 이상향은 오직 순종이 불필요하게 된 경우에만 달성될 수 있다."[20] 공동체 내의 질서는 개인의 책임과 공동의 결정에 의해서 유지될 것이다. 따라서 순종을 공동의 결정으

19) W. Molinski, "Obedience", *Sacramentum Mundi* IV, 1969, p.237.
20) *Ibid.*, p.237.

로 대체하려는 경향이 존재한다.

1) 성서에서의 순종

구약과 신약에서는 물론이고, 일반적인 고등 종교에서도 하느님을 향한 순종은 종교의 기본 태도로 나타난다. 그 순종은 "거룩한 분"이 요구하는 것에 대한 응답이며, 하느님 뜻에 대한 합당한 굴복으로 나타난다. 인간은 하느님의 피조물, 피지배자 및 자녀이기 때문이다. 이러한 순종을 통해 인간은 자신의 삶을 하느님께 드리는 예배와 섬김으로 만들 수 있으며, 구원과 그분과의 즐거운 친교에 이루도록 해준다. 하느님께 순종하려는 태세는, 물론 인간에게 순종하는 것과 같지 않다. 전자의 순종은 무조건적이지만, 후자의 순종은 조건적일 수밖에 없다. 즉 인간의 명령은 하느님 뜻과 일치하는 한에서만이 정당화되고, 요구될 수 있다.

구약의 종교는 본질적으로 "율법과 예언자들의 말씀 안에서 나타난 하느님 계시에 순종하는 종교이다."[21] 하느님께서 이스라엘과 맺으신 계약은 계약 법령에 순종하기를 요구한다.[22] 이스라엘 종교의 본질적 요구는 이렇게 표현된다. "하늘아, 들어라! 땅아, 귀를 기울여라! 주님께서 말씀하신다"(이사 1,2. 참조: 1,10; 예레 2,4; 7,21~28). 하느님 명령에 대한 불순종은 곧 죄의 본질이며, 이는 첫 조상이 타락한 낙원 설화에서도 잘 나타나 있다. 하느님은 예언자들의 입을 통해 당신의 백성이 당신의 말씀과 규례를 무시했다고 질책하신다. "내가 너희에게 줄곧 일렀어도 듣지 않고 너희를 불렀어도 응답하지 않았다"(예레 7,13; 호세 9,17). 하느님을 향한 참사랑은 그분의 율법을 사랑함으로 입증되며, 참 예배는 본질적으로 순종에 있다. "주님의 말씀을 듣는 것

---

21) A. Steger, "Obedience", *Encyclopedia of Biblical Theology* II, 1969, p.616.

22) 창세 17,9; 탈출 19,5; 24,7~8; 신명 4,1~6.

보다 번제물이나 희생 제물 바치는 것을 주님께서 더 좋아하실 것 같습니까? 진정 말씀을 듣는 것이 제사 드리는 것보다 낫고 말씀을 명심하는 것이 숫양의 굳기름보다 낫습니다"(1사무 15,22. 참조: 시편 40,6~8). 하느님의 명령은 깊은 목적을 지녔으며, 그래서 그분이 요구하시는 순종도 역시 깊은 목적을 지녔다. 하느님은 인간이 당신 명령에 순종하기를 바라시는데, 그 명령을 수행함으로써 인간이 구원받기를 원하시기 때문이다.

하지만 하느님의 계명에 대한 순종은 인간의 양심이나 인간의 본성 안에 새겨 주신 내적 법에만 국한되지 않는다. 주님의 계율은 토라의 모든 법을 포괄한다. 이는 이스라엘의 시민법과 예식의 법도 포함한다. 따라서 이 법들에 순종하는 것도 하느님의 뜻에 속한다. 그러나 이러한 입법에 순종함에는 문제가 없지 않다. 법률의 문구가 불완전할 수도 있고, 시간이 지남으로써 일부는 시대에 뒤떨어질 수 있기 때문이다. 구약은 이러한 갈등을 충분히 해결해 주지 못한다. 그러나 원칙적으로 정당한 법은 하느님 뜻의 표현이며, 그래서 순종을 요구할 수 있다는 원리(tenet)는 유효하다.

특별히 주목할 것은 부모에 대한 순종 의무이다. 그 의무는 십계명 중 하나에 담겨 있다. "아버지와 어머니를 공경하여라. 그러면 너는 주 너의 하느님이 너에게 주는 땅에서 오래 살 것이다"(탈출 20,12; 신명 5,16). 부모 공경의 의무는 지혜서의 중요한 교훈이기도 하다(집회 7,27~28; 23,14; 토빗 4,3~4). 유다교 회당에서는 부모 존경과 순종 의무와 관련해 일련의 정확한 규칙들을 발전시킨다. 그러나 또한 계명의 한계에 대해서도 숙고한다. 즉 하느님 공경과 부모의 공경이 충돌할 경우, 당연히 하느님께 순종하는 의무가 더 우선한다.

신약도 역시 순종을 도덕의 기본으로 삼지만, 믿음과 사랑이 하느님에 대한 인간의 관계를 묘사할 때 더 자주 사용된다. **아버지**의 뜻에 순종하는 것은 그리스도의 사명과 수난의 가장 특징적인 모습이다. 그는 자기의 뜻을 행하려고 하늘에서 내려오신 것이 아니라 자신을 보내신 분의 뜻을 행하려고 오셨다(요한 6,38. 참조: 요한 4,34; 마태 26,39). 세상에 오신 순간부터 십자에 달려 죽으실 때까지 그리스도의 삶은 순종이었다(히브 10,5~7; 로마 5,19; 필리 2,8). 결국 하느님과 그리스도를 향한 순종도 하느님과 그리스도를 향한 개인적 사랑의 증거이자(마태 7,21; 요한 14,15.23~24), 구원을 얻기 위한 첫 번째 조건이기도 하다(마르 10, 17~19; 로마 6,16~19; 히브 3,7~11).

사람들과 인간 법을 향한 순종은 하느님 뜻에 대한 순종에서 비롯된다. 권위가 하느님에 의해 세워졌고, 권위자들은 하느님의 대리자로서 명령하기 때문이다. 그리스도 자신도 당연히 부모에게 순종하셨고(루카 2,51) 율법을 성취하셨지만(마태 5,17), 아울러 율법의 결함을 수정할 사명도 자각하고 계셨다(마태 5,21~48). 사도행전은 순종을 그리스도교 공동체 생활의 기초로 간주한다. 자녀는 부모에 순종해야 하고(에페 6,1~3; 콜로 3,20), 하인은 주인에게(에페 6,5~8; 콜로 3,22~24; 1베드 2,18), 젊은이는 공동체의 원로에게(1베드 5,5), 시민은 국가 권위자에게(로마 13,1~7; 1베드 2,13~14) 순종해야 한다. 바오로에 의하면, "사람은 누구나 위에서 다스리는 권위에 복종해야 합니다. 하느님에게서 나오지 않는 권위란 있을 수 없고, 현재의 권위들도 하느님께서 세우신 것입니다. 그러므로 권위에 맞서는 자는 하느님의 질서를 거스르는 것이고, 그렇게 거스르는 자들은 스스로 심판을 불러오게 됩니다"(로마 13,1~2). 그러나 그리스도인은 하느님의 진노 때문만이 아니라 양심 때문에도 권위에 복종해야 한다. 권위자가 하느님의 심부름꾼이기 때문이다(로마 13,1~2). 이러한 생각을 보완하면서 히브리서는 권위가 피지배자들에게 봉사하고 그에 따라 피지배자들은 권위에도 순종해야 한다고 순종에 동기를 부여한다. "지도자들의 말을 따르고 그들에게 복종하십시오. 그들은 하느님께 셈을 해 드려야 하는 이들로서 여러분의 영혼을 돌보아 주고 있습니다. 그러므로 그들이 탄식하는 일 없이 기쁘게 이 직무를 수행할 수 있게 해 주십시오. 그들의 탄식은 여러분에게 손해가 됩니다"(히브 13,17. 참조: 1테살 5,12~13).

순종의 한계에 대한 신약의 관점은 사도행전의 구절로 요약된다. "사람에게 순종하는 것보다 하느님께 순종하는 것이 더욱 마땅합니다"(히브 5,29. 참조: 사도 4,19~20; 마르 12,17). 이 말은 사도들이 예루살렘 의회의 부당한 선교 금지 명령을 직접 거부하며 한 진술이다. 그리고 교회는 시민 당국의 유사한 금지령에 직면했을 때도 항상 이 원칙에 따라 행동해 왔다. 모세 율법의 지속적 유효성의 논쟁에 있어, 바오로는 강력하게 베드로의 권위에 반대하였다. 베드로가 그리스도 안에서 얻은 자유를 제한하려 하였고, 바오로는 어린 교회의 유익을 위해 그러한 자유를 옹호하였고, 이를 지켜 냈다(갈라 2,11~21).

2) 순종의 필요성과 그 가치

순종은 신학적 의미에서, 일차적으로 매사에 하느님 뜻을 이루려는 결단이며, 이는 성서의 일관된 가르침이다. 인간은 본질적으로 하느님의 뜻을 이룸으로써 하느님을 섬기도록 정해졌다. 이 의미로 볼 때, 순종은 다른 모든 윤리덕의 기초로 간주될 수 있으며, 순종하는 것은 항상 도덕적으로 선하다. 하지만 이 신학적 순종의 문제점은 사람이 어떻게 하느님의 뜻을 인지할 수 있는지의 질문에 있다. 하느님께서는 자연의 명령과 법칙을 통해 그리고 계시하신 당신의 말씀을 통해 당신의 뜻을 밝히신다. 윤리학과 신학은 하느님의 명령을 더 정확하게 발견하고 정식화하려고 시도한다. 그러나 하느님은 인간의 권위를 통해서도 당신의 뜻을 밝히신다. 인간은 "권위자들의 명령들이 공동체와 개인의 복지를 향한다는 것을 자신이 인식하는 범위 내에서 권위자들에게 순종해야 한다. 바로 그만큼은 인간의 명령에 하느님 뜻을 담고 있기 때문이다."[23] 인간 권위에 대한 순종이 이 단락의 주제이다.

(1) **인격 성장에 이바지하는 순종**(**교육상의 순종**, educational obedience): 인간이 혼자 남아서는 자기 인격을 펼칠 수 없으며 자기의 능력을 완전히 계발할 수 없다. 인간이 도덕적·지적·영적 성숙에 도달하려면, 타인의 도움과 안내가 필요하다. 그래야 공동체의 요구를 충족시키고 공동체에 유용하게 봉사하며 온전한 가치를 지닌 구성원이 될 수 있다. 이러한 타인 도움에 대한 의존성에서 순종할 의무가 발생한다. 순종하지 않으면, 안내가 불가능하기 때문이다.

인간은 나이가 어릴수록, 안내와 지도가 더욱 필요하다. 무엇보다도 아이들 자신은 부모에게 인도되고 조언을 받아들여야 한다. 부모의 인생 지식이 자신들의 지식을 능가하기 때문이다. 청소년들 또한 자기 역량을 펼치고, 그래서 유용한 생업을 익히고자 공동체가 제공하는 수단들을 얻도록 노력해야 한다. 그들은 자신에게 부여된 교육적 역할에 따라, 교사들과 대가들에게 순종해야 한다. 대부분의 경우에 아이들은 자기 의견 없이 자발적으로 순종하는데, 자신들이 의존하고 도움받을 필요성이 너무나 명백하기 때문이다. 그러나 청소년들 역시도 아직 타인에게서 배울 것이 많으며, 그래서 교육을 받고자 순명이 필요하다. 하지만 나이가 들수록 순종에는 그 이유를 인식하고 양심적으로 순종해야 한다는 점이 더욱 강조되어야 한다. 훈련의 규칙도 연령에 맞게 적용해야 한다. 자기통제를 배우고, 자유를 현명하게 활용하며, 자기 주도적이고 적극적으로 행동하는 법을 배울 수 있도록 해야 한다.

---

23) W. Molinski, "Obedience", *op.cit.*, p.239.

교육상의 순종은 완전히 성숙하게 되면, 불필요해져야 한다. 이것이 이상향이다. 그러나 인격적 성장이 완료되는 일은 거의 없다. 오직 성인들(saints)만이 완전한 성숙 단계에 도달하는 만큼, 인간의 삶에서 교육적 순종이 완벽하게 불필요해질 일은 거의 없다. 예컨대 음주 운전의 금지, 마약과 향정신성 약물의 금지 등을 생각할 수 있다.

교육상의 순종은 앞서 지적한 것처럼, 개인의 발달과 성장에 도움이 된다. 그러므로 이는 자아실현의 장애물이 아니라 오히려 전제 조건이 된다. 이러한 순종은 "인간에게 유리한 기회를 제공하며, 이 기회를 무시하면, 불가피하게 인간은 빈곤에 처하게 된다."[24] 그러나 자신이 이룩한 역량의 범위 내에서 책임지기를 꺼려 하거나 두려워해서 교육자에게 의존하려는 성향으로 이어진다면, 그것은 오히려 개인의 성숙을 방해하는 것이 된다. 마찬가지로 부모나 교육자가 피교육자를 연령과 성숙도에 따라 더 이상 필요하지 않고 정당화되지도 않는 의존 상태를 유지하려는 경우, 이것도 역시 장애가 된다. 순종의 의무와 그리고 개인적 책임감의 성장을 위한 필요성 사이에는 일정 수준의 긴장이 종종 불가피하다. 그러나 이 둘이 원칙적으로 양립 불가한 것은 아니다.

(2) **공동체에 봉사하는 순종**(**기능상의 순종**, functional obedience): 모든 공동체 안에서, 사회 집단의 법률과 권위에 대한 순종은 구성원들의 공동복지와 임무 수행의 효율을 보장하기 위해서 절대로 필요하다. 이러한 종류의 순종은 일시적으로 교육상 필요에 의해 규정되는 것이 아니라, 사회 질서의 작동이라는 항구적 필요에 의해 규정되므로, 지속적인 기능을 지닌다. 사회 규칙과 법률에 순종하고 통치 당국에 순종함으로써 그 사회 구성원들의 노력은 공동 목표를 향해 통합되고,

---

24) *Ibid.*, p.239.

조정되며, 집중된다. 최종 분석에서 볼 때, 사회가 하느님의 창조 계획을 펼치고 그분의 나라를 세우는 데 이바지할 수 있으려면, 순종이 필요하다. 따라서 권위가 그분의 뜻에서 나온 것과 같이, 순종도 하느님 그분의 뜻에서 나온다.

어떤 공동체라도 질서가 없다면, 존재할 수 없고 작동할 수 없다. 이는 교향악단의 운영으로 설명할 수 있는바, 거기에는 여러 연주자가 하나의 좋은 음악 작품을 훌륭하고 즐겁게 연주하기 위해 협력해야 한다. 각자의 기술이 필수적이지만, 모든 이의 활동을 조정하는 한 사람이 있어야 한다. 그 사람은 독주자를 선택하고, 박자를 맞추며, 곡을 해석해서 전체 연주에 영감을 주어야 한다. 이 사람이 바로 지휘자이다. 아마도 교향악단의 연주자 중에는 다른 사람이 독주자가 되기를 선호하거나 작품 해석에 대해 지휘자와 다른 의견을 가진 사람도 있을 것이다. 그러나 그 사람들의 의견이 실제로 더 나은 것일지라도, 그들은 지휘자에게 순종해야 한다. 만일 그들이 지휘자 방침을 따르지 않고 자기식으로 연주한다면, 아무리 좋은 의견을 가졌더라도 연주 전체는 망치게 된다. 지휘자는 전체 연주를 위해 그들을 교체해야 할 수도 있다. 물론 지휘자는 연주자들의 제안을 경청해야 한다. 그러나 연주자들은 지휘자가 지도자(leader)이고 자격이 있는 한, 마지막 결정은 그에게 달렸음을 인식해야 한다. 그의 결정에 모두가 복종할 준비가 되어 있어야 한다.

공동체에는 법률과 권위 있는 지도력이 필요한데, 개인은 공동의 일과 삶에서 직감적으로 자신에게 할당된 역할과 의무를 인식하지 못하기 때문이다. 이러한 필요성은 오늘날 점점 더 복잡해지는 사회 구조 속에서 볼 때, 더욱 절실하다. 사람들은 공동의 모든 삶에서 충분한 전문성을 갖출 수 없다. 그리고 특정 분야에 전문성을 지녔다고 해도 임무 수행에 있어서 종종 여러 가지 접근법이 있으므로, 결국 행동 통일이 보장되어야 한다. 따라서 모든 공동체는 권위와 순종을 필요로 하는데, 이로써 효율성과 행동 통일을 보장받을 수 있기 때문이다.

그러한 순종은 인간의 존엄, 성숙, 해방(liberty)과는 결코 상충되지 않는다. 진정한 해방은 지나친 자기애로부터의 자유(freedom)를 의미하며, 공동체의 복지를 위해 방해받지 않는 헌신을 의미한다. 그것은 이해 상충으로 인해 손상되지 않고 공동 목표에 봉사함을 의미하는 것이다. 제2차 바티칸 공의회는 "자유를 구실로 일체의 종속을 거부하고 정당한 복종을 경시하는 경향을 보이고 있는" 이들과는 분명히 거리를 둔다(「종교 자유 선언」 8항). 오히려 "그리스도인들은 정치 공동체 안에서 특별한 고유 소명을 의식하여야 한다. 확고한 책임 의식을 지니고 공동선의 함양에 진력하여 빛나는 모범을 보여 주어야 한다. 그렇게 하여 실제로 권력이 자유와 더불어, 개인의 활동이 온 사회 집단의 유대 관계와 더불어, 적절한 일치가 유익한 다양성과 더불어 어떻게 조화를 이루는지 보여 주어야 한다"(「사목 헌장」 75항).

3) 공동 책임의 정신에 입각한 순종의 실천

순종은 단순히 자기 의지를 포기하는 것이 아니며, 상급자가 부여한 임무를 기계적으로 이행하는 데 그치는 것도 아니다. 상급자는 하급자들의 위격적 발전을 돕고, 공동체의 공동 복리와 공동 임무를 촉진시킬 의무가 있다. 하급자들의 순종 또한 이러한 임무와 목표에 이바지해야 한다. 따라서 순종은 책임 의식을 지니고 수행되어야 한다. 하급자들은 권위자가 봉사하도록 임명된 목표와 모순되는 명령에 대해서는, 복종할 수 없다. 반면, 상급자가 정당하게 요구하는 임무에 대해서는 개인적 관심과 연대하는 마음으로 수행해야 한다.

(1) **책임 있는 순종**: 그리스도교의 관점에서는 모든 사람이 동등한 존엄성을 지녔고, 아무도 타인에게 무조건적인 순종을 절대로 요구할 수 없다. 인간은 결코 무조건적이고 무비판적으로 자신을 굴복시킬 수 없다. 순종은 그 명령이 하느님께서 원하신 목표에 이바지하는 한도 내에서만 허용된다. 어떤 명령에 대해 맹목적인 순종이나 기계적인 순종은 인간의 존엄에 어긋나며, 무책임하다. 순종은 내적으로 정당하고 선하다는 내적 인식이 있을 때에만 덕행이 된다. 이러한 통찰이 늘 명시적이고 직접적일 필요는 없다. 명령을 내리는 사람의 정직성에 대한 충분한 확신이 있다면, 그 명령의 정당성도 충분히 보장된 것이다. 예컨대, 아이들은 어떤 명령의 모든 의미를 판단할 수 없지만, 부모가 자신에게 최선을 바란다는 점만 알면, 그로써 충분하다. 또한 어른들조차도 어떤 명령의 적절성을 판단할 능력이 부족한 경우가 종종 있다. 그들이 그 명령권의 도덕적 개연성과 적절한 자격을 당연하게 여길 근거가 충분하다면, 그들의 순종은 정당하다. 이런 의미에서 교육과 수덕(ascetical)의 훈련으로서, 순종을 위한 순종(부분적으로는 맹목적 순종)이 가능하고, 또한 의미 있는 것이 될 수 있다.

그럼에도 명령의 의미에 대한 명백한 이해를 과도한 어려움 없이 제공하거나 획득할 수 있다면, 그러한 이해를 목표로 삼아야 한다. 이상적으로는, "순종은 단순히 형식적이고 암묵적인 순종이어서는 안 되며, 명령받은 것이 실제로 인간에게 봉사하는 것이라는 충분히 명백한 의식에서 우러나야 한다."[25] 하느님과 그분의 나라에 봉사한다는 그러한 인식에서 나와야 하는 것이다. 이렇게 할 때, 명령은 더 깊이 있고 완벽하게 이행될 수 있기 때문이다. 상급자 역시 명령한 의미와 가치에 대해 하급자들이 이해할 수 있도록 적극 도와야 한다.

순종이 권위에 어느 정도로 이해되어야 하는지는 근본적으로 공동

---

25) *Ibid.*, p.239.

체 고유의 목적과 공동선에 의해 규정되고, 또 그에 의해 한계가 설정된다. 권위 자체도 동일한 정도로 제한을 받는다. 순종의 범위는 가정, 학교, 직장, 종교 공동체, 국가 또는 교회 등 각각의 영역마다 다르다. 권위자의 권한을 넘어서는 명령은 순종하도록 요구할 수 없다. 물론 경우에 따라 더 큰 악을 피하기 위해 일시적으로 순종할 수는 있다.

(2) **협조적 순종**: 하급자들이 이해해야 할 것은 권위가 개인적인 성장과 공동의 임무를 성공적으로 수행하도록 보살피고자 임명되었다는 점이다. 따라서 그들은 자신의 순종이 자기 자신의 복지와 공동체의 복지 그리고 하느님의 창조에 봉사하도록 하느님께서 원하신 것으로 여겨야 한다.

이러한 이유로, 하급자들은 자발적이고 협조적인 순종을 함으로써 상급자들과 협력하려고 애써야 한다. 그들은 명령을 문자 그대로 이행하는 것에 그치지 않고, 공동의 임무에 진정으로 이바지하려는 태도로 집중해야 한다. 제2차 바티칸 공의회가 수도회의 회원들에게 요청하는 바는 다른 모든 수도자에게도 똑같이 적용할 수 있다. 즉 수도자들은 "지성과 의지의 힘, 본성과 은총으로 받은 역량을 다 바쳐 명령을 이행하고 자신에게 맡겨진 임무를 완수하도록" 요청을 받는다 (「수도 생활 교령」 14항). 공동선 역시 수도자들의 진정한 관심사가 되어야 한다. 그들도 이에 기여할 책임이 있다.

나아가 하급자들은 자신들의 기대가 합리적이어야 하며, 상급자에게 일반적으로는 기대할 수 없는 완벽함을 요구해서는 안 된다. 인간적인 약점 때문에 상급자의 자격을 박탈해서는 안 되며, 그것은 그를 전복시킬 근거가 되지도 않는다. 사소한 기대는 불만족스러운 분위기만 조성할 뿐이며, 상급자가 자신의 임무를 효율적으로 수행하는 데 방해가 될 뿐이다.

순종은 때때로 하급자들에게 자신의 뜻을 희생하도록 강요할 것이다. 특정 목표를 추구하고자 택할 수단과 정책에 있어, 견해가 다른 경우가 많다. 하급자들은 이견을 표시할 권리를 지녔으며, 심지어 자신들의 책임 의식이 이를 요구하기도 하지만, 마땅한 존중심은 지녀야 한다. 그러나 최종 결정은 한 사람만이 할 수 있으며, 그것이 상급자의 권리요 의무이다. 비록 그의 결정이 하급자 중 한 명 또는 몇몇의 선택과 부합하지 않더라도, 협력 거부의 정당한 사유가 되는 것은 아니다. 통일성과 효율적 운영을 위해서라면, 복종을 요구하는 경우가 왕왕 있다. 심지어 가끔은 상급자의 잘못된 결정조차도 하급자들이 매번 자신들의 판단과 다르다는 이유만으로 불복종할 경우보다는 해악을 덜 끼칠 수 있다.

그럼에도 때때로 하급자들이 양심에 따라 자신이 복종할 수 없다고 느끼는 경우가 있다. 이는 상급자의 결정이 덜 좋을 뿐만 아니라, 해롭거나 심지어 부덕하기까지 한 것으로 보일 때이다. 만일 권위자와 의견을 교환한 후에도 하급자가 주어진 명령에 양심상 동의할 수 없다는 확신이 유지될 경우, 바오로가 그랬듯이, 하느님께 순종을 지키기 위하여 예수의 모범을 따라 "불순종"을 해야 한다(갈라 2,11~21).[26] 부도덕하다고 인지한 명령을 집행할 때, 하급자들은 책임을 명령자나 관련 입법에 전가하는 방식으로 자신의 무죄를 주장할 수 없다. 전쟁포로에 대한 강제적인 의학이나 유사한 실험은 비록 그것이 상급자의 명령일지라도, 여전히 범죄이다. 마찬가지로, 오늘날 많은 국가에서 시행되는 자유로운 낙태법 역시, 의사 개인의 책임을 면제해 주지 않으며, 임신부가 의사에게 양심적 신념에 반하는 낙태를 요구할 권리를 부여하는 것도 아니다.

26) 교회 안에서 시민 불복종과 불화의 문제에 관해서는 이 장의 "10.3.6. 불의한 국가 권위에 대한 저항권" 부분과 제1장 신덕의 "1.4. 신앙의 교회적 성격" 부분을 보라.

10.2. 가정

가정은 시원적(primordial) 공동체이다. 이는 새로운 인간 생명의 원천인 가정으로서, 인간이 영·육으로 건강하게 성장할 수 있는 정상적이고 최선의 중심지이다. 인간의 도덕적·종교적 삶과 사랑하는 능력은 최초로 부모의 사랑에 의해 깨어난다. 가정이라는 세포를 통해 사회는 스스로 유지되고 새로워진다. 제2차 바티칸 공의회가 이를 옳게 지적한다. 즉 "개인의 행복, 일반 사회와 그리스도교 사회의 안녕은 부부 공동체와 가정 공동체의 행복한 상태에 직결되어 있다"(「사목 헌장」 47항). 그래서 인간 사회 전체의 부흥은 언제나 가정의 쇄신에서 시작된다. "역사는 가정생활의 붕괴가 국가 쇠퇴의 가장 깊은 원인이라고 증명해 준다. 가정이 사회의 세포라는 위치로 볼 때, 진정한 사회 개혁은 모두 가정에서 시작되어야 한다는 것이다. 이 원리를 무시하거나 이에 반하는 방식의 사회 개혁은 모두 궁극적으로 실패할 수밖에 없다."[27] 따라서 가정을 보호, 형성 및 증진은 국가와 교회의 최우선 관심사가 되어야 한다(「사목 헌장」 52항).

그러나 최근의 변화는 오늘날 가정의 위기를 가리키는 것처럼 보인다. 그 우려의 근거로는, 많은 국가에서 보인 높은 이혼율, 배우자의 강력한 독립 주장, 한 부모 가정의 증가, 자녀에 대한 부모 권위의 약화, 계부모의 높은 빈도, 비혼 관행의 확산 등이 있다. 이러한 상황들을 개선하는 것이 여러 측면에서 바람직함은 틀림없다. 반면, 오늘날의 세계에서도 가정이 여전히 높게 평가된다는 고무적인 징후들도 있다. 연구들이 보여 주는 것은 청소년들 사이에서 의미 있는 삶의 최우선 순위가 가정이고, 자녀를 가지려는 강한 욕구가 있으며, 여전히 일부일처 혼인을 가정의 기초로 간주한다는 점이다. 가정생활과

27) J. Messner, *Social Ethics*, St. Louis/London, 1965, p.420.

자녀가 여전히 행복의 주요 원천인 것이다. 미국 갤럽 여론조사에 따르면, 응답자의 79%가 자신들의 가정생활에 “매우 만족”하고, 80%는 개인의 만족과 수입보다는 가정생활을 더 중요하게 여긴다.[28] 이는 다른 나라에서도 크게 다르지 않을 것이다.

10.2.1. 가정의 본성과 기능

가정은 부모와 자녀로 이루는 공동체이다. 자녀의 요구와 성향, 부모의 애정과 천성, 그리고 혈연에 수반된 육체적이고 정신적인 친화성은 가정이 지닌 자연적 공동체임을 의심 없이 드러낸다. 가정의 목적과 임무는 자녀 양육과 가족 구성원 일상의 필요 사항을 돌보는 것이다. 가정의 기능은 세 가지로 구분할 수 있다. 그 기능은 한 인간에게, 일차적인 경제 공동체, 일차적인 교육 단위, 그리고 일차적인 영적 공동체이다.

가정은 경제 단위로서, 인간의 의식주 등 일상에 필수적인 것들을 제공한다. 가정에 속해 있고 노동이나 수입을 집안 유지에 기여할 수 있는 사람은 모두, 최소한 가정 공동체가 필요로 하는 몫을 이행할 의무가 있다. 오늘날 가족의 경제 상태는 상당 부분 가족 소득에 의존하고 있기에, 국가의 중요한 임무는 적정한 가족 임금을 보장하고 가정을 부양할 사회 정책을 마련하는 것이다. 그러나 경제 상태는 또한 가계 관리와 책임 있는 금전 사용의 문제이기도 하다. 따라서 혼인하려는 젊은이들은 올바른 가사 관리에 대비해야 한다. 음주나 도박, 과도한 흡연 등으로 돈을 낭비하지 않을 중대한 책임이 있다. 이미 가족의 품에서 근면, 절약, 가족 돌봄의 덕행을 배웠어야 한다. 아

28) Jerry Regier, “Public Policy for Building Family Strengths”, in *The Changing Family*, ed. by S.L. Saxton et al., Chicago: Loyola Univ., 1984, p.164.

내나 남편이 무능하거나 무책임한 소비로 인해 발생하는 경제적인 고통과 궁핍을 "이차적 빈곤"이라 부른다.

인간 인격의 지적·도덕적 발달은 **가정 교육**에 결정적으로 좌우된다. 가정의 울타리 안에서 어린 인격들은 자신을 둘러싼 세계에 대한 최초의 지식과 이해를 얻는다. 여기서 그들은 처음으로 상호적 사랑의 이타심(unselfishness)을 배운다. "두 개의 가장 중요한 사회적 덕행인 애덕과 정의를 기본적으로 가정에서 배운다. 그다음으로 오는 사회적 덕행은 마땅한 순종과 의로운 통치이다." 소년과 소녀는 가정에서 순종하는 법과 다스리는 법을 모두 배우기 전까지는, 인간의 존엄과 권리에 부합하는 형태로서의 권위를 부여받을 수 없다.[29] 가정생활은 또한 협심·배려·공정·성실·근면 등과 같이, 많은 다른 덕행들의 토대를 놓아 준다. "가정이 인류에 대한 연민, 특히 아이들을 향한 인내와 돌봄을 표현할 종합 시설이 아니라면, 그러한 시설은 그 어디에도 없을 것이다."[30]

하지만 가정 교육은 결코 부모만이 행하는 교육에 국한되지 않는다. 가족 구성원 모두는 그 안에서 적극적이고 소극적인 역할로 참여한다. 자녀가 서로에게 미치는 교육의 중요성은 아무리 강조해도 지나치지 않다. 외동인 경우에 이러한 교육은 안 되지만, 자녀가 여럿 있는 가정인 경우에는 최대의 효과를 낸다. 형제와 자매가 있는 아이들은 일상생활의 경험을 통해 아주 어릴 때부터 자신을 절제하고 타인보다 더 많은 권리를 주장하지 않으며, 그리고 타인을 돕고 의무를 다하며, 자기희생을 하는 법을 배운다. 이것이 아이가 인생을 헤쳐 나가는 데 있어 더욱 강한 내적 힘을 얻게 되는 이유이다. 형제자매가 없는 경우, 아이가 유치원에 가서 다른 아이들과 공동체를 경험하게

---

29) J. Messner, *op.cit.*, p.419.
30) *The Changing Family*, *op.cit.*, p.49.

하는 것은 더욱 바람직하다.

끝으로, 가정은 부모에게도 교육적 영향을 미친다. 부모는 행복한 가정이라는 위대하고 숭고한 목표를 온전히 달성하고자 자신 안의 최선을 다하도록 도전을 받는다. 책임 이행이야말로 아주 효과적인 교육 수단이며, 어버이다운 책임은 부모 자신에게 교육적인 자극제가 된다. 그래서 "자녀들은 그들 나름으로 부모의 성화에 이바지한다"(「사목 헌장」 48항).

가정은 마침내, 구성원들에게 가장 중요한 영적 보금자리를 제공한다. "사랑, 신뢰, 존경 및 존중에 기초한 일상생활 안에서는 생각, 신념, 가치 및 태도의 교류도 이루어지고, 기쁨과 슬픔, 성공과 시련에 대한 경험도 공유하게 되는바, 이것은 다른 집단에서는 찾아볼 수 없는 것이다."[31] 소통, 우정, 아름다움, 놀이 및 오락에 대한 인간의 동경심은 부모, 형제, 자매 및 친척이라는 울타리 안에서 근원적으로 충족된다(물론 아이가 자라면서 소꿉친구와 동무들의 범위는 점차 가정을 넘어 확장되어야 한다). 문화와 문명의 최고 가치 중 다수는 가정 한가운데에서 최초로 씨앗이 뿌려지고 발전하게 된다. 가정은 어디서나, 대도시와 큰 조직의 익명성 속에서는 사람들이 그토록 필요로 하는 인격적인 접촉 즉 따뜻함, 친근함 및 사랑스러움이 넘치는 인간적 환경을 제공해 준다. 가정은 단순히 도움만을 제공하는 데 그치지 않고, 소속감과 받아들여짐의 느낌을 제공한다. 가정은 마침내 "신앙의 집안"(household of faith)〔**옮긴이 주 #17:** 「평신도 교령」 11항의 표현 "가정 성소"(domestic sanctuary)를 참조〕이기도 하며, 조상의 신앙을 전수하고, 종교 전통을 함양하며, 종교적 신념을 일상에서 구현하도록 불린 것이다. 이러한 전통과 축일들은 가정에 종교적 소속감과 정체성을 부여한다.

---

31) Jakob David, "Marriage. III. Family", *Sacramentum Mundi* III, 1969, p.413.

10.2.2. 부부의 상호 권리와 의무

남편과 아내의 결합은 영·육의 모든 필요와 모든 기쁨과 슬픔 속에서 가장 포괄적인 연대를 요구한다. 공동으로 계획·재정·행위를 취하는 것과 마찬가지로, 공동으로 집·식탁·침대를 쓰는 것은 결합을 위해 바람직하다. 배우자 중 한 쪽이 다른 쪽의 행복과 성장에 책임진다고 느끼는 신뢰와 자각은 많은 불안을 넘어설 수 있는 안정감을 부여한다. 반대로, 한 쪽이 다른 쪽의 걱정·기쁨·희망·욕구를 돌봐주지 않으면, 다른 쪽은 곧 곁에 낯선 사람을 두게 된다. 서로에 대한 개방성은 둘이 서로 가까워질 수 있는 필수 조건이다. 그 개방성은 부부로 하여금 한 쪽의 기쁨과 슬픔에 상대가 참여하도록 준비시키듯이, 상대의 기쁨과 슬픔에 자신도 참여하도록 준비시킨다. 이는 결국 서로를 위한 시간, 대화, 조용히 함께 있는 시간, 정서와 사상의 교류를 전제한다.

부부가 혼인의 시작부터 일심동체가 되는 경우는 거의 없을 것이다. 성장 배경의 차이, 관심사의 차이, 행동 태도의 차이는 마찰을 일으킨다. 이러한 어려움들은 모든 혼인 생활의 일부로서 현실적인 것으로 인정해야 한다. 그리스도교 부부는 복음의 정신으로 어려움들과 맞서야 한다. "자기중심적이고 개인 이익을 약속하는 수많은 가치에 맞서, 복음은 타인을 배려하도록 촉구한다. 이러한 원칙의 실현은 배우자를 섬기고, 자녀가 필요한 것을 더 깊이 돌보며, 관용과 용서를 통한 지속적인 성장 의지를 발휘하는 것이다. 이러한 정서적 반응은 깊은 헌신 없이 하루아침에 학습되거나 나올 수 없다. 이러한 임무는 분명히 삶 그 자체와 통합된 믿음이 응답한 결과이다."[32)]

32) Leonard G. Urban, "Familiaris Consortio. A Pastoral View", in *The Changing Family*, *op.cit.*, p.191.

남편과 아내의 밀접한 내밀함은 부부애 속에서 특별한 방식으로 표현된다. 부부는 혼인의 행위(marital act)에 대한 상호적 권리와 의무를 지니지만, 동시에 상대방의 존엄을 존중하면서 성생활을 할 의무도 있다. "부부 간의 성적 만남에서의 성은 부부 결합을 증진하는 범위 내에서 이루어져야 하며, 그러한 결합을 방해할 때는 그것을 하위에 두어야 한다. 이것이 혼인 정결의 법칙이다."[33] 부부의 내밀한 상호 소속감과 의존성은, 자녀가 안정적이고 조화로운 가정을 필요로 하는 것과는 별개로, 서로에게 절대적 충실을 요구하게 만든다.

부부 모두가 가정의 물적·영적 복지를 돌볼 의무를 지지만, 부분적으로는 서로 다른 역할을 행한다. 전통적인 핵가족 안에서는 보통 남편이 주된 생계 부양자였고, 아내는 가사 관리와 자녀를 돌보았다. 그러나 가족의 농장·작업장·상점에서는, 아내도 종종 일을 거들었다. 오늘날의 여자들은 자기 직업을 통해 가계 수입에 점점 더 크게 기여한다. 이는 단순한 생계유지의 필요성에 의한 경우 때문이지만, 반조리 식품·자동 난로·세탁기·냉장고·중앙난방 등에 의한 가사 노동의 대폭적인 간소화 덕분이기도 하다. 동시에 여자들에 대한 교육 수준이 극적으로 향상되어 훨씬 더 다양한 직업에 여자들도 접근할 수 있게 되었다. 끝으로, 연장된 평균수명으로 인해 여자들의 전체 생애에서 육아 활동의 비중이 상당히 줄었다. 특히 "육아 이후"(post-parental) 단계에서 직업 복귀가 많은 여자들의 개인적인 풍요로움이자, 동시에 사회에도 유익이 된다.

자녀가 어린 시기에는 당연히 부모의 관심이 더욱 필요하다. 보통 어머니가 어린 자녀를 돌보는 사람이 된다. 이것은 단지 사실적인 상황일 뿐만 아니라, 그들이 전문가인 경향이 있기 때문이다. 어머니가

33) W. Molinski, "Marriage. I. Institution and Sacrament", *Sacramentum Mundi* III, 1969, p.401.

주도하는 경향은 자연스러운 것이다. 아버지가 관여하더라도, 아이들은 종종 어머니에게 자연스럽게 달려간다. 그렇다고 아버지가 물러서야 한다는 말이 아니다. 아버지의 양육은 대체 불가한 것이다. 그럼에도 가정의 최선을 위해서는, 어머니들이 집에서 자녀를 돌볼 충분한 시간을 허용하도록 규정들을 마련해야 한다. "각종 공적 기능을 이행하는 데에 여자와 남자가 동등한 권리를 지닌다고 인정해야 하지만, 아내와 어머니들이 실제로 집 밖의 노동에 강요되지 않도록 사회가 구조화되어야 한다."[34] 어머니들이 겪는 곤경은 "사회 전체가 육아라는 일과, 더 일반적으로는 이른바 '여자들의 일'로 여겼던 것의 중요성을 높이 평가할 필요성을 부각시킨다."[35]

시간제 일자리는 아이를 돌봐 줄 누가 있거나(예: 조부모), 보육시설이 확보되거나, 아이가 이미 취학한 경우, 전일제보다는 어머니의 역할과 양립하기가 쉽다. 연구들에 따르면, 가정생활과 양립할 수 없는 것은 여자 취업 일반이 아니라 '맞벌이' 구조라고 본다.[36] 아내도 집 밖에서 일하는 새로운 유형의 가정이 점점 더 흔해지고 있다. "하지만 이러한 가정에서의 역할 분담은 여전히 전통적이다. 남편은 제한된 가시 책임만을 지는 주요 생계 부양자로 있고, 아내는 취직이 되어도 여전히 가정에 대한 일차적 책임을 우선 지게 된다. (…) 대부분의 부부는 여자의 취업을 필요로 하지만, 보조적인 가계 수입원으로 여긴다."[37]

---

34) 요한 바오로 2세, 사도적 권고 「가정 공동체」(1981), 23항; 마찬가지로 「가정 권리 헌장」(교황청, 1983), 10항.

35) Dana V. Hiller, "Sex Equality, Women's Employment, and the Family", in *The Changing Family, op.cit.*, p.120.

36) Cf. Dana V. Hiller, *op.cit.*, p.120. 여자들이 교육 수준에서는 남자들을 따라잡았지만, 그들은 미용사·판매원·사무직·상담 보조원 등 자격요건이 비교적 낮고 따라서 급여도 적은 직업을 선호한다. 이유는 그녀들에게 그러한 직업들이 가정의 요구에 더 잘 부합하기 때문이다.

37) Patricia Voydanoff, "Changing Roles of Men and Women", in *The Changing*

물론 부부는 애덕에 반하는 다양한 범죄를 서로에게 지을 수 있는데, 이는 다른 사람들 간에도 일어날 수 있는 것들이다. 그러나 특별히 부부라는 신분에만 해당하는 죄들이 있다. 즉 배우자 부정에 대한 근거 없는 의심, 가정 밖의 우정을 억제하는 사소한 질투, 공동 재화의 낭비나 이를 상대방의 권리를 무시한 채 개인적·편파적 이익을 위한 사용, 한 쪽 배우자에 의한 가정의 독단적 지배, 정당한 이유 없이 가정에서의 장기간 이탈, 부부 신의의 위반 등이다. 심리학자들은 혼인 생활에서 가장 파괴적인 감정은 분노가 아니라고 주장한다. 진정한 '악마'(demons)는 비난하는 잔소리, 모욕, 반격, 대화 단절이다.

10.2.3. 부모의 의무와 권리

자녀에 대한 부모의 책임은 그들이 자녀를 낳았고, 그 어린 인간이 무력한 상태로 세상에 나와 전적으로 부모의 사랑 어린 돌봄에 의존한다는 사실에서 비롯된다. 자녀는 먹이고 영적·정신적 발달을 도와줄 부모를 필요로 한다. 하지만 자녀 돌봄으로부터 이에 상응하는 부모의 권리도 발생한다.

부모는 전반적인 신체적·영적 우월성 때문에 자녀에 대한 개인적인 권위를 지닌다. 그들은 정서적으로 자녀에게 가장 가깝고, 타고난 성향과 재능, 그리고 책임에 있어 자녀와 긴밀한 관계를 맺고 있으므로, 부모의 권위는 일차적이며 근본적인 반면, 교회와 국가의 권위는 이차적이며 보조적이다. 교회뿐 아니라 국가도 관습과 법률에 의해 부모의 권리와 의무를 보편적으로 확인하며, 이를 통해 부모에게 자녀에 대한 공적 권위를 또한 부여한다. 위탁부모(foster-parents)가 부모 역할을 행사하는 경우, 그에 상응한 권리와 의무는 동일하게 그들에

Family, *op.cit.*, p.127.

게도 이전된다.

자녀는 양쪽 부모에게서 태어났기에, 양쪽이 동일한 의무와 동일한 권리를 가진다. 그러나 부모 양쪽이 자녀의 출산, 양육, 교육 등에서 서로 다른 역할을 수행하므로, 자연스럽게 일정한 분담이 이루어지고, 그에 따라 의무와 권리의 일정한 분할도 생겨난다. 이러한 임무의 분담은 일부는 부성과 모성의 본질에서 비롯되고(예: 아기 젖먹이기), 일부는 사회의 관습에서 비롯된다. 그러므로 이러한 구분을 선험적으로, 그리고 보편적으로 규정하기는 어렵다.

부모가 자녀를 방치하거나 적절한 교육 제공에 대한 무력함이 입증될 경우, 그들은 자녀에 대한 권리를 상실할 수 있다. 하지만 부모의 권리에 대한 상실이 자동으로 부모의 의무에 대한 면제를 의미하지 않는다. 예컨대 사생아 또는 이혼의 경우, 이는 중요한 의미를 지닌다.

1) 부모의 의무

최우선으로 하는 부모의 일차적 의무는 부모 역할에 대한 책임 있는 수용이다. 부모는 "인간다운 방식으로 기르고 교육할 수 있다는 합리적 희망이 있을 때에만, 자녀를 세상에 낳아야 한다."[38] 부모는 자신들이 충분히 먹이고 부양할 수 있다는 희망의 범위 그 이상으로는 자녀를 낳지 말아야 할 것이다. 같은 이유로, 혼외의 출산은 친자관계(parentage)의 책임성을 부정하는 것으로 간주되어야 한다.

그럼에도 사생아가 태어났다면, 비혼 부모로서의 의무는 원칙적으로 기혼 부모의 의무와 동일하다. 아버지는 자신의 재정 상태와 어머니와 아이의 필요에 따라 자녀 양육에 필수적인 물질적 수단을 제공함으로써 미혼모를 도와야 한다. 비록 법적 부양의 의무를 벗어날 수

38) W. Molinski, "Marriage. II. Parents", *Sacramentum Mundi* III, 1969, p.408.

있을지라도, 그는 아이의 생계와 직업 훈련을 제공할 자연적 의무를 진다. 이 경우에, 교육권은 대체로 어머니에게만 귀속된다. 부모가 자신들의 사생아를 보육원에 맡기거나 혹은 기꺼이 받아들이는 것은 정당화될 수 있으며, 그 아이가 보살핌을 잘 받으리라 확신한다면, 심지어 입양을 원하는 가정에 맡기는 것도 정당화될 수 있다. 부모에게서 돌봄을 제대로 받지 못하는 사생아를 입양하는 일은 확실히 그리스도교 애덕 중에서 아주 칭찬할 만한 활동이다. 게다가 이러한 입양은 특히 무자녀 가정에는 축복과 보람 있는 기쁨이 될 수 있으며, 이 아이들은 그 가정에 새로운 의미와 풍요로움을 줄 수 있다.

(1) **질서 있는 사랑**: 사랑은 부모의 근본적 의무이다. 자연적 감정으로서의 사랑은 거의 항상, 자녀의 마음보다는 부모의 마음에 더 강하고 훨씬 힘 있게 동기 부여를 한다. 사랑은 복음의 기본 메시지이기도 하다. "그러나 '사랑'이라고 말하는 것만으로는 충분하지 않다. 이 단어는 구체적인 실체(fesh)를 요구하며, 진정 사랑받고 있음을 인간적인 방식으로 보여 주는 사랑의 행동을 요구한다. 각 사람은 통상적으로 (항상 그렇지는 않지만) 가족 안에서 사랑받고 있음을 경험한다."[39] 아이가 집에서 사랑받고 있음을 경험하지 못하는 것은 비극이다. 부모를 잃었거나 부모와 헤어진 아이들은 이러한 비극에 더 쉽게 노출된다. 그들의 환경은 이 통탄할 결핍을 가능한 한 보상해 주도록 불린 것이다.

부모로서 내적인 거리감이나 증오심을 품는 경우는 거의 찾아볼 수 없다. 그러나 부모의 사랑에는 부족함이든 지나침이든 간에 결함이 있음을 다양한 정도와 방식으로 입증할 수 있다. 훈육을 효율적으

39) David M. Thomas, "Home Fires. Theological Reflections on the Christian Family", in *The Changing Family, op.cit.*, p.19.

로 하려는 의지는 교육의 정당한 목표이지만, 과장된 요구, 부족한 인정, 지속적인 불만과 비난 등은 결국 상당히 부정적인 결과를 낳는다. 일반적으로는 긍정적 반응(feedback)이 비판보다 더 많은 변화를 이끌어 낸다. 이는 교실에서나 가정에서도 마찬가지이다. 아이들에게는 인도, 교정, 그리고 한계가 필요하다. 그러나 어른들은 화났을 때 아이들을 "교정"하려는 경우가 너무 많다. 이러한 교정이 신체적 처벌과 결합하는 경우, 지극히 파괴적인 것이 된다. 가혹하거나 부당한 처벌은 결코 아이를 개선시키지 못하고, 오히려 반감, 원망, 모든 권위에 대한 저항의 마음을 불러일으킨다. 아동 학대라는 암울한 문제점은 앞서 언급한 바 있다. 유전적으로 친부모와 함께 살지 않는 아이들은 이러한 문제점에 훨씬 더 노출된다.[40] 이것이 이혼을 반대하는 강력한 논거이다.

교육 목적에 해로운 일은 방향성의 혼란과 일관성 결여이다. 아이는 부모가 자신의 행동을 허락할지 반대할지 확신할 수 없을 만큼 자주 입장을 바꾼다면, 아이는 허탈한 좌절감에 노출되고 이는 쉽게 어떤 형태로든 신경증으로 이어질 수 있다. 부모의 조언들이 계속해서 모순될 경우도 사정은 별로 나아지지 않는다. 자녀에 대한 부모의 과도한 소유욕, 가족 울타리 안에 가두기, 사회적인 접촉 부족 등은 자녀의 영적·정서적 발달에 필요한 소중하고 필수적인 수단을 앗아가 버린다. 심리학은 그러한 결핍이 아이의 인격적 성장에 얼마나 깊고 부정적인 영향을 미치는지 보여 주었다. 부모 사랑의 가장 심각한 잘못은 영리, 개인적 보상, 또는 다른 부당한 동기 때문에 자녀의 혼인을 방해하는 것이다.

---

40) 이미 언급한 것처럼, 한 명 이상의 대리 부모와 사는 어린이는 친부모와 사는 동년배 어린이보다 치명적인 학대를 당할 가능성이 약 100배 더 높다(cf. *Newsweek*, March 12, 1989, p.27).

과잉에 있어서도, 부모는 지나친 응석, 과도한 관대함, 부당한 편애를 통해 사랑을 위반할 수 있다. 과도한 사랑은 부족한 사랑 못지않게 아이에게 해롭다. 한 자녀를 다른 자녀보다 더 잘 대하는 것은, 그 아이에게 인생에서의 유리함을 주려는 잘못된 시도이지만, 실제로 편애받은 자녀가 더 잘 적응하게 만들지도 못한 채, 오히려 소외된 자녀에게 상처를 입힐 뿐이다. 응석받이 된 아이는 충분히 독립심과 자립심을 얻지 못하며, 그 결과로 인생의 어려움을 극복할 만큼 강해지지 못하거나, 혹은 스스로를 억제하고 사회적으로 타인들과 통합하는 법을 배우지 못하여 쉽게 공동체에 대립하게 되고, 결국 스스로 고립이 된다.

(2) **생명, 건강 그리고 물질적 복지를 위한 준비**: 아이의 감각은 출생한 순간에야 시작되는 것이 아니다. 인류의 오랜 지혜는 항상 이를 깨닫고 있었다. 엄마의 자궁 속에 있는 아이는 활동한다. 각성기와 수면기의 주기를 가지고 있으며 환경에 반응한다. 늦어도 임신의 5개월째에는 아이가 들을 수 있다. 아버지, 형제, 자매의 목소리를 기억하며, 음악, 개 짖는 소리, 성당 종소리, 거리의 소음 등을 듣는다. 엄마의 태중에서 자신이 환영받고 사랑받는 것을 경험한 아기는 더 잘 발달하며, 더 건강하고 더 튼튼하다. 이러한 인식은 부모에게 중요한 책임을 부여하지만, 동시에 큰 기회이기도 하다. 부모는 이미 아이에게 생애 초기부터 많은 것을 베풀 능력을 가졌으며, 무엇보다도 받아들여지고 사랑받고 있다는 느낌을 줄 수 있다.

임신 기간 동안의 부모는 태중의 아이에게 해로운 것을 모두 피해야 한다. 각성제와 약물을 다룰 때 이미 설명했듯이, 어머니의 흡연, 음주, 약물 사용은 모두 아이에게 해가 된다. 흡연자의 아기는 신체적·정신적 성장 속도가 더디며, 유산·조산의 위험이 증가한다. 음주는 지적 장애(retardation)의 주요 원인으로서, 기형의 빈번한 원인이 된다. 약물은 태아의 건강에 심각한 영향을 주는데, 특히 헤로인과 코카인이 그렇다. 코카인은 태아의 뇌에서 산소를 빼앗거나 연약한 혈관을 터뜨려 뇌졸중 같은 결과를 초래할 수 있다. 눈동자 각도의 문제, 운동능력의 부족, 발달의 지연은 '코카인 아기'의 전형적인 특징이다. 코카인 이용자는 유산 발생률이 비정상적으로 높고(38%), 조산율도 증가한다. 어머니는 격렬한 육체적 무리와 정서적 격변을 피해야 하며, 남편은 평소보다 더 많이 아내에게 배려해야 한다. 아내를 무례하고 학대하는 방식으로 대할 경우, 중대한 무책임의 죄를 범하게 된다.

부모는 자녀를 인간다운 방식으로 돌볼 막중한 의무를 진다. 음식, 의복, 건강, 주거, 그리고 가정을 제공해야 한다. 나아가 자녀의 미래를 위해 일정 정도의 물질적 안정성을 확보해 주어야 하며, 때가 되면 자녀 자신의 가정을 꾸릴 수 있도록 도와야 한다. 대학 교육이나 이에 상응한 직업 교육을 제공함으로써 재산 상속을 대신할 수 있다.

아동이 빈곤한 이유 중 중요한 것은 혼인의 해체이다. 미국에서 가난한 가정의 절대다수는 한 부모 가정이며, 그중 90%가 여자가 가장이라는 점은 다른 나라에서도 유사하다. "우리는 가정의 해체가 많은 이들을 빈곤으로 몰아넣는다고 알고 있다. 가정이 불안정하지 않았더라면, 빈곤은 상당히 줄었을 것이다."[41] 아버지가 자기 가족을 떠날 때, 종종 아내와 자녀에게 아무런 재정 지원 없이 떠나며, 아이의 아버지로부터 도움을 받는 미혼모는 극소수에 불과하다. 자녀의 물질적 복지를 증진하려면, 부부관계의 안정성이 확보되어야 한다. "우리의

41) J. Regier in *The Changing Family, op.cit.*, p.163. "여자가 가장인 한 부모 가정의 5분의 2만이 아이의 아버지로부터 양육비를 받는다. 그리고 아이의 아버지로부터 지원을 받는 미혼모는 고작 7%뿐이다"(*ibid.*, p.164).

자녀와 혼인에 미칠 영향을 고려하여, 우리는 부모로서 서로에게 헌신을 표현하고 (…) 그것을 위해 노력해야 한다. 나는 가족을 위해 내가 할 수 있는 일들이 많다고 믿지만, 그러나 내가 네 아이를 위해 할 수 있는 가장 위대한 것 단 하나는 내가 그 아이들의 어머니를 사랑하는 것이다."[42]

(3) **교육**: 부모는 최선을 다해 자기 자녀를 교육하고, 그들의 영적 복지를 돌볼 절대적인 의무를 진다. 자녀의 인격을 발달시키는 것은 부모로서 가장 훌륭한 임무이다. "부모는 자녀에게 생명을 주었으므로 자녀를 교육하여야 하는 중대한 의무를 지닌다. 그러므로 부모는 자녀의 첫째가는 주요 교육자로 인정되어야 한다. 부모의 교육 임무는 매우 중대한 것이어서, 이것이 없으면 거의 보완할 수 없다. 자녀의 인격적 사회적 전인 교육을 촉진하는 가정환경, 하느님과 사람들에 대한 사랑과 신심으로 활력에 넘치는 그러한 가정환경을 조성하는 것이 부모의 의무이다"(「그리스도인 교육 선언」 3항).

자녀의 미래 전체에서 근본적으로 중요한 것은 그들의 초기 몇 년 동안의 보살핌이다. 소아과 의사들은 유아기 초기의 교육 과정과 비교해 볼 때, 만 6세 이후의 모든 교육 과정보다 훨씬 더 결정적인 것으로 판단한다. 이러한 초기 과정에서 장차 한 인간의 기초가 놓이게 된다. 생후 몇 달 동안, 아기들은 만지기와 시선 그리고 미소와 온정으로 매일 수 시간 접촉이 필요하다. 주 양육자(reference person)가 바뀌지 않아야 한다. 아기는 첫 관계와 환경에 있어 일관성이 필요하다. 유아기는 아이가 훗날 명랑할지 우울할지, 사교적이고 사랑이 많을지 외톨이가 될지, 일을 사랑할지 게으름을 즐길지, 사실상 결정하게 된다.

---

42) *Ibid.*, p.164.

부모는 교육적 임무로서 자녀들의 도덕적·인간적 발달을 돌보아야 한다. 하느님의 부르심과 미래의 사회적 책임을 고려하여 어린 사람을 양성해야 한다. 여기에는 질서 있고 행복한 삶에 필요한 사회적·종교적 덕행과 기타 모든 덕행의 훈련이 포함된다. 나이가 찰수록 긍정적이고 사려 깊은 성교육을 받아야 한다. 자녀가 자신의 힘으로는 도덕적 위험에 대처할 수 없는 한, 부모는 그러한 악에서 자녀를 보호할 의무를 진다. 또한 자녀의 가정 밖에서의 활동에 대해서는 부모의 일정한 감독이 요구되기도 한다. 반면, 아이의 나이가 들수록 독립적이고 책임 있는 결정을 내릴 능력을 길러 주어야 하며, 따라서 스스로 자립할 수 있도록 도와주어야 한다. 동시에 부모가 주는 좋은 모범은 자녀에게 매우 중요하다. "부모가 자녀들 앞에서 자신들의 결점을 인정할 줄 안다면, 자녀들을 더 잘 이끌어 주고 꾸중할 수 있을 것이다."[43]

부모는 또한 어린 자녀에게 하느님에 대한 지식과 예배를 가르쳐야 한다. "가정교회로 간주될 수 있는 곳에서 부모는 말과 모범으로 자기 자녀를 위하여 최초의 신앙 선포자가 된다"(「교회 헌장」 11항. 참조: 「그리스도인 교육 선언」 3항). 미래의 종교 활동을 위한 모든 토대는 가정 안에서 마련된다. 구체적으로, 그리스도교 영성은 공동 기도의 실천, 가능하다면 주일미사와 기타 종교 축일의 공동 참석, 가정 축복과 유사한 예식, 그리고 신앙과 영적 생활의 문제에 관한 대화를 통해 표현되어야 한다. 기도, 전례, 성서의 설화를 어릴 때부터 실행하고 익히면, 그것들이 아이들의 의식 속에 깊이 새겨지고 평생 남게 된다.

지적 훈련과 학교 교육 역시 자녀 교육에 있어 매우 중요한 측면이다. 부모는 자녀의 역량을 최대한 발휘하도록 학교 교육과 양성 과정을 제공할 의무를 진다. 국가가 통상 모든 청소년에게 제공하고 심지

---

43) *Catechism of the Catholic Church* (1994), nr. 2223.

어 의무로 부과하는 기초 교육을 부모가 소홀히 한다면, 이는 심각한 의무 위반이다. 부모는 또한 자신의 신앙과 신념에 따라 자녀가 학교나 교회가 제공하는 종교 교육을 받도록 돌볼 의무도 있다.

자녀가 성장하는 동안, 비록 부모는 부유하더라도, 노동에 익숙해지게 해야 한다. 그래야만 자녀가 품위 있는 생계를 유지하고, 공동체에 유익한 구성원이 되며, 짐이 되지 않기 때문이다. 자녀 교육의 완성은 아이들이 자신과 미래의 가정을 부양할 유용한 직업을 배우게 하는 데 있다.

부모는 또한 자녀의 신분과 직업 선택에 관한 조언자이지만, 자녀가 자유롭게 결정할 권리를 간섭해서는 안 된다. “젊은이들이 가정을 이룩할 때에 그들이 기꺼이 들을 수 있는 현명한 조언으로 그들을 인도하여 주는 것은 부모와 보호자들의 의무이다. 그러나 혼인이나 배우자 선택에서 직접 또는 간접으로 강박을 하지 않도록 조심하여야 한다”(「사목 헌장」 52항).

부모가 교육 의무를 심각하게 소홀하거나 이를 준수할 능력이 없는 것으로 판명될 경우, 국가가 개입할 권리를 지닌다. 예컨대, 국가는 부모에게 교육 의무를 이행하도록 그리고 자녀를 학교에 보내도록 강제할 수 있다. 극단적인 경우에는, 일시적이든 영구적이든 부모로부터 자녀를 분리하여 후견인이 있는 시설이나 다른 가정에 위탁할 권리도 지닌다.

2) 부모의 권리

부모는 마치 자녀에게 필요한 것과 교육을 제공할 의무를 지듯이, 교육에 대해 권리도 지닌다. 무엇보다도 부모는 주어진 여건 속에서 자녀 교육의 형식과 내용을 결정할 권리가 부여된다. 이러한 권리는 교육 문제에 대한 국가의 과도한 개입으로 위협받곤 하는데, 이는 부모의 권리를 부당하게 축소시킨다. 이러한 부당한 제한은 기본 인권에 대한 침해이며, 단호하게 바로잡아야 한다.

자녀를 향한 부모 사랑의 힘이 부모의 교육 역할을 지지해 준다는 점에서, 자연은 이를 명백히 인정한다. 이 사랑이 부모를 자녀에게 가장 관심이 깊고 최선의 교육자가 되도록 준비시키는 것이다. 사랑은 교육에 있어 비할 데 없는 본질적 힘이기 때문이다. 게다가 보통 부모만큼 아이에 대해 잘 이해할 수는 없는데, 이는 부모가 자녀와 가장 가까우며, 성격·기질·성향 등에 있어서 자녀와 유사하기 때문이다. 부모는 자녀 양육에 더 많은 관심과 노력을 쏟고 있기에, 자신의 원칙과 신념에 따라 교육하는 것은 부모로서 권리이자 특권이다. 제2차 바티칸 공의회는 이 권리를 굳게 지지하고 옹호하면서, 부모는 "자녀 교육의 양도할 수 없는 첫째 의무와 권리를 지녔다"고 선언한다(「그리스도인 교육 선언」 6항).[44]

세부적으로, 부모의 교육권에는 다음을 포함한다. (1) 종교·도덕의 교육에 관한 기본적이며 일차적 결정권, 그리고 부모의 교육적 역할을 적절히 수행하는 데 필요한 사회적 지원을 받은 권리. (2) 부모의 신념에 따라 자유롭게 학교와 기타 교육 수단을 자유롭게 선택할 권리, 그리고 부모의 도덕적·종교적 신념에 반하는 학교에 자녀를 보내도록 강요받지 않을 권리. (3) 부모가 택한 사립학교에 대해 국가로부터 비례적으로 재정 기부를 받을 권리, 즉 해당 사립학교로 인해 국가가 절약한 비용에 상응하는 금액을 받을 권리. (4) 자녀가 반드시 다녀야 하는 공립학교에서의 종교 교육을 제공받을 권리.[45]

---

44) 「세계 인권 선언문」 제26조 3항. "부모는 자녀에게 제공되는 교육의 종류를 선택할 우선권을 갖는다"도 참조하라.

45) "국가가 모든 종교 교육을 배제한 의무 교육을 강요하는 것은 부모의 권리를 침해하는 것이다"(교황청, 「가정 권리 헌장」, 1983, 제5조). 또한 교회법 제793조와 제797조~798조를 보라.

제2차 바티칸 공의회는 부모가 학교와 기타 교육 수단을 자유롭게 택하는 권리를 행사할 때, "이러한 선택의 자유를 이유로 부모들에게 직접으로나 간접으로 부당한 부담을 지우지 말아야 한다"고 정당하게 요구한다(「종교 자유 선언」 5항). 국가는 국가 지정 수업의 기준을 충족하도록 사립학교에 요구할 권리가 있다. 그러나 이 조건이 충족된다면, 해당 학교들은 다른 학교와 마찬가지로 보조금을 받을 권리가 있다. 부모가 사립학교의 모든 비용을 부담해야 하고, 반면 공립학교에는 국가가 훨씬 저렴하게 또는 무상으로 교육을 제공한다면, 교육기관에 대한 부모의 선택권은 크게 침해된다. 부모가 자녀를 사립학교에 보내기를 원함에도 자신들의 세금이 자신들의 이익에는 쓰이지 않고 자신들이 전적으로 동의할 수 없는 학교에만 쓰이는 경우, 이는 정의에 대한 침해이다. "공권력은 분배 정의를 고려하여 부모가 자기 자녀를 위하여 자기 양심에 따라 참으로 자유롭게 학교를 선택할 수 있게 공공 보조금이 지급되도록 배려하여야 한다"(「그리스도인 교육 선언」 6항).

부모의 또 다른 권리는 자녀 양육을 위해 국가로부터 충분한 도움을 받을 권리이며, 자녀가 많다는 이유로 차별을 받아서는 안 된다.[46] 이러한 지원이 달성되는 방식은 각기 다른 경제·사회 체계에 따라 달라질 수 있다. 국가가 제공할 수 있는 아동 수당은 세금 감면·교육 보조금·사회 지원(예: 유치원)·주택 지원 및 기타 도움이 포함될 수 있으며, 흔히 다양한 방식이 결합되어 제공된다. "이것은 단순히 개인 존엄의 문제일 뿐만 아니라, 부모가 자녀를 양육하고 교육함으로써 사회에 제공하는 봉사의 문제이기도 하다. 책임 있는 부모가 동일한 사회 집단 속에서 자녀 없는 사람보다 더 낮은 생활 수준을 감수해야 한다면, 이는 분배 정의에 어긋난다."[47] 자녀 교육의 비용은 일차적으

46) 「가정 권리 헌장」 제3조 다항.

로 부모에게 전가시키면서 그로 인한 이익은 사회화될 때, 즉 자녀가 없는 이들과 아마도 그 비용을 피하고자 자녀를 기피한 이들에게까지 그 이익이 거의 동일하게 돌아갈 때, 이는 정의를 거스르는 것이다.

일반적으로, 가사 노동과 자녀 교육을 임금 노동과 동등한 지위의 활동으로 평가하려는 의식의 변화가 필요하다.[48] 물론 가정의 자녀를 재정적 부담의 측면에서만 보는 것 역시 불충분한 시각이다. 자녀는 또한 하느님의 선물이며, 이는 자녀를 갖고자 여러모로 노력하는 많은 무자녀 부부의 모습에서 분명히 드러난다. 그래서 '자녀라는 축복'이 부모에게 돌봄과 비용 면에서 어떤 가치를 지니는가 하는 질문이 제기되어야 한다. 또한 노년기에 자녀와 그 배우자, 손자 손녀가 노인에게 큰 기쁨의 원천이라는 점 그리고 노인을 방문하고 동반할 가능성이 가장 높은 이들이라는 점도 역시 주목해야 한다.

3) 부모 권리의 한계

부모는 자녀에 대해 무제한의 권한을 소유한 것이 아니다. 그들의 권리와 의무는 타인들의 권리와 의무에 의해 제한된다. 직접적으로는 자녀의 권리와 의무에 의해, 간접적으로는 국가와 교회 그리고 친척·교사와 같은 다른 교육자들의 권리와 의무에 의해 제한을 받는다.

(1) 부모의 권한은 자녀의 권리에 의해 제한된다. 자녀는 부모의 소유물이 아니며, 원칙적으로는 동등하고 양도할 수 없는 인권을 지닌 동등한 협력자이다. "따라서 자녀는 아직 스스로 결정을 내리고

47) W. Molinski, "Marriage. II. Parents", *op.cit.*, p.410.

48) 미국에서 한 계산에 따르면, 부부가 자녀를 위해 보내는 서비스 시간은 하루 평균 자녀 한 명의 경우 4.3시간, 두 명의 경우 6.5시간, 세 명의 경우 7.6시간에 이른다. 이 시간에는 아이와 함께 보낸 여가 시간과 그리고 아이에게 필요한 개인적인 감독·주의·헌신은 포함되지 않았다.

자기의 행동에 대해 완전히 책임질 수 없는 한에, 부모에게 순종해야 한다. 부모는 그 정도까지 자녀에게 순종을 기대할 뿐이며, 더는 안 된다. 자녀의 의지를 제한하거나 영향력을 미치려고 해서는 안 되지만, 다만 바르게 이해된 자녀의 이익을 위해 필요한 범위 내에서만 그렇게 할 수 있다. 이는 직업 선택이나 혼인과 같이 중요한 문제에 특히 적용되며, 유행과 같이 중요하지 않은 문제에도 동일하게 적용된다."[49] 종교 교육에서도 역시 자녀의 자유는 존중되어야 한다. 종교 교육의 일차적 목표는 양심에 대한 지도와 형성에 있으며, 단순히 특정 신앙을 강요해서는 결코 안 된다. 진정한 종교적 성장은 개인적 확신에 기초해야만 가능하다. 물론 부모는 자녀의 가정교사이며 조언자로서, 자녀가 아직 스스로 결정할 수 없고 어른들의 지도를 받아야 하는 어린 시절에는, 자신의 신앙과 종교의 가치를 자녀에게 전달할 권리와 의무를 지닌다. 또한 자녀가 하느님 법을 어길 경우, 이를 제지해야 한다. 모든 처벌이 인권에 반하는 것은 아니다.

(2) 부모는 국가와 교회가 보조적 권리를 행사하도록 허용할 의무가 있다. 특히 교육적 사안에서 그러한데, 자신들이 자녀에게 필요한 것 모두를 제공할 수 없으며 공동선이 이를 요구할 수 있기 때문이다. 따라서 국가는 공동체와 그 문화의 필요에 부합하는 교육 기준을 강제할 권리가 있다. 부모가 자녀를 방치할 경우, 국가는 그들에게 이러한 의무를 이행하도록 요구할 수 있다. 교회 역시 그리스도교 부모에게 종교 교육을 위한 기회를 허용하도록 요구할 수 있으며, 이를 강제하기 위해서는 다만 도덕적 수단과 제재만을 쓸 수 있다. 타종교 단체들도 그 신자들에 대해 동일한 권리를 지닌다.

(3) 교사·보호자·친척 또는 기타 교육적 역할을 하는 사람들도 자녀의 지도와 교육에 관해 일정한 권리를 가지며, 부모는 이를 존중해

49) W. Molinski, *op.cit.*, p.411.

야 한다. 부모는 다른 교육자들의 정당한 판단에 반하는 것을 자녀에게 조언하거나 명령할 수 없다. 예컨대, 기숙학교에 보낸 자녀에게 해당 학교의 질서를 무시하고 밤에 외출해 오락을 즐기라고 조언할 수 없다. 오히려 부모는 다른 교육자들의 교육적 노력을 지원하고 건설적으로 협력해야 한다.

4) 국가와 교회의 교육적 역할

비록 부모의 교육권이 일차적인 것이긴 하지만, 교육의 과제는 점점 늘어나 부모의 능력을 넘어선다. 그래서 국가와 교회의 보조적 도움이 필요하다. 이러한 도움의 필요성은 국가와 교회에 일정한 교육적 의무와 권리도 부여한다.

국가는 현대의 상황에서, 의심할 여지 없이 모든 이들에게 특정한 일반 지식과 교육을 받도록 요구할 자격이 있다. 시민들은 공동선을 위해서 현대 사회의 정치적·경제적 삶에서 요구되는 사항에 대처할 수 있도록 충분한 훈련과 지도를 받아야 한다(참조: 「사목 헌장」 60항). 따라서 국가는 교육의 기준을 정하고 이행하도록 감독할 권리와 의무를 진다. 국가는 또한 부모와 교육에 참여하는 다른 이들의 의무와 권리를 감독하고, 그들을 지원하도록 위임을 받는다.

국가는 모든 이의 교육 기준 달성을 보장하기 위하여, 공동선이 요구하는 대로 자체의 학교와 기관을 유지할 권리를 지닌다. "국가는 적절한 학교 교육에 관한 아이들의 권리를 보호하며 교사의 역량과 연구 업적을 감독하고(…). 그러나 국가는 보조성의 원리에 유의하여 어떠한 학교의 독점이라도 배제하여야 한다"(「그리스도인 교육 선언」 6항. 참조: 3항). 국가의 학교 독점, 즉 사립학교의 폐지와 금지는 법적으로 정당한 근거가 없다. 부모는 일차적 교육자로서, 교육 기준을 지키는 사립학교에 자녀를 보낼 자연권을 지닌다. 하지만 특정 종파(denominational) 학교에 대한 권리를 과도하게 주장하여 다른 교육적 필요를 침해하는 경우 역시, 이는 불의하며 공동선을 거스를 수 있다.

일정 수준의 교육을 요구할 국가의 권리는 그 교육의 목표 도달을 위하여 의무 교육을 명령할 권리를 포함한다. 그러나 이러한 강제는 국가 자체의 임무 수행에 절대로 필요한 범위를 넘어서는 안 된다.

국가가 교육 기준을 요구할 권리에 상응하여, 시민을 위한 필수 교육시설 제공의 의무도 진다. 「세계 인권 선언」은 "교육은 최소한 초등 기초 단계에서는 무상이어야 한다"고 요구한다(제26조 1항). 1976년 유엔(UN)의 「경제적·사회적·문화적 권리에 관한 국제 규약」은 "나. 기술 및 직업 중등교육을 포함하여 여러 가지 형태의 중등교육은, 모든 적당한 수단에 의하여, 특히 무상교육의 점진적 도입에 의하여 모든 사람이 일반적으로 이용할 수 있도록 하고, 또한 모든 사람에게 개방된다. 다. 고등교육은, 모든 적당한 수단에 의하여, 특히 무상교육의 점진적 도입에 의하여, 능력에 기초하여 모든 사람에게 동등하게 개방된다"고 규정한다.[50] 또 다른 규약은 여자의 교육권을 다루며, 그들에게 동등한 기회를 보장하도록 요구한다. 국가는 "(가) 도시 및 시골의 각종 교육기관에서 취업과 직업 보도, 학문의 혜택 및 학위 취득에 있어서의 동등한 조건"을 보장해야 한다.[51]

교회는 인간의 종교적 소명, 영원한 구원 그리고 궁극 목적과 관련된 사명을 지닌 공동체로서, 교회 자신의 임무를 완수하는 데 필수적

50) International Covenant on Economic, Social, and Cultural Rights of 1966, art. 13 §2(Ian Brownlie, ed., *Basic Documents on Human Rights*, Oxford: Clarendon Press, [3]1992, p.123). 〔인용: "법무부 누리집"의 '국제 인권 규범' 항목 중에서 「경제적, 사회적 및 문화적 권리에 관한 협약」 제13조 나항〕.

51) Convention on the Elimination of All Forms of Discrimination against Women, entered into force 1979, art. 10a(Ian Brownlie, *op.cit.*, p.173). 〔인용: "국가법령정보센터 누리집"의 '조약' 항목 중에서 「여성에 대한 모든 형태의 차별 철폐에 관한 협약」 10조 가항〕.

인 교육권을 동등하게 부여받는다. 이는 제2차 바티칸 공의회의 「종교 자유 선언」에서 명시된 것처럼(참조: 「종교 자유 선언」 4항), 타 종교 단체들에도 해당된다. 그러나 국가와 마찬가지로, 그들의 교육적 역할은 보조적일 뿐이다. 이들은 부모의 교육적 임무를 돕고 부모가 할 수 없거나 하지 않는 부분을 보완하도록 불린 것이다.

구체적으로, 교회는 종교 교육을 제공할 권리를 지니며, 또한 종교와 도덕이 관련된 일반 교육을 감독할 권리도 지닌다. 이러한 사명을 달성하고자 가톨릭 학교들은 오늘날에도 여전히 큰 중요성을 유지하고 있다. 제2차 바티칸 공의회는 이 권리를 강력히 강조하며, 엄중히 선언한다. 즉 "이 거룩한 공의회는 (…) 각종 각급 학교를 자유로이 설립하고 운영하는 교회의 권리를 거듭 천명하며, 이러한 권리의 행사가 또한 양심의 자유와 부모의 권리를 수호하고 바로 문화의 발전에 크게 공헌하였음을 상기한다"(「그리스도인 교육 선언」 8항).[52)]

또한 교회의 교육권은 종교 교육을 제공하고, 필요할 경우에는 가톨릭 학교를 설립할 의무에도 부합한다. "영혼의 목자들은 모든 신자들이 가톨릭 교육을 받게 되도록 모든 것을 채비하여야 할 의무가 있다"(교회법 제794조 2항). 청소년 교육 외에도, 성인 교육의 필요성도 자주 존재한다. 특히 대도시에서 시급한 봉사 가운데 하나는 가족 상담센터(family guidance centres)이며, 여기에는 산아 제한 지원도 포함된다.

10.2.4. 부모에 대한 자녀의 의무

성 토마스에 따르면, 부모를 사랑하고 존경할 자녀의 의무는 부모가 하느님 다음으로 "생명, 성장, 교육의 제2의 원천"이기 때문이다.[53)]

---

52) 교회법 제800조; 제802조; 제807조.
53) *S. Th.* II-II, q.102, a.1.

정상 가정의 자녀는 부모에게 많은 빚을 졌음에 의심할 의지가 없다. 따라서 자녀는 사랑, 존경, 감사를 드릴 의무를 진다. 또한 올바른 교육에 대한 부모의 책임은 자녀에게 순종을 요구한다. 이 모든 의무는 자녀가 이미 자기의 정서적 삶 속에서 자발적으로 경험하게 된다. 부모가 자기 의무를 다하지 않았을 경우, 곧 자녀를 정당하게 사랑하지 않거나 심지어 출산을 원하지도 않았을 경우에는 문제가 발생한다. 이 경우 자녀의 의무가 변경될 수는 있으나, 일반적인 그리스도교적 사랑의 의무가 중지되는 것은 결코 아니다.

1) 공경과 명예

십계명 중 네 번째는 자녀가 부모를 향한 공경과 명예의 의무를 직접 강조한다. "아버지와 어머니를 공경하여라. 그러면 너는 주 너의 하느님이 너에게 주는 땅에서 오래 살 것이다"(탈출 20,12; 신명 5,16). 그리스도는 이 계명을 두 차례 인용하셨고, 확증하셨다(마태 15,4; 19,19). 부모 공경은 생명의 신비에서 흘러나오는데, 그 안에서 부모는 하느님의 협력자가 된다. 마찬가지로 이는 부모가 하느님 앞에서 자녀에 대한 큰 책임의 근거이기도 하다.

내적 공경은 외적 명예의 표지로 명백히 드러나야 한다. 자녀가 지위가 낮거나 가난하다고 부모를 부끄러워하고 인정하지 않을 경우, 공격적 언사를 쓰거나 모욕을 주거나 폭력을 쓸 경우, 부모에게 마땅히 드릴 명예를 거스른 죄가 된다. 하지만 부모가 정신착란 상태이거나, 술에 취했거나, 기타의 이유로 자제력을 잃었을 경우, 필요하다면 자녀가 강제로 부모를 억제시키는 것은 공경을 거스른 것이 아니다.

2) 순종

신약의 서간들은 자녀와 부모의 관계를 순종의 의무로 특징짓는다.

모든 일에 있어 부모에게 순종하도록 요구하며(에페 6,1; 콜로 3,20), 불순종을 악행의 목록에 포함시켰다(로마 1,30; 2티모 3,2). 순종이란 창조질서의 위계 구조를 수용하는 것이며, 궁극적으로는 하느님의 권리를 받아들이는 것이다. 왜냐하면 그분께서 인간이 서로 의지하고 종속되도록 그렇게 체계와 질서를 세우셨기 때문이다. 자녀의 전체 발달에는 부모와 교육자의 도움과 지도가 필요하다. 따라서 부모에게 순종(교육적 순종)을 해야 한다. 자녀가 부모의 지도가 필요하며 아직 자기결정에 대한 능력과 역량이 완전하지 않을 때, 그들은 자신의 교육과 훈련에 관한 모든 선하고 적법한 사안에 대해 부모에게 순종해야 한다. 또한 가정의 질서도 부모의 권위에 굴복하도록 요구하는데(기능적 순종), 성인 자녀라 하더라도 부모의 집에 머무는 한에는 마찬가지이다. 모든 자녀는 집안 질서에 필요한 일들에 대해 순종해야 한다. 게다가 부모는 자녀에게 유익한 것이라면, 훈계할 아주 폭넓은 권리와 의무를 지닌다.

자녀는 부모의 정당한 명령에 불순종할 경우, 죄가 되며, 이는 사안의 중요성에 따라 죄의 심각성도 달라진다. 또한 순종은 하지만 마지못해하고 심하게 대들 경우, 부모의 권위에서 벗어나고자 정당한 사유 없이 조기에 집을 떠나는 경우, 부모의 선한 조언을 업신여길 경우에도 역시 죄가 된다.

인간은 오류를 범할 수 있는 존재이기에, 다른 사람의 명령에 대한 신뢰성에도 한계가 따른다. 따라서 부모나 교육자 자신이 아이의 판별력을 일깨워 주고, 잘못된 명령에 대해 올바른 태도를 가르치는 것은 그들의 관심사여야 한다. 아동의 비판 정신이 하느님께서 제정하신 권위에 대한 경외심에 기초를 두는 한, 이러한 식별 정신은 도덕적으로 아동의 발달에 유익하다. 자녀는 부모의 명령이 부도덕한 경우, 순종할 의무는 없다. 다만 어떤 실증적 신법이나 교회법에 관련된 경우(예: 주일미사의 의무), 그리고 자녀가 심각한 보복을 두려워해야 하는 상황인 경우가 아니라면, 결코 그러한 명령에 순종해서도 안 된다. 또한 젊은이는 과도한 종속에서 벗어날 권리가 있으며, 적어도 중요한 사안에서는, 자신들의 정당한 이익에 반하는 명령에 순종할 의무가 없다. 이러한 근거로, 자녀는 직업 선택이나 배우자 선택과 관련하여 부모의 뜻을 따를 의무는 없지만, 부모의 인생 경험을 무시해서도 안 되며, 따라서 부모와 상담하고 그들의 조언에 귀를 열고 들어야 한다.

3) **사랑과 감사**

자녀의 사랑은 무엇보다도, 감사하는 마음의 사랑이어야 하는데(참조: 「사목 헌장」 48항), 자녀는 부모에게 생명, 생계, 교육, 그리고 기타 수많은 혜택을 빚지고 있기 때문이다. 보통 정상적인 가정의 자녀라면, 부모에게 많은 빚을 지고 있다. 당연하게도 사랑과 감사는 받은 혜택의 크기가 클수록 늘어난다. 그러나 부모의 이기적인 관심과 목표는 자녀에게 해가 될 수 있다. 따라서 자녀의 부모 사랑은 일정 부분 부모의 자녀 사랑에 비례하게 된다.

사랑과 감사는 말과 표지로 드러내야 한다. 자녀는 가족의 관심사에 관심을 보이고, 적극적으로 도울 태세가 되어 있어야 한다. 장성한 아들딸은 노부모가 궁핍에 처한 경우, 도움을 주고, 방문·전화 및 기타의 방법으로 그들을 기쁘게 해야 한다. 발전된 국가에서는 노인을 양로원이나 시설에 너무 쉽게 맡기는 경향이 있다. 그 결과 젊은 세대와 노인 세대 간의 관계가 유감스럽게도 상실된다. “노인들은 흔히 세대 격차를 메우는 특은을 가진다. 얼마나 많은 어린이들이 노인들의 눈과 말과 그 어루만짐에서 이해와 사랑을 발견하였던가! 얼마나 많은 노인들이 ‘자손은 늙은이의 면류관이다’(잠언 17,6)란 계시된 말씀에 자진해서 수긍하였던가!"[54]

자녀는 부모에게 마땅히 드려야 할 사랑을 위반하는 경우, 죄를 범한다. 즉 부모에 증오심을 품거나, 말로도 글로도 대면도 거부하거나, 부모를 헐뜯거나, 부모가 늙고 궁핍해졌을 때 부양을 거부하거나, 병중에 돌보지 않거나, 제대로 된 장례에 무관심하거나, 부모를 위해 기도하지 않는 경우, 죄를 범한 것이다.

부모를 향한 사랑에서 비롯되어야 하는 것은 가정 전체에 대한 사랑이다. 무엇보다도 형제자매에 대한 사랑, 그다음에는 조부모 및 더 가까운 친척에 대한 사랑으로 이어져야 한다. 친족관계의 정도에 따라, 그들은 특별한 사랑과, 필요할 경우 도움과 지지를 청할 권리를 가진다. 가정의 모든 구성원은 가정의 복지에 협력하고, 가문의 이름과 명예를 보호하는 데 관심을 가져야 한다. 더욱이 자녀는 신앙의 선물과 지적·직업적 양성을 제공하는 모든 사람, 즉 사제·교리교사·교사·대가 등에게도 감사를 표해야 한다.

10.2.5. 광의의 가족

집안의 하인들과 하녀들(servants and maids)은 광의로 가족에 속하며, 사용자는 그들을 단순한 근로자와 임금 노동자 그 이상으로 보아야 한다. 견습생도 이와 비슷한 지위를 지니며, 집단의 일부로서 광의의 가족을 이룬다.

현대에는 집안 근로자와 가족 간의 관계를 종종 단순한 노동 계약으로 취급하곤 한다. 주인은 어떤 특정한 서비스를 기대하고, 근로자들은 서비스의 대가로 정해진 금액을 받는다. 이는 자주 그들에게 품위손상·외로움·좌절 등 달갑지 않은 짐을 지게 한다. 이러한 오해에

---

54) 요한 바오로 2세, 「가정 공동체」 27항.

맞서서, 근로자들에 대한 그리스도교의 이상향은 여전히 유효하다. “집안의 근무는 자유 계약에 의존하는 것도 사실이지만, 그러나 그러한 계약은 본성상 정확히 계산된 노동과 임금 그 이상의 것을 담고 있다. 가족과 근로자 간의 관계는 양측 모두에게 충실성의 관계이다. 가정은 다양한 일을 수행하는 데 도움들이 필요한데, 이 도움의 가치는 공장 근로자의 노동과는 달리, 돈으로 정확히 측정될 수 있는 것이 아니라, 근로자 편에서 가정의 복지를 위한 인정 어린 관심에 달려 있다. 근로자들의 이해관계에서 볼 때, 본성상 노동 계약에는 제공된 서비스에 대해 단순히 돈을 내주는 것 그 이상을 담고 있다. 가정은 근로자들의 몸과 마음의 복지에 대한 책임을 진다.”[55]

(1) **정의의 의무**: 사용자와 근로자 모두는 계약 조건을 준수해야 한다. 사용자는 근로자들에게 적정 임금을 정의에 따라 지급할 의무를 지며, 과도한 업무 부담을 주지 않고, 합리적인 자유 시간을 제공하며, 충분한 이유 없이 계약만료 전에 해고해서는 안 된다. 이러한 의무의 위반은 배상 의무가 따른다.

근로자들은 자신이 받는 임금과 혜택에 상응하는 노동을 제공해야 하며, 일과 집안의 질서에 순종하고, 계약에 포함된 추가 합의사항도 따라야 한다.

(2) **충성과 인격적 배려의 의무**: 고용주는 어린 근로자들에 대해서는 부모와 같은 의무를 진다. 그들의 육체적 복지뿐 아니라 정신적 복지도 돌볼 의무가 있다. 방탕한 말투, 저주, 외설적 언사를 방지할 의무를 지며, 죄에 빠질 위험에 대해 경계해야 한다. 주인이나 가족 구성원이 특히 자신들의 지위를 이용해 근로자를 죄로 이끄는 것은 지

---

55) J. Messner, *Social Ethics*, pp.421f.

극히 중죄가 된다. 예컨대, 콜롬비아의 빈곤층 소녀 이르미나(Irmina) 사연에 관한 보고에 따르면, 그녀는 14세 때 부유한 도냐(Doña) 집안의 하녀로 일하게 되었다. 그녀보다 한 살 많은 도냐의 아들 파울로(Paulo)가 이르미나에게 관심을 가졌고, 추근거렸다. 도냐는 파울로가 성경험을 가져야 한다고 생각했고, 헤픈 거리의 여자보다는 하녀와의 경험이 더 낫다고 여겼다. 이르미나는 스스로를 지킬 수 없었고, 강간을 당했다. 아기가 태어날 것을 알게 된 도냐는 이르미나에게 약간의 돈을 쥐여 주며 다른 일자리를 찾으라고 했다. 이르미나는 길바닥에 나앉게 되었다. 그녀가 다른 일자리를 찾았을지도 모르지만, 불의한 성폭력 범죄와는 별개로, 도냐와 그 아들은 아기에게 정기 지원을 제공할 명확한 의무가 있었다. 그들은 단 한 차례의 기여로 이 의무를 끝낼 수는 없다.

고용인은 장기 근속자들을 충실성과 존중심으로 대할 특별한 의무를 지닌다. "그들이 오랫동안 근무하였고 성장하는 가족의 짐과 기쁨을 함께하며 이를 자신들의 삶과 연결할 때, 그들은 진실로 가족 공동체의 일원이 된다. 그들 자신이 삶을 바쳤기에, 가족은 그들의 필수적 욕구를 충족시켜야 한다. 특히 존중·애정·오락 그리고 질병과 노년기의 안전·숙소·휴가 및 그 밖의 외적 선익에 관한 모든 필요를 채워 주어야 한다."[56)]

근로자들은 주인 가족에 대해 인정 어린 관심을 쏟을 의무를 진다. 가족 문제에 대해서는 신중하게 침묵을 유지해야 하며, 정중하고 올바른 태도를 유지할 의무를 진다.

---

56) J. Messner, *op.cit.*, p.422.

10.3. 국가

인간은 자신의 위격적 실존을 완전히 구현하고 또한 개별 위격을 넘어서는 임무를 포괄적으로 성취하고자, 국가로부터의 도움에 의존한다. 국가는 시민 공동체의 보편적인 공동선을 돌봐야 할 이유 때문에, 다른 모든 자연적인 사회들보다는 탁월한 지위를 누린다.

10.3.1. 국가의 본질과 기원

국가가 지닌 도덕적 권리와 의무, 그리고 한편으로는 그 권력의 한계, 다른 한편으로는 국가와 관련하여 시민들이 가진 도덕적 권리와 의무는 본질적으로 국가의 본성에 관한 이해에 달려 있다.

만일 국가가 인간 발전의 목표이며, 또한 헤겔이 가르쳤고 마르크스가 채택한 것처럼, 심지어 국가가 최고의 신적인 권리를 지닌 "도덕적 우주"라면,[57] 국가의 권력은 전능한 것이며, 국가에 저항하는 것은 부도덕한 것이 된다. 반대로, 만약 국가가 개인의 주장과 이익 그리고 시민들의 개인적 안녕에 봉사하는 도구에 지나지 않는다면, 국가는 초개인적·초국가적 목적(예: 저개발 국가들의 진보 증진)에 도달할 수 없으며, 오히려 개인주의적·국수주의적 기능으로 한정되고 만다.

이러한 국가관들과는 정반대로, 그리스도교 철학은 국가가 공동선 구현을 위한 일꾼(참조: 로마 13,4: "지배자는 그대의 이익을 위하여 일하는 하느님의 일꾼입니다")이며, 또한 하느님의 목적과 계획을 위한 심부름꾼(로마 13,6: "그들은 바로 이러한 일에 정성을 다하는 하느님의 심부름꾼입니다")으로

---

57) 헤겔에 따르면, "국가는 신적 의지, 곧 현재의 정신이 실제적 형태와 조직으로 자신을 전개하는 것이다." 그래서 그는 국가가 "개인에 대하여 지고한 권리를 지니며, 개인의 최고 의무는 국가의 일원이 되는 것"이라고 결론짓는다(*Grundlinien der Philosophie des Rechts*. Leipzig, 1930, §270 and §258).

본다. 국가는 인간 존재의 최종 목적이 아니며, 따라서 시민의 권리가 국가의 목적과 일치하는 범위 안에서만 허용되는 것도 아니다. 시민은 국가 권력이 존중해야 할 고유의 실존적·자연적 권리들을 지니고 있다. 본질적으로 그것들은 "인권" 안에 요약된다. 반면, 국가는 단순히 개인의 복지와 이익을 위한 일꾼에 불과한 것도 아니다. 인간은 지상의 모든 실재들을 초월하는 영원한 운명을 지니고 있다. 개인의 완성이나 국가의 발전이 그 자체로 목적이 되는 것은 아니다. 개별 시민들은 물론, 궁극적으로는 국가 공동체 전체가 하느님 나라와 그 분의 역사적 구원 계획에 이바지하도록 불린 것이다.

1) 국가의 개념

국가는 간단히 말해, 독립적인 (또는 주권을 지닌) 정치 공동체로 설명할 수 있다. 국가는 독립된 공동체로서, 자신의 보호와 지원에 의존하는 많은 소규모 공동체와는 구별된다. 정치 공동체인 국가는 또 다른 독립적 종교 공동체 즉 교회와도 구별된다. 더 완전한 의미에서, 국가란 보편적인 공동선의 확립을 위해 최고 권위를 부여받은, 지리적으로 한정된 사회로 정의된다. 최고 권위로서의 특성상, 관할 영역 내의 다른 모든 현세적 집단보다 우선권을 지닌 최종 결정권을 보유한다. 국가는 공동선을 확립할 때, 정치적 권위를 규정하고 합법화하는 실증적인 법적·헌법적 질서에 의해 제한도 받는다.

국가는 그 독립성과 주권 때문에, 그 어떤 현세적 공동체보다도 영속성과 무기한 미래의 생존을 지향하는 경향을 지녔는바, "스테이트"(state)라는 명칭이 이미 이를 암시한다. 물론 오늘날의 상황에서 개별 국가는 그 임무를 구현하고자 타국들과의 협력에 크게 의존하고 있다. 그럼에도 정치적 임무를 실제로 실현할 책임은 언제나 일차적으로는 개별 국가의 몫이다.

2) 국가의 기원

이 맥락에서는 제기하려는 것은 국가의 역사적 기원의 문제가 아니라, 존재론적·법적 기원에 대한 문제이다. 모든 국가 철학은, 국가는 인간 의지에 의한 임의적 발명품이 아니라 인간 본성에서 발견되는 하나의 필연성이라는 점에 동의한다. 모든 사회는 “타인을 통치하는 자가 공동 목표를 향해 효과적으로 이끌지 않으면 유지될 수 없다. 그래서 문명사회를 유지하는 권위는 불가피한 것이다. 이런 권위는 사회 그 자체와 마찬가지로 자연에서 나오는 것이므로, 결국 그 권위는 하느님께로부터 오는 것이다”(레오 13세.[58] 참조: 「사목 헌장」 74항). 국가의 필요성과 그 권위의 필요성은 궁극적으로는 인간을 사회적·정치적 존재로 지으신 하느님 그분으로부터 근거한다. 그래서 성 바오로는 “하느님에게서 나오지 않는 권위란 있을 수 없고, 현재의 권위들도 하느님께서 세우신 것”이라고 말한다(로마 13,1. 참조: 요한 19,11). 이는 개별 통치자 하나하나가 하느님에게 직접 임명되었다는 뜻이 아니라, 정치적 권위 자체가 하느님께서 의도하신 것이라는 뜻이다.

경험이 확실히 증명하듯이, 대규모의 인간 집단들은 중요하고 필요한 많은 임무를 국가의 도움 없이는 성취할 수가 없다. 우리 자신의 완성도 국가의 보호와 지원이 있어야만 우리의 실존적 목적을 온전히 실현할 수 있다. 하물며 조정하고 조직하는 국가 권력이 없다면, 인간의 보편 목표 즉 **창조자** 사업의 전개와 역사 안에서의 하느님 계획의 실현을 달성할 수 없다.

인간은 정치적 동지 관계가 본성 안에 미리 설계되어 있고 이를 도덕적으로 명령받고 있으므로, 국가를 개인주의적 의미로 구성원들 간에 평범하고 자유롭게 맺은 계약의 결과로 간주할 수는 없다. 국가의 설립은 그 자체로 인간 본성에 근거하며, 그 실체는 인간의 자연적

---

58) 요한 23세의「지상의 평화」46항에서 인용.

구성으로부터 요구된 것이다. 하지만 한 국가의 구체적 형태와 정치 질서는 시민들의 자유로운 합의에 좌우된다. "국가와 그 구조는 적어도 사람들이 자기 집을 어떤 식으로 짓는가의 문제만큼이나 인간의 자유 의지와 기호에 속한다."[59] 정부 형태(군주제 · 귀족제 · 민주제 등), 국가의 헌정 구조, 지도자와 권력을 쥔 정당은 국민에게서 직접 동의를 얻거나, 적어도 암묵적 승인을 통해 자신의 권위를 끌어낸다. 한 개인이 하느님에게 직접 선택되어 권력을 받는다는 것(왕권신수설)은 인간 경험과 이차적 원인을 통해 일하시는 하느님의 방식과 배치된다. 국가 권력의 소유자를 선택하는 데 있어 국민의 역할은 무능하거나 부패한 권력을 시민들이 제거할 수 있는 근본적 이유인 것이다.

교회의 가르침에 따르면, 정부의 형태들이 다양할 수 있으며 또 그 자체로 수용될 수 있다(「사목 헌장」 74항).[60] 물론 전체주의 국가는 자신의 독단적 권력에 아무런 한계도 인정하지 않기 때문에, 배제되어야 한다. 하지만 모든 절대적·독재적 정부를 곧바로 전체주의 정부라고 간주할 수는 없다. 부패하거나 선동하는 집단들에게서의 위협은 이러한 통치를 정당화할 수 있다. 모든 정부 형태에 있어 그것의 정당성은 공동선에 봉사하려는 자발성과 능력 및 시민의 기본권을 존중하려는 태도이다. 그러나 구체적인 정부 형태를 선택할 때, 일반 원리로서 시민의 성숙도를 반드시 고려해야 한다. 시민들의 정치적 성숙도가 높을수록, 정부에 협력할 권리도 커진다.

59) J. Messner, *op.cit.*, p.562.

60) 참조: 요한 23세, 「지상의 평화」 67~68항. 그러나 요한 바오로 2세는 "확실히 시민들에게 정치적 결정에 참여할 중요한 권한을 부여하며 피지배자들에게는 지배자들을 선택하거나 통제하거나 필요한 경우에는 평화적으로 대치할 가능성을 보장해 주는 민주주의 체제"도 특별히 높이 평가한다(「백주년」 46항).

3) 국가의 목적

국가의 목적은 일반적인 정치적 공동선의 증진에 있으며, 정의와 질서의 확립, 국내의 평안 확보, 공동 방위의 제공, 전반적인 복지의 촉진 그리고 모두를 위한 자유로운 축복의 보장을 포함한다. 어떤 개별 시민이나 시민 집단을 차별하지 않고 모두를 위한 공동선을 촉진하는 것이 특히 중요하다. 이는 공동체 안에서 더 불우한 구성원이 자기 권리를 수호하고 자기 요구를 주장할 능력은 떨어지기에, 그들에게 특별히 관심을 기울여야 함을 의미한다.

주요한 국가 기능은 두 가지로 구분할 수 있다. 첫째는 명령의 기능이다. 이는 국가의 다른 모든 특징적 활동의 전제 조건인 법의 질서를 확립하고 보호하려는 것이다. 이 기능이 이행되지 않으면, 인간의 사회적 공존은 불가능할 뿐만 아니라 공동의 목표와 임무를 실현하기 위한 협력도 불가능하다. 이 기능에는 공동 방위의 임무도 포함되는데, 오직 이를 통해서만 법질서의 보존이 보장될 수 있기 때문이다.

둘째는 복지의 기능이다. 이는 시민들의 전반적인 경제적·사회적·위생적·문화적·생태적 복지를 증진하는 것을 포함한다. 국가는 이러한 분야에서 사회적 협력의 조건들을 조성해야 하며, 거기에다 모든 시민이 이 협력의 결실을 비례적으로 나누어 받을 수 있도록 보장해야 한다. 개인주의적 자유주의는 복지 기능을 무시했고, 국가의 권한을 오직 법적 질서 안에만 제한했기 때문이다. 하지만 오늘날 사회주의 형태의 국가 기능이 지나치게 강조됨으로써, 국가의 진정한 이념은 반대 방향으로 흘러가는 위험에 처해 있다. 시민 공동체 자체의 발전이 완전히 기능하려면, 보조성의 원칙이 지켜져야 한다. 국가의 기능과 보조적 성격에 대해서는 다음에서 더 자세히 다룰 것이다.

국가의 목적으로부터 필연적으로 파생되는 것은 바로 국가의 정치적 권력이다. 국가가 공동선을 위태롭게 하는 자의적이고 불법적인 권력에 맞서 대항하지 않고서는, 그 기능을 수행할 수 없기 때문이다. 권력은 두 가지 측면에서 국가에 귀속되는바, 첫째가 내부적 정의와 질서 확립을 위한 결사체 측면이며, 둘째가 자기 방위를 위한 결사체 측면이다.

4) 국가의 도덕적 성격

국가는 인간 본성과 그리고 궁극적으로는 하느님의 뜻에 기초를 두고 있기에, 도덕적 질서의 일부이다. 성서가 반복적으로 언급하듯이(로마 13,1~7; 티토 3,1; 1베드 2,13~17), 국가 권위는 하느님께서 원하신 질서이며, 양심에 호소할 수 있는 것이다. 공동선을 존중하는 것은 인간의 도덕적 책임에 있어 매우 중요하다. 국가의 기능은 "물질적·문화적 영역에 있어 모든 인간이 임무를 수행하기 위해서는 근본적인 것들이기에, 그것의 가치는 이러한 영역의 개별 가치들과 비교할 때 가장 포괄적이며, 따라서 아주 높은 지위를 지닌 독특한 도덕적 가치이다."[61]

이는 국가가 하나의 도덕적 이념의 구현으로서, 모든 이의 선익을 위하여 기꺼이 협력하라는 각자의 도덕적 의무에 호소할 수 있음을 의미한다. 국가의 도덕적 성격을 보여 주는 특별한 표지는 사람들 사이에서 최소한의 도덕성을 확보하는 것이다. "사실 모든 국가에는 이념적 차이에도 불구하고, 심지어 대립에도 불구하고, 가치들에 대한 최소한의 합의를 지니고 있다(…). 정부, 입법자, 사법권으로서의 국가는 이 가치들에 구속되며, 그것들은 헌법이나 법률 안에 제정되어 있거나 혹은 자명한 것으로 전제된다."[62] 국가의 도덕적 성격은 또한

61) J. Messner, *op.cit.*, p.571.
62) O. von Nell-Breuning, *Gerechtigkeit und Freiheit*, Wien: Europaverlag, 1980, p.81.

국가가 명령을 집행하기 위해 무력을 사용할 도덕적 정당성을 부여한다. 한편, 시민들은 국가에 대해 책임감을 느껴야 한다. 그들은 공동의 과제를 실현하는 데 협력함으로써 정치적 권위를 지지할 의무를 진다.

10.3.2. 정치적 권위와 그 행사를 위한 요건

(1) **정치적 권위의 본질**: 정치적 권위는 특정 국가법이 규정하는 공동선 실현을 위한 지배력이다. 따라서 공동선의 일꾼이지만, 이러한 임무에 있어 이는 하느님의 심부름꾼이기도 하다. 국가와 그 권위들은 피지배자들과 동일한 최종 목적을 지녔으며, 그것은 하느님을 영예롭게 하고 그분의 우주 창조와 구원 계획에 협력하는 것이다. "내 도움으로 임금들이 통치하고 군주들이 의로운 명령을 내린다. 내 도움으로 제후들이 다스린다. 의롭게 판결하는 수령들도 모두 마찬가지다"(잠언 8,15~16). "하느님의 심부름꾼"(로마 13,6)으로서의 공권력은 자신이 대리하는 그분께 책임을 지고 있으며, 그분 앞에서 즉 도덕법의 범위 내에서, 책임을 지고 통치권을 행사해야 한다. 이는 개별 통치자뿐만 아니라 의회 기관들에도 적용된다. "정치권력의 행사는 바로 그 공동체 안에서든 국가를 대표하는 기관에서든 언제나 도덕 질서의 한계 안에서 정당하게 제정되었거나 제정될 법질서에 따라, 참으로 역동적인 개념으로 이해되는, 공동선을 위하여 이루어져야 한다"(「사목헌장」 74항).

인간의 통찰은 제한적이며, 자신의 이익에 대한 권력 사용에 오류 가능성과 편파적 경향이 있기에, 정치적 권위는 반드시 통제하에 있어야 한다. 그리고 국가의 모든 구성원의 권리들이 관련되어 있기에, "국민의 권리 보호와 최상의 복지 실현에 있어서 국가의 본성이 요구하는 국민 참여는 의심할 여지가 없다. 따라서 좋은 정부 형태에는 사실상 '민주주의 원칙'이 포함되어야 한다."[63] 그러나 구체적인 참여는 역사적·사회적·문화적 상황에 따라 규정된다. 민주사회에서는 야당뿐 아니라 대중 매체도 정부 통제에 중요한 역할을 한다. 이러한 감시는 공적 생활과 정책의 영역에 있어 합법적이고 필요한 것이지만, 단순히 정치인의 사생활 감시에 대해서는 제한을 두어야 한다. 보편적 합의에 따르면, 엄격히 사생활에 대해 반대자를 공격해서는 안 된다. 민주적인 공정 규칙은 법에 대한 존중만 요구하는 것이 아니라 불문율에 대한 존중 또한 요구한다.

정치 권위의 고유한 활동은 정치이다. "정치는 공동선의 설립·보존·증진을 위한 적절한 조치들로서, 그것을 책임지는 이들에 의해 수행된다."[64] 정치가 권력을 탐하는 이들이 벌이는, 기득권으로 얼룩진 권력 게임으로 간주되는 것이 너무 잦다. 흔히 정치는 더러운 것이라고들 생각한다. 1989년에서 2003년까지 체코의 대통령을 지낸 바츨라프 하벨(Vaclav Havel)은 이렇게 논평한 바 있다. "내가 매일 직면하는 모든 정치적 고뇌에도 불구하고, 나는 정치가 본질적으로는 더러운 것이 아님을 오늘날 확신한다. 더럽다면 그것은 더러운 사람들 때문에 더럽혀진 것일 뿐 (…) 정치인이 반드시 거짓말을 하거나 음모를 꾸며야 한다는 것은 사실과 다르다. 그것은 순전히 터무니없는 소리이다."[65] 정치는 (비록 사람들이 권력 남용의 유혹에 되풀이해서 굴복한다고 할지라도) 일차적으로 개인적인 권력 게임이 아니다. 정치는 모든 이가 살아가는 맥락이며, 모두에게 가장 중요성을 지닌다. 그것은 타인 사랑과 공동체 봉사를 실현하려는 가장 까다로운 형태의

63) J. Messner, *Der Staat*, Bonn: R+S-Verlag, 1978, p.99.
64) *Ibid.*, p.138.
65) V. Havel, *Sommernachtsmeditationen*, Hamburg: Rowohlt, 1994, pp.135f.

일이다. 스스로 정치에 헌신하는 이들은 고결하면서도 무거운 책임을 짊어진다. 제2차 바티칸 공의회는 정치를 "어려우면서도 매우 고귀한 기술"이라고 평가한다. "사람들에게 봉사하려고 국가 복지에 헌신하며 그러한 직무의 책임을 받아들이는 이들의 활동을 교회는 마땅히 찬양하고 존중한다"(「사목 헌장」 75항).

다음에 고찰할, 국가 권위의 임무와 도덕적 의무는 정치 윤리의 영역을 이룬다. 정치 활동의 영역 모두와 관련된 몇 가지 기본 요건들이 여기에서 먼저 제시된다.

(2) **정치적 권위의 책임 있는 행사를 위한 요건**: 관련된 모든 관료, 심지어 절대 군주도 국가의 충실한 일꾼이 될 의무를 지닌다. 그들은 신중하게 그리고 충분한 법의 지식을 가지고 권한을 행사해야 한다. 공공재를 공정하게 관리하고, 분배해야 한다. 공정한 사회 질서는 또한 개별 시민의 사적 권리와 중간 단체들의 권리를 세심히 존중하기를 요구된다.

선하고 효율적인 행정이 되려면, 자격 있고 유능한 후보자가 공직에 임명되고, 자격 없는 자는 공직에서 퇴출되어야 한다. (정치적·사회적·종교적 성격의) 특혜 집단에 속한다는 이유로 또는 연고에 따른 관직 배분은 부당하며, 이는 용납될 수 없다. 마찬가지로 직무 수행 능력이 없는 자도 직무를 수락하지 말아야 한다. 반면, 공직에 적합하거나 그럴 수 있는 이들이 이러한 어렵지만 가장 명예로운 임무를 준비하는 것은 매우 존경스럽고 칭송할 만하다. 달리 능력 있는 사람이 없을 때, 능력을 갖춘 사람은 정당한 사유가 없는 경우, 공직을 수락할 의무를 지닐 수도 있다.

정부 당국과 공직자들은 공직을 의롭고, 공평하며, 신뢰할 수 있게 행사해야 한다. 제2차 바티칸 공의회는 그들에게 "자기 편의나 금전의 이익을 버리고" 정치를 하도록 아주 적절하게 요구한다(「사목 헌장」 75항). 뇌물 수수하는 자에게는 적절한 처벌이 따른다는 압박을 주어야 하며, 특히 뇌물의 대가로 직무 위반을 할 경우에는 더욱 그렇다. 또한 사익을 위해 직위를 남용하거나, 특히 국가 기밀뿐 아니라 개별 시민들에 관한 공무상 비밀을 누설하는 자에게도, 동일하게 적용된다.

현대 세계의 사회생활은 매우 복잡하고 유동적이기에, 신중하고 사려 깊게 확립된 법적 구조라 할지라도 사회의 요구에 대해 어느 정도 부족한 것은 다반사이다. 이는 법의 본성과 참 의미에 대한 명확한 이해 그리고 법 적용에 있어 커다란 융통성을 발휘할 것을 국가 당국에 요구한다. 게다가 정부는—그 자체로 충분히 가치 있는—수많은 욕구와 직면하게 되지만, 이 모두를 동시에 충족시킬 수 없다. 이는 올바른 우선순위에 대한 감각과 타협의 능력을 요구한다. 정치란 가능성을 향해 나아가는 기술이다.

보조성의 원리에 대한 앞선 설명이 여기서 제대로 상기되어야 한다. 현대의 사회 복지 국가는 특히 개인의 책임과 자유를 침해하는 쪽으로 통제와 힘을 더욱 확대하는 경향을 띤다. 교육·보건시설·공공사업·사회 정책·경제 등의 분야에서 국가가 새로운 역할을 더욱 더 차지해 나가고 있다. 국가 당국은 개인, 협회, 중간단체가 가능한 한 자유로운 주도권을 행사하도록 허용해야 하며, 그들이 스스로의 힘으로 역할을 수행할 수 없을 때에만, 개입해야 한다.

10.3.3. 국가 권위의 임무와 도덕적 의무

국가 권위의 임무는 국가의 목적, 즉 일반적인 공동선의 수호와 증진으로부터 생겨난다. 타국과 관련해서 통치권은 필요한 경우, 전쟁을 통해서라도 외침으로부터 국권을 방위할 의무를 진다. (이 주제는 별도로 다루도록 할 것이다.) 또한 국제정치에서는 국익을 적절하게 보호하고, 타국의 권리를 존중해야 한다. 나아가 국제 사회와 협력해야 하며, 이 협력이 국가 공동체의 최선을 위하여 필요하다면, 국제 권위에 국가 주권의 일부를 양보해야 한다. 이러한 의무는 하나의 국가가 회원으로 속한 국가 연합체에 대해서도 똑같이 적용된다.

1) 입법과 사법행정

국가는 법률을 제정하고 필요한 경우 제재를 적용함으로써 모든 시민의 권리를 옹호하고 방위하며, 공공질서와 평온을 유지하고, 공공복지를 증진해야 한다. "입헌 국가에서의 법률은 결정적으로 헌법에 근거한다. 법원의 사법권과 행정은 입법에 근거하여 나오며, 행정부의 고시는 법률과 보충 법령을 기반으로 전달되는 것이다."[66]

(1) **정당한 입법**의 조건은 도덕법에 관한 주제에서 다룬다(참조: 제1권 제2장). 모든 법의 기본 기준은 공동선, 자연법, 그리고 하느님께서 정하신 인간의 목적이다. 이를 바탕으로 국가 권위는 실정법을 정하고, 공표하며, 적용한다. 자연법은 인권을 포함하며, 「세계 인권 선언」 속에 기본적으로 표현되었으며, 이후의 여러 국제 협약에 의해 보충되었다.[67]

결과적으로, 입법 권위는 명백히 제한된다. 공동선, 자연법, 하느님께서 원하신 목적과 상충하는 그 어떤 것도 국가가 제정하는 법은 될 수 없다. 게다가 국가 권위는 이미 취득된 법적 권리도 존중해야 한다. 반면, 헌법이나 민법전의 불변성을 뒷받침할 자연법적 근거는 없

---

66) A. Klose, "Staat", *Neues Lexikon der christlichen Moral*, Innsbruck: Tyrolia, 1990, p.728.

67) Cf. *Basic Documents on Human Rights*, ed. by Ian Brownlie, Oxford: Clarendon Press, ^{3}1992.

다. 어떠한 것도 변경 불가한 최종의 것으로 간주될 수는 없다. 그래서 모든 헌법은 평화적인 진전과 질서 있는 변화를 위한 조항을 반드시 포함해야 한다. 더구나 인간의 입법은 항상 불완전하고, 공백이 있게 마련이며, 종종 타협한 결과이기에, "법질서가 사회의 유일한 윤리적 사례를 대표할 권리를 스스로에게 부여하는 것을 막는 것이 필요하다."[68] 국가의 실정법이 곧 도덕 질서와 일치한다는 견해는 수정되어야 한다.

국회의원들은 바람직한 법이 제정되도록 힘써야 하며, 해로운 법안이 통과되지 않도록 전력을 다해 막아야 한다. 의정 활동에 참여하고, 결의 과정에 참여하는 것은 의무이며, 논의 사안이 중요할수록 요구되는 참석 의무도 더 중요해진다. 더 큰 악을 피해야 하는 때를 제외한다면, 악법 제정에 협력하는 것은 죄이다. 예컨대, 제출된 두 개의 낙태 법안 중 첫째는 임신 6개월까지 낙태를 허용하고 둘째는 3개월까지 허용하는 것이고, 더 정당한 다른 법안이 가결될 가능성이 없는 경우, 그리스도교 국회의원들은 첫째의 법안을 막기 위해 둘째의 법안에 투표할 수 있다. 하지만 그러한 경우에도, 국회의원들은 자기의 입장을 명백히 밝혀야 한다.[69]

입법권자는 일반법의 세부 사항을 마련하도록 행정기관에 위임하는 과정에서, 입법권을 과도하게 위임하지 않도록 각별히 경계해야 한다. 경험에 따르면, 골격법(骨格法, seleton laws)의 사용은 그 확산을 쉽게 통제하기 어렵고, 구체적 적용에 있어 넓은 재량의 여지를 주게 된다. 입법자로서 의무는 그들의 책임의 반쪽을 전가하도록 허용하지 않는다. "사안이 단순히 기술적인 문제 그 이상일 때, 의회는 위임할 실제적 권한이 없다. 권리가 지닌 목적을 달성하도록 보장하지 못하

68) M. Vidal, *L'atteggiamento morale*, vol. 3, Assisi: Cittadella, 1981, p.12.
69) 참조: 요한 바오로 2세, 「생명의 복음」 73항.

는 한, 의무에서 나오는 그 권리를 누구도 포기할 수 없기 때문이다."[70] 하지만 위임 입법의 남용은 아마도 더 깊은 문제를 반영할 수 있다. 곧 입법자들이 중간 단체들의 권한에 속해야 할 지나치게 많은 사안으로 시달리기 때문에, 자신들이 책임을 감당하지 못하는 것이다. 따라서 이 영역에서도 보조성의 원칙은 더 확고히 적용되어야 한다.

(2) **사법 행정**은 법을 강화하고 불의에 저항하는 목적을 지니지만, 또한 시민들에게 권리와 의무에 대해 올바른 이해를 심어 주는 목적도 지닌다. 변호사와 판사는 특별히 탄탄한 법률 지식을 지녀야 한다. 또한 법이 적용될 현대 생활의 구체적 조건도 잘 알고 있어야 한다. 이러한 정통함은 종종 실무를 통해서만 얻을 수 있다. 변호사는 자신의 과실에서 비롯된 무지로 인해 타인에게 끼친 손해의 책임을 진다.

판사와 변호사의 아주 중요한 의무는, 평등 원칙에 따라 청렴하고 공정하게 법률을 적용하는 것이다. 성경의 가장 초기 문헌들에서도 판사에게 공정한 재판이 중대한 의무로 부과되어 있다. 특히 뇌물 수수는 악명 높은 범죄였다. "너희는 재판할 때 가난한 이의 권리를 왜곡해서는 안 된다. 그리고 거짓 고소를 멀리해야 한다. 죄 없는 이와 의로운 이를 죽여서는 안 된다. 나는 악인을 죄 없다고 하지 않는다. 너희는 뇌물을 받아서는 안 된다. 뇌물은 온전한 눈을 멀게 하고, 의로운 이들의 송사를 뒤엎어 버린다"(탈출 23,6; 또한 레위 19,15; 신명 16,19~20; 24,17).

「세계 인권 선언」은 만민의 법 앞의 평등을 정당하게 촉구한다. "모든 사람은 법 앞에 평등하며 어떠한 차별도 없이 법의 동등한 보

70) J. Messner, *Social Ethics*, *op.cit.*, p.640.

호를 받을 권리를 가진다"(제7조). 현대 국가는 일반적으로 법 앞에 모두가 평등하다고 표방하지만, 이를 완전히 실현하려면, 아직도 해야 할 일이 많다. 예컨대, 높은 소송비에 대한 부담이 빈자를 불리하게 하는 일은 흔하다. 빈자도 적절한 비용으로, 아마도 국가, 지자체, 변호사협회 간의 협력을 통해, 법률 서비스를 제공받을 수 있도록 조치해야 한다. 따라서 의뢰인의 지불 능력에 따라 비용이 조정되어야 하며, 「의료윤리 규약」(codes of medical ethics)이 빈곤층에게 필요한 무료 서비스가 제공되도록 명시하듯이, 법조인 윤리강령에도 유사한 조항이 포함되어야 한다.

사법적 안전성의 필수 조건은 판사들이 국가의 영향으로부터 독립하는 것이다. 그리하여 오로지 양심에 따라 완전한 자유로 판결할 수 있어야 한다. 현대의 입헌 국가는 사법부와 행정부를 분리함으로써 이러한 독립성을 보장한다.

2) 경제 및 사회 정책

이 임무에는 경제 성장, 사회 정책, 보건 및 위생의 조건, 그리고 최근에 그 어느 때보다도 긴급한 생태학적 조치가 포함된다.

경제 계획과 관련하여, 자유주의는 국가 개입의 최소화를 주장하는 반면, 사회주의는 고도의 국가 통제를 선호한다. 그러나 두 체제 모두에게는 위험이 따르며, 이를 피해야 한다. 한편으로, "개인의 주도권과 상호적 경쟁만으로는 만족스러운 발전을 보장할 수 없다. 빈곤층의 궁핍을 고착시키고 억압받는 이들의 재앙을 가중시키면서 부유층의 재산과 권력을 증대시키는 일을 계속할 수는 없다."[71] 다른 한편으로, 경제적 사안에서 광범위한 국가 개입은 민간의 주도권을 억압하는 경향이 있다. 따라서 국가 권위는 경제 계획에 있어 민간의 주

71) 바오로 6세, 「민족들의 발전」 33항.

도권과 중간 단체들을 반드시 기구를 반드시 자국의 경제 계획에 결합시켜야 한다. 국가의 경제적 역할에 대해서는 이 책의 제11장에서 자세히 설명될 것이다.

"사회 정책이란 사회 제도의 결과로 공공복리에 참여하는 데 불리한 입장에 놓인 사회 집단을 보호하기 위한 국가의 조치와 제도를 말한다."[72] 사회 정책의 아주 중요한 관심사 두 가지는 노동 조건과 소득 보장이다. 노동 조건과 관련해서, 사회 입법은 작업장과 관련한 규정을 통해 노동자의 신체, 생명, 건강에 대해 보호한다. 이러한 규정 준수는 사용자의 도덕적 의무이다. 국가와 노동자 대표를 통한 작업장 감독은 이 규정의 이행을 보장해야 한다.

소득 보장은 주로 일반적이고 의무적인 사회보험을 통해 제공된다. 질병·사고·장애·실업 등과 같이 불행한 상황을 대비해야 한다. 이러한 보험들은 보통 노령·장애·유족·건강·출산·산재·실업 등에 대한 보험이며, 이 모두를 국가가 소유하거나 관리할 필요는 없다. 보조성의 원칙은 사회 정책 영역에서도 적용된다. 종종 민간 보장이 바람직할 수 있으며, 이는 정부의 과도한 의무를 덜어 준다. 하지만 국가는 보험 제도를 감독하고, 민간 부문이 제공할 수 없는 부분을 보충해야 한다. 예컨대 저소득층의 농업 근로자처럼, 특정 집단이 불이익 상황에 놓이는 일이 흔히 발생한다. 요한 23세는 이러한 사회 정의의 결함에 주의를 환기시킨다. 즉 "일반 대중을 위한 보험 제도는 어떤 분야에서 노동하든 어떤 분야에서 소득을 얻든 간에, 서로 별 차이가 없도록 수립되어야 한다."[73] 사회보험 제도는 실제로 국민 전체 소득의 공정한 재분배에 크게 기여할 수 있으며, 다양한 시민 계층 간의 불균형을 줄일 효과적 도구가 될 수 있다.

---

72) J. Messner, *Social Ethics*, *op.cit.*, p.647.
73) 요한 23세, 「어머니요 스승」 135항.

끝으로 “정부는 노동 능력이 있는 자들에게 그들에게 맞는 직업을 제공하는 문제에 있어서 적지 않은 에너지와 효율을 보이기도 해야 한다.”[74] 노동과 권리의 문제는 이 책의 제11장 “11.1.3. 노동의 권리와 정당한 임금의 권리”의 “1) 노동의 권리”에서 자세히 다뤄질 것이다. 또한 여기에 적절히 삽입될 수도 있는, 국가의 생태학적 책임은 제12장 피조물에 대한 책임 있는 돌봄에서 다루도록 하겠다.

3) 문화적·도덕적 가치들에 대한 배려

국가의 문화적 기능에는 일반적인 교육, 학교 교육, 과학과 예술의 육성, 그리고 선한 도덕의 함양이 포함된다.

시민들에게 기초적이고 일반적인 학교 교육을 받도록 요구하고, 교육의 기준을 제정하며, 이를 달성할 학교를 운영하는 국가의 권리에 대해서는 이미 이 장의 “10.2.3. 부모의 의무와 권리”에 관한 항목에서 이미 논의한 바 있다. 국가는 시민들에게 기초 문화의 혜택을 제공할 의무를 지닌다. 시민 교육과 정치 교육은 이러한 혜택의 일부가 되어야 하며, 오늘날 모든 시민이 정치 공동체에 기여할 수 있기 위해서 이는 아주 필요하다(참조: 「사목 헌장」 75항). 더욱이 “재능의 힘이 미치는 사람들은 더 높은 연구 단계로 오를 수 있도록 매진하여야 하며” 그들이 자신의 재능과 기술을 최대한 발휘하여 지역사회에 봉사할 수 있도록 해야 한다(「사목 헌장」 60항).

사립학교가 기준 규정을 충족하는 한, 사립학교 설립과 운영에 관한 부모의 권리를 존중해야 할 의무도 이미 언급한 바 있다. 국가는 공립학교에서도 특히 자녀의 종교적·도덕적 교육에 관련된 부모의 소망을 존중해야 한다. 국가는 이러한 사안에 있어 대표로서 행동하는 것은, 부모가 자신들의 교육권 일부를 국가에 위임했기 때문이다.

74) 요한 23세, 「지상의 평화」 64항.

국가의 문화 분야에서의 기능은 문화적 가치들을 남용하거나 억압으로부터 보호하는 것과, 모든 시민이 이러한 가치에 참여할 수 있도록 증진시키는 것에 있다. 무엇보다도 다양한 대중 매체가 이 분야에 속한다. 여론과 표현의 자유, 정보와 사상의 소통에 대한 권리는 모든 자유 사회에서 근본 가치가 되며, 이를 보장하는 일은 특히 문화생활을 위해 특별한 중요성을 가진다. "공동선과 양립 가능한 최대한의 자유의 일반 원칙은 정신적·문화적 분야에서만큼이나 무조건 적용되는 곳은 없다."[75] 그럼에도 — 이미 언급한 것처럼 — 예술가들 역시 도덕의 요구와 동료 시민들의 정당한 감정을 존중할 의무는 (예컨대 외설적이고 신성모독적 작품을 통해 동료 시민들을 공격하는 경우) 면제되지 않으며, 더 나은 세상의 실현을 위해 봉사해야 한다.

공동 도덕과 관련하여, 그리스도교 윤리학은 자유주의적 무관심주의에 맞서, 그것이 공공복리 중 최고선에 속한다는 점을 늘 강조해 왔다. 공동선의 수호자인 국가는 이 분야의 파괴적인 세력을 막아 줘야 한다. 제2차 바티칸 공의회는 국가가 혼인과 가정의 진정한 본질을 보호하고 증진하며, 공중도덕을 수호해야 할 국가의 의무를 언급한다(「사목 헌장」 52항). 마찬가지로 시민적 권위가 "종교 생활의 증진에 유리한 조건들을 마련하여야 하며"(「종교 자유 선언」 6항), 종교 자유를 보장해야 한다. 사회 자체는 하느님 뜻에 충실함에서 나오는 덕행을 통해, 이익을 얻게 될 것이다.

현대 국가에서 공중도덕에 대한 논의는 특히 청소년들이 접할 수 있는 라디오 · 영화 · 텔레비전 · 문학 · 오락 등에서 두드러진다. 아주 엄격하고 경직된 조치는 때때로 득보다 실이 많을 수 있음이 사실이다. 그러나 특히 젊은이와 청소년은 도덕성을 파괴하는 해악으로부터 보호받아야 한다는 사실에는 의심할 여지가 없다. 이러한 이유로, 수많

75) J. Messner, *Der Staat*, *op.cit.*, pp.169f.

은 나라에서 이미 행하고 있는 것처럼, 국가가 청소년 보호법을 제정하는 것은 아주 칭송할 만하며, 또한 필요한 것이다.

4) 정당한 재정 정책의 요건

국가의 재정 및 예산 정책은 일반적으로 공동선에, 특히 국가의 경제 발전에 매우 중요한 의미를 지닌다. 국가가 그 임무와 기능을 수행하기 위해서는 재정 수입으로서 세금이 반드시 필요하다. 공동선의 필연성이 국가가 과세할 권리를 정당화하지만, 그러나 공공복리의 필요성은 이 과세권을 제한하기도 한다.

세금은 직접세와 간접세로 구분된다. 직접세는 소득세, 이윤세(profit taxes), 인두세, 영업세, 부동산세 및 재산세를 포함하며, 그리고 간접세는 관세와 소비세, 즉 사치품, 주류, 담배, 석유, 아주 다양한 가전제품 등에 부과되는 세금을 포함한다. 정당한 재정 정책의 근본 원칙은 조세 부담을 공정하게, 그리고 지불 능력에 따라 분배하는 것이다. 이는 빈곤층이 부유층보다 불균형적으로 더 부담하지 않도록 과세할 의무가 있음을 의미한다. 따라서 세법은 고소득자에 대한 누진 과세와, 일반적으로는 사치품에 높은 과세, 그리고 생필품에 낮은 과세를 규정해야 한다.

조세는 공동선을 위해 국가가 지출하는 비용에 필요한 재정적 수단을 마련하는 것 외에도, 경제 정책의 수단으로도 사용된다. 대개 세 가지의 방향으로 경제 발전에 영향을 미칠 수 있다. "첫째, 중소기업과 대기업 및 재벌에 대한 차등 과세를 통해 기업 규모의 서열에 영향을 미칠 수 있다. 둘째, 원하는 경제 분야를 더 확장하거나 원하지 않는 분야를 억제할 수 있다. 셋째, 바람직하거나 덜 바람직하게 위치한 사업과 기업을 다르게 대우함으로써, 산업의 입지(industry location)를 선정하는 정책에 사용할 수 있다."[76] 조세는 또한 소득과 재산 분배에 영향을 미침으로써 사회 질서 조정의 수단이 되기도 한다.

조세의 한계는 경제적 생산성의 원칙에 따라 결정된다. 너무 높은 세율은 경제 발전을 저해한다. 세금이 경제적 진취성 의지를 침체시키거나, 자본 형성을 저해하며, 경제적 생산력을 약화시키는 경우, 그러한 세금은 해로운 것으로 보아야 한다. 또한 일반적으로는 공공 기관이 사기업에 비해 관리 비용이 더 들고, 재화 취급에 있어 덜 효율적이라는 점에도 주목해야 한다. 따라서 공공 기관의 규모가 클수록 세입의 상당 부분이 비효율적으로 투자되어 그 활용도가 떨어질 수 있다.

세금이 불공정하게 부담을 분담시키거나, 저소득자에게 상대적으로 더 큰 타격을 주거나, 다자녀 가정을 불리하게 만드는 경우, 이는 부당하다. 또한 세금은 사유 재산의 권리를 무시해서도 안 된다. 이것은 결국 과도한 세금이라는 부정적 결과를 낳을 것이다. 이와 관련해 지나치게 높게 적용하는 몇몇 국가의 누진적인 상속세율은 우려를 불러일으킨다. 자산가들이라는 별도의 계층은 그 자체로 공동선을 위해 중요성을 지닌다. "역사적으로 볼 때, 아주 큰 자산은 단순한 물질적 가치에 머무르지 않고 더 높은 가치를 함양할 수 있는 수단을 동반하는데, 이는 문화의 생활과 성장에 필수적이다."[77]

5) 국가의 형사 재판권

정당한 형벌 입법의 기본 원칙은 이미 고대로부터 다음과 같은 준칙으로 정식화되어 있었다.

① **법이 없으면 형벌도 없다**(*Nulla poena sine lege*). 어떤 작위나 부작위가 행해질 당시 국내법 또는 국제법상 형사 범죄를 구성하지 않았다

---

76) J. Messner, *Social Ethics*, 1965, p.685.
77) *Ibid.* p.688.

면, 그 누구도 유죄로 인정받아서는 안 된다. 또한 범죄의 시점에 적용되던 형벌보다 더 무겁게 부과되어서도 안 된다.

② **잘못이 없으면 형벌도 없다**(*Nulla poena sine culpa*). 누구도 개인적인 잘못 없이 법 위반으로 처벌되어서는 안 되며, 임의로 구금되어서도 안 된다.

③ **회의가 들면 피고인에게 유리하게 한다**(*In dubio pro reo*). 누구도 정당한 법절차에 따른 유죄 입증 때까지는, 무죄로 추정한다.

정당한 법절차의 권리가 가장 절실한 곳은 형사법 분야이다. 모든 사람은 자신에게 제기된 형사 혐의에 대해, 완전한 평등 하에, 독립적이고 공정한 법정에 의해, 공정하고 공개적인 심리를 받을 권리를 지닌다. 공정한 재판에 포함되는 것은 피고인 자신을 고발하는 성격을 신속하고 상세하게, 필요하면 통역의 지원을 받아 이해할 수 있는 언어로, 통보받을 권리, 법률 지원과 변론 준비를 위한 충분한 시간, 부당한 지연 없이 심리 받을 권리, 상급 법원에 항소 가능성 등이다.[78)]

(1) 국가의 처벌권 일반

개인적 유죄를 전제로 하는 처벌과, 이러한 전제가 없는 보안처분(precautionary measures)은 구분되어야 한다. 오늘날 부과되는 처벌의 대부분은 가장 빈번한 금전적 벌금형(80% 이상), 징역형, 특정한 민사상의 권리나 허가의 박탈(예: 운전면허 정지), 공직 박탈 등이다. 보안처분에는 비정상적 범법자를 정신의학적·사회 치료적 기관 등에 수용, 중독에 의한 범법자를 해독(detoxication) 시설에 수용, 그리고 보안 구금 등이 있다.

---

78) 「세계 인권 선언」 제9~11조와 1966년의 「시민적·정치적 권리에 관한 국제 규약」 제14~15조 그리고 Ian Brownlie, *Basic Documents on Human Rights,* Oxford: Clarendon Press, ^{3}1992, 23~24쪽과 130~131쪽을 보라.

악행자를 처벌하거나 기타 범법자를 구금할 국가의 권리는 사회 질서의 안전장치에 있어 필수적이며, 이는 공동선의 매우 중요한 요소이다. 국가가 비정상적인 범법자를 억류할 수도 있다는 사실은 이 권리의 일차적 근거가 범죄자의 귀책 때문이 아니라 공동선의 수호 때문임을 분명히 한다. 모든 형벌과 보안처분은 궁극적으로 공동선의 수호를 목표로 한다.

보안처분은 불법 행위를 야기한 이상 증세를 치료하거나 — 치료할 수 없다면 — 안전하게 구금시키는 것이다. 반면, 형벌은 일반 예방 또는 특별 예방을 통해 법질서의 안전을 도모하고, 피지배자들의 교화를 추구하며, 위험하고 구제 불능의 범법자를 격리하고, 가능한 범위에서 배상을 제공하도록 목표로 삼는다.

① 타인에게 입힌 손해에 대해서는 배상이 요구되며, 반드시 복구되고 보상받아야 한다. 타인의 물건을 훔치거나 훼손한 자는 그것을 배상해야 하며, 종종 유사한 범죄를 재차 범하지 않도록 추가 부담까지 해야 한다.[79] 이것이 보복(retribution) 이론으로 이어졌다. 구약의 **탈리오의 법칙**(*lex talionis*)은 이렇게 천명했다. "목숨은 목숨으로 갚아야 하고, 눈은 눈으로, 이는 이로, 손은 손으로, 발은 발로, 화상은 화상으로, 상처는 상처로, 멍은 멍으로 갚아야 한다"(탈출 21,23~25; 또한 레위 24,17~20, 신명 19,21). 당시 이 법칙은 인도주의적인 형벌의 첫 단계였다. 이스라엘의 이웃 나라들은 종종 하나의 비행에 대해 여러 가지 벌을 부과하고 신체 훼손을 주저하지 않았던 반면, 모세 율법은 하나의 범죄에 하나의 처벌만 부과하였다. 그럼에도 불구하고, 이러한 보복 정의가 불필요하게 가혹하다는 이유로 오래전에 폐기되었다.

---

79) 예컨대, 탈세에 대한 벌금은 편취한 금액보다 더 크게 될 것이다. 그렇지 않으면, 얻을 수 있는 억제 효과는 없을 것이며, 오히려 탈세가 적발되지 않을 것이기에, 감히 편취하려는 자들이 탈세로 인해 장기적으로 이익을 보게 될 것이다.

정의는 장물을 소유자에게 반환하고, 물질적 손상을 복구하며, 명예훼손을 회복시키고, 기타의 상해를 만족스럽게 보상하도록 명백히 요구한다. 이는 피해를 복구하거나 다른 방식으로 도움을 제공한다. 하지만 범죄자의 수족을 절단하더라도 피해자가 회복될 것은 없다. 따라서 이러한 처벌은 주로 벌금형과 징역형과 같이, 다른 처벌로 대체되었다. 이로써 보복 원칙이 폐기된 것은 아니지만, '만족'이라는 원칙 자체가 완전히 폐기된 것은 아니다. 범죄자는 직접적인 피해자뿐 아니라 공동체 전체의 정의로운 질서에 해를 입힌다. 이는 질서의 불안정을 초래하므로 반드시 회복되어야 한다. 공동체는 어떤 처벌이 합당한 배상으로 만족스러울지 정해야 한다. 물론 만족의 정도는 일으킨 상해에 비례해야 하며, 균형 잡힌 정의와 안정적인 법질서를 회복하는 데 필요한 최소의 수준으로, 그쳐야 한다. 그러나 정당한 선고가 되려면, 예컨대 강간이나 여타의 폭력 등, 그 피해자에게 미치는 심리적 영향도 고려해야 한다. 이 추론의 근간이 되는 이론은 보복 이론이라기보다는 배상 이론 또는 속죄 이론으로 부를 수 있다. 속죄가 종교적 의미로 이해되지 않는 한, 이 용어도 의미가 있어 보인다.

② 형사 입법은 공동선을 침해하는 특정 행위들이 용인될 수 없음을 시민에게 고지하고, 이에 부과되는 형벌을 통해 법적 충실성을 강화하려는 기능을 수행한다. 악에 기울 수 있는 사람에게 처벌을 두려워하게 함으로써 범죄를 억제하는 것을 목표로 한다. 범죄자에게 실제로 형벌을 가함으로써, 그러한 행위는 공공이 승인하지 않은 것임을 드러내며, 이로써 그 규범의 타당성이 뒷받침된다. 이것이 일반 예방(general prevention)의 목적이다.

③ 법을 위반한 자들은 자신의 행태를 바로잡고 더 나은 사람이 되도록 교화되어야 한다. 이는 교정 조치와 필요시 그들의 남용된 자유에 제한을 가해야 한다. 이것이 특별 예방(special prevention)의 목적이

다. 범죄자 교정의 중요성은 무기징역이라도 20년을 초과하는 경우가 아주 드물다는 점에서 잘 드러난다. 따라서 구금시설의 환경은 교정이 최선으로 이루어질 수 있도록 조성되어야 하며, 부정적 영향은 배제될 수 있는 그러한 조건이어야 한다. 동시에 형벌이 범죄자의 장래 생활에 미칠 영향도 고려해야 한다. 일단 형기만료 후 자유로이 복귀할 때 사회적 재통합의 여건이 조성되도록 주의를 기울여야 한다.

④ 공동 복리의 보호를 위해서는 특히 범죄자에 대한 교육이 어렵거나 교정이 불가능의 경우, 재범을 방지하고자 충분히 안전한 조치를 취하도록 요구된다. 이 경우, 범죄자의 책임 여부는 부착적인 것이며, 필요한 보안 조치는 공공의 보호 요구에 따라 결정된다.

끝으로, 범죄에 있어서 간과할 수 없는 것은 범죄를 그 발생의 사회적 맥락과 완전히 분리해서 판단할 수 없다는 점이다. 범법자들은 종종 사회적으로 불안정한 배경에서 나온다. "범죄성은 더 이상 범법자 개개인에 의해서만 해결될 독립된 문제가 아님이 오래전 확인되었다. 오히려 그것은 동시에 친척·친구·이웃·직장 동료 등 그의 환경과 범죄와의 관계 등 사회적 문제를 동반한다."[80] 범죄와 불완전한 사회적 조건이 상호 의존하고 있기에, 사회는 범죄자에 대한 어느 정도의 연대를 도덕적으로 부담해야 한다. 이는 처벌에 대한 인도주의적인 집행뿐 아니라 출소 후의 지원에도 영향을 미친다. 이에 가용 수단과 도우미는 너무 제한되어 있으며, 비용도 든다. 그러나 범죄 예방 또한 사회에 새로운 비용과 부담을 덜어 준다.

복음의 메시지는 수감자들에게 자비롭게 대하도록 요구한다. "내가 감옥에 있을 때에 찾아 주었다"(마태 25,36)라고 예수는 최후의 심판 담화에서 말씀하셨다. 히브리서에서는 이렇게 권고한다. "감옥에 갇

---

80) Heinz Müller-Dietz, "Strafe und Strafbewältigung in rechtlicher Sicht", in *Versöhnen durch Strafen?*, ed. by W. Molinski, Freiburg: Herder, 1979, pp.50f.

힌 이들을 여러분도 함께 갇힌 것처럼 기억해 주시오"(히브 13,3). 일반적으로 수감자들에게서 보다는 배고프고 헐벗고 병들고 낯선 사람들에게서 주님을 알아보기가 더 쉽다. 수감자를 볼 때, 사람들의 관점은 대체로 부정적이다. 수감자들은 사회에 기여할 만한 가치가 전혀 없으며 그저 짐만 되는 존재로 여긴다. 그래서 그들을 소홀히 여기고 무시하며, 때로는 그들에게 가장 필요한 사람들조차도 받아들이지 못한다. 그들에 대한 사목은 수많은 이해·공감·용기·연민을 필요로 한다. 그러나 위에서 언급했듯이, 사회적으로 불안한 배경이 그들에게 잘못된 생활 방식에 기여한 경우가 많다. 그리스도교 공동체는 예수와의 교제 속에서 죄수들의 처우를 숙고해야 한다. 어느 러시아 작가가 말했듯이, 한 사회의 문명 수준은 그 사회의 감옥에 들어가 보면 판단할 수 있다.

(2) **사형에 처할 국가의 권리**

국가가 전반적으로 처벌권을 지닌다고 해도 사형권까지 지녔는지, 이는 오늘날 문제가 되고 있다. 최근 인도주의적인 이유로 이 사형권에 대해 자주 의문시되고 있고, 많은 국가가 극형을 폐지하였다.[81] 따라서 국가가 중범죄에 대해 사형시킬 권리를 지니는지 논의해야 한다.

구약성서는 중범죄에 대해 국가에 사형의 권리와 의무가 있다고 명시한다. "피는 땅을 더럽힌다. 땅에 피가 흐르면, 땅은 그 피를 흘리게 한 자의 피가 아니고는 속죄될 수 없다"(민수 35,33; 또한 창세 9,5~6; 탈출 21,12~25; 민수 35,16~34). 살인 외에도 다른 중죄, 예컨대 신성모독, 중대한 성범죄, 우상 숭배 등은 사형에 처했다. 하지만 후기 유다

81) 사형은 처음으로 1873년 베네수엘라에서 폐지되었고, 1891년 브라질과 아르헨티나가 뒤를 이었다. 사형 폐지에 관한 인권과 기본 자유의 보호를 위한 「유럽협약 제6호 개정의정서」(1983) 제1조는 "사형이 폐지되었다"고 분명히 단언한다.

교는 사형 적용에 있어 점점 더 절제를 보였다.

신약은 구약의 완성이기에, 구약의 규정을 아무런 검토 없이 현재의 은총 질서에 적용할 수 없다. 신약은 구약보다 덜 명확하긴 하지만, 그럼에도 국가의 사형권을 부정하는 대목은 없다. 예수는 빌라도의 재판 중에 생사여탈에 대한 총독의 권한에 대해 이의 제기를 하지 않으셨다(요한 19,10~11). 로마서 13장 4절에서는 국가가 칼로 형벌을 부과할 권한이 있음을 전제로 한다. "그러나 그대가 악을 행할 경우에는 두려워하십시오. 그들은 공연히 칼을 차고 있는 것이 아닙니다. 그들은 악을 저지르는 자에게 하느님의 진노를 집행하는 그분의 일꾼입니다"(로마 13,4).

교회의 교리는 원칙적으로 사형에 대한 국가의 권리를 늘 옹호해 왔지만, 바로 최근 몇 년 사이 이를 매우 제한하고 있다. 1994년 『가톨릭 교회 교리서』의 해당 본문에서는, 공권력이 "심각한 범죄에 상응하는 형벌로 범죄자를 처벌할 권리를 가지며, 극단적인 경우에는 사형을 제외하지 않으며", 1997년의 공식 라틴어 판본에서는 "부당한 공격자로부터 인간 생명을 보호할 수 있는 유일한 방법이라면"이라는 제한을 추가한다(2266항).[82] 요한 바오로 2세의 회칙 「생명의 복음」(*Evangelium Vitae*, 1995)은 사형이 절대적으로 필요한 경우에만, 즉 그렇지 않으면 사회 보호가 불가능한 경우에만, 정당한 것으로 간주한다. 하지만 오늘날에는 "실제로 전혀 없다고는 할 수 없지만, 극히 드물다"고 한다. 이는 『가톨릭 교회 교리서』 2267항을 참조한 것으로서, "범죄자로부터 인간의 생명을 방어하고, 공공질서와 개인들의 안전을 보호하기 위해서 피를 흘리지 않는 수단들로도 충분하다면, 공

82) "Traditionalis doctrina ecclesiae (…) recursum ad poenam mortis non excludit, si haec una sit possibilis via ad vitas humanas ab iniusto aggressore efficaciter defendendas."

권력은 그러한 수단들의 한계 안에 머물러야 한다"는 것이다(56항).

국가가 일반적으로 형벌을 부과할 권리에 대해 열거된 근거 모두는 동일하게 사형을 부과할 권리를 입증해 주지 않는다. 이 형벌로 범죄자가 교정되지는 않는다. 그러나 자기 행위의 무책임성에 대한 속죄의 정신으로 본인이 사형을 받아들인다면, 그들의 도덕적 존재로서의 존엄은 회복될 것이다.[83] 이는 범죄자의 교화(reformation)로 간주할 수 있으며, 심오한 사회적·종교적 의미를 지닌다.

배상 이론은 정치적 공동체(body politic)에 가한 상처는 그것을 입힌 자가 회복시켜야 한다고 요구한다. 상처가 클수록, 요구되는 만족도가 커진다. 사람들은 극히 심각한 범죄에 대한 가장 합당한 속죄는 범죄자의 죽음이라고 자주 판단했다. 하지만 한 공동체가 당시의 구체적인 조건 아래서 또 다른 가혹한 형태의 속죄가 정의를 회복하고 심지어 아주 심각한 범죄에 대한 속죄로는 충분하다고 결론을 내린다면, 국가의 현명한 판단에 따라 사형을 다른 형벌로 대체할 수 있다. 가능하다면 사형을 대체해야 한다는 주장에 두 가지 추가적인 이유는 첫째, 무고한 사람이 처형되는 일을 완전히 배제하기는 매우 어렵기 때문이다.[84] 둘째, 정상과 정신이상 사이의 명쾌한 경계를 설정하기 매우 어렵기 때문이다.

억지 효과와 관련해서, 사형이 다른 중형(예: 종신형, oflifelong impris-

83) 1976년 미국 유타주에서 살인죄로 유죄 판결을 받은 게리 길모어(Gary Gilmore)는 자신의 형벌을 그대로 받아들이고 처형되기를 강하게 요구해서 실제로 집행되었다.

84) 제법 최근의 명백한 오심 사례는 1950년 영국에서 유순하며 문맹자인 존 티모시 에반스(John Timothy Evans)를 자기 딸을 살해한 혐의로 교수형에 처한 사건이다. 나중에 밝혀진 사실은 진범이 레지날드 존 크리스티(Reginald John Christie)일 가능성이 거의 확실했다. 그는 당시 검찰의 주요 증인이었고, 나중에는 여섯 명의 여자를 목 졸라 죽인 사실이 밝혀졌는데, 이미 에반스의 딸을 살해하기 전에도 두 여자를 목 졸라 죽인 상태였다. 한편 미국의 여러 주에서의 사형 집행과 관련해 도덕신학자 존 매코믹(John McCormick)은 이렇게 지적한다. "사형 반대자들은 아직까지 확실한 의미의 '순교자'를 가지지 못했다. 미국 대법원이 1976년 사형을 회복시킨 후 집행된 513명의 남녀 중, 뒤늦게 무죄가 입증된 사례는 단 한 건도 없다"(*Newsweek*, 15 Feb. 1999, p.33).

onment)보다 더 크다고 단정하기 어렵다고 범죄학자들은 생각한다. 하지만 이러한 반론의 타당성은 더 신중한 검토가 필요하다. 사형 폐지 국가와 이론적으로는 유지하되 거의 집행하지 않는 사형 유지 국가의 비교를 볼 때, 미집행 국가의 억지 효과가 폐지 국가의 효과보다 더 크지 않다는 점은 놀랍지 않다. 그러나 단호히 사형 집행되어 실제로 위협이 되는 국가에서는 범죄율이 효과적으로 감소하는 것으로 보인다.[85] 일반적으로 억지 효과는 일반적으로 범죄가 실제로 위협된 형벌로 응징될 가능성이 높을수록 강력해진다. 사형이 범죄의 억지 효과가 있으며 범죄자는 종신형보다 사형을 더 두려워한다는, 시대와 사회를 초월한 사람들의 강한 신념이 단순한 착각이라고만은 할 수 없다.

이 주제에서 특히 중요한 것은 공공복리의 보호라는 논거이다.[86] 다른 시민들과 공동체의 복지를 심각한 위험에 빠뜨리는 범죄자의 치명적(pernicious) 활동은 반드시 저지되어야 한다. 공공을 보호할 필요성이 범죄자의 죽음을 요구하는지는, 그의 죽음이 시민 공동체의 생명과 안녕을 구조할 수 있는 유일하게 효율적이고 도덕적으로 가능한 수단인지의 문제에 달려 있다.[87] 이는 곧, 동일 범죄라도 시기, 환경(예: 원시 또는 선진의 사회, 평시 또는 전시의 상황)에 따라 상이한 형벌이 정

---

85) 1983년 8월부터 시작된 중국의 범죄 단속 결과로, 5개월 동안 10만 명이 체포되었고, 5천 명이 사형되었다. 정부는 전국적으로 처형 사진을 게시하여 오해의 소지가 없도록 했다. 이 경고는 소름 끼치는 효과를 거둔 듯하다. 1982년 동기 대비 9월과 10월의 범죄 건수는 42% 감소했다(*Time*, 30 Jan. 1984, p.9).

86) Cf. Thomas Aquinas, *S. Th.* II-II. q.64, a.2: 공동체에 위험을 끼치고 공동체를 부패시키는 영향력을 행사하는 범죄자를 죽이는 것은 마치 인간 유기체의 병든 지체를 절단하는 것과 같기에, 적법할 뿐 아니라 심지어 공동선을 위해 칭찬도 받을 만하다.

87) 사형 반대론자들은 이 경우 개인이 단순히 수단으로 이용되는 것이라고 주장하며, 용납될 수 없는 것이라고 판단한다. 그러나 이러한 준칙(maxim)을 만든 칸트조차 사형과 자신이 옹호하는 이 원칙 간의 모순이 없다고 생각했으며, 사형을 지지했다. 헤겔도 마찬가지다. 이들의 논거는 다음을 보라. A. Regan, "The Problem of Capital Punishment", *Studia Moralia* 14(1976), p.230.

당화된다는 의미이다. 따라서 사형은 특정 상황에서는 정당화되지만 다른 상황에서는 필요하지 않을 수 있다. 이는 주로, 국가가 도덕적으로 이러한 범죄자를 완전히 유치할 수 있는지 여부에 달려 있다.[88)]

공공복리 수호의 논거는 타인의 생명을 위협하는 정신이상자에게도 적용된다. 원시 사회에서처럼 공동체가 완전히 감금할 수 있는 여건이 아닌 경우, 공동체의 자기 방위 권리는 위험한 정신 이상자를 죽이는 것을 정당화했다. 이 경우, 비록 정식으로 범죄 발생은 없었지만, 그 위험한 사람은 체포된 후에는 당분간 타인 생명을 향한 잠재적 공격자일 뿐이지만, 실질적으로는 부당한 공격자인 것이다.

국가가 다른 형벌로도 범죄로부터 공공복리를 보호할 수 있다면, 원칙적으로 사형은 다른 형벌들로 대체될 수 있다. 왜냐하면 국가가 사형권을 무조건 행사해야 함을 입증할 수 없지만, 동시에 국가가 사형권을 완전히 폐지할 의무가 있는지도 자명한 것은 아니다. 그러나 사형이 시행되는 곳이라면, 어디든 법적 오류와 사법 살인을 방지할 충분한 조치가 취해져야 한다. 게다가 국가 권위의 일부는 사형을 다른 형벌로 감형하는 사면권을 가져야 한다. 위험한 정신이상자의 경우, 다른 형벌로 공동체 보호를 보장할 수 있다면, 그의 죽음 대신 보안 유치는 반드시 취해져야 한다.

10.3.4. 평화의 증진과 국가의 방위

1) 평화 운동의 촉진

평화는 흔히 전쟁, 폭력, 테러가 없는 상태(소극적 평화)로 이해된다.

88) 비용 측면에서 볼 때, 적어도 미국에서는 가석방 없는 종신형보다 사형의 비용이 훨씬 더 비싸다. “그 차이는 기소 비용 때문인데, 사형 청원이 아닌 사건보다 최소 4배가 더 비싸다. (연평균 8건의 사형을 집행하는) 캘리포니아의 체제에서는 통상적인 비용을 넘어, 사형 소송에 9천만 달러를 추가로 지출한다”(*Newsweek*, June 12, 2000, p.22).

그러나 그것의 깊은 뿌리에는 평화는 "의롭고 역동적이며 자유로운 질서의 평온"(적극적 평화)인 것이다.[89] 의롭고 안정된 평화 질서는 모든 사람의 생존과 발전에 대한 보장, 특히 인권 존중을 전제로 한다. 이러한 적극적 의미에서의 평화는 이 불완전한 세상에서 늘 새롭게 지향하고 달성할 높은 목표이지만, 인류가 완벽하게 누릴 수 있는 것은 결코 아닐 것이다. 평화는 본질적으로 권리와 정의를 존중한다는 조건을 지니기에, 이를 "정의의 성과"로도 정의하였다.[90] 중대한 불의가 지속되는 상황은 그 자체로 폭력을 내포한다. 반대로, 정의로운 조건을 확립하려는 확고한 노력은 폭력 예방 정책에 필수적이다. 예방 정책이 사후 피해 통제보다 낫다.

평화는 가정, 다양한 중간 공동체, 종교 단체, 그리고 국가 및 국가 집단에까지, 다양한 차원에서 구현해야 할 현실이다. 하지만 여기에서 직접적인 주제는 국가 간의 평화, 즉 국제 평화다. 그럼에도 갈등의 평화로운 해결은 개별 인간들과 소규모 공동체들의 단계에서부터 촉진되어야 한다. 정의감, 타인에 대한 감수성, 편견으로부터의 자유, 관용, 절충 능력, 화해의 준비와 같은 개인적 태도가 상위의 단계에서의 평화에도 중요한 전제 조건들이 된다.

나아가 사람들은 또한 자신 안에서, 마음과 양심 안에서 평화를 이루어야 한다. 인간 상호 간의 평화는 궁극적으로 하느님과의 평화 및 그분 뜻의 인정을 전제로 한다. 이것이 성서의 정신이다. 마음의 불화는 외면의 평화를 방해하고, 주변 세계와 적대하게 되는 원천이다. "오직 인간이 하느님과 화평하게 살 수 있는 곳에서만 포괄적이고 지

---

89) Valentin Zsifkovits, "Friede", *Neues Lexikon der christlichen Moral*, 1990, p.203. 이 정의는 평화를 "평온한 질서"로 규정한 성 아우구스티누스의 초기 정의를 더 발전시킨 것이다.

90) 이 정의는 특히 토마스 아퀴나스와 비오 12세에서 발견되며, 이는 다시 이사야서 32장 17절을 참조한 것이다.

속 가능한 평화가 인간관계 안에도 존재할 수 있다. 하느님과의 평화, 자신과의 평화, 자기 마음의 평화, 인류 상호 간의 평화는 모두 서로 맞물려 있다."[91] 이런 측면에서 볼 때 평화를 위한 기도의 중요성이 드러난다. 기도는 인간들의 마음을 변화시키고, 하느님과 화해를 이루기 때문이다. 1989년 말 동유럽 국가들에서 전격적으로 나타난 무신론적 공산주의의 거부는 이 무신론 체제가 집권한 이래 전 세계 수천만 그리스도인들이 기도로 준비된 것이었다.[92]

평화 전략에는 전쟁과 폭력의 원인을 제거하고, 타인과 타국의 권리와 존엄성을 존중해야 한다. 이는 국가 지도자들만의 관심사일 수는 없다. 모든 시민, 특히 여론을 형성하는 권력들도 이와 관련하여 영향을 미친다. "다른 사람들과 민족들 그리고 그들의 존엄을 존중하려는 확고한 의지와 형제애의 성실한 실천이 평화 건설을 위하여 반드시 필요하다"(「사목 헌장」 78항). 시민들이 타국이든 자국이든 다른 인종이나 다른 신념을 가진 집단에 대해 증오심을 조장한다면, 이는 형제애를 위반하는 죄이며, 인간끼리의 평화 증진 의무를 어기는 죄이다. 게다가 대중 매체에 영향을 미치는 이들이 증오를 조장한다면, 이는 특히 중죄이다. 왜냐하면 국가 지도자들은 "대중의 감정과 여론에 매우 크게 좌우되기 때문이다. 적의와 경멸과 불신의 감정이나 인종적 증오와 완고한 이념들로 사람들이 분열되고 서로 대립하는 한, 지도자들이 평화 건설에 힘쓰더라도 아무런 소용이 없다"(「사목 헌장」

91) *Out of Justice, Peace.* Joint Pastoral Letter of the West German Bishops, *Winning the Peace.* Joint Pastoral Letter of the French Bishops, ed. by J. Schall in one book(San Francisco: Ignatius Press, 1984). This quotation from the German Pastoral, p.39(nr. 20).

92) 특히 1917년 이래로 파티마에서 성모 마리아가 제시한 기도와 보속의 임무에 따라, 전 세계 수천만 가톨릭 신자들은 매일 묵주기도와 러시아의 회개를 위해 기도했다. 1989년 이후, 한때는 공산주의였던 국가의 교회들이 다시금 문을 열고 완전히 예배의 자유를 누리게 되었다.

82항). 본질적으로 라디오, 텔레비전 및 신문에 달린 것은 "혐오와 폭력의 풍토를 조장시키는지, 또는 사람들이 이해하도록 새로운 가교 역할에 나서는지에 관한 것이다. 따라서 갈등을 예방하기 위한 정책에는 언론 전문가들의 직업적 훈련과 윤리적 양성을 보장하고" 그들의 보도를 비판적으로 동반하는 것이 속한다.[93] 전쟁이 국가를 위협하는 가장 큰 악이기 때문에, 평화를 구축하는 일이야말로 인류에 대한 최고의 사랑 행위이다.

지속적인 평화는 관련 당사자 모두의 정당한 관심과 기대가 정의롭게 다루어질 때만, 가능해진다. 이것이 바로 이 과정에서 대화가 중요한 이유다. 건설적인 대화는 공정에 대한 요구가 필요할 때마다 자신의 의견을 조정할 수 있는 열린 자세로, 상대방의 생각과 열망에 귀 기울인다. "위험한 오해와 오판은 모든 당사자가 자기 입장을 진지하고 영구적으로 재검토하고, 동시에 상대방의 경험, 불안, 이해, 인식 및 가치를 적절히 고려해야만, 피할 수 있다."[94] 상호적 기대는 황금률에 따라 인도되어야 하는데, 이는 곧 "대접받고자 하는 것을 그대로 남에게 해 주어라"는 방식대로 타인에게 행하라"는 요구를 뜻한다.

제2차 바티칸 공의회의 권고는 때로 특정 의문들에 대해 다양한 답변이 가능함을 염두에 두어야 한다. 이는 그리스도인들 간에서도 마찬가지다. "사물에 대한 그리스도교 가치관에 따라 어떤 환경에서 결정적인 해결책을 강구하여야 할 때가 자주 있을 것이다. 그러나 다른 신자들은 똑같이 진지한 태도로 똑같은 일에 대하여 달리 판단할 것이다. 이런 일은 매우 자주 또 당연하게 일어나는 것이다"(「사목 헌장」 43항). 이러한 자각은 당사자들 간에 관용의 정신을 조성해야 한다.

---

93) Pastoral Letter of the German bishops *Gerechter Friede*, Bonn, 2000. *Die deutschen Bischöfe* 66, Nr. 127. 이 문서는 위에서 언급한 독일 주교들의 1983년 사목 서한 "*Out of Justice, Peace*"의 연속으로서 주목할 만하다.

94) *Out of Justice, Peace*, *op.cit.*, p.77(nr. 134).

특별히 관용을 위협하는 것은 이념인데, 이 이념이 보통은 논쟁의 여지가 없는 진실로 고수되지만, 실제로는 인간과 사회의 참된 본성을 부정하기 때문에 합의와 타협을 가로막는 심각한 걸림돌이 된다. 이것은 갈등에 연루된 당사자들이 반복적으로 자신의 전제와 선입견을 비판적으로 검토하도록 도전을 제기한다. 원칙적으로 이념은 민주주의보다는 권위주의적이고 독재적인 체제에서 더 큰 영향력을 가진다.

바오로 6세의 "발전은 평화의 새로운 이름이다"라는 말은 세계의 항구적 평화를 확보하기 위하여 경제 정의와 개도국 원조에 대한 필요성에 주의를 환기시킨다. 국가들의 경제적 상호 의존성이 점점 증가하고 있기에, 이러한 주제에 관심이 필요하다. 요한 바오로 2세는 "상호 의존은 창조계의 재화가 만인을 위한 것이라는 원칙에 입각하여, 연대 의식으로 변형되어야만 한다"고 덧붙였다. 따라서 그는 "평화를 연대 의식의 열매"로 간주한다.[95]

이러한 연대성에는 정치적 박해를 받는 이들에게 망명을 허용하고 안전을 찾아 나선 난민들을 수용하려는 준비성도 포함된다. 망명의 권리는 1948년의 「세계 인권 선언」에 명시되어 있다. "모든 사람은 박해를 피하여 다른 나라에서 비호를 구하거나 비호를 받을 권리를 가진다"(제14조). 이 인권 조항은 1951년의 「난민의 지위에 관한 협약」에 의해 완성되었다. 결정적으로 중요한 것은 제33조 1항이다. "체약국은 난민을 어떠한 방법으로도 인종·종교·국적·특정 사회 집단의 구성원 신분 또는 정치적 의견을 이유로 그 생명 또는 자유가 위협받을 우려가 있는 영역의 국경으로 추방하거나 송환하여서는 아니 된다."[96] 아프리카통일기구(OAU) 국가들의 「아프리카 난민 협약」은 전

95) Encyclical *Sollicitudo Rei Socialis*, 1987, nr. 39.

96) Ian Brownlie(ed.), *Basic Documents on Human Rights*, *op.cit.*, p.76. 유엔난민기구의 「1951년 난민의 지위에 관한 협약 전문 한글 다운로드」에서 국문 인용(https://www.unhcr.or.kr/unhcr/html/001/001001003003.html).

쟁과 점령도 난민 지위 부여의 근거로 인정하여 더 나아가 한다. 이는 다른 나라들이 난민에 대한 질적 정의를 내릴 때, 더 큰 관대함을 보일 수 있는 하나의 모범이 될 수 있다. 정확히 말하면, 아시아와 아프리카의 빈국들이 종종 놀라운 관대함으로 방대한 수의 난민 유입을 기꺼이 받아들였다. 하지만 대규모의 난민 유입은 그 나라에 상당한 부담을 수반하며, 그 국민의 평화로운 공존에 위협이 될 수도 있다. 오히려 난민들이 고국에 머물도록 생활 조건 개선을 위한 개발 정책을 통해 그들을 돕는 것이 더 낫다. 여기에 개발 원조가 관여되며, 이는 아래에서 더 자세히 다루고자 한다.

외국인에 대한 적대감의 증가는 우려가 된다. 이에 독일 주교단은 단호히 선언한다. 즉 "이러한 태도에 동조하거나 심지어 외국인을 혐오하거나 비방하는 선동에 가담하는 것은 그리스도교 신앙에 어긋난다. (…) 어떤 그리스도인도 외국계 동포에 대한 중상이나 폭력 남용을 묵인하거나 방관해서는 안 된다. 오히려 그리스도인은 도덕적 용기를 가지고 개입해야 한다."[97] 그리스도교 공동체는 늘 고국을 떠나 살아야 하는 이들에게 열린 마음을 가져야 한다. 바로 우리 그리스도인들은 그들을 이해하고 연대할 의무를 진다.

국제법과 국제기구, 특히 국제연합기구(UNO)와 그리고 증가하는 유럽안보협력기구(USCE)[98]와 같은 지역 기구들은 세계평화의 중요한 기둥들이다. 비록 그들의 권한은 아직 제한적이지만, 그 영향력을 더욱더 느끼게 된다. 그들은 평화 구상을 지지하고 강화하며, 분쟁의 조정자와 중재자 역할을 해 왔다. 그 대표자들은 세계의 정의와 평화를 위한 노력에 있어 칭송받을 만하다. 이러한 기구들의 정의와 평화에 대한 권한은 점차로 더욱 강화되어야 한다. 이러한 방향에서 중요한

97) Gerechter Friede, *op.cit.*, nr. 193.

98) Organisation for Security and Cooperation in Europe.

단계가 1998년 상설 국제재판소의 설립이다. 집단 학살과 반인도적 범죄와 같은 전쟁 범죄는 반드시 처벌받고 대가를 지불해야 한다. 이는 예방 효과와 회복 효과도 지닌다.

타인의 권리에 대한 존중은 평화를 위한 불가결한 기반이며, 사랑을 위한 최소한의 요구다. 따라서 이러한 권리의 옹호는 역시 진정한 평화를 위한 봉사이며, 적어도 장기적으로는 사랑의 요구이기도 하다. "이러한 이유로 교회는 늘 잔인성과 억압에 맞서 무죄한 이를 보호하고, 불의를 퇴치하며, 정의와 의로움을 옹호할 필요성을 신봉해 왔다."[99] 최후의 방책으로서 폭력적 침략과 중대한 불의에 맞서 군사 수단에 의한 정당방위 교리는 바로 이러한 윤리적 기반에 기초한다. 하지만 이 교리는 평화 윤리의 전반적인 맥락 안에서만 정당성을 지니며, 이 평화 윤리는 그러한 상황이 발생하지 않도록 모든 조치를 다해 예방하려는 단호한 의지와 최선의 노력을 요구한다.

2) 국가 방위의 권리

군사적 방위에 관한 쟁점은 첫째, 전쟁을 통한 방위권(*ius ad belium*)에 관한 문제와 둘째, 전쟁에서 도덕적으로 허용될 수단(*ius in bello*)에 관한 문제, 두 가지를 제기한다. 전쟁은 국가 간 또는 국가와 유사한 대규모 집단 간의 무력 충돌로 이해된다. 전쟁 개념은 때로는 더 넓은 의미로 이해되며, 특히 경제적 압박과 선전 활동과 같은 군사 무기 외의 수단으로 수행되는 갈등도 포함한다. 이러한 경우를 위해 "냉전"이란 용어도 만들어졌다. 이는 국가 간의 충돌을 해결하는 데 가능하다면, 당연히 선호해야 하며, 윤리적 문제점도 더 적다. 이하의 고찰은 무력 충돌이라는 좁은 의미의 전쟁 문제를 다룰 것인데, 이는 훨씬 더 어려운 도덕적 의문들을 제기한다.

---

99) *Out of Justice, Peace, op.cit.*, p.68(nr. 104).

최근 전쟁의 공포와, 더욱이 현대 핵무기의 끔찍함은 전쟁의 도덕적 허용 가능성에 대해 날카롭게 토론을 불러일으켰다. 오늘날 우리 시대에는 그 어떤 전쟁이라도 단호히 거부하는 목소리가 있다. 한때는 전쟁이 방어 수단으로서 정당화될 수 있었을지라도 오늘날의 상황에서는 더 이상 정당화될 수 없다고 그들은 주장한다. 그 이유는 전쟁이 초래하는 악이 국가에 닥칠 다른 해악보다 항상 더 크기 때문이다. 그러나 반면, 국가들은 계속해서 공격하고 침략당하고 있다. 예컨대 영토 확장을 목적으로 1984/5년 리비아(Libya)에 침략을 당한 차드(Chad)처럼, 무기가 없다면 자기 방위를 할 가망도 없다. 이러한 경우, 무력에 대한 무조건적인 배격은 힘이 아무런 처벌도 없이 정의를 짓밟도록 허가증을 내주는 것이나 다름이 없으며, 이는 인류가 야만적 폭력에 의해 도덕적으로 능욕을 당하는 무질서와, 도덕적·종교적 자유가 방기되는 상태로 버려진다는 것을 뜻한다. 이러한 자유의 상실은 물리적 파괴보다도 훨씬 더 큰 가치를 잃는 것이다.

(1) **군사 방위에 대한 도덕적 허용**: 구약은 전쟁을 선택된 백성을 보호하고 신앙을 수호하는 정당한 수단으로 간주한다. 외국인 압제자 안티오코스의 불경스러운 법에 복종하기를 거부했고 동시에 안식일에 전투를 거부했던 마카베오 시대 유다인들의 죽음은 동포들에게 종교의 잘못된 관행에 대한 경고가 되었다. 전투하지 않기로 한 이들이 자기 아내와 자식과 함께 모두 원수에 의해 학살당했기 때문이다. 그래서 동포 유다인들은 다음과 같이 결론을 내렸다. “안식일에 우리를 공격해 오는 자가 있으면, 그가 누구든 맞서 싸우자. 그래야 피신처에서 죽어 간 형제들처럼 우리가 모두 죽는 일이 없을 것이다.” 그래서 그들은 자기의 생명과 신앙을 위해 싸우기로 결정했다(1마카 2,29~41).

신약은 그 어디서도 군인의 계층이나 전쟁에 대해 비난하지 않는다. 세자 요한은 군인들에게 훈계하였고 그들의 직업 자체를 꾸짖지 않는다(루카 3,14). 그리고 예수는 군복무에 대해 반대하신 적이 없고, 당연하게 여기셨다(참조: 카파르나움 백부장, 마태 8,5~13). 만일 그리스도가 전쟁을 단죄하셨다면, 복음서는 그것을 명백히 기록해 두었을 것이다.

신학적 전통은 국가가 최후의 수단인 전쟁을 통해 자신의 존재와 시민들의 기초적 복지를 수호할 권리를 지닌다고 늘 주장해 왔다. 의로운 전쟁 이론은 4세기의 아우구스티누스 시대부터 그리스도교 교리의 일부를 이루어왔다. 국가의 군사적 방위권은 제2차 바티칸 공의회에 의해 다시 한번 확인되었다. "전쟁의 위험이 있고 적절한 힘을 지닌 관할 국제 권위가 없는 동안에는, 참으로 평화 협상의 모든 방법을 다 써 본 정부들의 정당 방위권은 부정할 수 없다. 따라서 국가 통치자들과 국정 책임을 맡은 사람들은 이토록 중대한 일을 신중히 처리하여 자기에게 맡겨진 국민의 안녕을 보호하여야 할 의무를 지니고 있다"(「사목 헌장」 79항).

이성은 전쟁에 의한 국가의 자위권을 입증하는바, 이는 국가의 공동선을 책임진 권위자가 그러한 목적을 위해 필요한 수단을 가져야 한다는 통찰에서 비롯된다. 군사적 방위만이 부당한 침략에 맞서 국가의 안녕을 효과적으로 지킬 수 있는 유일한 수단일 때가 있다. 위험에 처한 선익이 클수록 그것을 지키고자 정당하게 요구되는 희생도 커진다. 불의한 공격자가 국가의 최고 가치들 즉 국가의 존재, 도덕적·종교적 자유, 그리고 기본적인 영적 실체를 위협할 경우, 어떤 국가도 이러한 가치들을 공격자로부터 수호할 권리와 의무를 진다. 미국 주교들은 평화주의를 개인의 선택지로 인정하면서도, 동시에 "무장하고 불의한 공격 위협을 받는 정부는 반드시 자국민을 보호해야 한다. 이는 필요하다면, 최후의 수단으로 무력을 통한 방위를 포함한다"고 강조한다."[100)]

군사적 방위권에는 우발적 전쟁에 충분히 대비할 권리(와 의무)가 따른다. 한 국가가 다른 국가의 희생을 통해 전쟁을 확대할 위험은 상대가 약할수록 더 커진다. 고대 속담 **평화를 원한다면, 전쟁을 준비하라**(*si vispacem, para bellum*)는 오늘날에도 여전히 타당성을 유지한다. 당연히 그러한 준비는 위협의 정도에 비례해야 하며, 이웃 국가들에 침략에 대한 두려움을 조장하여 군비 경쟁을 촉발해서는 안 된다.

(2) **의전**(義戰, just war)**의 조건들**: 전쟁은 가장 끔찍한 해악을 초래하기 때문에 통상의 정치 수단으로는 결코 정당화될 수가 없으며, 오직 가장 중요한 이유에 한해 의전의 다양한 조건이 충족되는 경우에만 허용될 수 있다. 이 조건들은 허가를 주는 규정하는 것이 아니라, 제한을 가하는 규정인 것이다.

① 전쟁은 오직 정당한 원인을 위해서만 적법하다. 즉 국가 공동체의 지극히 중요한 선익(vital goods)을 수호할 경우이다. 그러한 이유는 다른 나라로부터의 부당한 군사 공격을 격퇴해야 할 필요, 국토와 주권의 억류(withholding), 그리고 한 국가의 근본적인 상업 이익이나 다른 필수 이익의 침해를 말한다. 정당한 원인이 도덕적으로 확실히 존재해야 한다. 이러한 이유들은 공격받거나 유린당한 다른 약소국을 위해 개입하는 것을 정당화하며, 때로는 그것을 요구하기도 한다.[101)]

---

100) *The Challenge of Peace: God's Promise and Our Response*, Pastoral Letter on War and Peace, Washington: United States Catholic Conference, 1983, nr. 75.

101) 1975년 헬싱키 회의의 최종 의정서는 인권과 그 대규모의 침해(인종 청소나 대량 추방)를 더 이상 개별 국가 내부 문제로만 보지 않는 최초의 국제 문서였다. 이러한 견해는 1992년 세계 안전보장이사회와 1994년 유럽 의회에 의해 공유되었다. 아직도 완수해야 할 필수 과제는 어느 때 인도주의적 이유로 개입이 필요할 정도로 엄청난 불의가 존재하는지를 가능한 한 명확하고 정밀하게 규정하는 일이다. 1991년 이후 이러한 유형의 최초 6개의 작전은 거의 자의적인 선택의 특징을 띠었으며(왜 코소보는 되고 왜 남수단은 안 되는지?), 동시에 그 어느 것도 거의 목표 달성을 못 했다. 가장 미묘한 쟁점은 개입하

그러나 정당한 이유가 안 되는 경우는 영토의 확장과 그 마무리, 민족주의의 원칙, 인접국의 국력 신장, 종교 이념의 전파, 국가적 영예나 모욕당한 국가의 명예 보상 등이다.

② 비전투적인(non-belligerent) 수단 모두를 먼저 사용해야만 한다. "무력 사용을 최대한 피하려는 노력은 단순히 권고가 아니라, 엄밀한 의미에서 의무이다."[102] 이러한 수단 중 하나는 국제연합기구(UNO)나 유럽안전보장협력기구(OSCE)와 같이 중립적이거나 상급 기구의 중재와 조정을 통한 평화적 분쟁 해결의 시도이다. 무력 충돌보다는 냉전의 조치들이 우선 선택되어야 한다.

③ 전쟁은 수호할 선익보다 상위의 선익을 위태롭게 해서는 안 되며, 성공 가능성이 충분해야 한다. "전쟁으로 인한 피해가 '용인할 수 있는 불의'로 인한 피해와 비교할 수 없이 클 경우, '불의를 견딜' 의무를 지닐 수도 있다."[103] 기원전 586년 바빌론 왕의 예루살렘 포위와, 패배와 파멸을 자초하기보다는 차라리 항복하라고 유다 왕 치드키야에게 권고했던 그러나 무시된 예언자 예레미야의 조언을 참조하라(예레 38~39장).

④ 군사 행동은 정당방위와 침해된 권리의 회복을 위한 필요한 범위를 넘어서서는 안 된다. 본질적 목표를 달성한 후 전쟁을 지속하는 것은 불의하다. 단순히 적을 벌하려는 의도로 지속하는 전쟁도 부도덕하다. 더욱이 전투원들은 언제든지 평화적 해결의 가능성이 있다면, 이에 응할 준비가 되어 있어야 한다.

는 국가들이 작전을 성공적으로 끝내기 위해 자원(resources), 무엇보다 인명을 어느 정도까지 기꺼이 위험에 내맡길 수 있느냐는 것이다. "모든 '인도주의적 개입'에는 헤아릴 수 없는 위험이 가득 차 있다." 이것이 이를 철저히 연구한 M. Pape(*Humanitare Interventionen*, Baden Baden: Nomos, 1997, p.104)의 결론이다.

102) *Gerechter Friede*, *op.cit.*, nr. 66.

103) Pius XII, Address to the International Office of Documentation for Military Medicine: *AAS* 45(1953), pp.748f.

⑤ 전쟁은 적법한 권한을 지닌 당국이 명령해야 한다. 실제로 한 국가의 실제적 정부만이 전쟁을 명령할 수 있는데, 왜냐하면 오직 그러한 정부만이 군대를 통제하고 국가 전체를 동원할 수 있기 때문이다. 만약 저항 운동이 폭압적이고 심각하게 남용하는 정부에 맞서 무장 저항을 촉구한다면, 이는 엄밀히 말해 '의전'의 문제라기보다는, 국내의 부당한 국가 권력에 대한 폭력적 저항의 문제이기에 별도로 다루어야 한다. 그러나 스스로 원하지 않는 소수 민족을 공격하거나, 자신들의 민족이 사용하는 언어 지역을 합병하려고 시도하는 민병대들의 사례도 있다. 이 경우는 다섯 번째 조건이 중요해지며, 이들의 행위가 비도덕적임을 보여 준다. 게다가 대부분의 경우, 그들은 정당한 이유라는 첫 번째 조건조차 충족하지 못한다.

국제법 학자들은 의전이 되려면 실제 무력 침략에 대한 방어적 전쟁일 수밖에 없으며, 먼저 무기를 든 쪽이 유죄라는 견해를 종종 취한다. 그러나 이는 지나치게 단순화한 것으로 간주되어야 한다. 명백히 치명적인 침공이 임박한 위협에 대한 예방적 전쟁도 정당한 것으로 간주되어야 한다.[104)]

물론 이러한 극단적 위협에 대한 방어는, 단지 불확실하거나 심지어 단순히 가능성만 있는 공격에 대한 예방 전쟁과는 명확히 구별되어야 한다. 이러한 예방 전쟁은 실제로는 불의한 침략 전쟁이다. 다시 말하지만, 공공복지에 대한 수호권은 적국이 부당하게 보류하는 중대한 청구권을 강제할 권리도 포함한다. 이러한 청구권의 무력적 행사를 단순히 불의한 침략 전쟁으로 단정할 수는 없다. 하지만 현대 전쟁의 끔찍한 공포로 인해, 오늘날 과거보다는 훨씬 더 이 권리를 제

---

104) 1967년 이스라엘과 아랍 국가들 사이의 6일 전쟁에서, 이스라엘 정보기관은 이집트와 시리아의 공격이 임박했다는 비밀 정보를 입수했다. 이에 이스라엘은 전쟁 개시 계획 7시간 전에 선제공격했고, 이집트 공군을 격파하고는 골란고원을 점령했다.

약하고 있다.

때때로 의전의 조건으로, 전쟁 수단이 정당해야 하며, 자연법과 국제법에 부합해야 한다고 제시되기도 한다. 그러나 원칙적으로 의전은, 비록 불의한 수단이 사용되더라도, 계속 정당할 수 있다.[105] 전쟁 수단의 적법성과 불법성에 대한 문제는 아래에서 다루고자 한다.

3) 전쟁의 적법 수단과 불법 수단

(1) 무기 사용을 구분할 도덕적 의무

의전이라고 해서 수단이 모두 정당화되는 것은 아니다. 사용되는 수단과 방법은 전쟁의 정당한 목적에 비례해야 하고, 차별성을 두어야 하며, 비전투원 면책을 충분히 고려하고, 자연법과 국제법이 요구하는 인간성을 존중해야 한다.

비례성이란 필요한 것 이상을 하지 않는 것을 의미한다. 군사 행동에 의해 가해지는 피해는 추구되는 목표에 상응해야 한다. 전쟁의 정당한 목적 달성에 본질적으로 이바지하지 않는 무력 행위(인명 살상·재산 손상·환경 파괴) 모두는 악이며, 또한 이 목적에 필요하지 않은 고통의 가해도 악인 것이다. 따라서 우연히 있던 몇 명의 군인을 제거하기 위해 마을 전체를 파괴하는 것은 정당화될 수 없다.

차별 대우(discrimination)는 민간인과 비군사적 목표에 대한 무차별적 공격을 금하는 것이다. "도시 전체나 광범한 지역과 그 주민들에게 무차별 파괴를 자행하는 모든 전쟁 행위는 하느님을 거스르고 인간 자신을 거스르는 범죄이다. 이는 확고히 또 단호히 단죄 받아야

---

105) 따라서 비록 제2차 세계 대전 중 연합군이 수행한 전쟁은 전체적으로 정의로운 것이었지만, 순전히 민간인 지역이자 전략적으로 중요하지 않은 도시 드레스덴(Dresden)을 폭격한 일은 부당하고 자연법에 위반된 것이었다. 당시 63만 명의 주민 외에 50만 명의 피난민을 수용하고 있던 이 도시에서는, 1945년 2월 13/14일 밤, 세 차례 영국군과 미군의 공습으로 6만 명의 목숨이 희생되었다.

한다"(「사목 헌장」 80항). 원칙적으로 이러한 차별 대우 기준을 무시하는 것은 동시에 비례성의 기준도 위반한 것이다. 비례성의 이유가 존재한다면, 가톨릭 전통과 다른 그리스도교 전통들에 따르면, 일부의 민간인 사망과 비군사적 목표의 파괴가 군사 행동의 부수적 효과로서의 간접 허용은 가능하다. 예컨대, 군수 공장 폭격은 거기서 일하고 있을 일부 민간인들의 사망 위험을 무릅쓰더라도, 허용될 수 있다. 반면, 비록 해당 지역의 파괴가 간접적으로 의도된 것으로 규정되더라도, 그곳에 있는 하찮은 군수 공장을 무력화하고자 광범위한 주거지를 파괴하는 일은, 비례성의 기준에 따르면, 금지된다. 왜냐하면 간접적으로 의도된 악한 결과일지라도 정당성은 필요하기 때문이다. 국제법 학자 모두가 동의하는 것은 비전투원과 비군사적 자산에 고의로 공격하는 일은 비도덕적이라는 점이다.

더 나아가 자연법이나 국제법이 요구하는 인간성 존중에 반하는 모든 수단과 행위는 비도덕적이다. 보편적인 자연법 원칙들을 의도적으로 위반하는 모든 행위, "이러한 행위를 시키는 명령도 죄악이며, 맹목적인 순종도 그 명령에 복종하는 사람들을 사면할 수 없다. 이러한 행위들 가운데에서 무엇보다도 먼저, 수단 방법을 가리지 않고, 어떤 부족이나 종족이나 소수 민족을 완전히 말살시키려는 저 행위들을 숙고하여야 하며, 이는 잔혹한 범죄로 강력히 규탄 받아야 한다"(「사목 헌장」 79항). 주목할 점은, 비례성과 차별 대우의 요청은 이미 자연법이 요구하는 것이며, 국제법의 일부 규범은 단지 이러한 요청들을 구체화한 것에 불과하다는 것이다. 이 요청들의 기초이며 그것들 넘어서는 더 포괄적인 원칙이 존재하는데, 이는 문명의 원칙, 인간성의 원칙, 인류의 상호 의존성, 인류의 결속 등으로 다양하게 불려 왔다.[106] 이 원칙은 군사 행동의 직접적 효과와 군사적 이득뿐만 아니

---

106) Cf. M. Sichol, *The Making of a Nuclear Peace*, Washington: Georgetown Univ.

라, 인류 공동체의 삶과 번영에 미치는 광범위한 영향, 그리고 전쟁 이후 지속적인 평화 구축에 미치는 장기적 영향도 함께 고려할 것을 요청한다.

국제법에서 금하는 전쟁의 수단과 방법은 다음과 같다(참조: 1907년 「헤이그 협약」과 1949년 「제네바 협약」). 즉 비전투원의 고의적 살해, 군사적 목적을 제외한 적군 자산의 파괴나 수탈, 단지 적이라는 이유로 부상자나 포로의 살해, 전투원이나 적군 주민에 대한 비열한 암살, 인질의 억류,[107] 군인인지 명확히 식별되지 않는 자들에 의한 군사 행동, 독성 무기의 사용(예: 독가스), 불필요한 고통을 유발하는 무기의 사용〔예: 덤덤탄(dumdum bullets), 실명 레이저 무기(blinding laser weapons)[108]〕, 휴전, 적군 국기 및 군사 상징, 적십자 혹은 항복 등의 깃발에 대한 악용, 특사·군목·병원 요원 등, 면책이 선언된 인물의 살해를 금한다. 민간인 보호에 있어 가장 중요한 것은 대인지뢰의 금지이다. 1997년 「오타와 협약」에서 120개국이 지뢰의 생산·사용·유포에 대한 중단을 약속했으며, 대전차 지뢰는 포함되지 않았다. 불행히도 몇몇 주요 국가는 이 협약에 가입하지 않았다.[109]

적군이 불의하게 점령한 지역 내에서 빨치산(partisan groups)의 게릴라전(guerrilla warfare)은 전적으로 부도덕하다고 단정할 수는 없다. 그럼에도 게릴라전의 효용성은 아주 신중하게 따져봐야 한다. 왜냐하면

Press, 1990, p.159.

107) 1949년 8월 12일 제네바에서 체결된 「전쟁포로 처우에 관한 협약」은 제13조 3항에서 포로에 대한 보복 조치를 금하고 있으며, 같은 날짜와 장소의 「전시 민간인 보호에 관한 협약」은 제34조에서 인질 억류를 금하고 있다.

108) 후자는 1995년 「특정 재래식 무기(CCW, Certain Conventional Weapons)에 관한 협약」의 「실명 레이저 무기 의정서」에서 금지되었다. 이 무기는 소리도 없고 보이지 않게, 1km 이상의 거리에서도 눈의 망막을 태워 버릴 수 있다.

109) "현재 90개의 국가에 1억 개 이상의 지뢰가 설치되어 있고, 이로써 하루 평균 40~55명이 사망 또는 불구가 된다(…). 전투원들이 매년 4만 개의 지뢰를 새로 설치한다" (*Newsweek*, Jan. 12, 2004, p.42).

일반적으로는 그저 투쟁의 쓰라림과 피점령국의 고통을 심화시키기 때문이다. 또한 빨치산 역시 군인으로 인지해야 한다.

(2) 핵전쟁의 문제점

핵무기는 그 끔찍한 파괴력과 방사능 낙진(fall-out)으로 인해 전쟁 수단 중에서도 매우 까다로운 문제를 제기한다. "이런 무기를 사용하는 전투 행위는 정당방위의 한계를 훨씬 벗어나는 막대한 무차별 파괴를 가져올 수 있다"(「사목 헌장」 80항). 따라서 의전의 셋째 조건〔**옮긴이 주 #18:** 원문의 '둘째 조건' 표현을 바로잡았음〕, 즉 전쟁이 수호하려는 선익보다 상위의 선익을 위태롭게 하지 않아야 한다는 조건은 쉽게 충족되기 어렵다. 바로 이러한 이유 때문에 핵전쟁은 특별한 윤리 문제를 제기한다.

핵무기가 모두 동일한 성질을 지닌 것은 전혀 아니다. 어떤 것은 제어할 수 없고, 어떤 것은 제어할 수 있다. 제어할 수 없는 효과의 무기는 교전국 영토를 대규모로 무차별적 파괴를 초래할 뿐 아니라, 떠다니는 낙진으로 인해 다수의 비-참전국에게도 심각한 피해를 입힌다. 중성자탄과 같이 효과를 제어할 수 있는 것은 낙진이 전혀 없거나 매우 적다. 또한 콘크리트나 지하 대피소에서라면, 더 잘 보호될 수 있다. 그러나 중성자탄 같은 무기 사용에 있어 훨씬 더 차별성을 보장한다 하더라도, 일단 핵전쟁이 시작되면, 거의 필연적으로 이 무기들의 무제한 사용으로 이어질 위험이 상당히 존재한다.

1980년대 전반기에 각국 주교회의의 사목 서한들 역시 전쟁과 평화, 핵무기 문제점을 제기했다. 민간인 대상의 핵무기 사용은 그것이 완전히 부도덕하다는 점에 동의하였다. "어떤 경우든 핵무기나 기타 대량 학살 도구는 인구 밀집 지역이나 기타 민간의 목표물을 파괴할 목적으로 사용할 수 없다."[110]

게다가 핵전쟁 개시는 결코 정당화될 수 없다. 미국 주교들은 이렇게 썼다. "우리는 아무리 제한적 규모라고 해도, 의도적인 핵전쟁 개시를 도덕적으로 정당화할 수 있는 그 어떤 상황도 없다고 본다. 다른 나라의 비핵 공격은 핵무기 이외의 수단으로 저지해야 한다. 따라서 비핵 방어 전략을 최대한 빨리 개발해야 할 엄숙한 도덕적 의무가 존재한다."[111] 하지만 모든 주교회의 전체가 이 점에 대해 똑같이 단정하는 것은 아니다.[112] 또한 의전 이론가들 간에도 이에 대한 의견은 분분하다.[113]

핵무장은 억지와 예방의 수단으로서, 용납될 수 있다. 이에 대해서는 다시금 모든 주교회의가 동의하였다. 요한 바오로 2세의 다음 메시지가 반복적으로 언급되었다. "현 상황에서 '균형에 의한 억지력'은 그 자체가 목적이 아니라 점진적 군축을 향한 과정의 한 단계로서, 여전히 도덕적으로 용인될 수 있다고 판단된다. 그럼에도 평화를 보장하기 위해서는 실제적인 폭발 위험에 항상 노출된 이러한 최소한에 만족하는 것은 금물(禁物)이다."[114] 비록 공산주의 위협은 줄었지만, 핵 공격의 위험이 완전히 제거된 것은 아니다. 몇몇 국가는 핵무기를

---

110) U.S. Bishops, *The Challenge of Peace*, *op.cit.*, nr. 147.

111) *Ibid.*, nr. 150.

112) 프랑스 주교들은 「공동 사목 서한」에서 이렇게 썼다. "피할 수 없는 두 가지 악, 항복이냐 반격이냐의 선택에 직면하여, 누구나 도덕적 선을 택하는 것이라 가장하지 않고 더 작은 악을 선택한다. 핵 억지력에 호소하는 것이 도덕적으로 허용되려면, 그것이 전제하는 것이 무엇인지는 명백하다. 그것은 오직 방어에만 적용되어야 하고, 과잉 무장은 피해야 하며(…). '실수'나 정신 이상자, 또는 테러분자의 개입 등을 피하기 위해 모든 예방 조치가 취해져야 한다"(*Winning the Peace*, *op.cit.*, pp.110f, nr. 30).

113) 시콜(M. Sichol)이 이미 인용된 저서 *The Making of a Nuclear Peace*에서 다룬 미국의 의전 이론가 세 명, 즉 오브라이언(William O'Brien, 가톨릭), 램지(Paul Ramsey, 개신교) 및 왈처(Michael Walzer, 유다인)는 모두 핵무기 공격에 대응하는 핵무기 사용은 허용한다. 그러나 핵무기의 선제적 사용 가능성을 전적으로 배제하는 이는 오직 오브라이언뿐이다(시콜이 요약한 책의 181쪽을 참조하라).

114) Message to the UNO, June 1982, quoted in *The Challenge of Peace*, *op.cit.*, nr. 173.

여전히 보유하고 있으며, 그 수는 늘어날 것이다. 일방적으로 핵무기를 포기한다면, 해당 국가는 핵무기를 가진 비양심적 공격자에게 협박당하거나 심각한 대치 상황에서 굴복을 강요받을 수 있다. 반면, 상호적 핵무기 보유의 실제는 오히려 그 사용을 억제하는 효과를 가진다. 독가스나 세균과 같은 금지된 무기들이 보복의 두려움 때문에 사용이 억제되는 것과 같다. 실제로 제2차 세계 대전에서 이 무기가 사용된 후, 상호 억제 정책은 이 이후의 사용을 막는 데 효과가 있었다.

끝으로, 가장 잔인한 문제는, 한 국가가 생명, 자유 또는 정체성을 위협받을 때 동일한 방식으로 핵 공격에 대항할 도덕적 권리가 있는가 하는 점이다. "지금껏 가톨릭교회는 이러한 입장이 지닌 제한된 성격과 그것이 수반하는 막대한 위험을 강조하면서도 그것을 비난할 필요는 없다고 생각해 왔다."[115] 이러한 결론은 억지의 목적으로서 이러한 무기를 용납한 데서 나온 것이다. 만약 핵무기 사용이 절대 허용되지 않는다면, 도덕규범을 존중하는 국가가 이를 보유한다고 해도 적에게는 무용지물이 될 것이다. 적은 비상시에도 결코 그것이 사용되지 않을 것임을 알기 때문이다. 이는 정치적으로 아무런 효력을 갖지 못한다. 그러나 이 경우에서도 핵무기를 통한 방어라 하더라도, 그 사용에 있어 최대한 신중을 기해 민간인 대상은 피해야 한다.

모든 핵전쟁의 결과는 그것의 정당성이 무엇이든 가장 끔찍할 수밖에 없기에, 다른 잔인한 유형의 무기들이 이미 국제 협약으로 금지되고 있듯이, 핵무기 금지는 국제정치의 가장 시급한 목표임은 틀림없다.[116] 궁극 목표는 핵무기 생산 자체의 종식시키고 국제적 통제하에 현존 핵무기의 폐기하는 것이다. 일반적으로는 군비 축소와 군비 통

---

115) The French Bishops, *Winning the Peace*, *op.cit.*, p.108(nr. 21); 마찬가지로 the German Bishops in *Out of Justice, Peace*, *op.cit.*, p.83(nr. 153); 그리고 the American Bishops in *The Challenge of Peace*, *op.cit.*, nrs. 154 & 192.
116) 참조: 요한 23세, 「지상의 평화」 112항.

제, 무기 거래의 억제가 필요하다. 여기에 무기 수출 통제를 더욱 강화하는 것도 포함된다.

4) 군복무와 전쟁 참여

"가톨릭의 가르침은 원칙적으로, 군복무의 필요성을 입증한 정부가 시민들에게 군복무를 요청할 권리가 있음을 의심하지 않는다. 어느 시민이든 국가가 자국민들에게 '합법적 방위'를 요구하는 양심적 결정을 함부로 무시할 수 없다. 더구나 그리스도교 시민으로서 군내에서의 역할은, 일정한 도덕규범 내에서 이를 행하는 한, 공동선에 봉사하는 것이며, 애국심이란 덕행을 발휘하는 것이다."[117]

전통적으로 그리스도교 도덕 교리는, 의전의 경우 시민들은 병영 소집에 복종할 의무가 있다고 간주해 왔다. 만일 그들이 자국의 대의명분을 의심한다면, 자원입대는 금해야 하지만, 소집에는 응할 수 있고 또한 응해야 한다. 왜냐하면 이러한 중대한 판단에 대해서는 국가 당국이 더 나은 통찰력을 지녔다고 여기기 때문이다. 명백하게 불의한 전쟁에 참여해서는 안 되지만, 개인이 전쟁이 정당한지 불의한지의 확실성에 도달하기는 거의 불가능하다. 부득이하게 불의한 전쟁에 참여하게 된 자는, 적이 자신을 죽이려 하지 않는 한, 항복한 적을 해치거나 살해해서는 안 된다.

양심상(in conscience) 전쟁에서 무기를 들 수 없다고 느끼는 그리스도교 집단이 항상 있었지만(예: 퀘이커파, 메노파), 원칙적으로 그리스도교 도덕의 가르침은 이러한 거부를 지지하지 않았다. 하지만 최근에는 다양한 곳에서 도덕적 감수성이 높아지면, 양심상의 이유로 군복무를 거부하는 시민들이 많아지고 있다. 이러한 군복무 거부에 대해

117) U.S. Bishops, *The Challenge of Peace, op.cit.*, nr. 232. 또한 「사목 헌장」(GS), 79항의 마지막 문단을 보라.

제2차 바티칸 공의회는 이렇게 선언한다. “그뿐 아니라 양심의 동기에서 무기 사용을 거부하는 사람들의 경우를 위한 법률을 인간답게 마련하여, 인간 공동체에 대한 다른 형태의 봉사를 인정하는 것이 마땅하다”(「사목 헌장」 79항). 그들의 군복무 거부는 평화를 위한 정치, 즉 전쟁을 예방하고 단순히 권력용 전략 수단으로 전쟁을 절대 이용하지 않는 정치에 대한 증언의 가치를 지닐 수 있다. 하지만 양심적 병역거부자들은 다음과 같은 딜레마를 안고 살아야 한다. “만약 모두가 그들의 본을 따른다면, 권력의 공백 상태가 초래될 수 있으며, 이는 정치적 협박에 취약해진다. 물론 이들 또한 이를 원치 않는다. 또한 그들 자신이 직접 감당할 수 없는 군복무가, 오히려 분쟁의 평화적 해결을 가능케 할 수 있으며, 이는 그들 역시 자유롭게 지지하고 때로는 시위에 나서기도 하는 바람과 맞닿아 있다.”[118] 의전 중에 기꺼이 목숨을 바치는 병사들은 가장 큰 사랑을 행한 것이다. 왜냐하면 자신들의 친구, 공동체, 국가 또는 도움이 필요한 우방국을 위해 목숨을 바치는 것이며, 이 희생으로써 그들의 안전과 자유를 지켜 주기 때문이다.

성직자와 수도자는 평생을 종교 봉사에 헌신하였으므로, 그들은 특별하고 독특한 방식으로 보편적인 형제애와 평화라는 이념을 대표하게 된다. 이러한 이유로 이들의 전투병 복무의 면제는 아주 적절한 것으로 간주되어야 한다. 최소한 그들은 자원입대해서는 안 된다(참조: 교회법 제289조와 제672조).

군대의 상관들은, 당연히 그리고 반드시, 자신의 명령이 잘 이행되는지 관심을 두어야 한다. 그들의 임무가 특히나 비상하고 중대한 위험성을 지니고 있기에, 특별히 신속하고 신뢰할 수 있는 복종이 요구된다. 군복무 규정은 일반적으로, 지시가 권한이 없는 기관에 의해 내

---

118) German Bishops, *Out of Justice, Peace*, *op.cit.*, p.95(nr. 201).

려졌거나 그 실행이 형법에 위배되는 경우에만, 불복종을 인정한다. 그러나 도덕신학은 형법을 넘어, 어떠한 군대의 하급자 또는 민간의 하급자도 비도덕적 명령에 복종할 수 없다고 덧붙여야 한다. 다만 명령의 부도덕성에 확신이 있어야 하며, 이는 자연법에 관련된 경우가 형법에 관련된 경우보다 확신에 도달하기 더 어렵다. 명령의 적법성이 합리적으로 의심스러울 때는 권위자에게 유리하게 추정한다. 상급자가 그 명령의 필요성과 적합성을 더 잘 판단할 수 있다고 정당하게 가정할 수 있고 또 그렇게 가정해야 한다. 또한 불복종이 하급자에게 해악이 더 클 경우, 하급자는 부당한 명령에도 순종할 권리(entitled)가 있다. 예컨대, 자신의 생명을 구하고자 순전히 민간 목표를 파괴하는 것은 허용될 수 있지만, 같은 상황에서 무고한 민간인을 살해해서는 안 된다. 자기 생명이 그들의 생명보다 더 가치 있다고 볼 수 없기 때문이다.[119]

분쟁 이후의 평화 조성: 종전 후 총성이 멈추었다고 해서, 비록 항상 희망하고 원한 것처럼 의로운 대의(cause)가 승리했더라도, 완전한 의미의 평화가 실현된 것은 아니다. 평화 연구에서는 화해 작업의 중요성에 대한 관심이 높아지고 있다. "화해가 없이는 평화가 없고, 진실과 정의가 없이는 화해도 없다. 전쟁의 첫 번째 희생자는 진실이라고 흔히 말한다. 불행히도, 이는 종전 후에도 오래 지속되는 경우가 많다."[120] 진실을 규명하지 않고 과거의 문제를 종결시키려는 모든 시도는 피해자들을 모욕하는 것이다. 오명을 씻고자 할 때, 남아프리카공화국의 인종 격리 정책(Apartheid) 폐지 후처럼 '진실 위원회'가 도움

---

119) 1989년 12월 17일 루마니아의 니콜레 차우셰스쿠(Nicolae Ceausescu) 정권의 보안군은 티미쇼아라(Timisoara)에서 평화 시위대를 향해 발포하라는 명령을 내렸고, 일부 병사들이 그 명령을 거부하자 그들은 보안군에 의해 즉결 처형되었다. 그 사건으로 총 4,000명이 사망한 것으로 추정된다.

120) *Gerechter Friede*, Bonn, 2000, nrs. 115f.

이 될 수 있으며, 이들은 누가 저질렀든 간에 교전 중 저질러진 불의를 밝히는 일을 여러 측면에서 한다. 선택적으로 기억하려는 위험성은 공정한 진실성과 역사적 정확성으로 맞서야 한다. 물론 이러한 카타르시스의 과정 또한 피해자를 세심하게 배려해야 한다. 화해는 희생자들에게 강요할 수는 없으며, 인내와 끈기가 필요하다. 완전한 화해는 단기간에 성취될 수 있는 것이 아니다.

10.3.5. 시민의 책임성

1) 조국애

시민들의 기본적인 책임과 의무는 조국을 사랑하는 것이다. 이 의무는 자연법에 기초하는데, 왜냐하면 조국은 시민들이 공통의 관습과 문화를 통해 결속된 공동체이기 때문이며, 또한 공공복지를 보호하고 증진해 준 조국에 대해 시민들은 빚을 진 것이기 때문이다. 조국애는 그 나라의 복지에 대한 관심과 돌봄으로 드러나야 한다. "조국애란 조국의 번영을 기뻐하고, 조국의 고통에 함께 고통받으며, 조국의 안녕을 위해 늘 기도한다는 것을 의미한다. 그러나 조국애는 또한 우리가 마음에 담고 있는 이미지에 흠집을 내는 오점들에 대하여 깊은 아픔을 느낀다는 것을 뜻하기도 한다. 조국애는 더 나아가, 충실성을 의미한다."[121] 이러한 충실성은 무엇보다도 어려움과 필요의 시기에 스스로를 입증해야 한다. 진정한 애국심의 시금석은 전시에는 의로운 조국의 대의를 수호하려는 준비성, 그리고 조국의 위기 때에는 물질적 자산이나 노동을 통해 재정적으로 도움을 주려는 의지이다.

하지만 조국애는 좁은 의미의 민족주의와 혼동해서는 안 된다. 그

---

121) Bishop F.R. Bomewasser, quoted by J. Card. Höffner, *The State. Servant of Order*. Ordo Socialis No. 8, Enugu: CIDJAP, ^{2}1996, p.38.

것이 이기적으로 자국의 이익에만 이기적으로 집착하거나, 자국을 과대평가하여 타인의 권리를 무시하거나 안중에 두지 않는 것이 때문이다. 참된 애국심은 동시에 다른 나라들, 심지어 어제의 적국들을 향해서도 사랑과 정의의 정신을 띠는 것이다.

2) 시민의 책임성과 참여

도덕 안내서들은 보통 시민적 책임보다는 오히려 시민적 순종을 언급한다. 시민적 책임의 개념은 다소 넓으며, 그중 상당 부분이 시민적 순종의 영역에 포함된다. 시민적 책임에는 적극적 참여의 요소가 포함되어 있지만, 시민 복종의 개념에서는 그다지 강하게 나타나지 않는다. 시민은 국가를 향해 그저 권리만을 주장하면서 그에 대한 대응을 최소화하는 것으로 그쳐서는 안 된다. 자신만의 이익을 넘어서 전체의 복리도 고려해야 한다.

시민에게 요청되는 순종은 특별한 성질을 띠는데, 통치자 개인에 대한 위격적 예속이라기보다는 오히려 국가법에 대한 양심적 준수인 것이다. 이러한 준수는 시민의 기본 의무이며, 그들의 양심을 구속한다. 시민은 합당한 요구 모두를 충족시켜 주는 정부에게만이 아니라, 긴축의 시기에도, 불편한 권위자에 대해서도, 준수의 의무가 있는 것이다. 이것이 성서의 가르침이다. "주님을 생각하여, 모든 인간 제도에 복종하십시오. 임금에게는 주권자이므로 복종하고, 총독들에게는, 악을 저지르는 자들에게 벌을 주고 선을 행하는 이들에게 상을 주도록 임금이 파견한 사람이므로 복종하십시오"(1베드 2,13~14). "그러므로 권위에 맞서는 자는 하느님의 질서를 거스르는 것이고, 그렇게 거스르는 자들은 스스로 심판을 불러오게 됩니다. (…) 그러므로 하느님의 진노 때문만이 아니라 양심 때문에도 복종해야 합니다"(로마 13,2~5. 참조: 티토 3,1). 티모테오의 첫째 편지 또한 이렇게 권고한다. "임금들과 높은 지위에 있는 모든 사람을 위해서도 기도하십시오"(1티모 2,2).

국가 제도를 요구하는 인간 본성의 사회적 필요는 동시에 시민의 책임 역시 요구한다. 시민의 협력 없이는 국가가 존재할 수 없고, 무정부와 혼란의 상태에 처하게 될 것이기 때문이다. 사회의 관심과 필요는 모든 시민의 마음에 중심이 되어야 하며, 이것들은 결국 시민 자신의 관심과 필요인 것이기 때문이다. 시민 공동체의 복리와 고통은 조만간 모든 구성원에게도 영향을 미친다. 모든 시민은 공동선 증진을 위해 저마다 이바지하도록 불렸다. "사회적 연대 책임을 현대인의 주요한 의무의 하나로 여기고 그것을 지키는 것이 성스러운 일임을 모든 사람이 인정하기 바란다"(「사목 헌장」 30항). 이 의무에는 공정한 납세 의무를 비롯해, 보건위생이나 교통 법규와 같은 사회생활의 다른 규범들을 준수할 의무도 포함되며, 이미 언급한 것처럼, 전쟁 상황 때 조국의 의로운 대의를 수호할 준비도 포함되는 것이다. 더욱이 시민들은 국가 권력이 올바로 행사되고 법률이 도덕률과 공동선에 부응하도록 자신의 의견을 관철시킬 소명을 받았다(「평신도 교령」 14항).

최근 "시민적 불순종"이라는 권리는 민주 체계를 가진 일부 국가에서 논의되고 있고, 특정 집단이 이를 실천하고 있다. 이는 다수에 의해 적법하게 제정·승인된 특정 법률을 의도적으로 위반하는 형태의 비폭력적 저항으로서, 때때로 다른 사람이나 정부 자체가 그러한 법률을 시행하는 것을 저지하려는 시도를 동반한다. 소수집단은 당연히 자신의 의견을 표현할 권리가 있고, 법률에 반대하는 새로운 다수를 구성함으로써 그 법률의 변경을 도모할 권리를 갖는다. 이것이 바로 민주주의가 서 있는 기초이고, 그 구성원들이 동의한 것이며, 민주주의가 합리적으로 기능할 수 있게 하는 것이다. 따라서 모든 시민은 이 질서를 존중할 의무가 있으며, 다른 이들도 이를 존중하도록 요구할 권리가 있다. 시민적 순종은 시민의 기본 의무이다. 그러나 시민의 불순종 행위가 때로는 무관심한 다수에 대한 정당한 항의일 수 있다. 따라서 마틴 루터 킹(Martin Luther King)은 당시 미국의 인종 차별에 저항하면서, "자기 양심에 부당하다고 여기는 법을 위반하고 기꺼이 징역형을 받음으로써 공동체가 불의를 향해 민감해지게 하는 사람은 진실로 정의와 법에 대해 최고의 존경을 표현하고 있는 것이다."[122] 그러나 동시에 그는 미국의 최고 법정에 항소했으며, 마침내 차별법이 불법이라는 판결을 받아 냈다. 합법으로 기능하는 국가에서 시민적 불순종은 매우 민감한 문제이며, 이는 쉽사리 불법적인 평화 교란으로 변질될 수 있다. 예컨대 관청의 징집 기록 소각함으로써, 특히 정당하게 제정된 법률을 타인들이 지키지 못하도록 하는 시도는 법의 파괴이며, 공동체의 평화로운 질서를 침해하는 것이다. 이는 불법이며, 시민적 순종 의무의 위반이다.

현대 민주국가에서 시민들에게 중요한 권리와 의무 중 하나는 특히 투표권이다. 이는 양심을 구속하는 시민적 의무이자 도덕적 의무이다(참조: 「사목 헌장」 75항). 적어도 좋은 후보자가 합당하지 못한 경쟁자를 만났을 때는 양심적 투표 의무를 진다. 자신의 투표가 중요하지 않으며, 따라서 투표권을 행사하지 않아도 상관없다고 말할 수 있는 자는 없다. 투표의 최종 결과는 수많은 개별 시민의 기여로 이루어진다. 물론 그리스도인들이 그리스도교 후보자만 지지할 의무는 없다. 그러나 자신의 투표가 교회와 양심의 자유에 영향을 미칠 가능성이 있는지는 고려해야 한다. 그래도 더 불충분한 후보가 공직에 오르는 것을 막기 위해 불충분한 후보에게 투표할 수는 있다. 주교와 사제는 신자들의 양심을 책임 있게 투표하도록 가르칠 권리와 의무가 있다.

---

122) 인용: K. Remele, *Ziviler Ungehorsam*, Münster: Aschendorff, 1992, p.91. 여섯 개의 시민 불순종 허용을 위한 규칙이 "Richard M. Gula in *Reason Informed by Faith. Foundations of Catholic Morality*(New York: Paulist, 1989, pp.259f)"에서 제안되었다.

하지만 그럴 때도 정당정치에 관여하지 말고, 기본적이고 일반적인 원칙만을 설명해야 한다.

공직에 적합한 이는 공동선을 위한 봉사의 자리, 즉 중앙정부, 지방정부, 학부모 단체, 직능 단체 등에서 그러한 직책을 수용할 준비가 되어야 한다. 사회 안에서 끊임없이 활동하는 것만이 사회를 불만족스럽거나 무관심한 양 떼가 아니라 책임감 있는 시민들의 공동체로 만들 수 있다. "공직에 대한 전문 역량과 더불어 그리스도교 신앙과 교리 지식을 충분히 갖춘 가톨릭 신자들은 공직 수행을 회피하지 말아야 한다. 올바른 공직 수행을 통하여 공동선에 이바지하고 동시에 복음의 길을 닦을 수 있기 때문이다"(「평신도 교령」 14항. 참조: 「사목헌장」 75항).

시민적 권위는 하느님께서 제정하시고 원하신 것이며, 공동체에 가장 중요하고 종종 어려운 봉사를 제공한다는 사실은 권위자에게 합당한 존경심을 보이도록 시민들에게 의무를 부여한다. 권위자를 모욕하는 것은 심각한 죄이며, 특별히 공개적이거나 쉽게 공개될 수 있는 경우에 중죄이다.

3) 납세 의무

조세는 시민들에게 하는 특수한 요구이며, 평상시에 시민들이 가장 많은 것을 요구받는 공동선에 대한 기여이다. 바리사이들과 헤로데 당원 몇몇이 카이사르에게 세금을 바치는 것이 합당한지를 물었을 때, 조세 의무에 대해 그리스도가 천명하셨다. 그분은 이렇게 답하셨다. "황제의 것은 황제에게 돌려주고, 하느님의 것은 하느님께 돌려드려라." 그리하여 그분은 황제의 과세권을 인정하신 것이다(마르 12,13~17). 성 바오로 역시 그리스도인들에게 성실히 납세하도록 요구한다. "조세를 내야 할 사람에게는 조세를 내고 관세를 내야 할 사람에게는 관세를 내며, 두려워해야 할 사람은 두려워하고 존경해야 할 사람은 존경하십시오"(로마 13,7).

납세 의무는 국가로서 필요한 것들에 대해 자기 몫을 해야 할 시민들의 의무에서 유래한다. 국가는 시민의 도움이 필요하며, 시민은 국가로부터 이익을 얻으며, 또한 국가는 시민들을 대신하여 특정한 의무도 떠맡는다. 조세의 목적은 정부와 그 기관들의 기구 유지(예: 경찰, 군대), 공동체의 일반적 필요의 보장(예: 도로, 항만, 학교, 사회 복지 사업), 그리고 국내적 차원 또는 국제적 차원에서 사회 정의에 따른 부의 재분배를 이루는 데 있다. 각 시민은 정의와 자선에 따라 이러한 목적에 기여해야 하며, 따라서 시민들은 양심상 정당하게 납세할 의무가 있다.

하지만 탈세가 널리 자행되고 있고, 흔히 가볍게 여겨진다. 흔히 '모두가 세금을 속인다'고 주장하며, 자신도 그렇게 해도 되고, 심지어 비즈니스 경쟁에서 살아남기 위해 그렇게 하는 것이 불가피하다고 여긴다. 그러나 이러한 주장은 통계 연구가 보여 주듯이, 일부 제한된 집단에게만 해당한다. 임금 소득자 대다수 집단은 탈세가 극히 미미하며, 국가 수입의 가장 큰 부분에 기여한다(60~70%). 사용자가 급여를 신고하기 때문에 이들은 부정을 저지를 기회가 거의 없다. 두 번째 집단은 기업으로서, 이들은 중간 정도로 납세를 회피한다. 세 번째 집단은 자영업자와 자유 직업인으로서, 상당한 정도로 탈세한다. 물론 세금 포탈에 양심적이지 않은 사업가는 정직한 경쟁자들보다 더 많이 돈을 번다. 그러나 이러한 금전적 이득은 다른 유형의 사기, 불의, 부정직을 통해서도 얻을 수 있다. 그렇지만 동일한 불법 수단을 썼다고 해서 경쟁 업체가 정당화가 될 수는 없다.

탈세는 악행이며, 공공 정신 부족에 대한 증거이다. 정부는 납세 의무의 합리적 이행을 강제할 권리를 지닌다. 세무 공무원이 납세 의무

불이행의 대가로 뇌물을 받지 않도록 특별한 주의가 필요하다. 제2차 바티칸 공의회는 납세 의무와 같은 특정한 사회 의무를 거의 무시하는 개인주의적 도덕을 결연히 반대한다. 그리고 자기의 능력과 타인의 필요에 따라 공동선에 공헌할 때만이 정의와 사랑의 의무가 충족되는 것이라고 선언한다. 비난받는 사람들은 "사회의 법률과 규정을 무시한다. 또한 갖가지 사기와 간계로 정당한 세금이나 사회에 대한 다른 의무의 회피를 부끄러워하지 않는다"(「사목 헌장」 30항).

납세는 공적 책임의 본질적인 부분이다. 이는 공동체 정신과 훌륭한 시민의식의 표지이다. 재정 정책과 경제 정책은 사회를 구축하는 수단이 된다. 또한 형제애를 위한 도구가 되기도 한다. 오늘날 이웃을 돕는 일이 자선을 통해서가 아니라 공공 기관과 조직을 통해 이루어지므로, 이러한 기관들은 시민들이 세금의 형태로 기여하는 돈에 의해 유지된다.

납세의 의무로부터 소득 신고의 의무도 생겨난다. 재산을 평가할 때 지나치게 세심할 필요는 없다. 학자들은 세금 사기가 발생할 경우, 적절한 배상(restitution) 의무가 있는지 논의하는 중이다. 일부는 이러한 배상은 필요하지 않다고 주장하는바, 사회가 공적 조치를 통해 필요한 재원 모을 수 있기 때문이다. 반면, 시민들은 자신들이 공공복리에 기여를 제공하듯이, 동료 시민들에게도 그렇게 요구할 권리를 지닌다. 따라서 기여(contributive) 정의는 배상 의무를 부과하는 것으로 여겨진다. 원칙적으로 국가에 배상해야 한다. 만일 배상이 매우 어렵다고 판명된다면, 자선을 목적으로 기부하거나 사회적 관심의 사업에 기부하는 방식으로 대신할 수도 있다. 따라서 탈세자가 세무 당국에 직접 배상함으로써 탈세한 사실이 드러날 경우 처벌 위험도 커지는 상황이라면, 그는 이러한 간접적인 배상 방식을 택할 수도 있는 것이다. 이러한 기부 역시 공동선을 위한 기여이기 때문이다. 다만, 납세자가 사업 존립 자체를 위협할 정도의 재정적 곤경에 빠진 경우, 배상을 강제해서는 안 된다. 그러한 경우에는 그런 강요가 공동체의 이익에 부합하지 않기 때문이다.

10.3.6. 불의한 국가 권위에 대한 저항권

그리스도교 신학은 불순종에 대한 시민 권리와 국가 권위에 대한 저항권을 인정하는 데 있어 매우 신중하고 느린 편이다. 그럼에도 원칙적으로는 저항권을 인정한다. "공권력의 월권으로 국민이 억압을 받는 곳에서도, 국민은 객관적으로 공동선이 요구하는 것이라면 거부하지 말아야 한다. 그러나 자연법과 복음이 그려 주는 한계를 지키며 이러한 권력의 남용을 거슬러 자기 자신과 동포의 권리를 수호하는 것은 정당하다"(「사목 헌장」 74항). 국가 권위가 불의한 경우는 두 가지의 근거에 따른다. 첫째는 국가 권위를 폭력적이고 불법적인 방법으로 찬탈한 경우, 둘째는 합법적으로 획득한 국가 권위가 남용되고 폭군처럼 된 경우이다. 이 두 경우는 구분해서 다루어야 한다.

1) 불법적 통치자에 대한 저항

불법적인 통치자나 찬탈자는 정당한 자격 없이 정부를 장악한 자를 말한다. 찬탈자는 합법적 정부에 반란을 일으켜 권력을 얻거나, 적군의 침입으로 인해 국가 전체나 일부를 실제로 지배하게 되어 자신들의 정부를 세울 수도 있다.

원칙적으로 시민들은 찬탈자에게 순종할 의무가 없으며, 오히려 합법 정부를 도와 불법적인 통치자에게 저항해야 할 의무가 있다. 왜냐하면 국가 권위의 정당성은 영토에 대한 강제 점령이 아니라 국민적 동의에 의해 승인된 법적 자격, 즉 현대 국가에서는 보통 헌법에 따른 권력 이양에 근거하기 때문이다.

찬탈자가 일단 확실한 통제력을 확보하고 권력을 잡고 있는 한, 제한적이긴 하지만 그의 명령에 순종할 의무가 있다. "이것의 법적 근거는 확실하게 장악되었기 때문이 아니라 정치 공동체가 그렇지 않으면 무정부 상태와 혼란의 희생물이 될 것이기에 공공질서를 보장해야 할 필요성에 있다."[123] 이러한 복종은 공동선 즉 질서 있는 법적·정치적 행정의 요구에만 국한되며, 찬탈자가 구성한 정부에 참여하거나 그의 정부를 "합법화"하고자 소집한 "제헌의회"에 참여함으로써 불법적 권위를 인정하는 것은 포함되지 않는다. 찬탈자에 대해 제한적 순종은, 합법적 통치자가 적절한 시기에 시민들에게 찬탈 정부에 대한 적극적 저항을 요구할 권리를 해치지 않는다. 그러나 일단 찬탈자가 국가에 대한 통제권을 확실히 획득했다면, 합법적 권위자가 권력을 되찾기 위해 무력 수단에 호소하는 것은 성공적으로 권력을 되찾을 희망이 있는 경우에만, 허용된다.

불법적인 통치자가 평화롭게 권력을 점유한 이후 시간이 지나면서 그의 권위는 합법적인 것이 될 수 있다. 이는 성공이 권리를 창출하기 때문이 아니라, 더 이상의 파괴적 투쟁으로부터 시민 공동체를 구해야 할 필요 때문이다. 다만, 이러한 정당화는 원칙적으로 새로운 통치자가 정의와 권리를 존중하고 공공복리를 유지하고 촉진하는 조건에서만 이루어진다. 폭정을 하는 경우, 장기간의 집권에 성공했더라도 정당성을 얻을 수 없다. 한때의 찬탈자가 국가의 합법적 권위자로 승인받으려면, 시민의 명시적 또는 묵시적 동의가 있어야 한다. 시민들은 이 동의를 통해 공동선이 새 정부 아래에서 보장되며 그 권위 자체가 실제적 공동선의 구성요소가 되었음을 승인하게 된다. 이 경우, 이전의 합법적 통치자의 모든 법적 청구권은 무효가 된다. "사실

123) J. Messner, *Social Ethics*, St. Louis/London, 1965, p.594.

상의 정부가 시간이 지나면 정당성을 갖게 된다는 이 법리의 타당성은 국민의 법의식에서 확인이 된다. 이는 혁명적 변화를 겪은 역사적 과정 속에서 종종 나타났다."[124]

2) 합법적 통치자에 대한 저항

합법적 권위에의 순종은 무조건적인 의무가 아니다. 그것은 자연법과 신적 도덕법, 그리고 공공복리 안에서 그 한계를 갖는다. 국가 권위가 불의해지고 신법에 어긋난 경우, 시민들은 더 이상 순종할 의무가 없다. 이러한 상황에 대해서는 베드로와 요한이 예수 그리스도를 더 이상 전파하지 말라고 산헤드린 앞에서 금지를 당했을 때 했던 말씀이 적용된다. "사람에게 순종하는 것보다 하느님께 순종하는 것이 더욱 마땅합니다"(사도 5,29. 참조: 4,19~20).

하지만 한 나라의 사회적·경제적 조건에 대한 모든 불만이나 지도자들의 모든 (탓이 있든 탓이 없든) 무능력이 폭력에 의한 정부 전복을 정당화하기에는 충분하지 않다. 오늘날 '혁명' 단어는 특히 산업적·사회적 발전 도상에 있고 또 많은 문제점으로 자주 시달리는 국가에서 자주 사용된다. 이러한 나라들에서 일부 집단은 자국의 불만족스럽고 실망스러운 상황에서 더 큰 정의와 더 신속한 발전을 이룩하려는 수단으로 혁명과 같은 것에 의지하고자 한다. 교황 요한 23세는 "관대한 정신"의 사람들이 지닌 정당한 문제의식을 이해하면서도, 진보는 혁명이 아니라 진화의 방식에서 찾아야 한다고 경고한 바 있다. "만물은 점진적으로 성장한다는 것이 자연의 법칙이다. 인간의 제도에서 어떤 개선이 있으려면, 그 작업은 내부에서부터 천천히 그리고 신중하게 이루어져야 한다. (…) 성급함은 결코 건설적이지 않았고 언제나 모든 작업을 망가뜨렸다. 열정을 불태우게는 했지

---

124) *Ibid.*, p.595.

만, 결코 누그러뜨리지는 못했다. 그것은 경쟁하는 당파들을 화해시키기는커녕, 증오와 파멸을 쌓아 올리게 했다. 그리고 인간과 정당들이 불화의 결과로 남겨진 폐허 위의 재건이라는 어려운 작업을 수행하지 않으면 안 되도록 만들었다."[125]

때때로 정부의 권위 행사가, 인간성이 지닌 한계 때문에 어느 정도는 불의해질 수 있다고 해서, 곧바로 정부의 합법성이 박탈되는 것은 아니다. 정부가 가끔 불의한 법을 제정하거나 국내 문제 해결이 더디다고 해서 불법화되지는 않는다. 그러나 공공복지에 반해 권력 남용을 지속할 때는 불법화된다. 이러한 경우 시민들은 정부의 폭정에 맞서 그것을 제거하고 교체를 시도할 권리를 지닌다. 국가 권위가 불의하게 억압하고 남용할 때의 저항 수단은 다음과 같다.

(1) **합법적으로 보장된 수단의 활용**: 질서 있는 국가에서는 시민들이 정치적 권위의 억압에 맞서 합법적 수단을 통해 권리를 보호하고 남용하는 정부를 제거할 기회를 가져야 한다. 이러한 수단의 존재 여부는 평등하고 건전한 국가 체계와 독재 국가를 구별하게 한다. 국가 당국의 억압으로부터 사법적 보호를 받을 권리가 존중되는 한, 전체주의 국가의 출현 가능성은 거의 없다.

(2) **소극적 저항**: 이는 비폭력적으로 법에 순종하지 않는 것을 의미한다. 시민들은 정부의 불의한 법과 명령에 순종할 의무가 없다. 법과 명령이 시민의 인권과 존재 목적에 상충될 때, 불의하다. 예컨대, 통치자가 공동선이 요구하지 않는데 자기의 탐욕이나 오만으로 억압적인 법을 강제할 경우, 헌법이 부여한 권한을 초과하는 경우, 부담 배분이 불평등한 경우, 불의한 것이다. 현대 국가에서 권리 침해는 특히 교육, 혼인법, 사유권, 세재 그리고 종교와 양심의 자유 분야에서 나타난다. 법률의 불의함은 확실해야 한다. 회의의 경우, 합법적 권위

---

125) 요한 23세, 「지상의 평화」 162항. 의미를 살리고자 다시 번역하였다.

쪽으로 추정되어야 한다.

법이나 명령이 부당하지만 비도덕적 행위를 명령하지는 않는 경우 (예컨대, 자유로운 의사표시, 평화로운 결사, 대중 행진 등을 금지하는 경우), 순종을 거부할 수 있으니 일반적으로 그럴 엄격한 의무는 없다. 법을 무시함으로써 부과될 가혹한 처벌을 피하고자 불의한 법과 명령에 굴복할 경우, 허용될 수 있다. 따라서 전체주의 체제하에 가장들은 직업 유지와 가족 부양을 위해 외적 굴복을 드러낸다면, 정당화될 수 있다. 예외적으로, 평화와 질서에 더 큰 해악을 피하기 위해 위에 언급된 불의한 법들을 준수하는 것이 공동선을 위해 의무적인 것일 수 있다. 하지만 그 법이 부도덕한 행위를 명령할 경우(예: 자비적인 살인 또는 신앙 부정), 순종은 반드시 거부되어야 한다.

(3) **적극적 저항**: 이는 국가 권위의 남용에 맞선 시민들의 조직적 방위를 말한다. 이 방위는 무력 사용과 상관없이 수행될 수 있다. 비폭력적인 적극 저항은 말과 글로 여론을 움직이거나, 더 높은 사법 기구에 호소하거나(예: UN), 대규모 시위나 총파업의 형태를 취할 수 있다. 전통적인 그리스도교 윤리학은 아주 특별한 상황을 제외하고는, 오직 비폭력적 저항만이 불의하고 전제적인 국가 권위에 맞서 시민의 권리를 보호하기 위해 허용되는 유일한 적극적 저항이라는 점을 늘 견지해 왔다. 내전은 대개 국가 권위에 의한 권력 남용보다 공동선에 더 큰 불행을 초래한다.

폭력 저항은 무법한 폭정에 맞선 무장봉기를 말한다. 나치와 공산주의의 최근 폭정을 경험한 후, 현대 신학자들은[126] 과거의 신학자들에 비해 압제 받는 민족에게 폭력적인 저항권, 심지어 폭군 그 사람의 살해 가능성까지 인정하는 경향이 더 커졌다.[127] 폭군의 독재

126) M. Pribilla, M. Laros, Th. Meyer, E. Welty, Mausbach-Ermecke, J. Messner, B. Häring, R. Hauser, M. Vidal.

와 공포 정치에 대해 폭력적 저항권을 인정해야 하는 근거는 다음과 같다.

① 자연법이 불의한 권력에 맞서 의롭고 효과적인 방어 수단 없이 민중을 방치한다는 근거란 없다. 자연법 자체가 부여한 인간의 기본권 보호 요구를 부정하는 것이 되어 버리기 때문이다. 만약 모든 폭력적 저항이 금지된다면, 민중은 정말로 부도덕한 폭군의 억압에 대하여 효과적인 방어 수단 없이 방치될 것이다.

② 국가 권위는 공동선을 위할 때만 권한을 가진다. 통치자가 권력을 극도로 남용하고 정의·도덕·종교를 훼손함으로써 공동선에 반하는 행위를 할 경우, 그는 권위에 대한 자기 권리의 기반을 포기하는 것이다. 시민적 권위의 힘은 그것을 올바르고 합법적인 사용에 좌우되는 국민의 동의에 달려 있기에, 시민들은 질서의 수호를 떠맡을 수 있으며, 무장 저항과 심지어 폭군의 사망도 결정할 수 있다.

③ 도덕신학은 폭력적 공격에 맞선 개인의 자기 방위 권리를 인정한다. 개인에게 이 권리가 인정된다면, 논리적으로 국민 전체에게 그것이 부정될 수는 없다.

국가 권위에 대한 폭압적 남용에 맞서 적극적·폭력적 저항이 정당화되기 위해서는 일정한 조건이 충족되어야 한다. 이는 의전을 위한 조건과 평행선을 달린다. 본질적 차이는 대항자가 외부의 적이 아니라 국내의 적대적 정부라는 점이다.

㉠ 정부가 틀림없이 시민적 권위를 총체적이고 지속적이며 광범위하게 남용한 유죄여야 한다는 조건이다. 즉 공동선을 위한 봉사 기

127) 프로테스탄트 윤리는 합법적인 통치자의 폭정에 맞서 시민들에게 불순종 권리를 허용하는 데 있어 훨씬 소극적이었다. 브루너(E. Brunner)는 (제2차 세계 대전 이전의 전통에서 보자면) 가톨릭 도덕신학이 불의한 법에 대한 저항을 가르칠 때 "실정법적 질서를 참을 수 없을 정도로 위험에 빠뜨리게 하는 것"이라고 비난한 바 있다(*Gerechtigkeit*, Zürich: Zwingli, 1943, p.110).

능을 더 이상 수행하지 않는 그런 남용이어야 한다. 이것은 예컨대 시민의 기본 인권과 자유를 억압하는 경우, 통치자의 대외 정책이 이념적으로 과장하거나 국가의 참된 선익과 다른 나라의 권리를 해치도록 그저 자기의 야망만을 좇는 경우 등이다.

㉡ 평화적이고 비폭력적인 저항 수단 모두를 써 보았지만 성공하지 못했다는 조건이다.

㉢ 폭력적 저항이 성공하리라는 근거가 충분한 희망이 있다는 조건, 그리고 그러한 저항으로 인해 악조건이 더 악화되지는 않으리라는 희망이 있다는 조건이다. 따라서 신학자들은 그러한 저항이 두 가지 이유로 충분히 조직되어야 한다고 요구한다. 첫째는 기존의 폭정을 신속히 전복하여 내전의 장기화를 피하기 위함이고, 둘째는 정치적 혼란의 결과로 종종 권력을 장악한 소수 급진 집단의 새로운 폭정의 출현을 방지하기 위함이다.

㉣ 무력 사용이 억압적 권력을 제거하는 데 필요하고 충분한 조치를 넘지 않는다는 조건이다. 그러나 확실한 성공을 위해서는 너무 적은 힘보다는 다소 더 강한 힘을 행사하는 편이 바람직하다.

㉤ 폭력적 저항의 정당성과 실행의 결정은 공동체의 이름으로 내려야 한다는 조건이다. 일부 불만에 찬 개인들의 사적 사안이 되어서는 안 된다. 따라서 이 사안을 결정할 자격이 있는 사람은 국민이 대표자로 인정할 만큼 높은 역량과 큰 책임감을 지닌 이들뿐이다. 특히 독재자와 가까운 위치에 있는 사람일수록 그의 동기와 의도를 잘 판단할 수 있고, 저항을 이끌 자격도 더 크다. 고대에는 '제2차 권위자'라고 불린 이들이 이러한 결정을 맡았다. 국가의 극단적 필요시, 이들은 적극적으로 나서도록 허용될 뿐만 아니라, 매우 큰 개인적 희생을 치르더라도, 이 결정을 내릴 의무도 있다.

그리스도교 윤리학은 적극적 저항권에 대해 원칙을 제시할 때, 사회윤리는 다만 몇몇 일반적 규범과 조건만을 제시할 뿐이다. 현실 정치에서 구체적 사실들과 전제들은 아주 복잡하고 불확실한 경우가 많다. 윤리학은 도덕적 책임의 엄중함을 보여 주어야 한다. 그러나 실질적인 결정은 구체적인 상황에서 살면서 국가를 돌볼 책임이 있는 사람들에 의해 양심적 판단에 맡겨져야 한다.

10.4. 교회

“교회는 그리스도 안에서 성사와 같다. 교회는 곧 하느님과 이루는 깊은 결합과 온 인류가 이루는 일치의 표징이며 도구이다”(「교회 헌장」 1항). 국가가 세속적 공공복리를 보편적으로 확립하고자 설립된 사회인 것처럼, 교회는 인류의 영적·종교적 복리를 보편적으로 증진하도록 설립되었다.

10.4.1. 교회 권위의 임무

교회의 권위는 교황·주교·신부·부제 등에 의해, 그리고 점점 더 다양한 수준에서 가톨릭 평신도들에 의해도 대표가 된다. 새 교회법은 “그리스도교 평신도들이 이 권력의 행사에 법규범을 따라 협력할 수 있다”고 명시하고 있다(교회법 제129조 2항). 그들은 교회를 하느님과 인간 사이의 중재자로 섬긴다. “교회는 자기 고유의 구원 목적을 추구하며 인간에게 하느님의 생명을 나누어 줄 뿐 아니라 그 생명의 빛을 어느 모로 온 세상에 되비추고 있다”(「사목 헌장」 40항). 교회의 역할은 인간의 종교적·영적 필요에 봉사하고, 신앙·종교의 가치를 증진시키는 것이다. 교회는 신자들의 일상 활동에 더 깊게 의미를 불어넣고, 또 인류 사회를 하느님의 가족으로 변화되어야 할 인류 사회의 누룩으로서 또 마치 그 혼처럼 존재하도록 불린 것이다(참조: 「사목 헌장」 40항). 교회의 주요 역할은 한편, 종교적 진리의 중재하는 것이고 종교 생활(예배·전례·성사)의 돌봄이며 다른 한편, 그리스도교 공동체의 건설과 인류 간 친교를 증진하는 것이다.

1) 신적 진리의 교사

교역자(ministers)에게 으뜸가는 의무는 하느님 말씀을 설파하는 것이다. "하느님의 구원 말씀이야말로 미신자의 마음속에서 신앙을 일으키고, 신자의 마음속에서 신앙을 기른다. 그리고 이 신앙에 의하여 신자들의 모임이 시작되고 또한 성장한다"(「사제 직무」 4항). 바오로 6세는 그리스도교 설교에 최고의 중요성을 부여한다. "다른 어떤 형태의 소통〔커뮤니케이션〕도 선포를 대신할 수 없습니다. 신문, 라디오, 텔레비전과 같은 현대의 기술이 제공하는 대단히 강력하고 효과적인 수단들조차도 마찬가지입니다. 사실상, 사도직과 거룩한 선포는 어느 정도 동의어입니다. 선포는 첫째가는 사도직입니다. 존경하는 형제 주교님들, 우리의 직무는 무엇보다도 말씀의 직무입니다."[128] 이것이 "회중과 함께 거행하는 주일과 의무 축일의 모든 미사 중에 강론을 하여야 하며 중대한 이유가 없는 한 이를 궐(생략)할 수 없는" 이유이다(교회법 제767조 2항). 설교자는 사람들의 마음에 다가갈 수 있도록 크게 고양시키는 언변의 은사를 주님께 간청해야 한다.

그리스도는 교회를 통해 신자들에게 당신의 생명과 진리를 전하신다. 성서는 교리의 원천으로서, 교회와 분리된 것이 아니다. 오히려 하느님께서 교회를 통해, 교회 안에서 신자들에게 성서를 주신 것이

128) 바오로 6세, 회칙 「주님의 교회」(1964.08.06.), 90항. 그리고 교회법 제761조를 보라.

다. 교회는 그리스도의 말씀을 가르치고, 사람들에게 그분의 복음을 전하며, 그 의미심장함을 이해하도록 도와준다. 홀로 떨어져 있는 개인은 성서를 제대로 해석할 능력이 없다. 그리하여 신자들이 전통을 찾아보고, 교도권을 경청하도록 지침 받을 때, 성서보다 교회를 우선하라는 의미가 아니라, 교회 전체가 주는 해석을 자기 개인의 해석보다 우선하라는 의미이다. 신학을 가르칠 때 다양한 견해 차이에서 생겨나는 불가피한 의견 다툼이 허용되는 것은 오직 교회 신앙의 범위 내에서만 가능하다.[129)]

사제들뿐 아니라 그리스도교 신앙의 모든 교사와 예비자 교사들은 "자신의 지혜가 아닌 하느님의 말씀을 가르치도록" 요청을 받는다(「사제 직무」 4항). 어떤 인물이나 파벌과 관계없이 공평하게 말씀을 설교해야 한다. 그것은 결코 사람들의 비위를 맞추려는 소망에 영향을 받지 않고, 오직 그리스도의 메시지와 명령을 충실히 전하려는 의지로 인도해야 한다(참조: 「사제 직무」 6항). 설교자가 정당정치에 관여하는 것은 민감한 부분이다. 교회는 국가의 사회적·경제적 질서를 형성할 기본 원칙들을 밝히는 데까지는 반드시 말해야 한다(참조: 교회법 제747조). 그러나 교회가 이 원칙들을 구체적인 정치와 사회의 정책과 제도로 전환할 때, 상당히 자제해야 한다. 사제들과 교회의 다른 권위자들은 교회의 대표로서 예컨대 설교대에서 말하는지, 또는 사적인 시민으로서 예컨대 비공식 모임에서 말하는지, 구분할 줄 알아야 한다.

하느님 나라의 현현으로서 교회의 사명은, 진실하지 못한 변명이나 합리화로 인해 훼손될 수 있다. 실제로는 부족함이나 실패임에도 불구하고 이를 정당화하려는 자는 교회의 효용성과 교회에 대한 존경심을 떨어뜨리게 한다. 반면, 비판이 필요해 보이는 경우라도 교회 구성

---

129) 교회 안에서 동의와 부동의에 관한 질문은 제1장 신덕의 "1.3.4. 신앙의 교회적 성격" 부분에서 자세히 다루고 있다.

원들은 교회를 향한 존경심을 갖고 가능한 한 명예를 보호할 의무를 의식하고 있어야 한다.

다양한 연령대의 그리스도인에게 교리교육을 배려하는 일은 사목직에 있어 중요한 임무이다. "본당 사목구 주임은 직무상 어른들과 젊은이들과 어린이들의 교리교육을 돌보아야 한다." 그는 이를 위해 다른 성직자와 가톨릭 평신도 특히 교리교사들의 협조를 얻어야 하며, 가정의 교리교육에 관하여 부모들의 임무도 촉구하고 장려하여야 한다(교회법 제776조. 참조: 제777조).

설교자와 신앙의 교사는 가르치는 직분을 잘 준비하기 위해 끊임없이 지식을 연마해야 한다. 교회의 지침들에 정통해야 하고, 신학적 학문의 발전을 따라가야 한다.

2) 하느님과 인간 사이의 중재자

교회의 중재적 역할에 있어, 또 다른 기본 임무는 전례와 성사를 거행하는 것이며, 그중 거룩한 성찬례는 모든 성사들의 원천이자 절정으로서 탁월한 것이다. 여타의 종교적 의식들, 신심 행위들 및 기도 예식들은 그것들과 결합된다. 물론 교회의 교역자들은 물질적 측면에서도 종교적 의무를 수행하는 데 필요한 모든 것 즉 종교적인 도구와 장비를 돌보고, 성당과 부속 건물들의 유지 관리를 맡는다.

교역자들은 신자들의 보편적인 영적 복지를 자신의 중심에 두어야 한다. "사제는 신자들이 각자의 은총과 필요에 따라 평생 동안 언제나 더욱더 완전한 기도의 정신을 실천하도록 지도하며, 모든 사람이 자기 신분의 의무를 다하고 좀 더 성숙한 사람은 각기 알맞은 방법으로 복음적 권고를 실천하도록 권유하여야 한다"(「사제 직무」 5항).

하느님을 향한 도정에서 성직자들과 그 협력자들(co-workers)은 그리스도교 백성들의 지도자로서, 신자들이 하느님과 개인적으로 결합하며 그리스도와의 삶을 키워 가도록 항상 관심을 두어야 한다. 교회는 하느님과 영혼들을 위한 봉사에 필히 헌신하게 하고자, 라틴 예식의 성직자들에게 부제품부터 성무일도(소성무일도, *breviary*)를 바칠 의무를 규정하였다. 사제와 부제는 "날마다 합동으로든 혼자서든 성무일도 전체를 바칠 의무가 있다"(「전례 헌장」 96항).[130] 이 조항을 둔 이유는 단지 교역자들의 개인 성화에만 염려하기 때문만은 아니다. 사제들과 성직자들은 그리스도교 공동체 전체의 이름으로, 그리고 온 세상을 위하여 기도해야 하기 때문이다(「사제 직무」 5항). 이것은 그들에게 고유한 소명이다. 따라서 성무일도를 지속적으로 바치지 못한 것은 중대한 직무에 대한 막중한 태만으로 간주해야 한다. 또한 사제들은 매일 미사를 거행하고, 부제들은 매일 참여하도록 간곡히 불린 것이다.[131] 성직자들은 신자 공동체로부터 이러한 기도 직무를 위임받았다. 따라서 적어도 그들을 통해 신자 공동체의 하느님 예배의 과제가 지속적으로 수행되고, 그리스도의 기도가 끊임없이 이어져야 한다.

교역자들의 외적 행실은 자기 직무에 합당한 것이어야 한다. 그들은 자기 신분에 어울리지 않는 모든 것, 즉 허영과 사치의 생활 방식 및 세속의 일에 몰두하는 것을 멀리해야 할 것이다. 그리스도를 따르는 다른 이들보다는 어느 모로든 가난한 사람들이 멀어지게 할 수 있는 모든 것을 삼가야 한다(참조: 「사제 직무」 17항).

완전하게 되라는 보편적인 부르심은 마침내 교역자들에게 그리고 무엇보다도 사제들에게 특별히 시급하게 확대되어야 한다. 왜냐하면 성직자들은 매일의 거룩한 행위와 직무 전체를 통해 더욱 완덕의 삶을 지향하게 되며, 그러한 완덕에 도달하도록 매진할 특별한 소명을

---

130) 또한 참조: 교회법 제276조 2항 3호. 「성무일도 총지침」은 아침기도와 저녁기도에 특별한 중요성을 부여하며, 중대한 이유가 아닌 한, 이 둘을 생략해서는 안 된다고 명령한다(29항).

131) 참조: 교회법 제276조 2항 2호 그리고 제904조.

받고 있기 때문이다(「사제 직무」 12항).

3) 그리스도교 공동체의 건설

교회의 특별 사명은 인간의 영적 필요에 봉사하고, 겸손과 자기희생을 통해 구속 사업을 계속하는 것이다(참조: 「교회 헌장」 8항). 교회 관료들이 권력과 지상의 명성을 열망하고 멋대로 교회 권위를 행사하는 것은 영적이고 종교적인 하느님 나라의 일꾼으로서 교회의 역할을 흐리게 만든다. "사제들은 이렇게 자기 것을 돌보지 않고 오로지 예수 그리스도의 일을 앞장서서 추구하여야 한다. 평신도들과 협력하고 그들 가운데에서 사람들에게 '섬김을 받으러 온 것이 아니라 섬기러 오셨고, 또 많은 이들의 몸값으로 자기 목숨을 바치러 오신' 스승의 모범에 따라 행동하여야 한다"(「사제 직무」 9항).

또한 사목자의 직무에는 참된 그리스도교 공동체의 양성도 내포한다. 이 목적을 위해 사제는 물론 유능한 평신도도 신자들의 유익을 위한 종교적·사도적 단체들과 운동 조직들의 양성을 늘리도록 불렸고, 그리고 그것들을 지도하고 보조하도록 불린 것이다. 그들은 선교의 열정을 가지고 또한 보편 교회의 관심사도 포용해야 한다.

앞서 설명되었듯이, 병자와 장애인, 고아, 과부 및 빈자를 돌보는 일은 수 세기에 걸쳐 늘 교회가 지녔던 탁월한 특징이었다. 마찬가지로 폭넓은 교육 분야에서도, 교회는 늘 신자들과 공동체 전체에 봉사해 왔다. 세계의 많은 지역과 모든 국가의 다양한 필요는 여전히 교회의 자선적 사도직을 요구하고 있다. 신앙에 의해 동기 부여받은 그리스도교 평신도들이 이 대목에서, 그리고 아주 특별한 방식으로, 성직자에게 없어서는 안 될 조력자로 자리 잡게 된다.

교회와 그 구성원은 모든 이들에게 그들의 권리·정의·사랑·진리를 확실히 지켜 주는 수호자가 되어야 한다. 교회는 자신의 봉사자들을 통해 세상의 양심임을 입증하게 되기 때문이다.

교회는 사회적 유기체이기에, 일정한 규칙과 법률 없이는 통치될 수 없다. 그래서 교회는 그러한 지침들을 제정할 권리를 부여받는다. 그러나 교회의 사목직에 임하는 모든 이들은 교회와 구원받는 모든 사람을 향한 그리스도의 사랑에 비추어, 교회의 법률과 지침들을 바라보도록 애써야 한다. 교회의 모든 법률, 예컨대 전례 규정들과 제재에 관한 교회법은 하느님의 영광과 인간 구원을 위한 노력에서 나온 것이어야 하며, 이러한 정신으로 해석되어야 한다.

교회의 성직자들은 사목활동을 효율적이고 효과적으로 수행하기 위하여 자신이 속한 곳의 주교와 그리고 자신들끼리와 긴밀한 협력과 일치 하에서 일해야 한다. 제2차 바티칸 공의회가 사제들에 관해 전하는 것은 또한 부제들과 교회의 다른 협력자들(co-worker)에게도 적용된다. "따라서 어떠한 사제도 따로 혼자서는 자기 사명을 잘 이행할 수 없으며, 교회 지도자들의 인도를 받아 다른 사제들과 힘을 합쳐야만 한다"(「사제 직무」 7항). 주교들 또한 소속 사제들과 다른 협력자들에게 가까이 있어야 하며, 쉽지 않은 과업에는 지원해야 한다.

또한 사회 교리는 교회의 자체 기관 안에서도 구현되고 있는지 돌보아야 한다. "타인에게 요구하는 자는 그 자신이 그러한 요구를 먼저 그리고 모범적으로 행해야 한다. 사회 비판의 목소리를 내는 사람들에게는 더욱더 그렇다."[132] 물론 사랑이 언제나 어디서나 교회를 다스려야 한다. 그러나 정의를 대체할 수는 없으며, 오히려 정의의 요구를 온전히 존중하고 완성시켜야 한다. 교회 교역에 종사하는 평신도들은 자신의 처지에 걸맞은 상당한 보수를 받아야 하고, 그들의 보험·사회보장·의료보험을 위한 합당한 규정이 마련되어야 한다고 새

---

132) O. von Nell-Breuning, *Gerechtigkeit und Freiheit*, Wien: Europaverlag, 1980, p.98.

교회법은 요구한다(교회법 제231조 2항).

10.4.2. 신자로서의 책임

그리스도의 구속 사업이 지닌 본질은 그분의 추종자들이 그분의 생명을 주는 삶과 죽음, 은총과 영광에 참여하도록 이끌며, 그들이 교회로 향하고 교회가 신적 신비의 중재자로서 수행하는 사명을 수용할 때 더욱 충만하게 이러한 참여가 구현된다는 점이다. 물론 하느님은 내면의 교화(enlightenment)와 직접적인 종교적 체험을 통해 개별 인간에게 당신을 직접 드러내실 수 있다. 그러나 이러한 특권들이 지속적인 교회 예배 참여를 면제받지는 않는다. 그 예배야말로 교회 신자들의 종교적 삶을 길러 주고, 그 삶이 일방으로 흐르지 않게 해 주며, 세상 안에서 교회의 구원 사명에 참여하게 해 준다.

1) 교회에 대한 사랑

교회에 대한 사랑은 신비체인 교회 안에 살아 계시는 그리스도께 대한 사랑이다. 이는 교회가 그 지체들에 초자연적 생명을 선사하는 것에 감사하는 사랑이다. 또한 신자들의 종교적 삶을 길러주고, 궁핍하고 병들고 가난한 이를 도우며, 공공의 영역에서 권리와 정의를 수호하는 교회의 돌봄에 감사하는 사랑인 것이다. 이러한 사랑은 내적으로는 교회와 함께 느끼고(*sentire cum ecclesia*) 생각할 때, 외적으로는 교회 사도직과 협력할 때, 생생해진다.

교회를 사랑하고 교회의 직책을 맡은 이들을 존경하는 근거는 교회가 그리스도에 의해 세워졌다는 점, 교회의 가장 중요한 직무는 그리스도께 돌아간다는 점, 그리고 교회 성직자들은 그리스도의 대리자이며 교회 은총의 중재자라는 점에 있다. 성직자들은 특히 독신 생활로써 그리스도를 더욱 닮고 그분을 따른다. 더욱이 신자들의 종교적·영적 복리를 위한 일꾼인 것이다.

2) **교회에게 위임함**(commitment)

위임의 의무는 교회가 그리스도에게서 온 권위를 지녔고 신앙과 도덕에 대해 자격 있는 안내자로 임명받았다는 점에서 비롯된다. "너희 말을 듣는 이는 내 말을 듣는 사람이고, 너희를 물리치는 자는 나를 물리치는 사람이며, 나를 물리치는 자는 나를 보내신 분을 물리치는 사람이다"(루카 10,16). "너희가 무엇이든지 땅에서 매면 하늘에서도 매일 것이고, 너희가 무엇이든지 땅에서 풀면 하늘에서도 풀릴 것이다"(마태 18,18). 교역자들(教役者, ministers of the Church)은 특별한 준비와 그들에게 맡겨진 직무로 인해, 그리스도교 신앙, 종교 생활, 도덕 질서에 있어서 특수한 권한(special competence)을 누린다. 이는 한편, 교역자들에게 신자들에 관한 책임 의무를 부과한다. 이는 또 다른 한편, 신자들에게 교역자들의 가르침과 안내를 받도록 의무를 부과한다. 그리스도인들이 교회가 신자들의 종교적·영적 복리를 제공하고 싶어 한다는 사실을 알게 되면, 그들은 실제로 교회의 성사 생활에 참여하고, 자신들의 신앙생활을 증진하려는 교회의 지침을 기꺼이 따르게 될 것이다. 교회 교도권에 대한 동의의 정확한 성격과 범위는 이 책 제1장의 "1.3.4. 신앙의 교회적 성격" 부분에서 다루었다.

3) **사제와 그 협력자들**(co-workers)**을 위한 물질적 생계**

교회의 사제와 다른 교역자들은 신자들의 종교적·영적 복지를 위해 헌신하기 때문에, 적정 보수를 받을 자격이 있다. "일꾼이 품삯을 받는 것은 당연하다"(루카 10,7)고 하셨고, "주님께서는 복음을 전하는 이들에게 복음으로 생활하라고 지시하셨기" 때문이다(1코린 9,14). 그리스도의 신자들은 교회가 필요한 것을 마련하여, 교회가 신적 예배와 교역자들의 합당한 지원을 위하여 필요한 것들 제공할 의무를 진다. 이 의무는 교역자들이 봉직하고 노동하는 것이 신자들의 유익을 위한 것에서 기인한 것이다.

사제들과 교역자들의 생계는 그들의 처지에 맞추는 것 외에도, 그들을 돕고 봉직에 헌신하는 이들에게 적당한 보수를 제공할 수 있어야 한다. 이러한 생계는 "스스로 가난한 사람들을 어느 정도 도와줄 수도 있는 힘을 사제들에게 주어야 한다. 교회는 가난한 사람들에 대한 봉사를 이미 그 초창기부터 언제나 커다란 영예로 삼아 왔다. 그 밖에 이 보수는 사제들이 해마다 적절하고 충분한 휴가 기간을 갖도록 하는 것이어야 한다"(「사제 직무」 20항).

하느님 말씀을 선포하고 영혼을 돌보는 것 외에도, 학교와 학원, 청소년 운동단체와 협회, 해외 선교와 개발 원조의 분야에서의 책무가 있다. 교회는 어린이집과 병원에서의 사회적 봉사, 중독자·죄수·장애인·어려운 가정을 위한 애덕 어린 사회사업에 폭넓게 참여한다. 또한 교회 건물의 유지와 행정 업무에도 재정이 역시 필요하다.

4) 사도적 협력

성품 받은 사제와 임명받은 교역자뿐 아니라 모든 교회 구성원은 교회의 구속 사업에 참여할 임무를 띤다. 그들은 하느님과 이웃에 대한 사랑을 통해 그렇게 할 의무를 띠는 것이다. "더욱이 주님의 가장 큰 계명인 사랑의 계명은 하느님의 나라가 와서 하느님의 영광이 드러나고, 모든 사람이 홀로 참하느님이신 하느님을 알고 하느님께서 보내신 예수 그리스도를 알아 영원한 생명을 얻게 하도록 모든 그리스도인에게 촉구하고 있다"(「평신도 교령」 3항). 그리스도인은 세상에서 사도직을 수행할 힘을 주는 세례성사와 특히 견진성사를 통해 이 임무의 채비를 갖추게 된다. 따라서 평신도는 기도와 활동으로써 가능한 한 사제들을 돕고, "각자 자신의 여건과 능력에 따라 사도직을 수행하여야 할 의무를 다하도록 끊임없이 촉구해야 한다"(「주교 교령」 17항. 참조: 「사제 직무」 9항).

신자들 모두는 신앙 전파와 교회 일치의 증진에 협력할 의무를 동등하게 지니고 있다(이 책 제1장의 "1.3.2. 복음화를 위한 선교 사명"과 "1.3.3. 신앙 일치의 촉진"을 보라).

10.4.3. 교회와 국가

1) 교회와 국가의 관계에 대한 지침

하느님께서는 인간 공동체의 책임을 두 권력, 즉 교회 권력과 시민 권력에 맡기셨다. 하나는 종교적이고 신적인 일에, 또 하나는 현세적 필요의 일에 세워졌다. 각각은 최고이지만 그 안에는 고정된 한계들을 포함하고 있으며, 공동체의 본질과 특정한 대상들에 따른 한계들을 지닌다. "정치 공동체와 교회는 그 고유 영역에서 서로 독립적이고 자율적이다"(「사목 헌장」 76항). 그러나 두 공동체는 공적 기관으로서 상호 관련이 있으며, 상당 부분 동일한 구성원을 공유한다. 게다가 교회도 현세적·물질적 필요가 있지만, 국가도 하느님의 목표에 봉사해야 하므로 종교 영역의 밖에 있는 것이 결코 아니다. 국가를 완전한 현실 속에서 바라보면, "국가 자체가 종교적인 존재라는 점, 종교도 공공의 업무라는 점, 그리고 개인 못지않게 국가 공동체도 자신을 향해 명령하는 자연 본성을 만드신 **창조자** 하느님께 대한 의무를 지닌다는 점, 이것들이 분명히 드러난다."[133] 다음은 교회와 국가가 조화롭고 공정한 관계로 가는 길을 제시하는 몇 가지의 기본 지침들이다.

133) J. Messner, *op.cit.*, p.661.

(1) 교회는 국가의 간섭으로부터의 완전한 자유 속에서 활동하고 자치할 권리가 있다. 「종교 자유 선언」(DH = *Dignitatis Humanae*)에 따르면, "교회의 자유는 교회와 공권력과 모든 국가 질서의 관계에 대한 근본 원리이다"(「종교 자유 선언」 13항).

공공질서가 정당하게 요구하는 바를 준수한다면, 교회와 일반적으로 종교 단체들은 자신들의 규범에 따라 자치할 자유를 정당하게 청구할 수 있다. 그들 "종교 단체는 국가 권력의 법률 조치나 행정 행위의 방해를 받지 않고 그 자체의 교역자들을 선발하고 교육하고 임명하고 이동시키며, 외국의 종교 권위나 단체들과 교류하고, 종교 건물을 세우며, 적합한 재산을 취득하고 사용할 권리도 가지고 있다. 또한 종교 단체는 방해를 받지 않고 자기네 신앙을 말이나 글로 공공연히 가르치고 증언할 권리를 가지고 있다"(「종교 자유 선언」 4항). 마찬가지로 그들은 사회 조직과 인간 활동 전체의 영감에 관해 자기들의 교리가 지닌 특별 가치를 보여 줄 활동을 금지당해서는 안 된다. 끝으로 그들은 교육적·문화적·자선적·사회적 기관들을 설립할 권리를 지닌다(같은 곳).

(2) 교회는 현세 질서에 대해 어떤 정치적 권력도 소유하지 않는다. 이는 교회가 공공의 삶에서 정치적 영역에 대한 관할권은 없음을 의미하지만, 인권 존중과 도덕 질서를 다루는 사안에 대한 권위는 지닌다는 의미이다. 교회는 종교와 도덕 영역 이외에서는, 아무런 권한이 없다. 직접적인 정치 참여를 자제함으로써, 교회는 하느님의 왕권을 전 세계에 더욱 효과적이고 끊임없이 선포할 수 있을 것이다.

(3) 국가는 영성적·종교적 질서에 대해 어떤 권위도 소유하지 않는다. 교회의 활동을 국가의 이익에 입각해 통제로 예속시킬 권리가 없다(Gallicanism, 교황권 제한주의). 참으로 "현세적 공동선의 증진을 본래의 목적으로 삼고 있는 국가 권력은 그 시민들의 종교 생활을 인정하

고 배려하여야 한다. 그러나 국가 권력이 종교 행위를 지도하거나 제지하려 든다면 이는 그 한계를 넘는 일이라고 할 수밖에 없다”(「종교 자유 선언」 3항). 그 반대로, 교회 역시 스스로 특정 정치 체제나 국가에 대해 무조건적으로 봉사해서는 안 된다(참조: 「사목 헌장」 76항).

(4) 교회는 정치 생활에 영향을 미치는 도덕법에도 전권을 가진 교도권을 행사한다. 그리스도교 통치자나 정치 지도자는 개별 성직자의 월권에 대해 정당하게 항의할 수 있지만, 동시에 그들은 하느님은 정치 영역에서뿐 아니라 시민 생활에서도 주님이심을 깨달아야 한다. 교회는 “인간의 기본권과 영혼들의 구원이 요구할 때에는 정치 질서에 관한 일에 대하여도 윤리적 판단을 내리는 것은 정당하다”(「사목 헌장」 76항). 교회는 사회 질서 안의 폐해에 큰 관심을 표명할 권리와 의무를 지닌다. 비록 교회가 정치 현장의 도덕법 위반을 고발하더라도, 정치 개입이란 혐의로 비난받지는 않을 것이다. 국가가 교회의 이러한 역할을 인정하는 것은 결코 교회에 대한 예속이 아니라, 교회와 국가가 모두 하느님께 예속된다는 점을 인정하는 것이다.

(5) 국가는 종교 자유를 보호하고, 종교 생활에 유리한 조건들을 촉진할 권리와 의무를 지닌다. 국가는 그 자체로 종교적 존재이며, 하느님의 영원한 목적에 예속되어야 한다. 국가는 하느님의 영광과 그분의 창조 설계가 펼쳐지도록 기여해야 한다. 게다가 사회는 교회가 장려하는 하느님과 이웃에 대한 사랑, 정의 그리고 평화의 가치들에서 큰 이득을 얻게 된다. “국가 권력은 시민들이 종교의 권리를 실제로 행사하고 종교의 의무를 이행할 수 있도록, 또 하느님과 그분의 거룩한 뜻에 충실함으로써 얻는 정의와 평화의 혜택을 바로 그 사회가 누릴 수 있도록, 정당한 법률과 다른 적절한 수단으로써 모든 시민의 완전한 종교 자유를 실질적으로 인정하여야 하며, 종교 생활의 증진에 유리한 조건들을 마련하여야 한다”(「종교 자유 선언」 6항).

교회와 국가는 동일한 인간을 섬기기에, 불가피하게 이해관계가 교차되는 특정 분야가 발생한다. 소위 그러한 중복된 영역의 예로는, 교육과 학교, 혼인, 병원, 보육원이나 보호시설 같은 교회 기관 설립, 공휴일 제정, 국가가 부여하는 직책에 대한 교회의 임명(예: 군종신부)이 있다. 이러한 중복 분야에서 이해 상충이 될 때 가장 바람직한 방법은 동의이다. 이것들이 소위 정교 협약(concordats)으로 알려진, 교회와 국가 간의 조약 즉 콘코르다트(concordats)의 주요 대상이다. 이럴 경우, 두 사회가 협력을 촉진하면 할수록 그들의 봉사는, 모두를 위한 선익을 위해 더욱 효과적으로 수행될 것이다.

현대 국가들은 흔히 교회와 국가의 분리를 공언해 왔다. 실제로 종교가 혼합된 나라에서 국가가 어느 한 집단에 우선권을 준다면, 다른 집단과 충돌이 안 일어날 수 없다. 그러한 경우 공식적으로 아무 종교 집단과도 동일시하지 않는 것이 최선의 해결책이 될 듯싶다. 이런 의미에서 교회와 국가의 분리는 받아들여져야 한다. 그러나 다른 한편, 국가도 종교적 존재이기에 국가와 종교의 완전한 분리는 부자연스럽고 또 수용될 수 없다. 게다가 사회의 가장 근본적인 가치들 즉 사회가 세워질 수 있는 최소한의 합의는 단순히 교회가 수용하는 것일 뿐 아니라, 교회 선포의 핵심 내용이기도 하다. 이로써 교회는 필수적인 최소한의 합의를 보장하며, 공동선을 위해 가장 값진 봉사를 하고 있음을 입증하게 된다. 이러한 이유로 국가는 종교에 교육과 사회에서 자리를 부여하되, 실질적으로 뿐만 아니라 공식적으로도 부여해야 하며, 종교의 대의(大義, cause)를 보호하고 촉진해야 한다.[134)]

134) 이는 "국가는 단순히 인정하는 것에 그치지 않고, 이 수준에서 자신에게 유익한 서비스를 제공하는 기관을 지원할 의무가 있다고 보아야 할 것이다. 이 점에 관하여 특정 국가들(예: 미국)이, 이러한 지원 의무가 '신조주의'(confessionalism)가 되고 국가의 정상적인 책임 행사를 방해할 것이라는 추정적 이유에서 느끼는 불안감은 근거 없는 것으로 보인다"(Juan Calvo Otero, "Church-State Relations in the Light of Vatican II", *Concilium*, vol. 8, nr. 6, 1970, p.123).

2) 종교적 관용

한 나라 안에는 흔히 다양한 종교 단체들이 존재하기에, 국가가 이들에게 어떤 태도를 취해야 할지, 특히 특정 종교의 신념을 지닌 통치자와 정부 관리들이 타 종교 단체에 대해 어떤 식으로 관용을 베풀어야 할지, 이에 대한 문제가 대두된다. 가톨릭교회의 가르침은 제2차 바티칸 공의회의 「종교 자유 선언」에서 명시적으로 재정식화가 되었다.

제2차 바티칸 공의회는 “우리는 이 유일한 참 종교가 보편되고 사도로부터 이어 오는 교회 안에 있음을 믿는다. 주 예수님께서는 (…) 이 종교를 모든 사람에게 전파할 임무를 교회에 맡기셨다”고 천명한다. 마찬가지로 인간이 양심상, 특히 하느님과 그 교회에 관한 진리를 추구하고, 또 알게 된 진리를 받아들일 의무를 진다는 확신도 명시한다(「종교 자유 선언」 1항). “하느님의 말씀 안에 포함되어 있고 교부들이 끊임없이 가르쳐 온 가톨릭 주요 교리의 으뜸은, 인간이 하느님을 자유로이 믿고 응답하여야 한다는 것이다. 그러므로 그 누구도 억지로 신앙을 받아들이도록 강요당해서는 안 된다”(「종교 자유 선언」 10항).

그러므로 “이 자유는, 모든 인간이 개인이나 사회단체의 강제, 온갖 인간 권력의 강제에서 벗어나는 데 있다. 곧 종교 문제에서 자기의 양심을 거슬러 행동하도록 강요받지 않아야 하고, 또한 사적으로든 공적으로든 (…) 자기 양심에 따라 행동하는 데 방해받지 않아야 한다. (…) 종교 자유의 이러한 인간 권리는 사회의 헌법적 질서〔법적 제도〕 안에서 인정을 받아 시민권이 되어야 한다”(「종교 자유 선언」 2항).

종교 자유는 종교 단체 모두가 사적이든 공적이든 신적 예배의 권리뿐 아니라 각자 신앙의 공적 가르침과 증언하는 권리도 포함한다. 「종교 자유 선언」에 따르면, 교회 스스로가 요구하는 자유와 똑같은 자유가 종교 단체 모두에게도 부여되어야 한다(「종교 자유 선언」 4항).

다만, 어떤 종교 단체가 종교 자유를 구실로 남용한 경우에만 국가는 개입할 권리와 의무를 진다. "특히 국가 권력이 그러한 보호에 앞장서야 한다. 그러나 그 보호는 자의적이거나 편파적인 부당한 방법이 아니라 객관적인 도덕 질서에 부합하는 법률 규범에 따라 이루어져야만 한다"(「종교 자유 선언」 7항).

결론적으로, 제2차 바티칸 공의회가 가르치는 종교적 관용은 다른 모든 종교와 교파들을 똑같이 참되거나 거짓된 것으로 여기는 무차별주의가 아니다. 참 종교는 가톨릭교회에 존재한다는 것이 이 공의회의 믿음이다. 그러나 공적·시민적 생활에서는 각 시민과 다양한 종교 집단들의 주관적 신념이 공공복리를 위협하지 않는 한 존중되어야 하며, 모든 사람에게 동일한 종교 자유의 권리가 부여되어야 한다.

제11장

노동과 소유 및 경제

사회와 국가의 사회생활은 본질적으로 노동과 소유의 조건들에 따라 좌우된다. 노동과 소유의 질서는 경제 전체의 생산물의 분배를 결정한다. 따라서 대개 사회적·정치적 혁명들이 착취적이고 불의하다고 여겨지는 노동과 소유의 조건들에 의해 불붙게 되는 것은 놀라운 일이 아니다. 노동과 소유라는 두 가지 문제점에 대한 도덕적 질서는 현대의 "사회 문제"의 핵심이다.

기술 시대의 사회와 경제에 크게 영향을 미친 것으로, 근본적으로 대립되는 두 가지의 경제 이론이 있다. 바로 자유주의적 자본주의와 마르크스주의적 사회주의이다. 자유 자본주의 이론은 개인의 최대 경제 자유를 강조한다. 자유 기업·자유 경쟁·자유 거래가 이들의 구호이다. 수요와 공급에 관한 법칙이 전체 경제 과정은 물론이고, 노동자들의 고용과 보수까지도 규제한다. 진보와 번영을 위한 최선의 조건은 건전한 사익과 결합된 경제 활동의 자유라고 여긴다. 획득한 자본은 경제적 투자를 위해 저축되어야 하며, 따라서 새로운 부의 원천이 되고, 부수적으로도 새 일자리 마련의 근거가 된다. 그 결과, 강력한 경제적 주도권과 창의성, 그리고 국가의 물질적 번영이 급속하게 성장한다. 하지만 경제 과정에 적극 참여할 수 없는 이들은 심각하게 불이익을 받으며 가난하고 비참해지게 된다. 한편에는 경제적으로 부유층 계급이 있고, 다른 한편에는 패자들과 빈곤층이라는 대립되는 계급이 형성된다.

반면에, **마르크스주의적 사회주의** 이론은 사적 소유의 폐지를 요구한다. 모든 재산은 국가의 손으로 이관되어야 한다. 이로써 모두가 동등하게 번영을 하는 무계급의 사회주의적 사회가 만들어질 것이다. 이러한 이론과 결부된 것이 계급투쟁 이론이다. 자본주의적 소유자와 무산대중(propertyless masses)이라는 두 계급은 화해가 불가할 정도로 대립한다. 투쟁은 내적 필연에 의한 자본가들의 제거와 모든 재산의 국유화로 귀결된다. 경제 활동은 더 큰 통합을 위해 국가가 중앙에서 계획한다. 이 이론의 철학적 틀은 사실상, 적어도 무신론적 결정론이다. 구체적 실천에 있어서 마르크스주의적 사회주의는 실제로 경제적으로 소외된 이들과 가난한 이들에게 더 큰 관심을 보여 준다. 그러나 동시에, 이러한 이념은 전체주의 국가의 손에 권력이 집중되고, 대중은 소유권뿐만 아니라 다른 기본 인권들도 박탈되는 상황이 되어 버린다. 국가가 숨 막히게 경제를 통제함으로써 그 뒤에 심각한 결함들이 초래된다. 즉 주도권의 부족·자원의 낭비·기계와 도구의 방치·물자 부족과 공급 과잉의 빈번함·전반적인 경제 발전의 부진이 초래되는 것이다.

가톨릭교회의 사회 교리는 두 체제 모두를 반대한다. 두 체제는 결함 있고 잘못된 인간 위격이라는 개념에 기초를 둔다. 그 결과로, 사회 질서에 대한 이론도 결함 있고 잘못된 것이 되었다. 자유로운 자본주의의 근본적 오류는 경제 활동을 본질적으로 이윤 지향적이고 자기중심적이며 무자비하게 경쟁하는 것으로 해석함에 있다. 인간의 노동을 그저 비인격적 상품으로 평가하며, 경제생활의 사회적 성격을 무시해 버린다. 이것이 이 체제가 계급투쟁을 낳는 이유이다. 반면, 마르크스주의적 사회주의의 주된 오류는 사적 소유 전체를 부정하고, 사회와 경제 과정에 있어서 개인 소유의 긍정적 기능을 이해하지 못함에 있다. 계급투쟁 이론은 계급들을 부당하고 불의하게 단순화시킴으로써 자본주의적 개인주의의 해악만큼이나 무자비한 것이 되어 버렸다. 모든 권력이 국가의 손에 집중되고 시민들이 국가에 전적으로 종속됨으로써, 국가를 초월하는 권위 앞에서 인간 존재들의 위격적 존엄과 그들의 책임을 무시하게 만든다. 더 나아가 무신론적 결정론은 인간의 참된 본성에 대한 심각한 오류들 더욱 복잡하게 만든다.[1]

---

1) 두 이론뿐 아니라 사회적 시장 경제와 민주적 사회주의에 대해서도 더 자세히 논의하

사회 문제에 대한 대답으로서, 교회는 "자유주의나 사회주의 어느 편에게도 도움을 받지 않았다. 자유주의는 사회 문제를 바르게 해결하는 데 있어서 이미 철저히 무능함을 보여 주었고, 사회주의는 치료해야 할 해악보다 훨씬 더 큰 불행이 될 개선책을 제시함으로써 인간 사회가 더 큰 위험을 맞이하게 하였다."[2] 비오 11세의 이러한 판단은 오늘날의 교회 판단이기도 하다.[3]

가톨릭 사회 교리는 특히 사회 회칙들과 제2차 바티칸 공의회 문헌들 속에서 공식적으로 표명되었다(무엇보다도 「사목 헌장」 63~72항; 83~90항). 회칙들로서는, 레오 13세의 「새로운 사태」(노동 헌장, 1891), 비오 11세의 「사십주년」(1931), 요한 23세의 「어머니요 스승」(1961)와 「지상의 평화」(1963), 바오로 6세의 「민족들의 발전」(1967), 요한 바오로 2세의 「노동하는 인간」(1981), 「사회적 관심」(1987), 「백주년」(1991)이 있다.

11.1. 노동의 도덕적 질서

노동이란 인간의 삶과 사회 및 세계 전체를 유지하고 전개하기 위하여 육체적 혹은 정신적 힘을 고용하는 합리적인 인간 활동이다. 또한 그것은 사람들이 사물을 점유하고 소유권을 획득하기 위한 일차적인 명칭이기도 하다. 게다가 육체노동이든 정신노동이든 노동이 경제 과정에서 가장 결정적 요소가 된다. 모든 경제 과정은 인간의 노동에

려면, 다음을 참조하라. Karl H. Peschke, *Social Economy in the Light of Christian Faith*, Trier: Paulinus, [3]1994, pp.17~32.

2) 비오 11세, 「사십주년」 3항. 〔**옮긴이 주 #19:** 영어판에서는 10항. 이하 문헌 중 항 번호가 다른 것은 한국천주교중앙협의회의 번역본에서 항 번호를 찾아 수정·첨가함.〕

3) 다음을 보라. 「어머니요 스승」 21, 27, 53, 76, 242항; 「민족들의 발전」 26, 33항; 「팔십주년」 26, 34항; 「노동하는 인간」 2, 7, 9항; 「백주년」 13~15, 30, 48항.

서 시작된다. “재화를 생산하고 교환하고 경제적 서비스를 제공하는 인간 노동은 경제생활의 다른 요소들보다 우월하다. 다른 요소들은 오로지 도구라는 성격을 지니기 때문이다”(「사목 헌장」 67항).[4] 이러한 이유로 노동의 도덕 질서가 먼저, 그다음에는 소유와 경제에 대한 도덕 질서가 다루어질 것이다.

11.1.1. 노동에 대한 그리스도교적 평가

1) 성서에서의 노동

(1) **구약**: 창세기 기사에 따르면, 노동은 창조의 원초적 질서에 속한 것이다. 통용되는 추정과 달리, 그것은 죄에서 나온 것이 아니다. “주 하느님께서는 사람을 데려다 에덴 동산에 두시어 그곳을 일구고 돌보게 하신” 것은 인간의 타락 이전이었기 때문이다(창세 2,15). 일련의 6일간의 제7일의 안식은 하느님 백성에게 주간 노동과 안식에 대한 주기의 모범과 장려 차원으로 제시된다. 이 주기를 지키는 것은 십계명에 명시된 야훼의 뜻이다. 즉 “엿새 동안 일하면서 네 할 일을 다 하여라. 그러나 이렛날은 주 너의 하느님을 위한 안식일이다”(탈출 20,9~10).

하느님께서 당신 닮은 모습으로 남녀를 창조하셨다면(창세 1,26~27), 이는 엿새의 노동을 하는 것으로도 **창조자**를 닮아야 할 의무를 내포한다. 하느님의 뜻에 따라 남녀는 그분 계획의 실현에 있어 그분의 동반자(partners)가 되어야 한다. 하느님께서는 일단 우주를 제자리에 두신 후, 우주를 인간들의 손에 맡기셨다. 그분은 모든 피조물과 땅을 지배할 힘을 그들에게 주셨다. “땅을 가득 채우고 지배하여라. 그리고

---

4) 자본과 물질적 점유에 대한 노동의 우월함은 회칙 「노동하는 인간」의 주요 관심사이다. 3항과 12항을 참조하라.

바다의 물고기와 하늘의 새와 땅을 기어 다니는 온갖 생물을 다스려라"(창세 1,28).

구약은 주변의 이방 민족들과는 달리, 노동을 천하고 품위 없는 것으로 간주하지는 않았다. 랍비들조차 스스로 생계를 꾸릴 줄 아는 것을 자랑스럽게 여겼다. 한편, 안식일의 휴식은 자유인만의 특권이 아니었다. 노예를 포함한 모든 인간은 이 휴식을 누릴 자격이 있었다. "성서 이외의 그 어디에서도, 이와 유사한 사회 질서를 찾아볼 수 없다. 다른 곳에서는 자유인만이 여가를 누릴 특권을 지녔던 반면, 예속된 사람들은 매일 일해야 했다. 매주 공통의 휴식일은 헤아릴 수 없이 중요한 사회 제도인 것이다.[5]

노동하라는 계명은 보편적 의무이며 누구에게나 동일하다. 이 질서는 단순히 당연한 것으로 여겨진다. "사람은 일하러, 저녁까지 노동하러 나옵니다"(시편 104,23. 참조: 신명 5,13; 시편 90,17). 의롭고 경건한 이는 누구나 노동을 한다. 하느님께서는 사람들에게 일을 가르쳐 주시는 분으로 묘사된다(이사 28,23~29). 지혜서들은 빈둥거리는 게으름뱅이를 책망하고, 부지런한 일꾼을 칭찬한다.[6] 일하지 않는 자가 배곯는 것은 당연하게 여긴다(잠언 13,4; 19,15).

구약은 노동을 높게 평가함에도 불구하고, 노동에 종종 따라오는 고통스러운 노고와 고초를 현실적으로 잘 알고 있다. 노동은 특별한 방식으로 죄의 영향을 받는다. "얼굴에 땀을 흘려야 양식을 먹을 수 있으리라"(창세 3,19). 힘들고 종종 헛된 노동은 죄가 침투하는 방식 중 하나이다. 변덕·폭력·불의·탐욕 또한 그렇다. 노동자는 품삯을 빼앗기고(예레 22,13~17), 소작농은 도조에 의해 약탈당하며(아모 5,11), 노예

---

5) Karl Hermann Schelkle, *Theology of the New Testament*, vol. 3: *Morality*, Collegeville, Minn.: The Liturgical Press, 1973, p.287.
6) 잠언 6,6~11; 28,19; 31,10~29; 집회 10,27.

들은 노역과 태형으로 처해진다(집회 33,25~28). 모세의 율법은 부도덕한 압제로부터 노동자를 보호하기 위하여, 이미 사회 입법을 도입하였다. 즉 품꾼의 품삯은 당일 지급되어야 하며(레위 19,13), 착취당해서는 안 된다(신명 24,14~15). 이스라엘 안에 거주하는 이방인을 학대해서는 안 된다(탈출 22,21; 레위 19,33~34). 노예라도 주인의 변덕에 따라 거칠게 다루어서는 안 된다(탈출 21,20.26~27). 그리고 앞에서 언급했듯이, 종들에게도 안식일에 하루의 휴식을 주어야 한다(탈출 20,10).

(2) **신약**: 그리스도 자신도 육체 노동하신 분이었다. 생애의 대부분을 목수로서 노동하며 지내셨다(마르 6,3; 마태 13,55). 예수의 양부요 작업장에서 스승인 요셉은 정당한 이유로 그리스도인들에게 노동자의 주보 성인으로 공경을 받는다. 예수의 직계 제자들 또한 대부분 육체 노동, 즉 어부로서 생계를 유지했다(마태 4,18~22; 루카 5,1~11).

노동은 그리스도에 의해 인간 삶의 자연스럽고 통합적인 부분으로 간주되었다. 그분의 설교와 비유들에서 그분은 자주 노동의 세계에서 가져온 사례들로 당신의 가르침을 주셨다. 밭에서 일하는 농부, 가사 노동하는 여자, 충실한 종과 불충한 종, 어부, 포도원의 삯꾼 등이다. 이 비유들은 노동에 있어 근면·신뢰·성실을 요구한다(루가 16,10~12). 자기의 탈렌트를 땅에 묻어 둔 종은 게으르고 사악한 자로 벌을 받는다. 반면 자기의 탈렌트로 일한 부지런한 종들은 충실하고 선한 관리인으로 칭찬을 듣고 상급을 받는다(마태 24,45~31; 25,14~30; 루카 19,12~27).

그러나 또한 노동과 사업에 너무 심하게 몰두하고 열중하는 자들에게는 경고도 하신다. "너희는 주의하여라. 모든 탐욕을 경계하여라. 아무리 부유하더라도 사람의 생명은 그의 재산에 달려 있지 않다"(루카 12,15). 생활의 필수품에 대한 염려가 더욱더 중요한 영적 관심사를 압도해서는 안 되며, 하느님의 말씀을 듣고 그분의 의로움에 마음을 열어야 한다(마태 6,25~34). 예수는 많은 봉사로 마음이 산만해진 마르타보다 당신의 가르침을 듣고자 발치에 앉은 베다니아의 마리아가 더 좋은 몫을 선택한 것으로 칭찬하셨다. 인간이 하느님의 영원한 잔치를 소홀히 할 정도로 일에 몰두하는 것은 용납될 수 없다(루카 9,25; 14, 15~24).

성 바오로는 말없이 꾸준하게 일하라고 요청한다. 랍비들의 관습에 따라 그도 직업을 가졌다(사도 18,3; 20,34~35). 원칙적으로 회중으로부터 부양받을 권리가 있는 복음의 설교자로서도,[7] 그는 여전히 자신의 생계비를 벌고 누구에게도 부담을 주지 않으려고 천막 노동자로 일했다.[8]

그리스도인들은 종종 육체노동을 저평가하는 이교도의 환경 속에서도, 자기 손으로 정직하게 벌어먹는 삶을 더욱 고대했다. 바오로는 이렇게 썼다. "여러분에게 권고합니다. 조용히 살도록 힘쓰며 자기 일에 전념하고 자기 손으로 제 일을 하십시오. 그러면 바깥 사람들에게 품위 있게 처신할 수 있고 아무에게도 신세를 지는 일이 없을 것입니다"(1테살 4,10~12). 일부 그리스도인들이 임박한 주님 재림을 기대하여 정규 노동을 포기하려는 유혹에 빠진 것처럼 보이자, 그는 그러한 잘못된 생각에 대해 강하게 맞섰다. "일하기 싫어하는 자는 먹지도 마십시오. 듣자 하니, 여러분 가운데에 무질서하게 살아가면서 일은 하지 않고 남의 일에 참견만 하는 자들이 있습니다. 그런 사람들에게 주 예수 그리스도의 이름으로 지시하고 권고합니다. 묵묵히 일하여 자기 양식을 벌어먹도록 하십시오"(2테살 3:10~12).

노동은 보편적인 의무이며, 게으름은 무질서한 삶이다(1테살 5,14; 2테살 3,6). 그리스도인들은 충실히 노동함으로써 생계를 유지해야 한다.

---

7) 1코린 9,13~14; 2테살 3,8~9; 또한 1티모 5,17~18.
8) 1코린 9,3~15; 1테살 2,9; 2테살 3,7~8.

이것은 또한 그들의 자립과 개인적 자유를 보장하는 것이기도 하다.

게다가 노동은 자선을 베풀고 궁핍한 이들에게 봉사할 수 있게 해 준다. "도둑질하던 사람은 더 이상 도둑질을 하지 말고, 자기 손으로 애써 좋은 일을 하여 곤궁한 이들에게 나누어 줄 수 있어야 합니다"(에페 4,28. 참조: 사도 20,35).

노동의 가장 심오한 동기는 하느님을 향한 봉사이다. 신실한 종들은 궁극적으로 그분께 보상을 받게 된다(에페 6,5~8; 콜로 3,22~24). 주인들은 자기 종들을 공정하게 대해야 한다. 그들 또한 사람을 차별하지 않으시는 하느님을 심판자로 만나게 될 것이기 때문이다(에페 6,9; 콜로 4,1; 야고 5,4). 노동의 궁극적 의미는 이 현세적 질서 안에 있지 않고, 최종적이고 천상적인 목표 안에 있다. "이 세상의 형체가 사라지고 있기 때문입니다"(1코린 7,31). 성서는 인류 노동의 결실들 새 세상 안에서, 그러나 변형된 천상적 방식으로, 지속될 것이라는 희망을 불러일으킨다.[9] "그러므로 사랑하는 형제 여러분, 굳게 서서 흔들리지 말고 언제나 주님의 일을 더욱 많이 하십시오. 주님 안에서 여러분의 노고가 헛되지 않음을 여러분은 알고 있습니다"(1코린 15,58).

2) 노동신학

성 토마스 아퀴나스는 노동의 사중적인(fourfold) 목적을 제시한다. 즉 매일의 생계 제공, 만악의 근원인 게으름 예방, 반동적인(rebellious) 육신의 억제, 잉여 재화로 자선 가능성의 제공이다.[10] 여기에 전통적 수덕학(ascetics)은 보속의 정신으로서 속죄와 은총의 획득이라는 목적을 추가시킨다. 이러한 관점에서 노동은 하느님의 영광과 그 나라에 연계되는바, 이는 노동을 충실히 실천함으로써 하느님의 은혜로운 현

---

9) 로마 8,18~25; 에페 1,10; 콜로 1,15~20.

10) *S. Th.* II-II, q.187, a.3.

존이 사람의 마음 안에서 자라나기 때문이다. 하느님을 기쁘게 해 드리고 그분의 뜻에 순종하고자 노동을 충실히 하려는 지향은 노동에 초자연적 가치를 부여한다.[11)]

선한 지향은 실제로 대단히 중요하다. 이를 통해 인간은 모든 행동에 가치를 부여할 수 있다. 그럼에도 오늘날은 노동의 의미에 대한 전통적 가르침이 충분히 적절하거나 만족스럽지 못하다고 느껴진다. 노동의 목적이 실제로 단순히 생계유지, 속죄, 은총의 획득으로 그치는가? 땅을 경작하고, 대륙과 우주를 탐험하며, 기술과 예술의 창안에 대한 의미가 그것의 전부인가? 아니면, 인간 노동의 선한 결과들이 하느님 나라와 더 깊은 관련을 맺고 있는 것은 아닐까? 인간 활동은 창조와 육화, 그리고 세상의 종말론적 완성이라는 신비와 더 깊은 관련이 있지 않을까? 최근의 신학은 이러한 관련성을 긍정한다. 이와 관련해 제2차 바티칸 공의회 「사목 헌장」은 특별히, 주목할 만한 새로운 통찰을 제공한다.

오늘날에도 대부분의 사람이 노동하는 직접적인 목적은 생계의 마련이다. 이러한 측면에서 성 토마스의 이론은 바뀌지 않았다. 인간은 자기 존재를 유지하기 위해 물질적 재화에 의존한다. 의식주가 필요한 것이다. 인간은 노동을 통하여 자신과 가족의 생활을 유지하고, 재화가 부족하고 필요한 이들에게 진정한 사랑을 실천할 조건을 제공해 준다(「사목 헌장」 67항).

노동의 목표에 더 효과적으로 도달하기 위하여, 인간은 서로 협력한다. 이러한 협력은 거대한 사회적 결과를 가져온다. 하지만 이것이 인간 활동의 목적이라고 간주할 수는 없다. 오히려, 그것은 노동의 목

---

11) 노동의 신학적 가치에 관한 전통적 교리의 아주 적절한 정식화는 다음을 보라. Teilhard de Chardin, *The Divine Milieu*, New York: Harper and Row, 1965, pp.53f. 테이야르의 관심사는 더 포괄적이고 완전한 노동 신학을 제시하는 데 있다. 그의 설명은 주목할 가치가 대단히 크다.

적을 더 잘 구현하기 위한 수단이다.

생활에 기본적 필요를 만족했더라도, 인간은 물러날 수가 없다. 늘 새롭고 더 높은 노동의 목표를 갈망한다. 지식을 확장하고 더 많은 기술과 문화를 발전시키고자 한다. 그렇게 노동함으로써 "사물과 사회를 변화시킬 뿐 아니라 또한 자신을 완성시켜 나아가는 것이다. 많은 것을 배우고 자신의 능력을 기르며 자기를 벗어나 자기를 초월한다. 이러한 성장은, 바로 이해한다면, 모을 수 있는 외적 재산보다 훨씬 값진 것이다. 인간은 무엇을 소유하느냐보다 오히려 어떠한 존재이냐에 따라 가치를 지닌다"(「사목 헌장」 35항). 여기서 주목할 점은, 이 공의회가 이 구절에서 윤리덕을 일차적으로 언급한 것이 아니라는 것이다. 오히려 인간의 지성과 문화를 양성하고 직업 능력의 완성을 말한다. 이러한 완성 역시 인간을 가치 있게 성장시킨다.

더구나 인간은 노동으로 "자신을 바쳐 형제들을 섬길" 수 있고, 또 그렇게 해야 한다(「사목 헌장」 57항). 자신의 통찰과 기술을 동료들과 공유함으로써, 인간은 "인류 가족이 진선미의 더 높은 이해에 이르도록 크게 이바지할 수 있으며"(같은 곳), 그리고 "자신의 생활 조건을 개선할 수" 있다(「사목 헌장」 34항).

그러나 인간 위격의 발전도 아직 노동의 궁극 목적은 아니다. 왜 인간이 자기 지식과 기술을 더 크게 증대하려고 노력해야 하는가? 물질적 생계에 필요하지 않은 자유로운 에너지를 기도와 종교 생활에 바쳐서는 왜 안 되는가? 무엇이 하느님의 계획 속에서 지식과 기술의 향상이 그토록 가치 있게 만드는가?

개인적 발전이라는 노동의 목표는 여전히 더 넓은 맥락, 즉 하느님의 창조 사업에 동참이라고 하는 맥락 안에서 보아야 한다. 하느님께서는 세상을 창조하시고 만물에 제자리를 정해 주신 후, 땅을 정복하고 다스리도록 남녀의 손에 맡기셨다. 이 명령을 충실히 수행함으로써, 그들 인간은 **창조자**의 계획에 이바지하며, 그래서 "하느님의 이름이 온 땅에 빛나게" 한다(「사목 헌장」 34항).

인간은 자연 속에 숨어 있는 보물과 힘을 탐구함으로써, 그리고 그것들을 기술과 문화를 아주 새롭게 창조하기 위해 이용함으로써, 이 사명에 응한다. 세계를 더 완벽하게 지배하려는 인간의 노력은 궁극적으로는 하느님 창조 사업의 지속이라는 결과를 낳는다. 인간의 노동은 **창조자**께 봉사하는 것이다. 그분은 인간의 협력을 통해 당신의 신적 계획을 펼치고 완성하기를 원하신다. 제2차 바티칸 공의회는 인간 활동의 이러한 고귀하고 궁극적인 의미를 거듭 강조한다. 그것은 인간이 "하느님의 창조를 완성하기 위하여 협력하도록" 힘을 준다(「사목 헌장」 67항; 또한 34항과 57항).

인간은, 중세의 정태적인 세계관에서처럼 원칙적으로 이미 완결된 창조의 단순한 관리자가 아니라, 오히려 지속적으로 진화하는 세상 속에서 하느님의 협력자인 것이다. 하느님의 창조 활동은 태초의 엿새 동안의 일로 끝난 것이 아니다. 그 활동은 수천 년을 거쳐 계속되고 있으며, 이제는 하느님의 협력자로서 인간의 협력을 통하여 계속된다.

심지어 가장 통상적 일상의 활동조차도 이 숭고한 목표에 이바지하고 있으며, 이는 필수 불가결한 것이다. 건설 현장 잡역부의 시중, 도로 보수의 작업, 조립 작업대를 붙잡는 일, 부엌과 집안의 일은 모두 엄청난 공동의 과업에 비해 작은 그러나 필수적인 기여들인 것이다. 제아무리 대단한 발명가라 할지라도, 개인은 공동체 없이는 이 과업을 완성할 수 없다. 그리고 공동체는 개인들의 모든 봉사를 필요로 한다. 남녀가 자신들의 의무에 충실히 응한다면, 그들은 "창조주의 활동을 펼치고 자기 형제들의 이익을 돌보며 개인의 노력으로 하느님의 계획을 역사 속에서 성취시키는 데에 이바지한다고 여길 수 있다"(「사목 헌장」 34항). 인류의 선한 업적 모두는 하느님의 위대하심을 드러낸 것이며, 그분의 신비로운 계획을 표현한 것이다.[12)]

노동의 이러한 의미에 비추어, "그리스도교 메시지가 사람들이 세계 건설을 외면하게 하지 않는다"는 것은 분명해진다. 오히려 그러한 활동을 하도록 의무로써 더욱 단단히 붙들어 매고 있다(「사목 헌장」 34항). 그리스도인은 하느님을 흠숭하고 그분께 예배드리도록 불린 것 만큼이나 그들의 현세적 의무를 책임 있게 완수하고 세상의 진보를 위해 협력하도록 불린 것이다. 양극단 중 어느 한쪽의 일방적 강조는 잘못이며 해롭다. 당연하게 이 공의회는 극단을 향하려는 유혹을 경고한다. 즉 "한편으로 직업적 사회적 활동과 다른 한편으로 종교 생활을 서로 부당하게 대립시켜서는 안 된다"(「사목 헌장」 43항). 양자의 건전한 균형과 유익한 보완을 목표로 해야 한다. 그러나 하느님 뜻과 일치해서 현세적 의무를 다할 때, 하느님의 구원 계획에도 봉사하게 되는 것이다. "더 나아가서, 노동을 하느님께 봉헌함으로써 인간은 바로 예수 그리스도의 구원 활동에 동참하는 것임을 우리는 신앙으로 믿는다〔알고 있다〕. 그리스도께서는 나자렛에서 손수 노동하심으로써 노동에 드높은 품위를 부여하셨다"(「사목 헌장」 67항).

이러한 성찰들은 인간 노동이 하느님의 계획을 아주 직접적으로 섬긴다는 것을 보여 준다. "현세 진보는 그리스도 왕국의 발전과 신중하게 구별되어야 하지만," 인간의 성취들은 "하느님 나라에 커다란 중요성을 지닌다"(「사목 헌장」 39항). 인간은 "하느님 나라의 바탕을 마련하도록" 불린다. 이 목적을 보장하기 위하여 그리스도는 친히 "당신 성령의 힘으로 사람들의 마음속에서 이미 활동하고 계시며 다가올 세기에 대한 열망을 불러일으키실 뿐 아니라, 그 열망으로 인류 가족이 자

12) 요한 바오로 2세, 회칙 「노동하는 인간」 25항. 이것 역시 제2차 바티칸 공의회를 명시적으로 언급하면서, **창조자**의 활동에 참여로서의 노동이라는 주제를 전개한다.

신의 삶을 더욱 인간답게 만들고 온 땅을 이 목표에 이르게 하려는 간절한 희망을 일깨우시고 정화하시고 북돋워 주신다”(「사목 헌장」 38항).

인간의 업적들이 어떻게 하느님 나라 구현에 기여하는지, 또 그것들이 종말에 어떤 형태로 새 땅에 편입될 것인지, 우리는 정확히 알지 못한다. 죄로 이지러진 이 세상의 모습은 사라질 것이다. 그러나 인간 활동의 선한 결실은 새 세상에서 “모든 때를 씻어 버리고 찬란하게 변모된 그 가치들을 다시 찾게 될 것이다”(「사목 헌장」 39항). 거룩한 성체성사는 이런 희망의 표지이며 보증이다. 이 성사 안에서 인간의 손으로 가꾼 자연적인 요소들은 그리스도의 영광스러운 **몸**과 **피**로 변한다. 같은 방식으로, 인간 노동의 열매도 그리스도의 변화시키는 힘을 통해 건축용 돌로서 하늘 나라에 편입될 것이다(참조: 「사목 헌장」 38항).

하지만 인간 진보를 전반적으로 인정하면서도, 교회는 자신이 희망하는 궁극 목표가 지상의 성취 그 이상이라는 것을 결코 잊지 않는다. 신약이 희망하는 목표는 제아무리 발전된 것이라 해도, 그저 이 세상의 개선이 아니다. 그 목표는 궁극적으로 주님 자신인 것이다. 그분은 “인류 역사의 목적이시고 역사와 문명이 열망하는 초점이시며 인류의 중심이시고, 모든 마음의 기쁨이시며 그 갈망의 충족이시다”(「사목 헌장」 45항). 그것은 하느님 사랑의 계획으로서, “하늘과 땅에 있는 만물을 그리스도 안에서 한데 모으는 계획”인 것이다(에페 1,10). 만물을 다시 세우는 것은 만물을 전멸시키는 것이 아니다. 이것은 인간 노동의 결실들에도 적용된다. 그 열매들의 완성이며 완결인 것이다.

11.1.2. 노동과 직업에서의 도덕적 의무

1) 노동할 의무

앞에서 설명한 노동의 목적과 의미에는 노동할 의무의 근거들도 포함하고 있다. 노동은 자기 보전을 위한 정상적 방식이다. 인간은 통상적으로 노동을 통해 자신이 물질적으로 필요한 것과 자신에게 맡겨진 이들이 필요한 것을 충족시킨다. 인간이 노동할 수 있고 생계를 위해 다른 정당한 공급원이 없는 한, 노동으로 생계에 필요한 것들을 획득해야 한다.

일부의 사람들은, 예컨대 상속을 통해 충분한 재산을 소유하고 있으며, 생계를 위해 노동할 필요가 없다. 사실 공동체 안에 일상 노동에 생계가 달려 있지 않은 이들이 있다는 것은 바람직하다. 이는 그들이 정치 과제·문화 사업·교회 봉사 등과 같이, 공동의 관심사에 더 자유롭게 헌신할 수 있기 때문이다.

그러나 생계형 노동에 의존하지 않는 이들 역시, 어떤 방식으로든 엄격히 노동할 의무가 있다. 제2차 바티칸 공의회는 그리스도교의 노동 교리로부터 "충실히 노동하여야 할 의무가 모든 사람에게 생겨난다"고 결론을 도출한다. 모든 남녀는 가능한 범위 안에서, 동료를 섬기고 하느님 창조의 완성에 협력하도록 불렸기 때문이다. 여기서 노동은 육체노동이나 임금 노동이라는 협의의 의미만 국한하지 않는다. 심지어 노동은 관상 생활의 흠모까지도 포함하는 광의의 의미로서, 모든 진지하고 목적 있는 활동으로 이해되어야 한다. 이러한 광의의 의미에서는 노동이 보편적 의무인 것이다. 그것은 개인의 복지에 기여하는 다양한 공동체들을 향한 의무이며, 형제애의 요구이다. 세상을 다스리고 피조물을 완성하도록 창조된 남녀에게 부과되는 하느님을 향한 의무인 것이다.

사실 기록할 가치가 있는 것은, 노동 시장이 중개하는 것 그 이상의 노동이 이루어지고 있다는 점이다. 시장경제의 원리는 임금 노동만 중시하는 사고를 조장한다. 하지만 인간의 노동은 노동 시장에서 대가로 제공되는 것 그 이상이다. 가장 중요한 봉사들이 가정 내의 가사 노동을 통해 이루어지며, 이는 아무런 물질적 보상도 받지 않는다. 또한 사회적·애덕적 성격의 수많은 명예로운 활동들도 무보수의 활동에 속한다. 연금으로 생계를 유지하는 이들이나 직업이 있지만 지역사회를 위해 다양한 방식으로 여가를 바치는 이들도 마찬가지로 명예로운 활동이다.

2) 직업 준비에 대한 양심의 의무

노동의 의의와 목적은 또한 자신의 직업을 책임 있게 선택하고, 그것을 위해 양심적으로 준비할 것을 요구한다.

책임 있는 직업 선택을 위해서는 무엇보다도 자신의 재능과 역량을 냉정하고 현실적으로 평가하는 것이 요구된다. 사람은 자신이 충분히 그 요구사항을 감당할 수 있는 직업만을 선택할 수 있다. 그러고는 하느님, 자신, 그리고 동료들을 가장 잘 섬길 수 있다고 믿는 직업을 선택해야 한다. 물론 환경에 의해 때때로, 직업 선택의 자유가 상당히 제한되기도 한다. 이 경우 한 개인의 책임은 구체적이고 가능한 직업을 받아들이고, 자신의 능력껏 최선을 다해 그 직업에 헌신하려는 결단에 있다.

일단 직업을 선택한 후에는, 양심적으로 그 직업에 대비할 도덕적 의무가 따른다. 예컨대 비행사·운전사·의사·변호사·정치가·토목기사와 같이, 그 직업에 필요한 전문 기술 습득을 소홀히 함으로써 타인들에게 심각한 해악을 초래한다면, 아주 심각한 무책임이 된다.

직업 수행에 특별한 숙련과 자격에 대한 인증서가 있어야 한다면,

정직하고 부정 없이 취득하는 것은 중대한 의무이다. 더구나 장차 그 직업을 수행함에 있어 진정한 자질과 신뢰를 보장하는 확실한 징표로서, 정직과 성실, 그리고 직업의 준비 과정에서의 근면과 인내가 요구된다.

3) **직업 수행에 대한 의무**

노동자나 전문직 종사자는 수행하기로 동의했고 대가를 받는 서비스를 양심적으로 성실히 이행할 의무가 있다. 그 일을 제대로 수행하지 못하거나, 의무를 지키지 않거나, 또는 부주의하거나 무분별하게 수행하는 노동자는 정의에 반한 죄를 짓는 것이다. 그들은 배상할 의무가 있다.

많은 직업에서는 임무에 부응하기 위하여 지속적인 교육과 지식의 갱신이 요구된다. 이는 변호사·의사·성직자·교사에게 특히 그러하며, 정도가 다르지만 다른 많은 천직(天職)에도 해당된다.

고용 관계에서는 종종, 충성·존경·분별력 등과 같이 아주 개인적인 성격의 윤리적 의무를 발생시키기도 한다. 이는 특히 집안 근로자들에게 적용된다. 개인적인 배려와 비밀 엄수는 특히 성직자·의사·심리치료사·상담사·변호사 및 이와 유사한 직업에서의 의무이다.

자기 일에 있어 성실과 근면이라는 덕행은 타인과 맺는 연대성의 표현이기도 하다. “모든 노동자는 생산과 서비스에서 우수성을 추구함으로써 공동선에 기여하도록 불린 것이다.”[13] 따라서 공장·기업·사무실에서 일하는 모든 사람에게 사회적 책임의 의무를 말하는 것은 전적으로 정당하다.

---

13) *Economic Justice for All*. Pastoral Letter on Catholic Social Teaching and the U.S. Economy, Washington: NCCB, 1986, nr. 102.

11.1.3. 노동의 권리와 정당한 임금의 권리

1) 노동의 권리

노동할 의무와 함께, 제2차 바티칸 공의회는 노동할 권리도 있다고 단언한다(「사목 헌장」 67항). 이 권리는 자기 보존의 권리와 의무, 부양 가족을 돌볼 의무, 그리고 창조 계획 속에서 하느님과 협력할 소명에서 비롯된다. 그러나 노동의 의무가 유급 노동뿐 아니라 때로는 상당 부분이 무급 노동을 통해서도 이행되듯이, 노동의 권리 역시 유급이든 무급이든 모든 종류의 노동을 포괄한다. 예컨대 농부가 자기 농장에서 임금을 받지 않는 노동으로 가족을 부양할 수 있는 것처럼, 예를 들어 주부 또한 집안에서 무보수 노동으로 가족에게 봉사할 수 있다. 그러나 노동할 권리를 말할 때, 자동으로 머리에 떠오르는 임금 노동의 권리는, 그것이 어떤 사람에게 생계를 유지할 유일한 수단이며 그 대안이 구걸이나 공공의 구호뿐이라면, 긴급한 요구가 된다.

"사회는 실제 환경에 따라 그 나름대로 시민들이 충분한 노동의 기회를 찾을 수 있도록 도와주어야 한다"(「사목 헌장」 67항). 물론 국가 경제가 모두를 위해 충분한 일자리를 가지고 있지 않다면, 실업자는 필요가 없거나 재원이 없는 일자리를 요구할 수는 없다. 그러나 국가는 완전고용을 촉진하도록 정책을 펼 권리와 그럴 의무가 있다. 따라서 구체적으로 임금이 수반되는 고용에 대한 권리란, 시민들이 노동을 원하고 특히 생계를 위해 임금에 의존하는 모든 이들을 위한 고용 촉진 정책을 국가 권위에 가능한 최선의 방식으로 기대할 권리를 지닌다는 것을 의미한다.

만일 일할 능력과 의지가 있고 생계를 임금에 의존하는 남녀가 직업을 가질 수 없다면, 그들은 공동체로부터 원조받을 권리가 있다. 생존권은 그들에게 생계에 필요한 수단을 보장받을 권리도 부여한다.

이러한 도움은 '확대된 가족'이나 지역 공동체로부터 올 수 있다. 국가의 자원이 아주 부족한 가난한 나라에서는 이것이 종종 그들에게 유일한 희망이며 피난처가 된다. 산업화된 국가는 일반적으로 실업급여(insurance)를 통해 실직 문제에 대응하려 한다. "일을 할 수 없는 사람들에게는 존엄하고 연민 어린 분위기 속에서 경제적 도움을 주어야 한다. 그것보다 못한 것은 정의와 평등의 요구를 충족시키지 못한다. 인간 존엄성에 의해서도 이보다 못할 수는 없다."[14] 하지만 일하길 원하지 않거나, 혹은 가사 노동과 같이 다른 일에 종사하면서 실업급여를 악용하는 것은 사기죄이며, 사회 정의에 반한 죄이다.

그러나 자선 지원·공공 구호·실업급여는 단지 임시방편일 뿐이며, 그것으로 인간의 전체 필요를 충족시킬 수는 없다. "높은 실업률로 인한 심각한 인명 피해는 실업률이 인간의 삶과 존엄에 미치는 영향을 볼 때, 생생하게 드러난다(…). 실업자들은 종종 자신이 사회에서 무가치하고 생산적인 역할이 없다고 느끼게 된다."[15] 실업은 개인과 가족 모두의 건강과 안정에 심각한 타격을 입힌다. 장기간의 실업을 심리적 손상 없이 견뎌 내는 사람은 극소수다. 실업과 관련된 범죄의 증가는 복지와 원조에 대한 지출 말고도 국가에 추가적 비용을 안겨준다.

장기 실업은 무엇보다도 훈련이 안 된 사람, 55세 이상의 사람, 특별한 훈련이 아주 부족한 경우가 많은 한 부모 여자들에게 타격을 가한다. 이들의 고용 기회를 높이려면, 더 나은 자격과 훈련이 필요하다. 이는 국가·지자체·고용인·노동조합·교회·복지단체의 협력이 필요하다. 희생과 타협 없이는 실업을 극복할 수 없다. 무엇보다도 자

---

14) John F. Cronin / Harry W. Flannery, *Labour and the Church*, London: Bums and Oates, 1965, p.33.
15) *Economic Justice for All*, *op.cit.*, nr. 141.

본을 보유하고 일자리를 제공하는 이들, 즉 특히 사용자들의 연대가 필요하다. 노동조합이 갈수록 비용이 많이 드는 노동자 혜택을 강제하는 정책이 오히려 일자리 감소라는 역효과를 낳는다는 점도 무시할 수 없다. 특별한 조치가 결국 필요하다. “장애인들에게도 그들의 능력에 따라 노동이 주어질 수 있다는 목표를 달성하도록 해야 한다. 왜냐하면 이 목표는 인격체로서, 노동의 주체로서의 그들의 존엄성이 요구하는 것이기 때문이다.”[16)]

하지만 노동할 권리에는, 자신이 배운 특정 기술이나 직업에서 고용될 권리가 포함되지 않는다. 그것에 수요가 없다면, 다른 종류의 노동에 만족해야 한다. 또한 노동할 권리와 직장을 가질 권리는 다르다. 직장의 권리는 정당한 사유 없이는 해고되지 않을 권리를 의미한다. 이 권리의 자연법적 근거는 정의에 입각한 엄격한 청구권이라기보다 개인적 배려에 의한 권리이다. 특히 오랜 기간 충실히 고용주를 섬겨온 노동자의 경우에 어떤 의무감을 요구할 권리인 것이다. 직장의 권리는 일정한 한도 내에서, 부당한 해고로부터 보호받는 노동 계약을 통해 자주 법적으로 보장받는다.

2) 적정 임금

임금이란 노동 서비스에 대한 계약상의 보수를 뜻한다. 노동 계약에 따라 사용자의 명령하에 수행되는 종속적 노동에 대한 보상인 것이다. 임금의 범주에는 숙련이든 단순노동이든 육체노동에 대한 보수 즉 좁은 의미에서 “임금”(wage)이라 불리는 것만 포함되는 것이 아니라, 또한 대부분 형태의 봉급(salaries)도 포함된다.

적정 임금에 대한 문제점은 사회 문제의 핵심 사안이다. 이는 19세기 산업의 확장으로 긴급성을 띠었다. 사용자는 노동을 일종의 상품

---

16) 요한 바오로 2세, 「노동하는 인간」 22항.

처럼 취급하는 경향을 보였다. 노동의 가격은 수요와 공급의 법칙에 따라 계약으로 정해졌다. 많은 노동자가 노동력을 제공하지만, 노동 수요가 제한적일 때, 노동의 가격은 당연히 낮아진다. 노동자가 자유롭게 노동 계약에 들어가는 것이기에, 저임금을 강제로 받아들이는 것은 아니다. 그러나 일단 계약을 체결하면, 법적인 구속력이 생긴다. 심지어 신학자들조차 "정의가 계약된 임금을 이행하도록 요구한다고 자주 주장했다. 따라서 노동자의 비참한 처지에 대한 유일한 해결책은 그저 자선을 구하는 것뿐이었다."[17]

이러한 경제 이론에 대해 교황 레오 13세는 그의 회칙 「새로운 사태」(노동 헌장)에서 단호히 반대의 입장을 취한다(32항). 노동자들은 다른 생계 수단이 없기 때문에, 최저 생계비 이하의 임금에 동의할 수밖에 없는 경우가 있다. 따라서 진정한 의미에서 그들에게는 선택할 자유가 없는 것이다. 적정 임금의 결정에 있어 또 다른 중요한 요소가 고려되어야 한다는 것은 자명하다. 노동 계약은 언제나 "쌍방 간의 자유의사를 우선하고 능가하는 기본적인 정의가 항상 반영되어야 한다. 임금은 노동자가 검소한 생활, 말하자면 최소한의 안락한 생활을 유지하는 데에 미흡해서는 안 된다"(32항). 여기에 노동자의 아내와 자녀의 생계 수단도 포함된다(33항). 실제로 법은 노동자가 임금의 일부를 남겨 어느 정도의 재산을 장만할 수 있는 수준의 임금을 바라고 있는 것이다(33항). 임금 정의의 문제는 또한 비오 11세의 「사십주년」에서(30~34항), 요한 23세의 「어머니요 스승」에서도(68~81항) 다루어진다. 이 둘은 레오 13세의 가르침을 보완한 것이다. 즉 적정 임금은 한 가지 요소로만 정해지는 것이 아니라, 여러 요소를 고려해서 정해져야 한다고 강조한다.

고려해야 할 여러 요인 중 일부는 교환 정의이며, 일부는 사회 정

---

17) J.F. Cronin / H. W. Flannery, *op.cit.*, p.24.

의이다. 적정 임금에 대한 기준들의 체계적 제시는 기본적으로는 이 두 부류로 나눌 수 있다.

(1) **교환 정의의 기준**: 교환 정의의 규범들만으로는 적정 임금을 정하기에 충분하지 않음에도 불구하고, 그것들은 필수 불가결하고도 근본적인 중요성을 지닌다. 교환 정의는 서비스와 보수 간의 균형을 요구한다. 노동자는 자신이 제공하는 서비스와 소비하는 에너지에 상응하는 임금을 받아야 한다. 또한 버젓한(decent) 조건으로 가족을 부양하기에도 적절해야 한다. 이는 건강한 식품 마련, 주택의 임차나 구입, 알맞은 교육, 그리고 충분한 의료를 제공할 수 있는 소득을 의미한다. 왜냐하면 노동자는 자기 가족으로부터 지원을 받고 있으며, 자녀 양육은 그 노동자의 부모가 그에게 한 투자에 보답일 뿐 아니라, 장차 경제를 위한 새로운 인력의 공급을 보장하는 것이기 때문이다. 따라서 자녀를 둔 가정(또는 한 부모 가정)을 위한 추가 지원은 공동체가 세금 감면·가족수당·교육 지원을 제공해야 한다.

하지만 유의해야 할 것은, 하나의 생산품에 대해 한 노동자가 기여한 가치를 구체적으로 계산하기는 쉽지 않다는 점이다. 한때 산업화 이전의 수공업과 농업에서는 비교적 쉽게 계산할 수 있었을 것이다. 그러나 오늘날 산업화된 경제에서 계산하기는 훨씬 어렵다. 하나의 경제 기업의 총생산량은 여러 가지 원인의 결과이기 때문이다. 노동 이외에도 관리, 기업가의 서비스, 판매 촉진, (종종 어떤 위험을 동반하는) 자본 투자, 그리고 토지가 들어간다. 따라서 노동자는 그 기업이 만들어 낸 전체 순익을 자기 것이라고 단순히 청구할 수는 없다. 그러나 노동자는 자기 노동의 결과로 발생한 이익에 대한 몫을 배당받을 자격이 있으며, 위에서 언급된 다른 요소들에서 발생한 이익까지 요구할 수는 없다.

교환 정의는 더 나아가, 동일 노동에는 동일 임금을 요구하며, 더 높은 생산성에는 더 높은 보수를 요구한다. 근무 평가에는 다음 사항들을 고려해야 한다. 즉 업무 지식·실무 경험·훈련 시간·숙련도·책임성·투여 에너지(여기서는 신경의 긴장은 근육의 힘 사용과 같다는 평가가 요구됨) 등이다. 단지 여자라는 성별 때문에 남자보다 적은 임금을 받는다면, 명백한 그러나 안타깝게도 아주 만연한 교환 정의의 위반인 것이다. 이것은 모든 이에게 명백한 차별이며, 여권운동이 지극히 타당하게 비난하는 사안이다. "수많은 여성이 임금·봉급·직급·승진 및 다른 영역들에서 차별을 겪고 있다(…). 이러한 차별은 부도덕한 것이며, 우리 사회 안에서 성차별주의의 영향을 극복하기 위한 노력이 반드시 이루어져야 한다."[18)]

정당하게 체결된 임금 계약의 규정을 준수하는 것도 마찬가지로 엄격한 정의의 요구이다. 합의 조건을 이행하지 않을 경우, 배상의 의무가 부과된다. 최저임금을 정하는 규정의 위반에도 배상의 의무가 적용된다. 최저임금을 지급하지 않는 것은 단순히 법적 정의뿐 아니라 교환 정의도 위반하는 것이다. 이는 배상할 의무가 있다. 하지만 최저임금이 법적으로 정해졌다는 사실 자체가 모든 상황에서 정당하다는 의미는 아니다. 만일 이 임금이 어떤 이유로 지나치게 낮다고 판명될 경우, 그것이 예컨대 화폐가치의 전반적인 하락이나 노동자의 특별한 성과 때문이라면, 사용자는 정의에 따라 임금을 인상하거나 다른 혜택으로 그 부족분을 보상해야 한다.

(2) **사회 정의의 기준**: 임금은 노동자가 자신의 영적·문화적 필요를 돌볼 수 있는 수준이어야 한다. "노동의 보수는 각자의 임무와 생산성은 물론 노동 조건과 공동선을 고려하여 본인과 그 가족의 물질

18) *Economic Justice for All*, *op.cit.*, nr. 179.

적 사회적 문화적 정신적 생활을 품위 있게 영위할 수 있도록 제공되어야 한다"(「사목 헌장」 67항). 임금은 노동자로 하여금 사회에서 마땅히 행할 역할을 할 수 있도록 보장해야 한다. 만일 그러한 역할 수행에 특정한 수단이 필요하다면, 그의 소득은 그에 상응한 것이어야 한다.

사회 회칙들은 임금 소득이 알뜰한 노동자가 일정한 저축을 하고 적당한 자산을 모을 수 있을 정도로 충분히 높아야 한다고 강조한다. 노령·질병·실업 등을 대비한 보험도 저축의 한 형태로 간주되어야 한다.

끝으로, 정의는 임금이 국가 경제 전반의 발전과 성장 요건에 비례해야 한다고 요구한다. 이 요건은 임금의 사회적 정의가 지닌 이중적 측면을 가리킨다. 즉 이는 경제적 측면에서 국가가 발전함에 따라 임금 소득의 상승을 요구하지만, 동시에 국가의 현재와 미래의 요청에 따라 제한도 받아야 한다. 심지어 전체 인류가 필요한 것까지도 고려해야 한다.

무엇보다도 국가 경제는 모든 사람에게 일자리 제공을 목표로 삼아야 한다. 따라서 임금과 그리고 관련된 혜택은 산업의 추가적 확장을 위해 필요한 자본 형성을 막거나 다양한 부문에서 고용을 저해할 정도로 높지 말아야 한다. 만일 개별 기업이나 산업 전체의 어떤 부문이 심각한 위기를 겪게 될 경우, 사회 정의는 때때로 임금 동결이나 심지어 일시적인 임금 삭감도 요구한다. 한번 달성한 임금 수준을 과도하게 고집할 경우, 궁극적으로는 노동자 자신의 진정한 복지와도 상충하게 된다.

특정한 노동자 집단에 의해 임금이 앞서 나가는 것은 사회 정의에 쉽게 어긋난다. 이러한 경우 이 집단은 일시적으로 이익을 얻을 수 있지만, 소비자 즉 고임금 기업의 제품에 더 높은 가격을 지불해야 하는 다른 노동자 집단이 희생한 것이다. 제공한 근로 때문이 아니라 예컨대 생산방법 개선·원자재 가격 인하·해외시장 개선 등 다른 요인 때문에 특정 부문에서 수익률이 높아졌다면, 정의에 따른 임금 인상의 권리가 반드시 주어지는 것은 아니다. 오히려 사회 정의는 제품 가격의 인하를 요구하는데, 그렇게 함으로써 경제의 모든 구성원이 혜택을 누리게 된다. 그것은 또한 과거에 경제 건설에 기여했고 현재는 노령 연금으로 살아가는 이들에게도 국가 번영의 열매를 가장 안전하고 공평하게 보장하는 방법이 된다.

3) 노동 보호와 사회보장을 받을 권리

산업화 초기에는 지나치게 낮고 부당한 임금만이 아니라, 과도한 노동시간·휴가 부재·안전 조치 미비 그리고 과중한 여성 노동 및 아동 노동 등으로 특징을 이루었다. 이것들은 가장 심각한 남용이었고, 그리고 노동자가 그것으로부터 보호받을 권리를 지녔음은 자명하다. 이러한 보호는 오늘날 사회의 입법으로 상당 부분 보장받고 있지만, 세계의 모든 지역에서 동일한 수준으로 보장되는 것은 아니다.

이와 관련해 레오 13세는 우선 노동자를 인간으로 대우해야 하며, 노예나 단순한 이익을 위한 물건으로 취급되어서는 안 된다고 단언한다. "참으로 수치스럽고 비인간적인 것은〔부당한 일은〕 인간을 마치 이윤 추구를 위한 물건처럼 마구 다루는 것이고 오직 노동 기술이나 노동력으로써만 인간을 평가하는 것이다."[19] 이어서 몇몇 기본권을 구체적으로 지적하고, 국가가 입법을 통해 그것들을 보장할 것을 요구한다.

고용인들과 국가는 노동자를 종교적·도덕적 손실로부터 보호해 줄 의무가 있다. 노동자가 활력을 되찾고 종교적 의무에 충실할 수

---

19) 「새로운 사태」(노동 헌장), 14항.

있도록 충분한 자유 시간을 보장해야 한다. 인간의 힘이 견딜 수 없도록 무절제하고 과도한 노동을 부과해서는 안 된다. 마찬가지로 성별과 연령에 맞지 않는 노동을 요구해서도 안 된다. 아동은 육체·정신·영혼이 충분히 성숙되기 전에 작업 과정에 투입시켜서는 안 된다. 여성의 노동 조건은 그들의 체질과 아내·어머니로서 의무에 부합해야 한다.[20] 사실, 요한 바오로 2세가 덧붙이기를, 만일 어머니가 자녀의 필요에 따라 돌보고 교육하는 데 자신을 헌신할 수 있도록 배려한다면, 그 사회의 명예가 된다고 강조한다. "가정 밖에서 보수가 따르는 노동을 하기 위해 이러한 과업을 포기해야 한다는 것은 사회와 가정의 선익이라는 면에서 볼 때 잘못된 것이다. 왜냐하면 그것은 어머니로서의 사명이라는 근본 목적에 반대되거나 방해가 되기 때문이다."[21] 끝으로, 사용자는 작업장에서 안전 조치를 충분히 마련하여 건강과 생명을 위협하는 위험으로부터 노동자를 보호할 막중한 의무를 지닌다. 노동자와 그 가족의 이러한 기본권은 언제든지 존중되어야 한다. 그것이 위협을 받을 경우, 국가가 반드시 개입하여 이를 보장해야 한다.

노동자 권리와 관련된 또 다른 범주는 사회보장이다. 이는 무엇보다도 요한 23세가 상세히 기술하였다. 인간은 "병고, 노동력의 결여, 과부 신분, 노환, 실업 등에 처했거나 자신의 의지와는 관계없이 생계 방법을 상실하는 경우에도 안전하게 살 수 있는 권리를 갖는다."[22] 이것들은 모든 인간의 권리들이며, 노동 보호의 권리와 마찬가지이다. 그러나 이러한 보호와 실천은 종속된 노동자일 경우, 특별히 시급하다. 현대 세계에서 보편적인 사회보험의 공통된 네 가지 범주는 국가

---

20)「새로운 사태」(노동 헌장), 31항. 참조: 요한 23세,「지상의 평화」19항.
21)「노동하는 인간」19항.
22)「지상의 평화」11항.

권위의 임무를 다룰 때 이미 언급된 바 있다. 그것들은 노령·장애·유족의 보험, 건강·출산의 보험, 산업재해의 보험, 실업의 보험이다. 이들은 일반 시민, 특히 노동자들의 사회보장에 크게 기여한다.

제2차 바티칸 공의회는 또한 노동 영역에서 다른 관심사들을 주목한다. 노동이 조직되는 방식이 너무나 자주 인간의 필요에 맞지 않게 조정된다는 것이다. 그러한 상황은 정당화될 수 없다. "그러므로 생산노동의 전 과정이 인간의 필요와 생활 방식에 그 무엇보다도 가정생활에 알맞아야 하고, 특히 가정의 주부와 관련하여 그러하지만, 언제나 성별과 연령을 고려하여야 한다"(「사목 헌장」 67항).

오늘날 산업화된 세계에서는 노동자가 자기가 하고 있는 일과 일체감을 갖기가 점점 더 어려워지고 있다. 대량 생산이 노동을 비인격적인 것으로 만들고 있다. 노동자는 자신의 개별 지위와 의미를 상실한다. 기계화·전문화·자동화는 노동자를 그의 생산품과 분리시키고, 노동의 최종 생산품과 직접적인 연계성을 잃게 하는 경향이 있다. 이것은 달성된 일에서 자부심을 느끼고 기뻐할 기회를 거의 못 느끼게 한다. 그러한 영향은 노동이 삶의 중심 관심사가 되지 못하게 하며, 자기 성취는 직업 밖에서 추구하게 한다.

잦은 교대근무는 또 다른 문제를 보태게 한다. 가정생활에 지장을 주며, 사회 활동도 어렵게 만든다. 교대근무가 너무 많아 야간학교 수강, 정기적인 종교 행사 참여, 그리고 단체모임과 기타 주기적인 집회 참석을 어렵게 만든다. 물론 이러한 문제의 해결책이 쉽게 손에 닿지는 않는다. 그러나 노동자가 관련된 산업의 문제점은 생산기술의 문제만큼이나 기술자들에게 창의적 해결을 요구한다.

기술적·경제적·재정적 요소들은 사람보다는 하위에 두어야 한다. 기업가·경영자·임원들은 노동자를 기계의 부속품이나 생산 요소로만 보아서는 안 된다. 노동자는 인간 위격이다.[23] 이는 경영자와 노동자 간에, 그리고 노동자들 간에 인격적 관계가 필요함을 일깨워 준다.

적절한 정보를 제공함으로써 즉 개인적 소통, 구두 보고, 사내 게시판과 같은 방식으로, 노동자들이 기업의 애환과 미래 발전의 계획에 참여하도록 노력을 기울여야 한다. 당연하게도 노동자는 자신에 대한 노동 평가, 지속적 교육과 직업적 승진의 가능성, 그리고 자신과 관련된 모든 결정에 대해 특별히 알고 싶어 한다. 또한 근로자들이 자신에게 가장 적합한 일을 찾도록 도와줄 조치들이 취해야 한다.

만일 많은 노동자가 노동의 창조적 요소를 망각해 버렸다면, 일과 책임의 개인적 차원을 더 분명히 인식하고 발전시켜야 한다. 이는 일의 세분화·제조 과정·자재·안전에 대한 책임, 그리고 의사결정 과정에의 참여를 의미한다. 의사결정 권한은 위임되어야 하며, "자신의 작업장에서는 상부에서 하부로 그리고 하부에서 개인에게 위임되어야 한다. 작업의 원활한 진행을 위해서뿐만 아니라 인간을 위해서도 더욱 그렇다(…). 마찬가지로 정보의 흐름도 위에서 아래로만이 아니라 아래에서 위로도 구축하고, 지속적으로 유지해야 한다."[24] 노동자의 기업 참여는 무엇보다도 노동조합을 통해 이루어진다. 노동조합은 아래에서 더 자세히 다루어질 필요가 있다.

---

23) 노동 조건의 인간화는 경제에 있어 지속적인 과제이다. 하지만 기업의 진지한 노력도 이루어지고 있다. 1973년 독일연방공화국 노동부가 지원한 노동 조건 만족도 조사에 따르면, 직원의 86%가 노동 조건과 분위기에 만족하거나 매우 만족한다고 답했으며, 77%가 업무 내용에, 72%가 소득금액에, 64%가 기업 내 공동 결정에 만족한다고 응답하였다(*Arbeitswelt menschlicher gestalten.* Beiträge zur Gesellschaftspolitik Nr. 13. Köln: Bund Katholischer Untemehmer, 1974, p.16). 그동안 같은 방향으로 추가 노력을 기울여왔다고 짐작할 수 있다.

24) Oswald von Nell-Breuning, *Gerechtigkeit und Freiheit. Grundzüge katholischer Soziallehre*, Wien: Europaverlag, 1980, p.235.

11.1.4. 단결권과 파업권

노동자는 자신들의 권리를 행사하고 보호하기 위하여 노동조합을 조직하였다. 노동조합은 정당한 노동 계약을 위해 단체 교섭을 할 수 있게 한다. 단체 교섭은, 함께 행동하는 노동자가 혼자 하는 개별 노동자보다 훨씬 큰 힘을 가진다는 단순한 원칙에 기초한다. 조직된 노동자들은 보통 노동 계약을 할 때 도와줄 수 있는 변호사나 다른 전문가를 고용할 수 있는 위치에 선다. 교착 상태에 이르렀을 경우, 노동조합은 파업함으로써 노동을 거부할 수 있다. 파업 기간의 무임금은 노동자에게 힘든 일이지만, 사용자도 해결점을 확보하도록 심각한 경제적 압박을 받게 된다. 노동조합주의의 발전은 의심할 여지 없이, 경제적·사회적 질서에 아주 광범위한 변화를 불러왔다.

1) 노동조합

노동조합은 노동 시장에서 노동자들의 경제적·사회적 이익을 보호하기 위한 자발적 조직이다. 조합들은 본성상, 경제의 여러 부문에 따라 조직되는 경향이 있는데, 이는 노동 시장 자체가 이러한 구분 노선을 따라 움직이기 때문이다. 노동조합의 기본 기능은 사용자와 그리고 그 연합체와의 단체 교섭을 통해 정당하고 공정한 노동 조건을 확립하는 것이다. 교섭의 대상은 적정 임금·노동시간·휴식·휴가·병가·해고 통보의 기간 등이다.

노동조합을 결성할 권리는 자유 결사의 기본 권리에서 비롯된다. 자본주의 진영은 노동조합이 자본 권력의 지배에 도전하고 이를 깨뜨린다는 이유로 이 권리를 부정하려고 온 힘을 기울였다. 많은 나라들에서 조직된 노동의 성장은 격렬한 투쟁으로 점철되었다.

처음부터 교황들은 사회 회칙들을 통해, “인간이 사회 단체에 가입하는 것은 인간의 타고난 권리"라고 옹호하였다. 따라서 국가는 사적 결사체가 도덕적 선익과 그 사회의 복지에 명백하게 위배되지 않는 한, 그것을 금지시킬 수 없다. 반대로 국가는 "자연법을 없애기 위해서가 아니라 보호하기 위해서" 건설되었다.[25] 상호 부조와 사회 지원을 위한 조직 중 "가장 중요한 것은 노동자 조직이다." 그것은 노동자 계급의 요구를 충족시키기 위해 반드시 필요하다고 강조하였다.[26]

제2차 바티칸 공의회는 이 권리를 분명한 어조로 재확인해 준다. 즉 "노동자들이 자신들을 참으로 대표하는 단체를 자유로이 결성할 권리를 인간의 기본권으로 인정해야 한다." 단지 이 기본 권리에 대한 논리적 귀결로서, 이 공의회는 "보복의 위험 없이 단체 활동에 자유로이 참여할 권리"를 추가로 덧붙였다(「사목 헌장」 68항). 협박의 시도들이 공의회 교부들로 하여금 이 권리를 명시적으로 규정하게 했을 가능성이 있다.

노동조합은 노동자들의 권리를 수호하기 위한 가장 효과적인 도구임이 입증되었다. 이 점에서 노동조합의 공로는 의심할 여지가 없다. "노동조합 안에서 노동자들은 스스로 '사회적 권력'이 되었고, 그래서 자본 권력이 지닌 독점적인 경제적·사회적 우위를 무너뜨렸다. 이제 '노동'이 자본과 동등한 지위에 놓이게 된 것은 사회체제의 경과에 있어 결정적 의미가 되었다."[27] 오늘날 노동 조직은 사회적 권력에 있어 금융·자본·고용인 및 다른 거대한 사회적 세력들과 대등하게 되었다. 노동조합이 노동자의 권리를 효과적으로 행사할 수 있게 해 준 것이다.

하지만 노동조합 권력의 부상은 그들 자신에게도 위험을 내포하고

---

25) 레오 13세, 회칙 「새로운 사태」(*Rerum Novarum*, 1891, 노동 헌장), 35항.
26) 같은 책, 34항; 요한 23세, 회칙 「어머니요 스승」(*Mater et Magistra*, 1961), 22항.
27) J. Messner, *Social Ethics*, *op.cit.*, p.458.

있다. 그들 역시 자본주의적 착취 방식으로 그 힘을 남용하려는 유혹에 빠지곤 한다. "노동조합은 자본주의의 이윤 원칙에 따라 행동하며, 자신들의 힘이 허용하는 한 최대의 혜택을 추구한다."[28] 교황 바오로 6세는, 여기저기의 조합들이 완력으로 특히 파업으로, "경제 전반에 그리고 사회 집단에 너무 무거운 짐이 되는 조건들을 강요하거나 또는 이런 방식으로 직접적인 정치적 요구를 얻어 내려는" 경향을 보이는 것에 대해 우려를 표명했다.[29]

노동조합은 당파 정치를 추구해서는 안 된다. 예컨대 특정한 낙태 법안의 통과를 선동하는 것은 그 목적이 아니다. 그것은 조합원들이 조합에 가입한 목적이 아니기 때문이다. 그러한 목적을 위해서는 다른 결사체들 즉 정당들이 존재한다. 노동조합은 "어느 정당의 결정에 예속되거나 정당과 너무 밀접하게 유착되어서는 안 된다. 실상 이런 상황에서는 조합이 자신들의 특정한 역할과의 접촉을 상실한다."[30] 노동조합이 조직 전체로서 사회주의나 공산주의의 이념을 따르거나, 다른 종교적·정치적 신념을 차별하는 경향에 맞서 이 점을 강조할 필요가 있다. 이러한 이유로 교회는 가톨릭 노동자들이 마르크스주의의 영향을 받지 않는 가톨릭적 또는 그리스도교적 성격의 신앙적 노동조합을 결성하도록 장려하였다.

그럼에도 이 대안이 항상 실행 가능한 것이 아님을 깨닫게 되었다. 힘을 결집시킬 필요성 때문에 가톨릭 노동조합을 결성하기는 거의 불가능하게 되었고, 가톨릭 노동자들은 중도 노동조합에 가입하게 되었다. 그러나 비오 11세는 이러한 중립적 노동조합이 "정의와 공정성을 존중해야 하며, 가톨릭 조합원들에게는 양심의 명령에 따르고 교회의

---

28) *Ibid.*. p.459.
29) 바오로 6세, 회칙 「팔십주년」(*Octogesima Adveniens*, 1971), 14항.
30) 요한 바오로 2세, 회칙 「노동하는 인간」(*Laborem Exercens*, 1981), 20항.

가르침에 순명할 수 있는 충분한 자유를 허용해야 한다"고 정당하게 요구하였다.[31] 노동조합은 조합원들의 종교적·정치적 신념을 완전한 민주적 방식으로 존중해야 한다.

게다가 공정한 노동 관행이 침해되는 경우에는 노동조합이 카르텔(cartels) 방식의 독점을 형성하여 노동자 집단들에게 손해를 끼칠 경우도 있다. 바로 "클로즈드 숍"〔closed shop. **옮긴이주 #20:** 산별노조 특히 건설노조의 조합원만이 작업장에서 일할 수 있게 하는 제도〕이 그들의 수단이다. 노동조합은 사용자에게 오직 조합이 조직한 공급처에서만 인력을 받도록 강제한다. 이를 따르지 않고 다른 노동자에게 일을 주는 사용자는 파업의 위협을 당한다. 이러한 관행은 개인이 임의 단체에 가입하거나 가입하지 않을 자연권과 충돌하게 된다. 다만, 집단의 권리에 중대한 침해를 막아야 하며 오직 이 수단을 통해서만 그것을 저지할 수 있는 아주 특별한 상황이라면, 클로즈드 숍은 정당화될 수 있다.

노동조합이 지닌 사회적 힘에는 의무도 따라온다. 그 힘이 클수록 책임과 의무도 커진다. 노동조합은 또한 사회 전반에 대한 의무도 지닌다. 무엇보다도 먼저 노동조합은 "자신들이 성취함으로써 공동선과 사회의 더 취약한 구성원들의 권리를 침해하는 요구"를 강요해서는 안 된다.[32] 그것이 연대성의 정신에 어긋나기 때문이다. 생산성의 증가를 넘어서는 임금 요구는 특히 사회 정의에 위배된다. 이는 물가 상승을 유발하여 저축과 소득 증가가 없는 계층의 사람들에게 피해를 주며, 또한 실업을 증가시킬 수 있다. 노동조합은 또한 실업으로 인해 사회적으로 버려질 위험에 처한 사람들의 이익도 돌보는 것을 잊지 말아야 한다. 지나친 고임금의 요구는 고용에도 부정적 영향을 끼친다.

---

31) 「사십주년」 14항. 참조: 「어머니요 스승」 102항.

32) The U.S. Bishops, *Economic Justice for All*, *op.cit.*, nr. 106.

또 다른 의무는 내부의 민주주의이다. 노동조합은 자유로운 결사에 기반을 두기에, 그 지도자는 모든 본질적 문제에 있어 조합원의 뜻에 의존한다. 물론 지도부는 조합원들의 뜻을 모으려고 노력할 수 있다. 그러나 조합원들에게 자기 뜻을 표시할 기회를 제공하는 것은 의무이다. 노동조합 정책이 소수 지도부의 전유물이어서는 안 되는 것이다.

끝으로, 사회 정책과 정치 영역 전반에 발휘할 수 있는 노동조합의 영향력은 그들에게 사회 질서와 정치 공동체의 공정한 발전에 대한 책임과 배려의 의무를 부과한다. 노동자에 대한 배려는 실업자 지원으로 이어져야 한다. 이를 위해 노동조합은 재교육과 재훈련 과정들을 마련하여 지원하고, 더 좋은 고용 기회를 열어 주어야 한다. 조합원들은 자신들의 집단 이익과 경제적·정치적 공동체의 전체 이익 사이에 불과분의 관계가 있음을 자각해야 한다. 그들의 복지는 경제 전체의 운명과 번영에 달려 있다. 그들은 경제·사회·정치 사안에 있어 지속적인 훈련을 통해 이러한 책임을 대비해야 한다(참조: 「사목 헌장」 68항).

2) 파업

파업이란 조직된 노동자들에 의한 노동 거부이다. 사용자가 일을 하도록 허용하지 않는 것은 직장 폐쇄(lockout)라 불린다. 이 두 가지는 단체 교섭 과정 중에 노동 계약의 어느 한 쪽이 원하는 조건을 얻지 못할 경우, 발생할 수 있다. 동일한 도덕 원칙이 양쪽 모두에게 적용된다. 직장 폐쇄는 비교적 드물게 사용되었지만, 최근에는 노동조합이 기업의 핵심 부서만을 대상으로 파업을 벌이거나 '국소 파업'(focual strikes)[33]이라는 새로운 전략에 대응하여 사용자들이 종종 사용한 바

33) 국소 파업은 특정 회사의 노동조합에 의해 조직되는 것인데, 그 회사는 특정 산업 부문에서 핵심 기능을 하고 있기에 그 파업으로 인해 그 부문 전체가 마비된다. 경영진은

있다. 이하의 고려 사항들은 주로 파업과 그 도덕적 원칙을 다루지만, 직장 폐쇄에도 동일하게 적용된다. 다만, 직장 폐쇄가 관련되지 않은 많은 노동자에게 큰 고통을 야기하고 그들은 일하기를 원한다는 점 때문에, 직장 폐쇄에는 더 엄격한 제한이 필요하다고 보는 학자들도 있다.[34)]

레오 13세는 파업을 방지해야 할 하나의 악으로 언급한다. "그러한 파업은 사용자와 근로자 자신들뿐 아니라 상업과 공공 이익에도 손해를 끼치기 때문이다. 모두가 구제책을 찾아야 한다."[35)] 그러나 비오 12세는 더 나아가, 노동자가 모든 합법적 수단을 동원해 자신들의 권리를 지킨다면, 그것은 교회의 사회 교리에 부합한 행동이라고 명확히 한다. 이 맥락에서 볼 때, 이러한 수단에는 최후의 수단으로서 파업도 포함된다는 것은 자명하다.[36)] 파업권은 제2차 바티칸 공의회도 명시적으로 인정한다. "경제적 사회적 분쟁이 생길 때에는 그 평화적 해결책을 모색하도록 노력하여야 한다. 언제나 가장 먼저 당사자들 사이의 성실한 대화에 의지하여야 한다. 그러나 파업은 오늘날의 상황에서도 노동자들의 고유한 권리를 수호하고 그들의 정당한 요구를 충족시키는, 최후의 수단이기는 하지만, 필요한 수단이 될 수 있다"(「사목 헌장」 68항).

파업권은 "두 가지의 자연권에 기초하는데, 첫째가 관련 조건들에 대해 인간의 동의 여부에서 나오는 노동을 할지 말지의 자유이다. 둘

전체 부문에 걸친 직장 폐쇄로 대응한다. 사회윤리학자들은 일반적으로는 직장 폐쇄가 정당하다는 데 동의한다. 노동조합의 항소에 대해 독일 연방 노동 법원은 1980년 6월 10일 판결에서, 오직 파업의 결과에 대한 방어 수단으로만 쓸 경우, 직장 폐쇄가 합법이라고 판시했다.

34) 예컨대, Oswald von Nell-Breuning, "Aussperrung", in *Aussperrung und Streik - ungleiche Mittel*, ed. by F. Hengsbach, Mainz: Matthias-Grunewald, 1980, p.94.

35) 「새로운 사태」 29항.

36) Allocution of June 26, 1955: *AAS* 47(1955), p.515.

째는 공동선과 상충하지 않는 한 그 모든 목적을 위한 결사의 자유이다. 파업은 정당한 요구를 얻어 내고자 조직된 노동자의 필수 불가결한 수단이 될 수 있다. 하지만 그 행위는 한 개 이상의 기업이나 산업의 전체 부문, 심지어 일반 대중에게도 해를 끼친다. 더욱이 그것은 적개심을 불러오기에 사회적 평화, 종종 정치적 평화에도 해로운 영향을 끼친다. 따라서 자연법 원칙에 의해 파업이라는 무기 사용에 한계가 설정된다."[37] 다음 조건에서만 파업이 허용될 수 있다.

(1) 파업 목적이 합법적이어야 한다. 즉 정당한 원인이 있어야 한다. 예컨대 적정한 임금의 획득이나 노동 조건의 중요한 개선이 있어야 한다. 따라서 사용자가 많은 이윤을 내면서도 평균 이하의 임금을 지불할 때, 그 파업은 정당하다. 반대로, 이미 그 산업에서 평균 이상의 임금을 받고 있지만 더 많이 얻으려 할 경우, 그것은 부당하다. 나아가 유효한 단체 협약이 당사자에 의해 지키지 않을 때, 그 파업은 정당화될 수 있다.

(2) 차이점을 공평하게 해결하기 위해 모든 다른 평화적 수단을 다 동원하여 시도해 본 후여야 한다. 상당한 협상 기간이 요구된다. 이것이 실패하면, 일반적으로는 분쟁을 조정하기 위해 중재자를 부르는 것이 적절하다. 오늘날 대부분의 국가에는 이를 위한 공적·사적 기관들이 마련되어 있다.

(3) 사용되는 수단은 추구하는 목표에 비례해야 한다. 부정형으로 표현하자면, 파업이란 무기가 과도하게 사용되어서는 안 된다. 파업의 효과가 더 해로울수록 그 사유도 더 중대해야 한다. 여기서 파업 참여자뿐만 아니라 무엇보다도 참여하지 않는 사람, 즉 일반 대중에게 미치는 피해도 특별히 강조되어야 한다.[38] 파업은 모든 것을 고려

---

37) J. Messner, *Social Ethics*, *op.cit.*, p.463.

38) 1982년 2월 영국 노동부 장관은 노조 권한을 제한하는 법안을 지지한다고 밝혔다. 이

할 때, 그로 인해 발생하는 이익보다 더 크게 공공복지에 피해를 주어서는 안 된다. 특히 공무원들의 파업은 공공질서에 막대한 손해를 끼치기에, 중대한 불의가 있을 경우에만 그 파업이 정당화된다. 이러한 사유로, 의사·간호사·소방관·경찰 등은 파업하지 말아야 한다. 그들의 고충을 정당하게 해결할 대안들이 활용되어야 한다.

(4) 사용되는 수단은 도덕적으로 수용 가능한 것이어야 한다. 용광로 냉각을 위한 적절한 조치를 먼저 취하지 않고 제철소를 나가버리는 것은 분명히 부당하다. 식품점의 파업 노동자는 상하기 쉬운 음식들의 질서 있는 판매 방법을 마련해야 한다. 사용자를 향한 노동자의 분노가 아무리 극심하더라도, 노동자에 의한 기계 파괴나 재산 훼손은 적법하지 않다. 파업이 지닌 자연법적 근거는 노동자가 해당 조건에 따라 일할 권리 또는 하지 않을 권리를 입증해 주지만, 그러나 사용자의 재산을 파괴할 권리를 입증하는 것은 아니다.

(5) 노동조합이 노동자의 이익을 공식적으로 담당하는 만큼, 그들은 파업을 소집할 적법한 권위를 가진다. 돌발 파업(wild cat strikes)은 예외적인 경우를 제외한다면, 불법으로 추정되어야 한다.

어떤 노동자나 근로자도 불의한 파업에 참여해서는 안 된다. 그러나 노동자가 일을 계속함으로써 심각한 피해를 위협받는 경우, 그들은 노동을 중단할 수 있다.

정치적 파업은 정치적 목표를 겨냥한 것으로, 통상적으로 경제적 수단을 다른 목적을 위해 오용하는 것이다. 정부의 위헌적 조치가 없는 한, 이는 정당화되지 않는다. 그러나 아주 중요한 권리들이 위협받았을 때에만 정치적 동기로 인한 파업도 정당화될 수 있다. 예컨대,

---

유는 (1978~79년 겨울에) 당시 노조가 눈 쌓인 도로에 모래 살포를 거부해 생명을 위협하고, 병원 출입을 막고, 시신의 매장까지도 중단시키며, 상상할 수 없는 정도로 힘을 남용했기 때문이라고 설명했다.

전반적인 헌법 질서, 자유의 기본권, 또는 자유로운 결사의 권리가 정부에 의해 심각하게 침해된 경우가 그러하다. 총파업은 원칙적으로, 국가의 불법적 권력에 저항하는 비폭력적인 주요 수단이다.

파업이라는 무기가 부당한 요구나 공동선에 해로운 방식 또는 정치적 목적으로 오용될 가능성은 파업 입법에 대해 문제를 제기하였다. 원칙적으로, 국가 권위는 부당한 파업으로부터 경제와 사회를 보호하기 위해 법의 제정권을 지녔다. 심지어 공동선에 끼칠 심각한 피해를 방지하기 위해 필요할 경우, 국가의 의무이기도 하다. 따라서 법적인 해결책으로는, 예컨대 자기 방위·건강 보호·공공서비스와 같이, 국가의 의무와 양립할 수 없는 파업(그리고 직장 폐쇄)이 제한되어야 한다. 또한 노동을 원하는 이들의 자유를 거스르는 폭력이나 위협으로도 노동자의 자유가 보장되어야 한다. 마찬가지로 경영진도 필요한 기계화나 합리화 조치를 방해받거나 불필요한 인력 고용을 강요받는 파업으로부터 보호받아야 한다.

수많은 개발도상국에서는 여전히 파업이 노동자의 정의 획득에 필수적인 수단으로 유지될 것이다. 그러나 우츠(A. Utz)가 판단한 바와 같이, "현대 산업사회에서의 파업권이란 원칙적으로 진부한 것이 되었으며, 이유는 ① 근로자들의 생활 수준이 높다는 점에서, ② 다양한 사회적 제도로 근로자들이 보호받고 있다는 점에서, ③ 경제 전반과 국제적 수준의 경쟁력에 치명적인 결과를 초래한다는 점에서, ④ 제삼자들, 즉 경제 활동에 참여하지 않는 사람들, 특히 실업자들에게 손해가 초래된다는 점에서, 그러하다."[39] 분쟁의 사안들은 입법자가 임명한 위원회의 조정으로 해결되어야 한다.

---

39) Arthur F. Utz, *Weder Streik noch Aussperrung*, Bonn: IFG-Verlag, 1987, p.70.

11.1.5. 노동자 참여의 촉진

노동자가 기업과 경제 전반의 사회적·개인적·경제적 관심사에 참여할 필요성에 대해서는 이미 언급한 바 있다. 점점 더 느끼는 점은 노동자가 자신의 활동을 규제하는 결정에 대해 아무런 발언권도 없고, 작업장에서 자신의 경험을 제시할 아무런 가능성도 없이 그저 단순하고도 침묵하는 실행자로 격하되지는 말아야 한다는 것이다. 이는 노동자 협력과 공동 결정에 대한 문제로 이어진다.

가톨릭 사회운동의 초기에는 이 문제에 대한 해답이 협동조합 형태로 노동자의 손으로 산업 설비의 수립일 수 있다고 믿었다. 또한 폰 케텔러(von Ketteler) 주교(†1877)도 이런 생각에 공감한 바 있다. 그러나 그러한 시도들은 얼마 지나지 않아 좌절되어 파산했거나 정부 관리로 귀결되었다. 정치적 민주주의의 모델은 산업 시설에 매우 제한적인 방식으로만 적용할 수 있을 뿐이다. 강력하고 유능한 지도력과 의사결정을 처리할 능력이 없으면, 기업은 생존할 수 없고, 경쟁할 수도 없다. 모든 노동자의 산업 소유권과 설비들의 경제적 운영 참여라는 마르크스주의적 이상은 결국 사회적 유토피아일 뿐이며, 구체적 현실에서는 허구에 불과하다. 이 경우 실제 소유자와 의사결정자는 정부와 그 관료들이다.

요한 23세는 사회 회칙 중 처음으로, 노동자들의 협력에 대한 문제를 더 자세히 다루었다.[40] 제2차 바티칸 공의회는 그의 사상을 이어간다. 이전 교황들의 가르침과 같이, 이 공의회는 기업 내에서 노동자들의 공동 결정할 권리라는 표현을 피하면서, 대신 권고의 형태로 표현한다. "기업 경영에 대한 모든 사람의 적극적인 참여가 촉진되어야 한다." 동시에 업무에 필요한 일치도 이루어져야 한다. 개별 생산 단

40) 「어머니요 스승」 82~99항.

위에서의 노동자 참여와 구별되지만, 그에 못지않게 중요한 것은 더 높은 수준에서의 참여이다. "그러나 흔히 노동자들과 그 자녀들의 미래 운명을 좌우하는 경제적 사회적 조건의 결정이 기업 자체가 아니라 더 높은 차원의 상부 기구에서 이루어지므로 노동자들도 또한 자신이나 자유로이 선출한 대표를 통하여 이러한 결정에 참여하여야 한다"(「사목 헌장」 68항).

사회윤리는 노동자들이 기업 내에서 공동 결정하는 데 있어 서로 다른 두 가지를 예리하게 구분해 줘야 한다. 하나는 노동 조건과 인사 문제에 관한 공동 결정이며, 또 다른 하나는 경제 분야 즉 기업 운영 자체에 관한 공동 결정이다. 첫 번째 형태의 공동 결정은 심각한 어려움을 초래하지 않을 것이다. 이것이 일반적으로 노동자들의 가장 직접적 관심사이다. 그들은 작업장 배치·업무처리·지속훈련·승진 기회·해고 등과 같은 개인적 사안에 발언권 갖기를 원한다.

하지만 두 번째 형태는 극심한 논쟁 대상이 된다. 1949년 독일 보쿰(Bochum)에서 열린 독일 가톨릭 신앙인 대회(Katholikentag)에서 가톨릭 노동자·사용자 대표들은 사회적·개인적·경제적 사안에 있어서 모든 노동자의 공동 결정이 자연권이라고 선언했었다. 하지만 교황 비오 12세는 이에 동의하지 않았다. 경제적 공동경영권은 가능한 성취 영역을 넘어섰다고 보았다. "노동 계약의 본질도 기업의 본질도 그 자체로 그러한 권리를 반드시 포함한 것은 아니다."[41] 이는 경제적 결정이 재산 소유권을 포함하며, 노동자는 타인의 그러한 소유권을 요구할 권리가 없다는 것이다.

사업 운영에 있어 근로자들의 엄격한 공동 결정권은 요구될 수 없다. "그러할 근거는 전혀 존재하지 않는다. 하물며, 노동조합과 같이 사업체 외부의 이익집단이 그럴 권리를 가질 정당성은 도무지 없다.

41) *AAS* 42(1950), p.487; *AAS* 44(1952), p.792.

만일 그러한 권리가 강제된다면, 이는 소유자의 자연법 원리에 의해 보호받는 소유자의 처분권을 침해하는 것이 된다."[42] 경제에 대한 공동 결정은 오직 두 가지의 경우에만 자연법 원칙들에 부합한다. 첫째, 공동 결정이 기업의 소유자 또는 기업을 대표하는 경영진에 의해 자유롭게 동의된 경우, 둘째, 노동자가 자본을 투자하여 기업 소유에 실제로 참여함으로써 공동 결정의 근거가 마련될 경우이다. 공동 결정의 두 경우에, 노동자들은 이 권리가 동시에 의무를 의미한다는 점도 분명히 깨달아야 한다. 공동 결정이란 공동 책임과 공동 기업가 정신에 대한 준비 태세를 의미하는 것이다.

기업 소유에 대한 노동자의 참여는 바람직한 목표이다. 하지만 동시에 그것은 그러한 소유와 함께하는 경제적 위험의 분담도 내포한다. 게다가, 설비에 투자된 자본은 묶여 있어 있으며, 이는 근로자들의 직업 이동성을 제한한다. 그럼에도 이러한 목표를 성공적으로 실현한 모델이 실제로 존재한다. "근로자가 자본에 참여한 기업은 이 모델을 도입한 후 생산성이 현저히 높아졌다고 되풀이해서 보고한다."[43] 하지만 노동자의 소유권 참여가 제3차 산업 부문 즉 서비스 부문에서는 거의 불가능하다(예: 경찰, 군대, 공무원, 간호원). 여기서는 오직 임금이나 임금과 유사한 혜택으로만 보상이 이루어질 수 있기 때문이다.

논쟁에 있어 결정적인 것은 공동 결정의 목적이다. 그 목적은 일차적으로는, 물질적 생산성의 증가가 아니다. 오히려 경영진이 기업의 수익성을 추구하는 동시에, 동료들의 복지도 동등하게 추구하는 데

42) J. Messner, *Social Ethics*, *op.cit.*, p.844. 공동 소유의 문제는 저자가 831~834쪽에서 잘 설명하고 있다. 경제적 공동 결정권을 모든 근로자가 아니라 특정 범주의 근로자들에게 부여한다면, 현실적인 선택인 것으로 보인다. 이는 그들이 다른 회사에서는 활용될 수 없고 오직 이 회사에서만 가치가 있는 매우 특수한 능력을 스스로 갖춘 경우에 해당한다.
43) *BKU-Journal* 1/2003, p.16. 2001년 독일 연방 중 하나인 노르트라인베스트팔렌주에 6,800개 이상의 회사가 존재했으며, 그곳에서 근로자들은 기업의 주주가 되었다(*ibid.*).

그 목적이 있다. 만약 이 목적이 보장된다면, 근로자들은 순전히 상업적 측면을 경영진의 역량에 맡기는데 대체로 수긍할 것이다. 이는 기업가에게 서비스 정신이 담긴 지도력을 요구한다. 기업가는 서비스의 품질을 두 가지 점에서 스스로 입증해야 한다. "동료들의 복지를 염두에 둔다는 점에서, 그리고 공장을 잘 이끌고 있다는 점에서 말이다. 올바르게 이해되었다면, 이 두 목표는 서로 분리해서 볼 수 없다."[44] 제품 생산과 더불어, "신뢰 생산"이 최고의 경영 방침이다.

11.2. 소유의 도덕적 질서

여러 세기 동안의 안내서들은 소유(property)를 다소 고립된 방식으로 다루었다. 하느님의 창조와 구원 계획에 소유가 공헌하는 기능이 충분히 고려되지 않았던 것이다. 이 논의에서 시민 입법에 부여된 광범위한 역할은 소유를 심층적인 신학적 토대와 멀어지게 하는 데 일정한 몫을 하였다. 소유는 무조건적 권리인 양 너무 많이 등장했다. 이는 소유 그 자체가 하나의 가치라는 인상을 주었다. 소유를 일차적으로 하느님과 그리스도교의 사랑에 이바지하는 관리인으로서 바라보았던 교부의 전통은 시야에서 사라져 버렸다.

현대의 신학은 과거 세기들의 개인주의적 접근을 극복하려 하며, 소유에 대한 가르침에 교부들의 관심사를 통합하고자 한다. 물질적 재산은 만물을 소유하시는 하느님, 곧 모든 이들의 공통된 아버지의 보편적 지배하에 명백하게 놓인다. 소유는 도구적 성격을 지녔으며, 인간 위격의 발전, 공동체의 필요, 하느님의 창조적 계획의 증진에 예속된 것이다.

---

44) Wilhelm Weber, *Der Unternehmer*, Köln: Peter Hanstein, 1973, p.93.

11.2.1. 사적 소유의 의미와 근거

소유권(ownership)은 어떤 사물에 대한 독점적인 통제 권리이다. 소유자 외에 그 물건을 사용하거나 처분할 권리는 아무에게도 없다. 하지만 상위의 법, 예컨대 공동선의 필요가 요구하는 경우, 가능하다. 소유의 대상은 물질적 재화만이 아니라 발명품·예술품·서적 등, 지적·정신적 창작물도 해당한다.

완전한 의미의 소유권, 완벽한 소유권이란 (1) 물건에의 자유로운 처분권, 즉 사용·소비·판매·기부·유증의 권리, (2) 자연적이든 산업적이든 사물의 결실에 대한 권리, (3) 해당 사물에 타인이 손대지 못하게 할 권리와 불법적 박탈당할 경우에 배상받을 권리 등을 말한다. 반면, 불완전한 소유권이란 어떤 사물에 대한 한정적이고 조건부적인 권리를 말한다. 사물을 소유하되 사용할 수 없는 것은 직접적인 불완전한 소유권이며, 예컨대 미성년자들이나 재산을 빌려준 소유자가 그러하다. 반면, 사물의 사용이나 과실에 대한 권리는 있으나 처분권은 없는 것은 간접적인 불완전 소유권이 된다.

소유권의 보유자는 개인일 수도 있고 법인일 수도 있으며, 후자의 경우, 사법상(private law)의 법인과 공법상(public law)의 법인으로 나눌 수 있다. 사법상 법인으로는, 예컨대 회사·민간단체·종교 집단 등이 있으며, 공법상 법인은 시·지방정부·국가가 있다.

소유의 대상은 다음과 같다. 식품·의복 같은 소비재, 가구·도구·자동차·가축·보석 같은 동산, 아파트·토지·주택·공장 같은 부동산, 특허권·저작권 같은 지적 재산, 그리고 은행 계좌·주식·유가증권·채권·보험 청구권·화폐 같은 기타 권리 등이 있다.

1) 성서에서 물질적 재화의 가치

구약과 신약에서 소유와 부(riches)에 대한 평가는 상당히 다르고, 심지어 상반되는 것처럼 보인다. 구약은 부를 하느님의 축복으로 여기는 경향이지만, 오히려 신약은 지상의 모든 부에 대한 모순과 위험성에 대해 일깨워 준다. 그럼에도 두 관점이 상호 보완적인 것으로 이해될 수 있다. 부가 위험하고 복음적 완전함을 위해 그러한 부를 희생시켜야 한다면, 그것은 부 자체가 악이기 때문이 아니라, 하느님을 진심으로 사랑하는데 쉽게 방해물이 되기 때문이다. 오직 하느님으로부터 선물로 받아 관리되는 부만이 칭송받을 만하다.

(1) **구약**은 부를 하느님 호의(favour)의 표지로 간주한다. 하느님은 당신이 사랑하는 이들을 풍족하게 해 주신다. 즉 아브라함(창세 24,34~35), 이사악(창세 26,12~14), 솔로몬(1열왕 3,11~13), 히즈키야(2역대 32,27~29), 또는 시련 이후의 욥이 그러하다. 부는 의인을 위한 하느님의 축복이다(잠언 10,22; 22,4). 그것은 소중한 독립생활을 보장하고, 충만하고 행복한 삶을 의미한다(잠언 10,15; 14,20). 부를 획득하려면, 통상 근면(잠언 10,4; 20,13), 지혜(24,3~4), 절제(21,17)와 같이 훌륭한 인간적 자질이 전제된다.

그러나 부가 선이자 축복으로 간주되더라도, 결코 최상의 선으로 제시된 것은 아니다. 최상의 것은 영혼의 평화(잠언 15,16~17), 의로움(토비 12,8; 잠언 16,8), 좋은 평판(잠언 22,1), 건강(집회 30,14~16)이다. 사랑은 재산으로 살 수 없고(아가 8,7), 부보다는 늘 지혜를 우선시해야 한다(1열왕 3,9~12; 욥 28,15~19; 지혜 7,8~9). 이것이 보물이며, 온 힘을 쏟을 만한 귀한 진주인 것이다(잠언 2,1~5; 3,15; 8,11).

게다가 부에는 위험도 있음을 잊지 말아야 한다. 안락한 삶은 마음을 닫도록 만들기에, 번창할 때 충실함을 유지하기는 어렵다(신명 31,

20; 잠언 30,7~9). 부가 대다수를 배제한 채 극소수 특권층을 위해서 지상 재화를 비축하게 하는 경우, 이는 불의하게 얻은 부이다. "불행하여라, 빈터 하나 남지 않을 때까지 집에 집을 더해 가는 자들! 너희만이 땅 한가운데에서 살려 하는구나"(이사 5,8. 참조: 예레 5,27~28).

그러나 소유에 대한 기본권은 논쟁의 여지 없이, 인정된다. 구약은 이를 당연시한다. 소유는 도덕적 질서에 의해 보호받는다. 이를 위반하면, 처벌을 받는다. 십계명 중 제7계는 "도둑질해서는 안 된다"(탈출 20,15; 신명 5,19)고 명한다. 그리고 제10계는 이웃의 재산을 향한 악한 욕망을 단죄하고 있다. "이웃의 집이나 밭, 남종이나 여종, 소나 나귀할 것 없이 이웃의 재산은 무엇이든지 욕심내서는 안 된다"(신명 5,21; 탈출 20,17). 부정직과 사기는 주님께서 역겨워하신다. "너희는 재판할 때나 물건을 재고 달고 될 때에 부정을 저질러서는 안 된다"(레위 19,35).[45] 자기 과실로 이웃에게 손해를 끼친 경우, 전액 배상해야 한다. 그리고 도둑질하거나 사기를 친 경우, 부정하게 얻은 그 재화의 두 배 이상을 반환해야 한다(탈출 22,1~15; 민수 5,6~7).

동시에 구약은 소유에 따른 사회적 책무도 분명히 인식한다. 모세의 율법은 농부가 밭이나 포도원이나 올리브 과수원에서 수확할 때 떨어뜨린 것을 과부·고아·나그네·빈자에게 남겨 주라고 규정한다(레위 19,9~10; 신명 24,19~22). 삼 년마다 수확의 십일조 전체를 레위인과 궁핍한 이들에게 주어야 한다(신명 14,28~29; 26,12~14). 칠 년째인 안식년에는 밭·포도원·올리브 과수원을 묵혀 두어야 하며, 거기서 자라나는 것은 모두 빈자들의 것이 되게 하였다(탈출 23,10~11).[46] 종으로 사

45) 또한 신명 19,14; 25,13~16; 잠언 11,1.
46) 신명기 15장 1~2절은 매 칠 년의 끝에 대출금 탕감을 요구하고, 레위기 25장 8~34절에서는 희년인 오십 년마다 모든 부동산의 반환을 요구한다(참조: 민수 36,4). 그러나 이러한 규정들은 다소 이상주의적 발상으로 보인다. "모든 부채 탕감의 실제 집행에 대해서는 확실한 흔적을 찾을 수 없다. 이는 종교적 기원에서 비롯된 권고였으며, 유토피아적인 성격으로 남아 있었다"(Max Weber, *Ancient Judaism*, New York: The Free Press,

온 동족 유다인은 육 년간 종살이를 한 후 칠 년째 되는 해에는 해방되어야 한다(탈출 21,2; 신명 15,12). 동족 유다인에게 이자를 받지 말라고 금하는 것도 빈자를 보호하려는 목적이다(탈출 22,25; 레위 25,36~37; 신명 23,19~20). 다만, 외국인에게는 이자를 받을 수 있으니, 그들도 이자를 받기 때문이다(신명 23,20).

끝으로, 자선(almsgiving)과 애덕은 보편적인 의무이다. "그러므로 내가, 너희 땅에 있는 궁핍하고 가난한 동족에게 너희 손을 활짝 펴 주라고 너희에게 명령하는 것이다"(신명 15,11). 은혜를 베풀 의무는 이스라엘 백성의 도덕적 의식 속에 깊게 새겨져 있었다.

(2) **신약**도 역시 소유를 자명한 제도로 받아들인다. 예수는 소유의 질서를 개정하려는 의도를 보이지 않으신다. 사실 제 손으로 노동해 생계를 꾸리는 단순한 이들을 특히 사랑하신다. 자신도 소박한 장인으로서의 환경 속에서 자라셨다(참조: 마르 6,3; 루카 2,24). 그러나 부자와 빈자 모두와 어울리신다. 경제적·사회적 문제의 해결은 그분의 실제 관심사가 아니다. 이 세상의 재화를 더 공정하게 나누려 하지 않으신다. 그분의 종교관 전체는 사랑을 최고의 법으로 삼았으며, 궁핍한 사람에 대한 무관심, 위로부터의 착취, 그리고 아래로부터의 증오를 철저히 배격하신다.

그러나 예수는 부자들을 향해 가장 신랄하게 경고하시지 않았는가? "그러나 불행하여라, 너희 부유한 사람들! 너희는 이미 위로를 받았다"(루카 6,24). 그리고 빈자를 복되다고 하시지 않았는가? "행복하여라, 가난한 사람들! 하느님의 나라가 너희 것이다"(루카 6,20). 그러나 이 복이 복음서의 상이한 두 가지 역본으로 인용되고 있음을 주목해

1967, p.68). 이와 마찬가지로, "희년 자체는 실제 실현된 적이 없었으며, 유배 시절의 신학적 구성이었음이 입증되었다"(*ibid.*, p.71).

야 한다. 루카의 역본은 예수가 빈자에 대해 실제 경제적으로 말씀하신 것 같은 인상을 준다. 그러나 추가 검증 없이 이것을 사실이라고 한다면, 모순이 발생한다. 왜냐하면 물질적으로 가난한 모든 이들이 반드시 하느님을 경외하는 사람들이 아니기 때문이다. 이 어려움은 마태오의 역본으로 해소된다. 마태오에 따르면, 그 복은 "마음이 가난한 사람"에게 해당된 것이다(마태 5,3). 가난에 대한 예수의 개념은 영적·종교적 태도를 의미한다. 즉 재산으로부터의 내적 분리, 그리고 더 깊은 차원에서는 인간의 하느님 의존성과 구원의 필요성에 대한 자각을 의미하는 것이다.

그러나 예수의 지상 재산에 대한 배격을 입증하는 것으로 보이는 다른 말씀도 있다. 그분은 부자가 하늘나라에 들어가는 것이 거의 불가능하다고 하셨다(마태 10,23~27과 병행 구절). 하느님과 재물을 동시에 섬길 수 없다고 하셨고(마태 6,24), 썩어 없어질 보물을 땅에 쌓아 두지 말고 없어지지 않을 재물을 하늘에 쌓아 두라고 권하셨다(마태 6,19~21). 재물의 유혹은 좋은 말씀의 숨을 막아 버린다(마르 4,19과 병행 구절). 그러므로 예수는 가난 개념과 밀접하게 연관되신 것이 틀림없다. 가난을 하느님께 전적으로 헌신할 조건으로 여기신다. 특히 복음을 전하는 이는 스승처럼 가난한 삶을 살도록 불린 것이다(마태 10,8~10; 19,21; 마르 6,8~9).

그럼에도 예수는 청빈을 요구하면서도 사회 프로그램이나 메시지를 듣는 모든 이에게 적용되는 법으로 만들지는 않으셨다. 부자들의 집에 손님으로 가기를 마다하지 않으셨고(루카 7,36; 14,1), 베타니아의 부유한 자매들의 환대(루카 10,38~42; 요한 11,12; 12,1~8)와 재산 있는 여자들의 후원(루카 8,2~3)을 받기도 하셨다. 당신의 친구들, 즉 니코데모와 아리마태아의 요셉과 같은 이들을 하느님 나라에서 제외하지 않으셨다. 그러므로 지상 재산의 포기란 그리스도를 더 직접적으로 따르도록 선택된 이들에게 주어진 특별한 소명이라고 결론해야 한다.

소유의 점유 자체가 악한 것이 아니라, 오히려 우상이 된 부가 악한 것이다. 추문이 된 것은 부자와 가난한 라자로가 존재한다는 것이 아니라, 라자로가 부자의 밥상에서 떨어지는 부스러기를 먹으려 했지만 한 조각도 받아 먹지 못했다는 점이다(루카 16,19~31). 소유란 오직 하느님 나라와 이웃을 위해 사용할 때에만 가치가 가진다.

신약의 서간들은 영적인 부를 강조한다. 부자는 부가 불안정함을 알아야 하고, 그것을 선한 일에 써야 한다. 그래야 영원한 생명을 위한 보화를 쌓을 수 있다(1티모 6,17~19). 재산을 가진 이는 누구나 궁핍한 형제에게 그것을 아끼지 말아야 한다. 그렇지 않으면, 어찌 그가 하느님의 사랑 안에 머무를 수 있단 말인가?(야고 2,5~7; 5,1~6; 1요한 3,17).

신약은 도둑질하지 말라는 구약의 금령을 반복한다(마태 19,18 병행구절; 로마 13,9). 도둑과 강도는 우상 숭배자·간음한 자·부도덕한 자와 같은 축에 든다. 그들은 하느님의 나라를 상속받지 못한다(1코린 6,9~10. 참조: 1베드 4,15). 이제 도둑은 이전의 행실을 버려야 한다. 자기 손으로 애써 일을 해야 하며, 곤궁한 이들에게 나누어 주어야 한다(에페 4,28). 마찬가지로 장사할 때 남을 속이지 않는 것도 하느님의 뜻이다(1테살 4,6). 그러나 적법하게 재산을 소유한 사람은 그것을 자유롭게 처분할 권리를 지닌다(참조: 포도원 일꾼들의 비유, 마태 20,1~16). 하지만 신약의 전반적인 가르침은 사유권에 대한 수호가 아니라, 탐욕과 희사를 거부하는 죄를 강조한다. "부를 추구하지 않는 것, 조용히 주는 것, 잉여분만이 아니라 필요한 것까지도 주는 것, 이것들이 하느님 나라의 제자들이 지닐 태도의 요점이다."[47]

---

47) Enrico Chiavacci, *Teologia morale* 3/1: *Teologia morale e vita economica*· Assisi: Cittadella, 1985, p.39.

2) 사유권의 도덕적 기반

사유제의 필요성에 대해 말로는 논쟁해 왔지만, 아마도 본격적으로 진지하게 부정된 적은 결코 없었다. 심지어 사적 소유에 대해 아주 격렬히 반대하는 공산주의자들조차도 물질적 재화에 대해 자신들을 위해 최소한의 자유로운 처분권을 요구한다. 더 자세히 보면, 공산주의는 생산 수단의 소유에 대해서만 반대할 뿐, 소비재와 일상용품의 개인적 소유에 대해서는 반대하지 않는다. 그러나 생산 수단에는 농지·상점·공동주택·상업시설 등이 포함된다. 집단주의 이론에 맞서, 그리스도교의 사회윤리는 특정한 조건을 제외하고는, 생산 수단까지 포함한 사유권을 항상 지지해 왔다.

사회 회칙들은 사유권을 자연권이자 사회 질서에 불가결한 요소로 본다.[48] 사회주의와 공산주의의 이론들이 등장할 때부터 사적 소유 부정에 맞서 이를 확고히 옹호하였다. "그러므로 일부에서 소유권의 본질적인 특성을 거부한다는 것은 참으로 놀라운 일이다. 우리가 말하는 소유권이란 노동의 결실에서 지속적으로 그 가치와 효력을 이끌어 내는 권리이며, 인간의 존엄성을 효과적으로 보호해 주고 모든 분야의 활동에서 자유로운 직무 이행을 보장해 주는 권리이다. 마지막으로, 그 권리는 가정생활의 결속과 안정을 강화시켜 줌으로써 국가의 평화와 번영에 이바지한다."[49] 제2차 바티칸 공의회도 사유권의 한계를 인식함에도 불구하고, 이것은 필요 불가결한 제도로 간주한다(「사목 헌장」 71항).

인간은 소유하고 싶은 자연적 욕구를 지닌다. 인간의 타고난 정의감은 자신이 일한 결실의 처분권을 가진다고 알려 준다. 이러한 심리

48) *Rerum Novarum*, nrs. 3~13; *Quadragesimo Anno*, nr. 44; *Mater et Magistra*, nrs. 104~115.

49) 요한 23세, 회칙「어머니요 스승」 112항.

적 반응들의 타당성은, 인간이 인격적 존재라는 본성과 사회의 필요로부터 도출된 여러 가지 이성적 논거들에 의해 확인된다. 인간과 사회의 본성이 이 권리를 요청한다는 것을 이러한 논거들이 보여 주는 한, 그것은 정당하게 자연권이라 불릴 수 있다. 이유는 다음과 같다.

(1) 사적 소유는 인간이 자신에게 맡겨진 이들의 생계와 양육의 보장을 해 줄 수 있다. 특히 부모에게는 그것이 자녀들에 대한 의무 수행에 중요한 수단이 된다. 이는 또한 그들의 향후 부양과 안전에 대한 준비를 포함한다. "가장은 침해될 수 없는 자연법으로 말미암아, (…) 자녀들이 고된 삶의 여정 중에서 그들의 욕구를 정당하게 충족시킬 수 있도록 당연히 그들을 보살펴 주기 마련이다. 자녀 부양의 책임 완수는 가장이 후에 자녀들에게 유산으로 상속시켜 주게 되는 풍성한 재화를 획득함으로써 가능하다."[50] 또한 재산을 통해 인간은 친구와 궁핍한 이웃을 도울 수도 있게 된다. 사회 복지 서비스가 제공되더라도, 그것만으로는 모든 고통스러운 상황에 대처하기에 충분하지 않다. 그것은 반드시 사적 자선을 통해 보완되어야 하며, 이는 사적 재화의 소유권을 전제한다.

(2) 사적 소유는 모두의 이익을 위하여 가용 재화를 더 잘 활용하게 해 준다. "공동의 것에 대해서는 개인이 더 적은 관심을 갖고, 덜 신중하게 대하며, 그것에 노동·노력·자기희생을 기울이려 하지 않는다. 이는 보편적 경험이다."[51] 반면, 소유를 늘리려는 희망과 가능성은 책임감·근면·절약을 촉진시킨다. 사적 소유자는 어떤 경제적 결정이든 자신의 재산으로 책임을 져야 한다. "이 점에서, 소유 제도는 의심스럽고 위험한 계획 실행이나 냉철한 성공 전망보다 체면의 고려

50) Leo XIII, *Rerum Novarum*, nr. 11.

51) J. Messner, *Social Ethics*, *op.cit.*, p.823. 고르바초프의 견해에 따르면, 구소련의 집단화는 완전히 실패했다. 냉전이 끝나기 전에 사유지는 러시아 경작지의 3% 미만을 차지했지만, 농업 공급의 30% 이상을 생산해 냈다(*Newsweek*, 1988년 10월 24일자, p.16).

를 우선시하려는 유혹을 억제시킨다."[52] 따라서 사유 제도가 경제적 손실을 최소화한다는 점은 놀라운 일이 아니다.

(3) 소유는 개인의 자아실현과 창의적 발전을 위한 중요한 수단이다. "재산 소유와 외적 재화에 대한 사적 지배의 다른 형태들은 인격 표현에 이바지한다"(「사목 헌장」 71항). 소유를 갖지 못한 사람들은 자기 노동에 필요한 물질적 재화를 자유로이 사용할 수 없다. 이는 그들의 주도성과 창의성에 부정적 영향을 미친다.

(4) 사적 소유는 인간에게 자립의 영역을 보장해 주고, 그들의 자유를 보호해 주는 역할을 한다. 무산자들은 생산 수단을 통제하는 이들의 선의에 상당 부분 의존하게 된다. 이들은 억지로 권력자들의 호의를 구하게 된다. 재산을 소유한 이들이 적을수록, 전체주의적 정치 권력의 남용에 맞서는 방어력은 약해진다. 반대로, 사유 제도는 사회 내에서 권력의 분산을 향해 기울고, 그것이 소수에게 권력이 집중하는 것을 방지한다. "사유 재산 또는 외적 재화에 대한 어떤 지배는 개인과 가정의 자립에 반드시 필요한 공간을 각 개인에게 제공하는 것이며, 이는 인간 자유의 신장으로 여겨야 한다"(「사목 헌장」 71항). 같은 맥락에서 그것은 또한 안전의 원천이다. 소유는 사람들로 하여금 일상의 필수품을 스스로 충족할 수 있게 한다. 그들은 타인의 불확실한 의지에 덜 의존하게 된다.

(5) 사적 소유는 사회 안에서 평화를 유지하고, 분쟁을 방지하는 데 기여한다. 이는 특히 소비재에 대한 소유에 있어서는 맞는 말이며, 실제로 모든 이가 이를 동의한다고 앞서 언급한 바 있다. 물론 생산재에 대한 소유에 대해서는 권한의 명확한 경계 설정이 요구된다. 공동 소유는 누가 그것의 통제권을 갖는지의 문제가 불가피하게 생긴

---

52) A. Rauscher, *Private Property.* Ordo Socialis No. 3. Köln, n. d., p.28; German original 1982.

다. 이는 불안정한 분쟁과 다툼의 원천이 되곤 한다. 사유 제도는 권한의 영역을 명확히 규정해 주지만, 다른 영역에서도 마찬가지로— 누구에게나 인정되어야 하지만—국가도 이러한 권한을 규정할 수 있다. 따라서 여기의 마지막 논거는 앞선 주장들보다 범위가 더 제한적이다. 그것은 개인적 소유의 권리를 입증할 뿐, 생산 수단에 대한 사적 소유의 필요성을 동일한 방식으로 입증하는 것은 아니다.

이 다양한 이유들은 사적 소유가 필수 불가결한 제도임을 보여 준다. 그러나 또한 그것이 그 자체로 목적은 아니라는 점도 보여 준다. 소유는 개인과 사회의 필요에 부응한다. 그리고 이 제도에 가장 적합한 형태를 제공하는 것은 사회 공동체의 몫이다. 모든 사회의 사유 체제는 상당 부분 사회적·문화적·역사적 요인에 의존한다. 그 결과, 사적 소유의 제도적·사법적 질서는 더 이상 사적 소유에 대한 개인적 지향, 무엇보다도 사회적 지향과 충분히 부합하지 못하는 경향을 늘 지닌다. 그 질서를 계속 조정하고 개혁할 필요가 생긴다. 특히 생산 수단의 소유권은 언제나 다시금 필요한 사회적 개혁의 대상이 되는 것이다.

같은 이유로, 사적 소유는 절대적 권리가 아니고, 개인과 공동체의 필요에 따라 정해지는 권리이다. 물질적 재화는 **창조자**께서 모든 사람을 섬기도록 주신 것이며, 선택된 소수의 사람만을 위한 것이 아니다. 그러므로 "'교부들과 훌륭한 신학자들의 전통적 교훈대로 공동선〔공공복지〕에 해를 끼치면서까지 사유 재산권이 임의대로 사용되어서는 절대로 안 된다.' 만일에도 '개인의 기득권과 공동체의 기본 요구 사이에' 충돌이 생긴다면 '개인과 사회단체들의 협력을 얻어서 문제를 해결하도록 노력하는 것'이 국가 권력의 책임이다."[53] 피조물이 지닌 공통된 목적은 다음 단원에서 좀 더 주목해야만 한다.

---

53) 바오로 6세, 「민족들의 발전」 23항.

3) **피조물의 보편적 목적**

물질적 재산은 그 자체로는 가치가 아니다. 그것들은 인간의 필요에 이바지하기 위한 것이다. 그리고 인간의 궁극적 운명이 하느님의 창조와 구원 계획에 협력함으로써 그분께 영광과 찬양을 드리는 것인 만큼, 물질적 소유물도 마찬가지로 이 목적에 맞추어져야 한다. 그러므로 피조물의 목적은 부를 최대한 축적하는 것이 아니다. 이는 하느님과 인간을 섬기는 도구로서의 기능과 모순된다. 모든 인간은 물질적 필요를 가지고 있으며, 또한 모두가 그것들을 통해 하느님을 섬기도록 불렸기에, 이 세상의 재화에 모든 이가 참여할 자격이 있음은 명백하다.

"하느님께서는 땅과 그 안에 있는 모든 것을 모든 사람과 모든 민족이 사용하도록 창조하셨다. 따라서 창조된 재화는 사랑을 동반하는 정의에 따라 공정하게 모든 사람에게 풍부히 돌아가야 한다. 다양하고 변화하는 환경에 따라 민족들의 합법적인 제도에 적용된 소유권의 형태가 어떠하든, 언제나 재화의 이 보편적 목적을 명심하여야 한다" (「사목 헌장」 69항).

여기에서 첫째 결과는 모든 소유가 항상 사회적 성격을 지니며 그에 상응하는 사회적 의무를 수반한다는 점이다. 인간은 자신의 재산에 대해 절대적 권리를 지닌 것이 아니다. 이 진리는 비오 11세에 의해 적절하게 지적되었다. "개인적 성격과 사회적 성격이라고 부른 소유권의 이중성으로부터 나오는 것은, 인간이 소유권 문제에 있어서 자신의 이익뿐만 아니라 공동선도 고려해야 한다는 결론이다. 이 의무들을 상세히 규정하는 것은, 그것이 필요하긴 하나 자연법이 그렇게 하지 않을 때에는, 국가의 직무이다."[54] 특히 초과 소득은 단순히

54) 「사십주년」 21항(영어판에서는 49항). 참조: 「어머니요 스승」 119항; 「기쁨과 희망」 69항; 「사회적 관심」 42항(영어판에서는 42.6항); 「백주년」 30~31항.

그 개인의 재량에 맡겨진 것이 아니다. 인간은 사회적으로 유익한 방식으로 사용할 의무를 지닌다. 예컨대, 자선 사업이나 일자리 창출 또는 이와 유사한 것에 제공해야 한다.[55)]

만일 소유의 사회적 성격이 간과된다면, 그것은 사회적 불안과 심각한 혼란의 원인이 되기 쉽다. 실제로, 자신의 잉여 재산을 그것이 필요한 공동체를 위해 사용하지 않은 것은 용납될 수 없다. "특히 모든 자원을 긴급히 활용하여야 할 경제적 저개발 지역에서 자기 자원을 비생산적으로 방치해 두거나, 또는 개인의 이주 권리는 인정하더라도, 자기 공동체가 필요로 하는 물질적 정신적 원조를 거부하는 자들은 공동선을 심각하게 위협하는 것이다"(「사목 헌장」 65항. 참조: 71항). 정부는 유휴 소유를 사회적으로 의미 있게 사용하도록 강제할 자격이 있다.

둘째 결과는 모든 사람이 타인의 선의든 악의든 상관없이, 현세 재화에 대해 최소한의 참여권이 있다는 점이다. "이는 재화의 필수 불가결한 공급과 배급이 담당자들의 재량에 따라 할당되거나 심지어 철회될 수도 있는 것이 아니라, 반드시 철회할 수 없는 방식으로 보장되어야 한다는 의미이다."[56)] 이것은 특별히 일할 준비가 되어 있지만 자신의 잘못 없이 실업·질병·기타 장애로 인해, 일할 수 없는 모든 사람에게 해당된다. 이에 따라, 모든 사람이 각자의 개인적 소명에 맞추어 현세 재화에 적절히 참여할 수 있게 하는 소유의 질서가 만들어져야 한다. 구체적인 사유 질서가 이러한 참여를 보장할 수 없는 경우, 그것은 조정되어야 하며 필요하다면, 공동의 소유나 공공의 소유 형태로 (대체가 아닌) 보완되어야 한다.

---

55) 「사십주년」 22항(영어판이 인용한 것에는 50~51항).

56) O. von Nell-Breuning, *Gerechtigkeit und Freiheit*, Wien: Europaverlag, 1980, p.201.

끝으로, 셋째 결과는 모든 소유가 하느님 계획의 요구에 종속되어야 한다는 점이다. 지상 재화는 신체적 필요와 복지를 충족시키고, 발전과 더욱 품위 있는 삶을 제공한다. 이것이 그 재화를 가치 있게 만든다. 그러나 그것이 지상 재화의 궁극적인 목적은 아니다. "너희는 먼저 하느님의 나라와 그분의 의로움을 찾아라. 그러면 이 모든 것도 곁들여 받게 될 것이다"(마태 6,33. 참조: 루카 12,31). 가치의 참된 위계는 결코 간과되어서는 안 된다. "사람이 온 세상을 얻고도 제 목숨을 잃으면 무슨 소용이 있겠느냐?"(마태 16,26. 참조: 루카 12,16~21). 만일 지상적인 집착들이 사람들의 진정한 소명을 잊도록 하고 하느님에게서 멀어지도록 현혹한다면, 차라리 그 집착들을 포기해야 한다.

요한 23세는 이렇게 큰 우려를 표명한다. "경제가 발전한 나라들에서 적지 않은 사람들이 올바른 가치 체계에 대하여 전혀 관심을 기울이지 않고 있다. 바로 그런 사람들은 정신적인 가치를 아예 무시하거나 온전히 망각해 버렸으며 선의 존재 자체를 완전히 부정하고 있다. 과학 기술과 경제의 진보를 열렬하게 추구하는 동안, 그들은 대부분 자기 인생의 최고선으로 여길 만큼 외적 재화를 중시하는 것이다." 이러한 태도는 문명의 진정한 기초를 약화시킨다.[57] 인간 삶의 의미는 물질적 안녕과 부의 축적으로 구명되지는 않는다. 인간은 사회적·지적·도덕적·영성적·종교적 성격의 요구를 지녔다. 이러한 요구는 물질적 질서의 재화를 초월하는 것이며, 그 재화들은 그것을 섬기기 위한 것이다.

57) 「어머니요 스승」 176항.

11.2.2. 물권(物權, proprietary rights)의 취득

1) 노동과 증식

소유에 대한 가장 탁월한 근거는 노동이며, 대부분의 취득 근거는 노동에서 나온다. "재화를 생산하고 교환하고 경제적 서비스를 제공하는 인간 노동은 경제생활의 다른 요소들보다 우월하다. 다른 요소들은 오로지 도구라는 성격을 지니기 때문이다"(「사목 헌장」 67항).

모든 이의 타고난 정의감은 자신이 한 노동의 결실에 대한 권리는 자신이 갖는다고 알려 준다. "인간은 자연에서 결실을 획득하는 가운데 육체적으로 수고하고 정신적으로 능력을 발휘하게 되는데 이로써 그는 자연의 일부를 자신 안에 간직하여 자연과 긴밀한 관계를 맺고 자연 안에 자기 인격의 흔적을 낙인처럼 남기게 된다. 이런 까닭으로 인하여 인간은 당연히 토지를 자기 소유로 삼을 수 있는 것이다."[58] 자신의 노동으로 생산한 재화를 그에게서 사취하는 것은 형평에 반한다. "그렇다면 그 토지를 경작하지 아니한 다른 사람이 그 결실을 가로채는 것이 과연 정당한 일이겠는가? 결과가 반드시 원인에 뒤따르는 것처럼 노동의 결실도 당연히 수고한 당사자에게 돌아가야 한다."[59]

물론 하나의 생산물이 예컨대 노동자·관리자·기계 제공자와 같이 여러 기여자에 의한 노동의 결과인 경우, 그 이익은 그들 모두에게 공평하게 배분되어야 한다. 이 문제는 적정 임금에 관한 부분에서 논의한 바 있다.

또한 지적·영적 노동자도 자기 노동의 결실에 대한 권리를 가진다. 과학자·예술가·저술가는 자신의 생산물에 대한 권리를 지니며, 거기서 발생하는 물질적 결실을 받을 정당한 자격을 가진다. 현대의

58) 레오 13세, 「새로운 사태」 7항.
59) 같은 책, 8항.

거의 모든 국가에서는 특허법과 저작권법을 통해 이 권리를 보호한다. 이러한 권리에 대한 침해는 다른 소유권의 침해와 마찬가지로, 배상 의무의 근거가 된다.

물질적 재화 또는 토지의 재화 위에 가해진 개량은 일반적으로 기술 증식(industrial accession)이라고 부른다. 예컨대 나무로 만든 조각품, 천에 놓은 자수, 토지에 건물 건축 등이 그러하다. 그러나 이들 모두는 사람의 노동에서 기인한다. 따라서 기술 증식 역시 노동과 동일한 소유의 근거를 가진다.

만일 타인에게 속한 재산에 건물을 세웠다면, 그 건물은 그 재산의 소유자에게 귀속되며, 그 소유자는 건축주에게 보상해야 한다. 농장에서도 마찬가지이다. 누군가가 (그에게 빌려준 적이 없는) 타인이 소유한 땅에 씨를 뿌리거나 식물을 심은 경우, 그렇게 성장한 것은 땅의 소유자에게 귀속되며, 씨 뿌린 사람이나 심은 사람에게는 보상해 주어야 한다. 그러나 타인의 땅에다 악의로(bad faith) 건축하거나 식재하거나 파종한 이는 실정법들에 따르면, 보상받을 권리가 없고 건축하고 식재하고 파종한 것은 몰수된다. 원칙적으로 이러한 법은 부당해 보이지 않는다. 그러나 가난한 남자나 여자가 (불법 점유자처럼) 현재 사용하지 않는 타인의 토지에다 식재하거나 건축한 경우, 그들은 토지 소유자가 그 땅을 필요로 할 때 그들이 심은 것을 수확할 수 있도록, 또는 자신들의 집 재료들을 가져갈 수 있도록 허용되어야 한다. 이유는 본인에게 꼭 필요하지 않은 소유물을 가난한 이가 이용할 수 있다는 점에서, 음식물 절도의 경우와 유사하게, 정당성이 있기 때문이다(아래의 "11.2.3. 소유에 관한 도덕적 의무" 중에서 "2) 소유에 관한 사회적 의무"를 보라).

결실의 증가를 통해 발생한 이득은 보통 자연 증식(natural accession)으로 정의한다. 나무의 열매·동물의 새끼·토지의 목초 등이 그것이다. 그러나 나무는 심어야 하고 동물은 길러야 하며, 땅은 경작되어야 한다. 따라서 이러한 증식은 당연히 인간 노동의 결실로 볼 수 있다.

이자로 인한 화폐의 증가도 일종의 증식으로 보일 수 있는데, 그것은 노동과는 다소 거리가 있는 것이다. 그러나 저축에 의한 돈은 분명히 개인 노동의 결과이다. 따라서 그 돈은 어떤 식으로든 소유자에게 이익을 주고 그에게 이바지해야 한다. 그것이 노동의 목적이기 때문이다. 그러므로 합리적인 대부 이자는 심은 나무에서 맺은 열매와 마찬가지로, 노동의 열매인 것이다.

2) 점유

점유(occupancy)란 아무에게도 속하지 않는 사물을 사실상 취득하면서 그것을 자신의 것으로 만들려는 의도를 가지는 것이다. 타인들의 기존 권리와 정당한 실정법을 위반하지 않는 한, 점유는 유효한 소유권의 근거가 된다. 왜냐하면 자연은 모든 인류의 선익을 위해 지구와 모든 재화를 제공하기 때문이다.

차지하는 행위는 의도적이고 물리적이어야 한다. 단순한 의지의 표시만으로는 아무런 자격이 부여되지 않는다. 더욱이 차지한 사물은 즉각적이거나 가까운 미래에 사용할 수 있는 분량이어야 한다. 토지 등과 같이 실제 사용이나 효과적 개발이 불가능한 과다한 분량의 점유는 소유권 주장의 유효함을 주지 못한다. 토지와 미개발된 자원의 점유는 유용한 개발과 활용 이외에는 목적도, 도덕적 정당성도 없기 때문이다. 단순히 지배와 권력 획득만을 목적으로 한 무제한적 영역과 자원의 축적은 **창조자**께서 제공하신 이 세상 재화를 공유할 모든 사람의 자연권을 침해하는 것이다.

반면, 사람들이 한 뼘의 토지라도 소유할 권리를 완전히 부정해 버린다면, 이것도 옳지 않다. “토지는 노동의 결과물이 아닐뿐더러, 산출된 것도 아니며 점유하기 이전부터 존재했던 것이기에 점유하거나 개인이 소유할 수도 없다는 주장은 잘못된 것이다. 이러한 오류는 주기적으로 재발되기 쉽다. 만일 이 원칙이 옳다면, 의복이나 지상에서 소출된 식물, 화폐, 나아가 그 무엇도 소유할 수 없는 셈이 된다. 우리가 만드는 모든 것의 원자재들도 점유 이전부터 존재했기 때문이다. 그와 반대로, 경작지의 값진 성질 대부분은 노동에서 기인한다. 노동이 토지의 본질을 실제로 바꾸어 놓기 때문이다."[60] 사람들이 일정 부분의 토지를 유의미하게 사용하고 개발하며 자기 노동을 투여하는 한, 그들은 그 토지를 소유할 권리도 있는 것이다. (스스로 번 돈으로 한 조각의 땅을 구입한 사람의 경우도, 비록 간접적이기는 하지만, 그 땅에 자신의 노동을 투여한 것으로 볼 수 있다.)

우리 시대에, 많은 지역에서 단순 점유로 토지를 취득하기란 거의 불가능하다. 이미 토지가 거의 구분되어 이미 소유자가 있기 때문이다. 오늘날 점유의 대상이 되기 쉬운 것은 습득물(동산), 동물, 야생 열매 등이다.

유기물: 자의로 버린 물건, 예컨대 쓰레기통에 버린 물건은 최초 점유자에게 귀속된다. 수확 후 들판에 남겨진 과일과 곡식, 예컨대 오렌지·견과류·알곡 등도 통상 버린 것으로 간주된다.

분실물: 잃어버린 물건은 원소유자를 찾을 희망이 있는 한, 원소유자에게 귀속된다. 습득자는 원소유자를 찾고자 합리적 노력을 기울일 의무가 있다. 습득물의 가치와 그와 관련된 상황에 따라 그것을 보관해야 할 애덕 어린 의무가 있는지, 또 어느 정도의 주의가 요구되는지 정해진다. 물건의 가치가 거의 없고 원소유자에게도 별 의미가 없는 경우, 주인을 찾는 부담을 떠안을 의무는 없다. 발견자는 수고와

60) Henry Davis, *Moral and Pastoral Theology*, vol. II, London, 1959, 8th printing, p.284.

비용에 대해 보상받을 권리를 지닌다. 만일 주인을 찾으려는 노력이 실패한다면, 발견자는 그 물건을 자신의 소유물로 사용할 수 있다. 그러나 민법이 규정한 기간은 반드시 준수되어야 한다. 실정법에 따르면, 사업장·영업소·사무실·상점·역·공공 서비스센터 등에서 발견된 물건은 일반적으로 '유실물센터'와 같은 지정된 기관에 제출해야 한며, 소유자는 그곳에서 분실신고를 하고, 물건을 회수하도록 되어 있다.

동물: 예전에 야생 사냥감은 소유자가 없었고, 누구든 사냥할 수 있었다. 하지만 오늘날 많은 나라의 상황은 일반적으로 야생 동물을 소유자 없는 것으로 더 이상 간주할 수 없게 되었다. 사냥꾼은 면허 비용을 지불하여 사냥의 권리를 획득해야 한다. 무면허 사냥이나 밀렵은 교환 정의를 침해한 것으로 간주되어야 한다. 그러나 자신의 밭과 농작물을 보호하려는 사냥은 밀렵으로 보지 않는다. 밭의 소유자는 자기 재산에 해를 끼치는 동물들에게 덫을 놓거나 총을 쏠 권리가 있다. 공해의 물고기는 이를 수고해서 잡은 사람에게 귀속된다. 야생 과일 역시 동일하다.

길들인 가축과 가금은 소유자가 합리적인 방법으로 되찾거나 습관적으로 그의 통제하에 있는 장소로 돌아갈 수 있는 경우, 그것들이 아무리 길을 잃고 이리저리 날아다니거나 돌아다니더라도, 점유될 수는 없다. 그러나 한때 길들인 것이었지만 완전히 야생을 회복한 동물은 이 범주에 속하지 않으며, 점유될 수 있다. 국가의 실정법은 흔히 이러한 문제를 위한 추가적 규정을 포함하고 있으며, 그것이 합리적인 한, 양심을 구속한다.

은닉 보물: 오랫동안 버려져 소유자를 알 수 없는 보물은 자연법상 발견자가 취득할 수 있다. 그러나 민법은 때때로 보물의 일부를 발견 장소의 소유자나 정부와 나누도록 하며, 국가의 이익인 문화적·역사

적 발견물에 대해서는 국가의 권리를 특별히 규정하는 사례도 있다. 그러한 법들이 명백히 부당한 것이 아니라면, 양심을 구속한다.

3) 계약

(1) 계약 일반

계약이란 둘 이상의 사람들이 맺는 상호 합의로서 권리관계를 설정하거나 변경하는 것이다. 소유는 다양한 종류의 계약을 통해 양도·대여·위탁·취득 등을 할 수 있다. 이러한 맥락에서 입문서들은 종종 기부·사용대차·예금·동업·임대·내기·도박·보험 등 여러 형태의 계약을 다루었다.[61] 이러한 계약을 지배하는 규범은 대체로 도덕적인 문제보다는 오히려 법적인 문제를 제기한다. 여기서는 매매 계약만을 더 자세히 다룰 것인데, 왜냐하면 이는 재산 취득에 특히 중요하고, 또한 도덕적 측면의 몇몇을 언급하는 것이 적절해 보이기 때문이다.

① **계약은 충분히 숙고된 것이며 자유로워야 한다.** 착오·두려움·강압은 계약의 유효성을 해친다. 계약의 본질이나 대상의 본질과 관련된 중대한 착오는 합의를 무효로 만든다. 따라서 계약의 한쪽 당사자는 증여로, 다른 쪽 당사자는 매매로 생각한 경우, 무효가 된다. 또 특정한 양복을 만들기 위해 검은색 옷감을 사고 싶었지만 파란색을 받았을 경우, 이 역시 무효이다. 그러나 착오가 단순히 부수적인 부분에 관한 것이라면, 즉 계약의 본질이 아니라 부차적인 요소에 관한 것이라면, 일반적으로 계약은 유효하다. 그러므로 가난한 사람이 자신의 친척일 것이라는 잘못된 인상 때문에 그에게 자선을 베풀었을 경우, 일반적으로는 이 착오로 인해 그 선물이 무효가 되기를 바라지 않는다. 이러한 문제와 관련해 실정법이 추가 규정을 두는 것이 보통인데,

---

61) Cf. Jone-Adelman, *Moral Theology*, 1963, nrs. 290~313.

대부분 그러하듯, 그 규정이 실질적으로 부당한 것이 아닌 한, 자연법에 항상 완벽하게 일치하지는 않더라도 공동선을 위해, 준수되어야 한다.

계약에 동의하도록 당사자에게 부당하게 가해진 심각한 두려움은 그 당사자에게 계약 취소의 권한을 부여한다. 그러나 그 두려움이 불의하게 가해진 것이 아니거나 어떤 불가피한 원인의 결과인 경우, 계약은 유효하며 법적으로 취소될 수 없다. 예컨대, 어떤 사람이 홍수로 재산이 위협받고 있는 친구에게 친구 자신이 재산을 안전하게 옮겨서 보존되게 한다면 그 친구에게 자신이 돈을 주겠다고 약속한 경우에도, 그 약속은 지켜져야 한다. 하지만 일반적으로 보면, 실정법은 심각하고 부당한 두려움 아래 체결된 계약이 무효이거나 적어도 취소 가능하다고 선언한다. 교회법에 따르자면, 중대하고 부당한 두려움으로 맺어진 계약들 즉 혼인 계약·수련자 입회·서원 선언·교회 선거·성직과 성직록의 포기 등의 계약은 무효이다.

② **계약으로 합의된 대상이나 서비스는 도덕적으로 선한 것이어야 한다.** 누구도 도덕적으로 악한 일을 하도록 구속될 수는 없다. 뇌물로 제공한 선물은 유효한 계약을 성립하지 못하게 하며, 그러한 선물을 주거나 받는 자는 죄를 범한 것이다. 만일 부도덕한 행위를 약정하고 그 대가를 미리 받았을 경우, 그 돈은 반환되어야 한다. 하지만 (예컨대 매춘부와의 성행위 계약처럼) 부도덕한 계약이 실제로 이행된 후라면, 그러한 서비스를 제공받은 당사자도 자기 역할을 이행할 의무가 있다. "여기서 사용된 논거는 부도덕한 행위를 이행하기로 한 합의는 무효이며 취소가 되지만, 그 행위의 실제 이행에서는 오히려 공정한(good) 계약이 발생한다는 것이다. 예컨대, '행동하면, 대가는 나온다'(*facio ut des*)는 논거이다. 즉 이행된 행위가 부도덕하기에 나름의 가치를 지니는 것이 아니다. 수고·혜택·쾌락 제공의 성격을 지녔기

에 가치를 지니는 것이다."[62] 부도덕한 계약의 과정에 있어서 제삼자가 피해를 입은 경우(예: 강도에 의한 경우), 이는 고용된 실행자(agent)의 측에서 (물론 지시자(mandator)도 마찬가지로) 피해자에게 변상 의무가 있으며, 이 경우 받은 대가만으로는 그 의무를 다할 수 없음이 확실하다.

내기(betting)**와 도박**(gambling, 복권, 빙고, 등)은 원칙적으로 자기 소유에 대한 책임을 위반한 것은 아니다. 하지만 그것이 자신의 생계나 부양할 타인의 생계에 필요한 것을 강탈할 경우, 도덕적으로 허용될 수 없다. 도박꾼들은 자기 열정에 노예로 잡힐 위험에 빠져 있다. 내기의 계약은 시민법으로 인정되지 않는 경우가 많지만, 양심상 대체로 공정한 것이다. 따라서 내기에는 합의된 조건에 따라 지불되어야 한다. 그러나 내기에 진 금액의 지불이 가정의 파탄을 초래할 경우, 당사자는 지불을 거부할 수 있으며, 그는 내기에 무책임하게 참여했다는 사실로 인해 그러한 거래에서 신뢰할 수 없는 자로 낙인찍히는 것이 정당하다. 법이 내기 계약의 보호를 거부하는 이유는, 결국 정의에 따른 청구권이 없고, 내기가 개인의 복지에 해로울 수 있으며, 따라서 법의 보호를 받을 가치가 없다는 도덕적 고려들이 정당하기 때문이다.

③ **계약은 정의를 따르도록 의무를 지닌다. 따라서** 계약 위반으로 발생하는 모든 손실에 대한 배상 의무도 발생시킨다. 계약은 당사자들이 의도한 대로, 그리고 관습과 상황에 따라 해석된 대로 이행되어야 한다. 한쪽 당사자의 도덕적 과실로 계약의 목적이 파괴된 경우, 발생된 손해에 대한 책임이 따른다.

계약 이행의 부당한 지연으로 상대 계약자에게 손해를 입힌 경우, 그 손해에 대한 배상 의무가 있다. 이행 기간에 대한 규정된 벌금 조

---

62) H. Davis, *op.cit.*, p.356.

항이 있는 경우, 기한을 지키지 못한 당사자는 벌금 납부의 의무가 있다. 그러나 계약 조건의 이행에 있어 당사자들은 단순히 법조문에만 매달리거나 교환 정의의 정확함에만 그쳐서는 안 된다. 예기치 못한 사태나 정당하지 않은 사유로 규정된 조건을 이행하지 못한 상대방에 대해서는, 그리스도교적 배려가 있어야 한다.

부가 조건이 있는 경우, 동의 — 결과적으로 계약의 유효성 — 는 조건의 존재 또는 충족에 좌우된다. 예컨대, 매수자가 3개월 내 만기가 도래하는 대금을 납부하는 조건으로 체결된 토지 매매 계약의 경우에 약정된 기간 내에 대금이 납부되지 않으면, 계약은 무효가 된다. 불가능하거나 부도덕한 조건의 계약도 무효가 된다.

부담을 부과하는 계약은 계약자 중 한편에게 특별 행위를 의무적으로 행하게 만든다. 예컨대, 교회 건축에 쓰도록 해야 한다는 조건부 기증이 그러하다. 엄밀한 의미에서 이러한 부담의 경우에 채무 불이행과 같이 당사자의 의무 불이행은 반환 책임을 발생시킨다. 그러나 그 기증이 단지 수증자(donee)의 편리만을 위한 것일 경우, 엄밀한 의미의 부담은 질 필요가 없다. 때때로 기증자(donor)는 예컨대 사제 연수를 위한 장학금처럼, 단지 어떤 목표를 달성하기 위한 수단으로만 의도하고 실제적인 달성을 요구하지 않는다. 이럴 경우, 반환할 의무는 없다.

④ **계약할 역량**은 자신이 하고자 하는 일을 이해하기에 충분한 이성을 갖춘 모든 사람이 가진다. 자격이 없는 이들은 이성의 사용 이전의 어린이·정신 이상자·만취자 등이다. 덜 자격이 있는 이들은 지능이 낮거나 부분적으로 취한 자이다. 시민법과 교회법에 따르면, 미성년자 즉 아직 열여덟 살에 또는 일부 나라에서는 열아홉 살이나 스물한 살에 도달하지 못한 이들은 계약할 역량이 제한적이다. 이는 매매계약과 관련된 것이지만, 예컨대 혼인과 같은 다른 영역에서는 중요

성을 지닌다. 일부의 예외를 제외하고는, 미성년자는 체결된 계약을 취소하고 대금의 반환을 요구할 수 있다. 따라서 경험이 없어 손해를 볼 어려움에 처했을 경우, 계약 무효가 허용된다. 이때 상대방은 자기 소유를 돌려받을 권리를 가진다. 하지만 미성년자가 부정직하게 행동으로 법의 혜택을 남용할 수는 없다. 예컨대 속임수로 상대방을 유인하여 팔도록 유도한 경우가 그러하다.

여자들은 계약 체결의 권리에서 종종 불이익을 받아 왔으며, 오늘날에도 세계의 어떤 지역에서는 여전히 그러하다. 이러한 차별이 여전히 존재하는 곳에서는 시급히 시정되어야 한다. 계약에 있어 남자보다 여자가 더 적은 능력을 인정받아야 할 어떠한 이유도 없다.

(2) 판매 계약

판매란, 양도인(seller)이 어떤 재화를 가격이라 부르는 금전적 대가를 받고 양수인(buyer)에게 소유권을 이전하는 계약을 말한다. 현대의 상업 생활은 주로 판매 계약에 기초를 둔다. 모든 상거래를 이끌어 갈 기본적인 도덕 원칙은 판매 계약이 진정한 봉사여야 하고, 공공복지에 기여하는 것이어야 한다. 상업과 무역은 공동체에 매우 중요하다. 상업에 종사하는 이들은 봉사의 정신으로 고무되어야 한다. 판매 계약에 적용되는 원칙들은 또한 한 재화를 다른 재화와 교환하는 계약(물물 교환)에도 적용된다.

판매 계약에서 가장 중요한 문제는 **정당한 가격**이다. 정의는 주는 것과 받는 것 간의 기본적 평등을 요구한다. 하지만 정당한 가격은 수학적으로 정확하게 산출될 수 있는 고정된 액수로 간주되어서는 안 된다. 그것은 (보관비와 운송비가 포함된) 생산비·광고비·중개료·세금 그리고 양수인이 느끼는 그 물건의 총체적인 효용성에 의해 결정된다. 개별 가격과 다른 모든 가격과의 관계, 그리고 특정 지역이나 국가 전체의 가격 구조와의 관계도 반드시 고려되어야 한다. 따라서 가격은 대개 대략적인 계산으로 이루어지는데, 여기에는 여지를 허용한다. 최고가·최저가·평균가가 존재한다. 최고가 이상으로 판매하거나, 최저가 이하로 가격을 강제로 낮추는 것은 정의에 반한 죄이며, 반환이 요구된다. 여기에서 예외로, 경매가 있다. 이는 법과 관습에 의해 정당화된다. 가격 협상이나 흥정은, 통용되는 가격을 목표로 삼기에, 불의한 것으로 간주되지 않는다.

물건의 정당한 가격에 관한 한 이론은, 속임수나 사기 없이 획득할 수 있는 가격이라는 것이다. 이 이론은 평상시 호황기에는 적용할 수 있다. 그때에는 누구도 생산원가보다 저가에라도 생산·판매하도록 강요받지 않고, 또한 상품의 서비스 가치가 정당화하는 것보다 높은 가격을 지불하도록 강요받지도 않기 때문이다. 그러나 자유 시장 경제의 자동 조절 기능은 경제 불황, 전시·전후 시기, 기타 경제적 곤궁 상황에서는 충분하지 않다. 이러한 조건에서는 해당 원칙이 궁핍한 이들을 부당하고 잔혹하게 착취하도록 이끌 것이다. 계약자 중 한편이 특별한 어려움에 빠졌다는 이유만으로 물건을 실제 가치보다 고가에 팔거나, 저가로 사는 것은 정당화될 수 없다. 타인의 위급함을 이용하지 말아야 한다. 이 점은 특별히 기본 식료품과 여타 생필품에 적용된다.

남용을 방지하고자 국가는 정당한 법정 가격을 매길 권리와 의무가 있다. 그러나 일반적으로 이것은 비상조치로 머물러야 하며, 다른 방법으로는 당분간 정당한 가격 형성을 할 수 없을 때에만 허용된다. 경험이 가르쳐주듯이, 고정 가격은 착취의 온상인 암시장을 만들어내기 쉽다. 법정 가격이 특별히 부당한 것이거나, 전반적으로 그것이 폐기되지 않는 한, 지켜야 할 양심상 의무를 진다. 판매자의 이익을 위해 법정 가격이 정해진 경우, 어떤 상인의 저가 판매로 인해 동료

상인이 손해를 입는다면, 이것 역시 정의에 반하는 죄가 된다.

공통된 (시장) 가격도, 법정 가격도 존재하지 않는 경우, 가격은 사기나 기만이 개입되지 않고 양수인과 양도인의 자유로운 합의나 전문가의 평가에 의해 결정되어야 한다. 이는 중고품·희귀품·고가품 등에 공통적으로 적용된다. 미술품·진귀품·골동품·희귀서 등은 그에 정통한 이들 간에 일종의 시장가를 형성하지만, 가격의 상당한 폭이 허용된다. 그러나 이 분야에서도 판매자나 구매자의 무지를 악용하는 것은 허용되지 않는다.

4) 상속권

상속은 소유를 획득의 중요한 형태 중 하나이다. 일반적으로 민법은 법정 상속을 규정하고 있으며, 이는 최후의 유언(last will)이 존재하지 않는 경우에 피상속인의 재산 귀속을 규율하는 법정 상속을 정한다. 법정 상속이 정당하고 특별히 작성된 최후의 유언이 요구되지 않는 한, 상속의 정리는 법률에 맡길 수 있다. 하지만 원칙적으로 시민들은 자신의 사망 시 본인이 작성한 최후의 유언을 통해 재산을 처분할 권리를 지닌다.

(1) **유산에 대한 권리**: 유산에 대한 권리는 사유 제도에 속하며, 그 본질은 자연법에 근거를 둔다. "재산을 소유하고 유산으로 물려주는 것에 대한 인간의 자연권은 불가침의 권리며 국가도 그 권리를 빼앗을 수 없다."[63] 인간은 자신이 죽을 때 자기의 재산이 어떻게 사용될지, 누가 받을 것인지를 결정할 권리를 가질 당연한 이유가 있다. 나아가 부모는 특히 아이들이 충분히 돌봄을 보장받지 못할 경우, 자신의 사후에도 자녀를 돌보려는 자연적 욕구와 도덕적 의무를 지닌다. 유산은 이 의무를 이행하는 데 중요한 수단이 된다. 상속권의 폐지는

63) 「사십주년」 21항〔원문에서는 49항〕.

곧 사유 제도를 약화시키거나 그것을 소멸시킬 위험이 있다. 저축과 근면을 위한 중요한 유인책 역시 상실된다.

문화적·정치적 고려도 상속권을 지지하는 중요한 요소이다. 재산이 많을수록 문화적 과업에 더 자유롭게 헌신하고 그것을 촉진시킬 수 있다. 재정적으로 독립적인 자산 소유 계급은 강력하고 안정된 민주주의를 위해 필수적인데, 경제적으로 자립한 이들은 자신의 의견 유지를 더 쉽게 할 수 있고 국가에 의존적인 대중 사회와 권력 남용의 독재적 경향에 맞서 더 쉽게 저항할 수 있기 때문이다.

하지만 국가는 상속권을 감독하고 그 세부 사항을 더 구체적으로 규정할 권리와 의무를 가진다. 유언자가 자신의 재산을 처분할 자유는 보호되어야 하지만, 배우자와 자녀에게 돌아갈 합당한 몫은 보장되어야 한다. 국가는 사기 방지와 공동체의 평화 보장을 위한 법적으로 유효한 유언 요건을 제정할 권리를 가진다. 상속세는 합당한 한도로 부과될 수 있지만, 자기 재산에 대한 권리를 궁극적으로 침해할 정도로 높아서는 안 된다. 그러한 정책은 이미 지적한 것처럼, 공동선에 부합하지 않으며 오히려 반대한 것이 된다.

(2) **최후의 유언과 그 구속력**: 최후의 유언(last will) 또는 유언(testament)은 사후 소유의 처분에 관한 선언이다. 법적 효력을 위해 민법은 특정한 법적 형식을 요구하며, 그것은 시대와 나라에 따라 다르다. 일반 계약의 유효성을 위해 요구되는 바와 같이, 유언자는 이성을 사용하는 성년이어야 한다. 일부 국가의 법률에 따르면, 18세나 그 이하의 사람도 유언 역량을 행사할 수 있다. 강압이나 심각하고 부당한 두려움에 의한 유언이나 불가능·비도덕·불법 등의 조건이 부가된 경우, 무효이다.

일반적으로 유언장은 유언자가 적절하게 서명하고, 증인 둘이 서명하며, 날짜와 장소가 명확히 기재된 경우, 유효하다. 유언자가 글을

못 쓰는 경우, 자신의 표식(mark)으로 대신한다. 민법은 때때로 유언자 앞에서 유언자의 명시적 지시와 그 앞에서 대리인의 서명도 허용한다. 적법한 요식을 갖추지 않았다는 이유만으로 유언이 양심상 단순히 무효가 되는 것은 아니다. 이 경우에도 유언자의 의사는 존중되어야 하며, 그 의사가 합리적이고 진정성이 확보된다면, 실행되어야 한다. 그러나 요식이 맞지 않은 유언장에 대해 법원에서 다투어진 경우, 공공의 평화를 위해 사법적 판결을 따라야 한다.

'교회법 제1299조 2항'은 신심의 목적을 위한 유증(bequests)은, 비록 유언장의 형식이 부족하더라도, 상속인들에게 이행하도록 요청한다. 하지만 유산이 필요한 법정상속인은, 비록 신심의 목적에 반하더라도, 법이 권리로서 부여한 몫을 언제나 요구할 수는 있다. 신심의 목적을 위한 유증을 무효로 하는 민법 규정들은 부당하다. 이 유증은 보존되어야 하며, 다른 상속인들에 의해 처분될 경우, 정의에 위배된다.

(3) **유언자의 의무**: 자연법은 유언자로 하여금 가장 가까운 친족, 특히 도움이 필요한 배우자와 자녀에게 재산의 일부를 남기는 것을 의무로 부과한다. 또한 부모와 형제자매가 심각한 도움이 필요한 경우, 유언자는 신심의 목적보다 우선적으로 그들을 도와야 할 중대한 의무가 있다. 편애는 아예 피해야 하며, 심각한 사유가 없는 한, 아동에게도 차별을 주어서는 안 된다. 자녀나 가까운 친척이 이미 충분한 보장된 경우, 모든 소유를 그들에게 남길 의무는 없다. 또한 유언자가 빈자와 다른 선한 목적을 위해 유언장에 기록하는 것은 매우 칭송할 일이다.

이미 언급한 바처럼, 민법이 유언이 없는 때 공평한 재산 분배를 규정하고 있다면, 반드시 유언장을 작성할 엄격한 의무는 없다. 그러나 다음의 경우들에는 유언장 작성의 의무를 진다. 심각한 다툼이 예상되는 경우, 자녀들의 공로가 달라 법적인 균등 분배가 오히려 불의가 될 경우, 특정 자녀가 가난해서 더 큰 몫이 필요할 경우, 처리되지 않은 법적 채무를 갚거나 배상해야 할 경우, 등이다. 예외적으로, 혼인이나 자녀 출생 등으로 유언자의 상황이 급격한 변화가 있을 경우, 법률에 따라 최후의 유언이 취소될 수도 있다.

(4) **상속인의 의무**: 통상 상속을 받아야 할 도덕적·법적 의무는 없다. 그러나 상속을 수락한 경우, 상속인은 유언자의 채무나 다른 의무를 해결하고 또 받은 유산으로 가능한 빨리 갚을 의무를 진다. 하지만 유산의 가치를 초과하는 청구에 대해서는 변제할 의무는 없다. 따라서 그러한 변제는 강제될 수 없다. 상속인이 법원의 판결을 통해 무제한 책임을 지는 것을 방지하기 위하여, 법적 유산 목록을 작성하고 상속 재산의 가치를 초과한 부채와 의무를 지지 않는다는 조건으로, 상속의 수락을 할 수는 있다.

5) **시효**

시효란 실정법으로 도입된 소유권의 근거로서, 일정한 조건과 법이 정한 기간 동안에, 소유권을 취득하거나 다른 사람의 사물이나 행위에 대한 청구권을 소멸시키는 제도를 말한다. 소유권을 위한 여러 근거 중 시효는 부차적인 성격을 띤다. 그럼에도 선의로(good faith) 구입한 도난품에 대한 시효의 경우는 일상생활에도 관련될 수 있다.

이러한 방식으로 소유의 근거나 사용의 근거를 획득하는 것을 '취득 시효'(acquisitive prescription)라고 부른다. 예컨대, 어떤 농부가 자신이 아버지로부터 정당하게 물려받았다고 확신하는 토지를 여러 해 동안 경작해 왔다고 가정해 보자. 그는 그동안 토지의 권리에 대해 이의 제기를 받은 적이 없었다. 그러나 그의 아버지가 사망한 지 오랜 시간이 지난 후 이웃이 자기네 집안의 옛 문서에서 소유 증서를 발견했고, 그로써 이 토지에 대한 소유권을 주장한다. 농부가 법이 정한 기간인 통상 20년 동안, 토지를 평화롭게 점유해 왔을 경우, 이웃의 반대 증서가 있음에도 불구하고, 그는 적법한 소유자로 간주가 된다. 시효에 의한 취득 때문이다.

타인의 서비스나 대가에 대한 청구권으로부터, 또는 타인의 소송 행위를 지속적으로 감당해야 할 의무로부터의 해방을 '소멸 시효'(liberative prescription)라고 부른다. 따라서 채무 변제 청구권, 비행(misdeed)에 대한 법적 고소권, 이용하지 않은 길의 통행권이나 물의 이용권 등은 일정 기간이 지나면 소멸 시효가 완성된다.

시효는 공동선의 요구에 의해 정당화된다. 시효를 통해 소송들이 줄고 단순화된다. 증거를 장기간 보존하기가 어렵고 그래서 아주 옛날로 거슬러 가는 논란거리에 관한 결정들은 복잡해지며 소송에도 시간이 많이 소비된다. 또한 정당한 청구는 대개 쉽게 관철되기 때문에, 오래된 주장들은 불량 청구일 것이라는 추정이 따른다. 결국 사회 복지를 위해서는 소유권과 청구권에 대한 불확실성의 제거가 요구된다. 이러한 이유로 볼 때, 자연법 자체가 시효라는 권리를 인정하고 요구한다고 정당하게 말할 수 있다.

유효하고 합당한 시효는, 그 대상이 될 수 있는 물건이나 청구권·선의·기간 경과 등을 전제해야 한다. 취득 시효에는 추가로 그 물건에 대한 소유권, 실질적 점유, 또는 사용권(usufruct)이 요구된다.

(1) 해당 **물건이나 청구권**(claim)은 시효에 따라야 한다. 다만, 인권이나 신자들의 영적 삶에 직접 관련되는 권리는 시효의 대상이 될 수 없다(참조: 교회법 제199조). 비록 어떤 남자 또는 여자가 20년 또는 30년 동안 노예 상태로 지냈더라도, 민법상의 자유권은 시효에 의해 소멸되지 않는다. 교회법에 따르면, 미사 예물에는 시효를 정할 수 없으며, 이는 (예컨대 유증에 따라) 예물을 제공할 의무가 있는 이와 받은 예물로 인해 미사 집전의 의무가 있는 이 모두에게 적용된다(교회법 제

199조 5항).

(2) **선의**(good faith)란 어떤 물건이나 권리를 불의하게 보유한 것이 아니라는 확신을 의미한다. 장물임을 알면서 보석을 점유하는 사람은 악의(bad faith)에 해당한다. 소멸 시효에 있어 적극적 선의와 소극적 선의가 구분된다. 적극적 선의란 채무 상환을 했다고 스스로 확신하는 경우를 말한다. 소극적 선의란 자신의 권리를 행사하는 데 있어 타인을 방해하지 않는 경우를 말한다. 예컨대, 다른 사람이 자신의 소유지를 통과하는 것을 막지 않는 경우이다. 일반적으로 소멸 시효에서는 소극적 선의로도 충분하다. 그러나 많은 저자들에 따르면, 채무의 상환과 같이 단순한 법적 의무가 아니라 정의 혹은 도덕적 의무에 속하는 적극적 의무의 경우, 적극적 선의를 요구한다. 하지만 일부 도덕가들은 공공복지의 이익을 위하여 필요한 경우라면 소극적 선의만 있더라도, 즉 채무자가 알지 못한 상태에만 있더라도, 국가가 양심상 의무를 소멸시킬 수 있다고 주장한다. "실제로는 일반적으로 이러한 완화된 견해를 따라도 된다. 다만, 채권자가 채무자에게 의무 이행을 상기시켰다든지, 혹은 어떤 이유에든 의도적으로 상기시키지 않은 경우에는 예외이다. 이러한 상황에서는 정의나 형평의 원칙상, 채무자가 소멸 시효에 기대어 자신의 의무에서 벗어나려 하는 것은 허용되지 않는다."[64]

선의를 요구하지 않는 시효의 법은 양심의 영역에서는 아무런 효력도 없다. 따라서 자신이 소유한 것이 타인의 것이라고 확신하는 경우, 시효가 발생하지 않는다. 악의가 있는 경우라면, 민법은 결코 양심상 소유권을 정해 줄 수 없으며, 그저 법적 소송을 차단할 수 있을 뿐이다. 분명히 법은 외적 증거에만 한정될 수밖에 없으며, '내적 법정'(internal forum)에서 판단할 처지는 아니다. 회의가 들 경우, 확실성

64) H. Jone, *Moral Theology*, translated by U.S. Adelman, 1963, nr. 277.

에 도달하도록 노력해야 한다. 확실성 여부가 불가능할 경우, 점유자나 청구를 당하는 자는 선의로 간주된다.

(3) **일정한 기한**이 요구되며, 이는 다양한 권리와 청구의 종류 및 법률에 따라 달라진다. 이전에는 시효에 필요한 점유 기간이 아득한 옛날부터 또는 "인간의 기억이 도달할 수 없는 오래된 시대부터"였다. 오늘날의 그 기한은 토지와 같은 부동산의 경우 20년, 도로·수도·일조 등의 권리 획득의 경우 20년, 동산(예: 보석·설비·동물)과 대부분의 경우는 그 소멸 시효가 더욱 짧다.

교회법에서는 교황청의 부동산과 귀중품 및 제반 권리들에 대해 100년, 교구나 본당과 같은 교회의 다른 공적 법인들에 대해 30년을 요구한다. 교회 재화를 이루는 통상의 동산에 대해서는 민법에서 규정한 기한이 적용된다.[65]

(4) 취득 시효를 위해서는 **정당한 자격** 또는 정당하다고 여겨지는 자격이 필요하다. 즉 어떤 물건이 자신에게 속한다고 확신할 근거가 필요한 것이다. 예컨대 — 대금을 지급했으나 물건이 장물이어서 이전될 수 없었던 경우 — 또는 그것이 상속 재산이나 기부라고 확신한 경우가 이에 해당한다. 그러한 사유가 없으면, 선의가 성립할 수 없다.

(5) 물건의 **실제 점유**나 권리의 행사는 취득 시효의 후속 조건이기도 하다. 점유나 권리의 행사는 확실하고, 지속적이며, 평화롭고, 공개적이어야 한다. 소송·반대·타협·이용에 대한 변명 등은 모두 평화롭고 공개적인 점유에 반한다. 자기 명의로 점유한 자는 시효에 따라 취득하며, 타인 명의로 점유한 자는 타인의 소유가 된다. 예컨대, 후견인이 미성년자인 피후견인을 위해 점유하는 경우가 그러하다.

65) 교회법 제197조와 제1270조. 기타 권리 및 소송의 소멸 시효에 대한 추가 규정은 거기를 보라.

11.2.3. 소유에 관한 도덕적 의무

소유의 취득과 축적은 이미 지적했듯이, 그 자체로 목적이 아니다. 소유는 종속적인 기능을 지닌다. 그것은 **창조자**께서 인간에게 부여하신 임무를 완수하는 데 도움을 주는 수단이다. 언제나 이러한 임무와 조화롭게 사용되어야 한다. 그러므로 사람들은 자기 소유를 절대 독립적으로 처분할 수 없다. 그들은 하느님과 우주가 설정해 놓으신 포괄적 목표에 종속된다. 보편적 도덕 질서에 따라 자기 권리를 행사할 의무를 지닌다. 비록 사람들이 자신의 재산을 무책임하게 사용한다고 해서 그들의 소유권이 몰수되는 것은 아니지만, 그럼에도 하느님과 이웃에게는 죄를 짓는 것이다.

1) 관리권으로서의 소유

그리스도는 사람들을 자신들이 받은 재능과 은사에 대한 관리자로 여기신다. 재산 역시 이러한 은사 중 하나임에 의심할 여지는 없다. 소유자는 그들의 하느님이신 **주인** 앞에서 자기의 셈을 바쳐야만 한다. 그는 소유물을 놀려서는 안 되며, 악행을 위해 남용해서는 더더욱 안 된다. 재능을 잘 활용하여 자신의 주인에게 이익을 준 종은 주인에게 칭찬과 상급을 받게 된다. "잘하였다, 착하고 성실한 종아! 네가 작은 일에 성실하였으니 이제 내가 너에게 많은 일을 맡기겠다. 와서 네 주인과 함께 기쁨을 나누어라." 그러나 자기 탈렌트를 땅에 묻어 놓고 놀린 종은 단죄받아, 바깥 어두움 속에 내던져진다(마태 25,14~30 병행 구절).

충직하고 현명한 남종과 여종은, 가정 식구들을 위하여 맡겨진 재산을 적절히 관리함으로써, 모두가 제때에 양식을 얻게 한다. 그러나 악한 종은 주인을 대리하는 관리자로서의 자기 직위를 악용하여 동료

종들을 학대하고, 그들에게 주어야 할 것을 주지 않으면서 자신은 호화로운 생활을 누린다. 그 종은 위선자들이 받는 벌을 받게 될 것이다(마태 24,45~51).

아무도 두 주인을 섬길 수 없다. "너희는 하느님과 재물을 함께 섬길 수 없다." 돈 모으는 것이 최고의 목표인 자라면, 그는 하느님의 섭리를 존중할 수 없을 것이다. 그런 사람은 필연적으로 하느님과 갈등을 일으키게 될 것이며, 악행을 하는 자들과 함께 있게 될 것이다. 반면, 최고의 목표로 하느님과 그분의 나라를 선택한다면, 그는 하느님이신 주인을 섬기고자 자기 재산의 사용을 주저하지 않을 것이다. 이것이 그리스도가 제자들과 하느님 자녀인 모든 이들에게 요구하시는 것이다. 그러한 사람은 영원한 가치를 지닌 더 높은 재화를 받을 만하다(루카 16,10~13).

성서의 이러한 가르침은 교황들의 사회 교리에서도 반복된다. 비오 11세는 "부자들은 그런 재물의 관리인에 불과하며 하느님께 그 재물에 대한 셈을 바쳐야 할 것"을 인식해야 한다고 말한다.[66] 현세적 재화의 관리 권한은 결코 절대적일 수 없다. 그것은 **창조자**의 상위 권위 아래 예속된 것이다. 비오 12세 역시 이렇게 말한다. "만일 부자가 충성스럽고 훌륭하다면, 그를 하느님의 지상 재화의 관리자이자 분배자로 여길 것이다."[67] 이 본문은 부자들의 책임이 특별히 크기에 그들에 대해서만 언급했지만, 이는 다른 모든 소유자에게도 적용된다. 소유자들은 모두 자기 소유의 관리자들이며, 그 사용에 대해 하느님 앞에서 책임을 져야 한다.

재산은 사람들이 생계·건강·합당한 휴식 등을 마련하기 위한 수단이다. 그것은 또한 교육받고 지식과 기술을 개선하게 해 주며, 그리

---

66) Pius XI, *AAS* 29(1937), p.88.
67) Pius XII, *AAS* 31(1939), p.642.

하여 사람들의 완성을 위한 수단이 된다. 많은 경우에 재산은 개인의 노동과 직업을 위한 보조 수단으로도 필요하다. 또한 가족과 부양가족의 필요를 충족하게 해 준다. 끝으로, 소유는 중요한 사회적 기능들을 지니며, 공동선 증진에 이바지한다. 따라서 그것은 언제나 이러한 필요와 기능에 조화를 이루어 사용되어야 한다. 이러한 필요들을 소홀히 하거나, 심지어 그것과 정반대로 사용하는 것은 죄가 된다.

2) 소유에 관한 사회적 의무

세상 재화의 보편적 목적으로부터 다음의 논리가 나온다. "사람은 합법적으로 소유하는 외적 사물을 자기 사유물만이 아니라 공유물로도 여겨야 하며, 그러한 의식에서 자신만이 아니라 다른 사람들에게도 이익을 줄 수 있어야 한다"(「사목 헌장」 69항).

그리스도교 윤리는 예로부터 자신의 재산을 궁핍한 이들과 나누는 의무를 중요하게 강조해 왔다. 특별히 잉여 재화는 모두 사회적으로 이로운 방식으로 사용되어야 한다. 그 소유자들은 어떤 방식으로든 빈자들을 도와야 할 중대한 의무를 지니며, 더욱이 극빈자들을 도울 의무는 훨씬 더 크다. 제2차 바티칸 공의회는 이 의무가 개인뿐 아니라 정부에도 적용된다고 지적한다. 또한 부유한 국가들과 그들의 정부도 세계에서 기아에 시달리는 수많은 사람들을 지원할 의무가 있다(「사목 헌장」 69항).

모든 소유의 사회적 성격은, 과잉 재산을 빈자들과 사회 전체의 선익을 위해 사회적 책임감을 지고 사용하도록 요구한다. 이러한 진리는 불필요한 모든 재화가 빈자들을 위한 것이라는 교부들의 명백한 발언에 담겨 있다. 부자가 빈자들에게 배분해야 할 잉여의 부에 대해 성 암브로시우스는 이렇게 썼다. "당신은 빈자들에게 그들의 것을 돌려주는 것입니다."[68] 그리고 성 아우구스티누스는 한 설교에서 이렇게 선언했다. "여러분이 소유하고 있는 여분의 것들은 빈자들의 생필품이 되어야 합니다."[69] 사람들이 궁핍한 이웃을 위해 자신의 잉여 재물을 어떤 식으로든 사용하지 않는다면, 정당한 질서에 위배된다. 해방신학은 부유층에게 자신의 부를 빈자들의 이익을 위해 사용하고 나눠야 한다는 의무를 강하게 상기시킨다는 점에서 이러한 교부 전통의 노선에 서 있는 것이다. 하지만 더불어서 구조적 불의까지도 지적하여, 경우에 따라 더 근본적인 소유 질서, 예컨대 토지개혁과 같은 개혁의 필요성까지도 드러낸다. 이에 대해서는 아래에서 별도로 다룬다.

잉여 재화를 모두 자선에 써야 한다고 요구하는 것은 아니다. 다른 방식으로 물질적 재화를 사회적으로 유익하게 사용하는 것이 종종 동료 인간의 복지에 훨씬 더 유리하다. 동료들을 위해 자신의 부를 사용하는 최고의 효율적이고 칭송받을 만한 방법은 고용 기회의 창출이다. 사실 생산과 상업의 기업들의 설립은 더 큰 자본 축적을 바람직하게 만드는데, 이는 그러한 기업들이 수많은 이들에게 일자리를 제공하고 본질적으로는 국가 발전에 기여하기 때문이다. 공동체의 선익을 위해 자신의 부를 사용할 또 다른 방법으로는, 교육 기회 제공, 사회 서비스 지원, 과학 탐구 또는 문화 공연 등과 같이, 공동체의 다른 공익 활동의 지원 등이 있다.

그럼에도 자선이나 물질적 기부를 통해서만 궁핍한 개인이나 가족을 도울 수 있는 상황이 언제나 존재하며, 이때 그러한 지원은 의무가 된다. 이미 언급했듯이, 자선과 애덕에 대한 의무가 이스라엘의 도덕적 의식 속에는 깊이 뿌리내려 있다. "자선을 베푸는 일을 소홀히 하지 마라"(집회 7,10. 참조: 29,12; 신명 15,11). "네가 가진 만큼, 많으면

68) St. Ambrose, *De Nabuthe* 12,53(*Patrologia Latina* 14, p.747).
69) St. Augustine, *Sermo* 61(*Patrologia Latina* 38, p.413).

많은 대로 자선을 베풀어라. 네가 가진 것이 적으면 적은 대로 자선을 베풀기를 두려워하지 마라"(토비 4,8. 참조: 12,8~9). 신약도 마찬가지로, 이 의무를 거듭 촉구한다. 자선을 베푸는 이는 "축나지 않는 보물을 하늘에" 스스로 마련한다(루카 12,33).[70] 물질적 재화가 더 풍족한 사람에게는 당연히 자선의 의무가 더욱 크다. 그렇지만 위의 성서 본문의 표현에서처럼, 가진 수단이 적은 사람이라도 자신의 재화를 궁핍한 이들과 나눠야 하며, 극도의 빈궁에 처한 사람에게 아무것도 나누지 않는 경우, 형제애를 위배하는 것이다.

극도로 궁핍한 처지의 사람에게 잉여 재화로 도울 의무는 단순히 애덕의 의무가 아니다. 성 토마스[71]와 레오 13세[72]에 따르면, 정의의 의무로 간주된다는 점에 유념해야 한다. 이러한 상황에서는 음식 절도의 **권리**가 인정된다. 극도의 궁핍 속에서 재산의 사회적 성격은 개인의 사적 소유권보다 우선한다. 즉 자기 생존에 필수적이지 않은 사적 소유권은 제한되는 것이다.

오늘날 특히 시급한 소유의 의무가 하나 있다. 바로 부자 나라들이 잉여 재화로 개도국들(developing nations)을 돕는 의무이다. 교황 요한 23세는 양심의 교육이 시급함을 강조한다. "오늘날 사람들은 마치 한 집안을 이루고 있다고 느낄 만큼 밀접한 상호 관계로 결합되어 있다. 그러므로 모든 재화가 충분하고도 풍부한 나라들은 국민이 빈곤과 기아로 뒤덮인 국내 문제에 시달리며 인간 고유의 당연한 기본권조차 누릴 수 없는 다른 나라의 곤경을 수수방관할 수는 없다."[73] 제2차 바티칸 공의회도 마찬가지로, 부유국이 개도국을 도울 막중한 의무를 지녔다고 명시한다(「사목 헌장」 86항). 특히 "국민 대다수가 그리스도인

70) 또한 참조: 마태 6,2~4; 루카 16,19~31; 사도 10,1~4.
71) St. Thomas, *S. Th.* II-II, q.118, a.4, ad2, citing St. Basil.
72) 레오 13세, 「새로운 사태」 16항(단, 원문에서는 21항).
73) 「어머니요 스승」 157항.

이라는 이름을 지닌 일부 국가들이 풍부한 재화를 누리는 반면에, 다른 나라들은 생활필수품도 없이 기아와 질병과 온갖 불행으로 고통을 받는다"고 경고한다. 이는 인류의 추문이 계속되는 이러한 상황은 허용되지 말아야 한다(「사목 헌장」 88항).

교황 바오로 6세도 다시 이 문제를 거론하며 이렇게 반복한다. "선진 국가들의 잉여 재화는 그것을 필요로 하는 후진국들에 도움이 되어야 한다고 또 한 번 강조하는 바이다. 옛적에 가난한 이웃을 도와주라던 계명이 오늘에 와서는 전 세계에 산재하는 모든 가난한 사람들에게 적용되어야 한다."[74] 모든 사람은 진정으로 형제적 연대에 대한 의무를 다할 준비가 되어 있는지, 양심을 성찰해야 한다. 자신의 몫을 빈자 구호에 기부하는 것은 모든 사람의 의무이다. 이를 실현할 다양한 방식은 개인 기부·고액 납세·해외 개발 협력 등 다양하다.

3) 소유에 대한 무책임한 사용: 탐욕과 낭비

탐욕은 소유 형태의 물질적 재산에 대한 지나친 욕망을 뜻한다. 예로부터 칠죄종(seven capital vices) 중 하나로 여겨져 왔다. 부에 대한 절제 없는 애착은 번식력이 가장 강한 죄악 중 하나로서, 다른 수많은 죄악을 낳는다. 집회서는 탐욕스러운 사람은 자신에게도 인색한 자로 규정한다. 그의 식탁에는 빵이 부족하고 몹쓸 불의가 그의 영혼을 메마르게 한다(집회 14,5~10). 신약은 탐욕을 거듭 경고한다. 그리스도는 탐심이나 탐욕을 마음에서 나오는 악한 것 중 하나로 꼽으셨다(마르 7,22). 어리석은 밀 부자의 비유에서 이렇게 훈계를 덧붙이신다. "너희는 주의하여라. 모든 탐욕을 경계하여라. 아무리 부유하더라도 사람의 생명은 그의 재산에 달려 있지 않다"(루카 12,15). 탐욕은 성 바오로의 악덕 목록에서도 다수 언급된다(로마 1,19; 1코린 5,11; 2티모 3,2).

---

74) 「민족들의 발전」 49항.

이는 하느님 나라에 들어가지 못하는 죄에 속한다(1코린 6,9~10; 에페 5,5). 성도들에게 걸맞듯, 그리스도인들 사이에서는 불륜과 탐욕은 입에 올리지도 말아야 한다(에페 5,3). 그리스도인은 생필품만 있어도, 만족해야 한다. 즉 "자족할 줄 알면 신심은 큰 이득"이며, "돈을 사랑하는 것이 모든 악의 뿌리"이다(1티모 6,6.10. 참조: 히브 13,5).

탐욕의 죄악상은 이 세상의 재화를 그것의 고유한 목적에 사용하지 않는 데 있다. 재산을 인간의 유익과 하느님 계획에 이바지할 수단으로 사용하지 않은 것이다. 그 자체를 목적으로 삼아 남용한 것이다. 재산으로 인한 안정감·행복감·만족감이 절대화된다. 탐욕스러운 자들은 더 많은 재산으로 행복과 만족을 높일 수 있다고 믿는다. 그러나 애처롭게도 오해한 것이다. 영적 존재인 인간은 물질적 재산으로는 만족될 수 없다. 그리고 구원, 즉 가장 깊은 행복은 오직 하느님과 그분 백성들과의 친교 안에서만 찾을 수 있다.

그러나 탐욕은 그저 개인적인 사안만이 아니다. 탐욕은 또한 공동체에도 영향을 끼치는데, 공동체는 재산으로부터 누릴 사회적 혜택을 박탈당하게 된다. 소유와 관련된 사회적 의무는 소홀해지거나 완전히 무시된다. 탐욕스러운 자는 심각한 궁핍 속에 있는 빈자에게 베풀려 하지 않는다. 사회적으로 혜택이 되는 방식으로 재산을 사용하지 않고, 모으기만 한다. 종종 부도덕하고 불의한 수단으로 자신의 부를 늘리려는 유혹에 굴복하기도 한다. 따라서 탐욕은 심각한 무질서의 근원이기에, 탐욕의 유형상 그것이 단지 경죄일 뿐이라고 보는 전통적 안내서들의 통상적 판단은 너무 관대한 것일 수 있다.

낭비는 반대로, 소유에 대한 책임 있는 사용을 위반한 것이다. 물질적 재화에 대한 불충분한 존중이며, 과도한 소비를 뜻한다. 특히 지나친 사치로 드러나는 낭비는 가난한 계층에 대한 모욕이다. 그러한 반사회적 성격은 그들에게 상처를 주고 도발을 자극할 수밖에 없다. 낭비보다는 조금 덜한 것이 선심 공세(prodigality)인데, 타인에게 물질적 재화를 과도하게 제공하는 것을 말한다. 그렇지만 이러한 품행도 자신의 재산에 대한 책임에 반한다. 인간은 하느님 앞에서 자신에 대해 셈을 해야 할 청지기처럼 그것을 관리해야 하기 때문이다.

우연한 놀음은 특히 슬롯머신과 카지노가 있는 도박장에서 큰 낭비의 계기가 될 수 있다. 특히 남자들이 도박 열풍의 위험에 빠진다. 그 중독자들은 도박장에서 하루 4시간, 8시간, 10시간을 보내며, 대부분 돈을 잃는다. 카지노에서는 그 손실이 더 크다. 중독자들은 가족적·개인적·직업적 의무를 제대로 다하지 못한다. 친구들은 등을 돌린다. 결국 도박 상습자는 사기와 거짓으로만 중독을 유지하게 된다. 책임 있는 인간, 특히 그리스도인은 그러한 낭비를 예방하고, 필히 단절해야 할 엄중한 의무를 지닌다.

11.2.4. 사유권(proprietary rights)의 침해와 배상

1) 사유권의 침해

타인의 소유권에 대한 범죄는, 타인의 합리적 의사에 반하여 물질적 재산에 대한 타인의 엄격한 권리를 침해할 때, 성립된다. 만일 엄격한 권리가 침해된 것이 아니라면, 정의에 반한 죄는 성립되지 않지만, 애덕에 반한 죄는 성립될 수 있다. 예컨대, 어떤 사람에 대한 미움으로 그의 재산을 삼키는 불을 끄지 않는 경우가 그러하다. 만일 소유자가 자신의 소유 일부를 타인이 사용하도록 합리적으로 동의한 경우, 소유권 침해는 성립되지 않는다.

불의에 대한 죄의 위중성은 실제로 가해진 피해로써 측정된다. 그러나 모든 사람이 등등하게 부유한 것이 아니기에, 동일한 유형의 침해일지라도 그 대상이 부자인지 빈자인지에 따라 경중이 달라진다.

실제로 사기꾼과 도둑들조차도 흔히 이러한 구분을 하며, 더 잘 사는 사람만을 피해자로 선택한다. 이러한 관점에서 볼 때, 재산 침해의 위중성에 대한 척도는 상대적일 것이다. 피해 금액이 개인과 가족의 하루 생계에 필요한 금액일 경우, 침해는 중대해진다. 하지만 불의의 위중성은 그 사회에 끼친 피해, 즉 평화·안보·안정 등에 의해 결정되기도 한다. 이는 타인의 소유에 대한 침해가 언제 막중한지에 관한 절대 기준으로 이어진다. 해당 가치가 어느 정도 소득이 있는 사람의 주급(weekly wages)과 동일할 경우, 절대적으로 막중한 것으로 여겨질 수 있다.[75)]

개인도 사회도 큰 해를 입지 않았을 경우, 정의에 반한 중죄는 성립되지 않는다. 다만, 애덕에 반한 심각한 침해가 될 수 있다. 예컨대, 물질적 가치는 거의 없지만 피해자가 소중한 기념물을 잃어버려 깊이 슬퍼하는 경우가 그러하다.

(1) 절도

절도는 타인의 합리적 의사에 반하여 그 사람의 소유물을 은밀히 착취하는 것이다. 공개적으로 강압적으로 착취한 경우, 강도질이 된다. 강도와 주거침입 절도는 절도의 가중된 형태이다. 빚을 갚지 않는 경우, 특허권과 저작권을 침해하는 경우, 분실물을 불법적으로 보관하는 경우, 이러한 착복이 발생한 것이기도 하기에, 이러한 범죄들은 절도죄와 동등한 것으로 간주된다.

재화는 소유자의 합리적 의사에 반하여 취해질 때 절도가 성립된다. 만일 소유자가 정의나 신심으로 그것을 양보할 의무가 있다면, 그 소유자는 물건을 가져가는 것에 대해 합리적으로 거부할 수 없는 것

---

75) Cf. Noldin, *Summa Theologiae Moralis* II, 1959, nr. 416; McHugh / Callan, *Moral Theology* II, 1960, p.152.

으로 간주된다. 따라서 극도로 궁핍할 때 필요한 것을 취하는 경우, 혹은 은밀한 보상으로서 그것을 취하는 경우, 도둑질이 아니다. 또한 아내나 자녀가 그들의 사회적 처지에 맞게 생계에 필요한 것을 가져가는 것도 도둑질로 간주되지 않는다.

성서는 도둑질의 죄악상을 거듭 천명한다. 도둑질은 십계명에 명시된 기본 범죄 중 하나이다. 제7계명은 명한다. “도둑질해서는 안 된다”(탈출 20,15; 신명 5,19). 제10계명은 심지어 이웃의 집·밭·소·나귀 또는 그가 소유한 모든 것을 욕망하는 것조차 금한다(탈출 20,17; 신명 5,21). 그리스도 역시 이러한 금령들을 재확인하신다(마태 19,18; 마르 7, 20~21). 바오로 또한 도둑질을 하느님 나라에 들지 못할 죄 중 하나로 열거한다(1코린 6,10).

절도의 불의함은 사유권을 침해한 것에서 명백히 드러난다. 무엇보다도 도덕적 잘못 없이도 타인의 재화를 취할 수 있다면, 사회 안에서 평화·안정·발전은 종말을 고할 것이다. 물론 모든 절도가 똑같이 중한 것은 아니라는 점 역시 분명하다. 해를 적게 끼치는 좀도둑이 있고, 개인에게 중한 해를 끼치며 사회의 안전에 막중한 해악을 끼치는 대도(大盜)가 있다. 이 대도는 도덕적 중죄를 구성한다. 재산에 대한 불의한 손실 문제에서는 상대적 기준과 절대적 기준이 구별되어야 한다는 점이 이미 언급된 바 있다. 가족 내에서 (아내와 자녀의) 절도가 중대한 사안이 되기 위해서는, 큰 금액이 요구된다. 아버지나 어머니는 돈이나 유사한 물건을 가족 구성원에게서 빼앗기는 것보다 낯선 사람들에게서 빼앗기는 것을 더 꺼릴 것이기 때문이다.

(2) 사기

사기란, 일반적으로 어떤 형태의 계약에서 권리를 가장하여 타인의 재화를 불의하게 착복하는 것이다. 객관적으로 절도보다 덜 악한 것이 결코 아니다. 그러나 주관적으로는, 사기의 죄악에 대해 그다지 예리하게 인식하지 못하며, 강력하게 반대하여 이를 배격하지도 않는다. 그럼에도 원칙적으로 사기는 절도 못지않게 배상할 의무를 진다.

성서는 거짓된 저울과 되를 이용한 사기를 단호히 배격한다. “너희는 자루에 크고 작은 두 개의 저울추를 가지고 있어서는 안 된다. 너희는 집에 크고 작은 두 개의 되를 가지고 있어서는 안 된다. 너희는 정확하고 올바른 저울추를 가지고 있어야 한다. (…) 이런 일을 하는 자, 곧 불의를 저지르는 자는 모두 주 너희 하느님께서 역겨워하신다”(신명 25,13~16; 레위 19,35~36; 잠언 11,1). 이러한 질책은 오늘날에도 여전히 절실하다.

사기에는 다양한 형태가 있다. 정당한 교환이라는 핑계로 제공받은 재화와 용역에 대해, 정당한 것보다 더 많이 비용을 청구하거나 더 적은 비용을 지불하는 경우에 해당된다. 교환하거나 요금을 지불한 상품의 실제 수량이나 품질에 대해 상대방을 속일 경우에도 사기가 성립된다. 예컨대, 몰래 상품의 무게·치수·수량을 줄이거나, 또는 약속한 것보다 품질이 떨어지거나 불량품으로 바꿔치기함으로써, 사기를 범하는 것이다. 사기의 또 다른 유형으로는, 부정 경쟁·독직·횡령·위조(예: 화폐)·탈세 등도 있다. 오늘날에 흔한 사기의 수법은 요구되는 자료와 사실을 허위로 기재함으로써 보험금을 편취하는 것이다. 파산은 사기를 위한 특별한 기회가 된다. 때로는 채무 변제를 회피하고자 의도적으로 조작하는 경우도 있다. 파산 그 자체가 탓할 수 없는(inculpable) 것이지만, 흔히 불의한 행위들이 동반된다. 예컨대, 자산 은닉, 친척에게 소유권 양도, 일부 채권자에 대한 우선적 우대 등이 그러하다. 파산 후 채권자에게 줄 자산을 부당하게 보유하고 있는 사람은 민법상으로는 배상 의무가 더 이상 없더라도, 여전히 배상 의무를 진다.

(3) 고리대금과 폭리 취득

구약은 이스라엘인이 외국인에게서 이자 받는 것은 허용되었지만(신명 23,20), 형제들에게 이자 받기는 거듭 금했다(탈출 22,25; 레위 25, 36~37; 신명 23,19). 그리스도는 되받을 희망 없이 빌려주라고도 권고하신다(루카 6,34~35). 반면, 탈렌트 비유에서 자신의 탈렌트로 장사하지 않고 주인에게 원금만 돌려준 종은 적어도 은행에 맡겨 주인에게 이자를 벌어 줄 수 있도록 투자하지 않았음을 그리스도는 질책하신다(마태 25,26~27). 따라서 그분은 이자를 붙여 돈을 투자하는 관행을 묵인하거나 긍정하신 것으로 보인다. 초기 및 중세 신학자들의 공통된 견해는—틀림없이 구약의 명백한 금령에 영향을 받았고—돈이나 소모품을 빌려주고 받는 이자는 불의한 것이고 고리대금이라는 것이다. 이러한 교리는 최고 교도권에 의해 여러 결정에도 반영되었다. 이자 수취는 오직 외적 명목으로서만 허용되었다. 예컨대, 거래 비용이나 전당포 운영과 수반되는 노동 및 경비에 대한 보상으로서만 허용되었다.[76] 그러나 현대에는 돈이 이익을 낳고 결실을 맺는다는 인식이 확고히 자리 잡았으며, 따라서 대출금에 대한 적정한 이자는 정당화된다.

고리대금이란 정당화될 수 있는 대출 가치보다 더 높은 이자를 뜻한다. 대출자가 대출 가치 이상을 요구하지는 않더라도, 채무자에게 계약 조항을 무자비한 방식으로 따르게 하여 큰 손실을 안겨 주면서 대출금을 징수한다면, 이는 고리대금 행위가 아닌, 애덕에 반한 죄이며, 중죄가 될 수 있다.

소비재 대출은 화폐 대출과 유사한 성격을 지니는데, 그러한 재화가 언제든지 화폐로 전환될 수 있기 때문이다. 따라서 곡물·쌀·직물 등 소비재의 대규모 대출이 이루어질 경우, 적절한 이자 역시 정당하

76) *DS* 764; 1442~1444; 2062; 2141f; 2548~2550; 3105~3109.

다. 특히 상업적 목적의 대출인 경우, 확실히 그러하다. 그러나 일상생활의 필요 때문에 이러한 물품을 빌리는 경우, 그리스도인의 사랑은 이자를 받지 말 것을 요구한다. 여기서 그리스도가 제자들에게 전하신 당부가 적용된다. “잘해 주고 아무것도 바라지 말고 꾸어 주어라”(루카 6,35). 궁핍한 개인이나 가족 생계에 필요한 음식과 물품을 살 수 있도록 돈을 빌려줄 때도 이자를 받지 말아야 한다.

폭리업자는 물자가 극히 부족한 때, 예컨대 기근 때 식량 등 상품의 가격을 터무니없이 요구하거나, 귀중품이나 기타 재산을 가치보다 훨씬 싸게 구입함으로써 곤궁에 처한 타인을 착취한다. 궁핍에 빠진 타인을 착취하고 개인적인 부를 쌓는 수단으로서의 폭리 취득과 고리대금은 특히 파렴치한 불의의 죄이다. 이에 못지않게 몰염치한 일은 곤경에 처한 빈자를 착취하는 행위인데, 그들은 생계를 위해 노동에 절박하게 의존하는 상황이기에 최저 이하의 임금으로 착취당하는 것이다.

(4) 불의한 손해

좁은 의미의 불의한 손해란 아무런 물질적 이익도 얻지 못한 채 불의한 방식으로 타인의 소유를 침해하는 경우를 뜻한다. 상해는 타인에게 속한 물건을 파손하거나 손상시킴으로써 발생할 수 있고, 또는 어떤 불의한 방식으로 타인이 물질적 혜택을 받지 못하도록 방해함으로써 생길 수도 있다.

도덕적 판단은 단순 사고나 단순 과실 때문인지, 가벼운 태만이나 형사적 태만 때문인지, 악의나 적대감 때문인지, 이에 따른 손해를 구별해야 한다. 개인의 탓이 아닌 사고와 과실에 대해서는 도덕적으로 귀책이 없고, 따라서 죄가 아니다. 그럼에도 배상의 의무는 수반될 수도 있다. 타인에게 손해를 끼칠 행위를 태만하게 했다면, 그가 사안을 깨달은 즉시 악한 결과를 막지 않은 것은 불의가 된다. 예컨대, 불붙은 담배를 부주의하게 버림으로써 대화재의 위협이 된 경우나 약사가 태만으로 유해한 약을 손님에게 제공한 경우가 그러하다. 악한 결과를 방지하려면 비례적으로 더 큰 피해를 입게 되었을 경우, 그러한 의무에서 면제된다. 또한 재정 문제에서 무능한 조언이나 경솔한 주식 매입 권유 역시 불의한 손해를 초래한다.

어떤 이가 무엇인가를 얻는 것을 방해할 때, 그가 그 대상에 대해 진정한 권리를 가졌을 경우, 또는 그가 적법하게 획득할 수 있는 것을 부당한 수단으로 막는 경우, 불의가 된다. 첫째는 경기 대회에서 명확한 규칙에 따르면 상을 받아야 할 사람에게 상을 주지 않는 경우이다. 둘째는 강압·공포·중상·비방·사기·거짓·집요한 강요 및 이와 유사한 수단을 통해 그가 적법하게 취할 수 있는 것을 받지 못하게 하는 경우이다. 따라서 중상모략으로 어떤 이가 장학금 또는 직위를 얻지 못하게 방해하는 경우, 또는 불법적 유언장을 속임수로 유효하게 하는 경우, 불의한 손해가 성립된다.

공공재를 악의로 훼손하는 행위는 공동체에 반한 범죄이자 불의이며, 일부 지역에서는 남용이 심각해졌다. 벽·기념물·기차는 구호와 낙서로 얼룩져 있고, 학교 가구는 파손되었으며 환경은 훼손되어 있다. 거리·공원·숲이 쓰레기로 더럽혀져 있고, 공중전화와 가로등은 부서져 있다. 그 피해액은 수백만 달러에 이른다. 이는 공공 기관을 요구의 대상으로만 여기며, 공동선에 대한 책임감은 시들어 버린 정신 구조의 일면이다.[77]

---

77) Cf. E. Chiavacci, *Teologia morale* 3/1: *Teologia morale e vita economica*, Assisi: Cittadella, 1985, p.218.

2) 소유권 침해에 대한 배상

소유권 침해에 대한 배상은 명백히 자연법의 계율이다. 각자의 마땅한 몫(*suum cuique*)을 받아야 한다는 명령은 자연법의 기본 원칙 중 하나로서, 사회의 평화로운 공존과 그 진보는 이 원칙의 준수에 달려 있다. 사적 소유권은 소유자가 불법적으로 이를 유용·보유·손괴한 자에게 청구할 권리가 있고, 침해한 자가 이에 상응한 반환 의무를 질 때에만, 현실성을 가진다. 배상 또는 보상은 건강과 생명에 대한 불의한 해악에도 요구된다. 즉 피해자 본인이나 혹은 살인과 같은 경우에는 피해자의 가까운 친족에게도 적절한 보상이 이루어져야 한다. 여기서 불의한 손해에 대한 배상 원칙의 언급 내용은, 상당 부분 이러한 경우에도 그대로 적용된다.

성서는 배상 의무를 강조한다. 탈출기 22장 1~15절의 법규는 부당하게 입힌 손해에 대해 완전한 배상을 규정하며, 도둑질이나 신의 위반에 대해서는 두 배, 네 배, 다섯 배의 배상을 규정한다. 장물(贓物)은 자신이 훔친 것이 아니라 선물이나 노동의 대가로 받았더라도, 주인에게 되돌려 주어야 한다(토빗 2,11~13). 주님께 돌아가려는 악인은 담보물을 돌려주어야 하며, 빼앗은 것을 되돌려 주어야 한다(에제 33,14~15). 회개한 세리 자캐오는 예수에게 자신이 타인을 편취해 얻은 것에 대해 네 배로 갚겠다고 약속드렸다(루카 19,8).

자연법의 배상 의무가 실정법과 정확히 동일하지 않은 경우라면, 다음의 규정을 지켜야 한다. 자연법에서 나온 의무가 실정법보다 더욱 포괄적일 경우, 이러한 더 포괄적 의무가 양심에 구속력을 가진다. 실정법의 요구 수준이 자연법보다 더 나아간 경우, 그것은 법정 재판이 난 후에야 구속력을 지닌다. 그러나 이러한 실정법 시행이 어떤 빈자에게 큰 고난을 수반하게 될 경우, 그 사안을 법정에서 끝까지 밀어붙이는 것은 허용되지 않는다.

언제나 엄격한 정의의 요구는 그리스도교적 사랑의 정신으로 경감시켜야 한다. "삶의 모든 영역에서와 마찬가지로, 교환 정의의 엄격함을 균형 잡기 위해서 형평의 원칙을 적용해야 한다. 배상이 특정 개인에게는 큰 고초를 일으킬 수 있으며, 주관적인 죄책감에 비해 어쩌면 너무나 큰 고초일 수도 있다. 반면, 피해 당사자에게는 손실이 미미할 수도 있는 경우, 죄책이 있는 가해자는 진정한 의지를 보여야 하겠지만, 손실에 대한 모든 짐을 가해자가 질 의무가 없는 상황도 있을 수 있다."[78]

불의에 대한 협력한 경우, 죄책이 가장 큰 사람은 지시자(mandator)이다. 즉 사기·살인 같이 불의를 행하도록 명령한 그는 자신의 이름으로 가해진 모든 손해에 대해 배상 의무를 우선 진다. 청탁·약속·위협을 한 경우에도, 첫 번째로 배상 의무를 진다. 실제 가해자는 손해 복구에 대해 두 번째로 배상 의무를 진다. 자문을 통해 타인에게 손해를 끼치도록 유도하거나 그 방법을 보여 주는 조언자는 자문으로 발생한 해악의 한도 내에서 손해에 대해 책임을 진다. 단, 그러한 가해를 하기로 이미 결정한 때라면, 아무런 영향력의 효과도 없기에, 배상 의무도 없게 된다. 마찬가지로 동의(consent), 부모나 장상이 자녀나 피지배자에게 주는 동의 역시 불의에 효과적인 협력 방법이 될 수 있으며, 배상 의무의 근거가 된다. 예컨대, 그러한 동의로써 불의한 행위자가 의무적으로 배상을 하지 않도록 유도한 경우가 그러하다. 반면, 정당한 이유로 단순히 물리적인 협력만 했다면, 배상 의무는 없다. ('실질적 협력'에 대한 규정은 『그리스도교 윤리학: 제1권 기초 도덕신학』의 "5.4.3. 타인의 그릇된 소행에 대한 협력"을 보라.)

---

78) B. Häring, *The Law of Christ* III, 1966, p.485.

(1) **악의의 점유자**(possessor in bad faith)**에 의한 배상**: 악의의 점유자란 타인의 재산임을 알면서도 부당하게 그것을 보유하는 자를 말한다. 이는 도둑의 경우로서, 장물임을 알면서도 그것을 획득하거나 수용하는 자, 빚을 갚지 않는 채무자, 발견한 물건을 합리적으로 돌려줄 수 있음에도 불구하고 주인에게 반환하지 않는 자, 그리고 타인의 재산을 사취하는 자, 이들이 여기에 해당한다.

악의의 점유자는 부정하게 취득한 재화만을 반환할 뿐 아니라, 그것이 당연히 산출한 모든 수익까지 함께 반환해야 한다. 또한 그 재화의 가치하락을 보상해야 하며, 원칙적으로 그들이 적어도 막연하게라도 예상할 수 있었던 파생적 손해도 보상해야 한다. 단, 자신의 노동으로 인한 결실은 보유할 수 있고, 또한 지출한 필수적이고 실제로 유용한 비용도 배상액에서 공제할 수 있다.

도둑이나 중개인에게서 악의로 물건을 구입한 경우, 구입자는 돈을 회수하고자 중개인에게 되팔 수 있다. 그렇지 않다면, 점유자는 적법한 소유자에게 반환해야 한다.

물건이 소유자의 수중에 있었다면 어차피 멸실되었을 것이 확실한 경우에도, 의무적으로 배상해야 한다. 따라서 화재나 홍수 때 건져 냈거나 착복한 것은 모두 반환해야 한다.

만일 적법한 소유자를 찾을 수 없는 경우, 예컨대 버스나 기차 안에서 도난당한 물건일 경우, (선의로 점유한 사람과는 대조적으로) 불의한 점유자는 그 물건을 보유할 권리가 없다. '타인의 소유물을 희생시킴으로써 부유하게 되어서는 안 된다'는 원칙에 따라, 그 점유자는 빈자들에게 환원해야 한다. 나중에 빈자에게 상환이 이루어진 후 적법한 소유자가 나타난 경우, 절취자는 아주 개연적으로 배상의 의무에서 벗어난 것으로 볼 수 있다. 가능한 한 최선을 다해 의무를 이행했기 때문이다.

(2) **선의의 점유자**(possessor in good faith)**에 의한 배상**: 선의의 점유자란 자기 탓 없이 자신도 모르는 채 타인의 재산을 보유한 사람을 말한다. 예컨대 어떤 물건이 판매자나 기증자 본인의 것인 줄 확신하고서 사거나 기증받았지만, 실제로는 장물인 경우이다.

선의의 점유자는 자신이 보유한 재산이 정당하게 자신의 것이 아님이 밝혀진 즉시 타인의 소유를 반환해야 한다. 물건 자체와 그 산출물의 적법한 소유자가 알려진 시점의 상태 그대로 반환해야 한다. 선의의 점유자는 자신의 부주의로 인해 가치가 하락했더라도 소유자에게 보상할 필요는 없다. 반면, 보관하는 동안 가치가 상승한 경우, 그 몫은 자신이 취해서도 안 된다. 하지만 자신의 기술과 근면으로 얻은 결실은 차지할 수 있다. 다만, 그 물건을 보관하거나 향상시키는 데 들어간 것 중 필요하고 유용하게 들어간 경비 역시 배상액에서 공제할 수 있다.

정당한 소유자가 아직 물건을 요구하지 않는 한, 선의의 점유자는 여전히 그것을 판매한 도둑에게 반환하여 자신이 지불한 금액을 회수할 수 있다. 그러나 도둑을 찾지 못하면, 비록 손해를 감수하더라도 그 물건을 정당한 소유자에게 반환해야 한다. 만약 합리적으로 조사했지만 정당한 소유자를 찾지 못할 경우, 선의의 점유자는 그 물건을 자신의 소유물로 보유할 수 있다.

선의의 점유자가 그 물건을 다 썼거나 멸실한 후 소유자를 알게 되었을 경우, 상응하는 것을 반환할 의무는 없다. 만일 그것을 팔았다면, 정당한 소유자는 구매자에게 청구해야 한다.

공매에서 선의로 취득한 장물은 실정법에 따르면, 일반적으로 정당한 소유자가 반환을 요구할 수 없다. 단, 소유자가 그 물건의 구매 가격을 상환하는 경우는 예외이다. 이는 법정 시효가 발효된 경우에도 동일하게 적용된다. 예컨대, 동산의 소유권은 3년·4년·5년·10년을 중단 없이 점유함으로써 시효 취득을 할 수 있다. 요구되는 기간은 그 나라의 실정법에 따라 달라진다.

만일 정당한 명분으로(가격 지불·기부·상속으로) 취득한 물건이 장물인지 충분히 의심할 이유가 있다면, 그 물건의 가치에 상응한 조회를 해봐야 한다. 하지만 정당한 명분을 지녔다는 사실은 점유자에게 유리하도록 추정하게 해 준다. 또한 해당 물건이 공매로 취득되었거나 시효가 완성된 경우에도, 그 물건은 점유자에게 귀속된다고 본다.

(3) **불의한 손해에 대한 배상**: 불의한 손해란 가해자 자신에게는 물질적 이득이 없이 타인의 재화에 끼친 손실을 말한다. 예컨대 직업상 과오로 인한 방화나 결함이 있거나 유해한 생산품(예: 유해한 부작용이 있는 의약품)의 판매가 그러하다. 이는 직접적인 손실뿐만 아니라 해당 손해에 엄격하게 동반되는 예견된 추가 손실 모두에 대한 배상 의무의 근거가 된다. 그러나 통상적인 수준의 주의와 기술을 사용했음에도 고객에게 의도하지 않은 해가 발생한 경우, 배상 의무는 없다. 만취해서 손해를 끼친 자는 사고 발생 가능성의 예견 범위 내의 손해에 책임이 있다. 예로, 음주 운전으로 사고를 낸 경우가 그러하다.

법 앞에서 개인은 단지 법률상 과실, 즉 주관적 죄책감이 없는 부주의의 손해에 대해서도 책임을 진다. 시민들이 법을 알고 있는 것으로 간주되며, 당국이 모든 경우에 법 위반이 주관적 귀책 사유에서 비롯되었는지 여부를 확인할 수는 없다. 따라서 법적 과실이 있는 자는 판결 이후에 손해배상의 의무를 진다. "현대의 기술로 만든 제품과 제조 공정을 볼 때, 단 한 명이 매우 심각한 손해를 야기할 수 있으며, 이는 부자도 감당할 수 없는 경우가 있다. 따라서 적절한 보험을 제공할 도덕적 의무가 아주 막중해진다."[79]

---

79) E. Chiavacci, *op.cit.*, p.221.

불의한 손해를 방지하는 데 애덕 차원의 의무를 진 사람은 정의 차원의 배상 의무가 생기지는 않는다. 그러나 무관심이나 태만으로 인해 죄를 범할 수 있으며, 때로는 중대한 죄가 될 수도 있다. 예컨대, 집의 화재를 발견했을 때 관리자가 아닌 사람의 화재경보기를 킬 의무는 그저 애덕 차원일 뿐이다.

(4) **배상의 수령인**: 원칙적으로 불의하게 물질적 손실을 겪은 사람 당사자가 배상받아야 한다. 사망한 경우, 그의 상속인에게 배상해야 한다. 이는, 예컨대 주식회사·보험회사·국가처럼, 법인이 손해를 입은 경우에도 동일하다. 하지만 국가·국영기업 등 기타 거대한 사회집단들에 대한 배상의 의무는 대부분 빈자·자선기관 등 기타 사회적으로 가치 있는 목적을 위해 기부함으로써 충족될 수 있다. 그 이유는 자선과 사회 활동의 지원이 국가의 의무에 속하기 때문이다. 대기업들 역시 그러한 활동을 후원할 것으로 예상된다.

모든 경우에서 배상이 빈자에게 행해질 수 있거나 행해야 하는 경우, 배상의 의무를 진 자신이 궁핍할 때는, 본인이 그 물건을 보유할 수 있다. 그러나 피해 당사자에게 배상해야 할 때 빈자에게 배상하는 것은 의무를 행한 것이 아니다. 다만 선의로 그렇게 한 경우라면, 종종 용인될 수 있다.

배상할 사람이 의무를 이행하지 않고 사망한 경우, 그 의무는 상속인에게 이전된다. 그러나 상속의 가치 그 이상을 배상할 의무는 없다.

배상은 채권자가 알지 못하는 상태에서도 이루어질 수 있다. 이는 대가를 요구하지 않는 한, 가상의 기부 형태로도 가능하다. 일꾼이나 직원이 추가 노동으로 또는 더 큰 성실성으로 배상할 수 있다.

(5) **배상의 면제**: 용서는 배상 의무를 면제해 준다. 이는 명시적이

든 묵시적이든, 아니면 합리적으로 추정되든 마찬가지다. 그러나 추정은 주의 깊게 사용되어야 한다. 피해자의 아내나 자녀가 절도범으로 의심이 되는 경우, 또는 종업원이나 빈자의 사소한 절도의 경우, 현명한 상담자의 조언을 구해야 한다.

배상의 물리적·도덕적 불가능성은 배상의 의무를 연기시키며, 그러한 불가능성이 영구적일 경우, 그 의무를 면제하기도 한다. 채무자가 실제로 심각한 궁핍에 처해 있거나, 정당하게 획득한 사회적 지위를 잃게 되거나, 또는 생명·자유·명예 등 상위의 가치를 잃게 되는 경우, 도덕적으로는 배상이 불가능해진다. 그러나 그러한 배상의 생략이 정당한 청구자에게 유사하거나 더 큰 고초를 초래한다면, 배상이 되어야 한다. 죄지은 사람보다는 무죄한 사람이 더 지지받아야 하기 때문이다.

파산 선고가 되면, 채무자의 전 재산은 실정법의 규제를 받는다. 이러한 규정은 자연법에 어긋나지 않는 한, 양심상의 의무를 지운다. 파산한 후 채무자가 나중에 다시 부유해질 경우, 빚을 전액 상환할 양심적 의무를 여전히 지는지에 대해서는, 견해가 갈린다. 신학자들의 일반적 견해는 여전히 상환 의무를 진다는 것이다. 그러나 일부 신학자들은 정직한(bona fide) 파산일 경우, 법적 절차가 종결된 후에는 채무자에게 더 이상 상환 의무는 없다는 완화된 견해를 제시한다. 비록 법적 청구권 소멸이 반드시 내적 법정(internal forum)에 적용되는 것은 아니지만, 채무란 정직한(bona fide) 파산 때는 소멸한다는 묵시적인 조건하에 체결된다. 사업에 관여하는 사람 모두는 그에 수반되는 위험을 알고 있으며, 불운의 가능성도 받아들여야 한다. 악의의 파산은 배상 의무가 소멸되지 않는데, 그것은 위조된 것이지 실제는 아니기 때문이다.

11.2.5. 사유권에 대한 정당한 침해

1) 궁핍으로 인한 유용(음식물 절도)

"극도의 궁핍 속에 사는 사람은 다른 사람의 재산에서 자기에게 필요한 것을 취득할 권리를 가진다"(「사목 헌장」 69항). 궁핍한 사람의 이 권리에 상응하여, 부유한 소유자들은 자신의 잉여 재산으로 극도의 궁핍을 겪는 사람에게 원조할 의무나 필요한 재화가 취해지도록 허용해야 할 의무를 지닌다. 이것은 이미 설명했듯이, 자선의 의무일 뿐만 아니라 정의의 의무이기도 하다.

극도의 궁핍이란, 생명·건강·자유나 비슷한 정도의 중요한 재화를 상실할 위험에 확실히 노출되어 있으면서 자신의 힘만으로는 아무런 도움이 될 수 없는 상태를 말한다. 이러한 상황에서 타인의 재화를 유용할 권리는 제삼자의 궁핍을 완화하기 위해서도 적용된다. 대부분의 경우, 극도의 궁핍에서 필요하고 취해질 재화가 음식물이기에, 이러한 형태의 유용은 음식물 절도라고 불린다. 그러나 극도의 궁핍에서는 그저 음식물만 유용할 수 있음을 뜻하는 것이 아니다. 같은 근거로, 의류·연료 및 기타 기본 생필품도 유용될 수 있다.

음식물 절도가 정당한 이유는, 극도의 궁핍 상황에서는 사적 소유에 의한 재화의 통상적 분할보다 모든 것의 공동 소유가 우선하기 때문이다. 생명·건강·자유 및 이와 유사한 재화는 인간 생존에 불필요한 물질적 소유보다 더 큰 가치를 지닌다. 따라서 갈등이 생길 경우, 물질적 재화 같은 하위의 가치는 더 상위의 가치에 양보해야 한다.

음식물 절도가 허용되려면, 다음의 조건이 입증되어야 한다. (1) 궁핍이 극도의 수준이어야 하고, 그저 중대한 수준이어서는 안 된다. 임박한 상황이라면, 그것으로도 충분하다. 예컨대, 한 가족이 사흘간의 식량을 가졌지만 지금 여기서 음식을 취할 기회가 있고 또 달리 공급

받을 희망이 없다고 가정하자. 이때는 그것이 허용된다. 하지만 단순히 중대한 궁핍의 수준만으로는 이러한 절도가 정당화되지 않는다. 그럼에도 존-아델만(Jone-Adelman)은 이렇게 말한다. "빈자는 작은 가치의 물건이 자신의 심각한 궁핍을 완화해 줄 수 있고 또 부탁함으로써 얻을 수 없는 것이라면, 그러한 물건은 취할 수 있다."[80] (2) 필요한 것을 얻을 방법, 즉 부탁이나 구걸할 다른 방법도 없어야 한다. (3) 재화를 상실한 사람이 동등한 수준의 궁핍 상태에 빠지게 되어서는 안 된다. 가능한 한 손실이 심각한 피해가 되지 않을 소유자, 즉 잉여 재화를 가진 자로부터 물건을 취해야 한다. (4) 궁핍을 완화하는 데 요구되는 것 그 이상을 하면 안 된다. (5) 가능하다면, 점유는 차용의 방식으로 이루어져야 하며, 필요가 해소되면 그것을 반환해야 한다. 그러나 유용할 당시부터 돌려줄 희망이 전혀 없는 경우라면, 나중에도 반환 의무는 없다. 이러한 조건에서 취한 재화라면, 사실상 점유자의 소유가 되기 때문이다. 다만, 나중에 예기치 않게 자금을 얻었고 그 가치가 적은 것이 아니라면, 취했던 재화의 반환은 여전히 적절하다.

논란이 되는 것은, 극도의 궁핍을 겪는 사람이 거액의 돈이나 고가의 소지품을 취할 수가 있느냐에 관한 것이다. 누구도 비상한 수단을 써서라도 자기 목숨을 구할 의무는 없기에, 마찬가지로 비상한 가치의 물건을 유용할 권리도 없다고 본다. 따라서 자기 목숨을 구하기 위해서 고가의 치료를 받을 거액의 돈을 훔치는 것은 허용되지 않는다. 그러나 빼앗은 재화를 반환할 수 있는 합리적 희망이 있다면, 그러한 점유는 허용될 수 있다. 따라서 자기의 생명을 향한 공격에서 벗어나고자 이웃의 자동차를 취할 수 있는데, 그 자동차를 반환할 타당한 희망이 있기 때문이다.

---

80) Jone-Adelman, *Moral Theology*, 1963, nr. 331.

2) 은밀한 벌충(occult compensation)

은밀한 벌충이란, 채권자가 받을 빚을 채무자 몰래 비밀리에 착복하는 것을 말한다. 통상적으로 이는 적법하지 않은데, 왜냐하면 이러한 관행이 자주 발생하면, 사회에 심각한 공공질서를 어지럽히고, 남용할 위험으로 인해 공동선이 위협당하며, 채무자가 이중의 지불로 인해 피해를 입게 될 수 있기 때문이다. 채무가 상환되지 않을 때, 일반적인 구제책은 법에 호소하는 것이다. 불의와 범죄에 맞선 시민 보호가 법의 고유한 기능이기 때문이다. 그럼에도 심각한 보복 위험이나 뇌물 받은 법관의 뇌물 수수 가능성 등 큰 어려움이나 만연한 불의로 인해 각 개인이 법에 의지할 수 없는 상황이 존재한다. 이러한 경우라면, 은밀한 벌충은 다음의 조건하에서 정당화된다.

(1) 해당 물건에 대한 확실하고 정확한 권리가 필수적일 때이다. 청구권이 회의적이거나, 단지 자선의 권리일 뿐 정의의 권리가 아닐 경우, 은밀한 벌충은 정당화될 수 없다. 이러한 벌충이 허용되는 것은, 규정된 임금이 체불되거나 부당하게 깎인 경우, 추가 보수 없이 초과 노동을 강요받는 경우, 또한 궁핍이나 두려움 때문에 명백히 부당한 임금 계약을 맺도록 강요받은 경우 등이다. 마찬가지로 저가로 물품 판매를 강요받은 상점 주인이 무게를 줄이는 것도 그러하다. 반면, 그러한 권리가 허용되지 않는 것은, 일꾼이 단순히 감사의 표시로 어떤 선물을 받기로 한 경우, 계약상 의무가 없는 어떤 일을 자발적으로 한 경우, 계약된 것 이상으로 일을 자발적으로 한 경우, 필요가 없는 사람이 단순히 동정심으로 고용된 경우, 저임금이 팁, 더 나은 음식 등으로 보상되는 경우 등이다.

(2) 다른 방법으로는 큰 불편 없이 정의를 획득할 수 없는 때이다. 이 조건이 충족되지 않는다면, 교환 정의에 반한 죄가 아니기에 배상 의무도 없게 된다. 그럼에도 법적 정의에는 위배된다.

(3) 은밀한 벌충으로 인해 타인에게 피해가 일어나지 않을 때이다. 그 피해란 타인이 도둑질했다는 의심을 사게 하는 것이다. 그러나 심각한 불편을 감수하면서 자선을 베풀 의무는 없기에, 그러한 피해의 제한된 위험은 때때로 허용될 수 있지만, 의도적으로 타인이 의심받게 하는 행위는 분명히 허용되지 않는다. 마찬가지로 채무자에게도 나쁜 일이 생기게 해서는 안 된다. 예컨대, 채무자의 생계를 위한 필수품을 가져가서는 안 된다. 같은 이유로, 채무자가 극도의 궁핍에 처해 그로 인해 갚을 수 없는 경우, 은밀한 벌충을 시도해서는 안 된다. 채무자가 나중 빚을 갚는 경우, 은밀히 벌충은 어떤 식으로든 그 가치를 반환해야 한다.

3) 토지개혁

사적 소유의 목적은 자원의 효율적 활용, 인간에 대한 적절한 지원, 자발성과 자립심의 증진에 있다. 특정 형태의 소유가 이러한 목적에 상당 부분 더 이상 이바지하지 못할 경우, 그것의 내재적 근거는 상실된 것이다. 이는 소유의 진정한 목적을 더 잘 구현하기 위해 사회 차원에서 소유의 재분배가 정당화될 수 있다.

농지의 건전하고 의로운 분배는 토지개혁이라는 사회운동의 관심사항이다. 많은 나라에서는 광활한 토지가 극소수 지주들의 수중에 집중되어 있다. 이들은 자신의 땅을 잘 경작할 능력이 없거나 심지어 관심도 없는 반면, 대대로 그 땅을 경작하며 노동을 투자해 온 소작인들은 자신만의 농장을 취득할 수 없는 일종의 노예 상태로 산다.

제2차 바티칸 공의회는 이를 시급히 시정해야 할 심각한 사회악(social evil)으로 간주한다. "경제적으로 발전하지 못한 많은 저개발 지역에 광대한 농토가 반쯤만 경작되거나 사리를 위하여 전혀 경작되지 않은 채 방치되어 있는데도 국민의 대부분은 땅이 없거나 아주 작은 전답만을 가지고 있으며, 또 다른 한편으로, 농토의 수확 증대는 분명 절실히 요청되고 있다. 지주에게 고용되어 일하는 사람이나 소작인으로 토지의 한 부분을 경작하는 사람들은 인간답지 못한 급료나 보수를 받고 마땅한 주택도 없이 살아가며 중개인들에게 착취당하는 일도 드물지 않다(…). 그러므로 여러 경우에 대한 개혁이 반드시 필요하다. 소득 증대, 노동 조건의 개선, 고용 보장의 강화, 자발적 노동의 장려 등이 이루어져야 한다"(「사목 헌장」 71항).[81]

그러나 단순한 토지의 재분배만으로는 생산적 이용이 보장되지 않는다. 농부들도 자신의 농업 경영을 독립적으로 할 수 있어야 하며, 낡은 경작법으로 만족해서는 안 된다. 요한 23세는 "어떤 나라에서는 그 토지가 풍부한 자원을 지니고는 있지만 농민들이 미개하고 낙후된 경작법을 사용하여 전 국민의 기본 식량에 충분한 소출을 거두지 못하고 있다"고 지적한다.[82] 따라서 농부들은 더 많은 수확을 위해 새로운 집약 농사법을 배우고 활용할 의무가 있으며, 정부는 이를 달성하도록 가능한 한 지원해야 한다.[83]

토지수용에 따른 보상 문제는 아래의 "사회화" 주제의 끝부분에 있는 설명을 참조하자.

---

81) 또한 참조: 교황청 정의평화 위원회의 문헌 *Per una migliore distribuzione della terra. La sfida della riforma agraria* of 23 November 1997; *Enchiridion Vaticanum* 16, nr. 1340~1415. 브라질 주교회의는 1998년에 10,000헥타르 이상의 토지를 소유한 브라질의 대지주들이 자신의 토지 중 2%만 활용한다고 문서화했다. 지주 중 1%가 전체 토지의 거의 절반을 소유하고 있다. 많은 지주에게는 농업보다 소 사육이나 사탕수수 재배가 더 수익성이 있었다.

82) 「어머니요 스승」 154항.

83) 안톤 라우셔(Anton Rauscher)는 이렇게 지적한다. "콜롬비아, 페루, 멕시코의 선의의 농업 개혁이 기대했던 성공을 보지 못했다면, 이는 토지의 재분배만으로, 그리고 지금까지 대지주에 의존했던 농부들이 새 주인으로 토지대장에 이름을 올리는 것만으로 토지가 생산적으로 활용된다는 보장이 없기 때문이다. 농부도 독립적으로 기업을 관리할 능력이 있을 경우에만 성공할 것이다. 국가는 이러한 전제를 결코 간과해서는 안 된다"(*Private Property*. Ordo Socialis No. 3. Köln, 1987, p.44).

4) 사회화

사회화란, 특정 재산을 국가의 소유(국유화)나 다른 공법상 법인들, 특히 지방 자치 단체의 소유(공유화)로 이전하는 것을 뜻한다. 이는 공동선의 필요로 요청된 것이라면, 정당하다. 그러나 사회화가 검토되는 모든 경우, 전반적인 선익에 실제로 부합함을 입증해야 한다. 사회화는 사적 소유의 영역과 그 소유가 수용당하는 이들의 권리를 침해하기 때문이다.

사회화가 경제적 불만을 모두 해소해 주지 않는다. 공산주의 통치하의 폴란드 상황을 목도한 요한 바오로 2세는 이렇게 경고한다. "단지 소유자의 손아귀에서 생산 수단(자본)을 빼앗는 일이 만족할 정도로 생산 수단의 사회화를 충분히 보장해 주지는 못한다는 것을 유념해야 한다. 생산 수단은 어떤 사회 집단, 즉 사유자의 재산에 그치지 않고 조직된 사회의 재산이 되며, 다른 집단, 즉 소유하지는 않지만 사회에서 권력을 행사함으로써 전국적 지역적 경제의 차원에서 생산 수단들을 관리하는 사람들의 지배와 직접적인 통제를 받게 되는 것이다. 이 권력 집단은 노동의 우위성이라는 관점에서 그 임무를 만족스럽게 수행할 수 있다. 그러나 이 집단은 스스로 생산 수단의 관리와 임의 사용권을 독점하고 심지어는 기본 인권의 침해까지도 서슴지 않아 자신들의 임무를 그릇되게 처리할 수도 있다."[84)]

경험은 국유 생산시설이 여러 가지 이유로 만족스럽게 운영되지 않은 경우가 많음을 보여 준다. 국유 기업이 민간 기업보다 수익성이 낮은 것이 보통이다. "생산 기업을 가장 못하는 것은 국가이다."[85)] 그 이유는 기업가의 역할과 공무원의 역할이 철저히 다르기 때문이다.

---

84) 요한 바오로 2세, 「노동하는 인간」 14항.

85) 오스트리아 사회민주당의 한 때 대표였던 오토 바우어(Otto Bauer). 이를 인용한 J. Messner, *Social Ethics*, 1965, p.940.

게다가 공공사업체에는 경제적 모험에 대한 자극과 가용한 자원의 절약에 대한 유인책(insentives)이 부족하다. 흔히 그렇듯이, 이러한 사업체가 국가 독점기업일 때는 그것의 효율성의 척도이며 경제의 진정한 가격 산출의 기준이 되는 경쟁이라는 도전이 없다. 적자 상태의 국영기업이 초래한 예산 부담은 종종 막대하며, 납세 시민의 이익이 침해되곤 한다. 게다가 공공 부문의 기업들은 드물지 않게 독직(瀆職) 사건들에 휘말리며, 그로 인해 그들을 향한 회의와 부정적 태도를 초래한다.[86)]

따라서 사회화는 경제적 불만과 남용을 해결하기 위한 최후의 수단이어야 한다. 동등하거나 더 효과적인 대안들을 활용할 수 있다면, 우선시되어야 한다. 예컨대, 지나치게 넓은 토지 소유의 남용은 이를 집단화하기보다는 토지개혁이란 조치를 통해 더 효과적으로 해결될 수 있다. 공공 소유의 부문에서도 보조성의 원칙은 근본적으로 중요한 것이며 반드시 이를 준수해야 한다.[87)] 생산 수단의 국가 통제야말로 가장 바람직하지 않다.

그러나 사회화가 항상 정당화될 수 있는 분야는 원자력 재료의 생산이다. 또한 공동체의 기본 수요를 공급하는 소비재 산업들은 사회화할 근거가 될 것이다. 즉 민간 기업의 선의에만 맡길 수 없는 수도·가스·전기·전화·대중교통 서비스 등이 그러하다. 그리고 석탄·

86) 현재 기업의 공공 소유에 대한 회의론이 커지는 것을 주목할 수 있다. 공기업의 독점을 효과적으로 통제하기가 너무 어렵기 때문에 일부의 유럽 국가들 안에서는 1980년대 중반 이후 정치적 양극단의 정부들이 국가 독점의 민영화 또는 부분 민영화를 점점 더 늘리고 있다.

87) 참조: 요한 23세, 회칙「어머니요 스승」117항. 어느 국가든 이미 공공건물·학교·병원·군경시설·도로·수로·호수·숲 등, 막대한 재산을 소유하고 있음을 주목해야 한다. 공공 소유의 문제는 다음의 사례로 설명된다. 즉 1978년 토요타(Toyota)는 직원 1인당 자동차 43대, 오펠(Opel)은 26대, 피아트(Fiat)는 11.2대(1982년에 회복됨)를 생산했지만, 공공 소유인 브리티시 레이랜드(British Leyland)는 3.9대를 생산했다. 브리티시 레일랜드는 막대한 공적 차입금으로 유지되었는데, 1982년에만 44억 파운드에 달했다(*Time*, 1982년 8월 9일자, pp.42~47).

광석 등 중요한 광물들이나 국가 산업의 상당 부분을 차지하는 소위 기간산업(key industries) 역시 사회화의 대상이 될 수 있다. 그것들의 안전 기능을 다른 방법으로는 보장할 수 없는 경우, 그 개발을 위해 필요한 민간 자본을 확보할 수 없는 경우, 광물의 경우처럼 국가 경제나 환경에 해로운 착취를 막을 필요가 있는 경우, 사회화가 더욱 가능하다. 끝으로, 경제의 중요 부문들에 대한 국유화는 때때로 소위 개도국에서는 요청될 수 있다. 다만 그러한 국가들은 민간 주도의 수준이 여전히 부족하고 이익 분배에서 심각한 불의가 교정되어야만 한다. 그러나 이러한 경우에도, 다른 많은 이들이 지적했듯이 사회화는 국가의 부수적 조치일 뿐이며 민간이 책임지고 효율적으로 경영을 인수할 맡을 여건이 되면 즉시 되돌려져야 한다.

사회화의 적합한 근거가 없는 것은 은행이다. "신용은 사회 경제 전반에서 근본적으로 중요성을 지니며, 오직 토지의 중요성만이 이를 능가할 정도이다. 신용을 통제하는 자가 경제를 통제한다. 국가가 신용을 통제하면, 경제 전체는 국가의 수중에 들어간다. 하지만 은행의 국유화나 중앙 발권 은행(central issuing bank)의 국유화는 별개의 사안이다. 문화적 목적의 기업들은 명백한 이유로 국유화에서 완전히 제외시켜야 한다. 그러한 기업들에는 신문과 도서 출판업이 속한다. 그렇다고 해서 국가가 자체로 인쇄소나 출판사, 신문사를 운영하지 못한다는 뜻은 아니다. 다만, 그것들이 불공정한 경쟁방식을 써서는 안 된다."[88] 라디오나 텔레비전 방송망에서도 동일하게 적용된다. 끝으로, 농지의 사회화에는 충분한 정당화가 존재하지 않는다. 정치적·사회적·경제적 이유로 인해 국가가 가능한 한 많은 가정이 자신의 땅에서 스스로 노동해 경제적·사회적 안정을 얻을 수 있도록 토지 소유의 분배를 하는 것은 국가의 중요한 임무이다. 이것이 앞서 언급된

88) J. Messner, *Social Ethics*, 1965, pp.939f.

토지개혁을 통한 토지 재분배가 목적인 것이다.

"그러나 공동선이 사유 재산의 수용을 요구할 때에는 그때마다 모든 상황을 참작하여 정당한 보상이 이루어져야 한다"(「사목 헌장」 71항). 수용된 재산의 소유자를 향한 보상은 원칙적으로 교환 정의의 문제이다. 도로나 정부 건물을 짓기 위한 토지수용의 경우, 소유자는 그 부지의 공정한 가치를 보상받아야 한다. 인근 부지가 민간 입찰자에게 매각될 때 받게 될 가격보다 적게 보상할 근거는 없다. 그러나 토지개혁을 목적으로 대규모 토지의 수용인 경우나 석탄 채굴이나 철도 등 경제의 전체 부문 수용의 경우에는 상황이 달라진다. 전액 보상은 국가의 재정 능력을 초과할 수도 있다. "이러한 조건에서 전체 가치의 전액을 요구하는 것은 안 된다. 보상에 대한 최고 규범은 항상 공공복리이다."89)

부동산 가치를 산정하는 일은 종종 큰 어려움이 따른다. 교환 수단으로 제공될 물품에도 또 다른 문제가 있다. 특히 통화 가치가 꾸준히 감소하는 상황에서는 화폐 형태의 보상만으로는 충분한 대가가 되지 않을 수 있다. 반면, 소유자 본인의 노동이 아닌 타인의 노동이나 국가가 제공하는 공공시설(도로, 수도, 전기 등)의 토지 가치(토지 임대료) 상승분을 소유자에게 꼭 반환할 필요는 없다. 다만, 부동산이 수용된 사람에게 유사한 부동산을 그대로 간직하는 이들에 비해 현저한 불이익이 가지 않도록 주의해야 한다. 보상액이 너무 적고 불공정한 경우, 국가는 불의의 죄를 범하는 것이며 배상 의무를 지게 된다. 이 사안은 국가와 소유자 간의 명예로운 합의로 해결되어야 한다.

---

89) Franz Kluber, *Katholische Eigentumslehre*, Osnabrück: A. Fromm, 1968, p.110; J. Card. Höffner, *Christian Social Teaching*, Köln: Ordo Socialis, Georgstr. 18, ^{2}1997, p.255.

11.3. 경제에 관한 도덕적 질서

경제 활동은 인간의 물질적 조건에 있어 근본적으로 중요하다. 수많은 남녀가 공장·현장·사무실·상점 등에서 종사하고 있고 이에 의존해서 산다.[90] 경제의 올바른 기능은 서비스이다. 바로 여기에 도덕적 평가가 개입한다. 이러한 인간 활동에도 도덕적 방향은 필요하다는 인식이 개인과 집단, 나아가 경제학의 대표 학자들 간에 적지 않게 점점 확산되고 있다. 농촌과 산업화 이전 사회의 정태적인 경제에서는, 경제 활동의 목표가 사람들의 기본적이고 물질적인 욕구를 최대한 충족시키는 것이었다. 그렇기 때문에 추가적인 목표·기준·규범 등에 대한 질문은 불필요해 보였다. 그러나 산업사회와 탈-산업사회의 역동적인 경제는 분명히 사람들의 가장 기본적인 필요의 충족 그 이상으로 확장되었고, 추가적 목표에 대한 물음은 더욱 강력히 제기되고 있다.

11.3.1. 경제의 본성과 목적

1) 불충분한 견해들과 이론들

경제학자들은 자신들의 학문 영역에서 도덕적 고려를 지나친 간섭과 권리 침해로 간주하며, 이를 거부해 왔다. 경제학이 생물학이나 의학과 마찬가지로, 그 자체가 하나의 학문임이 입증되었다. 경제학의 근본 임무는, 부족한 자원의 최소 사용으로 최대 산출을 하려는 수단들에 대해 최적 조합이 가능한 법칙들을 연구하는 것이다. 이러한 임무에 있어서는 경제학이 고유한 학문적 자율성을 누리며 도덕적 고려

---

90) 경제학에 대한 고전적 정의는 “대체 목적을 달성하기 위한 부족한 자원의 배당에 관한 연구”이다.

와도 무관한 것이 된다.

물론 경제 활동은 자체의 방법과 법칙에 따라 수행되어야 한다. 이러한 방법과 법칙을 연구하고 정교화하는 과정에서 경제학이란 학문은 자율성 주장할 수 있다. 특정한 제품 제조에 이 법칙들을 정확히 적용하는 것은 도덕의 문제가 아니라 기술 역량과 전문 지식의 문제인 것이다. 만약 이런 역량이 도덕적 차원을 가진다면, 그것은 경제 담당자들이 가능한 최고의 전문성을 보유한 사람이어야 한다는 요구가 될 것이다.

개인적 책임성은 또한 생산할 물건을 선택할 때도 개입된다. 사실, 일단 제품이 선택되면 경제 활동의 법칙은 더 이상의 도덕적 고려 사항과는 별개의 것이 된다. 그러나 경영자는 건전한 오락물과 음란물의 제작, 마약과 의약품의 판매, 가짜 포도주와 진품의 제조 중에서 자유롭게 선택할 수 있다. 그리고 이는 자유롭고 도덕적인 선택이며, 이에 대해 개인은 책임져야 한다.

마찬가지로, 직원들과 노동자들에게 일상의 필요에 상응하는 정당한 보수를 지급할 도덕적 요구가 늘 따른다. 노동자를 존중하기 위해서는 생명에 대한 위험과 건강에 대한 상해로부터 그들을 보호할 조치가 부과된다.

대부분의 경우, 생산하기로 선택된 제품은 당연히 대중에게 유용하고 진정으로 기여할 수 있는 제품일 것이다. 결국 소비자들의 대부분은 그러한 제품에만 흥미를 둔다. 기업가는 가능한 한 많은 이들이 이를 구매할 수 있도록 경제적으로, 그리고 그 기업이 건전하게 유지되고 성장할 수 있도록 수익성 있게 제품을 생산해야 한다.

그렇다면, 경제 활동의 목적이 어느 정도는 이윤이다. 이윤의 극대화는 경제적 자유주의를 따르면, 효율적 경영의 최고 목표이기도 하다. 경제학은 이 목표를 달성하기 위한 방법과 법칙을 가르쳐야 하며,

이것은 — 자유주의적 자본주의에 따르면 — 도덕적 가치들의 간섭으로부터 자유롭다. 이른바 경제학의 가치중립이 선포된다. 그러나 냉정하고 객관적으로 보이는 옹호자들조차 알지 못한 채 그들의 가치체계는 공리주의적 윤리인 것이다. 지고한 평가 기준인 이윤의 극대화는 앞서 언급한 것과 같이, 해로운 제품이나 유해 상품의 생산을 막을 방법을 제공해 주지 않는다. 일자리 제공이 넘칠 경우, 적정 임금을 확보해 줄 처지도 안 된다. 파괴적 환경 착취에 대한 한계도 인식하지 못한다.

교회 그리고 교회와 함께하는 많은 이들은 경제 활동의 근본 목적이 "이익이나 지배"라는 명제를 배격했다(「사목 헌장」 64항). 경제 기업이 생존하고 발전하기 위해서는 수익성 있게 일해야 하고 합리적인 이윤 추구는 정당하지만, 목적으로서의 이윤은 경제 기업에는 부차적일 수밖에 없다. 만일 그것이 주요 목적이었다면, 경험이 충분히 입증했듯이, 필연적으로 많은 남용과 불의가 초래될 것이다.[91)]

상품은 수익성만이 아니라 경제성도 있도록 생산되어야 한다. 위에서 언급한 바와 같이, 가능한 한 더 많은 사람 이를 이용할 수도 있어야 하는 것이다. 이것은 무엇보다도 사회주의가 채택한 공리인 '사회적 생산의 극대화'라는 원칙으로 이어졌다. 이 원칙에 따르면, 사회적 생산의 극대화로 이어지는 경제적 참여만이 경제적으로 의미가 있다. 그러나 그러한 목표 역시 경제의 궁극 목적으로서는 문제가 된다. 만약 사회적 생산의 극대화가 그 상위의 문화적 가치를 위험에 빠뜨리는 결과를 초래한다면, 그것은 더 이상 의미가 없어진다. 예컨대 어린

---

91) 그러한 남용의 한 사례로서, 유럽의 독성 폐기물을 아프리카 국가에 내다 버린 1988년의 독직 사건이 있다. 이것을 처리할 장비가 갖춰지지 않았지만 — 재정적 궁핍으로 압력을 받은 — 아프리카 국가들이 톤당 2.5달러의 터무니없는 가격에 이를 수용하였다. 일부 폐기물은 인간과 자연에 극도로 유독하며, 이를 중화하려면 막대한 비용이 필요하다. 개도국을 향한 유해 폐기물 수출은 그동안 "바젤 협약"에 의해 금지가 되었다(1993년 2월 16일자 『유럽공동체 기관지』, no. L 39/1 이하에 수록).

자녀를 둔 어머니를 수익성 있게 고용한다면, 확실히 사회적 생산의 양을 증가시키지만, 중요한 비물질적 가치를 희생시키는 결과가 된다. 마찬가지로 일요일에도 생산을 계속하면 사회적 생산은 늘겠지만, 일요일 휴식과 성화(sanctification)라는 비물질적 가치는 희생되어 버린다.

이러한 숙고를 종합해 보면, 경제의 목적이 단순히 수익성이나 사회적 생산의 극대화도 아니고, 가능한 많은 사람의 물질적 복지가 지속적으로 증가하는 것도 아니라는 점은 분명해진다. 이 모든 것은 공리주의적 윤리의 평가 기준일 뿐이며, 보편적 정의와 그리스도교 신앙의 요구에 비추어 자세히 조사해 본다면, 이것은 결코 설득력을 지니지 못한다.

2) 경제의 진정한 목적

경제 활동의 목적은 앞서 다루어졌던 인간 노동의 목적과 동일하다. 그러나 거기서 말한 것 외에도, 몇 개의 고려 사항은 추가되어야 한다.

가톨릭 사회 교리의 항구한 가르침은 경제가 사람을 위해 봉사해야 하며, 그와 반대로 사람이 경제를 위해 봉사하지는 말아야 한다. 제2차 바티칸 공의회는 이렇게 선언한다. 경제적 생산의 궁극적이고 기본적인 목적은 “인간의 물질적 필요와 지성적, 도덕적, 정신적, 종교적 생활의 요구를 다 고려하는 참으로 전인에 대한 봉사이다. 인간이란 모든 개인과 모든 인간 집단과 모든 인종과 세계 모든 지역 사람들을 말한다”(「사목 헌장」 64항).

특별한 방식으로 빈자에게 관심을 기울여야 한다. 경제의 최상의 목적이 빈자에 대한 봉사라는 뜻은 아니다. 그러한 정의는 너무 협소해질 것이다. 그러나 빈자를 외면함은 경제 체제가 인류에 대한 하느님의 보편 계획에 확실히 이바지하는 것이 아니라는 신호이며, 이 계획은 모든 남녀가 효율적으로 기여할 수 있을 때만이 온전히 실현될 수 있는 것이다.

경제의 가장 직접적인 목적은 **물질적 영역에서 사람들의 필요에 대한 충족**이다. 즉 식량·의복·주택·교통·도구·기계 등을 안정적이며 지속 가능하게 공급하는 것이다. 그러나 비물질적 성격의 재화도 경제에 의해 제공되는데, 예컨대 대중 매체가 제공하는 정보나 법률 사무소에 의한 법률 자문 등이 그러하다. 하지만 어떤 경우에서든 경제는 사람의 현세적 필요의 충족과 관련이 있다. 이러한 목표는 모든 이가 인간다운 삶을 살 수 있게 하는 방식으로 추구되어야 한다.

이것은 인간다운 삶이 무엇이며, 충족시킬 만한 가치가 무엇인지에 대한 의문을 제기한다. 마약 중독 상태의 존재는 인간다운 삶이 아니며, 강력한 마약에 대한 욕망은 충족시킬 가치가 아니다. 이 질문에 대한 대답은 동시에, 경제의 참되고 진정한 목적의 구체적 성격을 더욱 규정한다.

제2차 바티칸 공의회는 이미 인용한 바와 같이, 경제적 생산의 목적이 인간의 "물질적 필요와 지성적, 도덕적, 정신적, 종교적 생활의 요구"를 충족시키는 것이며 이러한 재화는 모든 개인과 모든 인간 집단과 모든 인종과 세계의 모든 지역 사람들이 이용할 수 있어야 한다고 요구한다(「사목 헌장」 64항). 사람들의 진정한 필요에 봉사하는 경제야말로 **공동선에 봉사하는** 경제로 요약될 수 있다.[92] 모든 경제적 시도는 어떤 방식으로든 이 목적의 실현에 기여해야 하며, 이를 상위의 목표로 삼아야 한다. 여기서 유의할 점은 공동선이 단지 현세대의 단기적 이익만을 의미하는 것이 아니다. 이는 사회의 미래까지 고려해 바

92) 공동선의 개념과 성격에 관해서는 이 책 제10장의 "10.1.1. 사회의 본성" 중 "2) 공동선: 사회의 목표와 기능"을 참조하라.

라보아야 한다. 따라서 경제는 그 활동이 환경이나 가족 건강에 미치는 영향도 고려해야 한다. 공동선과 상충되는 욕구를 경제가 섬길 수 없으며, 단순히 이윤을 목적으로 인위적으로 창출되어서도 안 된다.

공동선이란, 사람들이 더 충만하게 더욱 쉽게 자기완성과 정해진 목적을 완수할 수 있도록 하는 사회생활 조건의 총체라고 묘사되었다(참조: 「사목 헌장」 74항; 「종교 자유 선언」 6항). 따라서 공동선은 그 자체가 목적이 아니라, 더 높은 목적을 위해 있는 것이다. 메스너(J. Messner)에 의하면, 이러한 최고 목표들이 인간의 실존적 목적들이며, 이는 경제 활동의 궁극적인(ulterior) 목적으로 간주된다.[93] 그러한 목적들은 또한 경제적 생산이 "인간의 해방, 교육, 문화 발전, 문화 활동에 헌신할 수 있는 가능성"을 지향해야 한다는 요구 속에 함축되어 있다.[94] 그러나 실존적 목적들이 여러 개인 만큼, 다른 곳에서도 보여 주었듯이, 목적 간의 갈등을 해결하고 우선순위를 설정할 수 있는 평가 기준이 필요하다. 이 기준이 바로 인간 삶의 궁극 목적이다.

경제의 궁극 목적은 일반적으로 인간 삶의 궁극 목적과 다를 수 없다. 경제 활동 역시 하느님의 영광을 위해 봉사하고, 정의·사랑·평화를 지닌 그분의 나라를 촉진시키고 세상을 위한 그분의 창조 계획을 펼치는 것이어야 한다(참조: 「사목 헌장」 34항; 57항).[95] 비록 비그리스도인에게는 하느님의 영광과 그 나라의 실재가 부분적으로만 도움이

---

93) 메스너는 경제를 "올바른 이성에 따라 실존적 목적에 의해 설정된 임무를 위하여 적은 수단을 활용하는 것"으로 정의한다(*Social Ethics*. St. Louis & London: Herder Book Co., 1965, p.748). 실존적 목적들이란 간단히 말해서, 자기 보존, 자기완성, 혼인과 자녀 양육, 자기 동료의 복지를 향한 관심과 돌봄, 공익의 증진을 위한 사회적 협력, 절대적이고 초월적인 형태의 선성을 향한 헌신, 특히 하느님 예배를 통한 그분과의 결합 등이다(*ibid*., p.19). 이러한 목적들에 관해 더 자세한 설명은 다음을 보라. 참조: 칼-H 페쉬케, 『그리스도교 윤리학: 제1권 기초 도덕신학』, 가톨릭대학교출판부, 143~144쪽.

94) Luigi Lorenzetti, *Trattato di etica teologica*, vol. 3, Bologna: EDB, 1981, p.78.

95) 궁극적 목적과 그것의 특정한 의미에 관한 자세한 설명은 다음을 보라. 참조: 칼-H 페쉬케, 『그리스도교 윤리학: 제1권 기초 도덕신학』, 가톨릭대학교출판부, 39~53쪽.

되거나 전혀 도움이 되지 않을지라도, 그들은 이러한 개념들이 창조 작업을 보존하고 더욱 펼치는 목표에 있어 구체화된 것을 받아들일 수 있을 것이다. 물론 그리스도인들은 이 목표를 향한 노정에서 여전히 하느님 성령의 인도가 필요함을 자각한다. 오직 성령만이 이 작업의 전체 계획을 홀로 아시기 때문이다. 인간답다고 할 수 있는 삶은 사람들이 각자의 능력을 최대로 발휘해 이 목표들의 구현에 기여할 수 있는 삶이다. 경제 활동은 이 점을 결코 놓쳐서는 안 된다.

여기서 제시된 목표들, 즉 공동선, 실존적 목적들, 하느님 나라와 그분의 창조 계획 등을 구체적으로 가장 잘 섬기는 방식이 무엇인지에 대해 사람들의 의견이 갈릴 때가 있다는 것은 사실이다. "원칙에서 정책으로 옮기는 일은 복잡하고 어렵다." 도덕적 가치와 목표들은 "경험적 자료와 역사적·사회적·정치적 현실 및 제한된 자원에 대한 경쟁적 요구들과 상호 작용해야 한다."[96] 따라서 경제 문제에 있어 구체적 판단의 건전성은 기본 원칙의 도덕적 힘뿐만 아니라 개인이 지닌 정보의 정확성에도 달려 있다. 그리고 자료를 평가할 때는 때때로 상이한 해석의 가능성도 존재한다.

그럼에도 도덕 원칙들은 경제적 결정들과 정책들에 본질적으로 중요하다. 도덕신학이 제시한 목표들과 구체적인 세부 사항들은 기본 식별과 이성적 판단을 위해 충분히 명확한 방향을 제공해 준다.

96) *Economic Justice for All*, Pastoral Letter on Catholic Social Teaching and the U.S. Economy, Washington: NCCB, 1986, nr. 134.

11.3.2. 인간적 필요에 부응하는 시장경제

1) 시장과 경쟁 규제 기능

시장은 경제 과정 내에서 재화의 교환으로 이루어진다. "그것은 수요의 형태로 소비자의 주문을 생산자에게 전달하고, 생산자에게 어떤 재화를 경제적 가격에 처분할 수 있는지를 보여 준다. (…) 그것은 물질적·문화적 필요에 더 넉넉하고 더 좋게 공급하고자 경제 사회 내 모든 가능한 힘들을 동원해 준다."[97] 가격이 같은 경우, 시장은 더 많은 구매자를 확보할 수 있기에 최고 상품을 선호할 것이고, 품질이 같은 경우, 시장은 가장 잘 팔릴 최저가 상품을 선호할 것이다. 게다가, 자유 시장과 자유 기업은 "자본과 원자재의 신중한 사용을 보장한다. 세계적 규모의 경쟁이 기업가들로 하여금 지속적으로 비용을 절감하도록 압박하기 때문이다."[98]

구매자들의 이러한 선택 과정은 자연스럽고 필연적으로 생산자와 판매자 간의 경쟁을 초래한다. 통상의 상황에서, 그리고 어떤 조작으로 왜곡이 되지 않는다면, 경쟁은 구매자에게 가능한 한 최저가에 최상품을 보장한다. 동시에 생산자 측에서는 최상품을 가장 유리한 조건으로 제공하는 자만이 성공한다. 이것이 경제에서 경쟁이 지닌 질서 기능이다.

그러나 경쟁은 동시에, 그것이 경제의 목표를 위해 기능할 것을 보장하는 규제 원칙을 필요로 한다. "고전 경제학자들에 의한 인간 본성의 완전한 오해는 무제한의 자유로운 사리사욕이 경쟁에서는 반드

---

97) J. Messner, *Social Ethics*, *op.cit.*, p.755.

98) Theodor Herr, *Katholische Soziallehre*, Paderbom: Bonifatius-Druckerei, 1987, p.146. 또한 회칙 「백주년」(1991)은 자유 시장이 "자원을 활용하고 욕구에 효과적으로 대응하는 가장 효율적인 도구"라고 인식한다(34항과 42항). 그러나 동시에 시장이 충족시켜 줄 수 없는 다른 많은 필요도 존재하며, 그래서 다른 방식으로 보장되어야 한다고 경고한다(40항).

시 이해의 조화를 낳을 것이라고 가정하게 하였다(…). 사회 구성원의 다수는 항상 타인의 권리를 희생시켜 자신의 사리사욕을 관철하려 할 것이다. 자유방임주의 체제의 결과는 경쟁이 불공정하거나, 파괴적이거나, 지나치게 비싼 것이 되었다."[99]

법에 의해 경쟁이 통제되는지 여부는 자유주의적 자본주의와 사회적 시장경제 간의 본질적 차이 중 하나이다. 오늘날 모든 국가에서는 경쟁에도 법적 질서가 필요한 것으로 간주된다. 공동선을 위해 법은 더 싸거나 더 좋은 상품으로 수요를 만족시켜 줄 사람이 어떠한 형태의 경쟁 제한이나 독점적 방법으로 방해받지 않도록 보장해야 한다.[100] 그럼에도 국가 입법만으로는 공정 경쟁의 질서가 달성될 수 없다. 직능 단체들이 자발적으로 국가와 협력하여 규범이 준수되도록 보장해야 한다.

신자유주의적 경향은 자유 기업의 체제를 통해 공공복지의 기본 재화들조차도 최대한 공급하려고 시도한다. 국가가 보유해야 하는 경찰·법무 행정·군대·중앙은행 외에, 이들은 수도·전기 공급, 하수·폐기물 처리 및 구치소·학교·병원·철도 등과 같은 다른 공공서비스를 다룰 더 저렴한 수단이 민영화라고 믿는다. 그러나 공공 기관과 민간 기업은 서로 다른 목표를 추구하며, 그래서 서로 다른 길을 간다. 공공 기관은 공동체에 대해 책임을 진다. 이윤 지향의 민간 기업들은 최소한 직접적 방식에서는 그렇게 하지 않고, 최대의 이윤을 추구한다. 따라서 위에서 언급한 서비스들을 시장의 힘에만 맡겨 두면, 무엇보다도 학교·병원의 서비스를 감당하기 어려운 사회의 빈곤층에

---

99) J. Messner, *Social Ethics*, *op.cit.*, p.888. 자유로운 경쟁에 대한 남용은 교회로부터 반복적으로 비판을 불러일으켰다. 참조: 「사십주년」 107~108항; 「민족들의 발전」 33항.

100) "경쟁 규제의 직접적인 목표는 공정한 조건을 확립하고 유지하는 것이어야 한다. 이 공정성은 주로 대기업의 자본력 우위에 의해 위협받는다. 이들은 먼저 독점이나 과점을 획득한 후 이윤을 증대시키고자 직접으로 또는 ('경품' 제공 등) 간접적으로 가격 인하를 함으로써 시장의 더 약한 경쟁자들을 몰아낼 수 있다"(J. Messner, *op.cit.*, p.905).

영향을 미치게 된다. 동시에 기간 시설에 대한 설비는 비용 문제로 가능한 한 최소화된다.[101] 그렇다고 해서 이것이 공공 기관 외에 민간의 학교·병원·철도 등이 있을 수 있음을 배제하지 않는다. 그러나 이러한 기본 공급은 국가와 지자체들에 의해 보장되어야 한다.

자유 경쟁만으로는 또한 생산의 인적 요소와 생태적 비용을 고려할 수도 없다. 일자리 공급이 수요를 초과하는 경우가 매우 흔하듯이, 그것은 적정 임금을 보장할 수 없다. 또한 생산의 결과로 환경과 인간 건강에 발생하는 비용을 공정하게 평가할 수도 없다. 산업 배출만이 아니라 농업에서 화학물질 사용(비료, 살충제), 전체 자동차 통행 등도 이러한 문제의 일부이다. 그 심각성은 해마다 더욱 분명해지고 있다. 이러한 요소들과 숨겨진 생산비용에 대처할 수 있는 것은 사회적·생태적 입법뿐이다. 사회주의적 사회는 자유 시장경제보다 결코 더 효율적이 아니었음을 주목해야 한다. 오히려 환경 문제는 사회주의적 사회에서 훨씬 더 무시되어 왔다.

가격 구조에 대한 정부 개입은 종종 특정 집단들에 의해 지지를 받는데, 그것은 빈자들이 자유 시장이 허용하는 것보다 더 낮은 가격으로 기본 식품·의류·주택과 같은 중요한 생계 수단을 얻도록 하기 위함이다. 그러나 경험에 따르면, 가격이 너무 낮으면 농부나 다른 생산자들이 더 이상 자신의 재화를 시장에 내놓으려 하지 않고, 대신 자기 생계에 필요한 것만을 위해 일한다. 부족한 자원에 대한 최적의 사용을 저해한 그 결과는, 시장에 상품이 부족하게 되거나 — 특정 보

---

101) 민간 상수도 공급자는 추가 비용이 발생되는 최고 수준의 수질에는 관심이 없다. 민간 전력 공급자는 많은 행정적 수고와 적은 수익을 발생시키는 소규모 고객들에게 관심이 없다. 민간 하수처리 업체는 법에 규정된 최소 기준 이상으로 수질을 높이는 데는 관심이 없다. 민간 폐기물 업체는 가능한 한 안전하게 폐기물을 처리하는 데보다는 가장 싸게 폐기하는 데 관심이 있다. 따라서 다음을 참고하라. M. Reimon / C. Felber, *Schwarzbuch Privatisierung. Was opfern wir dem freien Markt?*, Wien: Carl Ueber- reuter, 2003, p.215.

조금의 경우—사용하지 않아 생산이 과잉되고 공동체의 자원을 낭비하게 된다. 이는 도덕적 고려에도 위배된다. 하지만 이것이 국가가 빈자를 위해 보조금으로 지급한 가격이 어떤 경우에는 적어도 일시적인 도움과 해결책이 될 수도 있음을 배제한다는 의미는 아니다.

시장경제와 경쟁 속에서 작동하는 사익 추구의 원칙이 가장 고상한 원칙이 아님은 명백하다. 그러나 인격 형성(character-forming)에 아무런 가치가 없는 것은 아니다. "그것은 작은 자기 부정의 행위들을 매일 제안한다. 그것만으로는 사람을 덕스럽게 만들기에 충분할 수는 없지만, 다수의 시민이 규칙성·절제(temperance)·절도(moderation)·선견지명·자제심(self-command) 등의 습관을 기르도록 훈련시킨다." 그리고 그들의 능력을 발휘하도록 자극한다. 비록 도덕가들이 "사익 추구 원칙은 불완전한 것이라고 판단하더라도, 그것은 필수적인 것으로 받아들여져야 한다."[102)]

2) 공동선의 봉사자로서 기업가

가톨릭 사회 교리는 기업가를 다소 늦게 발견하였다.[103)] 일반적으로 그들을 사용자로만 알아 왔던 것이다. 그렇지만 수백만 명의 사람들이 크고 작은 기업체에서 일을 하고 있다. 산업혁명의 위기 때, 사용자는 보통 사회 문제의 일차적 책임을 진 사람으로 간주되었고, 여전히 그러하다. 그러나 이러한 관점은 경제 발전과 그들에게 요구되는 고된 노동에 대한 기업가들의 대체 불가한 기여도를 정당하게 평

---

102) Alexis de Tocqueville, *Democracy in America*, vol. 2, New York: Vintage Books, 1955, p.131.

103) 소유에 관한 교회 교리는 기업가의 기능에 대해 확실하게 시사한다. 바오로 6세는 1964년 6월 8일 이탈리아의 그리스도인 기업가들에게 한 훈화에서 경영진의 봉사에 대해 특별한 감사를 표현했다(*AAS* 56, 1964, pp.574~9). 이는 기업가의 기능을 경제 과학조차도 상대적으로 늦게 발견했다는 사실을 인정도 해야 한다. 예컨대 J.A. Schumpeter, *Theorie der wirtschaftlichen Entwicklung*, published 1912.

가한 것이 아니다. 발전하는 사회의 문제점은 늘 여러 요인에서 나온 결과이며, 몇몇 경영진의 잔인한 이윤 추구는 그중 하나일 뿐이다.

교황 요한 바오로 2세는 "오늘날 사회가 누리는 복지의 수준은 기업가의 역동적인 모습 없이는 상상할 수 없을 것이며, 그들은 공동체의 번영과 발전에 필요한 재화와 서비스를 창출하기 위해 인간 노동력과 생산 수단을 조직하는 기능을 지녔다"고 지적하였다.[104] 정치적 행동주의를 넘어 그리스도교의 사회사상은 다음을 장려할 필요가 있다. "경제적 행동주의 즉 저축, 생산적 투자, 발명, 기업활동 말이다. 이것들 역시 공동선에 유익한 창조 행위이다."[105] 경쟁이라는 도전과 함께 끊임없이 변동하는 사회의 필요와 수요를 충족시키려면, 기업가에게 끊임없는 조정과 뛰어난 유연성을 요구한다. 완벽한 기업가는 조직가, 발명가, 발견자 그리고 정복자이다.[106]

기업가들의 임무는 시장을 발굴하고, 개발하며 공급하는 것이다. 그들은 사회에 필요한 재화와 서비스를 제공해야 한다. 이것은 매우 중요한 사회적 기능이자 책임이다. 이러한 재화와 서비스가 많은 만

---

104) Address to Business Men and Economic Managers, held May 22, 1983, at Milan(*L'Osservatore Romano*, weekly edition in English, June 20, 1983, p.1). 「백주년」은 훈련을 받고 창의적 노동을 하는 역할 외에도, 공동의 목적을 위해 경제 안에서 일하는 많은 개인을 조직하는 것도 마찬가지로 필수적인 것이라고 강조한다. "이러한 생산 노력을 조직하고, 시간을 계획하며, 충족시켜야 할 요구에 긍정적으로 부응한다는 점을 확인시켜 주고, 필수적인 위험을 감수하는 것 — 이 모두가 오늘의 사회 안에 부의 결실을 가져오는 것이다. 이렇게 주도적이고 기업가적인 능력을 지닌 역할은 점점 더 선명해지고 결정적인 것이 된다"(32항).

105) Michael Novak, *Freedom with Justice*, San Francisco: Harper & Row, 1984, p.53. 특정 환경에서 "경제 행동주의의 미덕을 가르치지 않고 오히려 경멸하는 태도로 대한다"는 점은 개탄스러운 일이다. 지식인과 정치 운동가는 보통 '부르주아지'와 '상점주'를 경멸한다. 종종 그런 사람들을 '중개인'이나 '기생충'이라고 부르며 주로 과세 대상으로 간주한다. 가톨릭 사회사상도 마찬가지로 행동해야 하는가?(*ibid.*, p.181; p.217).

106) 기업가들의 사회적 출신은 결코 동질적이지 않다. 노동자, 귀족, 자유업, 농부, 지주, 장인 그리고 특별히 공무원 등에서 나왔다(cf Wilhelm Weber, *Der Unternehmer*. Köln: Hanstein, 1973, p.42). "가장 놀랄 일은 (경제적) 수단이라는 재산이 경제 지도자와 의사 결정자의 계층 구조 속에서 최고 위치에 오르는 데 비교적 미미한 전제 조건에 불과했다는 점이다"(*ibid.*, p.45).

큼, 민간 기업이 최대로 많은 것이 바람직하다. “경제 협력에는 계획적 사고방식이 더 많으면 많을수록 경제의 생산성은 더욱 풍부해질 것이다.”[107] 최대한의 민간 기업 활동을 실현하려면, 중소 경제 단위의 생산성이 대기업의 그것과 같거나 그것을 능가하는 경우, 중소기업들을 우대해야 한다. 이것은 보조성의 원리에 부합한다. 더욱이 경제 권력의 분산을 널리 촉진하며, 이로써 소수 과두 집단이나 사회적으로나 정치적으로 위험한 권력이 국가의 수중에 집중되는 것을 방지한다.[108] 더욱이 중소기업에서 노동자의 직무 만족도와 작업장의 안전도가 더 높다. 어려운 시기에도 중간층 기업들이 고용을 유지하는 경향이 있다.

물론 기업가 또한 이윤을 내야 한다. 이윤은 다른 목적을 실현하기 위한 수단이기 때문이다. 수익성이 없는 사업은 시장경제에서는 사라질 수밖에 없다. 이는 사용자뿐 아니라 일자리를 상실하게 될 노동자에게도 손실이다. 카를 마르크스(Karl Marx)가 이윤 단어에 대해 수많은 사람에게 강한 거부감을 불러일으킨 바 있기에, 이제는 이윤이라는 단어의 이념적 사용에 좀 더 냉정한 판단이 요구된다. 경제에서 자본으로 사용되는 이윤은 새로운 고용, 상품, 서비스, 발명, 새로운 부의 형태로 많은 사회적 혜택을 제공한다. “직원에게 물어보기만 하면 된다. (…) 이익을 내는 기업에서 일하고 싶은지, 아니면 적자인 기업에서 일하고 싶어 하는지 말이다. 그리고 답은 처음부터 자명하다.”[109] 물론 노동자들에게 마땅히 돌아갈 몫을 부인하지 않으면서도 양호한 이윤을 창출하는 기업가라면, 그는 유능하고 책임감 있게 행동해 왔다고

107) J. Messner, *op.cit.* p.768.

108) “서유럽의 민주국가들과 호주·캐나다·이스라엘·미국·일본·코스타리카 등이 상업생활에서 폭넓은 사회적 기반 위에 있음은 결코 우연이 아니다”(M. Novak, *op.cit.*, p.180).

109) W. Weber, *Der Unternehmer*, *op.cit.*, p.80.

정당한 추정을 받을 수 있다. "소수가 더 많은 이익을 가져가더라도, 운이 덜 좋은 사람들의 처지가 그로 인해 개선된다면, 불의한 것이 아니다."[110)]

생산 수단의 소유권 때문에 동료이자 조력자로 고용된 이들에 대한 책임도 경영진에게 따른다. 일정 정도의 책무성은 오늘날 어느 곳이든 법으로 규정되어 강제된다. 때로는 법 규정이 너무 부담이 커서 신규 고용과 작업장의 추가적 확장을 위축시키게 되며, 이는 공동선에 해가 된다. 한편, 경제생활에는 입법 규범이 담을 수 없는 공정성과 충실성의 의무가 존재한다. 공정성과 충실성은 경영진이 소비자·공급자·경쟁자 그리고 특히 종업원과 맺는 관계의 기본 원칙이어야 한다. 사업상 정직성은 실제로 매우 기대에 미치지 못하는 부분이지만, 또한 그것은 도덕적 기초 조건(postulate)이다.

"기업이 참으로 진정한 인간 공동체가 되도록 모든 노력을 기울여야 한다."[111)] 수익성과 비용 절감이라는 이유는 결코 경제의 진정한 목적인 참된 인간성의 가치를 무시하는 핑계가 될 수 없다. 궁극적으로는, 이러한 가치 존중이 수익성 자체도 향상시킨다. 기업의 성공은 무엇보다도 종업원들의 만족도에 달렸다. 진지하게 존중받고 있다는 그들의 인식, 받아들여지고 있다는 그들의 느낌에 달린 것이다.

3) 소비자 윤리

경제윤리의 문제는 기본적으로 소비 윤리의 문제 중 하나이기도 하다. 소비자의 요구가 생산량을 크게, 심지어 결정적으로 결정을 한

110) "불운한 사람들의 상황이 개선된다면 소수가 더 많은 이익을 얻는다는 것은 불의가 아닙니다"(J. Rawls, *A Theory of Justice*, Cambridge, Mass.: Belknap Press, 1971, p.15). 또한 요한 바오로 2세는 한 기업이 그의 종업원들의 기본적 인간 욕구와 "사회 전체를 위한 봉사"라는 그의 소명을 동시에 존중하는 한, "이윤의 역할에 대한 정당성을 인정했다"(「백주년」 35항).

111) 요한 23세, 「어머니요 스승」 91항.

다. 소비 윤리는 생활 수준의 향상된 조건 속에서, 중요성이 더욱 높아지는데, 이것이 더 쉽게 사치와 낭비 쪽으로 유혹받기 때문이다. "경제적으로 정당화되지 않는 사치품 소비는 모두 사회윤리가 요구하는 절약을 위반하는 것이다."[112] 소비자의 선택과 요구는 인간의 실존적 목적이 가리키는 물질적·문화적 임무와 공동선 요구로부터 지향점을 얻어 내야 한다. 그 공동선은 한 나라만이 아니라 인류 전체, 나아가 피조물 전체의 공동선이어야 한다. 경제의 진정한 목적에 대해 언급한 바는 소비 윤리에도 적절히 적용된다.

이런 측면에서 볼 때, 중요한 것은 가정주부의 역할이다. 그들의 경제적 결정에 얼마나 많은 것이 달려 있는지는, 국민 소득의 절반 이상이 그들의 손을 거치고 있다는 사실에서 추측할 수 있다. 수요와 소비는 생산과 투자만큼이나 경제를 결정한다.

현대의 복지사회는 자유주의적인 소비 정신의 특징을 띤다. 얻고 취하려는 태도는 봉사하고 기여하려는 태세를 약화시키면서 한층 강화된다. 국가는 서비스 공급의 기관쯤으로 간주되며, 마치 요술쟁이처럼, 무한한 재원에서 모두에게 나눠 주어야 하고, 가능하다면 아무에게서도 징수하지 말아야 한다고 여긴다. 다양한 형태의 이기주의가 득세하는 반면, 개인적 책임은 약화된다. 이는 연대의 끈과 사회의 결속을 해칠 수밖에 없다. 사회적 시장경제의 체제만으로는 이러한 결핍을 감당할 수 없다. 그것은 반드시 인류의 더 높은 운명과 소명이라는 더 포괄적인 질서에 깊이 새겨져야 한다.

"더욱 잘 살기를 원하는 것이 잘못이 아니라 존재보다는 소유로 향할 때, 더욱 (인간이) 되기 위해서가 아니라 향락을 목적으로 살기 위하여 더 많이 소유하려고 할 때, 이것을 나은 것이라고 여기는 생활양식이 잘못이다. 따라서 진리와 미와 선의 추구와 공동 발전을 위한

112) J. Messner, *Social Ethics*, *op.cit.*, p.763.

다른 사람들과의 친교가 소비, 절약 그리고 투자의 선택을 결정하는 생활 양식을 만들 필요가 있다."[113]

최근에 생태 위기는 소비자를 포함한 경제의 모든 참여자가 책임 있게 경제 활동을 통해 인간 거주지를 보호할 소명을 받았다는 인식이 커지고 있다. 그 어떤 추상적 고려보다도 환경에 대한 구체적 위험이 현대 사회에 소비자 윤리의 필요성을 입증한다. 이에 대한 자세한 내용은 이 책 제12장의 "12.3. 생태윤리학의 구체적 요건들" 중 "4) 소비에 대한 개인적인 관심과 비판적 행동"의 성찰을 참조하라.

11.3.3. 국가의 경제 역할

원칙적으로 정치와 경제의 관계는 다음과 같다. 정치의 대상은 시민 일반의 공동선이다. 경제의 대상은 가격으로 계산할 수 있는 모든 물질적·문화적·정신적 재화를 공동체에 공급하고, 그것을 가격에 대한 대가로 제공하는 것이다(예컨대, 이러한 종류의 문화적·정신적 재화로는 이미 언급된 바와 같이 대중 매체에 의한 정보 제공이 있다). 정치의 대상이 더 포괄적이기에, 이는 경제에 대한 정치의 우월성을 입증한다.

경제 정책의 문제는 의심할 바 없이, 선거 운동의 주요 쟁점 중 하나이다. 정치인들이 자국의 경제적 필요에 대해 최선의 답을 찾고 그들의 계획을 유권자들에게 제시하고자 노력하는 경우, 이는 합법적이며 적절하다. 그러나 오로지 경제와 무관한 이유로만 고무되고, 순전히 표를 얻거나 정치적 반대자에게 타격을 가하려는 정치적 목적으로만 동기로 삼는 경제 정책은 무책임하다. 더욱이 구체적인 경제 정책을 지지하는 일은 경제 현실에 대한 올바른 지식에 기초할 때에만 책임 있는 행위가 된다.

---

113) 요한 바오로 2세, 「백주년」 36항.

물론 정치인들에 대한 요구는 많고, 국가 자원은 제한되어 있으며, 일부 국가에서는 심지어 극도의 제한이 있기도 한다. 올바른 해결책은 자명하지 않은 경우가 많으며, 국가가 재정을 균형 있게 운영하는 것은 어려운 일이다. 이를 가능한 최선의 방법으로 달성하려면, 정치 지도자에게는 지혜가 필요하며, 용기와 결합된 지혜야말로 천재에 가까운 은사이다. "이러한 이유들로, 가톨릭교회는 교회와 세상에서 지도자들을 위해 우리가 자주 기도하도록 매우 신중하게 권고한다. 그들의 필요는 끝이 없기 때문이다."[114]

l) 보조성의 원칙에 대한 고려

보조성의 원칙은 여기 공공복리의 다른 모든 영역에서와 같이, 개인들과 중간 집단들이 자신들의 역량으로 성취할 수 있는 것은 국가가 그들에게 맡겨 두면서, 시민들이 중요한 필요를 확보할 수 없을 때에만 국가가 개입하도록 요구하는 것이다. 물론, 이것은 이러한 필요가 국가의 지원을 통해 실제로 채워질 수 있고, 더 효과적으로 공급될 수 있음을 가정한 것이다.

앞선 맥락에서 정식화된 규칙은 경제 영역에서도 전적으로 적용된다. 즉 가능한 한 많은 개인의 책임, 필요한 만큼의 국가 개입이라는 규칙 말이다. 교황 요한 23세의 지침이 바로 이것이다. "공권력의 경제에 대한 배려가 광범위하여 사회의 사사로운 분야에까지 미친다 하더라도, 그 개입은 개인의 행동 자유를 억압하는 것이 아니라 오로지 증진시켜야 하며 그럼으로써 인간 기본권의 보호를 보장하여야 한다는 것은 언제나 옳다."[115]

예외적인 상황에서 볼 때, 국가는 "특별한 상황에서는, 사회의 어

---

114) M. Novak, *Freedom with Justice, op.cit.*, p.29.
115) 「지상의 평화」 65항. 참조: 「어머니요 스승」 55항.

떤 집단들이나 산업 계층들이 약하거나 초기 단계에 있기 때문에 그들의 임무를 수행할 수 없을 때, 대리 기능을 수행할 수 있다. 공동선의 긴박한 사정으로 정당화되는 이 기능은 가능한 한, 사회 집단들과 산업 계층들의 고유한 임무를 계속해서 제거하지 않고, 국가의 개입 범위를 과도하게 확대하지 않으며, 이렇게 경제적이고 시민적 자유가 침해를 당하지 않도록 정해진 시간의 한계를 두어야 한다."[116] 여기서 산업과 공공서비스의 특정 부분을 사회화하는 문제에 대해 위에서 언급한 바를 다시 기억해야 한다.

원칙적으로는 개인이 자신의 활동을 자유롭게 행사할 권리가 우선한다는 것, 반면에 국가에 의한 입법적 개입은 입증책임이 따른다는 것이다. "원칙적으로 자유 경제는 정당화될 필요가 없다. 즉 생계와 궁극적으로 자기실현을 위해 활동하고자 하는 개인들과 자유롭게 형성된 집단들의 자유로운 발전과 활동은 특단의 정당성을 요구하지 않는다. 오히려 위에서의 간섭과 규제를 통한 자유의 제한이 정당성을 필요로 한다."[117] 개인과 단체들 스스로도 부당하고 지나친 편익을 국가 권위에 요구하지도 말아야 한다. 오히려 정부에게 과도한 권력을 부여하지 말아야 하고, 또 시민 측의 책임을 덜어버리는 것도 경계해야 한다(참조: 「사목 헌장」 75항).

2) 적정한 제도들의 창설

도덕에 대한 호소는 필요하지만, 그러나 그것만으로는 경제생활에 질서를 부여하기에 충분하지 않다. 그에 앞서 적정한 경제 기관과 구조를 창출하는 것에 모든 노력을 다해야 한다.

---

116) 요한 바오로 2세, 「백주년」 48항.

117) O. von Nell-Breuning, *Gerechtigkeit und Freiheit. Grundzüge katholischer Soziallehre*, Wien: Europaverlag, 1980, p.170.

오늘날 그리스도교 진영에서는 흔히 사회의 "죄스러운" 구조들이 규탄되었지만, 사회 질서의 이상향은 구체적으로 실현되기보다는 선언되기가 더 쉽다. 적정한 경제 제도의 창립은 결코 작은 문제가 아니다. 인간의 모든 일이 그렇듯이, 할 수 있는 한 최선을 다해야 한다. 제도는 문화적 진공 상태에서는 설립될 수 없다. 물려받은 전통들이 있고 이는 반드시 고려되어야 한다. 그 전통들이 덜 이상적인 구조를 만들어 놓았을 수도 있지만, 그래도 그러한 구조조차 사회 구조에 심각한 혼란과 안정성 상실 없이는, 갑작스럽게 변경될 수 없는 경우가 많다. "도덕신학이 쓸모없는 '의지주의'(voluntarism), 순진한 '이상주의'(utopianism), 비효과적인 '예언자주의'(prophetism)의 유혹을 피하고 싶다면, 이러한 조건들을 간과해서는 안 된다."[118] 구체적 상황에서 볼 때, 여기서도 늘 그렇듯이, 정의로운 사회의 이상향에 대한 도달은 그저 근사치일 수밖에 없다. "이는 때때로 공적인 제도적 결정조차도 부분적 정당화에 근거하여 내려야 함을 의미한다."[119] 최선의 근사치에 도달되려면, 정치 지도자에게 카리스마가 있어야 한다.

국가 권위는 개인과 중간 집단들의 반사회적 경향을 점검해야 한다. 또한 소수의 손에 부가 집중함으로써 권력의 불평등이 심각해지는 것에 대응해야 한다. 그러나 반대로, 적절한 제도들도 국가의 권능을 견제하고 제한해야 한다. 그렇지 않으면, 국가 권위는 쉽게 전제정치·과두정치·독재로 돌변한다. 이러한 균형추는 강력하고 경제적으로 독립적인 중산층과 민주주의적 제도들이 제공한다.[120]

---

118) Marciano Vidal, *L'atteggiamento morale*, vol. 3, Assisi: Cittadella, 1981, p.294.

119) Amartya Sen, *On Ethics and Economics*, Oxford: Blackwell, 1988, reprint 2000, p.67.

120) "현재 이 지구상에 구현된 160개 정권 중 어느 20~30개 국가가 인권을 가장 잘 보호하는가? 모두 자유주의 사회이다. 경제 발전을 생각해 보자. 160개 체제 중에서 어떤 20~30개 국가가 창의성과 발명, 개인적 자유와 자발적 팀워크를 키워 주며 오로지 경제 발전을 이루었는가? 약 40년 전 일본은 라틴 아메리카의 여러 국가보다 낮은 순위에 있었

경제 정책은 사회 및 노동 정책, 가정 및 교육 정책, 발전 및 환경 정책과 결합되어야만 책임 있게 구현될 수 있다. 정의의 근본 의무는 화폐가치에 대한 안정 유지이다. 높은 인플레이션은 빈자들의 손해로 이어지는 가장 불의한 부의 재분배이다. 인플레이션으로 가장 큰 고통을 받는 이들은 저축을 통장에 맡겼거나 연금 및 그와 유사한 수입에 의존하는 서민들인데, 이는 인플레이션에 맞춰 쉽게 올리거나 조정되기 어렵다. 물론 인플레이션은 저축을 위축시키고, 전체 경제에 부정적인 영향을 끼친다.

적정한 경제 제도들은 사회에 필수적이다. 무엇보다도 경제의 목적에 담겨 있는 가치들을 법질서로 구체화해야 한다. 이는 경제 자체가 본성상 역동적이듯, 역동적 성격을 지니는 과정이며, 사회적·법적 질서의 새로운 조정이 늘 요구된다. 그러나 이 이상으로, 경제 질서의 도덕적 가치들이 시민들의 양심에 내면화될수록 그 실현은 더욱 잘 보장될 것이다. 따라서 경제 제도가 그 임무를 다하듯, 도덕적·문화적 제도 또한 그 의무를 다하는 것이 중요하다. 교회는 특히 이러한 제도들의 필요에 대해 사회에 봉사하도록 불린 것이다.[121)]

3) 빈자들에 대한 우선적 관심

정부의 기본 임무 중 하나는 모든 사람을 위한 인간 존엄의 최소 조건을 보장하는 것이다. 가장 우선적인 것은 빈자들의 기본 필요를 충족시키는 것이다. 1948년 유엔의 「세계 인권 선언」 제25조는 이와 관련해 시민 공동체가 주의해야 할 의무들을 적절하게 요약하고 있

으며 일본의 기량은 그 평판이 아주 낮은 나라였다. 자유 제도들은 이를 급속도로 추진하는 데 도움을 주었다"(M. Novak, *Freedom with Justice*, *op.cit.*, p.143). 비록 노박(Novak)이 찬양한 자유민주주의 사회에서 인권 기록이 늘 완벽한 것은 아니더라도, 전반적으로 인권이 그 사회 안에서 가장 잘 보호된다는 점은 인정해 줘야 한다.

121) 참조: 바오로 6세, 교황 권고 「현대의 복음 선교」(*Evangelii Nuntiandi*, 1975), 36항.

다. "모든 사람은 의식주, 의료 및 필요한 사회 복지를 포함하여 자신과 가족의 건강과 안녕에 적합한 생활 수준을 누릴 권리와, 실업, 질병, 장애, 배우자 사망, 노령 또는 기타 불가항력의 상황으로 인한 생계 결핍의 경우에 보장을 받을 권리를 가진다."

이것은, 이미 지적한 것처럼, 국가가 이러한 필요 모두를 직접 제공해야 함을 의미하지 않는다. 사회적 필요가 확인되었다고 하여 정부에게 개입 의무가 있다는 결론을 너무 쉽게 내리는 경향이 있다. 그러나 사회적이란 국가주의적이라는 뜻이 아니다. 추기경 회프너(Höffner)는 "모든 것의 제공자로서 국가를 지향하는 것은 우려할 만하다. 가톨릭 사회 교리는 인간 자신을 위해서라도 자기의 책임을 강화하고, 복지-국가주의에 대한 거부를 옹호한다. 장기적으로 볼 때, 한 국가는 노동으로 벌어들인 수입보다 더 많이 지출할 수는 없다"라고 적절하게 말한다.[122] 이와 관련해 핵가족과 확대된 가족은 그 구성원들에 대해 책임을 지닌다. 자선단체와 같은 중간 단체들도 중요한 역할을 수행한다. 이러한 단체들이 먼저 소환되는 것은 보조성의 원칙에 전적으로 부합한다. 그러나 이들 단체의 도움이 불충분하거나 완전히 실패할 경우, 국가는 (물론 정부가 감당할 수 있는 여건의 한도 내에서) 원조의 의무를 지닌다.

빈곤의 중대한 이유는 일자리의 부족이다. 수백만 명이 일자리를 잃었거나 임금이 너무 낮기에 가난한 것이다. 따라서 빈곤 퇴치를 위한 첫째 과제는 "일할 수 있는 모든 성인에게 적정 임금으로 고용 기회를 제공하는 건전한 경제를 구축하고 유지하는 것"이다.[123] 동시에 사회 전체는 빈자들을 위한 교육에 강력히 헌신해야 한다. 빈곤에 대

---

122) J. Card. Höffner, *Economic Systems and Economic Ethics.* Ordo Socialis No. 1, Köln, ^{3}1988, p.33.

123) *Economic Justice for All,* Washington: NCCB, 1986, nr. 196. 고용에 대해서는 전체적이고 매우 시사적인 136~169항의 단락을 보라.

한 장기적 해결책은 “학교 안팎에서의 공적·사적 교육에 중대한 관심을 기울여야 한다. 특히 도심 환경에서 볼 때, 적절한 교육의 부재가 많은 빈자들이 빈곤에서 벗어나지 못하게 하고 있다.”[124] 빈곤 극복의 수단으로서 교육의 중요성은 아무리 강조해도 지나치지 않는다. 교육을 개선하려는 노력은 어느 국가나 미래에 투자하는 것이다.

11.3.4. 국제 차원의 경제 협력

모든 국가의 번영을 위해 국제적 경제 협력이 필수적이라는 데에는 의견이 일치된다. 협력은 순수한 경제적 사실들과 필요들에 의해 이미 요구되고 있다. 그러나 경제 정책은 단지 경제적 차원을 넘어서는 가치들에 의해 이루어져야만 한다. 인간적 연대와 그리스도교적 사랑은 모든 경제 주체들에게 인류 가정 안에서의 궁핍과 비참한 처지를 극복할 것을 감히 요구한다.

1) 국제 경제의 질서

경제의 진정한 목적에 대하여 말해 온 내용은 국제관계에도 똑같이 적용된다. 무엇보다도 모든 이를 위해 인간다운 존재가 되도록 보장되어야 한다. 특히 두 가지가 관련되는데, 바로 충분한 생계 수단과 의미 있는 노동 혹은 직업이다. 이 두 조건은 모두 오늘날의 세계에서 아직도 미진한 점이 많다. 이를 개선하는 것은 공정한 국제 무역의 추진과 확대에 크게 그리고 결정적으로 의존한다.

국제 경제는 근본적으로 자유 시장 질서에 지배받는다. “현대의 국제 경제에서 볼 때, 각 나라는 기업처럼 기능한다. 내부적으로는 사회주의이든, 공산주의이든, 자본주의이든 차이가 없다. 사고파는 세계

---

124) *Ibid.*, nr. 203.

시장에서 볼 때, 각 나라는 가능한 최선의 조건으로 자국의 제품을 팔고 타국의 제품은 사려고 한다."[125] 국제적 차원에서의 통제 경제를 시행할 중앙 권력이 존재하지 않는다는 사실과 별개로, 자유 시장 경제는 국내 차원에서와 동일한 이유로 선호될 만하다.

자유 무역 원칙에 대한 제한은, 첫째로 너무 치열한 외국들과의 경쟁에서 특정 산업을 보호할 필요성에 의해 설정된다. 이러한 보호는 경쟁에 맞서 충분히 발전해야 하는 초기 단계의 산업이나 또는 (영구적 희생을 감수하면서) 정치적·경제적으로 필수적인 산업에 요구될 수 있다. 이를 위한 수단은 보호 관세이다. 둘째로, 경제적으로 약하고 정치적으로 종속된 국가들을 과잉 벌채 등의 착취로부터 보호할 필요성에 의해 설정된다. 이러한 보호 제공이 국제연합(UNO)의 기능이다. 어떤 조치와 협정이 이러한 목적에 가장 부합할지, 구체적인 사안과 상황에 따라 좌우된다. 어느 쪽에게든 바람직하지 않은 부작용이 없는 조치는 거의 없다. 따라서 정치적 타협은 불가피한 것이다.

비록 자유세계의 거의 모든 국가가 원칙적으로는 자유 무역을 지지한다고 선언하지만, 실제로는 많은 제약이 존재한다. 특히 산업화된 나라들(industrialized countries)이 자국의 산업과 수출에 보조금을 지급하고 개도국들로부터의 반제품 혹은 완제품의 수입에 관세를 부과할 때, 개도국들이 특히 큰 타격을 받는다. 산업화된 국가들의 보호무역주의는 개도국들에 심각한 피해를 입힌다.[126] 윤리적으로 부당하고 용납될 수 없는 일이 있는데, "산업국 스스로가 개도국 수출에 자국 시장의 개방함으로써, 장기적 위기관리를 위한 기여를 거부하는

125) Adam Daniel Corson-Finnerty, *World Citizen. Action for Global Justice*, Maryknoll, N.Y.: Orbis, 1982, p.20.

126) 세계은행의 추산에 따르면, 보호무역주의로 인해 개도국이 입는 손실은 1989년에 약 1,000억 달러로 이는 전 세계 개발 원조금의 두 배에 달한다. 1994년 개도국을 위한 이른바 관세및무역에관한일반협정(GATT)을 통해 상당히 개선된 것은 사실이지만, 이 협정 역시 불공정한 관세 누진을 완전히 제거하지는 못했다.

것은 윤리적으로 부당하며, 용납될 수 없다."[127]

물론 농산물·선철·섬유·신발 등 기술적으로 단순한 상품들에 대한 보조금이나 관세를 철폐하면, 산업국 내의 고가 생산자들과 그 노동자들에게 타격을 줄 것이다. 해외의 저가 경쟁은 이들을 축소시키거나 심지어 폐업으로 내몰 수도 있다. 그러나 미국 주교회의는 산업국들이 "빈곤에 시달리는 개도국들보다는 무역 분쟁에 더 잘 적응할 수 있다"고 올바르게 지적한다.[128] 여기서 국가들 간의 연대가 구체화 된다. 이러한 구조적 변화로 위협받는 기업들은 더 유망한 국내 생산에 투자하도록 지원받거나, 기존의 생산을 개도국으로 이전할 수 있도록 지원받아야 한다. 초기의 어려움 이후, 자유 무역의 국제적 경쟁이 가져오는 분업은 제1세계 국가들에도 최선의 이익을 가져다줄 것이다.

그러나 단순히 국제 무역에서 국가의 간섭을 제거하는 것만으로 문제가 해결되지는 않는다. 더 큰 국제적 통제도 또한 필요하다. 민간의 대기업들이 그들의 우월한 자본력과 내부 지식을 이용해 저개발국과의 관계에서 부당한 이익을 쉽게 취하지 못하도록 하기 위함이다. 그럼에도 엄밀한 연구들은 전체적으로 다국적 기업들이 긍정적인 방식으로 경제적 가치 창출을 해 왔음을 보여 준다. 그들의 임금은 개도국 중에서 가장 높은 수준에 속한다. 그러나 다른 한편으로 그들은 경계심 있는 노동조합이나 공공 여론이 존재하는 곳에서는 결코 사용하지 않을 경영 방식을 이들 국가에서는 사용할 수도 있다. 특히 심

---

127) Friedhelm Hengsbach, *Strukturentgifiung*, Düsseldorf Patmos, 1991, p.165.

128) *Economic Justice for All*, *op.cit.*, nr. 270. "1966년 브라질은 원두에서 인스턴트커피를 생산할 수 있는 공장을 세워 커피 산업을 확장하려고 했다. 미국 기업들은 자국 정부에 압력을 가했고, 그 결과 미국 정부는 차례로 (가격 안정을 유지하고자 고안된 협정인) 국제커피협정(International Coffee Agreement)에서 탈퇴하고 미국의 모든 원조를 취소하겠다고 브라질에 통보했다. 브라질은 굴복하여 자국 생산자들에게 수출세를 부과했고, 결국 이들은 몰락하게 되었다"(A.D. Corson-Finnerty, *World Citizen*, *op.cit.*, p.24).

각한 문제는 생태학적 관점에서 일부 기업의 활동에 있다. 예컨대 석유생산 과정에서의 부주의한 관행으로 원시림을 오염시키는 경우이다. 따라서 외국 기업들을 위한 행동강령은 시의적절하다. 그들의 준공영적 성격을 고려할 때, "다국적 기업들이 이러한 강령을 채택하고 그 조항들에 따라 행동하도록 요구해야 한다."[129] 이와 같은 문제들에 대해 국제연합이 주도하는 것은 가장 적절하다. 더욱이 개도국들에는 경제적 격차를 해소하고, 자국 내 산업을 촉진하며, 자국민의 욕구를 충족시키기 위하여 산업국들의 적극적인 원조가 필요하다. 이는 다음 논점으로 이어진다.

2) 경제 발전과 세계의 연대

국가적 빈곤의 극복이 19세기의 사회 문제였듯이, 번영의 과도한 격차로 인해 국제적 빈곤의 극복은 20세기와 21세기의 과제이다. 우선 주목할 것은 "개도국의 빈곤에는 많은 원인이 있으며, 원인이 단일하다고 보는 설명과 그 해결의 시도는 실제 문제를 피하고 있다는 점이다."[130] 동시에, 전 세계적으로 발전하고 모든 국가가 어느 정도 상호 의존하는 경제 속에서는, 그 누구도 개도국에 대한 책임에서 벗어날 수 없다. 부유한 나라와 가난한 나라 사이뿐 아니라 개도국 간에도 "상호 의존을 연대로 변모해야 한다."[131]

---

129) *Economic Justice for All*, *op.cit.*, nr. 280.

130) Hermann Sautter, *Armut und Reichtum auf Weltebene*, Wuppertal: Brockhaus, 1983, p.131. 하지만 몇 가지 진전도 눈에 띈다. 개도국의 기대수명은 1960년 46세에서 1987년 62세로 늘어났다. 5세 미만의 아동 사망률은 50% 감소했다. 주민 1인당 칼로리 공급량이 1965년과 1985년 사이에 약 20%가 늘었다[참조: 1990년 세계 인구에 관한 국제연합개발계획(UNDP) 보고서, 파리, 1990]. 남아시아와 동아시아에서 번영은 상당히 이루어졌다. 그러나 방글라데시, 중앙아메리카, 사하라 이남의 아프리카와 같은 몇몇 나라에서는 1992년까지 아무런 진전도 없었을 뿐 아니라, 심지어 빈곤이 증가하는 것으로도 기록되었다. 독립선언 당시에는 자급자족할 수 있었던 아프리카의 상당수 나라가 국제적 식량 원조에 의존하게 된 것이다.

131) 요한 바오로 2세, 「사회적 관심」(1987), 39항 2절과 45항.

개도국에서 천연자원의 지속적 고갈로 심각해지는 환경적 위협은 전 세계 모든 국가에 심각한 우려를 초래한다.[132] 개도국에 대체 소득원이 확보되지 않는 한, 환경 정책에 결정적인 변화는 기대할 수 없다. 그러한 수입원 창출은 그들 국가의 교육 강화, 훈련된 현지 인력, 기술 이전 및 필요한 자본 제공을 전제한다. 여기서 개발 원조와 생태적 요구가 교차한다. 더욱이 빈곤은 전 세계적 차원의 이주 및 난민 발생의 주원인 중 하나이며, 이는 개발과 출신 국가의 더 큰 안정 없이는 대처할 수 없다.

산업국의 우월한 힘과 개도국의 무력함의 원인은 적어도 직접적으로는, 산업국의 부와 개도국의 빈곤 때문이라기보다는 개도국의 사회적·문명적 후진성 때문이다(예: 문맹·숙련 부족·집단충성심·비대해진 관료제 등). 이는 그들로 하여금 인적 자원과 천연자원의 잠재력을 최대로 활용하지 못하게 방해한다. 이러한 후진성을 극복하기 위해서는 직업 및 전문 훈련이 필요하다. 교육은 사회의 미래 기회를 결정하는 데 중요하다.[133] 동시에 국내 개혁도 필요하며, 정치 경제학적 구조에서 사회적 시장경제의 구조로 과감한 이동이 요구된다. 산업국은 개도국을 도와야 한다. 현대적인 방법으로 경제 발전을 가속화하려면, 기술 교육과 초기 자본도 필요하다. 이 과정에서 거대한 조직과 복잡한 관료주의보다는 다수의 소규모 사업체와 소상공인을 중시하고 육성해야 한다. 국가 경제 발전의 중심 추진력은 소규모 가족 기업에서 나온다.

흔히 농업의 번영에 필요한 모든 자연조건이 갖추어져 있어도, 구

---

132) 1980년부터 1990년까지 10년 동안 열대림은 매년 1,700만 헥타르가 고갈되었고, 매년 50,000종의 동물이 멸종되었으며, 지난 20년 동안 100만 종의 동물이 멸종되었다(*Time*, June 1, 1992, p.43).

133) 세계은행(World Bank)의 연구에 따르면, 소녀들의 교육이 개도국이 할 수 있는 가장 유익한 투자이다. "소녀 교육은 발전의 모든 차원에서 촉매 효과를 지닌다"(1996).

식 봉건제·원시적 농업 방식·직업 훈련 부족·자본 부족 등 정치적이고 사회-경제적인 걸림돌들이 될 때가 많다. 이것들의 제거는 상당 부분 개도국들의 임무이다. 빈자들을 돕기 위한 선의의 농산물 가격 통제는 농부들에게 거의 이윤이 남지 않는다. 따라서 생산량이 줄어 모두에게 해가 된다.[134] 농산물 소득의 향상은 도시로의 이농을 방지하고, 시골의 소규모 상업이 존속할 가능성이 만들어진다. "배고픔과 기아에 사로잡힌 나라들에서는 현재 장기적인 농업과 식량 체계를 위한 대안이 없다. 대부분의 권위자가 이러한 개발의 핵심이 소규모 농업에 있음을 인정한다."[135]

외국인 투자는 비록 투자회사와 개도국 모두에게 위험할 수 있지만, 필요한 자본과 기술 및 경영 전문성을 제공하는 경제 지원의 형태로서, 중요하다. 이 과정에서 종속이 만들어지지 않도록 주의해야 한다. 개도국들은 생산과 교역 상대국들을 다각화하고, 여러 나라로부터 투자를 유치하는 것이 현명하다. "투자회사의 제품과 기술 모두가 개도국에 적합해야 한다. 소수의 고소득 소비자만을 위한 것이거나, 특히 농업 부문에서 노동을 대체하는 자본 집약적 공정을 구축하는 것이어서 안 된다."[136]

금융 부문에서 원조의 일차적 임무는 안정적이고 효율적인 국가 금융 체제를 구축하는 것이다. "또한 가장 가난한 개도국들도 더 많은 지역의 자원을 동원하고자 한다면, 은행 부문을 강화하고, 견고한 금융 체제를 구축해야 한다. 오직 이 방법을 통해서만이 장기적으로

---

134) 인도에서 농산물에 대한 가격 통제가 해제되자 생산량이 급증했고, 늘어난 생산량으로 식품 가격이 낮아졌다. 베트남에서도 같은 일이 일어났다. "2년도 안 되어서(…) 식량 줄서기와 배급이 사라졌다. 집단농업이 폐지되면서 국가는 자급자족할 수 있게 됐으며, 1989년에는 150만 톤의 쌀을 수출할 잉여 생산이 이루어졌다"(*Newsweek*, 1990년 3월 19일자, p.33).

135) *Economic Justice for All*, nr. 283.

136) *Ibid.*, nr. 279.

국제 자본 유입의 조건을 조성할 수 있다."[137] 개도국에도 저축의 잠재력은 상당하다. 그러나 안정적인 금융 기관이 부족하고 물가상승률이 위협적인 곳에서는, 부동산이나 보석과 같은 형태로 저축한다. 이러한 자본은 투자에 사용되지 못한다. 안정적인 금융 체제는 법적 틀의 적절성, 공적·사적 금융 자원 운용의 투명성, 중앙은행의 독립성, 그리고 기술적 역량을 요구한다. 개발 협력의 맥락에서 볼 때, 특히 빈곤국들에 이러한 지원이 제공될 수 있다.

산업국들이 자유 무역의 원칙을 철저히 지키고 특히 개도국에서 수입하는 제품에 대해서는 수입 관세를 철폐해야 할 긴박함은 비록 그들의 희생과 조정이 필요하더라도, 이미 언급된 바 있다. 이는 최빈국의 발전에 가장 건설적인 공헌이다. "따라서 그리스도인들은 개도국의 제품에 대한 보호 장벽을 무제한으로 철폐하도록 입장을 분명히 해야 한다."[138]

신용과 대출은 자체로 바람직하고 합법적인 것이며, 발전에 기여하는 것으로 간주될 수 있다. 그러나 변동하는 금융 시장의 상황에서는 대출을 통한 경제적 지원이 또한 "비생산적인 구조로 변할 수도 있다. 이는 채무국들이 부채 상환을 위해서는 자신들의 생활 수준을 개선하거나 최소한 유지하는 데 필요한 자본을 수출해야 함을 알게 되기 때문이다." 이는 대출 국가들이 "민족들의 상호 의존성에 대한 윤리적 성격을 성찰하도록 해줘야 한다."[139] 연대의 이유는 그러한 조

---

137) *Globale Finanzen und menschliche Entwicklung*, ed. by the Wissenschaftliche Arbeitsgruppe für weltkirchliche Aufgaben of the German Bishops' Conference, Bonn, 2001, p.62. 이 출판물은 바로 이 문제를 다룬 연구이다.

138) Werner Lachmann, *Leben wir auf Kosten der Dritten Welt?*, Wuppertal: Brockhaus, 1986, pp.92f.

139) 요한 바오로 2세, 「사회적 관심」 19.4항과 19.6항. 교황청 정의와 평화 위원회가 1986년 "국제 부채 문제에 대한 윤리적 접근으로서 인간 공동체에 봉사하여"라는 문서에서 자세히 다루었다(*Enchiridion Vaticanum* 10. Bologna, 1989, pp.770~797).

건 아래에서, 최소한 일부 대출금의 탕감을 요구한다.

세계의 몇몇 최빈국에서 지나치게 빠른 인구 증가의 경향과 지구 자원의 유한성이 존재한다는 점은 무시될 수 없다. 이에 대해 교황 바오로 6세는 이렇게 언명한다. "출생률의 급격한 상승은 진보의 계획을 너무나 자주 곤란하게 만든다는 것은 사실이다. 생산될 재화보다 인구 증가가 훨씬 빠르므로 사람들은 마치 골목길에 갇힌 기분이다. 여기서 사람들은 인류 증가를 감소시키는 근본적인 대책을 강구하려는 유혹을 받게 된다. 의심 없이 국가는 맡겨진 권한 내에서 국민을 계몽하며 적절한 수단을 이용하여 이 문제에 개입할 수 있다. 그러나 그것은 도덕률에 부합하고 부부의 정당한 자유를 조금도 침해하지 않는 수단이라야 한다."[140]

개발 원조가 (좁은 의미로, 무상원조 형태의 지원이) 필요한 것도 분명하다. 정부는 물론 민간단체와 개인 기부자들도 그것의 원천이 되고 있다. 특히 최부국들(richer nations)이 궁핍한 이들을 위해 관대하고 이기적이지 않은 원조를 하라고 요구받는 것이 이 부분이다. "큰 희생이 따르더라도 개발 원조를 상당히 확대해야 한다."[141] 이 과정에서 지역 주민들도 그 계획에 포함해야 한다. 원조 기관이나 정부의 가부장적 태도로는 실패할 운명이 되어 버린다. "빈자들이 실제로 얼마나 역동적인지에 대한 인식은 거의 없다. 이를 해결하려면 경제적·사회

---

140) 「민족들의 발전」 37항. 참조: 「사목 헌장」 87항; 요한 바오로 2세, 「사회적 관심」 25항.

141) Joseph Card. Höffner, "The world economy in the light of Catholic social teaching", in *Church and Economy*, ed by J. Thesing, Mainz: Hase & Koehler, 1987, p.44. "국제 개발 원조는 우선적으로 위신이 서는 대규모의 계획들을 세우는 데서 시작하지 말고, 오히려 도로·교량·철도·수도관의 건설과 같은 하부 구조 차원에서 노동집약적 활동을 추진하는 데서 시작해야 한다. 동시에 소비재(섬유·가구·가재도구 등)를 생산하는 중소기업을 많이 만들어야 한다. 그래야 기반 구축에서 벌어들인 임금에 맞게 적절한 소비재의 공급이 이루어진다. 그렇지 않으면 물가가 상승하고 빈곤은 그대로 남아 있게 된다"(p.45).

적·문화적·정치적 태도와 많은 관행을 바꿔야 한다. 빈곤 속에 사는 사람들이 자신들과 관련된 계획에서부터 참여가 배제되었을 때, 그러한 계획들로부터 전반적으로 얻을 수 있는 이점이 거의 없었음을 역사는 증명해 주었다."[142] 이러한 측면들의 중요성은 아무리 강조해도 지나치지 않다. 국내외 차원의 책임자들은 이를 잊어버리는 경향이 있는데, 이미 기술적 부분이 엄청난 문제를 안고 있고 그들의 주의를 너무 많이 빼앗기 때문이다.

부패라는 심각한 문제도 여기서 지적해야 한다. 이것은 많은 국가에서 사회에 해를 끼치고 빈자들의 권리를 부정한다. "자본유출, 혈연·사회·민족 결속이나 정치적 연고를 기반으로 소수의 이익을 위한 자원 낭비나 횡령은 널리 퍼져 대중에게 잘 알려져 있다. 이러한 비행은 자주 규탄된다. 그렇다고 해서 이러한 규탄이 책임자들로 하여금 빈곤층에게 특히 대규모로 해악을 끼치지 않도록 막지는 못한다. 부패는 공동선을 추구하고 정의를 보장하는 데 필요한 개혁을 가로막는 경우가 많다."[143] 이것은 사회의 대표자를 뽑아 공공복리를 증진하도록 부여한 신뢰를 아주 심각하게 남용하는 것이다. 빈자와 사회적 약자에게는 그들의 이익을 효과적으로 대변할 수 있도록 하는 민주주의의 단호한 촉진, 명확한 법 집행의 확립, 그리고 사회운동·교회·노동조합과 같은 시민사회의 힘을 강화해야 한다.

교회 및 유사 단체들의 기여가 최빈국의 발전에 근본적으로 중요하다는 점이 증명되었다. 교육 체계 구축과 전반적인 자선 활동을 통해, 그들은 저개발 국가들의 발전과 진보에 크게 기여하였다. 본국으로 가서는 최빈국에 대한 책임 의식을 선도하였다. 현지에 상주함으

---

142) Pontifical Council "Cor Unum", *World Hunger. A Challenge For All: Development In Solidarity*, Vatican City, 1996, nr. 33.
143) *Ibid.*, nr. 37.

로써 교회는 도시에서 멀리 떨어진 지역과 풀뿌리 차원의 자조적(self-help) 계획을 펼칠 특권적 위치에 있다.[144] 그들이 주로 촉진하는 소규모 계획들이 가장 큰 이익을 창출했다. "대체로, 수백만 개의 소규모 계획들이 수백만 달러가 드는 대규모의 계획보다 낫다고 여길 수 있다."[145]

자본·교육·훈련 외에도 문화적·도덕적 태도는 한 국가의 발전을 위해서는 결정적인 중요성을 지닌다. "노동·재산·섭리·시간 엄수·신뢰성 등에 대한 태도의 변화가 요구되는 것이다."[146] 여기서도 교회는 본질적 기여를 할 수 있고, 또 해 왔다. 단순히 재화와 서비스에 대한 축적만으로는 인간의 행복 실현에 충분하지 않다. "인간의 처분에 맡겨진 재화와 잠재력의 중요한 모든 체제가 도덕적인 식견에 의해서 지도되고 인류의 진정한 선을 지향하는 방향으로 유도되지 않으면, 그것이 쉽사리 인간에게 대항하는 양상으로 변질되어 인간을 억압하게 된다."[147] 발전은 필수적으로 경제적 차원을 가지지만, 그것에 국한되지는 않는다. 그것은 개인 전체성의 문화적·종교적·초월적 차원이 포함된 인간 소명을 지향해야 한다.

---

144) 지금까지의 경험에 따르면, 재정과 기술 유입의 증가는 일차적으로 그 국가의 수도에 혜택이 되었다.

145) Hermann Sautter, *op.cit.*, p.128.

146) W. Lachmann, *op.cit.*, p.95. 그리스도인들은 비그리스도인들보다 경제적 결정을 내릴 때 양심의 고려를 더 많이 한다고 관찰되었다. 그들은 사회적 책임의 측면에 더욱 마음을 쓴다. 경제적 약자에 대한 보호와 빈자에 대한 관심이 그리스도교 안에서는 더욱 뚜렷하다. 한 개인이 그리스도인처럼 행동할수록, 시장경제는 더 잘 작동하고 더욱 인간적인 면모를 띠게 된다.

147) 요한 바오로 2세, 「사회적 관심」(1987), 28항.

제 12 장

피조물에 대한 책임 있는 돌봄

"하늘은 하느님의 영광을 이야기하고 창공은 그분 손의 솜씨를 알리네. 낮은 낮에게 말을 건네고 밤은 밤에게 지식을 전하네"(시편 19, 1~2). 피조물의 아름다움과 경이로움은 인간으로 하여금 늘 칭송과 찬송, 황홀과 감사를 자아내게 한다. 산과 바다, 강과 숲, 식물과 생물의 다양함은 사람들의 기쁨과 영감의 원천을 고갈되지 않게 한다. 자연환경은 정서적·영적·창조적·미적 가치들을 제공하여 사람들을 아주 풍요롭게 한다. 분명히 자연은 많은 방식으로도 인간이 이 세상에서 물질적으로 존재하는 데 필수적인 기초가 되어 준다.

하지만 최근 인류의 자연 서식지는 생태적 위기로 인해 점점 더 위협받고 있다. 이는 천연자원을 부주의하고 낭비하며 착취하거나, 물·대기·토지의 오염 그리고 동식물의 서식지 파괴와 같이 자연에 대한 과도한 침범 등 환경적 부담을 초래한 결과이다.

환경의 파괴는 예컨대 화전과 대규모 삼림 벌채 등, 인류 역사상 과거에도 이미 존재했지만, 그 피해는 국지적인 것이었다. 하지만 20세기 후반 급속하게 확산된 산업화와 세계 도처의 폭발적 인구 증가는 환경에 상당한 압박을 가했다. 환경에 대한 위협은 특히 산업국에서 심각하며, 수많은 동식물이 소멸될 처지가 되었다.

하지만 개도국들이라고 생태학적 위기에서 자유로운 것은 결코 아닙니다. 아마존과 다른 열대지역에서 급속한 삼림 벌채는 해당 국가의 기후뿐만 아니라 전 세계에도 위협이 된다.[1] 많은 야생종이 아프리카·아시아·아메리카 등 세계의 전 지역에서 멸종 위기에 처해 있다.[2] 어업을 통한 해양의 개발과 오염의 영향이 결합함으로써, 어획량

---

1) "1990년과 1995년 사이 연평균 삼림 벌채 비율은 38,610제곱마일로, 포르투갈 크기보다 약간 더 크다"(『뉴스위크』 특별판, 1999년 12월~2000년 2월, p.72). 인도와 네팔에서는 광범위한 삼림 벌채가 토양 침식이 심각해지고, 이로써 농업과 물 공급에 부정적인 결과를 초래하였다.

2) 1987년에, 워싱턴에 본부를 둔 비영리 환경단체 「국제 보호 협회」(Conservation International)는 북아일랜드보다 더 넓은 볼리비아의 숲과 사바나 지역을 인수했는데, 이

의 급격한 감소로 이어졌다. 1930년대에 20만 마리의 흑범고래가 대양을 가르며 다녔지만, 1985년에는 2천 마리로 추산될 뿐이다.[3)]

1970년대의 석유 위기는 이미 전문가들이 오래전부터 알고 있었던 사실을 전 세계적으로 주의를 환기시켜 주었는데, 지구의 자원은 특히 원유 자원뿐 아니라 다른 많은 천연자원도 제한되어 있다는 것이다. 점점 더 많은 사람들이 자연과 환경에 대한 인간의 위협에 경각심을 갖게 되었다.[4)] 이러한 우려는 자연과 피조물에 대한 인류의 태도를 철저히 검토하게 하였으며, 교회도 또한 이 논의에 참여하고 있다.[5)]

12.1. 자연과 피조물에 대한 그리스도교적 관점

생태적 위기가 그리스도교의 영향과 특히나 성경의 창조 이야기 때문이라는 의견을 고수하는 목소리들도 있다.[6)] 창세기의 첫 부분은

지역에는 약 500종의 조류와 볼리비아의 멸종 위기 동물 18종 중 13종이 서식하고 있었다. 이는 그 지역을 상업적 이용으로부터 보호하고, 생물권보존지역으로 보전하기 위한 것이었다(『타임』 1987년 7월 27일자, p.34). 1984년에, 자이레 정부의 요청으로, 가람바(Garamba) 국립공원은 유네스코의 세계유산 계획이 후원하는 '위험에 처한 세계유산' 목록에 포함되었다. 이 공원은 20년 전의 1,300마리에서 10~15마리로 줄어든 북부흰코뿔소의 마지막 생존 가능한 서식지이다.

3) R. Lehmann, *Ökosignale*, Freiburg: Herder, 1985, p.112. 저자에 따르면, 귀신고래(Glattwale)는 3천 마리로 줄어들었다.

4) 영국, 프랑스, 독일, 이탈리아, 스위스 등 여러 국가에서는 이러한 우려로 인해 자연과 환경 보호를 목적으로 하는 새로운 정당 "녹색당"들이 창당되었다.

5) 이 문제를 향한 공식적인 가톨릭 선언들에 대한 조사는 Kurt Koch("Verlautbarungen des katholischen Lehramtes zur Umweltproblematik", *Theologie der Gegenwart* 40, 1997, pp.37~53)가 제공한다.

6) 좀 더 절제된 방식으로 이러한 비판이 J.B. Cobb 의 *Is It Too Late? A Theology of Ecology*(Beverly Hills: Bruce, 1972)에서 제기되었다. Carl Amery 의 책(*Das Ende der Vorsehung. Die gnadenlosen Folgen des Christentums*, Hamburg: Rowohlt, ^{2}1974)이 출판되었고, 신문에 의한 큰 효과와 함께 널리 퍼졌다. 이에 대한 대답과 반박은 Udo Krolzik(*Umweltkrise - Folge des Christentums?*, Stuttgart/Berlin: Kreuz Verlag, ^{2}1980)

인간을 나머지 피조물에 비해 돋보이게 하고, 피조물을 완전히 지배할 권위를 수여하는 방식으로 자연 안에서 인간에게 특별한 위치를 부여한 것으로 이해될 수 있다. 이것은 — 그래서 더 논쟁의 여지가 있으며 — 인간이 세계의 중심이라는 서구식 오해를 조장했지만, 사실상 인간은 스스로를 자연의 일부로 여겨야 한다는 것이다.

아우어(A. Auer)의 지적대로, 이 비난에는 어떤 역설이 담겨 있다.[7) 계몽주의 이래로 그리스도교는 자연 과학을 불신하는 사고를 지녔고, 그것이 과학이 촉진하는 진보를 가로막는다는 비판을 거듭 받아 왔다. (교회 공동체는 자연 과학이 보여 주는 구체적인 양식, 즉 물질주의적이고 기계론적 세계관에 치우쳐 하느님과 그리스도교 신앙에 여백이 거의 없는 양식에 대해 실제로 불안감을 품고 있었다. 이러한 불안감은 상당 부분 정당했지만, 때때로 변화에 대한 교회의 저항은 근거가 부족한 경우도 있었다.) 이러한 진보가 쓰라리고 해로운 열매를 맺자, 그리스도교가 다시 비난을 받고 있는데, 이번에는 정반대의 이유, 즉 이러한 잘못된 진보를 후원했다는 이유 때문이다.

하지만, 그리스도교가 알려지지 않은 곳에서도 자연에 대한 착취가 이루어졌다는 것은 사실이다. 예컨대, 중앙아메리카의 원주민들은 주로 사냥을 해서 살았는데, 그 과정에서 모든 대형 동물을 멸종시켜 버렸다. 로마 제국의 비옥한 정원이었던 북아프리카는 무분별하게 경작해 그 당시에 이미 사막으로 변모되었다. 전설의 에덴 동산이었던 메소포타미아와 아라비아의 일부 지역도 나을 것이 없었다. 더욱이 물리학과 기술로 인한 자연의 황폐화는, 성경이 많은 지식인들에게 더 이상 주요 지침이 되지 못했고 그들에게는 자연이 더 이상 하느님의

가 제기했다.

7) Alfons Auer, *Umweltethik. Ein theologischer Beitrag zur ökologischen Diskussion*, Düsseldorf Patmos, 1984, p.206.

피조물로 여겨지지 않았던 시기에, 한꺼번에 시작되었다. 대신 자연은 단순한 원료로 간주되었고, 인간은 자연을 유용하고 도전적이며 만족스럽게 생각하는 어떠한 구조와 목적에도 마음대로 사용할 자격이 있는 최상의 건설자로 간주되었다. "환경이 처한 곤경은 성경 메시지의 결과 때문이 아니라, 인간이 하느님으로부터 분리된 결과 때문이다."[8] 그렇다고 해서 그리스도인으로 자처한 모든 이들이 항상 자연을 올바른 태도로 대했다는 뜻은 아니다. 그들 역시도 성경 메시지의 참뜻을 충분히 알지 못했으며, 사회의 세속화 경향에 쉽게 영향을 받았다. 그러므로 성서의 진정한 정신에 대한 성찰은 시의적절하고, 필요하다.

1) 구약

구약은 자연과 창조에 대한 근본적 시각을 제시한다. 첫 번째 책인 창세기 1장은 하느님께서 엿새 만에 세상을 창조하셨음을 알려 주며, 그 과정에서 그분의 작품이 좋은 것이었음을 반복적으로 강조한다. "하느님께서 보시니 손수 만드신 모든 것이 참 좋았다"(창세 1,31). 하느님께서 지으신 모든 작품은 바름·질서·아름다움을 지녔기에, 그것은 가치 있고 또 선하다.

마지막으로, 여섯째 날에 하느님께서 남자와 여자를 창조하셨다. "우리와 비슷하게 우리 모습으로 사람을 만들자"(창세 1,26). 남자와 여자가 하느님의 외관을 지녔기에, 하느님을 닮았다는 것이 아니다. 하느님의 모습과 비슷해 보이지는 않는다. 오히려 그 닮음은 그들이 하느님을 대리한다는 것이며, 땅에 존재하고 그들 곁에 살아가는 모든 사물 앞에서 하느님을 대표한다는 뜻이다. 성경 본문이 "땅을 가득

---

8) Gerhard Friedrich, *Ökologie und Bibel. Neuer Mensch und alter Kosmos*, Stuttgart: Kohlhammer, 1982, p.14. Udo Krolzik(*op.cit.*, p.84)도 같은 결론에 도달했다.

채우고 지배하여라. 그리고 땅을 기어 다니는 온갖 생물을 다스려라" 하고 명령을 내리고 있다면(창세 1,28; 집회 17,1~4), 그것은 대리인이며 관리인의 임무라는 뜻으로 이해해야 한다. 이러한 해석은 지혜서에서 증거를 찾을 수 있는데, 그 지혜서는 인간이 "세상을 거룩하고 의롭게 관리하며 올바른 영혼으로 판결을 내리도록"(지혜 9,3) 하는 임무로서의 피조물에 대한 지배권을 인정하고 있다. 그러므로 "인간은 결코 자신이 원하는 것은 무엇이든 피조물에게 할 수 있는 무제한적인 통치자가 될 수는 없다. 피조물은 하느님의 피조물이며, 인간은 하느님의 지배권을 단지 대리하는(vicarious) 방식으로만 위임받았고, 그저 그분의 위임 통치자(mandatory)일 뿐이다. 땅은 인간의 소유물이 아니기에, 인간이 자의적으로 착취할 수는 없다. 다스리는 자는 가족장(家族長, patriarchal)의 마음으로 자신의 피지배자들에 대해 책임을 지닌다. 그러므로 다스린다는 것은 다스림 받는 이들에 대한 돌봄을 포함한다."[9)]

창세기 2장은 에덴 동산에 대해 전한다. 하느님께서 최초의 인간 부부를 위해 동산을 세우셨고, "경작하고 보존하도록" 하셨다. 모든 나무 열매는 인간의 양식으로 쓰도록 주어졌으나, 선과 악을 알게 하는 나무만은 금지되었다. 이는 생명과 모든 필수품의 근원이신 하느님께서 인간에게 무엇이 좋은지를 가장 잘 아신다는 진리를 드러낸다. 이러한 필요들은 **창조자**의 월등한 지혜에 의해 현실 속에 심겨졌다. 그러나 불행하게도 인류의 조상들은 인도자이신 하느님 곁에 머물지 않았고, 오히려 그들은 스스로 선과 악을 모두 알 수 있다고 착각했다. 창세기의 3장은 아담과 하와가 하느님 뜻에 불순종하여 금지된 나무 열매를 먹고 스스로와 피조물 전체에 저주·고통·분열을 불러온 이야기를 전한다. 다른 구약 문헌들도 인류의 죄와 자만심이 피조

9) G Friedrich, *Ökologie und Bibel*, *op.cit.*, p.11.

물 전체에게 피해를 준다고 확신한다. 그러나 직접적인 그것의 원인은 자연을 착취해서라기보다는 하느님을 향한 인간의 불순종과 불신앙 때문이라고 여긴다.[10)]

그러나 인간의 죄가 피조물에 영향을 끼칠 뿐 아니라 인간의 신실함으로 야기된 축복도 땅과 모든 생물이 공유한다(레위 26,3~6). 이것은 특히 세말에 하느님의 구원 행위에 있어서 더욱 그러하다.[11)]

자연에 대한 구약의 태도 중 가장 특색 있는 모습은 자연의 경이로움과 위대한 설계의 지혜를 찬미하는 것이다. 이는 특히 시편의 기도에서 돋보이며, 다른 곳에서도 나타난다(예: 집회 42,15~43,33). 하늘과 땅과 모든 피조물은 하느님의 영광을 선포한다(시편 19). 피조물에 대한 관상은 인간들이 자신들의 제작자를 칭송하고 존경하며 감사하도록 일깨운다(시편 148). 피조물의 경이로움을 바라보며 시편 104편은 이렇게 외친다. "주님, 당신의 업적들이 얼마나 많습니까! 그 모든 것을 당신 슬기로 이루시어 세상이 당신의 조물들로 가득합니다"(시편 104,24).

2) 신약

신약은 피조물의 기원과 의미 및 인류와의 관계성에 대한 구약의 관점을 전제하고 있다. 신약이 이 관점을 공유하고 또 유지하고 있기에, 신약의 저자들에게는 이 문제를 장황하게 논의할 필요가 없었다.

자연과 인류 간의 연대 및 자연에 대한 인류의 책임에 대해 바오로는 로마서 8장 18절부터 24절에서 성찰하고 있다. 구약의 연장선에서, 그는 자연의 결핍과 진통을 인류의 죄의 결과로 본다. 따라서 "멸망의 종살이에서"의 해방도 인류의 속량과 연결된다. 본문을 살펴보

---

10) 이사 24,4~6; 예레 4,22~28; 호세 4,2~3; 요엘 1,10~12; 아모 4,7~9.
11) 창세 9,8~17; 이사 11,6~9; 41,18~19; 호세 2,18; 요엘 2,21~24.

면, 피조물과 인류가 얼마나 깊이 연결되어 있는지가 두드러진다. "둘 다 지금까지 함께 탄식하며 진통을 겪고 있고(8,22~23), 하느님의 자녀로 입양되기를 기다리며(8,19.23), 희망을 품고 있으며(8,20.24), 둘 다 영광스럽게 되리라는 약속이 주어져 있다(8,17.18.21). 곧 인간과 피조물은 고통과 희망의 연대 속에 있는 것이다."[12] 인류가 속량되어 '새 사람'이 될 때에만 피조물도 속량될 것이다(2코린 5,17; 갈라 6,15). 피조물이 변하려면 사람이 변해야 한다. "인간이 하느님 그분께 합당한 영광을 드리고 죄인이 새 사람이 된다면, 피조물의 쇄신은 이루어진다."[13]

하느님과 피조물 간의 화해는 이미 그분의 아들 예수 그리스도 안에서 시작되었다. (이는 구약과 비교해서, 새로운 상황인 것이다.) 콜로새서 1장 15절에서 20절에 따르면, 하느님께서는 예수 그리스도를 통해 만물을 창조하셨을 뿐 아니라, "땅에 있는 것이든 하늘에 있는 것이든 그분을 통하여 그분을 향하여 만물을 기꺼이 화해시키셨다"(콜로 1,20; 에페 1,10). 이러한 화해는 약속이며 선물이지만, 아직 완전히 실현된 것은 분명히 아니다. 그것은 사람들이 예수 그리스도 안에서, 그분과 함께, 그분의 영에 의해 인도받으며 살아갈 때, 점차 실현된다.

신약의 반복된 강조하는바, 곧 만물이 말씀을 통해 생겨났고(요한 1,3), 하느님의 아들 예수 그리스도 안에서, 그분을 통해 창조되었다(콜로 1,16~17; 히브 1,2~3)는 사실은 이 우주가 익명의 힘의 결과로 나온 것이 아니라 인격적인 하느님의 사랑과 지혜의 산물이라는 진리에 대한 표현이다. 피조물은 유물론적 결정론이나 자연적 도태에서 생긴 산물이 아니라, 오히려 무한한 지혜의 신적 지성의 창조적 사랑의 결

---

12) G Friedrich, *Ökologie und Bibel*, *op.cit.*, p.68.
13) *Ibid.*, p.69.

과인 것이다.

3) 신학적 고찰

창세기의 창조 이야기는 해·달·별·땅은 하느님의 작품이며 그래서 그분과는 분명히 구별된다는 점을 명백히 보여 준다. 이방 종교들과 신화가 천체와 지상의 사물들을 신성화하는 반면, 유다교와 그리스도교는 그것들을 비신화화하여 하느님의 피조물들이라는 본래의 처지로 자리매김하였다. 이는 인간이 타부에 구애받지 않고 오로지 자연에 내재된 법으로만 자유롭게 다룰 수 있게 해 주었다. 한편, 이들은 하느님의 손으로 지으신 그분의 소유물이며, 그분의 신적 지혜의 표현이기 때문에, 선한 것이다. 그러므로 인간이 그것들에 감사와 존중 및 돌봄의 태도를 갖도록 요구한다. "창조자께서 인간에게 부여하신 지배권은 절대 권력이 아니며, 누구도 사물들을 사용하고 오용하거나 원하는 대로 처분할 수 있는 자유를 말할 수가 없다." 이는 "자연계에 들어서면, 생물학적 법칙뿐만 아니라 도덕적 법칙도 따라야 한다"는 것을 의미한다.[14]

창조 이야기가 하느님의 초월성을 강조하지만, 신약이 계시하는 것처럼 하느님의 아들이 예수 그리스도의 인격 안에 육화되심은 이 세상에도 하느님께서 내재하심을 드러내는 것이다. "올바르게 이해된 **육화** 교리는 모든 사람이 지구를 사랑하고 아끼며, 그 속에서 신성을 발견하라는 초대인 것이다."[15] 만물의 심연에는 하느님의 현존이 투명하게 드러난다.

세상은 하느님의 영광을 여러 방법으로 분명히 나타낸다. 그러나 우리는 아름다움·질서·조화를 경험하지만, 악·오류·부조화에 대한

---

14) 요한 바오로 2세, 회칙 「사회적 관심」(*Sollicitudo Rei Socialis*, 1987), 34항.
15) Sean McDonagh, *To care for the Earth*, London: G Chapman, 1986, p.119.

증거도 있다. 이 악의 결정적 원인은 원조 아담과 하와의 타락을 언급한 성경의 표현처럼, 인류의 죄이다. 죄의 본질은 하느님의 뜻을 따르려 하지 않고 그분이 세우신 질서를 받아들이기를 거부하는 것이다. 그 결과는 인간뿐 아니라 모든 피조물에게도 무질서·고통·파괴가 닥친다. "인간이 하느님과 평화롭게 살지 못하면, 자신이 속한 환경 안에서의 평화도 부정하는 것이 된다."[16)]

하지만 냉정하게 실재를 본다면, 피조물의 모든 불완전함과 불충분함이 인류의 죄에서 나온 것이 아님을 인정해야 한다. 불완전함은 유한한 피조물 조건의 본질에 속한다. "유한함의 약점과 결점은 죄의 결과가 아니다. 그것들은 결코 사라지지 않는 표지로서 피조물에 붙어서 무(無, nothingness)를 끊임없이 상기시켜 준다."[17)] 부정적 행위(negation)와 부정적 성격(negativity)은 구별해야 한다. 부정적 행위란 죄와 반역, 적대적 거부와 비판, 범죄와 불의와 같은 인간의 활동을 말한다. 반면, 부정적 성격이란 피조물 존재에 본래 내재된 유한성·사멸성·결함을 말한다. 지구의 역사에서 진화 과정에 의해 어떤 동물종의 멸종은 부정적 성격이다. 반면, 인간의 부주의와 탐욕 및 무책임에 의한 동물의 멸종은 부정적 행위인 것이다. 인간이 피조물의 주인이 아니라 관리자라는 소명 그리고 피조물이 **조물주**의 더 큰 영광을 위하여 보살피는 소명을 넘어설 때, 거시물리학이든 미시물리학이든, 생물학이든 생태학이든 간에, 그곳에서 인간은 부정행위라는 죄를 범하는 것이다. 성경의 죄에 관한 진술은 바로 창조자께서 정하신 한계를 존중하라는 진지한 경고인 것이다.

---

16) A. Auer, *Umweltethik*, Düsseldorf Patmos, 1984, p.275.
17) *Ibid.*, p.280.

12.2. 환경 윤리의 기본 방향

1) 자연에 대한 사랑

앞서 언급된 맥락에서, 신애덕은 하느님께서 원하시고 사랑하시는 모든 사람과 모든 사물에까지 확장되어야 한다고 진술된 바 있다. 인간이 하느님을 진심으로 사랑한다면, 하느님의 친구들과 하느님께서 아끼시는 모든 것도 사랑해야 한다. 이것이 형제애 계명이 보편성을 띠는 가장 깊은 이유이며, 동시에 다른 모든 피조물을 사랑해야 하는 이유이기도 하다. 물론 이 사랑에는 다양한 존재들 속에 실현된 가치 질서의 등급이 있다.

자연 사랑의 근거는 궁극적으로, 모든 피조물이 반영하는 하느님의 선하심, 지혜로우심, 사랑스러우심에서 나온다. 자연은 하느님께서 손수 만드신 작품이기에, 사랑받아야 한다. "인간은 하느님께서 창조하신 피조물들을 사랑할 수 있고 또 사랑하여야 한다. 하느님께 그 피조물들을 받아, 이를테면 하느님의 손에서 나오는 것으로 여기고 존중하여야 하기 때문이다"(「사목 헌장」 37항). 이러한 사랑은 자연의 선함과 아름다움에 감사하며 하느님께서 정하신 목적을 존중함으로써 실현된다.

독특한 방식으로 자연을 사랑했던 이는 아시시의 프란치스코이다. 모든 피조물 즉 해와 달, 땅과 물, 풀과 동물이 그에게는 형제요 자매였으며, 또한 그 모두를 통해 하느님을 찬미하였다. 그의 단순함과 피조물과의 형제적 교류는 오늘날에도 그리스도인과 비그리스도교인 모두에게 영감을 준다. 하지만 빙엔의 힐데가르트(Hildegard of Bingen)와 같은 또 다른 그리스도교 성인들에게도 자연은 환희·경이·찬미·경외 그리고 무엇보다도 사랑을 불러일으킨다. 이러한 태도는 진정한 그리스도교 영성에 부합한 것이다.

2) 자연에 대한 존중심

환경 윤리의 저자들이 가장 시급히 요구하는 또 하나의 기본 태도는 자연에 대한 존중심이다. "생태적 의식의 첫째가는 기본 특징은 의심할 여지 없이, 자연에 대한 존중심이다."[18]

이것은 서구 문명이 새롭게 재발견해야 할 덕목이다. 왜냐하면 데카르트와 뉴턴 이후 널리 확산된 기계론적·물질주의적 자연관의 결과로 서구 문명에서 많이 상실되었기 때문이다. "살아 있는 모든 것에 대한 존중심으로 돌아가지 않고서는, 현대인의 자연에 대한 기본 태도를 바로잡을 수 없다."[19] 이러한 존중심은 수학·물리학·화학의 방법에만 국한되어 물질세계를 지배하고 이용할 대상으로만 보는 과학적 개념을 넘어서는 영적 훈련을 요구하는 것이다.

"인간뿐만 아니라 동식물의 생명과 무생물적인 자연도 또한 올바로 평가되고 존중과 보호를 받을 가치가 있다."[20] 존중의 태도는 생명과 존재하는 모든 것들이 고유한 선함과 가치를 지니고 있음을 전제한다. 그리고 인간에게 주는 유용성에 따른 외재적 가치만이 아니라 존재 자체로 내재적 가치도 지녔음을 전제하는 것이다. "인간이 자신의 세계를 황폐시키지 말아야 할 이유는 단순히 공리주의적인 것 때문이 아니다. 인간이 세상에서 얻은 것을 낭비해서는 안 되는 이유는 단순히 경제적이기 때문만이 아니다. 더 깊게는, 도덕적이기 때문이다. 부주의하게 파괴하고, 훼손하고 폐기하며, 소유하고도 방치하는 것, 이 모두는 영원한 가치인 자연에 대한 심각한 불경이다. 온전성을 지닌 자연은 단순히 원재료의 저장고가 아닌 것이다." 또한 자연은 가치의 현존이기도 하다.[21] 따라서 인간이 비인간적 자연에 간

---

18) Alfons Auer, *op.cit.*, p.74.

19) *Ibid.*, p.75.

20) *Verantwortung wahrnehmen für die Schopfung, op.cit.*, p.28.

21) Erazim Kobak, *The Embers and the Stars. A philosophical inquiry into the moral*

섭할 때에 분명히 정당성이 있어야 한다.

모든 존재가 본래적 가치들을 지녔음에 대한 궁극적 근거는 그것들이 하느님에 의해 창조되었고 그분의 선함·아름다움·지혜·거룩함을 반영하고 있기 때문이다. "사물을 꿰뚫어 보는 능력을 배우는 것은 우리에게 점점 더 중요해진다. 말하자면, 각 사물 안에 있는 빛을 지각하는 것, 각 표면을 관통해 하느님의 현존을 보는 것 말이다."[22) 이러한 능력이 회복되는 곳마다 자연에 대한 존중의 태도도 필히 다시 나타난다.

3) 절제와 자기 제한

자연 존중의 기준은 무조건적 요구와 의무라는 요소를 내포하며, 자연에 대해 인류의 힘을 무분별하게 사용하는 것에 대한 두려움을 동반한다. "생명 존중은 그것을 공리주의적 이용과는 반대로 경외심, 즉 생명에 대해 유의하고 보호하려는 태도를 불러일으킨다."[23)] 이는 인간에게 배려·자기 제한·자기통제를 요구한다. 인간은 과학 연구와 실험에 있어 무제한의 자유를 주장할 수 없다. 현대 과학은 자연에 대해 훨씬 심각한 개입을 할 수 있게 되었지만, 훨씬 더 광범위하고 불가해한 결과도 초래하였다. "자신의 능력을 사용한 결과로 맞닥뜨릴 전율을 통해 인류는 자신의 미숙한 부주의함으로 초래될 결과들의 파괴력을 간과하는 것을 두려워하도록 배워야 한다. 이는 어떤 위험이라도 포기하자는 것이 아니라 위험을 가능한 줄이고 분산시키자는 것이다."[24)] 어떤 개입이 실패할지 성공할지 회의가 들 경우, 현명하

---

sense of nature, Chicago/London: The Univ. of Chicago Press, 1984, p.72.

22) Jörg Zink, *Kostbare Erde. Biblische Reden über unseren Umgang mit der Schöpfung*, Stuttgart: Kreuz Verlag, [7]1992, p.83.

23) *Verantwortung wahrnehmen für die Schopfung*, *op.cit.*, p.28.

24) *Ibid.*, p.29.

고 책임 있는 태도는 그러한 행위의 중단을 요구한다.

자연이 본래적 가치를 지니며 인간이 자연에 대해 책임이 있다는 주장은 몇몇 저자들로 하여금 자연이 권리 주장을 할 수 있다는 결론을 내리게 했다. 그렇지 않다면, 자연에 대해 인간에게 책임이 있고 구속력을 지닌다는 것을 어떻게 보여 줄 수 있겠는가?[25] 물론 자연의 편에서 그러한 권리는 인간이 그것을 다룰 때 명확한 한계를 부여해 줄 것이다.

반면, 자연은 실제로 인간 인격과 대등한 지위로 간주될 수는 없다. 왜냐하면 자연이 타인의 권리 특히 인간의 권리를 존중해 줄 능력이 없다는 사실에서 이것이 극명하게 드러나기 때문이다. 하지만 인간이 자연과 그 가치들을 존중하고 지켜야 할 의무를 입증하기 위해 자연이 반드시 권리를 소유해야 할 필요는 없다. 그러할 의무에는 또 다른 근거 그리고 훨씬 더 결정적인 근거가 있다. 자연은 하느님의 피조물이며 그래서 그분께 속한다. 오로지 그분만이 자연의 절대적 소유자이시다. 인간은 앞서 설명했듯이, 단지 피조물의 관리인일 뿐이다. 이것은 분명히 인간이 자연을 다루는 데 있어 상위의 권위와 그 상위의 권리에 의해 제한된다는 의미이다. 자연을 이용할 때 인간은 언제나 절대로 이 권리들을 존중해야 한다. 좀 더 구체적으로는, **창조자**의 의지와 지향에 부합하는 자연의 목적과 종말을 존중해야 함을 뜻하는 것이다. 창조자의 의지는 동시에, 자연에 대한 인간의 권리와 그 권리들에 설정된 한계도 규정한다.

---

25) 이 문제에 대한 논의는 다음을 참조하라. A. Auer, *Umweltethik*, *op.cit.*, pp.52~54.

12.3. 생태윤리학의 구체적 요건들

생태학(ecology)이라는 단어는 '집'(house)을 의미하는 그리스어 오이코스(oikos)에서 나왔다. 원래는 생물학의 한 분야를 의미했고, 지금도 이 의미로 사용되고 있다.[26] 그러나 최근에는 자연환경과 자연 전반에 대한 인류의 도덕적 책임을 다루는 새로운 윤리학 분야를 지칭하는 데 점차 자주 사용되고 있다. 인간은 자신이 사는 이 "집"을 잘 돌봐야 한다. 그렇게 함으로써 자신의 삶에 유익할 뿐 아니라, 이곳에 함께 거하는 모든 생명체가 함께 살아갈 수 있기 때문이다.

1) 생태학적 책임에 대한 장애물

사람들이 자신이 다른 존재들 위에 가지고 있는 지배력과 통제력을 자신의 편리를 위해 그리고 그들의 정당한 이익을 고려하지 않고 남용하려는 유혹에 빠지는 것은 흔한 현상이다. 비록 그 존재들이 인간일지라도 그러하거니와 동물과 무생물이라면 훨씬 더 그러한 유혹을 받게 마련이다. 그러나 학자들 사이에 상당하게 일치하는 견해는, 자연과 환경에 대한 현대 서구 문명의 태도가 데카르트(R. Descartes, †1650)의 사상에서 받은 강한 영향 때문이라는 것이다. 그의 기계론적 세계관은 자연을 인간이 자유롭게 지배할 단순한 대상과 원료로 환원시켜 버렸다. 이러한 기계론적 모델은 뉴턴(Isaac Newton, †1727)

---

26) 이 용어는 독일의 생물학자 핵켈(Haeckel)이 1866년 당시 새롭게 발전하는 "서식지 과학"을 지칭하고자 처음 만들었으며, 생물들 간의 상호 관계와 그것들의 특정한 장소·기후·토양 등과의 관계를 탐구하는 생물학의 한 분야를 말한다. 오늘날 자연 과학에서도 이 의미가 여전히 사용되고 있다. 그런데 비교적 최근 20세기 중반 이후부터는 다른 의미도 얻게 되었다. 1960년대부터는 자연에 대한 인간의 책임성과 관련한 윤리학의 한 분야를 가리키는 말로도 쓰이기 시작한 것이다. 생태학 개념의 발전에 대해서는 다음의 논문을 보라. Pedro Beltrão, "Concerto e problematica dell'ecologia umana", in: *Ecologia umana e valori etico-religiosi*, ed. by the same, Roma: Univ. Gregoriana, 1985, pp. 31~68, with bibliography.

의 기계론과 그를 잇는 물리학의 영향으로 더욱 발전하고 완성되었다.[27] 그러나 자연에 관한 이러한 접근은 자연의 실재에 대한 심각한 제약을 의미한다. 자연에 관한 질문이 필요에 따라 수학·물리학·화학의 언어로 제기된다면, 그 대답도 필히 동일한 범주에 속할 수밖에 없다. 물론 그렇게 얻은 대답이 틀린 것은 아니다. 그러나 이러한 대답들이 곧 실재의 전체 영역을 포괄한다는 가정은 잘못된 것이다. 결과적으로 이러한 가정에 기반을 둔 자연에 대한 태도 역시, 결함이 있게 마련이다.

그러나 이러한 부분적이고 이념적인 자연 이해 외에도, 오늘날 생태학적 요구에 부응하기 어렵게 만드는 또 다른 요인들이 있다. 공장·광산·농장 등 다양한 영역에서 더 많은 생산량, 저비용, 더 좋은 이윤을 위해 특정 생산 공정에서 발생하는 위험을 축소하거나 무시하려는 경제적 기득권 이익들이 그러하다. 정치인들에게는 신속한 성과와 정치적 실용주의의 압박도 장애물이다. "실질적 경제 성장률은 정치 선거에서 결정적 요소일 것이다."[28]

그러나 또한 아래로부터는 시민들과 유권자들의 요구하는 사고방식도 존재한다. 그들은 이미 안락한 생활 수준에 도달했으면서도, 더 많은 임금과 더 높은 생활 수준을 기대한다. "'흔들리는 배'에 대해 선장과 승조원만을 탓해서는 아니 된다. '무임승선자'를 포함한 승객들도 당당하지는 못하다. 왜냐하면 지속적으로 증가하는 그들의 요구로

---

27) 데카르트는 인식의 주체로서의 **사유하는 실체**(*res cogitans*)인 인간과 그리고 인식의 대상으로서의 **확장된 실체**(*res extensa*)인 자연을 날카롭게 구분하였다. 인간의 본질은 인식 능력에 있으며, 그것이 첫째가는 실재이다. 반면, 인간의 본질적인 구성요소(영혼)에는 속하지 않는, 그저 하찮은 육체만이 속해 있는 자연은 인간이 마음대로 처분할 수 있는 대상이 된다. 그것은 기계적 필요에 종속된 기계적 부품들의 집합이다. 기계론적 모델에서 볼 때, 자연은 인간이라는 건축가에게 주어진 건축 자재에 불과하다. 데카르트의 고유한 이론에 대해서는 다음을 참조하라. G. Friedrich, *Ökologie und Bibel*, Stuttgart: Kohlhammer, 1982, pp.29~31.

28) A. Auer, *op.cit.*, p.46.

인해 인플레이션의 심리를 조장했기 때문이며, 이는 기업이 지속적으로 매출과 시장을 확장하며 더 높은 이윤을 추구하는 경향에 비해 못지않았던 것이다."[29] 환경 파괴를 부추기는 것은 단순히 경제적 구조만이 아니다. "현대 문화에 깊이 뿌리박힌 강박관념, 즉 언제나 더 많은 것, 모든 것의 양적 증가를 노리려는 갈망도 있다. 우리는 자신, 우리의 실제 필요, 그리고 삶의 더 깊은 의미로 돌아가지 않는 한, 이 강박에서 자유로울 수 없다."[30]

또 다른 경우에는, 게으름, 상투적 습관, 유연성의 부족, 그리고 배움에 대한 꺼림이 환경에 대한 위험을 일으키거나 악화시킨다. 잘못된 농법, 경솔한 벌채, 무분별한 사냥법 등이 그런 예이다.

그러나 환경에 대한 모든 어려움과 장애물이 도덕적 성격의 것은 아니다. 어떤 것은 재정 부족에서 야기되며, 어떤 것은 경쟁의 냉혹한 압박, 어떤 것은 인구의 빠른 증가, 어떤 것은 문제 자체의 복잡성에서 야기된다. 어떤 문제의 해결은 국가적 차원이나 심지어 지역들이나 국제적 차원에서만 가능하다. 그러나 인생에서 종종 그렇듯이, 여기에서도 누구의 잘못도 아닌 상황에서 발생한 어려움조차도 사람들과 공동체에 도덕적 도전을 제기한다. 국가와 산업·경제 분야의 기업들뿐 아니라, 많은 경우 개인들의 연대 역시도 응답을 요구받는 것이다.

2) 천연자원의 책임 있는 사용

일부 천연자원은 한번 소비해 버리면, 재생이 불가능하다. 가장 명백한 예는 원유와 천연가스이지만, 몇몇 금속도 여기에 속하며[31] 그

---

29) Roland Müller, "Zur Ethik von Gesamtsystemen", in: *Überleben und Ethik*, ed. by G.-K. Kaltenbrunner, Freiburg: Herder, 1976, p.58.

30) *Gerechter Friede* (Bonn: Sekretariat d. Dt. Bischofskonferenz, 1995. *Die deutschen Bischöfe* 66) nr. 98.

리고 석탄도 마찬가지이지만, 그것의 매장량이 상대적으로 훨씬 많다. 그러나 이러한 자원들을 모든 세대를 위해 보존하기는 불가능할 것이다. 따라서 윤리적으로 내릴 수 있는 유일한 결론은, 그것들의 유용성이 넓고 다양하기에 가능한 한 경제적으로 사용해야 하며, 동시에 다른 재생 가능한 연료나 물질로 대체하기 위해 모든 노력을 기울여야 한다는 것이다. 이 모든 경우에 적용되는 우선적 원칙은 다음과 같다. 즉, 거의 동일한 조건하에서는 재생 불가능한 자원보다 재생 가능한 자원을 우선 선택해야 한다. 특히 원유에서 얻어지는 연료의 경우, 그것들이 온실효과와 기후 온난화의 주요 원인 중 하나이기 때문에 다른 연료로의 대체가 가장 바람직하다.

다른 천연자원들은 재생 가능하지만, 소비 속도가 너무 빠르면 재생이 거의 어려워지거나 불가능해질 수도 있다. 숲과 그리고 사실상 모든 동식물이 이에 해당한다. 많은 사례 중 하나로서 고래의 급격한 감소는 강과 바다에서 어족 자원이 고갈되는 현상을 설명해 준다. 물론 이때에도 직접적인 책임은 대형 어업 회사들이 지겠지만, 사실 그들이 경제적 모험을 감행하는 이유는 고래를 원료로 하는 제품을 가능한 저렴하게 구매하려는 고객이 존재하기 때문이다.[32)]

많은 동식물의 종은 인간의 탐욕·오락·허영심, 그리고 여타의 사적 이해관계로 인해 생존이 위협받고 있다. 이 경우 생태학적 위협의 직접적인 원인은 수집가·애호가·소비자 개인이다. "어떤 동물이나 식물이 희귀해지고 멸종이 될수록, 박제로든 압착된 표본으로든 그것을 죽이고, 꺾고, 소유하려는 욕망은 더 커진다. 악어든 거북이든, 그것을 식용이나 기념품으로 (…) 상아 조각품이든 모피든, 거북의 등껍

---

31) 매장량이 제한적인 금속에는 수은·주석·아연·납·구리·알루미늄·철 등이 있다.
32) 확실한 것은 고래에서 얻는 그 모든 것이 다른 원료들로 대체 가능하다는 점이다(R. Lehmann, *Ökosignale*, *op.cit.*, p.112).

질로 만든 빗이든, 모자 위에 꽂힌 각가지 색의 새 깃털이든, 모두가 위신을 높여줄 선물로 큰 수요를 불러일으킨다."[33] 결국 이러한 시장을 저지할 유일한 수단은 구매와 소비를 포기하는 것뿐이다. 구매자나 애호가가 없으면, 착취하려는 동기도 사라진다.

결론적으로, 재생 가능한 자원은 "재생 속도보다 더 빨리 소비되어서는 안 된다. 그것이 재생 속도 이상으로 요구될 때, 이는 재생 불가능한 자원과 동일한 문제를 야기한다. 우리가 필요로 하는 것은 사용해야 하지만, 수요를 합리적으로 유지하고, 낭비를 피하며, 최선을 다해 환경을 보존해야 한다."[34]

3) 모든 피조물의 포괄적 선익에 기술의 종속

최근에 특히 산업국들에서는 기술사용과 관련하여 점점 불쾌감이 커지고 있다. 때때로 그러한 불쾌감들은 기술 사회를 전면적으로 거부하기에 이르고 있다. 낭만적 정서 속에서 사람들은 산업화 이전 시대의 소박하고 자연스러운 생활 방식으로 돌아가기를 열망한다. 그러나 "장작 난로와 호롱불도 역시 기술이다."[35] 기술의 적대시는 바람직한 대안이 아니다. 기술이란 근본적으로, 인간의 성취이지 실패가 아니다. 인류가 누려온 기대수명의 연장, 더 인간적인 노동 조건, 늘어난 여가, 편리의 신장, 그리고 사회 제도가 제공하는 재정적 안정 등은 모두 기술 덕분이다. 하지만 기술이 인류와 창조된 세계에 봉사하는 도구로서의 기능을 상실하고 위신·과시·이윤·권력 등을 위해 자기 잇속만 차리려는 목적이 될 경우, 그것은 남용이 된다.

---

33) R. Lehmann, *op.cit.*, p.104.

34) Richard T. De George, "The Environment, Rights and Future Generations", in: *Ethics and Problems of the 21st Century*, ed. by K.E. Goodpaster / K.M. Sayre, Notre Dame/London: Univ. of Notre Dame Press, 1979, p.103.

35) Erazim Kohák, *The Embers and the Stars*, *op.cit.*, p.25.

기술의 목적성에 대한 왜곡은 비록 생태적 악영향이 없더라도, 거부되어야 하겠지만, 실제로 우려되는 것은 생태적인 위협들이 오늘날의 기술 사용에서 초래된다는 점이다. 그것들은 진정한 위험들이 되고 있고, 오늘날의 기술에 대한 불안을 분명히 증폭시키며, 또한 시급히 개선 조치를 요구한다.

기술로 인한 생태학적 문제는 첫째로, 대기 오염이다. 이는 인류의 건강을 위협하며 많은 동식물의 생존에도 위협이 된다. 공장 매연의 배출과 자동차의 폭증은 대기 오염의 주원인이다.[36] 둘째로, 환경이 화학물질로 포화된 상태이다. 이는 산업 생산의 과정뿐 아니라 농업에서의 폭넓은 농약 사용 그리고 소비 과정에서의 폐기물 때문이기도 하다. 셋째로, 수자원의 오염과 고갈이다. 앞서 언급된 화학 폐기물 상당수가 강·호수·바다 등으로 흘러들며, 수생 생태계를 오염시키고 독성을 가한다. 더욱이 일상의 다양한 필요와 편리 때문에 물 소비량이 계속 증가하면서 지하수의 수위가 심각하게 낮아지고 있다. 넷째로, 자연의 아름다움이 더럽혀지고 훼손되는 것이다. 당연히 질문이 제기된다. "아름다움이 우리에게 윤리적 범주가 아니란 말인가? 우리의 세계가 추하게 되고 훼손된다는 것이 윤리적으로 아무런 의미가 없다는 말인가?"[37] 아름다움이 **창조자**께서 무수한 방법으로 자연 안에 엮어 넣으신 가치인 만큼, 그것은 인간의 도덕적 책임에 호소하며 존중과 보존을 요구한다.

기술은 자기의 목표를 일방적으로 추구하고, 인류와 피조물 전체의

---

36) 대기 중의 온실가스 특히 이산화탄소의 급격한 증가는 "온실 효과"로 이어지고 있다. 즉 그러한 증가는 전 세계의 기온을 서서히 올리고, 전 인류 가족을 향해 감당하기 힘들 정도로 기후 변화의 위험을 일으킨다. 1990년 기준으로 온실가스 배출량의 75%는 산업국들이 배출하였다. 그러므로 그들은 특별한 방법으로 온실가스를 감축해야 할 의무가 있다. 산업국들과 세계 도처에서 점차 증가하는 에너지 소비를 억제하기 위해서는 EU 에서 16%, 미국에서 41%, 세계 도처에서 11%의 배출량을 줄여야 한다.

37) Jörg Zink, *Kostbare Erde*, Stuttgart/Berlin: Kreuz Verlag, ^{7}1992, p.94.

포괄적 선이라는 더 넓은 범위에서 벗어나 독주하려는 경향이 있다. 이를 막아야 한다. "경제 성장은 사회 정의와 생태적 조화라는 기준에 따라야 한다. 진보의 극대화라는 판단 기준은 인간 존재의 최적화라는 목표에 종속되어야 한다. 사회 정의와 생태적 고려는 오늘날 현 세대의 정당한 우려와 이익뿐 아니라 미래의 인류 가족의 것에도 관계한다."[38] 경제의 맹목적이고 양적인 확장은 인간 삶의 질적 향상을 목표로 하는 정책으로 대체되어야 한다. "'완전고용·통화안정·무역균형·동반성장·공정한 소득분배'로서의 전통적인 경제 목표에다가 이제는 '자연환경의 보전'이라는 목표로 확장되어야 한다. 이는 시장경제가 건강한 환경의 기초로만 기능할 수 있으며, 그래서 생태적 과제가 반드시 기업활동의 진정한 목표가 되어야 함을 강조하는 것이다."[39]

하지만 생태적 조치들의 실행은 비용이 따른다. 무관세로는 환경보호가 불가능하다. 모두 자신의 몫을 짊어질 준비가 되어 있어야 한다. 생태적 규제들(injunctions)이란 더 높은 가격, 새로운 의무, 그리고 추가 부담을 말하는 것이다.

4) 소비에 대한 개인적인 관심과 비판적 행동

생태 문제의 해결은 그 환경에 거주하고 혜택을 누리며 자원을 이용하는 수많은 개인의 협력에 달려 있다. "각자는 자신의 행동이 결코 가볍지 않음을 배워야 한다. 만약 대수롭지 않는 것이라도 환경을 더럽히는 행동을 스스럼없이 한다면, 이는 부주의함과 환경 파괴를 용인한 것이 된다."[40] 환경에 대한 개인적 관심은 가정에서 시작된다.

38) A. Auer, *op.cit.*, p.97.
39) *Verantwortung wahrnehmen für die Schopfung, op.cit.*, p.46.
40) *Ibid.*, p.43.

세척제의 절약, 쓰레기의 분리(폐지·유리·플라스틱·깡통·건전지 등), 프레온가스 분무기 사용의 포기, 농약 사용의 절제 등이 그러하다. 그것은 거리·공원·캠핑장 등 모든 공공장소의 청결 유지에서 드러난다. 더 나아가 공공재와 공공시설을 아끼고 보호하는 태도에서 확인된다. 그것들을 훼손하는 것은 공동체 재산의 낭비일 뿐 아니라 자연 자원의 낭비이기도 하기 때문이다.

환경에 부정적 영향을 주는 중요 요인 중 하나는 개별 소비자의 물질적 욕구가 지속적으로 증가하는 것이다. 그 결과 광물·식물·동물 등의 원자재와 에너지·물에 대한 수요가 증가하고, 폐기물은 점점 쌓인다. "물론 개인의 책임 있는 행동이 이미 위기인 지구상의 환경을 해결할 수는 없다. 그럼에도 전 인류의 미래도 모든 개인의 구체적 행위에 달려 있음은 부인할 수 없다."[41] 따라서 자연환경을 희생시키는 행동 습관을 바꾸는 것이 필요하다. "핵심은 '소비 포기'로 경제 순환을 마비시키자는 것이 아니라, 소비에 대해 비판적 태도를 발휘하여 새로운 기준을 세우자는 것이다."[42]

소비의 억제는 무엇보다도, 실제로 필요하지 않아서 거의 사용하지도 않는 물건들을 겨냥하는 것이다. 그러한 물건들은 원치 않는 짐짝이 되어 방치되며, 결코 되돌려 받을 수 없는 인생과 노동의 낭비로 끝나 버린다. 그것들은 전형적으로 고가품들이다. 즉 충동구매 후 한두 번만 사용하고는 창고에 방치되는 고급 불고기판, 가끔 사용하다 결국 뒤뜰에서 녹슬어 가는 요트, 바다나 다른 곳으로의 휴가 때문에 거의 방문하지 않은 산속 별장 등이다. "우리는 과도한 소유물이라는 짐을 떠안고 있다. 거의 입지 않은 옷으로 가득 찬 옷장 때문에 더 많

41) Declaration of the Austrian Bishops "Solidaritat mit der bedrohten Umwelt", in: *Hirtenbriefe aus Deutschland, Österreich und der Schweiz*, vol. 20(1984), p.267.
42) *Verantwortung wahrnehmen für die Schopfung, op.cit.*, p.43.

이 채우려고 더 많은 옷장을 또 만든다."[43]

자신의 과거 소비 습관을 반성하는 한 여성의 말은 아주 핵심적이다. 즉 "유행이 원한다고 해서 매년 두 번씩 정장을 샀었는데, 의미 없는 짓이었다. 다른 이들이 하듯이 내 아이들과 긴 휴가 여행을 의무처럼 했었는데, 의미가 없었다(…). 더 이상 모든 것들을 갖추거나, 거기에 합류하거나, 틀에 맞출 필요도 없다. 내 생각을 다른 이들에게 전할 용기를 내니, 나와 같은 길을 추구하는 이들이 더 많음을 알게 되었다."[44]

부유한 나라와 그러한 계층 안에서는 절도·겸양·억제·감사·자연친화·인간다움 그리고 덜 가진 이들(특히 개도국의 사람들)과의 연대가 절실히 필요하다.

인구 통제 또한, 비록 합리적 범위 안에서라 하더라도, 에너지·원자재·소비재의 끊임없이 늘어나는 수요를 늦추기 위해 여러 지역에서 필요하다.[45] 지속적인 인구 증가는 더 많은 자원의 소비와 쓰레기의 증가를 의미한다. 인구 증가의 압력이 숲의 소실에 큰 책임이 있다. 확실히 인구 통제가 필요한 일부 국가들(예: 중국, 인도, 방글라데시, 일본, 유럽의 다수 국가)에서는 다른 국가들(예: 아프리카와 남아메리카의 인구가 적은 일부 국가)에서보다는 아주 시급하다. 그럼에도 종종 인구가 적은 그러한 국가들 안에서도 인구 증가율이 높을 경우, 정부가 국민의 물질적 요구의 급속한 증가에 대처할 수 있도록 증가율이 늦추어질

---

43) E. Kohák, *op.cit.*, p.104.

44) Jörg Zink, *op.cit.*, pp.96f.

45) 실제적이며 지속 가능한 인간의 지구 정착지에 관해 유익한 연구가 있다. P.C. Beltrão, "Configurazioni e fattori dell'insediamento umano", in *Ecologia umana e valori etico-religiosi*, *op.cit.*, pp.181~217. 지구상의 땅 중 10%는 극지방, 20%는 인간이 거주하기에는 너무 추운 곳, 18%는 너무 건조한 곳, 18%는 사막, 1.5%는 고산 지대라고 저자는 지적한다. 사람이 거주할 수 있는 땅의 3분의 1은 인간이 이 지구상에서 적정한 삶의 질을 유지하기 위해서는 농업·목축·광업 등으로 사용하지 않는 "빈 공간" 즉 가능하면 녹색지대로 남겨 둬야 한다.

필요가 있다.

5) 동물 세계에 대한 돌봄

동물들은 집합으로서 종(species)의 존재로 간주될 수도 있고, 개체(individuals)로서 감정과 고통을 느낄 수 있는 존재로 고려될 수 있다. 환경 논쟁에서는, 특정한 동물의 멸종 우려와 보존 조치의 긴박성에 대한 문제가 주로 다뤄진다. 그러나 개체로서 동물들의 운명 또한 많은 사람들에게 결코 관심이 덜한 것은 아니다. 동물 학대 방지의 모임들은 이미 상당한 역사를 지니고 있다. 그들의 활동 분야가 줄기보다는 오히려 늘고 있다. 농업 경제에서 볼 때, 최소의 공간에서 가축의 대량 사육은 점점 더 비판이 강해진다. 무수한 개·고양이 등 애완동물이 매년 유기되어 공공 단속원들에 의해 포획되어 안락사 되거나, 순찰대원들(rangers)의 총에 맞거나, 또는 야생 속에서 죽음에 내몰린다.[46] 의학과 산업을 위한 동물 실험은 종종 전투적인 항의를 촉발시킨다. 그러나 그러한 항의는 때때로 지나치게 전면적이고 단선적인 형태를 띠기도 한다.[47]

이 두 사안, 즉 종으로서 동물의 운명과 개체로서 동물의 운명은 따로 분리해 논의되어야 한다. 첫째 사안은 멸종 위기에 처한 동물종을 보존하고 보호해야 하는지에 대한 이유에 대답해야 한다. 의심할

---

46) 1985년 서독에서는 개 25,000마리와 고양이 250,000마리가 순찰대원들에게 총살당했다. 동물 보호소에서는 100,000마리의 개와 고양이가 각각 안락사로 죽었다. 미국의 의학 실험에서 죽은 고양이 한 마리당, 50~60마리의 가축(고양이·개)이 안락사로 죽었다(F. Lembeck, *Alternativen zum Tierversuch*. Stuttgart: Thieme, 1988, p.256).

47) 영국에서는 1990년에 약 320만 건의 동물 실험이 진행되었다. 그중 약 270만 건은 설치류(생쥐·쥐 등), 나머지는 조류·어류·파충류 등이며, 21,109건은 개·고양이·영장류였다. 290만 건의 실험이 의학 및 생물학적 연구와 생산을 위해 수행되었는데, 242,590건은 안전성 검사를 위해, 4,365건은 화장품 및 세면용품을 위해 수행되었다(W. Paton, *Man and Mouse. Animals in Medical Research*, Oxford Univ. Press, ^{2}1993, pp.199~202). 동물 실험은 사람 10명당 약 1마리의 비율이며, 식용으로 도살된 가축의 비율은 매년 1인당 10마리의 꼴이다.

여지 없이 많은 경우, 예컨대 올빼미·독수리·호랑이·대왕고래 등과 같은 동물종 하나가 사라진다면, 세계 내에서 인간은 더욱 빈곤해질 것이다. 특정 종의 소멸은 동물 각자의 상호 의존성 그리고 동물과 식물의 상호 의존성 때문에, 동·식물 모두에게 광범위한 생태적 피해를 초래할 수 있다. 당연하게 그러한 피해는 궁극적으로 인간에게까지 부정적 영향을 끼친다. 더 나아가 부주의하고 무모함으로 인한 동물종 하나의 소멸은 당신의 위대함과 영광스러움을 선포하도록 만물을 빚으신 **창조자**께 대한 해악이다. 그들 동물은 그분의 수공품이며 그분의 예술품인 것이다. 인간 남녀는 그들을 돌보고 보호해야 하며, 말살하거나 파괴해서는 안 된다.

그럼에도 진화 과정에서 수많은 동물이 자연적 이유로 멸종되었고 새로운 종들이 생겨났다는 사실도 인정해야 한다. 따라서 모든 종류의 동물종의 소멸이 절대적으로 **창조자**에 대한 범죄라고 주장할 수는 없다. 예컨대 모기 같은 곤충 종류가 인간이나 동물, 혹은 식물에 해로운 질병의 매개체라면, 그것은 나머지 존재들의 복지와 생존을 위해 박멸될 수도 있다. 더군다나 특정 동물의 집단이 너무 불어나서 재앙이 될 경우(예: 토기), 더 이상 해가 되지 않는 수준으로 그 수를 줄일 수 있다. 분명히 이는 멸종의 문제는 아니다.

둘째 사안은 인간이 개별 동물들과 맺는 관계와 그들을 대하는 방식에 관련한 문제이다. 이미 성서 안에는, 동물 취급에 대한 언급들과 지침들이 있다. 성서에 의하면, 동물에 대한 인간의 관계는 윤리적 성격을 지닌다. "의인은 제 가축의 욕구까지 알지만 악인은 그 자비마저 잔인하다"(잠언 12,10). 동물 학대는 도덕적 범죄이다. 십계명은 안식일의 휴식 계명에 가축들까지 포함한다(탈출 20,10). 그리고 토라는 명령한다. 즉 "타작 일을 하는 소에게 부리망을 씌워서는 안 된다"(신명 25,4). 이 명령은 소에 대한 연민의 감정을 드러낸 것으로서, 곡식

더미 속에서 수고하는 소의 굶주린 욕망을 꺾지 말라는 것이다. 이는 주 하느님께서 아담 부부에게 가죽옷을 지어 입히셨다는 사실과도 부합된다(창세 3,21). 살아 움직이는 모든 것은 인간의 먹거리가 될 수 있다(창세 9,3). 레위기 11장에서는 일부 동물의 식용을 부정한 일이라고 금지시키는 반면, 예수는 모든 음식이 깨끗하다고 선언하셨고(마르 7,19), 정한 동물과 부정한 동물의 차이를 없애셨으며, 그 모두의 섭취를 허용하셨다(로마 14,14~23; 1코린 8,1~13).

왜 인간이 동물을 돌봐야 하는지, 그리고 특별히 왜 동물을 잔인하게 대해서는 안 되는지, 질문이 제기된다. 동물 학대를 반대하며 제시하는 흔한 논거는 그것이 사람을 야수로 만들고 또한 인간끼리도 잔인하도록 이끌기 때문이라는 것이다. 이미 토마스 아퀴나스는 이 논거를 사용했고,[48] 뒤를 이은 많은 스콜라 학자와 칸트도 그러하였다.[49] 이는 충분히 타당한 고려이다. 그러나 오늘날 많은 일반인뿐 아니라 윤리학자들도 이 논거가 동물 자체가 겪는 고통의 악을 충분히 반영하지 못한 것이라고 생각한다. "어떤 존재가 고통을 느낀다면, 그것이 우리의 종에 속하지 않는다는 사실은 그 고통을 고려하지 않을 도덕적 이유가 될 수 없다. 흑인들의 이익 고려를 부정하려 했던 백인 노예 소유주의 유사한 의도를 생각해 볼 때, 이것은 분명해진다."[50]

물론 후자인 노예제와의 비교는 인용문에서 알 수 있듯이, 단지 유비일 뿐이다. 노예는 인간이므로, 그들의 고통은 동물의 고통과는 다르다. 인간의 실제 육체적 고통이 적어도 고등 동물의 고통보다는 최소한 더 강렬한지 판단하기 어렵지만, 그러나 인간의 심적 고통의 가

---

48) *S. Th.* II-II, q.102, a.6, ad8.
49) *Lectures on Ethics*, tr. by L. Infield, New York: Harper & Row, 1963, pp.239f.
50) P. Singer, "Not for Humans Only: The Place of Nonhumans in Environmental Issues", in *Ethics and Problems of the 21st Century*, ed. by Goodpaster/Sayre, *op.cit.*, p.194.

능성은 분명히 훨씬 더 크다. 왜냐하면 인간의 정신(psyche)은 더 발달되어 있고 그래서 상처받기 더욱 쉽기 때문이다. 인간은 일어나는 일과 일어날 가능성이 있거나 확실히 일어날 일에 대한 더 큰 의식을 지니고 있으며, 그것은 자신뿐 아니라 친족이나 관련자들에 대해서도 의식을 갖고 있다. 인간은 또한 선견지명과 계획을 가진 존재이지만, 이 미래는 자신의 고통에 의해 손상되거나 심지어 잘려 나갈 수도 있다. 예컨대 질병, 절단, 혹은 필수 재산의 상실 등으로 인해 그러하다.

이러한 차이점에도 불구하고, 동물 역시 쾌락과 고통을 주관적으로 경험한다는 것은 사실이다. 그리고 "이러한 경험을 지닌 모든 존재는 적어도 하나의 관심사는 가진다. 즉 쾌락은 추구하고 고통은 피하려는 관심사이다."[51] 고등 동물일수록 이러한 관심사는 더욱 발달한다. 반대의 경우도 마찬가지다. 이러한 관심사를 가진 존재들과 아닌 존재들 간의 경계는 분명 유동적이다. 그러한 관심사의 존재 여부와 강도는 매우 광범위하다. 개나 말과 같이 확실하고 뚜렷한 것에서부터 지렁이와 같이 중추신경계가 없어서 약하고 거의 불가능한 것까지, 광범위한 것이다.

타당해 보이는 것은 "우리의 도덕적 관심이 이러한 관심사를 지닌 모든 존재들에게까지 확장되어야 한다"는 결론이다.[52] 어떤 동물의 관심이 강할수록 그 동물이 요구할 수 있는 관심도 커진다. 이러한 고려가 동물권의 근거가 되는가? 이에 대해서는 논란이 많다. 모든 요구가 반드시 권리로 이어지는 것은 아니다. 예컨대, 충실한 부모는 자신들에게 아이들이 감사를 표현하도록 요구할 수 있고, 궁핍한 사람은 이웃에게 자비를 베풀도록 요구할 수 있다. 그러나 우리는 이러한 요구들을 권리의 범주에 두지는 않는다. 또한 이미 일반적 자연권

51) *Ibid.*, p.194.
52) *Ibid.*, p.195.

의 논의에서 언급된 것처럼, 권리란 서로의 권리를 존중할 수 있는 능력을 지닌 이들 사이에서만 존재할 수 있다는 반론도 제기된다. 그리고 동물들은 다른 존재들의 권리를 존중해 줄 능력이 없다.

다른 한편, 여러 나라에서는 제재 조항을 가진 동물보호법을 제정하였다. 예컨대, 1985년 독일에서는 다른 수단으로는 의도한 목표에 도달할 수 없는 조건에만 동물 실험이 허용된다는 법이 제정되었다.[53] 이러한 법이 동물에게 일정한 권리가 있음을 전제하는 것이 아니겠는가? 상기 입법의 근거 규범은 동물들이 이유가 없고 불필요한 고통은 자기도 당하지 않을 권리가 있다는 것이다. 따라서 권리는 또한 천부적 본성·필요·의향으로부터도 나온다. 사실, 그리스도교의 도덕적 가르침은 비록 백치들(cretins)이 타인의 권리를 존중할 수 없을지라도, 존엄하게 살 권리가 있다고 늘 역설했다.

동물권의 존재 여부를 도덕적 관점에서 보면, 최소한 다음의 결론들을 끌어낼 수 있겠다. "우리의 행동이 동물에게 고통을 줄 것 같으면, 우리는 그 고통을 반드시 숙고해야 한다."[54] 따라서 토끼 개체수의 조절에서도 장기간의 고통스러운 죽음보다는 비용이 얼마간 더 들더라도 불임을 유도하는 방법이 더 바람직하다. 동물 실험에 있어서 큰 고통을 감소시킬 합리적 대안이 있다면, 그것이 선택되어야 한다.

그리스도교적 사랑은 모든 피조물에 대한 동정과 연민을 내포한다.

---

53) 이 법은 1985년 1월 15일에 통과되었다(cf. Philipp Schmitz, *Ist die Schopfung noch zu retten?*, Würzburg: Echter, 1985, p.213). 1988년 스웨덴에서는 여름에 병아리들을 닭장에 무제한적으로 집어넣지 말도록 법이 제정되었다. 소들이 풀을 뜯어 먹을 수 있게 해야 하고, 돼지는 묶어 놓지 말며, 먹고, 자고, 배설할 공간들을 분리시켜 줘야 한다. 새로운 기술의 적용을 위한 실험이 동물 보호의 관점에서 행해져야 한다(*Newsweek*, Nov. 7, 1988, p.13).

54) P. Singer, *op.cit.*, pp.187f. 저자는 다음과 같이 덧붙인다. "동물들의 고통은 대략 비교할 수 있는 한, 인간이 겪는 고통과 동등하게 간주되어야 한다." 하지만 인간의 심적인 구조와 고통이 그 인간과 관련된 사람들에게도 영향을 미치기 때문에, 인간의 고통은 대부분 더 크다고 계산될 것이다. 그러나 인간의 경미한 고통은 동물의 끔찍한 고통보다 실제로는 더 가벼울 것이다.

그들과 함께 느끼며, 그들의 고통을 면하거나 줄이고, 그들의 안녕을 증진하고자 애쓴다. 동시에 오직 인간만이 하느님의 모습으로 창조되었고, 동물들은 인간의 지배를 받는다는 점은 여전히 유효하다(창세 1,26~28). 주 하느님께서 인간에게 협력자를 주고자 하셨을 때, 동물 중에서는 아담이 적합한 협력자를 발견하지 못하였다. 오직 하느님께서 결합시켜 주신 여자 안에서만 협력자를 발견하였다. 그녀는 아담에게 "내 뼈에서 나온 뼈요 내 살에서 나온 살"이었다(창세 2,20~23).

오직 인간만이 지성과 양심을 가질 뿐 아니라, 그에 따른 사상·의견·양심의 자유에 대한 권리도 지닌다. 예컨대, 물물 교환·매매 계약·노동·보수와 같은 영역에서, 오직 인간만이 권리를 부여할 수 있고, 타인의 권리도 존중해 줄 수 있다.[55] 오직 인간만이 세상을 창의적으로 만들고 자신의 행위들에 대해 도덕적으로 책임질 수 있다. 이는 동물의 종이 무와 같은 식물과 본질적으로 다른 것과 같다. 따라서 인간이 무에 대해 할 수 있는 일을 개에 대해서 똑같이 할 수 없고, 개에게 할 수 있는 일을 — 예컨대 개가 눈이 멀어서 안락사시키는 것을 — 사람에게도 똑같이 할 수는 없다. 따라서 동물 실험과 육류 소비를 반대하는 이들이 그것을 원칙적으로 거부하는 것은 인간 종의 오만("종차별주의", speciesism)이라고 생각하기 때문인데, 이들의 반대는 인간과 동물 간의 본질적 차이를 무시하는 것에 근거한 것이다. 만약 이 차이를 인정하지 않는다면, 동물과 식물 간의 본질적 차이를 주장할 근거도 없다. 식물 또한 빛을 향해 나아가고, 자신을 유지하며 보존되려는 관심사를 지니고 있다.

또한 주목해야 할 것은 동물의 생명과 인간의 생명이 광범위하게

---

55) "아무도 개가 다른 개와 뼈다귀를 공정하게 숙고하여 교환하는 것을 본 적이 없다. 어떤 동물이 다른 동물에게 몸짓과 울음소리로 '이것은 내 것, 저것은 네 것, 나는 이것을 저것과 바꾸고자 한다'라고 표시하는 것을 본 적이 없다"(Adam Smith, quoted by W. Paton, *op.cit.*, p.15).

동일시하는 것이 동물의 지위 향상만 아니라, 반대로 인간 생명의 존중 하락으로도 이어질 수 있다는 점이다. 비록 싱어(P. Singer)에게는 건강하고 성숙한 사람이 쥐보다는 더 가치가 있을 것이지만, (싱어의 논의에 덧붙이자면, 결국 그 사람의 양육과 교육에 훨씬 더 많은 비용이 들었기 때문이지만), 그에 따르면, 몇몇 비인간적 생명체들이 어떤 경우 특정 인간들의 생명보다 모든 기준에서 더 가치 있다고 여겨질 수도 있다. 싱어는 자신이 돼지와 개의 생명이 신성불가침한 것으로 만들어서, 돌이킬 수 없는 비참한 상태에서 벗어나게 해 주는 일조차 허용되지 않는 수준까지 가고 싶지는 않다고 인정한다. 그러나 이것은 같은 조건에 있는 인간에게도 똑같이 적용된다.[56] 이는 곧, 동물의 생명과 인간의 생명이 기본적으로 동등한 가치를 지닌다는 원칙에 따르면, 예컨대 심각한 지적 장애나 노쇠와 같은 경우처럼 동일한 이유로 어느 쪽의 생명이든 취할 수 있음을 의미한다. 이것은 인간과 동물 간의 본질적 차이를 부정한 논리적 결과이지만, 매우 불안정한 귀결이다. 즉, 살 가치가 있는 인간 생명과 살 가치가 없는 인간 생명 간의 한계는 어디에 있는가? 불길한 계산법에 문이 열린 것이다.

하지만 더 첨예하고 더 일반적인 논쟁은 동물 실험과 그리고 그와 관련하여 인간에 의해 동물에게 가해진 고통의 문제이다. 이에 대한 대답은 동시에, 인간과 동물 간의 본질적 종차를 더 명확하게 보여주기에 적절하다. 쾌락의 경험과 고통의 회피는, 이 반론 속에서, 불가침적 권리를 수반하는 가치로 간주된다. 여기서 도덕의 본질에 대한 성찰이 필요하다. 그 기준은 그저 공리주의적으로 쾌락의 극대화와 물리적 고통의 회피만이 아니다. 오히려 기준은 공동선이 절박한지, 현재의 불완전성을 극복하는 세상을 건설하는지, 창조자의 지향을 실현하는지가 된다. 이러한 이유로, 사람들은 과거에 위험한 광산

---

56) P. Singer, *Animal Liberation*, London: Jonathan Cape, 1976, ch. 1.

이나 건강에 해로운 공장에서의 노동처럼, 공공복지에 이바지하는 데 피할 수 없었던 수고들과 고통들을 스스로 감당해 왔다. 세상 봉사라는 동일한 목표의 실현은 예컨대 짐 나르는 동물들의 수고와 고통의 요구를 정당화하며, 이것은 어느 정도 인간과 세상의 포괄적 선익에 필요한 범위 내에 한한다.[57] 동시에 동물의 물리적 고통은 인간보다 더 쉽게 요구될 수 있다. 왜냐하면 동물들의 고통 경험과 그것이 미치는 영향은 이미 설명했던 것처럼, 그들의 덜 발달된 심리, 훨씬 짧은 수명, 책임 있게 미래를 형성할 소명의 부재로 인해, 인간보다다는 훨씬 적기 때문이다. 끝으로, 많은 의학적 성과들은 가축을 포함한 다른 동물들에게도 이익을 주었다는 점을 주목할 필요가 있다. 구제역과 같은 전염병 예방, 다양한 벌레 감염에 대한 통제, 마취 치료, 적절한 영양 등이 그러하다.

"그러므로 음식과 의복을 위해 동물을 활용하는 것은 정당하다. 사람이 자신들의 노동과 여가를 위해 동물을 길들일 수 있다. 의학적이고 과학적인 동물 실험은 합리적 범위에 있을 경우, 도덕적으로 허용할 만한 것인데, 인간 생명을 돌보거나 구하는 데 기여하기 때문이다." 반면, "동물을 불필요하게 고통받게 하거나 죽게 하는 것은 인간의 존엄성에 반한다. 인간의 고통을 덜어 주는 데 우선해야 할 돈을 동물에게 쓰는 것도 마찬가지로 가치가 없는 일이다. 누구나 동물을 좋아할 수 있지만, 누구나 오직 사람에게 필요한 애정을 동물에게 직접 돌리지 않아야 한다."[58]

---

57) "생리학 및 의학" 분야에서 71개의 노벨상 중 63개가 동물 실험을 통한 기초 연구에서 얻은 발견으로 수여된 것이라는 점에 주목할 필요가 있다(K.J. Ullrich / O.D. Creutzfeldt, eds., *Gesundheit und Tierschutz*, Düsseldorf Econ, 1985, p.34).
58) *Catechism of the Catholic Church* (1994), nr. 2417f.

6) 환경 보호 수단으로서의 법률

지금까지의 발전은 경제적·사회적 힘의 자유로운 작용만으로는 생태적 요구가 고려되고 충족될 것이라는 충분한 보장을 제공하지 못함을 보여 주었다. "경제적 과정이 생태적 요구에 따라 진행되려면, 생태적으로 문제를 유발하는 시장경제는 질서와 금지, 과세와 통제 및 제재 없이는 불가능하다. 이러한 규범을 위반하는 자는 가혹한 (따라서 억지력 있는) 처벌을 각오해야 한다."[59]

실제로 환경 문제 해결을 위해 시장의 힘에 기대하는 것은 가장 하책이다. 그 명백한 이유는 환경 보호를 위한 조치들에 비용이 수반되어 가격 인상을 초래하기 때문이다. 생산자와 소비자 모두가 피하고 싶은 일이다. 환경 고려를 하지 않는 생산은 더 저렴하며, 이는 환경 조치를 시행한 경우에 비해 경쟁에서 상당한 이점을 얻는다. 따라서 선의에 호소하는 것은 부적절하다. 왜냐하면 이를 준수하는 개별 행위자들이 비용 증가로 이어져 이러한 호소를 무시한 사람에 비해 경쟁에서 불리해지기 때문이다. 극단적으로는, 이러한 호소를 따른 이는 그로 인해 파산이라는 '보답'(rewarded)을 받게 될 것이다.

이 난관을 벗어날 유일한 방법은 국가의 입법 조치이다. 국가 입법은 모든 생산자에게 동등하게 환경 보호를 위해 필요한 단계들을 시행하게 하고 그에 준하는 대가를 지불하도록 의무화한다. 이러한 법을 지배하는 기본 원칙은 환경에 (잠재적으로나 실제적으로) 해를 끼친 이들에게 가장 먼저 책임을 묻는 것이다. 분명히 피해 방지가 사후 복구보다는 훨씬 바람직하며, 그러한 복구는 일반적으로는 힘들고 비용이 많이 들며, 종종 부분적인 효과밖에는 없다.

책임질 순서에서 볼 때, 먼저 생태계에 해를 끼치는 이들이고, 다음은 환경 보호를 담당하는 당국자들이다. 이 당국자는 환경을 저해

---

59) *Verantwortung wahrnehmen für die Schopfung, op.cit.*, p.47.

하는 공장들을 정기적이고 양심적으로 감독하고, 법률을 적절히 집행할 의무를 가진다. 환경 범죄에는 수익이 없도록 해야 한다. 따라서 위반자들에게 효과적으로 벌금을 물려야 한다.

하지만 소비자들이 동일한 제품을 생태적 입법이 존재하지 않는 국가들로부터 더 싼 가격에 살 수 있다면, 그들은 환경 보호를 위한 추가 비용을 지불하려 하지 않을 것이다. 불공정한 시장 여건을 방지하려면, 국제적 협력과 협정이 필수적이다. 이러한 협력은 또 다른 이유로도 필요하다. 수많은 환경 문제들이 국가의 경계를 넘어서고 국제적인 차원을 지니기 때문이다. 여기에 대기·수질의 오염, 화학물질 이동, 방사능 낙진 및 인류 공동의 자원(예: 과도한 포경의 바다)에 대한 착취가 포함된다. "국제 공동체의 또 다른 임무는 (아직 가능하다면) 제3세계 국가들이 환경 피해로부터 구제되도록 하는 것이다. (…) 따라서 그곳에서 시작되고 있는 산업화 프로그램의 맥락에서 환경 보호를 위한 최신의 (그리고 그 사이에 구식이 되지 않은) 설비만이 제공되어야 한다."[60)]

그럼에도 많은 환경 보호 조치는 어떠한 국내·국제의 입법 이전에도 가능하며, 또한 충분히 의무적인 경우가 많다. 사실, 정부뿐 아니라 민간 부문에서도 생태적 관심을 보여야 한다는 사실을 인정해야 한다. 중요한 산업 분야들은 놀랄 만큼 열린 마음으로 이에 동참하고 있다.[61)]

---

60) Otto Triffterer, "Recht als eines der Instrumente zur Bewältigung der Umweltkrise", in *Für ein Lebensrecht der Schopfung*, ed. by D.M. Bauer / G. Virt, Salzburg: Otto Müller, 1987, p.59.

61) 서독의 산업 생산성은 1970년부터 1982년까지 45% 증가했으며, 동시에 먼지 배출량은 44%, 아황산가스(S02)는 34% 감소했다. 1976년과 1986년 사이에 바이에른베르크(Bayernwerk)가 전기 생산량을 40% 이상 늘렸음에도 불구하고 아황산가스의 배출량을 90%까지 감소시켰다(*Umwelt und Gewissen*, ed. by the Arbeitsgemeinschaft christlicher Untemehmer〔ACU〕, 1987, Düsseldorf: Oberratherstr. 2, p.10).

생태 입법은 기업가와 생산자뿐 아니라 모든 시민에게도 책임 있는 행동을 하도록 하는 좋은 기회이다. 모든 시민에게 요구되는 것들이다. 즉 (1) 기존 법률에 대한 충실한 준수, (2) 환경 보호를 위한 필요한 정치적 조치들에 대한 지원, (3) 환경보존에 대한 개인적 책임감의 유지이다. 시민들은 단순한 합법성에만 자신을 국한하고 금지되지 않는 모든 것을 합법으로 간주해서도 안 된다. 모든 사람은 다른 모든 영역에서뿐 아니라 생태적 문제에서도 자기 양심으로 자기 행동에 책임을 져야 한다.

결론

생태 위기는 인류에게 기술 문명이 직면하고 극복해야 하는 수많은 어려움 중 하나 이상을 의미한다. "우리에게 일어난 것은, 유럽 중심주의의 몰락이 시작된 15세기 말 유럽인들에게 일어났던 것과 유사하다. 정신적 좌표가 변하였다. (…) 오랜 세기 동안 익숙했었고 또한 신화들 속에 투영됐던 좌표가 바뀐 것이다. 즉 자연은 더 이상 자원의 경제성을 따지지 않고 모든 것을 제공해 주는 위대한 어머니가 아니라는 것, 더 이상 유기적인 삶의 견고한 토대도 아니며 필요한 것을 끌어낼 수 있는 마르지 않는 광산도 아니라는 것이다."[62] 인간은 만물의 척도라고 할 수 있는 존재가 아니다. 피조물의 통치자가 아니라 피조물의 일부이다. 인간 자신의 몸을 소중히 여기고 잘 돌봐야 하듯이, 피조물과 친교를 맺고 살아가며 피조물을 소중히 여겨야

62) Carmelo Vigna, "Per la costruzione di un'etica dell'ambiente", in *Questione ecologica e coscienza cristiana*, ed. by A. Caprioli and L. Vaccaro, Brescia: Morcelliana, 1988, pp.167f.

한다. 인간은 자신이 더 포괄적인 실재의 일부임을 배우거나, 다시 배워야 한다. 자연의 필요성과 요구를 무시하면, 자신도 스스로 해를 당하게 되기 때문이다.

세상은 선성과 가치의 현존이다. 왜냐하면 그것은 하느님 지혜의 말씀으로 창조되었기 때문이다. 하느님의 말씀은 그분이 지으신 모든 것 안에 깃들어 있다. 잠언에서 지혜는 사람들에게 이렇게 외친다. 주님께서 "하늘을 세우실 때, 나 거기 있었다. (…) 그분께서 땅의 기초를 놓으실 때 나는 그분 곁에서 사랑받는 아이였다. 나는 날마다 그분께 즐거움이었고 언제나 그분 앞에서 뛰놀았다. 나는 그분께서 지으신 땅 위에서 뛰놀며 사람들을 내 기쁨으로 삼았다"(잠언 8,27~31). 땅은 단순히 하느님의 소유물일 뿐 아니라 그 지혜의 현존이자 그분의 신적인 **영**의 소통이기도 하다. "우리가 '자연을 따라' 산다는 것은, 자연 속에서 하느님을 발견하고, 그분 안에서 자연을 존중하며, 자연 안에서 하느님을 존중하는 것이다."[63]

우리가 자연을 하느님의 지혜이며 그분 선성의 현존으로서 있는 그대로 인정하고 존중하지 않는다면, 인류에게 참된 평화와 안녕은 있을 수 없다. 생태적 위기는 인간에게 자신의 좌표를 바로 잡도록 한다. 세계의 중심은 인간이 아니라 하느님이시며, 그분의 나라와 그분의 영광인 것이다. 만물의 척도는 모든 피조물을 위해서만이 아니라 인간을 위해서도 하느님의 지혜가 마련하신 계획이다. 하느님 나라를 위해 일하고 그분의 계획을 받아들이는 것이 하느님, 이웃, 그리고 자연을 다 같이 사랑하는 것이다.

---

63) Jurgen Moltmann, "La crisi ecologica: pace con la natura?", in *Questione ecologica e coscienza cristiana*, *op.cit.*, p.151.

옮긴이의 글

'그리스도교 윤리학' 시리즈가 세 번째 판으로 거듭난 것은, 앞선 제1권에서도 밝힌 것처럼, "제2차 바티칸 공의회의 관점에서"라는 이 책의 부제 속에서도 이유를 찾을 수 있을 것입니다.

지은이 칼 H. 페쉬케 교수 신부(말씀의 선교회)는 저희 두 옮긴이의 모교이기도 한 알퐁시아눔 윤리신학대학원에서 오랫동안 교편을 잡으셨고, 윤리신학 연구를 천직으로 삼아 오신 분입니다. 이는 최고 권위의 가르침을 우리 시대에 알리고 실천해 보려는 충실성 때문입니다. 이러한 지은이의 의도는 제2차 바티칸 공의회에 대한 응답이며 그 정신과도 일치합니다.

> "다른 신학 과목들도 그리스도의 신비와 구원의 역사와의 관계를 보다 생생하게 유지하도록 재검토해야 하겠다. 특히 윤리신학을 보완하는 데에 특별한 관심을 기울여, 그 학술적 해설에 성서의 가르침을 보다 풍부히 가미함으로써, 그리스도 안에서 신자들이 받은 성소의 고상함을 깨우쳐 주고, 세상 생활에 있어서 사랑의 열매를 맺어야 할 신자들의 의무를 밝혀 주어야 하겠다"(「사제 양성 교령」 16항).

삼십여 년을 애용해 온 제2판(김창훈 옮김)과 비교해 볼 때, 공의회의 가르침을 더 잘 반영하였고 타인 존중과 과학적 진보를 이룩한 인간의 성과들은 존중하되, 그에 대한 남용은 비판하면서, 전체적으로는 성경 말씀이 보강되었습니다.

구체적으로는 첫째, 분명한 임계점과 함께 비그리스도교에 대한 이해, 현대인의 정신적·심리적 이해, 그리고 세상에 대한 책임감으로 공동선과 인권 및 생태환경에 대한 이해를 보강하였습니다. 둘째, 생명윤리 부문에서는 발전된 생명공학, 생식의학, 약물남용, 그리고 핵전쟁의 문제점까지도 다루었습니다. 셋째, 성도덕에 있어서 여성 존중, 비혼, 책임 있는 부모 역할, 그리고 부부애와 관련한 부분을 더 심화하였습니다. 마지막 넷째, 강화된 사회윤리로서 노동과 자본의 협력적 관계와 기업가의 명예, 공동체 권위와 순명, 납세의무, 그리고 국제 연대의 중요성을 강화하였습니다.

어순이 다른 우리말로 원문을 옮기는 어려움에 더해 적확한 우리말 단어 찾기의 수고는 피할 수 없습니다만, 선후배 신학자들의 노력으로 그러한 어려움은 많이 해소되었습니다. 다만, 몇 가지 용어는 한국의 문화와 세계관의 차이로 그리스도교적 가치가 왜곡 또는 오해될 여지가 있기에, 저희 공역자 두 사람은 개념 정리와 번역 용어의 통일을 위해서 유기적인 소통으로 이를 조정하였습니다. 그래도 오해의 여지가 있는 용어는 괄호 속에 영어 단어를 병기하였습니다. 옥에도 티가 있듯이, 영어판 원문에서 발견된 일부의 내용 누락은 '옮긴이 주' 형식으로 바로잡아 놓았습니다.

과분한 작업이었고 게다가 완벽할 수는 없기에, 독자들의 너그러우신 이해심과 후학들의 보완 작업을 기대하며 이를 기다리고 있겠습니다. 감사합니다.

2026년 1월

이동호 신부·김성수 신부